合指数跃居全省30强区县第一位

现代化育苗中心

齐鲁增塑剂公司

齐国历史博物馆

国际足联主席布拉特向临淄区颁发足球起源地认定证书，并赠送百年庆典闭幕式牌匾

齐鲁化工区厂区一角

淄博年鉴

ZIBOYEARBOOK

2006

（总第二十卷）

淄 博 市 人 民 政 府　主办
淄博市地方史志办公室　编

方志出版社

淄博市市志编纂委员会

名誉主任 张建国
主　　任 刘慧晏
第一副主任 饶明忠
副 主 任 张新华 黄诗泉 李胜利 刘文彬 张玉武
曹家才 张守华 王莲君 庄 鸣 郭利民
李民兴
委　　员 鞠洪仑 张洪亮 周元军 刘心德 王振升
刘玉玺 胡希德 杜希玉 杜思勤 于文新
李 一 孙衍喜 侯希杰 赵新法 郭能勇

《淄博年鉴》(2006) 编审人员

主　　审 饶明忠
副 主 审 郑广庆
主　　编 李民兴
执行主编 赵加洋
副 主 编 郭能勇 安永善 徐 杰
编　　辑 王 娟 王世伟 赵建国 孟 明 徐先法(特邀)
编　　务 郭延志 张耀江 杨建明 王 峰 范立学
徐本联 吴建利 纪 瑗 张爱云 唐乃兴(特邀)
图录征集 孙传礼

编 辑 说 明

一、《淄博年鉴》是由淄博市人民政府主办、淄博市地方史志办公室承编的大型综合性地方年鉴，是市内重要的史册类官方文献。本卷年鉴是第二十卷，集中反映了2005年度全市人民在市委、市政府的领导下，在社会主义物质文明、政治文明和精神文明建设中所取得的巨大成就；记载了全市各领域、各部门、各行业、各区县的基本情况及年度内发生的重大事件；汇集了全市经济和社会发展的基本资料和重要信息。本卷年鉴力求全面体现淄博的地方特色，突出反映全市在经济建设和社会发展中取得的新经验、新成就；努力为各级党政机关了解市情、实施科学决策，为各行各业及有关单位查询资料、获取信息，为社会各界人士及中外投资者认识淄博、熟悉淄博提供翔实的资料。

二、本年鉴共设33个部类，即：特载、保持共产党员先进性教育活动、学习贯彻《山东省地方史志工作条例》、市情调研、要论、大事记、淄博概况、政党 政务、地方军事、法制、工业、农业、交通 邮电、城建 环保、商品流通、外经外贸、招商引资、经济园区建设、民营经济、旅游、综合管理与监督、财政 税务、银行 保险 证券、科学、教育、文化、新闻出版 广播电视、卫生 体育、社会、人物、区县概况、业绩采风、附录。同时设置了索引。

三、本年鉴采用分类编辑法，以部类为单元，部类下立分目，分目下立条目，并以条目作为基本表达方式；一般分3个层次，个别部类延伸到4个层次。为便于查阅，条目标题均采用黑体字并加【 】表示。

四、本年鉴除重点反映全市的基本情况、基础数据、重大事件外，还增加了彩色图片、黑白图片和统计表等内容，加大了年鉴的信息量并力求图文并茂，生动形象。

五、本卷年鉴中有关全市国民经济和社会发展的主要数据均以淄博市统计局公布的统计资料为准。个别数据由于统计口径和来源不同存在差异。

六、本卷年鉴由市直各部门、各区县以及有关企事业单位提供初稿，并经撰稿单位领导审阅；淄博市地方史志办公室负责总纂；市政府负责同志审定。

七、本卷年鉴的组稿、撰稿及编纂工作得到各级领导的关怀，以及各部门、各区县、有关企事业单位的大力协助和支持。在此，谨向所有关心、支持和直接参与《淄博年鉴》编纂工作的同志表示诚挚的谢意。

八、本卷年鉴在编纂过程中虽经多次审核和校对，仍难免有差错和疏漏之处，欢迎广大读者批评指正。

编 者

2006年6月

存史为鉴　把握当前　筹划未来

市委副书记、市长　刘慧晏

现在，我们正处于改革发展的关键时期。攻坚破难，继往开来，不仅需要开拓创新的勇气，还需要善于总结经验的智慧。道理很简单，只有以史为鉴，才能把握好当前，筹划好未来。

总结经验需有可信的历史为依托。任何经济社会事件一经发生，便成了不可改变的历史内容。历史就是由已经发生的经济社会事件，不断堆积而成的。对自古而今的历史事件进行研究，则为通史；对某一时段的历史事件进行研究，则为断代史；对某一区域的历史事件进行研究，则为地方志；把一年中发生的重要经济社会事件，认真选择，汇集成册，准确保存，则为年鉴。

因此，无论是对资政还是对历史研究而言，年鉴都是重要的、不可或缺的基础性工作。从事年鉴工作，虽然默默无闻，却是十分光荣而有意义的。而对于年鉴工作者来说，要想称职地把工作做好，除了必须具有良好的史德、史识、史才之外，同时还要对我市的经济社会发展有准确地了解。

20年，在历史长河中，只是短暂的一瞥。但对于一项工作，则为时不短，且有许多经验值得总结。在向所有为年鉴工作做出贡献的同志们表示敬意和感谢的同时，我更衷心地希望：我市的年鉴会以其上乘的质量，成为反映文化大市丰厚底蕴的重要方面。

2006年7月

中国地方志指导小组办公室 中国地方志协会年鉴工作专业委员会 贺信

淄博市地方史志办公室：

欣闻《淄博年鉴》迎来创刊20周年，中国地方志指导小组办公室及中国地方志协会年鉴工作专业委员会特致热烈地祝贺。

我国年鉴事业的发展繁荣始于20世纪80年代，年鉴事业从小到大，走过了一段不平凡的历程，取得了可喜的成绩，对各地经济、文化和社会发展发挥了重要的作用。时光荏苒，《淄博年鉴》伴随中国的年鉴事业而共同成长壮大，20年来取得了优异的成绩，多次在全国年鉴质量评比中获奖，为推动全国年鉴事业的繁荣和发展做出了贡献。

淄博市地方史志办公室以马列主义、毛泽东思想、邓小平理论和“三个代表”重要思想为指导，坚持科学发展观，与时俱进，开拓创新，提出了“据求实之本，走精品之路，为社会服务”的工作思路，为把《淄博年鉴》塑造成一个文化品牌，作了许多有益的探索和努力，为同仁所称道。我们相信，《淄博年鉴》在中共淄博市委、市政府的正确领导下，在社会各界的支持下，再接再厉，扎实工作，更加奋发图强，必将为年鉴事业的发展做出新的贡献。

中国地方志指导小组办公室　　中国地方志协会年鉴工作专业委员会

二〇〇五年十二月十六日

中国版协年鉴研究会贺信

淄博市地方史志办公室：

值《淄博年鉴》创办20周年之际，我会特致以热烈的祝贺！

20年来，《淄博年鉴》的编纂质量不断提高，取得了较好成绩。望继续努力，坚持创新，进一步改进和提高年鉴质量，为繁荣我国的年鉴事业做出贡献。

中国版协年鉴研究会

2006年1月10日

中国版协年鉴研究会会长许家康为《淄博年鉴》创刊20周年题词

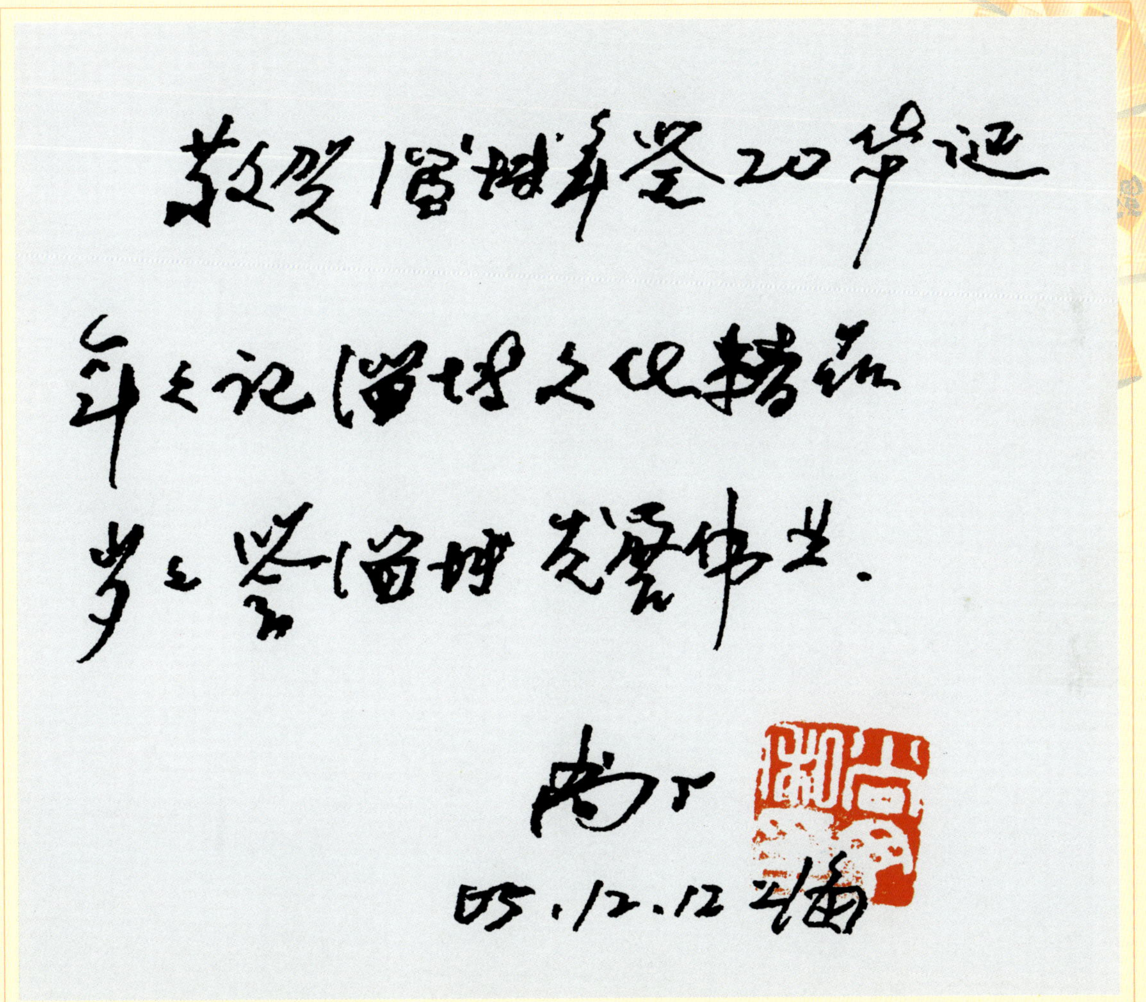

敬贺淄博年鉴20华诞
年年记淄博文化精品
步步登淄博发展事业。
尚丁
05.12.12上海

中国版协年鉴研究会原会长尚丁为《淄博年鉴》创刊20周年题词

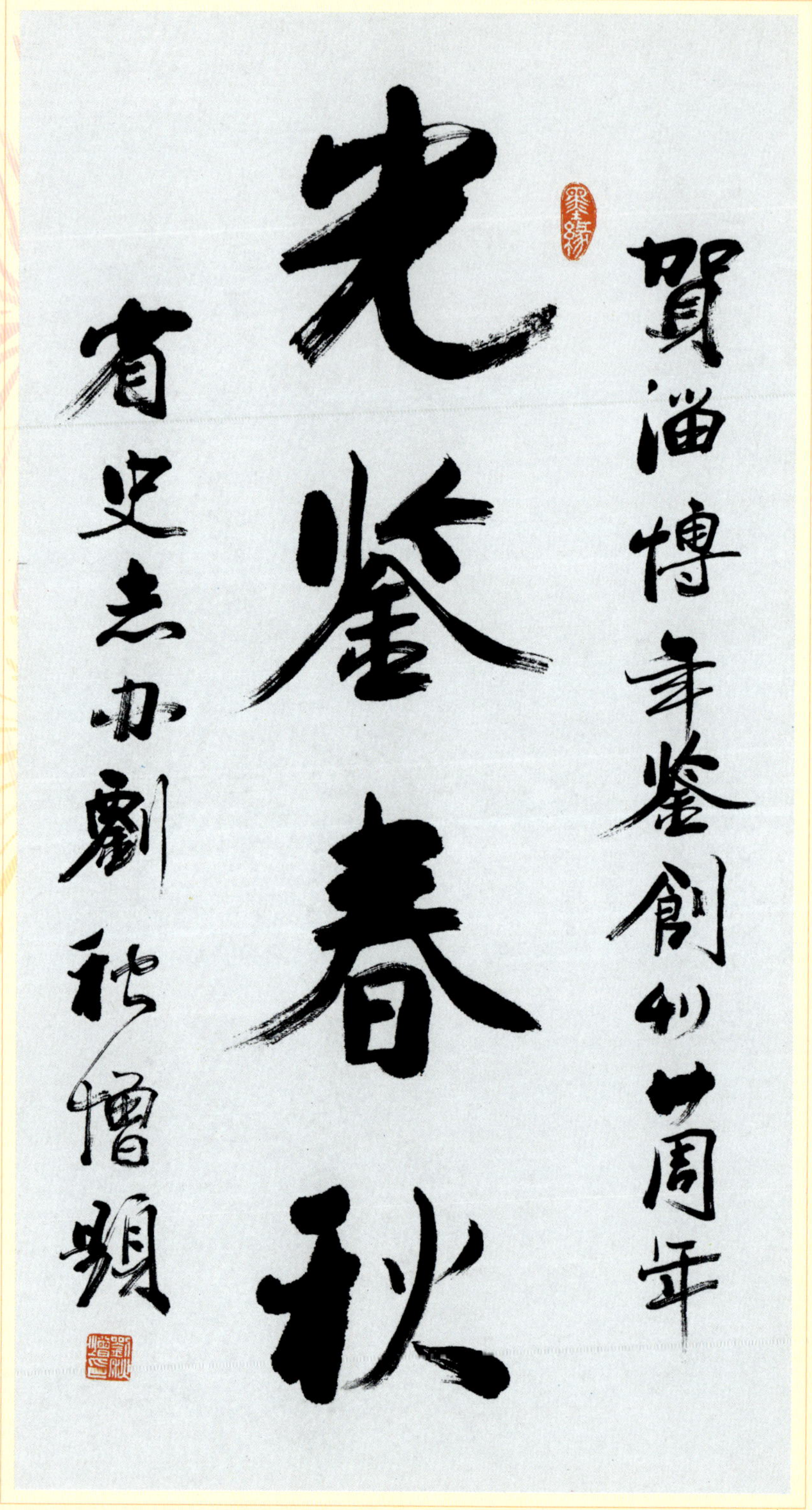

山东省地方史志办公室主任刘秋增为《淄博年鉴》创刊20周年题词

著名书法家刘锡山为《淄博年鉴》创刊20周年题词

贺　辞

秉笔直书勤耕耘打造年鉴精品
资政育人传后世见证淄博变迁

淄博军分区司令员　鞠洪仑

存史鉴今，资政致用。祝《淄博年鉴》越办越好，为促进全市经济发展做出新的贡献。

市长助理、市财政局局长　郭利民

辛勤耕耘二十载，志鉴硕果摇枝间。
功在当今且再砺，资治育人谱新篇。

市委副秘书长、市直机关工委书记　刘　峰

《淄博年鉴》20卷出版之际，贺：
秉笔著史　惠及后世　年年记淄博改革发展伟业
鉴往知来　资政致用　岁岁树淄博四化建设丰碑

淄博市人民政府副秘书长、研究室主任　张玉武

携古都风云雷电，展齐地经纬巨变，集精英传世佳作，励后人跃马扬鞭。

淄博市政协副秘书长、办公厅主任　刘文彬

贺辞

《淄博年鉴》已成为反映市情的重要信息载体和资政致用、惠及后世的珍贵文献。愿《淄博年鉴》站在新起点，实现新发展！

市委宣传部常务副部长　王莲君

二十载辛勤耕耘，二十卷宏文巨篇。《淄博年鉴》反映市情，崇尚求是，记录了历史，见证了成就，讴歌了时代。她走出了一条精品之路，可喜可贺！

《淄博年鉴》，我的挚友和所爱。

淄博日报社社长　赵新法

鉴证足迹，畅想未来。经济社会发展的见证，文化大市建设的号角，愿《淄博年鉴》更多的关注、支持文化，更多地体现文化品格。

淄博市文化局局长　刘心德

《淄博年鉴》记载下了淄博体育人每一个奋斗的足迹。站在历史的新起点上，我们将以加倍的努力为《淄博年鉴》增添一个个新的辉煌页章。

淄博市体育局局长　王敦浦

值此《淄博年鉴》创刊20周年之际，谨致以崇高的敬意和热烈的祝贺！祝《淄博年鉴》与时俱进，求实创新，再创辉煌！

淄博市安全生产监督管理局局长　杜希玉

贺 辞

光阴荏苒，时间没有留下烙印，却记录和见证了我市20年前进的脚步和取得的辉煌成就，倍感欣慰。祝愿《淄博年鉴》越办越好，为全市社会经济发展做出更大的贡献。

淄博市委统战部副部长　侯希杰

二十年辛苦，二十卷精品，存二十年辉煌，励再奋进宏志，成新时期伟业。

市委党史委主任　于文新

《淄博年鉴》，当代淄博发展史的瑰丽画卷，慢慢回味和欣赏，二十年来改革开放的丰硕成果一一呈现在我们眼前。

淄博市城市管理行政执法局局长　温　义

春华秋实二十载，呕心沥血书锦绣。
不问浮沉荣枯事，史志佳话留后人。

淄博市政府外事办公室主任　王先义

《淄博年鉴》真实记载了青少年茁壮成长的足迹，展现了青少年昂扬奋进的风采。衷心祝愿《淄博年鉴》续写历史、记录现实、昭示未来、越办越好，成为具有淄博特色的文化精品。

共青团淄博市委书记　苏　星

贺辞

盛衰存亡，以事为鉴，鉴丰为志，志广为史。

淄博市物价局局长　宋建设

以实为本，精专至上。承载历史，记录辉煌。惠及后世，服务小康。弘扬旋律，蝉联荣光。

淄博市地震局局长　张义堂

在《淄博年鉴》创刊20周年之际，表示热烈祝贺。衷心祝愿《淄博年鉴》百尺竿头、锦上添花，更好地发挥服务现实、惠及后世的重要作用。

中共淄博市委老干部局局长　陈继华

二十年来，《淄博年鉴》以"促进工作孜孜不倦、创新开拓进取不息"的精神，对全市老龄工作给予了很大的促进和帮助。值此《淄博年鉴》创刊二十周年之际，谨向你们致以热烈的祝贺和诚挚的问候！并祝愿《淄博年鉴》与时俱进，开拓创新，再创精品，服务社会。

淄博市老龄委员会办公室主任　吕宜民

求实创新载史册　浓墨重彩写华章

淄博市残疾人联合会理事长　翟乃利

（本栏资料截至2006年6月）

祝贺《淄博年鉴》

中国地方志指导小组
中国地方志协会年鉴工作专业委员会
中国版协年鉴研究会
中国地方志年鉴社
中国信息年鉴编辑部
中国城市年鉴社
中国人物年鉴社
中国金融年鉴编辑部
中国石油化工集团公司年鉴编辑部
山东省地方史志办公室
上海市地方志办公室
黑龙江省地方史志办公室
青海省地方志办公室
江苏年鉴社
广东年鉴社
广西年鉴社
安徽年鉴社
湖北年鉴编辑部
云南年鉴编辑部
北京年鉴社
长江年鉴社
黄河年鉴社
佛山年鉴社
长春年鉴社
宁波市地方志办公室
宁波年鉴编辑部

闵行年鉴编辑部
红塔年鉴编辑部
鞍山年鉴编辑部
安徽水利年鉴编辑部
南京地方志办公室
如皋市地方志办公室
惠州市地方志办公室
武进市地方志办公室
大理州地方志办公室
楚雄州地方志办公室
新余年鉴编辑部
南通年鉴编辑部
成都年鉴编辑部
南宁年鉴编辑部
常州年鉴编辑部
余杭年鉴编辑部
嘉兴年鉴编辑部
萧山年鉴编辑部
宝山年鉴编辑部
乌鲁木齐年鉴编辑部
昆明年鉴编辑部
东莞年鉴编辑部
杭州年鉴编辑部
武汉年鉴编辑部
苏州年鉴编辑部
张家港年鉴编辑部

创刊20周年 （排名顺序不分先后）

成都年鉴编辑部
柳州年鉴编辑部
海口年鉴社
济南市地方史志办公室
青岛市地方史志办公室
潍坊市地方史志办公室
济宁市地方史志办公室
聊城市地方史志办公室
威海市地方史志办公室
莱芜市地方史志办公室
枣庄市地方史志办公室
东营市地方史志办公室
泰安市地方史志办公室
烟台市地方史志办公室
临沂市地方史志办公室
德州市地方史志办公室
日照市地方史志办公室
滨州市地方史志办公室
菏泽市地方史志办公室
常熟市地方志办公室
宜兴市史志办公室
丽水市地方史志办公室
大理市地方史志办公室
临安市地方志办公室
衢州市地方志办公室
安庆市地方志编纂委员会

凉山彝族自治州地方志办公室
黑龙江双矿集团公司年鉴编辑部
西安年鉴编辑部
太原年鉴编辑部
乳山年鉴编辑部
郑州年鉴编辑部
珠海年鉴编辑部
南江年鉴编辑部
昆山年鉴编辑部
攀枝花年鉴编辑部
番禺年鉴编辑部
建邺年鉴编辑部
白山年鉴编辑部
白城年鉴编辑部
奉贤年鉴编辑部
咸阳年鉴编辑部
青浦年鉴编辑部
台州年鉴编辑部
绵阳年鉴编辑部
大连旅游年鉴编辑部
北京崇文年鉴编辑部
南海年鉴编辑部
玉溪年鉴编辑部
高邮年鉴编辑部
镇江年鉴编辑部
山东德州新华印务有限责任公司

祝贺《淄博年鉴》

中共淄博市委办公厅
淄博市人大常委会办公厅
淄博市人民政府办公厅
淄博市政协办公厅
中共淄博市纪委办公厅
市委组织部
市委宣传部
市委统战部
市委政法委
市委政策研究室
市委台湾工作办公室
市委市直机关工作委员会
淄博市总工会
共青团淄博市委
淄博市妇女联合会
淄博市科学技术协会
淄博市文学艺术界联合会
淄博市社会科学联合会
淄博市工商业联合会
淄博市残疾人联合会
淄博市发展和改革委员会
淄博市经济贸易委员会
淄博市教育局
淄博市科学技术局
淄博市公安局
淄博市民政局
淄博市司法局
淄博市财政局
淄博市人事局

淄博市劳动和社会保障局
淄博市国土资源局
淄博市建设委员会
淄博市交通局
淄博市农业局
淄博市水利与渔业局
淄博市林业局
淄博市对外贸易经济合作局
淄博市文化局
淄博市卫生局
淄博市人口和计划生育委员会
淄博市审计局
淄博市环境保护局
淄博市民族宗教事务局
淄博市广播电视总台（局）
淄博市体育局
淄博市统计局
淄博市规划局
淄博市旅游局
淄博市粮食局
淄博市人民政府外事办公室
淄博市人民政府侨务办公室
淄博市人民政府法制办公室
淄博市安全生产监督管理局
淄博市城市管理行政执法局
淄博市经济体制改革办公室
淄博市人民防空办公室
淄博市中级人民法院
淄博市人民检察院

创刊20周年

中共淄博市委党史资料征集研究委员会
中共淄博市委党校
淄博日报社
淄博市新闻出版局
淄博市煤炭工业管理局
淄博市地震局
淄博市老龄委员会办公室
淄博仲裁委员会办公室
淄博市物资集团总公司
淄博市商业集团总公司
淄博市供销合作社联合社
市委、市政府信访局
淄博市档案馆
市接待处
市委老干部局
淄博市市级机关干部休养所
市政府研究室
淄博市物价局
淄博市招商局
淄博市经济协作办公室
淄博市公用事业管理局
淄博市贸易局
淄博市中小企业局
淄博市房产管理局
淄博市农业机械管理局
淄博市机械行业管理办公室
淄博市轻工行业管理办公室
淄博市纺织行业管理办公室
淄博市建材冶金行业管理办公室
淄博市化工行业管理办公室
淄博市信息产业局
民革淄博市委
民盟淄博市委
民建淄博市委
九三学社淄博市委
民进淄博市委
农工民主党淄博市委
致公党淄博市委
淄博市国家税务局
淄博市地方税务局
淄博市工商行政管理局
淄博市质量技术监督局
淄博市邮政局
淄博市气象局
淄博市黄河河务局
淄博海关
淄博出入境检验检疫局
淄博市食品药品监督管理局
淄博高新技术产业开发区管委会
张店区人民政府
淄川区人民政府
博山区人民政府
临淄区人民政府
周村区人民政府
桓台县人民政府
高青县人民政府
沂源县人民政府

镜鉴淄博二十春

淄博市地方史志办公室原党组书记、主任　荣炳华
淄博市地方史志办公室原党组书记、主任　赵加洋
淄博市地方史志办公室党组书记、主任　李民兴

20年风雨兼程，20年春华秋实。20年前，市委、市政府适应改革开放和经济建设的需要，做出自1986年起逐年编辑出版《淄博年鉴》的决策。经过艰苦努力，第一部市政府主办、市地方志办公室承编的大型综合性年鉴《淄博年鉴》于1987年10月出版发行，成为淄博市有史以来的唯一的一部综合性年鉴，也是山东省首家创刊的综合性地方年鉴。时至今日，《淄博年鉴》已连续出版20卷，总计1800万字、发行近8万册。

《淄博年鉴》诞生于改革开放的春潮之中，顺应时代发展，是一种历史的必然。年鉴是昨天的实录，今天的镜子，明天的见证。我们党在领导革命、建设和改革的过程中，一贯重视对历史经验的借鉴和运用。20年来，在市委、市政府的关怀下，在市市志编纂委员会的领导下，市地方史志办公室坚持"据求实之本，走精品之路，为社会服务"的办刊指导思想，用厚重的20卷《淄博年鉴》，全面、系统、翔实地记录了淄博经济社会发展进步的轨迹，见证了淄博走过的改革开放辉煌历程，彰显了淄博人民的奋发有为的精神风貌，为推动淄博市的经济社会发展发挥了应有的作用。

20年来，尽管《淄博年鉴》的编辑队伍多次变动，但《淄博年鉴》服务于改革开放大局的宗旨没有变，直接地、质朴地反映淄博发展动态和发展趋势的风格没有变。《淄博年鉴》一路耕耘，质量不断提高，影响不断扩大，赢得了多方肯定和赞誉。1995年，在首届全国地方综合年鉴评比中，《淄博年鉴》获综合奖一等奖。之后历届评比中，始终保持了这一荣誉；在全省每两年举行一次的年鉴评比中，均获特等奖。2005年，《淄博年鉴》在获得全省优秀年鉴综合特等奖的同时获得首届"山东省年鉴奖"。此外，还多次荣获省、市社会科学优秀成果奖，受到市政府的奖励。

20年来，《淄博年鉴》在自己的发展历程上留下了一串串闪光的脚印。

一、牢牢树立精品意识，不断提高《淄博年鉴》的编纂出版质量

作为一种文化产品，《淄博年鉴》自诞生之日起，在坚持政府主导的同时，便牢牢树立精品意识，逐步形成了"据求实之本，走精品之路，为社会服务"的办刊指导思想。"据求实之本"是我们一切工作的基点，"为社会服务"是我们工作的目标，而"走精品之路"则是连接"据求实之本"和"为社会服务"的必要环节、必备要素、必经之路。只有精品才能为社会提供良好的服务，只有精品才会被历史所存纳留世。这些年来，我们适应形势的发展，在内容和形式两个方面，不断提高编辑出版质量，不断提升精品的标准，努力打造年鉴品牌，把《淄博年鉴》办成文化精品。

《淄博年鉴》的框架结构日臻完善和稳定。在内容结构上，一般设三个层次：第一层次是大的部类，主要包括：特载、市情调研、要论、大事记、淄博概况、政党 政务、地方军事、法制、工业、农业、交通 邮电、城建 环保、商品流通、外经外贸、招商引资、经济园区建设、民营经济、旅游、综合管理与监督、财政 税务、银行 保险 证券、科学、教育、文化、新闻出版 广播电视、卫生 体育、社会、人物、区县概况、业绩采风等30多个基本部类；第二个层次是部类下的分目；第三个层次是分目下的条目，条目是年鉴的主体。20卷年鉴共发布重要的信息资料2万余条。除文字资料外，还刊载淄博风光图片和业绩采风等彩色插图近3000幅。20卷年鉴图文并茂，集中反映了全市人民在市委、市政府的领导下，认真贯彻执行中央的方针政策，在社会主义政治文明、精神文明和物质文明建设中所取得的巨大成就和成功经验，记载了全市"七五""八五""九五""十五"时期的发展历程和全市各行各业、各条战线改革开放取得的巨大成就，成为各级党政机关了解市情、实施决策，各行各业及有关单位查询资料、获取信息，国内外各界人士了解淄博、认识淄博的主要渠道和重要窗口。对于这期间市委和市政府出台的重要政策决议，一些重大的建设项目和建设成就，改革开放的新成果，如高新

技术产业开发区等等，都浓墨重彩作了生动地记述，充分体现了淄博经济社会发展的新特点。还开辟了专栏或设置了专题，如“要论”“市情调研”等，请有关领导和专家撰写稿件，从深度、广度方面，纵向、横向方面集中地反映了淄博的地方特点和优势，取得了较好的效果。随着时代的发展和改革开放的深入，各项新事物层出不穷，《淄博年鉴》适时全面地记叙了这些内容。我们在保持篇目结构基本稳定的前提下，每年都要依据全市各项事业发展的实际情况，对框架设计、篇目结构进行认真分析和研究，及时地进行局部调整和充实。如：增加“招商引资”部类，对全市上下不断调整思路，创新方式，招商引资取得的显著成效集中记载；把“旅游”由分目升格为部类，对旅游业的发展情况予以突出记载。

《淄博年鉴》注意突出地方特色和年度特点。为较好地反映淄博的地域特点，我们在篇目设置上作了许多有益的尝试，如创刊之初，在“工业”部类中设立“陶瓷工业”分目；随着改革开放的深入发展，突出对外经贸、高新技术产业和民营经济“三个亮点”，增加“外经外贸”“民营经济”和“经济园区建设”部类，并在“经济园区建设”部类中增加“高新技术产业开发区”和“齐鲁化学工业区”分目；在加强县域经济发展中增加“区县领导论坛”部类；在社会经济统计资料部类中增加“半岛城市群——八城市对比资料”。在突出地方特色的同时，我们还努力做到常编常新，突出年度特点，对各个年度内的重大活动、重大事件、重大变化、重大成就，都做到在每部年鉴的部类、分目设置上进行相应的调整，并设专文和专条作深层次记载。2004年卷突出反映了2003年全市上下认真落实党的十六大精神、全面贯彻“三个代表”重要思想、抗击“非典”等方面的情况，设立“防治‘非典’”部类，把淄博人民抗击“非典”的过程全方位、立体化地记录在册史中。

《淄博年鉴》突出反映了经济建设这个中心和坚持四项基本原则、坚持改革开放的总方针。全书安排近50%以上的篇幅反映淄博市工业、农业、商业、交通运输、财政、金融等方面的内容，突出了经济建设这个中心。为集中反映新中国成立以来淄博市的社会主义建设和改革开放的巨大成就，我们还设立了“六五”“七五”“八五”“九五”时期等综合性栏目和统计图表等，展现了淄博经济社会各项事业蒸蒸日上的景象。同时，对经济建设和改革开放过程中出现的问题和存在的困难，也作了一定程度的反映，以充分发挥年鉴的“资治、借鉴”功能。

《淄博年鉴》注重内容精确和形式精致的完美统一。每一种堪称精品的出版物，都必须做到内容与形式的完美统一，达到赏心悦目的效果。年鉴尤应如此。这些年来，我们在保证内容精确的同时，注意适应社会审美趋向和读者阅读习惯的变化，注意现代科学技术的应用，在《淄博年鉴》的版式设计、印刷装帧等方面不断进行改进，受到社会各界的好评。

二、牢牢把握为社会服务的宗旨，不断增强《淄博年鉴》的社会效益

《淄博年鉴》是淄博市委、政府向国内外和社会各界发布年度公报的综合性年刊，是市政府向社会公开发布市情资料的重要渠道，是一部综合性、权威性大型工具书和重要的史册类官方文献。20年来，《淄博年鉴》在“资政、教化、存史”方面发挥了重大作用，为淄博的改革开放和现代化建设做出了突出贡献。

《淄博年鉴》具有导向价值，发挥了决策参考和战略指南作用。领导者了解市情、社情，确定战略目标时都需要年鉴。每年市委办公厅、市政府办公厅等都要将《淄博年鉴》分送市级领导和到淄博考察的领导。《淄博年鉴》记述的既有历史，又有现状；既有土地面积、物产资源等自然情况，又有经济发展、科学教育文化等社会情况；既有近年来改革开放取得的成绩、典型人物、典型经验，又能看出当前存在的薄弱环节及问题。它为领导全面了解淄博市情况，进行科学决策提供了客观依据。这一作用，是其他工具书难以替代的。

《淄博年鉴》具有媒介价值，发挥了横向联系和窗口的作用。当代社会是信息社会，年鉴的信息实际上是一种动态信息，它全面、系统地反映一地自然、经济、社会的发展变化。这种动态信息是由市直各部门提供或由统计部门发布的。因此，这种资料和信息是比较准确、可靠、翔实、权威的。它不仅有利于促进各行各业的改革开放，促进地区间、行业间的横向联系，而且还能为推介淄博、招商引资、促进旅游等提供服务。

《淄博年鉴》具有历史文化价值，发挥了传播文化和积累史料的作用。年鉴是现实性极强的工具书，也是一种编年体的史册，这是由它的连续性和累积性决定的。一套20卷的《淄博年鉴》就是一部淄博20年的历史，其史料价值相当高。一些学者们为科研的需要，经常来查阅《淄博年鉴》。许多单位在编写本单位志书时，许多史料就直接来源于《淄博年鉴》。同时，《淄博年鉴》为淄博市续修市志积累了丰富史料。

三、牢牢坚持科学发展观，不断完善《淄博年鉴》的编纂工作体制

由于年鉴性质的规定，其编纂工作是一个每年相对独立而又逐年延续的系统工程。编纂工作人员除了要有坚定的唯物史观、周延的思维、开阔的视野、敏锐的眼光之外，还要有科学的、发展的意识，才能将浩如烟海的资料去粗存精，去伪存真，分置轻重，归纳条理，编纂成书。再者，年鉴的编纂绝不仅仅是案头文字工作，它牵涉到社会的方方面面、上上下下，是一项系统工程，需要我们形成一套科学的工作方法，妥善地搞好各种关系的协调。20年来，我们牢牢树立科学发展观，不断完善《淄博年鉴》的编纂工作体制，坚持走有淄博特色之路，路子越走越顺，越走越宽广。

培养锻炼了一支政治素质较高、业务能力较强、架构比较稳定的编撰队伍。队伍的状况直接决定着产品的质量。经过20年的努力和编辑实践的锻炼，《淄博年鉴》已培养出一支政治素质较高、文字能力较强，熟悉本地、本系统情况，并有一定组织能力的编撰队伍。20年来，多层次的队伍共撰写、发表论文百余篇。论文多次在国家、省级刊物发表，并数次获奖。

形成了一种科学、规范的组稿、撰稿方式。为提高《淄博年鉴》的编纂出版质量，每卷年鉴在组稿前都制定详细周延的编纂方案，对组、撰稿涉及到的方方面面提出具体要求，要求各单位、各部门认真做好组稿、撰稿工作。要求作者精选事题，精心撰写，保证材料的真实性和准确性，提交高质量的稿件。各部门、单位审稿人从本系统或本单位的全局出发，认真审读稿件，平衡稿件内容，处理交叉重复，锤炼文字；单位领导亲自审阅修改，斟酌稿件内容，统一口径，把好政治方向和政策关以及保密关。

建立并实行了一套行之有效的编审、校对程序。稿件进入编辑流程后，坚持实行五级审稿制度，即一审由部类责任编辑初审，二审由副主编承担，三审由执行主编承担，四审由主编定稿，最后由分管副市长审定。期间，要求每一位工作人员以“我就是主编”的意识对待编审工作，确保稿件编审质量。我们还十分注重校对工作，坚持实行六校制度。在印刷环节已完成三校的基础上，由市地方史志办全体同志参加，再次进行三校，力求把差错率降到最低。

坚持不懈的争取和依靠党委、政府的领导。年鉴是纪实性的工具书，是年度性的政府公报，牵涉到各级政府的方方面面、社会生活的里里外外，如果没有各级领导的重视，没有各级政府的支持是不可能办好的。多年来，历届市委、市政府领导对《淄博年鉴》给予了极大的支持和关注。现任市委书记张建国亲自担任淄博市市志编纂委员会名誉主任，市长刘慧晏亲自担任淄博市市志编纂委员会主任。历届市志编委会都由分管副市长担任市志编委会主任或第一副主任。各级各部门领导都对年鉴编纂工作给予了大力支持。党委、政府决策者的热情关爱和始终如一地支持成为贯穿《淄博年鉴》发展过程的精神内核，成为我们攻坚破难办好年鉴的内在动力。

镜鉴淄博20春，情满淄博20春。

《淄博年鉴》走过的20年，是上下探索的20年，是执著奋斗的20年。《淄博年鉴》已由一株幼苗成长为一棵大树，在全市资料类出版物中，独树一帜，在淄博市的经济建设、精神文明建设和政治文明建设中发挥着重要作用。《淄博年鉴》忠实记录了淄博的经济社会发展史，也在淄博经济社会发展史上留下了浓墨重彩的一笔。

回顾过去，豪情满怀；展望未来，信心倍增。我们深感所肩负的历史责任的重大。站在新起点，树立新思路，实现新发展，为淄博市的经济社会发展做出新贡献，是《淄博年鉴》适应时代要求和自身发展的新目标。我们相信：在市委、市政府的领导下，在市市志编委会的指导下，在市地方史志办全体人员的不懈努力和社会各方面的支持下，《淄博年鉴》一定会谱写出新的篇章，全市的年鉴工作、地方志工作也一定会不断取得新的、更大的成就！

2006年7月

目　　录

特　　载

保持共产党员先进性教育活动

学习贯彻《山东省地方史志工作条例》

市情调研

要　　论

大 事 记

淄博概况

政党 政务

法　　制

政法与综合治理

公安

检察

审判

司法行政

仲裁

工　　业

综述

煤炭工业

淄博矿业集团

交通　邮电

城建　环保

商 品 流 通

综述

市属商业

供销合作商业

粮食

物资流通

烟草专卖

盐务

外 经 外 贸

对外贸易

海关

出入境检验检疫

招 商 引 资

经济园区建设

淄博高新技术产业开发区

齐鲁化学工业区

其他经济园区

民营经济

旅游

综合管理与监督

发展计划管理

劳动和社会保障

物价

统计

地方税务

银行　保险　证券

银行

保险

证券

科　学

科技

科协

社会科学

教　育

文　化

社 会

人口和计划生育

民政

侨务

民族　宗教

残联

老龄工作

人 物

区 县 概 况

张店区

淄川区

业 绩 采 风

附 录

文件选目

淄博市重点文物保护单位选介

索 引

Table of Contents

Legal System

Industries

Agriculture

Transportation, Posts and Telecommunications

City Construction and Environmental Protection

Commodity Circulation

Foreign Economy and Trade

Absorption of Foreign Investment

Construction of Economic Zones

Individually—run Enterprises

Tourism

Comprehensive Management and Supervision

Finance and Taxation

Banking, Insurance and Securities

Science

Education

Culture

News and Publication, Radio and Television Broadcast

Health and Sports

Society

Characters

Summaries of the Districts and the Counties

Outstanding Achievements Reports

Appendixes

Index

(Translated by Liang Rong-Jiang)

彩图目录

淄博市政区图

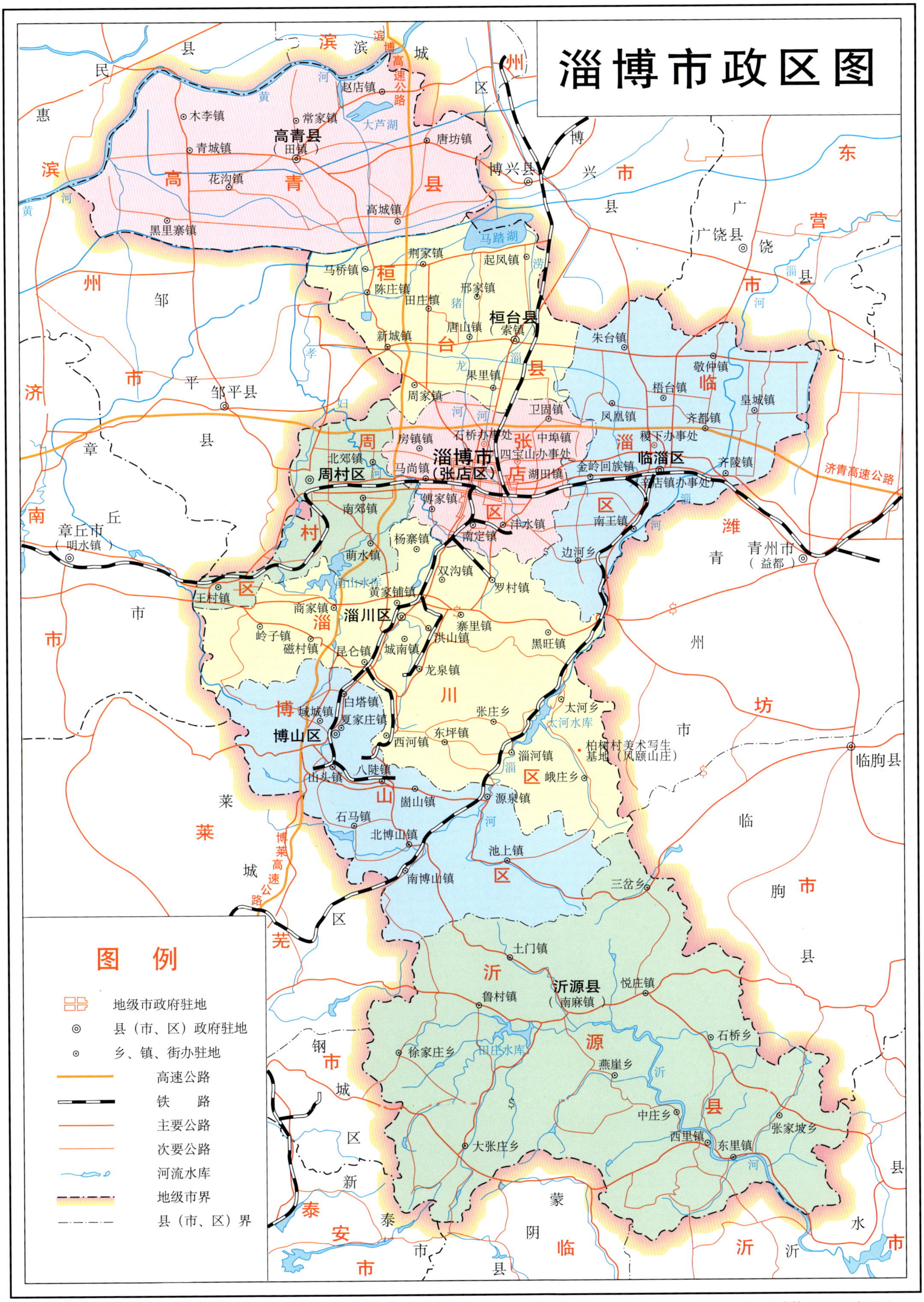

审图号：鲁测图审准0116C004　　淄博市勘察测绘研究院编绘　　行政区划资料截止2001年5月

领 导 人

2005年5月23～25日，原中共中央政治局委员、全国人大常委会副委员长田纪云在市委书记、市人大常委会主任张建国，市委副书记、市长刘慧晏陪同下视察淄博高新区（摄影 张群群）

2005年5月11～12日，全国政协副主席张怀西（右四）在市委副书记、市长刘慧晏陪同下考察淄博社会救助工作 （摄影 景广平）

在淄博

2006年4月5日，中共山东省委书记、省人大常委会主任张高丽（右二）在淄博市委副书记、市长刘慧晏陪同下视察淄博高新区农业生产情况 （摄影 穆雷）

2006年3月23日，中共山东省委副书记、省长韩寓群（右二）在市委书记、市人大常委会主任张建国陪同下到新星集团视察 （摄影 刘玉祥）

“十五”时期经济

地区生产总值（亿元）

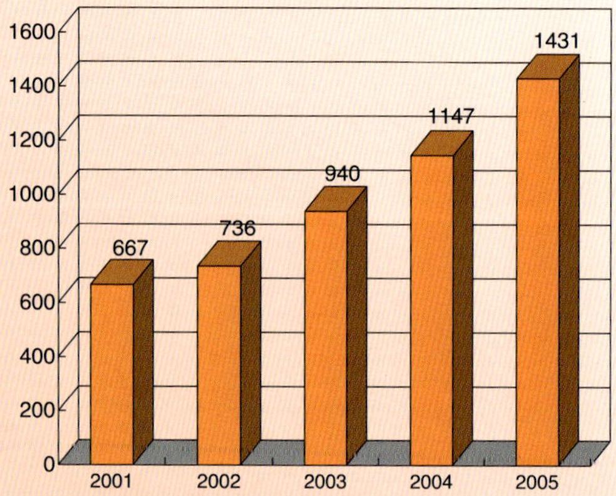

人均 GDP（元）

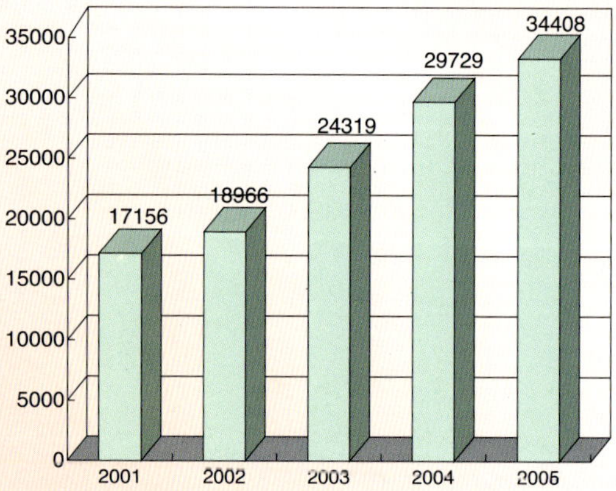

出口总值（万美元）

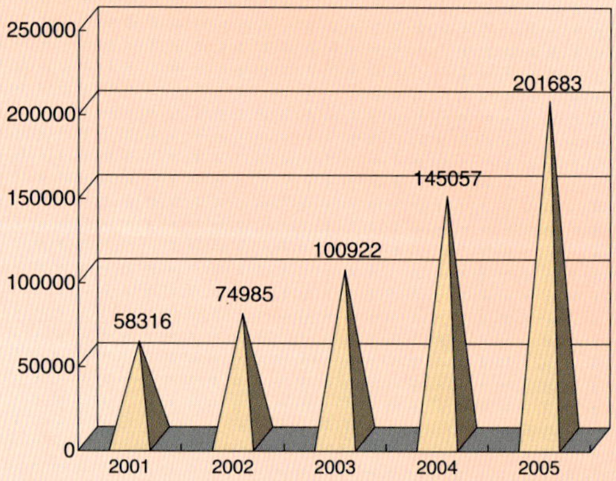

农业增加值（亿元）

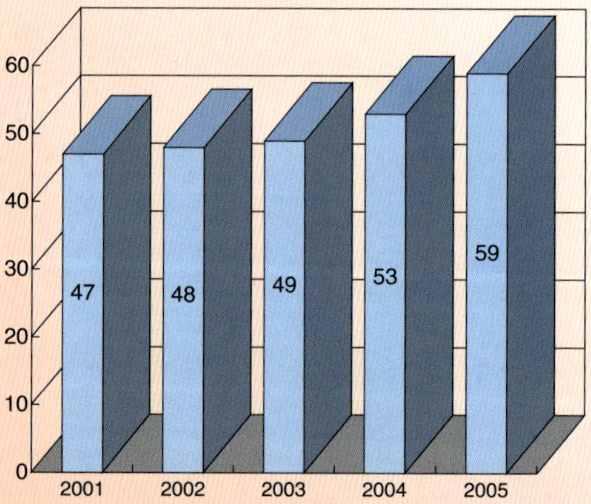

工业增加值（亿元）

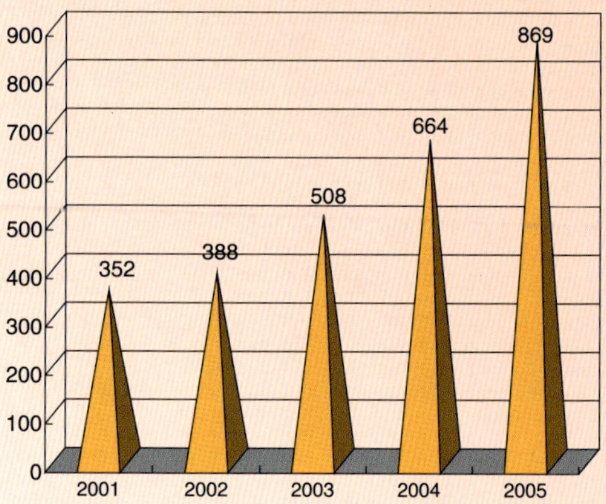

规模以上工业利税（亿元）

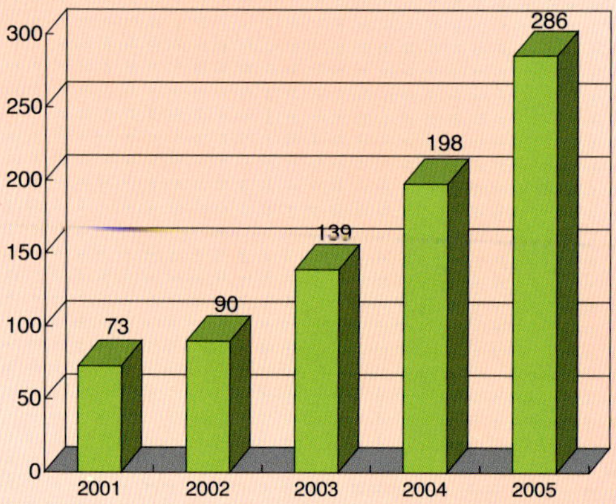

社会发展成就

社会消费品零售额（亿元）

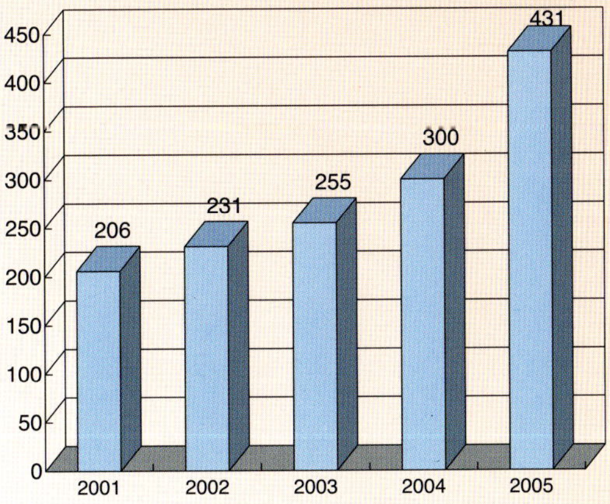

通车里程（公里）

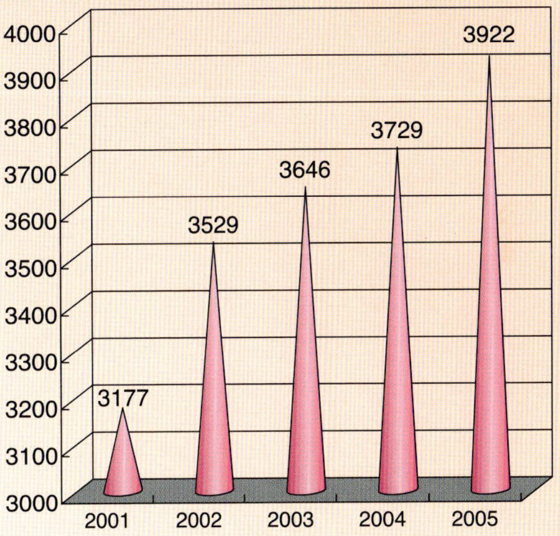

城乡居民储蓄存款（亿元）

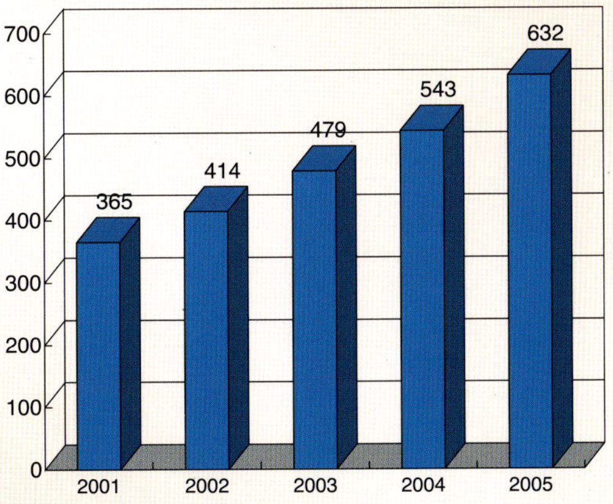

地方财政收入（亿元）

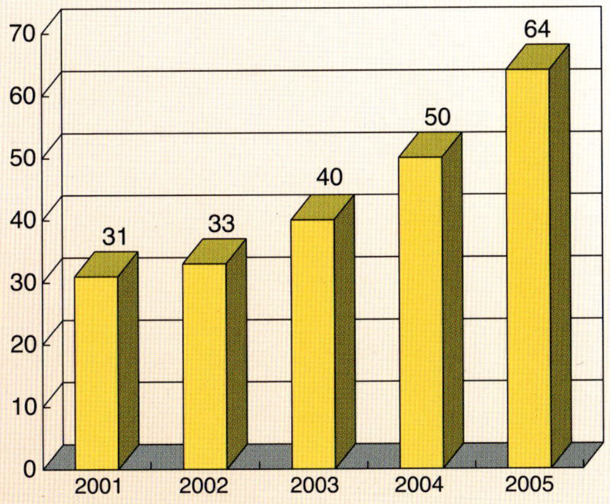

城乡居民收入（元）

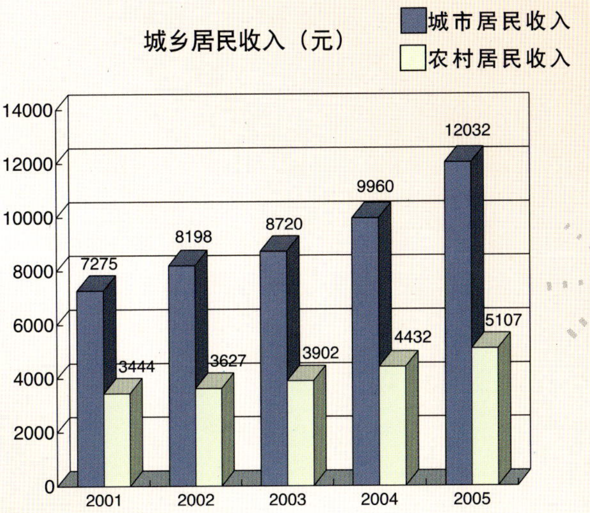

水景公园

“十五”城市

城市绿洲

“十五”期间，市委、市政府高度重视城市建设，把城市建设工作提高到促进区域经济协调发展的高度来抓。全市用于城市基础设施的总投资81.22亿元。5年来，新增城市道路131公里，人工煤气储气能力8.4万立方米/日，供气总量2238万立方米，新增天然气2.4亿立方米，城市日供水能力142.2万立方米，城市生活燃气气化率99%。集中供热面积2100万平方米，新增城市绿地2392公顷，绿化覆盖率43.3%，绿地率35.9%，人均公共绿地10.8平方米，被命名为国家园林城市。城市垃圾无害化处理达78%，城市污水处理率为60%。

坚持“三高”原则，加快推进城市化进程。围绕做大做强中心城区，规划并启动淄博新城区建设，目前骨干路网已基本形成，部分重点工程加紧规划设计并陆续开工。加快老城区改造步伐，高标准改造了世纪路、中润大道等一批城市道路，改造建设了淄博火车站广场及候车楼等一批重要基础设施。开展全市城乡环境综合整治，完成427条背街小巷治理。加快建设绿色

城市新貌

人居环境

畅通工程

建设风采

城市，积极推进荒山绿化、平原绿化，完成了淄博人民公园、高新区火炬公园、桓台少海公园等一批精品园林建设和改造工程，基本建成了连接各城区间的“绿色通道”。启动实施生态市建设规划和碧水蓝天行动计划，新建和配套完善了一批城市污水处理设施，组织实施了孝妇河流域和沂河流域综合治理、中心城区近郊水泥企业搬迁及东部化工区治理等重大工程，下决心关停了一批能耗高、污染重的“五小”企业，全市环境质量明显改善，资源节约型、环境友好型社会建设迈出新步伐。5年来，完成了滨博高速淄博段、309国道淄博段、张博路附线及博沂路等一批骨干道路的改造建设，启动了济青高速南线建设，实施了引黄供水一期工程、城乡电网改造、引天然气入淄等重大基础设施项目，城市的承载力和辐射力明显增强。

城市新貌

城市夜景

城市一角

城市新貌

全国审计机关先进集体——六连冠

淄博市

国家审计署审计长李金华在市委书记张建国、市长刘慧晏、省审计厅厅长左敏、市审计局局长王振升陪同下参观中国陶瓷馆

市委副书记、副市长周清利，省审计厅副厅长王谦华为新组建的政府投资审计专业局揭牌

长期以来，在市委、市政府和省审计厅的正确领导下，市审计局历届党组始终坚持正确的政治方向，紧紧围绕中心工作不动摇，认真履行监督职能，为全市经济建设做出了积极贡献。特别是近几年来，市审计局坚持“打接力不变调”，努力发扬光荣传统和优良作风；坚持“业务立局”不动摇，叫响了“审计质量是审计业务工作生命线，廉政建设是队伍建设生命线”的审计强音，以一流的班子带出了一支政治合格、业务精湛、作风优良的审计铁军。工作中认真“站好监督岗、定好服务位”，在服务中监督，在监督中服务，开拓进取，勇于创新，敢打硬仗，善于攻坚，唯旗是夺，审计事业取得了长足发展。狠抓审计质量，连续几年在全省审计质量检查中名列前茅；探索“大兵团”作战的审计模式，在齐鲁石化公司、淄博矿业集团等国家特大型企业的审计中创出了“审计品牌”；组建政府投资审计专业局，实现审计领域的新拓展；对拥有近2亿资产的山东世纪大厦实施改制经营，实现了国有资产的保值增值，改制后的世纪大酒店已成为淄博唯一一家“五星级”旅游饭店，成为淄博餐饮业的龙头和品牌。该局先后获得了全国精神文明先进单位、山东省模范公务员集体、山东省先进基层党组织、山东省公民道德示范点等荣誉。连续6次荣获全国审计机关先进集体，实现了“六连冠”，成为全国唯一获此殊荣的审计机关，2006年8月被市政府记集体二等功。

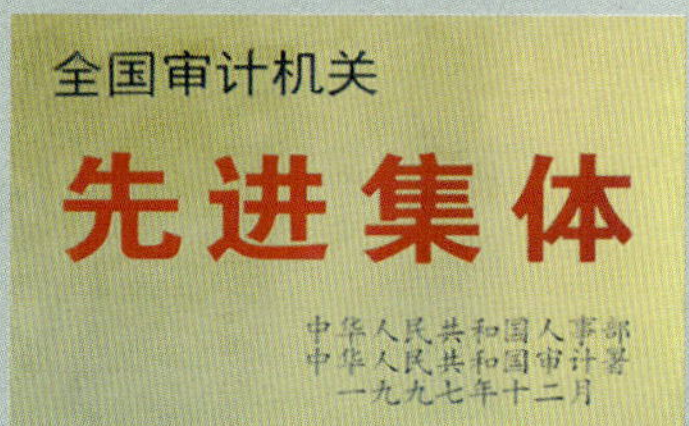

审 计 局

团结求实、开拓创新的领导班子

国家审计署副审计长余效明来淄博考察。并与市审计局科以上干部合影留念

2005年12月26日，局长王振升参加全国审计工作会议，并领取“全国审计机关先进集体”奖牌

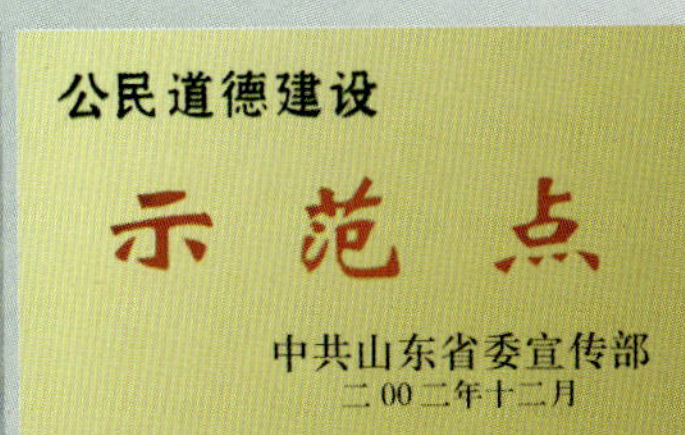

淄 博 市

副市长、市公安局局长岳华东（左二）到淄川分局检查指导工作

2005年，全市公安机关充分发挥职能作用，全力维护社会稳定，严打整治斗争成效显著，侦办的“4·08”特大非法传销案受到公安部通令嘉奖。治安防控体系建设取得突破性进展，刑事案件下降，可防性案件明显减少；交通、火灾事故四项指标同比全面下降。“大接访”活动效果明显，被省公安厅记集体二等功。淄博市被公安部、科技部命名为全国科技强警示范城市。市公安局被市委确定为

团结务实开拓创新的领导班子

淄博市经公安部、科技部验收考评，被评为全国科技强警示范城市

公安局

全市保持共产党员先进性教育活动示范单位。年内，全市公安机关有43个集体和167名个人荣立一、二、三等功，211个集体和352名个人受到市级以上表彰，其中71个集体和93名个人受到省级以上表彰。

地址：淄博市张店区人民西路4号
电话：(0533) 2189207　　2189275
邮编：255039

市委书记张建国（左二）在市公安局政委桑培伦（左一）陪同下，看望赴海地执行维和任务凯旋归来的公安民警

市公安局开展“大接访”活动，为群众排忧解难

山洪突发，公安民警营救落水群众

首届淄博公安运动会开幕式

淄博市

市第五届全民健身节开幕式

市第十四届运动会开幕式

2005年，淄博市体育局解放思想、团结实干，奋力拼搏，竞技、群体、体育产业都取得了显著成绩，为文明淄博建设做出了应有贡献。

竞技体育：成功举办了淄博历史上规模最大、水平最高的第十四届市运会；备战二十一届全省运动会工作取得显著成绩，先后有929人参加34个项目的省运动会预赛，共夺金牌133.5枚，银牌87枚，铜牌101枚；在第十届全国运动会上，淄博籍运动员取得4金、4银、4铜的优异成绩，被省政府授予振兴山东体育突出贡献奖。

群众体育：群众体育蓬勃发展，举办了第五届全民健身节和第二届体育大会，四种健身气功推广工作成绩突出，被树为全国典型；农村体育“五个一工程”（建设一个组织网络和一块健身场地，推广一个健身项目，配备一批健身器材，培训一批健身骨干）和第九批全民健身工程顺利实施。年内，全市有10个单位获得全国群众体育先进集体，2处活动站点获得全国优秀群众体育健身活动站点称号，1个家庭被评为全国“全民健身好家庭”，7人被评为全国群众体育先进个人。

电脑体育彩票：体育彩票发行取得历史性突破，彩票销售超过1.5亿元，为体育事业的持续发展提供了有力的保障。

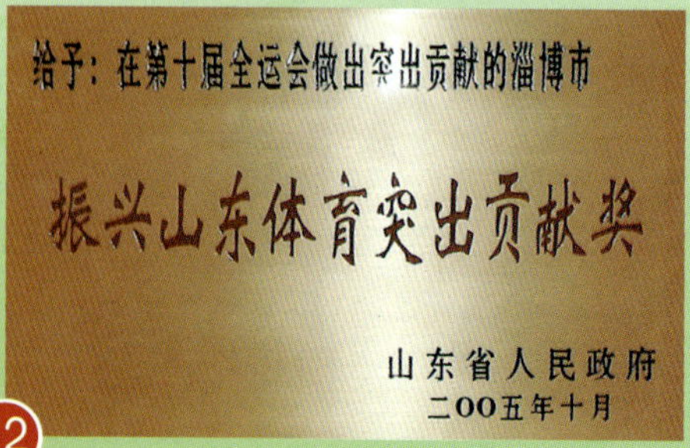

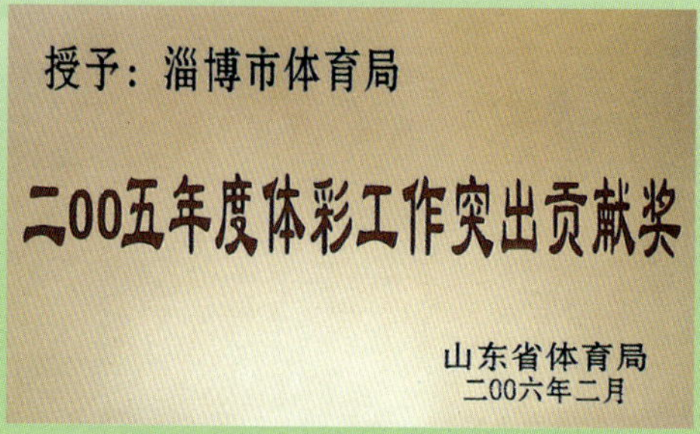

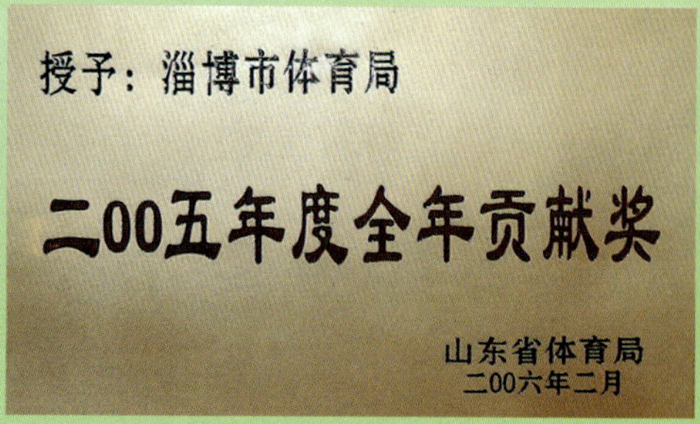

体 育 局

太极拳表演

十运会游泳冠军黄晓彤

四种健身气功表演

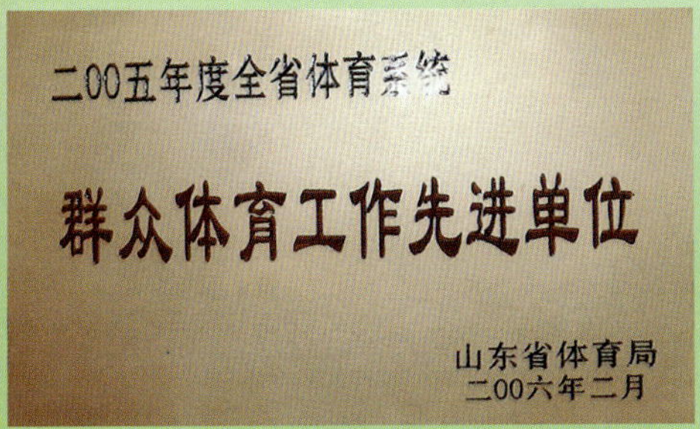

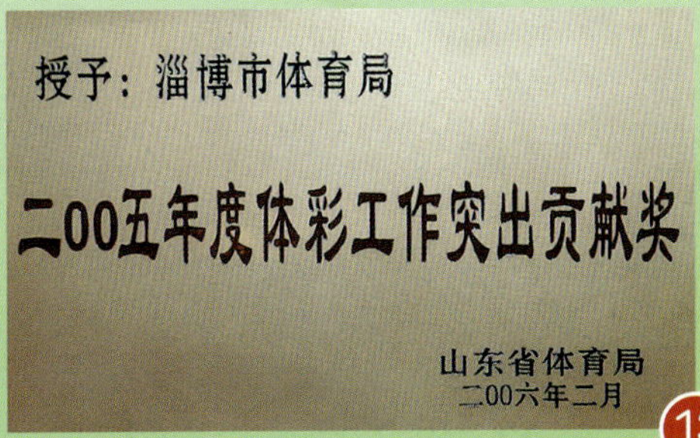

淄 博 市

2006年6月1日，省委书记、省人大常委会主任张高丽视察淄博市教育工作

2006年6月，市委书记、市人大常委会主任张建国视察指导教育工作

辉煌的教育　辉煌的成就

在市委、市政府的正确领导和社会各界的大力支持下，全市教育系统以办让人民放心满意的教育为目标，坚持“聚精会神抓教学、放开手脚抓质量、坚定不移抓改革、一心一意谋发展”的工作指导思想，深化改革，加快发展，不断推进教育的优质化、均衡化、现代化建设，各级各类教育健康协调发展，全市教育事业不断取得辉煌成就。

“十五”期末，全市有各级各类学校、幼儿园1758所，在校生79.31万人。全市基本普及十五年教育，学前三年教育入园率达95.41%，适龄儿童入学率达99.96%，小学毕业生升初中率达到100%，高中段教育普及率达89%。中等职业教育

2004年8月，第五届全国中小学电脑制作及机器人大赛在淄博市成功举办

市教育局领导班子与2006年全省文科状元韦薇、理科状元李明合影

教 育 局

分别有10所、13所学校被认定为国家级、省级重点中等职业学校，全市职业教育毕业生就业率达95%以上。高等教育发展迅速，驻地高等院校达到12所，全市高等教育毛入学率达29.52%，提前实现高等教育大众化。

继2005年高考取得历史性突破后，2006年淄博高考成绩再上新台阶。淄博市共录取本科12721人，比去年增加2033人，增幅为19.0%。其中本科一批共录取5132人，占全省一批录取总数的7.3%。本科录取万人比居全省第四位。全省文、理科高考状元桂冠均由淄博市考生夺得，13名考生高考成绩进入全省前100名行列。全市有38名考生被北大、清华录取，录取人数居全省第二位。

2005年8月11日，市委副书记、市长刘慧晏到市教育局调研指导工作

市委副书记岳长志、副市长段立武出席2005年全市教育系统领导干部理论读书会

市教育局党委书记、局长张洪亮深入课堂一线指导教学工作

2001年，教育部有关领导在对淄博市中小学"校校通"工程实施情况进行考察后，宣布淄博市率先实现中小学"校校通"工程

淄博市食品药

市委书记张建国，市委副书记、副市长周清利陪同国家食品药品监管局副局长张敬礼、省食品药品监管局局长李民视察新华医疗器械集团

市委副书记、市长刘慧晏视察农村药店

该局是在淄博市药品监督管理局的基础上，于2004年11月25日建立，现有编制47人，内设10个科室和一个稽查大队，行使对药品、医疗器械、药包材的研究、生产、经营、使用的监督管理，对食品安全的综合监督、组织协调、依法组织对重大食品违法案件的查处和保健食品许可等职能。市药品检验所（市药品检验中心）为市食品药品监管局直属正县级事业单位，现有人员62人，内设7室2办，行使对药品、医疗器械、药包材、保健品的技术监督检测职能。全系统共有在职人员278人，其中公务员135人，事业人员143人。

建局以来，在市委、市政府和省局的正确领导下，市食品药品监督管理局倡导和坚持“求是、创新、发展，廉洁、勤政、为民”的工作宗旨；倡导和坚持“人的质量在于事业心，人的能力在于积极性，人的价值在于贡献，人的发展在于创新”的思想理念；倡导和坚持“争创四个一流（执法队伍、监管工作、工作作风、社会形象）、建设四型机关（学习型、创新型、服务型、廉洁型）、提高四个能力（驾驭全局的领导水平和掌握全局的工作能力、能干大事会干新事的创新能力、执政为民服务经济的勤政能力、廉洁有威的执政能力）”的工作目标；倡导和坚持“发展是主题，争取是主调，创新是主线，目标是一流”的工作要求。理清思路，明确方向，坚持以保障人民饮食用药安全有效、促进食品医药经济快速发展、推动食品医药事业不断进步为总目标，用发展的思路、改革的办法、创新的手段解决前进中遇到的困

市人大副主任关玛莉，副市长，市食品安全协调委员会副主任刘有先，市政协副主席李栋基，市纪委常委、市监察局副局长孙振海参加全市食品安全主题宣传活动

市委副书记、副市长周清利，市人大副主任关玛莉，副市长刘有先，市政协副主席王立庆，市纪委副书记、市监察局局长李永新等市领导出席淄博市食品药品监督管理局成立揭牌仪式

市政协主席冯梦令，市人大副主任周继烈，市委副书记、市纪委书记刘池水，市政府副市长饶明忠，淄博军分区副司令员张国平等市领导出席全市集中销毁假劣过期、失效药品活动

品监督管理局

难、矛盾和问题。紧紧围绕党的中心工作，转变职能，服务经济，执政为民；紧紧围绕创新，坚持科学发展观，求真务实，与时俱进。实事求是，扎扎实实，零距离服务群众，零距离服务企业，零距离服务基层，全面推进各项监管工作，开创了食品药品监管工作新局面。

2003年荣立抗击“非典”集体二等功，被评为首批省级文明机关；2004年获全国食品药品监督管理系统先进集体称号，被省文明委授予“省级文明单位”，并通过省级文明机关复核，实现了省级“双文明”；2004、2005年连续两年被评为全省部门和行业作风建设先进单位；2005年被省法制办、省食品药品监管局联合表彰为全省食品药品监管系统依法行政先进单位；2003、2004、2005年连续三年被评为全市政风行风先进单位；2005年被评为全市党风廉政建设责任制先进单位、创建文明城市先进单位和“三五”依法行政工作先进单位。2005年，市食品药品监管局财务科成为全省系统唯一被省财政厅、省委宣传部、省总工会联合表彰的全省会计管理工作先进集体，全市系统整体跨入文明单位行列。

市委副书记、副市长周清利，市委副书记、市纪委书记刘池水视察市食品药品监管局政风行风建设宣传站

以市委副书记、副市长周清利为组长，副市长刘有先为副组长的淄博市食品安全协调委员会召开第一次会议

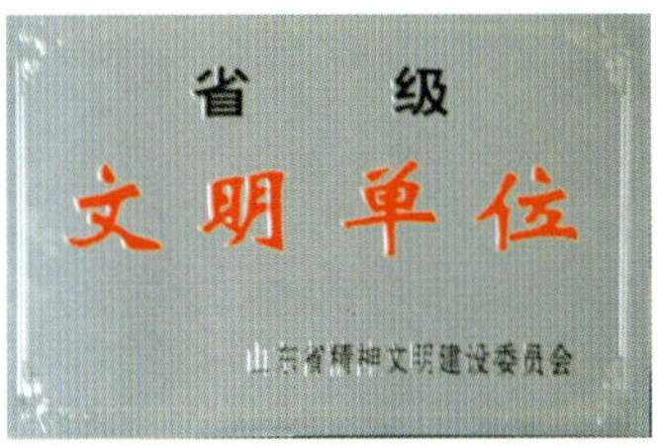

王谋昌局长带领班子成员走进政风行风热线直播间，接受群众咨询

全市食品药品监督管理系统举办庆祝建国56周年大型文艺晚会

全体党员在焦裕禄塑像前宣誓

坚持环保先行

市委书记张建国视察环保工作

市长刘慧晏视察环保工作

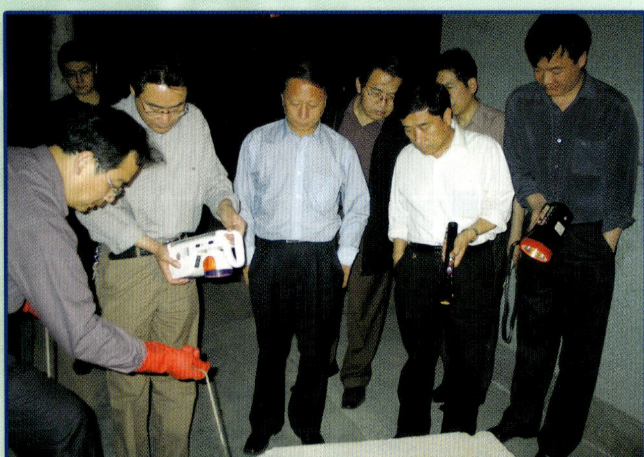

2005年5月3日，副市长宋锡坤带领环保执法人员夜查企业排污口水质情况

2005年3月4日，市环保局机关全体党员顶风冒雪到焦裕禄纪念馆参观学习，重温入党誓词

2005年是淄博市创建国家环保模范城和实施碧水蓝天行动计划的启动年，是淄博“绿色十五”计划的收尾年，也是省市长环保目标责任书的验收年。在市委、市政府的正确领导下，全市环保系统全面落实科学发展观，深入实施环境立市战略，树立“坚持环保先行，建设生态淄博”的新理念，解放思想，干事创业，努力在发展中优化环境，在优化中实现和谐发展、科学发展。在全市GDP超过千亿元的情况下，全市空气环境质量二级以上天数连续3年超过300天，主要空气质量指标年均值达到国家二级标准，为10年来最优，在全省城市环境综合整治定量考核中位居前列。年内，共获得各种荣誉称号17项，被市委、市政府授予文明单位、行风与机关效能建设先进单位、资源节约先进单位、招商引资先进单位、安全生产先进单位、信息工作先进单位等荣誉称号；张店城区近郊水泥企业完成搬迁改造获市直机关优秀工作成果一等奖。

建设生态淄博

2005年10月6日，国家环保总局副局长潘岳（左二）在市委副书记、市长刘慧晏陪同下到淄博市调研生态保护工作

"六五"世界环境日期间，市长助理、环保局长邹光平向绿色学校赠送图书

2005年3月31日，市委、市政府召开全市创建环保模范城市暨实施碧水蓝天行动计划动员大会

2005年全市环保系统第一届乒乓球赛

淄博市房

团结务实的领导班子

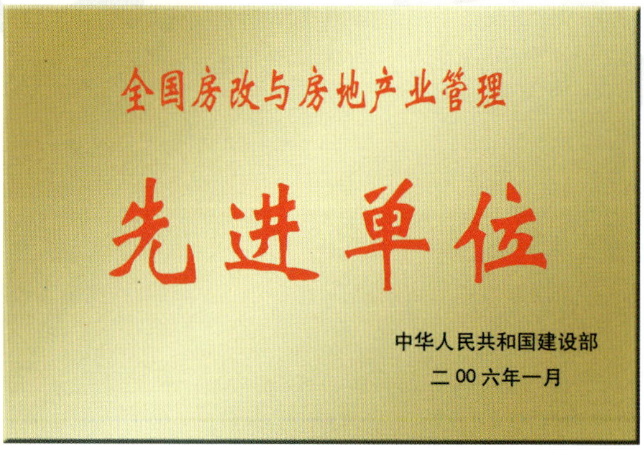

权属登记管理系统实现网络化、数字化、信息化

省建设厅房地产产业处领导在拆迁现场视察

淄博市房产管理局主管全市的房产管理工作，几年来，市房管局在市委、市政府的正确领导下，以邓小平理论和“三个代表”重要思想为指导，全面贯彻党的十六大和十六届三中、四中、五中全会精神，牢固树立和落实科学发展观，努力推动住宅与房地产业的健康持续发展，各项工作又上了一个新的台阶。进一步加强了产权产籍管理，实现了房产交易、权属登记的网络化、信息化，全市全年共发放房产证7.12万本，发证面积达1607万平方米；积极推进安康居住工程，全面启动了廉租住房制度，完成了52.3万平方米经济适用住房建设计划，解决了社会弱势群体的住房问题；房地产市场进一步规范，继续保持了健康、快速的发展态势。全年房地产市场交易面积达994万平方米，交易额107亿元，全市城镇人均居住面积达到15.72平方米；物业管理水平进一步提高，全市的物业管理覆盖率已达67%，市场化、法制化、规范化的物业管理体制逐步建立；房屋拆迁依法得到加强，基本保持了规范、依法、稳定的局面，为城市建设和社会稳定做出了积极的贡献。2006年1月9日，市房管局被国家建设部评为全国房改和房地产业管理先进单位，淄博市的房产管理工作已经步入全国先进行列。

产管理局

2006年全市房产管理工作会议

表彰2005年度房产管理工作先进单位

物业管理工作，驶入规范化、法制化轨道

2006年3月26日，全市最大的经济适用住房项目——奥林新城开工奠基

山东省建设厅党组书记、厅长杨焕彩在副市长宋锡坤的陪同下到"2005淄博房地产展示交易会"现场指导工作

市房管局到对口扶贫村送去党的温暖

淄博市人民

党组书记、主任　周祖兴

国家人防办副主任王胜利视察淄博市人防工程

省人防办主任张兆启视察淄博市人防工程建设

市委副书记、市长刘慧晏听取人防建设情况汇报

市政府副市长宋锡坤听取新一轮人防规划汇报

防空办公室

办公大楼

团结奋进的领导集体

新建成的市人防指挥中心

“十五”期间，市人防办以“三个代表”重要思想和科学发展观为指导，以新时期军事战略方针为统揽，与时俱进，开拓进取，人防组织指挥、通信警报、工程建设、行政执法、平战结合等项重点工作，均跨入全省乃至全国先进行列。

着眼于新时期军事斗争准备，构建设备先进、高效灵敏的市人防指挥中心，修建适应战时要求的市人防指挥所，启动市级首脑机关疏散基地建设，形成了市、区、街道三级防空袭方案体系；建立人防无线通信网，在全省率先实现全市范围内警报器联动、固定指挥与移动指挥联控、室外警报网络与广播电视系统联网，连续7年成功举行防空警报试鸣活动，警报设施完好率保持100%，城区警报音响覆盖率达到98%；颁布实施《淄博市人民防空工程建设管理条例》，人防法制建设日趋完善；编制了人防建设规划，建立健全人防工程建设项目联审机制，行政执法力度不断加大，人防工程总量快速增加；平战结合工程利用率达65%，创产值或营业额4.17亿元，利润3148万元，税收1655万元；“准军事化”机关建设不断加强，人防队伍素质大为提高，政风行风明显好转，推进全市人防事业又快又好发展。市人防办先后荣获全省人防系统先进单位、全省人防系统行政执法工作先进单位、全省人防系统组织指挥先进单位、全省防空警报社会化管理先进单位、人民防空教育先进单位，全市招商引资先进单位、军队转业干部安置工作先进单位、消防安全先进集体、市直机关文明单位、先进基层党组织等荣誉称号，连续在第四次、第五次全国人民防空会议上被授予全国人民防空先进单位，市人防办党组书记、主任周祖兴被评为全国人民防空先进个人。

市人大常委会主任会议组成人员视察市级首脑机关人防疏散基地

淄博物价风采

市物价局党组书记、局长　宋建设

2005年，全市各级物价部门坚持以科学发展观统领物价工作，团结实干，勇于创新，与时俱进，紧紧围绕优化经济环境，促进地方经济发展这一中心任务，着力规范市场价格秩序，狠抓清费治乱减负，不断深化价格改革，主动搞好价格服务，全面推行价格和收费公示制度，进一步加强基层价格监督网络建设，依法履行了价格管理职能，为保持市场物价稳定，安定人民生活，促进经济和社会各项事业健康发展，做出了积极贡献。市、区县物价局分别获得全国农产品成本调查工作优秀集体、全国价格鉴证工作先进单位、全国先进价格认证中心、省级文明机关、全省价格研究工作先进集体、全省物价系统“四五”普法暨依法行政工作先进集体、全省价格信息服务工作先进单位、全省价格监测优秀单位、全省价格监督检查先进集体、全省价格和收费公示工作先进集体等23项国家、省级集体荣誉。

市物价局召开价格听证会

淄川区依法做好价格投诉举报查处工作

市暨张店区联合进行价格法制宣传活动

全市价格监督进社区现场会在临淄区召开

博山区加强物价系统行风建设

高新区规范涉农收费（价格）公示

桓台县现场进行涉案物品价格鉴证

沂源县进行“规范标价，诚信为本”宣传

高青县注重企事业物价员工作网络建设

周村区现场进行车损价格认证工作

淄博市劳动和社会保障局

党委书记、局长　赵荣生

2005年，全市各级劳动保障部门以开展保持共产党员先进性教育活动为动力，认真落实科学发展观，紧紧围绕构建社会主义和谐社会，坚持不断解放思想、开拓创新、扎实工作，劳动保障事业在促进经济发展、维护社会稳定、保障劳动者合法权益方面发挥了重要作用。帮扶下岗失业人员再就业、企业退休人员社会化管理服务、高技能人才队伍建设、社会保险费一票征缴、劳动保障执法检查等工作有了新的突破，在全省乃至全国展示了淄博的工作风采，树立了淄博的良好形象。2005年，省政府、省劳动保障厅先后在淄博召开下岗失业人员小额担保贷款、企业退休人员社会化管理服务和医疗保险目标规范化管理等3个现场会，推广淄博市的经验做法。“金保工程”建设、劳动保障专项执法检查、“西输东接”工程、服务窗口建设等工作先后受到劳动和社会保障部、省政府、省劳动和社会保障厅表彰。

市委副书记、市长刘慧晏在该局视察

『春风行动』组织农民工专场招聘会

市委副书记、副市长周清利看望交通协管员

万名企业退休人员大型广场展示活动

淄博市气象局

党组书记、局长：贺业坤

防雷工作人员在建筑施工工地进行防雷检测

副市长吴明君到市气象局视察工作

市气象局、市公安局成立气象安全防范联合办公室暨市气象局气象执法机动大队

市气象台召开高温天气新闻通报会

淄博市气象局是全市气象工作的主管机构，依法履行淄博行政区域内气象工作的政府行政管理职能。2005年，在省气象局和市委、市政府的领导下，开展灾害性天气的落区预报和临近预报，发布气象灾害预警信号，为各级政府指挥抢险救灾提供科学决策依据，保障人民群众生命财产安全和社会稳定。建成人工影响天气作业指挥系统，近5年全市防雹作业累计防护面积39337平方公里，减少损失88845.6万元；增雨作业累计受益面积22560平方公里，增加降水17837立方米。开展空气污染、紫外线等指数预报，拓宽了预报服务领域。开展“12121”电话声讯、手机短信和网络等气象服务项目。气象法制建设不断加强，“十五”期间市人大常委会颁布了《淄博市雷电灾害防御管理办法》，2005年淄博市气象局与市公安局联合成立气象安全防范联合办公室，市局组建淄博市气象执法机动大队，及时查处违法案件，有效防范各类气象安全事故的发生。到2005年底，淄博市气象局和所辖的博山、淄川、沂源、桓台、高青等区县气象局先后成为市级文明单位。5年来，全市气象部门被国家气象局、省气象局和县级以上党委政府评为各类先进集体累计37次，其中省部级1次、地厅级先进单位9次。被评为各类先进工作者57人次，其中地厅级10人次。被评为优秀共产党员12人次。

开展人工防雹增雨作业

山东鲁宝冶金股份有限公司

董事长、总经理　王勉山

山东鲁宝冶金股份有限公司坐落在素有“天下第一村”之称的淄博市周村区，北邻济青高速公路，南依胶济铁路和309国道，交通、通讯便利，地理条件优越。鲁宝公司始建于1977年，1996年经山东省人民政府批准成为规范化股份制企业，拥有自营进出口权，通过了ISO 9002国际质量体系认证。公司下设淄博市周村社会福利弹簧板厂、淄博精密钢管厂、淄博不锈钢材加工厂、淄博轧钢厂、鲁宝加油站、鲁宝宾馆及劳动服务公司。现有总资产8600万元，员工281人，其中高中级技术人员86名，占地面积8.6万平方米。2005年实现销售收入2.5亿元。“鲁宝”牌产品远销国际市场和国内20多个省市和地区，深受用户青睐。

地址：山东省淄博市周村区丝绸路168号
电话：0533－6182868　6182856　6182633　6181471
传真：0533－6180411
邮编：255300
网址：http://www.lubaosd.com
E-mail：lubao@lubaosd.com

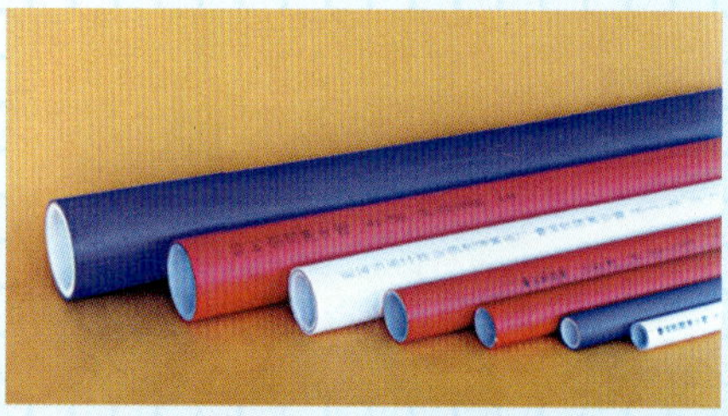

铝塑复合管

冷拔油、汽缸钢管

不锈钢冷轧钢带

高频焊方管、矩型管

特　　载

在市委工作会议上的讲话

（2005 年 7 月 13 日）

市委书记　张建国

同志们：

这次市委工作会议，是一次深入贯彻全省科学发展情况交流现场会精神，树立和落实科学发展观的会议；是一次总结工作，分析形势，明确任务，进一步解放思想、干事创业、加快发展的会议；也是前两年市委工作会议以来，又一次再动员、再鼓劲、再部署、再落实的十分重要的会议。市委理论学习中心组读书会也一并在此期间进行。会议的主要任务是，总结工作，交流情况，加强学习，动员全市上下思想再解放，措施再强化，领导再加强，努力开创各项工作新局面。

几天以来，我们先后看了高青、周村、沂源、淄川四个区县的发展情况，听取了和谐社会建设的专题讲座，进行了集中学习，各区县、市高新区进行了交流发言。大家边看边学边议，感触很多，一致认为收获很大，启发很大，教育很大。从汇总的情况看，主要收获有三条：一是更加真切地感受到了全市的大发展大变化。一路看下来，处处是新的经济增长点，处处是火热的发展场面，处处是和谐稳定、科学发展的新景象。眼见为实，看比讲更有说服力。二是相互交流了科学发展的好思路好做法好经验。各区县基础条件和发展水平不同，但干部群众精神状态好，都在努力想干、会干、干好，确实干出了实绩、干出了水平、干出了经验。三是进一步增强了干事创业的信心决心责任心。大家纷纷表示，回去后要比着干、摽着干，苦干实干，干出成绩，干出水平。大家一致认为，这次会议非常成功，必将对全市经济社会发展产生重大影响。

慧晏同志还要对经济社会发展作出具体部署。这里，根据常委研究的精神，我就进一步解放思想、强化措施、加强领导讲几点意见。

一、正确分析形势，切实增强加快发展的危机感紧迫感责任感

今年以来，在省委、省政府的正确领导下，全市各级坚持以科学发展观统领全局，紧紧围绕“三个关键”“六个突破”的工作重点，解放思想，干事创业，促进了经济社会更快更好和谐发展。呈现出几个显著特点：一是发展速度持续加快。预计上半年，地区生产总值 700 亿元以上，增长 17%左右；规模以上工业销售收入 1256 亿元，增长 42%；外贸出口 9.6 亿美元，增长 56.6%；社会消费品零售总额 178.7 亿元，增长 16.8%；夏粮面积、总产、单产实现三增加。市高新区生产总值增长 30%以上，高青、沂源超过 20%，临淄生产总值增长 25%以上、工业总产值增长 74.8%。二是发展质量稳步提升。三次产业结构进一步优化，高新技术产业快速发展，经济效益大幅度提高。预计上半年，全市地方财政收入 29.61 亿元，同比增长 26.29%；规模以上工业利润 81.78 亿元，增长 57.37%；高新技术产业产值占比 26.39%，比去年末提高 1.42 个百分点。三年来，高青、沂源一产占比分别下降了 15.8 和 10.7 个百分点，张店、周村三产占比逐年提升到 41.2%和 42.8%。各区县都着力培植了一批支柱产业、大企业和名牌产品集群，东岳、万杰、鲁泰、博汇、宏达等一批骨干企业更加壮大，绿色制冷剂、色织布等 70 多个产品质量规模居全国第一。三是发展后劲进一步增强。上半年，全市规模以上固定资产投资 315.39 亿元，增长 39.3%；在建投资额 1000 万元以上的项目 921 个，其中，过亿元的 211 个，过 10 亿元的 8 个。实际利用外资 1.98 亿美元，增长 22.3%。桓台工业生产性固定资产投资增长 77%，张店利用外资增长 1.67 倍，博山增长 94.4%。各区县都上了一批大项目、好项目。这次参观的高青的鲁群纺织、富欣新材料，周村的同森木业、天浩织染，沂源的药用玻璃、陶瓷纤维，淄川的轻型汽车等，都规模比较大、技术含量比较高、带动力比较强。四是城乡面貌明显改善。各级坚持以人为本，高起点、高水平、高效能进行城市规划建设管理。开展环境综合整治，实施碧水蓝天行动计划，城乡面貌焕然一新。博沂路、张博路复线等一批骨干道路开工建设，胶王路等六条绿色通道改造升级，多处垃圾污水处理、地下管网等基础设施建成使用，沂河源水景公园、火炬公园等一批城市景观落成，以及普遍实施的小街巷改造工程、灯亮工程、村村通油路工程等，都极大地丰富提升了城市功能和品位。五是社会更加文明和谐稳定。我市被正式确定为首批省级文明城市，并由省委、省政府推荐参评全国创建文明城市工作先进城市。劳动就业、社会保障、文化产业发展、农村新型合作医疗等社会事业，名列全省前茅。普通高考本科一批上线人数比上年增长一倍。城镇居民人均可支配收入 5746 元，农民人均现金收入 2668 元，分别增长 11.5%和 13.82%。全市金融机构存款余额突破千亿元，成为我市第四个过千亿的重要发展指标。"平安淄博"建设稳步推进,信访总量、刑事案件、群体性事件、安全事故全面下降,社会治安形势进一步好转。市委、市政府出台了加快和谐淄博建设的意见,和谐社会建设健康发展。六是先进性教育深入推进。圆满完成了第一批教育活动,第二批教育活动全面展开。我市在全省先进性教育活动总结动员大会上作了典型发言。干部队伍建设、基层组织建设、党风廉政建设等都与先进性教育活动有机结合,不断加强和提高。

几年来,吴邦国、贾庆林、黄菊、李长春、罗干等中央领导同志先后来我市视察,张高丽、韩寓群等省委、省政府领导多次来我市指导,都对我市的工作给予了充分肯定。一致的评价是,淄博的各级领导班子团结协调,干部群众的精神状态好,经济社会发展快,城乡面貌变化大。同时,对淄博的工作也提出了明确要求,给予殷切期望。国内外也看好淄博,国际友人、工商界人士、兄弟城市纷纷来我市考察,我市的影响力、吸引力不断增强。这种经济社会大发展、大变化、大提高的局面是大家干出来的。各级各部门讲政治,顾大局,开拓创新,扎实苦干,付出了巨大努力,做出了重大贡献。市委、市政府衷心感谢大家的工作,向同志们表示崇高的敬意!

近几年来的工作很不平凡,很不容易。我们紧紧咬住发展不放松,迎难而上,抢抓机遇,经受了种种考验,战胜了种种困难,积累了新的经验。发展的实践一次又一次说明,我们可以加快发展,可以科学发展,可以又快又好的发展。重要的是要做到:始终坚持以科学发展观统领全局。牢牢抓住发展这个第一要务,变压力为动力,变挑战为机遇,聚精会神搞建设,一心一意谋发展。始终坚持在解放思想中创造性开展工作。把中央和省委的精神与本地实际相结合,用心把握,用心工作,用心落实,不断创造,不断突破,不断推进。始终坚持抓住关键突破重点。积极适应宏观调控的新形势,把调整结构、深化改革、转变经济增长方式"三个关键"抓紧抓死,全力推动"三农"工作、服务业发展、对外开放、城市建设、环境建设、和谐社会建设的新突破。始终坚持营造加快发展的良好环境氛围。深入实施环境立市战略,努力创造风正气顺心齐、团结和谐稳定、为民务实清廉的良好发展环境,形成了人流物流竞相流入、人才技术踊跃汇集的喜人局面。始终坚持依靠机制和制度推进工作落实。建立健全"三个体系",实行目标层层分解,责任全程落实,压力逐级传导,执行力不断提高。始终坚持加强执政能力建设。各级领导班子和领导干部善于在干中学习,在干中锻炼,在干中提高,广大干部越干越想干,越干越会干,越干越有水平。以上"六个坚持",是我们科学发展的宝贵精神财富,必须十分珍惜,继续发扬下去。

加快发展是一个不断前进、不断突破、不断实现新目标的过程。在新的阶段、新的平台、新的起点上,市委、市政府更多思考和研究的是如何抓住机遇,乘势而上,实现新的更大发展。去年以来,我们先后组织大家考察学习了省科学发展情况交流现场会观摩的11个城市,进一步感受到了发展的氛围越来越浓、城市间的竞争越来越激烈。认真反思我们的工作,感到成绩固然可喜,但挑战和压力更大。几个主要的方面为:一是上新创新的压力大。今年前5个月,全省规模以上固定资产投资增幅为57.8%,潍坊、滨州、菏泽等超过70%。由于种种原因,我市今年固定资产投资趋缓,招商引资进展乏力,新项目、大项目明显偏少。5月份市委、市政府调度会以后,招商引资工作明显好转。但与先进城市相比,仍有较大差距。二是结构调整的压力大。在新一轮发展中,我市冶金、建材、能源三大领域的投资占全部工业投资的比重达到40%以上,基础型、原材料型结构有进一步加重的趋势。这些领域属于国家重点调控的领域,而且受煤炭、石油、矿石等原材料价格高位运行的影响较大。很多企业处于"两头受挤"的地步,盈利空间缩小,扩大再生产受到限制。结构调整的任务从来没有像现在这样艰巨。三是城市建设的压力大。面对兄弟城市的大规模建设和周边城市的快速扩张,淄博老工业城市的规模优势、功能优势、要素辐射优势等有趋于弱化的危险。如何改造提升老城区,加快建设新城区,大幅度提高整个城市的承载力、辐射力、影响力,变得现实而紧迫。四是县域经济发展的压力大。先进城市快速发展的一个显著特点,是不断涌现出一批生龙活虎、跨越发展的强市强县。2004年,全省30强地方财政收入过10亿元的3个、过8亿元的8个,我市最高的临淄仅列第13位;低于5亿元的8个,其中我市占了3个。两年来,邹平、章丘、新泰在全国百强县的排名前进了十几位、二十几位。高塘县仅用10年的时间,就由聊城的倒数第一跃升至正数第一,地方财政收入由全省80多位上升到29位。潍坊市县域经济占全部经济总量的比重高达86%。相比而言,我市县域经济发展不够快、不够好,有的区县几年来甚至位次后移。这种状况亟需扭转。五是和谐稳定的压力大。从总体上看,今后十几年既是重要战略机遇期,又是社会矛盾凸现期。作为一个老工业城市,在经济快速发展的过程中,文化、教育、卫生、劳动保障等社会事业同步推进的成本高、任务重,化解矛盾、保障安全、保持稳定的考验多、难度大。

面对兄弟城市咄咄逼人的发展态势,我们必须变压力为动力,进一步增强加快发展的危机感紧迫感责任感。胡锦涛总书记指出,解决许多矛盾和问题,包括构建社会主义和谐社会面临的许多矛盾和问题,关键还是要靠发展。各级要有很强的忧患意识。要看到标兵在腾飞,追兵在逼近。我们确实已经到了不进则退、慢进也是退、甚至无路可退的发展关口。必须承认差距,正视不足,加压奋进。各级要有很强的机遇意识。加快发展是机遇,宏观调控也是机遇。机遇总是蕴含在对政策的把握中,总是出现在实干苦干的实践中,总是表现为按客观规律办事。宏观调控两年来,我们遇到的难题最多、制约最大,但这两年恰恰是我们干得最好、发展最快、变化最大的两年。必须抓住当前天时地利人和的有利时机,更加坚定地贯彻落实宏观调控政策,更加自觉地按客观规律办事,更加努力地工作,推动经济社会又快又好发展。各级要有很强的创新意识。勇于创新是事业发展的不竭动力。必须坚决摒弃因循守旧、四平八稳的思维定式,多一点风险意识,多一些闯劲钻劲,多一点责任感。根据新形势新情况新要求,创新政策措施,创新工作方式,创新领导方法,使各项工作永葆生机活力。各级要有很强的能动意识。人始终是生产力中最活跃的因素。面对大的环境和政策,发展快慢、发展好坏,一切事在人为。我们的基础很好,条件不错,要把发展优势发挥到极致,把工作潜能挖掘到极致,把创业热情释放到极致,瞄准先进,奋力赶超,干出气势,干出水平。

二、强化工作措施,努力创造加快发展的新优势新业绩新局面

基于对当前形势的认识,今后一段时间,全市经济社会发展的总体要求是:狠抓"三个关键",推动"六个突破",突出抓好"四个重点问题"。其中,"三个关键""六个突破"是全市经济工作会议和市九届七次全委会议提出的总体要求;集中抓好县域经济发展、大企业发展、招商引资、节约型社会建设"四个重点问题",是针对当前经济社会发展实际,需要抓紧研究落实的工作措施。

第一,狠抓"三个关键",努力增创发展新优势。坚持抓调整增活力,抓改革增动力,抓转变经济增长方式提升核心竞争力，是加快经济社会发展的关键所在。对于"三个关键"，任何时候都不能忽视、不能动摇，切实加大推进力度。一是加大结构调整力度。立足我市现有产业基础，结合发挥青岛龙头作用、发挥济南省会城市作用，集中抓好三个"千亿产业"，抓好"双百工程"，抓好名牌产品集群。石油化工、新材料、机电装备三个产业，集成度高，技术水平高，比较优势明显。要科学规划，政策倾斜，集中培植，力争经过几年努力，促进工业总产值分别超千亿。同时，继续抓好医药、纺织、高档建材等产业的发展。"双百工程"已经连续抓了三年，成效很大，效果明显。要进一步加大政策支持力度，加强工作调度，着力培植一批大企业大集团。要进一步实施名牌带动战略，集中必要的人财物力，培植名牌、引进名牌、宣传名牌、推介名牌、保护名牌。力争三年内，全市省级以上名牌产品和著名商标达到200个以上，名牌产品产值占比达到40%以上。要继续加快高新技术产业发展，确保高新技术产业产值占比每年提高2个百分点。二是加大体制改革力度。改革的侧重点要放在消除经济发展的体制性机制性障碍上。要大力推进国有资产战略性重组，排出一批企业，包括国有控股上市公司，制定鼓励政策，下决心引进战略投资者。全面开展新一轮产权制度改革，进一步明晰产权，优化机制，加快建立现代企业制度。大力推进要素配置的市场化改革，加快基础设施和城市公用事业领域的市场化步伐，进一步完善重大项目招投标制度，加快要素市场建设。以"三年倍增"计划和"三强"竞赛活动为抓手，突出抓好服务体系建设，促进民营经济快速发展。三是加大转变经济增长方式力度。要加强企业自主创新能力建设，鼓励扶持大型企业建立国家级和省级研发中心，中小企业普遍建立技术依托，促进自主知识产权核心技术研发、关键技术引进消化吸收和新工艺、新材料的应用。着力促进园区经济发展，重点抓好市高新区和齐鲁化工区，力争3年内两区技工贸总收入分别达到500亿元。各类省级开发区也要年年上台阶。要大力发展循环经济，重点是节能降耗、清洁生产和资源循环利用。近期要选择几个行业、园区和部分企业，开展循环经济试点。要特别注重加强人才队伍建设。进一步加大劳动力培训力度，扩大"阳光培训工程"和"金蓝领培训工程"覆盖面，不断提高劳动者素质。进一步加强人才引进、培训和使用，坚持"四个尊重"，全面落实人才政策，加快建立适应改革发展需要的科技人才队伍、经营管理人才队伍和高技能人才队伍。进一步加强企业家队伍建设，优化结构，提升素质，加强保护，营造氛围，调动企业家干事创业的积极性，造就一支宏大的企业家队伍。

第二，全力推动"六个突破"，努力创造发展新业绩。"六个突破"是贯穿今后几年我市经济社会发展的总体要求和工作部署，今年务必要有实质性进展，取得明显成效。一是"三农"工作要取得明显成效。坚持把解决"三农"问题作为全党工作的重中之重，紧紧围绕三个百万亩基地和三大主导产业建设，以增加农民收入为主线，坚持城乡统筹，落实党的农村政策，提高农业综合生产能力，确保农村经济稳步发展。近期要集中研究小城镇发展问题，制定促进小城镇发展的政策意见和扶持措施。二是服务业发展要取得明显成效。以物流、旅游和金融保险为重点，加快发展现代服务业，逐步把我市建成全国重要的物流节点、全省重要的旅游城市和全省最佳金融生态区。改造提升现有大型批发市场，搞活商贸流通企业，不断增强我市商品流通的辐射带动能力。突出抓好流通重点项目建设，确保按期竣工达效。并创造条件，帮助企业吸引人流物流，营造人气商气，做到建一个旺一个，建一个火一个。三是对外开放要取得明显成效。加大招商引资力度，抓住国际资本和产业转移的时机，引进一批新的更大的外资项目，继续保持利用外资的良好发展势头。积极应对外贸出口遇到的新情况、新问题，着力解决好出口退税、国际贸易争端等制约因素，千方百计保持外贸出口较快增长。积极发展加工贸易，加强国际经济技术合作。四是城市建设要取得明显成效。必须进一步强调城市规划的科学性、严肃性，确保一以贯之地严格执行。继续加大基础设施建设力度，重点搞好道路、水电气暖、污水垃圾处理和公共交通设施建设。抓住当前有利时机，加快推进新区建设，年内完成"两纵四横"道路及沿路管网建设及绿化，开工建设一批带动能力强的重点工程。新区建设力争一年起框架，两年有模样，早日成规模。同步推进旧城综合改造，每年集中改造几个片区，力争几年内使旧城区面貌有一个大的改观。我市城市建设要突出绿化特色，按照城内建精品、城外增绿量的思路，集中建设城区公共绿地、绿化景观、环城绿化带、森林屏障和组团间绿色走廊，积极创建国家级园林城市。进一步加强城市管理，搞好城市综合整治，提高效能和水平。加快城建投融资体制改革，综合运用政府投入、招商引资、发行债券、BOT、TOT等形式，加大投入力度。五是环境建设要取得明显成效。坚持把环境建设作为城市发展的生命线来抓，以铁的纪律、铁的手腕，集中解决企业和群众反映强烈的突出问题。积极推进政府管理体制改革和行政审批制度改革，精简事项，缩短流程，提高行政效率。严格执行收费检查审批核准制度，加快推行国库集中支付，规范机关补贴，遏制和杜绝"四乱"现象。各级党政机关特别是经济管理部门、司法执法部门，要把创造良好环境作为份内责任，正确处理严格执法与改善环境的关系，为企业服好务。要切实规范机关干部从政行为，建立健全执行责任追究办法和行政问责制实施办法，对于不作为、乱作为、设置障碍、故意刁难、贪赃枉法的人和事，发现一起处理一起。加强信用淄博建设，整合金融信用、司法信用、纳税信用、质量信用、劳动信用等各类信用资源，尽快形成全市一体化的信用评价体系。六是和谐社会建设要取得明显成效。认真落实加快和谐淄博建设的意见，以"三个文明"建设为基础，以社会事业发展为重点，以平安建设为保障，以十项民心工程为抓手，不断把和谐社会建设推向深入。要进一步加快劳动就业、社会保障、科技教育文化卫生体育等社会事业发展。加强"文明淄博"建设，巩固发展省级文明城市创建成果。扎实深入开展"平安淄博"建设，加强矛盾纠纷排查调处，正确处理人民内部矛盾，深入开展"严打"斗争，维护社会稳定。搞好安全生产，严防重大恶性事故发生。当前，要突出抓好十项民心工程。这十项民心工程涉及就业、保障、教育、卫生、吃住行等群众切身利益，要精心组织，立说立行，按期实现，取信于民。

第三，突出研究解决好四个重点问题，努力开创发展新局面。全市经济社会发展要立足当前，着眼长远，未雨绸缪。半年多来，结合多次参观学习和调研活动，市委、市政府认为，有这样几项重点工作要早研究、早安排、早部署。一是突出抓好县域经济发展。总的是要加大促强扶弱力度，扩大县级管理权限，整合区域资源，培育区域优势。要做大做强中心城区，下半年召开专题会议，集中研究中心城区发展问题。支持临淄争创全省第一强区，市政府对临淄的授权要落实到位。淄川、周村、桓台要巩固在全省30强的位置，博山要力争进入全省30强。进一步加大对高青、沂源扶持力度，两县要逐步进入全省中上游发展水平。二是突出抓好大企业发展。齐鲁、山铝、淄矿三大企业2004年共计完成销售收入472.34亿元，利税52.65亿元，分别占全市规模以上工业的25.1%和26.6%。"十一五"期间，三大企业都将新上一批大项目，总的销售收入有望达到千亿元。要采取更加有效的措施，进一步加强对三大企业的服务和联系合作，促进三大企业更快发展，并带动地方工业配套发展。东岳、万杰、鲁泰、山玻、博汇、宏达6家企业是正处于高速增长期的骨干企业。“十一五”期间，6家企业项目投资将达300亿元，可实现销售收入近千亿元。对这六个重要增长极，要实行领导挂包责任制，促进快速膨胀发展。三是突出抓好招商引资。总的要求是目标不降，任务不变，力度不减。要强化招商引资责任制，严格考核，兑现奖惩，实行一票否决。要切实转变招商引资方式，采取更加灵活务实开放的形式，注重专业化招商、园区招商、大企业招商，注重引进“国字号”大企业和世界500强企业，注重引进高新技术项目和自主知识产权项目，增强招商引资的实效性和对产业结构调整的带动力。四是突出抓好节约型社会建设。把节约型社会建设纳入经济社会发展规划，制定完善促进节约型社会建设的政策法规。广泛开展创建节约型政府、节约型企业、节约型社区活动，提高全社会节约意识。加强节水、节能、节材、节地和资源综合利用，提高可持续发展能力。加强生态市建设，加快实施蓝天碧水行动计划，全面开展结构性污染治理工作，加大污水、垃圾、废弃物处理能力和大气治理力度，争创全国环保模范城。进一步加强大绿化、大生态建设，切实做好水土保持、生态恢复、植树造林，实现人与自然和谐相处。对上述四个重点问题，要认真调查分析，提出对策建议，一个一个的研究，一个一个的落实，一个一个的取得实效。

三、加强执政能力建设，促进各项工作再落实再创新再提高

增强加快发展的危机感紧迫感责任感，创造加快发展的新优势新业绩新局面，需要各级任务落实再落实，工作创新再创新，能力提高再提高。加快发展、科学发展，关键在班子，关键在干部，关键在人。必须继续抓紧抓好党的执政能力建设，为加快发展、科学发展提供坚强的思想作风组织保障。

第一，坚持自加压力，保持奋发有为的精神状态。改革发展的关键时刻，考验的是人的意志品质和精神状态。越是压力大、困难多，越要振奋精神、自强不息、坚韧不拔。从总体上看，我市干部队伍的精神状态是好的，但也出现了一些值得警惕的现象。有的干部不扎实、不实干，不专心、不安心，心情浮躁，心思不在工作上。这些现象危害很大，对事业、对工作、对干部个人都没有好处。我们必须反复强调，干工作不能自满、不能分心、不能观望。一自满就可能退位于人，一分心就可能落后于人，一观望就可能丧失机遇。各级领导干部要树立强烈的事业心、责任感，把全部精力和心思用到工作上，把精神状态调整到最佳，把智慧和力量化作事业发展的战斗力、凝聚力、生产力。要树立正确的用人导向，坚持在干事创业中考察干部、识别干部、使用干部。对坚持原则、干事创业、清正廉洁的，要关心、支持、保护；对光说不干、花拳绣腿、推卸责任、贪图安逸的，要该批评的批评，该调整的调整；对违法乱纪、造谣滋事、妨碍干事、闹不团结的，要严肃查处。真正在全市进一步形成干事创业的受到尊重、改革创新的受到保护、工作失误的得到理解、消极等待的受到鞭策的浓厚氛围，使昂扬向上、不屈不挠、奋发有为始终成为干部队伍的精神主流。

第二，以科学发展观为统领，增强驾驭经济社会发展能力。面对发展重任，会不会干，能不能干好，体现的是能力和水平。有的个别班子和干部思路不清、措施不力、办法不多、效率不高，迟迟打不开工作局面。这种状况必须尽快予以改变。加强能力建设，要在强化科学发展观上下功夫。不断加深对科学发展观的认识，增强按客观规律办事的自觉性。凡是符合科学发展观的，就全力以赴地做；凡不符合的，就毫不迟疑地改，切实做到事业发展又快又好。要在统揽全局上下功夫。善于从全局和战略上思考问题，善于想大事、议大事、抓大事，善于处理难点问题、复杂问题，真正做到站得高、看得远、想得深、抓得准。要在统筹协调发展上下功夫。准确把握五个统筹的科学内涵，既要创造条件加快发展，又要防止盲目攀比；既要追求总量增加，又要注重结构质量效益；既要集中精力抓经济，又要促进社会全面进步；既要加快城市建设，又要繁荣发展农村事业；既要干好当前，又要实现可持续发展。要在学习上下功夫。各级领导干部要把学习看得很重，抓得很紧，一天也不放松地学习，不断增强自身理论素养和科学文化素质，提高运用马克思主义的立场观点方法解决问题的能力，增强工作的科学性、系统性、预见性。我们这次读书会专题学习了和谐社会建设的相关知识。今后，要根据经济社会发展的需要，组织更多的专题学习，一个一个的研讨，一个一个的弄懂，学深学透，学以致用。

第三，狠抓工作创新，提高工作水平。吴邦国同志来我市和山东视察时，重点强调了创新问题。强调工作创新，具有很强的针对性。目前，在具体工作中，有的干部安于现状、不动脑筋，求稳怕乱、不求上进，死卡硬套、不负责任。这与加快发展的要求南辕北辙、极不相称。要在全社会特别是机关工作中，大力倡导创新精神，推动事事创新、时时创新、人人创新，形成创新发展的浓厚氛围。要创新工作思路。虚心向先进城市学习，向先进典型学习，向实践和群众学习，结合自身实际，丰富完善发展思路。找准发展优势，调高目标定位，提升工作标杆，争创一流工作。要创新工作方式。深入研究分析问题，尊重科学、尊重实践，把握规律性，避免盲目性。看准的事情，就要盯紧抓牢，干实干好。政策之内抢着干，政策之外探索干，别人没干的大胆干。做到既不与政策“撞车”，又不使发展“卡壳”，绝不能因机械死板地照、转、搬、套而丧失发展机遇。要创新工作机制。进一步健全完善“三个体系”，加强科学决策，加强目标管理，加强监督考核，提高机关执行力。让想干事的有机会，能干事的有舞台，干成事的有地位，推动形成创新发展、敢为人先、充满活力、生机勃勃的工作局面。

第四，以先进性教育为契机，全面推进党的建设。按照中央和省委的部署要求，我们圆满完成了第一批先进性教育活动，第二批先进性教育活动正在扎实开展。要巩固发展第一批先进性教育成果，切实抓好第二批先进性教育活动，不断提高党员素质，增强各级党组织凝聚力、向心力、战斗力。要加强思想政治建设。始终抓住理论武装这个根本，坚持用邓小平理论和“三个代表”重要思想武装头脑，在思想上、政治上、行动上与党中央保持高度一致。要加强领导班子和干部队伍建设。讲政治，讲大局，讲团结，讲纪律，以领导班子的团结带动方方面面的团结，在全社会继续营造团结和谐稳定的浓厚氛围。要加强基层组织建设。坚持重视基层，建设基层，深化“强基工程”，真正把基层基础工作筑牢夯实。要加强党风廉政建设。抓教育，抓制度，抓查处，加大反腐倡廉力度。各级领导干部要牢记“两个务必”，常修为政之德，常思贪欲之害，常怀律己之心，切实做到为民务实清廉。要切实做好新形势下群众工作。坚持相信群众，依靠群众，宣传群众，发动群众，改进思想政治工作，疏通与群众的联系渠道，解决好群众最现实、最关心、最直接的实际问题，充分调动人民群众的积极性、创造性。

第五，坚持真抓实干，促进工作落实。思路决定出路，实干决定成效。当前工作千头万绪，一件一件都要落到实处。我们确定的每一项任务，部署的每一项工作，提出的每一项措施，都要明确目标、明确责任、明确人员、明确时限，有部署、有检查、有奖惩，一抓到底，抓出实效。上半年已经过去了。要按照“三个体系”的要求，从市委常委、各市长做起，各级都要检查岗位目标履行情况，看看哪些任务没有完成，哪些工作还没有到位，抓紧自查自纠自补。下半年，我市还有几项大的活动。9月份，举办第四届国际新材料技术论坛，举行我市建市50周年系列庆祝活动。10月份，举办国际陶瓷博览会和第十三届世界瓷砖大会。要以迎接这几个重大活动为契机，加快相关项目建设和工程进度，加大环境治理力度，提高整体工作水平。从现在起，各级要再努力，再加劲，确保完成全年发展任务。明年是“十一五”计划的开局年。要早谋划、早打算，编制好“十一五”规划，为我市中长期更快更好发展提供战略指向。

同志们，加快淄博发展，任务艰巨，时不我待。我们要在省委、省政府的正确领导下，牢记使命与责任，全面落实科学发展观，以更高境界要求自己，以更高目标鞭策自己，以更强危机感警示自己，思想再解放，措施再强化，领导再加强，努力实现经济社会更快更好和谐发展。

政府工作报告

——2006年2月15日在淄博市第十二届人民代表大会第四次会议上

市长　刘慧晏

各位代表：

现在，我代表市人民政府，向大会作政府工作报告，请予审议，并请市政协委员和其他列席人员提出意见。

一、“十五”时期经济社会发展回顾

世纪之初的五年，是我市改革开放和社会主义现代化建设承前启后、与时俱进、加快发展的五年。在中共淄博市委的坚强领导下，在历届市领导班子打下的良好基础上，各级政府团结和依靠全市人民，高举邓小平理论和“三个代表”重要思想伟大旗帜，认真贯彻党的十六大和十六届三中、四中、五中全会精神，坚持以科学发展观统领全局，全面落实省市委各项工作部署，紧紧围绕建设经济强市、文化大市、绿色城市，实现“两提前、一率先”的奋斗目标，聚精会神搞建设，一心一意谋发展，“十五”计划确定的主要发展目标提前实现，工业化、城市化、市场化、国际化步伐明显加快，全市经济社会发展跃上新的平台，站在了一个新的起点上。

国民经济持续快速协调健康发展，综合实力大幅提升。五年来，全市经济在实现恢复性增长之后，进入快速健康发展的新阶段。2005年，全市实现地区生产总值1430.95亿元，是2000年的2.3倍，年均增长15.04%，人均生产总值达到4253美元；实现境内财政总收入160.59亿元，地方财政收入64.13亿元，分别是2000年的2.53倍和2.5倍，年均分别增长20.44%和20.1%；全市金融机构存款余额突破千亿元大关，达到1104.94亿元。“十五”期间，规模以上固定资产投资累计完成1939亿元，是“九五”的3倍，年均增长32.2%。我市综合实力列全国百强城市第47位，被评为中国投资环境50优城市。

结构调整步伐加快，经济素质和效益明显提高。始终坚持以结构调整为主线，努力促进农业调新调优、工业调高调强、服务业调大调活。通过实施工业“三〇工程”“双百工程”，主导产业、骨干企业和名牌产品的比较优势更加突出，工业企业效益大幅度提高。能源原材料与加工工业的比例由“九五”末的54.6∶45.4调整为45∶55。重点用能企业万元产值综合能耗五年降低18%。有7家企业入围全国1000家最大企业集团，年销售收入过10亿元的企业达到40家，其中过50亿元的6家。五年新增中国名牌11个、中国驰名商标9件。高新技术产业快速成长，占规模以上工业总产值的比重达到27%，比“九五”末提高13.5个百分点。国家“863”计划重大科技攻关项目——东岳集团离子膜等一批高新技术项目顺利实施，国家工业陶瓷材料工程技术研究中心被科技部批准组建，填补了省内工业领域工程技术研究中心的空白。我市被命名为国家科技进步先进城市、国家级新材料成果转化及产业化基地、国家火炬计划生物医药产业基地。淄博高新区发展步伐加快，齐鲁化工区启动建设，带动全市园区经济快速发展。坚持改造提升传统服务业和加快发展现代服务业并举，服务业增加值保持了年均12%以上的增长，多家国内外著名连锁企业落户淄博，一批大型商贸流通设施相继建成。以齐文化为代表的旅游开发力度加大，现代物流业发展开始起步，金融、保险、社区服务等现代服务业发展步伐加快。农业基础地位得到巩固，综合生产能力增强，畜牧、林果、蔬菜三大主导产业健康发展，产业化、标准化、基地化建设取得新进展。

改革开放向纵深推进，发展活力显著增强。扎实推进市场化取向的各项改革，着力消除制约发展的体制性机制性障碍。实施企业“二次改制”，积极推进困难企业资产重组，全市大中型企业基本建立起现代企业制度，投资主体多元化步伐加快。上市股票数达到15只，上市公司股权分置改革顺利推进。以TOT方式完成了市污水处理厂的市场化改革。放手发展民营经济，不断膨胀总量、提高质量，民营经济增加值占全部生产总值的比重达到57%，比“九五”末提高12个百分点。扎实推进农村税费改革，取消“三提五统”，全部免征农业税和除烟叶外的农业特产税，直接为农民减负4.5亿元。认真贯彻落实行政许可法，大力推行政务公开，加快政府职能转变，大幅度削减行政审批事项，市区两级行政服务中心相继组建运行，建立了政府发言人制度，建设开通了淄博市人民政府门户网站，服务型政府建设稳步推进。经营性用地使用权招拍挂制度、财政管理体制、国有资产管理体制、城市管理综合执法等各项改革逐步深化，粮食流通体制改革基本完成。积极把握和应对入世带来的新机遇、新挑战，坚持“市外即外”，大力开展招商引资和对外经贸活动，全方位、宽领域、多层次的对外开放格局基本形成。五年引进各类外来投资535亿

元，其中实际利用外资15.62亿美元，是“九五”的2.4倍；完成出口总值58.1亿美元，是“九五”的3.1倍。加强对外交流与合作，成功举办了五届“陶博会”和四届新材料技术论坛，为扩大开放创造了新的载体和平台。

城乡面貌发生巨大变化，统筹发展迈出新的步伐。坚持“三高”原则，加快推进城市化进程。围绕做大做强中心城区，规划并启动淄博新城区建设，目前骨干路网已基本形成，部分重点工程加紧规划设计并陆续开工。加快老城区改造步伐，高标准改造了世纪路、中润大道等一批城市道路，改造建设了淄博火车站广场及候车楼等一批重要基础设施。开展了全市城乡环境综合整治，完成了427条背街小巷治理。加快建设绿色城市，积极推进荒山绿化、平原绿化，完成了淄博人民公园、高新区火炬公园、桓台少海公园等一批精品园林建设和改造工程，基本建成了连接各城区间的“绿色通道”，五年新增城市绿地2392公顷，人均公共绿地面积达到11.1平方米；被命名为国家园林城市。启动实施生态市建设规划和碧水蓝天行动计划，新建和配套完善了一批城市污水处理设施，组织实施了孝妇河流域和沂河流域综合治理、中心城区近郊水泥企业搬迁及东部化工区治理等重大工程，下决心关停了一批能耗高、污染重的“土小”企业，全市环境质量明显改善，资源节约型、环境友好型社会建设迈出新步伐。五年来，完成了滨博高速淄博段、309国道淄博段、张博路附线及博沂路等一批骨干道路的改造建设，启动了济青高速南线建设，实施了引黄供水一期工程、城乡电网改造、引天然气入淄等重大基础设施项目，城市的承载力和辐射力明显增强。全面开展土地市场整顿，促进了土地资源的集约节约利用。进一步下放区县经济管理权限，对淄博高新区、齐鲁化工区实行授权管理，4个区县进入全省县域经济30强，突破高青、沂源取得明显进展。加大农村“水电路医学”等基础设施投入，农村电网建设改造投资14亿元，建设改造农村道路3200公里，基本实现村村通油路、通客车，解决了353个村的人畜饮水问题。全面落实对农民的“三补两减免”政策，为农村劳动力转移提供免费培训，五年转移农村劳动力33.3万人。建立了“以县为主”的农村义务教育管理体制，实施农村中小学布局调整和危房改造，落实了对农村经济困难学生的“两免一补”政策。完成了乡镇卫生院新一轮改貌和近千所农村卫生室的规范化改造，推行新型农村合作医疗试点，“参合”农民达到134万人。

人民生活水平明显提高，各项社会事业繁荣发展。深入组织实施“民心工程”，努力让广大人民群众在改革发展中得到更多实惠。认真落实促进就业再就业的各项优惠政策，五年累计新增就业再就业41万人。切实做好“两个确保”，搞好“三条保障线”的衔接，推进社会保障制度改革，扩大统筹覆盖面，提高保障标准，努力做到应保尽保。2005年，全市城市居民人均可支配收入和农民人均纯收入分别达到12032元和5107元，年均分别增长12.0%和9.5%。居民消费结构明显升级，城镇居民每百户拥有汽车、电脑、移动电话数分别比2000年增长了5.67倍、7.01倍和5.03倍。在经济快速健康发展的同时，各项社会事业繁荣发展。“十五”共取得各类科技成果677项，国家级、省级企业技术中心和工程技术研究中心分别达到5家、58家，完成了一批拥有自主知识产权的重大科研攻关项目。义务教育实施水平不断提高，高中段教育普及率达到89%，山东理工大学、淄博职业学院等12所高校相继组建，高校在校生规模达到9.28万人，人才强市战略深入推进。加强了疾病预防控制和突发公共卫生事件医疗救治“两个体系”建设，食品药品安全监督体系初步建立。文化大市建设取得丰硕成果，文化事业和文化产业繁荣发展，群众性精神文明创建活动丰富多彩，我市跨入首批省级文明城市行列。竞技体育水平进一步提高，第十四届亚运会和第十届全运会均创历史最好水平，实现了我市体育史上奥运金牌零的突破，群众性体育健身活动更加普及。临淄被国际足联认定为世界足球运动起源地。全面完成了人口与计划生育各项目标，出生人口素质进一步提高。坚持重心下移，切实做好信访和市民投诉工作，认真解决拖欠农民工工资以及征地、拆迁过程中损害群众利益的行为，强化社会治安综合治理，严厉打击各种违法犯罪活动，一刻也不放松地抓好安全生产，“平安淄博”建设取得新成效。我市先后荣获全国双拥模范城五连冠、中国优秀旅游城市、中国陶瓷名城等多项荣誉称号。民族宗教、外事、侨务、新闻出版、防震减灾、审计、统计、人防、气象、史志、档案、老龄、残疾人、民兵预备役等各项事业都取得了新成绩。

刚刚过去的2005年，全市人民认真贯彻党的十六大和十六届五中全会精神，埋头苦干，奋发进取，胜利地完成了市十二届人大三次会议确定的各项主要任务，实现了经济社会的又快又好发展。全市生产总值比上年增长17.1%，地方财政收入增长28.16%，规模以上固定资产投资增长37.8%，社会消费品零售总额增长15.9%，实际使用外商直接投资增长3.1%，出口增长39%，城镇登记失业率为3%，城市居民人均可支配收入增长20.8%，农民人均纯收入增长15.24%。

各位代表！五年的辉煌成就和巨大变化，来之不易，令人鼓舞。五年来，我们坚持解放思想，与时俱进，牢牢把握发展这个主题不动摇，视困难为机遇，变压力为动力，不断提升发展标杆，理清发展思路，一以贯之地抓落实、求突破，有力地推动了经济和社会各项事业的持续快速健康发展；五年来，我们正确判断形势，积极应对国际市场变化和宏观政策调整，高度重视化解社会转型带来的矛盾和压力，努力战胜非典、禽流感等重大疫情威胁，同心同德，干事创业，开创了各项工作的新局面；五年来，我们坚持抓重点、抓关键、抓亮点，坚持用改革的办法解决前进中的困难，用市场经济的手段抓经济工作，坚定不移地推动经济结构调整，着力解决经济社会发展中的深层次矛盾和问题，促进了老工业城市加快转型，培植了发展的新优势；五年来，我们坚持不懈地优化发展环境，深入实施“环境立市”战略，不断完善城市功能、提升城市形象，加快推进责任政府、法治政府、阳光政府和服务型政府建设，健全完善“三个体系”，大力提高行政效能，淄博的承载力、吸引力和辐射力不断增强；五年来，我们始终坚持以人为本，正确处理改革、发展、稳定的关系，着力解决人民群众最直接、最关心、最现实的利益问题，实施民心工程，真心诚意为人民群众办实事、办好事，促进了社会和谐稳定。今天的淄博，政通人和，人心思上，到处充满生机与活力。这样的大好局面，得益于省委、省政府和市委的正确领导，得益于各级人大、政协和社会各界的大力支持，是全市人民顽强拼搏、创新实干、共同努力的结果。在此，我代表市人民政府，向为淄博改革开放和现代化建设做出贡献的全市人民，向驻淄部队、武警官兵、政法干警和中央、省驻淄单位，向所有关心支持淄博发展的各界人士，表示衷心的感谢和崇高的敬意！

同时，也要清醒地看到，我市经济社会发展中还面临一些困难和矛盾，工作中还存在一些问题和差距，主要是：企业自主创新能力不强，结构性矛盾比较突出，增长方式比较粗放，能源、资源、环境压力较大；制约发展的体制性、机制性矛盾依然存在，对外开放的水平还不够高；农民增收的长效机制还没有完全建立，建设社会主义新农村任重道远；社会发展进入“矛盾凸显期”，就业、社会保障和维护社会稳定压力增加，促进社会和谐还有大量工作要做。同时，政府职能转变还不能很好地适应经济社会发展的需要，依法行政能力需要进一步加强，工作效率需要进一步提高，发展环境需要进一步优化。对这些困难和问题，我们将高度重视，并在今后的工作中努力加以解决。

二、“十一五”时期经济社会发展的目标任务

从今年开始，将进入第十一个五年规划时期。根据中共十六大、十六届五中全会精神和市委九届十次全会精神，市政府编制了《淄博市国民经济和社会发展第十一个五年规划纲要（草案）》。《纲要（草案）》及《说明》已印发大会，请一并予以审议。

“十一五”时期是淄博实现“两提前、一率先”目标攻坚决战的关键五年，是新的发展机遇期，也是新的挑战和考验期。面对新的形势，我们必须坚持以邓小平理论和“三个代表”重要思想为指导，以科学发展观统领全局，认真贯彻中共十六大和十六届四中、五中全会精神，全面落实省市委确定的发展目标和工作思路，牢牢把握发展第一要务，着力推进经济结构调整和经济增长方式转变，坚持以人为本，转变发展观念，创新发展模式，提高发展质量，深入实施科教兴市、结构调整、环境立市、经济国际化和城市化战略，努力在新的起点上开创经济社会发展的新局面，加快建设经济强市、文化大市、绿色城市，基本建成全面小康社会，为提前基本实现现代化，在山东中部率先崛起奠定坚实基础。根据这一指导思想，《纲要（草案）》提出“十一五”时期的主要任务和目标是：地区生产总值年均增长12%以上，在提前实现比2000年翻两番的基础上，力争2010年比2005年翻一番；地方财政收入年均增长16%以上，2010年比2005年翻一番，固定资产投资年均增长15%以上，社会消费品零售总额年均增长15%左右；万元GDP综合能耗降低20%以上；人口自然增长率控制在5‰以内；城镇登记失业率控制在4%以内；城市居民人均可支配收入和农民人均纯收入年均分别增长10%和8%以上。

在实现上述目标任务的基础上，再经过十年的努力，到2020年，全市生产总值和人均生产总值比2010年再翻一番，全市总体上基本实现现代化，使淄博成为经济全面繁荣、社会文明和谐、科技教育发达、人民生活富裕、生态环境优美的城市，充分展现“经济强市、文化大市、绿色城市”和现代化区域性中心城市的崭新形象，全面实现在山东中部率先崛起和老工业城市发展振兴的目标。

围绕实现上述目标任务，重点把握好以下几个方面的工作：

（一）统筹城乡发展，建设社会主义新农村。按照“生产发展、生活宽裕、乡风文明、村容整洁、管理民主”的要求，实行工业反哺农业、城市支持农村和“多予、少取、放活”的方针，繁荣发展农村经济和社会事业，扎实推进社会主义新农村建设。建立以工促农、以城带乡的良性互动机制，扩大公共财政覆盖农村的范围。加强农村基础设施建设，巩固和提高农村义务教育，建立健全农村公共卫生和基本医疗服务体系，不断改善农民生产生活条件。进一步完善农业补贴政策，稳定粮食生产，调整优化农业结构，大力发展农业产业化经营，发展农村二、三产业，大力开拓农村市场，积极有序转移农村劳动力，努力构建现代农业体系，形成农业投入稳定增长和农民收入持续增加的长效机制。加强小城镇建设，促进产业和人口集聚，加快推进农村城镇化进程。深化土地征用制度改革，切实保障农民土地权益。积极推进以乡镇机构、农村义务教育和县乡财政管理体制改革为重点的农村综合改革，深化农村金融和流通体制改革，切实增强农村经济社会发展活力。大力发展农村文化事业，加强乡村精神文明建设，使广大农民共享现代文明成果。

（二）推动产业结构优化升级，转变经济增长方式。着力增强自主创新能力，加快建设创新型城市，走好新型工业化道路，以信息化带动工业化，以自主创新提升产业技术水平，扎实推进产业结构调整，努力形成以高新技术产业为先导、先进制造业为支撑、服务业全面发展的产业格局。坚持盘活存量、扩大增量、提高质量并举，集中做大做强新材料、化工、医药三大比较优势产业，改造提升机械、冶金、建材、纺织服装四大传统产业，努力形成石油化工、氟硅材料、生物医药、装备制造、陶瓷建材、纺织服装六大特色优势产业集群，培植一批拥有自主知识产权和知名品牌、核心竞争力强的大企业集团，不断提升工业整体素质和竞争力。扎实推进、切实做好拉长产业链、提高配套能力和产业转移等战略性工作。以增加总量、提高比重、优化结构、拓宽领域、扩大就业为重点，大力繁荣发展服务业。积极发展建筑业。全面落实节约资源和保护环境的基本国策，大力发展循环经济，加强生态建设和保护，积极争创国家环保模范城市，努力实现节约发展、清洁发展、安全发展和可持续发展。

（三）促进改革开放，增强经济社会发展活力。坚持市场化改革方向，着重推进体制创新和制度建设，完善落实科学发展观的体制保障。加快行政管理体制改革，切实转变政府职能，继续深化国有企业和国有资产管理体制改革，大力发展非公有制经济。深化财税、投资、价格等体制改革，继续发展土地、技术、劳动力等要素市场，推进现代市场体系建设。坚持互利共赢原则，在更大范围、更广领域、更高层次上参与国际合作与竞争。与提升产业结构、管理水平、技术水平和促进区县域经济协调发展结合起来，更加积极有效地利用外资。加快转变外贸增长方式，大力优化出口产品结构，努力扩大自主创新、自主品牌商品出口，巩固、开拓国内外市场。积极实施“走出去”战略，支持有条件的企业到境外开发能源资源、承揽大型工程，拓展发展空间。进一步健全完善载体功能，努力将淄博高新区、齐鲁化工区、东岳国际氟硅材料工业园等国家、省级园区建设成招商引资的先导基地、技术创新示范基地和人才创业高地。

（四）提高城市现代化水平，促进区域经济协调发展。从组群城市特点出发，着眼长远发展，按照循序渐进、节约土地、集约发展、合理布局的原则，加快构筑“中心凸显、十字展开、组团发展”的城市发展新格局。按照“拓展西、北，改造东、南，提升中部，衔接周边”的思路，坚持新城区建设与老城区改造并重，集中力量做大、做强、做美、做畅中心城区，力争到2010年，将中心城区建成面积100平方公里、常驻人口100万、具有较强辐射带动功能和浓厚现代气息的区域性中心城市。同时，以张博路、柳泉路、张辛路、张周路等南北、东西“十字型”骨干道路为依托，加快建设沿线特色产业带、城市景观带和城镇密集带。优先发展城市公共交通。搞好路网、基础设施、园区、产业布局等方面的衔接配套，融合互动发展博山、淄川、周村、临淄、桓台五个城市组团和一批新型城镇群，突出特色、完善功能，加快高青、沂源发展，逐步形成层次和谐、特色互补、空间拓展的城市组群。继续加大植树造林力度，搞好生态保护和修复，巩固、发展和提高国家园林城市成果，积极争创“国家生态园林城市”。更加注重区域经济协调发展，进一步下放经济管理权限，完善落实促强扶弱的政策措施，加快形成各具特色、优势互补、协调联动、相互促进、共同发展的区县域经济发展新格局。

（五）提高人民生活水平，建设和谐淄博。按照民主法治、公平正义、诚信友爱、充满活力、安定有序、人与自然和谐相处的要求，坚持从最广大人民群众的根本利益出发谋发展、搞建设，切实保障人民群众的经济、政治和社会权益。把扩大就业摆在经济社会发展更加突出的位置，实施积极的就业政策，建立和完善多层次的职业技能培训体系，积极推进城乡统筹就业。“十一五”期间，城镇登记失业率控制在4%以内。建立和完善覆盖城乡的社会保障体系，切实提高社会保障能力。坚持以人为本的发展理念，扎扎实实地为人民群众办实事、好事。规范个人收入分配秩序，努力解决部分社会成员收入差距扩大的问题，促进社会公平。完善公共卫生和医疗服务体系，积极发展文化、体育等各项社会事业，加强精神文明建设，争创全国文明城市。深入推进“平安淄博”建设，强化社会治安、生产安全管理，健全社会预警机制、突发事件应急机制和社会动员机制，畅通民意诉求渠道，完善社会利益协调和社会纠纷调处机制，努力营造安全、稳定、和谐的社会环境。

三、2006年经济社会发展的目标任务和工作重点

2006年是“十一五”时期发展的第一年，开好局、起好步至关重要。考虑到与“十一五”规划目标相衔接，建议2006年经济社会发展的主要预期指标是：全市生产总值增长12%；地方财政收入增长16%；规模以上固定资产投资增长20%；社会消费品零售总额增长13%；城市居民人均可支配收入和农民人均纯收入分别增长10%、8%；城镇登记失业率控制在4%以内；人口自然增长率控制在5.5‰以内。着重抓好以下九个方面的工作：

（一）扎实推进社会主义新农村建设。要立足实际，尊重农民意愿，着力解决农民生产生活中最迫切的实际问题，有计划、有步骤、有重点地推进社会主义新农村建设。积极调整优化农业结构。坚持调新调优原则，大力发展畜牧、蔬菜、林果三大产业，提高农业综合生产能力。加快推进农业标准化生产，健全农产品质量检测和畜牧防疫体系，扶持农产品品牌建设，发展高产、优质、高效、安全、生态农业。以建设区域性特色农产品生产加工中心和产业化基地为目标，进一步完善落实各项补助奖励政策，集中培植壮大50个农业产业化龙头企业，规范发展各类农村合作经济组织，形成龙头带基地、基地带农户的良性发展格局。大力发展农村公共事业。进一步强化政府对农村的公共服务，抓好重点水利工程建设和农田水利配套建设，继续搞好大中小型水库除险加固和骨干河道治理，完善防洪除涝工程体系。加快实施村村通自来水工程和农村清洁能源利用步伐，促进农村生态建设。进一步加大扶贫开发力度，重点搞好整村推进的开发式扶贫。大力发展农村教育、卫生、文化事业。提高农村卫生保健水平，完成400处村卫生室改造和6处偏远乡镇卫生院改貌，启动16处重点乡镇中心卫生院建设。扩大新型农村合作医疗试点，进一步提高保障水平，扩大报销比例，提高报销限额。加快区县文化馆、图书馆和乡镇文化站、村文化室等农村公共文化设施建设，实施村村通广播电视工程。加快小城镇规划建设。全面展开镇村规划修编工作，探索实行整建制城镇化和中心镇、中心村集约建设等有效模式，积极推进合村并居。深化户籍制度改革，逐步建立城乡统一的户籍制度、劳动就业制度。深入开展“阳光培训”、绿色证书和新型农民科技创业培训，增强广大农民致富创业的能力。今年力争培训2万人以上。加强组织引导和信息服务，切实维护和保障进城务工农民合法权益，促进农村劳动力规范、有序转移。全面落实农村各项政策。在稳定土地承包关系的基础上，按照“依法、自愿、有偿”的原则，搞好土地承包经营权流转，发展多种形式的适度规模经营。继续落实好粮食直补、良种补贴和农机具购置补贴等支农、惠农政策，广泛开辟农民增收渠道，千方百计增加农民收入。严格执行农民负担“一票否决”制度，确保农民负担不反弹。继续深化农村税费改革，健全失地农民生活保障机制，认真探索农村税费改革后化解乡村债务、壮大集体经济基础的措施。

（二）努力提升工业竞争力。紧紧围绕调整优化结构，转变增长方式，着力抓好四项重点工作。一是大力增强企业自主创新能力。充分发挥现有国家和省级技术中心的示范带动作用，引导鼓励更多的企业建立技术中心、工程技术研究中心或博士后工作站。加快科技创新研发、科技中介服务、科技成果转化及创业孵化“三大平台”建设，促进科技资源整合和共享，不断提高原始创新、集成创新和引进消化吸收再创新的能力，重点在新材料、精细化工、新药和电子信息、光机电一体化、新能源等领域，实施一批科技攻关项目。二是加快骨干企业、重点项目和园区发展。继续组织实施工业“双百工程”，完善政策措施，促进百强企业尽快做大做强。按照“规划一批、在谈一批、在建一批、投产一批”的思路，持之以恒地抓好重点项目建设，集中抓好齐鲁石化石油焦造气、东岳离子膜产业化、山玻日产600吨防紫外线汽车浮法玻璃深加工等一批重点项目建设，力争有4家企业销售收入过百亿、10家企业过50亿、50家企业过10亿。深入实施名牌带动战略，力争新创国家、省级名牌50个以上，引导企业搞好品牌运作，实现品牌增值。以淄博高新区、齐鲁化工区、东岳国际氟硅材料工业园等为重点，坚持特色化、专业化、集群化、集约化方向，大力提升园区建设和发展水平。三是努力拉长产业链，提高配套能力。把拉长产业链作为调整产业结构、提升产业素质的重要一环，认真、专业、务实地摸清产业底数，搞好规划和协调，研究制定切实可行的扶持政策，积极加以引导，充分发挥比较优势，依托现有产业资源，搞好产品的再加工、深加工，大力发展下游产品和终端产品。同时，通过为主导产业、骨干企业搞好配套，提高产业的关联度。四是积极推进产业转移。在抓好主动承接发达国家和地区高技术含量、高附加值产业转移的同时，从我市经济发展的阶段性特点出发，认真研究我市具有一定比较优势但能源消耗大、资源依赖性强的企业；向现有资源优势地区寻求合作转移这一重大战略课题。从转变观念入手，搞好信息引导，典型示范，制定扶持政策，严格能耗、环保、安全生产标准，推动产业转移工作平稳有序展开。

（三）大力繁荣发展服务业。随着经济的快速发展和人民收入的大幅提高，服务业进入了加快发展的新阶段，要抓住机遇，顺势而为，努力推动服务业发展实现新跨越。切实搞好商贸流通业的规划调控。认真实施中心城区商业网点规划，把网点布局与城市建设、产业发展更紧密地结合起来，搞好市场定位，确定科学、合理的服务业辐射半径，搞好基础设施配套，确保人畅其流、物畅其流，聚集人气、增加商气。加快推进传统商贸流通业转型升级。大力引进外来投资，加快运用信息化等现代管理手段，改造传统商贸流通企业，积极培育大型流通企业集团，大力发展连锁经营。搞好以设立日用品、农资供应“农家店”为主要内容的“万村千乡”市场工程试点，充分发挥好供销社的品牌和网络优势，积极构筑新型农村商品流通网络。继续支持陶瓷科技城、义乌小商品城等项目发展，抓好流通重点工程建设。进一步提高旅游业发展水平。坚持高水平策划、高标准建设，着力抓好优势旅游资源的开发建设，加强资源整合，打造特色品牌，提升淄博旅游整体形象。在继续深入实施“因景植绿”工程的基础上，突出抓好“因景修路”工

程，基本完成通往主要景区以及主要景区内骨干道路的改造和升级。加快发展现代物流、投资担保等现代服务业。以昌国路立交工程建设为契机，搞好张店南外环沿线物流资源整合；搞好化工、机电、建材、纺织等专业物流园区的规划建设，支持第三方物流企业加快发展。鼓励支持经济园区、企业或个人以股份制、会员制等多种形式，发起和设立专业投资担保公司，加强行业监管，降低行业风险，解决中小企业贷款难、融资难问题。大力发展文化产业、社区服务、房地产、金融、保险、信息、中介服务等新兴服务业，积极开拓服务业新领域。

（四）进一步深化改革、扩大开放。按照"经济调节、市场监管、社会管理、公共服务"的要求，积极深化体制改革，切实转变政府职能。大力推进政企分开、政资分开、政事分开、政府与市场中介组织分开，进一步减少和规范行政审批，逐步推行网上审批，加强各级行政服务中心的规范化建设，降低行政成本，提高行政效率。分类推进事业单位改革。深化财政体制改革，加强财源建设和税收征管。深入推进企业"二次改制"，健全法人治理结构，积极培育上市资源，全面完成上市公司股权分置改革。配合搞好中央和省属企业的主辅分离、辅业改制，借势培育一批新的经济增长点。要大力发展民营经济。着力营造加快非公有制经济发展的法制、政策和市场环境，鼓励非公有制经济进入金融服务、公用事业、基础设施等领域，积极参与国有企业改组改造。进一步规范和整顿市场秩序，营造更加公平、公开、公正的市场竞争环境。

坚持把招商引资作为经济工作的"一号工程"，摸清产业家底，搞好项目策划包装，发挥存量优势，突出产权招商、产业链招商、园区招商，提高专业化招商水平。抓好重大利用外资项目的跟踪服务。鼓励外商参与国有企业改组改造，重点吸引跨国公司来我市设立研发中心、制造基地、采购中心和地区总部。进一步巩固以日韩港台为主的重点招商渠道，大力拓展以德国为主的欧洲和以美国为主的美洲招商领域，增强招商活动的针对性。坚持"以质取胜"，加快转变对外贸易增长方式。加大市场开拓力度，推进贸易市场多元化。优化进出口产品结构，巩固纺织、服装等传统优势产业出口，扩大高新技术产品、机电产品和医药产品出口规模，支持具有自主知识产权、自主品牌的商品出口，提高出口产品的竞争力。鼓励进口先进技术、关键设备和短缺资源，缓解资源约束。大力发展加工贸易，促进产业升级。增强处置外贸争端能力，维护企业合法权益。大力实施"走出去"战略，鼓励支持我市具有比较优势的化工、纺织、建材、机电等行业开展国际化经营，建立境外资源或生产加工基地，拓展发展空间。巩固日韩等传统劳务市场，开发欧美等发达国家市场，积极承揽大型工程建设项目，推动劳务输出。

（五）切实做好财税金融工作。认真分析把握国家财税、金融改革趋势以及对我市的影响，努力为经济社会发展创造良好的财税、金融环境。充分发挥财税杠杆作用，加强财源建设。科学运用奖励、贴息、补助等多种方式，发挥政策集成效应，支持高新技术产业、现代制造业、现代服务业特别是拉长产业链、扩大优势产业配套生产能力的产业产品发展，支持企业加大技改投入、自主创新和品牌建设，促进经济结构调整和增长方式转变，为经济增长和财政增收提供强力支撑。强化税收征管，搞好政府资源运营。健全完善综合治税工作机制，科学合理地评价考核各类企业发展水平，增强各类经济成分的纳税意识和创税能力，不断提高"两个比重"，使税收真实反映经济发展成果。努力拓宽财政增收渠道，加强非税收入监管，规范行政事业单位等政府资产的管理、运营、支出，提高国有资产运营水平。深化财政支出改革，加快公共财政体系建设。切实提高财政管理的精细化水平，推动部门预算、国库集中收付、政府采购和收支两条线改革向纵深推进，充分发挥公共财政在促进科学发展、协调发展方面的功能作用，不断加大"三农"、社会保障、环境保护、科技创新等重点事业投入，调动起方方面面的积极性，为社会主义新农村建设、和谐社会建设等提供更加坚实的保障。加强政府投资审计，对政府重点投资项目进行全过程跟踪审计，严肃查处损失浪费、挪用侵占等违法违纪行为，切实提高政府投资效益。优化金融生态环境，大力发展金融产业。把建立良好的金融生态环境纳入诚信社会建设的总体规划，研究制定金融生态环境工作考评体系，调动各类市场主体和金融机构参与金融生态环境建设的积极性，努力创造安全、稳定的金融环境。进一步打造银企合作交流平台，积极支持有条件的企业发展直接融资。完善做大做强金融产业的相关政策措施，继续深化市农信社、市商业银行等地方金融机构改革。

（六）大力提升城市现代化水平。按照"十一五"规划勾勒的城市发展新框架，遵循规划设计上水平、建设管理上水平、配套完善上水平的总体思路，扎实提高城市现代化水平。做大做强做美做畅中心城区。坚持以规划为龙头，在完成新一轮城市总体规划的同时，高水平编制各重点地段的详细规划，编制全市综合交通规划，提高城市规划设计水平。加快推进新城区建设。全面完成新城区六条主要道路附属设施建设及绿化工程，开工建设西十三路等道路工程；有序启动市体育中心、图书馆等重点工程，力争开工建设城市休闲公园。统筹推进老城区改造。把完善路网、打通断头路和部分次干道改造作为老城区改造的重要任务，重点实施杏园东路拓宽东延、西二路和东二路拓宽北延，完成次干道人行道铺装，对部分重要道路节点进行改造，对占道经营实施退路入市。按照便民、循环原则，合理设置公交线路、站点，确保通行顺畅。搞好城区地下管网的普查建档，编制中心城区排水规划，全面实施中心城区排水管网改造，实现雨污分流。与此同时，按照规划出特色，建设增亮点，管理上水平，经营求突破的总体思路，加快各区县城区的开发建设，实现与中心城区的融合互动发展。完善城市基础设施配套。围绕打造安全、便捷、通畅、高效的大交通网络，重点支持济青高速南线建设，加快昌国路立交桥工程实施，完成滨博高速博山出口立交，抓好仲临路部分路段改建；积极争取实施102国道改线、张博路路面改造等一批重点工程。按照综合用水、构建水系的思路，搞好引黄供水工程配套完善，加快"南水北调"配套工程、引太入张供水工程规划论证工作，规划建设新城区水系网络。加快绿色城市建设，重点提升绿色通道，积极建设城区精品园。继续深化城市公用事业的市场化改革，做好经营城市文章，聚集更多资金，加快城市基础设施建设。提高城市管理水平。深入推进城乡环境综合整治，加大背街小巷和中心镇、近郊村整治力度，重点解决居民反映强烈的道路、居住小区、广场等设施老化、配套不全、环境差等问题。强化城市管理综合执法，积极推进管理重心下移，进一步明确街居管理职责，发挥社区在城市管理中的基础性作用，建立健全城市管理长效机制。

（七）加快发展科技、教育事业。深化科技体制改革，促进科技资源高效集成，加快形成政府支持、企业主导、产学研结合的科技创新体系。进一步加大科技投入，建立科技型中小企业专项扶持基金，加大对重大科技攻关的支持力度，对有突出贡献的科技人才给予重奖。继续办好"陶博会"、新材料论坛暨国际科技成果招商洽谈会，把更多的科技项目转化为现实生产力。做好国家知识产权试点城市工作，加强专利申报和知识产权保护。强化政府对义务教育的保障责任，进一步完善“以县为主”的农村义务教育管理体制，认真落实对义务教育阶段困难学生的“两免一补”政策，稳步推进免费义务教育工作。全面完成农村中小学布局调整，启动城市中小学布局调整，逐步解决城区学校班额过大问题，重视发展学前教育和特殊教育。坚持素质教育方向，不断提高教育教学质量，办公平质优、群众满意的教育。把大力发展职业教育摆上战略位置，以就业为导向，广泛开展多种形式的校企联合办学，着力增强学生创新和实践能力，培养更多实用型、技能型人才。进一步提高高等教育质量，积极发展多渠道、多形式的继续教育。全面落实人才政策，加快高层次专业人才引进和培养，大力营造良好的聚才、用才环境。

(八)努力建设资源节约型、环境友好型社会。要把节约资源、改善环境作为经济工作的重要出发点和着力点。大力发展循环经济。集中抓好以20家企业、20个项目、2个园区为重点的循环经济试点工作。搞好以煤矸石、赤泥、粉煤灰为重点的资源综合利用。坚持开发节约并重、节约优先，大力促进节能节水节地节材。加快企业节能降耗技术改造，强制淘汰消耗高、污染重、技术落后的工艺和产品，积极推行能源合同管理。稳步推行城市分质供水，抓好工业园区和居住小区的中水回用工程。严格耕地保护，盘活存量土地，提高单位土地面积投资强度。全面推行清洁生产，普及建筑节能技术，大力倡导绿色消费。加强环境保护。认真实施“碧水蓝天行动计划”，突出抓好源头治理，严格落实排放总量控制、排放许可和环境影响评价制度。搞好猪龙河、孝妇河、淄河、涝淄河等重点流域的水污染防治，确保市污水处理厂正常达标运行。抓好淄博高新区韩庙污水处理厂、临淄西部工业污水处理厂和昆仑、果里、王村、马桥等乡镇污水处理厂及配套管网的建设与规范运行。深化中心城区东部化工区污染和南郊建材区烟尘整治，展开部分重点污染项目的搬迁改造，努力根治“化工异味”问题。抓好张博路附线、胶王路两侧污染企业限期治理，加大二氧化硫污染防治力度，减少城市扬尘和机动车尾气污染。积极完成中心城区及部分区县生活垃圾无害化处理厂建设，确保全市医疗废物全部实现集中处置。开展“环保执法年”活动，严厉查处环境违法行为。搞好生态保护和修复。进一步增加绿化基金，大力开展荒山绿化、平原绿化，搞好城市绿化和绿色通道建设。改善城区水环境质量，搞好城市生态景观建设。加强水土保持工作，加快四宝山等重点区域的环城绿化和生态恢复，启动淄河、孝妇河、沂河源头重要生态功能保护区和马踏湖生态功能保护区建设，大力整顿矿山秩序，搞好采矿区生态修复。

(九)切实做好关系群众切身利益的工作。着力解决人民群众最关心、最直接、最现实的利益问题，让广大人民群众切实享受到改革发展的成果。千方百计扩大就业。坚持就业优先原则，认真贯彻《国务院关于进一步加强就业再就业工作的通知》精神，强化政府促进就业的职能，落实鼓励企业增加就业岗位以及税费减免、小额贷款担保及贴息、培训补贴等各项就业再就业优惠政策。积极发展就业容量大的劳动密集型产业、服务业和各类中小企业，鼓励劳动者自主创业和自谋职业，大力开发公益性岗位，促进多种形式就业。重点抓好大中专毕业生就业和“4050”人员等困难群体再就业工作。年内力争城镇新增就业再就业9万人，转移农村劳动力6万人。进一步完善社会保障体系。完善城镇职工基本养老、医疗和失业、工伤、生育保险制度，加快做实企业养老保险个人账户。全面推行农村最低生活保障制度，积极发展农村社会养老保险，加快建立失地农民基本生活保障制度。逐步健全困难群众医疗、教育、住房等专项救助制度。扎实推进“平安淄博”建设。切实加强社会治安综合治理，依法严厉打击各种刑事犯罪活动。坚持安全第一、预防为主、综合治理，毫不放松地抓好安全生产，加强安全设施建设和重点行业、重点领域的安全整治，有效遏制重特大安全生产事故的发生。认真贯彻落实《信访条例》，正确处理新形势下的人民内部矛盾，维护广大群众的合法权益。繁荣发展各项社会事业。进一步理顺卫生管理体制和运行机制，强化医德医风建设，切实规范医疗服务中的诊疗和用药行为。加强食品药品监管，支持中医药事业发展。全面实行农村计划生育家庭奖励扶助制度，健全计生利益导向和社会保障机制，稳定人口低生育水平，优化出生人口结构，提高出生人口素质。深入开展群众性精神文明创建活动，推进诚信淄博、文明淄博建设。认真组织开展创建和谐社区、和谐村镇活动，倡导人与人和睦相处，增强社会和谐基础。加快文化大市建设，深入推进文化体制改革，进一步繁荣文化市场，积极培育骨干文化企业和优秀文化品牌，加大政府对公益性文化事业的投入，加强农村和城市社区文化基础设施建设。搞好物质文化遗产和非物质文化遗产的保护开发，积极发展现代城市文化。繁荣新闻出版、广播影视、文学艺术，进一步做好史志、档案、气象、人防、防震减灾以及民族、宗教、对台和侨务工作，切实做好国防教育和国防动员工作，加强民兵预备役建设，扎实开展双拥共建活动。广泛开展全民科学健身活动，加快体育基础设施建设，不断提高竞技体育水平。大力发展老年人服务事业，切实保障妇女儿童和残疾人的合法权益。积极为民办好事、办实事。年内集中力量办好与人民群众生活密切相关的12件实事：扩大新型农村合作医疗，参合农民达到187万人，提高农村居民医疗保障水平；实施村村通自来水工程，年内解决28.63万群众饮水安全问题；加大食品安全信用体系建设力度，对千余户食品企业、50个重点品种进行追踪检测与监督，强化食品安全保障；建设农村社区综合服务中心，年内新增49个，为农村居民生产生活提供综合服务；实施农村贫困残疾人安居工程，为500户无房特困户建设新房；培育“三绿工程”示范点55处，推动绿色生产和消费，提高居民副食品消费质量；实施有线数字电视“村村通”工程，丰富广大农村群众精神文化生活；建设市特殊教育中心，改善提高特殊学生受教育条件；建设市老年公寓，开展社会养老示范，促进老年福利事业发展；强化城市社区卫生服务机构的公共卫生服务功能，开展示范区建设，为居民提供基层卫生保健服务；加强机动车排气污染防治，改善城市空气质量；建设市垃圾焚烧发电厂和4个区县的城市生活垃圾无害化处理厂，切实搞好城市垃圾的污染防治。

四、大力加强政府自身建设

全面完成“十一五”时期经济社会发展的各项任务，“站在新起点、实现新发展”，对政府工作提出了新的更高的要求。各级政府必须积极适应新形势、新任务的要求，解放思想、与时俱进，全面加强自身建设，大力推进管理创新，不断提高公共管理和服务水平。

切实提高科学发展的能力和水平。全面贯彻党的十六届五中全会精神，实现“十一五”期间又快又好地发展，关键在于推动经济社会发展切实转入科学发展的轨道。各级政府要坚持把科学发展观作为指导发展的世界观和方法论，进一步转变发展观念，更新行政理念，真正从思想上、作风上和制度上形成落实科学发展观的有力保障，不断提高驾驭科学发展的能力、总揽全局的能力、应对复杂局面的能力和务实创新的能力。要大力倡导和弘扬认真、专业、务实的工作态度、工作标准和工作作风。切实加强执行力和责任体系建设。加快政府职能转变，更多地运用经济、法律手段履行好经济调节、市场监管的职能，正确判断形势，科学制定和运用政策，加强对经济发展的调控和引导；进一步强化社会管理和公共服务职能，把政府管理工作的着力点放到为市场主体服务和创造良好发展环境上来，大力营造公平竞争的市场环境，安全稳定的社会环境，诚信守法的人文环境，优质高效的服务环境。

推进民主法制建设。各级政府要自觉接受同级人大及其常委会的监督，积极支持人民政协和各民主党派发挥政治协商、民主监督、参政议政的作用，认真办理人大代表建议和政协委员提案。建立和完善重大决策调研制度、专家咨询论证制度和社会公示听证制度，提高政府决策的科学化、民主化水平。要深入贯彻落实国务院《全面推进依法行政实施纲要》，加强和改进政府立法工作，严格按照法定权限和程序行使权力、履行职责。规范行政执法行为，加快建立权责明确、行为规范、监督有效、保障有力的行政执法体制，完善相对集中行政处罚权制度，推进综合执法。做好行政复议工作，推行行政执法责任制和错案责任追究制，健全重大行政处罚决定备案和行政违法投诉、举报制度，从严查处玩忽职守、滥用职权、以权谋私等违纪违法行为，真正做到有权必有责、用权受监督、违法要追究、侵权须赔偿。进一步完善基层民主管理制度，普遍推行村务公开、厂务公开和政务公开。大力推进电子政务，做好市民投诉和市民建议征集工作，进一步畅通政府与人民群众联系的渠道，努力增强政府工作透明度，提高政府公信力。

加强公务员队伍建设。建设一支政治坚定、业务精通、素质优良、作风过硬的公务员队伍，是提高行政能力和服务水平的重要保证。要深入贯彻落实《公务员法》，加强公务员教育培训，在公务员队伍中大力倡导学习之风，不断加深对邓小平理论和“三个代表”重要思想的理解，增强贯彻落实科学发展观的自觉性。按照“勤政、务实、高效、廉洁”的要求，加强公务员队伍管理，树立良好的政风。坚持正确的政绩观，牢固树立以人为本、执政为民的理念，始终保持同人民群众的血肉联系，切实维护好、实现好、发展好人民群众的根本利益。牢记“两个务必”，树立正确的政绩观，大力弘扬求真务实的优良作风，深入调查研究，摸实情、讲真话、办实事、求实效，进一步健全完善“三个体系”，脚踏实地，埋头实干，真正形成想干事、会干事、干成事的浓厚氛围。建立健全教育、制度、监督并重的惩治和预防腐败体系，扎实推进反腐倡廉工作。全体政府公务员都要严以律己，奉公守法，清清白白做人，公公正正做事。各级领导干部要认真落实党风廉政建设责任制，带头执行各项廉政规定，争当廉洁自律的表率，树立和维护人民政府的良好形象。

各位代表！“十一五”是淄博老工业城市振兴和崛起的关键时期，前景催人奋进，任务光荣艰巨。让我们紧密团结在以胡锦涛同志为总书记的党中央周围，高举邓小平理论和“三个代表”重要思想伟大旗帜，全面落实科学发展观，在市委的正确领导下，万众一心，开拓进取，以饱满的热情、创新的精神、扎实的作风，全面完成“十一五”规划确定的目标任务，为建设经济强市、文化大市、绿色城市，早日实现“两提前、一率先”的目标而努力奋斗！

2005 年淄博市
国民经济和社会发展统计公报

淄博市统计局

（2006 年 2 月 15 日）

2005 年是“十五”计划的收尾年。一年来，全市人民在市委、市政府的正确领导下，紧紧围绕建设“经济强市、文化大市、绿色城市”和“两提前、一率先”的奋斗目标，全面贯彻落实科学发展观，积极推进观念更新、机制转换和结构调整，努力构建和谐社会，经济运行呈现出“总量扩张、速度加快、质量提高、结构优化”的良好态势，各项改革全面深化，结构调整绩效显著，经济活力明显增强，社会事业全面进步，城乡人民生活水平继续提高，“十五”计划主要指标全面完成。

一、综　合

国民经济综合实力显著增强。初步核算，2005 年全市完成生产总值 1430.95 亿元（现价），比上年净增 283.89 亿元，按可比价格计算，比上年增长 17.1％，增速比上年提高 0.1 个百分点，创十年来的新高。分产业看，第一产业增加值 58.68 亿元，增长 6.8％，第二产业增加值 955.78 亿元，增长 21.2％，第三产业增加值 416.49 亿元，增长 10.7％。三次产业构成比由上年的 4.7∶65.1∶30.2 调整为 4.1∶66.8∶29.1。

全年企业综合生产经营景气状况呈现出高开、调整、反弹的特点。企业景气状况明显好于上年，年平均景气指数为 145.76，比上年提高 1.37 点。企业景气指数年末达到最高点 149.88，创开展景气调查以来的历史最高记录。八大行业景气指数全部在景气区间高位平稳运行，其中信息传输业景气指数最高，其次是工业、房地产业和交通运输邮电业。企业家信心也得到进一步稳定，年末企业家信心指数为 140.98，比上期提高 1.68 点。

但经济和社会发展中仍然存在一些不容忽视的矛盾和问题，突出表现在：经济增长方式依然较为粗放，经济社会发展与资源环境的矛盾仍显突出，就业压力有所加大，社会保障体系尚待进一步完善，解决“三农”问题、城乡统筹和区域协调发展任重道远。

二、“三个亮点”

全市对外经贸、高新技术产业、民营经济快速发展，“三个亮点”更加突出。

招商引资工作成效显著。一年来，全市上下不断调整思路，创新方式，招商方式开始向专业招商转变，重点地区招商逐步向纵深发展，引资项目的质量进一步提高。2005年全市共引进各类外来投资项目1091个，实际到位外来投资（境内投资）157.2亿元，比上年增长19.6%。

对外经贸稳步发展。全年新批准外商投资企业193家。吸收外商投资合同外资106779万美元，同比增长25.6%，实际使用外资41213万美元，同比增长13.9%。其中实际外商直接投资合同外资98724万美元，实际使用外资31897万美元，分别比上年增长22.9%和3.1%；全年完成对外工程及劳务合作营业额2700万美元。全年进出口总值达到31.35亿美元，比上年增长17.7%。其中出口总值突破20亿美元大关，达到20.17亿美元，比上年增长39%，增幅高出全省平均水平10.1个百分点。从出口企业的经济类型看，国有企业出口下降，三资企业出口增长。其中三资企业出口增长28%，占全市出口总额的比重达52.3%。非国有企业出口的高速增长成为拉动全市出口增长的主要因素。一般贸易出口高速增长，大大高于加工贸易出口增幅。全年一般贸易出口额116327万美元，占全市出口总额的比重达57.7%，增速达52.9%，增速领先于加工贸易出口29.1个百分点。从出口市场构成看，2005年我市六大出口市场为美国、欧盟、东南亚、韩国、日本和中国香港，其出口额占全市出口总额的72%。从行业出口情况看，各重点行业均实现了全面增长，其中纺织品出口增长32.3%、机电产品出口增长49.2%、石油化工产品出口增长53.4%、建材行业出口增长114.4%。

高新技术产业进一步发展壮大。2005年全市高新技术产业产值达756.41亿元，比上年增长51.04%，高新技术产业产值占规模以上工业总产值的比重达27.05%，比上年提高2.7个百分点，其中地方工业企业完成高新技术产业产值492.23亿元，增长43.94%，占地方工业企业总产值的比重为25.31%，比上年末提高1.68个百分点。

非公有制经济蓬勃发展。全市继续把发展壮大民营经济作为经济工作的重点，完善和出台了一系列优惠政策，降低准入门槛，开展"红盾帮扶工程"，优化发展环境，全力促进民营经济的快速发展。2005年全市非公有制经济（民营）完成增加值817.97亿元，比上年增长20.1%，非公有制经济增加值占GDP的比重达57.2%，比上年提高1.5个百分点。个体私营经济进一步发展壮大。截至年底，全市个体工商业户发展到74190户，新增8772户，增长13.4%，户均资金2.24万元；私营企业21421户，新增2468户，增长13%，注册资本（金）290.3亿元。其中有590户私营企业注册资本（金）超过1000万元，有15户私营企业注册资本（金）超过亿元。

三、农　业

2005年，我市各级党委、政府认真贯彻落实中央扶持农业生产的重要指示，全面取消了农业税，积极实施粮食直补，确保了各项政策措施落实到位，农业生产形势持续好转，粮食增产、农业增效、农民增收。全年完成农业总产值110.28亿元（现价），按可比价格计算，比上年增长7.3%。

全年粮食总产量达到131.57万吨，比上年增长13.1%。其中：夏粮总产59.28万吨，比上年增加9.5万吨，增长19.0%；秋粮总产72.29万吨，比上年增加5.6万吨，增长8.6%。经济作物中，棉花总产达2.0万吨，下降29.0%；油料产量1.43万吨，增长3.5%；蔬菜产量337.82万吨，增长1.2%；瓜类产量22.2万吨，下降2.4%。

主要农产品产量如下：

	2005年	比2004±%
粮食	131.57万吨	13.1
夏粮	59.28万吨	19.0
秋粮	72.29万吨	8.6
棉花	2.00万吨	−29.0
油料	1.43万吨	3.5
蔬菜	337.82万吨	1.2
瓜类	22.2万吨	−2.4

畜牧业生产平稳发展。全市积极调整畜牧业结构，重点抓好规模基地建设和特色养殖。全年肉类总产16.82万吨，比上年增长6.8%；禽蛋产量15.11万吨，下降6.9%；奶类产量10.67万吨，增长3.2%。水产品养殖业稳定发展。全年水产养殖面积6818公顷，与上年持平。

林业生产继续发展。全年完成林业产值5.43亿元，比上年增长7.0%。人工造林面积2.58万公顷，增长2.6%；封山育林面积7.03万公顷，增长26.2%；成林抚育面积6.48万公顷，增长11.9%。

农业生产条件继续改善。全市农业机械总动力达到302.90万千瓦，比上年增长0.8%；排灌机械动力85.72万千瓦，增长7.5%。全年农用化肥使用量38.13万吨，农村用电量44.0亿千瓦小时，地膜覆盖面积3.07万公顷。

四、工　业

工业生产快速发展，主导地位显著增强。2005年，全市工业生产在改革调整优化升级中实现新突破，全年工业总产值突破3000亿元，达到3160亿元，实现工业增加值868.75亿元，占GDP的比重达60.71%，对GDP的贡献率为78.1%，分别比上年提高2.82个和8.47个百分点。工业生产的快速发展主要得益于规模以上工业的支撑。2005年全市规模以上工业企业达2222家，比上年新增468家，完成工业总产值2796亿元，增长43.59%（按现价计算，以下同）。分经济类型看，国有经济完成913.90亿元，增长44.73%；集体经济完成287.76亿元，增长28.91%；股份制企业完成1012.14亿元，增长44.86%；股份合作制企业完成71.32亿元，增长41.49%；外商及港澳台商投资企业完成298.96亿元，增长48.25%；其他经济完成212.26亿元，增长49.53%。分轻重工业看，轻工业产值完成578.33亿元，增长27.47%；重工业产值完成2218.01亿元，增长48.49%。分隶属关系看，中央省属工业产值完成851.59亿元，增长46.31%；地方工业产值完成1944.76亿元，增长42.43%，其中区县属工业完成产值1804.27亿元，增长43.24%。工业产销衔接基本平衡，全年工业产品产销率达98.15%。受市场需求的影响，部分产品快速增长。全年日用不锈钢制品产量增长36.63倍、生铁产量增长87.01%、铝材产量增长67.20%、纱产量增长31.04%、中成药产量增长48.96%、汽车产量增长26%、发电量增长33.15%。

全市主要工业产品产量：

	2005年	比2004年±%
原煤	1427.93万吨	−6.25
发电量	179.94亿千瓦小时	33.15
化学纤维	37.68万吨	2.15
纱	13.99万吨	31.04
布	104206万米	13.55
彩色电视机	57.99万台	13.13
白酒	24812千升	−21.92

合成氨	12.27万吨	15.19
化肥	23.58万吨	130.09
农药	1.86万吨	−7.14
硫酸	93.03万吨	43.93
乙烯	83.02万吨	80.68
化学原料药	2.78万吨	7.17
水泥	1990.04万吨	34.17
日用陶瓷	78031.49万件	14.98
钢材	65.15万吨	37.00
氧化铝	126.07万吨	21.12
原油加工量	1104.75万吨	18.05
汽车	26081辆	26.00
平板玻璃	1594.63万重量箱	18.15

工业整体效益水平继续提高。2005年全市规模以上工业企业实现产品销售收入2747.44亿元，比上年增长45.57%；利税285.68亿元，增长43.37%，利润162.75亿元，增长54.63%。中央省属工业效益增长较快，2005年中央省属企业实现利税81.75亿元，增长41.06%；实现利润40.49亿元，比上年增长83.39%，高于全市平均水平28.76个百分点。全年规模以上地方工业企业实现产品销售收入1936.04亿元，增长45.58%；利税203.93亿元，增长44.32%，利润总额122.25亿元，增长46.99%。

五、固定资产投资和建筑业

2005年全市按照国家宏观调控政策的要求，认真做好固定资产投资项目的清理工作，在保持投资适度规模和增幅的基础上，投资与产业升级、结构调整、市场取向渐趋一致。2005年全市规模以上固定资产投资649.48亿元，比上年增长37.8%，房地产开发投资75.05亿元，增长31.3%，增幅比上年回落25.9个百分点。三次产业投资均保持较快增长。其中二产投资432.04亿元，增长44.7%，三产投资211.87亿元，增长25.7%，三产投资比重达32.62%，比上年提高了0.04个百分点。

住宅建设投入继续保持较高增长。全年房地产企业住宅投资达51.10亿元，增长35.1%；竣工住宅面积161.09万平方米，增长3.4%；商品房销售额39.66亿元，增长23.1%，其中销售给个人的住宅销售额为35.82亿元，增长32%。

建筑业持续稳定发展。2005年全市有资质的建筑企业完成产值216.71亿元，比上年增长19.72%。

六、公路运输和邮电

交通运输能力不断提高，公路基础设施建设进一步加强。全年公路货运量达5355万吨，比上年增长1.3%，货运周转量316256万吨公里，比上年增长6.6%；公路客运量18361万人，旅客周转量381945万人公里，分别增长10.7%和6.7%。公路营运条件不断改善，年末全市公路通车里程3921.5公里，比上年增加192.5公里，全市公路密度达66公里/百平方公里。

邮电通信业蓬勃发展。2005年全市邮政业务总量达2.88亿元，比上年增长16.1%。年内新建邮政网点5处，自有网点146处。积极拓展服务外延，支持农业发展。截至年末，全市村级邮政配送服务点已达到3000个，占行政村的94%，配送站点的规范率达到100%。数据通信业蓬勃发展，数据通信能力不断提高。积极开发推广固定电话、小灵通、网上应用增值业务和一号通、亲情直通车等新业务，着力构建"中小企业网""电子政务网"等信息化平台，推动我市电子商务、电子政务、现代物流和企业、社区信息化建设逐步走向深入，网上应用内容日渐丰富，各类通信增值业务发展迅速。

七、国内贸易和旅游

消费品市场繁荣活跃。全年社会消费品零售总额达430.94亿元，比上年增长15.9%。消费市场的主要特点：一是城乡市场同步发展。全年农村市场零售额增长16%，城市市场零售额增长15.9%；二是各行业零售额都保持增长，批发零售贸易业零售额增速保持领先地位。批发零售贸易业增长23.7%、餐饮业增长14.7%、其他行业增长21.9%；三是个体私营经济零售额增长较快。全年个体私营经济零售额增长19.08%，高出全市零售额增幅3.18个百分点，个体私营经济零售额占全市零售总额的比重达67.87%，比上年提高12.85个百分点。

市场建设取得新进展。年内全市重点流通项目完成投资37.8亿元，有5处市场跨入全省30强市场行列。全市共有各类商品交易市场520处，其中成交额过10亿元的11处、过60亿元的4处。陶瓷科技城、义乌小商品城、金宝岛大厦、易初莲花等重点流通建设项目进展顺利，为把我市建成鲁中物流中心打下了坚实的基础。

旅游事业蓬勃发展。2005年我市旅游工作以抓项目建设、市场开拓、旅游标准化管理等为重点，实现了突破性发展。全年共投资1.05亿元，完成旅游项目建设67个。积极推进"政企联手、部门联合、上下联动"的促销机制，多策并进，大力开拓市场。国际陶瓷博览会、齐文化旅游节和聊斋文化旅游节已成为淄博节庆活动的重要品牌。全年共接待国内游客928.57万人，比上年增长20.35%；实现国内旅游收入63.60亿元，比上年增长33.85%。旅游服务配套设施显著增强，全市旅游接待服务水平和档次大大提升。年末全市共有星级宾馆32家，其中五星级1家、四星级3家；旅行社100家。全市已开发建成重点旅游景区35处，其中4A级2处、3A级6处、2A级5处。

八、财政、金融

财税实力进一步增强。2005年，全市共完成各项税收140.88亿元，同比增长27.14%，其中国税完成100.36亿元，增长26.67%，地税完成40.52亿元，增长28.33%。完成地方财政收入64.13亿元，增长28.16%；地方财政支出80.57亿元，增长28.8%。

金融存贷款稳定增长，信贷结构进一步优化。全市金融机构认真落实稳健的货币政策，着力改善金融服务，适时调度、合理运筹信贷资金，促进了全市经济社会与金融的和谐发展和良性互动。年末全市金融机构各项存款余额达1104.94亿元，比年初增加149.8亿元。其中城乡居民储蓄存款余额达631.86亿元，比年初增加88.65亿元；企业存款余额262.04亿元，比年初增加8.44亿元。各项贷款余额达737.04亿元，比年初增加86.2亿元。其中企业流动资金贷款和对"三农"经济的信贷支持进一步加大，2005年全市金融机构投放的用于企业流动资金的人民币短期贷款较年初增加17.45亿元，农业贷款增加20.27亿元，占全部贷款新增额的23.51%。农业贷款和短期工业贷款的增加，对推动农业和农村经济快速发展，缓解企业流动资金紧张的状况，发挥了积极作用。

九、城市建设和环境保护

2005年，全市继续大力实施城市化战略和“环境立市”战略，城市基础设施日趋完善，城市综合服务功能进一步增强，城市综合环境明显改善。全市城市道路面积343.38万平方米，供水能力5万吨/日，供热能力200万吨/小时，新建、改建垃圾中转站32座，改造小街巷166条，新建公厕57座，改建32座；新增园林绿地647公顷，建成区绿化覆盖率达到39.2%，绿地率达到33.1%，人均公共绿地达到10.8平方米，顺利通过国家园林城市验收组的验收。小城镇建设不断完善。年末全市76家建制镇总体规划率达100%，详细规划覆盖率达到了40%；以20个中心镇为重点，小城镇的基础设施建设和生态资源得到保护；11家中心镇成立了村镇建设综合开发公司，村镇建设质量不断提高。

2005年是我市创建国家环保模范城和实施碧水蓝天行动计划的启动年，是淄博“绿色十五”计划的收尾年，也是省市长环保目标责任书(2003～2005)的验收年。全市环境保护工作紧紧围绕实现“碧水、蓝天”的工作目标，突出重点，整体推进，取得良好成效。全年共对107家企业实施了废水治理再提高工程，对张店东部化工区的水污染实施了有史以来规模最大的限期整治；对66家燃煤炉窑实施了清洁燃烧技术或天然气替代改造，拆除或关停落后燃煤炉窑156条，张店城区近郊水泥企业搬迁改造圆满完成；年内拒批化工等重污染项目13个，控制了新污染源的产生。生态市的建设全力推进。进一步搞好鲁山和原山国家级森林公园、博山国家级风景名胜区和淄川省级风景名胜区的建设，使受保护面积达到国土面积的20.3%，基本完成了生态省建设目标责任书生态建设与保护的阶段性任务；按照“点、线、面”推进的思路，开展循环经济试点工作；对27家企业开展了清洁生产审核。环境空气质量实现了新的突破，全年空气环境质量二级以上天数达到307天，主要空气质量指标年均值达到国家二级标准，为10年来最优。

十、科技、教育、文化、卫生、体育

科技事业喜结硕果，自主创新能力实现新突破。2005年以加强自主创新能力为主线，以建设山东半岛高新技术产业带为契机，全市科技工作又上新台阶。2005年山东省科技厅批准新增38家省级工程技术研究中心，我市就占了18家，名列全省之首；全国唯一的国家级工业陶瓷材料工程技术研究中心落户我市，实现了全省工业类零的突破；国家级生物医药产业基地延伸了原料药、中药、医药制剂等生物医药制造产业链；连续5次被科技部命名为“全国科技进步工作先进城市”。作为综合性的国家新材料成果转化及产业化基地，年内成功举办了2005中国(淄博)新材料技术论坛暨国际科技成果招商洽谈会系列活动，成为淄博吸引国内外科研专家进行科研成果转化和外商投资的重要桥梁。全年共申请国内专利1865件，累计专利申请总量达到11310件，授权总量6480件，在全省名列前茅。高新技术成果转化达136项，其中23项成果获省科技进步奖。

各级各类教育和谐发展，教育整体水平稳步提升。2005年全市高等院校达到12所，在校生9.28万人，高等教育自学考试工作稳步推进，高中段教育普及率达到89%，小学毕业生升初中率达100%，小学适龄儿童入学率达99.96%。继续推进公办职业学校运行机制的创新，支持淄博工业学校、淄川二职专等学校的异地办学，扩大了职业教育办学规模。建立健全社区教育管理体制和运行机制，积极开展全市农村劳动力转移培训“阳光工程”，全年培训农村劳动力1.24万人，转移1.07万人。教育教学质量创历史新高，2005年我市升入本科院校人数达10788人，首次突破万人大关，录取百分比和人口万人比均居全省第一。

广播电视工作紧紧围绕市委、市政府的中心工作，顺利完成体制改革，突出宣传报道了落实科学发展观、保持共产党员先进性教育、创建文明城市、建市五十周年、纪念抗日战争胜利60周年、建设平安淄博等重大活动。广播电视事业及相关产业稳步发展。在全省率先实现了50户以上自然村“村村通广播电视”工程。广播电视的数字化步伐进一步加快。全年共发展数字电视用户5.5万余户，投资3000多万元搭建了数字电视平台，向全市传送模拟电视节目37套，数字电视节目119套，数字广播节目45套，数字信息广播10套。

文化基础设施建设取得历史性突破，艺术创作势头良好。投资2000万元建成的淄博影城是山东省第一家按五星级标准设计建造的大型影城。《草原之子》《沙家浜》《颜文姜》等优秀剧目的巡回演出，取得了良好的社会反响。

新闻编辑出版工作日趋规范。全年以开展“管理发展年”活动为载体、以“扫黄打非”为重点，进一步净化了出版物市场。年内集中进行的“扫黄打非”行动，共查缴各类非法出版物314630余册(盘)；取缔、关闭印刷企业12家，书店摊点121家；对15家非法经营业户依法进行了处理。

医疗卫生服务体系建设步伐加快。2005年全市农村卫生事业呈现勃勃生机，农民健康保障体系进一步完善。完成了3处乡镇卫生院改造和400处村卫生室的改建任务，加强农村药品“两网”建设，网络覆盖率达到100%，新型农村合作医疗试点工作已扩大到“四区一县13个镇”的151.95万人，参加农村合作医疗人口134.19万人，参合率达88.33%。城市医疗卫生体制改革不断深化。2005年，全市共有城市社区卫生服务中心(站)67家，覆盖全市城区93个居委会，服务城市居民15万户。爱婴市、无偿献血先进城市创建成果得以巩固发展。进一步完善孕产妇死亡、儿童死亡和出生缺陷监测报告制度，降低了孕产妇死亡率、婴儿死亡率和新生儿出生缺陷发生率；加强无偿献血工作，积极开展以“血液安全”为主题的采供血和临床用血管理、规范和督导活动，加快无偿献血向农村转移步伐。

竞技体育成绩显著，群众体育不断走向深入。在第十届全运会上，我市运动员取得了4金、3银、4铜的优异成绩；在今年的21届省运会预赛中，获得了19枚新上项目的金牌。围绕全民健身活动，以实施《淄博市全民体育健身条例》为重点，先后举办了全民健身节、开展了国民体质监测工作、推广健身气功、深入实施农村体育“五个一工程”等一系列活动，既活跃了市民文体生活，也进一步巩固了我市的全民健身阵地，有效地占领了业余文化阵地。

十一、物价与人民生活

城乡居民收入继续增加，人民生活进一步改善。据抽样调查，2005年全市城市居民人均可支配收入12032元，比上年增长20.8%；人均生活消费支出8257元，增长17.8%；农民人均纯收入5107元，比上年增加675元，增长15.2%；农民人均生活消费支出3287元，增长13.6%。城乡居民生活质量进一步提高。

居民家庭耐用消费品拥有量有所增加。年末每百户居民家庭耐用消费品拥有量如下：

城市居民家庭（每百户）		农村居民家庭（每百户）	
成套家具	95 套	彩色电视机	107 台
组合音响	18 套	家用电冰箱	52 台
彩色电视机	108 台	洗衣机	65 台
家用电冰箱	94 台	移动电话	84 部
洗衣机	93 台	影碟机	58 台
影碟机	61 台	大型家具	331 件
移动电话	125 部	组合音响	29 套
空调器	79 台	空调器	17 台

年末全市在岗职工人数为 54.74 万人；在岗职工工资总额为 95.13 亿元，比上年增长 31.45%；全年在岗职工平均工资为 17057 元，比上年增长 17.61%。

市场物价走势平稳。2005 年全市居民消费价格指数为 100.1%，上涨 0.1 个百分点。其中，食品类、居住类和娱乐教育文化用品及服务类价格分别上涨 3.1、3.5 和 1.8 个百分点。

2005 年各类价格指数（%）如下：

1. 居民消费价格	100.1
食品类	103.1
烟酒及用品	99.2
衣着类	89.4
家用设备及维修类	99.3
医疗保健和个人用品	98.7
交通和通讯工具类	97.2
娱乐教育文化用品及服务	101.8
居住类	103.5
2. 原材料、燃料、动力购进价格	112.9
3. 工业品出厂价格	104.3

十二、劳动保障与人口

劳动保障工作取得新进展。2005 年全市共救助困难企业 10 户，为 7052 名下岗失业人员发放基本生活保障金 1101.1 万元，为全市 5.1 万人发放失业保险金 1.03 亿元；通过抓再就业扶持政策的落实，全年为 1016 名下岗失业人员办理贷款 2135.5 万元，带动 5978 名下岗失业人员实现就业再就业，公益性岗位共安置下岗失业人员 1785 人，全年实现新增就业 11.8 万人，其中失业再就业 7 万人。截至年底，城镇登记失业人数 98489 人，城镇登记失业率为 3.0%。全面推开社会保险费“一票征缴”工作，社会保障体系进一步完善，保险覆盖面进一步扩大。全年基本养老、失业、医疗和工伤保险参保人数分别达到 94.3 万人、41.5 万人、64.3 万人和 42.3 万人，分别比上年末净增 4.45 万人、0.4 万人、12.0 万人和 5 万人。农村养老保险取得新进展，累计收取保费 1813 万元，参保人数达 33.5 万人，有 2.1 万人领取了养老金 848 万元。城乡低保和社会福利工作得到加强。全市最低生活保障救助 6.5 万人。其中，城市 3.7 万人，农村 2.8 万人。被市政府列为为群众所办实事之一的乡镇敬老院改造和夕阳扶老项目顺利实施，50 处乡镇敬老院达到了验收标准。

人口增长继续得到有效控制。年人口出生率为 9.82‰，死亡率为 5.96‰，人口自然增长率为 3.86‰。年末全市总户数为 136.31 万户，总人口为 416.77 万人，比上年增加 1.78 万人，增长 0.43%；市辖区人口达 275.65 万人，增加 1.04 万人。

注：1. 本公报中部分数据为快报数或初步统计数。
2. 地区生产总值和一、二、三产业增加值的绝对数为现价，增长速度按可比价计算。
3. 金融部分数据统计范围仅为人民币口径，不包括外币。

本部类编辑：徐先法
副主编：徐　杰
校　对：郭延志
张爱云

·淄博市重点文物保护单位选介·

振衣阁

市级重点文物保护单位。位于周村区王村镇西铺村，系明末户部尚书毕自严故居的主体建筑之一。蒲松龄曾在此执教数十年。该阁为双层楼阁式建筑，高 8 米，面阔 10.4 米，进深 6.7 米。硬山顶，单檐泥瓦石基砖墙，木架结构。檐下有斗拱，脊檐皆饰图纹。原门上悬有“振衣阁”匾额一块，并有“崇祯乙亥荷月上浣”“练坡佐书”字样。抱柱原有楹联一副，上联为“万卷书当南面富”，下联为“一帘风快北窗凉”，系徐日升题。此阁因年久失修及人为破坏，已残破不堪，仅存东、西、北三面墙及梁架、椽木、柱基。阁前还有一棵枯死多年的蝴蝶松。现政府已对该阁进行了修缮。

（李　胄　供稿）

保持共产党员先进性教育活动

【市先进性教育活动综述】 按照中央和省委统一部署要求，从2005年1月开始，淄博市开展以实践"三个代表"重要思想为主要内容的保持共产党员先进性教育活动。先进性教育活动分三批进行，每个批次半年左右时间。第一批从2005年1月开始到2005年7月结束。涉及县及县以上党政机关及部分企事业单位114个，基层党支部2183个、党员4.3万名。第二批从2005年7月开始到2005年12月结束。教育活动在60个市委直属党委(党组、工委)的城市基层和乡镇机关中展开，涉及基层党组织6702个、党员10.7万名。第三批从2005年12月开始到2006年6月结束。活动主体包括行政村，党的组织关系在乡镇、村的各类企事业单位，农村中小学校以及承担先进性教育活动组织和指导工作的机关、部门等，涉及农村和部分党政机关党组织4195个、党员12万名。

每个批次先进性教育活动分学习动员、分析评议、整改提高三个阶段进行。学习动员阶段，进行广泛深入的宣传发动，制定严格的学习计划，规定教育活动必读书目，建立严格的学习制度和考勤、补课制度，采取送教上门、结对帮扶等办法，保证教育活动参学率。分析评议阶段，采取"八找工作法"，即：细化内容对照找、问卷调查分类找、座谈了解具体找、自我剖析主动找、公开承诺真心找、深入谈心当面找、组织谈话引导找、领导带头率先找，广泛征求党员群众意见。先进性教育活动中，全市各级共征求党员群众意见和建议44万余条，并对存在的问题认真分析思想根源，制定整改措施。整改提高阶段，围绕"关键是要取得实效"和"真正成为群众满意工程"的要求，制定落实整改方案。各级共落实整改措施6万余条，为党员群众解决实际困难10万余件，建立完善各项工作制度和长效机制2.4万余个。市委专门成立整改协调办公室，负责指导协调和督促检查各类问题的解决。实行了"销号整改"制度，做到"一改一销、不改不销"。集中学习教育结束后，用三个月左右的时间集中抓好整改措施落实，巩固扩大整改成果。

市委坚持把开展先进性教育活动，作为这个时期党建工作的头等大事来抓，坚持按照中央和省委的部署，加强领导，精心组织，确保了"两个覆盖面"；坚持实施"一把手"工程，确保了对教育活动的坚强领导；坚持分类指导，创新学习形式，确保了学习效果；坚持开展主题鲜明、切合实际的主题实践活动，确保了教育活动实效；坚持解决群众关心的热点、难点问题，确保了教育活动成为群众满意工程。市委成立了以市委书记、市人大常委会主任张建国为组长的保持共产党员先进性教育活动领导小组，抽调精干力量组成教育活动办公室，派出以正县级干部为组长的11个督导组。各级各单位党组织书记认真履行第一责任人职责，亲自动员部署，发挥表率作用，带头认真学习，带头上党课、作形势报告，带头落实制度，形成了市委书记、区县委书记、部门党组(党委)书记、基层党支部书记一级抓一级、一级带一级的工作格局。通过开展先进性教育活动，全市党的基层组织进一步加强，党员素质明显提高，群众反映的突出问题得到了有效解决，长效机制的建立和完善取得了新成果，经济建设和社会各项事业有了新的发展。

【市先进性教育活动机构设置】 1月5日，市委根据中央和省委的统一部署要求，成立淄博市委保持共产党员先进性教育活动领导小组，领导小组办公室设在市委组织部。1月18日，成立淄博市委保持共产党员先进性教育活动办公室，办公室由48人组成，设综合协调组、宣传组、指导协调一组、指导协调二组、指导协调三组、联络服务一组、联络服务二组、秘书组8个组。各级、各部门、各单位都成立了相应的组织机构。全市共成立先进性教育活动办公室1357个，派出督导(指导)组743个，工作人员85045名。

附：市委先进性教育活动领导小组成员名单

组　长：张建国　市委书记、市人大常委会主任
副组长：魏绍水　市委副书记
　　　　侯法生　市委常委、秘书长
　　　　王顶岐　市委常委、组织部部长
　　　　明子夫　市委党校党委书记、常务副校长
　　　　曹在堂　市长助理，市经贸委主任、市经贸工委书记
　　　　高素贞　市纪委副书记
　　　　张新华　市委副秘书长、办公厅主任
　　　　刘　峰　市委副秘书长、市委市直机关工委书记
　　　　曹家才　市委组织部常务副部长
　　　　王莲君　市委宣传部常务副部长
成　员：车　立　市委组织部副部长、市委组织员办公室主任
　　　　常承村　市委统战部常务副部长
　　　　孙玉昌　市委政策研究室副主任
　　　　张洪亮　市教育局局长、党委书记
　　　　赵希成　市民政局局长、党委书记
　　　　王于林　市农业局局长、党委书记
　　　　周茂松　市委组织部助理调研员
领导小组办公室主　任：王顶岐
　　　　　　　副主任：曹家才
　　　　　　　　　　　车　立

【贺国强对淄博市开展"扶贫扶技扶志"主题实践活动作重要批示】 全市在开展保持共产党员先进性教育活动中，集中开展了帮扶困难党员和群众的"扶贫扶技扶志"主题实践活动，取得了扎实成效。2005年9月26日，中共中央政治局委员、

书记处书记、中央组织部部长、中央先进性教育活动领导小组组长贺国强，在中央先进性教育活动办公室编发的《山东省淄博市在困难企业和下岗职工党员中深入开展"扶贫扶技扶志"活动》简报上作重要批示："要像山东淄博市那样，在先进性教育活动中，切实关心生活困难的党员，开展'扶贫扶技扶志'活动，充分调动他们参加先进性教育活动的积极性。"

在开展先进性教育主题实践活动中，既做好中央和省委部署的"规定动作"，又精心设计和开展了切合自身实际、效果显著的"自选动作"。针对老工业城市困难企业数量多、下岗职工中党员人数多的实际，全市各级党组织大力开展"扶贫扶技扶志"活动。即：扶贫——帮助生活困难党员解决实际问题，扶技——帮助生活困难的党员提高自强自立能力，扶志——激励生活困难的党员战胜逆境永葆先进。为推动"三扶"主题实践活动健康发展，市委先进性教育活动领导小组及办公室通过召开情况调度会、经验交流座谈会等形式，加大了对"三扶"活动的督查落实力度。11月17日，在深化"三扶"主题实践活动座谈会上，市委副书记、市委先进性教育活动领导小组副组长魏绍水对深化"三扶"活动提出了明确要求，市委办公厅、市政府办公厅以厅发〔2005〕45号文件出台了《关于进一步深化"三扶"主题实践活动的意见》，对推动"三扶"主题实践活动向纵深发展起到了积极推动作用。

【市先进性教育活动宣传工作】 一是建立完善了宣传工作运行机制。抽调素质高、业务精、责任心强的骨干力量，成立了市委先进性教育活动办公室宣传组。从5家新闻单位抽调5名采编骨干，成立了新闻记者站，全程参与教育活动宣传工作。市属各新闻媒体分别建立了领导负责、部门承担、落实专人的责任体系。健全完善了组织协调、审核把关和通报等工作机制。每个批次都制定新闻宣传工作方案。市教育活动办公室召开宣传方面专题会议3次，制定下发24个有关教育活动宣传工作的文件。

二是舆论导向正确，宣传重点突出。政策宣传及时到位。对中央和省、市委及其领导小组和办公室制定下发的重要文件和精神，组织多渠道宣传。动态宣传广泛深入。在市内主要新闻媒体开辟了"实践'三个代表'重要思想，保持共产党员先进性""优秀共产党员风采录""先锋赞""保持共产党员先进性，建设社会主义新农村""深化先进性教育活动，建设群众满意工程"等专栏。协调淄博时空、淄博信息港、淄博新闻网等开设教育活动专题网页。理论宣传贯穿始终。组织撰写了30篇评论员文章在淄博日报刊发，举办了"保持共产党员先进性征文"活动，刊发学习体会和理论文章36期86篇。经验宣传及时有效。及时总结宣传各级各部门创造的经验做法。开展教育活动一年来，市内主要新闻媒体共刊播教育活动稿件近2500篇(条)。

三是对外宣传成效显著。上级新闻媒体刊播全市先进性教育活动专题稿件260余篇(条)，其中重点稿件34篇。山东人民广播电台、山东电视台对市委书记、市人大常委会主任、市委先进性教育活动领导小组组长张建国进行了四次专访。2月25日，大众日报在头版显著位置刊发了《淄博4万党员结穷亲》。11月22日，人民日报第四版刊发了《淄博：每年节省办公经费1000万资助困难学生》。2005年第18期《求是》杂志"党的建设"栏目刊发了《关键要在解决问题上下功夫》。11月21日，大众日报今日关注版刊发了《淄博市周村区李家村——用富强诠释共产党人的先进性》的重点报道。2006年4月29日，人民日报华东版头版头条刊发了《淄博的三个"着眼"》的长篇报道。

四是信息宣传工作实现了重大突破。共编发工作简报249期，业务通讯4期，印发199200份。全年共编发专报130余期，中央和省委先进性教育活动《简报》采用60余篇。撰写的《山东省淄博市在困难企业和下岗职工党员中深入开展"扶贫扶技扶志"活动》的信息，被中央先进性教育活动办公室《简报》刊用(512期)。中共中央政治局委员、书记处书记、中央组织部部长、中央先进性教育活动领导小组组长贺国强作出重要批示。

五是典型宣传有声有色。充分发挥优秀典型的示范带动作用，先后推出了李振华、孙建博、鹿奉俊等46名有重大影响的先进典型。在市属新闻媒体开展了"优秀共产党员风采录""先锋赞"等优秀共产党员先进事迹系列宣传活动。3月9日，组织了"白云李振华专场事迹报告会"。3月15～19日、9月12～16日和12月27～31日，分别组建了三个批次保持共产党员先进性事迹报告团，巡回报告近230场，听众达10余万人次。6月，编辑出版了《淄博市优秀共产党员风采录》一书，印刷1.2万册。毛军、李振华、陈虎、张士玉、车献梁、段连文、陈炳湖7名优秀共产党员事迹入选省委先进性教育活动办公室编辑的《党旗在召唤》一书。

【市先进性教育活动长效机制建设】 一是进一步建立健全保持党员先进性的长效机制。市委专门制定下发意见，组织全市广大党员深入学习贯彻党章，进一步增强广大党员的党性意识和宗旨观念。市委制定下发《关于开展"九个一"活动，促进机关党员自觉保持先进性的实施意见》，要求全市机关党员每月参加一次组织生活、每季度听一次党课、每半年走访一次结对帮扶对象、每年接受一次先进典型教育、每年重温一次入党誓词、每年开展一次廉政主题教育活动、每年参加一次专题组织生活会、每年向党组织作一次情况汇报、每年接受一次评议考核，以提高机关党员素质、发挥党员作用，加强新时期党员队伍教育管理。

二是进一步建立健全保持基层党组织先进性的长效机制。围绕加强党的基层组织建设，市委制定出台了《关于贯彻落实〈纲要〉，深化强基工程，全面加强党的基层组织建设的实施意见》，将重点任务细化分解，明确牵头单位和责任部门，并纳入"三个体系"进行考核监督。

三是进一步健全提高机关效能和深化服务的长效机制。市及区县都设立了行政审批服务大厅，普遍实行"一站式"受理、"一条龙式"服务，机关效能明显提高。各级各单位结合实际，普遍制定工作制度、规范，工作作风明显改进。

四是进一步健全党建工作评价考核和激励奖惩长效机制建设。实行了党建工作目标考核，每年年初市委制定全市党建工作目标，并层层分解到全市各级党组织，抓好落实，并纳入年度工作考核，严格表彰和奖惩。

各级围绕先进性教育活动的总体目标，从实际出发，坚持真管用、长管用的原则，共建立健全保持党员先进性的制度7911个，保持基层党组织先进性的制度7116个，提高机关效能和深化服务的制度5263个，党建工作评价考核和激励奖惩制度1223个。

【市先进性教育活动满意度测评试点工作】 根据中央和省委先进性教育活动办公室的安排部署，2006年3月18日至23日，淄博市作为全国唯一一个地级市，进行了先进性教育活动群众满意度测评试点工作。

测评工作开始前，市委把主要精力放到深化整改上，市委和各区县委普遍实行了先进性教育活动深化整改工作领导干部挂包责任制。组织开展了"深化整改月"活动,通过开展"回头看",进一步深入查找涉及群众切身利益的突出问题,并扎扎实实抓好整改,打牢群众满意度测评工作基础。

按照客观公正、实事求是、科学合理、简便易行的原则,结合实际,精心制定了先进性教育活动群众满意度测评试点工作"1+4方案",将中央"四句话"目标要求,细化为20项测评内容,采取抽样问卷、召开座谈会、个别走访和民主测评等方式进行测评。抽样问卷调查形式,按照党员和群众6:4的比例,在全市抽取9.5万个样本,样本覆盖三个批次教育活动,市、县、乡、村四个层次,机关、企业、农村、学校、"两新"组织等多个行业领域。全市共发放抽样调查问卷9.5万份,收回94876份,回收率99.87%。各级共召开座谈会273个,参加座谈人员2527人;走访党员群众2452人,进一步征求意见建议2517条;在召开座谈会和进行个别走访时,一并进行民主测评,共有4606人参加测评。从测评情况看,先进性教育活动群众满意率比较切合实际。

对测评试点工作,中央先进性教育活动办公室和省委高度重视。中央先进性教育活动指导一组周德进、郭福强、储晓东等全程参与;省委书记、省委先进性教育活动领导小组组长张高丽专门对测评试点工作作出重要批示;省委常委、组织部长,省委先进性教育活动领导小组副组长、办公室主任刘伟亲自审定方案,并到淄博市进行指导;省委组织部副部长孙述涛,省委组织部助理巡视员、组织处处长厉彦林等到淄博市具体指导,在重点问题和关键环节上把关定向,保证了试点工作顺利进行。测评工作结束后,中央先进性教育活动领导小组办公室和省委领导对淄博市的测评工作给予了充分肯定,中央先进性教育活动办公室向全国转发了淄博市的满意度测评做法。

【三个批次先进性教育活动开展主题实践活动综述】 第一批先进性教育活动期间,开展了党员领导干部争当"五个表率"(讲政治、顾大局的表率,解放思想、干事创业的表率,立党为公、执政为民的表率,求真务实、真抓实干的表率,廉洁自律的表率),党政机关开展了创建学习型、干事型、服务型、创新型、廉洁型等"五型"机关,争创"五个好"(领导班子好、党员干部队伍好、工作机制好、发展业绩好、党员群众反映好)基层党组织、争当"五个好"(政治素质好、工作业绩好、服务群众好、履行义务好、思想作风好)党员主题实践活动。市委组织部研究制定了《关于在全市基层党组织和共产党员中广泛开展争创"五个好"活动的意见》,对乡镇、村、街道、社区、国有企业、非公有制企业、高校及科研院所等单位中的党员分别提出争创标准。同时,在各行各业中深入开展了以党员"十带头"为重点的党员量化管理等活动,教育引导广大党员在本职岗位上争先创优、发挥作用。开展了"结穷亲、解民忧、受教育、促发展"主题实践活动,期间全市党员共走访基层党员群众4万余户,帮助困难群众办实事1300余件,发放救济金、慰问品折合人民币580余万元。

第二批先进性教育活动中,开展了"岗位当先锋、真情暖百姓、永葆先进性"主题实践活动。一是岗位当先锋,争创一流工作业绩。各区县、各单位根据工作和岗位目标实际,创新"自选动作",促使党员岗位建功,增强活动效果。各区县、各单位普遍开展"一岗一区一工程"(党员责任区、党员示范岗、党员先锋工程)活动,划分党员责任区,设立"党员先锋岗",促进了党员先锋模范作用的发挥。企业党组织通过开展"让党旗在车间飘扬,党性在岗位闪光"和"三比三看"活动(比规模、比总量,看一看差距有多少;比效率、比速度,看一看优势有多少;比客观条件、比主观因素,看一看潜力有多少),激发了党员的工作热情和无私奉献精神,使党员积极争创党员先锋岗,做深化改革、促进发展、联系和服务职工的先锋,促进了企业发展。二是坚持真情暖百姓,扶贫解困办实事。市委、市政府决定,从2005年起连续三年,每年从市直机关正常增长的办公经费中节支1000万元,用于救助义务教育阶段家庭经济困难学生,年内救助12000名。为确保每一名考上大学的学生不因经济困难上不了学,开展资助困难大学生活动,组织社会各界捐款,按照每名大学生1000~3000元的标准,共资助大学生445人。活动期间,全市共有39869名党员参加了扶贫济困送温暖活动,共走访困难党员群众25392户,组织党员和困难职工结成帮扶对子16497个,落实帮扶资金933.2万元,解决生产、生活实际困难12128件。三是永葆先进性,以制度促巩固。全市各级党组织注意把教育活动中创造的好经验、好做法,及时以制度的形式固定下来,建立健全党员永葆先进性、群众长期得利益的有关制度7116个,促进了党的先进性建设的制度化、规范化,进一步巩固和扩大了教育活动成果。

第三批先进性教育活动期间,主题实践活动丰富多彩。一是各级通过多种方式开展向困难群众"送温暖、献爱心"活动,把党和政府的关怀与温暖送到困难群众中。活动期间,全市各级走访慰问老党员7634人,走访慰问困难党员10956人、困难群众21813户,发放慰问金和物资折价达1606.7万元,为群众解决生产生活困难27613件。二是各区县围绕社会主义新农村建设这个主题,积极创新活动载体。有的区县开展了"为农村无职党员设岗定则"活动,实现了农村无职党员"无职有位、有位有为"的目的;有的区县开展了冬季农民增收"五比五带头"主题实践活动,充分发挥党员在新农村建设中的先锋模范作用,激发了广大农村党员建设社会主义新农村的积极性和主动性。三是各区县以各界人士返乡过节为契机,积极组织开展建言献策活动。采取召开座谈会、茶话会、走访等形式,向返乡过节的各界人士通报有关教育活动情况,征求社会各界的意见和建议,收到了良好效果。

【市举办"时代先锋"——淄博市保持共产党员先进性优秀共产党员颁奖晚会】 2006年6月21日,市委先进性教育活动领导小组举办"时代先锋"——淄博市保持共产党员先进性优秀共产党员颁奖晚会。市委书记、市人大常委会主任、市委先进性教育活动领导小组组长张建国,市委副书记、市长刘慧晏发来贺信,对荣获淄博市"时代先锋"称号的10名优秀共产党员表示热烈祝贺。市领导冯梦令、常志钧、周清利、岳长志、刘池水、魏绍水、陈家金、侯法生、崔洪刚、王顶岐出席颁奖晚会并为获奖者颁奖。在先进性教育活动期间,全市涌现出了一大批实践"三个代表"重要思想、永葆先进性的优秀共产党员的典型。为充分发挥优秀共产党员的示范引导和典型带动作用,市委先进性教育活动办公室在征求各方面意见的基础上,从全市一、二、三批先进性教育活动中涌现出的45位优秀共产党员典型中,确定李振华、陈虎、鹿奉俊、孙建博、彭荣均、周敬才、王亮方、王刚、张作祥、孙守年等10名优秀共产党员为"时代先锋"十大代表人物。颁奖晚会上李谷一、李光曦、克里木、刘长瑜等国内著名艺术家联袂演出了精彩文艺节目。市委先进性教育活动领导小组成员,各区县、高新区有关领导及全市1000名各行各业的党员干部出席颁奖晚会。

【市先进性教育活动督导工作】 按照中央和省委的统一部署和要求,为确保教育活动效果,市委共派出先进性教育活动督导组22个(第一批11个,第二批7个,第三批4个),各区县分别派出督导组721个，负责督导全市各级各单位的先进性教育活动。督导组的主要职责是及时了解掌握先进性教育活动的进展情况，向所在单位提出建议；及时总结和推广经验，发现问题，督促解决；及时向市委先进性教育活动领导小组反映情况，当好参谋。在整个督导工作中，各级督导组始终按照“督导不包办，尽职不越位，帮忙不添乱”的要求，采取灵活多样的方式，加强对各级各单位先进性教育活动的督促检查指导工作，确保了全市先进性教育活动的顺利开展。

各级督导组重视加强自身建设，深入调研，牢牢把握工作主动权。深入学习有关文件精神，掌握政策，熟悉程序，切实增强督导工作的前瞻性、全局性和准确性，做教育活动的“明白人”。通过听取汇报、走访座谈、参加会议、查阅资料等方式，坚持深入基层抓好调研，全程参与督导单位的学习教育活动。积极探索创新，把先进性教育活动的要求与督导单位的工作实际结合起来，探索制定一系列督导工作制度，并积极为督导单位出主意、想办法，共同研究制定切实可行的实施方案、工作计划和学习制度，探讨确定主题实践活动内容，帮助督导单位总结经验，发现不足，及时改正。广泛征求意见，不断改进工作方法，在工作中始终做到“四严一坚持”，即：严格标准，严格要求，严格程序，严格把关，坚持原则，为督导工作的顺利推进奠定了工作基础和组织保证。

各督导组讲究方法，把握规律，努力增强督导工作的科学性和实效性。紧紧依靠所派驻单位党组织，加强沟通，达成共识，形成了推进工作的合力。认真听取各方面意见和建议，帮助督导单位培训骨干、研究制定开展先进性教育活动的工作方案、措施和方式方法。坚持分类指导，督促各单位在完成上级“规定动作”的同时，结合实际，精心设计针对性更强的“自选动作”，开展了一系列丰富多彩的主题实践活动。坚持探索创新，紧紧抓住关键环节开展督导工作，对各单位领导班子和班子成员征求的意见进行汇总梳理并进行反馈，达到了交流意见，沟通思想，形成共识，增进团结的目的。督导各单位把党员作为先进性教育活动的主体，把群众满意作为检验活动成效的根本标准，真心实意地帮助群众解决实际问题，推动了教育活动的顺利开展。

各督导组突出抓好重点环节，确保活动实效。通过定期检查、不定期抽查和随机暗访等形式，对各基层党组织现状进行摸底，找准了先进性教育活动的方向、重点和核心。搞好动员，广泛发动群众，统一思想认识，明确任务要求。采取互查、定期检查和情况调度会等方法，严格检查考核，找准成绩和问题。突出每个阶段的重点，确保取得实效。努力拓宽群众参与的渠道，建立整改工作责任制，保证了教育活动的深入开展。

【市先进性教育活动指导协调工作】 为加强对先进性教育活动的工作指导，确保教育活动质量，市先进性教育活动办公室成立了三个指导协调组，各区县也相应派出指导组和驻村指导员，负责指导全市各级各单位三个批次先进性教育活动开展，联系、督促、指导各督导组有效开展工作，解答所指导单位和督导组提出的有关问题，审批各级各单位所制定的实施方案和转段报告，处理所指导单位基层党员群众来信来访，完成市委和领导小组交办的其他工作。工作中，各指导协调组积极履行“督促检查、沟通信息、发现典型、指导把关”职责，坚持标准，精心组织，强化指导，务求实效，圆满完成了指导协调工作任务。

各级指导协调组坚持分工负责，明确职责，超前谋划，把握方向。各指导组成员努力当好具体工作指导员、集中学习的辅导员、为民办事的服务员、上下沟通的联络员，建立完善了例会制度、考勤制度、巡查制度、考核制度。注重加强与督导组的沟通，建立健全了指导工作制度。坚持以每个阶段、每个环节的高标准，确保整个教育活动的高质量。坚持在重点活动、重点步骤和重要问题上下功夫，在深入查摆中找准突出问题，严格要求，创新形式，注重效果，确保成效。努力探索指导工作的方式方法和特点规律，坚持做到“三抓”：抓领导带头，在发挥表率作用上下功夫；抓方式创新，在勇于探索上下功夫；抓制度建设，在建立长效机制上下功夫。指导各级各单位结合整改，把先进性教育活动中的经验和做法、整改突出问题的有效措施、不同行业、部门的党员保持先进性的具体要求，进行总结、研究、完善、提高，用规定、办法、意见等形式固定下来，建立了保持共产党员先进性的长效机制。注意发现和培养具有方向性、指导性的先进典型，最大限度地发挥典型的示范引导作用。

各指导协调组坚持标准，严格把关，确保了教育活动质量。对方向性、原则性问题严格把关，确保了教育活动的正确方向。对每个阶段、重点环节严格把关，有针对性的提出意见和建议。在解决实际问题、确保成效上严格把关，指导有关单位抓整改，保证了教育活动成效。

【市先进性教育活动联络服务工作】 为加强先进性教育活动各方面的沟通与协调，市先进性教育活动办公室成立了两个联络服务组，负责市级领导班子先进性教育活动的综合协调和服务、省委驻淄博督导组的联络服务。重点协调组织了市级领导班子和党员领导干部在先进性教育活动中的“十个一”活动：一是到贫困村或联系点调研走访；二是组织先进性教育活动期间的党课活动；三是组织加强党的执政能力建设辅导报告会；四是组织开展警示教育活动；五是组织开展执政为民典型教育活动；六是组织开展中心组学习交流；七是组织举办形势报告会；八是组织观看现代剧《草原之子》；九是组织召开专题民主生活会；十是协调制定加强自身建设的意见。

【市先进性教育活动重要会议】 1. 1月15日，全市保持共产党员先进性教育活动动员大会召开，对全市保持共产党员先进性教育活动作出安排部署。市委书记、市人大常委会主任、市委先进性教育活动领导小组组长张建国，省委督导组组长崔维山出席会议并作重要讲话，市委副书记、市长刘慧晏主持会议。市政协主席冯梦令，市人大常委会副主任周继烈，市委副书记、副市长周清利，市委副书记岳长志，市委副书记、市纪委书记刘池水出席会议。市委副书记、市委先进性教育活动领导小组副组长魏绍水传达了省委保持共产党员先进性教育活动动员大会精神。张建国就贯彻落实中央和省委的重大战略部署，确保全市保持共产党员先进性教育活动健康顺利开展提出了明确要求。省委督导组组长崔维山充分肯定了淄博市对开展保持共产党员先进性教育活动所作的安排部署，对淄博市保持共产党员先进性教育活动提出了希望和要求。市委常委，市委特邀顾问，市人大常委会党员副主任，市政府党员副市长，市政府特邀顾问，市政协党员副主席，市法院、市检察院党组书记，原市人大常委会党员副主任，驻张店享受副市级以上待遇的党内老同志，省委督导组领导等出席会议。出席会议的还有：市长助理，市人大、市政府、市政协秘书长；市纪委常委；市人大、市政协常委中的正县级党员干部，市委保持共产党员先进性教育活动领导小组成员；各区县委书记、区县长、分管副书记，高新区工委常务副书记、分管副书记；市直各单位、部门，各大企业、高等院校、市属各重点企业集团和第一批参加教育活动的中央、省驻淄有关单位的党员领导干部和组织人事干部；市委保持共产党员先进性教育活动各督导组成员；市委保持共产党员先进性教育活动办公室全体人员等，共计1300余人。

2. 2月16日，市委书记、市人大常委会主任、市委先进性教育活动领导小组组长张建国以提高党的执政能力、巩固党的执政地位为主题，为市级领导班子中的党员领导干部，各区县、高新区主要负责人，市委保持共产党员先进性教育活动领导小组成员，市委督导组、领导小组办公室全体人员，第一批次参加先进性教育活动的市直部门和单位领导班子成员近1500人上党课。

3. 2月23日，市委先进性教育活动调度会召开。会议传达学习市委书记、市人大常委会主任、市委先进性教育活动领导小组组长张建国在市委书记办公会上的重要讲话，交流先进性教育活动开展情况，对搞好当前的教育活动作出安排部署。市委副书记、市委先进性教育活动领导小组副组长魏绍水出席会议并讲话，省委督导组组长崔维山等出席了会议。市委常委、组织部长、市委先进性教育活动领导小组副组长、办公室主任王顶岐主持了会议。市委保持共产党员先进性教育活动领导小组成员，各区县委、高新区工委分管书记、组织（人事）部长，部分交流发言的区县委书记，市直部门、单位党组、党（工）委主要负责人、组织人事科长，市教育活动办公室、市委各督导组全体人员参加了会议。张店区等7个单位作了交流发言。

4. 2月25日，谢玉堂副省长以永葆共产党员先进性为主题为全市党员干部上党课。市级党员领导干部，副市级以上离退休老同志，各区县委书记、区县长、组织部部长，高新区工委常务副书记、组织人事部长，市直各部门、单位党组（党委、工委）主要负责人，市委先进性教育活动领导小组成员及教育活动办公室成员、市委督导组各组组长、副组长听取了党课。

5. 2月28日，市委先进性教育活动领导小组办公室举办加强党的执政能力建设辅导报告会。邀请中央党校思想政治工作教研室原主任、党建教研部张蔚萍教授作了题为《关于加强党的执政能力建设》的专题辅导报告。张蔚萍教授的报告对新时期加强党的执政能力建设的时代背景和重大意义作了深刻阐述，对加强党的执政能力建设的基本内容和主要任务作了深入分析，对加强党的执政能力建设的根本措施作了全面论述。市委书记、市人大常委会主任、市委先进性教育活动领导小组组长张建国，市政协主席冯梦令，市人大常委会副主任周继烈，市委副书记、市委先进性教育活动领导小组副组长魏绍水等出席了报告会。市委副书记、副市长周清利主持报告会。市委常委，市委特邀顾问，市人大常委会党员副主任，市政府党员副市长，市政府特邀顾问，市政协党员副主席，市法院、市检察院党组书记，驻淄省政协常委，驻淄省垂直管理部门副厅级以上党员干部，市长助理，市人大、市政府、市政协秘书长；市纪委常委；市委保持共产党员先进性教育活动领导小组成员，督导组、领导小组办公室全体成员；各区县委、高新区工委分管书记、组织（人事）部部长；第一批参加教育活动的市直部门和单位的主要负责人参加了报告会。

6. 3月4日，市委保持共产党员先进性教育座谈会召开。市委书记、市人大常委会主任、市委先进性教育活动领导小组组长张建国作重要讲话，省委督导组副组长张海鹰对扎实搞好先进性教育活动学习培训阶段的工作提出了要求。市委副书记、市委先进性教育活动领导小组副组长魏绍水主持会议。市领导侯法生、王顶岐、岳华东等出席会议。在座谈会上，市公安局、市经贸委、市财政局、市文化局、市水利与渔业局、市委610办公室、市国税局和市地税局等9家单位发言。

7. 3月9日，市委先进性教育活动领导小组办公室邀请全国十大杰出检察官、党的十六大代表、聊城市东昌府区检察院副检察长白云和全国优秀教师、省优秀共产党员李振华作专场事迹报告。市委书记、市人大常委会主任、市委先进性教育活动领导小组组长张建国，省委督导组组长崔维山，市政协主席冯梦令，市人大常委会副主任周继烈，市委副书记、副市长周清利，市委副书记岳长志，市委副书记、市纪委书记刘池水等出席了报告会。市委副书记、市委先进性教育活动领导小组副组长魏绍水主持报告会。市委常委、特邀顾问，市人大常委会党员副主任，市政府党员副市长、特邀顾问，市政协主席、党员副主席，市法院、市检察院党组书记，纪委常委；驻淄省政协常委，驻淄省垂直管理部门副厅级以上党员干部；驻张店担任过副市级以上领导职务的党内老同志；市长助理，市人大、市政府、市政协秘书长；市委保持共产党员先进性教育活动领导小组成员，市委督导组、领导小组办公室全体人员；各区县委分管副书记，高新区工委常务副书记、分管副书记，各区县、高新区工委组织（人事）部部长；第一批次参加先进性教育活动的市直部门和单位领导班子成员、副县级以上党员干部及组织（干部、人事）部（处、科）长、办公室主任、机关党委（总支、支部）专职副书记等1000多人参加了报告会。

8. 3月10日，市委先进性教育活动领导小组办公室组织开展党员领导干部警示教育活动，集体观看《马向东腐败案》和《内蒙古第一贪——肖占武受贿案警示》两部教育片。这是市级领导班子和领导干部保持共产党员先进性教育“十个一”活动的一项重要内容。市委副书记、市纪委书记刘池水参加了活动并讲话。市委常委、政法委书记陈家金主持了会议。市委常委，市人大常委会党员副主任，市政府党员副市长，市政协主席、党员副主席；市委、市政府特邀顾问，市法院、市检察院党组书记；驻淄省政协常委，驻淄省垂直管理部门副厅级党员干部，驻张店担任过副市级以上领导职务的党内老同志；市长助理，市人大、市政协秘书长，市纪委常委；市委保持共产党员先进性教育活动市领导小组成员、督导组、领导小组办公室各组组长、副组长；各区县委、高新区工委分管副书记、组织（人事）部部长；第一批次参加教育活动的市直部门和单位主要负责人和纪检组长、纪委书记，共300余人参加了警示教育活动。

9. 3月16日，市委先进性教育活动领导小组办公室组织开展党员领导干部执政为民典型教育活动，集体观看了电影《郑培民》，并就党员干部如何向郑培民学习、永葆共产党员先进性作出部署。市委副书记、市长刘慧晏，市政协主席冯梦令，市人大常委会副主任周继烈，市委副书记、副市长周清利，市委副书记岳长志，市委副书记、市纪委书记刘池水，省委督导组成员参加了典型教育活动。市委副书记、市委先进性教育活动领导小组副组长魏绍水讲话，市委常委、组织部长、市委先进性教育活动领导小组副组长、办公室主任王顶岐主持。市委常委，市人大常委会党员副主任，市政府党员副市长，市政协党员副主席；市委、市政府特邀顾问，市法院、市检察院党组书记，驻淄省政协常委，驻淄省垂直管理部门副厅级党员干部；驻张店担任过副市级以上领导职务的老同志，市长助理，市人大、市政协秘书长，市纪委常委；市委保持共产党员先进性教育活动领导小组成员、督导组、先进性教育活动办公室全体人员，第一批次参加教育活动的市直部门和单位的领导班子成员、副县级以上党员干部及组织（干部、人事）部（处、科）长、办公室主任、机关党委（总支、支部）专职副书记等共计

1000余人参加了活动。

10. 3月18日，全市第一批先进性教育活动转入分析评议阶段动员会召开，总结学习动员阶段的工作，对分析评议阶段工作进行部署。市委书记、市人大常委会主任、市委先进性教育活动领导小组组长张建国出席会议并作动员讲话。市委副书记、市委先进性教育活动领导小组副组长魏绍水主持了会议。市领导吴翠云、侯法生、崔洪刚、王顶岐出席会议。省委督导组副组长张海鹰等出席会议。市委保持共产党员先进性教育活动领导小组成员；各区县委、高新区工委书记、分管副书记，区县委常委组织部部长、高新区工委组织（人事）部部长；第一批参加教育活动的市直各部门、各单位和中央、省驻淄有关单位党委（党组）书记，组织（干部、人事）部（处、科）长，市委先进性教育活动各督导组成员、办公室全体人员参加了会议。

11. 3月23日，市委先进性教育活动领导小组办公室举办市级领导班子先进性教育形势报告会。市委副书记、市长刘慧晏作形势报告。市委书记、市人大常委会主任、市委先进性教育活动领导小组组长张建国，省委督导组组长崔维山、市政协主席冯梦令、市人大常委会副主任周继烈、市委副书记岳长志等出席报告会。市委副书记、市委先进性教育活动领导小组副组长魏绍水主持。市委常委，市人大常委会党员副主任，市政府党员副市长，市政协党员副主席；市委、市政府特邀顾问，市法院、市检察院党组书记，驻淄省垂直管理部门副厅级党员干部；驻张店担任过副市级以上领导职务的党内老同志，市长助理，市人大、市政协秘书长，市纪委常委；各区县政府区县长，党委分管副书记、组织部部长；高新区工委常务副书记、组织（人事）部部长；市委保持共产党员先进性教育活动领导小组成员，市委先进性教育活动督导组、领导小组办公室全体人员，第一批参加教育活动的市直各部门、各单位主要负责人共300余人听取了报告。

12. 3月28日，市委先进性教育活动调度会召开。会议总结交流进入分析评议阶段以来的工作情况，对下一步工作作出部署。市委常委、组织部部长、市委先进性教育活动领导小组副组长、办公室主任王顶岐，省委督导组副组长张海鹰出席会议并讲话。市委先进性教育活动办公室各工作组、市委各督导组组长、副组长参加了会议。

13. 5月9日，全市第一批先进性教育活动转入整改提高阶段动员会议召开，对整改提高阶段工作作出安排部署。市委副书记、市长刘慧晏出席会议并作动员讲话。省委督导组组长崔维山出席会议并讲话。市委副书记、市委先进性教育活动领导小组副组长魏绍水主持会议。市委常委吴翠云，市委常委、秘书长侯法生出席会议。市委常委、组织部部长、市委先进性教育活动领导小组副组长、办公室主任王顶岐传达了市委先进性教育活动领导小组《关于做好第一批先进性教育活动整改提高阶段工作的实施意见》。市委保持共产党员先进性教育活动领导小组成员；各区县委、高新区工委书记、分管副书记、组织（人事）部部长；参加第一批教育活动的市直部门、单位和中央、省驻淄有关单位党组（党委）书记、组织（干部、人事）部（处、科）长，市委先进性教育活动各督导组成员、办公室全体人员参加了会议。

14. 5月19日，全市组织部长暨保持共产党员先进性教育活动调度会召开。会议对第一批先进性教育活动整改提高阶段工作情况进行调度，对第二批先进性教育活动准备工作进行了部署。会议传达了市委书记、市人大常委会主任、市委先进性教育活动领导小组组长张建国在市交通局调研先进性教育活动时的重要讲话精神，省委督导组组长崔维山出席会议。市委副书记、市委先进性教育活动领导小组副组长魏绍水出席会议并讲话。市委常委、组织部部长、市委先进性教育活动领导小组副组长、办公室主任王顶岐主持会议。市委保持共产党员先进性教育活动领导小组成员；各区县委、高新区工委书记、分管副书记、组织（人事）部部长；各大企业、高等院校党委（党组、工委）分管负责人、组织（干部、人事）部（处、科）长；市委先进性教育活动各督导组组长、副组长，市委先进性教育活动办公室全体人员参加了会议。

15. 6月23日，市委先进性教育活动领导小组办公室组织收听收看中央第二批先进性教育活动工作电视电话会议。市委副书记、市委先进性教育活动领导小组副组长魏绍水就贯彻落实中央会议和张高丽讲话精神，认真做好第二批先进性教育活动提出了要求。在淄博分会场，市委常委，市人大、市政府、市政协领导班子中的党员领导干部，市法院、市检察院党组书记，市委先进性教育活动领导小组成员、办公室负责人和先进性教育活动督导组组长集体进行了收听收看。各区县、高新区设分会场，区县委常委，人大、政府、政协领导班子中的党员领导干部，法院、检察院党组书记参加了会议。各区县委书记分别就贯彻落实中央会议和省、市委领导讲话精神提出了具体要求。

16. 6月28日，市委先进性教育活动领导小组办公室组织收看山东省先进性教育活动第一批总结和第二批动员大会电视会议。市委副书记、市长刘慧晏就贯彻落实省会议精神，扎实开展好第二批先进性教育活动提出要求。在淄博分会场，市委常委，市人大、市政府、市政协领导班子中的党员领导干部，市纪委常委，市法院、检察院党组书记；市委先进性教育活动领导小组成员，市委督导组组长；第一、第二批开展教育活动的部门、单位党委（党组）负责人，在淄的省国资委监管企业、高等院校、省驻淄有关单位负责人；市委先进性教育活动办公室人员参加了会议。各区县设分会场，各乡镇、街道办党（工）委书记参加了会议。各级参加第一、第二批先进性教育活动的单位，在本单位组织全体党员集体收看了电视会议实况。

17. 7月1日，全市保持共产党员先进性教育第一批总结和第二批动员大会召开，会议对全市第一批先进性教育活动进行全面总结，对第二批先进性教育活动进行动员部署。市委书记、市人大常委会主任、市委先进性教育活动领导小组组长张建国，省委督导组组长崔维山作重要讲话。市委副书记、市长刘慧晏主持会议。市领导冯梦令、周继烈、岳长志、刘池水、魏绍水出席会议。市委常委、特邀顾问，市人大常委会党员副主任，市政府党员副市长、特邀顾问，市政协党员副主席，市法院、市检察院党组书记，市纪委常委；驻张店的副市级以上党内老同志；市长助理，市人大、市政府、市政协秘书长；市人大、市政协常委中驻张店的正县级党员领导干部；市委保持共产党员先进性教育活动领导小组成员；各区县委书记、分管副书记，组织部部长、分管副部长、组织科长；高新区工委常务副书记、分管副书记，组织人事部部长、分管副部长、组织科长；第一、二批开展教育活动的部门、单位党委（党组、工委）党员领导班子成员及组织（干部、人事）部（处、科）长；市委先进性教育活动各督导组成员；市委先进性教育活动办公室全体人员参加了会议。

18. 7月29日，第二批保持共产党员先进性教育活动调度会召开。会议就确保第二批先进性教育活动覆盖到每个基层党组织和每个共产党员进行专题研究部署。市委常委、组织部长、市委先进性教育活动领导小组副组长、办公室主任王顶岐出席会议并讲话。市委先进性教育活动领导小组成员；

各区县委、高新区工委分管副书记、组织(人事)部长;市属有关部门、单位党组(党委、工委)分管负责人、组织(人事、政工)科长;市委各督导组和市委先进性教育活动办公室全体人员参加了会议。

19. 8月4日,市委常委扩大会召开,会议传达学习了全省第二批先进性教育活动情况汇报会、先进性教育活动宣传工作会议精神,听取了全市第二批教育活动的进展情况汇报,对先进性教育活动作了进一步部署。市委书记、市人大常委会主任、市委先进性教育活动领导小组组长张建国主持并讲话。市委副书记、市长刘慧晏,市委副书记、副市长周清利,市委副书记岳长志,市委副书记、市委先进性教育活动领导小组副组长魏绍水出席会议。市委常委,市人大常委会、市政协党组书记,各区县委书记、高新区工委书记、市直有关部门单位党委(党组)主要负责人参加了会议。

20. 8月5日,全市保持共产党员先进性教育活动工作会议召开。会议传达贯彻了全省第二批先进性教育活动情况汇报会、先进性教育活动宣传工作会议和市委书记、市人大常委会主任、市委先进性教育活动领导小组组长张建国在市委常委扩大会议上的重要讲话精神,安排部署当前先进性教育工作。市委副书记、市委先进性教育活动领导小组副组长魏绍水讲话,市委常委、组织部长、市委先进性教育活动领导小组副组长、办公室主任王顶岐主持会议。桓台县委、高新区工委、水利与渔业局党委、城市管理行政执法局党组做了交流发言。市教育活动领导小组成员,各区县委、高新区工委分管副书记、组织(人事)部部长,市直各部门(单位)党组(党委、工委)分管领导、组织(人事、政工)科科长,各大企业、高等院校、驻淄中央、省属单位党组(党委)分管领导、组织(人事、政工)部(处、科)长,市教育活动办公室各组和市派各督导组组长、副组长参加了会议。

21. 8月15日,全市保持共产党员先进性教育活动宣传工作会议召开。会议传达学习了全省先进性教育活动宣传工作会议和市委书记、市人大常委会主任、市委先进性教育活动领导小组组长张建国在市委常委扩大会议上的重要讲话精神,通报了全市开展先进性教育活动进展情况,对抓好第二批先进性教育活动宣传工作进行部署安排,表彰了第一批先进性教育活动宣传工作先进集体和优秀作品。市委常委、宣传部部长郑峰作了重要讲话。淄博日报社、淄博人民广播电台、淄博电视台和淄川区委、沂源县委、张店区委先进性教育活动办公室分别作了典型发言。

22. 9月8日,全市民营企业先进性教育活动座谈会召开。会议认真分析当前教育活动中存在的突出问题,探讨进一步深化民营企业先进性教育活动的思路和方法。省委巡回检查组组长黄泽存,市委副书记、市委先进性教育活动领导小组副组长魏绍水出席并讲话。市委常委、组织部长、市委先进性教育活动领导小组副组长、办公室主任王顶岐主持会议。淄博商厦股份有限公司、山东齐都药业股份有限公司、淄博众晶巾被有限公司、山东鲁阳股份有限公司等4家民营企业在座谈会上做了典型发言。

23. 9月23日,全市第二批先进性教育活动工作会议召开。会议回顾总结了全市第二批教育活动分析评议阶段工作,对整改提高阶段的工作和抓好第三批教育活动准备工作进行部署安排。省委巡回检查组组长黄泽存,市委副书记、市委先进性教育活动领导小组副组长魏绍水出席并讲话,市委常委、组织部长、市委先进性教育活动领导小组副组长、办公室主任王顶岐主持会议。市委先进性教育活动领导小组成员,各区县委、高新区工委分管副书记、组织(人事)部部长,市委直属有关党委(党组、工委)分管负责人、组织(人事、政工)科科长,市委先进性教育活动各督导组成员,市委先进性教育活动办公室全体人员参加了会议。

24. 10月12日,全市先进性教育活动工作会议召开。会议学习贯彻了全国、全省先进性教育活动工作会议精神,对第一批先进性教育活动巩固扩大整改成果工作进行回顾总结,对第三批先进性教育活动准备工作进行了再部署、再安排。市委副书记、市委先进性教育活动领导小组副组长魏绍水出席会议并讲话,市委常委、组织部长、市委先进性教育活动领导小组副组长、办公室主任王顶岐主持。市委先进性教育活动领导小组成员;各区县委、高新区工委分管副书记、组织(人事)部部长;市委直属有关党委(党组、工委)分管负责人、组织(人事、政工)科科长;市委先进性教育活动各督导组成员;市委先进性教育活动办公室全体人员参加了会议。

25. 11月18日,全市深化"扶贫扶技扶志"活动解决涉及群众切身利益突出问题会议召开。会议学习贯彻中共中央政治局委员、书记处书记、中央组织部部长、中央先进性教育活动领导小组组长贺国强对淄博市"扶贫扶技扶志"活动的重要批示和省委先进性教育活动领导小组有关会议精神,对全市巩固扩大先进性教育活动整改成果,深化"扶贫扶技扶志"主题实践活动,切实解决涉及群众切身利益的突出问题作出进一步部署和安排。市委副书记、市委先进性教育活动领导小组副组长魏绍水讲话,市委常委、组织部长、市委先进性教育活动领导小组副组长、办公室主任王顶岐主持会议,副市长吴明君传达了《市委办公厅、市政府办公厅关于进一步深化"扶贫扶技扶志"主题实践活动的意见》。会上,市总工会、市劳动和社会保障局、市民政局、张店区作了交流发言。

26. 11月28日,市委先进性教育活动领导小组办公室组织收听收看中央第三批先进性教育活动工作电视电话会议,市委书记、市人大常委会主任、市委先进性教育活动领导小组组长张建国就贯彻落实中央会议和张高丽讲话精神,认真做好第三批先进性教育活动提出要求。市委常委,市人大常委会党组书记,市政协党组书记,市政府分管农业农村工作的副市长,市法院、市检察院党组书记;市纪委、市委组织部、市委宣传部、市委市直机关工委、市委党史委先进性教育活动领导小组主要负责人和办公室主任,涉农部门、单位党委(党组)负责人;市委先进性教育活动领导小组成员、办公室负责人和先进性教育活动督导组组长参加会议。各区县设分会场,集中收听收看了会议。

27. 12月5日,市委先进性教育活动领导小组办公室组织收看山东省第三批保持共产党员先进性教育活动动员大会电视会议。在淄博分会场,市委书记、市人大常委会主任、市委先进性教育活动领导小组组长张建国就贯彻落实省委会议精神,确保全市第三批先进性教育活动取得实效,真正成为群众满意工程提出要求。市委常委,市人大常委会党组书记,市政协党组书记,市政府分管农业农村工作的副市长,市法院、市检察院党组书记;市纪委、市委组织部、市委宣传部、市委市直机关工委、市委党史委先进性教育活动领导小组主要负责人和办公室主任,涉农部门、单位党委(党组)负责人;市委先进性教育活动领导小组成员、办公室负责人和先进性教育活动督导组、指导组组长参加了会议。各区县、高新区设分会场,各乡镇、村,参加第三批先进性教育活动单位,市纪委、市委组织部、市委宣传部、市委市直机关工委、市委党史委等参加第三批先进性教育活动的党政机关分别组织全体党员和入党积极分子集中收听收看了会议。

28. 12月9日,全市第三批保持共产党员先进性教育活动动员大会召开，会议主要贯彻落实中央和省委关于第三批先进性教育活动有关会议精神，回顾总结前段全市先进性教育活动，对第三批先进性教育活动进行动员部署。市委书记、市人大常委会主任、市委先进性教育活动领导小组组长张建国作动员讲话，市委副书记、市长刘慧晏主持会议，市领导冯梦令、周继烈、周清利、魏绍水、郑峰、侯法生、崔洪刚、王顶岐等出席会议。会议通过淄博电视台新闻频道向全市直播。各区县、高新区设分会场，全市有23万多人收听收看了会议实况。

29. 12月31日，全市农村先进性教育活动调度会召开。会议传达学习了市委书记、市人大常委会主任、市委先进性教育活动领导小组组长张建国在听取农村先进性教育活动情况汇报后的讲话精神，总结前段全市先进性教育活动开展情况，分析存在的问题和不足，研究制定改进措施。市委副书记、市委先进性教育活动领导小组副组长魏绍水讲话，市委常委、组织部长、市委先进性教育活动领导小组副组长、办公室主任王顶岐主持并讲话。

30. 2006年1月16日，全市先进性教育活动宣传工作会议召开。会议传达学习了全省先进性教育活动宣传工作会议精神，总结交流第二批先进性教育活动宣传工作的情况与经验，对全市第二批先进性教育活动优秀新闻作品进行了表彰，对今后一个时期的工作进行安排和部署。市委常委、组织部长、市委先进性教育活动领导小组副组长、办公室主任王顶岐出席会议并讲话。

31. 2006年2月10日，市委先进性教育活动领导小组召开全市农村先进性教育活动调度会，总结前段农村先进性教育活动开展情况，分析存在的问题与原因，部署安排下一步的重点工作。市委副书记、市委先进性教育活动领导小组副组长魏绍水出席会议并讲话，市委常委、组织部长、市委先进性教育活动领导小组副组长、办公室主任王顶岐主持会议。

32. 2006年3月13日，全市先进性教育活动工作会议召开。会议深入贯彻落实中央和省委近期关于先进性教育活动的一系列重要指示精神，动员全市各级党组织和广大党员以更加饱满的热情、更加务实的作风，深入学习贯彻党章，不断深化整改工作，善始善终地抓好先进性教育活动，努力把先进性教育活动建成群众满意工程。市委书记、市人大常委会主任、市委先进性领导小组组长张建国作重要讲话，市委副书记、市委先进性教育活动领导小组副组长魏绍水主持会议，市委常委、秘书长、市委先进性教育活动领导小组副组长侯法生，市委常委、市高新区工委书记、管委会主任崔洪刚，市委常委、组织部长、市委先进性教育活动领导小组副组长、办公室主任王顶岐出席。

33. 2006年4月21日，市委先进性教育活动领导小组召开全市先进性教育活动调度会。市委副书记、市委先进性教育活动领导小组副组长魏绍水出席并作重要讲话，市委常委、组织部长、市委先进性教育活动领导小组副组长、办公室主任王顶岐主持会议，市人大常委会副主任、市委先进性教育活动领导小组副组长曹在堂出席会议。各区县、高新区及市派区县各督导组重点围绕深化整改月活动情况和下一步工作打算作了交流发言。市委先进性教育活动领导小组成员，市先进性教育活动办公室各组和市派区县各督导组组长、副组长，各区县、高新区教育活动办公室负责人参加了会议。

34. 2006年6月8日，市委先进性教育活动领导小组召开全市加强党的先进性建设理论研讨会，学习贯彻中央和省、市委关于深入开展"保持共产党员先进性教育活动与党的先进性建设"理论研讨工作的部署要求，总结全市理论研讨活动的情况，交流理论研究成果，进一步深化党的先进性建设理论研究，不断推动党的执政能力建设和先进性建设。市委副书记、市委先进性教育活动领导小组副组长魏绍水出席并作重要讲话，市委常委、组织部长、市委先进性教育活动领导小组副组长、办公室主任王顶岐主持会议。桓台县、周村区、市委政策研究室、市委党校在会上作了发言，17个部门、单位的21篇论文进行了书面交流。各区县委、高新区工委组织（人事）部部长，组织（人事）科长，参加先进性教育活动的部分部门、单位先进性教育活动办公室主任，市委各督导组组长，市委先进性教育活动办公室有关人员等参加了会议。

35. 2006年6月28日，全市庆祝中国共产党成立85周年暨保持共产党员先进性教育活动总结表彰大会隆重召开，会议回顾了建党85周年的光辉历程，全面总结了历时一年半的先进性教育活动，命名表彰了近年来特别是先进性教育活动中涌现出的先进基层党组织、优秀共产党员和优秀党务工作者，对下一步全市党的先进性建设任务作出了部署。市委书记、市人大常委会主任、市委先进性教育活动领导小组组长张建国作重要讲话，市人大常委会副主任常志钧出席会议，市委副书记、副市长周清利主持会议，市委副书记岳长志，市委副书记、市纪委书记刘池水，市委副书记、市委先进性教育活动领导小组副组长魏绍水等出席会议。市委常委，市人大常委会党员副主任，市政府党员副市长，市政协党员副主席，市委、市政府特邀顾问，市法院、市检察院党组书记；市长助理，市人大、市政协秘书长，市纪委常委；各区县委、高新区工委分管副书记；各大企业、高等院校、市直各部门、单位党委（党组）负责人；受表彰单位和个人代表以及部分党员干部代表参加了会议。

【市先进性教育活动重要文件】 1月5日，市委印发《中共淄博市委关于成立市委保持共产党员先进性教育活动领导小组的通知》。

1月14日，市委印发《中共淄博市委关于认真组织开展以实践"三个代表"重要思想为主要内容的保持共产党员先进性教育活动的实施意见》。

1月14日，市委印发《中共淄博市委关于第一批次部门和单位认真组织开展以实践"三个代表"重要思想为主要内容的保持共产党员先进性教育活动的实施方案》。

1月27日，市委印发《关于在市级领导班子和党员领导干部中开展保持共产党员先进性教育活动的实施方案》。

1月30日，市委先进性教育活动领导小组办公室印发《关于转发省委先进性教育活动领导小组办公室〈关于先进性教育活动若干问题的解答〉的通知》。

1月30日，市委先进性教育活动领导小组办公室印发《关于做好第一批次先进性教育活动"学习动员"阶段工作的通知》。

2月4日，市委先进性教育活动领导小组印发《关于转发省委先进性教育活动领导小组〈关于离退休干部职工中的党员参加先进性教育活动的意见〉的通知》。

2月4日，市委先进性教育活动领导小组印发《关于转发中央保持共产党员先进性教育活动领导小组〈关于认真组织学习〈江泽民论加强和改进执政党建设（专题摘编）〉的通知〉的通知》。

2月5日，市委先进性教育活动领导小组印发《市级领导班子和党员领导干部保持共产党员先进性教育"十个一"活动安排方案》。

2月5日，市委先进性教育活动领导小组办公室印发《关于市委先进性教育活动办公室和督导组成立临时党组织的通知》。

2月16日，市委先进性教育活动领导小组办公室印发《关于规范先进性教育活动有关重要材料上报工作的通知》。

3月6日，市委先进性教育活动领导小组印发《关于在先进性教育活动期间严格实行请销假制度的通知》。

3月10日，市委先进性教育活动领导小组办公室印发《关于明确提出党员先进性具体要求和不合格党员主要表现的通知》。

3月15日，市委先进性教育活动领导小组办公室印发《关于进一步加强先进性教育活动宣传工作的通知》。

3月17日，市委先进性教育活动领导小组印发《关于做好第一批次先进性教育活动分析评议阶段工作实施意见》。

4月4日，市委先进性教育活动领导小组印发《关于转发省委先进性教育活动领导小组〈关于在先进性教育活动中充分发挥基层党支部书记作用的意见〉的通知》。

4月7日，市委先进性教育活动领导小组办公室印发《关于认真做好先进性教育活动群众信访问题的通知》。

4月7日，市委先进性教育活动领导小组办公室印发《关于转发省委先进性教育活动领导小组办公室〈关于第一批先进性教育活动党员领导干部党性分析材料有关问题的答复〉的通知》。

4月19日，市委先进性教育活动领导小组印发《关于转发省委先进性教育活动领导小组〈关于做好第一批先进性教育活动分析评议阶段"回头看"和转段工作的意见〉的通知》。

4月20日，市委先进性教育活动领导小组印发《关于认真做好分析评议阶段"提出评议意见"工作的通知》。

5月8日，市委先进性教育活动领导小组印发《关于做好第一批次先进性教育活动整改提高阶段工作的实施意见》。

5月18日，市委先进性教育活动领导小组办公室印发《关于转发省委先进性教育活动办公室〈关于进一步坚持勤俭务实作风扎实搞好先进性教育活动的通知〉的通知》。

6月1日，市委先进性教育活动领导小组印发《关于认真做好第一批先进性教育活动群众满意度测评工作的实施意见》。

6月13日，市委先进性教育活动领导小组印发《淄博市第一批先进性教育活动总结报告》。

6月30日，市委印发《关于认真组织开展第二批先进性教育活动的实施意见》。

7月5日，市委先进性教育活动领导小组印发《关于做好第二批先进性教育活动学习动员阶段工作的通知》。

7月5日，市委先进性教育活动领导小组印发《关于印发刘慧晏同志在收看省保持共产党员先进性教育活动第一批总结和第二批动员大会后的讲话的通知》。

7月15日，市委先进性教育活动领导小组印发《关于进一步落实党员领导干部抓先进性教育活动联系点制度的通知》。

7月19日，市委先进性教育活动领导小组印发《关于转发中央先进性教育活动领导小组〈如何对不履行党员义务、不具备党员条件的党员进行教育帮助和组织处理〉等三个工作问答的通知》。

7月27日，市委先进性教育活动领导小组印发《关于转发省委先进性教育活动领导小组〈关于在参加第二批先进性教育活动广大党员中开展"岗位当先锋、真情暖百姓、永葆先进性"主题实践活动的意见〉的通知》。

8月2日，市委先进性教育活动领导小组印发《关于认真做好第一批先进性教育活动巩固和扩大整改成果工作并进行"回头看"的通知》。

8月2日，市委先进性教育活动领导小组办公室印发《关于对第二批先进性教育活动尚未启动的党组织以及流动党员、联系不上的党员、困特殊原因不能参加先进性教育活动的党员实行档案管理的通知》。

8月5日，市委先进性教育活动领导小组印发《关于转发省委先进性教育活动领导小组〈关于在保持共产党员先进性教育活动中做好不履行党员义务、不具备党员条件党员的教育转化和不合格党员处置工作的意见〉的通知》。

8月8日，市委先进性教育活动领导小组印发《关于转发省委先进性教育活动领导小组〈关于切实加强分类指导确保第二批先进性教育活动取得实效的意见〉的通知》。

8月9日，市委先进性教育活动领导小组印发《关于表彰第一批保持共产党员先进性教育活动宣传工作先进集体和优秀作品的决定》。

8月9日，市委先进性教育活动领导小组印发《关于认真做好第二批先进性教育活动分析评议阶段工作的实施意见》。

8月18日，市委先进性教育活动领导小组办公室印发《关于进一步讨论确定党员先进性具体要求有关问题的通知》。

8月18日，市委先进性教育活动领导小组印发《关于转发省委先进性教育活动领导小组〈关于第一批开展先进性教育活动部门单位健全完善党员"长期受教育、永葆先进性"长效机制的意见〉的通知》。

9月2日，市委先进性教育活动领导小组办公室印发《关于对晚报类报纸加强先进性教育活动宣传报道工作的意见》。

9月6日，市委先进性教育活动领导小组办公室印发《关于转发中央先进性教育活动办公室〈在先进性教育活动宣传报道中应注意把握的几个问题〉的通知》。

9月14日，市委先进性教育活动领导小组印发《关于认真做好第二批先进性教育活动整改提高阶段工作的实施意见》。

9月14日，市委先进性教育活动领导小组印发《关于转发中央先进性教育活动领导小组〈关于认真做好建立健全保持共产党员先进性长效机制工作的通知〉的通知》。

9月15日，市委先进性教育活动领导小组印发《关于转发中央先进性教育活动办公室〈关于印发〈如何进一步组织流动党员参加先进性教育活动〉等四份工作问答的通知〉的通知》。

10月21日，市委先进性教育活动领导小组印发《关于转发中央先进性教育活动领导小组〈关于在保持共产党员先进性教育活动中认真学习贯彻党的十六届五中全会精神的通知〉的通知》。

11月1日，市委先进性教育活动领导小组办公室印发《关于认真组织未参加第一批先进性教育活动的党员进行补课的通知》。

11月15日，市委先进性教育活动领导小组印发《关于认真贯彻落实〈省委先进性教育活动领导小组关于认真贯彻党的十六届五中全会精神切实解决关系农民切身利益几个问题的通知〉的通知》。

11月16日，市委办公厅、市政府办公厅印发《关于进一步深化"扶贫扶技扶志"主题实践活动的意见》。

11月18日，市委先进性教育活动领导小组印发《关于做好第二批先进性教育活动群众满意度测评工作的实施意见》。

11月18日，市委先进性教育活动领导小组印发《关于认真做好第二批先进性教育活动巩固和扩大整改成果工作的通知》。

12月12日，市委先进性教育活动领导小组印发《关于印发〈关于部分党政机关开展保持共产党员先进性教育活动的实施意见〉的通知》。

12月12日，市委先进性教育活动领导小组印发《关于做好农村先进性教育活动学习动员阶段工作的通知》。

12月16日，市委先进性教育活动领导小组印发《关于印发〈第三批保持共产党员先进性教育活动新闻宣传工作方案〉的通知》。

12月22日，市委先进性教育活动领导小组印发《关于建立党员领导干部农村先进性教育活动联系点的通知》。

12月31日，市委先进性教育活动领导小组印发《关于转发中共山东省委先进性教育活动领导小组〈关于认真组织开展向建国前入党老党员、困难党员、困难群众"送温暖、献爱心"活动的通知〉的通知》。

2006年1月6日，市委先进性教育活动领导小组印发《关于做好农村先进性教育活动分析评议阶段工作的通知》。

2006年1月8日，市委先进性教育活动领导小组印发《关于转发中央先进性教育活动领导小组〈关于认真做好第二批先进性教育活动巩固和扩大整改成果工作并进行"回头看"的通知〉的通知》。

2006年1月12日，市委先进性教育活动领导小组印发《关于转发中央先进性教育活动领导小组〈关于在先进性教育活动中进一步做好关心帮助困难群众工作的通知〉的通知》。

2006年2月19日，市委先进性教育活动领导小组印发《关于做好农村先进性教育活动整改提高阶段工作的通知》。

2006年2月28日，市委先进性教育活动领导小组印发《关于对第二批先进性教育活动进行总结的通知》。

2006年3月7日，市委先进性教育活动领导小组印发《关于转发省委先进性教育活动领导小组〈关于在参加第一、第二批先进性教育活动党员中开展党章"五个一"专题教育的通知〉的通知》。

2006年3月13日，市委先进性教育活动领导小组印发《关于建立市领导抓先进性教育活动深化整改工作挂包责任制的通知》。

2006年3月17日，市委先进性教育活动领导小组印发《关于印发〈淄博市先进性教育活动群众满意度测评试点工作实施方案〉等五个方案的通知》

2006年3月21日，市委先进性教育活动领导小组印发《关于印发张建国同志在全市先进性教育活动群众满意度测评工作会议上的讲话的通知》。

2006年4月15日，市委先进性教育活动领导小组办公室印发《关于开展"保持共产党员先进性教育活动与党的先进性建设"理论研讨活动的通知》。

2006年4月15日，市委先进性教育活动领导小组办公室印发《关于开展"保持共产党员先进性教育活动与党的先进性建设"理论研讨活动的通知》。

2006年5月19日，市委先进性教育活动领导小组办公室印发《关于搞好先进性教育活动有关工作的通知》。

2006年6月7日，市委先进性教育活动领导小组印发《关于做好市先进性教育活动中优秀党务工作者推荐工作的通知》。

【市先进性教育活动总结表彰】 2006年6月28日下午，淄博市庆祝中国共产党成立85周年暨保持共产党员先进性教育活动总结表彰大会隆重召开。会议回顾了中国共产党建党85周年的光辉历程，全面总结了全市历时一年半的保持共产党员先进性教育活动，命名表彰了近年来特别是先进性教育活动中涌现出的141个先进基层党组织、94名优秀共产党员和111名优秀党务工作者，对下一步全市党的先进性建设任务进行了部署。会上，高新区卫固镇傅山村党委书记彭荣均，东岳集团党委书记、董事长张建宏分别代表先进集体和先进个人发言，市委书记、市人大常委会主任、市委先进性教育活动领导小组组长张建国作了重要讲话，市委副书记、副市长周清利对会议精神的贯彻落实提出明确要求。市委常委，市人大常委会党员副主任，市政府党员副市长，市政协主席、党员副主席，市委、市政府特邀顾问，市法院、市检察院党组书记；市长助理，市人大、市政协秘书长，市纪委常委；各区县委、高新区工委分管副书记，组织(人事)部分管副部长、组织科长；市直各部门、单位党委(党组、工委)领导班子成员，组织(干部、人事)部(处、科)长，机关党委(总支、支部)书记、专职副书记；各大企业、高等院校党委分管副书记，组织(人事)部(处)长、组织科长；受表彰单位和个人代表以及部分党员干部代表参加了会议。

(市委先进性教育活动办公室)

本部类编辑：孟　明
副主编：安永善
校　对：王　娟
赵建国

学习贯彻
《山东省地方史志工作条例》

学习贯彻《山东省地方史志工作条例》推动全市史志事业持续健康发展

副市长　饶明忠

2005年9月29日，省十届人大常委会第十六次会议审议通过了《山东省地方史志工作条例》(以下简称《条例》)，自2005年12月1日起施行。《条例》的审议通过和颁布实施，是我省修志史上一件具有里程碑意义的大事，标志着我省地方史志工作进入了法制化、规范化发展的新时期。

作为齐文化的发祥地，淄博地区的地方史志编纂源远流长。在20世纪80年代初开始的第一轮社会主义新方志编纂中，我市在全省率先完成市、区(县)9部志书的出版发行，《淄博市志》《临淄区志》获全国地方志最高奖——一等奖，其他7部区县志分获全省新方志优秀成果奖和淄博市社科优秀成果奖。此间还编纂部门行业、企事业单位、乡镇村志200余种。

在新的历史时期，国家和全社会都对史志工作提出了新的、更高的要求。《条例》的出台就是适应形势发展的需要而适时制定颁布的。首先，《条例》进一步明确了地方史志工作的重要地位和作用，使编修地方史志成为法律责任。其次，《条例》对地方史志工作进一步作了规范，明确了地方史志工作的范围、内容和职责，以及政府各部门和有关社会组织、单位应承担的责任，这些都为实现依法修志、建立史志工作长效机制提供了法律依据。第三，《条例》为进一步做好地方史志工作指明了方向，明确了编修地方史志要坚持的原则，政府史志工作机构的任务、史志工作者的素质要求，以及对编修地方史志的管理、督察和违法处置办法。因此，贯彻落实好《条例》，对于切实解决好当前地方史志工作中存在的问题，促进地方史志工作更快、更好发展具有极为重要的作用。

各级政府和有关部门，特别是全市史志系统要有计划、有步骤地组织对《条例》的学习，深刻领会和把握其精神实质和规范性要求，提高依法行政的能力和水平。要采取多种形式搞好宣传普及活动，要善于发现和及时总结学习贯彻《条例》的好典型、好经验，在全市宣传推广。

各级政府要按照《条例》的规定，加强对地方史志工作的领导，切实落实“一纳入、五到位”(将地方史志工作纳入国民经济和社会发展计划，领导到位、机构到位、经费到位、队伍到位、条件到位)要求。史志工作部门要以贯彻《条例》为契机，充分发挥职能作用，坚持依法行政，依法加强全市地方史志工作的管理。各级、各部门要按照《条例》规定的职责，积极完成好地方史志工作中涉及的任务，为全面落实科学发展观，为弘扬中华民族优秀文化传统，促进文化大市建设，做出新的更大的贡献。

认真学习《条例》推动张店区史志工作深入开展

张店区委副书记、副区长　杨爱群

《山东省地方史志工作条例》的颁布实施，对于进一步落实依法治国方略，对全省、全市、全区实现依法修志，建立健全修志工作长效机制，保障史志工作持续健康稳定发展，具有极为重要的意义。运用好这部法规，是我们面临的新课题，新考验。全区各机关、企事业单位和其他组织以及公民，都要认真学习贯彻《条例》，按照《条例》的规定履行职责、承担义务。全区各级领导和广大修志工作者要把对史志工作的认识统一到《条例》的精神上来，统一到《条例》的规范性要求上来，依法修志，为促进全区三个文明建设及构建和谐社会做出新的贡献。

一、要通过学习贯彻《条例》，进一步提高对修志工作重要意义的认识。史志工作是社会主义三个文明建设的组成部分，基本功能是“资政、教化、存史”。随着物质文化产品的日益丰富，人文自然遗产的开发利用，会越来越引起社会的重视。通过编史修志、读志用志，有助于各级领导干部更好地认识过去、服务现在、开创未来，进一步提高执政能力和领导水平。改革开放以来，各类史志出版物在对外交流、招商引资、产业开发方面都发挥了重要作用。我们应充分认识史志工作的重要作用，在制定发展战略方面重视地方文化内涵。产业开发要结合自身人文自然资源优势；城市建设要结合历史文化遗产保护；旅游文化开发要注重高品位。

二、要通过学习贯彻《条例》，进一步落实"一纳入、五到位"要求。按照《条例》的规定，切实把史志工作纳入区"十一五"规划中去。区史志办肩负着指导、协调和督促各有关部门、单位开展修志工作的任务，必须按照《条例》要求充分行使其职能。区直各部门，也要根据工作需要适时建立相应的机构，由一把手负总责，明确一位领导同志分管，组成工作班子，具体负责修志工作。各镇、街道办事处务必按照《条例》要求将修志经费列入财政预算，成立修志工作领导小组，组建精干的撰稿编辑班子。各单位主要负责同志要时刻关心支持史志工作，经常听取汇报，调度情况，及时帮助解决工作中遇到的困难和问题，确保史志工作的顺利开展。

三、要通过学习贯彻《条例》，进一步推动史志工作深入开展。修志工作横陈百科，包罗万象，涉及各行业、各学科，是一项浩繁复杂的社会系统工程，需要全区上下和社会各界的密切配合、通力协作。我区新一轮续修《张店区志》工作按照区政府的部署，正在紧张有序地进行，已进入总纂的最后环节。各供稿单位要按照修改要求，积极行动，狠抓落实，认真完成各项任务。下一步要借《条例》实施之机，推动全区镇办、区直部门修志工作，形成修志、用志的良好氛围。

四、要通过学习贯彻《条例》，进一步发挥史志工作为现实服务的作用。史志工作者要树立科学发展观，更新工作手段，拓宽服务领域，将记载历史与研究现实，文献征集与社会服务，事业积累与传播手段建设兼顾起来。全区史志工作要按照《条例》关于对史志工作范畴和内涵的界定，突破"一本书主义"的传统修志观，跟上时代的发展节奏，依托信息技术，开辟新的发展和服务途径。要注重宣传、推广地方史志成果，开展地情研究，建设地情文献库和地情文献网站，为公众读志用志提供服务，促进全社会读志用志良好氛围的形成。要加强张店区情网建设，进一步丰富网站内容，切实把张店区情网建设成为海内外各界人士了解张店、研究张店、熟悉张店的重要窗口。

五、要通过学习贯彻《条例》，进一步加强史志队伍建设。在史志队伍人员结构上，应做到综合管理型、专业技术型、行政执法型等几种知识类型人才的合理搭配。要尽量吸收"一专多能"的复合型人才。同时需要建立各种激励机制，鼓励参加在职教育，补充专业知识，不断提高业务技能。

认真贯彻落实《条例》 依法做好史志工作

淄川区委副书记、常务副区长　孙来斌

《山东省地方史志工作条例》的颁布实施，标志着我省地方史志工作跨入了法制化轨道，对于传承史志文化，推动社会文化事业的发展都具有深远的影响。各乡镇、各部门要按照省政府关于贯彻实施《条例》的要求，结合淄川实际，全面贯彻，正确实施《条例》，支持史志工作；史志部门要充分运用法律手段管理好修志工作，促进全区史志事业持续健康发展。

一、充分认识《条例》发布实施的重要作用

《条例》的颁布实施，对于实现依法修志，建立修志工作长效机制，保障史志事业健康持续稳定发展，具有重要的现实意义和深远的历史意义。第一，《条例》进一步明确了史志工作的重要地位。古人说："治天下者以史为鉴，治郡国者以志为鉴"。地方志作为一项服务当代、惠及千秋的文化事业，在推动经济社会发展中发挥了重要作用。《条例》通过法律形式进一步明确了史志工作的地位，使编修地方史志成为法律责任，为做好地方史志工作提供了有力的法律保证。第二，《条例》对史志工作进一步作了规范。《条例》规定，编修地方志是政府行为。今后，我们要进一步加强对地方史志工作的领导，将史志工作纳入国民经济和社会发展规划，经费列入区财政预算。《条例》同时明确了史志工作的工作范围、工作内容和职责，以及社会各部门、各单位应当承担的责任，为做好史志工作提供了法律依据。第三，《条例》为进一步做好史志工作指明了方向。《条例》要求，编修地方志要坚持实事求是的原则，全面客观地反映当地自然与社会的历史和现状。同时规定了史志工作机构的任务，史志工作者的素质要求，以及对编修地方志的管理、督察和违法处置办法。认真学习实施好《条例》，对于切实解决当前地方史志工作中存在的问题，推动全区史志工作健康持续开展具有极其重要的作用。

二、认真贯彻《条例》，全面推动地方史志工作的开展

《条例》的颁布实施，为淄川史志事业持续健康稳定发展提供了法律保障。结合我区实际，认真贯彻落实《条例》，需要重点做好两方面的工作：一是又快又好地完成续修《淄川区志》工作。续修《淄川区志》是省政府下达的指令性计划，是《条例》所规定的工作任务。截至年底，我区续修《淄川区志》工作进展顺利，总纂用稿已完成95%，征求意见稿已出版15篇。各部门各单位密切配合，通力协作，按照史志部门制定的志书编纂方案，积极提供资料和撰写志稿。现已到续志工作的冲刺阶段，史志工作者要再接再厉，如期完成任务。二是建立长效机制，抓好"三个中心"（地方文献中心、地情资料中心、区域研究及课题咨询中心）建设。要发挥地方文献中心的作用。我区方志馆在2003年建立以来，已收藏各类史志书籍3000余册。今后要继续增加投资，扩大方志馆藏书容量，同时要积极探索，不断创新，摸索多种读志用志的有效方法，为读志用志找到形式多样的载体。要建好淄川区情网站，为各级党委、政府决策提供资料服务。充分发挥政府"第二研究室"的作用，整理挖掘淄川的人文历史资源，为城市建设、文化大区建设、开发旅游业服务。要紧紧围绕区委、区政府的中心工作和工作重点，选课题，出成果，促进招商引资工作，为实现淄川的大发展提供服务。

三、强化法制观念，依法加强对地方史志工作的管理

地方史志是一项非常严谨，专业性、综合性非常强的系统工程,区史志部门和广大修志工作者,要认真学习《条例》,增强法律意识,强化法制观念,提高依法行政的能力和水平;要认真履行《条例》规定的各项职责、职权,特别是要严格地方史志的编纂、审查、验收制度,善于运用法律手段管理好基层修志工作,确保志书质量。

《条例》的颁布实施,标志着史志工作进入了法制化、规范化的新的发展时期,史志部门和修志工作者,要认真学习《条例》,全面贯彻《条例》,展开新的探索,创造新的成绩,取得新的经验,扎扎实实做好每一项工作,为促进全区三个文明建设和构建和谐淄川,做出新的更大贡献。

学习贯彻《条例》 推动博山区史志工作健康发展

博山区人民政府副区长　王济众

《山东省地方史志工作条例》的颁布实施,标志着全省和我区地方史志工作走上了法制化轨道,是山东省修志史上的一个重要里程碑。认真贯彻实施《条例》,对于推动全区依法修志,全面、客观、真实地记述地方区域地情,科学地积累、保存、开发、利用地方文献,发挥地方志"资治、教化、存史"作用,促进博山区经济社会发展,具有极为重要的意义。

《条例》以法规的形式对地方史志工作的地位和作用、任务和要求、组织和保障、审查和验收、编纂和出版、管理和使用以及违法处罚等,都作出了明确规定。各级各有关部门一定要认真学习、深刻领会《条例》的精神实质,从建设文化强省、文化大市、文明博山的战略高度,增强贯彻实施《条例》的责任感、使命感,扎扎实实抓好贯彻落实工作。区里将根据《条例》的规定要求,尽快制定实施细则。各镇人民政府、街道办事处,开发区管委会,区政府各部门、各单位,驻博区属以上各大企事业单位要结合当地实际,提出具体实施意见。各有关部门和单位,特别是党群部门,省、市驻博单位,要从全区大局出发,把修志工作当作一件大事,按照《条例》的规定,认真履行职责,积极做好史志编纂工作。新闻宣传部门要采取多种形式,利用各种渠道,加大宣传力度,让社会各界和广大群众了解史志条例,形成全社会关心支持地方史志工作的良好氛围。全区史志机构和广大修志人员,要以贯彻《条例》为契机,进一步解放思想,干事创业,努力开创地方史志工作的新局面。要对照《条例》要求,找差距、订措施,集中解决存在的一些矛盾和问题;要创新工作思路,逐步拓宽地方史志发展的新领域;要在区人大及其常委会的监督指导下,开展好《条例》的执法检查工作;要全面加强自身建设,努力提高政治、思想和业务素质,以辉煌的业绩回报社会,回报全区人民。

编史修志是中华民族的优良文化传统,是党和国家的一项重要事业。古人说:"治天下者以史为鉴,治郡国者以志为鉴"。地方志作为地方的百科全书,是一方之全史,是官修的地情书、国情书,是社会主义文化事业的重要组成部分,对于各级领导深入了解和把握本地区、本部门情况,进行科学地决策和管理,具有非常重要的借鉴作用。各级各有关部门要以"三个代表"重要思想为指导,从实现科学发展、构建和谐社会的高度,深刻认识做好新时期地方史志工作的重大意义,以贯彻实施《条例》为抓手,建立起修志工作长效机制,推动地方史志工作持续稳定健康发展。当前及今后一个时期,要以贯彻实施《条例》为动力,重点推进第二轮续志编修工作。要牢固树立精品意识,不断强化措施,加大力度,努力把修志这件功在当代、利在千秋的大事抓紧抓好。牢牢把握发展第一要务,围绕建设新型工业城市、文化旅游城市、山水园林城市和加快建设社会主义新农村的总体目标,大力实施工业立区、文化旅游兴区、科技强区战略,努力推动经济社会全面、协调、可持续发展,加快向经济强区迈进,向现代化城市迈进,向和谐社会迈进,努力为博山区三个文明建设做出新的更大贡献。

认真贯彻《条例》
开创临淄区史志工作新局面

临淄区委副书记、区长　唐福泉

《山东省地方史志工作条例》的颁行,是山东省地方史志工作步入法制化、规范化轨道的重要标志,是新时期地方史志工作全面发展的新起点,必将会推动我区史志工作持续、稳定、健康发展,为临淄全面建设和谐社会和实现超常规、跨越式发展提供丰富的历史借鉴、现实依据和地情资料信息。

一、认真学习《条例》,充分认识《条例》发布实施的重要意义

《条例》的颁布实施,是我省修志史上具有全局性、根本性、战略性的一件大事,对于落实依法治国方略,实现依法修志,建立修志工作长效机制,保障史志工作持续健康稳定发展,具有重要的现实意义和深远的历史意义。首先,《条例》以法规形式重申了地方志的官修地位。强化了史志部门对修志工作的管理、服务和监督作用,界定了地方史志工作的内涵,规定了史志工作的内容,明确了史志机构的任务,科学反映了史志编修的客观规律,为下一步史志工作顺利开展提供了法律保障。其次,《条例》进一步规范了修志行为。对地方史志文献的编纂、审查、验收的权限和程序,对史志部门的工作范围、工作内容和职责作了明确规定。第三,《条例》为进一步做好史志工作指明了方向。全区各级、各部门要高度重视修志工作，严格按照《条例》的规定，进一步落实“一纳入、五到位”要求，确保修志工作再上新台阶，再上新水平。

二、多措并举，确保《条例》贯彻执行

《条例》以法规形式进一步明确了史志工作的地位和作用、任务和要求、组织和保障、审查和验收、编纂和出版、管理和使用以及违法处罚等。史志部门作为执法主体，只有学深学透《条例》，才能自觉地贯彻执行，并监督检查各部门、各单位的贯彻情况，提出改进意见；才能确实担负起贯彻执行《条例》的义务和责任。一是要认真学习、深刻领会《条例》精神。及时制订计划，采取措施，加强对《条例》的宣传，力求使各级机关、企事业单位和其他组织以及公民了解地方史志工作条例，形成全社会关心支持地方史志工作的良好氛围。二是增强贯彻实施《条例》的责任感、使命感，扎扎实实做好贯彻落实工作。三是通过认真学习贯彻《条例》，把全区各级、各部门对史志工作的认识统一到《条例》的精神上来，统一到《条例》的规范性要求上来。强化法制观念，依法加强对地方史志工作的管理。提高依法行政的水平。认真履行《条例》规定的权利和义务，做好对本辖区内乡镇、街道、部门的监督、监察工作，确保地方史志的质量。

三、发展地方史志事业，促使全区经济和社会更快发展

地方志作为一项功在当代、惠泽千秋的文化事业，在推动经济社会发展中发挥了十分重要的作用。自第二轮修志工作开展以来，区史志办在重点搞好区志编修工作的前提下，还先后完成了《姜太公志》《天南地北临淄人》《临淄年鉴》的编辑出版，不断完善临淄区情网站建设，为社会各界提供了大量的地情资料信息。《条例》的颁布实施为史志工作的新发展带来了机遇，创造了条件。广大史志工作者要认真学习和贯彻《条例》。一是要对照《条例》要求，找差距，定措施，把各项工作落到实处。修志工作是一项系统工程，需要全社会的参与配合。在新一轮的修志工作中要改变过去那种单纯为修志而修志的工作态度，切实从服务社会、服务经济发展、服务人民大众宗旨观念出发去指导修志工作。二是要从推进和谐社会建设的高度进一步解放思想，干事创业，发挥资源优势，不断拓宽工作领域和服务领域，使史志工作在开拓创新中焕发生机和活力。三是在认真做好《条例》规定的志书、年鉴和地情资料编纂管理工作的同时，面向社会开发地情资源，为广大群众提供多层次、覆盖广的文化服务网络和高质量、低成本的文化服务产品。最大限度地发挥地方史志“资政、教化、育人”作用，为临淄的三个文明建设和构建和谐社会做出更大贡献。

认真学习贯彻《条例》
全面提高史志工作水平

周村区人民政府副区长　韩俊勇

《山东省地方史志工作条例》的颁布实施，对于实现依法修志，建立修志工作长效机制，保障史志工作持续有序扎实开展，具有极其重要的意义。

一、通过学习贯彻《条例》，进一步提高对修志工作重要意义的认识。地方志是对一个地区政治、经济、社会、文化等各领域全面系统的总结和记载，具有鲜明的时代特点和地域特色，在社会进步中发挥着重要的作用。编修地方志是社会主义文化事业的重要组成部分。通过客观、详实地记述本地的自然风貌、发展成就、灿烂文化、淳风民俗、英杰人物等，可以培养人民群众热爱家乡、建设家乡的热情，弘扬中华民族的传统美德和社会主义先进文化。通过编史修志、读志用志，有助于各级领导干部更好地认识过去、服务现在、开创未来，更加牢固地树立和落实科学发展观，进一步提高执政能力和领导水平。《条例》的颁布实施，标志着全省史志工作进入了法制化、规范化进程时期。加强对《条例》的学习贯彻，认真做好地方史志工作，是牢固树立和认真落实科学发展观，推动全区经济社会全面协调发展的重要体现。

二、通过学习贯彻《条例》，进一步推动史志工作扎实开展。修志工作作为一项系统工程，需要全社会的参与和配合。近年来，在区委、区政府的正确领导下，全区史志工作健康有序开展，史志信息化建设迈上了新的台阶。2005 年 3 月，周村区史志办公室被授予全省史志系统先进集体。2005 年底，经过各级各部门和全区广大史志工作者的共同努力，《周村区志》(1986～2002)正式出版发行。下一步，我区将以《条例》的颁布施行为契机，深入抓好贯彻实施。一是抓好《条例》的学习。以区史志部门为主体，组织全区广大史志工作者认真学习《条例》，深刻领会《条例》的精神实质和规范性要求。二是抓好《条例》的宣传普及工作。通过新闻媒体、广播电视、政府网站等途径，广泛深入地宣传《条例》，努力提高各级各部门和社会公众对《条例》的认知度，在全社会形成学习贯彻《条例》的良好舆论氛围。三是深入贯彻《条例》。采取有效措施，规范各级各部门以及社会各界的修志行为，使全区有关单位和广大史志工作者统一到《条例》的精神上来，统一到《条例》的规范性要求上来，进一步建立健全年鉴编纂工作长效机制，扎实做好《周村年鉴》(2003～2005)的编纂工作。

三、通过学习贯彻《条例》，进一步发挥史志工作服务经济社会发展的作用。“征集、整理、保存地方史志文献，开展地方史志学术研究”“宣传、推广地方史志成果，开展地情研究、建设地情文献库和地情文献网站，为公众读志用志提供服务”是《条例》规定的各级史志机构的工作任务之一。近年来，我区认真落实“一纳入、五到位”要求，为促进全区史志工作开展提供了有力保障。今后，我区将进一步加大工作力度，及时帮助解决工作中遇到的困难和问题，确保史志工作的顺利开展。一是深化地情研究工作。重点搞好地情文献库和地情网站建设，把区情网站建设成为各界了解周村、熟悉周村的窗口。二是积极开拓史志工作新领域。通过史志文献的收集、整理，以及文献资料对社会的开放，促进全社会读志用志良好氛围的形成。三是努力为决策提供服务。紧紧围绕区委、区政府中心工作，按照《条例》要求，积极主动地搞好地情研究，努力选准课题、搞好调研、拿出成果，为区委、区政府决策提供资料服务，促进全区经济社会又快又好、快中求好发展。

认真贯彻落实《条例》创新发展地方史志事业

桓台县人民政府县长　徐建祥

《山东省地方史志工作条例》作为我省历史上第一部关于史志工作的地方性法规,它的审议通过和颁布实施,对于落实依法治国方略,实现依法修志,建立史志工作长效机制,促进我县史志工作更好地为经济社会发展服务,具有极为重要的意义。全县各级各部门要认真学习和贯彻落实《条例》精神,把全县各级领导和广大修志工作者的认识统一到《条例》的规范性要求上来,推动我县地方史志事业健康发展。

一、充分认识《条例》发布实施的重要意义和作用

首先,《条例》通过法规形式进一步明确了史志工作的地位,使编修地方史志成为法律责任,为做好地方史志工作提供了有力的法律保证。其次,《条例》对史志工作进一步作了规范。明确规定编修地方志是政府行为,各级政府要进一步加强对地方史志的领导,将地方史志工作纳入国民经济和社会发展计划,所需经费纳入同级财政预算。同时明确了史志工作的范围、内容和职责,以及社会各部门、各单位应当承担的责任,对于更好地落实史志工作"一纳入,五到位",保障史志事业健康顺利开展,提供了法律依据。再次,《条例》为进一步做好史志工作指明了方向。要求编修地方史志要坚持实事求是的方针,全面客观地反映当地自然与社会的历史与现状。同时规定了政府史志工作机构的任务、史志工作者的素质要求,以及对编修地方志的管理、督察和违法处置办法。认真学习贯彻好《条例》,对于切实解决当前地方史志工作中存在的问题,推动全县史志工作健康开展具有极其重要的作用。

二、加强行政执法,确保《条例》的全面贯彻实施

《条例》的颁布实施是我县地方史志工作具有全局性、根本性、战略性的一件大事,各级各部门各单位要把认真学习、宣传、贯彻《条例》作为当前和今后一个时期的重要任务抓紧抓好,务求实效。一是要采取多种形式搞好宣传普及活动。通过广播电视、桓台在线、桓台县情网站等新闻媒体和街头宣传,与举办知识讲座、知识竞赛等多种形式结合起来,加大对《条例》的宣传力度,形成全社会关心支持地方史志工作的良好局面。二是要加强行政执法,确保《条例》全面贯彻实施。依法修志是依法行政在史志工作中的具体体现。县地方史志办公室要在县人大及其常委会的监督指导下,认真开展《条例》的执法检查工作,对违反《条例》规定的,依法进行纠正,杜绝违背法律程序的地方史志编纂活动出现。三是要强化法制观念,依法加强对史志工作的管理。要增强依法办事的观念,严格执行《条例》各项规定。各级各部门各单位要认真履行《条例》规定的权利和义务。县地方史志办公室要按照《条例》规定的权限和程序,认真履行《条例》规定的各项职权、职责,特别是要严格地方志书的编纂、审查与验收制度,确保地方志的质量。同时要加强机构队伍建设,努力提高人员素质,以适应《条例》提出的对地方史志工作的更高要求。

三、创新工作思路,拓宽地方史志发展的新领域

修志工作是一项系统工程,需要全社会的参与和配合。全县修志工作者,要按照党的十六届五中全会通过的"十一五"规划建议的要求,从推进和谐社会建设与完善经济建设、政治建设、文化建设和社会建设总体布局的高度,进一步解放思想,干事创业,充分发挥自身资源优势,不断拓宽工作领域和服务领域,使史志工作在开拓创新中更好地发展。完成续修《桓台县志》之后,县史志办要启动《桓台年鉴》的编辑出版,进一步丰富桓台县的地情史料。

《条例》的颁布实施,增强了地方史志工作的严肃性、规范性和可操作性。同时,也进一步营造了关心重视史志工作,参与支持史志工作的良好氛围。史志工作者要坚持先进文化方向,坚持把社会效益放在首位,牢固树立服务意识,丰富服务手段,真正做到服务当今与服务未来相结合,服务政治与服务经济相结合,服务领导与服务群众相结合,积极开展地情研究和读志用志工作,多出有价值的地情研究报告,努力为全县经济社会发展提供有效的资政服务。

认真学习　深入研究　永葆《条例》的生机与活力

高青县人民政府副县长　胡志峰

《山东省地方史志工作条例》的颁布实施,是山东省修志史上具有全局性、根本性、战略性的一件大事,凝聚了各级史志机构和史志工作者的实践经验和理论成果,是一部实用性和操作性都很强的地方性法规,是山东史志事业发展的有力保证,也为高青史志事业发展迎来了新的机遇。它对于落实依法治国方略,实现依法修志,确保建立史志工作长效机制,保障史志工作持续健康发展,具有极为重要的现实意义和深远的历史意义。《条例》实施后,高青县史志工作者结合当前全县史志工作的开展和今后的工作计划,把学习贯彻《条例》作为史志工作的主要任务来抓,借助《条例》出台的有利时机,使高青县的史志工作纳入法制化的轨道,再上新台阶。

一、认真学习,不断扩大宣传力度

在《条例》学习中，突出一个“深”字，深入学习，深刻领会，深层次地把握其精神实质和规范性要求；在宣传活动中，突出一个“大”字，大思路、大动作，采取各种有效形式，努力提高各级各部门领导和社会公众对《条例》的认知度。在《高青工作》开辟专版宣传《条例》；高青电视台对《条例》的宣传实施等项活动进行新闻报道；在高青县情网开通《条例》宣传专页。《条例》的实施，为《高青县志（1978－2004）》的编纂出版工作提供了法律保障，理顺了工作关系，加快了编纂出版进程。

二、把握实质，推进史志工作法制化进程

《条例》的实施意义重大，把握其实质，领会其内涵，运用于实践，更好地服务于史志“三个中心”建设才是根本的目的。

《条例》对史志工作机构的职能和任务作了更明确的规定。《条例》第五条不仅授予了史志工作机构行业管理的职能和执法主体地位，并具体规定了七项工作任务。在行政管理、业务工作、社会服务等方面都作了具体的要求。作为一部地方性法规，《条例》规定了机构职能，这是其他法规所不多见的。《条例》第五条既是对“立法宗旨”的体现，又是工作范畴和内涵的具体化，也是“官职”“官责”原则的进一步明确，是政府机关在史志工作领域实现“依法行政”的前提和保障。

《条例》对史志的编纂范围作了更明确的界定。《条例》第七条规定“以县级以上行政区划冠名的地方志、地方综合年鉴、综合地情文献，由同级人民政府史志工作机构规划组织编纂，其他组织和个人不得编纂。”此前，各类志书鱼龙混杂、良莠不齐，造成了缺乏管理，既多又滥的局面，损害了史志事业的形象。该《条例》的出台，对于杜绝此类现象的发生具有重要的意义和作用。

《条例》对史志工作的社会性赋予了更明确的权利与义务。《条例》第九条规定“人民政府史志工作机构可以向机关、社会团体、企业事业单位和其他组织以及公民征集有关地方史志资料，有关单位和公民应当为其提供便利。”史志工作讲求“众手成志”，需要社会各界方方面面的配合，其进度不是取决于最快的单位，反而是取决于最慢的单位，质量不是取决于最好的单位，反而是取决于最差的单位。该条规定，不仅保证了资料来源，又保证了资料的权威性、公正性。第二款规定“资料持有人不得故意提供虚假资料”，保证了资料的真实性。

《条例》从编纂地方志的原则、县级政府及县级史志机构的任务、对修志人员的要求、志书冠名、资料收集及归属、报批、督导、违例处分等各个方面全面规范了全省地方史志工作，对于地方史志工作的组织、操作具有重要的指导意义。

三、加强督导，开创工作新局面

《条例》赋予史志机构一定的行政管理和执法职能。《条例》第十九条规定“违反本条例，有下列行为之一的，由县级以上人民政府史志工作机构按照管理权限责令其停止违法行为，限期改正；逾期不改的，由所在单位或者有关行政部门依法给予行政处分或者纪律处分。”这就要求我们充分认识《条例》的严肃性和权威性，不能采取可为可不为的态度。只有增强依法修志的意识，才能保证史志事业健康发展。

《条例》是保障第二轮修志顺利完成的法律武器，是地方史志事业实现可持续发展的有力保障。高青县地方史志工作将在《条例》的指引下，进一步加强对全县基层修志的管理和指导，努力开创全县史志工作的新局面。

认真学习贯彻《条例》努力做好史志工作

沂源县委副书记、副县长　王永胜

编史修志是中华民族的优良文化传统，是党和国家的一项重要事业。省人大常委会颁布《山东省地方史志工作条例》，说明地方史志工作已与其他社会事业同步，走上了法制化、规范化的轨道。《条例》的颁布实施，必将实现地方史志系统“依法行政”的目标，推动史志工作健康发展。

沂源县将认真按照上级的部署，从实现科学发展、构建和谐社会的高度，深刻认识学习宣传和贯彻落实好《条例》精神的重大意义。充分利用广播、电视、报纸等各种形式抓好《条例》的宣传。在全县特别是史志等有关部门积极开展对《条例》的深入学习，吃透法规要义，以规范和指导具体工作。县政府将按照《条例》规定，加强对地方史志工作的领导，切实落实好将地方史志工作纳入国民经济和社会发展计划，做到领导到位、机构到位、经费到位、队伍到位、条件到位的要求，切实解决好史志工作中遇到的具体问题和困难。史志工作部门要以贯彻实施《条例》为抓手，建立起史志工作的长效机制，规划、协调和组织好全县的史志工作。当前及今后一个时期，要以贯彻实施《条例》为动力，重点推进第二轮续志编修工作，努力按市政府修志工作纲要规定，全面完成修志任务，同时开展好地情研究，建设好地情文献网站等项工作，为各级领导深入了解和把握本地区情况，实施宏观决策和正确施政，提供有益的参考和借鉴；为加快建设山清水秀的绿色沂源、美丽富庶的小康沂源和文明平安的和谐沂源做出新的更大贡献。

本部类编辑：赵建国
副主编：安永善
校　对：杨建明
纪　瑗
于善同

市 情 调 研

关于淄博市统筹城乡发展建设社会主义新农村的调查报告

联合调查组

(2006年1月12日)

一、淄博市社会主义新农村建设的现状和主要特点

近几年来,我市深入贯彻落实中央、省委关于农业农村工作的指示精神,坚持“多予、少取、放活”的方针,着眼于农村全面发展,走出了一条组群式城市、老工业城市建设社会主义新农村的特色之路。主要表现在:

(一)农业经济结构逐步调整优化,农业综合效益得到较大提高。粮食生产在农业中的基础地位得到进一步加强。在国家粮食生产收购优惠政策的引导下,我市积极保护和提高粮食综合生产能力,实现了粮食生产的恢复性增长,2004年粮食总产量达到116.38万吨,2005年又创历史新高,达到131.3万吨,确保了我市的粮食安全;推广良种良法,优质专用粮种植比重不断扩大,占粮田总面积的80%,粮食生产效益有了较大提高。大力发展畜牧、蔬菜和林果三大产业,着力构建起有较强竞争力的支柱产业带和特色产业群。一是集中建设一批规模化种养基地。形成了以沂源县为重点的67000公顷林牧生态农业基地,以临淄区为重点的53600公顷绿色无公害蔬菜基地、13400公顷特色农业基地和67000公顷优质专用粮基地,有8种农产品进入省级农业优势产区。二是培育壮大一批龙头企业。通过对重点龙头企业的奖励、贷款贴息和落实财源扶持政策,农业龙头企业迅速成长。全市已有国家级重点龙头企业1家,省级龙头企业16家,市级重点龙头企业41家;各类农业产业化经营组织达到1100多家,固定资产45亿元,实现销售收入75亿元。三是大力推进农业标准化生产。不断健全完善农业标准体系、检验检测体系和认证认可体系,规范完善3家省级和12家市级标准化基地,推进了“三绿”工程建设。四是深入实施农业品牌化战略。全市通过认证的有机食品2个、绿色食品39个和无公害食品14个;培育了一批名牌农产品,其中得益乳业获国家名牌称号,沂源中庄苹果成为国内知名品牌。农业经济结构的优化调整,使我市农业资源优势逐步转化为产业优势和经济优势,农业和农产品竞争力明显增强,农业综合效益明显提高。2005年全市农业增加值预计达到60亿元,比2000年增长30%。

(二)农民增收渠道不断拓宽,农民收入增速呈现加快态势。农业结构的优化调整,农业的产业化、标准化建设,农业经济效益的提高,确保了农民持续稳定增收。在此基础上,广大农民积极探索增收致富的新途径,各级党委、政府大力进行政策扶持,农民增收渠道进一步拓宽。一是大力发展农村二、三产业。特别是农产品加工和农村商贸流通服务业,成为吸纳农村富余劳动力的重要途径。“十五”时期末,全市农村私营工商业户达到9145家,比“九五”时期增长8.35%;以供销社为主导的日用工业品超市达到221个,农业生产资料连锁店1121个,各类经营网点达到2345个。二是加快农村劳动力培训转移。全市约有40%左右的农民长年外出务工,工资性收入占农民人均纯收入的50%以上。农村劳动力转移的组织化程度逐步提高,由政府组织的“阳光工程”培训转移备受农民欢迎,近三年共培训农民3.75万人,实现转移就业3.19万人,收到了学技术、强素质、增收入的良好效果。三是积极实施各项支农、惠农政策,增收减负成效显著。深入实施了农村税费改革,严格兑现了各种直补,我市提前一年取消农业税,仅2005年全市农民减负增收就达11181万元,人均政策性增收42元,拉动农民收入增加1个百分点。通过农民的辛勤劳动和各级政府的扶持引导,“十五”期间全市农民收入实现较快增长,人均纯收入由2000年的3247元,提高到2004年的4432元,四年增长36%。2005年有望突破5000元,成为农民收入增加最快的时期之一。

(三)农村基础设施建设力度加大,农村发展后劲进一步增强。近年来,我市不断加大对农村公共设施投入力度,大力推进城乡一体化进程,初步呈现出城市与农村和谐发展的良好态势。一是加快推进小城镇建设。在加快城市化进程中,把小城镇建设作为构建科学合理的城镇体系的重点内容,科学规划,政策引导,突出扶持发展20个省市级中心镇。对农村水、电、路等基础设施建设的扶持资金,重点向小城镇倾斜。采取征用、置换和农村宅基地集中使用等多种灵活形式,解决小城镇建设用地,降低小城镇建设成本。形成了马桥镇、凤凰镇、双沟镇等一批产业支撑力强、人口聚集度高、辐射带动面广的新型小城镇,成为农村经济和社会发展的龙头和平台。二是积极推进农村基础设施建设。重点搞好三个“村村通”工程。“十五”期间先后投入18349万元，进行乡村道路的建设改造，共建设乡村道路2911公里，实现了村村通柏油路；实施村村通客车工程，全市通客车村庄已达3126个，通车率达98.8%，实现了村村通客车；实施村村通自来水工程，投资1500万元，解决68个村、5万人饮水难及饮用水质不达标等问题。加强水利设施建设，“十五”期间全市累计投资20185万元，完成了太河、田庄等大中型水库的除险加固任务。抓好小流域综合治理，治理水土流失面积2708平方公里，占应治理面积的89%。提高农机装备水平，全市农机总动力突破300万千瓦大关，亩均动力超过1千瓦，基本实现主要农作物生产过程机械化。三是农业综合开发力度进一步加强。“十五”期间全市投入农业综合开发资金达31473万元，完成土地治理34.96万亩，项目区农民人均纯收入比非项目区增加300元以上，农业综合生产能力显著增强，生态环境明显改善。

（四）农村社会事业稳步发展，农民生活条件得到明显改善。在农村教育发展上，全部实行了“以县为主”的义务教育管理体制，健全农村中小学“三保一助”机制，即保教职工工资、保正常公用经费、保中小学校舍安全和对家庭经济困难学生“两免一补”的助学机制。积极推进农村中小学危房改造，全市共投入9969万元，顺利完成一期90862平方米中小学危房改造工程。建立了教育救助制度，市区财政拿出1700万元用于解决农村困难家庭子女上学问题。在卫生事业发展上，已初步建立起了比较健全的三级医疗预防保健网，累计投入资金1.61亿元，全部完成乡镇卫生院第一轮改造建设任务。截止到2005年，新型合作医疗试点扩大到五区（县）十三镇，涉及农民151.95万人，占全市农民总数57%，参合人口134.19万人，参合率达88.33%。在文化事业发展上，不断加强基层文化阵地建设，特别是加强了乡镇文化中心建设。市财政每年安排一定数量的专项资金，对贫困乡镇文化设施建设予以扶持。目前，全市建成各类文化大院1100余个，图书室1450个，文化广场80个。在农村社会保障上，全市已基本建立起农村最低生活保障制度，保障标准执行每年700元。全市所有乡镇和98%的村已经启动农村社会养老保险工作，目前参保的农民已达35万人。同时进一步做好扶贫工作，对263个年人均收入千元以下的村和1万多贫困人口，采取干部包点、政府资助、对口帮扶、社会援助等措施，加快贫困村、户脱贫步伐。2002～2004年第一期扶贫开发，共扶持贫困村251个，覆盖人口113268人，实际脱贫人口79692人。2005年是第二期重点扶贫开发的第一年，安排的1100多项扶贫开发项目年内已基本完成。

（五）农村民主法制和精神文明建设进一步增强，农村社会更加和谐稳定。一是村民自治工作得到较快发展。民主选举、民主决策、民主管理、民主监督和村务公开制度得到较好落实。通过第六、七、八届村委会换届选举，大批群众信得过的优秀村民被选为村委会成员。多数村都及时依法建立了人民调解、治安保卫、社会保障、经济管理等组织，制定了村民自治章程和村规民约，基本落实了村民会议和村民代表会议制度，使村民对村中事务享有知情权、建议权和参与权，对村中的重大事项享有决策权，并注重用制度规范村委会的工作，为村民自治工作的顺利开展奠定了基础。我市3136个村委会中，已建立村民会议或村民代表会议制度的村3067个，占97.8%；落实村民会议或村民代表会议制度的村3061个，占97.6%；出台村务公开规定等村规民约的村3101个，占98.9%；村务公开情况较好的村2654个，占84.6%；签定村委会任期目标责任书的村3095个，占98.7%。在我市广大农村，民主选举用好人，民主决策定大事，民主管理出成效，民主监督有保障得到了较好的落实。二是群众性精神文明创建活动深入开展。从2004年开始，我市在全市农村广泛开展了“三个一”活动，一个村庄从一条街道抓起，从整治环境卫生入手，重点放在治理“脏乱差”、集中清除“三大堆”上，配套跟进文化基础设施建设和管理制度建设。截至目前，全市已建成文明一条街1450条，农村新建垃圾池2500余个，已建环卫所的镇达70个，新建垃圾中转站160个，极大地改善了农村环境面貌。大力加强农民思想道德教育，从2001年开始，先后实施公民文明素质教育三年计划和五年计划，以文明养成行动为重点，扎扎实实推进农民文明素质的提高。积极开展以移风易俗教育为重点的科普教育，提高市民抵制封建迷信和各种伪科学的能力。组织开展了“十星级文明家庭”“好媳妇、好婆婆、十大孝星”评选等文明创建活动，收到了很好的教育效果，农村精神文明建设水平不断提升。三是农村法制宣传教育进一步加强。坚持不懈地普及法律常识，增强农村干部群众的法律意识和依法办事能力。近年来，全市农村没有发生影响重大的刑事和治安案件，基本实现了小事不出村、大事不出乡镇、疑难信访案件不出县区和市，为全市农村经济发展和社会稳定提供了有力保障。

二、我市建设社会主义新农村存在的主要差距和不足

按照中央提出的统筹城乡发展，“工业反哺农业、城市支持农村”的指导思想和建设社会主义新农村总体要求，对照我市城乡发展的实际和“三农”工作的现状，建设社会主义新农村仍然任重道远。目前，存在的主要问题和差距是：

1. 农民收入总体偏低，城乡和地区收入差距拉大。按照小康社会目标测算，今后五年农民收入要保持10%左右的增速；按照城乡和谐的目标测算，农民收入要保持25%左右的增速。“十五”期间，我市农民人均纯收入由3247元预计2005年有望突破5000元，年均增长9%左右。近两年，由于各种惠农政策连续实施，没有遇到大的自然灾害，农产品价格稳中有升，农业产业化水平逐步提高，农村劳动力向非农产业转移增多，农民人均收入增长仅仅达到13%左右，新时期农民增收的任务仍然非常艰巨。一是农村劳动力转移就业压力大。目前我市有农村劳动力186万人，农村从事第一产业的约有79万人，从事二、三产业的约有72万人，仍有35万左右富余劳动力需要转移。二是在现有生产方式下，仅靠现有土地和种养方式很难实现农民收入有大的突破，尤其是农业生产条件落后的山区农村实现增收难度更大。三是广大农村二、三产业发展缓慢，经济效益普遍偏低，对农民增收的支撑能力不强，特别是高青、沂源农民从事二、三产业收入较少，农民增收后劲不足。四是我市村级集体经济发展不平衡。部分村如淄川的南韩、临淄的南金等村由于工业经济发展迅速，经济基础雄厚，农民人均收入不断提高，相应的建立了比较完善的医疗、教育、养老、救助等福利制度；而部分贫困村，几乎没有任何集体经济收入，正常的办公费用和干部补助工资都依靠财政转移支付来维持，农民人均收入很低。调查显示，全市农民人均收入最高的乡镇是最低乡镇的2.5倍，三分之二的行政村农民人均收入还在全市平均水平以下。五是我市城乡收入差距在逐步拉大。调查显示，我市城乡居民收入比已由1998年的1.83∶1扩大到2004年的2.25∶1，收入差距由2444元扩大到5528元。地区和城乡居民收入差距日趋扩大，使社会不稳定因素增加，制约了我市构建和谐社会、建设社会主义新农村的总体进程。

2. 农村基础设施不够配套健全，农村发展环境问题依然突出。尽管农村“路、水、电”等基础设施建设投入力度不断加

大,农村生产生活条件不断改善提高,但总体来看,农村基础设施还不够配套,投资效益不高,投入缺口大,成为农村经济社会发展的瓶颈因素。一方面,对农村生产生活服务设施如垃圾和污水收集处理系统、食品饮水安全监控、公共卫生防疫服务等投入不足,增加了农民生产成本和生活支出,农民抵御自然风险能力比较脆弱;另一方面,农业经济结构正处于战略性调整关键时期,种养结构调整、启用新品种新技术、产业结构升级、区域基地建设等,由于投资额度和投资风险较大,投入产出周期较长,民间资金、市场资本等对农业的生产性投资的积极性不高,需要政府进行投资启动和引导。据调查,农业发展长期投入不足,农户贷款难,我市农民人均农业贷款不足100元,年人均购置生产性固定资产不足60元。农村基础设施建设不够健全配套,制约了农业经济结构的进一步调整优化和农民生活质量的改善。

3. 农民综合素质普遍较低,乡风文明程度亟待提高。当前,绝大多数农民的素质不容乐观,生产生活和行为方式都与现代社会生活的要求差距很大。在思想素质方面,思想还比较保守,传统的小农意识根深蒂固,普遍存在"小富即安"心理,缺乏干大事、创大业的开拓进取精神;法制观念、信用意识比较淡薄,不守法纪、不讲诚信的行为时有发生。在文化素质方面,农村居民受教育程度普遍偏低。2004年,据农村固定调查户调查,全市农村劳动力中,小学及以下文化程度占23.6%,初中文化程度占61.3%,高中和中专文化程度占27.1%,大专及以上文化程度仅占2.6%。由于农民受教育程度低,对新事物、新技术缺乏认识,从而阻碍了接受新事物、学习使用新科技的能力。在技能素养方面,具有一技之长的人还比较少,导致农业生产只能粗放经营,务工经商则只能卖苦力做辅助工,严重地制约了农民的增收。在道德素养方面,有些地方出现理想信念缺乏、封建迷信回潮、道德观念滑坡、信仰宗教人数增加等现象。在文化生活方面,存在文化生活方式单一、品位不高的问题,赌博打牌和从事封建迷信活动等现象比较严重。

4. 部分村级班子软弱涣散,村务公开民主管理不够规范。部分村由于没有集体经济收入,加之村级班子整体素质不高,造成村党组织及村委会的凝聚力、战斗力、号召力减弱;部分村在"两委"换届选举中出现了问题,突出表现在由于法律法规对选民资格的界定,选举中的贿选以及干扰、破坏、阻挠等行为规定不明确、不具体,给依法处理带来诸多困难;部分村村务公开和民主管理不够规范,主要表现在:公开栏设置仍不够规范,村务公开内容不够全面,对群众最为关心的村财务收支公开透明度不高,村务公开不够及时,一些重大村务未经村民会议或村民代表会议讨论决定,村务公开民主管理的资料档案建立不够完善,村务公开档案不全等。这些问题都影响了村务公开民主管理工作的顺利开展。

5. 农村医疗卫生和社会保障事业滞后,弱势群体救助体系不完善。(1)农村医疗卫生方面,农村新型合作医疗体系还没有完全建立起来,农民因病致贫的比重较大,比如沂源县有5%的贫困人口,其中4.3%是因病造成。主要原因有:一是医疗卫生资源配置不合理。我市的医疗卫生资源80%集中在城市和大医院,农村医疗卫生资源不足,条件差、设备少、水平低,农村缺医少药的局面还没有根本扭转。二是农民缺乏基本医疗保障。目前正在试点的农村新型合作医疗只覆盖约57%的农村人口,而且筹资水平不高,保障能力不强。三是农村医疗卫生投入不足,医疗机构的运行机制主要靠向群众就诊收费维持运行和发展,有些医疗机构盲目追求收入,出现了损害群众利益的现象;有些药品经销企业靠回扣销售药品,加之以药养医的机制导致医疗机构开大处方,卖贵重药,加重农民医疗负担。(2)农村社保体系建设方面,困难十分突出。一是保险档次低、"保障性能"小。由于投保金额少,投保时间短,所以一些年龄较大的投保者届时领取的养老金寥寥无几,难以达到"保障老年人基本生活"的要求;二是政策制定不尽科学,增加了农保工作推行的难度。农村养老保险的"个人缴费为主、集体补助为辅,国家予以政策扶持"的政策难以落实,降低了农民的参保积极性;三是养老保险法制建设滞后。农村社会养老保险作为社会保险的组成部分,截止到目前仍旧无法可依,严重制约农村社保体系的建设与发展。由于对社会保障的投入不足,部分乡镇仍没有实行最低生活保障制度。农村弱势群体救助保障体系薄弱,个别乡镇"五保户"供养经费到位不及时,残疾人保障经费未能足额发放。(3)在农村教育方面,尽管我市对农村贫困学生提供免费教科书和免住宿费等优惠扶持政策,但部分学校出于自身经济利益考虑,这些优惠并未得到很好的落实,农村家庭教育支出依然沉重,辍学、失学现象依然存在。

三、关于我市建设社会主义新农村的几点建议

(一)充分认识建设社会主义新农村的重大意义和科学内涵。中央提出建设社会主义新农村这个目标和要求,有着鲜明的时代特征。近年来,随着我国工业化、城镇化步伐的加快,国民经济持续较快增长,但城乡之间的发展差距却有继续扩大之势。中央实行了"多予、少取、放活"的方针之后,农村经济形势出现了明显转机。但是,农村经济社会发展长期明显滞后的局面是长期形成的,改变农业和农村的落后面貌需要付出长期艰苦的努力。中共十六大提出了解决"三农"问题必须坚持统筹城乡经济社会发展的指导思想;中共十六届三中全会正式作出了"统筹城乡发展"的部署,并将它放在"五个统筹"之首;中共十六届四中全会上,胡锦涛总书记提出了著名的"两个趋向"论断,指出我国已经进入了以工补农、以城带乡的阶段;中共十六届五中全会提出建设"生产发展、生活宽裕、乡风文明、村容整洁、管理民主"的社会主义新农村的目标任务和总体要求。由此应当充分认识到,统筹城乡发展是中央在新时期调整城乡关系的战略思想,建设社会主义新农村是落实统筹城乡发展、实施以工补农、以城带乡的战略举措。它既要求发展农村生产力,又要求调整完善农村生产关系;既要求加快农村经济发展,又要求加快农村社会事业发展;既要求加强农村物质文明建设,又要求加强农村精神文明、政治文明与和谐社会建设。只有切实推进社会主义新农村建设,建立有助于逐步改变城乡二元经济结构的体制,加快农业、农村发展和农民增收,逐步缩小城乡差距,才能实现全面建设小康社会的宏伟目标。我市作为工业化、城镇化水平较高的城市,城乡差别、区县差距仍然比较突出,"三农"工作任务依然很重,社会主义新农村建设事关发展全局和长远未来。

(二)进一步明确建设社会主义新农村的指导思想和基本原则。建设社会主义新农村必须坚持以"三个代表"重要思想为指导,全面落实科学发展观,以构建和谐社会为目的,坚持统筹城乡发展的方略,坚持"多予、少取、放活"和"工业反哺农业、城市支持农村"的方针,建立以工促农、以城带乡的长效机制,以农村经济建设为中心,以提高农民素质、生活质量为根本,以制定新规划、建立新机制、发展新产业、建设新设施、培育新农民为重点,协调推进物质文明、政治文明、精神文明建设,建设富裕、民主、文明、和谐的社会主义新农村。在这一总的工作思路指导下,建设社会主义新农村应坚持以下三个原则:一是统筹规划、分步实施的原则。按照社会主义新农村建设总体要求,从统筹城乡经济社会发展的要求出发,立足当前，紧密结合我市"三农"工作实际，确定新农村建设的近、中、长期规划，制定新农村建设的阶段性目标、工作重点和指标体系，有计划、分步骤地组织实施。二是因村制宜、自主创新的原则。要针对村庄发展的不平衡性，坚持从实际出发，一村一策，确保实际效果。要尊重群众意愿，组织引导农民群众积极参与。三是抓点带面、分类指导的原则。要确定试点、选树典型，搞好示范引导，在着力建设一批具有较高标准和较强示范作用试点村的同时，各区县、乡镇、街道要全面发动，对各村提出不同的创建目标和要求，抓好面上新农村建设工作。

（三）尽快研究确定我市建设社会主义新农村的目标任务和指标体系。"十一五"时期，我市建设社会主义新农村的目标任务是：1. 农村经济显著发展。现代农业体系建设日臻完善，农业综合生产能力显著提高，现代制造业和现代服务业加快发展，力争"十一五"期间，农业增加值达到 80 亿元。2. 城乡面貌显著变化。在完善农村公共设施，村村通公路基础上，实现镇村道路全部硬化；完成农村电网改造，户通电率达到 100%；自来水入户率达到 96%；加快农村新能源建设，积极推广太阳能、沼气等清洁能源；全市城市化率达到 60%。3. 生态环境显著改善。村庄绿化覆盖率达 30%以上；水、大气、噪音等达标排放，污水、垃圾集中处理率达到 70%以上。4. 农民生活水平显著提高。"阳光工程"转移培训 10 万人，就业率达到 85%以上，农民人均纯收入突破 8000 元；人人享有初级卫生保健，新型农村合作医疗参合率达 95%；农村养老保险参保率达 80%；实行免费义务教育，基本普及高中段教育；农村社区综合服务中心建设覆盖率达到 80%以上；人均住房面积不少于 30 平方米；村村通有线电视、电话。5. 农村基层组织建设和民主法制建设显著增强。党员队伍结构进一步优化，农村"五好"党支部达到 90%以上；"两委"工作制度健全，"四民主一公开"工作规范有序，村级财务乡镇代管达到 100%，群众满意率达到 90%以上；农民对社会安全满意度达到 90%以上。

（四）强化措施，突出重点，扎实推进社会主义新农村建设。

1. 统筹城乡协调发展，制定科学统一的新规划。我市作为组群式工业城市，有着城市化、工业化程度比较高的基础优势，为以工促农、以城带乡，又快又好地建设社会主义新农村奠定了坚实基础。要坚持统筹城乡发展，一手抓城市现代化建设，一手抓社会主义新农村建设，努力推进城乡一体化发展。按照城乡发展总体规划，尽快形成"新城、新镇、新村"三级规划建设体系。"十一五"期间按照"中心突出、十字展开、组团发展"的总体思路，进一步搞好行政区划调整，研究制定市区建设、小城镇建设和村庄整合的规划方案。充分发挥我市组群式城市结构和城市化水平较高的有利条件，加快发展小城镇，重点发展中心镇。在近城区和经济比较发达的中心镇，严格控制一般性旧村改造的宅基地审批，鼓励、支持有条件的农民进城或中心城镇创业居住。国家及地方对农村水、电、路等基础设施建设的扶持资金和政策，进一步向小城镇倾斜。中心镇建设用地，优先纳入所在区县用地计划。农村各类工商企业和较大规模的市场，一律进入小城镇或各类开发区，实行规模经营，方便农民入住。广大农村实行统一规划。经济强村、乡镇驻地村、整体搬迁村实行高标准的社区建设规划，搞好功能配套；其他村庄适度超前规划，在城郊、主干道路沿线等进行试点，按照因地制宜，分类指导原则，逐步探索建设如生态型、中心村型、移民新村型、城镇小区型村庄，有序进行旧村改造。

2. 加快推进农业产业化进程，建立以现代农业为主导的新产业。继续推进农业结构调整，进一步提高农业产业化经营水平，大力发展现代农业。要紧紧抓住国家加大农业产业化投入的机遇，集中力量大力扶持发展成长性好、竞争力强的重点龙头企业，加大技术改造力度，不断延伸产业链，增强企业对农民的辐射带动能力，鼓励有条件的龙头企业建立自己的原料生产基地，提高农业经济效益。加快发展农村各类专业合作经济组织，提高农民的组织化程度，引导农民主动融入大市场。加快发展农产品精、深加工业，提高农业附加值。通过选择优势项目，制定优惠政策，营造宽松的发展环境，招商引资兴办农副产品加工业。制订农畜产品质量和加工产品的质量标准体系，建立和完善检测手段，促进优质优价和专业化生产，不断提升农村工业化水平。全面推进农村综合改革，继续稳定、完善和强化党在农村的各项政策，确保已经实行的支农政策不变，已经给农民的实惠不减，不断加大支持力度。继续落实好粮食补贴、农机补贴、良种补贴、农技推广补贴、中小型水利工程补助、农业产业化龙头企业补助、农民合作组织补助等各项政策。不断完善农业基础设施建设，提高农业综合生产能力。加强以水利、林业为重点的农业基础设施建设，集中力量解决一些制约农业发展的重点问题，争取使农业生产条件逐年有较大改善。继续搞好农业综合开发，我市有中低产田 87 万亩，这是提高农业综合生产能力的最大增长点。认真落实国有土地出让金支持农业基本建设政策，积极争取国家农业综合开发项目，力争在未来 5 年，改造 40 万亩以上。

3. 加大公共财政支持力度，建设配套完善的新设施。公共财政要不断加大对农村的投入力度，综合配套建设，重点实施"四大工程"。一是实施农村环境综合整治工程。重点抓好道路修筑、村庄绿化、垃圾收集、污水处理和新能源建设，创造使农民安居乐业的生产生活环境。围绕国家建设节约型社会的战略部署，大力发展农村沼气、太阳能、风能等新型能源，改善农村生活环境，提高农民生活质量。抓好农作物秸秆综合利用、"白色污染"综合治理，推进人与农业、人与自然的和谐发展。二是实施农村基础设施配套建设工程。建设重点要从城市向农村扩展，加强村镇公共设施和公益设施建设投入，统筹建设城乡水、电、路、通讯、气、热等基础设施，逐步实现城乡基础设施共建共享，提高公共设施的运营效率。三是实施农村流通服务网络建设工程。积极推进农村社区综合服务中心建设，使农民尽可能多地享受到新农村建设的成果，与城市居民共享现代文明。四是实施农村社会事业推进工程。不断加大投入，尽快完成农村中小学布局调整任务；进一步支持乡镇文化中心和镇、村卫生院（卫生室）建设，力争到 2007 年底对需改造建设的 1600 处村卫生室改造一遍。

4. 提高全社会保障能力，逐步建立城乡一体的新机制。逐步打破二元结构，建立完善统一的城乡户籍制度。统筹城乡就业，建立城乡一体的劳动就业制度。全面取消农村劳动力进城就业的各种歧视和限制政策，把农村劳动力纳入全市统一劳动力市场，统一管理，统一使用，大幅度提高农村劳动力就业率，增加农民非农收入。逐步衔接城乡社会保障体系，提高全社会保障能力。要以政府公共财政为主导，建立多渠道社会保障资金投入机制，探索和建立新型的农村基本养老保险制度、农村合作医疗制度和农村最低生活保障制度，让农民老有所养、病有所医、贫有所济；建立健全新型社会救助体系，逐步构建起以最低生活保障制度为基础，以就业帮助、医疗救助、教育救助等为补充的多元化新型社会救助体系，做到农村低保水平与农民人均纯收入同步增长，使城乡居民同享改革发展的成果。我市山区、库区、滩区共有 37 个乡镇、86 万人，分别占全市的 44%和 35%，"三区"农民收入明显低于全市平均水平，这是小康社会和新农村建设的突出难点。应紧紧围绕增加“三区”农民收入，安排专项资金，增加扶贫开发项目，按照“村为基础，整乡推进，区域规划，综合开发”的方针，加大扶贫力度，不断改善“三区”的生产、生活条件，使“三区”农民尽快实现脱贫。建议对沂源、高青的扶持政策延续到2010年。

5. 提高农民综合素质，培育社会主义新农民。一是加强农村劳动力技能培训。努力把传统农民改造成为能适应市场经济分工、分业发展要求的现代农民。按照“面向社会、公平竞争、合理布局、方便农民”的原则，整合各类培训资源，不断创新培训方式，推行“订单式”“定向型”“创业型”等培训模式，提高农民就业技能，增加农民就业机会。大力加强对务农农民的农业实用技术培训，促进农业新技术的推广和应用。加强对外出务工农民的职业技能培训，提高市场竞争能力，增大在城镇的就业率，打造我市农民工市场品牌。二是加强农村民主法制建设。建立完善村务公开、民主选举、民主决策、民主管理、民主监督“五位一体”的管理和监督机制，严格按程序办事，通过建立全过程、多层次的立体监督网络，实现村务工作法制化、村务公开规范化、民主监督程序化，增强村务工作的透明度，激发广大农民参与村务管理的积极性、主动性和创造性。三是加强农村精神文明建设。继续开展农村文明社区、文明村镇、文明家庭和农村“三个一”等特色创建活动，提升农村文明水平；采取多种方式，对农民进行社会主义、爱国主义教育，积极倡导健康文明的生活方式，提高农民的思想道德素质和科学文化素质。

（五）加强组织领导，确保各项政策措施落实到位。新农村建设是一项庞大复杂的系统工程，是关系农村长远发展、全面建设小康社会的重大政治任务。我们必须站在落实科学发展观的战略高度，全力推进社会主义新农村建设。

1. 加强领导，健全机制。建议成立全市建设社会主义新农村工作领导小组，下设专门办公室负责抓好新农村建设的组织、协调、督导、服务工作。各区县也要结合实际，建立相应的组织机构，制定具体的工作规划和实施细则，认真组织实施。要形成一级抓一级、层层抓落实的有效机制。各级党委政府要实行“一把手”负责制，安排专人负责，并纳入当地经济社会发展规划，深入研究，常抓不懈，确保新农村建设的各项任务落到实处。

2. 齐抓共管，形成合力。各级各部门要找准在新农村建设中的角色定位，认真履行职责，通力协作，密切配合，形成合力。各级党委政府要切实抓好组织、领导和协调工作，总体把握，确定目标，积极推进。各有关职能部门要牢固树立大局观念，对上多争取资金、项目等支持，对下多做具体指导、多协调落实、多服务推动。村“两委”要切实增强工作积极性、主动性和创造性，组织和带领群众扎实抓好新农村建设工作，努力实现新农村建设的新突破。

3. 强化宣传，营造氛围。加大舆论宣传力度，营造有利于加快发展的良好氛围。各级新闻单位要运用报纸、电视、电台等媒体，设立专栏、专题，广泛宣传新农村建设的重大意义，推广典型经验；进一步提高广大干部群众对建设社会主义新农村重要性的认识，引导广大党员干部和农民群众更加积极地投入到新农村建设的伟大实践中，推动新农村建设工作不断取得新成效。

4. 明确职责，强化考核。把新农村建设的各项任务目标层层分解，落实到区县、乡镇、村，明确责任人，实行工作责任制。结合“三个体系”建设，把新农村建设纳入对各级党政领导班子和领导干部工作业绩考核的指标体系，作为检验各级领导班子和领导干部执政能力和领导水平的重要内容，年终严格考核。建立相关调度、通报、督察制度，加强对工作进展和履行工作职责情况的监督检查，促进各项工作的落实，确保新农村建设顺利推进。

“和谐淄博”建设调研报告

市委、市政府联合调研组

（2005年5月20日）

一、关于“和谐淄博”建设的基础条件

近年来，市委、市政府坚持以邓小平理论和“三个代表”重要思想为指导，认真贯彻中共十六大、十六届三中全会、四中全会精神，努力营造和谐稳定的环境氛围，在构建社会主义和谐社会上，进行了一些积极探索，取得了巨大成效。

一是干事创业、加快发展的浓厚氛围进一步形成。几年来持续开展的以转变观念、创新思路为主要内容的解放思想活动，不断破除自大自满、畏难发愁、犹豫彷徨等思想束缚，牢固树立危机意识、赶超意识、争先意识，有效地统一了全市上下对改革发展重要问题的认识。市委、市政府关于建设经济强市、文化大市、绿色城市，实现“两提前、一率先”的总体发展思路，关于建设“平安淄博”“文明淄博”“生态城市”以及“六个突破”等重大工作部署，日益深入人心，已经成为广大干部群众的共识和行为。全市广大群众心齐气顺，目标同向，干群同力，形成了团结一致干事业的强大合力。

二是经济社会持续快速健康发展。认真落实科学发展观，紧紧抓住转变思想观念、创新工作思路、优化发展环境、提高执政能力等关键环节，突出抓好结构调整、深化改革、“三农”“三高”“三个亮点”和提高群众生活水平等工作重点，凝神聚力，解放思想，干事创业，经济社会实现持续快速健康协调发展。近几年成为我市经济社会发展增长最快、效果最好、变化最大、群众最满意的时期之一。2004年，我市实现地区生产总值1231亿元，同比比2000年接近翻一番；地方财政收入突破50亿元，同口径比2000年翻一番还多。主要发展指标均提前两年完成了“十五”计划目标。

三是先进文化建设快速发展。制定了《淄博市2003年～2010年文化大市建设规划纲要》，出台了《加快文化产业发展的若干意见》，组织开展了“文明淄博”建设活动。群众性精神文明建设活动、市民道德教育、精品工程建设、文化市场管理等，继续保持了全省先进水平。文化产业发展、文化市场建设、文化设施建设等取得突破性进展。文化建设与经济建设、民主政治建设互动进进，相得益彰。

四是民主法制建设和"平安淄博"建设取得显著成效。加强地方立法工作，坚持依法行政，促进司法公正，广泛发扬民主，使人民群众和各方面的积极性、主动性、创造性更好的发挥出来。各级以"平安淄博"建设为总抓手、总载体，以实现"七不发生一满意"为目标，坚持完善机制，重心下移，做好矛盾纠纷排查调处工作，狠抓社会治安综合治理，切实搞好安全生产。2004年全市刑事案件增幅呈逐月下降趋势，治安案件同比下降6%，各类安全事故起数和死亡人数分别下降10.1%和6.1%，人民群众对社会稳定满意率达到90%以上。

五是社会管理日趋规范，社会事业繁荣发展。全市各级在市委、市政府的正确领导下，坚持以科学发展观为指导，以推动社会和谐进步为目标，以提供优质服务、营造优良环境为重点，不断创新管理理念、健全管理体制、丰富管理手段、改进管理方式，"党委领导、政府负责、社会协同、群众参与"的社会管理格局基本形成。各项社会事业取得长足发展，先后提出并实施了科教兴市战略、建设文化大市以及计划生育利益导向和保障机制建设等重大部署和工作举措，医疗卫生和体育事业的改革与发展也在一些领域取得重大进展。

六是群众生活水平不断提高，社会保障体系日益完善。各级坚持以人为本，切实把经济发展成果充分体现到增加群众收入、提高保障水平上来。2004年，城镇居民人均可支配收入达到9960元，比2001年增加2685元；农民人均纯收入达到4432元，比2001年增加988元。自2001年以来，全市累计实现城镇就业27.8万人，下岗、失业职工再就业18.4万人，城镇登记失业率由4%下降到3.4%，共转移农村劳动力10万人以上。企业养老保险参保职工达到45.6万人，基本医疗保险参保职工总数达52.2万人。6个区县建立了农村低保制度。2004年，全市为城镇困难群体发放各类保障金和取暖补助共计1.5亿元，用于农村低保和特困群体救助的资金达到2777万元。启动了失地农民基本生活保障制度，拖欠农民工工资、建筑工程款、征地补偿款等问题得到有效解决。

七是基层组织建设扎实有效。扎实推进农村党建"三级联创"活动，实施"强基"工程，启动农村党员干部现代远程教育，突出抓好村"两委"换届选举工作，农村基层组织的战斗力、凝聚力、创造力进一步增强。村"两委"成员交叉任职和村书记、主任"一人兼"比例分别达到了81.5%和88.8%，全市98%的村建立了村民自治章程和村规民约，97.1%的村做到了村务公开及时规范，98.5%的村建立了民主评议制度。我市社区建设逐步规范，基本消灭了社区居委会"空白点"和党支部"空白点"，居委会专职干部纳入财政供养人员，居委会的作用得到较好发挥。以党组织为核心的基层组织建设，已经成为我市和谐社会建设的重要优势。

二、存在的突出问题和关键性制约因素

调查反映，在经济社会发展和构建和谐社会中还存在着一些亟待解决的问题。

(一)经济结构性矛盾比较突出。从三次产业结构看，2004年全市三次产业结构比例为4.4：64.7：30.9，第三产业比重比2002年的35.5%下降了4.6个百分点。特别是现代服务业发展不快，对经济社会发展拉动力明显偏弱。从工业结构调整来看，高新技术产品比重偏低、成套和整机设备比重偏低、外向度偏低、能耗偏高的问题仍比较突出。从区域经济发展来看，区县之间、乡镇之间差距进一步拉大，不平衡性进一步增强。结构性矛盾无疑将是今后我市和谐发展的最具基础性、长期性的制约因素。

(二)利益协调机制不够健全。在城乡收入方面，2004年末城乡居民储蓄存款中，占人口总数约三分之一的城镇居民占到总额的72%，而占人口总数三分之二的农村居民则只占28%；我市城镇居民人均可支配收入与农民人均纯收入的比例，也由2000年的2：1，扩大到去年的2.25：1，接近于国际上公认的2.5：1的平衡线。在群体收入差距方面，城市中10%的最高收入家庭与10%的最低收入家庭人均可支配收入之比，由2000年的3.83：1扩大到去年的4.38：1，低收入群体的月均消费支出仅为高收入群体的25%；农村各占20%的高收入户与低收入户人均纯收入差距为5.23：1。在行业收入差距方面，收入结构呈明显的金字塔状。2004年我市在岗职工平均工资为15192元，其中企业、机关事业单位平均工资分别为13939元和18410元。企业平均工资中，省属以下企业为11176元，其中市属以下企业为9716元，相当于机关事业单位工资的52.8%；而电力、邮政、电信、银行等四大行业的平均工资则达到了29816元，为市属以下企业职工平均工资的3.07倍。利益协调失衡，不仅在物质层面上影响了社会公平，更给部分社会群体带来了心态上的失衡。

(三)社会管理相对滞后。受计划经济体制思维方式的影响，长期以来，各级普遍存在重经济建设、轻社会管理的思想，管理模式陈旧，改革也相对滞后。主要是：政府管理职能在局部领域存在不到位或越位的问题，造成了有些社会事务的多头执法或无人管理的现象；对社会发展中出现的一些新问题，如征地、拆迁、军转干部安置等，还缺乏规范刚性的运作办法，容易形成矛盾爆发点；对一些新型社会中介组织、社团组织、经济组织的监管、引导不到位；随着越来越多的离退休人员、下岗失业人员、无业人员、外来人员由"单位人"转换为"社会人"，相应的管理不到位等等。社会管理上的这些问题，成为滋生社会矛盾的土壤。

(四)社会保障能力偏弱。主要表现在社会保险、社会救助、社会就业等方面。在社会保险方面，一是保险覆盖面还比较窄，目前以城镇为主，只涉及农村的个别地区和人口；二是社会养老保险政策不统一，实行企业、机关事业单位和农村三种制度，自成体系，分别执行不同的政策，不同身份人员之间的流动造成在社会养老保险关系上的无法衔接；三是保险基金支撑能力差。全市失业保险已连续五年出现当期收不抵支，据测算，2005年仅企业养老保险基金缺口就在1.3亿元左右。在社会救助方面，主要是缺乏综合协调机构，各部门按照各自职责分别组织救助工作，但整体效益不高，并由此造成了应助未助现象。在就业再就业方面，我市初步实现了就业的总体动态平衡，但基础不够稳定。据调查，今后几年每年需要就业的新增城镇人员约10万余人，同时全市农村劳力约31万人需要转移就业。目前，就业工作的突出矛盾是结构性矛盾，低技能人员、"4050"人员依然是就业再就业的难点。

(五)社会事业发展相对滞后。一是科技创新能力相对薄弱。鼓励人才创业创新的政策措施力度不够，支撑人才成长的平台建设落后，企业的研发能力比较弱，难以形成优秀技术人才聚集效应。二是教育发展不均衡问题比较突出。城乡之间、区域之间教育水平和办学条件差距很大。农村初中学生辍学率明显上升，进城务工农民子女受教育问题亟需解决。三是各级疾病预防控制和医疗救治机构设备落后，专业技术人才匮乏，应对突发公共卫生事件的能力明显不足。

(六)各种社会矛盾正处于多样多发期。一是信访总量继续保持高位态势。群众反映的问题集中在农村土地征用、城镇房屋拆迁、国有企业改制、涉法涉诉、部分企业军转干部、伤残复退军人等方面，但矛盾涉及领域有不断扩大的趋势。二是社会治安形势依然严峻。刑事发案总量增加的趋势短时间内难以从根本上扭转，盗窃、抢劫、抢夺等侵财案件仍比较突出。三是政治领域的斗争尖锐复杂，对意识形态和政治稳定构成潜在威胁。四是由于我市“五小”企业多，化工、冶金等“高危”企业多，重点行业安全生产存有较大隐患。

（七）生态环境和资源承载能力比较脆弱。一是一次性能源生产及消费以原油、原煤为主，能源结构不合理，且综合利用率低。目前，全市万元产值能耗折合3.36吨标煤，是全省平均水平的2.8倍，是全国平均水平的3倍，是世界平均水平的4倍。二是资源紧张。土地本轮规划（1996～2010年）下达我市规划建设用地指标（耕地）是6485.60公顷，截至2004年3月，已用去指标5635.24公顷。按照目前的投资强度和项目规模，全市年建设用地量大致在四五万亩左右，未来土地供需矛盾将十分突出。水资源方面，据静态测算，今年全市需水量预计达到15.9亿立方米。我市多年平均年供水量只有13.44亿立方米，如果开工实施引黄二期和引太入张工程，总供水量预计达16.2亿立方米。总体上看，我市今后资源与发展的矛盾将比较突出，客观上已经不允许新上高耗能、高耗水、投资强度低的项目，集约发展的要求现实而迫切。三是环境压力比较大。受产业结构的影响，环境污染问题尚未得到有效根治，水污染、粉尘污染、大气污染相对突出，影响了城市总体形象。同时，森林覆盖率低，山区水土流失比较严重，矿山开发生态恢复措施不到位，也加剧了生态破坏程度。

（八）社会价值取向、思想道德水准有待于进一步提升。一是思想道德体系建设相对滞后，面对市场经济条件下人们思想道德和价值取向的多样性，社会思想道德体系建设缺少应有的针对性、规范性，一些领域道德失范、诚信缺失。二是思想教育机制与方法、手段较为落后。特别是城市流动人口、暂住人口和企业下岗职工、非公有制经济领域人员的思想道德教育薄弱。互联网、短信等现代信息渠道中的道德问题亟待规范。三是社会公平机制不健全。程度不同地存在的个人发展权力不平等、发展机会不平等、规划管理不平等、分配再分配不平等，形成了对社会价值取向的冲击和干扰。四是个别党员干部以权谋私、腐化堕落，削弱了思想道德教育的说服力。

三、关于建设“和谐淄博”的总体思路和工作措施

建设“和谐淄博”，意义重大而深远。第一，这是深入贯彻十六届四中全会精神的具体步骤，落实“和谐山东”建设的具体行动。第二，这是抓住和用好重要战略机遇期，应对国内外各种风险挑战，实现执政使命的迫切需要。第三，这是经济社会发展进入新阶段的规律性要求，是确保把“矛盾凸现期”推进为“黄金发展期”的客观选择。第四，这也是我市发展战略的完善和丰富。建设经济强市、文化大市、绿色城市，与建设“平安淄博”“文明淄博”“和谐淄博”一起，构成了我市经济社会发展的大思路、大框架。

建设“和谐淄博”，首先必须加深对社会主义和谐社会的科学内涵的认识。根据胡锦涛总书记重要讲话精神和省委“八个建设”的工作部署，我们认为，应着重从五个方面来加以把握。第一，这是有中国特色社会主义事业建设总体布局的调整和完善。和谐社会发展目标的确立，把社会主义事业的总体布局，由社会主义市场经济、社会主义民主政治、社会主义先进文化的三位一体，发展为社会主义经济建设、政治建设、文化建设、社会建设四位一体，这为我们进行社会主义现代化建设指明了方向。第二，这是社会主义现代化建设基本指导思想的丰富和发展。建设社会主义和谐社会，既是深入实践“三个代表”重要思想，认真落实科学发展观，坚持科学执政、民主执政、依法执政的内在要求，又是具体行动和必然结果，为我们更加深入地实践“三个代表”重要思想开阔了思路，为进一步落实科学发展观拓宽了着力点，为科学执政、民主执政、依法执政的实践提供了新平台。第三，这是对社会主义建设规律的新认识、新把握。建设社会主义和谐社会，既包含物质利益关系，又包含精神价值关系；既包含民主法制关系，又包含人文自然关系。在物质利益关系方面，要切实保证经济持续快速健康发展，人民群众收入不断提高，社会保障能力不断增强，实现以发展促进和谐。在精神价值方面，要大力建设社会主义精神文明，弘扬诚信友爱，提高市民素质，优化社会关系，实现以文化建设促进和谐。在民主法制方面，要保证人民当家作主的权利，加快社会法治进程，实现社会公平正义，实现以平安建设和依法治市促进和谐。在人文自然方面，要坚持“四个尊重”，鼓励一切创造，增强社会活力；又要节约资源，保护生态，实现以环境建设促进和谐。第四，建设社会主义和谐社会，本质在于实现人的和谐发展。和谐社会是一切积极因素得到最广泛、最充分调动的社会。坚持“四个尊重”方针，营造想干事、会干事、干成事的社会氛围，支持人们进行理论创新、制度创新、工作创新，不断增强全社会的创造活力，是和谐社会建设的本质要求。必须把以人为本贯穿于和谐社会建设的全过程，防止“见物不见人”。核心是尊民、富民、安民、乐民。第五，建设社会主义和谐社会，是一个动态的发展过程。要把握好目标与过程的统一，治国理想与治国方略的统一，积极追求发展中的和谐，不断完善提高的和谐。一定从实际出发，制订可行目标，不刮风，不攀比，一步一个脚印，切实推进。

基于以上认识，我们认为，“和谐淄博”建设的总体思路应是：以邓小平理论和“三个代表”重要思想为指导，深入贯彻中共十六届四中全会精神、胡锦涛同志重要讲话精神和省委关于“和谐山东”建设的工作部署，坚持以人为本，全面落实科学发展观，以加快发展推进和谐，以先进性引领和谐，以先进文化孕育和谐，以民主法制和平安创建保障和谐，以环境建设促进和谐，建立健全各项工作机制，全面启动实施“民心工程”，推进经济强市、绿色城市、文化大市和“平安淄博”“文明淄博”“和谐淄博”建设，加快我市“两提前、一率先”的步伐。这一指导思想概括起来就是，强化“五个基础”，建立健全“五个机制”，实施“十大民心工程”。

（一）坚持科学发展，切实强化“和谐淄博”建设的物质基础、政治基础、思想文化基础、社会基础和环境基础

第一，推进“经济强市”建设，切实强化“和谐淄博”建设的物质基础。要牢固树立科学发展观，积极落实中央宏观调控政策，坚持发展不放松，抓好调整结构、深化改革、转变经济增长方式“三个关键”，着力解决和重点突破经济发展中的突出矛盾和“瓶颈”制约，提高经济发展的质量和效益，努力保持全市经济在较长时期的快速高效健康发展，力争今年地区生产总值突破1400亿元，人均达到4000美元，提前两年完成本届党委政府经济发展目标；到2007年，地区生产总值突破1800亿元，人均达到5000美元，提前三年完成2010年远景目标，为“和谐淄博”建设提供坚实的物质保证。

第二，推进党的先进性建设，切实强化“和谐淄博”建设的政治基础。各级领导班子要以先进性教育为契机，全面加强党的思想政治建设。要重视加强对构建和谐社会的领导，建立健全有效的领导机制和工作机制，认真研究解决和谐社会建设中的重大问题和突出问题，不断把和谐社会建设推向深入。进一步加强党的自身建设，提高各级党组织的创造力、凝聚力和战斗力。加强党的执政能力建设，科学执政、民主执政、依法执政，努力提高激发社会创造活力、管理社会事务，协调利益关系、处理人民内部矛盾、开展群众工作、维护社会稳

定“六种本领”，为和谐社会建设提供坚强保证。加强各级领导班子和领导干部的团结，以领导班子和领导干部的和谐，带动社会的团结和谐。深入开展党风廉政建设。要牢记“两个务必”，严格执行“四大纪律、八项要求”，认真落实领导干部廉洁自律的各项规定和党风廉政建设责任制，着眼于治本，建立完善教育、制度、监督并重的惩治和预防腐败体系，真正做到为民、务实、清廉，以党的优良作风和良好形象，凝聚和带动群众做好和谐社会建设的各项工作。

第三，推进“文明淄博”建设，切实强化“和谐淄博”建设的思想文化基础。要加快“文明淄博”建设步伐，扎实开展市民素质教育工程、城乡环境综合治理工程、创建服务品牌工程和城乡文明社区创建工程，不断增强全市人民的精神力量，丰富人们的精神世界，调动和发挥全社会的积极性和创造力。全面落实《淄博市建设文化大市规划纲要》，巩固马克思主义在意识形态领域的指导地位，加快发展科技、文化、教育等社会事业，大力发展文化产业，建设一批现代化文化基础设施，提升我市文化实力、文化内涵和文化品位。扎实推进“诚信淄博”建设，积极开展诚信教育，切实强化政府信用，显著提升企业信用，初步建立个人信用，不断提高社会信用道德水平，形成良好的信用环境。丰富完善“邻居节”的内容和形式，逐步形成互帮互助、和睦相处、邻里和谐的人际关系。经过不懈努力，尽快把我市建设成为社会文明进步、科技教育比较发达、文化事业繁荣有序、文化产业具有较强实力的文化大市，为“和谐淄博”建设提供强大的精神动力，奠定坚实的思想文化基础。

第四，推进“平安淄博”建设和依法治市进程，切实强化“和谐淄博”建设的社会基础。突出严厉打击严重刑事犯罪和有效化解各类矛盾纠纷两个工作重点，着力建设“平安淄博”长效机制，切实维护社会稳定、社会公正和群众利益，不断提高维护国家安全、驾驭治安局势、化解矛盾纠纷、服务经济建设、保障社会公平正义的能力，确保全市刑事案件升幅及治安案件、群体性事件、集体上访、安全事故等社会稳定重要指标进一步下降，为“和谐淄博”建设创造稳定的社会环境。大力发展社会主义民主，进一步健全民主制度，丰富民主形式，扩大有序参与，逐步实现民主政治的制度化、规范化、程序化。进一步加强法制建设，推行依法执政，建设法制政府。落实司法为民的要求，保障公民合法权益，抓好“四五”普法，形成法律面前人人平等和人人自觉守法、用法的社会氛围。

第五，深入实施环境立市战略，推进“生态市”建设，切实强化“和谐淄博”建设的环境基础。全面实施“碧水蓝天”行动计划，以水域、大气和重点区域环境的综合整治为重点，继续加大结构性污染治理力度，推进重点区域综合治理、天然气替代、城市绿色通道、生态恢复、城乡大环境绿化等重点工程建设，全面提高城市绿化水平，积极创建国家园林城市，努力实现“天蓝、地绿、水清、气爽”的总体目标。依靠科技，节能降耗，综合利用资源，建设节约型社会。加强对矿产资源的保护和管理，落实最严格的耕地保护制度，提高土地集约利用水平。大力发展循环经济，按照减量利用，循环使用、合理开发的原则，加强对工业废物和农作物秸秆综合利用，加快城市生活污水再生利用，建立城市生活垃圾和废旧物资回收、加工、利用体系，发展再生资源产业。力争经过5年努力，到2010年，建成国家环保模范城；到2020年，把我市基本建成经济发达、社会文明、环境优美、人与自然和谐相处的生态市。

(二)坚持改革创新，建立完善“和谐淄博”建设的长效机制

第一，建立高效的社会管理机制。坚持把社会管理同推进经济社会协调发展紧密结合起来，同满足群众多样化生活需求紧密结合起来，同推进基层民主法制建设紧密结合起来，深入研究社会管理规律，加强社会管理体制创新，完善社会管理体系和政策法规，整合社会管理资源，形成党委领导、政府负责、社会协同、公众参与的社会管理格局。重点抓好以下几个环节：一是深入实施“强基工程”。以健全完善民主管理制度、民主决策制度、民主监督制度和村务公开制度、村干部任期目标制度和干部培训为重点，切实加强农村基层组织建设。建立村干部补贴报酬保障机制，对经济薄弱村，市及区县财政要列支专项资金，保证村级政权正常运转；有条件的地方，推行村主职干部固定补贴由乡镇统筹统发。以健全组织、充实干部为重点，加强城市社区基层组织建设。重点解决好社区干部专职专用问题和社区专职干部财政供养问题，并切实解决好社区组织活动经费、活动场所、办公用房以及社区工作人员待遇等问题。妥善解决好“村转居”的社会遗留问题。要切实发挥社团、民间组织作用。二是要切实加强公共服务。以服务群众为主题，增强社会服务功能，拓宽社会服务领域，提高社会服务水平，形成社会服务网络化的新格局。特别要积极开展面向特殊群体的社会救助、社会福利和优抚保障服务，面向群众的便民利民服务，使群众的基本生活得到有效保障。三是切实改进政府管理方式。要克服“重经济增长、轻社会管理，重城市发展、轻民生改善”的观念，把社会管理工作纳入政府的重要工作范畴。积极推行统筹城乡管理、执法等社会管理改革，建立城乡统筹协调发展机制，提高城乡统筹协调发展能力。推动建立政府调控机制与社会协调机制互联、政府行政功能与社会自治功能互补、政府管理力量与社会调节力量互助的社会管理网络，

第二，建立均衡的社会公平机制。在促进发展的同时，坚持把维护社会公平放到更加突出的位置，综合运用各种手段，逐步建立以权利公平、机会公平、规则公平、分配公平为主要内容的社会公平保障机制。一是努力创建权利公平。切实保证每个社会成员的基本权利，尊重每个人的参与权、生存权、发展权和财产权，使发展的成果惠及绝大多数社会成员。二是努力创建机会公平。一切有利于社会进步的创造愿望都得到尊重，创造活动都得到支持，创造才能都得到发挥，创造成果都得到肯定。要摒弃先赋性因素(如特权、身份等级)等不公正因素的影响，让每一位社会成员能够有一个平等竞争的条件，能够得到公正的对待，拓展自由创造的空间，最大限度地发挥自己的能力，使每个人都有平等的发展机会，每个人都有平等创业致富的机会。三是努力创建规则公平。要加快垄断行业特别是地方管辖权范围内公用事业等领域的管理体制改革，尽快引入市场竞争机制，打破垄断价格形成的基础。加快财政管理体制改革，全面推行国库集中支付制度。深化机关事业单位分配制度改革，实行完整的货币化工资制度，并积极创造条件，实行“阳光福利”，从根本上解决国家利益部门化、部门利益个体化的问题。四是努力创建分配公平。按照“效率优先，兼顾公平”的原则，加快构建按劳分配和按要素分配相结合的收入分配格局，让管理、资本、技术等要素参与分配，多层次提高城乡居民收入。

第三，建立有效的社会控制机制。深入分析现阶段人民内部矛盾发生的深层次原因，进一步完善处理人民内部矛盾的方式方法，形成及时发现矛盾、不断化解矛盾、有效解决矛盾、在妥善处理各种矛盾中不断前进的社会控制机制和发展格局。主要做好以下几方面工作：一是切实加强意识形态领域的工作。坚定不移地贯彻中央的重大战略部署，把思想和行动统一到中央关于意识形态工作的形势判断和工作部署上

来，牢牢把握意识形态工作的主动权。二是建立矛盾纠纷排查调处机制。排查的重点是征地、拆迁、企业改制重组、拖欠职工工资、基层班子建设、困难企业军转干部生活保障和涉法案件。要坚持集中排查与经常排查、普遍排查与重点排查、面上排查与内部排查相结合，认真做好矛盾纠纷预警预防工作。加强政情、社情控制，及时发现苗头，防止矛盾积累、激化、群体化。坚持人民调解、行政调解、司法调解相结合，形成化解矛盾纠纷的综合优势。高度重视信访工作，坚持关口前移，主动下访，公开接访，认真受理和及时处理解决群众反映的问题。依法妥善处理各类群体性事件。三是加强公共安全体系建设。围绕政治安全、社会安全、经济安全、治安安全、公共安全、信息安全等公共安全领域，建立大安全工作格局，健全公共安全预警和应急处置机制，加强对重点地区、重点行业、重点部位的监管，确保社会公共安全。四是改进和加强思想政治工作。注意引导群众以理性合法的形式表达利益要求，解决利益矛盾。改进思想教育形式，把思想工作与人民调解、司法调解、行政调解结合起来，与为群众解难题、办实事结合起来，增强思想政治工作的感染力。

第四，建立合理的利益协调机制。在坚持全体人民利益一致的基础上，正确处理各种具体的利益关系和内部矛盾，合理调整国民收入分配格局，逐步解决城乡之间、地区之间、社会成员之间收入差距过大的问题，形成共同发展、和谐发展的利益协调机制和发展格局。重点做好以下几方面的利益关系调整：一是正确处理城乡利益关系。关键是增加农民收入，缩小城乡差距。要把统筹城乡发展放在首位，以工业化致富农民、城市化带动农村、产业化提高农业，推动城乡协调发展。加大公共财政对农村投入力度，加大工业对农业的反哺力度，使农民收入增长逐步达到全社会平均水平。二是正确处理群体利益关系。继续鼓励部分地区、部分人通过诚实劳动，勤劳致富，并推动“先富带后富”“先富帮后富”。同时，又要在经济发展的基础上，通过改革税收制度、加大转移支付等措施合理调整收入分配格局，逐步解决地区之间和部分社会成员之间收入差距扩大的问题，使人民群众平等的享受到改革开放和现代化建设的成果。三是促进区域经济协调发展。继续加大扶持力度，支持高青、沂源加快发展。进一步研究政策措施，支持临淄争创全省第一经济强区，支持张店做大做强。

第五，建立完善的群众工作机制。在加快经济社会发展和推进和谐社会建设的进程中，坚持把服务群众、宣传群众、组织群众、团结群众作为基本的工作方法，形成密切联系群众、团结发动群众、一切依靠群众的工作机制。一是要改进群众工作的方式方法。综合运用法律、政策、经济、教育、协商等手段，高度重视和维护群众最现实、最关心、最直接的利益，高度重视解决群众生产生活中的实际困难，使党的群众工作更具实效。二是要进一步拓宽联系群众的渠道。继续实行领导干部联系点制度、定期公开接访制度、挂包重点工程制度，全面开展党员领导干部“一对一”帮扶活动、为基层上党课活动、参加基层班子民主生活会活动。领导干部每年深入基层进行调研和检查指导工作的时间，不应少于工作日的三分之一。三是要进一步扩大群众对重大社会事务的参与。建立重大事项社会公示制度和社会听证制度。对涉及人民群众切身利益的重要事项，如重大公共工程项目建设、大中型国企改制、城市新区开发和旧城改造、城市拆迁和耕地占用安置补偿、公用事业价格调整等，要及时向社会公示或进行听证，交于人民群众讨论，听取群众意见。多数群众反对时，或争议比较大的，应尊重群众意见，暂缓决策和执行。四是加强基层基础的工作。要领导精力、财政投入、分配政策向基层倾斜，形成各级抓基层的合力。进一步健全基层基础工作规范化程序和规则，做到有章可循。要结合正在开展的保持共产党员先进性教育，进一步加强基层组织建设，真正做到哪里有群众哪里就有党的工作，哪里有党组织哪里就有健全的组织生活和坚强的战斗力。

（三）坚持以人为本，全面启动“十大民心工程”

根据全市经济社会发展总体部署，立足于首先解决群众最需、最急、最盼、最想的事情，综合平衡财政承受能力、群众承受能力、社会承受能力，在今后几年，要举全市之力，集中实施好以下“十大民心工程”。

第一，实施社会就业工程。把充分就业作为经济社会发展的重要目标，加大对劳动用工的调控力度，坚持在发展中解决就业问题，使城镇登记失业率控制在4%以内。一是建立城乡劳动者平等就业制度，结合户籍制度改革，取消一切对农村劳动力就业的歧视和限制，实行社会就业城乡统筹。二是全面落实就业再就业各项优惠政策，加强就业指导和技能培训，重点解决就业工作中的结构性失衡问题，通过多种措施，逐步解决“4050”人员的就业难。三是加强劳动力市场建设，进一步形成市场主导、双向选择、规范有序的市场就业机制。

第二，实施社会保障工程。以应保尽保为目标，继续落实好“两个确保”“一个低保”措施，做好与“三条保障线”的衔接，加快建立与全面小康水平相适应的社会保障体系。一是进一步扩大保障覆盖面。进一步完善社会保险政策，强化目标管理，逐步实现城镇个体、私营等非公有制企业职工的保障统筹。二是进一步扩展保障范围。全面推行生育保险制度改革，不断完善城镇医疗工伤保险，建立农村最低生活保障制度。三是加强社会救助工作。整合现有救助力量，完善工作机制，提高综合救助能力，切实解决困难群众生活、就医、住房、子女上学等方面的实际问题。全面展开失地农民基本生活保障试点工作，力争三年内建立起失地农民的养老保险制度。积极探索企业军转干部生活救助制度。实施政府助学工程，今后三年，市级机关不再增加办公经费，把节约下来的1000万元资金，用于全市12098名义务教育阶段贫困学生的“两免一补”。年内，改造新建50所乡镇敬老院，基本实现“五保”对象集中供养。

第三，实施群众权益保障工程。把维护劳动者权益和公民合法权益作为实现社会公平的重要方面来抓，建立相应组织，完善相关制度，努力使广大劳动者和全体社会成员的合法权益得到尊重和保护。要整合现有维权力量，由相关执法部门牵头，社会各方面配套联动，加大对劳动者权益、消费者权益、公民人身财产安全和民主政治权利的保护力度。坚决纠正损害群众利益的行为，着力解决在土地征用、城镇房屋拆迁、军转安置、企业重组改制中损害群众利益以及拖欠农民工工资等问题。进一步加强机关效能建设和廉政建设，切实解决“三乱”问题。推进司法体制改革，维护司法公正。

第四，实施安康居住工程。以经济适用房、廉租房建设为主体，面向广大低收入家庭，定向定期解决住房难问题。今后三年开工建设100万平方米经济适用房，经济适用住房原则上不低于当年商品住房建设规模的15%。对特困户家庭以发放租赁住房补贴为主，实物配租、租金核减为辅，提供廉租住房。到2007年底，基本解决人均住宅建筑面积10平方米以下居民家庭的住房困难。整顿房地产市场秩序，稳定住房价格。

第五，实施扶贫解困工程。进一步加大对欠发达地区的倾斜力度，全面加快“路、水、电、医、学”等基础设施和社会事业建设，切实改善欠发达地区群众的生产生活条件。投资

2.2亿元，完成全市村村通油路工程。在基本解决历史性缺水问题的基础上，全面实施农村自来水工程，力争3年内基本解决70万人口的水质性缺水问题。切实减轻农民负担，不断提高农民收入。到2007年，消灭人均收入千元以下的贫困村，最大限度地减少贫困家庭。

第六，实施环境整治工程。把城乡环境整治纳入"文明淄博"建设和城市现代化建设的重要内容，坚持城市建设与环境整治一起抓，景观建设与市容市貌一起抓。全面实施"碧水蓝天行动计划"，狠抓水、大气、固体废物污染防治和生态恢复工作，力争到2007年，水环境质量进一步改善，50%水体达到水环境功能区划标准；空气环境质量年均值优于二级标准并不断改善；生活垃圾无害化处理率达到100%；医疗废物集中处理率和工业固体废物安全处置率均保持2005年100%的水平。落实三年城乡环境整治规划，分解任务，加大投入，确保三年内完成背街小巷、住宅小区、村容村貌等环境改造与整治任务。加强城市净化、美化、亮化和城市绿化、环保工作，彻底治理城市脏乱差问题，使城乡面貌有一个较大改观。

第七，实施公共卫生服务工程。继续抓好新型农村合作医疗试点扩面工作，基本建立起以大病统筹为主的新型农村合作医疗制度。继续实施乡镇卫生院改貌工程和村卫生室改造工程，三年新建或改造1600处村卫生室，加强农村药品"两网"建设，使农村医疗卫生条件有大的改观。加强对传染病的预防控制工作，提高预防控制水平，确保不出现大的传染病流行。继续加快疾病预防控制机构和紧急救援中心建设，到2007年基本形成规模适度、布局合理、功能齐全、精干高效的疾病预防控制、传染病救治和紧急救援体系。

第八，实施人才培训和教育提高工程。加强干部教育培训工作，改进培训方式方法，健全完善培训机制，提高干部队伍的整体素质；进一步完善政策，加强高层次人才培训和引进工作，不断优化全市人才队伍结构。实施新技师培训计划和"金蓝领"培训工程，力争三年培训新技师3000人。切实搞好农村劳动力转移，扩大农村劳动力"阳光培训"工程实施范围，确保每年培训10万人次以上。在提前完成九年制义务教育的基础上，到2007年基本普及高中段教育。投资3亿元，到2006年全面完成中小学布局调整。积极推进教育体制改革，加强素质教育，大幅度提高高考升学率。

第九，实施社区便民服务工程。结合城市建设发展，把社区服务业作为第三产业的突出重点来抓，推进科技进社区、文化进社区、体育设施进社区、医疗进社区、养老助残进社区、家政服务进社区。适应城市发展和居民小区建设情况，每年新辟1～2条公交线路，调整延伸3～4条公交线路，及时解决新建居民小区的公共交通问题。进一步完善政策，加大投入，市场运作，合理布局，使城市社区便民服务网络覆盖率达到90%以上。

第十，实施"三绿"工程。把绿色蔬菜生产基地建设、绿色市场建设和倡导绿色消费放到突出位置来抓。力争3年内把全市70万亩蔬菜生产基地全部建成无公害蔬菜基地，把全市50家重点市场建成通过绿色认证的绿色市场网点，有计划地改造发展"超市型"市场。加快食品卫生监测体系建设，逐步推行市场准入制度，确保食品卫生安全。发展普及"放心药店"，治理虚高药价，确保药品安全。加大市场监管力度，依法严厉打击制售假冒伪劣商品、欺行霸市等行为，建设良好市场秩序。

四、关于加强对"和谐淄博"建设的组织领导

"和谐淄博"建设是一项全局性、基础性工作，同时又是一项开拓性、战略性任务。我们建议，近期重点抓好以下几项工作：

第一，集中开展学习培训活动。要把构建社会主义和谐社会作为近期党员干部学习培训的重要内容。省委已经明确，今年省委理论学习中心组读书会集中学习和谐社会建设。建议今年市委理论学习中心组读书会也把构建和谐社会作为中心内容专题学习。要尽快制定面上的学习培训计划，分期分批对各级干部特别是县级以上干部进行集中培训。

第二，制定出台"和谐淄博"建设的有关政策意见。在本次综合调研的基础上，继续开展深入的调查研究，进一步统一各级对"和谐淄博"建设重要意义的认识，集思广益，进一步明确"和谐淄博"建设的基本思路和工作措施。在全省构建和谐社会工作会议上，省委、省政府将出台进一步实施"民心工程"的意见。建议我市从自身实际出发，适当扩展省委、省政府《意见》的内容，制定我市实施"十大民心工程"，促进"和谐淄博"建设的有关政策规定。

第三，建立"和谐淄博"建设领导体制。按照中央和省委的要求，切实把构建和谐社会工作摆上党委、政府的重要议事日程。适时成立"和谐淄博"建设领导小组，明确主要工作部门，加强对"和谐淄博"建设的组织领导。进一步建立完善"三个体系"，把"和谐淄博"建设的目标任务层层分解，确保各项任务落到实处。

（杨肖冰组稿）

本部类编辑：王　娟
副主编：徐　杰
校对：王　峰
孟　明

要　论

推进平安淄博建设　积极构建和谐社会

市委常委、政法委书记　陈家金

平安建设是构建和谐社会的重要内容，也是构建和谐社会的重要形式和途径；构建和谐社会又是平安建设的根本方向和最终目标。各级各部门要正确认识推进平安建设与构建和谐社会的关系，正确把握两者之间的内在联系和高度的统一性，大力推进"平安淄博"建设，积极构建社会主义和谐社会，为建设经济强市、文化大市、绿色城市，实现市委提出的"两提前、一率先"奋斗目标营造和谐稳定的社会环境。

（一）建立完善利益协调整合机制，维护好、实现好、发展好人民群众的根本利益。有效协调整合社会各成员、各阶层、各利益群体、各地区之间的利益关系，逐步建立适应市场经济发展要求和构建和谐社会目标的利益协调整合机制，是推进平安建设、构建和谐社会目标的重要方面。各级各部门要正确处理改革发展稳定的关系，坚持把改革的力度、发展的速度和社会可以承受的程度有机结合起来，使改革发展稳定相互协调、相互促进。各级各部门制定的所有政策和开展的各项工作，都应该正确反映并有利于妥善处理各种利益关系，都应认真考虑和兼顾不同阶层、不同方面群众的利益，使广大人民群众更多地享受到经济社会发展的成果，最终实现共同富裕。要高度重视困难群众和弱势群体的利益，切实把中央和各级政府制定的脱贫解困的各项政策措施落到实处。要深入开展好"结穷亲，解民忧、受教育、促发展"的先进性教育主题实践活动，加大扶贫解困措施落实力度，进一步密切党群干群关系，从根本上推进"平安淄博"建设，努力构建社会主义和谐社会。

（二）坚持依法治国基本方略，大力加强民主法制建设。各级各部门要坚持依法执政、依法行政、依法办事，严格在宪法和法律的框架内进行活动和开展工作。要健全完善科学决策、民主决策的机制，在出台涉及群众切身利益的重大决策和改革措施时，要充分尊重群众的知情权和参与权，通过推行听证和公示制度等方法，鼓励群众参与决策，善于让群众充分表达自己的意见和愿望，并吸纳基层和群众的意见，使决策和改革符合人民群众的根本利益。要大力加强基层民主法制建设，推进民主选举、民主管理和民主监督，切实保障群众的民主权利。依法建制，以制治理，推进政务、厂务、村务公开，增强决策和管理的透明度。各级政法部门要坚持立党为公，执法为民，为人民掌好用好执法司法权，切实做到严格公正执法，高效文明办案，恪守公平正义。各级各部门要大力实施"四五"普法规划，广泛开展"法律下乡""法律进社区"等活动，结合群众反映的热点难点问题，有针对性地开展普法教育，开展依法治理。全市政法机关要开展"执法为人民，法律进万家"党员先进性教育主题实践活动，开展多种形式的送法活动，推进依法治理的不断深化。

（三）正确处理人民内部矛盾，妥善处置群体性事件。要从维护党执政地位和构建和谐社会的高度，充分认识化解矛盾纠纷的重要性。要坚持以人为本，切实关心群众的生产生活，热心为群众办实事、解难事、做好事。认真落实中央关于农民增收、扩大就业、城市拆迁安置、解决部分企业军转干部生活困难、解决拖欠和克扣农民工工资问题、加强社会保障等方面的政策落实，从源头上预防和化解各类矛盾纠纷。要严格领导责任制，完善领导干部定期下访制度，现场解决各种矛盾和问题。要强化矛盾纠纷排查调处制度、情况报告制度、交办督办制度、协调会议制度、考核奖惩制度、领导包案制度等各项制度的落实，真正把矛盾纠纷化解在基层，解决在萌芽状态。在开展新一轮矛盾纠纷和重大不安定因素排查调处活动中，各级各部门对矛盾纠纷和重大不安定因素要进行深入细致的摸底排查，综合运用政策、法律、经济、行政、教育、协商、调解等方法和手段，及时有效地加以调处化解，保持全市大局的稳定。

（四）有效解决好影响社会稳定的突出问题。妥善处理和解决信访突出问题，已成为维护社会稳定的一项重点工作。解决和处理好群众反映的信访突出问题，特别是要注意改进方式方法。要善于运用经济的、法律的和必要的行政手段来推动工作，善于用说服教育、示范引导和提供服务的方法解决群众反映的问题。同时，要坚持属地管理的原则，应该在乡镇、街道解决的问题，不能推到区县；应该在区县解决的问题，不能推到市。在市委政法委组织开展的对涉法涉诉上访户回访活动中，各级党委政府和政法各部门，要通过回访活动，广泛听取当事人的意见，看当事人的合理要求和合法权益是否得到落实与维护，对存在的问题要进行督促，及时加以解决，

巩固集中处理涉法涉诉上访突出问题已取得的成果

（五）深化社会治安综合治理，确保全市社会的安定有序。实现社会的安定有序，要靠不断深化社会治安综合治理。要坚持严打方针不动摇，重点打击严重暴力犯罪、流窜犯罪、黑恶势力及有组织犯罪、“两抢一盗”等多发性侵财犯罪。及时排查治安混乱地区和突出治安问题，坚持党政统一领导，综治部门组织协调，抽调有关部门的力量，组成强有力的工作队，进行集中综合整治。要继续开展好各项专项整治活动，做到要有新深化，取得新成效。要有效动员和整合各种群防群治力量，形成人人参与的社会防范工作格局。要坚持专群结合，人防、物防、技防结合，形成全方位、多层次的打击、防范、控制一体化工作机制。积极推广治安防范工作和治安承包责任制、选派工作队驻村等经验做法，认真探索治安防范工作新思路，提升治安防控体系建设的水平和实效。大力加强基层党政组织建设，充分发挥基层党组织的领导核心作用和基层自治组织的民主管理作用。加强基层综治组织的制度建设和规范化建设，提高领导、组织、协调、指导、参与基层社会治安综合治理的能力。大力加强基层政法组织建设，充分发挥维护基层社会稳定的骨干作用。加强群防群治组织建设，把社会各方面的力量组织起来，共同维护社会稳定。要加强对流动人口、刑释解教人员、社会闲散青少年等重点人群的教育和管理，有效防止刑事犯罪高危人群的失控、失管。大力开展基层平安建设活动，努力把社会治安综合治理的各项措施落实到城乡基层。

（六）规范市场经济秩序，建设“诚信淄博”。各级政法部门要积极参加整顿和规范市场经济秩序工作，依法从重从严打击各类严重危害市场经济秩序的犯罪活动。要积极预防和依法查处国家工作人员贪污贿赂、玩忽职守、滥用职权以及徇私舞弊等职务犯罪，推进反腐败斗争的深入进行。大力加强经济犯罪活动的防范工作，结合执法和办案，及时开展法制宣传，积极提出司法建议，协助指导有关单位建章立制、堵塞漏洞，从源头上防止和减少经济犯罪的发生。要充分发挥民事行政审判对市场经济的调节规范作用，认真研究改革发展中出现的各类涉外案件和新型民商事案件，依法维护公平交易和有序竞争。要切实解决执行难问题，及时有效地维护当事人的合法权益。要加强法律监督，规范监督程序，改进监督方式，确保司法公正。进一步加大行政执法制度改革，加强和改进有关行政管理工作，继续减少和规范行政审批与收费项目。进一步完善律师、公证和基层法律服务机构的组织形式和运行机制，加强对法律服务市场的管理，做到规范运行、有序发展。要根据经济发展的需求，不断推进司法改革，使政法工作更有利于经济发展，为经济发展提供及时、高效、优质的法律服务。

立足新起点
努力实现财政经济又快又好发展

市长助理、市财政局局长　郭利民

市委九届九次全委（扩大）会议，在全市经济社会发展步入新阶段、跃上新平台的关键时刻，不失时机地提出站在新起点实现新发展的战略构想和要求，是践行“三个代表”重要思想、落实科学发展观、构建社会主义和谐社会的重大举措。全市各级财政部门要认真学习，深刻领会，抓好贯彻，用实际工作的新突破、新进展，落实市委的新部署、新要求，努力实现财政经济又快又好的发展。

一、全市财政保持持续快速发展的良好势头

财政收入规模不断壮大。2004 年，全市境内财政收入达到 129.14 亿元，与 1998 年的 51.3 亿元相比，增长 1.52 倍，年均递增 16.63%；地方财政收入达到 50.04 亿元，提前 1 年超额完成“十五”规划目标。区域财政经济发展迅速，2004 年区县级财政收入完成 36.44 亿元，占全市地方财政收入总量的 72.82%，比 1998 年提高 19.1 个百分点。乡镇财政状况得到显著改善，2004 年全市财政收入过千万的乡镇达到 44 个，占全市乡镇数的 40.74%。全市地方财政收入同口径增长连续 4 年达到 22%以上，其中 2004 年增幅达到 32.8%。

财政保障能力不断增强。2004 年，全市财政总支出达到 62.55 亿元，与 1998 年的 23.45 亿元相比，增长 1.67 倍，年均递增 17.76%。各级坚持做到优化结构保重点、集中财力办大事，各项重点支出需求得到有效保障。保证工资按时足额发放，认真落实调增职工工资标准及城市居民低保标准、企业退休人员基本养老金待遇等政策，提高人民群众的生活水平；建立和完善社会保障体系，积极支持就业再就业，妥善解决破产企业职工安置、社会弱势群体救助解困等问题，大力加强政权建设和“平安淄博”建设；加大支持“三农”工作力度，2004 年全市对“三农”的财政性资金投入累计达到 9 亿多元；大力支持教育、科技等重点事业发展以及城市建设和环境保护治理，推动社会全面进步，提高了城市整体形象。

财政管理改革不断深化。一是部门预算制度深入实施。市级自 2004 年起全面实行部门预算制度，部分区县也进行了这方面的改革，预算编制更加科学透明，预算约束力进一步增强。二是国库集中支付改革取得实质性进展。在完善工资统发机制的基础上，2005 年上半年，市级选择 80 个单位进行首批国库集中支付改革试点，试点面和资金量占单位总数和支出总量的三分之一，直接支付比例达到 70%，上半年市级完成国库集中支付额 2.96 亿元，比上年同期增长 21%。三是政府采购范围和规模不断扩大。1998 年 9 月成立政府采购机构，截至 2004 年底，全市累计完成政府采购额 14.06 亿元，节约资金 2.5 亿元，节支率达到 15.10%，其中市级完成 6.46 亿元，节约资金 0.91 亿元，节支率达到 12.35%。四是收支两条线管理制度进一步完善。全市全面落实“收支两条线”“票款分离”“罚缴分离”制度，将收费、基金及罚款等政府非税收入及时足额纳入国库或财政专户，实行“收支两条线”管理，

增强政府宏观调控能力。五是市场化理财机制逐步形成。自2003年起，市财政对重点支农项目、企业财源建设贴息项目实行公开招标，择优确定扶持对象，提高财政资金使用效益，增强财政支持经济发展的政策效应。

二、当前财政经济发展中存在的突出矛盾和问题

全市财政经济存在一些制约发展的矛盾和问题，主要有以下几个方面：一是区县域财政经济不够强，发展不够平衡。二是“两个比重”偏低。2004年，全市地方财政收入占GDP的比重为4.06%，列全省第十一位，税收占财政收入的比重为74.09%，列全省第十位，“两个比重”均低于全省当年平均水平。三是收支矛盾仍比较突出。消化历年来的增资因素，解决社会保障以及涉及改革、发展、稳定的一系列矛盾和问题，使财政保障的压力逐年加大。部分区县和基层乡镇受发展基础、发展条件及税收政策调整因素的影响，财政运行困难问题显得尤为突出。

三、努力实现新发展的思路和措施

（一）积极运用财政杠杆，促发展、促改革。一是加大对经济发展支持力度。牢固树立“结构兴财”的思想，深入实施财源建设，综合运用政策杠杆，促进经济结构优化调整和增长方式转变。二是积极推进企业改革改制。三是积极推进事业单位改革。逐步改革事业单位经费管理办法，规范财政供给范围。

（二）抓好收入组织工作，进一步壮大财政实力。一是强化征收管理措施，提高收入总量。二是优化“两个比重”，提高收入质量。三是拓宽增收渠道，提高政府可用财力。在抓好税收收入的同时，切实抓好非税收入和政府资源运营收入的征收、管理和监督工作。

（三）加强支出管理，提高财政统筹保障水平。一是优先做好工资发放、政权运转、社会稳定的保障工作。二是加大“三农”投入。三是加大社会保障投入。四是加大社会事业投入。同时，财政部门将进一步深化财政管理改革。

（四）加强县乡财政建设，促进县域财政经济协调发展。一是调整完善财政体制。按照“宏观调控、区别对待、统筹兼顾、共同发展”的原则，适当调整市对区县的财政体制，通过将部分市级收入下放区县、调减上解区县上解递增比例、扩大市与区县收入共享范围等措施，增加区县收入规模和可用财力。二是建立帮扶和激励并重的转移支付制度。进一步加大市对下转移支付力度，努力建立加快县乡财政发展的长效机制。三是积极推进县乡综合配套改革。通过多方面的共同努力，促进县乡财政走上良性发展的轨道，推动全市经济社会全面、协调、可持续发展。

抢抓机遇　狠抓落实
努力促进新农村建设取得良好开局

市农业局局长　王子林

中央提出建设社会主义新农村的重大历史任务，指明了今后“三农”工作的方向。2006年是新农村建设的第一年，关键是抓住机遇，强化措施，狠抓落实，确保开好头、起好步。

一、建设社会主义新农村面临千载难逢的历史机遇

当前，社会主义新农村建设面临千载难逢的历史机遇。主要是“四个加强”：一是支农强农的政策加强，全社会支持“三农”的环境正在形成。二是农业竞争力进一步加强。三是农民自我发展的能力逐步加强。四是以工支农、以城带乡的实力加强。全市人均GDP达到4253美元，是全国平均水平的3.5倍多；境内财政总收入160.59亿元，地方财政收入64.13亿元以上；农业增加值占GDP的比重仅相当于全国平均水平的三分之一；非农从业人口比重和城市化水平高出全国近10个百分点，更有条件和能力反哺农业，支持新农村建设。

“十五”期间尤其是2005年，全市实现粮食增产、农业增效、农民增收，为新农村建设奠定良好基础。一是粮食稳定增产，农民持续增收。全市粮食总产达到131.57万吨，比上年增长13.1%，创5年来最高水平。全年实现农业增加值58.68亿元，比上年增长6.8%；农民人均纯收入5107元，比上年增长15.24%，超额完成“十五”计划目标，创9年来最高增幅。二是农业结构优化，效益进一步提高。8个农产品进入省级农业优势产区。牧菜果三大支柱产业规模逐步扩大。2005年，全市8个区县全部实施农村劳动力转移培训阳光工程，带动全市农村劳动力非农就业人员超过100万人，工资性收入成为农民增收的重要来源。三是“三化”进程加快，农业综合生产能力进一步增强。2005年，全市新增省级农业龙头企业7家，市级龙头企业20家，国家和省级重点龙头企业达到16家，市级重点龙头企业达到41家，共带动基地133333公顷，农户47万户，安置农民工10万多人，农民户均来自产业化经营的收入1000多元。农业标准化进程加快，淄博市农业环境暨农产品质量监督检测中心通过省计量认证和省农业厅检测能力评估，各项检测技术位列全省第一。在全省率先修订蔬菜标准33项，规范完善3家省级和12家市级标准化基地，基地面积达85333公顷，畜牧基地12.5万个标准畜。全市无公害、绿色、有机食品认证数量达到116个。农业外向化程度提高，2005年全市农副产品出口创汇1.85亿美元，比上年增长15.6%。四是对农业的支持力度加大，各项农村政策得到落实。市委、市政府出台30多条扶持“三农”的政策，支农财政投入比上年增长19.01%。全市取消农业税和除黄烟外的农业特产税，实现历史性突破；小麦直补、良种补贴、农机补贴、土地出让金用于农业开发、农产品品牌奖励、龙头企业扶持资金等政策全面落实，其中“两减免、三补贴”政策为全市农民人均增收42元。稳定和完善农村土地承包经营制度，全市98%的村完成延包任务，98%以上的村实行财务公开，有93个乡镇建立村级财务代理中心。

二、建设社会主义新农村任重道远

目前面临的突出问题主要是："一个机制建设、两个差距拉大和三个不协调"。"一个机制建设"：建立农民增收的长效机制。"两个差距拉大"：一是城乡收入差距拉大。全市城乡收入差距已由1998年的1.83∶1扩大到2005年的2.36∶1，收入差距由2444元扩大到6925元，8年时间，城乡收入差距扩大了183%。二是地区收入差距扩大。全市收入最高乡镇是最低乡镇的2.5倍，全市三分之二村的收入水平还在全市平均水平以下。"三个不协调"：一是就业结构与产业结构不协调；二是城镇化进程与工业化进程不协调；三是资源和国民收入在城乡之间分配不协调。

面临的制约因素突出表现为："一小、二少、三弱、四低"。"一小"：指市场主体小。优势农产品产区规模和农业龙头企业规模小，带动能力不强。"二少"：即农业投入少、农村集体收入少。农业发展长期投入不足，农户贷款难，全市农民人均农业贷款不足100元，年人均购置生产性固定资产不足60元。农业税费减免后，农村基层组织运转和公益性事业建设难度加大。"三弱"：即农业发展能力弱、农业工作手段弱、农业抗御自然灾害的能力弱。"四低"：即农业科技水平低、农产品加工增值比重低、农民组织化程度低、农民就业率低。这些问题严重制约着农业农村经济的发展，必须切实加以解决。

三、建设新农村首先要开好头、起好步

2006年重点实施八大农业工程：

*一是实施龙头企业壮大工程，加快农业产业化步伐。*重点培育50个农业龙头企业，增强其对农民的辐射带动能力。继续实行"一贴一补三奖励"扶持政策。

*二是实施产业升级工程，提高农产品质量安全水平。*粮食生产重点发展66667公顷优质专用小麦、33333公顷专用玉米和20000公顷杂粮生产，实施好3333公顷粮食超高产及吨半粮技术开发项目，确保全市粮食总产保持在110万吨以上。把畜牧业作为农业第一支柱产业来抓，重点发展牛、羊、猪、鸡、鸭、兔等六大体系。新建无公害蔬菜生产基地13333公顷。林果业重点是进一步优化区域布局，培育果品品牌。

*三是实施农村劳动力培训工程，加快城镇化步伐。*重点抓好张店、临淄两个省级项目区4000个农户的科技培训，带动农户1万户；通过绿色证书培训，使5000名农民获得绿色证书。

*四是实施中低产田改造工程，提高农业综合生产能力。*全面完成5667公顷中低产田改造和3个产业化经营项目建设任务；做好2003、2004年项目的整改提高工作，迎接省和国家的三年总验收；搞好博山、高青和沂源733公顷中低产田综合治理试点。

*五是实施科技示范工程，促进农业技术创新。*建立健全农业技术示范体系，抓好10个示范镇和500个示范户建设。重点推广30项节本增效、生态环保、可持续发展等实用农业技术。实施好测土配方施肥工程。继续深化农技推广和农业科研体制改革。

*六是实施扶贫开发工程，促进农村和谐发展。*力争完成扶贫项目1050个；组织好对口帮扶99个贫困村，力争项目区农民收入增长10%以上，实现1.2万人脱贫。

*七是实施生态家园富民工程，发展农业循环经济。*加快推进以农村沼气为重点的"生态家园富民"项目建设，争取推广建设"一池三改"（沼气池，改厨、改圈、改厕）沼气池3000个。

*八是实施农村稳定工程，强化政策支持力度。*切实稳定土地承包关系，依法保障农民的合法权益。继续搞好农业综合执法，严厉打击假冒伪劣农资产品。严格执行农民负担"一票否决"制度，确保农民负担不反弹。加强农村集体财务规范化村建设，进一步加强农村财务管理，维护农村稳定。

依托地域文化资源优势
打造淄博文化品牌

市文化局局长　刘心德

文化产业作为21世纪最具潜力的产业之一，其在经济增长和产业结构调整中的重要作用，已为越来越多的人所认识。2000年，党的十五届五中全会将文化产业正式列入全国国民经济和社会发展战略的重要组成部分。2005年10月，党的十六届五中全会，将积极发展文化事业和文化产业，深化文化体制改革，完善文化产业政策，作为"十一五"期间丰富人民群众精神文化生活，推进社会主义和谐社会建设的重大措施。全国各地在制定"十一五"发展规划时，纷纷将文化产业列为经济结构调整和升级的支柱。所有这些，都说明在未来的社会经济生活中，文化产业的分量将越来越重，文化产业的发展空间将越来越大，文化产业发展面临的机遇和挑战也越来越多。

面对这种形势，要更加全面地审视全市文化产业发展的历史和现状，精心谋划文化产业发展的未来，选准突破口，打造淄博文化产业品牌，推动全市文化产业的升级和发展。

全市的文化产业和全国一样，伴随着改革开放的大潮而兴起、发展、壮大。尤其是市委、市政府作出建设文化大市的决策后，全市的文化产业迎来了黄金发展期，全市文化产业的发展状况可以说是风生水起、有声有色。但是，与国内外一些先进国家和地区相比，差距还相当大。比如韩国，1997年亚洲金融危机，它的经济遭受重创，但是短短几年它就恢复了生机并富有活力，这与它的文化立国的战略密切相关。现在，"韩流"横扫亚洲，影响世界，已成为韩国最亮丽的文化品牌，为韩国经济的发展源源不断地提供助推力。还有云南省，它提出"像抓烟草工业一样抓文化产业"，利用其自然地理条件和民族文化资源，打造出《云南映象》《丽水金沙》、西部文博会等文化产业并走在全国前列，被誉为"云南现象"，这些事例给人许多启发，最重要的是：发展文化产业要立足于当地的文化资源优势，打造自己的文化品牌。

淄博作为齐国故都、聊斋故里、陶瓷名城、足球故乡，具有悠久的历史和丰厚的人文资源底蕴。这些资源是淄博这一方水土上的人民历经千百年的创造和沿革,传承下来的宝贵文化财富,它记录了丰富的历史信息,也是未来文化创新的导向标。不久前公布的首批国家级非物质文化遗产代表作,淄博市的五音戏、聊斋俚曲、孟姜女哭长城传说和蹴鞠入选,入选数占全省六分之一,就说明了这点。

科学合理地整合这些资源,打造淄博的文化产业品牌,为全市经济的发展提供助推力,是发展文化产业的突破口之一。比如,挖掘齐文化资源,以开发蹴鞠的体育休闲及旅游产品功能为主,就可能把"世界足球发源地"的品牌打响,进而带动齐文化品牌的弘扬及相关系列产品的开发。再比如聊斋文化,一部《聊斋志异》为多少人提供了创造财富的灵感,作为蒲翁故里人,也可以围绕聊斋文化做一些深层次的研究和开发,美国人能把中国的花木兰拍成大片,我们为什么不能把聊斋故事做成动漫,打造出自己的聊斋文化品牌呢?还有沂源的牛郎织女传说,也可藉此打造中国的情人节品牌,带动当地的旅游产业发展。

当然,淄博的文化资源丰富,发展文化产业的模式和路径也很多,这里谈到的只是一些初步的设想,目的是为了吸引更多的有识之士来思考、谋划淄博文化产业的发展,共同打造淄博的文化产业品牌。

加强价格调控监管　推进和谐淄博建设

市物价局局长　宋建设

2006年是"十一五"规划的开局之年,经济社会发展要在历史的新起点上开好头,起好步,物价部门肩负着重要责任。2005年,全市居民消费价格水平同比上涨0.1%,比全省涨幅1.7%低1.6个百分点,比全国涨幅1.8%低1.7个百分点,价格调控工作取得显著成效。但是,当前价格工作也面临许多突出的矛盾。作为价格主管部门,必须坚持树立和落实科学发展观,全面履行价格管理职能,加强价格调控监管,统筹兼顾,科学决策,才能更好地协调利益关系、化解社会矛盾、促进经济发展、维护社会稳定。

一、加强价格调控监管,确保市场物价基本稳定

确保物价基本稳定是保持社会稳定的重要基础。市物价局提出,2006年全市居民消费价格总水平预期调控目标为3%。为实现这一目标,一是要高度重视价格调控工作,进一步健全价格调控体系,完善价格调控手段,提高价格调控能力,尤其是要增强以经济手段调控市场物价的能力。二是要正确处理改革、发展和稳定的关系,积极稳妥地疏导价格矛盾,重点疏导城市公交、自来水、供热、燃气、医疗收费、有线数字电视收视维护费、成品油等领域的价格矛盾。三是要完善价格监测预警报告制度,密切关注禽流感等疫情、灾情对市场价格的影响,加强价格监测分析,提高预测预警能力,完善工作预案,积极防范、妥善应对市场价格异常波动。四是做好重要价格政策宣传和市场行情等价格信息的发布工作,积极引导消费者树立正确的消费观念,防止追涨抢购风潮的发生。

二、强化农村价格管理,促进新农村建设

推进新农村建设是物价部门义不容辞的责任。年内,一是要抓好农村价格政策的调研工作,做好农产品成本调查和粮食、化肥等农资价格的监测工作,为国家制定粮食、化肥价格改革政策提供准确依据,促进粮食生产稳定发展。二是要深入治理涉农价格与收费,取消不合法收费项目,降低过高的收费标准,进一步减轻农民负担。要在2005年全市直供区各类用电率先实现城乡用电同网同价(一年可减轻农民负担8000万元以上)的基础上,继续推进桓台、高青、沂源县城乡用电同网同价工作。要进一步加强农村饮用水价格管理,促进"村村通自来水"工程的实施。三是要完善农产品成本和价格信息服务工作,为农业生产提供产前、产中、产后服务,促进农村产业结构调整优化和农民增收。四是完善县、乡、村三级价格监督网络建设,加强和改进涉农价格和收费公示工作,巩固价格和收费公示成果,逐步建立起减轻农民负担、促进农村经济健康发展的长效价格机制。

三、深化资源价格改革,推进节约型、环境友好型社会建设

为保持经济社会较快较好地协调发展,节约资源、保护环境是当务之急。价格改革必须为推进节约型、环境友好型社会建设服务。为此,一是要推进以节水为核心的水价改革,合理调整水利工程和城市供水价格,适时调整全市引黄供水价格;制定阶梯式水价管理政策,推进一户一表制工作的实施;分步提高农业用水价格,完善农业水费计收办法,逐步推行面向农民的终端水价制度。二是要搞好成品油价格管理,及时地调整成品油市场零售价格。三是要改进天然气价格管理,适时制定全市管道天然气的正式销售价格。四是要深化电价改革,在推进三县城乡用电同网同价工作的同时,认真落实对高耗能企业实行限制性的高电价政策,促进产业结构调整。五是要做好电煤价格的监测工作,防范电煤价格大起大落。六是要推动土地价格改革,建立规范的基准地价确定、公布制度和协议出让最低价制度,提高征地补偿标准,制定并公布征地统一年产值或区片综合地价,使征地补偿做到同地同价。七是要完善污水和城市垃圾、医疗废物处理收费制度,尚未执行省政府规定的污水处理费最低标准的要尽快调整和执行到位,保证污水和垃圾、医疗废物处理的正常运行。八是要建立和完善资源有偿使用和生态补偿收费政策。

四、着力解决关系群众切身利益的价格和收费问题,促进社会和谐

要围绕"看病难""上学难"等群众反映强烈的社会问题,切实加强相关价格管理,理顺价格矛盾。一是要大力整治药品价格,完善药品政府定价办法及相关配套措施,提高政府定价的科学性和时效性;加强招标药品和医疗单位自制药剂的价格管理,进一步理顺医疗服务比价关系,切实减轻群众医疗负担。二是要大力整治教育收费秩序,深化农村义务教育收费改革。三是要规范房地产价格和物业服务收费。四是要整顿规范汽车运价，适时调整规范公共汽车票价和出租汽车收费标准，促进公交事业的健康发展。五是要在兼顾生活困难群众利益的前提下，适时出台有线数字电视收视维护费标准，促进有线数字电视事业的健康发展。六是要制定出台新的城市基础设施配套费政策，全面提高城市居住环境和功能。

五、整顿规范市场价格秩序，优化经济社会发展环境

依法整顿规范市场价格秩序是价格主管部门长期的任务。工作重点：一是要加强国家行政机关收费管理，巩固和完善"两证、一书、一卡"等收费管理制度，继续开展收费年审工作。二是要加强各类有偿服务收费管理；加强对电力设施配套安装、民用供热设施改造等垄断经营性收费的管理力度；认真清理整顿涉及服务业的收费。三是要开展涉农价格和收费专项检查。四是要开展涉企收费专项检查，坚决遏制面向企业的乱收费行为，切实减轻企业负担。五是开展医药、电力、教育、土地、公安、人力资源管理等价格和收费专项检查。六是大力开展"价格服务进万家"活动，积极推动"价格诚信单位"创建活动。七是进一步做好价格举报工作，按照《山东省〈价格违法行为举报规定〉实施细则》，加强价格举报机构建设和人员培训，依托12358价格举报热线系统，完善价格举报工作平台。八是要切实加强市场价格监管，重点选择商业促销和电信领域，继续实施打击价格欺诈专项行动；指导行业协会加强价格自律，督促企业维护公平竞争的市场价格秩序。

认真实施好新《公司法》依法推进股份公司规范运作

市经济体制改革办公室主任　胡希德

2006年元月1日，经十届全国人大常委会第十八次会议审议通过的修改后的《中华人民共和国公司法》正式实施。这对于健全公司法律制度、建立和完善社会主义市场经济体制，促进社会主义市场经济发展，具有十分重要的作用。特别是对股份公司的规范运作有了更加清晰完备的指导，提出了更为严格的要求，同时也进一步明确了各有关部门的职责，必将对股份公司的健康发展产生深远影响。

淄博市股份公司从1988年起步，经过十几年的发展壮大，已成为全市经济中最具发展活力和创新性的支柱力量。目前共有股份公司119家，其中上市公司13家，累计募集资金89亿元，有力地推动了地方经济的发展。从前期股份公司规范运作方面看，总体是健康的，但也暴露出了不少问题，有些问题还比较严重。结合新《公司法》的实施，有关部门和相关利益方应共同推进股份公司的运作，依法维护自身权益，同时各股份公司应提高对规范运作重要性的认识，自觉按《公司法》的要求开展各方面的工作，切实保障中小股东的权益，推动股份公司规范运作和健康发展。

一、加大执法力度，依法规范股份公司的行为。对诸如不按规定召开年度股东大会、财务会计报告不审计，另立会计账簿、不按规定提取法定公积金、虚假出资及损害股东利益的，有关部门均可依法进行处置。

二、做好公司章程的修订和完善，及时提交股东大会通过。公司章程是公司制企业的大法，是规范和约束股东、公司治理层行为的规范。股份公司必须按照修订后的《公司法》对公司章程进行修订完善。如对外投资和担保要根据公司实际情况设置不同的数额，确定由董事会或股东大会决议；公司治理结构的职权合理划分及相互制衡；股东大会选举的累积投票制度及股东的知情权和诉讼权的保障等方面。

三、按时召开股东大会，及时做好董事会和监事会的换届。股东大会不按时召开是股东反映最强烈的问题，也是股份公司运作不规范的突出问题。股份公司必须按时召开股东大会并及时公告，切实维护股东的知情权。对有关董事、监事的报酬，年度财务预、决算方案，公司的利润分配方案等重要议题必须依法提交股东大会讨论通过。

四、股东要充分运用《公司法》赋予的权利维护自身权益。对股份公司侵犯其知情权、阻碍其查阅公司的有关资料的，股东的提案权受到公司的影响不能行使的，股份公司及董事、高管人员违反法律、行政法规或公司章程等规章损害股东利益的，股东均有权依法行使自己的诉讼权，用法律维护自身权益。

五、保护职工的合法权益，保障职工监事进入股份公司监事会。股份公司应依法与职工签订劳动合同、参加社会保险，研究重大问题及制定重要规章制度时，应听取工会的意见和职工的建议。

公司是现代企业制度的载体，是市场竞争的主体。公司的运作质量对建立和谐社会，推动经济快速稳定健康发展具有重要作用。有关方面和各股份公司要抓住实施新《公司法》这一契机，提高对规范运作重要性的认识，依法运作，使股份公司的运作水平和发展速度登上一个新台阶，对地方经济发展和社会和谐会做出更大贡献。

发挥税收职能作用　促进和谐社会建设

市地税局局长　于　波

税收作为财政收入的主要来源，是国家实行宏观调控的一个重要经济杠杆，与构建和谐社会息息相关。如何发挥税收筹集财政收入和调节经济、调节分配的作用，促进社会主义和谐社会建设，是各级税务部门面临的一项重要而紧迫的任务。

一、大力组织税收收入，为经济社会发展提供财力保障

构建社会主义和谐社会，实现经济快速发展、社会全面进步、人民安居乐业，需要强大的财力作保障。税收作为财政收入的主要来源，是国家参与国民收入分配最主要、最规范、最直接的形式。近年来，全市社会事业繁荣发展、人民安居乐业，都得益于全市经济的快速发展，得益于财政保障能力的不断增强，得益于税收收入的稳定增长。1994年地税部门成立之初，全市共完成各项收入4.9亿元，至2005年已达到40.5亿元，收入突破40亿元大关，年均增幅21.05％；12年间，累计组织各项收入216.38亿元，为全市财政收支平衡和社会各项事业的发展做出了积极贡献。

作为地方财政收入的主要组织者，地税部门必须紧紧抓住组织收入中心工作不动摇，深入研究探索加强税收征管的方式方法，切实将经济发展的成果如实反映到税收收入上来。要按照科学化、精细化管理的要求，进一步深化完善抓大控中定小、征管责任制、纳税评估、重点税源监控、社会综合治税等各项征管措施和办法，突出重点税种抓增收，突出重点行业抓增收，突出重点企业抓增收，进一步强化征管手段，堵塞管理漏洞，切实将应征的税款足额征收入库，进一步提高地方税收占税收收入和地方收入占地方财政收入的比重，为和谐社会建设提供雄厚的物质基础。

二、认真贯彻执行国家的税收政策，促进经济社会协调发展

税收政策能否得到全面的贯彻执行，直接影响到纳税人的切身利益，事关税务机关的社会形象和税收环境的公平公正。税务部门要依法行政，首先要贯彻执行好国家的税收政策和法律、法规，使纳税人在相同的税收环境、相同的税收政策、相同的优惠待遇下参与竞争。其次，要牢固树立和落实“经济决定税源、管理增加税收”的治税理念，在提高运用税收政策手段扶持地方经济的发展能力上下功夫，加大政策落实力度，研究制定进一步用好用足税收政策的措施办法，加大对国家已出台的优惠政策的宣传和辅导力度，积极帮助企业了解、掌握和正确运用税收政策，引导企业按照税收政策的调控取向调整结构、发展生产和开展经营，在不违背国家税法的前提下，努力给创业、投资、发展以最大的空间，最大限度地支持企业发展。三是要认真落实各项税收优惠政策，包括下岗失业人员再就业、退伍军人、残疾人员和支持高新技术产业、吸引外商投资等税收优惠政策，确保政策执行到位，努力发挥税收缓解社会矛盾、促进经济发展和维护社会稳定的作用。四是发挥好税收的调控职能。要充分发挥个人所得税在调节收入分配、缓解分配不公、促进社会公平等方面的重要作用，加强对高收入、高知名度、高职务人员的税收监控，通过加强对高收入的调节力度和完善对低收入者的扶持政策，维护社会的公平和稳定。

三、严格执法，优化服务，营造公平有序的税收环境

严格公正执法，体现了税法的公平和效率，是对纳税人最好的服务。当前，要结合市委、市政府决策目标、执行责任、考核监督“三个体系”的建设，以正在推行的税收执法责任制为总抓手，进一步深化完善对税收执法权的监督，严格责任追究，逐步建立起税收执法的长效监督机制，促进执法人员依法行政，防止执法的随意性。要强化税务人员的法制观念和依法行政意识，坚持依法征税，依率计征，对该征的税款要十足收齐，不该征的税款分文不取，绝不允许收“人情税”“关系税”。要大力整顿和规范经济税收秩序，加强同公检法等部门的协调配合，严厉打击各类偷逃税行为，扫除税收征管中的盲区、禁区，为纳税人创造一个公开透明、公平有序的税收环境。

要进一步转变服务理念。一是按照依法、规范、效能的原则，适当压缩征管机构的层次和数量，形成扁平化的组织结构，减少执法主体，上收税收执法权，实现征管机构的集约化。同时，按照精简、规范、科学、细致的要求，进一步优化业务流程，完善岗责体系，加强协调配合，有针对性地做好税收管理的基础工作，促进税务系统内部的和谐与效率。二是规范服务行为。围绕建立纳税服务岗责体系、规范纳税服务行为、加强对纳税服务的管理与考核等内容，进一步制定和完善各项制度、办法，明确职责，理顺关系，健全体系，逐步建立起全系统制度规范统一、上下协调一致、渠道多元有序、优质高效的纳税服务体系。三是不断改进服务方式。以办税服务厅、“12366”服务热线、淄博网上地税局为主要平台，开展好面向经济、面向社会、面向纳税人的服务，帮助纳税人掌握税法知识，熟悉办税程序，进一步扩大纳税人的知情权和监督权，让纳税人缴明白税、放心税。四是认真落实各项服务承诺。广泛开展网送税法、纳税辅导、全程服务、首问责任制和“我为纳税人做一事”及“百佳纳税服务事项”评选等活动，实现纳税服务的多元化、便利化和个性化，为纳税人营造一个公开、透明、方便、快捷的办税环境，全面提升纳税服务的层次和水平。

本部类编辑：孟　明
副主编：安永善
校对：赵建国
唐乃兴

大　事　记

淄博市十大新闻

（以时间先后为序）

一、全市保持共产党员先进性教育活动深入扎实开展

1月15日，市委召开保持共产党员先进性教育活动动员大会，全市保持共产党员先进性教育活动迅速扎实开展。淄博市各级党组织和广大共产党员进一步坚定理想信念，增强党的观念，认真解决自身在思想、组织、作风以及工作方面存在的突出问题，实现了“提高党员素质、加强基层组织、服务人民群众、促进各项工作”的目标要求。截至年底，第三批保持共产党员先进性教育活动正在扎实推进。

二、淄博市道路基础设施建设日臻完善，城市形象和品位得到有力提升

3月27日，横穿淄博市南部山区、建成后将实现全市五区三县高速公路互连互通的济青高速公路南线建设工程正式启动。6月1日，柳泉路跨线桥暨柳泉北路实现竣工通车，将博山、淄川、张店、桓台连成一线，形成了淄博市南北交通的大动脉。11月30日，张博路附线改建工程竣工通车，建成后将实现南部城区与中心城区快速连接的309国道张店立交桥举行奠基仪式。一系列大型道路基础工程的开工建设和竣工使用，有力地推动了全市经济的发展，提升了淄博市的城市品位和形象。

三、淄博的世界足球起源地地位被世界广泛认同和赞誉

5月20日，淄博市应邀出席国际足联成立百年庆典的闭幕式。淄博作为世界足球的起源地，受到国际足球界广泛认同和称赞，成为此次闭幕式的主角，同时引发国内外媒体宣传的轰动效应，足球起源地仅互联网中文google搜索就高达448万项。足球起源地成为淄博市发展文化旅游事业、密切同世界联系的靓丽名片。

四、淄博市出台一系列爱心助困措施，全市上下爱心涌动

5月，市委、市政府决定，从2005年起，市级每年从正常安排增长的办公经费中节省1000万元，重点对义务教育阶段家庭经济困难学生进行救助，确保每个孩子都能上得起学。12月，淄博市出台《关于建立完善城乡社会救助体系的意见》，努力构筑以城乡低保、灾民救济、五保供养等生活保障制度为主体，以医疗、住房、教育救助为辅助的城乡社会救助体系，保证广大人民群众的基本生活。年末，全市启动以帮助就业困难人员再就业为目的的“再就业援助月”活动。一系列爱心助困措施的出台和落实，有力地推动了全市社会和谐。

五、淄博市高新技术产业发展获得重大突破

7月8日，中国第一片超白浮法玻璃在山东金晶科技有限公司下线。9月8日，省政府在桓台县东岳集团现场办公，要求举全省之力，支持东岳集团把打破国际垄断的全氟磺酸离子交换树脂及膜技术产业化，把东岳集团建成国际化的氟硅材料基地。一批精尖高新技术龙头企业的形成，表明淄博市高新技术产业发展达到了一个新的水平。

六、淄博市被命名为首批“省级文明城市”，通过“国家级园林城市”专家评审，连续五次荣获“全国科技进步先进城市”荣誉称号，并巩固了全国双拥模范城“五连冠”成果

8月，淄博市荣获首批“省级文明城市”称号。张店区获“省级文明城市（区、县）”称号，临淄区、桓台县获“省级创建文明城市工作先进城市（区、县）”称号。显示淄博市的城市整体文明水平大幅度提高，城市综合实力和竞争力显著增强。同时，淄博市“国家级园林城市”通过专家评审，连续五次荣获“全国科技进步先进城市”荣誉称号，全国双拥模范城“五连冠”成果得到巩固。

七、淄博市实施名牌带动战略，名牌争创工作成绩斐然

9月1日，淄博市9家企业的9个产品荣获“中国名牌”产品称号。至此，全市已拥有“中国名牌”产品11件、中国驰名商标5件,“山东名牌”和山东省著名商标也分别达到116件和131件。近年来,淄博市十分重视质量工作,通过大力培育名牌产品,塑造企业的良好形象,进一步增强了企业的经济效益和市场竞争力。

八、2005中国(淄博)新材料技术论坛、2005中国(淄博)国际陶瓷博览会和世界瓷砖大会相继成功举办

9月6~10日,10月13~16日,淄博市相继成功举办2005中国(淄博)新材料技术论坛暨国际科技成果招商洽谈会、2005中国(淄博)国际陶瓷博览会和世界瓷砖大会。两次盛会期间,来自世界多个国家的专家和学者莅临淄博,带来了大量先进技术成果和项目。新材料论坛期间,专家们共推荐项目5200个,签订技术合作项目476项,可拉动投资63.77亿元。陶博会期间,共签订经济合作项目149个,其中外资项目82个,协议外资6.66亿美元;内资项目67个,外来投资额69.71亿元。

九、中共淄博市九届十次全委会议举行,强调把以科学发展观统领全局贯穿于“十一五”发展的全过程

10月30日召开的中共淄博市九届十次全委会议,审议了《淄博市国民经济社会发展第十一个五年规划纲要》(草案)。强调必须把坚持科学发展观统领全局作为全市“十一五”发展的指导思想和总体要求,贯串于“十一五”发展的全过程;要坚持又快又好发展这一主题,坚持以人为本,真正使群众更多地享受到发展的成果和实惠。

十、全市经济持续快速健康协调发展

12月22日召开的全市经济工作会议显示,2005年淄博市各项主要经济指标增速加快,全市综合经济实力明显,呈现出速度加快、结构优化、效益提高、后劲增强的良好势头。预计2005年淄博市地区生产总值将完成1500亿元左右,增长17.1%左右;规模以上工业实现产值2720亿元,增长41%;地方财政收入完成63亿元,增长26%左右。全市国税收入首次突破百亿元大关,达到100.01亿元,同比增长30.46%。“十五”计划确定的主要发展目标全面完成,为“十一五”开好局、起好步,更快更好发展奠定了坚实的基础。

(淄博市新闻工作者协会、淄博市新闻学会)

1~12月大事

1 月

2日 省委副书记王修智到临淄区视察齐文化研究与开发工作时强调:齐文化是淄博独一无二的文化资源,要搞好规划、开放和建设,扬起齐文化大旗,塑造并打响齐文化品牌。

△《淄博日报》讯:省质量技术监督局公布了2004年全省取得定量包装商品“C”标志的单位,淄博市有4家定量包装产品生产企业获得“C”标志使用权,占全省总数的4/7,实现了全市“C”标志产品零的突破。

3~7日 市委副书记、市长刘慧晏率市经贸代表团赴香港访问。

5日 全市保持共产党员先进性教育活动电视电话会议召开,市委书记张建国就贯彻落实中央及省电视电话会议精神作了部署,并强调要坚持高标准、高起点、高质量,精心组织好全市的保持先进性教育活动,确保教育活动的质量和效果。

△《淄博日报》讯:淄博市的万杰集团等6家企业被评为全省百强民营企业。其中,万杰集团以年销售收入75亿元的成绩居全省百强民营企业销售收入排名榜首。

6日 全市政法工作会议召开。市委书记张建国出席会议并作重要讲话。

7日 市委书记、市人大常委会主任张建国一行到博山区慰问老党员、优抚对象、困难户和困难职工。

8日 淄博火车站站房改扩建工程竣工启用。该工程从2004年4月10日开工,到2005年12月20日竣工。总设计投资8600多万元,总建筑面积20742平方米。

10日 市委在沂源召开常委扩大会议,专题研究进一步支持沂源加快发展问题。

12日 市委召开常委扩大会议,传达学习省委保持共产党员先进性教育活动动员大会精神,研究贯彻落实意见。

△市政府第三次全体(扩大)会议召开,提出政府工作要依法、透明、高效、为民、务实、清廉。刘慧晏市长作重要讲话。

13日 市委、市政府召开全市工业工作暨“双百工程”表彰大会,贯彻落实全省经贸工作会议精神,总结部署全市工业工作。

△ 市委副书记、市长刘慧晏一行到淄博高新区、张店区走访慰问优抚对象、老党员、“五保”老人和困难群众。

15日 市委召开保持共产党员先进性教育动员大会,对全市开展保持共产党员先进性教育活动作出安排部署。市委书记、市人大常委会主任、市委保持共产党员先进性教育活动领导小组组长张建国作重要讲话

16日 中国首套情人节个性邮票在市邮政局邮票公司独家首发。该套邮票是市邮政局创意设计,报经国家邮政局批准的情人节邮票,名字为《爱》,一套四枚,总发行量14000套。

17日　全市宣传思想工作会议召开，市委书记张建国会前专门听取了全省宣传思想工作情况汇报并提出要求。市委副书记岳长志出席会议并讲话。

18日　山东沂源海达食品有限公司生产加工的12吨兔肉通过欧盟严格检测，在德国不来梅顺利通关。这是中国兔肉产品自2002年1月被欧盟封关后首次进入欧盟市场，标志着中国兔肉产品的卫生质量完全达到欧盟的规定要求。

19～21日　枣庄市文化考察团、济南市文化考察团先后到淄博市进行考察交流。

26日　省委常委、省军区政委张秉德一行到淄博市走访慰问。

26～28日　中国人民政治协商会议第九届淄博市委员会第三次会议在淄博人民会堂召开。（详见市政协有关条目）

27～31日　淄博市第十二届人民代表大会第三次会议在淄博人民会堂召开。（详见市人大有关条目）

29日　副省长王仁元一行代表省委、省政府，到淄博市走访慰问部分困难企业、困难职工、农村困难户、老党员和优抚对象。

30日　全市反腐倡廉工作暨市纪委第六次全体会议召开，强调加大预防和惩治腐败力度，深入推进党风廉政建设和反腐败斗争。市委书记张建国作重要讲话。

△　滨州市考察团到淄川经济开发区考察。

31日　全市创建国家园林城市动员大会召开，市长刘慧晏要求，明确任务，落实责任，打好创城攻坚战。

2　月

6日　副省长王仁元到齐鲁石化公司、山东铝业公司，看望慰问坚持节日生产的干部职工。

9～15日　春节黄金周期间，全市共接待游客40.8万人，同比增长24%；旅游收入1.7亿元，同比增长30%；接待海外游客1596人，同比增长23%。

16日　市委书记、市人大常委会主任、市委保持共产党员先进性教育活动领导小组组长张建国，在市级领导班子保持共产党员先进性教育活动党课上强调，保持共产党员先进性，加强党的执政能力建设。党课由市委副书记、市长刘慧晏主持。

18日　全市对外开放暨招商引资工作大会召开。市委书记张建国、市长刘慧晏出席会议并作重要讲话。

21日　《淄博日报》讯：全国首次小城镇综合发展指数测评结果发布，桓台县马桥镇和临淄区凤凰镇被评为全国高水平综合发展城镇。

24日　宁夏回族自治区中卫市考察团到淄博市参观考察。

25日　副省长谢玉堂给淄博市党员领导干部上党课，并视察淄博市重点流通项目淄博义乌小商品城和中国陶瓷科技城。

26日　中国（淄博）·韩国（化工）专业投资贸易洽谈会举行签约仪式，13个项目签订投资协议，投资额6000万美元；签订贸易合同金额1100万美元。

3　月

1日　市委召开常委扩大会议专题研究加强环境保护工作。市委书记张建国主持会议并讲话。

1～3日　中国（淄博）·韩国纺织、机械专业投资贸易洽谈会举行。120名韩国纺织、服装、机械、电子企业负责人考察淄博市的投资环境。

3～6日　第四届“嘉周杯”中国象棋特级大师赛在周村区举行。来自全国象棋界的13位象棋特级大师参加了比赛，徐天红、王琳娜分获男女组冠军。

9日　白云、李振华事迹报告会在淄博人民会堂举行。

9～10日　南京市政府民营经济考察团到淄博市考察。

15日　《淄博日报》讯：淄博向农机械有限公司向陕西省咸阳市秦宇集团输出玉米收获机的品牌使用权，这是淄博市农机产品首次实现品牌输出。

16～17日　市委理论学习中心组、市政府领导班子中心组、市人大常委会党组中心组、市政协理论学习中心组先后召开先进性教育活动学习交流会，交流学习贯彻“三个代表”重要思想、保持共产党员先进性的认识及学习心得体会，检验学习教育活动成果。

18日　全市第一批次先进性教育活动分析评议阶段动员会议召开，市委书记、市人大常委会主任、市委保持共产党员先进性教育活动领导小组组长张建国作动员讲话。

20日　中石化天然气进入淄博市天然气管网。淄博市天然气供应实现双气源供气，成为全省唯一具有管道天然气双气源的城市。

24日　全市建设“文明淄博”、创建文明城市工作会议在淄博人民会堂召开。市委书记、市人大常委会主任张建国作重要讲话，市委副书记、市长刘慧晏主持会议。

25日　中共淄博市委召开党外人士座谈会，听取对中共淄博市委工作意见建议。市委书记张建国主持会议并讲话。

△　由淄博市政府和韩国美容整形产业协会联合主办的

“国际医术产业报告会”在世纪大酒店举行。

25～26日 副省长赵克志到沂源县视察工作。

26日 济青高速公路南线建设动员大会在沂源县召开，副省长赵克志讲话并启动土石方爆破按钮。

△ 《淄博日报》讯：淄博市的鲁泰纺织有限公司等3家企业被认定为山东省第11批省级企业技术中心。至此，淄博市共有省级以上技术中心20家，其中国家级技术中心3家。

31日 全市创建国家环保模范城暨实施碧水蓝天行动计划动员大会召开。市委书记、市人大常委会主任张建国，市委副书记、市长刘慧晏分别讲话。

4 月

2日 “文明淄博从我做起”主题活动暨淄博市、张店区“文明淄博”建设启动仪式在市博物馆广场举行。市委书记、市人大常委会主任张建国，市委副书记、市长刘慧晏等出席。

7日 全市财政国库集中支付改革动员大会召开，要求各级、各部门统一思想认识，确保财政国库集中支付改革试点工作顺利进行。市长刘慧晏出席会议并讲话。

△ 青岛市考察团到淄博市参观考察。

8日 《淄博日报》讯：由高青县木李镇政府承担建设的“奶牛养殖标准化示范区”等7个标准化示范区，被国家标准化管理委员会批准为全国第五批国家级标准化示范区。至此，淄博市的标准化示范区数量升至全省第二位。

8～9日 中央督导组组长杨新农一行5人到淄博市督导保持共产党员先进性教育活动开展情况。督导组对全市扎实开展先进性教育活动给予高度评价，对教育活动取得的成绩给予充分肯定，对下一步活动开展提出希望和要求。

8～13日 全国人大常委会副委员长李铁映，全国人大常委、农业与农村工作委员会副主任委员李春亭到淄博市考察指导工作，并就淄博工艺美术产业发展问题提出要求。省市领导王修智、莫振奎、王军民、张建国、刘慧晏等先后陪同考察。

9日 淄博市技术学院与浙江大学联合建立的浙大淄博数控培训基地在淄博技术学院揭牌。

△ 山东省水利职工大学迁至位于张店区的山东省水利技术学院，揭牌仪式在山东省水利技术学院举行。

10～15日 市委副书记、市长刘慧晏率领市经贸考察团赴日本考察访问，先后考察山口县、周南市政府、朝日啤酒株式会社等机构、单位和著名企业。中国驻日大使王毅接见考察团全体成员。

11日 淄博高新区中润大道东延工程开工。该工程总投资6500万港元，是淄博市首个利用港资进行BT模式建设的项目。11月9日竣工通车。

12日 周村古商城杯“全国生活类报纸采风活动记者见面会”在周村举行。30多家新闻媒体的记者参加了此次采风活动。

13日 《淄博日报》讯：截至2004年底，淄博市每百人拥有移动电话42部，人均拥有比率居全省第三。

15日 全市农村工作会议召开。会议传达贯彻中央和全省农村工作会议精神，分析当前农业和农村经济发展形势，安排部署2005年和此后一个时期的“三农”工作。市委书记、市人大常委会主任张建国作重要讲话，

17～19日 以贝托尼省长为团长的意大利贝加莫省政府代表团一行22人，对淄博市进行友好访问。18日，淄博市与贝加莫省建立友好合作关系协议书签字仪式在鲁中宾馆举行。市领导张建国、刘慧晏等会见代表团。

18日 副省长谢玉堂到淄博市就保持共产党员先进性教育活动进行调研。

19日 淄川区实验中学的谷万刚作为人民陪审员与法官们一起审理了一起青少年涉嫌抢劫案。至此，淄川区人民法院首批人民陪审员选任工作全面完成，淄博市首批人民陪审员持证上岗。

21日 韩国京畿道金浦市政府和韩国地方政府国际化协会考察团抵达淄博市进行考察访问。

22日 市委召开常委扩大会议，传达学习省委八届十次会议和全省构建社会主义和谐社会工作会议精神，研究学习贯彻落实意见措施。

△ 省委常委、宣传部部长王敏到淄博市视察指导工作。

△ 2005年第十六届中韩(淄博)经贸洽谈会开幕。

22～26日 山东省第十九次社会科学优秀成果奖评选会议在山东理工大学举行。省委常委、宣传部部长王敏，省政协副主席王志民出席会议。

25日 中共淄博市九届八次全委会议在张店举行。会议传达学习了胡锦涛总书记视察山东时的重要讲话和省八届十次全委会精神，研究部署了贯彻落实措施。市委常委主持会议，市委书记张建国作重要讲话。

26～27日 中组部“党的先进性建设若干问题的研究”调研组到淄博市调研。

△ 广东省江门市文化考察团到淄博市交流考察。

26～28日 第二届鲁台(淄博)经贸合作洽谈会举行。227名台湾客商应邀对淄博市进行实地考察。共有26个项目签约，投资总额2.37亿美元，其中台资1.42亿美元。

28日 第二届淄博市公益文化项目推介会开幕。推介会推出公益文化项目202个。

29日 广东省茂名市委副书记、市长罗荫国一行到淄博

市参观考察。

29日～5月12日　应美国PPG公司邀请，市委书记、市人大常委会主任张建国率市经贸考察团赴美国进行经贸考察和友好访问。

30日　《聊斋志异》传世收藏版发行仪式在淄川区蒲松龄故居举行。

5　月

1日　高新区火炬公园落成开园。该园占地16.6公顷，始建于2001年3月，2004年3月二期工程开工，2005年4月竣工。

△　第四届中国（淄博）国际聊斋文化旅游节开幕。

1～7日　"五一"旅游黄金周期间，全市共接待旅游者105.44万人，实现旅游总收入6.04亿元，同比分别增长14.75%和26.04%。

8日　淄博市"慈心一日捐"活动启动。市委书记、市人大常委会主任张建国捐款，市委副书记、市长刘慧晏出席启动仪式并捐款。当日捐款总额达550余万元。

9日　市委召开全市第一批先进性教育活动整改提高阶段动员会议，总结分析评议阶段的工作，对整改提高阶段的工作进行部署。

△　副省长孙守璞带领省政府有关部门负责人到淄博市就外经贸工作进行调研。

△　淄博籍射击运动员杜丽在当地时间9日进行的世界杯射击赛美国站的比赛中，获得女子10米气步枪冠军。

10日　济南军区司令员范长龙一行在省军区司令员谈文虎的陪同下到淄博市视察。

11～12日　全国政协副主席张怀西在省政协副主席、省委统战部部长齐乃贵陪同下到淄博市考察社会救助工作，并就社会救助体系建设等进行调查研究。

13～14日　省委常委、省总工会主席阎启俊到淄博市考察。

17日　市委召开常委扩大会议，专题研究部署创建文明城市工作。市委书记、市人大常委会主任张建国主持会议并作重要讲话。

18日　市委副书记、市长刘慧晏会见哥伦比亚圣福特集团公司总裁奥兰多一行。

18～19日　由全国人大常委会委员、全国人大农委委员王太岚，全国人大农委委员韩新民带队的全国人大农委立法调研组，到淄博市就《中华人民共和国农产品质量安全法》立法进行调研。

19～20日　全省工业产业链配套新材料发展座谈会在淄博市召开，副省长王仁元出席会议并讲话。

20日　应国际足联主席布拉特的邀请，市委副书记岳长志率领淄博临淄足球起源地代表团赴瑞士苏黎世参加国际足联成立百年庆典的闭幕式。布拉特在闭幕式上向淄博临淄颁发了足球起源地认定证书，赠送了百年庆典闭幕式纪念牌匾。

21日　《淄博日报》讯：淄博电网新增变电容量108万千伏安，变电容量跃居全省第一。

20～21日　广东省梅州市考察团到淄博市参观考察。

22日　全省城市园林绿化工作会议在淄博市召开。省委副书记、省长韩寓群向会议致信，对城市园林绿化工作提出明确要求。

23～25日　原中共中央政治局委员、全国人大常委会副委员长田纪云，在全国人大常委、农业与农村工作委员会副主任委员李春亭陪同下到淄博市视察。

25日　市委召开常委会专题研究保持共产党员先进性教育活动，确保教育活动真正成为群众满意工程。市委书记、市人大常委会主任张建国主持会议并作重要讲话。

△　作为市政府为人民群众所办12件实事之一的"三绿工程"（提倡绿色消费、培育绿色市场、开辟绿色通道）启动。

27日　全市构建社会主义和谐社会工作会议召开，要求全力建设和谐淄博。市委书记、市人大常委会主任张建国，市委副书记、市长刘慧晏作重要讲话。

△　全市民营经济大会在淄博人民会堂召开。市委书记、市人大常委会主任张建国作重要讲话。

6　月

1日　市委召开常委扩大会议，传达省委、省政府突出发挥青岛龙头带动作用工作会议精神，研究贯彻落实意见。

△　柳泉路跨线桥暨柳泉北路竣工通车。

3日　市委书记、市人大常委会主任张建国，市委副书记、市长刘慧晏率淄博市党政代表团一行45人，到济南市考察经济社会发展情况，学习借鉴先进经验。

4日　由人民日报、新华社、中央人民广播电台、中央电视台等28家中央及省、市新闻媒体参加的和谐社会·魅力城市大型宣传活动新闻采访团到淄博市考察、采访。

4～5日　中共中央委员，国务院发展研究中心党组书记、副主任，中国科协副主席张玉台一行到淄博市就民营高科技企业发展情况进行调研。

6日　法国卢瓦尔河大区代表团到淄博市访问。市委书记、市人大常委会主任张建国会见代表团一行。

6～10日　市委副书记、市长刘慧晏率淄博市经贸代表团,赴港参加"2005(香港)山东经贸合作项目推介会",广泛联络香港工商企业界人士,开展招商引资及经贸洽谈活动,共签订合同、协议8个,投资额4.7亿美元。

9日　以国家食品药品监督管理局副局长惠鲁生为组长的国家食品安全体制调研组,对临淄区食品安全协调机构建设情况进行调研。

10～11日　副省长陈延明带领省有关部门负责人到淄博市视察"三夏"生产、防汛抗旱及造林绿化工作。

11日　"中国重汽杯"2005中国跤王争霸赛在市体育馆开赛。

12日　副省长王军民到淄博职业学院视察指导工作。

△　由万杰集团投资6亿元建设的全国首家质子治疗中心——淄博万杰医院博拉格质子治疗中心举行落成剪彩仪式。赵志浩、时立军、王军民、林书香、张建国、刘慧晏等领导出席仪式并剪彩。该中心是全球首家由企业投资建设的质子治疗系统。

△　原山东省委书记赵志浩到淄博市视察。

12～20日　市政协旅游产业考察团到河南、陕西等省考察学习发展旅游产业先进经验。

14日　贵州省黔西南州政府考察团到淄博市考察。

16日　省政协副主席王志民率驻济南省政协委员考察团一行对桓台历史文化遗产的保护与开发进行实地考察。

△　淄博市农业科学研究院成立。

18日　淄博师范高等专科学校揭牌暨新校区奠基仪式在淄川经济开发区举行。王军民、王志民、管培俊、王茂根、张建国、刘慧晏等领导出席仪式。

21日　著名书法家欧阳中石在母校博山区西冶街小学捐款成立的春晖奖学基金会揭牌。副省长谢玉堂出席揭牌仪式,并陪同欧阳中石参观万杰集团。

29日　市委召开常委扩大会议,传达学习全省科学发展情况第二次交流现场会议精神,研究部署推进全市经济社会加快发展、科学发展、协调发展的具体措施和意见。市委书记、市人大常委会主任张建国主持会议并作重要讲话。

30日　全市庆"七一"暨优秀共产党员先进事迹报告会举行。市委书记、市人大常委会主任张建国作重要讲话。

7　月

1日　市委召开保持共产党员先进性教育活动第一批总结和第二批动员大会,对全市第一批先进性教育活动进行回顾总结,对第二批先进性教育活动进行动员部署。市委书记、市人大常委会主任、市委保持共产党员先进性教育活动领导小组组长张建国作重要讲话。

△　山东鲁信高新技术产业股份有限公司成立55周年暨鲁信工业园奠基仪式在高新区举行。

4日　中共中央政治局常委、全国人大常委会委员长吴邦国和随行的全国人大常委会副委员长兼秘书长盛华仁,在中共山东省委书记、省人大常委会主任张高丽的陪同下到淄博市视察。

6～7日　由国家档案局副局长杨公之带队的国家档案执法检查组,到淄博市进行档案行政执法检查和专项调研。

7～12日　市委理论学习中心组读书会暨全市科学发展情况交流现场会召开。中央党校副校长王伟光作辅导报告,市领导张建国、刘慧晏等出席。

8日　中国第一片超白浮法玻璃在山东金晶科技股份有限公司下线,结束了中国超白玻璃完全依赖进口的历史。

△　《淄博日报》讯:国内最大的轴类中频感应淬火机床在山东铝业股份有限公司研制成功。

13日　市委工作会议与市政府全体会议在淄博人民会堂合并召开。会议主要任务是深入贯彻胡锦涛视察山东重要讲话和指示精神,认真贯彻落实全省科学发展情况第二次交流现场会议精神,深入分析和把握形势,研究应对措施,进一步统一思想,提高认识,改进工作,推动各项工作再上新水平。市领导张建国、刘慧晏分别作重要讲话。

△　省优秀共产党员事迹报告团在淄博人民会堂为淄博市1300多名党员干部作事迹报告。

△　由淄博工陶集团和奥地利奥镁集团合资的山东奥镁新材料有限公司签字仪式在淄博工陶集团举行。

16日　由中国市场学会、淄博市人民政府主办的首届中国商品交易市场发展论坛暨商品批发市场发展委员会理事会成立大会在淄博宾馆召开。

△　四川省德阳市文化建设和学习型城市建设考察团到淄博市参观考察。

20日　淄博市在北京举行2005中国(淄博)国际陶瓷博览会·第十三届世界瓷砖大会新闻发布会,副省长谢玉堂、中国建筑卫生陶瓷协会会长丁卫东、市长刘慧晏出席并讲话。

△　商务部副部长高虎城一行到淄博市调研。

23日　中央巡回检查组到淄博市检查指导第二批先进性教育活动。

24日　淄博市本科录取人数首次突破万人大关,达10788人,较上年增长54.1%。

27日　齐鲁化工区建设授权签字仪式在临淄区举行。涉及齐鲁化工区授权的17个市直部门和单位全部与临淄区签订授权协议书。

△　2005淄博对韩招商推介会在青岛市举行。市委副书记、市长刘慧晏,韩国驻青岛总领事馆总领事辛亨根分别致词。

30日 淄博市召开军地共建平安淄博构建和谐社会工作会议。市委书记、市人大常委会主任、淄博军分区党委第一书记张建国作重要讲话。

△ 全国人大常委、民建中央副主席路明到淄博市视察民建工作。

8 月

1日 市委召开常委扩大会议，传达学习省委理论学习中心组读书会和全省建设节约型社会现场会精神，研究制定贯彻落实意见和措施。市委书记张建国主持会议并作重要讲话。

△ 由市政府主办的第八届国际木火节开幕。来自韩国、加拿大、法国等12个国家的70名陶瓷艺术家应邀参加。

3日 《淄博日报》讯：经科技部评审，国家火炬计划淄博生物医药产业基地被正式批准建立。5家企业被认定为首批骨干企业。

4日 全市发展循环经济建设节约型社会工作会议召开。市委书记、市人大常委会主任张建国主持会议并讲话。

5日 省委副书记高新亭一行到淄博市视察指导工作。

△ 张店区被省委、省政府表彰为文明城区。

7～8日 奥地利奥中文化交流协会主席汗斯·魏斯先生到淄博市进行文化考察和友好访问。

8日 受第九号台风“麦莎”影响，淄博市出现大风暴雨过程。其中，最大雨量出现在淄川区，达94毫米；最大风力出现在桓台，达9级。

8～16日 市委书记、市人大常委会主任张建国率经贸考察团赴日本、韩国进行经贸考察和友好访问。

10日 全国首届国际象棋联赛在淄博市天乐园皇家大酒店开幕。

10～12日 省人大常委会副主任曹学成率省人大常委会视察组到淄博市视察生态省建设情况。

11日 《淄博日报》讯：淄博市被省委、省政府表彰为首批“省级文明城市”。

17～18日 副省长张昭福一行到淄博市视察防汛、国有粮食购销企业改革及夏粮收购工作。

18日 全省下岗失业人员小额担保贷款工作现场推进会在淄博市召开。副省长赵克志出席会议并讲话。

21日 《淄博日报》讯：淄博市首批劳模个性化邮票印刷完毕，17名先进模范人物荣登“国家名片”。

22日 中共淄博市九届九次全委(扩大)会议在张店举行。会议传达学习了省委理论学习组读书会精神，研究部署了贯彻落实的具体措施。市委书记张建国作重要讲话。

△ 国家工商总局副局长刘玉亭到淄博市视察。

24日 中国硅氟材料发展研讨会在淄博市举行。

26日 财政部部长金人庆到淄博市视察，省、市领导谢玉堂、张建国等陪同。

27日 淄博籍运动员杜丽在德国慕尼黑举行的世界杯射击总决赛上，以503.2环的总成绩成功卫冕。

28日 淄博市首届邻居节开幕式举行。

31日 《淄博日报》讯：万杰集团有限公司、淄博矿业集团有限公司、新华鲁抗药业集团有限公司入围中国企业联合会组织评选的第四届中国企业500强；新华鲁抗药业集团有限公司和山东淄博傅山企业集团有限公司入围中国制造业企业500强。

9 月

1日 淄博市的9家企业的9个产品荣获“中国名牌”产品称号。新增“中国名牌”产品数量居全省第二位。

△ 内蒙古自治区乌海市政府考察团到淄博市考察。

3日 中共中央总书记、国家主席、中央军委主席胡锦涛在人民大会堂，向抗战老战士、爱国人士和抗日将领代表颁发抗日战争胜利60周年纪念奖章。高青县花沟镇的抗战老战士李振恒作为10位代表之一参加了颁发纪念章仪式。

△ 台湾中华全国理事长协会考察团到淄博高新技术产业开发区考察。

△ 贵州省黔西南州党政代表团到淄博市考察。

4日 马来西亚上议员伊万一行到中马合资项目山东华元钢铁有限公司和山东华元气体有限公司考察。

5日 莱芜市文化考察团到淄博市考察。

6日 2005中国(淄博)新材料技术论坛暨国际科技成果招商洽谈会开幕。中国工程院副院长邬贺铨、副省长张昭福、市委书记张建国等出席会议，市长刘慧晏致辞。至10日，共推介项目5200多项，签订项目476项，拉动投资63.77亿元。

△ 2005中国(淄博)高新技术项目投资恳谈会在世纪大酒店举行。会上10家金融、投资机构与24家高新技术企业达成投融资意向协议26项，投融资意向金额1.57亿元。

8日 省政府在东岳集团召开现场办公会，专题研究加快全氟磺酸离子交换树脂及膜产业化项目建设问题。提出，举全省之力，加快离子膜项目产业化建设，副省长王仁元主持会议，省直有关部门负责人及市领导张建国、刘慧晏等参加。

10日 全省玉米收获暨保护性耕作机械化现场会在淄博市召开。副省长陈延明、中国工程院副院长沈国舫等出席会议。

△ 全国党建研究会会长张全景到淄博市参观考察。

12日 临淄足球博物馆、中国体育博物馆临淄分馆开馆。

12～16日 第二届国际齐文化旅游节在临淄区举行。省、市领导王志民、张建国、刘慧晏等出席。

13日 省委副书记、省长韩寓群在济南会见到淄博投资考察的菲律宾SM集团董事局主席施至成一行。市领导张建国、刘慧晏参加会见。

15日 副省长谢玉堂到保持共产党员先进性教育活动联系点淄博市博山区调研指导工作。

16～28日 市委副书记、市长刘慧晏率市经贸代表团赴美国、加拿大进行友好访问和经贸考察。

20日 荣宝斋114周年店庆暨荣宝斋淄博分店开业典礼隆重举行。全国人大常委会副委员长李铁映、省人大常委会副主任墨文川出席庆典，市委书记、市人大常委会主任张建国致词祝贺。

22日 全市人大工作会议召开。市委书记、市人大常委会主任张建国作重要讲话。

22～23日 人民日报社副总编辑陈俊宏一行在淄博市调研、采访。

△ 全国人大内司委调研组到淄博市进行立法调研。

25日 淄博市第十四届运动会开幕式在市体育场举行。至29日，运动会闭幕。淄川区代表团获综合金牌、综合总分、青少年组金牌、青少年组总分四个类别的第一名。该届运动会自5月初开始单项比赛，近6000名运动员、教练员、裁判员参加。

26日 中共中央政治局委员、书记处书记、中央组织部部长、中央先进性教育活动领导小组组长贺国强，在中央先进性教育活动办公室编发的《山东省淄博市在困难企业和下岗职工党员中深入开展的“扶贫扶技扶志”活动》简报上作重要批示，对淄博市“扶贫扶技扶志”活动给予充分肯定。

28日 “2005继往开来”——淄博市庆祝建市50周年文艺晚会在广电大剧院举行。市委书记、市人大常委会主任张建国作重要讲话。

△ 淄博世纪人酒店举行五星级旅游饭店揭牌仪式，成为淄博市首家五星级旅游饭店。

10 月

1～7日 “十一”黄金周期间，全市共接待旅游者113.65万人，实现旅游总收入7.95亿元，同比分别增长16.2%和29.4%。

9日 省委常委、省总工会主席阎启俊到淄博市视察指导工作。

10日 副省长赵克志到淄博市视察指导工作。

11日 第二届中国（周村）旱码头旅游文化节开幕式暨电视连续剧《旱码头》拍摄启动仪式在周村区举行。省、市领导阎启俊、王修智、张建国、刘慧晏等出席。

13日 2005中国（淄博）国际陶瓷博览会·世界瓷砖大会开幕式在中国陶瓷科技城举行。中国名牌推进委员会副会长艾丰，中国轻工业联合会副会长杨志海，省人大常委会副主任时立军，副省长谢玉堂，欧盟瓷砖联合会主席戴尔科特，欧盟瓷砖联合会秘书长罗杰·克洛斯，中国工业经济联合会副会长韩修国，中国建材工业协会副会长邹传胜，中国建筑卫生陶瓷协会会长丁卫东，波黑驻华人使布朗奇，厄瓜多尔驻华大使马里奥，市领导张建国、刘慧晏等出席开幕式。

△ 2005中国（淄博）对外经济贸易洽谈会签约仪式在淄博饭店举行。共签订招商项目149个，其中：协议外资项目82个，协议外资6.66亿美元；内资项目67个，投资额69.71亿元人民币。

14日 中国名牌战略论坛在淄博市举行。

15日 省政协副主席王志民到淄博市视察。

△ 中国人民银行副行长项俊波到淄博市调研。

16～17日 由市委、市政府和省人文自然遗产保护与开发促进会共同举办的“保护利用齐长城人文自然风景带研讨会”在淄博举行。省、市领导乔延春、王志民、张建国、刘慧晏等参加。

17日 13岁的淄博籍运动员黄晓彤在全国十运会女子200米蝶泳决赛中，以2分09秒25的成绩获得冠军，成为历届全运会中年龄最小的游泳金牌获得者。

17～19日 原山东省政协主席陆懋曾到淄博市视察。

18日 中国淄博－日本关西经济合作洽谈会在淄博宾馆举行。

19日 淄博籍田径运动员窦兆波在全国十运会男子1500米决赛中，以3分40秒88的成绩获得金牌。

21日 淄博市第二代居民身份证换发工作启动。

22日 中国最发达百强县揭晓，桓台县连续第五次入围，列第七十一位，较上次前移20位。

23日 市委召开党外人士座谈会，就《淄博市国民经济和社会发展第十一个五年规划纲要（草案）》听取各民主党派、工商联负责人和无党派人士的意见和建议。市委书记、市人大常委会主任张建国主持会议并作重要讲话。

23～26日 以格拉日旦基·尼古拉市长为团长的俄罗

斯诺夫哥罗德市政府友好代表团一行到淄博市访问。

24～26 日 以皮埃尔·何纽市长为团长的法国拉罗什市政府代表团一行到淄博市访问。

25 日 四川省自贡市县域经济学习考察团到淄博市参观考察。

28 日 省政府中药现代化联席会议在淄博市召开。副省长王军民出席会议并讲话。

29～30 日 以总书记德拉马尼为团长的多哥人民联盟代表团到淄博市访问。

30 日 中共淄博市委九届十次全委会在张店举行。会议学习贯彻中共十六届五中全会和省委八届十一次全委会精神，听取讨论了市委常委会工作报告，审议了《淄博市国民经济和社会发展第十一个五年规划纲要(草案)》。市委书记张建国作重要讲话。

31 日 全市防控高致病性禽流感工作会议召开，会议传达贯彻全省防控高致病性禽流感工作会议精神，对防控工作进行部署。

31 日～11 月 2 日 全省农业综合开发流动现场观摩会在淄博市召开。

11 月

2 日 由市政府主办的东岳国际硅氟材料产业园招商暨新产品推介会在香港举行。

3 日 淄博职业学院在济南召开新闻发布会，向驻济 40 余家新闻单位公布了该院组织有关专家研究考证出的结果："淄博是中国职业教育的发源地，管子是中国职业教育的奠基人。"

△ 《淄博日报》讯：大型画册《淄博工业百年》出版。

4 日 副省长孙守璞带领省政府有关部门负责人到淄博市进行外贸工作调研。

8 日 市委召开常委扩大会议，专题研究部署防控禽流感措施。

△ 团中央书记处书记尔肯江·吐拉洪到淄博市检查指导工作。

9～10 日 国家审计署审计长李金华到淄博市视察审计工作，省、市领导赵克志、张建国、刘慧晏等陪同。

10 日 省人大常委会副主任王道玉率调研组，对淄博市贯彻《山东省农村初级卫生保健条例》情况进行调研。

12 日 国家食品药品监督管理局副局长张敬礼到淄博市调研指导工作。

△ 淄博市重点工程、总投资 6 亿元人民币、建筑面积达 26 万平方米的山东香港五金家居城开工。

15 日 淄博市又有 45 个产品获"山东名牌"称号，新增"山东名牌"产品数量位列全省第一位。"山东名牌"总数升至 118 个，居全省第二位。

16 日 中国保险监督管理委员会主席吴定富到淄博市视察。

△ 商务部副部长马秀红在副省长孙守璞陪同下到淄博市考察。

17 日 浙江省金华市党政代表团到淄博市参观考察。

18 日 副省长陈延明到淄博市检查指导高致病性禽流感防控工作。

△ 淄博市防控高致病性禽流感指挥部发布《关于暂时关闭活禽交易市场的通告》，自 2005 年 11 月 19 日起暂时关闭活禽交易市场。

23 日 全省企业退休人员社会化管理服务工作现场会在淄博市召开，借鉴、推广淄博经验。

28 日 全市第三批保持共产党员先进性教育活动工作电视电话会议召开，要求精心组织好第三批先进性教育活动。

△ 韩国京畿道青年会议所访问团到淄博市参观考察。

30 日 省政协副主席林书香到淄博市调查研究。

△ 概算投资 4.3 亿元的市重点工程——309 国道张店立交桥奠基。

12 月

2 日 原山东省委书记梁步庭到淄博市视察。

△ 中国光大国际有限公司整体受让淄博市环保污水处理公司，成立光大水务(淄博)有限公司，淄博市污水处理企业市场化运作迈出实质性一步。

△ 市气象台首次向社会发布寒潮蓝色预警信号。

6 日 山东省见义勇为基金会暨淄博市见义勇为基金会在市交通局举行"全国见义勇为好司机"梁红君表彰奖励大会。市委政法委、市综治委、市见义勇为基金会作出在全市开展向梁红君学习活动的决定。

△ 《淄博日报》讯：由张店区沣水镇城东村村办企业淄博德惠来装饰瓷板有限公司承担的"十五"期间国家科技攻关计划"大规格超薄高档纤维复合陶瓷装饰板产业化技术研究"项目，通过科技部专家鉴定。这是淄博市村办企业第一次承担国家重点科技攻关项目。

7 日 作为中国第三批赴海地维和警察组成人员的淄博市 9 名维和警察起程前往海地。此前淄博市已有 1 名维和警察先期抵达海地。

9 日 全市第三批先进性教育活动动员大会召开。

△ 淄博市13家企业的15个产品获国家免检产品认定。全市免检企业总数达到25家，保持全省第一，免检产品总数32个，列全省第三。

12日 《淄博日报》讯：山东创业房地产开发公司在建设部组织的全国房地产企业500强评选中排名第331位。这是淄博房地产企业首次进入全国房地产企业500强之列。

12～13日 省人大常委会副主任曹学成带领省加快发展社会事业构建和谐社会调研组到淄博市调研。

13日 副省长赵克志在齐鲁石化公司召开环保工作座谈会，强调要进一步加大水环境治理，确保小清河水质有明显改善。

14日 市委常委议军会议召开，专题研究全市国防建设面临的形势和任务。省委常委、省军区政委张秉德，市委书记、市人大常委会主任张建国分别讲话，市长刘慧晏等出席。

△ 淄博市举行预备役部队预任军官授衔、晋衔仪式。省委常委、省军区政委张秉德为刘有先等12名预任军官授衔。

△ 《淄博日报》讯：全市建立起计划生育利益导向机制，管理手段由"超生受罚"转变为"奖励少生"。

16～17日 省人大立法工作会议在淄博市召开。

18日 国家"863"计划项目、国内首条秸秆生态板生产线在位于周村区的山东同森木业有限公司竣工投产。

20日 淄博市申报的国家级工业陶瓷工程技术研究中心被科技部批准。

△ 淄博市政府投资审计专业局成立。

21日 市委召开常委扩大会议，传达学习全省经济工作会议精神，研究贯彻落实意见。

△ 中国工商银行股份有限公司行长杨凯生、副行长牛锡明到淄博市调研。

△ 市领导张建国、刘慧晏等会见参加淄博高新区"中国橡胶先进材料产业化基地"奠基仪式的中国化工集团党委书记王海印一行。

22日 全市经济工作会议在淄博人民会堂召开。市领导张建国、刘慧晏作重要讲话。

△ 总投资5亿元的中国橡胶先进材料产业化基地在淄博高新区奠基。

23日 淄博市举行第一批"首席技师"命名表彰仪式，30名技术工人获此殊荣。

24～25日 全省纪检监察信访举报工作办事公开暨联系点工作座谈会在淄博市召开。

26日 山东东大化学工业公司环氧丙烷废水治理工程投产。这标志着困扰国内企业多年的环氧丙烷废水治理难题被攻克。

28日 《淄博日报》讯：淄博市被国家科技部授予全国科技进步工作先进城市荣誉称号，连续第五次获此殊荣。

29日 副省长王仁元带领省政府有关部门负责人到东大化工集团、张店煤矿和市安全生产应急救援指挥中心进行实地检查。

△ 淄博国税收入过百亿元新闻发布会举行。国家税务总局副局长崔俊慧，市领导张建国、刘慧晏等到会祝贺。

31日 淄博新城区重要的基础工程和起步工程"两纵四横"6条骨干道路(西八路、西十一路，人民路、华光路、联通路、中润大道)竣工。

本部类编辑：赵建国
副主编：郭能勇
校对：徐 杰
吴建利

·淄博市重点文物保护单位选介·

齐国故城

国家级重点文物保护单位。位于临淄区辛店镇北7.5公里处，东依淄河，西临系水，为周代齐国的都城，西汉时为齐王国都治，历时千余年。据《史记·齐太公世家》载：公元前859年(齐献公元年)都治临淄。至战国时，临淄发展成全国最大的都市之一。至秦灭齐，临淄城一直是齐国的政治经济文化中心。故城由大小两城组成，大城南北近4.5公里，东西约3.5公里，小城在大城西南角，小城东北部伸进大城的西南隅，南北长2公里，东西宽约1.5公里。两城总面积约15.5平方公里，周长约21公里。古城的城墙多数已湮没地下，少数因挖土及河水冲刷而无痕迹。经文物部门钻探考证，城墙早在西周时期就存在，春秋、战国、西汉时又多次修补。城墙系夯土而成，依地势而建。

(李 胄 供稿)

淄博概况

地理　历史

【位置面积】 淄博市位于北纬35°55′20″～37°17′14″、东经117°32′15″～118°31′00″之间，地处鲁中，南依沂蒙山区，北临华北平原，东接潍坊，西与省会济南接壤。市域形态南北狭长，南北最大纵距151公里，东西最大横距87公里。地理位置适中，交通发达，是沟通中原地区和山东半岛的咽喉要道，是山东省重要的交通枢纽城市。全市总面积5938平方公里，占山东省总面积的3.77%。其中市区面积2961平方公里。

（尤国凡）

【自然条件】 1. 地质。地处华北地台鲁西台北斜鲁中隆断区的北缘，为一向斜构造，称“淄博向斜”。构造特征是褶皱平缓舒展而不甚发育，除较高一级的“淄博向斜”外，其他系与“淄博向斜”相伴生的次级小型褶皱；区内断层构造较为发育，尤以张性正断层为甚，纵横切割。岩浆岩石分布面广，并具有多期活动的特点。主要有金岭闪长岩杂岩体、昆仑辉长岩体等。2. 地形。地势南高北低，南部及东西两翼山峦跌宕，中部低陷向北倾伏，南北落差千余米。以胶济铁路为界，以南大部分为山区、丘陵，岩溶地貌发达；以北大部分为山前冲积平原和黄泛平原，土地平坦肥沃。北部有黄河、小清河流经，发源于淄博的河流有沂河、淄河、孝妇河等。全市山区、丘陵、平原面积分别占全市总面积的42%、29.9%和28.1%。3. 气候。地处暖温带，年平均降水量为627.4毫米，属半湿润半干旱的大陆性气候。全市年平均气温12.3℃～13.1℃，年平均日照时数为2542.6小时～2832.6小时，年平均无霜期180天～220天。

（尤国凡　年　间）

【自然资源】 1. 土地资源。全市土地总面积5938平方公里。其中，土壤面积5174平方公里，土地利用率78.47%。全市农业用地4161平方公里，非农业用地827平方公里，未利用土地95平方公里。在农业用地中，耕地面积2018平方公里，林地面积1523平方公里，果园面积62平方公里。在总土地面积中，山丘、涝洼、平原、荒滩、水面，各占45.2%、13.8%、33.2%、6.7%、1.1%；在土壤面积中，主要有棕壤、褐土、砂姜黑土、潮土、盐土，分别占13.6%、62.5%、7.5%、16.2%、0.2%。2. 生物资源。全市生物资源种类繁多。据不完全统计，共有生物615科、3753种。其中：微生物151科、618种；植物156科、1645种；动物308科、1490种。极具价值的种类有食用菌30多种，农作物品种218种，木本植物421种，药材植物778种，饲草植物415种，水生动植物102种，畜禽86个品种，野生动物有240多个品种，病虫及天敌资源2165种。3. 水资源。水资源有地表水和地下水。大气降水是水资源的主要补给源。全市年均降水量为627.4毫米，折合资源量31.36亿立方米，水资源补给总量14.11亿立方米。地下水9.96亿立方米。4. 矿产资源。淄博市矿产资源丰富，种类繁多。已发现矿产53种，已探明储量和开发利用的有22种。在已探明储量的矿产中，主要有煤、铁、铝矾土、耐火粘土、石灰岩、陶瓷土、重晶石、石类等矿藏和铝、钴、金、银等多种稀有贵重金属。还有大量的赤泥、煤矸石、粉煤灰等再生资源。许多矿种储量大、分布广、品位高，在全省占有重要位置。其中，铝矾土占全省的90%，耐火粘土储量占全省的45.9%，铁矿富矿储量占全省的25%，化工石灰岩、陶瓷土是省内主要产地。5. 能源资源。淄博市有丰富的石油和天然气资源。高青油田东西长约6.2公里，南北长约9.3公里，面积58平方公里，共发现7套含油层系，含油断块14个，面积10.5平方公里，储量1469万吨。金家油田面积110平方公里，5个含油层总厚度10米～28米，固定含油面积22.7平方公里，埋深200米～1100米，储量3171万吨。另外，还有高青县的花沟气田等。

（尤国凡）

【历史沿革】 1945年8月成立淄博特区，设专员公署，隶属鲁中行政区，此为淄博成为政区名称之始。9月撤销。1946年1月二次成立，7月又撤销。1948年3月淄博全境解放，8月再次成立淄博特区，隶属鲁中南行政区。1949年7月成立淄博工矿特区。1950年5月成立淄博专区。1953年改为淄博工矿特区。1955年3月改为淄博市。1959年1月淄博市与惠民专区合并组建淄博专区，淄博市改为专区辖市。1961年1月淄博市与惠民专区分设，恢复为省辖市。市级机关由博山区迁到张店区。

（年　间）

政区　人口　民族

【行政区划】 是年，淄博市行政区划没有变化。截至年底，全市共设76个镇、8个乡、23个街道办事处。（市民政局）

【人口】 截至年底，全市总人口4167696人，比上年增加17820人。其中，男性2097568人，女性2070128人，性别比为101.33。全市非农业人口1691489人，占全市总人口的40.59%，农业人口2476207人，占全市总人口的59.41%。市外迁入人口36413人，迁出市外人口42548人，人口净迁入-6135人，机械增长率-1.48‰。全年出生40831人。其中，男孩21186人，女孩19645人，出生性别比为107.84。人口出生率为9.82‰。全年死亡24797人，死亡率为5.96‰。人口自然增长16034人，人口自然增长率为3.86‰。

附：

2005年全市人口自然变动一览表

单位：人

单位	年末总人口	出生情况		死亡情况		自然增长	
		人数	出生率（‰）	人数	死亡率（‰）	人数	增长率（‰）
全市	4167696	40831	9.82	24797	5.96	16034	3.86
淄川区	673518	6496	9.65	4432	6.59	2064	3.07
张店区	703845	6821	9.74	2708	3.87	4113	5.87
博山区	466332	3890	8.32	3632	7.77	258	0.55
临淄区	596767	6029	10.13	3464	5.82	2565	4.31
周村区	316053	2912	9.24	1361	4.32	1551	4.92
桓台县	492522	5025	10.26	3377	6.89	1648	3.36
高青县	362080	3738	10.34	2366	6.54	1372	3.80
沂源县	556579	5920	10.65	3457	6.22	2463	4.43

注：张店区数字含高新技术产业开发区数字。

（杨维宪）

【民族】 淄博市属少数民族散、杂居地区，有回族、满族、蒙古族、朝鲜族等44个少数民族。是年，44个少数民族共25923人，占全市总人口的0.63%。其中回族18522人，占全市少数民族人口的71.45%。千人以上的少数民族有蒙古族2790人，满族2012人。百人以上的少数民族有朝鲜族413人，苗族404人，彝族388人，壮族175人，维吾尔族165人，藏族159人，佤族159人，布依族124人。其余的33个少数民族人数均在百人以下。未识别民族成分者5人。少数民族人口分布在全市五区三县，城市人口与农业人口比例各为50%。全市有1个民族镇，即临淄区金岭回族镇，为全省4个民族镇之一。全市有10个民族村（居），分别为：临淄区金岭回族镇的金南回族居委会、金岭回族一村、金岭回族四村，齐陵镇的刘家营蒙古族村，张店区马尚镇的回民新村，周村区永安办事处灯塔回族居委会，沂源县东里镇的东里东回族村、西里镇的柳枝峪回族村、辛庄回族村、大刘庄回族村。（李　平）

组织机构

市级领导班子

中国共产党淄博市委员会

书　　记　张建国
副 书 记　刘慧晏
　　　　　周清利
　　　　　岳长志
　　　　　刘池水
　　　　　魏绍水
常　　委　张建国
　　　　　刘慧晏
　　　　　周清利
　　　　　岳长志
　　　　　刘池水
　　　　　魏绍水
　　　　　陈家金
　　　　　吴翠云（女）
　　　　　韩世幸
　　　　　郑　峰（12月离任）
　　　　　侯法生
　　　　　崔洪刚
　　　　　王顶岐
特邀顾问　王学刚
　　　　　王行宏
秘 书 长　侯法生
副秘书长　岳桂兰（女，12月离任）
　　　　　张亚平
　　　　　张照青
　　　　　张新华
　　　　　李先坤
　　　　　孙树仁
　　　　　徐培栋
　　　　　李保海
　　　　　刘　峰
　　　　　巴新福
　　　　　周京明
　　　　　张爱民（7月任职）

淄博市人民代表大会常务委员会

主　　任　张建国
副 主 任　周继烈
　　　　　常志钧
　　　　　曹钟书（1月离任）
　　　　　王玉良（1月离任）
　　　　　翟纯生
　　　　　关玛莉（女）
　　　　　张志才（1月离任）
　　　　　岳经一
　　　　　聂振钰
　　　　　李思玉
　　　　　郭仁友
　　　　　薛安胜（1月任职）
党组书记　张建国
　　　　　周继烈（7月任职）
党组副书记　周继烈（7月离任）
　　　　　常志钧
　　　　　曹钟书（2月离任）

秘 书 长　李奎封
副秘书长　尹德甲(12月离任)
　王向东
　黄诗泉
　刘传忠
　逯平之(8月任职)

淄博市人民政府

市　长　刘慧晏
副市长　周清利
　宋锡坤
　吴明君
　韩家华
　岳华东
　刘有先
　段立武(女)
　饶明忠
特邀顾问　王尔孝
　郑　峰(12月任职)
市长助理　任鹏雁
　曹在堂
　宋红兴
　薛安胜(2月离任)
　张兆宏
　庄　鸣
　郭利民
　邹光平
　常大鹏
党组书记　刘慧晏
党组副书记　周清利
　宋锡坤
　吴明君
秘 书 长　张兆宏
副秘书长　李胜利
　高晓峰
　王　博
　盛慧文
　沈滋毅
　张崇俊
　张鲁辛
　张玉武
　薛福敏
　张志超
　李　洋
　刘新胜
　周献珍
　赵水清

中国人民政治协商会议淄博市委员会

主　席　冯梦令
副主席　陈传玉(1月离任)
　王守贞(1月离任)
　郭玉兰(女)
　王延山
　王同和
　王立庆
　李栋基
　荣　玮
　王法亮
党组书记　冯梦令
党组副书记　陈传玉(2月离任)
　郭玉兰(女)
秘 书 长　赵钦国
副秘书长　孙代明
　魏衍芝
　刘文彬
　牛先清
　李务习
　常承村(兼)
　王庆生

中国共产党淄博市纪律检查委员会

书　记　刘池水
常务副书记　李永新
副书记　孙兴贵
　高素贞(女)
常　委　刘池水
　李永新
　孙兴贵
　高素贞(女)
　徐道光
　孙振海
　陈凤勤
　张维政
　薛　南(女)
秘 书 长　张维政

市委工作机构

办公厅

主　任　张新华
副主任　李新胜(1月离任)
　魏坤隆
　陈保会

机要局

局　长　陈保会

保密委员会办公室(市政府保密局)

主　任(局　长)　孙　辉
副主任(副局长)　李慎勇

组织部

部　长　王顶岐
常务副部长　曹家才
副部长　车　立
　王亚黎
　刘卫忠
　张守华
　段名钰

组织员办公室

主　任　车　立(兼任)
副主任　陈思林
　阎炳义

宣传部

部　长　郑　峰(12月离任)
　岳长志(12月任职,兼)
常务副部长　王莲君(女)
副部长　赵新法

李　敏（女）
李贡平
刘长江

对外宣传办公室（市政府新闻办公室）
主　　任　朱建伟

精神文明建设委员会办公室
主　　任　李　敏（女，兼）
副 主 任　李树博
阚金智

统一战线工作部
部　　长　王同和
常务副部长　常承村
副 部 长　于精忠（兼任）
侯希杰
林永春
王呈祥（7月任职）

政法委员会
书　　记　陈家金
常务副书记　邹斯金
副 书 记　陈维刚
刘维远
王锡良
王恩明（7月任职）

社会治安综合治理委员会办公室（与政法委合署）
主　　任　陈维刚
副 主 任　郑素琴（女）
贾　刚

维护稳定工作领导小组办公室
主　　任　邹斯金
副 主 任　宓传庆（7月离任）

政策研究室
主　　任　张亚平
副 主 任　张承友
张爱民（7月离任）
孙玉昌
刘　平

台湾工作办公室（市政府台湾事务办公室）
主　　任　韩祥亮
副 主 任　张建博
王树贤

市直机关工作委员会
书　　记　刘　峰
副 书 记　张玉长（12月离任）
吕成法
李文清
许　敏（7月任职）

市政府工作部门

办公厅
主　　任　李胜利
副 主 任　郑广庆
孙中华
石志全（8月任职）
党组书记　张兆宏
党组副书记　李胜利

发展计划委员会
主　　任　庄　鸣
副 主 任　朱文平
张宇信
杨延华
姜延海
袁　晖
吴宗杰（挂职，8月任职）
党组书记　庄　鸣
党组副书记　朱文平

经济贸易委员会（与市委经贸工作委员会一个机构两个牌子）
主　　任　曹在堂
副 主 任　杜希玉（8月离任）
王新平
马小平
李延永（兼）
韩大力（兼）
李　华（12月离任）
魏玉蛟
房宽惠
李　平（挂职，8月任职）
书　　记　曹在堂
副 书 记　黄钧祥

教育局
局　　长　张洪亮
副 局 长　张景春
魏艳菊（女）
牛瑞洲
党委书记　张洪亮
党委副书记　刘英学

科学技术局
局　　长　周元军
副 局 长　王纯国
牛圣银
周献忠
穆若英（女）
毕红卫（女）
王法刚（挂职，8月任职）
党组书记　周元军

知识产权局
局　　长　牛圣银（兼任）
副 局 长　曹修琦
胡庆乙

公安局
局　　长　岳华东
政　　委　刘新云
副 局 长　于洪德
桑培伦
朱吉祥（12月离任）
周立华
顾国星
许文安
倪　强
柳　奇
党委书记　岳华东
党委副书记　刘新云
于洪德

桑培伦

监察局(与市纪委机关合署办公)

局　　长　李永新
副 局 长　徐道光
　　　　　孙振海
　　　　　陈凤勤
　　　　　薛　南(女)

民政局

局　　长　赵希成
副 局 长　迟洪矩(12月离任)
　　　　　张登莲(女)
　　　　　郑建业
　　　　　成亮文
　　　　　邓红双(女)
党委书记　赵希成

司法局

局　　长　王正全
副 局 长　马　骏
　　　　　梅永富
　　　　　周黎明(8月任职)
党委书记　王正全

财政局

局　　长　郭利民
副 局 长　王修德
　　　　　卜德兰
　　　　　王昌晖(女)
党组书记　郭利民

国有资产管理办公室

主　　任　卜德兰(兼任)

人事局

局　　长　张守华
副 局 长　丁乃河
　　　　　王延柯
　　　　　孙　戈
　　　　　刘福军
党组书记　张守华
党组副书记　丁乃河

机构编制委员会办公室(与人事局合署办公)

主　　任　张守华(兼任)
副 主 任　孙　戈(兼任)
　　　　　王忠华

劳动和社会保障局

局　　长　赵荣生
副 局 长　王承柱(12月离任)
　　　　　王克强
　　　　　韩发磊
　　　　　路盛芝
党委书记　赵荣生

国土资源局

局　　长　田锡富
副 局 长　王同顺
　　　　　宋长清
　　　　　孙　恒
　　　　　马　红(女)
　　　　　曲国庆(挂职,8月任职)
党委书记　田锡富
党委副书记　王同顺

建设委员会

主　　任　张可君
副 主 任　谢贤云
　　　　　王懋潭(12月离任)
党委书记　张可君

交通局

局　　长　王永新
副 局 长　蒋海德(12月离任)
　　　　　刘东军
　　　　　牛少成
　　　　　任迎远
　　　　　高天长
　　　　　任传波(挂职,8月任职)
党委书记　王永新
党委副书记　蒋海德(12月离任)
　　　　　刘东军

农业局

局　　长　王子林
副 局 长　昃道庆(12月离任)
　　　　　于根亭
　　　　　张兆安(12月离任)
　　　　　王本富
党委书记　王子林

水利与渔业局

局　　长　赵有梅
副 局 长　王呈祥(8月离任)
　　　　　马家军
　　　　　张连波
　　　　　王允刚
　　　　　苗其山(12月任职)
党委书记　赵有梅
党委副书记　王呈祥(7月离任)

林业局

局　　长　申文良
副 局 长　鹿子林
　　　　　于学祥
　　　　　周安颇(兼)
　　　　　孙建博(兼)
　　　　　国建忠
党委书记　申文良

对外贸易经济合作局

局　　长　王旭泽
副 局 长　丁晓军
　　　　　薛忠新
　　　　　刘大力
党委书记　王旭泽

文化局

局　　长　刘心德
副 局 长　吴兆金(1月离任)
　　　　　赵淑慧(女)
　　　　　王立宪
　　　　　李玉福
　　　　　宓传庆(8月任职)
党委书记　刘心德
党委副书记　吴兆金(1月离任)

卫生局
局　　长　赵亦成
副 局 长　周象玦
　　　　　王立春
　　　　　王大伟
　　　　　齐昌成
党委书记　赵亦成
党委副书记　周象玦

计划生育委员会
主　　任　孙家友
副 主 任　范玉美(女)
　　　　　李忠孝
　　　　　王洪明
　　　　　段迎春(女)
党组书记　孙家友

审计局
局　　长　王振升
副 局 长　王增福
　　　　　成锡钶
　　　　　杜贞耐
　　　　　刘玉泽(女)
党组书记　王振升
党组副书记　王增福
　　　　　成锡钶

环境保护局
局　　长　邹光平
副 局 长　宋道敏
　　　　　刘文芳(女)
　　　　　李彦全
　　　　　谢锡峰
　　　　　张书萍
　　　　　张鲁强(挂职,8月任职)
党组书记　邹光平
党组副书记　宋道敏

民族宗教事务局
局　　长　于精忠
副 局 长　张玉蓉(女,12月离任)
　　　　　王爱军(女)
　　　　　高旭清(8月任职)
党组书记　于精忠

体育局
局　　长　王敦浦
副 局 长　翟慎政
　　　　　钱景水
　　　　　高义波
党组书记　王敦浦
党组副书记　翟慎政

统计局
局　　长　刘玉玺
副 局 长　王维华
　　　　　刘太岭(12月离任)
　　　　　康振东
　　　　　盛明三
党组书记　刘玉玺
党组副书记　王维华

规划局
局　　长　常大鹏
副 局 长　郭乃焕
　　　　　杨继明
　　　　　杜春雷
　　　　　王　瑛
党委书记　常大鹏
党委副书记　郭乃焕
　　　　　王春林

旅游局
局　　长　常传喜(12月任职)
副 局 长　张继业
　　　　　成希峰
　　　　　乔聚文
党组书记　常传喜

粮食局
局　　长　张洪兴
副 局 长　国先彧
　　　　　于成武
　　　　　孔凡利
　　　　　朱卫东
党委书记　张洪兴
党委副书记　国先彧

市政府外事办公室
主　　任　初建波
副 主 任　魏向群
　　　　　王建忠
　　　　　傅　军(8月任职)
党组书记　初建波

市政府侨务办公室(市归国华侨联合会与其合署)
主　　任　王先义
副 主 任　尹　智
　　　　　郝　芳(8月任职)
党组书记　王先义
党组副书记　傅励昆

市政府法制办公室
主　　任　李　洋
副 主 任　毕研玉(8月离任)
　　　　　徐和平
　　　　　黄宗光
　　　　　任良成
　　　　　周继轲(8月任职)
党组书记　李　洋

安全生产监督管理局
局　　长　杜希玉
副 主 任　路跃成
　　　　　王刚云
　　　　　高学光
　　　　　马　力
党组书记　杜希玉
党组副书记　路跃成

城市管理行政执法局
局　　长　温　义
副 局 长　董振忠
　　　　　徐同海
　　　　　傅凤才
党组书记　温　义

党组副书记　董振忠

市经济体制改革办公室

主　　任　胡希德

副 主 任　杨少军

　　　　　邵世文

党组书记　胡希德

市人民防空办公室

主　　任　周祖兴

副 主 任　王桂佑

　　　　　刘薛生

　　　　　鞠锦芳

　　　　　朱洪亮

党组书记　周祖兴

淄博市中级人民法院

院　　长　林春明

副 院 长　苏　勇

　　　　　姜乐亭

　　　　　孙星光

　　　　　于晓东

党组书记　林春明

党组副书记　苏　勇

淄博市人民检察院

检 察 长　马爱国

副检察长　陆康懿

　　　　　靳承家

　　　　　孙昆峰

　　　　　刘明利(挂职)

　　　　　刘洪海

党组书记　马爱国

党组副书记　陆康懿

人民团体

淄博市总工会

主　　席　薛安胜

副 主 席　阚兆国

　　　　　翟乃超

　　　　　葛泓泉

　　　　　刘　蓬(女)

党组书记　薛安胜

党组副书记　阚兆国

共青团淄博市委员会

书　　记　苏　星

副 书 记　杜海圣

　　　　　边江风(女)

　　　　　许艳萍(女)

　　　　　徐俊国(援藏)

党组书记　苏　星

淄博市妇女联合会

主　　席　尚秋云(女)

副 主 席　阎佳敏(女)

　　　　　于康梅(女)

　　　　　卞　军(女)

党组书记　尚秋云(女)

淄博市科学技术协会

主　　席　杨金宝

副 主 席　郑贵良

　　　　　袁盛刚

　　　　　于明磊

　　　　　张新义(不驻会)

　　　　　徐丙垠(不驻会)

　　　　　侯　健(不驻会)

　　　　　朱德明(不驻会)

　　　　　许尚峰(不驻会)

党组书记　杨金宝

淄博市文学艺术界联合会

主　　席　宗俊海

副 主 席　姜　岩

　　　　　李　波(不驻会)

　　　　　王金玲(不驻会)

　　　　　刘统爱(不驻会)

　　　　　唐秀玲(女,不驻会)

　　　　　赵长刚(不驻会)

　　　　　巩武威(不驻会)

党组书记　王莲君(女,兼)

党组副书记　宗俊海

淄博市社会科学联合会

主　　席　杨培玉

副 主 席　李　斌

　　　　　赵　刚

　　　　　王学真(不驻会)

　　　　　孙学海(不驻会)

　　　　　张承友(不驻会)

　　　　　白元廷(不驻会)

　　　　　张士友(不驻会)

　　　　　王亮方(不驻会)

党组书记　李贡平(兼,7月任职)

党组副书记　杨培玉

淄博市归国华侨联合会(政府侨办与其合署)

主　　席　傅励昆

副 主 席　魏光利

　　　　　黄钟煦(不驻会)

　　　　　王昌晖(女,不驻会)

淄博市工商业联合会

会　　长　李栋基

副 会 长　陈　辉

　　　　　谭希平

　　　　　王锡章

　　　　　巩庆华(不驻会)

　　　　　周建昌(不驻会)

　　　　　刘石祯(不驻会)

　　　　　王春桂(不驻会)

　　　　　孙龙平(不驻会)

　　　　　王勉山(不驻会)

　　　　　孙中如(不驻会)

　　　　　张京贵(不驻会)

　　　　　李俊笃(不驻会)

党组书记　侯希杰

名誉会长　吴明君

淄博市残疾人联合会

理 事 长　陈志华(1月离任)

翟乃利(2月任职)
副理事长 赵文省
贾化禄
党组书记 翟乃利

市人大、政协、纪委工作机构

市人大工作机构

办公厅
主任 黄诗泉
副主任 孙启昆
程嗣福
郭传清
孙国强
人事代表工作室
主任 李汝池
副主任 尹永浩
谭启梅
研究室
主任 崔广生
副主任 杨志军
苏祥贵
法制工作委员会
主任 王文玲
副主任 于克勤
法制委员会
主任委员 岳经一(兼)
副主任委员 尹德甲
王向东
内务司法委员会
主任委员 张志才(兼,1月离任)
郭仁友(兼,1月任职)
副主任委员 何鲁忠
张以坤
内务司法委员会工作室
主任 何鲁忠
副主任 曹传庆
陈福菱(女)
财政经济委员会
主任委员 翟纯生(兼)
财政经济委员会工作室
主任 侯瑞铜(8月任职)
副主任 侯瑞铜(8月离任)
王化福
姜华(8月任职)
农业与农村委员会
主任委员 李思玉(兼)
副主任委员 李光泉
胡厚业
农业与农村委员会工作室
主任 李光泉
副主任 吴宗乐
陈长升
城乡建设环境保护委员会
主任委员 曹钟书(兼,1月离任)
常志钧(兼,1月任职)
副主任委员 梅学峻(女)
焦仁方
城乡建设环境保护委员会工作室
主任 梅学峻(女)
副主任 王志勇
教育科学文化卫生人口委员会
主任委员 关玛莉(女,兼)
副主任委员 刘传忠
李增泉
教育科学文化卫生人口委员会工作室
主任 刘传忠
副主任 孙维庆
李克忠(8月离任)
民族侨务外事委员会
主任委员 王玉良(兼,1月离任)
聂振钰(兼,1月任职)
副主任委员 司志峰
张怀汉
民族侨务外事委员会工作室
主任 司志峰
副主任 逯平之(8月离任)
王秀光(女)

市政协工作机构

办公厅
主任 刘文彬
副主任 王志凤(女)
林榕
李巧文(女)
研究室
主任 王荣康
副主任 李永生(10月任职)
提案委员会
主任 孙代明(兼)
副主任 卜德兰(兼)
车立(兼)
李胜利(兼)
张新华(兼)
孟繁华(兼)
张学信(10月任职)
人口资源环境委员会
主任 俞淑凤(女)
副主任 王昌铭(兼)
田锡富(兼)
毕作廷(兼)
范玉美(女,兼)
房宽惠(兼)
赵有梅(兼)
魏居瑞(兼)
文史资料委员会
主任 李务习(10月任职)
副主任 王莲君(女,兼)
毕谦祥
刘继海(兼)
宋本善(兼)
赵加洋(兼)
经济科技委员会
主任 魏衍芝(12月离任)

副 主 任　马立山(兼)
王子林(兼)
朱文平(兼)
李　华(兼)
张润泽(兼)
周元军(兼)
阎象吉(兼)

文教卫体委员会
主　　任　陈新超
副 主 任　王少华(兼)
刘心德(兼)
张洪亮(兼)
孟鸿声(兼)
赵亦成(兼)
张　玉(10月任职)

社会法制委员会
主　　任　牛先清
副 主 任　于精忠(兼)
王正全(兼)
杨泉玉(兼)
李　洋(兼)
赵希成(兼)
翟乃超(兼)

台港澳侨和外事委员会
主　　任　索建国(12月离任)
副 主 任　王旭泽(兼)
王福珍(女,12月离任)
初建波(兼)
韩祥亮(兼)
傅励昆(兼)
谭舜立

市纪委工作机构

办公厅
主　　任　刘　涌

监察综合室
主　　任　赵　琴(女)

研究室
主　　任　于义进(5月离任)
崔平生(7月任职)

干部管理室
主　　任　岳国勤(7月离任)
王建军(7月任职)

信访室(市国家行政机关工作人员违法违纪举报中心)
主　　任　陈传胜

案件审理室
主　　任　董曰强(7月任职)

党风廉政建设室
主　　任　朱永常

纠正部门和行业不正之风室(市纠正部门和行业不正之风办公室)
主　　任　丁莉莎(女)

执法监察室
主　　任　徐长厚(7月离任)

宣传教育室
主　　任　许　敏(7月离任)
赵常华(7月任职)

政策法规室
主　　任　许　敏(7月离任)
赵常华(7月任职)

纪检监察一室
主　　任　董　强

纪检监察二室
主　　任　吉　凯

经济环境和机关效能投诉中心
主　　任　徐道光
副 主 任　刘恩江(12月离任)
周心广

机关党委
副 书 记　吴秀峰(女)

市委、市政府直属事业单位及经济组织

党史资料征集研究委员会
主　　任　于文新
副 主 任　周继轲(7月离任)
孟海滨(7月任职)

市委党校
校　　长　张建国(兼)
常务副校长　明子夫
副 校 长　刘继海
刘昕剑
张志忠
孙学海
党委书记　明子夫

市广播电视总台(局)
台(局)长　任鹏雁(5月任职)
副台(局)长　吴兆金(1月任职)
王建新(5月任职)
孙永绥(5月任职)
王文海(5月任职)
张贤利(5月任职)
党委书记　任鹏雁(5月任职)
党委副书记　于明芝(1月离任)
吴兆金(1月任职)

淄博日报社
社　　长　赵新法
总 编 辑　曹庆文
副总编辑　楚金平(12月离任)
潘海涛
鞠庆田
副 社 长　王　胜(7月任职)
党委书记　赵新法
党委副书记　曹庆文

新闻出版局(同时挂版权局牌子)
局　　长　孙衍喜
副 局 长　孟宪民
张学信(8月离任)
司志兰(女)
党组书记　孙衍喜

煤炭工业管理局
局　　长　勾东升
副 局 长　丁冠一

王兴科
董以琦
党组书记 勾东升

地震局
局长 张义堂
副局长 张志毅
罗玉芹(女)
党组书记 张义堂

老龄委员会办公室
主任 迟洪矩(12月离任)
副主任 刘光武
吕传令(8月任职)
党组书记 迟洪矩(12月离任)

淄博仲裁委员会办公室
主任 刘强
副主任 张景民
马龙
党组书记 刘强
党组副书记 张景民

山东省陶瓷公司
经理 阎佰平
副经理 李雷
党委书记 阎佰平

物资集团总公司
总经理 刘绵昌
副总经理 房信
任应城
许博
党委书记 刘绵昌

商业集团总公司
总经理 王嗣忠
副总经理 张波
程忠
曹卫国
党委书记 王嗣忠

供销合作社联合社
主任 王兹水
副主任 伊永祥
孙树田
监事会主任 宋少飞
监事会副主任 谭立斌
党委书记 王兹水
党委副书记 宋少飞(7月任职)

淄博宏信资产经营集团有限公司
董事长 杨力
副董事长 王肖峰
总经理 杨力
副总经理 王肖峰
刘炳俊

部门管理或领导的单位

市委、市政府信访局
局长 孙树仁
副局长 王志卿
于卫国
王爱玲(女)
王希森

档案馆(档案局)
馆(局)长 杜思勤
副馆(局)长 曹永霞(女)
辛光辉(12月去世)
沈凤英(女)

接待处
处长 岳桂兰(女,12月离任)
副处长 吕宜民
宋卫民

老干部局
局长 陈继华
副局长 王业俊
孙建国
徐文勇(7月任职)

市级机关干部休养所
所长 王业俊

市政府研究室
主任 张玉武
副主任 王远
白元廷
田茂庚

地方史志办公室
主任 李民兴
副主任 郭能勇
郭大均(8月离任)
安永善(8月任职)
党组书记 李民兴

物价局
局长 宋建设
副局长 孙启林
单连荣
赵淑温
路荣伟
党组书记 宋建设
党组副书记 孙启林

招商局
局长 朱文平(兼)
副局长 贾刚
张建东
王玉周
党组书记 朱文平

经济协作办公室
主任 傅泗胜
副主任 李维华(8月离任)
王向阳
党组书记 傅泗胜

公用事业管理局
局长 张可君
副局长 陈新魁
党委书记 张可君

贸易局
局长 李延永
副局长 郭法礼
孔繁金(12月离任)
李庆洪

党组书记　李延永

中小企业局(乡镇企业管理局)

局长　韩大力(8月任职)
副局长　孙钰(8月任职)
孟繁远(8月任职)
李勇(8月任职)
綦振法(挂职,8月任职)
党组书记　韩大力(7月任职)
党组副书记　孙钰(7月任职)

房产管理局(挂住房制度改革办公室牌子)

局长　耿衍飞
副局长　张玉福(12月离任)
高林海
周茂双
党委书记　耿衍飞

引黄供水工程指挥部

指挥　孙即顺

农业机械管理局

局长　王家森
副局长　韩晓华
赵守明
党委书记　王家森
党委副书记　韩晓华

机械行业管理办公室

主任　赵建设
党总支书记　赵建设

轻工行业管理办公室

主任　岳志明
党总支书记　岳志明

纺织行业管理办公室

主任　赵悦杰
党总支书记　赵悦杰

建材冶金行业管理办公室

主任　穆立平(女)
党总支书记　穆立平(女)

化工行业管理办公室

主任　陈国营
党总支书记　陈国营

电子行业管理办公室

主任　刘秉敏
党总支书记　耿新伟

民主党派

中国国民党革命委员会淄博市委员会

主委　饶明忠
副主委　丁修海
王晓平(女)
王怀宾
王建国
秘书长　王怀宾
名誉主委　刘震
杨士祥

中国民主同盟淄博市委员会

主委　王延山
副主委　樊萍(女)
宋本善
林红霞(女)
秘书长　高清
名誉主委　王吉人

中国民主建国会淄博市委员会

主委　关玛莉(女)
副主委　李军生
王法亮
冯延博
毕永民
秘书长　王军

中国民主促进会淄博市委员会

主委　荣玮
副主委　许聿恒
姜尚敬
孟鸿声
秘书长　孟鸿声(兼,7月任职)
名誉主委　吴运康
名誉副主委　温玉琪

中国农工民主党淄博市委员会

主委　汤克仁
副主委　高晓霞(女)
曹元成
李居富
张京河
秘书长　张振宝
名誉主委　丁云鹏
名誉副主委　许汉民

九三学社淄博市委员会

主委　孟繁华
副主委　曹新忠
郭洪玉
秘书长　孙奉孝
名誉主委　李庆萱
名誉副主委　康英宗

致公党淄博市委员会

主委　吴宗杰
副主委　刘玉泽(女)
秘书长　丁涛

张店区

区委

书记　黄希俭
王咏(援藏)
副书记　许建国
周明
马国舟
韩昆山
杨爱群(1月任职)
刘丙伦(1月任职)
常委　黄希俭
许建国
周明
马国舟
王咏
韩昆山
杨爱群

刘丙伦
邵克武
孔令亮
陈　斌
傅曙光(女)

区人大常委会

主　　任　黄希俭
副 主 任　王玉美(女)
徐国庆
崔庆祥
尹立文
魏爱英(女)
昃向远
杨全华
邹大梅
田宜格
孙玉红(女)

区政府

区　　长　许建国
副 区 长　王　咏(援藏)
杨爱群
孙廷国
董学武
王立军
赵红霞(女)
傅国普
赵　峰
高　松(挂职,7月任职)
科技副区长　张　建(山东理工大学机械工程学院院长)

区政协

主　　席　周成国
副 主 席　刘俊梅(女,1月任职)
于周轩
许京水
王淑琴(女)
王建国
张庆盈(女)

区纪委

书　　记　周　明

淄川区

区委

书　　记　吴翠云(女)
副 书 记　王树槐
石广博
程光磊
孙来斌
邢化龙(挂职,3月离任)
刘文元(挂职,3月任职)
常　　委　吴翠云(女)
王树槐
石广博
程光磊
孙来斌
祁连山
邢化龙(挂职,3月离职)
刘文元(挂职,3月任职)
崔永军
杜振波
高　燕(女)
唐厚勤
马长水
张学峰(1月任职)

区人大常委会

主　　任　蒋宗海(1月任职)
副 主 任　李淑湘(1月离任)
张凤玲(女)
张广庆
韩克孝
牛爱茹(女)
李金孝
王秉忠
司衍会(1月任职)

区政府

区　　长　王树槐
副 区 长　孙来斌(7月任职)
陈涟远
侯　勇
吴振青(女)
林治国
孙英涛
李兰珉
白相房(援藏)
高　明(挂职,5月离任)
张尧标(挂职,5月任职)
李　涌(8月任职)
田贵山(挂职,8月任职)
科技副区长　董树亭(山东农业大学干部)
耿庆章(山东工业大学干部)

区政协

主　　席　蒋宗海(1月离任)
李淑湘(1月任职)
副 主 席　李梓源(1月离任)
李富余
王　曦(女)
魏新东
李作贵
苏成宝
唐凤德(1月任职)

区纪委

书　　记　石广博

博山区

区委

书　　记　阎西国
副 书 记　李树民
崔振德
刘荣喜
翟乃翠(女)
常　　委　阎西国
李树民
崔振德

刘荣喜
翟乃翠(女)
李继唐
徐　磊
陈德诚
韩克新
刘书宝
苗其山(7月离任)
周玉奇(7月任职)

区人大常委会

主　　任　阎西国
副 主 任　宋元爱(女)
肖金星
曹在顺
王文琪
韩克忠
吴立胜
刘持太
张荣孔
张汝震

区政府

区　　长　李树民
副 区 长　刘荣喜
黄汝丰
王济众
王长春(女)
王　勇
申维龙
王守山
赵玉刚(挂职,7月任职)
科技副区长　邹广德(山东工程学院汽车学院副院长,9月离任)
陈大明(博航电子陶瓷股份有限公司董事长,9月离任)

区政协

主　　席　李祖晨
副 主 席　冯彦博
岳永禧
焦方乾
穆秋萍(女)
杨　博(女)
王希忠

区纪委

书　　记　翟乃翠(女)

临淄区

区委

书　　记　解维俊
副 书 记　唐福泉
毕荣青(女)
田建民
胡博生
许子森
万存周(挂职,3月离任)
常　　委　解维俊
唐福泉
毕荣青(女)
田建民
胡博生
许子森
万存周(挂职,3月离任)
孙继庆
王秀荣(女)
刘志同
巩曰锋
王召槐
刘忠远
贺　民(挂职,3月任职,7月离任)
张　魁(挂职,7月任职)

区人大常委会

主　　任　解维俊
副 主 任　刘同信
李建美(女)
王洪英(女)
王效斌
张振富
马运贵
姜国桥
路剑三
刘孝林
单台阶
王延珍(1月任职)

区政府

区　　长　唐福泉
副 区 长　田建民
张京河
李胜联
乔昌明
孙海青(女)
傅　军
张士友
谭相海(挂职,5月离任)
刘雪杉(挂职,5月任职)
于先进(挂职,9月任职)
科技副区长　孙玉华(临淄区地税局局长、党组书记,9月离任)

区政协

主　　席　吴　军
副 主 席　于守身
柳文勇
王新荣
徐秋月(女)
于　海
武守南

区纪委

书　　记　胡博生

周村区

区委

书　　记　陈　勇
副 书 记　丛锡钢
王明智

宋振波
任传斗
周少华(挂职,3月离任)
康仲新(1月任职)
李枝叶(挂职,3月任职)

常　委　陈　勇
丛锡钢
王明智
宋振波
任传斗
周少华(挂职,3月离任)
康仲新
李枝叶(挂职,3月任职)
王泮义(7月离任)
吕　伟
李家玉
常跃之
陈　茜(女)
葛树军(7月任职)

区人大常委会

主　任　陈　勇

副主任　周克达
房爱英(女)
王大友
李军生
王远明
李国经
韩桓祥
贾延荣
朱玉炜

区政府

区　长　丛锡钢

副区长　宋振波
韩俊勇
李作霖
王　健
解翠红(女)
尹　鹏
张云超(挂职,4月离任)
黄宝传(挂职,4月任职)
王好臣(挂职,10月任职)

科技副区长　丁乃水(淄博市地税局局长助理、周村区地税局局长、党组书记,10月离任)

区政协

主　席　张德业

副主席　刘学忠
王翔宇
曹元成
徐盛源
田树军
李玉清(女)

区纪委

书　记　任传斗

桓台县

县委

书　记　王树武

副书记　徐建祥
王可杰
张善忠
张守君(女)
李凤华(挂职,3月离任)
吕永前(1月任职)
夏爱忠(3月任职)

常　委　王树武
徐建祥
王可杰
张善忠(1月离任)
张守君(女)
李凤华(挂职,3月离任)
吕永前
夏爱忠(3月任职)
张　明
申佃军
刘春杰
荆树璞(1月离任)
邵明义
伊茂彦
王树银(1月任职)

县人大常委会

主　任　王树武

副主任　任德盈
宋丰沼
邓永和
李庆元
韩家秀
荆象兰
国新德
孙荣梅(女)
王克海

县政府

县　长　徐建祥

副县长　张善忠(1月离任)
王树银
孙元亮
刘春杰
荆树璞(1月任职)
高连义
蒲先农
马　靖(女)
李　楠(挂职,3月离任)
孔　毅(3月任职)
易维明(挂职,7月任职)

县政协

主　席　尹德喜

副主席　巩秀兰(女)
李向莲
曹永振
毕叔平
张连勋
裴培科

县纪委

书　　记　王可杰

高青县

县委

书　　记　张建祥
副 书 记　蒲绪章
杨洪涛
张洪范
侯全明
常　　委　张建祥
蒲绪章
杨洪涛
张洪范
侯全明
孙立国
吕瑞常
聂建军
张翠芬(女)
邢立国
王秀辉

县人大常委会

主　　任　张建祥
副 主 任　曹国孝
崔向胜
赵振亭
张　瑞
苗光学
尹在鲁
王江宁
高爱兰(女)

县政府

县　　长　蒲绪章
副 县 长　杨洪涛
刘云燕
孙玉峰
白明河
崔新花(女)
胡志峰
于　军
张成利(援藏)
王相友(挂职,7月任职)

县政协

主　　席　陈国华(女)
副 主 席　傅跃岭
梁爱珍(女)
张振棣
曹建民
李俊国
吴志明

县纪委

书　　记　侯全明

沂源县

县委

书　　记　王世庆
副 书 记　韩国祥
王永胜
徐和峰
谭秀中
张　龙(挂职)
常　　委　王世庆
韩国祥
王永胜
徐和峰
谭秀中
张　龙(挂职)
王克明(5月离任)
赵希忠
孟丽莉(女)
潘荣文
陆汉明
孙兆同
刘传新
陈炳坤

县人大常委会

主　　任　王世庆
副 主 任　周仕来
冯德昌
尹玉法
王兴民
房思俊
曹秀芹(女)

县政府

县　　长　韩国祥
副 县 长　王永胜
陈兆爱(女)
李明涛
朱庆雷
翟惠博
李庆彪
马汇泉(挂职,7月任职)
科技副县长　刘在明
柴　文(挂职,7月离任)
王福栋(挂职,12月任职)

县政协

主　　席　周世莲(女)
副 主 席　朱道喜
李增泰
董玉贞(女)
陈传禄
朱万玲
夏传富(1月任职)

县纪委

书　　记　谭秀中

淄博高新技术产业开发区

中共淄博高新技术产业开发区工作委员会

书　　记　崔洪刚(兼)
常务副书记　刘少村
副 书 记　宋红兴
潘公仁
韩志强

孙兆海
李新胜(1月任职)

淄博高新技术产业开发区管委会
主　　任　崔洪刚
副 主 任　刘少村
宋红兴
潘公仁
韩志强
李新胜(1月任职)
陈长明
刘兆东
陈　刚
魏修亭(挂职,8月任职)

纪委(监察局)
书　　记　孙兆海
局　　长　郭　成

党委、管委会办公室
主　　任　侯希智

组织人事部(劳动和社会保障局)
部长(局长)　徐传利

经济发展局
局　　长　孙　刚

规划建设土地局
局　　长　赵衍杰

财政局
局　　长　孙兆科

审计物价局
局　　长　刘中兴

地方经济社会事业管理局
局　　长　花光常

开发区人民法院
院　　长　鹿奉俊
副 院 长　张秀君(女)
张明洲
党组书记　鹿奉俊

开发区人民检察院
检 察 长　韦良怡
副检察长　王光胜(9月离任)
马连生
党组书记　韦良怡

市公安局开发区分局
局　　长　李恒文(12月离任)
伊若健(12月任职)
政　　委　王若谦(11月任职)
副 局 长　王庆伟
王保平
张建华
党委书记　李恒文
伊若健(11月任职)

淄博齐鲁化学工业区

中共淄博齐鲁化学工业区工作委员会
书　　记　解维俊
副 书 记　唐福泉
毕荣青(女)

淄博齐鲁化学工业区管理委员会
主　　任　唐福泉
副 主 任　毕荣青(女)

中国人民解放军淄博军分区

党委第一书记　张建国
书　　记　韩世幸
副 书 记　鞠洪仑
司 令 员　鞠洪仑
政治委员　韩世幸
副司令员　赵宁杰
副政治委员　武卫国
徐　强
侯希禄
参 谋 长　牟志斌
政治部主任　王建博
后勤部部长　荆树富

中国人民武装警察部队淄博市支队

支 队 长　张成让
第一政委　岳华东
政　　委　王子江(12月离任)
荣先锋(12月任职)
副支队长　董国禄(12月离任)
赵学强
副 政 委　张有财(12月离任)
金修河(12月任职)
参 谋 长　庄仁昌
政治处主任　张桂学
后勤处处长　袁　东(7月离任)
郑洪启(7月任职)

国务院部属、省属单位

中国石化集团齐鲁石油化工公司
经　　理　张瑞生
副 经 理　吴　耘
翟丕沐
刘博学
党委书记　席秀海
党委副书记　王洪亮
刘长新

中国石油化工股份有限公司齐鲁分公司
经　　理　张瑞生
副 经 理　师树才(1月离任)
范继宽(1月离任)

中国石化齐鲁股份有限公司
董 事 长　张瑞生
副董事长　席秀海
经　　理　王浩水
副 经 理　宋力航

山东铝业公司
经　　理　刘云鹏(11月离任)
王再云
副 经 理　宋文清(11月离任)
徐玉柱
于　健(11月任职)
党委书记　刘庆科(11月离任)

刘云鹏(11月任职)
党委副书记　高祀胜(11月离任)
尹雪春(11月任职)

中国铝业股份有限公司山东分公司
总经理　刘兴亮
副总经理　刘庆科(11月离任)
刘云鹏(11月行职)

山东铝业股份有限公司
董事长　刘兴亮
副董事长　刘庆科
总经理　王再云(11月离任)
金永静(11月任职)
副总经理　冯长森(11月离任)
金永静(11月离任)
侯　健
刘昌俊(11月任职)
高贵超(11月任职)
王克岳(11月任职)

淄博矿业集团有限责任公司
董事长　马厚亮
副董事长　蒋　杰
总经理　张寿利
副总经理　张传业
张　文
段绪兵
赵清珠
王　勇
徐其端
党委书记　蒋　杰
党委副书记　马厚亮
张道伦

淄博市邮政局
局长　程昭湖(8月离任)
李明光(8月任职)
副局长　宋立华
陶　杰
许同博
李勇林
党委书记　程昭湖(8月离任)
李明光(8月任职)

中国网通(集团)有限公司淄博分公司
总经理　闫万刚
副总经理　张奎保(7月离任)
姜立峰(女)(7月离任)
闫长军(7月离任)
吴景福(1月离任)
李　涛
白廷发(7月任职)
刘　涛(7月任职)
韩金祥(7月任职)
党委书记　闫万刚

中国联通有限公司淄博分公司
总经理　陈　刚
副总经理　苏晓华
张继东
党委书记　陈　刚

山东移动通信公司淄博分公司
总经理　李建新
副总经理　秦志敏(女)
刘　鹏
孙晓燕(女)
党委书记　李建新

淄博市气象局
局长　贺业坤
副局长　王俊华
臧传花(女)
党组书记　贺业坤
党组副书记　刘春明

淄博供电公司
总经理　张正辉(11月离任)
孙锁文(11月任职)
副总经理　文鸣鑫
綦海昌
张　鑫
党委书记　张玉兰(女)

淄博市国家税务局
局长　张文泉
副局长　王衍明
戴继锋
王　莉(女)
黄玉远
党组书记　张文泉

淄博市地方税务局
局长　于　波
副局长　张谦明
崔建国
衣建军
石光华
党组书记　于　波

淄博市工商行政管理局
局长　孙运祯(6月离任)
王传新(6月任职)
副局长　马立山
谭培泉
巩庆华
张传孝
栾召金
刘　路(女，挂职)
党委书记　孙运祯(6月离任)
王传新(6月任职)
党委副书记　马立山

淄博市质量技术监督局
局长　张闽生(3月离任)
副局长　贾　峰
王建立
赵　军
张　涛
党组书记　张闽生(3月离任)
党委副书记　贾　峰(3月任职)

国家安全局
局长　赵水清
党委书记　赵水清

中国人民银行淄博市中心支行(与国家外汇管理局淄博中心支局合署)
行　　长　贾广军
副 行 长　韩　伟
　　　　　徐忠波
党委书记　贾广军

中国银行业监督管理委员会淄博监管分局
局　　长　毕继繁
副 局 长　郝　军(3月任职)
　　　　　陈保君
　　　　　姜立惠
党委书记　毕继繁

中国工商银行淄博市分行
行　　长　李跃刚
副 行 长　韩庆德
　　　　　王国友
　　　　　王立亭
　　　　　刘玉玲(女,3月离任)
　　　　　石志国
　　　　　刘新武
党委书记　李跃刚

中国农业银行淄博市分行
行　　长　尹德凯
副 行 长　刘永生(3月离任)
　　　　　宋作家
　　　　　臧汝舜
　　　　　韩怀德
党委书记　尹德凯

中国建设银行淄博市分行
行　　长　马天军
副 行 长　曹元吉
　　　　　娄文杰(女)
　　　　　孙兆鹏
　　　　　王超军(10月任职)
党委书记　马天军

中国农业发展银行淄博市分行
行　　长　柴洪德
副 行 长　柘林虎
党委书记　柴洪德

中国银行淄博分行
行　　长　李　光(10月离任)
　　　　　李进生(10月任职)
副 行 长　陈　涛(10月离任)
　　　　　周曙光
　　　　　邓德旭
党委书记　李　光(10月离任)
　　　　　李进生(10月任职)

交通银行淄博分行
行　　长　辛　杰
副 行 长　巩庆勇
　　　　　赵纪庆
　　　　　张　勇(5月任职)
党委书记　辛　杰
党委副书记　刘新亭

中国人民保险公司淄博分公司
总 经 理　李福胜
副总经理　赵德亭
　　　　　张建国
　　　　　冯延辉
党委书记　李福胜

中国人寿保险公司淄博分公司
总 经 理　王　杰
副总经理　王晓明
　　　　　关明明
党委书记　王　杰

中国太平洋财产保险股份有限公司淄博中心支公司
总 经 理　项海涛(1月任职)
副总经理　关庆杰(1月任职)
　　　　　国先建(1月任职)
　　　　　孙　俊(1月任职)
党委书记　项海涛(1月任职)

中国太平洋人寿保险股份有限公司淄博中心支公司
总 经 理　陈昌诚
副总经理　高　军
　　　　　陶颖倩(女)
党委书记　陈昌诚

中国平安保险股份有限公司淄博支公司(寿险)
总 经 理　武维根(6月离任)
　　　　　韩玉斌(6月任职)
副总经理　(缺职)
党组书记　武维根(5月离任)
　　　　　韩玉斌(6月任职)

中国平安保险股份有限公司淄博支公司(财险)
总 经 理　苗　江(8月离任)
　　　　　钱　风(8月任职)
　　　　　钱　风(10月离任)
　　　　　刘俊龙(10月任职)
副总经理　刘俊龙(10月离任)
　　　　　毕新宇(女)
　　　　　高东明(4月任职)
党组书记　苗　江(8月离任)
　　　　　刘俊龙(10月任职)

中华人民共和国淄博出入境检验检疫局
局　　长　王兆勇(10月离任)
　　　　　郭利军(10月任职)
副 局 长　王作来(10月离任)
　　　　　王克刚(3月任职)
党组书记　王兆勇(10月离任)
　　　　　郭利军(10月任职)

中华人民共和国淄博海关
关　　长　远　林
副 关 长　毛　峰
党组书记　远　林

淄博市丝绸公司
经　　理　张继敏(8月离任)
　　　　　焦连栋(8月任职)
副 经 理　焦连栋(8月离任)
　　　　　(缺职)
党委书记　张继敏(8月离任)
　　　　　焦连栋(8月任职)
党委副书记　焦连栋(8月离任)

淄博市烟草专卖局(公司)

局　　长　李新国(10月离任)
　　　　　傅体兴(10月任职)
总 经 理　李新国(10月离任)
　　　　　傅体兴(10月任职)
副 局 长　陈维德(12月离任)
　　　　　王洪波(10月任职)
　　　　　于纪纲
副总经理　王洪波(10月任职)
　　　　　耿玉喜
　　　　　蔡庆胜(10月离任)
　　　　　翟　义
党委书记　李新国(10月离任)
　　　　　傅体兴(10月任职)
党委副书记　陈维德(12月离任)
　　　　　王洪波(10月任职)

淄博市黄河河务局

局　　长　刘友文
副 局 长　李振玉
　　　　　邱广忠
　　　　　赵建勇(4月任职)
党组书记　刘友文

淄博市药品监督管理局

局　　长　王谋昌
副 局 长　王在方
　　　　　王立民
　　　　　林炳勇(挂职,6月任职)
党委书记　王谋昌

(陈思林　杨新国　范新刚
熊　欣　李　莹　整理)

经济和社会发展

【国民经济】 是年,全市完成地区生产总值1430.95亿元,增长17.1%。规模以上工业实现增加值771.25亿元,增长27%;实现销售收入2747.44亿元、利税285.68亿元、利润162.75亿元,分别增长45.57%、43.37%和54.63%。全市完成各项税收145.15亿元,增长24.98%;境内财政总收入160.59亿元,增长24.35%,其中地方财政收入64.13亿元,增长28.16%。全市实现社会消费品零售总额430.94亿元,增长15.9%;全市规模以上固定资产投资649.48亿元,增长37.8%。12月末,金融机构各项存款余额1104.94亿元,比年初增长15.68%;各项贷款余额737.04亿元,比年初增长13.24%。

【经济结构调整和增长方式转变】 工业支撑带动作用进一步增强。万杰集团等7家企业入围中国1000家最大企业集团,全市销售收入过10亿元的企业达到40家,其中过50亿元的6家。全市新增中国名牌9个,山东名牌45个,中国驰名商标4件,山东省著名商标29件。自主创新和高新技术产业发展实现新突破。东岳集团离子膜等一批高新技术项目顺利实施,国家工业陶瓷材料工程技术研究中心被科技部批准组建,填补了山东工业领域的空白。全市国家级研发中心达到5家,省级研发中心达到58家。新增高新技术企业48家,高新技术产业产值完成756.41亿元,占规模以上工业总产值的比重比上年提高2.7个百分点。建设节约型社会工作全面展开,全市万元生产总值能耗降低5%。服务业发展日趋活跃。陶瓷科技城、义乌小商品城、金宝岛大厦、易初莲花等流通重点项目建设进展顺利。以齐文化为重点的旅游开发取得新进展,建成一批旅游项目和配套设施,实现国内旅游总收入63.6亿元,增长33.85%。现代物流、房地产、社区服务等各项服务业加快发展。现代农业稳步发展。农业内部结构继续优化。农业区域化布局、标准化生产、产业化经营迈出新步伐。农业综合生产能力建设得到加强,全年粮食总产131.57万吨,增长13.1%。

【城市现代化建设和城乡区域统筹发展】 新城区6条骨干道路基本建成,部分重点工程加紧规划设计并陆续开工。老城区改造规划分步实施,重要路段、区域的改造步伐加快,改造排水管网10.2公里,全面治理小街巷216条,新建、改造公厕89座。各区县城区面貌明显改观。济青高速南线淄博段建设进展顺利,胶王路、博沂路、张博路附线、柳泉路北延及跨线桥等建成通车,昌国路立交桥建设正式启动。实施碧水蓝天行动计划,加强水污染、大气污染和结构性污染防治,加大城乡环境综合整治力度,推进封山育林、平原绿化、绿色通道和"因景植绿"工程建设。全市新增园林绿地647公顷,绿地率达到32.2%,成功创建国家园林城市。全市5座大中型水库及30座小型水库除险加固、孝妇河干流治理示范段工程、淄河临淄城区段二期工程等水利重点工程进展顺利。基本实现了村村通油路、村村通客车。年内解决了71个村、5.3万人的吃水问题。鼓励和引导强区县加快发展,加大对高青、沂源的扶持力度,全市区县域经济呈现出强区县更快更好发展,欠发达县奋力赶超、位次前移的可喜局面。

【体制改革和对外开放】 国有资产管理体制、财税体制、行政管理体制、投资体制和金融、粮食、价格、社会事业等领域的改革扎实推进。国有粮食购销企业改革基本完成。农村税费改革取得重要突破,全市全部免征了农业税,区县、乡镇财政体制进一步理顺。全市非公有制经济增加值完成817.97亿元,占地区生产总值的比重达到57.2%。成功举办第四届新材料技术论坛暨国际科技成果招商洽谈会、陶瓷博览会暨第十三届世界瓷砖大会、齐文化旅游节、聊斋文化旅游节、旱码头旅游文化节等系列经贸文化活动。全市实际到位外来投资157.2亿元,增长19.6%;实际利用外资4.12亿美元,增长13.9%,其中外商直接投资3.19亿美元,增长3.1%。全市完成进出口总值31.35亿美元,增长17.7%,其中出口20.17亿美元,增长39%。新增境外投资企业9家。对口支援菏泽东明县、西藏昂仁县工作扎实有效开展。

【社会事业发展和构建和谐社会】 全市完成各类科技成果136项,申请专利1865件,再次成为全国科技进步先进城市。农村中小学布局调整进展顺利,危房改造工程基本完成,筹资1000万元对19260名家庭困难学生实行了"两免一补",全市升入大学本科人数首次突破1万人。全市高等院校达到12所,在校生9.28万人。医疗卫生服务体系建设步伐加快,年内新完成400处村卫生室规范化改造,对9处乡镇卫生院进行改貌建设。加强农村药品"两网"建设,网络覆盖率达到100%。新型农村合作医疗试点农民参合率达到88.3%。深入开展全民健身运动,成功举办市第十四届运动会,在全国第十届运动会上淄博籍运动员取得4金、3银、4铜的好成绩。全市人口自然增长率控制在3.86‰,出生性别比下降1个百分点。广播电视数字化工程顺利推进。在全省率先建立市级支持下岗职工就业再就业小额贷款担保基金，全市新增就业再就业11.8万人，城镇登记失业率控制在3%。实施“阳光工程”，完成农村劳动力培训2.32万人，转移就业2.2万人。城镇社会保障覆盖面进一步拓宽，农村低保全面推开。制定出台失地农民基本生活保障制度实施办法，在全省率先推行工伤保障支付办法。全市城市居民人均可支配收入达到12032元，增长20.8%；农民人均纯收入达到5107元，增长15.24%。市政府为人民群众所办12件实事如期完成。“平安淄博”建设扎实推进，社会治安状况良好，基层公检法基础设施建设普遍得到加强，成为全国科技强警示范城市。安全生产形势基本稳定，全市事故起数、死亡人数和经济损失明显下降。成功创建了首批省级文明城市。 （魏新军）

经济体制改革

【企业产权制度改革】 2005年，针对部分企业改制不到位、股权没有变更、法人治理结构不完善等情况，采取有效手段，督促企业重点在改制程序、股权设置、法人治理结构完善等方面进一步规范改制。引进战略投资者，对国有企业进行资产重组。推动企业实现产权多元化，形成经营者持大股、经营层骨干团体持股的结构，促进企业机制转换，激发企业经营活力。年内，新发起设立1家股份有限公司；有9家非上市股份公司完成了2.1亿股公有资产退出，回收资金1.7亿元，扩大股本9000万股。

【加强对企业规范运作的监管】 为抓好非上市股份公司的规范运作，提高全市股份公司经济运行质量，年初下发《全市非上市股份公司年度审计的通知》，对全市股份公司2004年度审计、分红工作进行全面部署。从年度审计、召开股东大会、股权转让、信息披露、分红等关键环节加大督查工作力度，选定10家运作规范的公司督促其带头分红。全年有109家公司进行年度审计（审计面达到95%以上），68家公司召开年度股东大会，32家公司进行分红，12家公司公布年度公告。

【上市融资工作】 是年，由于国家在资本市场推行各项改革和加强制度建设，国家证监会暂停发行和增发新股，原计划在主板上市的企业受到影响，但淄博市仍积极推进上市融资工作。9月8日，瑞阳制药在新加坡证券交易所实现上市，发行股票7340万股，募集资金1200万美元，公司总股本达到3.44亿股，成为淄博市首家在境外上市的公司。至此，淄博市在沪、深、港及新加坡证券市场上市的公司达到13家，上市公司股票数达到15支，数量位于全省前列。

附：

淄博市上市公司有关情况一览表

序号	上市公司名称	上市地	发行方式	上市日期	流通股（万股）	总股本（万股）	募集资金（万元）
1	大成农药	上海证券交易所	A股	1995—12—06	9682.96	18584.91	32970.25
2	华光陶瓷	深圳证券交易所	A股	1996—11—18	11955.40	25925.44	28756.80
3	鲁信高新	上海证券交易所	A股	1996—12—25	6489.60	20227.89	14033.60
4	新华制药	深圳证券交易所	A股	1997—08—06	7615.33	45731.28	83080.90
		香港中央证券登记有限公司	H股	1996—12—31	15000.00		
5	齐鲁石化	上海证券交易所	A股	1998—04—08	35000.00	195000.00	175000.00
6	山东铝业	上海证券交易所	A股	1999—06—30	16000.00	56000.00	55840.00
7	万杰高科	上海证券交易所	A股	2000—01—13	21131.50	53625.00	82682.00
8	鲁泰A	深圳证券交易所	A股	2000—12—25	14196.00	42243.24	109480.00
	鲁泰B	深圳证券交易所	B股		16224.00		
9	山东药玻	上海证券交易所	A股	2002—06—03	4800.00	12361.12	40123.50
10	金晶科技	上海证券交易所	A股	2002—08—15	4550.00	12590.50	33530.00
11	新华医疗	上海证券交易所	A股	2002—09—27	2940.00	8582.00	20040.00
12	博汇纸业	上海证券交易所	A股	2004—05—24	7000.00	18000.00	78400.00
13	瑞阳制药	新加坡证券交易所	S股	2005—09—08		34400.00	1200万美元

【上市后备资源培植工作】 为扎实做好上市后备资源培植工作，对全市上市后备资源库进行调整和完善，根据企业的具体情况分别选择不同的证券市场，有针对性地进行上市指导。对条件成熟的企业适时引导进入上市辅导期，帮助企业选择实力强的中介机构，努力降低上市运作成本，及时解决有关企业上市过程中遇到的各种问题，认真起草、完善企业上市有关材料，与省发改委、济南证监局及时进行沟通与协调，加快企业的上市进程。2005年，全市有3家企业向国家证监会报送了上市材料，3家公司完成辅导验收，7家企业结束上市辅导，1家企业进入上市辅导期。

【上市公司股权分置改革】 8月，国务院发布《关于上市公司股权分置改革的指导意见》，省委、省政府要求上市公司尽快完成股权分置改革。针对淄博市上市公司的特点，市委、市政府对全市上市公司股权分置改革工作进行研究部署，拟定了全面推动上市公司股权分置改革的工作计划。11月，成立上市公司股权分置改革领导小组，统一指导和协调全市上市公司股权分置改革工作。市政府召开全市上市公司股权分置改革座谈会，对进一步做好股权分置改革工作进行部署。下发《关于加快推进全市上市公司股权分置改革的意见》，进一步明确股改工作目标、步骤、时限和责任。至年底，博汇纸业股份有限公司率先完成股权分置改革，该公司也是国内造纸行业首家完成股改的公司。金晶科技、山东药玻股份有限公司的股改方案已获得上交所批准，其他公司也分别制定了股改方案并逐步实施，全市股改工作进展顺利。

全市上市公司股权分置改革工作座谈会
（市经济体制改革办公室　供稿）

【天同证券委托理财的个人债权甄别确认工作】 2005年，天同证券有限责任公司的资产委托管理业务出现严重问题，共波及到全省5个城市。为维护社会稳定，省委、省政府拿出了优先赔付个人债务的解决方案，要求各地市政府在一个月时间内对所有个人债权进行甄别确认。3月18日，根据省、市政府的统一安排，淄博市成立天同证券个人债权甄别确认工作小组，并入驻天同证券淄博中心营业部，对天同证券个人债权进行甄别确定。个人委托理财涉及到淄博市的有3128人，占全省的65％，合同总金额2.93亿元。确认工作按照“先易后难，分段实施，先试点后推开”的工作思路展开，历时30余天，对全市3128份个人债权进行了全部确认。4月底，确认工作通过省工作组的验收。

【稳妥处理报价系统遗留问题】 2005年，全市还有36家摘牌公司的流通股尚未得到妥善解决，其中20家公司是以持股分红方式摘牌的，存在着不同程度的不规范问题，成为股民最关心的热点问题。为督促摘牌企业做好规范运作，采取各种方式引导公司高管人员提高对摘牌公司特殊性的认识，加强高管人员的社会责任感，积极引导企业回报社会投资者，走上良性发展轨道。年内，有9家摘牌公司召开股东大会，5家刊登年报，3家实施分红。兰雁集团股份有限公司实施了流通股及法人股的回购。针对大宗股权过户出现的问题，制定《淄博市股份公司大宗股票非交易过户管理意见》，规范大宗股票的过户行为。继续做好信访工作，本着为政府、为企业、为投资者负责的原则，主动走访上访大户，进行面对面的沟通，有效地化解矛盾。全年共接待股民电话咨询、到访500人次。

【协调、指导县域经济加快发展】 是年，按照省委、省政府《关于加快县域经济发展的意见》的要求，加强对临淄区、淄川区、周村区、桓台县4个经济强区县发展情况的协调指导，建立起上下互通的工作机制。为促进4个强区县落实好经济发展目标，及时调度情况、反馈信息，县域经济呈现出强劲的发展势头。根据省发改委的要求，按照省县域经济发展评价体系与考评办法，完成了对4个区县的测评工作。1月，国家发改委批准周村区王村镇为国家第一批发展与改革试点镇。为做好王村镇的试点工作，研究制定试点方案，指导试点镇按照方案有计划、有步骤地全面展开工作。

【发挥中介机构的职能】 2005年，继续以全市经济鉴证类中介机构联合会为平台，指导中介机构诚信执业，加强会员单位之间的交流与协作，促进中介机构加强行业自律、诚信经营、规范发展。为扩大中介机构联合会的凝聚力和社会影响力，对21家联合会会员单位进行宣传，通过《淄博日报》先后推出10期系列报道。积极维护中介机构的正当权益，针对部分会员单位反映的问题，与有关部门进行协调，使问题得到满意解决。同时，对照省发改委出台的股份制资质标准，对全市30余家有资质中介机构的2004年度股份制资格进行了材料审核和上报。（臧艳芬）

经济技术联合与协作

【经济技术协作】 年内，积极组织市内企业同其他地市开展多种形式的经济技术协作与联合，加强同省内外部分高等院校、科研单位的科技协作交流，为当地企业对外经贸合作牵线搭桥，促成一批联合协作项目。4月，组织代表团参加第九届中国东西部合作与投资贸易洽谈会，签订合作项目合同、协议8个，项目总金额1.06亿元，其中引进外地资金2600万元。7月，组团参加第六届中国青海结构调整暨投资贸易洽谈会，签订合同3个，投资贸易额8500万元。

【区域合作】 重点参与环渤海地区市长（专员、盟长）联席会组织的各项区域协作活动。1. 认真落实环渤海地区市长联席会第十一次会议关于成立环渤海地区企业合作促进会的决定。年内，组织4家企业加入促进会，并组团参加在天津举行的环渤海地区企业合作促进会成立大会。2. 加强与环渤海地区城市间的交流。淄博市加入环渤海地区城市信息合作网，促进了区域经济发展。6月，接待环渤海地区市长联席会办公室有关人员到淄博市进行调研。3. 实施“走出去”发展战略。积极与环渤海市长联席会联合办公室协调，争取优惠政策，组织部分相关单位、企业参与天津滨海新区的开发建设。

【对口支援】 根据2005年全省对口支援工作会议的部署要求，进一步推进淄博市的对口支援工作。一是加强对口支援新疆工作。根据省政府办公厅下发的《关于实施新疆农村贫困户危房改造工程的通知》要求，市政府研究决定从2005年开始，淄博市每年拿出60万元资金支援新疆地区农村贫困户危房改造工程，连续支援3年。二是继续做好对口支援三峡库区忠县工作。5月，接待忠县政府对口支援考察团到淄博市考察。其间，考察团到张店区、临淄区进行实地工作考察，并就相关对口支援项目进行协商洽谈。张店区的淄博华信化工股份有限公司与忠县的重庆皇华建设集团有限公司就合作建设1.5万吨轻钙生产线项目达成合作意向。8月，淄博市参加了山东省政府在忠县召开的忠县对口支援工作座谈会，并对忠县进行了考察。市政府确定2005年援助忠县50万元资金用于忠县经济建设。三是搞好对口支援西藏工作。10月下旬，派出考察团赴西藏看望援藏干部，并与援藏干部召开座谈会，就有关援藏资金和项目的落实进行了衔接和协商。

【三峡库区农村外迁移民安置工作】 一是继续加强对三峡移民帮扶工作力度。在全市移民安置村普遍开展"一帮一、二帮一"活动，大部分移民初步掌握了迁入地的生产、生活技能。二是多方开拓移民就业门路。大多数移民安置镇、村根据移民的特长和具体情况，为移民提供务工信息，尽力创造就业机会。三是积极扶持移民开展个体经营。各级政府和部门都积极帮助愿从事二、三产业的移民协调关系、办理手续，使他们从事合法经营。有关部门在营业场所、证照办理、税收等方面为移民提供方便。四是做好对移民生产技能培训工作。有条件的乡镇都以村为单位对移民进行培训，学习有关生产方面的知识。有的村还聘请有关专家，为在种植、养殖方面谋求发展的移民举办专题学习班。五是做好移民子女的入学和帮扶工作。各区县都把移民学生安排在各镇最好的中、小学，每个学生都有两名以上品学兼优的学生进行帮扶，开展"手拉手、心连心"互帮互学活动。

及时发现和消除移民中出现的不安定因素。针对移民中出现的不安定因素，全市各级政府和移民管理部门高度重视，严格落实上级精神，采取措施，认真抓好移民稳定工作。首先在各级移民管理部门落实分工负责制，一级抓一级，做到责任到位，任务到人，确保移民稳定工作有人管、有人问，出了问题有人负责；各级建立健全领导定期接待移民来访岗位责任制、重大移民信访事项督查督办制、移民信访首问责任制和移民信访工作责任追究制等各项制度。同时还在全市范围认真开展移民信访专项治理工作，督促各级移民管理机构的领导及有关工作人员，深入基层，调查研究，倾听移民意见，现场办公解决具体问题，努力把问题解决在基层，妥善处置和解决了全市移民中发现的多起可能引起移民上访的矛盾问题。

强化移民资金管理和使用。市移民安置办公室按国家、省、市移民资金拨款计划，认真编制全市三峡移民资金的使用计划，进一步加强移民资金的使用与管理，严格做到专款专用。至年底，国家及省、市各类资金已全部到位，全年共拨付、使用移民资金200余万元，每笔资金都行文下发，保证移民资金的管理使用分类清楚，有章可依。全年移民资金管理使用工作受到省移民办的表彰。

截至年底，全市共安置三峡库区外迁移民两批307户、1239人(另有随迁人员4人)。两批移民均来自三峡库区开县渠口镇，分别安置在张店、博山、淄川、周村、临淄和桓台6个区县的28个乡镇、71个村。12月，对全市三峡移民稳定情况进行全面调查，调查结果显示迁入淄博市的三峡移民总体情况良好，思想稳定，生产生活正常，各项政策和措施都得到了较好地落实。全市307户移民中，有236户的收入已达到或超过当地农民人均水平，占全体迁入移民户的76.4%。在当地经商办企业的移民48户，户均年收入平均达到19500元；到外地打工的移民168人，人均年收入达到7600元。迁入的三峡移民正逐步融入当地社会之中，初步实现了三峡移民安置"迁得出，稳得住，逐步能致富"的目标。(赵继国)

社会主义精神文明建设

【概况】 2005年，以积极争创全国创建文明城市工作先进城市为目标，大力实施城乡环境综合整治、创建服务品牌、城乡社区建设、市民素质教育四大工程，突出抓好未成年人思想道德建设、学习型城市建设、诚信建设、"温馨社区"和农村"三个一"工程五个重点，全面加强"文明淄博"建设和文明城乡创建工作，市民素质和城市文明水平显著提高，全市精神文明建设工作呈现出全面推进，健康发展的良好态势。11月3日，在全省精神文明建设工作表彰大会上，淄博市作为首批省级文明城市受到省委、省政府表彰，实现了年初制定的工作目标。中央文明办在《精神文明建设》第31期以《淄博市创建文明城市工作坚持"四个重在"》介绍了"创城"的经验和做法。

【创建文明城市工作】 市委、市政府把创建文明城市作为工作重点之一，确立"全力创建首批省级文明城市，积极争创全国创建文明城市工作先进城市"的工作目标。按照市委、市政府的工作部署，全市上下全面落实各项任务。一是建立高效有力的创建领导机制。成立由市委、市政府主要领导任组长的"创城"领导小组，领导小组下设办公室，办公室下设6个专业组。各区县、市直各部门也都成立相应组织机构，强化"一把手"第一责任人的责任。二是坚持条块结合、齐抓共管，建立高效工作运行机制。集中"创城"阶段，坚持"一天一调度、一天一督查、一天一汇总、一天一对接、一天一简报、一天一报道"的工作制度。根据群众集中反映的问题，下发督办单200多份，督促协调有关部门、单位，在限定的时间内迅速解决，确保创建工作紧张有序、高效运转。三是强化宣传发动，动员全民行动，形成立体推进的创建格局。全市各新闻单位和网络媒体都开辟专题、专栏，集中时间、版面，及时、准确、迅速、有力地对"创城"工作进行了高密度、大容量、立体式的宣传报道，共刊发稿件800多篇(条)，刊播公益广告3000多条(次)。制作"创城"电视专题汇报片，编辑印发51期工作简报，统一制发宣传口号，印制《宣传提纲》和宣传画。全市先后在市区主要街道和出租车悬挂(贴)条幅8530条，设置大型户外广告牌110块，设置道路宣传竖幅3660条(面)，发放宣传材料93万份，编辑出版了36万字的《文明的脚步——淄博市创建文明城市十五年纪实》。四是集中解决突出问题，努力为群众办实事、办好事。坚持以人为本，结合创建活动，集中解决一批群众关注的热点、难点问题。其间，全市政务环境、法制环境、市场环境、人文环境、生态环境、生活环境都有了巨大改善，特别是市容环境水平有显著提高。全市共清理各类垃圾8万余吨，清除乱搭乱建14370平方米、乱堆乱放18700余处、乱贴乱画67400余处，清理占道经营摊点116700余处(包括流动摊点)，清理店外经营32600余处，全面治理背街小巷126条，拆除、整新广告牌匾11200多块。

【"文明淄博"建设】 按照省委"文明山东"建设的统一部署，把"文明淄博"建设和文明城市创建结合起来，在全力抓好"创城"工作的同时，积极推进"文明淄博"建设深入开展。建立健全领导体制和工作机制。成立领导小组和办公室，继续坚持和强化专业组负责制。各区县、开发区、市直有关部门也成立相应的工作机构。全市形成了党政"一把手"负总责，分管领导靠上抓，职能部门具体抓，社会广泛参与的工作运行机制。制定《关于建设"文明淄博"、创建文明城市工作的实施意见》。3月24日，召开全市建设"文明淄博"、创建文明城市工作会议，全面部署"文明淄博"建设工作。4月2日，举行"文明淄博"建设启动仪式，市委书记张建国为志愿者队伍授旗，十佳文明市民向全市发出建设"文明淄博"的倡议书。各区县设立分会场，全市3万余人参加启动仪式。同时组织开展"文明淄博从我做起"主题活动，进行大型的宣传咨询和文明服务活动。广泛开展"放心"系列活动，形成一批在全省、全国有影响的品牌性活动。坚持不懈地抓好市民素质教育，以文明行车、文明走路和文明出租车为重点的文明实践活动开展得有声有色。未成年人工作不断深化，在全市未成年人中组织开展了"心系祖国、健康成长"主题教育活动。

【11家单位、1名个人受中央文明委表彰】 10月26日，在中央精神文明建设指导委员会召开的首次全国精神文明建设工作表彰大会上，淄博市11家单位、1名个人受中央文明委表彰，受表彰数量居全省前列。其中，淄博市财政局、淄博供电公司被授予全国文明单位荣誉称号，桓台县马桥镇、博山经济开发区岜山村被授予全国文明村镇荣誉称号，淄博市国家税务局、淄博市水利与渔业局、山东新星购销总部、淄博师范高等专科学校被授予全国精神文明建设工作先进单位荣誉称号，张店区沣水镇城东村、临淄区凤凰镇南金村、周村区南郊镇李家庄被授予全国创建文明村镇工作先进村镇荣誉称号；淄博市委宣传部副部长、文明办主任李敏被授予全国精神文明建设先进工作者荣誉称号。

【首届"邻居节"活动】 为抓好温馨社区建设，组织开展首届"邻居节"活动。8月28日，市文明办、市民政局、《淄博晚报》、淄博电视台共同在张店区马尚镇凯瑞园社区举办"鲁中房产杯"淄博市首届"邻居节"开幕式暨大型文艺演出。"邻居节"在社会上引起强烈反响，广大市民纷纷为"邻居节"的举办献计献策。还在全市开展了"我为邻居节选日子"征文、节歌和节徽征集评选活动、社区读书活动知识竞赛、和谐社区感人故事征文大赛、最有创意"邻居节"活动评选等主题活动。广大社区居民参与热情高涨，缔结邻里亲情、建设和谐社区在全市蔚然成风。"温馨社区"建设工作荣获市委、市政府优秀工作成果奖。

【各项工作全面推进】 深入开展农村"三个一"创建活动，投入12万元在全市建成一批高质量的电子小康书屋。"三个一"创建活动获得市委、市政府创新工作成果奖。9月12日，在全省农村精神文明建设工作会议上，淄博市作了《从优化环境入手、打造农村精神文明建设基础工程》典型发言。依据文明城市测评体系，对申报的省级文明区县进行全面测评和推荐上报。有1个区获省级文明城区称号，2个区县被评为省级创建文明区县工作先进区县。组织了对省级文明单位、文明村镇的推选和申报工作，有123个单位被评为省级文明单位，20个村镇被评为省级文明村镇。组织了第五届淄博"十佳文明市民"的评选工作。在全省精神文明创新案例征集活动中，淄博市有7例案例被评为全省优秀创新案例。加强对文明单位的建设和管理，组织了对2004年市级文明单位、市级文明村镇的推荐和评选。完成市民公约、村规民约、学生守则、职业操守等道德规范的专题调研。 （信德鹏）

"十五"时期经济社会发展成就

【国民经济持续快速协调健康发展，综合实力大幅提升】 "十五"时期是淄博市经济社会发展最快最好的时期之一。全市综合实力和城市形象显著提高。其间，积极应对国际、国内环境变化带来的新情况、新问题，战胜"非典"疫情和自然灾害的挑战，有效抑制经济运行中的不稳定、不健康因素，经济发展速度加快、质量提高、结构优化，各项社会事业繁荣发展，"十五"计划确定的主要发展目标提前实现，工业化、城市化、市场化、国际化步伐明显加快，全市经济社会发展迈上新台阶。2003年全市生产总值突破千亿元，提前两年完成"十五"计划。2005年全市生产总值达到1430.95亿元，是2000年的2.3倍，年均增长15.04%，全市人均生产总值达到4253美元，年均增长14.5%。实现境内财政总收入2003年突破百亿元，2005年达到160.59亿元，是2000年的2.53倍，年均增长20.44%。全市地方财政收入2004年突破50亿元，提前一年完成"十五"计划。2005年地方财政收入达到64.13亿元，是2000年的2.5倍，年均增长20.1%。全市金融机构存款余额突破千亿元，达到1104.94亿元。"十五"期间，全市固定资产投资累计完成1939亿元，是"九五"时期的3倍，年均增长32.2%，全市综合实力列全国百强城市第47位，被评为中国投资环境50优城市。

【经济结构进一步优化，经济素质和效益明显提高】 坚持以结构调整为主线，努力促进农业调新调优、工业调高调强、服务业调大调活。通过实施工业"三〇工程""双百工程"，全市工业化进程进一步加快。建成72万吨乙烯改造等一大批重点工业项目，比较优势产业的地位更加突出，形成一批骨干企业和名牌产品。有7家企业入围全国1000家最大企业集团，年销售收入过10亿元的企业达到40家，其中过50亿元的6家。新增中国名牌11个、中国驰名商标9件。2005年规模以上工业企业销售收入、利税和利润分别达到2747.44亿元、285.68亿元和162.75亿元，分别是2000年的3.44倍、3.71倍和5.42倍，年均分别增长28%、30%和40.2%。高新技术产业快速成长，自主创新实现新突破。全市高新技术产业产值占规模以上工业总产值的比重达到27%，比2000年提高13.5个百分点。国家"863"计划重大科技攻关项目——东岳集团离子膜等一批高技术项目顺利实施，国家工业陶瓷材料工程技术研究中心被科技部批准组建，填补省内工业领域工程技术研究中心的空白。淄博市被命名为国家科技进步先进城市、国家级新材料成果转化及产业化基地、国家火炬计划生物医药产业基地。淄博高新区发展步伐加快，齐鲁化工区、东岳国际氟硅材料工业园启动建设，带动全市园区经济快速发展。传统服务业改造提升和现代服务业发展步伐加快。多家国内外著名连锁企业落户淄博，一批大型商贸流通设施相继建成，以齐文化为龙头的旅游业发展实现阶段性突破，现代物流业发展开始起步，金融、保险、社区服务等其他各项服务业全面发展。2005年全市社会消费品零售总额达到430.94亿元，年均增长18.4%；服务业增加值达到416.49亿元，年均增长12.2%。现代农业建设步伐加快。农田水利基本建设得到全面加强，农业机械化水平进一步提高，粮食生产能力得到保护和增强，蔬菜、林果业发展的质量档次提高，畜牧业发展实现新突破，农业产业化、标准化和基地化建设取得新进展。2005 年全市农业增加值达到 58.68 亿元，年均增长 5.5%。三次产业增加值比例由 2000 年的 7.5∶58.9∶33.6 演进为 2005 年的 4.1∶66.8∶29.1；能源原材料与加工工业的比例由 2000 年的 54.6∶45.4 演进为 2005 年的 45∶55。

【改革开放扎实推进，经济发展活力和后劲明显增强】 改革开放向纵深推进。以产权制度改革为重点，全市大中型工业企业实现投资主体多元化，基本建立了现代企业制度。全市上市公司 13 家，上市股票 15 只。以 TOT 方式完成了市污水处理厂的市场化改革。非公有制经济迅速发展，2005 年非公有制经济增加值占地区生产总值的比重达到 57.2%，比 2000 年提高 12 个百分点。农村税费改革和粮食、棉花流通体制改革深入推进。取消"三提五统"，全部免征农业税和除烟叶外的农业特产税，直接为农民减负 4.5 亿。经营性用地使用权招标、拍卖和挂牌出让制度普遍推开，财政管理体制、国有资产管理体制、城市管理综合执法等各项改革逐步深化，粮食流通体制改革基本完成。行政审批制度、投融资体制和财税、金融、医疗卫生、社会保障等改革迈出新步伐。对外贸易快速增长，2005 年全市进出口总额完成 31.35 亿美元，年均增长 32.7%，其中出口 20.17 亿美元，是 2000 年的 4 倍，年均增长 32.2%。招商引资取得显著成绩，"十五"期间全市累计引进外来投资 535 亿元，其中实际利用外资 15.62 亿美元，是"九五"时期的 2.4 倍。对外经济技术交流与合作不断扩大，与国内地区间的对口支援、联合协作扎实有效。

【基础设施建设大大加强，城乡面貌发生明显变化】 加快推进城市化进程。强化规划在城市建设中的龙头地位，高起点编制完成重点城市发展区域的总体规划和控制性规划。进一步突出中心城区建设，协调推进各城区和小城镇发展，初步构筑起现代化城市的基本框架。规划并启动淄博新城区建设，骨干路网基本形成，部分重点工程加紧规划设计并陆续开工。重点改造老城区的道路、广场和小街巷，建成世纪路、中润大道等高标准城市道路和广电大厦、电信大楼、东方之珠等标志性高层建筑，改造淄博火车站广场及候车楼等一批重要基础设施。建设和改造世纪花园、华侨城等一大批高水准的居民生活小区。各区县城区建设突出区域特色，规划建设水平明显提高。农村城镇化步伐明显加快，符合组群式城市发展内在规律的有条件乡镇整建制城镇化建设逐步形成共识，先行示范乡镇取得重要突破。2005 年全市城市化水平达到 57% 以上，比 2000 年提高 10 个百分点。城市绿化美化实现新突破，高标准建设张博路、张周路、张辛路、张桓路、胶王路及高速路出入口连接线等城市绿色通道，建成一批精品园林，市人民公园荣获全国人居环境范例奖。5 年新增城市绿地 2392 公顷，全市建成区绿化覆盖率达到 39.5%，绿地率达到 32.2%，人均公共绿地面积达到 11.1 平方米，成功创建国家级园林城市。城市管理水平进一步提高，构建了城市管理行政执法体系，在城市管理领域开展相对集中行政处罚权工作。完成滨博高速路淄博段、309 国道淄博段、张博路附线、柳泉北路、博沂路等一批交通骨干道路的改造和建设，建设改造县乡公路 3200 公里，实现村村通沥青或水泥路目标，解决了 353 个村的人畜饮水问题。启动济青高速南线建设，完成引黄供水一期工程、引天然气入淄等重大基础设施项目。全市新增装机容量 180 万千瓦。完成农村电网改造工程，城市电网建设投资相当于历史上的总和，实现城乡同网同价。全面启动国家环保模范城和生态市建设，实施碧水蓝天行动计划，加强重点流域、区域的污染防治，完成孝妇河流域综合治理、中心城区近郊水泥厂搬迁和四宝山地区生态恢复等重点工程及市污水处理厂二期工程，各区县建设污水处理厂，地表水出境断面水质明显改善。城市空气环境质量达到国家二级标准，优良以上天数连续两年保持在 300 天以上。

【科技教育事业进一步取得成效，社会发展取得明显进步】 "十五"期间，全市共取得各类科技成果 677 项，产学研联合取得积极成效，科技进步对经济增长的贡献率进一步提高。国家级、省级企业技术中心和工程技术研究中心分别达到 5 家、58 家，完成一批拥有自主知识产权的重大科研攻关项目。国民教育体系进一步完善，教育资源配置日趋合理，办学条件明显改善，教育质量显著提高，各级各类教育健康和谐发展。实施农村中小学危房改造工程，启动农村中小学布局调整规划，完善了以县为主的义务教育管理体制。小学适龄儿童入学率达到 99.88%，小学毕业生升初中率达到 100%，残疾儿童入学率达到 95% 以上。优质高中资源建设得到加强，高中段教育普及率达到 89%。高等教育发展实现新突破，山东理工大学、淄博职业学院等院校相继组建，全市全日制高等院校达到 12 所，在校生 9.28 万人。卫生保健水平进一步提高，全市人均期望寿命达到 75 岁。医疗卫生体制改革步伐加快，卫生资源配置进一步优化。城市医疗卫生基础设施和社区卫生服务体系建设得到加强。完成疾病预防控制和医疗救治公共卫生"两个体系"专项建设。加大对农村卫生的投入力度，启动新一轮乡镇卫生院的改貌，完成近千家农村卫生室的规范化改造。新型农村合作医疗试点全面展开。食品药品安全监管体系初步建立，食品安全信用体系建设全面展开，农村药品"两网"建设健康发展。启动"文化大市"建设，文化事业和文化产业繁荣发展。齐文化、聊斋文化开发取得新突破，临淄被国际足联认定为世界足球运动起源地。竞技体育水平进一步提高，实现了淄博市体育史上奥运金牌零的突破，群众性体育健身活动更加普及。文明城市创建、节约型社会与和谐社会建设扎实推进。淄博市先后荣获全国双拥模范城市、国家卫生城市、中国优秀旅游城市、全国科教兴市先进市、国家科技进步先进城市、全国社会文化先进市、中国陶瓷名城、省级文明城市等荣誉称号。

【社会保障体系进一步完善，人民生活得到明显改善】 深入组织实施"民心工程"，努力让广大人民群众在改革发展中得到更多实惠。2005 年全市城镇居民人均可支配收入和农民人均纯收入分别达到 12032 元和 5107 元，年均分别增长 12% 和 9.5%。城乡居民人均储蓄存款余额由 2000 年的 7902 元增加到 2005 年的 15161 元。城镇居民人均住房建筑面积达到 31.68 平方米，比 2000 年增长 60%；城镇居民每百户拥有汽车、电脑、移动电话分别比 2000 年增长 5.67 倍、7.01 倍和 5.03 倍。认真落实促进再就业的各项优惠政策，企业就业和再就业工作取得新成效，五年累计新增就业再就业 41 万人，登记失业率控制在 3% 以内。推进社会保障制度改革，扩大统筹覆盖面，提高保障标准，基本做到应保尽保。2005 年，企业离退休人员人均养老金达到 772.3 元，比 2000 年增加 189.2 元，低保覆盖面达到 100%。"十五"期间，在解决社会热点难点问题、救助弱势群体、改善和提高城乡居民生产生活条件及环境等方面，市政府为人民群众办好事、实事 64 件。

（尤国凡）

附：

“十五”时期全市主要经济指标增长情况

主要指标	单 位	2005年	2000年	2005年比2000年总增长(%)	年均增长(%)
地区生产总值(GDP)	亿元	1431	614	101.49	15.0
#第一产业	亿元	59	46	30.70	5.5
第二产业	亿元	956	362	161.85	17.5
#工业	亿元	869	329	149.87	18.1
第三产业	亿元	416	206	81.01	12.2
人均生产总值	元	34408	15785	96.80	14.5
三次产业比例关系		4.1∶66.8∶29.1	7.5∶58.9∶33.6	—	—
规模以上工业利税	亿元	286	77	271.43	30.0
规模以上固定资产投资	亿元	649	161	303.11	32.2
社会消费品零售总额	亿元	431	185	132.97	18.4
税收总额(国、地税)	亿元	141	59	138.94	19.0
地方财政收入	亿元	64	26	149.87	20.1
城乡居民储蓄存款	亿元	632	322	96.29	14.4
金融机构存款余额	亿元	1105	481	129.75	18.1
金融机构贷款余额	亿元	737	354	108.23	15.8
城市居民人均可支配收入	元	12032	6843	75.84	12.0
城市居民人均消费支出	元	8257	5227	58.00	9.6
农民人均纯收入	元	5107	3247	57.28	9.5
农民人均生活消费支出	元	3287	2160	52.18	8.8
实际利用外资	万美元	41213	11002	274.59	30.2
出口创汇	万美元	201683	49930	303.94	32.2

淄博市社会经济统计资料

说明：本资料根据2005年快报数字整理。资料中所有价值指标除注明不变价外，均按当年价格计算，指数按可比价格计算。本资料中的符号说明：“空格”表示该项数据不详；“—”表示无该项数据；“#”表示其中项。

行政区划及人口密度

	乡镇(个)	#镇	街道办事处(个)	居委会(个)	村民委员会(个)	土地面积(平方公里)	人口密度(人/平方公里)
全 市	84	76	23	384	3136	5938	701.87
市辖区	51	47	23	346	1416	2972	927.49
淄川区	19	16	3	47	435	999	674.19
张店区	8	8	8	96	158	360	1955.13
博山区	11	11	2	118	209	682	683.77
临淄区	9	8	5	55	414	668	893.36
周村区	4	4	5	30	200	263	1201.72
桓台县	11	11	—	13	335	499	987.02
高青县	9	9	—	11	759	830	436.24
沂源县	13	9	—	14	626	1637	340.00

综合指标

指　标　名　称	单位	2005 年	比 2004 年增长(%)	指　标　名　称	单位	2005 年	比 2004 年增长(%)
地区生产总值	亿元	1430.95	17.1	社会消费品零售总额	亿元	430.94	15.90
第一产业	亿元	58.68	6.8	规模以上固定资产投资	亿元	649.48	37.8
第二产业	亿元	955.78	21.2	进出口总值	亿美元	31.35	17.7
#工业增加值	亿元	868.75	23.0	#出口总值	亿美元	20.17	39.0
第三产业	亿元	416.49	10.7	进出口总值占 GDP 比重	%	17.75	−0.2
地区生产总值构成	%	100	—	出口总值占 GDP 比重	%	11.42	1.7
第一产业	%	4.1	−0.6	外商直接投资	亿美元	3.19	3.1
第二产业	%	66.8	1.7	城乡居民储蓄存款余额	亿元	631.86	16.3
第三产业	%	29.1	−1.1	城市居民人均可支配收入	元	12032	20.8
人均地区生产总值	元	34408	16.6	农民人均纯收入	元	5107	15.2
非公有制增加值占 GDP 的比重	%	57.2	1.5	在岗职工平均工资	元	17057	17.6
地方财政收入	亿元	64.13	28.2	居民消费价格指数	%	100.1	0.1
地方财政收入占 GDP 比重	%	4.48	0.4				

注:单位是%的增长栏为比上年增减百分点。

农林牧渔业主要指标

指　标　名　称	单位	2005 年	比 2004 年增长(%)	指　标　名　称	单位	2005 年	比 2004 年增长(%)
一、种植业				家禽存养数	万只	1749.61	−17.0
粮食	万吨	131.57	13.1	三、渔业			
夏粮	万吨	59.28	19.0	水产品产量	万吨	2.72	−1.4
秋粮	万吨	72.29	8.6	四、其他			
棉花	万吨	2.00	−29.0	农机总动力	万千瓦	302.90	1.3
油料	万吨	1.43	3.5	#农用排灌动力	万千瓦	85.72	7.5
蔬菜	万吨	337.82	1.2	化肥使用折纯量	万吨	11.53	−1.9
瓜、果类	万吨	74.64	−1.2	农村用电量	亿千瓦小时	44.00	15.6
#水果	万吨	52.44	−0.6	有效灌溉面积	万公顷	12.72	—
二、畜牧业				五、农林牧渔业总产值	亿元	110.28	7.3
肉类总产量	万吨	16.92	6.9	农业总产值	亿元	70.05	6.4
奶类产量	万吨	10.47	3.0	林业总产值	亿元	5.43	7.0
禽蛋产量	万吨	15.11	−6.9	牧业总产值	亿元	30.12	8.3
牛年底存栏	万头	20.67	3.3	渔业总产值	亿元	1.95	—
猪年底存栏	万头	68.02	−1.0	农林牧渔业服务业	亿元	2.74	16.2
羊年底存栏	万只	55.43	−12.7				

企业景气状况

指标名称	企业家信心指数	企业景气指数	指标名称	企业家信心指数	企业景气指数
总体状况	140.98	149.88	住宿和餐馆业	153.33	146.67
按行业分			按登记注册类型分		
工业	141.10	153.15	国有企业	121.32	127.14
建筑业	132.20	154.44	集体企业	164.29	150.00
交通运输、仓储及邮电通信业	142.86	128.57	股份合作企业	150.00	130.00
批发和零售业	137.27	147.12	有限责任公司	135.76	148.00
房地产业	145.00	150.00	股份有限公司	150.06	165.71
社会服务业	140.00	120.00	私营企业	140.00	160.00
信息传输、计算机服务和软件	164.42	164.42	外商及港、澳、台投资企业	144.19	151.48

注:景气指数为2005年四季度数据。

规模以上工业总产值、增加值

指标名称	单位	2005年	比2004年增长(%)	指标名称	单位	2005年	比2004年增长(%)
工业企业单位数	个	2222	26.68	#高新技术产业产值	亿元	756.41	51.04
#亏损企业	个	214	24.42	占规模以上工业产值的比重	%	27.05	2.08
#非公有制工业	个	1726	27.10	#非公有工业产值	亿元	1400.14	49.52
#轻工业	个	594	20.49	占规模以上工业产值的比重	%	50.07	1.98
重工业	个	1628	29.10	工业增加值	亿元	771.25	27.00
工业总产值	亿元	2796.35	43.59	工业销售产值	亿元	2744.61	44.47
#新产品	亿元	107.52	27.47	#出口交货值	亿元	180.22	33.23

规模以上工业主要经济指标

单位:亿元

指标名称	2005年	比2004年增长(%)	指标名称	2005年	比2004年增长(%)
应收账款净额	140.61	15.86	#销售税金及附加	21.94	16.97
产成品存货	104.91	7.85	管理费用	103.53	16.62
流动资产平均余额	820.55	24.10	财务费用	33.39	37.27
固定资产净值平均余额	795.79	20.00	亏损企业亏损额	10.05	—17.34
资产合计	1936.33	20.84	利税总额	285.68	43.37
负债合计	1125.34	23.15	#利润	162.75	54.63
产品销售收入	2747.44	45.57	实缴税金总额	125.96	39.32
#出口产品	162.84	44.62	应缴增值税	101.00	34.22
#销往省外产品	515.75	45.65			

规模以上地方工业主要经济指标

单位:亿元

指标名称	2005年	比2004年增长(%)	指标名称	2005年	比2004年增长(%)
应收账款净额	122.60	21.79	#销售税金及附加	9.42	33.36
产成品存货	88.33	12.33	管理费用	62.16	44.64
流动资产平均余额	647.30	29.09	财务费用	28.72	42.87
固定资产净值平均余额	507.54	26.81	亏损企业亏损额	7.00	59.27
资产合计	1406.67	26.80	利税总额	203.95	44.33
负债合计	851.35	29.99	#利润	122.25	46.99
产品销售收入	1936.04	45.58	实缴税金总额	69.10	40.58
#出口产品	153.33	54.20	应缴增值税	72.27	41.51
#销往省外产品	274.99	60.09			

主要工业产品产量

指标名称	单位	2005年	比2004年增长(%)	指标名称	单位	2005年	比2004年增长(%)
原煤	万吨	1427.93	-6.25	水泥	万吨	1990.04	34.17
洗煤	万吨	38.64	97.20	平板玻璃	万重量箱	1594.63	18.15
原油加工量	万吨	1104.75	18.05	汽车	万辆	2.61	26.00
发电量	亿千瓦小时	179.94	33.15	日用陶瓷	万件	78031.49	14.98
生铁	万吨	415.86	87.01	彩色电视机	万台	57.99	13.13
钢	万吨	188.34	150.84	房间空调器	万台	6.02	-43.77
成品钢材	万吨	65.15	37.00	电饭锅	万个	30.68	33.86
十种有色金属	万吨	10.04	51.03	化学纤维	万吨	37.68	2.15
纯碱	万吨	2.36	0.30	纱	万吨	13.99	31.04
烧碱	万吨	62.99	73.23	布	万米	104206.27	13.55
乙烯	万吨	83.02	80.68	啤酒	万千升	8.95	4.06
化肥	万吨	23.58	130.09	白酒	万千升	2.48	-21.92
化学农药	万吨	1.86	-7.14	机制纸及纸板	万吨	143.13	16.32
塑料薄膜	万吨	4.59	14.36				

规模以上固定资产投资

指标名称	单位	2005年	比2004年增长(%)	指标名称	单位	2005年	比2004年增长(%)
规模以上固定资产投资	亿元	649.48	37.8	安装工程	亿元	44.00	15.4
按产业分				设备工器具购置	亿元	253.61	37.8
第一产业	亿元	5.57	37.0	其他费用	亿元	63.22	52.8
第二产业	亿元	432.04	44.7	按隶属关系分			
第三产业	亿元	211.87	25.7	中央、省属	亿元	49.50	-23.9
按建设性质分				市属	亿元	26.59	-33.7
新建	亿元	186.81	120.7	区县属及以下	亿元	573.39	56.7
扩建	亿元	232.03	-10.4	商品房销售面积	万平方米	203.25	5.9
改建	亿元	101.34	122.9	#住宅	万平方米	190.53	12.0
按构成分				商品房销售额	亿元	39.66	23.1
建筑工程	亿元	288.65	39.0	#住宅	亿元	35.82	32.0

社会消费品零售额

单位:亿元

指标名称	2005年	比2004年增长(%)	指标名称	2005年	比2004年增长(%)
社会消费品零售额	430.94	15.88	其他行业	15.59	20.88
一、按销售单位所在地分			三、按经济类型分		
市	343.81	15.88	国有及国有控股	46.51	18.70
县	35.71	15.79	集体经济	8.34	5.24
县以下	51.42	15.95	个体经济	272.91	16.19
二、按行业分			私营经济	44.10	5.82
#批零贸易业	347.92	15.52	外商经济	0.30	15.89
#规模以上	24.51	27.35	其他经济	58.78	22.56
餐饮业	62.79	19.69			

地方财政收支

单位:万元

指标名称	2005年	比2004年增长(%)	指标名称	2005年	比2004年增长(%)
地方财政收入	641283	28.16	企业挖潜改造资金	43508	56.42
增值税(25%部分)	109889	38.92	农业支出	34449	24.99
营业税	101408	19.44	城市维护费	70245	20.72
其他各税	117247	27.53	文体广播事业费	22529	32.56
城市维护建设税	57474	24.53	教育事业费支出	151237	37.75
企业所得税	83893	84.84	科学支出	7640	7.79
农业特产税	958	79.07	科技三项费用	10177	41.35
耕地占用税	16068	—5.28	抚恤和社会福利救济费	20835	40.04
专项收入	43974	20.41	行政管理费	96334	28.31
其他各项收入	110372	18.51	公检法司支出	50599	38.60
#行政性收费收入	45055	29.20	政策性补贴支出	761	—22.74
地方财政支出	805670	28.80	专项及其他支出	297356	22.15

进出口与利用外资

指标名称	单位	2005年	比2004年增长(%)	指标名称	单位	2005年	比2004年增长(%)
进出口总值	万美元	313518	17.7	加工贸易	万美元	85251	23.8
进口总值	万美元	111835	—7.9	#国有单位	万美元	28649	—7.0
#一般贸易	万美元	59498	—20.3	三资企业	万美元	105493	28.0
加工贸易	万美元	45256	24.7	其他企业	万美元	67541	112.1
#国有单位	万美元	20381	—33.1	利用外资			
三资单位	万美元	55656	—17.1	批准项目个数	个	193	—
其他企业	万美元	35798	50.9	合同利用外资	万美元	98724	22.9
出口总值	万美元	201683	39.0	外商直接投资	万美元	31897	3.1
#一般贸易	万美元	116327	52.9				

运输邮电及旅游业

指标名称	单位	2005年	比2004年增长(%)	指标名称	单位	2005年	比2004年增长(%)
公路通车里程	公里	3921.5	5.16	外国人	万人	3.52	56.44
公路客运量	万人	18361	10.67	香港同胞	万人	0.32	23.08
公路货运量	万吨	5355	1.32	澳门同胞	万人	0.04	300.00
公路客运周转量	万人公里	381945	6.66	台湾同胞	万人	0.63	31.25
公路货运周转量	万吨公里	316256	6.59	国内游客	万人	928.57	20.35
邮政业务总量	亿元	2.88	16.10	旅游总收入	亿元	64.4	33.94
电信业务总量	亿元	22.97	18.20	旅游外汇收入	万美元	982	44.84
游客总人数	万人	933.08	20.47	国内旅游收入	亿元	63.6	33.85
国际游客	万人	4.51	50.33				

国税税收收入

单位:万元

指标名称	2005年	比2004年增长(%)	指标名称	2005年	比2004年增长(%)
税收收入合计	1003557	26.67	#金融	—	—
一、计划口径收入	948994	27.02	保险	—	—
1. 国内两税	760847	15.12	3. 企业所得税	155043	171.75
国内增值税	673684	17.49	4. 涉外企业所得税	15889	15.67
国内消费税	87163	−0.40	5. 个人储蓄利息所得税	17215	11.83
2. 营业税	—	—	二、海关代征	28403	45.66

地税税收收入

单位:万元

指标名称	2005年	比2004年增长(%)	指标名称	2005年	比2004年增长(%)
各项收入合计	405150	28.33	土地增值税	5455	12.87
一、税收合计	374281	26.30	房产和城市房地产税	18751	7.62
营业税	126758	19.44	车船使用和牌照税	2407	3.04
资源税	5632	45.60	屠宰税	—	—
土地使用税	27522	30.14	二、其他收入	30869	59.39
企业所得税	74107	34.57	教育费附加	24243	27.71
个人所得税	49950	42.56	地方教育费附加	6115	—
固定资产投资方向调节税	75	—	文化事业建设费	230	13.30
城市维护建设税	575474	24.54	其他罚没收入	281	55.25
印花税	6150	41.41			

金融机构存贷款

单位：亿元

指 标 名 称	2005年	比2004年增长(%)	指 标 名 称	2005年	比2004年增长(%)
金融机构存款余额	1104.94	15.68	＃农副产品贷款	18.26	16.02
企业存款	262.04	3.33	建筑业贷款	4.57	23.22
活期存款	162.87	8.61	农业贷款	137.39	17.30
定期存款	99.17	－4.32	乡镇企业贷款	57.20	17.14
财政存款	14.06	13.69	三资企业贷款	9.41	－0.72
机关团体存款	46.70	36.69	私营企业及个体贷款	9.64	11.42
居民储蓄存款	631.86	16.32	其他短期贷款	50.13	－14.80
活期储蓄	189.69	18.71	＃个人短期消费贷款	4.84	－6.31
定期储蓄	442.17	15.32	中长期贷款	176.26	5.10
农业存款	31.96	15.89	基本建设贷款	53.11	11.23
委托存款	0.32	1840.49	技术改造贷款	12.12	－14.04
其他存款	118.01	40.14	其他中长期贷款	111.03	4.87
金融机构贷款余额	737.04	13.24	＃个人中长期消费贷款	77.25	7.32
短期贷款	463.48	8.47	票据融资	96.07	75.08
＃工业贷款	157.52	12.46	＃贴现	96.07	75.08
商业贷款	37.61	－7.30	各项垫款	1.22	26.64

注：本表数据口径为人民币存款

金融机构现金收支

单位：亿元

指 标 名 称	2005年	比2004年增长(%)	指 标 名 称	2005年	比2004年增长(%)
收入合计	3566.84	14.15	国家对个人其他支出	35.75	－4.75
商品销售收入	526.14	18.10	部队存款支出	1.55	－24.63
服务业收入	117.09	16.10	其他单位工资性支出	149.19	27.06
税款收入	17.98	30.22	农副产品采购支出	119.18	23.72
城乡个体经营收入	324.92	33.17	工矿及其他产品采购支出	58.64	11.63
储蓄存款收入	2211.56	14.24	行政企事业单位管理费支出	161.00	15.01
其他金融机构收入	11.31	－21.41	城乡个体经营支出	359.78	18.78
居民归还贷款收入	59.52	11.79	储蓄存款支出	2208.63	15.85
汇兑收入	27.72	－8.17	其他金融机构支出	7.84	50.20
有价证券收入	2.84	－28.34	居民提取贷款支出	50.81	25.33
其他收入	267.77	－5.36	汇兑支出	32.70	－7.62
＃兑换外币收入	0.14	－70.40	有价证券支出	2.80	11.79
支出合计	3566.22	14.32	其他支出	279.16	0.08
工资性支出	285.68	10.49	＃兑换外币支出	0.31	－6.17
国家工资及奖金支出	99.19	－2.32			

城市居民生活

指标名称	单位	2005年	比2004年增长(%)	指标名称	单位	2005年	比2004年增长(%)
平均每户家庭人口数	人	2.75	−2.1	娱乐教育文化服务支出	元	1108.46	5.4
每一就业者负担系数(含本人)	个	1.96	1.6	居住支出	元	1013.74	32.1
人均年可支配收入	元	12031.82	20.8	杂项商品和服务支出	元	261.81	31.1
人均年消费性支出	元	8256.81	17.8	人均年购房与建房支出	元	273.77	−53.7
#食品支出	元	2604.89	8.1	人均年转移性支出	元	1377.83	10.4
衣着支出	元	900.05	20.5	人均年社会保障支出	元	497.88	31.9
家庭设备、用品及服务支出	元	536.36	1.6	人均年存入储蓄款	元	7923.89	11.5
医疗保健支出	元	783.44	19.3	人均年末手存现金	元	707.35	29.8
交通和通讯支出	元	1048.06	61.1	年末人均现住房使用面积	平方米	25.41	9.1

农村居民生活

指标名称	单位	2005年	比2004年增长(%)	指标名称	单位	2005年	比2004年增长(%)
平均每户常住人口数	人	3.35	—	#食品	元	1146.69	3.69
每一就业者负担系数(含本人)	人	1.37	—	衣着	元	237.67	9.44
人均全年总收入	元	6121.00	11.37	住房	元	525.54	20.74
人均全年纯收入	元	5107	15.2	文教娱乐用品及服务	元	490.20	37.53
人均全年总支出	元	4483.04	7.36	人均购置生产性固定资产支出	元	41.01	−29.60
人均生活消费支出	元	3287.03	13.60	人均年末生活用房面积	平方米	31.17	4.62

人口和劳动工资

指标名称	单位	2005年	比2004年增长(%)	指标名称	单位	2005年	比2004年增长(%)
年末总人口	万人	416.77	0.43	在岗职工工资总额	亿元	951.27	—
人口出生率	‰	9.82	−0.54	国有单位	亿元	575.23	—
人口死亡率	‰	5.96	0.05	城镇集体	亿元	44.06	—
人口自然增长率	‰	3.86	−0.59	其他单位	亿元	331.98	—
在岗职工人数	万人	54.74	—	在岗职工平均工资	元	17057	17.60
国有单位	万人	25.31	—	国有单位	元	22052	27.65
城镇集体	万人	4.73	—	城镇集体	元	9230	10.24
其他单位	万人	24.70	—	其他单位	元	13327	25.42

注:人口出生率、死亡率及自然增长率增长栏为比上年增减千分点。

价格指数

指　标　名　称	以 2004 年为 100	指　标　名　称	以 2004 年为 100
居民消费价格指数	100.1	居住	103.5
食品类	103.1	服务项目价格指数	102.2
＃粮食	102.9	商品零售价格指数	98.5
烟酒及用品	99.2	工业品出厂价格指数	104.3
衣着类	89.4	＃生活资料出厂价格指数	104.7
家庭设备用品及维修服务	99.3	原材料购进价格指数	112.9
医疗保健和个人用品	98.7	房屋销售价格指数	106.2
交通和通讯	97.2	房屋租赁价格指数	102.0
娱乐教育文化用品及服务	101.8	土地交易价格指数	104.1

教育

指　标　名　称	单位	2005 年	2004 年	指　标　名　称	单位	2005 年	2004 年
普通高等学校数	所	9	9	招生数	人	73391	73300
教职工数	人	5689	5385	毕业生数	人	82818	79843
招生数	人	21984	16687	在校生数	人	273497	288358
毕业生数	人	12326	10241	小学个数	所	526	633
在校生数	人	59563	47484	教职工数	人	17375	17173
中等专业学校数	所	6	7	招生数	人	48048	51291
教职工数	人	985	1213	毕业生数	人	42561	41304
招生数	人	9180	10875	在校生数	人	258704	254195
毕业生数	人	9636	7113	学龄儿童入学率	%	99.96	99.88
在校生数	人	29732	30702	小学毕业升学率	%	101.91	102.71
普通中学校数	所	230	240	幼儿园数	所	902	910
教职工数	人	24679	24359				

科技、卫生

指　标　名　称	单位	2005 年	2004 年	指　标　名　称	单位	2005 年	2004 年
重要科技成果数	项	136	136	其他	项	3	4
＃国际领先先进水平	项	26	19	医院及卫生院个数	所	156	153
国内领先先进水平	项	108	111	医院及卫生院病床数	张	13494	13448
省内领先先进水平	项	2	6	各类卫生技术人员	人	17200	17001
＃农业	项	9	13	＃医生	人	7844	7788
工业	项	83	91	护师、护士	人	5572	5546
医卫	项	41	28				

（市统计局）

本部类编辑：王　娟
副主编：徐　杰
校对：王　峰
孟　明

政党　政务

中国共产党淄博市委员会

·重要会议·

1月6日，全市政法工作会议在鲁中宾馆召开。

1月12日，市委召开常委会议，传达学习省委保持共产党员先进性教育活动动员大会精神，研究贯彻落实意见。

1月13日，市委、市政府召开全市工业工作暨“双百工程”表彰大会，贯彻落实全省经贸工作会议和全市经济工作会议精神，总结2004年全市工业工作，安排部署2005年工作，对全市2004年度工业百强企业及企业家、实施百项重点工业项目的优秀项目先进集体和先进个人、荣获“中国名牌”“中国驰名商标”的企业进行了表彰。

1月14日，市委召开市直老干部情况通报会。

1月15日，市委在淄博人民会堂召开保持共产党员先进性教育活动动员大会，贯彻中央和省委保持共产党员先进性教育活动会议精神，对全市开展保持共产党员先进性教育活动进行安排和部署。

1月15日，全市信访工作会议在鲁中宾馆召开。

1月17日，全市宣传思想工作会议在鲁中宾馆召开。

1月19日，全市组织部长会议在鲁中宾馆召开。

1月21日，市委、市政府召开全市防范和处理邪教工作会议。

1月25日，市委召开民主协商会议。会议对市人大、市政协有关人事变动情况进行通报。市委书记、市人大常委会主任张建国到会并讲话。

1月29日，市委、市政府召开全市人口资源环境工作座谈会。

1月30日，全市反腐倡廉工作暨市纪委第六次全体会议在淄博人民会堂召开。

1月31日，2005年迎新春拥军座谈会在鲁中宾馆举行。

1月31日，创建国家园林城市动员大会召开，要求全市上下进一步统一思想，提高认识，明确任务，落实责任，打好创建国家园林城市攻坚战。

2月16日，市级领导班子保持共产党员先进性教育活动党课在淄博人民会堂举行。市委书记、市人大常委会主任、市委保持共产党员先进性教育活动领导小组组长张建国在党课上强调，加强党的先进性建设，保持共产党员先进性，是我们党生存、发展、壮大的根本性建设。我们一定要紧密地团结在以胡锦涛同志为总书记的党中央周围，坚持以邓小平理论和“三个代表”重要思想为指导，牢固树立和认真落实科学发展观，扎实有效地开展好先进性教育活动，团结一致，奋发进取，顽强拼搏，扎实工作，为建设经济强市、文化大市、绿色城市，实现“两提前、一率先”的宏伟目标而努力奋斗。

2月18日，全市对外开放暨招商引资工作大会在淄博人民会堂召开，各区县、高新区设分会场。市委书记、市人大常委会主任张建国，市委副书记、市长刘慧晏出席会议并作重要讲话。

2月22日，全市人口和计划生育工作会议召开。

2月28日，全市公安会议在淄博人民会堂召开。

3月1日，市委召开常委扩大会议，专题研究环境保护工作，要求全市上下牢固树立和认真落实科学发展观，大力实施碧水蓝天行动计划，加快生态市建设步伐，为创建国家环保模范城而努力。市委书记、市人大常委会主任张建国主持会议并作重要讲话。市委副书记、市长刘慧晏讲话。

3月17日，市委召开理论学习中心组先进性教育活动学习交流会，交流学习贯彻“三个代表”重要思想、保持共产党员先进性的认识及学习心得体会，检验学习教育活动成果。市委书记、市人大常委会主任张建国主持会议并作重要讲话。省委督导组副组长张海鹰等出席会议。

3月23日，市级领导班子保持共产党员先进性教育形势报告会举行。市委书记、市人大常委会主任、市保持共产党员先进性教育活动领导小组组长张建国出席，市委副书记、市长刘慧晏作形势报告。

3月24日，全市建设“文明淄博”、创建文明城市工作会议在淄博人民会堂召开。会议按照省委、省政府建设“文明山东”的统一部署和要求，对建设“文明淄博”和文明城市创建工作做出安排，动员全市上下迅速行动起来，齐心协力，真抓实干，掀起建设“文明淄博”、创建文明城市的热潮。市委书记、市人大常委会主任张建国作重要讲话。市委副书记、市长刘慧晏主持会议。

3月31日，全市创建国家环保模范城暨实施碧水蓝天行动计划动员大会召开。

4月15日，全市农村工作会议在淄博人民会堂召开。主要任务是传达贯彻中央和全省农村工作会议精神，分析当前农业和农村经济发展形势，安排部署2005年及今后一个时期的“三农”工作。

4月22日，市委召开常委扩大会议，传达学习省委八届十次全会和全省构建社会主义和谐社会工作会议精神，研究学习贯彻落实意见措施。市委书记、市人大常委会主任张建国主持会议并作重要讲话。

4月25日，中共淄博市九届八次全委会议在张店举行。全委会传达学习胡锦涛总书记视察山东时的重要讲话和省八届十次全委会精神，研究部署贯彻落实措施。市委书记张建国代表市委常委作重要讲话，就学习贯彻胡锦涛总书记视察山东时的重要讲话和省八届十次全委会精神，努力开创各项工作新局面提出要求。全委会通报了市委常委征求意见建议的情况。

5月17日，市委召开常委扩大会议，专题研究部署创建文明城市工作，要求全市各级、各部门认识要再提高，措施要再加大，领导要再加强，确保实现市委、市政府确定的“力争创建首批全省文明城市、积极争创全国创建文明城市工作先进城市”的目标。市委书记、市人大常委会主任张建国主持会议并作重要讲话。

5月25日，市委召开常委会专题研究先进性教育活动，要求扎实做好每项工作，确保教育活动真正成为群众满意工程。

5月27日，全市构建社会主义和谐社会工作会议召开。会议传达贯彻全省构建社会主义和谐社会工作会议精神，对和谐社会建设、加快服务业发展、建设生态市工作进行了部署。市委书记、市人大常委会主任张建国，市委副书记、市长刘慧晏分别作重要讲话。

5月27日，全市民营经济大会在淄博人民会堂召开。会议的主要任务是，贯彻落实《国务院关于鼓励支持和引导个体私营等非公有制经济发展的若干意见》和全省民营经济工作经验交流会精神，总结经验，表彰先进，推动全市民营经济更快更好地发展。市委书记、市人大常委会主任张建国作重要讲话，市委副书记、市长刘慧晏主持会议。大会在各区县、高新区设分会场，各乡镇(办)、村(居)设收看(听)点。全市共有近10万人收听收看大会实况。

6月1日，市委召开常委扩大会议，传达学习省委、省政府突出发挥青岛龙头带动作用工作会议精神，研究制定贯彻落实意见，要求全市各级、各部门进一步统一思想，提高认识，抢抓机遇，积极融入，努力推动全市经济社会更快更好地发展。市委书记、市人大常委会主任张建国主持会议并作重要讲话。

6月16日，全市职业教育工作会议在鲁中宾馆召开。

6月29日，市委召开常委扩大会议，传达学习全省科学发展情况第二次交流现场会议精神，交流座谈赴德州等7城市学习考察体会，研究部署推进全市经济社会加快发展、科学发展、协调发展的具体措施和意见。市委书记、市人大常委会主任张建国主持会议并作重要讲话。

6月30日，市委召开常委会议，听取全省保持共产党员先进性教育活动第一批总结和第二批动员大会精神及贯彻意见。市委书记、市保持共产党员先进性教育活动领导小组组长张建国主持会议。

7月1日，市委召开保持共产党员先进性教育活动第一批总结和第二批动员大会，对全市第一批先进性教育活动进行回顾总结，对第二批先进性教育活动进行动员部署。市委书记、市人大常委会主任、市保持共产党员先进性教育活动领导小组组长张建国，省委督导组组长崔维山作重要讲话。市委副书记、市长刘慧晏主持会议。

7月7日至12日，市委理论学习中心组读书会暨全市科学发展情况交流现场会召开。会议动员全市上下进一步增强机遇意识、危机意识、创新意识，抓住机遇，加快发展，推动经济社会更快更好地发展。

7月13日，市委工作会议与市政府全体会议在淄博人民会堂召开，会议主要任务是深入贯彻胡锦涛总书记视察山东重要讲话和指示精神，认真贯彻落实全省科学发展情况第二次交流现场会议精神，深入分析和把握当前形势，认真研究应对措施，进一步统一思想，提高认识，改进工作，推动各项工作再上新水平。市委书记、市人大常委会主任张建国，市委副书记、市长刘慧晏分别作重要讲话。

8月1日，市委召开常委扩大会议，认真传达学习省委理论学习中心组读书会和全省建设节约型社会现场会精神，研究制定贯彻落实意见和措施。

8月4日，全市发展循环经济建设节约型社会工作会议召开。会议传达学习了全省建设节约型社会现场会精神，提出以科学发展观为指导，大力发展循环经济，努力推动全市节约型社会建设。

8月22日，中共淄博市九届九次全委(扩大)会议在张店举行。全委会传达学习省委理论学习中心组读书会精神，研究部署贯彻落实具体措施。市委常委主持会议。市委书记、市人大常委会主任张建国代表市委常委作重要讲话，就贯彻落实省委站在新起点实现新发展的决策部署，提出意见和要求。

9月4日，市委召开常委扩大会议，专题研究扩大开放利用外资工作和贯彻落实全省小清河水污染防治工作会议精神，要求全市各级、各部门切实把外经贸特别是利用外资工作抓好，采取有力措施，认真落实全省小清河水污染防治工作会议精神。

9月5日，在淄博宾馆多功能会议厅举行纪念抗日战争胜利60周年座谈会，并为抗战老同志代表颁发抗日战争胜利60周年纪念章。市委书记、市人大常委会主任张建国在会上作重要讲话，市委副书记、市长刘慧晏主持座谈会。

10月9日，全市创建文明城市工作总结表彰大会在鲁中宾馆召开。大会总结了近年来全市精神文明建设工作，表彰了在创建文明城市工作中做出突出贡献的先进单位和先进个人，进一步明确了推动全市精神文明建设在新的起点上实现新发展的目标任务。

10月12日，市委召开常委会议，认真传达学习《中国共产党第十六届中央委员会第五次全体会议公报》，研究部署贯彻落实的初步意见和措施。同时，还集体收看了“神舟”六号载人飞船发射的实况直播。市委书记、市人大常委会主任张建国主持会议并作重要讲话。

10月23日，市委召开党外人士座谈会，就《淄博市国民经济和社会发展第十一个五年规划纲要(草案)》听取各民主党派、工商联的负责人和无党派人士的意见和建议。市委书记、市人大常委会主任张建国主持座谈会并作重要讲话。

10月29日，市委召开常委扩大会议，认真传达学习党的十六届五中全会和省八届十一次全委会精神，研究贯彻落实意见。会议传达学习了省委书记张高丽在省八届十一次全委会第一次全体会议上的工作报告、在省八届十一次全委会第二次全体会议上的讲话，省委副书记、省长韩寓群关于《山东省国民经济和社会发展第十一个五年总体规划纲要(草案)的说明》。市委书记、市人大常委会主任张建国主持会议并作重要讲话。

10月30日，中共淄博市九届十次全委会议在张店举行，市委常委主持会议，市委书记张建国作重要讲话。全委会认真学习贯彻党的十六届五中全会和省八届十一次全委会议精神，听取和讨论市委常委会的工作报告，审议了《淄博市国民经济和社会发展第十一个五年规划纲要(草案)》，决定由市政府进一步修改后提交市十二届人大四次会议审议批准。刘慧晏就《规划纲要(草案)》向全委会作说明。

10月31日，全市防控高致病性禽流感工作会议召开，会议传达贯彻全省防控高致病性禽流感工作会议精神，深入分析疫情形势，对防控工作进行周密部署。

11月8日，市委召开常委扩大会议，传达学习中央领导同志关于预防控制高致病性禽流感工作的重要指示和11月7日省委常委会议精神，研究防控高致病性禽流感的措施。市委书记、市人大常委会主任张建国主持会议并作重要讲话。

12月1日，市委召开“三个体系”建设工作会议，传达学习全省“三个体系”建设经验交流会精神。市委书记、市人大常委会主任张建国作重要讲话，市委副书记、市长刘慧晏主持会议。

12月9日，全市第三批先进性教育活动动员大会召开。主要内容是贯彻落实中央和省委关于第三批先进性教育活动有关会议精神，回顾总结前段全市先进性教育活动，对第三批先进性教育活动进行动员部署。市委书记、市人大常委会主任、市保持共产党员先进性教育活动领导小组组长张建国作动员讲话，市委副书记、市长刘慧晏主持会议。

12月14日，市委常委议军会议召开，专题研究全市国防建设面临的形势和任务。省委常委、省军区政委张秉德出席了会议。

12月21日，市委召开常委扩大会议，传达学习全省经济工作会议精神，研究贯彻落实意见。市委书记、市人大常委会主任张建国主持会议并作重要讲话。

12月22日，全市经济工作会议在淄博人民会堂召开。会议的主要任务是深入学习贯彻中央和全省经济工作会议精神，总结2005年全市工作，研究部署2006年经济发展任务。市委书记、市人大常委会主任张建国，市委副书记、市长刘慧晏出席会议并作重要讲话。（刘艳 田锴）

·重要决策和工作部署·

1月14日，市委印发《关于认真组织开展以实践“三个代表”重要思想为主要内容的保持共产党员先进性教育活动的实施意见》。提出开展先进性教育活动的指导思想、基本原则、需解决的突出问题、达到的目标要求和开展先进性教育活动的总体安排、方法步骤，对全市开展保持共产党员先进性教育活动进行了全面部署。

1月14日，市委印发《关于第一批次部门和单位认真组织开展以实践“三个代表”重要思想为主要内容的保持共产党员先进性教育活动的实施方案》。明确全市参加第一批次先进性教育活动的范围和对象、需要着重解决的突出问题、方法步骤和具体要求。

1月14日，市委、市政府印发《关于做好突破高青工作的意见》。确定支持高青加快发展10个方面的主要政策和18项重点工作。

1月27日，市委印发《关于在市级领导班子和党员领导干部中开展保持共产党员先进性教育活动的实施方案》。对在市级领导班子和党员领导干部中开展保持共产党员先进性教育活动的范围、对象、要解决的主要问题和方法步骤作了明确部署。

2月8日，市委、市政府印发《关于进一步做好支持沂源发展工作的意见》。确定支持沂源加快发展10个方面的主要政策和12项重点工作。

2月8日，市委、市政府印发《关于进一步做好2005年招商引资工作的意见》。提出切实做好2005年招商引资工作的指导思想、任务目标和具体工作措施。

3月23日，市委、市政府印发《关于建设“文明淄博”、创建文明城市工作的实施意见》。明确建设“文明淄博”、创建文明城市工作的指导思想、主要任务、方法步骤，对建设“文明淄博”、创建文明城市活动提出具体要求。

4月6日，市委、市政府印发《关于2005年全市党风廉政建设和反腐败工作的实施意见》。提出2005年全市党风廉政建设和反腐败工作的指导思想、主要任务和工作措施。

4月12日，市委、市政府印发《关于进一步加强农村工作提高农业综合生产能力的决定》。进一步明确做好“三农”工作的指导思想、目标任务和具体措施。共6项30条。

5月24日，市委、市政府印发《关于进一步加强和改进妇女儿童工作的意见》。

5月25日，市委印发《关于进一步加强自身建设切实改进工作的意见》。围绕进一步加强市委自身建设、切实改进工作，增强凝聚力、战斗力和创造力，更好地团结带领全市广大党员干部群众，努力推动经济社会更快更好发展，提出6项25条具体意见。

6月9日，市委、市政府印发《关于加强科学民主决策的意见》。提出推进决策科学化、民主化的指导思想、总体要求、工作措施、规则程序的具体意见。

6月14日，市委、市政府印发《关于加快和谐淄博建设的意见》。制定了加快和谐淄博建设的总体思路、指导原则和工作措施。

6月14日，市委、市政府印发《关于进一步加快民营经济发展的意见》。决定实施民营经济“三年倍增”计划，对进一步放宽市场准入，拓宽发展领域，加快民营经济服务体系建设，鼓励扶持民营企业做大做强和切实优化民营经济发展环境等方面作了具体规定。

6月14日，市委印发《关于贯彻落实〈纲要〉深化强基工程全面加强党的基层组织建设的实施意见》。明确提出加强党的基层组织建设的指导思想、目标要求和具体措施。

6月30日，市委发出通知，号召全市广大党员干部向李振华、鹿奉俊、孙建博学习，始终保持共产党员的先进性，不断加强党同人民群众的血肉联系，努力推动全市经济社会更快更好地发展。

6月30日，市委、市政府印发《关于支持高成长型企业加快发展的意见》。

6月30日，市委印发《关于认真组织开展第二批先进性教育活动的实施意见》。对开展第二批先进性教育活动进行全面部署。

7月15日，市委、市政府印发《关于进一步加强职业教育工作的意见》。共10项35条。

7月30日，市委、市政府、军分区印发《关于军地共建平安淄博构建和谐社会的意见》。明确军地共建平安淄博构建和谐社会的指导思想、目标任务和制度措施。

8月22日，市委、市政府印发《关于进一步加强高技能人才队伍建设的意见》。共8项21条。

8月22日，市委、市政府印发《关于加强金融生态环境建设促进全市经济金融健康协调发展的意见》。对进一步改善和优化全市金融生态环境，促进经济社会与金融的良性互动与协调发展作出明确规定。

9月6日，市委、市政府印发《关于进一步加强国有资产监管和运营的意见》。

9月6日，市委印发《关于贯彻落实〈中共山东省委印发关于在全省党政机关建立和完善决策目标体系的意见、关于在全省党政机关建立和完善执行责任体系的意见的通知〉进一步加强“三个体系”建设的意见》。对进一步加强“三个体系”建设提出明确要求。

9月21日，市委、市政府印发《关于认真落实科学发展观进一步加强新时期人口和计划生育工作的决定》。

10月8日，市委、市政府印发《关于进一步加强和改进大学生思想政治教育的实施意见》。

10月21日，市委印发《关于加强高等院校党建工作的意见》。

10月28日，市委印发《〈关于干部工作的十项要求〉的通知》。要求各级党组织和领导干部认真贯彻落实《干部任用条例》，做到坚持原则不动摇，执行标准不走样，履行程序不变通，遵守纪律不放松，带头抵制选人用人上的不正之风。

11月30日，市委、市政府印发《关于进一步加快服务业发展的意见》。对优化发展环境，切实加快全市服务业发展，提出明确要求。

12月12日，市委印发《关于第三批保持共产党员先进性教育活动的实施意见》。对全市第三批先进性教育活动进行全面部署。

12月12日，市委印发《关于开展“九个一”活动促进机关党员自觉保持先进性的实施意见》。要求在全市机关党员中组织开展以增强党性观念、强化党员意识、树立良好形象为主题的“九个一”活动，不断巩固和扩大先进性教育活动成果。

12月21日，市委印发《关于落实〈建立健全教育、制度、监督并重的惩治和预防腐败体系实施纲要〉的实施意见》。提出贯彻落实《实施纲要》认真做好惩治和预防腐败工作的指导思想、基本原则、工作目标和制度措施。

（刘　艳　田　锴）

·组织工作·

【全市组织部长会议】 1月19日，全市组织部长会议在鲁中宾馆召开。会议传达了全省组织部长会议精神和市委书记张建国在市委常委会听取全省组织部长会议精神汇报后的讲话。市委副书记魏绍水讲话。市委常委、市委组织部部长王顶岐对2004年全市组织工作作总结，并就做好2005年全市组织工作进行了部署。

【编辑出版《新时期组织工作调查与思考》】 是年，市委组织部围绕党的建设和组织工作中面临的一些重点、热点和难点问题，到区县、市直部门、乡镇、街道、村居和企业进行深入调研，形成一批有价值的调研报告，并以此为基础编辑出版《新时期组织工作调查与思考》一书。（李海霞）

【开展保持共产党员先进性教育活动】 是年，按照中央和省委统一部署，在全市深入开展了保持共产党员先进性教育活动。第一批先进性教育活动于1月15日启动，在县及县以上党政机关及部分企事业单位进行；第二批先进性教育活动于7月3日启动，在城乡基层展开；第三批先进性教育活动于12月9日启动，在农村、各级纪检机关和组织、宣传、机关工委等部门进行，全市13080个基层党组织和26.6万名党员参加了先进性教育活动。通过深入开展先进性教育活动，全市党的基层组织建设得到进一步加强，党员先锋模范作用进一步发挥，群众反映的一些突出问题得到有效解决，推动了全市经济建设和社会各项事业的健康发展。

【“强基工程”】 在对2004年以来实施“强基工程”情况深入调研和认真总结的基础上，按照省委《关于以加强执政能力建设为重点全面推进党的基层组织建设的纲要》的部署要求，紧紧围绕加强党的执政能力建设和先进性建设，代市委制定了《关于贯彻落实〈纲要〉深化强基工程全面加强党的基层组织建设的实施意见》（淄发〔2005〕19号），进一步明确基层党建工作的指导思想和总体目标要求，并将重点任务细化分解为36项，逐项明确牵头单位和责任单位，形成各级各有关部门密切配合、积极参与，上下联动、齐抓共管的工作格局，促进“强基工程”的深入实施。（刘　伟　蒋万海）

【全市村“两委”换届选举工作】 全市村“两委”换届选举工作从2004年10月初开始，到2005年3月底基本完成。之后，重点抓了少数难点村的扫尾和新任村干部的教育培训、村级工作规范化建设、村“两委”换届选举工作先进集体和先进个人评选表彰等工作。到年底，全市3136个村委会、374个社区居委会、3382个村级党组织全部完成换届。共选举产生村“两委”干部9749人，比上届减少4877人；新“两委”干部中，45周岁以下6098人，占62.6%，比上届提高7.5个百分点；高中及以上学历5471人，占56.1%，比上届提高9.8个百分点。全市村“两委”成员交叉任职比例达到88.6%，其中村书记、主任“一人兼”比例达到93.4%，分别比上届提高51.8个百分点和63.6个百分点，比全省的平均水平高13.8个百分点和4.8个百分点。较好地完成市委、市政府提出的各项目标任务，进一步加强了党对农村工作的领导，为农村各项事业的发展和农村的稳定奠定了坚实基础。

【社区党的建设和社区建设工作】 起草下发《关于大力推进社区党的建设和社区建设工作的意见》，明确新形势下推进社区党建和社区建设工作指导思想、目标要求和工作重点，进一步健全落实社区党建和社区建设工作责任制、工作协调机制、工作保障机制、工作考评机制和工作创新机制，确保社区党建和社区建设工作落实。同时，《意见》还提出社区党建和社区建设工作的28项重点任务，并一一分解到各区县和市直相关部门。（高旭强　宋成富）

【党政领导班子和领导干部调整】 年内，根据全市领导班子和干部队伍建设实际，按照《干部任用条例》的有关规定，共调整任免干部134人，其中提拔46人、重用21人。另外，为37名干部办理了提前离岗手续。

【县级党政后备干部工作】 严格按照《干部任用条例》和《党政领导班子后备干部工作规定》要求，做好县级党政后备干部集中补充调整工作。在认真考察各单位上报人选的基础上，根据领导班子结构需要，提交部长办公会研究确定了县级党政后备干部名单，并按要求将名单上报省委组织部。

【全市青年干部培训班】 9月1～18日，举办2005年全市青年干部培训班，共有学员244名。期间，市委领导分别在开学典礼、结业典礼上讲话，邀请36个市直部门的领导作市情专题报告，聘请省委党校教授专题授课，组织学员进行军训，并到井冈山接受革命传统教育。

【选派山东理工大学教授挂职工作】 7月，经市委和山东理工大学党委研究决定，从山东理工大学选派16名干部挂任各区县副区县长、部分市直部门副职和高新区管委会副主任职务。挂职干部年龄最大的44岁，最小的35岁；博士研究生13人，在读博士研究生3人；教授14人，副教授2人。挂职干部的主要任务是协助挂职单位分管与科技有关的工作，为地方经济社会发展进行科技咨询等。（杨新国　范新刚）

【对口帮扶、交流挂职干部工作】 按照省委组织部的部署和要求，做好德州、临沂、菏泽3市来淄博市经济强区县挂职干部的轮换工作，及时为16名挂职干部办理任免职手续。组织召开了对口帮扶交流挂职干部座谈会。

（范新刚　熊　欣）

【干部人事制度改革】 以严厉整治选人用人上的不正之风，防止干部"带病提拔"为工作重点，在代市委起草《关于干部工作十项要求》的基础上，进一步加快干部人事制度改革步伐。一是改进民主推荐办法。设计使用新型民主推荐表，将干部监督的关口前移，充分听取不同意见和少数人的意见，为选准人、用好人提供科学、准确的依据。这一做法先后被中央组织部、省委组织部编入《领导参阅》内部刊物。二是研究制定《中共淄博市委组织部关于在确定考察对象前对干部档案进行审核的暂行办法》，实行确定考察对象前干部档案审核制度，把好任职资格关。三是按照"教育为主、预防为主、事前监督"的原则，从关心、爱护干部的角度出发，对提拔、重用的干部在任职前请市纪委、市检察院等有关部门的负责人进行廉政警示教育。（王淑云　杨新国）

【干部档案业务培训班】 组织举办两期干部档案审核工作业务培训班，对全市干部档案管理工作人员进行档案业务培训，并对全市科及科以下干部档案审核工作进行部署。

（王淑云）

【省管、市管干部重要情况和突发事件的信息报送工作】 认真贯彻落实省委组织部《关于及时上报省管干部重要情况和涉及组织工作重大突发事件的通知》精神，研究起草了《关于及时上报省管干部重要情况和涉及组织工作重大突发事件的工作任务分解意见》。同时，要求区县和市直部门及时报送市管干部重要情况和涉及组织工作重大突发事件情况，及时了解和掌握市管干部的有关情况和信息。

（熊　欣　李　莹）

【企事业单位领导干部调整】 按照配强、配顺企事业领导班子的要求，对部分企事业单位领导班子进行调整充实。全年共调整企事业单位领导干部134名。其中提拔72名，重用8名，交流11名，免职6名，提前离岗30名，其他7名。对63名试用期满干部进行了考察，其中1人延长试用期半年。

【部分事业单位副县级领导干部公开选拔工作】 9～11月，在全市范围内组织了部分事业单位副县级领导干部公开选拔工作。共公开选拔13个职位，其中市属中学教学副校长5名，市属医院业务副院长4名、行政副院长2名，市卫生局卫生监督所副所长1名，市京剧院院长1名。共有261人报名。市京剧院院长职位因报名人数达不到10∶1的规定比例（共有7人报名）没有进行公开选拔。通过笔试、面试和考察，共有12人走上副县级领导岗位。

【企事业单位领导班子和领导干部2004年度政绩考核工作】 2月，制定下发《淄博市国有及国有控股企业领导班子和领导人员年度工作考核办法》（淄组发〔2005〕5号）、《淄博市县级事业单位领导班子和领导干部年度工作考核办法》（淄组发〔2005〕6号）。从3月上旬开始，组织了对市属企事业单位领导班子和领导干部2004年度工作考核。共考核企事业单位领导班子159个，领导干部572名。评为优秀等次领导班子47个，适应等次领导班子108个，基本适应等次领导班子3个，不适应等次领导班子1个；评为优秀等次领导干部116人，称职（合格）等次领导干部451人，基本称职（基本合格）等次领导干部3人，不合格等次领导干部1人，1人暂不定等次。有4家单位被有关评价主体实行了1票否决。

【选派企事业单位青年干部赴外地挂职锻炼】 从5月开始，选派部分企事业单位优秀青年干部到青岛、南通等地进行对口挂职锻炼，时间为2个月。共选派挂职干部27名，80%具有全日制本科以上学历，其中，7人具有研究生学历；平均年龄35.8岁。通过锻炼，达到了拓宽视野、提高素质、增长才干的目的。

【企事业单位高级财务管理人员培训班】 5～6月，在上海复旦大学经济学院组织举办企事业单位高级财务管理人员培训班。共选调学员52名，培训时间1个月。培训课程以财务管理为主，此外，还有现代金融市场结构与风险投资、财政金融政策、金融工程、国际贸易、企业文化与品牌管理、领导艺术与管理科学等课程。（何恒斌）

【组织开展整治用人上不正之风情况专项检查】 为贯彻全国落实党风廉政建设责任制工作电视电话会议精神，4月下发通知，对全市整治用人上不正之风情况专项检查做出部署，采取自查与抽查相结合的方式进行。7月上旬，在自查的基础上，组织力量成立2个检查组，重点对各区县进行抽查。通过检查，总结好的做法和经验，针对存在的问题和不足，要求各级各部门及时研究，提出解决办法和措施。

【举办"水资源杯"《干部任用条例》及相关知识网上知识竞赛】 7～8月，依托新建成的《干部任用条例》及相关知识网上题库，与市水资源管理办公室联合举办"水资源杯"《干部任用条例》及相关知识网上竞赛。竞赛试题由竞赛答题系统自动在题库中随机抽取生成，采取网上限时倒计时形式进行。在历时2个月的时间内，全市组工干部及各界群众共有近500人参赛答题。经过认真阅卷评选，共评出一等奖2名，二等奖4名，三等奖6名，有12个单位获得优秀组织奖。

【组织开展《干部任用条例》贯彻执行情况检查】 9月，组织开展全市贯彻执行《干部任用条例》情况监督检查。重点对各区县委、高新区工委贯彻执行《干部任用条例》情况进行检查。检查结束后，对检查中发现的问题进行通报反馈，并对整改工作做出部署安排。

【严格按照《干部任用条例》和有关规定选拔任用干部工作会议】 12月20日，组织召开全市严格按照《干部任用条例》和有关规定选拔任用干部工作会议。会议对全市严格按照《干部任用条例》和有关规定做好干部选拔任用工作做出部署。市委副书记魏绍水到会讲话，市委常委、市委组织部部长王顶岐主持会议，并对贯彻落实会议精神提出要求。

（王玉杰）

【中央党校和省委党校学员选调工作】 年内，按照省委组织部和省委党校的要求，先后选送77人到中央党校和省委党校及各相关院校参加学习培训。其中，有9名厅级领导干部分别参加了国家部委和省委党校举办的各类班次，67名县级干部分别参加了省委组织部、省委党校及省直部门举办的各类班次。选派1人参加了省委党校研究生班理论班的学习。

【新提拔县级干部培训班】 12月7～14日,在市委党校举办新提拔领导干部培训班,全市110余名2005年新提拔的副县级领导干部和新进领导班子重用人员参加了培训。

【全市第三批中青年干部出国培训】 第三批22名中青年干部于5月底赴美国伊利诺斯大学,参加了为期2个多月的工商和公共管理培训。

【选派第十批援藏技术干部】 为继续做好对口支援西藏昂仁县的工作,4月,从全市选派了6名专业技术干部赴西藏日喀则地区昂仁县进行短期技术服务,12月初返回。

【下派包村工作】 6月,第二轮下派包村干部全部返回。市委、市政府表彰了21个下派干部包村工作先进单位和17名优秀下派包村干部。2年来,下派干部共帮助所包村争取无偿资金和物资折合人民币897.26万元,争取各类有偿资金570多万元,新修硬化道路75.57公里,帮助失学儿童及贫困生250余名,新上发展项目26个。并积极帮助调整农业产业结构,使所包村经济发展和社会生活发生了很大变化,受到基层干部群众的好评。

【选调生工作】 年内,组织了2005年报考淄博市选调生的报名、资格审查、面试考察和体检工作,与2名硕士选调生、32名本科选调生签署就业协议,并对其进行了安置。协调做好法院、检察院、公安、共青团系统22名选调生的安置工作。推荐7名选调生参加省直机关招考录用工作人员考试,有4人被录用到省纪委、省信息产业厅、省高院、省外经贸厅。

【事业单位招考应届大学毕业生工作】 与市人事局组织开展了市属事业单位招考录用应届大中专毕业生工作,共为14个市直部门所属33个事业单位招考录用大中专毕业生300余人,优化了事业单位的人才结构。

【公务员招考工作】 是年,组织了国家公务员和机关工作者招考录用工作,全市共有8820人报考260个职位,经过笔试、面试、政审、体检、公示等程序,最终录用261人。

（周宏伟）

【编制“十一五”人才规划纲要】 淄博市“十一五”人才规划纲要编制工作于1月正式启动,成立了编制工作领导小组,从组织、人事、发改委、劳动、科技、教育等部门抽调人员集中办公,广泛听取各方面的意见,形成了具有特色、对今后5年全市人才工作具有指导意义的完整规划。

【设立人才热线服务台】 为进一步优化人才环境,搭建党委、政府部门与人才经常性的沟通联系平台,6月在市委组织部设立人才热线服务台。以人才热线电话为主,辅以电子信箱和人才接待、走访。服务内容主要包括咨询人才政策;反映个人思想、学习、生活、工作情况;投诉人才在工作、生活中受到的不公正待遇或侵权等问题,请求帮助解决较大的困难问题;推荐咨询有关项目和人才信息;对全市人才工作提出合理化建议等。

（路玉田）

【人才工作目标责任制考核】 下发《淄博市人才工作目标责任制考核办法(试行)》,6～7月在全市范围内组织进行人才工作目标责任制考核。市委、市政府对考核获得优秀等次的21个单位和21人分别授予淄博市人才工作先进单位和淄博市人才工作先进个人荣誉称号,并在全市组织工作会上进行通报表彰。

（王新成）

【高技能人才队伍建设】 牵头协调市劳动和社会保障局,研究出台《关于进一步加强高技能人才队伍建设的意见》及《淄博市首席技师管理办法》两个文件,筹备召开全市高技能人才工作会议,精心组织第一批首席技师的评选,选拔产生30名首席技师。

（肖洪涛）

【全市专家政治理论培训班】 12月23～24日,全市专家政治理论培训班在鲁中驾考中心举办。全市评出的首批30名首席技师和各条战线上的高层次人才共80余人参加了培训。

（许邦友）

【党员干部现代远程教育】 全市农村党员干部现代远程教育终端接收站点基础设施建设工作全面完成,全市共建站点3263个,实现网络覆盖所有行政村的目标。制作的《大棚适用技术系列片》和《丰功伟绩光辉历程》在全省远程教育优秀课件评比中分别获得一等奖和三等奖。

（任　霞）

【组织系统专网建成并投入使用】 在2004年购置设备、铺设专线的基础上,上半年实现与省委组织部联网,并对网络进行了调试。10月,淄博市组织系统专网通过了省、市保密局的保密验收。

【信访工作】 全年接待来访112人次,办理来信138件,承办省、市领导批转的信件87件,转到区县和部门办理的信件95件,署名信件和事实较为清楚的问题都得到了妥善处理。市委组织部被省委组织部评为全省组织部门信访工作先进单位。

（王立峰）

·宣传工作·

【理论学习】 结合保持共产党员先进性教育活动,突出抓好各级党委中心组的理论学习。举办市级领导班子先进性教育活动专题报告会,制定市委中心组理论学习计划和活动方案,组织市委中心组读书会,指导、组织县级党委中心组的理论学习,表彰理论学习先进集体和个人。开展2005年经济与社会发展重大理论与实践调研活动,进行社科工作基本情况调研和加强党委中心组学习调研。组织开展社科普及周和首届“淄博市十佳社科理论专家”评选活动。深入开展十六届四中、五中全会精神和落实科学发展观学习活动,编辑出版《加强执政能力建设理论文集》和《构建社会主义和谐社会》两本文集,开展“提高执政能力,构建和谐社会”征文活动和纪念抗日战争胜利60周年理论研讨活动,组织举办学习十六届五中全会精神座谈会、理论骨干培训班和报告会。《淄博民间故事大全》出版发行,完成《淄博社会科学文库》理论丛书编辑工作,《淄博历史人物》即将出版发行。第六届齐文化国际学术研讨会成功举办。

【新闻宣传】 认真组织学习贯彻十六届四中、五中全会精神和保持共产党员先进性教育活动的宣传报道,组织新闻媒体开设专栏、专刊，及时、准确地报道中央和省、市委的重要指示精神和重大工作部署。认真做好舆论调控和管理，坚持每周召开新闻例会、通气会、协调会，共召开各类会议51次，制定下发宣传报道意见、计划、方案50多个，办理领导批办件28件，审批各类新闻发布会26个。妥善处置和及时化解一批上级媒体舆论监督事件，保持整体舆论态势的健康平稳。突出抓好新闻宣传，调整充实重点报道策划小组，组建《大众日报》特约通讯员队伍，印发重点报道通报21期，制定有关考核办法和奖励规定，在《人民日报》、新华社、中央人民广播电台、中央电视台、《大众日报》、山东电视台等主要媒体发稿1万多篇(条)，广播电视发稿继续保持全省先进水平，报纸发稿实现数量和质量的新突破。淄博电视台新闻发稿数量名列全国城市台第三名，受到了中央电视台的表彰。全力做好树立和落实科学发展观、构建和谐社会、建设节约型社会、建设"文明淄博"、创建文明城市、纪念抗战胜利60周年、"辉煌十五"等全市重要会议、重大活动、重点工作部署和先进典型的主题宣传报道。先后组织近70家中央、省市媒体的百余名新闻工作者，进行一系列大型主题集中采访报道。全面完成重点党报党刊发行任务。评选了2004年淄博新闻奖、政协好新闻奖等，组织了第六个记者节的庆祝活动和"'走进日喀则走进昂仁'淄博新闻记者大型采访团西藏行"活动。

【文化大市建设】 组织开展庆祝中华人民共和国建国56周年暨淄博市建市50周年系列活动、2005中国(淄博)国际陶瓷博览会·世界瓷砖大会系列文化活动。组织全市春节、元宵节文化活动和纪念中国人民抗日战争暨世界反法西斯战争胜利60周年系列文化活动。参与组织第二届齐文化艺术节、第四届聊斋文化旅游节、第二届旱码头旅游文化节活动。开展淄博市社会文化活动知名品牌评选和淄博市广场优秀文艺节目评选。组织创作的大型现代剧《草原之子》受到普遍好评。精心排练《红嫂》《状元媒》等40多部深受群众喜爱的五音戏和京剧剧目，在全市城乡巡演200余场，受到广大群众的欢迎。大型话剧《回家》、京剧《马夫掌鞭》均参加省重点剧作加工修改座谈会。展示齐国历史风采的《大齐帝国》和《春秋霸主》等电视剧本编写修改定稿。20集电视剧《王渔洋》拍摄完成。编辑出版反映建市50周年成就的《辉煌淄博50年》画册和反映全市工业百年发展的《淄博工业百年》画册。淄博工业百年展览获市委、市政府优秀工作成果二等奖。深化文化体制改革，列入全省改革试点的淄博剧院以及淄博日报社、市广电局的改革正在有序进行。成功举办淄博市第二届公益文化项目推介会，落实合作项目61个，累计合作金额超过1.68亿元。举办单国强研究员书画鉴定会及书画鉴定学讲座。组织全市"发展文化产业论坛"活动，淄博市发展文化产业的经验材料在省委刊物《山东通讯》和省委宣传部刊物《宣传工作》全文刊发，并被推荐到中宣部。作为全市重要文化基础设施的市图书馆新馆，张店区、桓台县、沂源县文化中心等15项建设项目进展顺利。文化、科技、卫生"三下乡"工作继续走在全省前列，淄博市荣获全省1996年至2005年"三下乡"活动10周年组织工作奖，2人被评为全省先进个人，1人被评为全国先进个人。组织淄博市首届大学生"青春之歌"演唱会。出版《淄博市学校思想政治教育工作论文集》。

【精神文明建设】 按照市委、市政府"全力创建省级文明城市、积极争创全国创建文明城市工作先进城市"的工作目标和"全力以赴、志在必夺"的工作要求，集中力量抓了创建文明城市工作。科学安排，实行"六个一"制度(一天一调度，一天一督察，一天一汇兑，一天一总结，一天一简报，一天一报道)，保证创城工作的高效运转；强化指导，及时编发创城工作简报51期，发放明白纸、宣传画93万份，各新闻媒体刊发创城稿件、公益广告3000多条(次)，编辑出版36万字的《文明的脚步——淄博市创建文明城市十五年纪实》，最大程度地动员市民参与；召开各类会议40余次，督察近千个点，下发督办件200余份，集中解决了一大批群众关心的热点难点问题；高质量地完成了材料审核、问卷调查、实地考察等申报迎检工作。创城实现重要突破，淄博市荣获首批省级文明城市称号。中央文明办在《精神文明建设》第三十一期以《淄博市创建文明城市工作坚持四个重在》为题，介绍淄博市创建文明城市的做法经验。在全国创建活动中，淄博市有11家单位和1人受到表彰，总数列全省前列。

组织开展"文明淄博从我做起"主题活动。深入开展农村"三个一"(每个村建一个垃圾处理系统、建一条文明示范街、建一个小康电子书屋)创建活动，投入12万元建成一批高质量的电子小康书屋。有关做法和经验在全省农村精神文明建设工作会议上作了介绍，该项活动获市委、市政府创新工作成果三等奖。抓好温馨社区建设，组织举办首届"邻居节"。"温馨物业管理小区"建设成效突出，获市优秀工作成果三等奖。坚持抓好市民文明素质教育和未成年人道德建设，有7项创新工作案例获省表彰。开展精神文明理论研讨，完成建设文明淄博等3项调研活动。组织第五届淄博十佳文明市民的评选工作。

【思想政治工作】 制定进一步加强和改进典型宣传工作的意见，召开了典型宣传工作会议。临淄区、原山集团、刘荣喜分别被省委宣传部确定为站在新起点实现新发展、国有林场改革创新、建设社会主义新农村等3个方面的先进典型，在全省进行了集中宣传。组织了对李振华、鹿奉俊、孙建博、孙守年、王正滨等立党为公、执政为民共产党员先进典型的集中宣传。开展2005"感动淄博"十佳人物评选，推出一批代表各行各业的先进典型，在全市进行广泛宣传。继续深化《公民道德建设实施纲要》的宣传教育，市委宣传部被中宣部、中央文明办等10部门表彰为全国婚育新风进万家活动先进集体，1人被表彰为全国先进个人。切实抓好爱国主义教育，组织15项纪念抗日战争暨世界反法西斯战争胜利60周年系列活动，配合上级媒体完成著名抗日战争纪念地寻访活动，市革命烈士陵园和马鞍山抗日战争遗址被确定为省级爱国主义教育基地。在全市青少年中开展"弘扬民族精神、培育爱国情怀"主题教育活动。在全市城乡集中开展形势政策宣传教育活动。举办"五星红旗我为你骄傲"大型公益活动。开展"品牌文化年"和企业文化建设厂歌大赛活动，组织举办首届淄博市企业形象展示汇报演出。《企业文化建设的实践与思考》一书，被山东省企业文化年会评为最佳单项奖。全市企业文化建设获奖数量和质量居全省首位。开展首届市企业思想政治工作"双十佳"评选，举办"山铝杯"加强党的执政能力建设知识竞赛。

【对外宣传】 全年在《人民日报》海外版、香港《大公报》、香港《文汇报》等刊发14个外宣专版，出版《中国经济周刊——淄博专刊》和《瞭望——淄博专刊》，在中央电视台、凤凰卫视、黄河电视台等播出10多个电视专题片。中央电视台"走遍中国"摄制组到淄博市拍摄了7集专题片。组织在中央人民广播电台"直播中国——走进淄博"特别节目。互联网宣传和管理进一步加强。"淄博时空"新闻网页先后与新华宽频网、人民网、山东法制网建立链接，首次实现"陶博会"开幕式网上直播，有关足球起源地的消息先后被近千家网站转载，形成足球起源地宣传的新高潮。“陶博会”等网上宣传效果明显，网上舆情引导、舆情监视等制度进一步完善。制定下发《淄博市政府新闻发布工作实施方案》，成立新闻发布工作协调领导小组，协调44家政府部门设立新闻发言人和新闻联络员。先后成功组织“陶博会”2次大型新闻发布会，市政府及有关部门10多次新闻发布会。出版全面反映淄博市新形象、新面貌的中、英、日、韩4语种对外宣传画册。制作《中国淄博》城市形象广告片，并在央视国际频道播放。开展“魅力淄博”摄影大赛。“陶博会”、国际新材料技术论坛累计刊发对外宣传稿件2000余篇。　（郭　昱）

·统战工作·

【思想教育工作】 年内，认真开展保持共产党员先进性教育活动。组织开展了以“学好一本书、开展一次体育比赛、举办一次演讲比赛、开展一次革命传统教育、观看一组正反典型教育专题片”为内容的“五个一”活动，举办了全市统战系统“青春在统战事业中闪光”演讲比赛。先后组织全市统一战线干部、成员110余人次参加了省、市各类学习培训。先后组织召开了学习贯彻《中共中央关于进一步加强中国共产党领导的多党合作和政治协商制度建设的意见》（中发〔2005〕5号文件）座谈会，各民主党派、工商联负责人暑休研讨班以及市委常委会议精神通报会等各类座谈会、通报会、学习班等20余次，为不断开创全市统战工作新局面奠定了坚实思想基础。

《反分裂国家法》座谈会　（市委统战部　供稿）

【民主党派、工商联工作】 积极协助民主党派、工商联加强自身建设。组织开展了“参政能力建设论坛”活动，进一步提高了各民主党派政治把握能力、参政议政能力、组织领导能力和合作共事能力。加强民主党派市委领导班子建设，严格按照各民主党派章程，对民革、民盟、民建、民进、农工、九三等6个民主党派市级领导班子进行了充实调整，增补了5名副主任委员和1名市委委员。加强民主党派后备干部队伍建设，组织召开专题会议进行部署，经与民主党派市委协商，调整充实了7个民主党派市委领导班子的后备干部人选。协助民进市委充实了驻会领导干部。积极协助各民主党派做好经费工作，进一步改善了各民主党派办公、用车等工作条件。加强制度建设，建立完善了各民主党派主委、工商联会长恳谈会制度，各民主党派、工商联秘书长联席会制度，各民主党派基层联络员联系制度。积极协助各民主党派、工商联搞好参政议政工作，全年市级民主党派、工商联组织和成员共形成提案、议案、议政报告等各类参政议政成果198项，有力地促进了全市经济的快速发展与和谐社会建设。引导和组织各民主党派、工商联开展形式多样的社会服务活动，先后组织了统战系统“慈心一日捐”、民主党派医疗专家义诊、扶贫助学捐助等多种形式的科技、卫生、文化下乡活动。年内全市统战系统组织各类义诊、科技咨询、捐资助学等社会服务活动30余次，服务人民群众3000余人次。

【党外干部工作】 2月4日，市委常委会议专题学习全省培养选拔党外干部座谈会精神，听取了情况汇报，研究分析了全市培养选拔党外干部工作的形势和任务，提出了贯彻落实全省培养选拔党外干部工作座谈会精神的意见。3月9日，召开了全市培养选拔党外干部工作座谈会，研究部署全市培养选拔党外干部工作。对全市副科级以上党外干部进行了调查统计，为近1200名副科以上党外干部建立了个人基本情况档案，充实完善了党外干部人才库。配合有关部门，加大对党外干部的培养选拔力度。年内，全市有27名党外干部走上了各级领导岗位。

【社会新阶层代表人士工作】 以社会新阶层党外知识分子为重点，积极做好党外代表人士工作，就社会新阶层组织人员构成、职能作用以及如何做好工作进行了专题调研。8月17日，组织召开了市社会新阶层党外知识分子联谊会成立大会，审议通过了联谊会章程，选举产生了第一届联谊会组织领导机构，市政协副主席、市委统战部部长王同和当选为会长。围绕促进非公有制经济健康快速发展，建设一支宏大的中国特色社会主义建设者队伍，联合市工商联、人事、国税、地税、工商、技术监督、劳动和社会保障局等8部门在全市非公有制经济人士中开展了“争当中国特色社会主义事业优秀建设者”活动，组织召开了动员大会，对活动进行了部署。活动的开展在全市广大非公有制经济人士中引起了强烈反响。

【民族宗教工作】 贯彻落实中央和省、市民族工作会议精神，牵头、协调有关部门，制定出台了《建立民族工作长效机制的实施意见》。积极做好民族工作领导小组各成员单位的协调工作，开展第五次民族团结进步宣传月活动，进一步营造了全市民族团结、和谐的良好氛围。以贯彻《宗教事务条例》为重点，建立了与宗教界代表人士定期联系制度，加强联系，促进沟通、增进感情，巩固和发展了新时期党同宗教界的爱国统一战线。加强对全市爱国宗教团体负责人和部分宗教界代表人士的团结教育，引导他们坚定独立自主、自办教会的信念，自觉抵御境外宗教势力的渗透。认真组织召开由市民族宗教、公安等部门参加的宗教工作联席会议及市各宗教团体负责人座谈会，坚持每月调度全市民族宗教工作情况，切实维护好民族宗教界的团结稳定。

【服务经济建设】 继续深入开展“一十百”活动，总结推广11个单位的典型经验，拓展“一十百”活动领域。落实人才强市、科教兴市战略，组织开展“发挥统战、高校优势，服务民营经济发展活动”，深入五区三县调研走访民营企业36家，分别组织召开各类座谈会、接洽会10余次。7月9日，组织召开发挥统战、高校优势，服务民营经济发展大会，100余名民营企业家以及山东理工大学的30余名专家教授参会，32家民营企业聘请23位山东理工大学的专家教授作为企业的科技顾问，

18家民营企业与专家教授签订了合作协议和意向。同时通过活动，建立起统战部门、民营企业、高校"1＋1＋1"合作模式，构建了统战系统服务民营经济发展的新平台。在招商引资工作中，组织召开各类调度协调会议32次，组织、参与赴东北、赴台、赴欧招商引资活动，全年招商引资2758万元，完成市里确定任务的230％，连续第四年超额完成招商引资任务。继续加大对高青县温家村结对扶贫的力度，帮助村里开展劳务输出、改善蔬菜种植结构。筹资近15万元，完成了村里3条主干道水泥硬化工程，为小学捐赠学习、办公用品，并帮助该村解决了安装远程教育系统的经费。市委统战部被表彰为全市扶贫工作先进单位。

【调研宣传信息工作】 召开2次全市统战调研工作专题会议，下发了《关于进一步加强统战调研工作的意见》。成立了5个课题组，先后就服务经济建设、民营企业发展、基督教天主教热点难点问题、少数民族干部、非公有制经济组织人才工作以及党外干部工作等课题进行了专题调研，形成了一批高质量的统战理论调研成果。认真总结和梳理"参政为民、议政兴市"活动和"参政能力建设论坛"活动成果，结集出版了《参政为民、议政兴市》和《参政能力建设论文集》。在全省统战系统"四新工程"评比中，淄博市列总分第二名，获优秀组织奖。组织协调市级新闻媒体，集中开展了对《中共中央关于进一步加强中国共产党领导的多党合作和政治协商制度建设的意见》的宣传。全市统战系统共在市级以上媒体发表各类调研宣传稿件200余篇。依托"淄博统一战线网站"，积极开展网络宣传工作，制作贴发各类文字、图片等宣传稿件70余篇。上报信息400余条，被中央统战部、省委统战部、市委办公厅采用60余条。编发《淄博统战信息》79期，信息500余条。在全省统战系统信息工作评比中，淄博市列全省各市第五名，获二等奖。 （王　栋）

·对台工作·

【对台经济】 年内，全市新批台资项目23个，总投资额11765.96万美元，合同台资额9489.64万美元，实际利用台资额8961万美元。台资已占全市外来资金的27％以上，台资企业逐渐走向快速健康发展的轨道。金宝岛大厦被列为全省十大在建台资企业，台属企业临淄天华集团被评为全省"十佳台属企业"，高青县台湾工业园正在申报省级台湾工业园。

一、成功举办第二届鲁台（淄博）经贸合作洽谈会。由市政府主办、市台办承办的第二届鲁台（淄博）经贸合作洽谈会，4月26～28日在淄博饭店举办。共接待参会台商227名，签约项目26个，总投资额2.37亿美元，合同台资额1.42亿美元。

二、组织300余人参加山东省第十一届鲁台经贸洽谈会。9月1日，由市政府副市长韩家华带队，组织各区县、市直有关部门及项目单位300余人，赴潍坊参加由国台办和省政府共同主办的第十一届鲁台经贸洽谈会。期间，共签项目3个，总投资1406.3万美元，合同台资1146.9万美元，达成意向8个。同时，积极邀请60多位台商到淄博参加"陶博会"，签约项目7个，合同台资5650万美元。

三、首次举办台湾农副产品（水果）展销会。10月12～15日，市台办、张店区政府在山东海盛水产品市场成功举办台湾农副产品（水果）展销会，这在全国江北地区尚属首次。

四、举办2005两岸经济发展论坛。10月18～23日，在山东理工大学举办2005两岸经济发展论坛暨淄台经贸合作洽谈会。邀请台湾18名专家学者就园区建设、生态农业和农产品深加工、化工医药、人力资源管理等方面进行深入探讨和交流。期间，组织参会专家和台商先后参观淄博高新区、齐鲁化工区、淄川经济技术开发区，并对部分项目进行洽谈论证。同时，各级台办采取小分队的形式，组织相关人员赴南方台商集中地区开展招商活动，结识一批新朋友，引来一批新项目。

【淄博市台湾同胞投资企业协会成立】 3月18日，淄博市台湾同胞投资企业协会正式成立。这是全国第八十八家、全省第七家"台协会"。它的成立，为台商联谊交流，加强与地方政府的沟通联系，推动淄台交流与合作创造了条件。协会成立以来，已引进台资项目3个。

【来淄台胞】 由于台湾当局的阻止，赴台交流受到严重影响。市台办及时调整思路，加大请进来的力度，多方邀请台湾各界人士来淄博进行参观考察、经贸洽谈、学术交流、旅游探亲。年内全市共接待来淄博台胞团组35个、5066人次，分别是上年的2倍、6倍，其中仅从事经贸考察活动的就达4326人次。先后邀请台湾有关团体及姜氏后裔96人来淄博进行各种文化交流；组织淄台两地专家学者在山东理工大学就两地经济发展进行学术交流；举办淄台两地名犬大赛等项交流活动。立足防范和妥善处理涉台突发事件，确保对台交往交流工作中重要问题的及时解决，建立和完善涉台突发事件应急处理工作机制。协调有关部门确定台胞定点医院，为在淄台胞生病及时就诊提供方便。

【宣传工作】 围绕第二届鲁台（淄博）经贸合作洽谈会、台湾同胞投资企业协会成立等活动，先后通过中央人民广播电台、金陵之声电台、海峡之声电台、人民网、华夏经纬网等对外、对台宣传媒体以及全市各主流媒体，对淄博市的市情概况、投资环境等进行适时报道，先后刊发新闻、专题、图展等130余篇（幅）。同时，组织部分台商在市电台编播40分钟的"台商看淄博"访谈节目。同时，广泛开展涉台教育，先后在市委党校、山东理工大学、淄博警校等单位举办两岸形势报告会10余场，受众达5000余人；组织开展《中华人民共和国反分裂国家法》宣传活动；及时宣传并转发连战、宋楚瑜访问祖国大陆有关情况的宣传资料。是年，市台办分别被省台办和市委对外宣传领导小组授予对台宣传先进单位、对外宣传先进单位称号。

【基层对台工作】 为更好适应对台工作新形势的需要，市委决定加强区县对台工作机构建设，要求各区县设置台湾工作办公室，与区县委（或区县政府）办公室合署。按照市委的要求，市台办积极协调指导各区县对台工作机构的建设。年内高青县、桓台县、沂源县、博山区率先按照要求调整对台工作机构，同时确定了人员编制及工作经费。

【举办全市对台工作干部培训班】 7月27～29日举办全市对台工作干部培训班。各级台办工作人员及市直有关部门涉台工作干部参加培训。培训班认真学习中央对台方针政策，正确认识台海局势和两岸关系发展趋势，研究部署具体工作，进一步提高了广大涉台工作干部的政治业务素质。

（宗怀贞）

·政策研究工作·

【政务服务】 1.较好地完成了综合文稿服务任务。起草领导讲话34篇，内容涉及工业、农业和农村工作、党建、组织、宣传、精神文明、群团等方面。2.起草和参与起草一批重要文件。主要有市委、市政府《关于加强科学民主决策的意见》《关于加快和谐淄博建设的意见》《关于认真学习省委〈印发〈关于在全省党政机关建立和完善决策目标体系的意见〉〈关于在全省党政机关建立和完善执行责任体系的意见〉的通知〉精神进一步加强三个体系建设的意见》《2004年度党政机关目标管理考核实施办法》《关于严肃纪律认真做好机关补贴的通知》《关于进一步加快民营经济发展的意见》《关于进一步加强农村工作提高农业综合生产能力的决定》《关于大力发展循环经济建设节约型社会的意见》《关于进一步加快供销社改革创新发展的意见》以及市民营经济领导小组《关于开展民营经济三强竞赛的意见》等。这些文件全面贯彻中央、省委的指示精神，较好地体现了市委工作意图，政策性、创新性、可操作性比较强。3.协调组织上级调研组在淄调研活动。圆满完成中国社科院农村调研，省委自主创新、服务业发展、半岛制造业基地、社会主义新农村建设、区域经济发展、社会事业发展、党的先进性教育长效机制建设等专题调研组活动的组织安排协调工作。

【调查研究】 1.重大问题调查研究。围绕进一步加快发展民营经济，在牵头有关部门开展调研基础上，起草了加快全市民营经济发展的调研报告；组织协调和谐社会建设大型调研活动，形成总体调研报告和9个专题报告及《关于加快和谐淄博建设的意见》；围绕加快中心城区建设，形成关于加快中心城区发展的调研报告；围绕落实科学发展观，形成全市经济社会发展调研报告。到济南等城市学习考察后，起草形成《规范机关补贴加快阳光财政建设的调研报告》；围绕创建省级文明城市，对文明淄博建设情况进行调研，形成对《文明淄博建设几个重大问题的认识》。牵头组织开展全市站在新起点实现新发展大型调研活动，形成淄博站在新起点实现新发展的调研报告。党的十六届五中全会召开后，围绕"十一五"发展和2006年经济社会发展，深入各区县及有关部门进行调研，形成《关于做好明年经济工作的几点建议》。年底，根据市委的统一部署，组织协调全市10个重大问题的调研活动，并直接牵头新农村建设调研，参与调整优化结构促进又快又好发展和平安淄博建设的调研。在调研基础上，积极组织好专题报告的起草工作。2.热点问题调研。先后就市税务系统"三个体系"建设、乡镇建设、健全完善干部激励机制、落实外籍迁入村(居)民待遇、加快齐鲁化工区开发建设等问题，开展调查研究，并分别形成调查报告。3.总结重大工作经验、重大先进典型经验。对市国税局、市地税局落实税收执法责任制的经验进行总结，筹备召开经验交流会。配合创建省级文明城市工作，系统总结文明淄博建设的经验。总结全市发展循环经济的典型经验及在服务业发展、高新技术产业发展、自主创新等方面的工作经验，其中3篇在省委政研室呈送省委领导的《参阅件》上发表。全年共出《决策参考》36期。

【组织协调"三农"工作】 加强组织协调和工作调度。牵头组织了全市农村工作会议，坚持抓好全市农办主任例会制度，就全市农业农村工作重大问题及时做出部署。搞好信息交流，全年共编发《淄博农村工作》15期。政策研究方面，起草市委《关于进一步加强农村工作提高农业综合生产能力的决定》，对全市"三农"工作起到了政策导向和推动作用。加强"三农"重点问题的调研。围绕小城镇建设，在市内调研和随市委、市政府考察团赴苏浙杭考察学习的基础上，形成考察报告和《关于加快小城镇建设突出发展中心镇和城镇组团(试点)的意见》。围绕推进供销社改革发展，筹备召开全市农村社区服务中心建设(桓台)现场会。对全市社会主义新农村建设情况进行深入调研，形成《关于我市统筹城乡发展建设社会主义新农村的调查报告》。

【《淄博工作》办刊质量提高】 《淄博工作》编辑部适应新的形势和任务要求，进一步充实力量，提升标准，使办刊质量又有新的提高。全年编纂发行12期6万册，约500篇，120余万字。反映基层工作的稿件占总稿件的比例达到70%以上，使刊物真正成为基层党员干部的良师益友。《淄博工作》编辑部连续10年当选为全国党刊联席会常务理事单位。

（杨肖冰）

·保密工作·

【宣传教育】 按照省、市"四五"保密普法教育规划要求，组织实施年度保密普法教育工作，充分运用现代传媒手段和典型案例、展览演示等方式，对领导干部、涉密人员、公务员及专兼职保密干部进行生动直观和针对性强、实效性好的保密普法教育。以《中华人民共和国保密法》实施16周年为契机，开展多种形式的宣传教育活动，市区县组织保密知识竞赛活动4次，共有5000余人参加竞赛。利用淄博保密网站，开展面向社会的全民保密宣传教育，通过知识园地、案例选编、现代通信、商秘保护等专栏，编发80余万字的宣传教育内容，访问人数达5万余人。加强对保密工作的研究与宣传，先后在国家、省保密工作刊物上发表理论文章9篇，在市级媒体刊发宣传文章20余篇。进一步规范党校保密教育，全年各级党校共落实党校保密教育课18次，受教育人数达3000余人次。组织举办对计算机保密检查与管理知识的培训，共有50余名专兼职保密干部参加。采取观案例和作报告相结合方式，组织近40场案例警示与法规知识讲座，全市共有5600多名领导干部及涉密人员接受生动、直观的保密教育。开展对商业秘密保护知识的宣传教育，为企业300余名管理与技术人员上了商业秘密保护知识课。按照《淄博市"四五"保密普法规划》要求及考核标准，组织对全市"四五"保密普法教育工作的检查考核。年内，有42个单位和51名个人被评为保密先进单位和先进个人，受到市委保密委员会通报表彰。

【技术检查】 按照中央保密委统一部署，八九月间集中一个月时间对全市党政机关的计算机、信息传输系统及重要会议和活动进行了保密大检查。在单位自查基础上，重点抽查3个区县和18个市直部门，并针对存在问题，提出具体要求。针对当前计算机上网信息存在的泄密隐患问题，上、下半年分别组织对互联网站、外网计算机和办公用涉密计算机的保密普查，先后检查计算机2.1万余台，涉密微机及笔记本电脑近千台。同时加强对涉密计算机网络的检查、审批和服务工作。配合有关部门对全国高考、自考、成考及研究生考试试卷保密室进行严格检查，并全程参与全国司法考试保密管理工作。就改制企业、合资企业和撤并企业文件管理工作进行专题调研，提出了具体管理意见。加强对全市公文、资料及涉密磁介质载体的回收监销工作，年内共回收监销公文资料12吨，并不定期对废品收购点进行检查,发现问题及时进行通报。10月集中对全市定点复制单位从制度建设等5个方面进行了全面检查。按照省委统一要求,组织实施了党政专网建设工程,投入资金150余万元。一期工程已完成,二期工程正在进行中。年内分别对市直保密要害部门及部分单位的重要会议场所和计算机采取技术防范措施,配备必要的技术防范设备,技术防范能力有新的提高。 (李慎勇)

·离休干部管理工作·

【基本情况】 全市共有离休干部5658人。其中,机关1814人,事业单位1442人,企业单位2402人;红军时期参加工作2人,抗日战争时期参加工作1277人,解放战争时期参加工作4379人;享受局级待遇2人,享受副局级待遇147人,享受县处级待遇343人,享受副县处级待遇1867人,享受科级及其他待遇3299人。

【落实政治待遇】 认真组织离退休干部党员参加了保持共产党员先进性教育活动。坚持情况通报制度,年内,先后两次召开市直老干部情况通报会,由市委、市政府主要领导向老干部通报全市经济社会发展情况。坚持走访慰问制度,春节前夕,市五大班子领导集体走访担任过市级领导职务的老干部;市委组织部、市委老干部局对全市82名14级以上老干部和33名担任过市级领导职务的老干部逐户走访慰问;筹资2万元,对市直机关、企事业单位20户生活特别困难的离休干部及遗属进行走访。加强老干部党支部建设,加大了对离退休干部党支部和离退休干部党员的监督、考核、评比力度。市及区县全部建立了老干部党校。市委老干部党校被省委组织部、省委老干部局评为老干部党校建设先进单位。按照计划安排,市委老干部党校举办了为期一周的首期老干部党支部书记培训班,23名支部书记参加了培训。坚持参观视察制度。先后组织担任过市级领导职务的离退休干部参观视察了鲁山林场、临淄区工农业生产、新型住宅小区建设。特邀北京科学健身讲师团秘书长赵之心教授举办离退休干部健身科普知识讲座,市直及张店城区的600多名离退休干部听取讲座。

【落实生活待遇】 会同市委组织部等6部门出台了《关于进一步完善和做好改制重组以及关停破产国有企业离休干部工作的意见》,以市委办公厅、市政府办公厅厅发[2005]41号文件下发,为企业离休干部安置到位、管理到位、服务到位、待遇到位奠定了良好基础。按照文件要求,为市属936名企业离休干部办理了增资手续,并督促有关部门和单位落到实处。认真贯彻《关于市属破产企业离休干部归主管部门管理的意见》和《关于适当增加市属企业离休干部有关待遇的通知》精神,对市属48个破产企业的438名离休干部和9个特困企业的77名离休干部进行审定,保证了破产、特困企业离休干部各项费用的落实。同时,为20名破产、无主管部门管理的离休干部确定了主管单位,帮他们找到了新的归宿。针对"高龄期、高发病期"离休干部管理服务工作中存在的问题,协调有关部门制定落实了相关措施。按照国家财政部等5部门的文件要求,为30名军队交地方安置管理离休干部增发护理费和住房补贴近5万元。为市直860名离休干部进行了健康查体。

【抗日战争胜利60周年纪念活动】 市委组织部、老干部局联合定制纪念抗日战争胜利60周年纪念章,颁发给市直市属540名抗日老战士。市及区县分别对抗日老战士进行了走访。组建纪念抗日战争胜利60周年老干部革命传统教育宣讲团,5名宣讲团成员结合自己的戎马生涯和抗日斗争的经历,先后到中小学作传统教育报告,受教育人数达2000多人。在全市广大离退休干部和老同志中开展征文活动。征集文章54篇,其中10篇优秀文章在《淄博日报》刊发。代表市委、市政府对驻淄博的4名老红军和9名红军遗属进行走访慰问。举办全市离退休干部纪念抗日战争胜利60周年大合唱比赛,10支代表队、600多名离退休干部参加。山东铝业公司老干部合唱团代表淄博参加全省合唱比赛,荣获优秀组织奖、风采奖、比赛三等奖和指挥奖。会同市老年柳泉诗社、老年书画协会、刻瓷协会分别举办了纪念抗日战争胜利60周年诗歌朗诵会、书画展、刻瓷展。

【"亲情服务年"活动】 是年,在全市老干部工作系统深入开展"亲情服务年"活动。结合实际,多措并举,为老干部送亲情、送敬意、送温暖,全方位、零距离为老干部服务。在全省召开的老干部工作表彰会上,全市有4个单位受到省委老干部局表彰。年内同时开展了争创"敬老爱老助老"先进集体和"政治强、业务精、作风实、服务优"先进老干部工作者活动,对80个"敬老爱老助老"先进集体和60名先进老干部工作者进行了表彰。

【市老年人大学教学综合楼建成启用】 建筑面积1.2万平方米的市老年人大学教学综合楼于2005年"老人节"投入使用,为市老年人大学更好地发展和争创"省级老年大学示范校"奠定了基础。全市各级老年人大学按照市委办公厅、市政府办公厅下发的《关于加强和改进老年教育工作的实施意见》要求,在人财物等方面加大了投入,进一步加强老年人大学规范化、制度化建设。截至2005年底,老年人大学设施齐全,专业设置合理,有30多个教学班,在校学员1500余人。

【领导调研】 10月23日,中组部老干部局局长毛子炎率调研组到淄博市调研老干部工作。省委老干部局副局长、省老年人大学校长李延良,市委副书记魏绍水陪同调研。毛子炎对全市的工作给予充分肯定,希望不断开创老干部工作新局面,让老干部满意。

【全省老干部工作总结表彰会议】 12月2日,全省老干部工作总结表彰会议在新落成的市老年人大学教学综合楼召开。会上,市委老干部局被省委组织部、省委老干部局评为全省老干部党校建设先进单位,被省委老干部局评为全省老干部工作"亲情服务年"活动、"三个亮点"建设、信访工作先进单位。

【调研工作】 下发了《关于做好2005年度老干部部门调研工作的通知》。各级老干部工作部门针对工作中存在的难点热点问题展开调研,形成了35篇调研报告,为领导决策、创新老干部工作奠定了良好基础。召开全市老干部工作系统调研信息表彰会,对12个先进集体和14名先进个人、15篇优秀调研文章进行了表彰。 (王昌锋)

·党史工作·

全年完成近80万字的编写任务。一是发挥党史部门的优势,紧密配合全市保持共产党员先进性教育活动的开展,编辑出版《楷模——淄博中共党员英烈事迹选》一书。二是为纪念世界反法西斯暨抗日战争胜利60周年，编写了专题资料《淄博的抗日战争》；与市文化局、市档案局联合主办“淄博市纪念抗日战争胜利六十周年展览”；在《淄博工作》发表专题文章；在《淄博日报》开设专栏，与《音体美报》联合举办“保存我们的记忆”征文；向省委党史研究室报送8篇理论研讨文章，协助省、市新闻单位进行采访革命纪念地活动。三是编辑出版《煤海地火》《太河惨案》《张周战役》。四是对中共淄博地方组织历史旧址进行普查。查明1924年7月至1937年7月支部以上的党组织和1937年7月至1949年10月县委以上党组织的成立地址及留驻地址26个，以及上述两个时期党组织领导的政权组织成立地址及留驻地址10个，群众组织成立地址和留驻地址6个，军事组织成立地址和留驻地址3个，经济组织成立地址和留驻地址2个，重大历史事件历史旧址15个，党组织做出重大决策的历史旧址3个。并提出对历史旧址的保护和利用方案。用历史旧址的旧貌照片和现貌照片编辑出版《不能忘记的地方》画册。五是完成《中共淄博地方史》(第二卷)的第二稿。六是建立开通淄博党史网站。七是为建市50周年庆祝活动提供咨询和建议。八是为庆祝建党84周年，在《淄博工作》刊发了专题评论员文章。九是完成了《山东英模人物》《中共山东年鉴》和《鲁中地方史》淄博部分的组稿编辑和报送工作。十是协助山东电视台在淄博录制《英雄山东》四集专题片。

区县党史工作有大的进展。高青、沂源两县县委党史办正式建立。至此，全市区县都有了党史机构。桓台县和临淄区完成了《大事记》的出版，沂源县进入修改和审定阶段，淄川区和博山区着手开始编写。淄川区完成《地方史讲稿》。临淄区创办了《中共临淄历史大事记》月刊，此为全省首创。淄川区继临淄之后，建立开通了党史网站。桓台县编辑出版了《中共党史人物》。(尹庆峰)

·党校工作·

【争创全省一流党校工作】 自2003年11月全省党校系统首次开展教学、科研、信息化、行政后勤、业务指导、队伍建设和业余教育等7项评选活动以来，市委党校按照市委书记张建国的指示，把争创每个奖项作为促进工作的重要手段和创一流工作的具体目标。继2004年获得全省党校系统科研工作组织奖之后，2005年又获得教学、信息化、行政后勤、业余教育4个奖项。至此，在全省党校系统已经进行的5个奖项评选中，市委党校全部获奖。

【干部培训】 围绕提高干部培训的质量采取一系列切实可行的措施，加强干部培训工作规律的研究，探索培训形式的改革；创新培训计划的设计，班次设置、教学安排更切合实际；按行业和系统办班以及举办各类专题研究班占到四分之三；更加注重发挥学员作用，干部培训成果愈来愈好。年内共培训各级各类干部2133人，超额完成市委下达的1055人的年度培训计划。

【教学改革】 教学专题评审步入常态化，年更新率70%以上，新专题进课堂占80%；市情方面的内容和研讨力度不断加大，有些班次达到主体地位。在教学方法上，多种形式的研究式教学，精讲、深讲、管用普遍推开，案例式教学、现场式教学也有突破，有些探索和做法被省委党校重点推广。在教学实现形式上，教学组发挥重要作用，教、学、管一体化形成特色。在全省第五届优秀课堂教学观摩竞赛中获得唯一的一等奖；有75篇学员调研报告被市委《参阅件》和《淄博农村工作》、市政府《决策参考》和《经济与社会发展》采用，是近年来数量最多的；两个区县域经济研究班，把研究成果汇集后通过市政府《经济与社会发展》特刊集中刊发。年内，业余教育招生超额完成省委党校业余教育学院下达任务，连续4年被评为先进单位。教学管理方面的做法和经验在全省会议上作了典型发言。

【科研工作】 年内，科研工作的主攻方向更加明晰，进一步突出“两个服务”(为党委、政府服务，为党校教学服务)、多出精品、要管用等；重要课题及课题数量提升较快，自2002年省级课题实现“零”的突破之后，每年都有项目申报成功，是年新立5项，结项7项。其中，2项省委委托课题和1项省委党校重大课题子课题是第一次承担。同时，还顺利完成3项省委党校系统课题，其中2项获优秀等次。全年在较高层次报刊发表文章54篇，其中省级以上32篇；80多项成果获省市奖励，其中二等奖以上50多项。与有关单位联合召开纪念抗日战争60周年理论研讨会和落实科学发展观、构建和谐社会理论研讨会。年内被命名为全省首批社科教育基地，在全省党校中是唯一一家。在信息化工作中坚持建、管、用并重，校园网主干优化升级，自主设计新的网站主页，配置开放网络办公、电子邮件、数字图书等功能，试验开通视频会议系统，初步形成高标准、综合性、多功能的信息平台。(张立国)

·市直机关党的工作·

【理论学习】 结合先进性教育活动，组织市直机关党员干部深入学习党的十六届三中、四中、五中全会精神，学习胡锦涛总书记视察山东时的重要讲话和市九届十次全委会精神，制定学习安排意见，强化学习督导，通过举办辅导报告会、座谈会等形式，提高了机关党员干部对落实科学发展观重要意义的认识。制定下发《关于加强和改进市直机关思想政治工作的意见》，指导各部门机关党组织切实做好思想政治工作，努力为推动机关各项工作提供思想政治保障。充分发挥电化教育的作用，逐步完善电化教育网络，购置录制各种教育片20余部，市直机关观看学习教育电教片达1.2万人次。

【组织建设】 以深入贯彻落实《中国共产党党和国家机关基层组织工作条例》和市委《关于实行市直机关党的工作责任制的规定(试行)》为主线，制定考核办法，建立健全机关党建工作考核机制。下发《加强2005年度党费收交及管理使用工作的通知》，对党的组织生活制度和党费收交情况进行检查。在对市直机关党组织情况全面调查摸底的基础上，重点抓了换届选举和人员配备工作，及时指导任期届满的18个基层党组织进行换届选举。举办入党积极分子培训班2期，培训入党积极分子138名；全年发展新党员132名。组织156名新党员到淄博市革命烈士陵园进行入党宣誓。认真落实《市直机关党组织专职副书记管理暂行办法》，全年共调整充实党务干部74名，培训党务干部和支部书记73名。

【党风廉政建设】 下发《关于学习贯彻落实〈建立健全教育、制度、监督并重的惩治和预防腐败体系实施纲要〉的通知》，制定《市直机关2005年党风廉政建设和反腐败工作实施意见》。重新修订《市委市直机关工委党风廉政建设责任制》，与市委党风廉政建设领导小组签订党风廉政建设责任书，进一步健全完善党风廉政建设和反腐败工作部署、落实、检查、考核运行机制。落实党员干部不准收送现金、有价证券和支付凭证等规定，开展严格遵守“四大纪律八项要求”的政治教育，组织市直机关反腐倡廉歌曲创作和演唱比赛活动，推荐21件作品参加全市反腐倡廉歌曲创作和演唱比赛，获特别奖2个、一等奖9个、二等奖4个、三等奖4个。组织市直机关警示教育和反腐败文学作品征文活动。在元旦、春节和五一等重大节假日期间，组织专人对市直机关党风廉政建设的情况进行检查。认真做好市直机关分管部门党员领导干部民主生活会管理工作。开展新形势下加强市直机关党内监督的方法、途径调研活动。完善机关信访工作网络建设。查结信访举报6起，查结2起党员违纪案件，调查党员索贿受贿案件4人次。

【精神文明创建活动】 组织市直机关开展创建文明城市工作，及时召开机关党组织负责人会议，对创城工作进行再部署，先后两次发动机关干部清理办公地点环境卫生，清除卫生死角，改善机关办公环境。与市文明办等单位联合组织市直机关1000多名干部职工到张店外环路清理“白色污染”。组织市直19个部门和单位开展“向市民承诺、建文明淄博”宣传服务咨询活动。联合有关部门向广大市民发出文明行车、文明走路的倡议，引导机关党员干部带头遵守《中华人民共和国道路交通安全法》，自觉维护道路交通秩序，推动文明淄博建设。组织实施《市直机关文明单位评比管理办法》，表彰市直机关级文明单位8个，精神文明建设先进个人37名，评选推荐市级文明单位14个。

【机关作风建设】 深化机关作风建设，巩固“机关作风建设年”活动的成果，组织人员对市直机关工作人员执行“十不准”规定落实情况进行督察，并提出新的要求。认真总结“机关作风建设年”活动开展3年来的基本情况、成功做法和经验特点，对“机关作风建设年活动先进单位”和“机关作风建设年活动先进工作者”进行表彰。配合市纪委和市委整改办对市直执法、管理、服务等88个部门行风建设情况进行评议。对第一批先进性教育活动中征求到的755条意见、建议，进行梳理，确定270件需市委、市政府研究解决以及需要部门联合解决的突出问题，协调有关部门抓好整改。

【维护稳定工作】 围绕“平安淄博”建设活动，认真抓好防范和处理邪教工作。与市委及市直机关97个部门分别签订了《2005年度防范和处理邪教工作目标责任书》。组织开展集中清理收缴“法轮功”邪教组织非法宣传品活动。联合有关部门举办全市揭批“法轮功”百诗百画图片展。参加全市“忠诚教育活动”知识竞赛和第二届“崇尚科学，反对邪教”电视公开赛以及第三届知识竞赛，获第二名和优秀组织奖。在稳定工作调研活动中，有1篇论文获全省优秀论文评选三等奖，1篇调查报告获市一等奖。对代管困难企业军转干部在政治上关心、生活上关照，重要节日上门慰问，每月按时为他们发放生活补助费。组织市直98个单位为淄博市见义勇为基金会募捐77.4万元。

【群团工作】 工会组织广泛开展“创建学习型组织、争做知识型职工”活动，组织参加纪念中华全国总工会成立80周年知识竞赛；推荐省“富民兴鲁”劳动奖章人选1名、市“振兴淄博”劳动奖状单位1个、“振兴淄博”劳动奖章人选4名；按照《淄博市市直机关劳动模范和先进工作者评选管理办法》，对“劳模”荣誉津贴落实情况进行督察，分两批组织30多名先进工作者和劳动模范外出休养，并按规定给予一定的费用补助。落实中央、省、市委领导指示，年末组织“送温暖、献爱心”捐助活动，市直80余个部门捐款39.3万元。继续开展“慈心一日捐”活动，市直97个单位万余名干部职工捐款257.2万元。在“扶贫济困万人行”活动中，市直93个部门为帮扶的871户特困职工，累计帮钱帮物150余万元，提供解困信息3200多条，帮助55户特困职工实现就业和再就业，有720户基本实现生活解困。走访慰问离退休、长期生病住院、生活困难职工780余人，送去慰问金、慰问品10万多元。组织协调市直12个部门筹集资金18万元，集中帮扶60名贫困残疾人。组织市直43个部门的1500名干部职工踊跃参加纪念红军长征胜利70周年暨庆祝建市50周年长跑活动。组织1000余名机关干部职工参加全国亿万群众健步走淄博分会场活动。开展机关青年创业创新行动，通过岗位比武、技能大赛等活动，深化“青年文明号”创建和争当“青年岗位能手”工作；在原山国家森林公园新建“五四青年林”一处；制定实施《淄博市市直机关基层团组织工作细则》，进一步规范机关团组织的工作程序。妇女组织举办家庭教育报告会，邀请专家作专题报告，进一步推进“五好文明家庭”创建活动；举办“城市规划杯”市直机关庆“三八”健身操比赛；组织参加纪念市妇联成立50周年歌咏大会，获优秀组织奖和演出一等奖；深入实施“春蕾计划”，58个单位的1000多名干部职工捐款8.13万元，资助522名山区贫困女童完成学业。

【表彰“创新与优秀工作成果”】 在上年市直机关开展争创“创新与优秀工作成果”活动的基础上，经过初审、答辩、征求意见，最后经评审委员会讨论、投票，评选出创新工作成果12项，优秀工作成果21项，以市委、市政府名义进行了表彰。

（王建斌）

·信访工作·

【概况】 年内，市委、市政府把信访工作作为构建和谐社会、促进经济发展的一项重要工作，纳入经济社会发展的整体布局中，认真贯彻落实中央、省委关于做好信访和稳定工作的指示精神和《信访条例》，把信访工作作为实施“一票否决”的七项重点工作之一，进一步强化信访工作的决策目标、执行责任和考核监督体系，狠抓基层信访工作，及时处理信访突出问题，大量信访问题得到妥善处理。市及区县党委、政府受理群众来信来访9151件次，其中来信3415件、来访5736起31949人。受理群众集体上访1309起22798人。市委、市政府信访局受理群众来信来访3704起，其中来信1939件、来访1765起10879人。受理集体上访323起7817人。到省上访起数、人数下降，到省集体上访起数、人数和进京上访起数、人数都大幅下降。全市的信访总量、越级上访、重复上访、集体上访明显下降，群众信访活动的重心明显下移，信访秩序明显好转。市信访局被市委、市政府表彰为全市机关作风建设年活动先进单位、全市社会治安综合治理先进单位和全市创建文明城市工作先进单位。国家信访局《人民信访》、省委《工作情况交流》《信访情况》及《大众日报》《山东信访》等先后专题报道淄博市信访工作的经验和做法。

【加强基层信访工作】 一是加强基层信访工作网络建设。区县信访部门普遍调整充实领导班子，增加工作人员；乡镇、街道办事处在配齐配强副科级信访助理的基础上，完善综治、信访、司法、民政、公安“五位一体”工作机制；在村、居委会大力推广博山区的信访信息联络员制度，加强“第一道防线”的作用。二是进一步健全不安定因素排查制度。坚持定期排查与敏感期排查相结合，信访部门排查与条块联合排查相结合，普遍排查与重点排查相结合，继续实行信访信息日报告、周通报、月分析制度。全年共排查出各类信访隐患1078起，成功调处率达到90%以上，大量信访问题在基层和萌芽状态得到妥善化解。三是落实好逐级上访和办信工作“三见面”制度。全面推行上访双向承诺书、上访答复意见书制度，强化各职能机关的责任，规范上访人的信访行为。在坚持办信工作“三见面”的过程中，严把初信关、督察关、结案关，办信工作质量有了进一步提高。全面开通群众来信“绿色邮政”，使大量矛盾和问题在信件环节及时发现，通过办信措施及时化解，减少群众上访尤其是集体上访的发生。四是开展经常化的督察调研活动，促进信访工作任务在基层的落实。在全市信访系统开展“解难题、化纠纷、保稳定”活动。市信访局领导班子成员落实联系区县、乡镇(街道办事处)和每月挂包重要疑难信访问题制度，经常深入基层开展调查研究，帮助研究处理重要信访问题，督促落实重要疑难信访问题的“四定四包”责任制(定任务、定包案领导、定具体承办人、定办结时限，包调查、包处理、包做疏导工作、包息诉罢访)，使一些信访问题得到妥善解决。五是加强对重点地区和单位的管理。对信访工作不力，达不到考核标准的12个单位实行了“一票否决”。畅通信访渠道，开通“绿色邮政”“信访网站”“行风热线”。通过召开信访听证会解决疑难信访问题、统一规范区县直属部门领导公开接访、推行“信访便民卡”、乡镇党委书记定期到村参加支部会听取民意等做法，收到好的效果。

【学习宣传贯彻《信访条例》】 国务院颁布新的《信访条例》后，市委、市政府高度重视，就贯彻实施提出明确要求。及时举办县和乡镇领导干部《信访条例》培训班，召开全市开通“绿色邮政”暨信访工作调度会。市委办公厅、市政府办公厅转发市委宣传部和市委、市政府信访局等5部门关于学习宣传贯彻《信访条例》的实施意见，市信访工作领导小组办公室印发了《贯彻实施〈信访条例〉指导要点》。全市共举办《信访条例》培训班90期，党政领导干部、专兼职信访干部和村居“两委”成员近万人参加学习培训。《淄博日报》刊发了市委副书记、市纪委书记刘池水的署名文章，市信访局负责人的答记者问，关于开通“绿色邮政”的介绍及评论员文章，并向社会公布了接访地点、接访时间、公开电话等相关事项。市与各区县都开展了《信访条例》集中宣传活动，市委、市人大、市政府、市政协、市纪委的领导走上街头宣传《信访条例》，各区县、部门、乡镇、街道办事处通过多种灵活多样的形式，集中宣传普及《信访条例》，全市共发放《信访条例》单行本、明白纸、信访人须知等各类宣传材料30多万份，推动《信访条例》进村、进社区、进企业、进机关，为《信访条例》的贯彻实施营造良好的社会氛围。进一步细化接访、办信、督察等信访工作三项规程，制定下发《关于在全市开展“绿色邮政”的实施意见》《淄博市信访事项办理、复查、复核办法》《关于市直部门分工办理、复查、复核信访事项的规定》《信访事项引入仲裁的实施细则》《律师参与接访办法》《信访事项引入劳动仲裁的实施细则》等文件。实行全员统一挂牌接访，促进全市信访工作与《信访条例》的全面接轨。

【妥善处理信访问题】 对涉及农村土地征用、城镇房屋拆迁、国有企业改制及困难企业职工生产生活、涉法涉诉、农村基层组织建设等问题，尚未结案的重大信访案件以及领导批示和上级转办的信访案件，进行一次全面系统地排查摸底，集中进行交办，案件全部做到底子清、情况明。对所有排查交办的重要信访案件、不安定因素，督促相关责任区县和部门全部落实了领导包案，限期解决。对涉及面广、影响大的重要问题，由各单位的一把手亲自出面，协调各方，妥善解决。对疑难复杂问题，由各专项工作小组负责人带队，实行现场办公，帮助研究具体措施，直至问题妥善解决。年末，中央和省联席会议交办的信访案件已全部结案，结案率为100%。市委、市政府把妥善处理集体上访，防止发生群体性事件作为构建和谐社会的重要任务始终牢牢地抓在手上，制定下发《淄博市关于积极预防和妥善处置群体性事件的实施办法》，对预防和处置群体性事件工作提出明确和具体的要求，不断加大排查预防、协调处理、进京到省值班、信息调度、办班稳控等方面工作的力度，对重要隐患层层建立台账，动态管理，确保及时稳妥地处置。

(罗炳英)

·接待工作·

年内，先后接待吴邦国、田纪云、李铁映(2次)、张怀西等党和国家领导人5批52人次；全国人大、全国政协、中纪委、中组部、中宣部、最高人民检察院等中直部门领导，省委、省政府等五大班子领导，部队首长和辽宁、四川、新疆、江苏等省市领导共79批608人次；各类检查团、指导组、招商团以及全国各地地市级领导共1411批8314人次。协助做好市领导赴浙江、江苏、上海等地学习、考察等工作；认真做好全市现场交流会、市委读书会、市人代会、市政协会等会务接待工作。

(李建波)

淄博市人民代表大会常务委员会

【淄博市第十二届人民代表大会第三次会议】 会议于1月27～31日在张店举行。本届人民代表大会代表共407名，因事因病请假30名，出席会议的代表377名。会议听取并审议了市长刘慧晏所作的《政府工作报告》，审议了市计委主任庄鸣所作的《关于2004年国民经济和社会发展计划执行情况与2005年计划草案的报告》、市财政局局长郭利民所作的《关于2004年财政预算执行情况和2005年财政预算草案的报告》，听取并审议了市人大常委会副主任周继烈所作的《淄博市人大常委会工作报告》、市法院院长林春明所作的《淄博市中级人民法院工作报告》、市检察院检察长马爱国所作的《淄博市人民检察院工作报告》，并通过了关于上述报告的决议。会议补选薛安胜为淄博市第十二届人大常委会副主任。

【重要会议】 一、市十二届人大常委会第十五次会议。会议于1月13日在张店举行。会议听取和审议了市政府关于市十二届人大二次会议代表所提建议、批评和意见办理情况的汇报，市人大常委会代表资格审查委员会关于补选代表的代表资格审查报告。听取了关于市十二届人大三次会议主席团和秘书长名单(草案)、关于市十二届人大三次会议列席人员范围决定(草案)的说明，审议了相关的名单、决定、报告草案。会议经过表决，通过了市十二届人大三次会议议程(草案)、市人大常委会工作报告(草案)，通过了市人大常委会关于市十二届人大三次会议列席人员范围的决定。

二、市十二届人大常委会第十六次会议。会议于3月11日在张店举行。会议听取和审议了市政府关于《中华人民共和国仲裁法》贯彻实施情况的汇报，听取了市人大常委会人事代表工作室关于《淄博市人大常委会授予功勋市民称号的办法(试行)(草案)》的说明，审议了相关的法规文本和人事任免材料。会议经过表决，通过了《淄博市人大常委会授予功勋市民称号的办法(试行)》和人事任免事项。

三、市十二届人大常委会第十七次会议。会议于4月15日在张店举行。会议听取和审议了市政府关于《淄博生态市建设规划》情况的汇报、关于《淄博市碧水蓝天行动计划》情况的汇报，市人大常委会代表资格审查委员会关于马忠堂代表资格终止的报告；听取了市人大常委会人事代表工作室关于《淄博市人民代表大会代表述职工作办法(试行)(草案)》的说明，审议了相关的办法、决议、决定草案。会议经过表决，通过了《淄博市人大常委会关于批准〈淄博生态市建设规划〉的决定》《淄博市人大常委会关于在全市实施碧水蓝天行动计划的决议》和《淄博市人民代表大会代表述职工作办法(试行)》。

四、市十二届人大常委会第十八次会议。会议于6月21～22日在张店举行。会议听取和审议了市政府关于2004年财政预算执行情况和其他财政收支情况的审计工作报告，关于2004年财政决算的报告；听取了市人大财政经济委员会关于市政府2004年财政决算的审查报告，市人大法制委员会关于《淄博市城市绿化条例(草案)》修改情况及审议结果的报告，审议了相关的地方性法规草案；听取和审议了市科技局、市林业局、市统计局主要负责人的述职报告，并进行了评议和测评。会议经过表决，通过了《淄博市人大常委会关于批准2004年市级财政决算的决议》《淄博市城市绿化条例》(该条例待省人大常委会批准后公布)。

五、市十二届人大常委会第十九次会议。会议于8月23日在张店举行。会议听取和审议了市政府关于2005年上半年国民经济和社会发展计划执行情况的报告，关于2005年上半年财政预算执行情况的报告，关于《中华人民共和国农业机械化促进法》贯彻实施情况的汇报；听取了市人大农业与农村委员会关于《淄博市农业综合开发条例(草案)》情况的说明，审议了相关的地方性法规草案；听取了有关人事任免报告和政府部门拟任命人员的供职报告。会议经过表决，通过了相关的人事任免事项。

六、市十二届人大常委会第二十次会议。会议于10月25～26日在张店举行。会议听取和审议了市政府关于“四五”普法“三五”依法治市工作情况的汇报、关于《中华人民共和国职业病防治法》贯彻实施情况的汇报、关于《山东省民族工作条例》贯彻实施情况的汇报，听取和审议了市民政局、市环保局和市体育局主要负责人的述职报告，听取了市政府关于《淄博市烟草专卖管理办法(草案)》的说明，审议了《淄博市烟草专卖管理办法(草案)》，对市民政局、市环保局和市体育局主要负责人的述职进行了评议和测评。

七、市十二届人大常委会第二十一次会议。会议于12月20～21日在张店举行。会议听取和审议了市政府关于“供排水一体化经营”议案办理情况的汇报；听取了市人大法制委员会关于《淄博市农业综合开发项目管护办法(草案)》《淄博市烟草专卖管理办法(草案)》修改情况和审议结果的报告，听取了市政府关于《淄博市国土绿化条例(草案)》《淄博市专利管理条例(草案)》的说明，审议了相关的法律文本；听取和审议了关于终止强平生等6名代表代表资格的报告、关于提请补选省人大代表的报告和有关人事任免报告；审议了市人大常委会关于召开市十二届人大四次会议的决定(草案)。会议经过表决，通过了《淄博市农业综合开发项目管护办法(草案)》《淄博市烟草专卖管理办法(草案)》(两项法规待省人大常委会批准后公布)；通过了市人大常委会关于召开市十二届人大四次会议的决定；通过了人事任免事项。会议补选刘忠泉为省十届人民代表大会代表。

【重要决议、决定】 一、市十二届人大常委会第十五次会议通过《关于淄博市第十二届人民代表大会第三次会议列席人员范围的决定》。

二、市十二届人大常委会第十七次会议通过《关于在全市实施碧水蓝天行动计划的决议》。

三、市十二届人大常委会第十七次会议通过《关于〈淄博生态市建设规划〉的决定》。

四、市十二届人大常委会第十八次会议通过《关于批准淄博市2004年市级财政决算的决议》。

五、市十二届人大常委会第二十次会议通过《关于批准市政府“张店至博山城区快速通道”工程项目贷款的决定》。

六、市十二届人大常委会第二十一次会议通过《关于召开淄博市第十二届人民代表大会第四次会议的决定》。

【地方立法】 年内，经省人大常委会批准，市人大常委会颁布了地方性法规《淄博市城市绿化条例》。

【法律监督】 市人大常委会会议、主任会议、专门委员会会议先后听取审议了市政府及有关部门关于《中华人民共和国仲裁法》《中华人民共和国农业机械化促进法》《中华人民共和国职业病防治法》《中华人民共和国水污染防治法》和《山东省民族工作条例》《淄博市资源综合利用管理办法》等16部法律、法规贯彻执行情况的汇报，充分肯定了执法所取得的成绩，提出了进一步加强执法的意见和建议。同时，采取视察、执法检查等多种形式，对《中华人民共和国文物保护法》《中华人民共和国劳动法》《中华人民共和国防震减灾法》和《淄博市生活饮用水卫生监督管理办法》等13部法律法规的贯彻实施情况进行监督，督促“一府两院”和有关部门依法行政、公正司法，保证各项工作在法制轨道上健康发展。常委会第二十次会议听取审议了市政府关于“四五”普法和“三五”依法治市情况的汇报，提出了进一步提高认识、完善机制、加强指导等意见和建议。

【工作监督】 常委会依法对国民经济和社会发展计划、财政预算执行情况实施监督，先后听取审议了市政府《关于2004年市级财政预算执行和其他财政收支情况的审计工作报告》《关于2004年财政决算的报告》《关于2005年上半年国民经济和社会发展计划执行情况的报告》《关于2005年上半年财政预算执行情况的报告》，作出了《关于批准淄博市2004年市级财政决算的决议》。常委会利用召开主任会议和专门委员会会议听取汇报、组织视察和调查、到有关部门走访和检查指导等形式，对关系全市改革、发展、稳定中的重大事项实施监督，先后听取审议了市政府及有关部门关于“十一五”规划纲要草案、村民委员会换届选举工作、创建园林城市进展情况、农村体育“五个一”建设、外事工作等21项工作汇报和市法院关于加强全市法院基层建设情况的汇报、市检察院关于人民监督员制度试点工作情况的汇报，督促“一府两院”及有关部门依法行政、公正司法。为支持和促进“一府两院”的工作，常委会组成人员和主任会议成员先后对孝妇河流域综合治理工程、发展循环经济工作、“村村通油路”和“村村通客车”工作、企业退休人员社会化管理服务工作、教育督导工作、旅游业发展等进行了视察和检查指导。4月，常委会第十七次会议听取审议了市政府关于《淄博生态市建设规划》和碧水蓝天行动计划情况的汇报，作出了《关于批准〈淄博生态市建设规划〉的决定》和《关于在全市实施碧水蓝天行动计划的决议》。常委会以"关注碧水蓝天、聚焦生态淄博"为主题，牵头组织开展了3次"淄博环保世纪行"活动，把人大监督与舆论监督结合起来，取得了较好的效果。

【依法行使任免权】 年内，市人大常委会依法任免、决定任免、批准任免国家机关工作人员31名，其中任职15名，免职16名。同时，继续坚持对拟任命人员进行法律知识考试和供职报告制度。

【信访工作】 全年共受理人民来信565件(次)，接待来访4852人(次)，区别不同情况，依法进行了妥善处理，维护了公民的合法权益。

【代表工作】 一、议案办理工作。对代表在市十二届人大二次会议上提出的《关于将市自来水公司与污水处理公司、市引黄供水公司合并实行供排水一体化经营的议案》，常委会第二十一次会上听取审议了市政府关于该议案办理情况的汇报，要求政府进一步做好有关工作，把市人大常委会关于该议案的决定落到实处。

二、办理代表建议、批评和意见。市十二届人大三次会议期间，代表共提出建议、批评和意见126件。闭会之后，常委会及时将这些建议、意见转交"一府两院"和有关部门办理，并对办理工作提出了具体要求。有关部门对代表提出的建议、批评和意见在规定的时间内办理完毕并答复了代表。闭会期间代表提出建议、批评和意见16件，常委会也及时转交有关部门，并抓紧催办，全部办结并答复了代表。

三、加强同代表的联系工作。常委会组成人员、各专门委员会和常委会各工作机构利用走访、寄送材料和信件、参加代表小组活动、召开座谈会等形式保持了和代表的经常性联系。同时，对常委会组成人员联系代表分工进行了调整，全年共联系全国、省和市人大代表1000多人次。常委会认真组织代表开展闭会期间的活动，注重提高代表执行职务的能力，通过组织代表活动日、召开座谈会、参加旁听法庭庭审活动和开展视察、调查等形式，组织代表加强学习，提高素质，更好地执行代表职务。8月，召开省、市代表小组召集人学习交流会，总结交流积极开展活动、依法履行职责的经验。10月，组织住淄博市的全国人大代表和省人大代表对全市经济社会发展、构建和谐社会情况进行视察，并组织住淄博市的全国人大代表进行"关于农村医疗卫生体制建设"专题调研活动。12月，委托各区县人大常委会组织市人大代表进行集中视察，为代表知情知政、参加人代会作准备。常委会坚持邀请代表列席市人大常委会会议制度，先后有30名市人大代表列席常委会会议。还通过给代表订阅报刊、寄发《公报》《人民与代表》等材料，为代表依法行使职权创造条件。

【公民旁听常委会会议】 继续实行公民旁听常委会会议制度，全年先后有19名公民旁听常委会会议。　（傅　樱）

淄博市人民政府

·重要会议·

1月14日，市政府召开第二十八次常务会议。听取市计委《关于2004年国民经济和社会发展计划执行情况与2005年计划草案的报告》(讨论稿)及关于2005年市政府为群众办实事安排意见的汇报；听取市财政局《关于2004年财政预算执行情况和2005年财政预算草案的报告》(讨论稿)的汇报；听取市安监局关于全市2004年安全生产目标管理考核情况和2005年度安全生产指标及工作安排意见的汇报；听取市人事局关于评选表彰全市2004年安全生产、资源节约和高致病性禽流感防治工作先进单位和先进个人情况的汇报；听取市煤炭局关于整合乡镇煤矿理顺办矿体制有关情况的汇报；听取市公安局关于开展科技强警示范城市建设实施方案有关情况的汇报；听取市经贸委关于全省建设资源节约型社会工作会议精神及贯彻意见的汇报；听取市中小企业局关于全省民营经济工作经验交流会议精神及贯彻意见的汇报；听取市质监局关于开展质量兴市暨实施名牌战略活动的意见等有关情况的汇报；听取市物价局关于调整出租车运价有关情况的汇报。

1月28日，市政府召开第二十九次常务会议。听取市劳动和社会保障局关于建立城镇职工基本医疗保险制度有关问题的汇报；听取市法制办关于淄博市企业职工生育保险管理办法及有关情况的汇报；听取市招商局、市外经贸局关于全市招商引资暨对外经贸大会筹备情况的汇报；听取市建委关于创建国家园林城市动员大会筹备情况的汇报；听取市人事局关于评选表彰全市2004年城市绿化目标责任制先进区县(单位)和花园式单位(小区)、招商引资先进单位、利用外资和出口创汇先进单位及出口创汇强乡镇(街道办事处)、三峡工程库区农村移民安置工作先进单位、公安机关执法为民先进集体和先进个人情况的汇报；听取市计生委关于全省人口与计划生育工作会议精神和2004年省、市人口与计划生育工作考核及2005年工作打算情况的汇报；听取市人事局关于提交市政府常务会议研究审议的机构编制事项情况的汇报。

2月22日，市政府召开第三十次常务会议。听取市地税局关于进一步深化社会综合治税工作加强税收征管增加财政收入的意见的汇报；听取市水利与渔业局关于淄博市环保污水处理公司产权转让与招商引资实施方案情况的汇报；听取市贸易局关于对全市流通企业和流通重点工程进行评比表彰有关情况的汇报；听取市法制办《关于淄博市危险化学品安全管理办法》(审议稿)及说明的汇报；听取市法制办关于《淄博市土地登记办法》(审议稿)及说明的汇报；听取市法制办《关于淄博市盐业管理办法》(审议稿)及说明的汇报。

3月11日，市政府召开第三十一次常务会议。听取市总工会关于推荐评选全国劳动模范有关情况的汇报。会议确定了全国劳动模范推荐人选和预备人选，由市总工会以市推荐评选委员会名义向省推荐审批。

3月25日，市政府召开第三十二次常务会议。听取市政府办公厅关于市政府系统承办市"两会"期间建议、提案有关情况的汇报；听取市计委关于2005年政府投资建议计划的汇报；听取市财政局关于财政国库集中支付改革有关情况的汇报。会议就政府近期工作作出部署：1. 对一季度的工作进行一次全面调度，并按计划目标筹划安排好二季度的工作。2.协调解决好重点工程、重点项目和影响经济社会发展的突出问题和矛盾。3.进一步强化信访工作，要积极主动地处理和解决在新形势下出现的新情况、新问题和新矛盾。4.要切实抓好几项具体工作：一是采暖季节过后，理顺和解决好供热工作中存在的问题和矛盾；二是积极做好重点工程、重点项目建设用地的争取工作；三是进一步加大调度力度，促进环保整治工作进展；四是切实抓好安全生产；五是关于成立昌国路立交桥建设和组建水务集团领导小组问题，市政府办公厅尽快调度。

4月1日，市政府召开第三十三次常务会议。听取市劳动和社会保障局关于调整企业养老保险缴费比例的意见的汇报；听取市民政局关于全省推进社会救助体系建设工作会议精神及贯彻意见的汇报；听取市人事局关于2005年度市政府表彰计划意见的汇报及关于2004年度全市建筑业十强企业、先进建设监理企业、十佳公建工程、十佳住宅工程、十佳安全文明工地及全市高致病性禽流感防治工作先进集体和先进个人评选情况的汇报；听取市法制办关于淄博市盐业管理办法（审议稿）及说明的汇报。

4月26日，市政府召开第三十四次常务会议。听取市计委关于一季度经济形势分析及对策建议的汇报；听取各分管副市长关于一季度重点工作进展情况的通报说明。会议印发了市人民银行一季度金融运行情况分析。会议对市政府近期工作作出部署安排：1.关于投资问题。进一步加大对重点项目的争取和在用地、资金倾斜等方面争取上级支持的力度，优化投资结构，确保有效固定资产投资的稳定增长。2.关于要素制约问题。要加大综合协调力度，努力减轻要素制约对经济发展的影响。一是建设用地指标要向重点项目倾斜，并努力做好现有土地的集约利用；二是要切实做好重点项目建设资金的保障工作；三是下大气力协调解决好煤电油运问题；四是要调动一切积极因素，激活企业，释放潜力。3.关于外经贸工作。一是认真落实外经贸各项政策；二是进一步加大专业化招商引资力度。4.关于大企业发展问题。5.关于园区建设发展问题。6.关于解决好老工业基地新老矛盾问题。7.关于抓落实问题。8.关于工作对接等问题。

4月30日，市政府召开第三十五次常务会议。集体学习国务院新修订颁布的《信访条例》。会议听取市信访局关于国务院新修订颁布的《信访条例》的主要内容和贯彻意见及目前全市信访工作基本情况的汇报。会议对各级、各部门认真学习好、贯彻实施好《信访条例》提出了具体要求。

5月13日，市政府召开第三十六次常务会议。听取市法制办关于贯彻国务院《全面推进依法行政实施纲要》的意见及说明的汇报；听取市法制办关于公布市级行政许可事项和非行政许可审批事项的决定及说明的汇报；听取市法制办关于《淄博市土地储备办法》（审议稿）及说明的汇报；听取市人事局关于全市重点公路工程建设先进集体和先进个人及全市优秀民营企业和优秀民营企业家评选情况的汇报；听取市房管局关于《淄博市城镇最低收入家庭廉租住房管理办法》及说明的汇报；听取市财政局关于节支经费项目安排情况的汇报；听取市中小企业局关于全市民营经济大会筹备等有关情况的汇报。会议提出新形势下发展民营经济要坚持的思路和措施。

6月2日，市政府召开第三十七次常务会议。听取市计委关于全省加快菏泽发展调度会议精神和淄博市支援东明县加快发展工作进展情况及意见建议的汇报；听取市经贸委《关于大力发展循环经济建设资源节约型社会的意见》（征求意见稿）及有关情况的汇报；听取市人事局关于全市资源节约先进单位评选情况的汇报；听取市房管局关于切实稳定住房价格有关情况的汇报；听取市民投诉中心关于开展市民建议评选表彰等有关情况的汇报；听取市监察局关于全省纠风工作会议精神及贯彻意见的汇报。

7月6日，市政府召开第三十八次常务会议。听取市建委关于淄博市城市绿线管理办法及有关情况的汇报；听取市建委、市计委关于清理建设领域和政府投资项目拖欠工程款情况的汇报；听取市财政局关于原市信托投资公司清算问题及有关情况的汇报；听取市物价局关于在市内直供区实行城乡用电同网同价情况的汇报；听取市粮食局关于淄博市粮食安全应急预案及有关情况的汇报；听取市劳动和社会保障局关于进一步加强高技能人才队伍建设的意见及说明的汇报；听取市劳动和社会保障局关于淄博市首席技师选拔管理办法及说明的汇报；听取市计生委《关于认真落实科学发展观进一步加强新时期人口和计划生育工作的决定》（征求意见稿）的汇报。会议还就市政府近期工作提出了要求：一是认真抓好"三个体系"建设，加强协调调度，确保目标任务的完成。二是要按计划调度好相关工作，以便统一安排部署。三是要认真做好防汛和防暑工作，确保安全生产和社会稳定。

8月5日，市政府召开第三十九次常务会议。听取市贸易局关于市中心城区商业网点规划编制情况的汇报；听取市人事局关于全省事业单位改革工作会议精神及贯彻意见的汇报；听取市经贸委《关于大力发展循环经济建设节约型社会的意见》（征求意见稿）及有关情况的汇报；听取市环保局关于实施淄博市碧水蓝天行动计划有关鼓励政策情况的汇报；听取市财政局关于进一步加强国有资产监管和运营的意见（汇报稿）及有关情况的汇报；听取市财政局关于全省农村税费改革试点工作会议精神及贯彻意见的汇报、关于全省乡财政建设工作会议精神及贯彻意见的汇报、关于征收地方教育附加有关问题的汇报；听取市人防办关于全省人防工作会议精神及贯彻意见的汇报。

9月2日，市政府召开第四十次常务会议。听取市交通局关于309国道张店互通立交工程方案等有关情况的汇报；听取市人事局关于全省改革公务员工资制度和规范公务员收入分配秩序工作座谈会精神及贯彻意见的汇报；听取市人事局关于全国、全省军转安置工作会议精神及贯彻意见的汇报；听取市民政局关于全省退役士兵安置工作会议精神及贯彻意见的汇报。会议对市政府近期几项具体工作提出要求：1.高度重视并切实抓好安全生产工作。2.对煤炭、燃气供应，要高度重视，切实做到有充足的煤炭储备，确保不出问题。3.对中心城区和高新区北片热源平衡工作要早确定。4.继续抓好环保治理工作。5.切实抓好对外开放和招商引资工作。6.对市政府2005年重点工作协调调度好，确保全市任务目标的完成。7.关于低保问题。8.关于高新区工作。

9月14日，市政府召开第四十一次常务会议。听取市计委关于淄博市国民经济和社会发展第十一个五年规划纲要（汇报稿）及说明的汇报；听取市规划局关于淄博市城市规划管理技术规定（草案）及说明的汇报；听取市人事局关于全市第一次经济普查工作先进集体评选情况的汇报、关于表彰参加第十二届残奥会有功单位和个人的情况汇报。会议对市政府近期工作作出安排：1.继续抓好"十一五"全市国民经济和社会发展规划纲要的修订完善工作。2.切实抓好秋收秋种工作。3.加快309国道张店互通立交工程实际操作步伐。4.加快污水处理厂及配套管网建设。5.继续抓好垃圾处理工作。6.继续抓好依法行政，进一步优化发展环境。7.进一步加强城市建设配套费规范工作。8.进一步抓好影响城市形象的广告牌匾的规范清理工作。9. 尽早抓好今冬供热筹备工作。10. 切实搞好"陶博会"的各项筹备和组织工作。11. 高度重视并切实抓好安全生产工作。12. 切实搞好社会治安和社会稳定工作。13. 成立淄博市加快东岳国际氟硅材料工业园建设领导小组。

10月15日，市政府召开第四十二次常务会议。审议并原则通过《淄博市国土绿化条例(草案)》(审议稿)《淄博市专利管理条例(草案)》(审议稿)《淄博市烟草专卖管理办法(草案)》(审议稿)《淄博市政府投资建设项目审计办法》(审议稿)《淄博市电力设施保护办法》(审议稿)《淄博市病毒性肝炎收治管理办法》(审议稿)，并就各项目中的有关条款提出了修改意见和建议。会议传达学习了《中共山东省委关于认真学习贯彻党的十六届五中全会精神的通知》精神，集体学习了十六届五中全会公报，并就进一步学习、宣传和贯彻落实十六届五中全会精神，切实搞好"十一五"规划纲要的编制及做好当前工作提出要求。会议研究了进一步搞好招商引资工作的有关问题。

11月15日，市政府召开第四十三次常务会议。听取市财政局关于市级行政事业单位国有资产收益收缴计划意见的汇报，会议确定出台《关于加强行政事业单位国有房产监管运营工作的意见》和《关于加强城市公共空间资源监管和运营的意见》；听取市财政局关于《淄博市优质农产品品牌奖励暂行办法》及有关情况的汇报，会议确定出台《淄博市优质农产品品牌奖励暂行办法》；听取市物价局关于调整污水处理费征收标准和引黄工程水价等有关问题的汇报；听取市计委《关于贯彻落实省委、省政府〈关于进一步深化改革优化服务业发展环境的意见〉的意见》(送审稿)及说明的汇报；听取市人事局关于全市服务业先进单位评选情况和全市小城镇建设十强镇和村镇建设先进单位评选情况的汇报；听取市公安局关于聘用交通协管员情况的汇报；听取市统计局关于全市农村全面小康实现程度监测情况的汇报。

12月8日，市政府召开第四十四次常务会议。听取市人事局关于评选首批淄博市有突出贡献的中青年专家情况的汇报；会议审议并原则通过《淄博市公路路政管理条例(草案)》(审议稿)和《淄博市重大行政处罚决定备案办法》(审议稿)《淄博市行政许可监督规定》(审议稿)；听取市卫生局关于全市防治艾滋病等有关情况的汇报；听取市劳动和社会保障局关于全省就业政策座谈会精神及贯彻意见的汇报；听取市体改办关于全省上市公司股权分置改革工作会议精神及贯彻意见的汇报。

12月30日，市政府召开第四十五次常务会议。讨论修改并原则通过《关于淄博市国民经济和社会发展第十一个五年规划纲要(草案)的报告》(讨论稿)；听取市安监局关于全市2005年度安全生产目标管理考核情况和2006年安全生产指标及工作安排意见的汇报；听取市科技局关于《淄博市实施国家知识产权试点城市工作方案》等有关情况的汇报、关于2005年度淄博市科学技术奖励等有关情况的汇报；听取市民政局关于提高城市居民最低生活保障标准意见等有关情况的汇报；听取市监察局关于全省政务公开工作经验交流会议精神及贯彻意见的汇报；听取市统计局关于全市第一次经济普查工作主要情况及结果的汇报；听取市人事局关于全市人才工作先进单位和先进个人评选情况、安全生产先进单位和先进个人评选情况、巩固发展国家卫生城市成果先进集体和先进个人评选情况、对淄博市在全国十运会上取得优异成绩的运动员及有关单位和个人进行表彰奖励的建议、给市公安消防支队记集体二等功的建议的汇报。会议就近期市政府有关工作作出部署：1. 关于旅游工作。2. 关于高等职业教育工作。要认真研究高等职业教育的可持续、有序发展问题。3. 关于项目策划工作。4. 关于环保工作。5. 关于安全生产工作。6. 关于工业经济工作。　　　　(张汉训)

·重要决策和工作部署·

1月4日，市政府印发《淄博市2005年度安全生产工作要点的通知》。

1月9日，市政府印发《关于表彰全市就业再就业工作先进集体和先进个人的通知》。

1月14日，市政府印发《关于表彰全市2004年度安全生产先进单位和先进个人的通报》。

1月14日，市政府印发《关于2004年度淄博市科学技术奖励的通报》。

1月15日，市政府印发《关于贯彻落实〈山东省森林防火管理规定〉的实施意见的通知》。

2月4日，市政府办公厅印发《淄博市有突出贡献的中青年专家选拔管理暂行办法的通知》。

2月4日，市政府办公厅印发《关于开展非公有制中小企业安全生产监督管理试点工作的实施意见的通知》。

2月7日，市政府印发《淄博市2005年鼓励外经贸发展的有关政策的通知》。

2月7日，市政府办公厅转发市计委《关于2005年市政府为群众办实事的安排意见》的通知。

2月7日，市政府办公厅转发市总工会市地税局《关于由地税部门代收企事业单位工会经费有关问题的意见》的通知。

2月7日，市政府办公厅印发《关于下达2005年度全市外经贸工作指标的通知》。

2月10日，市政府印发《淄博市2005年国民经济和社会发展计划的通知》。

2月18日，市政府办公厅印发《关于加强全市商贸流通设施建设规划管理工作的通知》。

2月22日，市政府办公厅印发《关于建立城镇职工基本医疗保险制度有关问题的补充通知》。

2月28日，市政府印发《2005年重点工作安排的通知》。

3月3日，市政府办公厅印发《关于认真做好全市1%人口抽样调查和劳动力调查工作的通知》。

3月8日，市政府办公厅印发《关于贯彻鲁政办发〔2005〕17号文件精神做好第二批中央驻淄企业分离办社会职能工作的通知》。

3月14日，市政府办公厅印发《关于进一步解决建设领域拖欠工程款问题的通知》。

3月16日，市政府办公厅印发《关于建立安全生产定点督查制度的通知》。

3月18日，市政府办公厅转发市公安局《关于进一步深化户籍管理制度改革的意见》。

3月18日，市政府办公厅印发《淄博市2005年对种粮农民实行直接补贴工作实施方案的通知》。

3月21日，市政府印发《关于进一步深化社会综合治税工作加强税收征管增加财政收入的意见》。

3月21日，市政府办公厅转发市统计局《关于改进地区GDP核算工作的意见》。

3月22日，市政府印发《关于公布市级以上重点文物保护单位保护范围的通知》。

3月23日，市政府办公厅印发《淄博市地质灾害防治规划的通知》。

3月24日，市政府办公厅印发《淄博市流通企业创优增效争30强活动方案和考核办法的通知》。

3月25日市政府办公厅印发《淄博市质量兴市暨实施名牌战略督查考核办法的通知》。

3月29日，市政府印发《淄博市碧水蓝天行动计划的通知》。

3月30日，市政府办公厅印发《淄博市蔬菜产业升级工程实施方案的通知》。

3月31日，市政府印发《关于开展质量兴市暨实施名牌战略活动的意见》。

3月31日，市政府印发《淄博市科技强警示范城市建设实施方案的通知》。

4月4日，市政府办公厅印发《关于公布2005年流通重点工程项目的通知》。

4月5日，市政府办公厅印发《关于进一步加强契税征收管理的通知》。

4月5日，市政府办公厅印发《淄博市行政许可窗口运行考核标准(试行)的通知》。

4月6日，市政府办公厅转发市财政局市人民银行《淄博市财政国库集中支付改革试点方案》。

4月18日，市政府办公厅印发《淄博市2004～2007年度对口支援西藏昂仁县实施方案的通知》。

4月18日，市政府办公厅印发《淄博市食品安全信用体系建设试点工作方案的通知》。

4月19日，市政府印发《关于贯彻鲁政发〔2004〕117号文件进一步加强食品安全工作的意见》。

4月29日，市政府办公厅印发《关于做好2005年全市农村食品药品监管网络和药品供应网络建设工作的通知》。

4月30日，市政府印发《关于继续深入开展城乡环境综合整治活动实施方案的通知》。

5月24日，市政府办公厅印发《淄博市城镇最低收入家庭廉租住房管理办法的通知》。

5月27日，市政府办公厅印发《关于做好企业事业单位内部治安保卫条例贯彻实施工作的通知》。

6月7日，市政府办公厅印发《关于进一步加强企业退休人员社会化管理服务工作的通知》。

6月7日，市政府办公厅印发《关于进一步加强就业再就业工作的通知》。

6月13日，市政府办公厅转发市卫生局等8部门《关于在全市开展打击非法行医整顿医疗市场秩序专项活动的实施意见》。

6月13日，市政府办公厅印发《淄博市2005年地质灾害防治工作方案的通知》。

6月14日，市政府印发《关于2005年淄博市黄河防汛预案的通知》。

6月20日，市政府办公厅印发《2005年淄博市食品药品专项整治工作实施方案的通知》。

6月23日，市政府印发《关于进一步加强支援菏泽市东明县加快发展工作的意见》。

6月28日，市政府办公厅印发《淄博市整治违法排污企业保障群众健康环保专项行动实施方案的通知》。

6月30日，市政府印发《关于贯彻国务院全面推进依法行政实施纲要的意见》。

7月8日，市政府印发《关于贯彻鲁政发〔2004〕95号文件进一步加强防震减灾工作的通知》。

7月8日，市政府办公厅印发《关于进一步加强和改进大学生社会实践工作的意见》。

7月18日，市政府办公厅转发市审计局《关于2004年市级预算执行和其他财政收支审计结果报告》。

8月2日，市政府印发《废止〈关于加快中心城区高层建筑群和华光路建设的通知(淄政发〔2000〕64号〉的通知》。

8月5日，市政府办公厅印发《淄博市城市绿线管理办法的通知》。

8月10日，市政府印发《关于实行超计划用水累进加价的通知》。

8月12日，市政府办公厅印发《关于调整充实进驻市行政服务中心的部门和事项的通知》。

8月19日，市政府办公厅印发《淄博市首席技师选拔管理办法的通知》。

9月14日，市政府印发《关于加强县乡财政建设的意见》。

9月14日，市政府印发《关于地方企业2005年度工资增长的实施意见》。

9月14日，市政府印发《淄博市商业银行增加资本金及处置不良资产的意见》。

9月23日，市政府办公厅印发《关于调整市对区县财政管理体制的通知》。

9月26日，市政府办公厅印发《淄博市信访事项办理、复查、复核办法(试行)的通知》。

9月26日，市政府办公厅印发《淄博市发展循环经济建设节约型社会部门职责分工和近期工作重点的通知》。

9月29日，市政府办公厅印发《淄博市食品生产加工业质量安全整顿工作实施方案的通知》。

10月8日，市政府印发《关于大力发展循环经济建设节约型社会的意见》。

10月30日，市政府办公厅印发《关于加强保护安全监管工作的意见》。

10月31日，市政府办公厅印发《淄博市规范行政处罚自由裁量权工作实施方案的通知》。

11月3日，市政府办公厅转发《山东省人民政府办公厅关于贯彻国办发〔2004〕9号文件妥善解决国有企业办中小学退休教师待遇问题的通知》。

11月3日，市政府办公厅转发市公安局《关于推进全市消防工作社会化的实施意见》的通知。

11月3日，市政府办公厅转发《山东省人民政府办公厅关于切实加强火灾隐患整改工作的通知》。

11月8日，市政府办公厅印发《关于加快处置全市农村信用社不良资产的意见》。

11月8日，市政府办公厅印发《关于做好淄博市人民政府门户网站内容保障工作的通知》。

11月8日，市政府办公厅转发《山东省人民政府办公厅关于加快推进省属国有企业分离办社会职能工作的通知》。

11月27日，市政府办公厅印发《淄博市高致病性禽流感应急预案的通知》。

11月29日，市政府办公厅印发《淄博市农产品品牌奖励暂行办法的通知》。

12月5日，市政府办公厅印发《关于进一步深化行政审批制度改革的通知》。

12月14日，市政府办公厅印发《关于加快推进全市上市公司股权分置改革的意见》。

12月20日，市政府印发《关于实施全市农村村村通自来水工程的意见》。

12月20日，市政府印发《关于搞好今冬明春农田水利基本建设的通知》。

12月20日，市政府印发《关于建立完善城乡社会救助体系的意见》。

12月25日，市政府办公厅印发《淄博市实施食品放心工程综合评价办法(试行)的通知》。

12月28日，市政府办公厅印发《关于贯彻落实鲁政办发〔2005〕90号文件扶持家禽业发展的实施意见》。

（李同凤）

·为人民群众所办12件实事·

一、实施“阳光工程”，促进农村劳动力转移就业。年内择优确定35家培训单位，开展订单、定向式培训；各级政府对参加培训的农民安排财政专项资金补助。全市完成培训2.32万人，转移就业2.2万人。

二、推进企业退休人员社会化管理服务，提高企业退休人员生活质量。全市实行社会化管理服务的企业退休人员已达17.7万人，其中纳入社区管理人员15.2万人，社会化管理服务率和社区管理率分别达到了99.1%和85.5%。全市107个街道(乡镇)共建立了164个社会化管理服务机构。

三、加强农村药品“两网”建设，方便群众买到价格合理、质量安全的药品。在全市聘请了248名食品药品质量监督协管员和1545名信息员，90个乡镇(街道办事处)成立了食品药品协管站，将食品、药品、医疗器械的监管纳入了食品药品监管网络，农村食品药品监管网络覆盖率达到了100%。建立药品批发企业31家，药店980家，服务性药品供应点或药品供应专柜1921个，加上接受统一配送药品的医疗机构，农村药品供应网络覆盖率达到了100%。

四、提高农村医疗卫生条件。扩大新型农村合作医疗试点，全市扩面到4区、1县、13镇，参合人口达到134.19万人，参合率达88.33%，占全市农村人口的65.88%；参合农民受益率达85.31%。继续实施乡镇卫生院改貌和村卫生室改造工程，8处乡镇卫生院改造开工建设，其中3处完工或交付使用，400处村卫生室建设全部完成。

五、培育“三绿工程”(提倡绿色消费、培育绿色市场、开辟绿色通道)示范点，推动绿色生产和消费。到年底，验收合格的绿色市场(专柜)17处，3家进行升级改造的机械化屠宰企业通过了三星级标准验收，对2家企业验收确认为百城万店无假货示范店，选择13家绿色市场(超市)向国家认证机构申请认定国家级绿色市场(超市)，进一步提升了“绿色市场”建设的水平。全市绿色蔬菜基地面积超过4000公顷，重点抓了品牌绿色蔬菜基地建设；建成了4条绿色蔬菜加工生产线；继续在全市实施对运送蔬菜车辆发放绿色通行证制度；建成绿色蔬菜配送中心1处，设立绿色蔬菜专卖点(专柜)12处。

六、启动实施“农村饮水安全工程”，解决群众饮水质量和安全问题。全市累计投入资金1560万元，新建饮水工程61处，解决了71个村、5.3万人的饮水困难。

七、实施“村村通油路工程”，全市基本实现了村村通油路目标。年内完成农村公路改造工程317个、587.6公里，完成投资2.7亿元；受益行政村453个，受益人口52万人。

八、强化农村五保供养工作。各级投入资金达2637.43万元，完成了全市50处乡镇敬老院改造任务；安排“夕阳扶老”项目资金60万元，救助2000名70岁以上的分散供养的特困五保老人，每人补助300元。

九、实施小街巷综合整治，全市完成216条；实施公厕改造，全市新建57座，改建32座。

十、实施农村体育“五个一工程”，开展农民科学健身示范活动，已建成100个典型村。在建立网络组织、推广健身项目、培养体育骨干的基础上，重点实施了修建一块活动场地、配套一批健身器材的工作。根据村里场地的大小，为100个村配备了几件到十几件不等的健身器材。

十一、提高中心城区公交网覆盖密度，方便居民出行。投放车辆61台，新开通了139路、137路、132路、游6路、138路和222路共6条城区公交线路；新增大客车9台，调整延伸了126路、122路公交车线路走向。

十二、推行“两免一补”，救助家庭经济困难学生上学。市、区县政府安排专项资金，救助19260名贫困学生，救助资金948万元，其中用于杂费451万元、课本作业本费262万元、寄宿生生活费158万元、非寄宿生乘车费补助77万元。

（王学典）

·市民投诉工作·

是年，市政府市民投诉中心以“素质建设年”活动为抓手，优质服务，开拓创新，不断提高工作质量和水平。全年共收到投诉电话、短信60437件，电子邮件657件，收到各类建议513件、来信197件，接待来访58人次；办结率分别达到96%、94%、93%、94%和98%。为群众办实事12000余件次，收到群众表扬电话、来信和锦旗1800余件次。

把握规律、超前服务，为政府科学决策提供依据。年内，市民投诉中心在迅速解决群众反映的急事、难事的同时，注重加强对市民来话的综合分析，把握规律，超前服务，开展短平快调研，及时把社情民意反馈给领导，为领导决策提供可靠的信息和依据。有一些调研成果进入领导决策，解决了一些群众关心的热点问题。如市民反映强烈的公校办民校问题、汽车尾气污染环境问题、中高考期间的学校防暑降温和叫停中高考分数有偿查询问题、夜间建筑施工噪音问题、暑假期间学校及学生的管理问题、有线电视规范管理问题等，都得到了市委、市政府领导的高度重视，有些进入了政府决策，有关部门正在实施中。通过《投诉动态》《呈阅件》《原件呈批》等，为市委、市政府领导提供信息1100余条，促使了群众关心问题的解决。

创新发展，不断拓展市民投诉暨市民建议征集工作路子。主要抓了三项：一是将12345市长公开电话延伸到各网络单位，建设12345系统远程坐席，更好地完善中心与网络单位的便捷交流。年内已开通张店区政府、市公安局、市物价局、市建委、市城市执法局、市环保局、市交通局等13个单位的远程坐席。二是开展市民建议评选表彰活动，收到市民建议513件，内容涉及城市建设、交通、经贸、文化、教育、卫生、旅游等二十几个方面。6月24日召开了新闻发布会，对评选范围、奖项设置、评选条件、表彰奖励等提出了明确要求，效果良好。三是开展了“2006年市政府为民办实事”面向社会征集市民建议工作，收到社会各界和广大人民群众建议283条；向市政府各部门下发了《关于提报定向征集市民建议议题的通知》，收到33个市直部门和单位定向征集市民建议议题221条。

执政为民，发扬“急事急办、特事特办、马上就办”的工作作风，扎扎实实为群众办实事。一是电话联系，马上办理。对群众通过电话反映的一些急事和不需要呈报的问题，立即电话与有关部门联系，迅速办理，并及时反馈结果。二是跟踪查办，限期解决。在继续抓好电话交办、转办件办理的同时，转变工作思路，积极探索联合督办、现场督办、舆论监督的路子，对市民反映的比较复杂的问题，通过《呈阅件》《呈批件》让领导批示或以《转办件》转办等形式，转交区县和部门限时办理，促进了相关问题的解决。年内，市委、市政府领导对157件《呈阅件》《呈批件》作了批示，全部落实到位。三是强化协调，齐抓共管。对工作中遇到的一些因责任不清或扯皮而久拖不决的难点、热点问题，投诉中心主动协调网络单位和有关部门，提出解决问题的意见和办法，落实责任，直到解决。

（梁海鹏）

·法制工作·

【政府立法】 是年，共向市人大常委会提报地方性法规草案5部，其中出台2部；出台政府规章9件，其中《淄博市行政许可监督规定》《淄博市重大行政处罚备案办法》的出台，对规范政府行政执法行为提供了制度保障。在立法工作中，为了使政府立法反映民意、集中民智，通过政府网站发布征询立法建议信息，全文登载所有立法项目草案，广泛征求建议和意见。针对群众普遍关心的供热取暖问题，组织召开《淄博市供热管理条例（草案）》立法听证会，为群众提供一个参与政府立法的平台，提高了政府立法质量。

《淄博市供热管理条例（草案）》立法听证会

（市法制办　供稿）

【政府法制监督工作】 为了规范行政处罚自由裁量权工作，纠正行政处罚自由裁量权滥用等问题，首先在市工商局、市质监局、市环保局3个单位进行试点。组织3个试点单位对带有自由裁量内容的行政处罚依据进行细化。在此基础上，12月9日，召开全市规范行政处罚自由裁量权工作会议，将试点经验在各区县、市政府各部门和单位推广。为全市所有行政执法人员建立了执法电子档案，在“淄博政府法制网”上公布执法人员的执法和奖惩等情况，群众可以在网上投诉，执法单位和执法人员可以在网上接受社会评议和监督。从人大代表、政协委员、新闻记者、企业界人士中聘请130名行政执法社会监督员，对行政执法进行社会监督。针对基层乡镇依法行政基础相对薄弱的问题，在不增加人员编制的情况下，在桓台县马桥等几个乡镇进行设立政府法制工作室试点，以求做到基层依法行政工作有具体机构和人员抓。为实现城乡经济与社会统筹协调发展，在桓台县马桥镇进行了相对集中行政处罚权工作试点，建立行政执法中队，以所在地的县级城市管理行政执法局的名义从事行政执法活动，执法范围是镇政府驻地建成区，不具有独立的行政执法主体资格。

【行政复议应诉工作】 全年行政复议机关共接待行政复议来访3160余人次，收到行政复议申请178件。经审查，符合受理条件正式受理151件，经复议后作维持决定39件，占25.8%；撤销59件，占39%；变更9件，占6.0%；责令履行16件，占10.6%；终止16件，占10.6%；未审结12件。全年行政复议案件纠错率超过了55.7%。出庭应诉行政诉讼案件8件。为方便人民群众申请行政复议、政策咨询、提出立法建议、行政执法投诉，5月设立淄博市人民政府法制便民中心，建立每周四法制办领导接待日制度。该中心自运行以来共接待群众来访咨询3000余人次，答复政策咨询和提出政府立法建议500余条，受理行政执法监督投诉59起，形成复议案件65件。探索更加适合复议案件新特点的办理方法，设立了淄博市人民政府行政复议审理室，对一些复杂的行政复议案件，让行政复议申请人和被申请人面对面质证，公开、公平、公正办理行政复议案件，提高了工作效率和透明度。选择部分典型行政复议案件，编发2起行政复议案件典型案例分析，供市五大班子领导和有关部门参阅。

成立全省首家行政复议审理室

（市法制办　供稿）

【法制宣传培训】 在各区县政府、市政府部门、各大企业、各有关单位聘请620名政府法制信息宣传员，初步建立政府法制宣传网络，为开展政府法制宣传工作提供组织保障。印发《关于加强全市政府法制宣传工作的意见》，制定相应的奖励措施，从而使全市形成政府法制宣传合力。全年各新闻媒体共刊发、播发政府法制方面的新闻、信息88篇（条）。其中，在《大众日报》、香港《大公报》等省级以上报纸刊登稿件29篇；在《淄博日报》等市级报纸刊登稿件20篇；在《淄博工作》《经济社会发展》《淄博论坛》刊登理论文章14篇，在电视台、电台播发稿件25条；编发政府法制简报26期。通过政风行风热线直播节目，向社会宣传政府法制工作。组织市工商局、市质监局、市环保局3个规范行政处罚自由裁量权工作试点单位在市电视台、市广播电台举办热线直播节目，为规范行政处罚自由裁量权工作的顺利进行营造舆论氛围。充分利用淄博政府法制网宣传政府法制工作，全年共发布政府法制方面的信息500余条，开设公开征询立法建议、先进性教育、行政执法投诉、政府法制信息投稿4个栏目。9月28日，举办全市行政执法人员推进依法行政优化发展环境动员报告会。市检察院、市监察局、市法制办分别在动员报告会上通报了全市行政执法违法案件和行政执法现状，就如何依法行政、提高行政服务质量、优化经济发展环境等作了报告。举办全市行政处罚听证主持人培训班，培训600余人。

走进行风热线直播间，宣传政府法制
（市法制办　供稿）

【行政许可】 市行政服务中心共受理各类行政服务事项167798件，办结166302件，按时限办结率达到100%，集中收费3亿元。被市精神文明委员会授予市级“文明示范窗口”称号。市政府办公厅印发《关于调整充实进驻市行政服务中心的部门和事项的通知》，要求所有市级行政许可和非行政许可审批事项全部纳入市行政服务中心办理，进驻部门与设立窗口签订授权责任书，充分授予窗口工作人员行政许可权。除59项因特殊原因不能纳入外，328项市级行政许可和非行政许可审批事项已全部纳入市行政服务中心办理。市行政服务中心对全市重点工程或重大招商引资项目，按照特事特办的原则，为其提供咨询、代办、上门服务等全方位免费服务。9月底，全市五区三县已全部组建行政服务中心（大厅）。乡镇、街道办事处行政服务便民中心建设也已逐步推开，在不增加人员编制的情况下，将计划生育、城镇建设、民政优抚、农林水等与群众关系密切的事项统一纳入该中心集中办理，以最大限度方便基层群众。

【贯彻国务院《全面推进依法行政实施纲要》】 3月，成立以市长为组长的淄博市贯彻实施《全面推进依法行政实施纲要》领导小组。印发《淄博市人民政府关于贯彻国务院全面推进依法行政实施纲要的意见》。从当年开始，年终对各区县政府、市政府各部门和单位依法行政工作进行检查考核，并把检查考核情况纳入市委、市政府的决策目标、执行责任、考核监督体系。（周洪光）

·人事工作·

【“全面优化人才成长、创业和社会环境建设年”活动】 是年，在全市人事工作中开展了“全面优化人才成长、创业和社会环境建设年”活动。进一步扩大高校毕业生就业实践基地的规模，与山东大学新建了山东新华医疗器械集团、山东齐都药业股份有限公司两处学生实践基地。建立了齐鲁石化公司博士后科研工作站。建成了淄博市人才市场公共信息网站，各区县人才网站亦全部建立。先后举办了山东半岛城市群8城市人才联盟首届网上人才交流会及咸阳——淄博大型网上人才交流会。

加强大学生就业基地建设　（市人事局　供稿）

【专业技术人才队伍管理服务工作】 职称评审工作：完成2004年度高、中级职称评审结果公布工作，共为6108人发放2004年度职称资格证书，其中高级1465人、中初级4643人；对卫生系列副高级和24个系列的中级职称评审条件进行了重新修订，制定了新的中级专业技术职务任职资格破格申报指导条件；申报晋升卫生系列副高级职称355人，通过150人，通过率为41.32%。为652名大中专毕业生办理了定职手续。专家管理工作：推荐1名专家入选2005年度山东省有突出贡献的中青年专家，推荐2名专家成为享受国务院政府特殊津贴专家。专业技术人员继续教育工作：完成1.1万余人次专业技术人员继续教育学分等级审核工作；组织6万余人参加专业技术人员继续教育公共课程培训和考试。

【外国专家引进工作】 在全市进行首次民营企业引智状况问卷调查，完成了民营企业引智情况调查报告。建立“项目库”

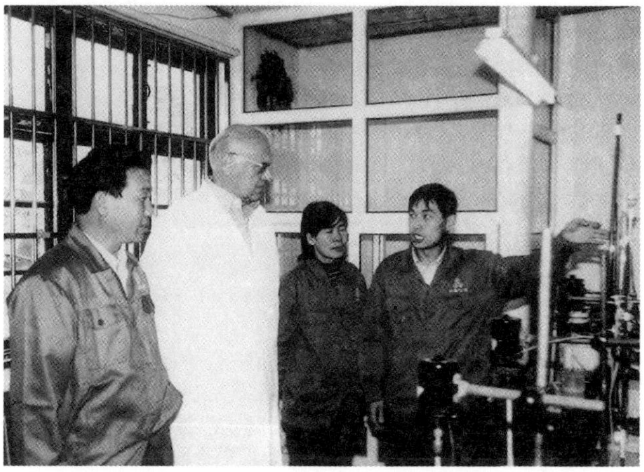

外国专家到企业进行技术指导
（市人事局　供稿）

“专家库”“成果库”和“引智工作专家咨询委员会”的“三库一会制度”。共聘请外国专家48名，完成各类引智项目51个，来淄外国专家共举办专题技术讲座45场，培训专业技术人员5000余人，提出合理化建议和意见300余条，解决制约企业生产的关键性技术难题150个。完成了2004年海治会对接项目的落实工作，总投资700万美元。德国专家海因茨·布雷希特先生获得省政府“齐鲁友谊奖”。

【人才市场建设】 全市共组织举办各类人才招聘大会118次，参会单位6000余个，求职14万余人，完成流动意向7.8万余人。组团赴外招聘，先后参加了山东半岛城市群2005春季人才交流大会等5次人才交流大会，招聘682人。推进人事代理工作，人才代理单位达到180余家，管理档案14000余份。做好流动党员党务工作，完成了流动党员先进性教育活动的各项工作任务。加强人才培训工作，举办了6个班次的研究生和本、专科学历班。做好对全市人才市场的监督管理工作。会同有关部门对全市劳动力市场秩序进行清理整顿。对市人事争议仲裁委员会组成人员和人事争议仲裁机构进行了调整，各区县相应成立了人事争议仲裁委员会。

山东化工专业人才市场招聘现场

（市人事局　供稿）

【公务员队伍建设】 顺利完成了2004年度全市机关、事业单位工作人员的年度考核工作。做好《中华人民共和国公务员法》实施的有关准备工作，举办了两期培训骨干与师资培训班。组织了全市《公务员法》考试，全市14600多人参加了考试。与有关部门联合举办了《公务员法》知识竞赛。公务员培训工作重点抓好市直机关的信息化与电子政务集中辅导与考核验收工作，共组织了13期培训班，59个部门和单位的1213人参加了培训和测试。区县信息化与电子政务培训工作基本结束。是年，全市共招考国家公务员260名，其中市级机关38名、县级机关90名、公安机关90名、省垂直管理机关31名、省监狱劳改机关11名。组织实施全市各项表彰工作。共完成推荐省级先进集体62个，先进个人110名；以市政府名义实施表彰项目9个，表彰先进集体217个，先进个人315名；完成部门联合表彰项目18个，表彰先进集体134个，先进个人725名；表彰参加第十二届残奥会先进集体4个，先进个人5名。

【机构改革工作】 根据市委、市政府《关于区县人民政府机构改革的实施意见》，落实好区县政府机构改革工作。进一步推进公安体制改革，对五区公安分局领导职数和公安派出所进行了调整。做好国土资源体制调整中的有关工作。下发《关于乡镇机关事业单位实行编制实名制管理的通知》，设立市县两级举报电话，对乡镇党政机关和事业单位的机构编制和实有人员情况进行了张榜公布和网上公示。以市委办公厅、市政府办公厅名义下发《关于贯彻落实省委办公厅省政府办公厅〈关于建立机构编制人员与财政预算相结合管理机制的通知〉的通知》，在全市部署机构编制人员和财政预算相结合管理机制的建立完善工作。联合市监察局和市法制办，在全市20个执法部门开展市区（县）两级权限划分工作。

【事业单位改革】 对事业单位总体改革意见及各项配套改革意见进行修改完善，成立市事业单位改革领导小组，召开事业单位改革领导小组成员会，对事业单位改革的有关工作任务进行部署。进一步规范机构编制管理，加强对事业单位的监督管理，集中审理事业单位的机构编制。完成2004年事业单位登记年检工作，全市参加年检法人事业单位1047个，年检率为82.27%。开展非法人事业单位向事业法人的过渡工作，有44个完成向事业法人的过渡，过渡率为66.67%。继续推进事业单位人员公开招聘试点工作。组织完成2005年度市属事业单位招考录用大中专毕业生工作，共有1360人报名，录用185人。

【毕业生就业】 组织各类毕业生就业市场活动50次，建立高校毕业生就业信息网，组织完成全市毕业生就业网上推荐月活动，全市引进接收本科以上毕业生3462人，其中硕士以上毕业研究生143人，全市大中专毕业生初次就业率为74.5%。加强就业指导服务工作，确定高青、沂源、高新区为重点服务区县，山东铝业公司等10家用人单位为重点服务对象；积极探索新形势下毕业生就业工作的服务管理方式，首次对全市毕业生就业工作进行考核评估，组织开展山东铝业杯“我的择业观”为主题的征文活动，首次开展市级优秀毕业生的推荐评选工作，评选市级优秀毕业生144人。

【军转干部安置】 全市共接收军转干部371名，其中自主择业24名。进一步修订完善进入市级机关、中央及省属驻淄单位的考试考核办法。有251人参加了全市军转干部培训。企业军转干部解困长效机制得到全面落实，全市共有1998人列入长效机制范围，全年共发放解困资金1173万元。建成全市企业军转干部数据库，已录入5504名企业军转干部的个人资料。

【工资福利工作】 完成3次工资调整，为市直机关事业单位人员增加岗位津贴；为市直机关执行职级工资制的单位发放节日补贴；在清理公务员收入分配秩序的基础上，实行了统一补贴。与市财政局联合出台《机关事业单位工作人员工伤处理暂行办法》，成立机关事业单位劳动能力鉴定委员会，组织进行了首批鉴定工作。

（刘　鹏）

·外事工作·

【外事接待】 年内，接待到淄博参观旅游、访问考察、交流技术、洽谈贸易、合作办厂、安装设备、探亲访友的外国人、外籍华人及港、澳、台胞计70多个国家和地区的5万多人。比较重要的团组有：意大利贝加莫省政府代表团，韩国金浦市代表团，法国卢瓦尔河大区代表团，日本旭硝子会社考察团，日本丸红株式会社访问团，马来西亚上议院代表团，菲律宾SM集团考察团，日本和歌山县友好访问团，韩国广州市政府代表团，俄罗斯诺夫格罗德市政府代表团，法国拉罗什市政府代表团，多哥人民联盟党代表团等。

多哥人民联盟执政党总书记达马·德拉马尼到访
（邹奎光　摄）

淄博市与意大利贝加莫省建立友好合作关系签字仪式
（邹金光　摄）

【因公出国(境)】　全市因公出国(境)考察访问、培训、交流技术、参加会议、劳务输出等团组223批1049人次，其中副厅级以上团组38批，涉及50多个国家和地区。市领导率团出访活动主要有：市委书记、市人大常委会主任张建国率团赴美国、日本、韩国进行友好访问和经贸考察；市委副书记、市长刘慧晏率团赴日本、美国、加拿大和中国香港进行友好访问和经贸考察；市委副书记、副市长周清利率团赴韩国、中国香港进行友好访问和经贸考察；市委副书记岳长志率团赴瑞士、巴西进行经贸考察；市委常委、市委政法委书记陈家金率团赴澳大利亚、菲律宾进行友好访问和经贸考察；市委常委吴翠云率团赴古巴、菲律宾、意大利进行经贸考察和友好访问；市委常委、市委宣传部部长郑峰率团赴加拿大、巴西进行经贸考察；市委常委崔洪刚率团赴韩国、英国、德国进行经贸考察和招商；市委常委、市委组织部部长王顶歧率团赴美国进行考察；市政协主席冯梦令率团赴中国香港、马来西亚、新加坡和泰国进行经贸考察和友好访问；市人大常委会副主任周继烈率团赴美国、巴西进行友好访问和经贸考察；市政府副市长吴明君率团赴德国、法国进行经贸考察；市政府副市长韩家华率团赴韩国、日本、新加坡、马来西亚、德国、意大利进行经贸招商和友好访问；市政府副市长岳华东赴加拿大、美国进行考察访问；市政府副市长段立武率团赴澳大利亚、新西兰进行教育、卫生考察访问。

【友好城市】　年内，分别与意大利贝加莫省、美国克里夫兰市建立友好合作城市关系；与日本周南市、澳大利亚宝活市、韩国富川市的交流与合作事宜也在积极联系之中。5月，邀请意大利贝加莫省政府代表团到访，正式签署友好合作协议书。与韩国广州市继续开展公务员和青少年交流，7月，淄博市派出第二批交流公务员；8月，由15名中学生组成的第三批青少年交流团赴韩国广州市友好交流。9月，市委副书记、市长刘慧晏率团赴美国伊利市参加两市建立友好城市20周年纪念活动，并签署两市青少年交流协议。10月，邀请俄罗斯诺夫格罗德市友好城市代表团参加山东省政府友好城市大会，并访问淄博，期间与市旅游局签署旅游合作协议；邀请法国拉罗什市政府代表团来访，并与其签署国际合作协议、青少年交流协议和艺术家交流协议。年内，利用与韩国广州市的友好城市关系，促成韩国仁德农园与淄博华源花卉的合作；促成淄博实验中学和韩国广州市京花女高建立友好学校；促成韩国广州市39名中学生自费到山东理工大学进行短期修学以及公务员以私人身份来淄博访问。至此，淄博市已与8个城市正式结成国际友好城市，分别是美国伊利市、日本加茂市、俄罗斯诺夫格罗德市、法国拉罗什市、格鲁吉亚巴统市、菲律宾万那威市、南非新堡市、韩国广州市。

【涉外管理】　全年共办理对外邀请389批581人次，接待重要外宾62批567人次，办理外国专家证118人次。加强了与淄博市有着密切交往关系的30多个外国驻华使馆和40多个国外商会、大企业的联系。新增3家聘请外国文教专家资格单位，全市资格单位已达28家，招收外国留学生学校由1家增至3家。开展"淄博市荣誉市民"推荐评选工作，筛选8名外国友人为淄博市荣誉市民候选人；根据国内形势需要和外交部有关文件精神，4月对常驻淄博的31名日本人进行了抽查摸底和走访慰问，确保其在淄博合法权益。参与和协助处理涉外纠纷案件4起。组织承办2005年淄博市人民政府国庆招待会。参与第十三届世界瓷砖大会和2005年陶瓷博览会外宾外商的邀请和接待工作，承担了大会的主要翻译和市领导主要活动的翻译工作。

【张建国率团赴美国访问考察】　2005年4月29日～5月12日，中共淄博市委书记、市人大常委会主任张建国率团一行8人，赴美国进行了友好访问和项目推进洽谈。

代表团先后赴美国洛杉矶、亚特兰大、匹兹堡等6个城市，对部分美国大公司进行考察访问和项目洽谈，推动新华医药集团与美国中西公司关于CPC合资项目的签署，合同总额1500万美元。与中西公司达成总金额近500万美元的化工机械铸件加工生产意向。在可口可乐公司，代表团受到其高层领导的热情欢迎和高规格接待。此外，代表团还与美国马林克罗公司、百利高公司就医药合作事宜进行商谈，不仅就其在产原料药的销售达成协议，还就合作开发非专利原料药等事宜签署了意向，协议金额近500万美元。在匹兹堡，代表团访问了世界五百强企业PPG公司的总部，与公司就合作进行防紫外线高档汽车玻璃生产进行深入洽谈，PPG公司和山东玻璃集团都表示将尽快促成该项目的合作。此外，在线LOW－E镀膜玻璃、离线LOW－E镀膜玻璃、全氧燃烧项目、玻璃纤维等项目的全面合资工作也将展开，投资总额将达2.5亿美元。在休斯顿，张建国专程会晤美国伊士曼公司副总裁戴维先生，双方就扩大合作范围、追加在淄投资等事宜进行深入交谈，伊士曼公司表示将会在充分调研的基础上，全面扩大投资与合作。此外，在代表团的积极推动下，兰雁集团与全美最大的牛仔面料生产商斯威夫特公司签署了初步合资协议，总金额达5000万美元，还与2家美国公司签订了月供应牛仔面料200万码的供货协议。

在美国期间，代表团专程拜会了克利夫兰市政府，与该市市长简·金宝女士及其他高级官员、经贸官员进行了亲切交谈，双方正式签署建立友好合作关系协议书，为今后全方面、多层次交流铺平了道路。张建国接受了华人广播电台——亚洲之声广播电台的专访，全面介绍了淄博市概况及投资环境。代表团还参观考察了位于克利夫兰市的全美最大的心脏病治疗中心，就开展医疗卫生合作与交流进行了商谈。

代表团专程拜会中国驻休斯顿总领事馆，同时广泛接触各地华人、华侨社团、公司代表和高科技人才。分别与全美山东同乡会、南加州山东同乡会、美南山东同乡会、美亚发展协会、微创医疗器械有限公司、豪富来环保公司以及来自美国朗讯、康宁公司的华人博士们进行座谈与交流。

【张建国率团赴日本、韩国访问考察】 8月8～16日，市委书记、市人大常委会主任张建国率经贸考察团赴日本、韩国进行经贸考察和友好访问。

访问期间，代表团先后拜会中国驻日本大使馆、中国驻韩国大使馆，得到了大使馆的大力帮助。代表团先后同世界500强企业三菱重工、旭硝子陶瓷株式会社、丸红株式会社西田健一、旭硝子化学品株式会社、川崎重工株式会社、日本荏原制造所、日本双日株式会社、日棉株式会社、韩国现代汽车集团社长及董事长等跨国企业巨头进行面对面的交流，参观访问跨国企业。每到一地，代表团都通过各种方式向对方详细介绍淄博市在经济发展、社会进步各方面取得的成就，宣传淄博的经济文化优势和投资环境，共发放淄博宣传彩页及对外合作招商项目等宣传材料500余份。通过宣传及高层交流，使许多企业对淄博有了深层次认识与了解，增强了投资合作的欲望，推动了在谈项目的进程。日本旭硝子陶瓷株式会社明确表示要追加投资，力争把中日合资公司淄博旭硝子电熔材料有限公司由世界一流发展成为同行业世界第一；日本川崎重工株式会社同意加快与淄博宝山集团共同投资1.6亿元1000t/d流化床水泥窑绿援项目的步伐，年内开工建设，2007年6月正式投产；日本荏原制造所表示将加快资金到位，力争与山东博泵科技股份有限公司合作的水泵项目尽快投产，并计划在未来几年内将东京羽田工厂迁往淄博；日本双日株式会社将进一步增大对合资公司淄博华绵制衣有限公司的投资，在淄建设新厂，扩大生产能力，同时，还要在化工、粮油食品等领域寻求合作；日本旭硝子化学品株式会社表示将与东岳集团就氟项目合作进行实质性谈判；周村区与韩国仁川市南洞区就在周村投资兴建韩国电子工业园项目达成了初步共识，与韩国五园产业开发株式会社和现代物流株式会社，就周村火车站广场和物流园项目达成共识。淄博恒星集团与佐佐木机械株式会社就卫生纸机制造项目、有机废料处理设备项目达成合作意向，与日新化学研究所就纸助剂和污水处理化学品生产项目初步达成合作共识；韩国现代汽车集团同意在加深了解、整合资源和搞好市场分析与定位的基础上继续探寻与淄博汽车制造厂的技术与投资合作。

【刘慧晏率团赴日本访问考察】 4月10～15日，市委副书记、市长刘慧晏率领淄博市经贸考察团赴日本考察访问。

访问期间，刘慧晏一行先后考察访问了山口县、周南市政府、朝日啤酒株式会社、日本三菱商事、东京电力株式会社、旭硝子株式会社、丸红株式会社等机构、单位和著名企业，与日本各界广泛接触，积极宣传淄博市的投资环境和政策。与朝日啤酒株式会社在淄博市临淄区建设农业高科技示范园项目进行了深入磋商，为加快项目实施打下坚实基础；在与三菱商事负责人的会谈中，刘慧晏表示市政府将全力支持三菱商事在淄博市的在谈和已经开展的合作项目；在与东京电力公司国际部负责人会谈时，双方就充分发挥各自优势，加强在电力技术等方面的交流与合作，特别是利用东京电力的雄厚技术优势，对淄博市中小电厂进行节能降耗、治理污染方面的技术改造，进行深入探讨。在与周南市市长河村和登的会谈中，双方一致认为：淄博市与周南市工业产业结构相似，两市在经济领域的互补性很强，合作的空间和潜力巨大，应进一步增进交流，扩大在教育、科技、文化等方面的交往力度，推动两市在经贸往来、环境保护、建设循环经济模式等领域的重点合作，共同造福两市人民。考察团一行还参观考察了周南的日新制钢、东曹化工等著名企业以及周南市东部污水处理中心。这些企业超强的规模、技术和管理以及成熟的循环经济模式，给考察团留下深刻印象。

【刘慧晏率团赴美国、加拿大考察访问】 9月16～28日，市委副书记、市长刘慧晏率淄博市经贸代表团一行9人，往美国、加拿大进行友好访问和经贸考察。

刘慧晏及代表团一行先后到洛杉矶、底特律、门图、巴尔地摩、川博、纽约、多伦多等地，考察访问了部分美国、加拿大公司，就一些重点合作项目进行洽谈推进。在洛杉矶，代表团与留美的裴建群博士等就激光源项目、光纤预制棒项目、OCT项目合作问题进行洽谈；博山区与库斯特科技有限公司就合作发展特种陶瓷项目达成意向。在底特律，代表团考察世界500强企业美国天合汽车集团(TRW)乘员安全系统总部，参观其技术中心、撞击试验室，山东机器集团与天合汽车集团就双方合作生产汽车安全气囊气体发生器项目进行深入洽谈，双方拟合资建设远期规模达1000万只的气体发生器项目，总投资1500万美元。在巴尔地摩，代表团拜访了利安德集团，参观了集团研发中心，就淄博东佳集团与其合资建设6万吨氯化法钛白粉项目进行进一步沟通。在康涅狄格州川博镇，代表团与纳西姆公司液环泵事业部总经理斯帝博等进行详细座谈，GD纳西姆公司确定增资420万美元，在博山扩建液环泵生产，使纳西姆工业(中国)有限公司尽快发展成为世界领先的企业。在纽约，代表团与西敏臣(SMC)公司总裁银马克等就与东佳集团合作生产浆料钛白项目达成共识。在加拿大多伦多期间，刘慧晏一行拜会中国驻多伦多总领事馆，与加拿大AMR公司负责人就AMR公司在临淄增资，扩大淄博加华新材料资源有限公司的生产规模，进一步提高市场占有率等问题进行沟通交流。在俄亥俄州门图市，刘慧晏一行详细考察斯泰瑞公司的产品展示中心和灭菌设备、消毒液生产厂，山东新华医疗器械集团与斯泰瑞公司正式签署合资合同，双方注册资本620万美元，合资建设新华斯泰瑞医疗系统公司，主要生产医用清洗设备。

9月21～22日，代表团赴伊利市进行友好访问，出席了位于伊利的美国西北制造业协会企业家座谈会和伊利市政府专门举办的两市缔结友好城市20周年庆祝招待会。刘慧晏市长与菲利培市长共同签署两市青少年交流合作协议书，并就进一步扩大教育、文化合作达成共识。

【2005 年重要到访团组一览表】

到访日期	到访团组	代表团团长	到访目的
1月31日～2月4日	日本朝日啤酒株式会社代表团	何岩高级总监	推动朝日农业示范基地落户淄博，促进淄博市在农业领域与日方合作
2月26～28日	美国伊利市教育考察团	塞尔蒙博士	推动淄博市与美国伊利市教育领域的合作
3月2～3日	日本朝日啤酒株式会社专家组代表团	何岩高级总监	考察淄博市的农业合作项目
3月3日	韩国广津区代表团	郑永燮区长	考察了解淄博市纺织、服装行业发展现状及投资环境，洽谈纺织、服装行业的合作
3月15～16日	韩国地方政府国际化协会代表团	金炯善	商讨经济合作事宜
4月17～19日	意大利贝加莫省政府代表团	贝托尼省长	拜会市领导，正式签署省市合作协议，探讨双方在经贸、文化、教育、旅游等领域的合作
4月21～23日	韩国金浦市代表团	金东植市长	参加第十六届中韩（淄博）经贸洽谈会
5月20～21日	德国联邦议会经济发展援助委员会代表团	鲁道夫·克劳斯主席	考察对淄博市农业改造支援项目的实施情况
6月4～7日	法国卢瓦尔河大区代表团	奥克西特主席	考察了解淄博市的经济和社会发展，促进交流与合作
7月14～15日	韩国东元大学代表团	崔宇进处长	探讨淄博市教育、美容与东元大学教育及美容行业的交流、合作
8月2～3日	丸红株式会社访问团	西田健一	拜会市领导，考察淄博市投资环境，探讨合作
8月22～28日	日本九州地区学者代表团	于彭年	考察了解淄博市文化底蕴，探讨文化交流
9月3～4日	马来西亚上议院代表团	伊万上议员	考察淄博市钢铁、陶瓷业发展情况
9月11日	菲律宾SM集团考察团	施至成董事长	考察淄博市商业市场，探讨商业合作
9月22～24日	日本和歌山县友好访华团	贵志八朗	考察了解淄博市的经济和社会发展
9月28～29日	法国布列塔尼大区养猪联合体	约翰·雅克·里欧主席	考察淄博市农业及畜牧业现状，探讨畜牧养殖领域的合作
10月11～13日	日本旭硝子陶瓷株式会社	工藤荣一社长	参加“陶博会”，探讨与淄博市在陶瓷领域展开合作
10月11～14日	韩国广州市政府代表团	安秉钧局长	参加“陶博会”，探讨与淄博市在陶瓷原材料进口等领域的合作
10月12～13日	日本贸易振兴机构	阿布宏忠	参加“陶博会”、寻找合作伙伴
10月21～23日	俄罗斯诺夫格罗德市政府代表团	格拉日旦基·尼古拉市长	商讨与淄博市在旅游等领域的合作
10月24～26日	法国拉罗什市政府代表团	皮埃尔·何纽市长	考察了解淄博市经济和社会发展，促进两市的实质性合作与交流
10月29～30日	多哥人民联盟代表团	达马·德拉马尼总书记	考察了解淄博市基层党建及经济社会发展情况

（邹金光）

·史志工作·

【修志工作】 继续抓好《淄博市志(1986～2002)》编纂的各项工作。加大对承编单位供稿的督促力度。5月,市志编委会印发工作进展情况通报,督促有关单位采取措施,保证供稿的进度和质量;7月,市政府副市长饶明忠带队深入山东铝业公司和淄博供电公司,进行修志工作调研和督导;12月,召开续修《淄博市志》工作调度会,对没有形成初稿的部分内容进行分工调整和落实。至年底,除区县按计划迟后供稿及部分内容有缺项外,各承编单位已基本完成初稿报送。认真组织审改志稿。下半年,对各承编单位上报市志初稿和编纂情况进行盘点,对编辑体制进行调整,志稿审改工作有较大进展。年内,完成初稿审改64篇,至此完成初稿、二稿审改109篇。同时,督促指导各承编单位对返回的稿件进行再加工、再完善,以进一步提高志稿质量,年内有41家承编单位完成对初稿的修改完善。至年底,共有75家单位完成二稿以上或总纂稿的修订工作。对齐文化、聊斋文化篇落实了撰稿单位。

区县志编修工作进展顺利。为保证第二轮区县志书质量,把好审查验收关,3月,市志编委会制定《淄博市第二轮区县修志志稿审查办法》。此做法和经验得到省史志办的充分肯定,在全省予以介绍和推广,中国地方志指导小组办公室也在《中国方志通讯》上予以全文刊载。5月和8月,淄博市区县志审查验收领导小组分别组织召开《临淄区志》和《高青县志》志稿评审会。《周村区志》《高青县志》经过反复修改,经市志编委会认真审查后批复出版印刷,第四季度正式出版发行。

年内,对《淄博市公安志》《淄博市科技志》《淄博文化志》《淄博市物价志》等基层志的编修进行业务指导;对《淄博市公安志》、淄川区《泉龙村志》、临淄区《朱台镇志》进行了评审。12月,《淄博文化志》出版。在淄博市第十八次社会科学优秀成果评奖中,《姜太公志》获二等奖,《山东铝业公司志(1986～2003)》获三等奖。

积极开展《山东省地方史志工作条例》的宣传工作。在12月1日《条例》实施之际,市政府分管领导在《淄博日报》发表署名文章;及时制定学习宣传实施方案,组织有关人员学习讨论;利用悬挂条幅、发出信函、发放贺年卡等形式组织宣传活动。

为推动全市地方史志事业健康发展,组织开展全市史志工作先进集体和先进个人评选活动。12月,市人事局、市地方史志办公室印发《关于表彰全市史志工作先进集体和先进个人的通报》,授予临淄区地方史志办公室等10个单位"全市史志工作先进集体"称号,赵军等30人"全市史志工作先进个人"称号。3月,市地方史志办公室等4个单位被省政府办公厅、省人事厅表彰为全省地方史志工作先进集体,4人被表彰为全省地方史志工作先进个人,并分别记二等功、三等功。12月,市地方史志办公室被中国地方志指导小组评为全国方志先进集体,1人被评为全国方志先进个人。

【年鉴工作】 是年,在《淄博年鉴(2005)》编纂过程中,坚持"改革创新,打造精品,服务社会"。精简编辑人员,克服时间紧、任务重、人员少等实际困难,科学调度,顺利完成了编纂任务。9月,《淄博年鉴(2005)》正式出版发行,成书时间仍为全省第一。

《淄博年鉴(2005)》设32个部类,1000余个条目,近百万字,图片186幅。与上卷相比,增加"市情调研"和"业绩采风"2个部类,农业部类中增加"防治高致病性禽流感"分目。政治部类调整为"政党 政务"和"地方军事"2个部类,国内贸易部类改为"商品流通"部类,综合管理部类改为"综合管理与监督"部类。地方军事升格为部类,社会部类中计划生育分目改为人口和计划生育分目,综合管理与监督部类中药品监督管理分目改为食品药品监督管理分目,银行 保险 证券部类、教育部类和社会部类中的次分目全部取消,设立相应的分目或条目。补白为淄博历史古迹。该部年鉴的结构和表述更加科学合理。

【《淄博年鉴》获首届山东年鉴奖】 12月中旬,在由省政府办公厅主办的全省优秀年鉴评比中,《淄博年鉴(2005)》在55种参评年鉴中总分名列第二,获全省优秀年鉴特等奖,并同时荣获首届山东年鉴奖。在3种单项奖评比中,《淄博年鉴(2005)》有2项名列第一,均获特等奖。

【区县地情网站建设全部通过省级验收】 是年,继续贯彻落实《淄博市地方史志办公室关于加强全市地情资料库建设的实施意见》,进一步加大区县地情资料库和网站建设工作力度。截至10月底,全市8个区县的地情资料库和地情网站建设工作全部完成。11月,市史志办制定《淄博市区县地情网站建设市级达标验收实施方案》《淄博市区县地情资料库(网站)验收标准及评分标准》,成立检查验收小组,对区县地情网站建设进行了全面检查验收,提出整改意见。11月29日至12月2日,省史志办验收小组根据《山东省史志系统县级地情资料库建设达标验收标准》,先后对周村、临淄、博山、淄川、高青、桓台等区县的地情资料库(网站)进行了技术评估和现场测试,确认符合省定技术标准要求,验收合格。张店区、沂源县2003年已通过省验收。至此,全市8个区县地情资料库(网站)全部建成并通过省级达标验收。 (群　言)

·档案工作·

【基础业务】 5月,市档案馆被市委、市政府指定为政务信息公开场所。市文档信息服务中心全年收集现行文件1000多份,征集照片8300多张,刻录《淄博新闻》DVD光盘90余张,5500多分钟;市、区(县)综合档案馆共接收进馆纸质档案36144卷,音像档案1070盘,照片档案1641张,电子档案296张(盘);接待用档人员4175人次,利用档案和文件22000余卷(件)次。

【行政管理】 调整市直单位档案协作组,通过积极督促和指导,保证各单位按时完成档案归档工作。在年度档案管理考核中,全市有9个档案馆(室)达到省特级标准,46个单位达到省一级标准,112个单位达到省二级标准。为做好国有资产产权变动企业档案管理工作,市档案局与市经贸委、市财政局联合下发《淄博市国有企业产权变动档案管理实施细则》,对全市国有企业在破产、重组、改制中的档案处置情况进行调查摸底、监督和指导。与市保持共产党员先进性教育活动领导小组办公室联合制发《关于加强保持共产党员先进性教育活动档案管理的通知》。年末,先进性教育活动档案(第一批)已移交市档案馆,同时开展了第二批、第三批先进性教育活动单位档案管理的监督指导工作。

【宣传教育】 在《中国档案》《大众日报》《淄博日报》、淄博电视台、淄博人民广播电台以及网络媒体发稿63篇,市档案局被评为全市宣传报道先进集体;与市文化局、市委党史委联合举办抗日战争胜利60周年史料展；在继续做好省委党校档案干部教育学历班管理的同时，与城建档案馆联合举办建设行业档案人员岗位资格培训班和档案专业岗位资格培训班各一期，培训146人。召开市档案学会第五次会员代表大会暨第十四次学术讨论会，完成了学会理事会换届。编辑出版论文集《兰台文萃》。

【档案法制建设】 是年，淄博市被确定为国家档案局执法检查重点单位。市档案局会同市监察局、市司法局、市政府法制办公室组成档案行政执法联合检查组，对75个单位的档案工作进行执法检查。国家档案局执法检查组和省档案局档案执法检查组分别对高青县档案馆、山东铝业股份有限公司等单位进行执法检查，进一步促进档案法律法规的贯彻落实。

【信息化建设】 一是进一步完善淄博市数字档案馆，对178500条数据全部进行检查、修改，实现了真正意义上的全文检索；全年共录入、导入文件级档案目录2万余条、现行文件213条；开放照片档案206张；导入《淄博新闻》1644条；收集图书资料71本，进行数字化处理，建立图书资料数据库，共计3199条、29216页。“淄博市数字档案馆”项目分别获国家档案局档案科技进步三等奖、淄博市科技进步三等奖、淄博市优秀工作成果三等奖。二是加强“淄博市数字档案馆”网站建设。增设了“政策问答”栏目，举办了淄博革命史、山东抗战胜利60周年、淄博抗战胜利60周年网上展览，在政务网站增加了“电子公文”栏目；网站点击率达近2万人次，查阅档案文件14700多份。三是淄博市电子文件在线归档项目列入国家档案局2005年科技项目计划。四是稳步推进区县档案信息化建设。扫描、导入桓台县档案馆馆藏档案5272件、81039页，初步实现“集中存储、分布维护”的目标。

【重大活动、重大事件、重要人物档案资料征集】 正式参与全市重大活动声像档案的拍摄和资料收集。市委办公厅、市政府办公厅把市档案局正式列入《接待方案》，负责声像资料的随同拍摄和收集工作，先后参加了中央、部委、省领导人来淄视察，“陶博会”、世界瓷砖大会、新材料论坛等60多次全市重大活动的拍摄工作，拍摄照片8000余幅，并收集相关资料。市档案馆征集市内健在的4位老红军的照片及实物一宗，征集市委主要领导收藏的照片200多张，在《辉煌淄博五十年》编辑中征集照片资料2200余张，收集全市350多个单位已公开政务、商务信息和声像资料照片380多张；临淄区征集了齐文化和足球起源地档案资料进馆，周村区、博山区、沂源县开展了名人档案、声像档案征集活动。启动“淄博记忆”工程，并在《淄博晚报》发表专版报道，将能够传承淄博历史文化遗产、真实直观地记录城市历史面貌的建筑、民风民俗、名胜古迹、自然风光等拍摄现貌照片保存下来，为淄博留下珍贵的历史资料。

【陈文祥摄影作品捐赠市档案馆】 著名摄影家、原《淄博日报》摄影记者陈文祥(1935.12.8～2000.11.10)亲属将其记录了淄博社会发展变迁进程的3万余幅摄影作品捐赠市档案馆。8月19日，在市档案馆举行捐赠仪式，副市长饶明忠为其亲属颁发捐赠证书。

【档案馆首次设立周末开放日】 9月24日，市档案馆首次设立“档案馆周末开放日”，向社会开放，有40多位市民和学生查阅了已开放的各类档案和现行文件，并利用计算机浏览淄博数字档案馆网站的各项内容，为广大市民群众更多地了解档案工作开启了一扇窗口。

淄博“记忆工程”正式启动　　　(马颜钺　摄)

淄博市档案馆向社会开放　　　(穆　雷　摄)

【城建档案工作】 年内，淄博市城建档案馆为市规划局、市规划院提供了张店城区综合地下管线彩图350张，管线点成果表231张，保证了张店旧城区及东部城区排水工程改造设计工作的顺利进行。2月1日，市城建档案馆参加了建设部2005年信息化研究开发与示范项目评审会，其研发的“城建档案信息化管理系统”受到与会专家的认同。2月6日，淄博市城建档案网站正式开通。6月11～12日，市城建档案馆作为中小城市城建档案馆代表参加了在中国人民大学信息资源管理学院召开的国家自然科学基金项目“城市建设文件档案信息集成管理与集成服务研究”学术研讨会并发言。11月，由市城建档案馆负责的市第二次地下管网普查工作开始启动，普查工作可望在2006年初全面展开。

(刘秀丽　肖成顺)

中国人民政治协商会议淄博市委员会

【中国人民政治协商会议第九届淄博市委员会第三次会议】 会议于1月26～28日在张店召开。应到委员425名，出席会议的委员共408名，因事、因病请假的17名。会议听取并审议市政协主席冯梦令所作的政协第九届淄博市委员会常务委员会工作报告、市政协副主席陈传玉所作的政协第九届淄博市委员会常务委员会关于提案工作情况的报告；列席淄博市第十二届人民代表大会第三次会议，听取并讨论刘慧晏市长所作的市政府工作报告及其他有关报告；审议通过政协第九届淄博市委员会第三次会议决议；表彰市政协九届二次会议以来的优秀提案。会议同意陈传玉因工作变动，辞去中国人民政治协商会议第九届淄博市委员会副主席职务；同意王守贞因年龄原因，辞去中国人民政治协商会议第九届淄博市委员会副主席职务。

【重要会议】 中国人民政治协商会议第九届淄博市委员会常务委员会第十一次会议于1月28日举行。会议听取九届三次会议大会秘书处关于各组讨论情况的汇报；审议了市政协九届三次会议决议（草案）、市政协九届三次会议提案审查情况的报告（草案）；增补李淑湘为九届市政协委员。

中国人民政治协商会议第九届淄博市委员会常务委员会第十二次会议于4月22日举行。会上由市政协副主席王同和传达省政协九届十三次常委会议精神；审议通过政协淄博市委员会关于优化全市旅游产业发展环境促进文化大市建设的调研评议实施方案；市政协主席冯梦令作重要讲话。

中国人民政治协商会议第九届淄博市委员会常务委员会第十三次会议于7月14日举行。会议听取市委副书记、市长刘慧晏关于全市上半年经济运行情况和下半年工作意见的通报；审议通过《淄博市政协关于评选表彰"优秀政协委员"的意见》；市政协主席冯梦令作重要讲话。

中国人民政治协商会议第九届淄博市委员会常务委员会第十四次会议于10月9日举行。会议审议通过《关于加快淄博旅游产业发展的建议案》《中国人民政治协商会议淄博市委员会提案工作条例》；增补王继文、陈旭为九届市政协委员。会议决定：同意李务习任政协淄博市委员会文史资料委员会主任；张学信任政协淄博市委员会提案委员会副主任；李永生任政协淄博市委员会研究室副主任（试用期一年）；张玉任政协淄博市委员会文教卫体委员会副主任。市政协主席冯梦令作重要讲话。

中国人民政治协商会议第九届淄博市委员会常务委员会第十五次会议于12月30日举行。会议听取市长助理、市政府秘书长张兆宏关于市政府办理市政协九届三次会议以来提案情况的通报；审议通过关于召开政协第九届淄博市委员会第四次会议的决定及会议的议程、日程（草案），政协第九届淄博市委员会常务委员会工作报告并推举冯梦令为报告人，政协第九届淄博市委员会常务委员会关于提案工作情况的报告并推举王同和为报告人。审议通过政协第九届淄博市委员会第四次会议秘书长、副秘书长名单，常务委员轮值名单，各组召集人名单。审议通过表彰优秀市政协委员的决定，表彰市政协九届三次会议以来优秀提案的决定。会议决定：同意魏衍芝不再担任政协淄博市委员会副秘书长、政协淄博市委员会经济科技委员会主任职务；索建国不再担任政协淄博市委员会台港澳侨和外事委员会主任职务；王福珍不再担任政协淄博市委员会台港澳侨和外事委员会副主任职务。

【政治协商】 九届三次会议期间，听取并讨论市政府工作报告、计划报告、财政预决算报告、两院报告，就"三农"问题、加快旅游产业发展、构建和谐社会等关系全市三个文明建设的重大问题进行协商讨论，向市政府报送了7个方面40余条有价值的意见和建议。九届十三次常委会议上，讨论协商全市上半年经济运行情况和下半年工作安排意见，提出许多建设性的意见和建议。九届十四次主席会议对《淄博市国民经济和社会发展第十一个五年规划纲要》进行了专题协商，就落实科学发展观、保护生态环境、构建节约型社会等方面提出意见和建议。年内，还参与了《淄博生态市建设规划》《淄博市国土绿化条例》《淄博市专利管理条例》等地方法规立法的协商讨论。

【民主监督】 年内，市政协把优化全市旅游产业发展环境促进文化大市建设，作为全年工作的重中之重，把调研和评议相结合，民主监督与参政议政相渗透，双力助推，促进旅游产业发展。市政协专门成立调研评议工作组，制定实施方案，经常委会议审议通过并报经中共淄博市委批转执行。在对全市旅游产业进行全面深入调查的同时，走出淄博看淄博，组织委员赴外地学习考察，借鉴经验。在此基础上，采取明察暗访、座谈讨论、网上调查等形式，兼听各方意见，组织9批114名评议代表和全市民主党派、工商联组织开展问卷测评。通过主席扩大会议形式，对市旅游局等6个被评议部门进行面对面的评议。与此同时，还会同有关部门，举办淄博旅游发展战略高层论坛，邀请省内外专家就淄博旅游整体形象定位、开发重点、宣传推介等问题深入研讨，收到良好效果。九届十四次常委会议审议通过《关于加快淄博旅游产业发展的建议案》，提出了6个方面的意见和建议。市委、市政府主要领导对此给予高度评价，指示市旅游局等有关部门结合"十一五"规划的制定予以吸纳。市政府在草拟的《关于加快我市"十一五"时期旅游产业发展的意见》中充分采纳相关建议。《联合日报》以《一号工程系全局》为题在头版头条对此作了深入重点报道，在全省政协系统引起强烈反响。

市政协委员视察东大化工有限公司

（市政协研究室　供稿）

是年，市政协组织委员先后对发展循环经济、建设节约型社会、农业综合开发、食品药品监管工作、民营经济发展等方面工作进行视察，委员们在充分肯定工作成绩的同时，提出许多好的意见和建议。

【围绕中心，服务大局】 年内，各专门委员会精选调研题目，深入开展调查研究，形成关于全市人才市场建设、创建国家园林城市、基层司法所建设等调研报告，提出许多有价值的意见和建议。市政协组织部分企业界委员赴“珠三角”和香港地区开展经贸考察、招商和友好访问活动，取得积极成效。协助政府有关部门争取上级配套资金4200万元，超额完成市委、市政府下达的招商引资任务。祥龙生态科技园各项基础设施建设已全面完工，被山东省林业局确定为山东省生态教育示范基地。还组织医药卫生界部分委员专家到革命老区沂源县开展送医送药义诊服务活动，为困难群众捐款赠物。

省生态教育示范基地在淄博挂牌

（市政协研究室　供稿）

【提案工作】 九届三次会议以来，共提交提案310件，经审查立案295件，交付65个承办单位，至9月底全部办复，满意和基本满意率98.7%，所提问题得到解决、基本解决和列入计划逐步解决的占总数的81.3%。对没有立案的15件提案，已按有关规定作为委员来信转送有关部门研究处理。年初筛选出16件党委重视、政府关心、群众企盼的重点提案，由领导分工督办。其中《关于我市循环经济如何发展的几点建议》《关于建设节约型淄博的建议》等提案，在市里编制“十一五”规划纲要中，充分吸纳有关内容。坚持民主监督与舆论监督相结合，年内在省市新闻媒体刊播有关提案工作的稿件40余篇。为推进提案工作的制度化、规范化、程序化建设，年内对《市政协提案工作条例》进行了修订，经市政协常委会审议通过后，市委办公厅、市政府办公厅以厅发[2005]47号文件正式印发。市政协对《关于大力发展第三产业的建议》等23件优秀提案进行了表彰。

【文史工作】 全年共征集各类史料50余万字，其中上报省政协10万余字。编辑出版《淄博文史资料》第九辑，47万字，在已编辑出版的文史资料中是篇幅最长、资料最多的一辑。年内，还对市内民族文化和古村镇组织了视察和理论探讨活动。市政协文史委被省政协评为全省文史工作先进单位。

【宣传工作】 在2004年成功举办首届“宣传人民政协好新闻”评选活动的基础上，2005年的评选活动在评选程序、奖励办法等方面进行了健全和完善，形成一整套科学的、操作性强的工作机制，好新闻评选逐步实现制度化、规范化。全年在市及市以上新闻媒体刊播各类稿件300余件，有52件作品在全市评选中获奖，其中3件作品荣获山东省宣传人民政协好新闻奖。市政协还充分发挥政协网站的窗口作用，大力宣传政协的性质、地位、作用和服务大局、履行职能的成果，扩大政协的社会影响。

【评选表彰优秀市政协委员活动】 年内，按照“政治素质高、履行职能好，业绩突出，社会贡献大”的要求，在全体市政协委员中开展了“优秀政协委员”评选表彰活动。通过一系列民主程序，决定授予王培亮、王希忠、丛鲁会、刘峰、朱俊荣、毕玉秀、毕德贵、达建文、宋本善、张秀清、张洪亮、张振宝、张润泽、李俊笃、李梓源、苏勇、陈家恕、孟繁华、林红霞、苗玉、郑桂英、徐兴明、崔冠军、程昭湖、谢训长25名委员为“优秀市政协委员”称号。

【成立淄博市企业（社情）联谊会】 从3月开始，筹备成立市企业（社情）联谊会，在广泛征求各方面意见和建议的基础上，拟定联谊会的章程和选举办法，吸纳52家民营企业加入联谊会，同时还聘请9个与企业密切相关的执法部门作为顾问单位。于11月8日召开成立大会。联谊会成立后，努力发挥沟通、协调、联谊等重要作用。年底，由市政协主席冯梦令亲自带队，组织24名会员企业家赴珠三角考察、招商，签订投资协议3个，在广交业内朋友、沟通企业信息等方面，收到很好的效果。

（赵秀秀）

中共淄博市纪律检查委员会

【重要会议】 1月30日，全市反腐倡廉工作暨市纪委第六次全体会议召开。市委书记张建国出席会议并作重要讲话，市委副书记、市纪委书记刘池水代表市纪委常委会作了题为《标本兼治惩防并举深入开展党风廉政建设和反腐败斗争》的工作报告。

3月3日，全市纪检监察案件检查工作会议召开。会议总结了2004年度全市纪检监察案件检查工作，部署了2005年案件检查工作任务，并对全市纪检监察案件检查工作先进集体和先进个人进行了表彰。

6月16日，2005年“政风行风热线”开播仪式在广电大厦电台演播厅举行。市委副书记、市纪委书记刘池水出席仪式并讲话。

7月24～27日，市纪委理论学习中心组会议召开。重点学习邓小平理论、“三个代表”重要思想、中央领导有关树立和落实科学发展观的重要讲话精神以及惩防体系建设《实施纲要》。

7月27日，全市纪检监察工作会议召开。会议传达了贯彻市委工作会议和全省市纪委书记座谈会精神，总结回顾了上半年全市纪检监察工作，研究部署了下半年工作任务。市委副书记、市纪委书记刘池水出席会议并讲话。

12月13日，全市治理教育乱收费联席会议扩大会议召开。市纪委常务副书记、市监察局局长李永新对治理教育乱收费工作做出部署。

12月16日，全市党员领导干部“廉洁奉公、执政为民”教育会议召开。市委副书记、市纪委书记刘池水出席会议并讲话。

12月26日，全市纪检监察领导干部会议召开，传达学习全省纪检监察领导干部会议和市委常委扩大会议精神，研究落实中央领导有关重要指示精神和省、市委的部署要求。市委副书记、市纪委书记刘池水出席会议并讲话。

【建立健全反腐败惩防体系】 市委、市政府下发《关于落实〈建立健全教育、制度、监督并重的惩治和预防腐败体系实施纲要〉的实施意见》和《分工方案》，对贯彻中央《建立健全教育、制度、监督并重的惩治和预防腐败体系实施纲要》和省委《关于落实〈建立健全教育、制度、监督并重的惩治和预防腐败体系实施纲要〉的具体意见》进行部署，并召开专门会议，把工作任务分解到具体部门和单位，规定了标准要求和完成时限。各级纪检监察机关认真履行党章赋予的职责，围绕中心，服务大局，协助党委加强组织协调和监督检查，严格执行责任追究，推动了反腐倡廉各项任务的落实。年内全市有42名领导干部受到责任追究。

【领导干部廉洁自律工作】 规范领导干部的从政行为，落实领导干部“五个不许”等各项廉洁从政规定。年内全市共清理出党政机关事业单位干部职工虚报冒领工资、补贴、养老金120.88万元，查处和收缴领导干部违规收受现金、购物卡25.47万元。乡科级以上领导干部进行了述职述廉，组织开展各类廉政谈话3200多人次，领导干部报告个人重大事项2034人次，对30名市管党政领导干部和4名国有企业领导人员进行了经济责任审计。

【查办案件】 全市纪检监察机关共受理信访举报1489件次，查办案件474起，处分党员干部355人，其中查办大案要案174起，涉及县处级干部15人、乡科级干部66人，百万元以上案件8起、十万元以上案件48起，挽回直接经济损失2500多万元。各级纪检监察机关准确把握政策，坚持把依纪依法办案的要求贯穿到立案、调查、审理、处分、执行各个环节，提高执纪办案水平，增强了办案的政治、经济和社会效果。加强信访举报工作，妥善处理信访突出问题和群体性事件，同时还为受到不实举报的党员干部，核查和澄清问题，保护了他们干事创业的积极性。

【纠风工作】 各级各部门自觉把维护、发展群众的根本利益作为各项工作的出发点和落脚点，认真开展纠风专项治理。针对“上学难”问题，全面落实义务教育“一费制”和公办高中择校生“三限”政策，累计减轻学生经济负担1375.2万元。针对“看病贵”问题，查处违规行医和假冒伪劣药品案件787起，集中招标采购药品、药械4.6亿元，让利患者3094万元。针对环境污染问题，查处企业违法排污295起，处罚488.2万元，追究了3家企业法人代表的行政责任。针对农民负担问题，督促落实减免农业税政策，认真查处和治理涉农负担问题，共计减轻农民负担8276万元。取消对机动车的一些不合理收费项目，保持了全市公路基本无“三乱”。接待农民工上访389起、2530人次，为农民工追回拖欠工资2400多万元。征用土地、城镇房屋拆迁、企业重组改制和破产中损害群众利益的问题得到进一步遏制。

【监督检查工作】 全市共立项开展各类行政执法监察76项，检查单位6281个，涉及金额155.77亿元，纠正退还金额5854万元，避免和挽回经济损失9.8亿元，提出整改建议1380条，协助建章立制535项。继续加强机关效能建设，优化经济发展环境，受理各类影响发展环境的投诉590件，追究处理有关公务人员140名，通报曝光典型案件24起。对违反规定乱办班、乱收费、乱发证问题进行了审查纠正。对一些中介机构依托部门行政职能强行服务、高价收费问题进行了调查清理。开展优化发展环境宣传月和阳光投诉活动，组织有关部门和单位主要负责人通过“政风行风热线”与群众直接对话，对88个政府部门和服务行业进行行风评议，促进了依法行政、工作提速和文明服务。

【党风廉政教育】 以保持共产党员先进性教育活动为契机，在全市开展“廉洁奉公、执政为民”主题教育活动，市及区县共举办反腐助廉、先进典型报告会18场次，树立廉洁勤政先进典型86个。充分发挥反腐倡廉“大宣教”工作格局作用，加强廉政文化建设，全市共创作廉政歌曲56首，参加演唱和现场观看的党员干部达2万多人次。纪检监察新闻宣传和信息工作继续加强，“淄博廉政在线”网站影响不断扩大，编辑出版《反腐倡廉理论与实践》，总结实践经验，创新理论成果，努力在全市营造崇廉、尚廉、学廉的良好氛围。

【源头治理工作】 干部人事制度改革持续深入，全面实行了民主推荐、公开招考、竞争上岗、考察预告和任职公示等制度。司法体制和工作机制改革逐步展开，全市政法系统开展了“规范执法行为、促进执法公正”专项整治活动，公开审判和检务公开制度进一步落实。行政审批制度改革继续推进，再次清理减少行政许可和行政审批98项，对继续保留的387项审批事项逐一进行规范，并纳入了行政服务中心集中办理。财政制度改革不断深化，“收支两条线”规定得到落实；部门预算和国库集中支付制度在市级预算单位全面展开；对市直机关和部分事业单位的福利补贴进行了清理规范。工程建设项目招标投标、经营性土地使用权出让、政府采购等制度进一步落实。政务公开、厂务公开、村务公开和公用事业单位办事公开的内容不断规范，形式不断丰富，时效性不断增强。

（白念博）

民主党派

【中国国民党革命委员会淄博市委员会】 是年，民革淄博市委努力加强自身建设。重点组织学习中共十六届四中、五中全会精神及中共淄博市委九届十次全委会精神。举办了一期40余名骨干成员参加的培训班，学习民革党章、党史、统战政策，积极贯彻《中共中央关于进一步加强中国共产党领导的多党合作和政治协商制度建设的意见》。3月，召开了民革淄博市委成立20周年纪念大会，并对民革市委6个先进基层组织和19位民革优秀党员进行了表彰。8月，召开了纪念抗日战争胜利60周年座谈会。

组织发展积极稳妥。6月15日，成立民革临淄第一届基层委员会。12月，市委召开五届十三次全体委员会，增补张庆盈为副主任委员。年内发展成员10名，至年底，全市共有民革成员199名。

年内，向市政协九届三次会议提交集体和个人提案18

件，其中有4件提案受到表彰。以民革市委名义提交的《关于加强我市家庭教育的建议》《关于加强农村食品安全监管力度的建议》等提案得到较快答复。在中共淄博市委统战部组织的“参政能力建设论坛”活动中，民革淄博市委围绕群众关心的非上市股份公司监管问题展开深入调研，形成了《关于加强对我市非上市股份公司监管的几点建议》的调研报告，引起中共淄博市委的重视，张建国书记对调研报告作了批示，并对建议的落实作了部署。《关于建设鲁中现代物流中心的几点建议》在全省民主党派优秀提案评选活动中被评为优秀提案。6月，市委召开“参政能力建设论坛”研讨会，会议收到论文19篇，其中有4篇在中共淄博市委统战部开展的“参政能力建设论坛”活动中受到表彰。12月，民革省委召开“参政议政经验交流会”，民革淄博市委被评为先进集体，并在大会上做了《积极履行参政党职能，为我市经济发展服务》的交流发言，王建国、苗玉、杜言利、鲍世奇被评为“参政议政先进个人”。

10月，民革淄博市委组织部分医疗专家赴沂源县西里镇柳枝峪村送医送药，服务村民200多人次，免费发放3000余元的药品，受到当地村民的热烈欢迎。

积极开展招商引资活动。至年底民革淄博市委完成招商引资额300万元。

加大宣传工作力度。年内，在《淄博日报》发表宣传文章7篇，被《山东统一战线》采用信息3条，在《团结报》《民革地方情况反映》等发表信息或理论文章20多条(篇)。

(郑爱玲)

【中国民主同盟淄博市委员会】 思想建设。年内，民盟市委带动全市各级民盟组织和广大盟员认真学习邓小平理论、“三个代表”重要思想及中共十六届四中、五中全会精神。先后举办3期民盟骨干学习班，1期市及区县民盟领导成员读书班，重点学习胡锦涛总书记在保持共产党员先进性党员干部会议上及在山东视察工作结束时的讲话精神，学习中共中央《关于进一步加强中国共产党领导的多党合作和政治协商制度建设的意见》，培训民盟基层干部及盟员100多人次。

民盟淄博市委组织骨干到民盟先驱梁漱溟先生纪念馆参观 (民盟淄博市委 供稿)

组织建设。2月，召开组织建设工作会议，对组织工作进行全面部署。全年共发展盟员24人，皆具有大专以上文化程度。至年底，全市民盟基层组织共有1个区委、5个基层委员会、2个总支、34个支部，539名盟员，其中具有高、中级以上职称者占85.9%。3月，召开2005年度表彰大会，对5个先进基层组织、38名优秀盟员进行表彰。

参政议政。年内，共写出各种议案、提案23篇(件)，其中《关于冬季供热取暖也应立法的建议》《构建和谐社会必须规定行政自由裁量权》《关于建立城区报刊亭的建议》得到市政府的高度重视；《关于国有企业改制中应加强对职工合法权益保护的建议》被市政协九届三次会议评为优秀提案；《关于对当前未成年人犯罪问题的几点建议》在全省民主党派优秀提案评选活动中被评为优秀提案。共有60多件提案被民盟山东省委和淄博市委统战部分别收录进《山东民盟提案选》《参政为民议政兴市》。12月被山东省民主党派优秀提案表彰大会领导小组评为参政议政先进集体。在中共淄博市委统战部组织开展的“参政能力建设论坛”活动中，写出论文22篇，对全市经济、文化、教育、城市规划等方面提出了很多有针对性、超前性、可行性的意见和建议，在总结表彰大会上获优秀组织奖，论文获特等奖1个、一等奖1个、二等奖2个、三等奖3个。

社会服务活动。年内，共招商引资400万元，超额完成招商引资任务。组织进行了2次送医送药下乡活动，义诊人数150余人，送药价值千余元。举行“慈心一日捐”和向受灾地区捐赠活动，共捐款3000多元，物品一宗。 (李 忠)

【中国民主建国会淄博市委员会】 思想建设。以纪念中国民主建国会成立60周年为契机，进行“建设新世纪参政党，做合格民建会员”全员教育，举办了民建市委多党合作60年报告会、书画展览、老会员座谈会、征文活动和民建市委2005理论研究年会，组织学习中共十六届四中、五中全会精神，构建社会主义和谐社会理论和《中共中央关于进一步加强中国共产党领导的多党合作和政治协商制度建设的意见》，使广大会员进一步明确了民建作为参政党的地位、性质和历史使命，进一步增强了坚持中国共产党领导的多党合作和政治协商制度的自觉性，增强了自觉接受中国共产党领导的共识。

外市民建会员到淄博考察民建工作

(民建淄博市委 供稿)

组织建设。年内发展12名会员，其中1名博士、3名公务员、2名政协委员。全市会员总数达517名。12月8日，民建桓台县基层委员会成立，下设两个支部。民建市委下设组织总数：区委3个，基层委员会3个，支部31个。市直二支部等6个支部、王军等15名会员被民建省委表彰为省级先进集体和优秀会员。市直二支部被民建中央表彰为全国先进支部，支部主任张照利作为山东先进集体和个人的唯一代表出席全国的表彰大会和座谈会。民建市委表彰了11个先进集体、11名优秀会务工作者、51名优秀会员。建立了民建市委领导每人联系一二个区(县、市直)、一部分支部、一部分骨干会员、一部分会员企业、一二个专委会制度。联系面达100%。12月31日召开八届十次全委会议,增补林治国为民建市委副主委。

参政议政。在市政协九届三次会议上提交提案71件,民建市委《关于大力发展淄博市物流产业的建议》、王军《关于进一步加强社区环境建设的建议》被评为市政协优秀提案;徐兴明被评为全省优秀提案先进个人;《关于大力实施保护性耕作的调查与建议》《对我市中小企业信用担保行业发展情况的调查与建议》由中共淄博市委书记张建国批转给职能部门研究落实,并在市委政策研究室《决策参考》上刊载。

社会服务。结对助学100余名。张店民建新建生态保护林6.7公顷,全市已建成生态保护林9个,共计867公顷。捐建农村卫生室10个,捐款达12万元,可解决3万名农民的就近就医问题。参与培训农民技工2000余人。文化下乡6次,为农民捐赠书画作品90余幅。王军、顾传荣、滕国权、郑德敬等参加了全国非公有制经济论坛。民建中央任命顾传荣为物流小组成员、滕国权为职教小组成员。

理论宣传。组织参加中共淄博市委统战部开展的"参政能力建设论坛"活动,获优秀组织奖,有5篇论文被编入《参政能力建设论文集》。在中央《民讯》上发表文章4篇,在《山东民建》上发表文章9篇,在《淄博工作》上发表文章3篇。《民建周村区委创造性开展支部活动的七点做法》获民建省委优秀作品奖,民建市委被民建省委表彰为宣传工作先进集体。《淄博民建》会刊出版5期。 (王　军)

【中国民主促进会淄博市委员会】 思想建设。年内,组织各级民进组织和会员学习邓小平理论、"三个代表"重要思想和中共十六届四中、五中全会精神,重点学习了《中共中央关于进一步加强共产党领导的多党合作和政治协商制度建设的意见》,召开了4次全委会议,结合中共淄博市委统战部的要求对各基层委员会、市属支部及各专门委员会进行了思想教育活动。

组织建设。年内发展会员39人,会员人数达327人。成立了教育、医药、经济、科技、社会法制、文化艺术、企业联络等7个专门议政调研委员会。民进市委机关支部被民进山东省委评为全省参政议政先进基层组织,全市有4名会员被民进省委评为参政议政先进会员个人。

参政议政。围绕全市中心工作建言献策,组织撰写了《关于撤销淄博商厦附近两家张博线公交车临时停发站的建议》《关于进一步加强治理城区背街小巷工作的建议》,中共淄博市委书记张建国、市长刘慧晏等分别签署意见,做出批示。民进市委共有市政协委员、人大代表21人,向市政协、市人大提交提案、议案46件。其中《关于发掘"古今第一"山水画大宗师李成的建议》《应加大我市地方戏的保护和扶持的力度》分别被中共山东省委统战部、淄博市政协评为"优秀提案"。各基层组织充分运用各级人大、政协等渠道,为本地区的经济发展、社会进步提出意见和建议,其中淄川《关于城市绿化的建议》,市直书画艺术支部《根治猪龙河》《取消中心路单行线的建议》,市直支部《推进"平安淄博"的建设,关键在于实效》,博山《为了使希望工程得到社会更多的关注和参与,通过各种宣传媒体、把救助和被救助的距离拉得更近一点》等,受到有关部门和领导的重视,有的已得到解决。

社会服务。年内,积极参与为经济建设服务工作,继续细化、实化、深化"一十百"活动方案,到各基层组织推广"一十百"活动。民进市委帮助遇到困难的民营企业解决贷款500万元。年内完成招商引资额450万元。为淄川西槐峪小学捐了第四批帮扶结对款3000元。

宣传工作。市委通过网络、报纸、报刊、电台、电视台等多种宣传媒体宣传多党合作制度和参政议政成果。在民进中央刊物《民主》《民进会讯》上发表了《民进淄博市委举办山东首届婴幼儿科学汉字教育研讨会》等5条信息。在民进山东省委工作简报上发表信息20条。向市委统战部报送信息38条,其中25条被省级部门采用,被《淄博统战信息》采用12条,被中共淄博市委办公厅信息刊物采用3条。民进淄博市委带领艺术团到省委参加了民进成立60周年大会活动。

(陈功山)

【中国农工民主党淄博市委员会】 思想建设。为纪念中国农工民主党成立建党75周年,农工党淄博市委组织全市各基层组织骨干一行47人,赴南京考察学习,向中国农工民主党创始人邓演达先生陵墓敬献了花篮,参观南京大屠杀纪念馆,并与农工党南京市委进行了工作交流;在《淄博日报》刊发了12篇文章,介绍了农工党的光荣历史和优良传统;召开全体党员大会,庆祝中国农工民主党成立75周年。

组织建设。农工党淄博市委四届八次全委会增选张京河为副主任委员;市委四届十三次全委会,增选郑杰为市委委员。年内发展农工党员10人。成立了中国农工民主党淄博市委法律咨询委员会。淄川区基层委员会、临淄区基层委员会、淄博市第一医院支部、淄博市中医院支部被农工党山东省委表彰为先进基层组织;临淄区基层委员会被表彰为社会服务先进集体。秘书长张振宝被农工党中央表彰为全国优秀党务工作者;副主委张京河被表彰为山东省民主党派为经济建设服务先进个人;武守南、辛爱玲被表彰为山东省民主党派为社会服务先进个人;21名党员获得农工党山东省优秀党员荣誉称号。

参政议政。积极参加中共淄博市委统战部组织开展的"参政能力建设论坛"活动,写出论文8篇,有4篇论文获奖。向市政协九届三次会议提交提案30件。在2004年上报中共淄博市委、市政府《关于支持淄博环美科技开发有限公司清除辛曹垃圾场的调查报告》基础上,又提交了《关于〈关于支持淄博环美科技开发有限公司清除辛曹垃圾场的调查报告〉在市委市政府有关领导签发意见后落实情况的调查报告》,以促进此项目早日落实。《关于抓住齐鲁石化打造世界级化工基地的发展机遇,加快齐鲁化学工业区开发建设的调研报告》在全省民主党派优秀提案评选活动中,被省委统战部评为优秀提案,农工党市委被评为先进集体。

社会服务。年内,从浙江富阳引进资金500万元,超额完成了招商引资任务。农工党市委从2002年起组织全市党员积极参加的"春蕾计划"活动,到年底为止,共与33位贫困山区的女童结成帮扶对子,每年资助每个女童150元,帮助她们完成九年制义务教育学业。"六一"儿童节前夕,博山区基层委员会前往沂源县西里镇看望救助的失学女童,为她们带去了学习用品,还为女童及学校老师进行了健康查体。市第一医院支部到工作一线为环卫工人免费查体及健康咨询,共查体和咨询160余人次。在第十七届国际和平周期间,市委协助张店区基层委员会,组织了法律、医学方面的农工党员,深入淄川区昆仑镇东笠山村,举办法律常识和医疗保健知识讲座,为村民进行了法律和医学问题咨询及健康查体。

宣传工作。农工党省委刊物《齐鲁前进》发表了辛爱玲的

《构建和谐社会律师大有作为》和人物专访《党校讲坛上的民主党派人士——记临淄区副区长、农工党淄博市委副主委张京河》。秘书长张振宝撰写的《进一步加强共产党领导的多党合作和政治协商制度的制度化、规范化和程序化建设——纪念中发[1989]14号文件发表十五周年》，被农工党中央评为"2004年理论研究优秀成果奖"三等奖，并收入于农工党中央出版的《2004年理论研究优秀论文集》，同时，该文被山东省委统战部评为"四新工程"优秀奖；他撰写的《新时期，新世纪，民主党派的组织基础与工作方针之研究》，在农工党中央刊物《理论研究与参考》发表。10月，张振宝被农工党中央表彰为全国宣传工作先进个人。　　（张月红）

【九三学社淄博市委员会】　思想建设。年内，认真学习、贯彻中共十六届四中、五中全会和《中共中央关于进一步加强共产党领导的多党合作和政治协商制度建设的意见》等文件精神；参加中共淄博市委统战部组织的"参政能力建设论坛"研讨活动；在全市社组织开展了多党合作和政治协商制度及社史知识竞赛活动；召开九三学社成立60周年庆祝大会，举办专场文艺演出，在《淄博日报》出了纪念专版；举办骨干成员学习班，加强对社员的教育。

九三学社成立60周年庆祝大会
（九三学社淄博市委　供稿）

组织建设。11月，桓台县成立了基层委员会。12月，九三学社市委召开五届十六次全委会，选举王济众为九三学社淄博市委副主任委员。年内，发展社员21人，平均年龄为36.4岁，全部为大专以上学历。至年底，全市共有7个基层委员会，25个支社，405名社员，其中有高级职称者占64.2%。年内，肖文凯等8人被社中央、社省委表彰为优秀社员，张店区、周村区基层委员会被社省委表彰为先进基层组织。

参政议政。年内共向各级人大、政协提交建议、提案116件，议政报告2件。其中《关于我市循环经济如何发展的几点建议》被市政协评为一号提案，在市社会科学优秀成果奖评比中被评为二等奖。《关于加快推广"生态家园富民计划"的建议》《关于建立能源危机紧急应对机制的建议》被市政协评为优秀提案。议政报告《我市招商引资工作存在的问题及对策》受到市领导的高度重视，张建国书记、刘慧晏市长等领导都作了重要批示，并要求市招商局研究落实。该议政报告被山东省委统战部评为优秀提案。

社会服务工作。临淄、淄川区基层委员会的农业专家组成员多次为农民讲授农业生产等方面的专业知识，全年共对外咨询400余人，技术培训900余人，培养跨世纪新型农民300余人。临淄区基层委员会与临淄永流化工有限公司、临淄区有机化工有限公司结成对子，进行联合攻关，解决企业废料回收再利用等环保问题。与齐陵镇刘营蒙古族村结对子，为该村检测水质，并协调资金打了一眼合格的饮水井。淄川区基层委员会建立了"农业科技示范基地"。国际"木火节"在淄川社员李梓源艺术中心成功举办。年内，社的各基层组织继续开展医疗、科技下乡服务活动，3000余人次接受服务。全体社员捐资2万余元助学扶贫。九三学社市委继续开展"一十百"活动，鼓励、支持和引导社员领办、创办民营企业。至年底，社员民营企业已达20家，年产值5.8亿元，年上缴税金1800余万元，提供就业岗位1100多个。年内，招商引资工作取得较大进展，引进资金600万元。　　（刘　双）

【中国致公党淄博市委员会】　思想建设。5月致公党市委举办了全市致公党党员及部分"致公党之友"参加的培训班，集中学习中共中央《关于进一步加强中国共产党领导的多党合作和政治协商制度建设的意见》和致公党党章、党史，研讨如何坚持中国共产党的领导、如何开展新时期民主党派工作、如何发挥作用等问题。派人参加了致公党省委举办的党员培训班、宣传信息和组织工作培训班，市委统战部举办的培训、读书班等。组织致公党市委委员外出考察学习。

致公党庆祝建党80周年
（致公党淄博市委　供稿）

参政议政。积极参加中共淄博市委统战部举办的"参政能力建设论坛"活动，有3篇论文获奖。在市政协九届三次会议上，以市委及党员个人名义提交提案3件。在市政协九届二次会上提出的《关于进一步发挥各民主党派和工商联民主监督职能的几点建议》，被市政协评为优秀提案，并在山东省民主党派优秀提案评选活动中被评为优秀提案。致公党淄博市委被山东省民主党派优秀提案表彰大会领导小组评为参政议政先进集体。在全体党员中开展了"一人一提案"活动。主委吴宗杰被中国致公党中央委员会授予致公党参政议政工作先进个人荣誉称号。年底，向中共淄博市委提交的《关于采取措施进一步加强公民道德建设的建议》，受到中共淄博市委主要领导的重视。

组织建设。年内发展党员8人，其中，本科以上学历6人、专科学历2人；高级职称1人、中级职称4人。主委吴宗杰被致公党中央组织部表彰为优秀组织工作者。加强基层组织建设,为在具备条件的区建立支部做了一些准备工作。

宣传工作。年内共在省级刊物上发表文章2篇,在市级报刊上发表文章2篇。致公党市委积极组织作品参加了省委庆祝建党80周年艺术作品展活动,在《淄博日报》开辟纪念建党80周年专刊,并召开了庆祝中国致公党成立80周年大会。

对外联系与招商引资。利用主委吴宗杰随致公党省委出访香港的机会,广泛与香港各界联系,介绍淄博投资环境和优势,分发淄博市部分招商项目介绍,进行招商引资;同时发动党员发挥优势,积极协助引进资金450万元,超额完成了招商引资任务。发动党员开展社会服务活动,党员邓杰每年拿出1万多元资助2名大学生和2名小学生完成学业。

(郭　蕾)

群众团体

·淄博市总工会·

【十二届四次全委(扩大)会议】 1月24日,市总工会十二届四次全委(扩大)会议在鲁中宾馆举行。市委副书记魏绍水出席会议并讲话。薛安胜代表市总工会常委会作了题为《健全组织切实维权努力推动工会工作再上新水平》的工作报告。会上,授予周村区工会等38个单位为全市工会工作优胜单位称号;授予淄博高新技术产业开发区工会等33个单位为全市工会工作先进单位称号;授予淄川区洪山镇等15个单位为乡镇工会工作优胜单位称号;授予李怀臣等71人为优秀工会工作者称号;授予韩昆山等73人为荣誉工会积极分子称号。同时,对荣获乡镇工会工作优胜单位荣誉称号单位的28名分管工会工作的领导和工会负责人颁发了"振兴淄博劳动奖章"。

【成立参与国有企业重组改制和关闭破产工作领导小组】 为加强工会参与国有企业重组改制和关闭破产工作,更好地维护职工群众的合法权益,市总工会成立了参与国有企业重组改制和关闭破产工作领导小组。确定了领导小组的工作对象和工作职责。

【淄川黉阳水泥厂职工工资自报公议经验引起广泛关注】 淄川黉阳水泥厂职工主要由农民工组成。自2003年7月开始,该企业决定:职工月工资收入由本人根据岗位和业绩情况自报,经所在车间或科室根据工作量、技术含量、质量标准写出评议意见后,由企业行政、工会、职工代表三方集体研究通过。该制度实行以来,公司进行了4次工资调整,95%的职工自报工资被厂办公会一次研究通过,每次人均增资80余元。黉阳水泥厂职工工资自报公议的做法和经验经《工人日报》登载后,国内相继有200余家报刊、网站进行了转载。11月29日,山东省总工会副主席齐太生一行5人到淄川黉阳水泥厂对职工工资自报公议情况进行调查研究,对该做法给予充分肯定。淄川区工会召开现场会推广淄川黉阳水泥厂农民工工资自报公议的做法和经验。至年底,全区有100余家企业实行了职工工资自报公议。市总工会在充分调研的基础上,拟于2006年在全市推广这一做法。

【"四五"普法工作】 "四五"普法期间,淄博市各级工会共设普法试点单位241个,普法宣讲员1530名;组织宣传日(月)活动8次,举办其他大型宣传活动122场,设立宣传咨询点215个,设宣传栏1584个;举办工会干部法律培训班912期,培训普法骨干71300人次;举办专题讲座或"送法进企"活动145次,组织知识竞赛、电视大奖赛、普法考试25场,圆满完成"四五"普法的各项工作任务,工会干部受教育面达到95%以上,职工受教育面达到85%以上。市总工会被中华全国总工会表彰为工会系统"四五"普法工作先进单位。

【工会经费全面实行地税部门代收】 2月7日,市政府办公厅以淄政办发〔2005〕4号转发了市总工会、市地税局《关于由地税部门代收企事业单位工会经费有关问题的意见》,决定从第一季度开始在全市全面实行工会经费由地税部门代收。

【实现"扶贫济困万人行"活动三年目标】 "扶贫济困万人行"活动自2002年正式启动,由市总工会等5部门牵头组织实施。2005年,该活动再次被市委列为"民心工程"和为群众办的实事之一。期间,各单位建立了工作目标责任制、结对帮扶联系卡和帮扶手册制度,将责任分解到人,落实到户。坚持每季一走访、重要节日随访,遇有大事加访,对困难职工思想上扶志、生活上扶贫、就业上扶技;对有一定脱贫能力的职工实行开发式帮扶,提供政策、信息、市场、技术支持。至2005年底,全市参加结对帮扶单位总数达1011个,有12505名党政机关和企事业单位的干部职工参加活动,帮钱帮物折款2057万元,帮助实现就业再就业4787人次,落实解困项目或技术2582项,提供解困信息10936条,资助困难职工子女上学2010人次。年底,市总工会等五部门联合对"扶贫济困万人行"活动开展情况进行检查,并向市委上报《关于全市"扶贫济困万人行"活动开展情况的报告》。市委领导高度重视,市委书记、市人大常委会主任张建国,市委副书记魏绍水先后做出重要批示。

工会帮困助学　　　　(市总工会　供稿)

【厂务公开民主管理工作】 一是开展争先创优活动。于3月9日召开了全市厂务公开民主管理工作创新经验交流会议。会上,淄博矿业集团、山东铝业公司电解铝厂等6个单位作典型发言;52个"厂务公开民主管理工作先进单位"、52名"民主管理好厂长(经理)"、60名"厂务公开民主管理先进工作者"受到市委、市政府的表彰;95个单位被授予"职工代表大会先进星"称号。二是举办优秀成果展。6月9日,全市厂务公开民主管理工作优秀成果展览首展式在华电淄博热电有限公司举办,展览展示了6年来全市推行厂务公开民主管理工作所取得的成果。之后在全市进行巡回展出。三是做好厂务公开融入 ISO 9000 管理体系的推广和厂务公开运行记录的推行工作。9 月 8 日，淄川区淄博兴辉化工有限公司举行将厂务公开融入 ISO 9000 管理体系工作启动仪式，成为全市首家将厂务公开融入 ISO 9000 管理体系的区县非公有制企业。至年底，全市将厂务公开融入 ISO 9000 管理体系的企业达 97 家，实行厂务公开运行记录的企业达 346 家。四是规范发展集群职代会制度。全市已建集群职代会 98 个，覆盖非公有制企业 1000 多家；实行职工代表巡视制度的达 197 家。

【表彰“创争”活动先进集体和个人】 8 月 17 日，淄博市“创建学习型组织、争做知识型职工”活动经验交流会在鲁中宾馆召开。会议对 10 个“学习型组织标兵单位”、10 名“知识型职工标兵”、31 个“学习型组织先进单位”、65 个“学习型组织先进班组”、59 名“知识型职工先进个人”进行表彰，并向标兵单位和个人分别颁发“振兴淄博”劳动奖状、奖章；先进单位和个人代表作了典型发言。

【表彰“职业道德先锋岗”】 12 月 23 日，市总工会在市高新区召开“职业道德先锋岗”表彰大会，对首次荣获全市“职业道德先锋岗”的 30 个单位进行了表彰。（韩　兵　姚　峰）

·中国共产主义青年团淄博市委员会·

【万名团干抓基层】 5 月，根据团省委的工作部部署，研究制定《共青团淄博市委关于贯彻团省委“万名团干抓基层”行动的实施意见》，在全市组织开展“万名团干抓基层”行动，进一步深化共青团“凝聚力工程”，不断巩固和活跃团的基层组织，增强团的吸引力、凝聚力和战斗力。

【开展增强共青团员意识主题教育活动】 8 月，根据团中央、团省委的统一部署，制定《共青团淄博市委关于在全市开展增强共青团员意识主题教育活动的实施意见》，在全团开展增强团员意识主题教育活动。

【推先树优】 年内，全市一大批青年先模人物和先模集体脱颖而出。张店区沣水镇城东村党支部书记孙守年被团中央、全国青联授予第九届“中国青年五四奖章”，成为山东省历史上第五位获此殊荣的青年楷模；张店刑警大队大案中队长李红军被团省委、省青联授予第九届“山东青年五四奖章”；同时，还有 1 人被评为全国优秀共青团干部，3 人被评为山东省优秀共青团干部，6 人被评为山东省优秀共青团员，2 人被评为山东省共青团系统先进个人，并被荣记二等功。五四前夕，淄博团市委荣获全省共青团系统先进集体称号。

【城市青年中心建设】 在张店区城市青年中心建立大学生社会实践基地；开辟青年中心社团法人注册“绿色通道”；开设青年中心短信捐助平台；开展全市城市青年中心优秀社团活动（项目）推介月活动。年初，淄博市被评为全国青年中心建设试点工作先进市。4 月，全省城市青年中心建设现场会在淄博召开。9 月，张店区、周村区被团中央确定为全国青年中心建设先进城区（市）创建单位。张店区和平街道青年中心开展的轮滑项目被团中央评为全国城市青年中心优秀项目。

【社区共青团工作】 制定下发《全市城市基层团建调研活动实施方案》，有 5 个案例入选省城市基层团建案例选编。开展的“两走一联”（走进去关爱失足青少年、走出去感受社会温暖活动，联合开展预防青少年违法犯罪工作）文艺汇演被团中央评为“社区青年文化节活动创新奖”；团市委被团中央授予第四批全国“青年文明社区”创建活动组织奖；张店区体育场街道河滨社区、齐鲁石化公司二化实业部社区被团中央授予第四批国家级“青年文明社区”称号。

【青少年维权】 推荐表彰省级优秀“青少年维权岗”7 个，评选表彰第四批淄博市优秀“青少年维权岗”40 个，第四届杰出（优秀）青年卫士 60 名，并为杰出青年卫士荣记三等功。组织了优秀“青少年维权岗”维权行动、进社区等活动；筹备淄博市青少年自护总校的选址，与市综治办、市禁毒委等联合开展青少年禁毒进社区、进学校宣传活动，青少年自护行动，消防、交通安全知识进社区等自护教育项目。联合市劳动、司法等部门开展进城务工青年维权服务活动。淄博市三泵科森仪器有限公司被评为“第四届全国进城务工青年先进集体”，韩秀玲获“山东省杰出进城创业青年”称号。

【预防青少年违法犯罪和未成年人保护工作】 全市各区县、乡镇街道及 30% 的城市社区相继建立工作机构，逐步形成市、区（县）、乡镇街道、社区四级预防青少年违法犯罪组织网络。制定淄博市青少年违法犯罪社区预防计划和淄博市未成年人零犯罪社区实施方案，确定 10 处社区作为试点单位。年初，“两走一联”维权帮教活动入选 2004 年度山东省未成年人保护“十件大事”。

【希望工程】 年内，共有陶协外商联合会希望小学等 4 所希望小学建成，累计筹资 96.03 万元，救助困难大学生 120 名，结对帮扶困难青少年 282 名，专项救助农民工子女 100 名，表彰“淄博市希望之星”10 名。“淄博市实施希望工程”网站（www.zbhope.org.cn）建设，使受助学生资料实现网上查询。

【未成年人思想道德建设】 开展全市青少年“学中华史、扬爱国志”主题动漫设计大赛。建设 50 条青少年道德建设示范街和 300 个社区青少年科普知识长廊，推行“青春辉映夕阳红”成人预备期志愿服务制度。组织开展“我为红领巾添光彩”活动、2005 年度淄博市十佳少年和淄博市好少年评选表彰、“平安淄博”红领巾行动、中华少年“小甲 A”足球比赛、“四个一”节约资源、绿色上网工程等活动。8 月，团中央“知心姐姐”心理健康教育巡回报告团到淄博作报告，张店杏园东路小学“雷锋学校”授牌仪式暨雷锋精神代代相传报告会等活动均收到

志愿者服务活动　　　　（团市委　供稿）

良好效果。

【市十佳少年】 沂源县英华学校高越、淄博柳泉艺术学校李筱涵、桓台县实验中学逯丁菲、淄川区太河中心小学胥敬德、张店区和平小学刘荷雨、淄博师专附属小学孙一凡、淄博五中付嫱、临淄区实验小学王春琪、周村区凤鸣小学杨淑涵、博山区西冶街小学邱祥被评为淄博市2005年度十佳少年。

【市十大杰出青年】 淄博市第一医院丁霖、淄博中岳建设有限公司王新华、淄博华联矿业有限责任公司齐银山、山东移动通信有限责任公司张店分公司孙林、山东震达律师事务所周里升、山东齐都药业有限公司郑家晴、高青县军休所姜英、建行淄博市分行娄文杰、淄博第一中学高雪长、万杰集团谢宜学被评为第十六届淄博十大杰出青年。

【创建文明城市工作】 淄博市志愿者联合会充分发挥自身优势，在创建文明城市工作中，多次组织志愿者进社区、开展清除城市"野广告"、散发创建文明城市宣传提纲，维持公共交通秩序等志愿服务活动，为淄博市成功创建省级文明城市起到了积极促进作用。

"文明淄博"授旗活动　　　　（团市委　供稿）

【淄博共青团网开通】 年内由团市委主办的淄博共青团网开通（网址为 www.zbccyl.org.cn）。淄博共青团网设组织机构、动态发布、活动风采、重要文件、基层在线、阳光社区等工作栏目。

【农村青年中心建设工作】 召开全市农村青年中心建设现场推进会。截至年底，全市107个乡镇、街道办事处有101个建设了农村青年中心。大力培训农村青年中心工作骨干，实施市、县团委两级指导中心和农村青年中心负责人梯次培训计划，开展市直机关团组织、青年文明号单位与农村青年中心结对共建活动。

【服务农村青年增收成才奔小康行动】 实施农村青年转移就业促进计划，培育、命名一批市级农村青年转移就业培训基地和劳务中介组织，建立和完善联系农村青年与市场需求的外出务工指导体系，持续开展"农村青年人力资源大集"活动。推进农村青年人才培训计划，继续深化新世纪青年农民科技培训工程，实施星火科技培训项目，培养涌现出一大批农村青年星火带头人。继续推进农业生产标准化生产活动，开展创建"农业标准化生产青年示范户、青年示范基地"活动，推动了一大批农业标准化生产青年示范基地和青年龙头企业的发展。

【淄博青少年绿色行动】 以实施好"保护母亲河活动"为重点，围绕绿色城市建设，采取社会化运作模式，实行青年林"挂牌"制，开展青年林扩建、规范管理活动。同时加大对各区县团组织开展绿色工程建设的指导力度，年内整建制建成省级青少年绿化基地一处。提前一年完成市委安排的包荒山绿化任务。

【青工创新、创效活动】 开展新形势下企业共青团工作调研活动。召开全市企业共青团工作推进会，推广青工创新创效活动中涌现出的典型经验。联合有关部门，分工种、分行业举办了大规模的青工技术比武活动。　　（张　同）

·淄博市妇女联合会·

【组织能力建设】 年内下发《关于加强妇联组织和妇联干部队伍能力建设的意见》，举办全市优秀中青年女干部培训班，首次采取妇联干部担任主讲的方式进行授课。围绕"妇联组织能力建设年"，加强妇联干部能力培养和锻炼。调整充实全市优秀妇女人才库，积极做好人才储备。针对村委换届直选中女性进"两委"比例下滑问题，与市委组织部、市民政局联合下发《关于切实做好农村女性进"两委"工作的意见》，采取补救措施，使女性进"两委"比例上升65个百分点，达到87.5%。建立妇联执委、代表联系制度，规范完善区县妇联工作目标任务及考核标准。年底，采取流动现场形式，对区县及高新区进行年度工作目标考核，评选表彰"先进妇联"、"先进妇代（委）会"和妇联工作目标考核红旗单位、先进单位。是年，市妇联被评为全国"三八"红旗集体、全国妇联系统"四五"普法先进集体、省宣传报道工作先进集体、省"平安家庭"创建活动先进协调单位。

【统筹城乡妇女发展工作】 年内，市妇联与市劳动和社会保障局、市总工会联合在全市开展历时3个月的"真情相助"活动，组织以"为你分忧解难、伴你走向成功"为主题的政策咨询援助周、下岗失业人员专场招聘洽谈会，为妇女就业再就业搭建平台。争取市政府再就业培训专项资金，举办城乡妇女第三期创业培训班，推荐小型创业项目100余个。市妇联与市农业局联合下发《关于进一步加强农村妇女富余劳动力转移培训工作的意见》，召开全市统筹城乡妇女就业现场会。全市共建技能培训基地28处，培训妇女12690人，转移农村妇女富余劳动力10170人。2001～2005年，全市共有5.18万名妇女实现就业再就业，占全市就业再就业总数的41%。

【"五好文明家庭"创建活动】 年内，下发《关于开展"五好文明和谐家庭"创建活动的意见》，调整市"五好文明和谐家庭"创建活动协调小组，召开全市"五好文明和谐家庭"创建活动推进会。组织启动家庭助廉宣传教育活动，开展"与学习同行，做文明女性""十佳绿色家庭"和淄博孝心好儿女十大新闻人物评选活动。积极结对帮扶困难家庭及弱势群体，开展家庭"四助行动"（助老、助学、助困、助残）和"珍惜五情（夫妻恩爱情、父母养育情、家长关爱情、婆媳体贴情、邻里互助情），争当五好（恩爱夫妻好、孝心好儿女、合格好家长、温馨好婆媳、互助好邻居）"教育活动，推动家庭文明建设。围绕创建文明城市和文明淄博建设，市暨张店区妇联组织“服务进社区，爱心献老人”巾帼文明队爱心奉献日活动。全市2400支巾帼文明队发挥作用，普及科学、环保知识，引导妇女树立科学、文明、健康的生活观念，推动形成崇尚知识、学习先进、倡导节约、注重环保的良好社会氛围。2005年，全市共表彰各类家庭38757户，涌现出“美在家庭”示范区县、乡镇、村居587个。

【实施妇女儿童发展纲要】　年内，市委、市政府下发《关于进一步加强和改进妇女儿童工作的意见》。调整充实妇女儿童纲要监测评估领导小组、专家评估组和统计监测组，举办两纲统计监测培训班，召开监测评估工作会议，对区县两纲实施情况进行督查，促进全市两纲监测评估工作顺利实施。加强两纲示范工作，建立各级各类示范点43个，健全完善两纲工作目标管理制度和协调议事制度，推动两纲重点、难点目标落实。11月，顺利通过省两纲中期监测评估。淄博市两纲实施工作达到中期目标要求，多项指标位居全国、全省前列。市妇儿工委下发《市委、市政府确定2005年为全市妇女儿童办十件实事、好事》。是年，市妇女儿童活动中心和市少儿图书馆由市政府批准立项，纳入新区统一建设规划；《淄博市企业职工生育保险管理办法》7月1日正式颁布实施，实现企业女职工生育基金社会统筹；恢复启动淄博市儿童发展基金会；呼吁出台减（免）费进行婚前医学检查政策，积极推广周村区婚检一站式服务。5个区县实现免费婚检，婚前医学检查率大幅回升。

【妇女维权工作】　开展普法宣传教育，联合有关部门开展妇女维权周活动，组织市暨张店区妇女维权宣传咨询一条街活动；开设“法在身边”咨询讲座和“妇联维权专线”；与大地人律师事务所、淄博晚报社联合举办“大地人”杯妇女维权法律知识竞赛。发挥“1603838”妇女维权热线的作用，邀请律师到妇联接听热线电话，解答群众咨询，提高妇联维权工作水平。正式挂牌成立市反家庭暴力妇女庇护中心，发送反家庭暴力公益短信，强化全社会反家暴意识。召开全市维护妇女儿童权益协调组第三次全体成员会议，推动维权社会化机制形成。博山区妇联建立全市首家“妇女维权温馨小屋”，为妇女群众提供“足不出户，维权到家”的便捷服务和帮助。年内，为妇女群众提供法律咨询1000余人次，提供法律援助、代理诉讼、伤情鉴定等465件次。全年接待来信来访案件972件次，处结率达98%。

《淄博妇联历程》首发式　　　　（市妇联　供稿）

【儿童工作】　以家庭教育为重点，开展“同学习，共成长”读书活动，组织家长参与亲子互动有奖征文及家庭教育读书知识竞赛，在省妇联组织的“好家长、好儿童”演讲比赛中获一等奖第一名。举办“适应社会发展需要、更新家庭教育观念”专题报告会，组织1.9万名儿童开展“三玉杯”儿童才艺大赛，240名少儿分获艺术、智慧“十佳”“百佳”。组织首届“伊利”杯儿童书画摄影大赛和第二届青少年潜能激发训练营，举办首期淄博市儿童交通安全常识参与式培训班。启动健康宝贝课堂·热线，传播科学育儿理念。在全国健康宝贝课堂·热线工作经验交流会上作了典型发言。积极开展争创优秀（示范）家长学校活动，9所家长学校被评为全国、省优秀（示范）家长学校。继续实施“春蕾计划”，组织市女企业家救助春蕾女童，在高青县举行“爱心献春蕾捐资助学”仪式。市妇联结对救助春蕾女童累计已达4000余名，捐款捐物达220余万元。

歌咏大赛　　　　（市妇联　供稿）

【纪念市妇联成立50周年】　组织系列宣传纪念活动，纪念市妇联成立50周年。召开新闻单位联席会，设立专版、拍摄专题，集中开展“忆光辉历程，创崭新业绩”——市妇联成立50周年宣传活动。召开全市纪念“三八”国际劳动妇女节95周年暨市妇联成立50周年纪念大会，向从事妇女工作20年以上的45名妇女干部颁发荣誉证书。举办“全球通杯”庆“三八”暨市妇联成立50周年歌咏大赛，编纂出版《淄博妇联历程》，举办淄博市妇联“50年与你同行”座谈会暨《淄博妇联历程》首发式。

【举办救助特困女大学生助学行动暨淄博市儿童基金会恢复启动仪式】　8月24日，市妇儿工委、市妇联在世纪大酒店举行救助特困女大学生助学行动暨淄博市儿童基金会恢复启动仪式。共募集资金32万余元，为42名特困女大学生提供了一次性及1～4年不等的学习生活费用。全市表彰7个“助学爱心集体”、6名“助学爱心大使”。淄博市儿童发展基金会正式恢复启动。基金会以“关爱儿童、关注未来”为宗旨，坚持“儿童优先”原则，积极宣传动员社会力量筹集资金，发展儿童事业，为儿童的生存、保护和发展创造良好社会环境。

【巾帼技能大比武活动】　5～8月，市妇联与市劳动和社会保障局、市卫生局联合举办“巾帼技能大比武”活动。活动历时4个月，全市3.7万余名选手参加临床护理、计算机操作、分析（化验）、车工技能4个工种的比赛，514名选手获国家职业技能中级或高级证书，216名选手被评为“巾帼技能标兵”和

“巾帼技术能手”。（张国俊）

·淄博市工商业联合会·

【参政议政】 在市政协九届三次全委会上，工商联界政协委员共提交42件提案，其中市工商联的团体提案《关于我市旧机动车流通领域的问题亟待整顿的建议》被市政协评为优秀提案。先后参加市政协组织的淄博市旅游产业考察团，赴河南、陕西等地进行考察学习及优化全市旅游产业发展环境，促进文化大市建设民主评议会，为全市旅游产业的发展和建设文化大市建言献策。9月组织工商联界人大代表、政协委员20余人到市质量技术监督局进行调研。

【宣传调研】 在开展保持共产党员先进性教育活动期间，领导班子到156家民营企业、9个区、县工商联和有关部门进行调研，征求意见，找出需要解决的问题29条，并逐一制定了整改措施。配合全联、省联完成了分别在淄博市进行的“基层组织建设”“企业权益保护”“非公经济人才状况”等专题的调研。对会刊《淄博商会》进行改版升级，增添栏目，扩大发行，寄发全国320个地市工商联。全年共印发《淄博商会简讯》12期。

【组织建设】 是年，对全市会员基本情况进行核实统计，并重新登记造册；发展会员452个，统一会员填报方式及会员证的制作与发放。制定《淄博市工商联直属行业商会管理办法（试行）》，加强对行业商会的规范化管理。指导女企业家商会与市总工会开展“帮助下岗女工、姐妹手拉手爱心助学”和“帮助单亲家庭”活动，为62名下岗女工和33名单亲家庭送去温暖。联合市委统战部等8部门在全市非公有制经济人士中开展“争当中国特色社会主义事业优秀建设者”活动，8月11日，市委、市政府在鲁中宾馆召开动员大会，全市260余名非公有制经济代表人士参加了会议。年内，分别推荐孙龙平、刘石祯、卢令良、徐丙垠、张建宏、段连文等6名会员为山东省优秀中国特色社会主义事业建设者；推荐丁有江、卢峰、田立忠、张新岭、荣绍旗、赵鸿富等6名会员为山东省关爱员工优秀民营企业家。6月，联合4家会员企业党支部，成立了淄博市工商联机关党委，为进一步做好机关党建工作打下基础。

【对外联络】 年内，共组织会员56人分两批赴台湾进行经贸考察，与台湾中华工商联合会、台北市山东同乡会、中华齐鲁文经协会和相关企业进行了交流和洽谈。组织会员企业山东华齐粮机赴委内瑞拉、淄博环峰集团赴日本大阪、兰燕集团赴巴西进行经贸洽谈。组织160余家企业参加“中国五金（南昌）恳谈会”“环渤海地区民营经济论坛”“银川投资洽谈会”等经贸活动；与上海浦东、北京房山、宁夏银川等22家地区工商联缔结友好商会。通过对外联络积极招商引资，完成了市政府下达的年度招商引资任务。

【为会员服务】 发挥市工商联科技服务委员会的作用，与山东理工大学、淄博职业学院、淄博市劳动技校联合，在民营企业中开展“解技术难题，促民企发展”的科技服务活动，组织23名专家教授到62家会员单位进行技术指导。4月和10月，主办“淄博市第四届五一黄金周展览盛会”和“百粮春”杯2005山东（全国）酒店用品博览会，现场销售额达2000多万元，达成购销意向近亿元。继续与淄博仲裁委员会合作，年内为会员调解经济纠纷案件188起。

【公益事业】 6月11日，与市劳动和社会保障局、市总工会联合举办“下岗失业人员进民企”招聘大会，市工商联组织100余家民营企业参加活动，当日签订1366个就业意向。4月5日和11月15日，组织会员企业淄博富民资讯网络科技有限公司分别在淄博职业学院和山东理工大学设立80万和100万元的“富德”奖学基金，鼓励在校学生勤奋学习，立志报效祖国。6月28日，组织周村区工商联、老干部局与会员企业亨得利眼镜公司，为380多离退休老干部举行“庆七一、送光明”免费配镜活动。是年，全市会员为3000多名贫困学生续交学费15.6万元，安置失业人员4000多名，为贫困山区修路，安装改造水管，接通有线电视，慰问孤寡老人及受灾地区捐款达123万元。（高　茜）

市工商联与有关部门联合举办大型招聘活动
（市工商联　供稿）

本部类编辑：徐先法
副主编：徐　杰
校对：安永善
范立学

地 方 军 事

淄博军分区

【军事训练】 年内，修订完善各类战备预案和计划，跨区执行任务能力得到较大提高。4月，组织全市专职武装干部比武，考核军事理论、队列教学、技战术教学法、手枪射击等项目，博山、沂源、桓台和齐鲁石化人武部获总分前四名。5月，军分区组织全市民兵应急分队进行紧急集结演练，现场观摩部分训练课目，检验和提高了全市民兵应急处突能力。坚持高标准、严要求，开展信息化条件下的岗位练兵。9月，市民兵高炮连在省军区高炮实弹战术演习中，取得首发命中并击落拖靶的好成绩，被省军区表彰为训练优胜单位。投资20余万元完善市民兵训练中心基础设施，落实民兵教练员编制，基本达到"教员专业化、教学网络化、训练模拟化、管理制度化、保障一体化"的要求。

【征兵工作】 7～10月，择优选定6000余名预征对象，采取村干部定人负责、基层武装部全面管理、区县人武部定期评议的方法，协调公安、卫生、教育、劳动、工商等部门配合做好预征对象管理考查工作，准确掌握预征对象的身体状况、政治表现、活动去向以及家庭和主要社会关系情况，实行全程考查管理。以保证兵员质量为核心，体检中首次增加艾滋病和吸毒两个项目的检测。在临淄区组织开展征兵心理检测试点；继续对高中以上文化程度和有专业特长青年开辟"绿色通道"，实行预征、上站、定兵"三优先"；通过网络自动化监控管理，严把上站、体检、政审、文化技术和定兵关。实行政策、预征、体检、政审、定兵"五公开"。继续面向社会征集女兵，打破城乡界限，严格把关，做到公开、公平、公正。是年，新兵中党团员占82%。

【国防后备力量建设】 4月，完成全市民兵、预备役部队组织整顿工作，扩大民兵对口专业技术分队比例，全面提高了组织建设质量。5月，济南军区司令员范长龙中将到淄博军分区视察工作时，对张店区民兵应急分队进行的紧急拉动，给予充分肯定。7月，召开全市民营企业武装工作座谈会，对新形势下拓展民兵工作渠道、实现民兵组织建设与市场经济接轨等问题进行深入探讨。9月，对全市人民武装动员信息数据进行全面采集，为建立人民武装动员信息系统、实施快速兵员动员打下基础。

【装备工作】 3月，圆满完成部分民兵武器装备的集中清理收缴工作。4月，对全市学生军训用的武器进行技术处理，使之完全达到学生军训工作的要求。6月，为确保高炮的技战

济南军区司令员范长龙中将检查民兵应急分队快速集结演练　　（淄博军分区　供稿）

术性能，对全市民兵高炮进行全面大修和保养。11月，在省军区组织的装备达标检查工作中，预备役工兵团被表彰为装备管理先进单位，军分区和张店、周村两区的装备管理工作受到省军区通报表彰。是年，市民兵装备仓库新址改扩建工作正式启动，全市民兵装备管理实现连续24年安全无事故。

【双拥共建】 6月，依托山东理工大学开办的科学管理与工程研究生班正式开学，拓宽了军分区人才培养渠道。年内，发挥民兵预备役人员作用，参加平安淄博、文明淄博、和谐淄博建设。协同地方做好社会综合治理和军转复退军人稳定工作，取得良好成效，在全省军地共建平安山东会议上介绍了经验。宣传了一批为全市经济发展、社会稳定和国防后备力量建设做出突出贡献的先进典型。发动官兵和民兵预备役人员积极参加"慈心一日捐"、为"见义勇为基金会"捐款、为灾区群众捐款捐物等公益活动。妥善安置军转干部和随军家属，顺利完成24名老干部移交地方工作。

【国防教育】 积极开展全民国防教育，组织地方领导参加军事日活动。2月，组织召开全市关心国防建设表彰大会。7月，在山东省第四届"十佳好军嫂"和第三届"十佳兵妈妈"活动中，高青县黑里寨镇卫生院医生刘霞、淄川区东坪镇河湾村村民司桂兰分别被评选为十佳好军嫂和十佳兵妈妈。9月，组织参加省国防教育办公室为纪念抗日战争暨世界反法西斯战争胜利60周年举办的国防知识竞赛，市国防教育办公室和临淄区、桓台县国防教育办公室被表彰为先进单位，11人分获一、二、三等奖。10月，举办学生军训工作开展20周年庆祝活动。其间，对收到的139篇国防教育论文进行评选。年

内，整理出版了国防教育教材《光荣淄博》。投资20万元新建的国防教育展厅，先后接待参观者3000余人次。

【后勤保障】 是年，采取多种形式培训后勤人员，提高业务能力。开展以"勤俭持家、过好紧日子"为主题的"红管家"活动，压缩消耗性开支，建设节约型机关。严格落实联审会签等财务制度，对全区财务管理和资金管理情况进行检查，圆满完成军区审计局在淄博军分区的资金管理审计试点工作。对军分区、人武部和预备役工兵团基础设施建设进行初步规划。军分区机关车辆均安装了GPS定位管理系统。

（辛　强　陈会明）

武警淄博市支队

【队伍建设】 2005年，武警淄博支队党委认真落实课题研究制度，注重以课题研究牵引理论学习，成效明显。狠抓党组织建设和干部培养教育，加大对基层党支部的帮建力度，各级干部的素质能力有了较大的提高。年内，6对大、中队主官被表彰为"一对好主官"，支队被总队表彰为连续12年预防事故案件工作先进单位。狠抓基层队伍建设，深入开展"强化警魂意识，培育战斗精神，永远做党和人民的忠诚卫士"主题教育和"爱兵知兵为兵排忧解难"活动。支队与市文化局签订《警地文化共建协议》，8个区（县）文化局（馆）与驻地中队进行文化共建，丰富了警营文化生活。严格落实士兵学历教育要求，学历教育进展顺利。

【军事行政工作】 以提高执勤处突能力为重点，狠抓执勤战备和军事训练。加强新兵基础训练、专勤专训、勤训轮换、干部骨干训练和防暴小分队训练，确保年度训练任务圆满完成。分3批对执勤中队官兵进行集中轮训，组织反恐分队专业技术训练，进一步提高反恐作战能力。狠抓勤务专项治理，及时排查和消除执勤隐患，协调用兵单位对所有中队的执勤设施进行完善，对四中队、七中队、高青县中队的岗楼进行改建，增设临时哨位，有效提高了执勤安全系数。年内圆满完成各项大型活动的安全保卫任务，完成临时勤务260余次。积极配合公安系统开展"严打整治"活动，执行公捕公判警戒、押解、设卡任务310多次，为建设平安淄博做出了贡献。

扎实开展"条令学习月"和安全教育活动，落实机关、基层《正规化管理规定》，在张店区中队召开正规化建设现场会，认真查摆和解决在管理教育方面存在的突出问题。根据总队要求，先后两次进行拉网式安全大检查。在易发事故的7～9月，扎实开展"百日安全竞赛"活动，从根本上消除安全隐患。年内，支队体制编制调整工作结束，有220名退伍士兵安全离队返乡。

【后勤建设】 深入开展创建"节约型警营"活动，培养官兵的勤俭节约习惯和艰苦奋斗作风。年内，机关和基层经费收支平衡。狠抓司务长队伍建设和炊事人员培训，司务长业务素质和官兵生活水平有明显提高。落实公用物资计价挂账制度和管理责任制，营房营具及公用物资的完好率达98%。因地制宜发展农副业生产，生产收益明显提高。各级地方政府为部队建设投入资金390万元，部队基础设施建设水平有新的提高。

（聂　伟）

人民防空

【概况】 是年，全市人防系统不断优化人防建设环境，全面加强人防应急准备，超额完成"十五"人防建设任务。4月21日，市政府、军分区召开全市人民防空工作会议，研究部署2005年人防任务；8月5日，市政府召开第三十九次常务会议，专门听取市人防办关于全省人防工作会议精神及贯彻意见的汇报，确定将人防建设经费纳入市及区县财政预算。9月7日，市人大常委会主任会议组成人员对全市贯彻落实《淄博市人防工程建设管理条例》情况进行视察。根据市委、市政府编制第十一个五年规划的总体要求，编制了《淄博市人民防空建设第十一个五年规划》。10月8日，市人防办搬入集应急救援指挥和办公功能为一体的新办公楼。

【组织指挥工作】 按照军事斗争应急准备的要求，完成了防护等级为较高的市地下人防指挥所土建工程；投资近300万元，建成设备先进、高效的市人防指挥中心；市级首脑机关疏散基地建设项目的前期准备基本就绪。结合防空警报试鸣播放《淄博市防空袭方案演示片》，通过演练组织指挥程序，提高了组织指挥水平，增强了指挥通信保障能力。

【人防工程建设与维护管理】 年内，完成市地下人防指挥所等工程。进一步加强对"结建"（结合民用建筑修建防空地下室）工程的管理，严把工程报建关、图纸审核关、跟踪检查关。全年办理人防易地建设手续44个，人防工程新增面积增速创历史新高。加强早期人防工程维护管理，制定完善维护管理制度，落实维护经费，工程完好率达90%。

新建成的市人防指挥中心　（市人防办　供稿）

【通信警报建设】 年内，防空警报器数量和科技含量明显提高，城区防空警报器鸣响率达100%，警报设施完好率始终保持100%。10月29日，全市第七次防空警报试鸣活动成功举行。试鸣活动在新建成的指挥中心实施指挥控制，按照国家规定的防空防灾警报信号，由指挥中心发出指令，全市室外警报器、机动防空警报车和广播、电视台同步发放防空防灾警报，并向手机用户发送防空警报试鸣短信。

【人防法制建设】 年内，市人防办对人防行政执法依据和行政处罚自由裁量权进行规范。3月、6月、9月、12月分别进行全市人防执法检查,对各区县人防行政执法情况进行督察,对3家拒不履行人防法律义务的单位向法院申请强制执行。对济南铁路局淄博建筑段、创业房地产公司等单位在建设过程中随意拆除人防设施案件进行了查处。

【人防宣传教育】 按照城区初级中学抓规范,党政机关、大中专院校抓拓展,街道社区抓宣传的新思路,推动人防教育工作顺利开展。指导临淄八中建成人防网站。城区初级中学开设人防教育课程的学校达49所,受教育学生18600人,受教育率和合格率均保持100%。拓宽人防教育渠道,在市委党校和山东理工大学开设人防教育讲座;在各种媒体发稿47篇。

【平战结合工作】 2005年,全市人防工程开发利用率达到65%,创产值11500万元,利润800万元,上缴税金500万元。市人防办的招商项目金宝岛大厦一期工程完工,其他招商项目进展顺利。8月6日,受“麦莎”台风影响,全市突降暴雨,地处张店区南定镇的华电淄博热电有限公司受到洪水威胁。市人防办及时利用厂区内的防空警报器发放灾情警报。这是淄博市首次利用防空警报器为企业单独发放灾情警报。由于警报发放及时,为抢险救灾赢得了时间,避免了重大损失。

(杨　蕾)

本部类编辑:赵建国
副主编:郭能勇
校对:王　娟
徐先法

·淄博市重点文物保护单位选介·

寨里大张古瓷窑址

省级重点文物保护单位。主要分布在淄川区寨里镇寨里与大张村之间的高地上,面积约22万平方米。窑址耕土层下为瓷片堆积层,厚约40～100厘米。此地先后出土大量瓷片,均为青釉。器类多为生活用具,如碗、罐、高足盘等,造型厚重,工艺原始。该窑址烧造年代为北齐至唐代,是中国目前所发现的唯一的北方青瓷产地。

郝家古瓷窑址

市级重点文物保护单位。位于淄川区岭子镇郝家村东部,面积2万平方米。此遗址曾发现仅存底部的3个窑炉残迹,平面呈圆形,直径1米,残高0.2～0.3米。窑址表面散有大量瓷片和窑具,瓷片以白釉为主,次为黑釉;器形有碗、罐、灯等,烧结年代约在北宋时期。

南万山古瓷窑址

市级重点文物保护单位。位于博山区白塔镇南万山村西及村南的岭地上,面积3.5万平方米。窑址内已发现3处窑炉残迹,直径约2米。发现的器物有白釉、黑釉、白底黑花瓷片及残破的窑具,造型及制作工艺具有明显的元代风格,故该窑址的盛行年代为元代。

磁村古瓷窑址

市级重点文物保护单位。位于淄川区磁村镇,共包括3处窑址:南北窑洼区,苹果园区和华严寺区。⑴南北窑洼区,在磁村东约0.5公里处,面积约15万平方米,为唐代晚期至北宋时期的窑址。⑵苹果园区,位于磁村南部,窑址现存面积2万平方米,其年代约为唐代。⑶华严寺区,在磁村南部,面积1.6万平方米。该窑址年代为金代。

(李　胄　供稿)

法　　制

政法与综合治理

【平安淄博建设】 2005年，全市平安建设长效机制不断完善，决策目标体系进一步健全，执行责任体系进一步深化、细化，考核监督体系进一步严格规范，实现了平安建设的规范化、制度化。全市呈现社会政治稳定、经济协调发展、人民群众安居乐业的良好局面。淄博市平安建设和社会治安综合治理工作在全省的位次由2004年的全省第六名提升至第四名。张店区被中央综治委、国家人事部表彰为全国社会治安综合治理先进集体。淄川区、临淄区、周村区被省委、省政府评为全省平安建设先进区县；淄川区洪山镇、临淄区金岭镇、周村区丝绸路街道办事处、桓台县唐山镇、高青县田镇镇、沂源县公安局被评为平安山东建设先进基层单位；1人被评为“平安山东建设十大杰出卫士”。中央政法委、中央综治委、中央电视台“2005·平安中国”专题报道组在中央电视台向全国介绍了淄博市平安建设的做法。由8家中央媒体、20家地方电视台组成的“和谐社会·魅力城市”大型采访团，对淄博市的平安建设工作进行采访报道。在省委、省政府和济南军区联合召开的军地共建平安山东构建和谐社会工作会议上，淄博市的典型经验受到高度评价。

【矛盾纠纷排查调处】 2月28日至5月31日，市综治委组织在全市深入开展矛盾纠纷集中排查调处活动，对因企业改制、拖欠职工工资、房屋拆迁、土地征用、环境污染、下岗职工再就业、村(居)班子换届选举、涉法涉诉等问题引发的突出矛盾纠纷进行重点排查调处。其间，全市共排查各类矛盾纠纷338起，调处290起，调处成功率为86%。4月7日，市委办公厅、市政府办公厅下发《关于积极预防和妥善化解重大不稳定因素活动的通知》，市综治委会同各区县和有关部门对全市矛盾纠纷进行拉网式排查，对排查出的有重大影响的40起矛盾纠纷实行市领导包案责任制，成功调处29起，调解率为72.5%。7月31日至9月30日，市综治委组织开展“排隐患、解难题、释疑惑、促稳定”矛盾纠纷排查调处活动，排查出各类矛盾纠纷563起，调处521起，调解率为92.5%。加强情报信息工作，市及区县均建立情报信息研判中心，设立信息员13483人，搜集上报各类信息16000余条。

【社会治安综合治理】 2005年，全市刑事案件比上年下降5.6%，治安案件下降5.2%，交通事故和火灾事故分别下降15.7%和15.9%。群众对社会治安满意率达96.8%，较上年上升1.6个百分点。加大对治安混乱地区和突出治安问题的集中整治，解决突出治安问题15个。先后组织开展20多个专项治理活动，解决各类问题2300多个。破获“法轮功”邪教组织案件87起。深入开展法制宣传教育和依法治理工作，把法律、日常安全防范知识送入千家万户。年内，全市创建全国“民主法治示范村”1个。截至年底，全市共有各级各类安置帮教组织4104个，人员10221名，落实帮教率达98%以上，形成了比较完善的帮教体系。

【治安防控体系建设】 加强社会治安防控体系建设，全年可防性刑事案件下降16.3%。截至年底，全市共有专职治安巡逻队304支、2728人，义务巡逻队2130支、13169人，治保、调解、帮教、普法队伍达36000余人，企事业单位保安队员5600余人，治安信息员10000余名，各企业均按职工人数2%的比例配备了护卫人员。全市设立治安岗亭、治安(警务)工作站、堵截点97个，建成封闭式居民小区539个，建固定停车场、看车棚783个，城区新建居民楼防盗安全门和防盗栅栏安装率均达到100%。全市共推广安装电视监控系统472套，电视监控探头4104个，边界报警系统123套，电脑电话报警系统2130套，机动车防盗防劫报警系统5304套，街面动态监控系统61套，电子警察70套。党政首脑机关、金融网点、邮政、电信等重点单位、区域防盗防劫报警系统联网率达90%以上，新建、改建居民区综合技防设施覆盖率达95%。

【政法队伍建设】 年内，全面提升各公安分局、基层派出所、法庭、检察室、司法所的建制规格，基层人员达5300余名，占全部警力的75%以上。发掘、培养典型，以“抓基层打基础，争创‘五好’政法单位”等活动为载体，在全市营造“人人争做贡献、个个争当典型”的良好氛围。年内，市委、市政府对80个基层政法综治先进集体和80名先进个人进行了表彰。在全市开展了向鹿奉俊、毛军、安丽等先模人物学习的活动，营造“学先模，争先进，促工作”的浓厚氛围。

【市见义勇为基金会成立】 9月，市见义勇为基金会开始筹建，市委政法委动员全社会力量支持见义勇为事业，在全市掀起为见义勇为基金捐赠的热潮。截止到12月31日淄博市见义勇为基金会成立，全市共募捐见义勇为基金1086万元，政府拨付400万元注册资金，基金总额达到1486万元。年底，淄博市被省委政法委、省综治委和省见义勇为基金会授予全省唯一的见义勇为事业优秀城市荣誉称号。

【集中处理解决涉法涉诉上访】 2005年，全市涉法涉诉进京上访案件比上年下降40%，进省上访下降56%。中央、省交办的19起案件处结17起，处结率为90%。市联席会议交办的48起案件，已全部处结，处结率达到100%。对因刑事犯罪受到伤害、生活特别困难的6起案件的涉法涉诉上访人员进行救助，当事人彻底息诉罢访。继续聘请6名律师担任市委政法委的法律顾问。2005年，法律顾问共为涉法涉诉信访人提供法律咨询218人次，提出建议353条，为30余起重大疑难案件的协调提供了法律咨询，为24起个案监督提供分析材料，参与了19起中央、省交办的重点涉法涉诉信访案件的息诉罢访工作。年内，全市政法机关妥善处置了7起较大规模的群体性事件。

【“规范执法行为，促进执法公正”专项整改】 年内，全市政法机关开展“规范执法行为，促进执法公正”专项整改活动，把查摆执法、司法活动中存在的突出问题，作为活动的首要环节来抓。对查摆出来的22个方面131个问题，逐个研究制定整改措施，逐个明确责任单位和责任人，提出整改时限，整改一件、销号一件。131个问题基本得到妥善解决。

【为经济发展服务】 年内，公安机关共侦破经济犯罪案件453起，打击处理犯罪嫌疑人309名，挽回经济损失1.1亿余元。检察机关共立查贪污贿赂、渎职侵权等犯罪案件225人，挽回经济损失2476.58万元。全市法院共受理一审民商事案件25316件，审结25554件，分别上升26.07%和22.4%。审结知识产权案件81件，受理一审行政案件1091件，审结1096件，分别上升26.13%和23.28%。受理执行案件15550件，执结15638件，标的额7.49亿元。全市律师和法律服务工作者共办理各类法律事务15531件，为1370家企事业单位担任法律顾问，为当事人避免、挽回经济损失5.6亿元，索回赔欠款2.29亿元。全年办理公证事项15000件。

（周庆涛　王吉政）

公　安

【概况】 2005年，全市公安机关充分发挥职能作用，全力维护社会政治稳定，圆满完成了一系列重要会议、重大活动、重要节日的安全保卫工作和重大警卫任务。年内，刑事案件下降，可防性案件明显减少；交通、火灾事故起数，死人数、伤人数和经济损失四项指标同比全面下降。“大接访”活动效果明显，被省公安厅记集体二等功。科技强警工作取得新的突破，淄博市被公安部、科技部命名为全国科技强警示范城市。公安队伍整体素质提高，年内，全市公安机关有43个集体和167人荣立一、二、三等功，211个集体和352人受到市级以上表彰，其中71个集体和93人受到省级以上表彰。

【全市公安会议召开】 2月28日，市委、市政府召开全市公安会议，市长刘慧晏主持，市委书记张建国作重要讲话，副市长、市公安局长岳华东作工作报告。市委制定了《关于进一步加强和改进公安工作的意见》，提出了全市公安工作的总体思路和奋斗目标，对全市公安工作的体制、机制、保障等问题做出明确规定。一是理顺公安管理体制。明确了公安分局为副县级建制规格。二是突出重心下移、警力下沉、强化基层的思路。分县局内设和直属机构精简为11个，提高了基层所队建制规格。三是充分体现从优待警。四是加大经费和警务保障力度，公安业务经费和特别业务经费全额保障。自2005年起，连续5年每年增加民警200名。五是加大科技强警措施。把科技强警示范城市建设纳入全市国民经济和社会发展计划。

【110、119、122三台合一】 根据公安部和省公安厅的统一部署，10月26日，全市110、119、122三台合一工作全面完成。中心城区（张店区、高新区）由市公安局指挥中心接警，其他区县由所在地分县局指挥中心接警。三台合一后，公安机关报警服务台统称为110报警服务台。

【打击刑事犯罪】 年内，市公安局有针对性地开展一系列严打活动，共破获各类刑事案件16901起，抓获刑事犯罪嫌疑人6335名，打掉犯罪团伙329个。其中破获命案102起，命案破案率达到92.7%，11个分县局中有7个实现命案全破。抓获网上逃犯1263名，其中外省、市逃犯202名，网上逃犯数同比下降26%。

【经济犯罪侦查】 年内，在全市开展打击虚开增值税专用发票和抵扣税款专用发票专项行动。对立案在侦的各类经济犯罪案件实行主、辅办侦查员搭档工作制；对部分危害严重、影响恶劣的重大复杂经济犯罪案件实行挂牌督办，全力侦破。2005年，全市公安经侦部门共受理各类经济犯罪420起，立案400起，涉案金额11亿多元；破获386起，抓获各类上网逃犯14名。打击处理犯罪嫌疑人252名，挽回经济损失10844万元。

【社会治安防控体系建设】 年内，《淄博市公安局关于进一步加强治安防控工作的意见》《淄博市区县公安机关治安防控工作考核办法》相继出台。全市安装电视监控系统510套，监控重点部位7103处；安装区域报警系统1299套，安装报警装置户数8151家，有8个分县局建立了监控中心。新建小区、金融营业网点电视监控等技防设施安装率达100%。全市专兼职治安巡逻队伍已达到1100支15000余人。全市建成治安岗亭、治安（警务）工作站、堵截点64个，20个派出所安装了电子巡更系统。总结推广了临淄分局的科技防控、周村分局的社区警务、淄川分局的信息研判、张店分局的网格化巡逻、沂源县局的三级人防网络建设等经验。2005年10月，省公安厅在临淄区召开全省技防建设现场会，推广淄博市的经验。

【禁毒工作】 2005年，全市各级公安机关，发挥禁毒执法和缉毒破案双重效能，组织开展“遏制毒源专项行动”“扫毒行动”“铲除罂粟集中统一行动”。共破获毒品违法犯罪案件96

市公安局举办禁毒展览　　（温清彬　摄）

起，抓获各类涉毒违法犯罪嫌疑人 108 名，缴获海洛因 4393 克、摇头丸 913 粒，铲除罂粟 2831 株。成功破获马学中特大贩卖毒品案，缴获海洛因 4333 克。以青少年禁毒预防教育为重点，组织实施“禁毒进校园”活动。

【换发第二代居民身份证】 2005 年，淄博市开始换发第二代居民身份证。第二代居民身份证融入 IC 卡技术，具备实现暂住证、驾驶证、身份证“三证合一”的技术条件；采用数字防伪和印刷防伪技术，证件信息采集和传输采用数码照相和计算机技术，制证周期大大缩短。截至年底，全市办理第二代居民身份证 56.7 万个。

淄博市换发第二代居民身份证首发式
（温清彬　摄）

【公民出入境管理】 年内，市公安局出入境管理部门共受理审批公民因私出国（境）申请 13934 人次。其中出国 7684 人次，去港澳 6207 人次，去台 43 人次，比上年增长 23.6%。办理境外人员临时住宿登记 33211 人次，比上年度增长 6.7%。办理各类境外人员签证 667 人次。严格依法审报，有效杜绝了公民因私出境申请中的弄虚作假行为。

【刑事科学技术工作】 2005 年，投入资金 1120 万元，购置 8 辆多功能现场勘查车。市局刑侦支队购置了新型的 DNA 分析仪、气质联用仪等一批先进设备，并建成高标准的 DNA 实验室。张店、临淄、淄川 3 个分局建起设施完备的法医鉴定中心。全市建成一级示范技术室 1 个，一级技术室 3 个，二级、三级各 2 个，刑事科学技术工作迈上新台阶。年内，利用刑事技术破案 2890 起。

【开展大接访活动】 年内，在全市公安机关集中开展信访突出问题专项活动，按照“人人受到局长接待，件件得到依法处理”的要求，层层成立一把手挂帅的领导机构。副市长、市公安局局长岳华东及各公安分县局局长亲自接访，形成领导动手、全警参与、齐抓共管的接访工作格局。其间，共接待信访案件 589 起 896 人，办结 530 起，结服率 90%。

【10 名民警赴海地维和】 根据上级公安机关统一部署，市公安局从全市公安民警中挑选出政治觉悟高、业务素质精、身体条件好、并且具有一定专业技能的民警参加山东赴海地维和警察防暴队。经过封闭式训练，12 月 7 日启程前往海地，执行为期 8 个月的维和任务。

副市长、市公安局局长岳华东为即将赴海地参加维和防暴行动的公安民警送行　　（温清彬　摄）

【首批交通协管员上岗】 为加强城区交通秩序管理，解决交警警力不足和下岗职工再就业问题，市政府根据市公安局的建议，由劳动部门在全市 40～50 岁的特困下岗职工中公开选聘了 185 名交通协管员，经过业务培训后，年底在张店区上岗协勤。

【消防工作】 年内，市政府批转市公安局《关于推进全市消防工作社会化的实施意见》，建立了多种形式的镇办消防队。圆满完成合同制消防员征招，有效缓解了消防警力不足的矛盾。全市消防部队开展火灾隐患“大排查、大整改、保安全”活动，督促整改一批火灾隐患。加强人员密集场所消防安全建设，单位预防火灾尤其是群死群伤火灾事故的能力明显提高。7 月 9 日，省公安厅在淄博召开全省消防部队正规化建设工作会议，并将淄博市公安消防支队列为公安现役部队正规化建设示范单位。　（单联国　常德功）

检　察

【查办职务犯罪】 2005 年，全市检察机关共立案查处各类职务犯罪案件 225 人，其中贪污贿赂案件 181 人，渎职侵权案件 44 人。立查贪污贿赂大要案 126 人，立查渎职侵权犯罪重特大案件 24 人。在查办的职务犯罪案件中，侦查终结 207 人，起诉 209 人，法院作出判决 189 人（含上年滚动判决数），全部为有罪判决。为国家挽回经济损失 2476.58 万元。办案质量在全省名列前茅。

【打击严重刑事犯罪】 全市检察机关加强与公安、法院等部门的联系与配合，严厉打击严重刑事犯罪和破坏市场经济秩序犯罪。全年共受理提请批准逮捕案件 3307 人，经审查，批准逮捕 2656 人，不批捕 615 人；受理移送审查起诉案件 5165 人，经审查，提起公诉 4402 人，不诉 27 人。

【控告申诉检察工作】 全年共受理群众来信来访 1204 件，受理集体访、告急访 75 件。市、区县两级院检察长接访 376 件次，均做到及时分流，及时处理，及时反馈。依靠群众和社会力量公开听证、公开答询案件91件，解决了一批缠诉缠访案件；办理初查案件183件，刑事申诉案件2件。市检察院控告申诉处接待室连续第五次被评为全国检察机关“文明接待室”。

【刑事诉讼监督】 全年共监督公安机关立案171件179人，其中公安机关直接立案156件164人，纠正公安机关不应当立案7件7人，专项立案监督12件；追捕漏犯12人，追诉59人，抗诉10件。纠正刑罚执行、监管活动中的违法行为91件，发现并纠正刑期计算有误7件；办理被监管人员犯罪案件91件168人，依法查处监管干警职务犯罪案件2件2人，法院均作出有罪判决；积极进行外执犯检察，查出并纠正脱漏管38人，根据不同情况及时提出检察建议，均被有关部门采纳。

【人民监督员制度试点工作】 办理的职务犯罪案件中，不服逮捕、拟不起诉、撤案的案件全部接受人民监督员的监督。共办理逮捕告知案件54件54人，无异议的53件53人，监督办理“三类案件”(发生在工程建设、土地出让、产权交易、医药购销、政府采购、资源开发和经销等领域以及出版发行、银行信贷、证券期货、商业保险、电信、电力等行业的商业贿赂犯罪案件；国家公务员利用职权索取和收受商业贿赂的犯罪案件；严重破坏社会主义市场经济秩序、损害人民群众切身利益的商业贿赂犯罪大案要案)23件24人，其中不服逮捕决定的1件1人，拟撤案的20件21人，拟不起诉的2件2人。

【民事、行政诉讼监督】 以监督纠正裁判不公问题为重点，深化民事行政诉讼监督。全年受理民事行政申诉案件319件，经审查立案182件；提出抗诉50件；提请省院抗诉58件；建议再审14件；法院再审改变36件，其中改判22件；调解4件；发回重审10件。做好判决裁定正确的案件当事人的息诉工作，维护判决裁定的权威性。

【信息化建设】 年内，全市检察机关共投入信息化建设资金870万元，完成办公自动化系统升级，开通三级机要通道，实现办案同步录音录像。为适应新形势下的办案工作要求，建立了全市检察系统综合信息平台，开展网上办公。进一步加强办案工作区建设及管理，市、区县两级院全部建立了高标准的办案工作区。

【预防职务犯罪】 全市检察机关贯彻“打防结合、标本兼治、综合治理”的工作方针，加强职务犯罪预防工作。深入机关、企业和金融部门开展法制讲座141场次，受教育人数达3万多人。结合办案，开展个案预防、专项预防。主动介入重点工程项目，在总投资10.58亿元的9条公路的改建项目中开展专项预防，取得良好效果。组织召开了齐鲁石化72万吨乙烯二轮改扩建工程预防职务犯罪工作经验交流会。

【检察技术工作】 检察技术部门与办案部门沟通配合，全年完成各类检验鉴定案880件，其他技术性服务工作495件。

【法警工作】 全年共保护现场27次，传唤189人次，参与搜查11次，拘传45人，协助执行其他强制措施23次，提解459人，押送101人次，看管895人次，送达475次，追逃4人次。杜绝了各类事故的发生。

【执法规范化建设】 一是清理规范各项制度。两级院共梳理制度524项；清理出不符合上级要求和规范化标准的85项；简约合并64项；新制定工作规范102项，力求把执法办案和日常工作的每个环节和步骤都规范到位。二是开展执法大检查。采取事先不打招呼、不下通知的方式，两次对各基层院办案安全防范、扣押款物、法律文书等执法行为进行检查和抽查，做到边检查、边整改、边规范、边提高。三是进一步加强制度和机制建设。制定规范化建设三年规划，健全完善决策目标、执行责任、监督考核“三个体系”，从细化办案流程、完善执法责任制和责任追究制、健全内外部监督制约机制入手，进一步建立健全检察业务层级目标体系、执法流程体系、质量保证体系、安全防范体系、过程监控体系，完善队伍素质养成机制、绩效评价机制、竞争激励机制、争先创优机制、监督制约机制，形成了规范协调、运行科学的管理模式。 （杨淑萍）

审 判

【概况】 2005年，全市法院共受理各类案件48166件(受理数指当年新收案件数)，比上年上升26.08%，审结和执结48526件(含旧存)，上升23.51%。其中，市中院新收各类案件3874件，审结和执结3878件，分别上升8.76%和7.72%。先后开展“司法能力建设年”“基层建设年”和“规范司法行为、促进司法公正”专项整改等活动。是年，市中级人民法院连续第五次被省高院评为先进集体，被最高人民法院评为全国法院国家赔偿工作先进集体。

【刑事审判】 2005年，全市法院受理各类一审刑事案件2897件，审结2928件，判处罪犯4269人，分别上升10.11%、14.6%和26%，判处五年以上有期徒刑至死刑的474人。其中，市中院受理134件，审结134件，同比分别上升65.43%和63.41%。依法审理了原齐鲁石化股份有限公司催化剂厂厂长王斌贪污、受贿、虚开增值税专用发票案，艾莱克斯、朴熙善等外籍人员信用卡诈骗案等一批经济犯罪案件。结合审判工作，提出司法建议200余条。严格执行惩办与宽大相结合的刑事政策，对2592名认真改造、确有悔改或立功表现的罪犯依法予以减刑、假释。

【民商事、行政审判】 是年，共受理一审民商事案件25316件，审结25554件，标的额34.41亿元，分别上升26.07%、22.4%和15.13%。其中，市中院受理444件，审结439件，分别上升80.49%和73.52%。审理国有企业破产案件47件，标的额13.54亿元，并积极协助有关部门做好企业重组和职工安置工作。加大对知识产权和知名品牌的保护力度，依法受理、审判知识产权案件81件。发挥民事审判的保护职能作用，对涉及妇女儿童、老年人、军人军属以及进城务工人员等特殊社会群体的案件，建立“绿色通道”，优先审理和执行。全年受理一审行政案件1091件，审结1096件，分别上升26.13%和23.28%。其中，市中院受理27件，审结27件。案件涉及城市规划、房屋拆迁、治安处罚、土地征用等。全面开展国家赔偿工作，办理国家赔偿案件5件，使蒙受冤屈的公民获得司法救济。

【执行工作】 创新执行工作机制，依法规范查封、扣押、冻结、评估、拍卖、变卖财产等行为，运用委托执行、提级执行、指令执行等方式，努力提高案件执结率。开展“规范执行行为，促进执行公正"专项整改，在全市法院执行队伍中开展以自查、反思、剖析、整改为主要内容的"四整顿"(整顿组织、思想、纪律、作风)活动，建立起一套预防和监督并重的执行工作长效机制。集中开展清理拖欠工程款和农民工工资等一系列专项执行活动，保障当事人的合法权益。年内，全市法院共受理各类执行案件15550件，执结15638件，同比分别上升35.14%和32.19%，执行标的额7.49亿元。其中，市中院受理314件，执结305件，同比上升12.95%和12.13%。

【审判改革】 一是深化审判方式改革，继续推行、完善庭前证据交换，"判后释法"，减刑、假释公开审等做法。进一步规范调解工作，形成庭前、庭中、庭后调解的立体化调解机制。年内，全市法院民商事案件调解撤诉率达64.96%。探索以电脑为科技辅助手段的规范化量刑改革，增强量刑的科学性和规范性，得到上级法院的肯定。《实施规范化量刑的调查报告》被最高法院评为全国法院优秀调研成果一等奖。二是推进审判组织运行机制改革，继续探索建立青少年犯罪、交通肇事、小额债务等相对固定的专业合议庭，落实合议庭、独任审判员审判负责制，对合议庭的组成、职权以及监督管理等进行规范。改革和完善审判委员会制度，有条件的基层法院在审判委员会下设立专业审判委员会，保障审判委员会工作机制的高效运行。三是完善审判管理机制改革，规范和完善审判流程管理机制、立案工作管理机制、执行工作管理机制、人民陪审员制度等，不断提高审判和执行工作效率；进一步规范涉诉信访，建立和完善源头治理机制、社会稳定预警机制、排查调处机制、应急处置机制、信访考核机制、责任追究机制等6项机制，法院审判、执行工作逐步走上制度化、规范化、现代化的轨道。

【法官队伍建设】 加强司法能力建设，不断提高法官业务素质和实际司法能力。建立能力评价标准，完善岗位目标管理，把晋级晋职、考核奖惩与工作实绩相结合，激发法官及其他工作人员提高自我能力的主动性。建立法官廉政档案和业绩档案，对法官司法行为实行动态监督，促进廉洁、公正、高效、文明等良好司法风气的形成。倡导法院文化建设，涌现出张店法院城东法庭庭长安丽、高新区法院院长鹿奉俊等先进典型。是年，全市法院共有14个单位立功，192人次受到嘉奖，26人次分别荣立一、二、三等功，4人受到最高法院表彰。

【审判监督】 完善案件质量监督、控制体系，对二审改判发回、指令再审、再审改判发回案件实行逐案评析、通报制度。全年共受理各类二审案件2789件，审结2783件；受理再审案件217件，审结173件。依法接受检察机关的法律监督，共审结各类抗诉案件44件。办结各级领导及人大代表、政协委员交办的来信来件287件，邀请人大代表、政协委员旁听案件90余次。贯彻落实《关于完善人民陪审员制度的决定》，依法提请市人大常委会任命人民陪审员132名。是年，共有人民陪审员106人次参与审理各类案件170件。开展信访工作"四无"(无赴省进京上访、无集体到市上访、无矛盾激化事件、无信访积案)活动，全年共处理来信来访4304件次，一批上访老户息诉罢访。

【基层基础建设】 在全市法院开展"基层建设年"活动，先后两次分片召开全市法院加强基层建设现场交流会议，对各基层法院及所属人民法庭建设和管理、各项审判、司法为民工作情况和落实各级党委有关文件情况等进行督导检查，全市基层法院基础建设、落实法官职级待遇、审判机制改革等项工作都取得新的进展。发挥人民法庭身处基层一线的优势和职能，采取法庭代为立案、巡回办案等措施，开办"假日法庭""集市法庭"，有条件的案件实行即收即审即结。开展创建"五化法庭"(设置规模化、建设标准化、审判规范化、管理制度化、装备现代化)活动。截至年底，全市25处法庭中有24处通过省法院"五化法庭"验收，淄川区法院杨寨法庭获全国优秀人民法庭称号，博山区法院崮山法庭等3处法庭获全省优秀人民法庭称号。

(张　斌)

司 法 行 政

【普法、依法治理工作】 年内，组织召开全市普法依法治理工作领导小组成员会议和全市普法依法治理工作座谈会，加强对全市普法依法治理工作的组织协调和指导力度。开展建设"平安淄博"法制宣传月、"12·4全国法制宣传日"等集中法制宣传活动，加大对《中华人民共和国宪法》修正案及有关维护社会稳定法律法规的宣传力度，提高全民的法律意识和平安创建意识。组织全市公职人员年度普法考试，提高各级领导干部的法律素质和法治意识。年内，全市143名党政干部取得大专以上法律专业学历。组织召开全市民主法治示范村创建活动现场经验交流会，对342个行政村进行了命名表彰。9月23～24日，省委、省政府检查组对全市"四五"普法依法治理工作进行检查验收，认为淄博市"四五"普法依法治理工作领导重视程度高、工作力度大、亮点工程多、实际效果好。10月25日，市十二届人大常委会第二十次会议听取全市"四五"普法、"三五"依法治市工作专题汇报，并给予充分肯定。

【监狱劳教工作】 是年，市司法局加强对驻淄博各监狱、劳教所的协调管理，层层落实责任制，提高人防、物防、技防整体水平，实现监管、生产、资产、生活、队伍"五个安全"目标。组织开展"规范执法行为，促进执法公正"专项整改活动，积极推行完善劳教"三段式动态管理"工作，教育改造质量不断提高，确保场所秩序持续稳定。淄博市劳教所再创"安全年"，连续84个月未发生重大责任事故和安全生产事故，被省司法厅记集体二等功。

【公证工作】 年内，市公证处组织开展《中华人民共和国公证法》系列宣传；在公证员队伍中开展"公证队伍教育规范树形象"活动和公证业务论文评选、优秀公证书评选；举办公证员业务培训班；先后3次组织对各公证处公证质量进行检查，抽查各类卷宗400余份，瑕疵率在3%以下。市司法局出台《淄博市公证处管理办法》，推动市公证处的规范化建设。是年，全市公证机构共办理各类公证15000件。

【律师工作】 年内，全市新成立律师事务所4家，律师事务所总数达47家。执业律师518人，其中专职律师507人，兼职律师11人，律师事务所实习人员106人。开展"律师合伙所规范化建设年"活动，进一步完善律师事务所内部管理制度。推广区县政府公职律师制度，临淄区政府成立了法律事务咨询委员会。全市律师共办理各类法律事务12839件，为1227家企事业单位担任法律顾问，为当事人避免、挽回经济损失5.6亿元，索回赔欠款2.29亿元。

【法律援助】 年内，市司法局与市民政局等8部门联合制定下发《关于贯彻落实〈法律援助条例〉切实解决困难群众打官司难问题的实施意见》，与市财政局联合制定印发《淄博市市级法律援助办案补贴经费管理办法》，为开展法律援助工作提供了制度和经费保障。全市各级法律援助机构开展"民工讨薪特别行动""残疾人法律援助直通车""享受低保居民法律援助直通车"等法律援助活动，依法维护弱势群体的合法权益和司法公正。全年共办理各类法律援助案件863件，涉及人员994人，维护了老、幼、妇、残等特殊群体和困难群众的合法权益。市法律援助中心被评为全省法律援助工作先进单位。

【司法鉴定】 至年底，全市各类司法鉴定机构22家，司法鉴定人员395名。其中，新成立司法鉴定机构2家：淄博法医司法鉴定所、淄博沂源法医司法鉴定所。全年共办理各类司法鉴定409件，鉴定结论全部被相关司法部门采信。

【基层司法行政工作】 4月、6月，市委、市政府先后在临淄区、周村区召开全市加强"第一道防线"建设现场经验交流暨矛盾纠纷排查调处工作动员大会和全市矛盾纠纷排查调处经验交流会。市委办公厅、市政府办公厅联合下发《关于进一步加强乡镇（街道）调解中心建设的意见》，市司法局制定印发《淄博市乡镇（街道）司法所工作考核评比办法》，继续开展"基层基础建设年"活动，大力推进司法所规范化建设。全市107个乡镇（街道）司法所全部立户列编，明确了司法所长的副科职级，98%以上的司法所达到市级规范化标准。在全市组织开展5次民间矛盾纠纷集中排查调处活动，及时将矛盾纠纷化解在基层和萌芽状态。全年共调处各类矛盾纠纷17517件，调处成功率达98%，其中避免群体上访事件386起，涉及4720人；避免"民转刑"案件177件。组织指导各级安置帮教机构和人员在接茬帮教重点环节上下功夫，拓宽安置渠道，强化帮教措施，巩固教育改造成果，全市刑满释放和解除劳教人员的重新违法犯罪率控制在4%以内。 （刘昌桥）

仲　裁

【概况】 2005年，淄博仲裁委员会办公室全年受理案件382件，同比增长26%；受理案件标的额4.95亿元，圆满完成工作任务。在《中华人民共和国仲裁法》实施10周年及淄博仲裁委成立10周年之际，组织拍摄电视专题片《走近仲裁》，编印大型画册《淄博仲裁十年》，举办一系列庆祝活动，扩大了仲裁工作的社会影响力。

【仲裁法律制度推行】 全年在市级以上各类报刊发表仲裁宣传稿件50余篇，在电视台播放宣传片130余次；组织参加了淄博人民广播电台"走进直播间""法眼看天下""行风热线直播"等栏目。截至年底，中国人民财产保险公司财产保险合同、商品房买卖合同、旅游合同、拆迁合同、二手房买卖契约基本落实了仲裁机构名称。年内，先后与6个行业管理办公室共同下发了在其行业内部推行仲裁制度、落实仲裁条款的通知，拓宽了仲裁工作领域。全年完成落实仲裁机构名称合同文本数达50万份，对50家规模以上企业的合同文本进行了规范。全年免费为企业举办仲裁法律知识培训班38期，培训1000余人。

淄博仲裁委员会成立10周年纪念活动
（淄博仲裁委办公室　供稿）

【派出机构建设】 按照先试点、后推开的设立原则，作出在区县设立分会的决定；出台《淄博仲裁委员会派出机构管理办法》，制定了分会的设置、管理、运行机制。11月10日，淄博仲裁委员会淄川分会正式挂牌成立。为在中小企业中推行仲裁法律制度，提供仲裁法律服务，12月2日，淄博仲裁委员会中小企业工作室挂牌成立。

淄博仲裁委员会淄川分会挂牌仪式
（淄博仲裁委办公室　供稿）

【仲裁员队伍建设】 年内，先后组织两期骨干仲裁员培训班，进行模拟庭审训练，提高庭审能力和审理技巧。在仲裁员中开展"评先创优活动"，表彰了10名优秀仲裁员。根据仲裁工作发展需要，在保险、房地产、金融等行业及离退休法官中增聘40名道德品质好、专业素质高的人士担任仲裁员，逐步建立起一支能裁会审、公道正派、认真勤勉的骨干仲裁员队伍。全年外聘仲裁员担任首席仲裁员审理案件占已审理案件的比率达45%。 （李红升　张　珂）

本部类编辑：赵建国
副主编：郭能勇
校对：王　峰
孟　明

工　　业

综　述

【概况】 2005年，全市工业经济速度和效益同步增长，经济运行质量提高，技术改造步伐加快，技改投资总量和速度均创历史新高。全年实现工业总产值3160亿元，完成增加值868.75亿元，同比增长23%；工业增加值占全市GDP的比重达60.71%，拉动全市经济增长13.38个百分点；工业对GDP的贡献率由上年的69.63%提高到78.1%。全市规模以上企业发展到2222户，比上年新增468户，增长21.06%。规模以上工业总产值达到2796亿元，增长43.59%，增速比上年加快9.65个百分点，实现增加值771.25亿元，同比增长27%；实现销售收入2747.44亿元、利税285.68亿元、利润162.75亿元，同比分别增长45.57%、43.37%和54.63%。全市规模以上工业固定资产投资完成414.22亿元，同比增长43.60%。其中：地方工业技改投资353.38亿元，同比增长30.53%。新增高新技术企业48家，高新技术产业产值达756.41亿元，增长51.04%，占规模以上工业总产值的比重达到27.05%，同比提高2.7个百分点。截至年底，全市国家级研发中心达到5家，省级研发中心达58家。新增中国名牌产品9个、山东名牌产品45个，中国驰名商标2件、山东省著名商标29件。开发新产品1448项，其中53项新产品达到国际先进水平，168项填补国内空白，630项达到国内先进水平。

【企业改革】 工业企业国有资产加快有序规范退出和优化重组的步伐，引进美国PPG公司、奥地利奥镁耐火材料公司、中国蓝星集团、中国昊华集团、中国医药集团等一批战略投资者。多年来制约企业发展的一些重大问题得到解决。一批市属及区县属企业完成重组改制、破产解困和境内外上市前辅导。山东瑞阳制药有限股票在新加坡成功上市，募集资金1250万美元。企业剥离办社会职能工作进展顺利，中央及省属驻淄博大企业发展活力进一步增强。

【发展循环经济】 2005年，淄博市被省确定为发展循环经济试点城市。市政府制定《关于大力发展循环经济建设节约型社会的意见》，在4个行业、20家企业进行循环经济发展试点。积极争取新批资源综合利用企业26家，上报项目20个，拒批高能耗高污染项目108个，强制淘汰高能耗设备9600台套，审核清洁生产企业30家，取缔“五小”企业693家，限期治理了152家工业废水不达标排放企业，关停35家限期内不能达标排放的企业，推广应用100种(项)新节能技术，重点耗能企业万元产值综合能耗达1.9吨标准煤，同比下降15%，全市工业增长质量明显提升。

【“双百”工程】 2005年，全市百强企业实现增加值、销售收入、利税分别为443.76亿元、1612.95亿元和184.55亿元，分别占全市规模以上工业的57.53%、58.67%和64.60%，同比分别增长35.50%、47.80%和46.40%。百项重点工业项目总投资251.4亿元，其中过亿元的项目71个，过5亿元的项目11个，过10亿元的项目5个；全年累计完成投资114.03亿元，45个项目建成投产，全部达产后，年可新增销售收入184.2亿元，利润21亿元，税金13.7亿元。7家企业入围中国1000家最大企业集团，销售收入过10亿元的企业达到40家，其中过50亿元的6家。

【2005年全市工业百强企业名单】

一、明星企业(30个)

1. 齐鲁石化公司
2. 中国铝业公司山东企业
3. 淄博矿业集团有限责任公司
4. 淄博供电公司
5. 南金兆集团有限公司
6. 山东淄博傅山企业集团有限公司
7. 山东东岳化工股份有限公司
8. 山东博汇集团有限公司
9. 鲁泰纺织股份有限公司
10. 万杰集团
11. 山东金诚石化集团有限公司
12. 兰雁集团股份有限公司
13. 山东鲁阳股份有限公司
14. 山东北金集团有限公司
15. 淄博市华联矿业有限责任公司
16. 山东玻璃集团
17. 山东金顺达集团有限公司
18. 淄博工陶耐火材料有限公司
19. 山东瑞阳制药有限公司
20. 山东省药用玻璃股份有限公司
21. 山东金岭铁矿
22. 山东联合化工有限公司
23. 山东中轩股份有限公司
24. 淄博齐翔石油化工集团有限公司
25. 淄博汇丰石油化工有限公司
26. 山东宏信化工股份有限公司
27. 桓台县供电公司
28. 山东齐峰化轻集团有限公司
29. 山东东佳集团
30. 山东崔军集团公司

二、优秀企业(30个)

31. 山东齐都药业有限公司
32. 山东三玉集团有限公司
33. 山东新华医械集团
34. 淄博市焦化煤气公司
35. 沂源县鲁村煤矿有限公司
36. 山东齐鲁增塑剂股份有限公司
37. 山东亚细亚陶瓷有限公司
38. 山东同济万鑫集团有限公司
39. 淄博柴油机厂
40. 中材高新材料股份有限公司
41. 山东东大化学工业有限公司
42. 山东淄博山川医用器材有限公司
43. 华电淄博热电有限公司
44. 淄博金城实业股份有限公司
45. 山东齐旺达集团
46. 山东银仕来集团有限公司
47. 山东裕民集团有限公司
48. 淄博嘉周热电有限公司
49. 高青流云纺织有限责任公司
50. 山东华狮啤酒有限公司
51. 山东贵和纸业集团有限公司
52. 淄博鲁中水泥有限公司
53. 淄博贝尼托金属制品有限公司
54. 山东海达食品有限公司
55. 淄博铁源工贸集团有限公司
56. 淄博新宇化肥集团有限公司
57. 山东省淄博蠕墨铸铁股份有限公司
58. 淄博大桓九宝恩制革有限公司
59. 山东淄博博丰复合肥有限公司
60. 山东辰龙纸业股份有限公司

三、先进企业(40个)

61. 山东兴武集团有限公司
62. 淄博万昌集团有限公司
63. 胜利油田高青石油开发有限责任公司
64. 山东皇冠陶瓷股份有限公司
65. 沂源县供电公司
66. 淄博蓝帆化工有限公司
67. 山东鲁信高新技术产业股份有限公司
68. 淄博市临淄有机化工股份有限公司
69. 淄博城东企业集团有限公司
70. 山东黄河龙集团有限公司
71. 山东硅苑新材料科技股份有限公司
72. 高青县供电公司
73. 山东沂源棉纺织厂
74. 山东美陵化工设备股份有限公司
75. 山东博泵科技股份有限公司
76. 胜利钢管有限公司
77. 淄博汽车制造厂
78. 淄博市王庄煤矿
79. 山东宝山生态建材集团有限公司
80. 山东维尔纺织集团股份有限公司
81. 淄博山水水泥有限公司
82. 淄博工业搪瓷厂
83. 山东凤阳集团股份有限公司
84. 淄博恒顺钢铁有限责任公司
85. 淄博旺达股份有限公司
86. 山东齐赛纺织有限责任公司
87. 纳西姆工业(中国)有限公司
88. 山东双凤股份有限公司
89. 山东海天轻纺股份有限公司
90. 高青宏远沥青有限公司
91. 山东兰骏集团
92. 山东东鹏陶瓷有限公司
93. 中材金晶玻纤有限公司
94. 淄博钜创纺织品有限公司
95. 山东滨岭矿业有限公司
96. 山东青苑纸业有限责任公司
97. 中天仕名(淄博)重型机械有限公司
98. 金堆城钼业光明(山东)股份有限公司
99. 山东三金玻璃机械有限公司
100. 山东凯日化工股份有限公司

【陶博会】 10月13日,2005中国(淄博)国际陶瓷博览会·世界瓷砖大会在中国陶瓷科技城举行。陶博会期间,中外日用艺术建筑卫生陶瓷交易会展示面积达7.5万平方米,吸引了来自美国、德国、日本、意大利等世界30个国家和地区以及国内13个陶瓷产区的参展企业近500家,共签订经济合作项目149个。其中:外资项目82个,协议外资6.66亿美元;内资项目67个,外来投资额69.71亿元人民币。在34个外资项目中,签订合同15个,总投资29405.7万美元,合同外资额15052.7万美元;独资项目20个,总投资27242.7万美元,协议外资额18172.7万美元。来自20多个国家和地区的133家采购商与会。与20多个国家达成出口代理协议,现场签订的合同协议金额3亿多元。银企洽谈会有23家金融机构到会,共有178个企业、217个项目签订贷款协议及意向,总金额285亿元,其中签订贷款协议金额152.93亿元,签订贷款意向金额132亿元,与市外政策性银行和股份制银行签约81.15亿元。 (周龙贤 张汉臣)

煤炭工业

【概况】 2005年,全市地方煤矿生产原煤152万吨,发生事故2起,死亡2人,百万吨死亡率下降为1.32。事故起数和死亡人数比上年明显下降,实现年度安全生产目标。全年关闭矿井57处,转出经营权3处,全市矿井数量由131处减至71处;理顺办矿体制,取消乡镇及乡镇以下办矿。健全完善瓦斯监控系统,全市共投资520万元,张店、淄川、博山3区实现区、矿两级瓦斯监控系统联网。

【煤矿整顿】 市煤炭局按照2004年出台的《关于加快煤炭产业结构调整,加强煤矿安全管理工作的通知》,制定了矿井关闭的10条标准和验收恢复生产的41条标准,彻底关闭不具备安全生产条件的煤矿。各区整顿情况:张店区煤井共17处,恢复生产11处,关闭4处,尚未验收的2处(基建煤矿);淄川区煤井共70处,恢复生产29处,关闭38处,转到滨州市办矿3处;博山区煤井共35处,恢复生产22处,关闭13处;临淄区煤井共7处,恢复生产5处,关闭2处;周村区1处,沂源县1处,都已恢复生产。10月中旬,市煤炭局与相关部门组成检查组,对确定关闭的煤矿进行联合执法大检查。经检查,被关闭煤矿的证照已被全部注销或吊销,生产现场实现拉倒井架、拆除设备、填实井筒、封闭井口、平整井口场地、恢复地貌的关闭要求。

【乡镇煤矿整合】 市煤炭局制定下发《关于整合乡镇煤矿理顺办矿体制的意见》，要求张店、淄川、博山、临淄4区成立整合工作领导小组，制定具体的整合方案。成立煤矿现场安全条件的"硬件"验收组、煤矿整合资料的"软件"验收组和整合工作评议组，严格按照验收标准进行验收。具体整合情况：张店区成立区煤炭公司，对10处煤井进行租赁经营，原鑫鑫煤井由张店矿业集团兼并；淄川区成立区矿业集团公司，对岭子、昆仑等镇的20处煤井直接进行收购，龙泉镇3处、双沟镇5处煤矿分别与大龙电厂和双凤电厂实行煤电联产；博山区成立区矿业集团公司，租赁全区21处煤矿进行统一经营；临淄区4处乡镇煤井，1处收为区属煤矿，1处由国有王庄煤矿兼并，2处由王庄煤矿控股；周村煤矿收为区属管理。

【煤炭经营监管】 2005年，市、区两级煤炭管理部门继续开展煤炭经营诚信企业活动。全年出动车辆150多台次、人员350人次，检查经营单位400多个、经营场地280多个。416家应参加年检的经营企业中，384家(零售企业227家，批发企业157家)进行了例行年检，其中合格368家，基本合格16家；没有参加年检的企业32家。进一步规范和加强煤炭经营协会工作，调整充实了整顿煤炭经营秩序领导小组。

【煤矿安全执法稽查】 年初，市煤矿安全执法稽查大队确定执法稽查重心下移、关口前移、超前预防的整体工作思路，实施分片督察。各执法稽查分队牢牢抓住生产矿井的"一通三防""防治水"工作，以及对新增作业点的监控，有效地控制了擅自开启密闭的违规行为和超能力生产现象发生。针对执法检查中发现的安全隐患进行跟踪检查，督促整改，对不及时整改的煤矿予以严肃查处。全年共检查煤矿325井次，执法人员下井720人次，查出事故隐患1978条，下达现场处理决定书24份，下达行政处罚决定书109份，罚款70余万元。调查处理群众举报、人民来信和市政府批示件21起。全年全市发生事故2起，百万吨死亡率控制在1.32，无重大事故发生。

【行政服务中心窗口工作】 2005年，市煤炭局行政审批大厅服务窗口共受理事项278项。其中，煤炭经营资格证审查材料71份，关闭煤矿和报废煤井7家，生产许可证延续、变更矿长174家，变更生产经营资格证26家。 (穆 强)

淄博矿业集团

【概况】 截至年底，淄博矿业集团辖7个分公司、10个控股子公司、10个参股公司、5个文教卫生单位和1个全资子公司，员工2.9万余人，资产总额103亿元。全年实现销售收入75亿元，同比增长21%；利润2.7亿元，同比增长150%；全公司人均工资收入达21287元。按照"挖潜淄博、提升济宁、扩展陕西、开发贵州"的战略布局，稳步推进煤炭主业发展。全年产煤1077万吨，销售1034万吨。完成掘进总进尺182177米，开拓进尺32342米，分别比计划超进7820米和6832米。非煤产业实现销售收入26.8亿元，利润4751万元，同比分别增长32%和26%。大水泥项目及其配套的埠村、张店粉磨站建成投产，埠村、岭子电厂扩建工程开工建设。是年，淄矿集团被中国企业联合会、中国企业家协会联合命名为"中国最具成长性企业"。淄矿集团矿山救护大队被国家安全生产监督管理总局、国家煤矿安全监察局授予全国矿山救援工作先进集体荣誉称号。

【矿井建设与安全生产】 唐口矿井克服地压大、地温高、软岩膨胀等困难，于年底正式投产。亭南矿井于11月28日转入联合试运转。贵州糯东矿井完成各项手续办理，于11月18日进点施工。实施"科技兴安"战略，投入安全专项整治资金9000万元。全年百万吨死亡率为0.26。集团公司分别被淄博市和省安委会评为2005年度安全生产先进企业。

【企业改革】 煤矿关闭破产工作积极推进。西河矿、南定矿和双沟矿的新企业重组工作完成，实现正常运营，法律程序终结和企业办社会职能移交正在运作之中。创大、中舜和翔宇公司主辅分离改革工作启动。

【糯东煤矿开工建设】 11月18日，淄矿集团贵州兴安煤业公司举行糯东矿井开工典礼。糯东煤矿是集团在贵州普安矿区建设的第一对矿井，年生产能力为240万吨，总资源量为7.81亿吨。"十五"期间，淄矿集团取得贵州黔西南州普安矿区开发权，同时参股矿区内属国家西电东送重点工程的兴义电厂建设。

【济(宁)北千万吨煤炭生产基地建成】 是年，淄矿集团年产300万吨的现代化煤矿唐口煤矿投产，标志着一个千万吨大型煤炭生产基地已在济北形成。济北矿区已开发建设10年，唐口煤矿是淄矿集团在济北矿区建设的最后一座现代化大型矿井，历时4年，工程质量优、工期短，创出国内同行业最好水平。在该矿井建设中研究应用的"千米立井快速建设技术"获2005年中国煤炭工业科技进步一等奖。 (马忠德)

电力工业

【概况】 截至年底，全市共有35千伏～500千伏变电站238座，变电总容量1061.1万千伏安；35千伏以上输电线路325条，总长度2903.3公里。是年，淄博电网年最高供电负荷242.8万千瓦，全市社会用电总计完成213.7亿千瓦小时，比上年增长16.6%。其中：工业用电完成187.6亿千瓦小时，占全社会用电的87.78%，同比增长17.5%；城乡居民生活用电完成13.3亿千瓦小时，占全社会用电的6.23%，同比增长37.8%。网内华电淄博热电有限公司、华能辛店电厂、华能白杨河电厂等省统调电厂完成年发电量82.94亿千瓦小时，地方电厂及企业自备电厂完成年发电量60.9亿千瓦小时。

【淄博供电公司】 至年底，淄博供电公司有职工1666人，共辖有35千伏及以上变电站72座，总容量634.1万千伏安，35千伏以上输电线总长度1693.87公里，10千伏配电线路4223公里。年售电量151.45亿千瓦小时，全员劳动生产率107万元/人，多种产业总收入10.8亿元。

安全生产。开展创建"无违章企业"活动，加大查禁违章力度，提高安全生产"可控、在控、能控"水平。加强保电工作，确保陶博会、聊斋艺术节、夏季防汛以及重大节日期间的安全供电，保证率达到100%。是年，淄博电网经受住日供电量

5197万千瓦小时、最高负荷242.8万千瓦的历史性考验,各方面运行稳定。截至年底,创造了连续安全生产2516天的历史最高纪录,居国家电网公司系统同规模供电企业第二位。

电网建设。全面推广典型设计,加快主网架建设,完成500千伏淄青线进地协调和8项220千伏输变电工程的建设、改造任务。全年共新扩建变电站9座,新增变电容量69万千伏安、送电线路230公里。截至年底,公司变电设备总容量达到634万千伏安,35千伏及以上输电线路1707公里。

经营管理。加强营销基础管理,完成负荷控制、电能计量、电费结算"三大中心"建设,建立电费回收预警机制,确保电费回收。在全省率先实现直供区城乡用电同网同价,有效减轻农民负担。坚持以服务促销售,不断开拓电力市场。全年售电量完成151.45亿千瓦小时,同比增长13.55%;登记客户1529户,登记容量85万千伏安,送电容量74万千伏安。

"光明工程"建设。年内,先后完成潘南路、商场路等9条干道的路灯建设和改造任务。淄博新区道路、中润大道东延路段等36.4公里的路灯设计和建设工作顺利完成。全年安装路灯2482盏,敷设电缆及管线总长度99公里。在创建文明城市活动的随机抽查中,路灯亮灯率达100%。

精神文明建设。加强企业执行文化建设,全面落实稳定工作责任制。通过"慈心一日捐"、为淄博市见义勇为基金捐款等活动,共捐款57.5万元,帮扶困难家庭1258户。年内,淄博供电公司获得全国文明单位荣誉称号。 (王晓军)

【华能辛店电厂】 2005年,华能辛店电厂坚持"抓早、抓实、抓重点"的指导思想,克服煤价上涨等增支减利因素影响,发电量实现26.55亿千瓦小时,煤耗、厂用电等生产经营指标创出历史最好水平。全年安全生产状况良好,机组非计划停运次数比上年减少,提前10天完成四号机组A级大修任务。三期扩建工程8月30日获国家发改委核准,二期脱硫技改工作进展顺利。 (刘升平 崔崇明 王成海)

【华电淄博热电有限公司】 2005年,华电淄博热电有限公司克服发电成本持续上涨的不利因素,发电量完成27.58亿千瓦小时,同比多发4.55亿千瓦时,增长19.8%,创历史新高;供热量完成693.4万吉焦。年内,公司进行了输煤程控等3项重点技术改造,高质量完成5台次机组的检修任务。企业连续安全生产纪录超过2700天,创历史最好水平,被评为淄博市安全生产管理先进单位。高青2×1000兆瓦扩建项目前期工作基本完成,待上报国家发改委核准。完成了2×330兆瓦热电联产机组资料搜集和技术论证。在全国循环流化床机组竞赛中,公司获得一等奖。年内,公司被授予华电集团优秀发电企业荣誉称号。 (杨 磊)

【华能白杨河电厂】 2005年,华能白杨河电厂完成发电量21.20亿千瓦时,同比增长24.39%,创建厂以来最好水平。各项生产指标持续好转。煤耗、厂用电率同比降低11.35克/千瓦小时和0.67个百分点,点火用油同比节省372吨。

抓设备治理和技术攻关,推行班组安全标准化管理,实现3个安全生产100天。为解决国产最大循环流化床锅炉防磨防爆问题,成立防磨防爆领导小组和工作小组,在运行调整、配煤和煤质管理、入炉煤粒度控制等方面取得显著成效。乙站机组利用小时数同比升高1436小时,获得中国电力企业联合会组织的同类型机组竞赛二等奖。建设2×300兆瓦以大代小热电联产机组方案通过省级评审,列入淄博市"十一五"规划。 (贾洪福)

【淄博热电集团公司】 2005年,淄博热电集团公司全面完成生产经营目标,发电量、供电量和供热量都创历史新高。顺利完成3号机、2号炉、4号炉等设备的大修。实施重点技改项目11项,机组整体状况得到明显改善。全年新建管网4000余米、换热站16个。组织实施设备、管网检修项目等400余项。

加强内部管理,理顺内部工作运转体系,修订完善生产经营目标责任制,增强制度在执行中的可操作性和可控性。修订完善《设备管理制度》《生产设备检修管理制度》。建立办公自动化系统,办公与管理实现网络化。加强专业技术人员和技术工人队伍建设,完善专业技术职称评聘办法和评聘体系,加大技术工人职业技能鉴定、资格认证、持证上岗力度,组织开展运行人员和相关专业的技能竞赛活动,激发专业技术人员和技术工人钻研业务、走技术岗位成才之路的积极性。 (张 波 张金勇)

建材冶金工业

【概况】 2005年,全市建材工业限额以上企业303家,完成工业总产值310亿元,同比增长32.48%;完成工业增加值105亿元,同比增长48.94%;实现销售收入306亿元,同比增长31.33%;实现利税47.7亿元,同比增长65.63%,其中利润22.8亿元,同比增长35.88%。主导产品产量:水泥熟料528万吨,同比增长89.77%;水泥1990万吨,同比增长34.17%;建筑陶瓷7.37亿平方米,同比增长21.33%;平板玻璃1595万重量箱,同比增长18.15%;玻璃纤维纱5.37万吨,同比增长44.65%;卫生陶瓷50万件,同比增长8.48%。

全市冶金工业限额以上企业195家,完成工业总产值321亿元,同比增长68.95%;完成工业增加值109亿元,同比增长64.12%;实现销售收入320亿元,同比增长70.52%;实现利税44.4亿元,同比增长46.92%,其中利润27.6亿元,同比增长37.96%。主导产品产量完成:铁矿石原矿397万吨,同比增长31.02%;生铁416万吨,同比增长87.39%;粗钢210万吨,同比增长179.63%;钢材65万吨,同比增长36.99%;氧化铝126万吨,同比增长21.12%;电解铝7.75万吨,同比增长32.79%;铝合金6.1万吨,同比增长57.85%;铝材1.79万吨,同比增长67.21%;耐火材料制品149万吨,同比增长63.11%。26家建材冶金企业进入2005年度全市工业百强企业行列,其中,中国铝业公司山东企业等12家建材冶金企业被评为全市明星企业。年内,编制完成《淄博市冶金工业"十一五"发展规划》和《淄博市建材工业"十一五"发展规划》。

【重点项目建设】 是年,建材冶金工业技术改造与重点项目建设进展顺利。山东铝业股份有限公司的"氧化铝技术改造项目"、山东泉信不锈钢有限公司的"18万吨不锈钢系列产品项目"、山东玻璃集团的"超白浮法玻璃及汽车玻璃原片深加工项目"、金晶玻纤有限公司的"池窑拉丝和湿法薄毡项目"、淄博矿业集团有限公司的"日产5000吨新型干法水泥生产线项目"、山东鲁阳股份有限公司的"2万吨可溶纤维毯项目"被评为全市百项重点工业项目中的优秀项目。上述项目总投资22亿元,年可新增销售收入60亿元,利税8.7亿元。

【技术创新与品牌建设】 是年，淄博工陶耐火材料有限公司技术中心、山东双凤股份有限公司技术中心被认定为省级企业技术中心。组建了山东省特种铸铁工程技术研究中心、山东省金晶浮法玻璃及深加工工程技术研究中心、山东省建筑陶瓷工程技术研究中心等3个省级工程技术研究中心。是年，山东玻璃集团控股的山东金晶科技股份有限公司的金晶牌浮法玻璃被评为中国名牌产品，山东鲁阳股份有限公司的“鲁阳”商标被评为中国驰名商标；建材冶金行业有11个产品被评为山东省名牌产品，有4家企业的商标被评为山东省著名商标。

【行业管理与服务】 1. 根据市政府制定的安全生产定点督察制度，市建材冶金行办负责对张店区进行督察。6月中旬，市建材冶金行办协同国家安监局钢铁行业安全生产专项检查组对张钢、金岭铁矿进行安全生产检查。2. 开展“访百强、听建议、商发展”活动，帮助企业解决困难和问题，协调有关部门为城郊水泥搬迁企业落实搬迁改造补贴资金。3. 针对3～4月份进口铁矿石价格大幅上扬，国家取消钢坯出口退税政策的情况，5月10日举办钢铁工业形势展望报告会。4. 参与筹备2005中国(淄博)国际陶瓷博览会。组织部分建陶企业参加2005中国(大京九)家装材料博览会等。接待比利时安特卫普市投资代表团参观考察淄博市7家建陶企业，初步达成产品出口和项目投资意向。 (卢方钟)

【山东崇正水泥集团股份有限公司】 截至年末，山东崇正水泥集团股份有限公司(淄博华辰集团有限责任公司)资产总额8.45亿元，职工2700人，其中各类专业技术人员520名。2005年，集团经济在调控中保持较快增长，重点项目建设稳步推进，国有股退出工作全面结束，民营机制逐步完善。全年完成工业总产值62480万元，实现销售收入56800万元，工业增加值7200万元，实现利税2000万元。集团各主要产品生产稳中有升，全年生产水泥170万吨，建材机械5万吨，光盘2000万张，玻璃深加工80万平方米。

是年，集团与桓台华茂公司、内蒙阿旗水泥厂三方合作开发项目——鲁蒙特种水泥项目一期工程开工，设计年生产能力为30万吨。与尼日利亚李氏集团合作建设的40万吨水泥粉磨站及50万吨新型干法水泥生产线，已完成工程设计、主机设备招标订货等工作。年内，集团进行了房地产项目的考察论证，并完成淄博崇正房地产开发有限公司的注册、楼盘策划、工程规划等前期准备。 (山东崇正水泥集团)

中国铝业公司山东企业

【中国铝业山东分公司】 2005年，中国铝业山东分公司(含山东铝业股份有限公司)完成企业总产值63.10亿元，同比增长18.02%；实现利税17.54亿元，同比增长8.56%；出口创汇3688万美元。全员价值劳动生产率58.64万元/人·年，同比增长17.23%。截至年底，公司总资产57.98亿元，员工10679人。山东铝业股份有限公司总股本6.72亿股，其中法人股本4.8亿股，流通股1.92亿股。按照2005年上市收盘价格，企业总市值达到73.92亿元。主导产品产量创出历史最好水平。全部氧化铝完成118.01万吨，同比增长13.61%；化学品氧化铝完成实物总量73.43万吨，同比增长15.69%；电解铝及其再生铝合金完成10.04万吨，同比增长51.03%；铝型材完成7121吨，同比增长19.18%；机械制品完成1.23万吨。年内，冶金氧化铝现金制造成本、普通铝锭现金加工成本以及化学品氧化铝现金制造成本都大幅降低。纳入指标对标体系的58项指标有48项实现创新，占82.7%。其中烧结法、拜耳法氧化铝及电解铝生产的18项指标中，有15项超过一档水平，7项达到中铝公司先进水平。安全文明生产工作列全市第一名，连续第七年被评为淄博市安全生产标兵单位。

销售与市场。全年共销售冶金级氧化铝69.59万吨，同比增长6.5%；销售全部铝产品9.21万吨，同比增长58.79%；货款回收率达100%。继续强化化学品氧化铝专业化营销。重点加强对4A沸石市场的研究，新开发10余家国际客户。全年共销售化学品氧化铝57.12万吨，同比增长11.24%，占中国铝业公司化学品氧化铝销售总量的65.44%。其中出口9.63万吨，同比增长18.16%；创汇3289.39万美元，同比增长29.36%。

企业管理。质量管理、职业安全健康和环境管理等三大管理体系持续有效运行。山东铝业股份有限公司再次入围“2005年中国上市公司竞争力100强”。公司全年完成资本性支出53246万元，开工建设项目36项，竣工投产32项。有12项科技成果通过部级鉴定，其中有8项达到国际先进水平。申报国家专利29项，获得授权8项。加大人才培训力度，制定《员工竞聘上岗指导意见》《高技能人才评聘管理办法》，并首次进行了高技能人才评聘工作。进一步理顺公司管理体制，对5家子公司进行改制。

山铝七一广场 (中国铝业公司山东企业 供稿)

重大建设项目。3月12日，山东分公司32万吨拜耳法氧化铝扩产项目全部竣工并投入运行。投产后全年可新增氧化铝产能12万吨以上。20万吨4A沸石生产线建设项目于5月开工，共完成资本性支出4293万元。ERP信息管理系统11月投入试运行。 (段永山)

【山东铝业公司】 2005年，山东铝业公司实现总产值3.9亿元，营业收入6.24亿元，利润410万元，上缴利税4088万元。主要产品氧化铝完成6.97万吨，钒精矿完成6364吨；烧碱完成2.07万吨，氯气完成1.86万吨；水泥(湿法)完成16.6万吨；建筑安装业完成产值2.1亿元。截至年底，公司在岗员工4604人，资产总额15.22亿元，逐步形成了综合利用回收有价金属及氧化铝产业、盐化工产业、新型环保材料产业、建安产业、水泥建材产业五大产业板块。

结构调整。1. 综合回收氧化铝产业得到巩固和发展。2005年，公司进一步完善综合回收氧化铝生产工艺，各项技术指标明显改善。加大对原料中稀有金属的生产研发力度，实现钒精矿规模化生产。钼产品生产工艺研究也取得突破。到年末，公司湿法水泥全面停产，所属水泥厂开始转产氧化铝和稀有贵重金属。2. 年产6万吨离子膜烧碱项目建成投产。7月7日年产6万吨离子膜烧碱项目投料试车。8月4日完成装置考核，实现稳定生产。

内部改革。公司医院加强人员业务培训和内部管理，建成新病房楼，被批准为张店区农村合作医疗定点医院。山东铝业职业学院通过省人才培养水平专家组评估，秋季招录新生2225人。山铝宾馆被评为山东省A级食品卫生单位。年内，按进度完成基础教育和公安系统移交的各项基础工作。

科技进步。与陶瓷净水滤料配套使用的车载式一体化高效除油装置和高效成球设备，取得重要进展。青岛山铝新型建材有限公司的产品被用于奥运会帆船赛设施建设工程，清水砖项目进行了中试和市场推广。全年有5项成果申报国家专利，"从铝基含镍废渣中回收氧化铝的方法"发明专利和"回转式双向循环成球机"实用新型专利通过初步审查。"制药专用吸附氧化铝研制与生产"成果达到国际先进水平，"铝基废催化剂回收氧化铝的技术研发及产业化""新型环保微孔陶瓷滤球的研发""人力资源管理信息系统的开发""回转式双向循环成球机的研发"等4项成果达到国内领先水平。

（王燕伟）

化学医药工业

【概况】 2005年，全市465户限额以上化工医药企业实现工业总产值(现价)1014.3亿元，同比增长52.8%，其中化工行业实现950.7亿元，增长54.7%；医药行业实现63.6亿元，增长29.1%。实现销售收入1050亿元，同比增长57.4%，其中化工行业实现979.4亿元，增长61%；医药行业实现70.5亿元，增长19.8%。实现利税95.7亿元，同比增长46.4%，其中化工行业88.8亿元，增长46.6%；医药行业6.9亿元，增长43.4%。实现利润55.6亿元，增长74.2%，其中化工行业52.1亿元，增长75.9%；医药行业3.6亿元，增长53.1%。化学工业主要经济指标均列全省第二位，增幅高于全省平均水平。完成出口交货值392555万元，同比增长49.1%。

【创新体系建设】 年内，山东新华医疗器械股份公司技术中心被认定为国家级企业技术中心；山东东岳化工股份有限公司、山东双凤股份有限公司建成省级技术研发中心；山东东佳集团企业技术中心被认定为淄博市首批市级企业技术中心。山东东岳化工股份有限公司的全氟磺酸树脂及膜产业化项目，山东双凤股份公司的生物酶解法高纯度单核苷酸项目，山东新华医疗股份公司的数字直线加速器和模拟机3个项目列入全国高技术产业化推进示范项目。

【重点项目建设】 是年，全市化工重点建设项目40个，计划总投资74.86亿元，年底累计完成投资31.71亿元；医药重点项目9个，计划总投资10.52亿元，年底累计完成投资2.88亿元；全年共有24个化工医药重点项目建成投产，完成投资21.81亿元，新增销售收入107.80亿元，利润4.39万元，利税9.79万元。主要建设项目有：山东金诚石化公司的100万吨常减压项目，高青宏远沥青有限公司的15万吨催裂化改扩和60万吨重交沥青项目，博汇集团的12万吨氯碱项目，山东大成集团的50兆瓦热电改造项目，山东东岳化工有限公司的氯碱及甲烷氯化物项目(二期)，淄博汇丰石化有限公司的50万吨重交沥青和15万吨气分项目，淄博山川医用器材有限公司20亿支自毁式注射器项目，山东东佳集团的钛白粉改扩建项目。

【发展循环经济】 是年，山东东佳集团投资4000万元完成废酸浓缩回收利用改造，解决了废酸排放造成的环境污染，每年降低生产成本1268万元，被中国石油化工协会授予2005年全国化工环境保护先进单位荣誉称号。山东东大化工公司投资3000万元，利用多效蒸发技术从企业排放的废水中提取固体氯化钙，并将冷凝水回用，解决了困扰企业多年的废水治理难题，每年可产生直接济效益近千万元；博汇集团利用生产过程中产生的大量电石渣生产水泥，变废为宝。

【行业管理与服务】 1. 市化工行办全年受理和办结各类审查审批件240件，接受各类咨询200余次，按期办结率和群众满意率均达100%，被评为全市行政审批制度改革先进集体。2. 坚持每月、每季对重点企业生产经营情况进行调度、检查和督促，每季度对全市化工医药经济运行进行系统分析。3. 分两次对部分重点化工医药企业的生产经营、重点项目建设、招商引资、改革创新及安全生产情况进行调研，为开展行业管理和上级决策提供依据。4. 根据市政府部署，做好对临淄区的安全督察工作，累计检查10个乡镇(办)，共抽查企业、矿山、商贸单位17个，查出并整改安全隐患42处。5. 编制完成《淄博市石油化学工业"十一五"发展规划》《淄博市医药工业"十一五"发展规划》和《淄博市石油化学工业延长产业链导向》。6. 举办禁止化学武器知识培训班。淄博市禁止化学武器履约工作得到国际禁止化学武器公约组织的高度评价。全年共考核换发第三类监控化学品生产特别许可证9个，拆除生产设施4个，颁发监控化学品核准证书43个，全市有286个企业被纳入监控化学品管理的范围。7. 积极参与筹建东明(淄博)工业园建设。组织全市5家化工企业9个化工项目签订进园协议，总投资2.6亿元，有3个项目已建成。8. 根据省政府办公厅《关于开展农药生产经营秩序专项整治工作的通知》精神和市政府的安排，会同市农业局等部门对全市17家农药企业进行检查、督导和验收。9. 认真做好柳泉石矿稳定工作。

（陈纪余）

【新华医药集团】 2005年，新华医药集团实现销售收入35.4亿元，同比增长5.9%，其中，核心子公司新华制药实现销售收入25.27亿元。出口创汇9168万美元，同比增长11.9%。企业总资产达30.5亿元，净资产达到15.3亿元。实现产销率101.16%、回款率100.79%，经济运行质量明显好转。集团主辅分离、辅业改制工作接近尾声。

结构调整。集团形成化学原料药、医药制剂、精细化工及医药商业四大产业板块互动的发展态势。2005年，集团化学原料药总量达到21071吨；其中阿司匹林系列达到6553吨，咖啡因系列3306吨，头孢系列达到960吨，有8个品种市场占有率居国内第一位。新针剂、新片剂生产车间改造完成，公司制剂生产能力及技术水平显著提高，其中新片剂车间占地2.5万平方米、年产片剂60亿片(粒)，是国内最大的固体制剂生产车间。

自主创新。是年，集团与中国药科大学、中国医药生物技术研究所、美国杰西公司等组建了企一学一研结合形式的创新药物中心，与美国马林克罗公司、百利高公司等建立长期的

新片剂生产车间一角　（新华医药集团　供稿）

新产品开发合作联盟关系。全年获生产批文17个，"介宁""力卓"等新药产品先后上市。其中，研制成功国家一类新药三苯双脒及肠溶片，该药品属于国际首创的广谱肠道驱虫新药，拥有三项发明专利。聚卡波菲钙等精细化工产品研制成功并投产，成为企业新的效益增长点。

销售与市场。是年，公司国际贸易出口总量和出口创汇再创新高。全集团实现出口创汇9168万美元，其中新华制药出口创汇9034万美元，化学原料药出口总量达14382吨，占生产总量的71.5%，出口创汇过百万美元的产品有9个。在全国医药企业出口排序中，新华制药排名第二位。集团的国际贸易体系更加成熟，2005年与最终用户直接贸易的比重达到55%。"新华牌"成为商务部重点培育的出口品牌。公司国内原料药销量较上年有不同程度的增长，制剂销售平稳增长。进一步巩固发展"力派""尼立苏""博维赫"3大主力品种。新华医药贸易公司通过GSP认证，2005年实现销售收入3.8亿元。新华大药店拥有直营店14家、加盟店11家、销售额3000万元。（张建军）

【山东东大化学工业有限公司】　2005年，实现工业增加值1.65亿元，同比增长42.49%，销售收入12.2亿元，同比增长34.15%，利润450万元，比2004年增加1436万元，税金3971万元，同比增长25.53%。销售收入、利润均创历史新高。

环境保护。投资8000万元，与广州中环万代公司合作首次利用多效蒸发技术、浓缩氯化钙、回用冷凝水处理环氧丙烷废水。该方案通过国家环保专家论证，并申请国内外专利。一期工程投资3000万元，年产氯化钙3万吨，回用冷凝水66万吨，12月26日投产，并生产出合格产品，标志着公司走上循环经济发展之路。

技术改造。投资1200万元，完成阴树脂整体搬迁工程项目；投资2000万元，对橡塑公司老厂区实施整体搬迁，9月28日搬迁完毕，投入运行。完成6万吨/年环氧丙烷技改项目的技术设计和前期准备工作。全年投入研发资金320万元，开发新产品28个。3个项目被列入2005年山东省技术创新第一批项目计划。

产权多元化改革。与广州中环万代公司合资成立淄博东大万代环境科技有限公司，职工入股20%。成立淄博弘方化工有限公司，职工入股82%。募集300万元成立上海东大聚氨酯有限公司。（赵明华）

【山东大成化工集团】　2005年，山东大成化工集团完成工业总产值（现价）10亿元，工业增加值1.8亿元，销售收入12亿元，利税总额1515万元。销售农药2.5万吨，平均销售单价同比增长10%；化工产品销售44.7万吨，氯气等主要产品的平均售价同比增长20%；销售丁苯吡胶乳9500吨，产销率达98%，市场占有率继续居国内同行业榜首，实现出口141吨，打破国内胶乳产品零出口的局面；化纤产品全年销售14000余吨，并首次出口，创汇100万美元。

完成技术改造投资1.5亿元，产品结构进一步优化。3月，年产1500吨间苯二甲腈项目（"百菌清"的主要原料）先期投产，产品合格率达到国内领先水平。当月，年产1000吨"百菌清"技改项目一次性试车成功，产品指标超过国际优级品标准。年产50吨的功夫菊酯技改项目、年产2000吨氯化钡项目均试车成功。尼龙66项目的第一、二条生产线安装完毕，10月下旬试生产出产品，第三、四条生产线正在安装。投资3.6亿元的集团1号工程热电项目1号机组于10月10日成功并网发电，11月19日实现对外供汽，2号机组于春节前投运成功，可实现年发电量5.28亿千瓦小时，蒸汽120万吨。年产5000吨辛硫磷和年产3000吨百菌清技改项目被国家发改委列入2005年农药结构调整国债专项计划。

集团子弟学校成功剥离，企业向剥离办社会职能迈出重要一步；"大成牌""植保牌"商标荣获山东省著名商标称号，被评为中国农民喜爱的农资品牌。（李　彬）

大成集团热电厂外景　（孙　裴　摄）

【山东新华医疗器械集团】　2005年，集团完成工业总产值4.76亿元，同比增长30%；实现销售收入4.41亿元，同比增长41.67%；实现货币收入4.9亿元，同比增长28.29%；实现利税4398万元，同比增长14.72%，实现利润2104万元，比上年增长4.42%；国际贸易完成货币收入2252万元人民币，同比增长22.86%。

全年共研制开发新产品43项计80余个品种规格，申报各种专利27项，其中发明专利4项。年内，集团技术中心通过"国家级企业技术中心"认定，成为国内医疗器械行业第一家通过国家级企业技术中心认定的企业。研制成功升降门和平移门系列脉动真空灭菌器、多舱式全自动清洗消毒器、台式超声波清洗消毒器、双功能清洗消毒器等新产品。完成直束双线加速器的开发并开始在医院进行临床试用，该机型属国际首创；BD抗力综合检测器的研发已通过技术鉴定，填补国内空白。集团自行研制开发的台式脉动真空灭菌器获得国家级新产品称号，使集团拥有的国家级新产品总数达13个。数字化放射模拟机获山东省科技进步三等奖，大输液软包装线被列入山东省技术创新重点计划。

2005年，集团组建上海新华舒普净化技术有限公司和山东新华奇林软件技术有限公司，分别负责空气消毒器的研制生产和放疗产品的软件开发。建筑面积达12800平方米的手术器械生产车间——新华医疗科技园三期工程建设顺利完工。与美国思泰瑞公司合资组建的新华思泰瑞医疗系统有限公司生产车间即新华医疗科技园四期工程于年底开工。年内，从全国30多所高校招聘应届大学毕业生89名，公开招聘专业人员70名。集团完成质量体系文件从ISO 13485：1996到ISO 13485：2003标准的转换，顺利通过年度审核。9月12日新华医疗职工内部股票上市。（祝新林）

【山东环中医药集团有限责任公司】 截至年底，集团辖12个子公司，其中工业企业2家：山东金洋药业有限责任公司、山东博山制药股份有限公司；商业企业10家：淄博药材站、淄博医疗器械站、博山区药材公司、临淄区药材公司、桓台县药材公司、沂源县药材公司、周村区药材公司、淄川区药材公司、高青县药材公司、淄博天和堂医药连锁有限公司。工业企业主要生产抗生素、化学原料药及制剂、兽药四大门类的150余个品种。

2005年，集团完成工业总产值24979.8万元，同比增长51.53%；销售收入41985.6万元，同比增长40.05%；实现利润1554.2万元，比上年增长432.08%。集团商业企业高青县药材公司、淄川区药材公司、周村区药材公司、淄博天和堂医药连锁有限公司进入破产程序；周村区药材公司于12月13日破产终结。

山东金洋药业有限公司在淄博高新区投资8000万元建设的三川科技工业园项目完成投资5200万元，建成3个车间，9月通过国家GMP认证，并实现达产达效。该公司6月租赁鲁抗集团101车间生产土霉素，年增产能500吨；10月与淄博电业局齐林集团合作收购淄川电厂原黄原胶生产基地，新成立山东金洋齐林生物化工有限公司，主产莫能霉素和右旋糖酐原料药；投资600万元整体收购裕民集团兽药厂，成立金洋生物药业有限公司。土霉素车间通过工艺改进，单罐产量由原来的1.6吨提高到2.1吨，月产量突破72吨，并且提取收率由91%提高到95%。（商玉芳）

齐 鲁 石 化

【概况】 2005年末，齐鲁石化有直属单位27个，职工34404人。炼油加工量1022万吨，生产乙烯82.5万吨、塑料115万吨、丁辛醇33万吨、橡胶20.6万吨、烧碱51.5万吨、腈纶6.3万吨，发电31.9亿千瓦小时，均创历史新高，其中聚氯乙烯、烧碱、丁辛醇和丁苯橡胶产量位居国内同行之首，成为国内最大的氯碱、丁辛醇、橡胶生产基地。截至年底，固定资产原值343.51亿元，固定资产净值164.80亿元；实现工业总产值562.27亿元，同比增长63.47%；实现销售收入577亿元，同比增长59%；年度产品销售率100.25%。实现利税47亿元，同比增长51.6%；利润24.2亿元，同比增长169%，创历史最好水平。实现考核利润43亿元，为预算指标30.15亿元的143%，在中石化炼化一体企业中排名第二。

4月，公司首批按交通部新修订的《公路沥青路面施工技术规范》A级沥青质量标准组织生产的4.5万吨沥青全部检验合格。9月，“齐鲁”牌烧碱被中国名牌战略推进委员会授予中国名牌称号。同月，由公司橡胶厂自行研制开发的新型低门尼丁苯橡胶产品SBR－1507工业试生产获得成功，并填补国内技术空白。年产20万吨苯乙烯成套技术通过国家验收，年增效益2.7亿元。芳烃吸附剂国产化获得成功，其性能指标达到国外同类产品技术水平，为公司一次性节约资金1000万元。

【“管理效益年”成效显著】 2005年，公司认真落实“管理效益年”各项措施，全年增效4.2亿元。炼油在全年加工高硫高酸原油的条件下，实现稳定生产，炼油南区检修提前完成。乙烯实现持续超负荷运行，全年乙烯平均产量达到每小时94吨。加强环保治理，搞好节水减排，在产量大幅增长的情况下，全年万元产值取水量降低30%，COD排放量同比减少4.1%，实现增产不增污。年内，在原油与成品油价格倒挂的情况下，着力增产裂解原料，实现整体效益最大化。全年炼油加工量同比增长16.7%，成品油产量增长7.6%，裂解原料产量增长63%。全年高压、高密度和线性塑料增产7.4万吨，超产的7.5万吨乙烯全部用于生产为高附加值产品。全年炼油轻油收率达77.75%，综合商品收率达93.39%，均创历史新高。炼油实际能耗、乙烯燃动能耗、热电供电标煤耗同比大幅下降，并刷新历史纪录。是年，公司外供能源收费达到创纪录的4.07亿元，同比增长89%。其中动力管理中心收费额1.27亿元，是2001年的22倍。

【炼油加工量突破1000万吨】 全年炼油加工量达1022万吨，同比增长16.7%，成为齐鲁石化炼油发展史上的新的里程碑，标志着齐鲁石化首次跨入中石化集团公司千万吨级炼油企业行列，并成为国内重要的高硫高酸原油加工基地之一。

炼油厂生产装置一角 （齐鲁石化公司 供稿）

【乙烯产量创历史新高】 全年生产乙烯82.5万吨，在二轮改造后的第一年就实现产量超达标，超出设计产能14.6%，同比增长80.8%，单套乙烯年产量在国内排名第一。11月15日，乙烯装置累计产出乙烯72万吨，提前46天实现装置达标。改造投产后不到3个月时间即实现产量达标，分别创出国内同行业乙烯改造施工期短、改造投产达标时间最短的新记录。

【热电7号、8号炉机建成投产】 10月19日，齐鲁煤代油项目8号机组顺利通过168小时性能考核，正式移交生产，标志着齐鲁煤代油炉机建设项目全面建成。齐鲁煤代油技术改造项目，是公司继乙烯二轮改造后的又一重点建设工程，总投资7.15亿元。包括新建两台燃煤锅炉、两台60兆瓦双抽凝汽式汽轮发电机组、燃气脱硫除尘及配套公用工程系统。2004年1月17日，项目开工建设。2005年4月24日，7号锅炉一次点火成功；5月7日，7号机组实现并网发电。8月5日，8

号锅炉点火成功;8月21日,8号机组一次并网成功。两台炉机的建成投产,将有效增加热电产汽量和发电量。

先进的热电机组设备　(齐鲁石化公司　供稿)

【鲁皖成品油管线建成投用】 鲁皖成品油管线项目是中石化2005年重点工程,起点是齐鲁石化,终点是安徽宿州,管线全长760公里,年输送能力400万吨,总投资12亿元。其中,齐鲁首站投资5600多万元,包括建设2座10000立方米汽油罐和2座20000立方米柴油罐。12月31日,鲁皖成品油管线全线贯通。从投油到贯通累计铺底油8万吨,用时6天15小时。

【改革改制】 1. 改制分流全面展开。年内完成机械厂等10个单位的改制工作,分流1620人。从2002年改制试点到2005年末,公司已完成改制单位40个,累计分流7372人。

2. 机构整合平稳实施。中石化集团公司层面,催化剂厂、国际事业齐鲁公司以及化工销售业务的集中划转工作顺利完成。公司层面,重组成立了物资装备中心,实现一级采购、一级储备;对研究院和树脂所、一化实业部和劳服公司进行一体化整合;对分散于各厂的消防和客运业务进行专业化重组。

3. 改革改制实现"八减"。一是减机构。公司直属单位由上年的38个减少到27个;公司机关部门由35个减少到27个。二是减员。公司用工总量5年减少37%,由5.9万人减到3.7万人。其中,国有在册职工由5.4万人减到3.4万人。三是减干部。与2002年相比,公司领导班子成员减少29%,减至10人;公司中层管理人员减少33%,减至236人;公司基层管理人员减少40%,减至1990人。四是减社区。通过改制、整合和重组,公司规模较大的社区由原来的11个减至5个。平房社区的清理基本完成,关闭10个工程建设时期遗留的平房社区,拆除危房1241套。五是减车辆。从2002年到2005年末,公务车的数量已由1391台减至711台,4年减少680台。六是减活动。各类评比、检查及表彰活动由原来的136项压减到16项,减少88.2%。七是减报刊、杂志和协会、学会。公司内部报刊由原来的23种压减到3种;公司参加或组办的各类协会、学会由268个压减到79个,减少71%。八是减会议。从2004年开始,每周四为公司的"无会日",通过压减、合并会议,缩短会议时间和减少领导陪会,公司层面的会议减少了三分之二。　(王敬华　曹钰梅)

机 械 工 业

【概况】 2005年,全市规模以上机械企业达368家,完成现价总产值217.48亿元,同比增长21.27%,是"九五"末的2.58倍,年均增长20.9%;完成工业增加值62.38亿元,同比增长21.15%,是"九五"末的2.7倍,年均增长22.0%;实现销售收入210.89亿元,同比增长21.15%,是"九五"末的2.7倍,年均增长22.0%;实现利税总额22.34亿元,同比增长19.64%,是"九五"末的2.93倍,年均增长24.0%;实现利润12.31亿元,同比增长21.0%,是"九五"末的3.3倍,年均增长27.06%;完成出口交货值14.54亿元,同比增长20.0%,是"九五"末的2倍多,年均增长16.0%。

【行业管理与服务】 1. 完成《2004年行业经济运行分析》调研报告。2. 及时把握和分析行业经济运行状况。在对全市20余家样本企业的生产、经济指标进行统计、分析的基础上,每季度作出行业经济运行分析。3. 编制完成《淄博市机械工业"十一五"发展规划》初稿。4. 出台《淄博市机械工业产业链发展意见》。5. 招商引资。编印机械行业《对外招商情况简介》,在全市范围征集机械类招商项目30余个。组织有关企业参加对韩中小企业的招商;组织部分重点企业参加第16届(淄博)对韩经济贸易洽谈会、鲁台(潍坊)经贸洽谈会暨海峡两岸制造业博览会、2005淄博—上海机械招商会和日本关西地区招商会等一系列机械专业招商活动。

【结构调整和产业升级】 至年末,华天轴承集团新厂正式投产;山东红卫电机股份有限公司新厂完成搬迁;华成集团2万平方米厂房竣工投产;淄博蠕墨铸铁厂投资5000万元的项目土建工程已基本完工;山东博泵科技股份公司与日本荏原株式会社的合资项目于11月9日开工建设。

【实施名牌战略】 2005年,全市机械行业企业积极开展申报山东名牌和山东省著名商标工作,全年获国家免检产品2个,山东省名牌产品13个,山东省著名商标6个。到年末,全行业累计获得国家和山东省免检产品6个,山东省名牌产品36个,山东省著名商标27个。　(黄长怀)

【工程技术中心建设】 全市机械企业加大工程技术中心建设力度,不断加大投入,到2005年底,全市机械行业建成省级工程技术研究中心10家:山东省淄博蠕墨铸铁股份有限公司的特种铸铁工程技术研究中心、山东华天滚动轴承有限公司的山东省轴承工程技术研究中心、淄博创尔沃中央空调有限公司的山东省传热节能工程技术研究中心、山东巨明机械有限公司的山东省作物收获机械工程技术研究中心、淄博长治泵业有限公司的山东省石油化工泵工程技术研究中心、博山奥博机械有限公司的山东省变速传动工程技术研究中心、山东华成集团有限公司的山东省流体机械工程技术研究中心、淄博真空设备厂有限公司的山东省真空设备工程技术研究中心、山东三金玻璃机械有限公司的山东省玻璃机械工程技术研究中心、中天仕名(淄博)重型机械有限公司的山东省建筑装备工程技术研究中心。　(张德峰)

【山东鲁信高新技术产业股份有限公司】 2月,四砂股份有限公司更名为山东鲁信高新技术产业股份有限公司。截至年底，公司总股本为20228万股。其中，山东省鲁信投资控股有限公司及其全资子公司山东省高新技术投资有限公司持有11937万股，占总股本的59.01%。公司总资产9.37亿元，实现主营业务收入4.16亿元，主营业务利润6509万元。继2004年公司入围淄博市工业百强企业后，2005年公司在淄博市百强企业中的名次上升19位，连续2年获中国机床工具行业出口创汇十佳企业称号。公司投资的四砂砂布砂纸有限公司、淄博理研泰山涂附磨具有限公司、日照鲁信金禾生化有限公司快速发展。7月1日，公司投资建设的鲁信工业园在淄博高新区奠基，该园占地13.33公顷，计划投资4亿元。

（房　宁）

电子信息产业

【概况】 2005年，全市统计口径内20户骨干企业，现价工业总产值完成16.2亿元，增长21.4%；销售收入完成15.3亿元，增长27.8%；实现利税1.2亿元，增长37%。高技术信息产业在软件业、计算机信息系统集成产业的拉动下，发展迅速。

【软件及系统集成企业】 截至年底，全市有软件及系统集成企业50家，其中年收入超千万元的企业5家，涌现出淄博科汇电气股份有限公司、山东信通电器有限公司、山东赛安自动化科技有限公司、淄博市临淄四维科技开发有限公司等骨干企业。业务涉及电力、医疗、建筑、化工、机械等行业，产品主要有水电自动化监控调度系统、数字城市、医学影像、安全监控、企业管理、政务信息及网络管理等，年销售收入近4亿元。四维科技开发有限公司的“数字化城市软件平台及应用系统”和齐通公司的“山东省建筑施工安全生产监督管理信息系统”获得财政专项资金支持。

【重点项目建设】 年内，淄博宇峰实业有限公司的片式石英晶体谐振器项目开工建设，达产后年产片式石英晶体谐振器2400万只，销售收入4800万元，年增产光学晶体100吨，年增销售收入5000万元。淄博博航电子陶瓷有限公司的陶瓷基片项目投资改造完成，年产陶瓷基片30万平方米，年销售收入8100万元。淄博世纪电子有限公司的高压自愈式电容器项目投产，年增销售收入6000万元。

【推进信息化工作】 年内，市信息产业局对广播电视系统和各网络运营企业进行调研，基本掌握了全市信息基础设施建设和通信网覆盖情况。组织编制《淄博市“十一五”信息化发展规划》。对国税、地税、公安等系统专用网络进行调查。对全市非金融集成电路卡(IC卡)应用情况进行调研，基本摸清全市非金融IC卡的使用情况。16家条件成熟的企业被列入山东省信息技术改造传统产业200家重点企业名单。制定《淄博市信息技术改造传统产业工作的意见》，为全市开展信息技术改造传统产业工作理清思路。有4家企业的项目获省信息产业发展专项资金38万元的支持。山东玻璃集团等4家企业被确定为信息化应用示范单位。　（黄家宁）

陶瓷工业

【概况】 2005年，全市陶瓷行业共256个企业单位，从业7万人。完成工业总产值52亿元，比上年增长20.93%。实现产品销售收入51亿元，同比增长21.43%。产品销售率99.12%。实现利税3.3亿元，同比提高20%。高技术陶瓷实现工业总产值15亿元，同比增长25%。占陶瓷工业总产值的30%，利税占65%以上。日用陶瓷产量达7亿件，高档瓷产量达8060万件，同比增长24.59%，高档瓷占总量的比重由2004年的9%提高到11%。出口陶瓷产量4.5亿件，占日用陶瓷总量的65%，创汇1.41亿美元，同比增长16.63%。9月，“硅苑”牌、“华光”牌日用陶瓷，获中国名牌产品称号。

【山东陶瓷精品大奖赛暨第一届青年作品创新评选】 山东陶瓷精品大奖赛暨首届山东省青年陶瓷作品创新评比是2005年中国(淄博)国际陶瓷博览会10项主要活动之一。9月，来自济南、威海、德州、滨州、临沂、淄博市的173个单位和个人参加比赛。参赛作品276件套，计1480件。评出山东陶瓷精品大奖20个，二等奖25个，三等奖30个；青年陶瓷作品创新一等奖13个，二等奖18个，三等奖25个。

【《山东·陶瓷艺术大师作品集》出版】 为展示省内陶瓷艺术大师、陶瓷艺术家的成果，山东陶瓷工业协会、山东省陶瓷公司组织编辑《山东·陶瓷艺术大师作品集》。该书收录79位陶瓷艺术工作者的作品和简介，10月出版，是反映省内陶瓷艺术大师风貌的首本专集。

【山东陶瓷工业协会宾馆用瓷专业委员会成立】 10月12日，山东陶瓷工业协会宾馆用瓷专业委员会成立大会在山东理工大学举行。会议讨论通过《山东陶瓷工业协会宾馆用瓷专业委员会章程》，选举产生专业委员会领导机构。

【艺海阁陶瓷艺术发展中心成立】 为展现山东陶瓷艺术的整体面貌和水平，加快陶瓷艺术的产业化进程，山东陶瓷工业协会、山东省陶瓷公司创办了山东艺海阁陶瓷艺术发展中心。该中心位于省陶瓷公司一楼，9月28日揭牌。“艺海阁”以展示市内陶瓷艺术家的作品为主，并展示和推介山东陶瓷艺术精品。

【民间陶瓷文化之旅】 10月10日，山东陶瓷工业协会组织淄博民间陶瓷文化研究者、民间陶瓷收藏者、陶瓷界名人对淄博市古陶瓷文化的遗址、遗迹进行综合考察。先后考察了中国陶瓷馆、淄川寨里古窑遗址、淄川龙泉馒头窑遗址、西河“牛拉碾”遗址、八陡玉祥窑遗址、博山山头馒头窑遗址，写出了以保护古窑遗址为主题的专题报告。

【国家级工业陶瓷材料工程技术研究中心落户淄博】 12月20日，淄博市申报的国家级工业陶瓷材料工程技术研究中心被科技部批准组建。该中心是全国唯一的工业陶瓷方面的工程技术中心，填补了全省工业领域国家级工程技术研究中心的空白。该中心依托山东省工业陶瓷研究设计院、山东硅苑新材料科技股份有限公司、山东理工大学3个单位组建，是一个集工程技术开发、产品中试孵化、标准化建设、人才培训、信息交流的综合服务平台。

【《尹干陶瓷艺术》出版】 5月,《尹干陶瓷艺术》出版发行。尹干是省内6位中国陶瓷艺术大师之一,其作品多次在国内外获奖。《尹干陶瓷艺术》收入尹干的论文9篇、陶瓷作品图片54幅、陶瓷花纸图案9幅、山水画作品20幅。

【导电陶瓷红外辐射基板问世】 11月24日,由山东皇冠控股集团有限公司、山东理工大学、山东省硅酸盐研究设计院研制开发的"导电陶瓷红外辐射基板"通过省科技厅鉴定。导电陶瓷红外辐射基板是以特殊的工艺技术,在陶瓷基料中加入多种化学元素和化合物,经高温烧结后形成均匀发热导体的新型电热转换元件,具有散热面积大、热场均匀,电热转换率高、高效节能、环保等特点。可用于家电、建筑采暖、保健医疗器械等领域,具有广泛的市场前景。

【开光喷彩刻瓷艺术】 开光喷彩刻瓷艺术是在传统平面刻瓷的基础上,利用高温颜色釉的流动性,根据画面构图的需要,用喷枪在陶瓷坯体上分层施釉,经高温烧制后,在釉面上刻瓷,形成背景绚丽、表现能力强的刻瓷艺术作品。该技艺为山东省陶瓷艺术大师张新中首创。10月,开光喷彩刻瓷作品《鹤戏春林》获2005年山东陶瓷精品大赛二等奖。

【异形滚压成型机获国家发明专利】 10月,博山宝丰陶瓷机械设备有限公司研制开发的异形滚压成型机获国家发明专利。异形滚压成型采用滚头滑板位移、自动转向、自动夹模等装置,成型口小腹深等异形陶瓷制品。与传统的注浆工艺相比,效率提高10倍以上。 (司书长)

【山东硅苑新材料科技股份有限公司】 集团公司和股份公司2005年的销售收入,同比分别增长31%和20%。经济效益和员工收入同步增长,股份公司进行二次分红,保证了股东的收益和股份资产的保值增值。9月,硅苑牌日用陶瓷被评为中国名牌产品。

年内,以"中华龙"国宴用瓷为龙头的日用陶瓷,销售收入和利润都达到历史最好水平。技术陶瓷不断提高产品性能,增加产品技术含量,销售收入和实现利润创历史新高。红釉系列、陶瓷刀具、泡沫陶瓷等产品销售收入大幅增长。1月,公司承担的"低温烧结复相耐磨陶瓷的研究""硒—镉大红釉的研究"通过省级技术鉴定。年底,公司承担的山东省陶瓷新材料行业技术中心被认定为山东省第三批行业技术中心。

4月8日,全国人大常委会副委员长、中国工艺美术协会名誉理事长李铁映到公司调研考察。10月,公司合资方美国福禄公司首席运营官Kirsch先生到公司访问。

(程卫忠)

【淄博工陶耐火材料有限公司】 2005年,实现销售收入5.6亿元,同比增长35%;实现利税1.2亿元,同比增长65%;实现利润7846万元,同比增长39%;出口创汇3058万美元,同比增长52%。公司在2005淄博市百强企业中列第十八位。

公司与世界最大的耐火材料企业——奥地利奥镁集团共同投资建立的中外合资企业山东奥镁新材料有限公司于7月14日签订合营合同。该项目总投资1800万美元,注册资本732万美元。一期工程年产新型电熔AZS4000吨,可实现销售收入1亿元,利税2000万元。截至年底,设备正在进行改造、调试中,计划于2006年下半年投产。与日本新化学材料株式会社合资的呋喃树脂项目已经启动。

引进日本旭硝子公司的1800摄氏度超高温隧道窑
(淄博工陶耐火材料有限公司 供稿)

2005年,公司开发的等静压锡槽底砖获得国家专利,玻纤耐火材料已形成系列化、规模化生产,高新技术产品销售收入占总销售收入的70%以上,成为中国最大的玻璃耐火新材料生产配套基地、国家新材料产业化基地骨干企业和国家高新技术企业。与世界500强日本旭硝子公司合作建立的淄博旭硝子技术开发中心获得省级技术开发中心资格,被国家科技部确定为国家新材料产业化基地骨干企业技术支撑单位。

(徐新建)

【山东淄博华光陶瓷股份有限公司】 2005年,实现工业总产值10640万元,销售收入11999万元。9月,华光牌日用陶瓷获中国名牌产品称号。

2005年,公司整体改革重组工作步伐加快,审计和资产评估、排查债权债务等重组工作正在推进。淄博永华陶瓷有限公司通过改革改制,经济运行质量和员工收入逐步提高,年人均收入达9967元,比上年增长1814元,增幅达22.25%。7月,国家对淄博华创精细陶瓷有限公司承担的2个"863"项目进行鉴定验收。

永华公司开发的高附加值色釉礼品杯、广告杯等,先后通过迪斯尼、雀巢咖啡、沃尔玛、美国礼品广告公司等多家知名公司的工厂认证。年内,公司产品进入欧洲市场,市场结构进一步优化。骨质瓷分公司全年发货值2689.54万元,回款2421.34万元,同比分别提高22.82%和21.62%,8月,顺利启用第二条窑炉。该公司加大生态健康陶瓷系列产品的研发和上市力度,设计新品种100多个,其中一半已投入生产。

(冯衍伟)

丝 绸 工 业

【概况】 8月,省丝绸集团公司调整淄博市丝绸公司领导班子,经省集团公司党委批准调整、健全了市丝绸公司党委。调整后的淄博市丝绸公司以加快淄博地区国有丝绸企业的改制退出为中心工作,以"服务、协调"为宗旨,以稳定为重点,边改制边发展,积极规范、加快发展民营企业。

【企业改制】 山东鲁梅丝业有限责任公司于2004年底完全停产,2005年7月29日经职工代表大会讨论通过《企业资产处置及职工安置方案》。8月31日,公司与1274名职工终止劳动合同,分期兑付经济补偿金,并为职工办理社保等各类关系的转移和接续。9月26日,发放失业证、失业金。山东淄博丝织一厂于2004年12月30日被批准政策性破产,2005年

10月27日，市中级人民法院宣告该厂破产，标志着该厂进入政策性破产实施阶段。沂源县丝绸公司经批准实施整体改制。山东省沂源制丝厂和山东淄博丝织二厂正在争取政策性破产。

【民营丝绸企业】 山东天力丝绸有限公司积极引进外来资金，并发动员工筹集，累计资金3000余万元，先后成立淄博大染坊纺织发展有限公司等10余家民营企业，安置下岗职工320余人，全年销售收入超过1亿元，上交税金超过100万元。 （陈云霞）

纺织工业

【概况】 2005年，全市规模以上纺织企业完成工业总产值263.4亿元，同比增长17.12%；实现销售收入252.1亿元，同比增长19.44%；实现利润15.1亿元，同比增长18.74%；实现利税22.5亿元，同比增长10.44%；出口创汇6.67亿美元，同比增长30.27%；其中纺织品出口4.74亿美元，同比增长32.3%，服装出口1.93亿美元，同比增长25.4%。生产化学纤维31.37万吨，同比增长1.21%；纱139864吨，同比增长31.04%；布103547万米，同比增长13.33%；服装4838万件，同比增长47.07%。销售收入、利税均列全省第四位。

【重点项目建设】 是年，全市纺织行业投资过千万元的项目30多个，重点技改项目完成投资20多亿元。

附： **重点项目投资完成情况表**

序号	项　目	投资完成	备注
1	万杰集团化纤项目	1亿元	
2	淄博银龙纺织有限公司高档织物面料项目	9700万元	
3	淄博银仕来纺织有限公司气流纺纱项目		已投产
4	淄博兆龙公司毛毯项目	2400万元	
5	鲁泰纺织有限公司5000万米高档色织布项目和500万件高档衬衣生产线项目	2.8亿元	
6	淄博新天特种纤维有限公司高性能原丝及碳纤维项目	2.5亿元	
7	鲁丰织染有限公司二期项目	2亿元	
8	兰雁集团后整理搬迁改造项目 热电续建项目 高档变形纱、牛仔布项目 80万米筛网项目 200万件牛仔服装项目 办公楼科研所	5585万元 430万元 8660万元 1200万元 2650万元 6500万元	
9	维尔集团新型高档经编面料项目 彩涂板项目	1200万元 4095万元	彩涂板项目已投产
10	淄博天浩织染有限公司高档印染二期工程	1.5亿元	

续表

序号	项　目	投资完成	备注
11	淄博华业工贸公司2000吨无纺布项目	1200万元	已投产
12	周村通联纺织器材有限公司1万吨丙纶项目	1200万元	已投产
13	周村裕丰纺织有限公司巾被项目	1600万元	已投产
14	淄博海天纺织有限公司4000吨包覆纱项目 牛仔布丝光处理项目	2120万元 2300万元	均已投产
15	淄博鑫三德纺织服装有限公司服装扩产项目	1180万元	已投产
16	淄博华润印染有限公司针织印染项目	1600万元	已投产
17	淄博新亚毛巾有限公司毛巾项目	1500万元	已投产
18	淄博鑫利印染有限公司5600万米印染织造项目	6000万元	
19	周村贤良毛巾有限公司巾被项目	1000万元	
20	淄博华隆化纤有限公司热电项目	1600万元	
21	淄博恒昌纺织有限公司棉纺项目	2200万元	已投产
22	淄博瑞泽非织造布公司无纺布项目	2600万元	已投产
23	淄博锦洋纺织有限公司涤纶工业丝项目	6000万元	
24	淄博沃源纺织有限公司仿毛生产线染整改造项目	1000万元	已投产
25	淄博云涛纺织品有限公司高档印花浴巾项目	4800万元	已投产
26	淄博钜创纺织品有限公司纺织服装项目	5000万元	
27	淄博鲁群纺织有限公司公司棉纺项目	1亿元	
28	山东安旺纺织有限公司高档面料项目	5000万元	
29	淄博曼顿纺织服装有限公司二期纺纱项目	5500万元	已投产
30	淄博鸿丰纺织有限公司二期纺纱项目	5000万元	已投产
31	淄博联昱纺织有限公司织布扩产项目	1000万元	

【科技创新】 是年，鲁泰纺织股份有限公司、兰雁集团被中国纺织工业协会命名为科技型企业。鲁泰公司的全棉液氨＋潮交联＋NANO三防整理面料、兰雁集团与青岛大学合作的纺织品超细颜料染色技术开发项目，分别获得2005年山东省科

技进步奖一等奖、三等奖。万杰集团的卷毛绒高档面料系列用涤纶纤维丝、环保型阻燃涤纶 FDY 丝、喷水织机废水处理循环利用系统等三个项目通过省级鉴定，填补国内空白。鲁泰公司的多功能衬衫、纯棉色织后漂面料、纯棉潮交联衬衫褶裥定型技术、纯棉超级免烫衬衫面料、超高支紧密纺纱技术通过省级鉴定，居国际先进水平。兰雁集团的康特丝功能性纤维及面料成衣技术研究与开发、三维梦幻生态面料与服装染整技术及产品开发、轻怡牛仔面料、虹星牛仔面料、靓茵牛仔面料、丽赛牛仔面料通过省级鉴定，居国内领先水平。齐赛公司的丽赛交织休闲面料通过省级鉴定，填补国内空白。

【争创名牌】 9月，鲁泰纺织股份有限公司的高档色织布、兰雁集团的牛仔布获得中国名牌称号，万杰集团的涤纶短纤维和合纤丝织品、山东兰骏集团的牛仔布、淄博海天纺织有限公司的牛仔布、淄博宝艺服装有限公司的“宝艺”牌童装、淄博云涛纺织品有限公司的巾被等5个企业的6个产品获得山东名牌称号。

【行业管理工作】 1. 把握行业经济运行走势，指导企业对于欧盟、美国对纺织品设限采取积极应对措施。2. 编制完成《淄博市纺织服装工业“十一五”发展规划》。3. 做好重点项目的服务工作。参加全省技术改造导向项目论证会，全市纺织行业有7个项目被列入省技改导向计划，总投资19.7亿元。4. 开展纺织专业招商。对《淄博市纺织服装工业三年发展规划》进行补充、完善；制定《淄博市纺织服装工业发展导向》《纺织专业招商方案》；建立《淄博市纺织专业招商项目库》。市纺织行办完成200万美元的招商引资任务。5. 组织全市企业39名参赛选手参加全省棉纺粗纱、细纱和喷气织机操作技术大赛，有4人分别进入3工种前10名，30人达到优级水平，2人打破省单项记录。6. 按市政府部署，从3月开始，每月到周村区进行安全督察。7. 抓好纺织产业基地建设。8. 做好信息和对外宣传报道工作。认真收集、研究分析国内外同行业的经济信息，及时编发《纺织信息》。

（李　谦）

【兰雁集团股份有限公司】 2005年，集团生产棉纱31442吨，同比增长58.72%；棉布产量4181万米，同比增长1.54%；服装产量877万件，同比增长0.78%；实现销售收入12.01亿元，同比增长8.59%；实现利润3230万元，同比下降27.12%；实现利税1.305亿元，同比增长69.91%；出口创汇8878万美元，同比增长17.17%。年内，兰雁牌牛仔布被评为中国名牌产品，兰雁牌牛仔服装被评为国家免检产品，集团获中纺协会、棉纺协会前50强“排头兵企业”、全国纺织科技型企业、全国纺织企业文化建设先进单位等称号，被中国服装行业协会评为全国服装行业百强企业。

新项目建设。1. 总投资7000万元的电厂二期项目，于年底烘炉。2. 投资250万美元，与日本小泉株式会社合资成立淄博鲁泉服装有限公司。3. 投资100万美元与韩国原田株式会社合资在胶州兴建青岛鲁田服装有限公司，5月投产。4. 引进日本80台津田驹喷气织机项目，8月投产，年产牛仔布1000万米。5. 投资1000万元新上一万环锭纺项目，7月投产，可年产高档环锭纺纱3600吨。6. 投资500万元，与北京北染金盛工贸有限责任公司合资兴建淄博绿坤水剂有限公司，主要生产高科技含量的染料、助剂，年内实现小批量生产。7. 投资40万美元，与韩国东方爱恩株式会社合资在沂南兴建的山东兰雁爱恩服装有限公司即将投产。8. 租赁临沂雪牛公司设备项目，正在进行设备安装。9. 龙丽公司整体从针织厂搬迁至创业新区。10. 后整理分厂主体厂房及水、电、汽等配套设施全部准备就绪，具备搬迁条件。11. 投资1000万元在创业新区内新建高标准职工公寓3幢，综合服务楼一座，面积2万平方米。

企业管理。1.“双增双节”活动从3月开始至年底，实现增收1624万元，节支2308万元。2. 配合业务流程再造，开展产品条码编码工作，制定面料编码规则及条码运行管理办法。3. 加强对错支纱、染色及水洗分色、后整理缩水率等重点、难点的技术攻关。面料出口一等品率稳定在96.5%以上。4. 对三大认证体系管理程序初步进行整合。3月，通过SA 8000社会责任管理体系认证。5. 对新建单位及时建立新的薪酬制度。为全体员工办理医疗保险。6. 先后招用员工2000余人，招聘大专以上毕业生121人，兰雁职业技术培训中心新招学员170余名，并与哈工大威海分院联合办起热电专业大专班。7. 公司对原兰雁股份3036万流通股、6951.36万自然人股和法人股进行回购，成立淄博兰雁集团有限责任公司。

销售与市场。下半年，牛仔面料订单大幅下滑，公司及时调整销售战略，使出口保持稳定增长。海外市场构建实现多元化。巩固日本、韩国服装客户，美国大公司订单占总量60%以上，成为新的销售增长点。棉纱销售额1.53亿元，成为公司最大经济增长点。全年新发展加盟商20个。处理库存面料238万码，服装1.1万件，回收货款3000余万元，清欠货款226万元。

科技创新与新产品开发。全年共开发新品种345个。公司自主研发的“生态弹力竹节纱”“环保家用牛仔面料”项目被科技部列入2005年国家火炬计划项目。研发的“靓茵牛仔面料”项目被省经贸委列入2005年山东省技术创新重点项目。与青岛大学共同开发的“康特丝功能性纤维及面料成衣技术研究与开发”项目通过省级鉴定，填补国内空白。山东省牛仔面料与服装工程技术研究中心由省科技厅批准成立，成为全省牛仔面料与服装企业唯一的工程技术研究中心。

（牛爱华）

轻　工　业

【概况】 2005年，全市限额以上轻工企业共完成工业总产值440.35亿元，同比增长34.67%；实现销售收入433.40亿元，同比增长40.11%；实现利税46.16亿元，同比增长38.68%；实现利润27.61亿元，同比增长38.4%；出口交货值46.64亿元，同比增长44.63%。食品添加剂、药用玻璃、装饰原纸、塑料编织袋、农用薄膜等产品产量居全国第一位；玻璃、造纸机械、钨钼材料等产品产量居全省第一位。主要产品产量：造纸139万吨，同比增长15.98%；日用玻璃14.22万吨，同比增长32.76%；塑料制品13.24万吨，同比增长40.45%；饮料酒11.46万吨，同比下降3.04%。

【技术进步和结构调整】 是年，全市轻工企业重视技术进步，成立省级企业技术中心1处、省级工程技术研究中心3处。有10个轻工技术改造项目列入山东省技术改造导向计划，总投资10.9亿元。山东博汇集团有限公司的造纸系列项目、山东玻璃集团的超白浮法玻璃及汽车玻璃原片深加工项目、中材金晶玻纤有限公司的池窑拉丝和湿法薄毡项目、山东齐峰化轻集团有限公司的高档装饰原纸项目，被列入全市百项重点工业项目并成为优秀项目。年内，有6个轻工产品被评为中国名牌产品，9个产品被评为山东省名牌产品，1家企业的商标被评为中国驰名商标，10家企业的商标被评为山东省著名商标，22家轻工企业成为淄博市工业百强企业。

【酒类产品质量鉴评】 4月，全市酿酒行业质量鉴评会在山东扳倒井股份有限公司召开。16家企业的45个产品参评，全部达到优级品标准要求。通过产品质量鉴评，淄博市酒类产品知名度和评酒技术人员技能水平显著提高。山东扳倒井股份有限公司的张锋国在全国评酒员考核中获得第一名，成为全国评酒状元。

【淄博市工艺美术协会成立】 8月30日，重新组建的淄博市工艺美术协会召开成立大会，并成立淄博市内画艺术协会和淄博市玩具协会；协会制定了全市工艺美术业发展意见，组织召开全市工美大师座谈会，参与组织山东省工艺美术工作座谈会，在荣宝斋大厦和科技陶瓷城组织举办全市工艺美术大师精品展；组织工艺美术厂家和工艺美术大师参加在杭州举行的全国工艺美术展，获2枚金牌、4枚银牌和2个优秀奖，成绩名列全省第一。　（曹延玲）

【山东玻璃集团】 2005年，集团平板玻璃产量2753.51万重量箱，浮法玻璃产量2351万重量箱；实现销售收入140969万元，利润8746万元。开发出15毫米、19毫米厚板以及3660毫米×7000毫米大规格和H绿玻璃等适销对路产品投放市场。超白分公司初步建立新型生产管理模式，深加工总产量同比增长32.82%，全年累计实现浮法玻璃出口创汇较上年增长75.96%。

年内，公司与中国材建集团、美国PPG公司签订合资协议。7月5日，中国第一片超白浮法玻璃在公司下线。9月，“金晶”牌浮法玻璃获中国名牌产品称号。金晶科技股权分置改革方案顺利通过。超白浮法玻璃荣获建筑部品科技创新奖。启动了离线LOW－E玻璃项目的筹建工作，金晶科技成为中国节能推广战略联盟副理事长单位。　（赵新团）

【山东凤阳集团股份有限公司】 山东凤阳集团股份有限公司是市属重点企业集团，中国家具协会副理事长单位。截至年底，公司总资产8亿元，业务范围涉及家具制造、餐饮娱乐业、建材业、汽车销售等，拥有淄博凤阳彩钢板有限公司、淄博凯景镀锌薄板有限公司、淄博凤阳大酒店有限公司、淄博凤阳汽车销售广场有限公司、河北保定凤阳家私有限公司、淄博凤阳龙港家私有限公司等多家下属子公司。2005年，凤阳集团实现现价总产值89228万元，实现销售收入77186万元，分别比上年同期提高172%和124%。

企业继续推行品牌战略，凤阳牌床垫在2005年全国家具行业首批中国名牌评比中被评为中国名牌产品，填补山东省家具行业名牌产品的省内空白。床垫车间在原有基础上又扩建10000平方米，引进国际先进水平的生产流水线，建成后凤阳床垫生产能力将达到年产50万件以上。凤阳彩钢板、凤阳镀锌板产销两旺，凤阳镀锡板顺利投产。截至年底，总投资3亿元的30万吨精密薄板项目和20万吨镀铝锌板项目前期工作全部完成，山东省经贸委已批复备案。　（苏学涛）

凤阳工业园外景

（山东凤阳集团股份有限公司　供稿）

本部类编辑：赵建国
副主编：郭能勇
校对：徐　杰
吴建利

·淄博市重点文物保护单位选介·

桐林（田旺）遗址

国家级重点文物保护单位。位于临淄区桐林村西南、田旺庄东北，淮阳河、乌河经此流过。此遗址为台地遗址，面积约150万平方米。经省文物考古部门多次勘探、试掘，发现其文化层厚3～4米，地表多为汉代砖瓦陶片，出土的文化遗物有石器，陶器还伴有家畜的骨骸、牙齿等，其主要文化堆积属龙山文化。勘探确认这是一处面积150万平方米的龙山文化大型城址，城址至岳石文化和西周时期继续使用。

（李　胄　供稿）

农　　业

综　述

【农业和农村经济】 2005年，全市认真落实各项支农强农政策，坚持工业反哺农业、城市支持农村，全面提高农业综合生产能力，实现粮食增产、农业增效和农民增收。全年完成农业总产值(现价)110.28亿元，比上年增长7.3%；实现农业增加值58.68亿元，增长6.8%；农民人均纯收入5107元，增长15.2%。粮食生产形势持续好转，全年粮食总产131.57万吨，增长13.1%。其中，夏粮总产59.28万吨，秋粮总产72.29万吨，分别增长19%、8.6%。经济作物中，除棉花总产比上年下降29%外，蔬菜总产量达到337.82万吨、增长1.2%，总收入42.9亿元、增长6.2%；油料产量增长3.5%；中药材、黄烟等都有不同程度增长。41家市级重点龙头企业固定资产达15亿元，实现销售收入42亿元。畜牧业克服禽流感疫情的影响，调整畜牧业结构，抓好特色和基地化养殖。全年肉类总产16.08万吨、奶类总产10.67万吨，分别增长6.8%、3.2%；禽蛋产量15.11万吨，下降6.9%。实施农业标准化生产，全市建立标准化粮食基地33333公顷，果品基地30667公顷，蔬菜基地20000公顷，认证无公害、绿色和有机食品116个。积极搞好农业综合开发，不断提高土地产出能力。争取中低产田治理任务5667公顷，产业化经营项目3个，总投资7909万元。加大扶贫开发力度，"三区"生产生活条件大为改观。农业综合机械化程度明显提高，全市农机总动力达到302.9万千瓦，增长0.8%。农机跨区作业规模扩大，主要农作物生产实现机械化。　（孙进明）

【农业产业化】 是年，全市农业产业化经营组织1100多家，固定资产45亿多元，实现销售收入75亿元；带动基地13.3万公顷，农户47万户，安置农民工10万多人，农民户均来自产业化经营收入1000多元。41家市级重点龙头企业固定资产15亿元，实现销售收入42亿元。国家级重点龙头企业1家，省级重点龙头企业16家。全市销售收入500万元以上龙头企业达126家，销售收入超亿元龙头企业15家，形成了以市级重点龙头企业为核心，区县级重点龙头企业为骨干，农业专业合作经济组织、专业市场、小型龙头企业为基础的农业产业化龙头组织群体，促进了优势农产品区域发展。制定实行"一贴一补三奖励"扶持政策，专项扶持资金增加到500万元，重点扶持龙头企业基地建设。在政策推动下，龙头企业直接进入农业生产领域，通过投资建设基地，加强农村基础设施建设，组织农民培训，建立农业服务体系，带动农村二、三产业的发展，成为建设社会主义新农村的主要力量。

【农村合作经济组织】 是年，全市农民专业合作经济组织得到进一步发展。截至年底，全市共有各种形式的农业专业合作经济组织431家，其中注册登记的183家(含技术协会97家，合作组织86家)。合作经济组织在技术信息、运销、加工仓储等领域为农民提供服务，带动农民年户均增收1158元。

（吕承强）

【农业综合开发】 1.农业综合开发通过立法。12月21日，市第十二届人大常委会第二十一次会议通过《淄博市农业综合开发项目管护办法》，填补国内地市级农业综合开发立法的空白。2.项目建设标准质量明显提高。全面完成2004年农业综合开发项目，9月通过省级验收，项目建设标准质量明显提高，继续位居全省先进行列。共完成土地治理项目4933公顷，其中新增节水灌溉面积4000公顷；新打机井57眼，配套井房314座；开挖沟渠175.7公里，修建桥涵626座；新建生产路255公里，其中硬化205公里；栽植农田防护林43.4万株。扶持建设山东(沂源)海达食品有限公司3500吨肉食加工、淄博(淄川)四季青2000亩绿色小杂粮基地和淄博(周村)大有良种猪繁育有限公司标准化养殖3个产业化经营项目，完成土建工程17600平方米，购置各类设备700余台套，已全部投产并正常运转。3.项目运行管护机制不断创新完善。8月26日，市政府办公厅下发《关于加强农业综合开发土地治理项目运行管护工作的通知》，把全市土地治理项目运行管护工作推向新的发展阶段，以农民"自主决策、自我管理"为主要形式的协会化运行管护机制得到省主管部门高度评价，已开始在全省推广。全市开发项目区已新建协会43家，其中农民用水户协会31家、路林管护协会12家。4.开发成效显著。土地治理项目以围绕群众根本利益搞开发为主题，项目区比非项目区亩均增收300元以上，科技含量提高2～3个百分点，为农业增效、农民增收奠定了物质装备基础。建成的3个产业化经营项目显示出良好的赢利能力和龙头带动作用，年可实现销售收入5993万元，新增利税1229万元，其中净利润824万元，带动农户9039个，增加受益区农民纯收入1833万元。5.财政扶持资金规模大幅增加。是年争取省以上财政资金3535万元，比上年增加855万元，增长31.9%。其中，无偿资金2847万元，比上年增加854万元，增长42.8%。

（张振昌　高　山）

【农村能源建设】 是年，全市新建农村户用沼气池2347个；推广太阳能热水器4.83万平方米；推广省柴节煤炉灶16400户。同时，推广沼液浸种6100公顷，新建太阳能温室80座、"四位一体"能源生态大棚50个、"猪、沼、果"生态模式示范点62处、风力发电站4座、风力提水站8座。

【生态农业示范区建设】 截至年底，全市生态农业示范区建设3年累计投资达到21000余万元。大搞山、水、林、田、路综合治理，发展经济林4000公顷，累计绿化面积1067公顷，修建各类水利设施1500余处，改善灌溉面积5333公顷，发展无公害果品3907公顷。示范区内建设旅馆、饭店等观光旅游设施1200余处。（李志明）

【扶贫工作】 是年，全市共落实扶贫资金418万元，争取扶贫贷款1000万元，完成扶贫项目1060项。市直机关事业单位对口帮扶82个贫困村，投入资金、物资折款1900多万元。3年来，重点扶贫乡镇的财政收入和农民人均纯收入年均分别增长29%和20%。（王　强）

【农村财务委托代理制实行】 全市有94个乡镇（街道办事处）建立村级财务委托代理中心，共代理3025个村的财务工作，占全市乡镇（办）总数的90.4%，占总村数的91.9%。（经管站）

【农业税及“两工”取消】 2005年，全市全面取消农业税、“两工”和除黄烟外的农业特产税，比全国和全省提前一年。同时，严格执行农民负担“一票否决”制度，农民负担显著减轻。全部取消农业税及“两工”，为农民减负增收8000多万元。（王新宇）

防治高致病性禽流感

【概况】 市委、市政府高度重视高致病性禽流感防治工作。11月6日，市长刘慧晏主持召开指挥部成员会议，调度检查指挥部办公室工作。8日晚，市委书记张建国主持召开常委扩大会议，传达学习中央和省委领导的重要批示及省常委会议精神，研究部署全市高致病性禽流感防控工作。市委书记张建国、市长刘慧晏分别到高青、桓台和临淄视察高致病性禽流感防控工作。副市长吴明君先后3次主持召开全市防控高致病性禽流感指挥部工作会议，深入分析形势，细化落实防控责任和防控措施。全市家禽实现100%有效免疫，保持全市无疫，防控工作取得阶段性成果。

【落实防控责任】 一是各级政府、各部门落实领导责任。区县由区县长任指挥，乡镇由党委书记任指挥，各级各部门行政一把手为第一责任人，分管领导为直接责任人。二是业务部门按照“政府保密度、部门保质量”的要求，落实强制免疫等技术措施的防控责任。三是交通、畜牧等部门加强输入环节特别是道路的检疫消毒检查，落实严堵疫情传入责任。四是工商、畜牧、质检等部门严格家禽市场监管，坚决杜绝未经检疫的不合格家禽及其产品进入市场，落实市场监管责任。五是财政部门增加重大动物疫病防控经费，并纳入各级财政预算，确保及时足额到位，落实防控资金保障责任。六是做好物资、装备、队伍、技术准备，制定周密的防控应急预案，落实应急准备责任。七是有关部门在实施监管过程中依法行政、文明执法，落实文明监管责任。八是卫生、工商、公安、财政、交通、林业和检疫检查等部门，加强禽畜防疫物资和药品市场巡查，有效防止和严厉打击不法分子借机哄抬防疫物资价格的行为，杜绝假劣物资流入市场，落实社会稳定责任。

【严把“三大关口”】 一是把好外疫传入关。设立临时或流动动物防疫消毒检查站，对进入市境的禽类及其产品进行严格检查，把住外疫输入关口。二是把好内疫监测关。在每个乡镇都设立20个高致病性禽流感疫情测报点，每个村设立1名疫情测报员，每天1次向市指挥部办公室汇报工作情况。设立66个候鸟固定监测点及流动监测站，对途经全市的候鸟进行全面观测。三是把好疫情处置准备关。进一步修订完善《淄博市防控高致病性禽流感应急预案》《高致病性禽流感疫情处置技术规范》，增强了可行性和可操作性。

【落实八项关键措施】 一是狠抓防控责任制落实。层层签订责任书，在全市建立形成纵向到底、横向到边的防控责任体系。二是养殖环节抓免疫。层层分解落实免疫任务，对家禽免疫注射后，由防疫员现场按程序签发免疫证明，同时由行政负责人在免疫证上签字，实行双轨责任制，确保防疫密度达到100%。三是市场环节抓监管。对进入市场的禽类产品严格查验检疫证明和运载工具消毒证明。严厉打击违法经营禽类及其产品和哄抬物价等行为，维持正常的流通秩序。加强对门店、宾馆、饭店等加工经营禽肉产品单位的监管，严防无“三证”产品流入，确保禽肉食品安全。四是生产环节抓检疫。严格产地检疫，加强屠宰检疫，严防不合格禽产品进入流通领域。加强对流通环节家禽及其产品的监督检查。五是城区环节抓禁养。全面落实城市建成区和大型工矿区禁养家禽和鸽子禁飞、鸟禁遛和对各类宠物鸟类强制免疫措施。六是饲养环节抓防控。每个饲养场在禽舍外增设防鸟隔离设施，散养家禽必须实行笼（圈）养，并遮盖防鸟网，防止野鸟与家禽直接接触。制定落实饲养场严格的消毒制度，全市95%以上的规模养殖场和90%以上的散养户都落实了防鸟和定期消毒灭源措施。七是高危人群抓防护。制定《淄博市突发人禽流感疫情应急预案》，进一步明确细化对人感染禽流感的防控措施，确保人员不感染。一旦感染到人，将采取及时有效的控制措施，防止疫情蔓延，保障人民群众身体健康和社会稳定。八是应急环节抓保障。市及区县资金和物资储备均得到落实。

【加强督导宣传】 加强督导检查，分工负责。组成4个督导组深入基层场户开展工作，保证各项措施落到实处。加强防控宣传。积极协调各新闻媒体，坚持正确的舆论导向，加大对高致病性禽流感防控的正面宣传，引导各级政府、各部门及广大市民积极参与高致病性禽流感防控工作。制定出台扶持家禽生产、加工的政策措施。对养殖规模达到1万套以上的种禽场，每套给予4元的补助。实施村级防疫员每人600元补贴的政策，对禽类加工企业落实了贴息政策。（穆华明）

种　植　业

【概况】 全年粮食作物播种面积20.93万公顷，总产131.57万吨，分别比上年增长13.4%、13.1%。其中夏粮9.84万公顷，总产59.29万吨，分别比上年增长18.2%、19.0%；秋粮播种11.09万公顷，总产72.29万吨，分别比上年增长9.3%、8.7%。玉米播种面积9.85万公顷，总产68.06万吨，分别比上年增长12.9%、9.9%；油料作物播种0.48万公顷，总产1.43万吨，分别比上年减少2.7%、增长3.5%；棉花播种1.8万公顷，总产2万吨，分别比上年减少22.7%、29.0%；烤烟种植0.29万公顷，总产0.51万吨，分别比上年减少22.7%、增长18.6%；中药材种植0.48万公顷，比上年增长12.0%；

蔬菜种植5.33万公顷，总产337.82万吨，分别比上年减少2.0%、增长1.2%。

【33300公顷强筋优质小麦保优节本增效技术开发项目】 年内，全市完成33300公顷强筋优质小麦保优节本增效技术开发项目示范推广面积16333公顷，安排示范田15处，高产攻关田10处，新品种对比试验6处，节水试验3处，肥料试验3处。项目区16333公顷小麦平均单产达到482公斤，比前3年平均单产增加45.04公斤，增长10.3%。其中，桓台县7000公顷，单产达到520公斤；高青县4000公顷，单产达到470公斤；临淄区5333公顷，单产达到442公斤。通过每0.067公顷降低氮肥用量（折纯氮）6公斤，折款17元；每0.067公顷节水2遍，节约浇水成本30元，共降低成本800多万元。同时，项目区生产的优质麦单价比普通小麦高0.06元，按小麦单产482公斤计算，项目区16333公顷小麦增收700万元。全年项目总计增加经济效益1500万元。

【3330公顷粮食超高产及吨半粮技术开发项目】 是年，全市完成3330公顷粮食超高产及吨半粮技术开发项目示范推广面积1960公顷。落实超高产攻关田17处、12.17公顷；示范田15处、823.33公顷；丰产方15处、1115公顷；品种对比、肥料、节水等各项试验10个、10.45公顷。

【实施40000公顷优质专用小麦良种推广补贴项目】 2005年秋种，全市顺利实施40000公顷优质专用小麦良种推广补贴项目，临淄区、桓台县、高青县各承担13333公顷的任务。通过公开招标确定的淄博农科良种开发中心、山东省桓台县种子公司、高青县黄河种业有限公司3家供种企业分别承担3个区县的统一供种工作。秋种结束，全市按计划完成16个整建制乡镇及5个试点乡镇，总计4.01万公顷的优质专用小麦良种推广补贴任务。按10元/0.067公顷的标准，总计补贴资金600.8万元。

【粮食直补工作】 是年，按照中央对农民的粮食直补政策，根据省农业厅、省财政厅《关于核定2005年小麦种植面积的紧急通知》精神，经由村、镇两级进行核实、公示、确定，由财政部门按《粮食直补资金管理系统》程序和格式统计、公示、上报，按每0.067公顷补贴13元标准对全市12.16万公顷小麦种植面积进行了直补，共补贴现金2371万元。

【冰雹袭击】 6月14日，淄川、博山、沂源南部山区遭受冰雹袭击，部分乡镇灾情严重。冰雹最大直径4厘米，最小直径1厘米，持续时间15分钟左右。共有21个乡镇受灾，农作物受灾面积1493.33公顷、黄烟1010公顷、经济林5344.67公顷、瓜菜875.33公顷、中药材100公顷，冲毁农田66.67公顷，农业受灾面积合计达8823.33公顷，造成直接经济损失3188万元。 （张　丽）

【农村劳动力转移培训阳光工程】 是年，农村劳动力转移培训阳光工程，被列入市委确定的16项重点工作和市政府为民办的12件实事之一。提高对农民培训补贴标准，各级财政投入比上年增长136%，全市共培训农村劳动力2.32万人，转移就业2.2万人以上，分别完成计划的116%、137.5%，农民工资性收入占总收入的54%。同时，实施新型农民科技培训工程，利用远程教育网络，实施农业实用技术普及培训，共培训农民10万多人次，农民就业和创业能力进一步提高，全市非农就业人员超过100万人。 （张居霞）

【全市优势农产品区域布局规划】 是年，市农业局、市发展和改革委员会、市财政局、市林业局联合下发《淄博市优势农产品区域布局规划（2005年～2010年）》。该规划将专用小麦、专用玉米、小杂粮、棉花、苹果、桃、干果、蔬菜、西瓜、肉牛肉羊、奶牛、生猪、肉兔、肉禽、食用菌、中药材16类农产品作为全市的优势农产品，进行重点扶持培育。力争经过5年努力，以16类优势农产品为核心，形成具有鲜明特色和较高知名度的6大优势产业区（带）。即：北部平原优质粮棉产区，南部山区优质果品产区，东北部优质瓜菜产区，中北部优质牛羊禽产品产业区，东南部优质生猪、肉兔产业带，东南部优质中草药、小杂粮产品产业带。 （孙鸿彬）

【淄博市农业科学研究院成立】 6月16日，淄博市农业科学研究院正式挂牌成立。其前身淄博市农业科学研究所，始建于1959年，主要职责是承担全市农业科学研究任务，进行农作物新品种的选育、试验示范。自成立至年底，共取得科研成果120余项，其中25项获省、部级奖励。获国家发明专利2项，有10个农作物新品种通过省审定。1999年至2003年连续5年被省科技厅、财政厅列为山东省农业良种产业化项目承担单位。

【“淄麦12号”的选育及示范推广研究】 该项目以有性杂交、系统选择为主要手段，以理化诱变、不育系应用、花粉培养及孤雌诱导等途径为辅，重点对现有后代材料进行筛选鉴定，其配制杂交组合600多个，种植杂种圃各世代穗（株）系15000个，先后育成“淄麦12号”“淄麦13号”“淄麦14号”“淄麦16号”“淄麦17号”“淄麦19号”等各具特点的小麦新品种（系）。“淄麦12号”作为山东省优质面包小麦主推品种，已推广种植333.33万公顷。该项目超额完成合同下达的各项指标。“淄麦12号”在高产与优质结合上达到国内领先水平，获山东省科技进步三等奖。

【无公害蔬菜、果品生产中控释肥应用技术研究】 该项目是省科技攻关项目。通过对无公害菜、果产地进行环境调查，在韭菜、番茄、马铃薯、大白菜、苹果、葡萄等十余种作物上进行控释肥应用试验和研究，证明对其肥效、环境效应、农产品品质及安全质量的影响均有明显效果。亩增纯收益1199.93元，肥效提高30%以上，菜、果品质提高，安全质量达到国标要求。总结控释肥使用的技术方法，通过366.67公顷示范田建设，为控释肥的推广打下良好基础。该项目在同类研究中居国内领先水平。

【玉米种质资源创新及开发应用】 是年，育成的“淄单204”“淄单205”玉米新组合通过市科技局验收。2个玉米杂交组合均为紧凑型杂交组合，实测亩产分别达到616.8公斤、625.3公斤，比山东省玉米区试指定对照品种“郑单958”亩产578.2公斤分别增产6.7%、8.2%。年内，新育成的2个杂交组合被山东省种子管理总站推荐参加全省玉米A组区域试验。 （钟　芳）

【市农业环境暨农产品质量监督检测中心通过省级计量认证】 6月12日，市农业环境暨农产品质量监督检测中心化验室通过省级计量认证，成为全市首家通过认证的综合性农业质量监督检测中心。监测范围涵盖农业环境、农产品、土壤、肥料等四大专业的41个产品，认证参数达到500余个。该中心成立于2002年6月，主要承担全市农业质量定性、定量综合监督检测任务，配合农业执法部门行使检测执法职能，为政府决策提供监测依据和技术服务。（市农技中心）

【农民科技培训】　是年，全市农广校系统以“阳光工程”“农业科技入户工程”“新世纪农民科技培训工程”“新型农民创业培训工程”“绿色证书培训工程”等5大工程为切入点，多形式、多层次、全方位的开展教育培训工作，取得显著成效。全年招收大、中专学历生1200余人，其中农村党员干部400多人，农村妇女骨干160余人，在校生达3000人。开设包括种植、养殖、经济、机电等4大门类的20多个专业。举办各种类型的农业实用技术讲座和科技下乡活动100多场次，培训、指导农民近2.6万人次，3000多农民通过培训获得“绿色证书”。以培训带推广，推广农业实用技术20多项。积极推进农村劳动力转移培训的“阳光工程”，开展技能培训21800人次，转移农民17300人。年内，市农广校被全国农业广播电视教育领导小组评为全国农业广播电视教育先进集体，被省妇联评为省巾帼科技培训先进单位，连续13年被省农业广播电视学校评为全省优胜学校。（市农广校）

【建立省农作物种子区试试验站】　是年，淄博市种子管理站、鲁中农作物研究所联合在周村南郊镇建立的试验站，被省农业厅确定为山东省农作物种子区试试验站挂牌单位。淄博市成为全省农作物新品种审定试验的基地，承担国家和省主要农作物新品种试验，掌握第一手新品种材料和信息，加速新品种的开发利用。区试站落实省品种试验，以优质、高产、抗逆性强为目标，大力发展对审定品种的引进、筛选、示范工作，选出适宜不同生态条件下的高产、优质、抗病新品种。同时，加强配套栽培技术试验，做到良种良法。年内，承担省安排的玉米新品种展示试验2组；试验品种近100个，面积1公顷。承担全省小麦试验7个组别中的6组，其中高产生产试验2组；高产区试3组，200个品系；旱田试验2组。是淄博市历史上承担省小麦区试最多的一年。

【玉米新品种“淄玉2号”】　是年，市种子企业经过多年品种选育的新品种“淄玉2号”，通过山东省品种委员会的审定，成为淄博市20多年来首个通过审定的玉米品种，实现了玉米品种零的突破。年内，全市共有14个新组合参加省预试和国家试验，成为新中国成立以来参试品种最多的一年。

【知识产权保护】　年内，积极开展农作物品种维权活动，加大对品种的保护力度，注册“淄玉”“鲁淄”“桓丰”3个商标。与市产权局、市工商局、市版权局联合进行知识产权保护大检查活动，组织开展了对植物新品种的保护和农业转基因生物执法大检查工作。根据《中华人民共和国植物新品种保护条例》的规定，对25家种子企业进行重点检查，依法受理查处品种权案件。（市种子站）

蔬　菜　业

【概况】　2005年，全市蔬菜系统积极推进无公害蔬菜的生产、加工、流通体系建设，不断提高全市蔬菜产品的质量、卫生、安全水平，促进了全市蔬菜经济的持续、健康、较快发展。全市蔬菜播种总面积7.31万公顷，比上年增长1.6%；蔬菜总产量40.8亿公斤，比上年减少0.6%；蔬菜总收入42.9亿元，比上年增长6.3%。

副市长刘有先视察市蔬菜办放心食品安全周活动现场　（市蔬菜办　供稿）

全市番茄嫁接栽培技术现场会（市蔬菜办　供稿）

【无公害蔬菜标准体系建设】　制发《淄博市农业地方标准体系表　蔬菜》，淄博市成为全国地级市中第一个建成蔬菜标准体系的城市。研究制定淄博市无公害蔬菜产品质量检测技术标准，工厂化金针菇、姬菇生产技术规程，越夏番茄、胡萝卜、芦笋生产技术规程等6个无公害技术规程。对2002年9月发布实施的33个无公害蔬菜生产技术规程进行重新修订。11月16日，由市质量技术监督局对所有40个蔬菜技术标准发布实施。

【无公害蔬菜生产基地建设】　年内，通过开展多形式的科技指导和咨询服务活动，积极推广无公害蔬菜生产技术规程和蔬菜生产新品种、新技术。引导、督促和帮助基层菜农逐步完善菜田登记、生资专供、联户担保等相关制度。全面做好无公害蔬菜生产基地认定工作。制定《关于切实搞好蔬菜产业升级工程积极推进无公害蔬菜基地建设管理的意见》，会同市质监局印发《无公害蔬菜生产基地认定管理办法》。自8月起，与市质监局组成专家组，在全市组织开展无公害蔬菜基地的申报认定工作。先后分3批对全市申报的蔬菜基地进行认定，最终有 84 个共计 2.02 万公顷的基地通过认定。

【无公害蔬菜产品质量检测】 年内，建成以市菜篮子产品质量监督检测中心为龙头、区县检测站为主干、基地(市场、超市)速测点为基础的三级检测网络。积极开展检测业务培训，安排市检测中心检测人员参加省级检测技术培训 10 余人次；举办全市检测人员培训班，普及无公害蔬菜检测技术。全面开展检测工作，自 5 月开始，采取区县检测站和基层速测点每周自检、市检测中心每月抽检的方式，定期或不定期地对蔬菜基地、市场、超市蔬菜产品开展抽检、抽测，将检测结果及时向有关部门和社会公布，有效地遏制了超标蔬菜的上市流通。全年抽样检测蔬菜样品 800 批次，检测合格率达 95%以上。

【蔬菜市场建设】 截至年底，全市已建成蔬菜批发市场 51 处，其中农业部定点市场 1 处；零售集贸市场 58 处。市场从业人员 1.7 万人，年蔬菜交易量 41 亿公斤。全市有蔬菜运销组织 2000 余个，运销户 8800 户，运销车辆 2 万余辆，运销大军达到 3.6 万人。蔬菜加工企业 37 家，年加工蔬菜 2.3 亿公斤。开辟上海、太原等 20 多个国内大中城市蔬菜直销市场，全市蔬菜外销率达到 85%以上。

中国农科院蔬菜所博士余宏军指导无土栽培工作

（市蔬菜办　供稿）

【绿色、无公害蔬菜配送和专卖】 年内，通过加大资金扶持力度，积极支持市无公害蔬菜配送中心进行技术嫁接和改造，完善检测设备，整理装修加工车间，按照绿色标准重新修订产品的选购、分级、包装、配送规范，初步实现绿色蔬菜配送的标准化操作。全市已建成绿色蔬菜配送中心 1 处，设立绿色蔬菜专柜 12 处，建成无公害蔬菜配送中心 8 处、专卖点 56 处。实现了绿色、无公害蔬菜的就地采购、就近供应，专卖工作覆盖面进一步扩大。

【蔬菜新品种、新技术推广】 年内，相继引进名、优、稀、特蔬菜和食用菌新品种 40 余个，加快蔬菜新品种的更新换代步伐。推广大棚蔬菜有机生态型无土栽培、石灰氮日光温室消毒、辣椒根腐病无公害防治等高新技术 10 项。先后 5 次邀请中国农科院蔬菜所的专家到淄博传授栽培技术，购买 50 余套技术手册和光盘无偿发放给群众带头户。先后拨出 10 多万元专款，购进无土栽培专用肥 20 吨、滴灌系统 19 套，落实有机生态型无土栽培示范点 4 个、示范大棚 19 个。

【项目申报、实施】 年内，加强领导、强化措施，抓好省、市财政重点支持的"日光温室蔬菜持续高效综合技术推广""秸秆生物反应堆技术推广""作物秸秆菌蕈转化综合利用技术"等项目实施。进一步加大新项目申报立项的工作力度，"有机生态型无土栽培技术推广""蔬菜产业升级工程""三绿工程"等分别被列为财政重点支农项目、市政府重点工作和政府为民办的 12 件实事之一。所有项目圆满完成预定指标。

【项目验收和成果申报】 年内，申报的"淄博市 15 万亩无公害蔬菜标准化技术研究与推广"项目获市科技进步一等奖、省农牧渔业丰收二等奖，"50 万平方米珍稀食用菌综合技术开发"项目获市科技进步三等奖。实施的省财政重点支农项目"日光温室蔬菜高效栽培技术推广"项目顺利通过省专家委员会的验收；组织实施的"大棚无公害蔬菜持续高效技术体系研究与应用"和"作物秸秆菌蕈转化综合利用技术"等经省农业厅鉴定委员会专家鉴定，分别达到同类研究的国内领先和国内先进水平。

【绿色蔬菜产品加工生产线建设】 年内，全市建成绿色蔬菜产品生产线 3 条。其中，博山山珍园食品有限公司的绿色桔梗加工生产线年可加工脱皮精包装桔梗 8000 吨，淄博七河绿色食品开发有限公司的工厂化姬菇生产线年可生产姬菇菌棒 300 万个，桓台强彬旱藕研究所的绿色莲藕加工生产线年可加工优质白莲藕段 3000 吨。还建成 1 条年产值 200 万元的仙人掌干粒加工生产线。

【工厂化食用菌生产】 年内，淄博七河绿色食品开发有限公司筹资 300 万元，引进韩国先进的设施和技术，建起 8 个 180 平方米的食用菌工厂化生产车间、食用菌原料加工车间和容量为 1000 立方米的恒温库，进行姬菇规模化、工厂化生产，所生产的姬菇全部出口，年产量达 400 万袋，实现产值 3000 万元，并在韩国注册成立独资食用菌生产企业，走出了一条国内发菌、国外出菇的新路子。高青诚信菌业科技有限公司筹措资金 500 多万元，征用土地 2 公顷，率先建成 1500 平方米可用于周年生产、在省内具有领先水平的金针菇自动调温工厂化生产车间，年产优质无公害金针菇 50 万公斤。是年，2 家企业分别被列为省、市级农业产业化龙头企业。

【全市主要蔬菜种类面积、产量表】

单位:公顷、万公斤

种　类	西　瓜	西红柿	大白菜	茄　子	甜　椒	桔　梗	西葫芦	菠　菜	黄　瓜	甘　蓝
面　积	7448	7211	4595	4087	3808	3315	3307	2876	2824	2755
产　量	46090	74857	31293	30117	30812	8840	26068	9733	17745	15495

（孙东文）

林 业

【概况】 2005年，全市完成造林8333公顷，建设高标准农田林网5867公顷，林业育苗1200公顷，完成新封山育林面积3333公顷，义务植树554万株，果品产量达6亿公斤，场圃完成固定资产投资1700万元，综合收入达4000万元。

【荒山绿化】 是年，重点抓好骨干道路两侧、大中型水库、骨干河流上游的荒山绿化。利用春季、雨季有利时机，开展植树造林，共完成荒山造林4667公顷。实行大穴大苗、专业队栽植，定点规划、定点施工、定点检查验收，成活率达到95%以上。雨季期间全市共组织97支、近4000人的专业队伍开展荒山造林。规划实施了胶王路两侧荒山绿化、孝妇河源头荒山绿化、中心城区东部生态恢复区绿化、太河水库上游生态林建设、萌山水库四周绿化、泰薛路两侧荒山造林、南崔路两侧荒山绿化、临淄区南部山丘地绿化、洪岭路两侧绿化等9项重点工程。

【绿化点及包荒山建设】 对市级领导班子绿化点建设，在规划、苗木、技术指导等方面搞好服务，共完成造林100公顷。对市直部门包荒山绿化工作进行再动员、再部署，对2004年未完成任务的部门、单位进行重点督查。2005年，市直部门共落实造林资金256万元，完成造林733公顷。

【平原高标准农田林网建设】 在北部平原实行沟、渠、林、路综合治理，以路网带林网，林网林带化，在唐坊、高城、唐山等乡镇新建高标准农田林网5867公顷。

【绿色通道建设】 根据国务院和省政府关于绿色通道建设的指示，结合全市实际，在临淄外环路、宏达路，桓台少海路、周荆路，高青县小赵路、唐山路等骨干道路建成绿色通道100余公里。同时，对济青高速路淄博段两侧57公里常绿林带进行了补植完善和抚育管护。

【商品林基地建设】 在平原地区，利用村旁、路旁、河旁、沟旁、滩涂等空闲地带，新发展工业原料林1000公顷。在南部山区和中部丘陵区，新发展苹果、桃、梨、葡萄、板栗、柿子、核桃等名优特果品基地2133公顷。

【因景植绿】 在开元溶洞周围绿化荒山207公顷；对黑铁山、炒米山、凤凰山等城镇近郊的12个山头进行造林补植，栽植侧柏以及混交火炬、黄栌、五角枫等彩叶树35万株；对临淄区的64个古墓进行高标准绿化美化，栽植1.5米以上蜀桧大苗11万株。

【林权改革】 年内，不断推进和深化林权制度改革，对有开发价值的宜林"四荒"，运用利益驱动机制，采取拍卖、承包、租赁以及返租倒包等多种形式，转让林地使用权和林木所有权，放手发展非公有制林业。全市有3万农户、4000多名干部职工、480多家企事业单位从事林业建设开发，私有林面积发展到93333公顷，形成了林业投资和经营主体多元化的新格局。

【森林防火】 进一步完善和健全森林防火指挥体系，层层落实行政首长负责制。加强森林防火的预防体系，层层落实森林火灾的扑救预案，严格落实防火期领导带班、工作人员24小时值班制度，严格控制野外违法用火，对重点时期和重点部位死看死守。建立健全专群结合、军警民结合的森林防火队伍体系。加大对3个重点区县、9处国有林场以及12支森林消防专业队、4支民兵预备役应急分队、40余支季节性扑火队的管理力度，逐步形成森林防火专业队伍、季节性队伍、应急队伍、预备队伍、护林员队伍相结合的队伍体系。加强森林防火基础设施设备体系建设。先后投资120万元，建立市级森林防火指挥中心，实现与原山、鲁山2处森林防火微波监控系统的联网；新购置灭火机100台、对讲机15部、电台4部，新建瞭望台8座。截至年底，全市森林防火体系共有对讲机375部，风力灭火机753台，电台19部，瞭望台50座。

【林业有害生物防治】 全年检疫各类苗木800公顷，种子2.5吨，木材、竹材9万立方米，水果6万吨，种苗产地检疫率达到95%以上。采取化学、物理、生物防治相结合的综合防治措施，对1.67万公顷食叶类、蛀干类害虫及溃疡病等林业有害生物进行重点防治，成灾率控制在3.1‰以内，防治率达到79%，监测覆盖率达到95%以上，基本做到有虫不成灾。

【依法治林】 将沂源、博山、淄川、临淄的近6.7万公顷森林分别列入国家和省级森林生态效益补偿补助试点范围，将其他区县面积相对较大的生态公益林列入市级生态效益补偿补助范围，国家、省、市每年投资520.3万元，落实专职护林员1500多名。开展林地管理执法大检查，对采石、开矿等违法占用林地重点进行清理整顿，清理无证开矿企业38家，依法办理征占用林地的审核申报项目19项，收缴森林植被恢复费1444万元。坚持采伐、加工、运输"三凭证"制度，发放省木材运输证1235份，省内运输证3721份，发放木材经营加工许可证46份。与公、检、法等部门配合，查处各类毁坏森林资源的违法犯罪案件160起，行政处罚179人，罚款23万元，没收木材152立方米，补种树木2.3万株，没收、放生野生动物1.5万只。

【森林资源开发利用】 在严格保护森林资源的基础上，加快对森林资源的合理开发、利用。全市国有林场新修拓宽、硬化道路12公里。新竣工宾馆2处，其中鲁山林场建筑面积近6000平方米的鲁山宾馆于5月1日正式投入使用；原山林场新建可容纳80多人住宿的生态宾馆1处。新建、完善一批景点，并积极与省内外各大旅行社沟通，开展宣传促销活动。2处市属林场森林旅游门票收入达到800余万元，综合收入达到4000余万元。各场圃在巩固发展原有经济项目的基础上，努力开拓新的增收渠道。有5个单位对外承揽一批园林绿化工程。原山林场在良庄新建工业园，已有4家企业落户，五七干校恢复工程、北大门建设工程进展顺利，房地产开发公司、远远物流公司开业并投入运行。铁山园艺场、市林木良种繁育场、市林科所等单位根据市场需求，不断优化苗木结构，引进繁育林木优良品种5个，新增育苗地8公顷，优质苗木繁育面积达到50公顷。

【原山林场改革发展新成就】 9月1日，原山林场的改革发展成就得到国家领导人的高度重视，国务院总理温家宝在内参专稿《山东原山林场闯了国有林场改革新路》上批示："山东原山林场的改革值得重视，国家林业局可派人调查研究，总结经验，供其他国有林场改革所借鉴"。国务院副总理回良玉、山东省省长韩寓群也做出批示。市林业局配合市委宣传部、国家林业局工作组对市原山林场的改革发展情况进行了调研。中央、省、市各大新闻媒体对原山林场的改革经验及原山林场场长孙建博的事迹进行了集中宣传。（侯乐明）

农机

【概况】 截至年底，全市农机总动力达302.9万千瓦，农机总值21亿元。全市拥有农用拖拉机24170台，其中大中型拖拉机7862台；小麦联合收获机5355台，玉米联合收获机1236台。实现机耕面积15.9万公顷、机收面积14.3万公顷。其中，玉米机收面积4.98万公顷，机收率60.1%；机播面积13.1万公顷。完成机械化保护性耕作面积1680公顷。全市共组织7000余台机械参加三夏、三秋农机跨区作业，总收入达1.82亿元。

【农机推广】 是年，全市共新增大中型拖拉机438台，总数达7862台；更新、推广小麦联合收获机250台，总数达5355台；玉米联合收获机139台，总数达1236台；小麦免耕施肥播种机16台，总数达32台；推广机械化保护性耕作面积1680公顷。林业机械、畜牧机械、设施农业机械均有不同程度增长。

【农机监理】 是年，全市共检验拖拉机、联合收获机12386台，检验率90%。拖拉机登记1156台，申领拖拉机驾驶证868个。全国统一的拖拉机、联合收获机号牌、行驶证、驾驶证、登记证书和检验标志在全市启用。全年共发生农机事故1起，重伤2人，全年未发生重、特大农机安全事故。

【农机修配管理】 是年，全市共检验农机修配厂（点）595个，核发农机维修技术合格证550个，完成农机职业技能鉴定1693人。开展农机修配市场规范治理活动。查获假冒伪劣农机产品价值40万元、无证经营户24户，吊销技术合格证4户。受理农机投诉案件5起，涉案价值3.2万元。

【农机人员培训】 是年，农机系统共培训各类农机人员16758人。其中，新培训拖拉机驾驶员、操作手853人，农机管理人员212人，农机技术人员3103人。

【农机化示范园建设】 全市以农机化示范园建设促进农机推广工作开展，建成3处农机化示范园。淄川区在完善城南镇查王村机械化保护性耕作示范园的基础上，又建成商家、岭子、西河等农机化试验示范点，全区小麦免耕播种面积达到240公顷。高青县田镇镇建成1处市级畜牧生产机械化示范基地，占地面积4.7公顷，奶牛存栏量800头。通过示范基地建设，推广玉米秸秆青贮机15台、玉米秸秆切碎青贮机10台、玉米秸秆收获机20台，实现机械化收获玉米秸秆1333.3公顷，青贮玉米秸秆1.5万吨。沂源县燕崖乡建成占地33.3公顷的林果机械化生产示范园，推广果品选别机、大棚卷帘机、多功能药水泵组合机120台，推广新型液压果树高枝剪、田园管理机等340余台。

【中国工程院农机化发展战略研讨会在淄博召开】 9月10日，中国工程院农机化发展战略研讨会在山东理工大学召开。中国工程院副院长、院士沈国舫等30多名专家学者从不同角度、不同层面就农机化发展战略进行深入探讨研究。同日，全省玉米联合收获机械化发展研讨会在山东理工大学举行；全省玉米收获、保护性耕作机械化现场会在淄博市召开，副省长陈延明出席会议。

【农机购置补贴】 是年，中央、省财政共安排淄博市农机购置补贴资金210万元，其中中央财政60万元。购机补贴政策覆盖全市各个区县。有467个农户得到补贴，补贴机械515台，其中玉米联合收获机40台、大型拖拉机60台。另外，市级财政拿出60万元用于农机购置补贴，部分区县也拿出专项资金用于农机购置补贴。（王立东）

畜牧业

【概况】 2005年，全市畜牧业稳定健康发展，肉、蛋、奶总产分别达到16.82万吨、15.11万吨和10.67万吨，同比分别增长6.8%、－6.9%和3.2%。畜牧业产值达到19.9亿元（1990年不变价），同比增长8%。重大动物疫病防控工作取得阶段性胜利。进一步加强高致病性禽流感、口蹄疫和猪链球菌病等重大动物疫病的防控工作，继续保持全市无疫成果。无规定动物疫病区建设和动物防疫基础设施项目取得较大突破。年内，市畜牧局被省畜牧办公室评为全省兽药管理工作先进单位。（张连峰）

【规范自由裁量权工作】 年内，根据市政府要求，市畜牧局将《中华人民共和国动物防疫法》《兽药管理条例》《种畜禽管理条例》《饲料和饲料添加剂管理条例》《山东省动物防疫条例》等5部法律、法规、规章中有关条款进行细化，制定《淄博市畜牧行政处罚自由裁量执行标准》，规范自由裁量标准，限制行政处罚的随意性，提高行政效率，减少了在量罚问题上的争议。

【兽药管理】 年内，深入开展全市兽药执法大检查，加大兽药市场监管工作力度。一是对重点区县、重点单位兽用生物制品经营环节和使用环节进行全面检查。二是对全市的兽药经营企业进行全面检查验收，对符合条件的372个兽药经营企业，及时换发新的经营许可证。三是对兽药生产企业进行动态管理，对兽药生产企业的产品质量进行全面检查。四是加强对兽药使用单位特别是综合大型养殖场（户）进行兽药使用的监督管理，严禁在生产中使用违禁药物，保证动物产品的生产质量。（李树刚）

【动物防疫基础设施建设】 是年，全市无规定动物疫病区建设共投资260万元，重点对化验室部分仪器设备进行补充和更新，市畜牧兽医站及临淄、桓台、高青、沂源4个项目区县整体通过省业务部门的检查验收。张店区、博山区、周村区被批准列入动物防疫基础设施项目区，3个项目区已建成兽医化验检测中心，建设面积达1650平方米，并按照建设标准调剂筹备化验仪器设备近100台（套）。

【牲畜口蹄疫防治】 是年，牲畜口蹄疫防治工作坚持以强制免疫为重点，强化防治工作力度，全面落实疫情普查、疫情监测、消毒灭源等各项防治措施，取得阶段性成果。全市落实专项防治经费 308 万元，全年使用口蹄疫苗 463 万毫升。

（穆华明）

【全市主要畜禽存栏、出栏统计表】

畜禽存出栏		单位	2005 年底数	比上年增减
猪	存栏	万头	68.02	－1.0％
	出栏	万头	114.58	5.2％
牛	存栏	万头	20.67	3.3％
	出栏	万头	10.26	14.5％
羊	存栏	万头	55.43	－12.7％
	出栏	万头	49.26	－3.3％
兔	存栏	万头	173.87	－2.7％
	出栏	万头	305.24	7.9％
禽	存栏	万头	1749.61	－17.0％
	出栏	万头	4422.88	13.4％

（薛乐全）

水利与渔业

【防汛抗旱】 2005 年，全市平均降雨 823 毫米，较常年偏多 25％；全市 5 座大中型水库蓄水 20577 万立方米，较常年多蓄 7917 万立方米。全市各级水利部门加快骨干河道、大中小型水库除险加固等防洪工程建设，加强防汛检查、水文测报、防汛物资、抢险队伍、防洪预案等非工程措施的落实，确保了安全度汛。在迎战“麦莎”台风期间，先后组织太河、萌山等大中型水库调洪泄水，实现了洪水资源化。发挥水利工程兴利除害的作用，有效抵御春旱，确保夏粮增产增收。

【孝妇河治理】 年内，共完成投资 6800 万元，治理河道 8.8 公里。累计完成投资 1.2 亿元，建设博山、淄川、张店、周村 4 区孝妇河 14.2 公里示范段工程，完成河道清淤、扩挖筑堤、堤防护砌及部分园林绿化、人行道路等工程。张周路桥段河道主河槽达到百年一遇行洪标准，可满足“64 雨型”700 立方米/秒洪水不出槽。博山城区段全部实现雨污分流，淄川、张店、周村区段河道沿岸环境大为改观。

【国家“863”水环境治理项目】 年内，修订《实施方案》，并报经国家科技部批准。开展水环境检测软件系统的开发和调试、污水回用组合处理工艺现场试验研究。中试基地及配套试验室相关研究科目取得大量试验数据。完成漫泗河张博铁路桥至凯盛湖 2.5 公里的多自然型生态河道示范工程的规划设计工作。完成自然型生态河道构建、河道生物（生态）强化净化系统、河道净化多级滞留塘系统的设计。漫泗河段示范工程开工建设。

【依法治水】 充分利用广播、电视、报纸、网络以及文艺演出、公益广告等形式，加大水法律法规宣传力度，重点抓“3·22 世界水日”“中国水周”“节水宣传周”期间的宣传工作。调研起草《淄博市城市供水管理办法》《淄博市节约用水管理办法》，进入审批程序。依据《中华人民共和国行政许可法》，制定出台《淄博市水利与渔业局行政许可实施办法》，规范水利、渔业行政许可事项的受理、审批等行为。将 31 项水行政审批

孝妇河综合治理工程张周路桥段

（市水利与渔业局 供稿）

事项全部纳入市行政服务中心，实行一个窗口对外，集中审批办理。依法加强河道管理，重点对跨河、临河项目进行审查审批。全市依法查处水事违法案件 297 起，罚没款 81.6 万元，赔偿挽回经济损失 324 万元，调节水事纠纷 96 起。

【城乡供水】 全市累计投资 1760 万元，解决了 71 个村、5.3 万人的吃水问题。全面启动实施村村通自来水工程。以城乡供水一体化为重点，大力实施农村洁净饮水工程和城市自来水管网向近郊农村延伸工程，共铺开村村通自来水工程 113 处。市引黄供水有限公司、市自来水公司积极拓展供水市场，完善配套城区部分供水管网。太河、萌山、田庄等大中型水库积极发展城乡供水产业，进一步扩大了供水范围。

【水资源管理】 是年，加强水资源优化配置及科学调度研究，提出《淄博市水资源配置意见》，初步确定大武水源地、太河水库、黄河水“三水”联合调度运用方案。狠抓取水许可管理和建设项目水资源论证，加强用水计划管理，实行总量控制。加强地下水保护，完成地下水位动态观测和水质监测任务。全面启动实施节水型社会建设，编制完成《淄博市节水型社会建设规划》，于 11 月 15 日通过国家级评审。全市万元 GDP 取水量下降到 110 立方米，工业用水重复利用率提高到 90％，实现了连续 17 年增产增效基本不增水。

【水利基建工程】 落实地方配套资金 2200 万元，加快大中型水库除险加固，田庄水库、红旗水库主体工程通过省级验收。萌山水库完成了大坝、交通桥及防汛仓库工程，改建了溢洪道。全市累计投资 2.26 亿元，完成各类水利工程 3680 处，新建塘坝、水池、水窖等小水源工程 6300 处，新增蓄水能力 210 万立方米，扩大和改善灌溉面积 4135 公顷。

【水土保持】 加强开发建设项目水土保持监督检查，组织开发建设单位编报水土保持方案 84 个。采取生态恢复与人工治理相结合的措施，全面完成淄川区全国水土保持生态修复试点工作，创造了以大面积封禁为主、小流域精品治理辅助的生态修复新模式。沂源县付家庄小流域、沂源县四门地小流域、淄川区玉皇山小流域等 5 项中央、省重点小流域治理项目先后完成年度任务，并通过省级验收，均被评为优良工程。全年完成治理水土流失面积 50 平方公里，完成生态修复面积

经过除险加固的红旗水库

（市水利与渔业局　供稿）

203.5平方公里，治理开发“四荒”面积2668公顷。

【渔业管理】　加强渔业科技推广，组织实施沿黄低洼盐碱地以渔改碱试验示范项目，开发“上粮下渔”面积133.4公顷，新增养殖水面66.7公顷。加快银鱼、宝石斑、池沼公鱼等名特优水产品推广养殖。开展无公害水产品产地、产品认证，加快生态渔业、休闲渔业发展步伐。成立淄博市水产品质量检验检测中心和淄博市渔业病害检测防治中心，强化病害防治、水产品质量安全监督及渔政管理。全市全年水产品产量2.7万吨，产值3.3亿元。

【精神文明建设】　全市水利系统积极开展以文明单位、文明窗口、文明家庭、文明职工、青年文明号为主要内容的精神文明创建活动。截至年底，共创建市级以上文明单位11个，市属水利系统创建省级青年文明号2个，市级青年文明号6个。10月26日，市水利与渔业局被中央文明委表彰为全国精神文明建设工作先进单位。　（贾希征）

【市环保污水处理公司完成市场化改革】　年内，市水利部门会同市财政、环保等部门组成工作小组，开展了市污水处理厂产权改制工作。制定《淄博市环保污水处理公司产权转让与招商引资实施方案》，与中国光大国际有限公司等企业展开多轮磋商和谈判。9月26日，在香港与中国光大国际有限公司签订淄博市环保污水处理公司产权转让的有关协议，中国光大国际有限公司以2.24亿元的价格取得市环保污水处理公司25年的特许经营权。淄博市以“TOT”方式完成市污水处理厂的产权改制改革，为公用事业的市场化改革提供了借鉴。12月2日，光大水务（淄博）有限公司成立并投入运营。　（郭传毅）

【淄博市连续三年降雨偏丰】　是年，全市平均降雨823毫米，较常年偏多25%，与2004年基本持平，成为继2003年、2004年之后的第三个丰水年。主要有四个特点：一是降雨量多、降雨时间集中。汛期（6～9月）全市累计平均降雨量683.3毫米，较常年同期偏多45%，与上年同期基本持平，占总降雨量的85%。二是降雨强度大、范围广。超过30毫米以上的降雨共发生10次。其中，8月7～9日，全市普降大到暴雨，平均降雨量56毫米，淄川区张庄乡降雨量达221毫米；9月18～21日，全市普降大到暴雨，局部特大暴雨，平均降雨量127.6毫米，博山区平均降雨量195毫米，最大点为博山区岭西244毫米。三是降雨量时空分布不均。在空间分布上，北部较小，中部较大，南部最大。其中，博山区平均降雨量最大970毫米，桓台县平均降雨量最小662毫米。在时间分布上，进入汛期后降雨增多，7、8、9月降雨集中，1～5月降雨量不足降雨总量的15%，导致春旱。　（岳西军）

【水库、河道汛情严峻】　汛期，淄博市5座大中型水库先后多次提闸溢洪，溢洪总量达22811万立方米，其中太河水库13680立方米、田庄水库1815万立方米、萌山水库3892万立方米、石马水库2824万立方米、红旗水库600万立方米。汛末，5座大中型水库共蓄水20180万立方米，较历年同期多蓄9082万立方米。小清河（岔河）先后出现11次洪水过程，孝妇河（马尚）出现8次洪水过程，沂河（东里店）出现1次洪水过程。9月22日，小清河（岔河）出现最大洪峰流量281立方米/秒。9月22日，沂河（东里店）出现最大洪峰流量270立方米/秒。8月6日，孝妇河（马尚）出现最大洪峰流量203立方米/秒，为1978年后最大流量。　（于　鹏）

【村村通自来水工程全面展开】　是年，市水利与渔业局编制完成《淄博市农村村村通自来水工程三年规划》，在全市农村启动实施村村通自来水工程。全市计划3年内总投资2.63亿元，新建村村通自来水工程207处，新增自来水受益村庄1001个、人口54.89万人。其中，2005年度预算投资1.23亿元，新建自来水工程86处，受益村庄465个、人口29.81万人，重点完成张店区、临淄区、桓台县和高新区的工程建设任务。市政府召开全市村村通自来水工程动员会，与各区县签订责任书。各区县村村通自来水工程陆续开工建设，临淄区金岭回族镇率先实现全镇村村通自来水，成为全市村村通自来水工程第一镇。　（高振昌）

【引黄供水工程张南管线建设】　引黄工程张南供水管线北起昌国路接淄博新区引黄供水管线，沿西八路、规划马南路、张南路至山铝供排水厂，全长6636米，概算投资1500余万元，主要为山东铝业公司扩建生产项目供水。该管线于5月1日开工，10月底全线贯通，并在11月底开始管道注水，12月11日一次打压成功。　（郭兆学）

【水资源费征收创历史新高】　是年，全市按规定开通水资源费征收票款分离系统，实现市级联网收费，理顺自来水公司和引黄供水工程的水资源费征收工作，进一步扩大乡镇企业水资源费征收范围，加强了餐饮、洗浴等服务业水资源费征收管理工作。全市征收水资源费1.35亿元，较上年增加8%，实现水资源费征收连续13年过亿元。　（常建华）

【淄川区全国水土保持生态修复试点工程通过国家验收】　10月，淄川区全国水土保持生态修复试点工程顺利通过水利部、淮委、省水利厅的联合检查验收，被评为优良工程。工程自2003年实施以来，共计完成投资292.34万元，实施封禁封育面积186.6平方公里，修复梯田面积150平方公里，治理小流域面积15.38平方公里。　（翟翠德）

【淄博水务系列丛书《河道篇》通过省级科技鉴定】　由市河道管理处主编的淄博水务系列丛书《河道篇》经山东省新闻出版局、山东省新闻出版总社推荐，新闻出版总署确认，获优秀出版物奖及优秀印刷质量奖。12 月 27 日，该书作为《淄博市河道演变与治理方向研究》项目的主要成果通过省级科技成果鉴定。（王艳红）

【引进七彩鲑鱼试养成功】 是年，市水产管理处从北京引进七彩鲑鱼苗种 2000 尾在市水产良种基地进行试养，成活率达 95%以上，平均个体重 400 克。该品种的成功引进填补省内空白。（李会明）

【水产品质量安全检测步入正轨】 是年，经市编办批复同意，淄博市水产品质量监测检验中心和淄博市渔业病害防治中心挂牌成立。市水产管理处增设质量检测科、市水产品质量检测检验中心、市渔业病害防治中心等机构，投资 30 万元，购置检测检验设备，完成试验室建设，开展水产品质量检测。（杜文华）

【鲁中海盛水产品综合市场建成】 9 月，鲁中海盛水产品综合市场建成，10 月 12 日正式开业运营。鲁中海盛水产品综合市场项目是淄博市 30 个重点工程项目之一，是鲁中地区最大的水产品和农副产品货物集散物流中心。该市场占地面积 8.67 公顷，总投资 2 亿元，总建筑面积 86800 平方米，其中营业房建筑面积 53500 平方米、冷库建筑面积 11000 平方米。市场内共有营业房 500 余间，分冰冻水产区、活鲜水产区、副食品类粮油区、肉类蔬菜水果区等区域。该市场填补了鲁中无大型、规范化水产品市场的空白。（田连训）

黄河河务

【黄河防汛】 是年，淄博黄河河务局进一步强化落实以行政首长负责制为核心的各项防汛责任制，市、县、镇逐级签订防汛责任书，建立健全防汛组织机构和办事机构，工作人员到岗到位，随时准备迎战可能发生的大洪水。针对上年汛期发生的新情况、暴露的新问题，对黄河防洪预案和防洪工程抢护方案进行修订完善，使《预案》的针对性、科学性和可操作性得到进一步提高。防汛通信建设水平进一步提高，基层通信、水情网络全部实现宽带传输，市局、县局、管理段实现三级信息共享，市局通信建设实施方案经黄河水利委员会批准。2005 年是调水调沙由试验转入生产运行的第一年。淄博黄河河务局密切关注水情、河势变化，按要求拆除行洪障碍物，及时准确地观测报送各类数据，圆满完成调水调沙任务，被山东黄河河务局评为“十五”期间防汛工作先进单位，高青黄河河务局被黄河水利委员会评为“十五”期间防汛工作先进单位。防汛和调水调沙期间，黄河水利委员会主任李国英、山东河务局局长袁崇仁、淄博市市长刘慧晏等领导先后到一线视察指导工作。

【黄河防洪工程建设】 11 月下旬，淄博黄河河务局顺利完成 7 项机淤固堤工程续建任务，其中 4 项已通过省河务局验收。承建的菏泽东明标准化堤防亚行项目第十二标段如期完成施工任务。年内，完成局机关综合办公楼建设，机关搬迁工作全面结束。

【水管体制改革】 淄博黄河河务局所属高青河务局是山东黄河 10 个水管体制改革试点单位之一。在深入调研、反复论证的基础上，编制《高青黄河河务局水管体制改革实施方案》并得到省河务局批复。期间，组织竞岗答辩会 7 次，223 人次参加竞争上岗，参与改革的 193 名职工全部走上新的工作岗位。改革后，原高青黄河河务局及其所属单位按照产权清晰、权责明确、管理规范的原则，分离为高青黄河河务局和淄博瑞诚黄河水利工程维修养护有限公司两个单位，初步建立起职能清晰、权责明确的水利工程管理体制。

【工程管理】 年内，淄博黄河河务局以水管体制改革试点为契机，按照新的运行模式，强化合同管理，确保管护经费的及时拨付和重点养护项目的需要。对所辖工程进行整体规划，全面完成“定额标准”确定的维修养护工作量。对堤顶缺土段进行盖红，对堤坡进行普遍整理和草皮更新，对工程标志标牌进行重新设计和更换，对马扎子、刘春家两处险工景点进行园林式改造。按照“植满植严”的要求，大力开展植树绿化活动，年内新植树木 20 万株。进一步加强工程的日常管护力度，做到处处有人管，事事有人抓，工程抗洪强度显著提高。年内，高青黄河河务局被黄河水利委员会评为工程管理先进单位，刘春家管理段被评为工程管理先进集体，刘春家堤防等 3 项工程被评为示范工程，马扎子险工等 5 项工程被山东黄河河务局评为示范工程。

新整修的黄河堤防道路（李 斌 摄）

【水资源管理与调度】 是年，制定《2005 年水资源管理与调

为纪念黄河高青马扎子决口堵复 110 周年设立的“警钟”雕塑（李 斌 摄）

度工作意见》,完成两座涵闸的远程监控系统建设任务,认真落实引黄供水责任制,科学调配水量,严格落实新水价政策。针对引水渠道不分的实际,创新供水方法,采取分时段供水的措施,彻底实现“两水分供”,引黄供水效益明显提高。全年实现引水9300万立方米,其中工业用水5400万立方米,占全部引水量的58%。

【水政工作】 深入开展法制宣传教育活动,使黄河沿岸群众的守法意识得到明显增强。通过举办执法专题讲座等形式,组织机关工作人员和执法骨干对有关法律法规进行系统学习,各级领导干部和执法人员依法行政的能力和水平进一步提高。顺利完成“四五”普法任务,市局水政科被黄河水利委员会评为“四五”普法先进部门,高青黄河河务局被山东省河务局评为“四五”普法先进集体。对在建项目惠青黄河公路大桥进行全方位监督,按要求完成浮桥专项整治和河道清障任务。建立水事应急机制,组织水行政执法联合检查,加大水事案件查处力度,案件查办率和结案率均达到100%。

(李　斌)

本部类编辑: 孟　明
副主编: 郭能勇
校对: 安永善
范立学

·淄博市重点文物保护单位选介·

齐长城遗址

国家级重点文物保护单位。战国时期,齐国为了防御鲁楚的进攻,在东南部边境建筑里绵延千里的军事屏障——齐国长城。齐长城遗址在博山区内的原山、凤凰岭、岳阳山、黑山等地尚有遗存,其中以位于黑山之上的齐长城亮兵台遗址最为著称。齐长城遗址在沂源县境内,北起三岔、土门交界处的大峪顶,向南、东沿山顺势而筑,从悦庄镇驴皮崮出县境,全长30公里。除这两段齐长城遗址外,还有淄川区境内马鞍山一带的部分遗址。

昌国故城

市级重点文物保护单位。又名昌城。位于张店区沣水镇刘家村南,西临猪龙河,东依涝淄河。今昌城村坐落在遗址中部。昌国故城是古代齐国的邑地。战国时期燕将乐毅伐齐胜后,被封为昌国君,即此。至隋而昌国之名不见于史。遗址基本呈正方形,四周各近1.5公里,有4座城门及四个角门。现城垣已平,其西北角一段已改为路基。经钻探,文化层厚1米左右,地表多位汉代遗迹。

东安故城遗址

市级重点文物保护单位。位于沂源县东里镇东安村。始建置于西汉景帝二年(公元前155年),为县治所,晋改为东安郡。隋大业10年(614年)废。面积约40万平方米。东部有护城河,北、中部暴露殿宇、墙城遗迹,未发掘。

高阳故城

市级重点文物保护单位。位于临淄区高阳乡南高阳村西,南临乌河。据清康熙十二年(1673年)修《山东通志》载:“北魏立高阳城,置郡……唐代废”。遗址南北750米,东西650米,呈长方形。城址高出地面2米左右,四周存有残垣。地下有许多建筑遗迹,并有战国时瓦当出土。

莱芜古城遗址

市级重点文物保护单位。位于淄川区口头乡城子村周围,西、南两面濒临淄河。古城长、宽约800米左右,城墙大部废尽,唯北墙稍有残存。系汉代古城。据《淄川县志》载:齐灵公(公元前567年)灭子莱国,莱人流落于此,于荒芜野地建城位邑,故曰莱芜。《魏书》载:东清河郡贝丘城(即淄川)有莱芜城。即此。

(李　胄　供稿)

交通 邮电

公 路

【重点工程建设】 2005年,全市新改建公路重点建设项目11个,完成投资19.2亿元,为历史最好水平,竣工通车里程116.6公里。张博路附线、河辛路临淄段、胶王路淄川段、仲临路南庄至泉河头段、省道102王村段、博沂路谢家店至芦芽段、博沂路博山东过境线、省道102商家至青州界重点路段改造工程等竣工通车;济青高速公路南线沂源段年内完成工程投资9.2亿元;滨新高速公路博山下路口立交桥工程完成投资3400万元;完成309国道张店立交桥工程施工线内所有地上建筑物拆迁工作。截至年底,全市公路通车总里程达3921.5公里,其中二级以上公路1553.9公里,平均公路密度达百平方公里66.0公里。全市干线路网水平和公路整体通过能力进一步提高。

【道路运输管理】 截至年底,全市营业性汽车近4.5万辆,共完成营业性客运量18361万人、旅客周转量381945万人公里,同比分别增长10.7%、6.7%;完成货运量5355万吨、货物周转量316256万吨公里,同比分别增长1.3%、6.6%。

道路运输市场治理整顿。全年查处超限车辆10488辆次,卸载转运货物15万吨。查扣无证经营出租汽车84辆,查扣非法经营机动三轮车32辆,查处异地经营375起,其他违章568起,取缔2个非法出租汽车站点。对货运市场集中整治,初步建立起打击非法经营的举报和快速反应机制。整治机动车维修市场,查处汽车维修业户违章经营行为40家,处罚违法业户100家。对全市驾驶员培训市场进行清理整顿,培训教练员748人,组织专家组对全市18家驾培机构进行评审。举办营业性驾驶员培训班39期,培训5067人。开展道路运输行业查验工作,共查验营运性客运车辆3040辆,出租汽车6330辆,危险品运输车辆1630辆,驾驶员从业资格证38012个。全市11家旅游客运公司全部达标。

依法行政工作。成立依法行政规范执法工作领导小组,制发贯彻依法行政实施纲要的具体意见,加强对执法人员的培训和监督力度,进一步规范执法行为。《淄博市公路路政管理条例》进入市人大立法程序,《淄博市农村公路养护管理办法》报送市政府法制办。强化公路路政管理,查处各类路政事案4002起,清理违章建筑物6883平方米,拆除非公路标志和违规广告牌1690块。

【"平安交通"建设】 全年未发生重大安全责任事故,各项安全控制指标均没有突破。妥善解决了困难企业军转干部和困难职工上访问题。全年接待来访260人次、来信68封,处理投诉283起,处结率达100%。建立应急机制,制定应急预案,有效地应对各类突发公共事件。落实市委、市政府做好防控高致病性禽流感工作的部署,加强队伍演练,制定紧急物资运输预案,建立健全疫情防控工作机制,有效防止疫情通过车辆传播扩散。

【行业文明创建】 推行出租车驾驶员违章培训考核制度,开通"960066"乘客投诉服务热线,对中心城区1184辆出租车统一更换车身颜色,建立卫生保洁机制,评选出495台优质服务车,表彰一批"文明的士"和"星级服务车"。抓好创建文明城市工作,对涉及交通的10个方面、24个要素项目进行严格的检查督导,全行业文明程度得到进一步提升,全市交通系统顺利通过省级文明交通行业的检查验收。

【济青高速公路南线淄博段开工建设】 济青高速公路南线淄博段4月开工建设,主要进行征地拆迁和路基、桥涵、隧道施工。该路段全长58.12公里,双向六车道,路基宽35米,全线共有特大桥1座,大桥19座,中桥3座,分离立交40处,通道82处,涵洞127处,隧道3处;设互通立交4处,服务区1处,工程概算总投资33.5亿元。截至年底,累计完成投资9.2亿元,其中完成工程投资7.1亿元,占合同总价的37.32%,占年度计划工程量的108.96%。

【竣工通车公路项目】 1.张博路附线。该路为一级路,全长30.4公里,路面宽31.5米,路基宽33米,新建大桥5座、中桥7座。2004年3月开工建设,2005年11月竣工通车。2.河辛路临淄至广饶界段改建工程。该路段为一级路,全长13.6公里,新建上跨省道寿济路简易互通立交1座。4月开工建设,10月竣工通车。完成投资1亿元。3.胶王路淄川段改建工程。工程全长23.4公里,其中青州界至湖南路口段17.7公里为二级路,湖南路口至文化路口段5.67公里为一级路。4月开工建设,11月竣工通车。完成投资0.95亿元。4.博沂路谢家店至芦芽段改建工程。该工程为二级路,全长16.6公里。有松仙岭隧道一座,长460米。4月开工建设,11月竣工通车。工程投资1.2亿元。5.仲临路南庄至泉河头段改建工程。该工程为二级路,全长17公里。4月开工建设,11月竣工通车。完成投资6500万元。

【村村通工程】 村村通油路工程。2005年,全市完成农村公路改造工程项目316个、计587.6公里。新增通油路行政村100个,52万人受益。自2003年村村通工程启动至2005年底,通沥青路的行政村已达3043个,占全市行政村总数的96.2%,全面完成计划任务,基本实现村村通油路目标。

村村通客车工程。2005年,全市共调整、延伸线路7条,新开通8条,新增客车78辆。自2003年村村通工程启动至

2005年底，全市共调整、延伸公交线路34条，新开通22条，增加通车里程481公里，新增客车138辆，投入资金4081.8万元，新改建等级客运站点14个，新设候车亭312个、站牌3246个。通公共汽车的行政村达3126个，通车率达到98.8%，基本实现村村通客车目标。

【中心城区公共交通建设】 年内，中心城区新增公交车辆128台，增开线路4条，延伸调整4条，加密3条，线网里程增加41.9公里。在96路、108路、123路、138路、139路5条线路安装使用了卫星定位自动报站系统及电子显示屏报站提示系统，在2路、7路、126路部分车辆试用该系统。张店中心城区有1967台2001年1月1日以后投放市场的、排气量1.6升以上的标准型出租汽车实现车身颜色更新，由“银顶红”改为车身上部为地球星蓝色、下部为银绿色。

（陈国强　申乐利）

铁　路

【概况】 6月11日，原淄博车务段、淄博站、东风站合并，组成新的淄博车务段。新组建的淄博车务段下设段长办公室、劳动人事科、财务科、安全调度科、客货运输科、技术教育科、收入科、路风监察科、行政监察科。2005年，淄博车务段发送旅客302.2万人，发送货物1464.8万吨。截至年底，有职工3424人，人均收入22189元，安全行车540天，劳动安全1217天，消防安全4503天。

【淄博站新站房启用】 淄博站新站房改扩建工程于2004年12月20日完工，2005年1月8日举行竣工典礼，1月18日正式启用。总投资达8600余万元。改扩建后的火车站由主站房（包括候车厅、售票厅及贵宾室）和行包房组成，总建筑面积20742平方米，可容纳2000人同时候车。候车大厅语音广播设备先进，车次广播由电脑控制。对车站周围及候车室内客流量较大的10个重要位置实时监控。候车厅服务设施完善，备有轮椅、专用车为老、弱、病、残人员提供特殊服务。

【淄博车务段首届职工艺术节】 7月20日至9月30日，淄博车务段举办首届职工艺术节。其间，邀请地方文艺专家对全段职工创作的11个曲艺作品，45幅书画作品，35幅摄影作品及站、所、车间编排的51个文艺节目进行评奖，并举办职工文艺会演。

（李晓天）

邮　政

【概况】 2005年，市邮政局全面完成省邮政局下达的计划任务，各项业务持续增长。邮政业务总量完成28813.6万元，同比增长16%。邮政储蓄先后与市商业银行等金融机构建立资金交易关系，通过协议存款、债券逆回购等形式回流资金115亿元。深入开展“提高服务质量，让用户满意”、争创政风行风建设优秀单位等活动，1处网点被评为全国青年文明号，2处窗口被评为全省邮政系统明星服务窗口。年内，编制了包括企业理念、行为规范、道德规范等内容的《淄博邮政员工手册》，初步形成切合自身实际的企业文化建设框架。

【业务发展】 邮务类、速递物流类、金融类三大板块业务重点突出，整体推进。全年函件业务量完成2296万件，其中邮政贺年卡完成269万枚，增幅居全省第一位，总量规模居全省第七位。报刊业务流转额完成3951万元。代办电信累计放号达到7.3万户。速递业务量高速增长，达98.8万件。驾驶证、违章通知书寄递业务量均居全省首位，中速快件业务居全省第三位。物流配送量达到252万件。全年新增邮政储蓄余额14.84亿元，余额规模突破80亿元。发放绿卡11.43万张，绿卡户数达到20.63万户。完成代理保险保费9125万元，中间业务代发金额达到3亿元。1月，中国首套情人节个性邮票1套4枚在市邮政局邮票公司独家首发。

【网络建设】 邮政实物网络建设。调整市中心局分拣封发功能，建立以区县局为单元的进口邮件报刊分拣封发模式。完成火车站邮件接发地下通道建设，调整部分邮路，增开市邮政局至淄川、博山的报纸专线邮路，提高了畅销报刊的传递速度。出口总包邮件和给据散件的条码化率达100%。实现干线邮路交接“无纸化”和邮区中心局间总包信息互联互通。邮政实物网络形成干线、邮区、区县内分层组织的网络结构，使邮件的处理与传输明显提速。新建城市营业网点5处，迁址改造2处，对全市95%的支局形象进行达标升级。优化投递作业组织管理，强化投递终端能力建设，增强了投递网络支撑能力。

信息网建设。组织实施储蓄、汇兑两网互通工程建设，完成速递专业化模拟核算系统和代理保险、代理开放式基金系统建设及“11185”客户服务系统、信息网络系统的软件升级工作。改善“11185”硬件设施，信息平台搭载能力日益增强。推进国际电子汇兑网点建设，全市115处电子化支局网点具备办理国际电子汇兑业务功能，邮政信息网络的综合能力进一步提高。

【质量、安全管理】 从完善检查制度入手，重新修订《通信质量考核办法》《邮政业务检查工作管理考评办法》等规章制度。市局、区县局均调整充实检查力量，完善监控岗位管理体系，逐步建立起分级负责、职责明确、责任连带的业务检查体系。2005年，全局共出检1677次，受理客户投诉101起，均做到事事有落实。强化邮政储蓄资金安全管理，改善网点安全防范设施，落实储汇岗位人员轮换制度。开展邮政金融风险评价检查，保证邮政金融业务健康、有序发展。加强邮运调度与管理，严格邮件验视制度，保证邮运和收寄安全。机要通信连续19年保持质量全红，被评为全省机要通信工作先进单位。

【企业制度体系建设】 从闭环管理入手，落实考核办法，先后制定《财务管理办法》《淄博市邮政局职能部室绩效考核办法》等近30个内部管理制度。前移控制关口，突出对安全防范等工作的事前和事中控制，制定《邮政金融内控建设意见》《邮政储汇稽核检查处罚办法》等管理办法和《敛送款七不准》等操作标准。对市局机关全部管理岗位和环节工作流程进行描述，使职能管理工作更具程序性和规范性。强化对市局职能部室的动态绩效考核，在全局推行ISO 9000质量管理和支局标准化管理，企业管理向科学化、规范化迈进。（王　禾）

通　讯

【中国网通淄博分公司】 是年，中国网通（集团）有限公司淄博市分公司（简称淄博网通）的固定电话、小灵通、宽带业务用户稳步增长，用户总量达148万户。业务收入完成年计划的100.6%；实现利润同比增长4.37%。3月9日，与原淄博网通宽带股份有限公司三方股东签订股权转让协议，收购“中华宽带网”。5月17日，经市委研究决定，“淄博时空”通过淄博信息港发布新闻。5月27日，淄博网通分公司及其所辖的博山、淄川、周村、桓台、沂源、高青6个区县分公司被省精神文明建设委员会授予省级文明单位称号。

网络建设。完成程控交换第十四期、接入网第八期、无线市话第七期和ADSL六期、七期扩容工程，建成MSTP多业务传输平台；落实无线市话网优和通信线路、机房“三线”分设及宽带设备间标准化整治方案，精品网络建设稳步推进。

提升企业运营效率。深化全面预算管理，建立起符合上市公司要求的新的账务核算体系。积极开展创建节约型企业活动，实现以节约促发展。强化业务稽核与管理，完成自然月计收费改造。加强企业基础管理工作，顺利完成淄博鲁通有限公司的清算注销。（王世友）

【中国联通有限公司淄博分公司】 2005年，公司业务范围包括移动电话业务、长途电话业务、数据通信业务、互联网业务、电信增值业务以及与主营业务有关的其他电信业务。根据中国联通总部统一部署，顺利完成寻呼网关网工作。截至年末，公司有员工1100余人，客户经理7000余人，代理商660余家，全市直接从事联通业务的人员超过1万人。固定资产达到20亿元，通信用户总数突破100万户，年上缴地方税收2000余万元。全年公司客户满意率保持在98%以上。公司客户俱乐部被评为全国联通五星级服务场所。

市场开发。移动通信业务对业务品牌和套餐进行系统优化和整合，建立以“世界风”“如意通”“UP新势力”“新时空”为代表的品牌体系，更加贴近用户需求。率先推出“双模卡”业务，业务种类更加丰富。针对企事业单位推出通信一体化解决方案和商务总机业务，可为用户提供无线通信、互联网、IP电话等全方位的通信服务和缩位拨号、企业总机、短信群发、电话会议等特色服务，该业务已在全市近2000家企事业单位推广。

特色业务。在部分重点行业和单位推出租线服务和语音直联项目；在医疗卫生系统开通远程医疗会诊项目；在教育系统开通“联通视话”项目；在市重点高校建立“宝视通”可视电话校园联盟；与交通局、威通公司开通危险车辆定位卫星定位业务，为全市1400余辆危险车辆提供实时定位服务。

网络建设。GSM九期工程顺利完成。该工程是公司自GSM通信网建设以来规模最大的一期工程。新建900兆赫基站83个，1800兆赫基站16个，扩容1800兆赫基站9个；完成CDMA网络室内分布系统的建设和本地传输网改造工程。至年末，公司移动通信网络总容量达到96万门，基站820个，网络覆盖和规模进一步提升，各项指标特别数据承载能力均优于国家规定标准。

企业文化建设。制订淄博联通企业文化建设大纲，确立以“团结创新，追求卓越，努力建设国际一流电信企业”为目标，以“回报客户，奉献社会”为宗旨，以“竞争、创新、激情、诚信”为统领，以“求实、求效”为要求的企业文化体系。2005年，公司在全市企业文化形象展示大赛上获特等奖。（杨　栋）

参加“联通杯”企业形象展示汇报演出获特等奖
（联通淄博分公司　供稿）

【山东移动通讯有限责任公司淄博分公司】 2005年，公司运营收入比上年增长20%，新业务收入占总收入的比重达20%，客户总数达到120万。

网络建设。年内，GSM12期网络扩容工程竣工，网络容量达到160万户。市到县第二传输平面工程建设完成。开展预防性维护、网络安全预警分析与评估，实施网络应急通信保障，网络安全无事故运行超过1000天。

移动新业务。年内，推出“96160”“手机电视”“短信呼转”“手机钱包”“话费闹钟”等新业务。与临淄区政府共建移动电子政务系统；与市公安局共建移动警务系统；与《鲁中晨报》携手推出省内第一家“手机报纸”——《鲁中手机报》；为全市120急救车辆开通PS车载定位；在部分中小学开通“移动校讯通”。

企业文化和学习型组织建设。坚持“提升自我，锻造团队，创造价值，塑造品牌，输出价值，带动社会”的企业文化实践理念，推进企业文化建设，被授予山东省创建学习型组织示范企业称号。年内，淄博移动通过ISO 9000质量管理体系认证。全面预算管理系统和知识管理平台正式启用，BOSS1.5营账系统割接成功，信息化管理水平进一步提升。（邢善才）

【中国铁通淄博分公司】 2005年，铁通淄博分公司积极开拓市场，各项业务均显著增长。全年新增固定电话近2万部，宽带互联网用户3000余户；营业收入比上年增长58.6%。成功开发了固话彩铃等新业务；投资百万余元，开通市长专线电话至各区县政府及市政府主管部门等单位的远程坐席。年内，公司被评为淄博市第六届消费者满意单位。

网络建设。年内新建和调整扩容交换局21个，新敷设电缆320公里，互联网设备扩容4000户，并进行IP网络优化，开通MPLS－VPN业务。市民投诉热线二期工程是年度重点建设项目，年内开通远程坐席13个，市民投诉热线的受理能力和办公效率大幅度提高。

企业管理。对业务机构和管理干部进行调整和加强，建立起干部能上能下的竞争机制。修订基础效益工资考核办法，市场营销人员收入有较大提高。建立规范管理制度十余项，妥善处理影响公司发展的突出问题。加强落实制度的执行力，检查认真，考核到位，奖罚分明，对发生严重差错、造成影响的员工给予待岗处罚。

服务质量。为全面提高窗口服务人员素质，分期举办客服人员、营业人员、入户服务人员培训班，制定考试考核定级、以级定酬的分配制度，激励作用明显。公司在住宅小区、商业街区成立社区服务部，配备小区服务经理，及时了解用户需求，处理用户故障，解决用户提出的问题，真正实现"一站式"服务。3月，淄博分公司向社会公众发放用户满意度调查问卷1万余份，征求用户对铁通服务的意见和建议。11月，公司领导及主要业务部门负责人参加由市纠风办和淄博人民广播电台联合举办的"政风行风热线"节目，解答用户和社会听众的咨询，宣传铁通服务措施。三季度，公司将市聋人学校电话接入铁通网络，并向学校赠送电话机和电话卡。

（毛　蓉）

【中国电信集团北方电信有限公司淄博市分公司】 2005年，淄博电信业务范围包括固定电话、数据、互联网、电信增值等业务，各类用户突破10万户，企业规模稳步壮大。

淄博电信采用技术体系整体上最先进的全网智能化综合信息服务网。利用先进的组网技术，为用户提供一站式服务、交钥匙工程、系统集成、商务领航等一揽子解决方案。全新的网络设备满足用户的多种电信服务需求。年内，在成功推出"广汇通""汇线通""全通达""互联星空""家校通""新视通"等差异化业务的基础上，又面向社会推出"商务领航""号码百事通"等品牌业务。强化"10000"客户服务系统，使之成为淄博电信对外服务的重要渠道。建立全新服务形象的电信客户中心，树立新型电信运营商的品牌形象。（宋澍超）

本部类编辑：赵建国
副主编：郭能勇
校对：徐　杰
吴建利

·淄博市重点文物保护单位选介·

上崖洞遗址

省级重点文物保护单位。位于沂源县土门镇九会村东北1100米处。洞高10米，宽7米，洞深1000余米。1982年局部发掘，采集物有人类使用的石英片及动物骨骼化石等，属旧石器时代中晚期文化。

爱国遗址

市级重点文物保护单位。位于周村区周村镇爱国村南。遗址分南北两片，南片为墓葬区，长200米、宽100米，断崖上暴露有数座长方形竖穴土坑墓，文化层厚1.8～2.2米；北部为居住区，长200米、宽100米，文化层厚2米左右。遗址中存有大量的陶片、石器、动物骨骼等。搜集到的器物标本有石斧、纺轮、陶罐、鼎、豆、盘等。此遗址是一处龙山文化遗址，并延续到秦汉。

皇姑顶遗址

市级重点文物保护单位。位于周村区萌水镇水磨头村南范阳河畔的台地上，遗址面积3万余平方米，文化层自西向东逐渐加厚，最厚达4米。遗址地面暴露有灰土、红烧土、各类陶片、瓦片、砖块等，最下层出土多为泥质黑陶片。属龙山文化遗址，并延续到战国时期。

冢子坡遗址

市级重点文物保护单位。位于张店区马上镇冢子坡村西南，现存面积6万余平方米，文化层一般厚2～3米。搜集到的器物标本有石斧、石球、石镰、陶鼎、陶钵、陶盆等。属龙山文化遗存，并延续至战国时期。

（李　胄　供稿）

城建 环保

城乡建设

【基础设施建设】 1. 淄博新城区6条道路(西八路、西十一路,人民路、华光路、联通路、中润大道)建设共完成35.3公里,投资2.86亿元(不含征地、拆迁及社会管线等费用),主车道于12月30日全线贯通。2. 世纪花园居住区一期配套工程基本收尾,二期工程建设全面启动。3. 完成动物园搬迁、猪龙河人民公园段及原动物园区的改造工程。4. 市政公用基础设施建设完成固定资产投资24.34亿元。全年计划改造小街巷50条,实际开工改造小街巷166条;计划新建公厕52座、改建公厕29座,实际新建57座、改建32座。5. 对张店城区各积水点和南定片区污水管网改造进行调研,在规划设计的基础上,对王舍片区、西四路南首和人民西路市委片区等3个积水区和南定片区的部分雨污管网进行了彻底改造。6. 多措并举抓好垃圾处理厂建设。沂源县生活垃圾无害化处理厂建设完成投资700余万元,一期工程竣工并投入使用。市生活垃圾无害化处理厂正在运作。

【城乡环境综合整治】 2005年,主要对城乡规划、旧城改造、环境卫生等10个方面进行综合整治,加大对村镇环境的综合整治力度,整治范围扩大到全部乡镇和高速公路、铁路、主要交通干道两侧各500米的村镇。全年完成投资128199.15万元,其中区县示范项目完成投资36956.36万元,村镇示范项目完成投资23725.8万元,河道治理完成投资6654万元。整治城市主次干道35条,生活小区18个,城市出入口14处,城市广场8处。

【园林绿化】 2005年,大力实施以建设绿色通道、绿色屏障和绿色家园为主要内容的"三绿"工程。全市城市绿化总投资达9亿元,完成张辛路、309国道、张桓路、张周路等道路的绿化建设任务。张博路的绿化量已完成75%,胶王路绿化量完成80%。完成周村梅园、高青芦湖公园等6个精品绿地规划设计,部分游园绿地已建成开放。全市新增园林绿地647公顷,建成区绿化覆盖率达到39.5%,绿地率达到33.4%,人均公共绿地达到11.1平方米。年底,淄博市顺利通过建设部组织的国家园林城市验收。

【房地产开发】 制定《淄博市房地产开发企业综合考核暂行办法》《淄博市外地房地产企业进淄管理办法》等规范性文件,鼓励、引导房地产开发企业做大做强。在调高房地产开发商资质标准的情况下,全市二级企业由原来的4家增加到8家,三级企业由31家增加为45家。开展住宅性能认定和优秀小区评选,淄博市申报的3个项目均通过建设部住宅性能认定预审,达到A级住宅要求。2005年,全市房地产开发共完成投资77.55亿元,同比增长32.22%;施工面积达879.48万平方米,同比增长38.2%;新开工面积达416.15万平方米,同比增长16.6%;竣工面积达267.85万平方米,同比增长13.37%;销售面积达到199.92万平方米。

【建筑业】 2005年,全市建筑业实现总产值260亿元、增加值80亿元、利税14亿元,利税同比提高18%。全市招标工程项目628个,应招标工程招标率和应公开招标工程公开招标率均达到100%。市建筑管理处针对建筑市场竞争不规范、建设和施工企业市场地位严重不对等、违法违规行为屡禁不止等问题加强调研,探索从根本上解决问题的办法,增强建筑产业的发展后劲。

【勘察设计市场】 组织勘察设计市场专项检查,对89家单位进行拉网式检查,查出不符合要求单位9家,对其中6家单位予以吊销资质,3家限期整改。审查勘察设计合同1716项、勘察设计成果1716项,建筑面积950万平方米,总投资75亿元,审查出违反国家强制性规定的条文4000余条。

【村镇建设】 2005年,全市小城镇建设全年完成投资44亿元,新建住宅175万平方米,新修道路8.2万平方米,新安路灯3230盏。村镇住宅人均建筑面积达33平方米,乡镇驻地人均住宅建筑面积达23平方米。全市76个建制镇总体规划率达100%,详细规划覆盖率达40%。开展"三下乡、五服务"(科技、规划、设计下乡,为农民建房、修路、改水、改厕、改善人居环境服务)活动,为南博山镇等6镇补助经费31万元。组织农村小康住宅设计方案评选活动,从48个设计方案中优选17个方案汇编成册,免费发放到村镇。

【科技创新工作】 2005年,完成"煤矸石多孔砖集中配筋砌体多、高层节能住宅结构体系"应用研究,并通过省级科技成果鉴定,填补国内空白。研制成功煤矸石模数多孔砖190×240×90砖型,弥补了现行砖型尺寸的不足,提高了施工效率,为执行第三阶段建筑节能标准奠定了基础。"黄河淤泥沙烧结多孔砖"通过省级科技成果鉴定。推广应用该技术,高青县每年可消耗黄河泥沙约30万吨,减少因取土烧砖及黄河泥沙堆积占地约16.67公顷,节约烧砖用煤2万吨,同时可减少二氧化碳、二氧化硫等有害气体的排放,直接经济效益近亿元。年内,全市改造完成粘土砖厂9家,新建新型墙材企业6家,新增生产能力2.6亿块标准砖,产量比2004年增长30%,基本形成以煤矸石砖为主,砖、块、板相配套,高、中、低相结合,品种多达20余个的新型墙材生产体系,新型墙材生产比例和应用比例分别达到90%和95%以上,节能建筑竣工面积达到180余万平方米。

【农民工权益保护】 2005年,市建委认真执行民工工资保证金制度,先后制定实施"民工权益公示牌"制度、工资发放备案制度、清欠督办制度、民工工资投诉管理规定,对一批拖欠工程款和民工工资的企业予以通报,保证全市清欠工作顺利开展。截至年底,网上清欠率达95.13%,提前完成省政府确定的任务目标。其中清理政府工程拖欠款工作已全部完成,清理进度列全省第一。 (刘 峰)

国土资源管理

【国土资源审批管理】 2005年,市国土资源局制定实施《建设用地项目预审意见》,对建设项目的投资强度、容积率、建筑面积、绿地率等集约用地定额标准严格审核把关,提高土地的节约集约利用水平。全年审批供应新增建设用地88宗,面积514.47公顷;审批供应农村集体组织使用本村集体土地33宗,面积57.27公顷。上报省国土资源厅39个批次,面积710.40公顷。办理国有存量土地审批472宗,面积170.29公顷,收取出让金19350万元。其中:划拨土地5.7公顷;协议出让164.60公顷,政府实际收入可支配出让金14520万元;协议出让的土地中,处置破产企业土地资产38.2公顷,土地使用权合同出让金为4830万元。受理采矿权申请80份,其中省登记50份、市登记30份。全市应检矿山481个,实检481个,其中合格434个,基本合格24个,不合格23个。全年征收矿产资源费1020万元。

【国土资源保护和合理利用】 1. 土地开发整理。分别位于沂源、高青、淄川的3个土地开发整理项目已被批准纳入国家投资项目库。对周村、淄川、临淄、博山、沂源5个符合省投资标准的项目进行实地勘察和专家论证上报。对2004年全市土地开发整理项目进行验收,合格159个,增加耕地面积1533公顷。2. 国土资源规划。完成全市"十一五"计划及2020年发展规划的子课题《淄博市土地利用总体规划研究》的调研和文本撰写。《市县两级矿产资源总体规划》在国土资源部矿产资源规划优秀成果评选中获奖。3. 矿产勘查储量工作。年内,对17处探矿权申请进行了初审,对4个项目设计进行审查,对146处矿山资源储量检测报告进行评审,完善了矿产储量数据库建设。

【国土资源市场化配置】 1. 国有土地"招、拍、挂"(招标、拍卖、挂牌)。2005年,经营性用地实行"招、拍、挂"供地率达100%。累计完成"招、拍、挂"出让土地143宗,出让面积376.52公顷,成交额18.922亿元,政府应收取土地出让收益10.71亿元,各项指标优于上年,土地资源市场化配置程度进一步提高。市国土资源局在推进对经营性用地实行"招、拍、挂"出让的基础上,下发《关于进一步加强建设用地供应管理的通知》。自5月1日起,对工业项目用地实行"招、拍、挂"方式供地。2. 土地储备工作。市辖5区统一储备试点工作进展顺利,共筹措土地储备资金5000万元,收购储备土地41宗,面积211.96公顷,为政府加强宏观调控打下基础。3. 统一征地工作。开展土地征用的公示、公告工作,探索实施征地区片价制度,增强征地工作的透明度,依法保护被征地农民的合法权益。

【依法行政】 年内,《淄博市土地登记办法》《淄博市国有土地储备实施办法》颁布施行。加大地租征收力度,如期完成800万元的征收任务。开展土地市场秩序治理整顿暨土地执法春季巡回大检查,调查在建项目用地799宗,总面积946.67公顷,查出各类土地违法行为235件,面积228.53公顷。开展房地产开发建设用地专项治理整顿,发现各类土地违法行为63起、面积74.92公顷,并立案查处,查处率达100%。依法治理黑旺铁矿、金岭铁矿周边矿业秩序和博山区南博山地区乱采滥挖砂石资源问题,维护了正常的矿业秩序。全年受理群众信访223件,其中部、厅下转信访案件140件,处结率96.4%;市级信访83件,处结率100%。

【规范、创新土地管理】 1. 土地登记规范化管理。全年办理各类土地登记34146宗。其中:国有土地使用权登记32274宗,集体土地使用权502宗,他项权利1370宗。2. 土地利用现状更新调查与数据库建设。利用国土资源部最新卫星遥感影像图对全市土地利用数据库进行二次更新,共调查图斑372060个,线状地物103218条、零星地物2866个,重新签订权属界线协议书20481份,土地利用现状数据不断完善。3. 办公自动化二期工程建设。年内,开发完成以GIS(地理信息系统)平台为基点的办公自动化系统,实现建设用地的网上报批,提高了国土资源管理工作的科技含量。4. 国有存量土地可利用调查。年内,对全市城区内的闲置和空闲土地进行逐一实地勘察,摸清存量闲置土地的基本情况。全市共有闲置土地29宗,面积42.89公顷;空闲土地57宗,面积183.23公顷。提出了盘活存量土地的实施意见。5. 测绘管理。淄博市C级GPS控制网建设工作进展顺利。加强测绘市场监管,制定《淄博市测绘项目登记办法》和《加强测绘市场监管规范测绘市场意见》,对地图市场进行了清理。 (刘士春)

城市规划

【概况】 2005年,市规划局以淄博城市总体规划修编和旧城改造为重点,编制了中心城区32平方公里的旧城区改造控制性详细规划,人民公园等4个广场及周边200米范围内的城市设计,张博路、张博路附线、张辛路、张桓路等6条区间道路及柳泉路北延段、胶王路淄博段两侧的控制性详细规划。全年共组织编制并批复详细规划73项,总面积1574.93公顷。其中控制性详细规划6项,面积439.93公顷;修建性详细规划67项,面积1075公顷。审批核发《建设项目选址意见书》614份;建设用地规划许可证466份,用地面积1402万平方米;建设工程规划许可证462份,工程面积448万平方米。加大对违法建设工程的查处力度。与市城市管理行政执法局联合下发《关于建立违法建设投诉举报奖励制度的意见》,维护城市规划的严肃性。加大对户外广告的管理力度,对全市户外广告设置情况进行调查,与市法制办、市城市管理行政执法局联合下发了《淄博市城市户外广告设置管理办法》。结合保持共产党员先进性教育活动,在全市规划部门开展"机关作风建设年"活动。

【淄博市城市总体规划修编工作全面展开】 2005年,根据省政府的统一部署和要求,对全市上一轮总体规划进行修编。为保证规划修编工作质量,市规划局对国内著名城市规划设计单位进行考察筛选，选定深圳市城市规划设计研究院和淄博市城市规划设计研究院共同承担该规划的修编任务。规划设计人员先后进行现场踏勘、基础资料收集和现状图绘制，同市、区县主要领导和市直有关部门、单位进行座谈和交流，听取意见和建议。截至年底，总体规划编制纲要编制完成，规划成果正在编制之中。

【淄博中心城区老城区改造规划编制】 该规划编制范围为：东起淄东铁路线，西至世纪路，南起昌国路，北至中润大道，总面积约32平方公里，由加拿大C3设计公司与市城市规划设计研究院共同编制。市规划局成立规划编制项目组，组织开展前期调研、基础资料的收集工作和规划编制项目的课题研究。针对规划的层次与深度、规划编制的技术标准、道路交通、开发改造政策、东部城区污染企业的处置等问题，多次召集市规划设计研究院、规划信息中心、加拿大C3设计公司进行研讨，并邀请国内知名专家、学者就有关课题开展探讨和研究，并通过各种媒体广泛征求意见。

【淄博中心城区重点广场及周边区域城市设计编制完成】 为进一步加强对中心城区4个广场（中心广场、火炬广场、火车站广场、人民公园）及周边地段开发建设的严格控制，从根本上解决广场周边无序开发的问题，市规划局委托同济大学城市规划设计研究院编制了4个广场及周边200米范围内的城市设计，总规划面积约216公顷。规划内容包括城市设计研究报告、现状调研报告、规划设计3部分。规划设计成果于7月中旬编制完成。

【区间道路专项规划编制完成】 区间道路专项规划包括张博路、张博路附线、张辛路、张桓路、张周路、309国道淄博段等6条道路。市规划局委托市城市规划设计研究院和市规划信息中心编制。为确保规划编制质量，市规划局组织参与规划编制的有关技术人员赴外地考察，学习借鉴外地先进经验，并对6条道路沿线进行现场踏勘和基础资料收集。规划草案于5月完成后，向各区县政府和相关单位多次征求意见，6月底完成编制成果。

【淄博中心城区雨污分流工程规划编制完成】 淄博中心城区雨污分流工程规划由市规划局牵头编制，规划包含张店老城区、淄博新城区、高新区、南定片区、商贸片区、张店科技工业基地及淄博新城区西部片区（周村东部新区）、淄博教育园区等8大片区。对与中心城区相邻的桓台开发区、淄川建材工业园区和齐鲁化学工业园区的雨污水，也根据地形进行了分析。规划对张店老城区内的各片区已经完成的排水管网、雨污分流改造分区规划进行整合，通盘考虑城市污水处理厂的选址和建设规模，分析并解决现状存在的排水管网问题，估算改造项目投资规模和工程量，提出了规划实施建议。

（宋传玑　薛　原）

房　地　产

【产权产籍管理】 2005年，全市发放房产证7.12万本，发证面积达1607万平方米。市房管局投资140余万元建设的“淄博市房产网络管理系统”开通运行，市局和区县局之间全面联网，实现房产交易、权属登记的网络化、信息化。“打造网络信息平台，构筑数字淄博房产”的战略目标初步实现，规范有效的产权发证工作机制初步确立。起草《淄博市房屋权属登记管理条例》，研究解决地下车位确权、房产实名登记、历史遗留房产登记等工作中遇到的突出问题。进一步完善司法协助程序，规范行政应诉工作，全年协助法院查封备案553起，行政诉讼31起。

【安康居住工程】 年内，市房管局对全市城镇中等收入、最低收入家庭住房状况进行调查摸底，启动廉租住房制度。制定《淄博市安康居住工程实施意见》，提请市政府出台《淄博市廉租住房管理办法》，联合财政、民政、物价、地税等部门出台《关于实施廉租住房制度有关问题的通知》。截至年底，全市发放住房租赁补贴70户，租金核减203户。完成经济适用住房施工面积52.3万平方米，竣工面积15.3万平方米，可解决2000余户中低收入家庭的住房问题。

【房地产市场】 2005年，全市房地产市场继续平稳健康发展，市场供需两旺。全年房地产市场交易面积达994万平方米，交易额107亿元（包括新房、二手房、租赁和抵押），分别增长10.4%和12.6%。强化商品房预售管理，严把初审和质量关，完善统一颁发预售许可证制度。全年共发预售许可证550本，预售总面积299.5万平方米。与地税、财政等部门协调配合，出台相关政策，开征房地产营业税。对全市70多家房地产中介机构进行资格备案，引导中介企业合法、规范经营。加大执法检查力度，依法严肃查处十几起涉及违规销售、虚假广告、面积缩水等违法案件。着手建立房地产市场信息预报、预警体系，加强房地产市场运行情况的监测。举办大型房地产交易展示会，90多家企业参展，展览面积达15000平方米，参展人数近10万人次。

向市民宣传房产政策　　　　（市房管局　供稿）

【物业管理】 截至年底，全市有物业管理企业186家，实行物业管理的小区171个，管理面积达1647万平方米，物业管理服务对象15.35万户。年内，市房管局制定《淄博市物业管理办法》《淄博市物业服务收费管理实施细则》《淄博市普通住宅小区物业管理服务收费等级标准》《物业公共维修基金管理办法》《物业招投标管理办法》《物业管理收费实施办法》，下发《关于进一步加强物业公共维修资金管理的通知》等文件，全面加强物业管理工作。13个物业管理项目申报省级优秀物业管理项目，2个物业管理项目申报国家级优秀物业管理项目。

【房屋拆迁】 2005年,全市依法拆迁面积38.09万平方米,确保重点工程和城市建设的顺利进行。严把拆迁项目审批关,修订完善房屋拆迁公告、拆迁计划、拆迁补偿方案、拆迁协议等多个规范性文本,加大查处违法拆迁行为。严格执行拆迁裁决和强制拆迁操作规程,加强对拆迁评估机构、委托拆迁机构、鉴定专家委员会的管理监督。对城市规划区内集体土地上的房屋拆迁管理和拆迁补偿资金的监管进行调研。重视拆迁信访工作,健全拆迁信访责任制和拆迁纠纷调处机制。

(刘兴胜)

公用事业

【概况】 2005年,全系统完成工业总产值21915万元,同比增长17.81%;实现销售收入23497万元,同比增长6.96%;亏损1694万元;焦炭产量158362吨,同比增长11.80%;煤制气销量2217万立方米,同比降低0.23%;天然气销量18103万立方米,同比增长84.44%。

【热源建设】 8月,组织实施四大热源建设工程,即新城区供热调峰锅炉工程、淄博热电张北高温水供热管网配套工程、原淄博第二棉纺厂内供热锅炉工程、淄博热力有限公司西线管网改造工程。除新城区调峰锅炉工程外,其他3项工程在11月15日正式供暖前建成投入使用。12月初,市政府决策建设大成热电集团热源管线作为应急热源。2005年,全市供热工程总投资达13970多万元,新增供热面积200万平方米,供热面积达到2453万平方米。截至年底,全市有供热企业32家(不含自供单位),其中热源企业12家、供热经营企业20家,固定资产总额13.6亿元(供热经营企业)。建成锅炉房29处,换热站147座,供热管网总长度约1700余公里,供热总面积2453万平方米,其中电厂热源供热面积1840万平方米,占总供热面积的75%,直接从事供热经营的职工3500余人,初步形成以各个城区为中心的较为完善的供热服务网络。热电联产即电厂热源所占比例达75%,其中周村、博山、淄川、高青、沂源等区县全部实现热电联产供热。

【燃气安全管理】 年初,组织召开全市燃气安全工作会议,部署全年燃气安全工作,与5家直管燃气企业签订2005年度燃气安全生产目标管理责任书。结合经营许可年检和安全大检查,查处非法工程3起8次,办理市民投诉6起,下发隐患整改通知书42份、责令停止违法行为通知书21份、限期整改通知书7份。参与处理了莲泽园燃气泄漏爆炸事故,组织燃气企业召开现场会议,指导企业完善施工和操作程序以及安全管理措施。全市46家取得经营许可证的燃气企业中44家通过年检,2家确定为不合格。对申办燃气经营许可证和燃气供应许可证的40家燃气企业、8家经营站点进行审查,为27家燃气经营企业、7家燃气供应企业办理了经营许可证和供应许可证。

【天然气调控管理】 年初,受上游供气量减少的影响,全市天然气供应紧张。6月、8月,因天然气供气管线陕京二线接线并网等原因,再度出现气源供应紧张。年底,全省供气出现严重紧缺,为确保全省特别是济南市供气,在气源有限的情况下,协调每天3.5万立方米天然气支援济南市。本着"先生活后生产,先急后缓,先特殊后一般,扶优扶强,保证重点"的原则,完善全市天然气应急预案和调配实施方案,合理分配供气量,保证了全市的稳定供气。

【规划编制】 对《淄博新城区燃气工程规划》和《淄博新城区供热工程规划》反复论证修改、调整完善。两项规划全部通过专家评审,并随新区建设付诸实施。针对以压缩天然气为燃料的汽车数量迅速增长的实际,及时组织编制了《淄博市燃气汽车加气站布点规划》,5月通过由市规划局组织的评审。截至年底,批准燃气加气站10个,其中5个加气站建成投入使用。

【法规建设】 完成《淄博市城市供热管理条例(初稿)》起草工作,4月进入立法程序。天然气进入淄博后,原《淄博市燃气管理条例》已不适应燃气发展管理的实际需要。市公用事业局组织讨论、修订,完成修订初稿并报送市法制办。

【依法行使行业管理职能】 年内,市公用事业局负责的行政审批事项由原来的24项清理减少到9项。开展行政执法依据梳理工作,为规范执法行为,保障法律法规的有效实施奠定基础。按照政务公开的要求,燃气工程、燃气经营许可、燃气供应许可、燃气器具气源适配性监测等纳入市行政中心办理事项。制作了办事指南和文书样本,开展标准化窗口建设,严格按照程序和时限对有关事项进行审批和公示,全年共受理审批事项49项。依法对全市公用事业市场实施规范管理,查处非法工程5起10次,查纠市民投诉事项6起,出具责令停止违法行为通知书26份。 (刘潇湖)

环境保护

【概况】 2005年,全市空气环境质量二级以上天数达到307天,主要空气质量指标年均值达到国家二级标准,为10年来最好水平。二氧化硫、烟尘、工业粉尘和COD等主要污染物排放量,均控制在规定指标之内。淄博市在全省城市环境综合整治定量考核中位居前列。

【碧水蓝天行动计划出台】 为贯彻全省"两湖一河(南四湖、东平湖及小清河)碧水行动计划"动员大会及人口资源环境工作座谈会精神,立足于解决老工业城市长期形成的结构性污染问题,市政府出台淄博市碧水蓝天行动计划,提出"一二三四五"的总体目标,即抓住创建国家环保模范城这一条主线;突出"碧水、蓝天"两大目标;实现张店东部化工区化工异味治理、城市生活垃圾无害化处理和小区中水回用试点工作三个突破;积极抓好水、大气、固体废物污染防治和生态恢复四方面工程建设;大力搞好猪龙河、孝妇河、淄河、沂河、支脉河五个重点流域综合治理,实现"天蓝、地绿、水清、气爽"的总体目标。截至年底,该计划已完成投资10亿余元,开工建设污染治理工程98项,进行污染点源治理360处。

【生态市建设】 4月,市第十二届人大常委会第十七次会议对《淄博市生态市建设规划》进行审议并批准实施。各区县的生态区县建设规划编制工作全面完成并通过专家论证。完成《四宝山地区生态建设与保护规划》,关闭了高新区所有采石场。桓台县索镇镇、淄川区双沟镇等7个乡镇被评为省级环境优美乡镇，张店区马尚镇被评为全国环境优美乡镇。加大鲁山和原山国家级森林公园等风景名胜区的建设、保护力度，使受保护面积达到国土面积的20.3%，基本完成生态省建设目标责任书中的生态建设与保护阶段性任务。加快推动发展循环经济，在淄博万昌集团等5家省级循环经济示范企业和高新区、齐鲁化工区2家省级生态工业示范区进行试点；在27家企业开展清洁生产审核，并将清洁生产审核工作纳入污染源治理专项资金管理程序，强化了源头和全程污染控制。

【工作机制创新】 5月，市环境保护工作委员会成立，由市长任主任，常务副市长任常务副主任，各有关副市长任副主任，30多个市直部门主要负责人任委员；委员会下设办公室，为常设机构，从市委、市政府的13个部门抽调人员集中办公。委员会成立后，环境保护实施综合决策，实现环保工作由部门化向综合化转变。2005年，环保部门对项目审批、优秀企业评选等17次实施"一票否决"。建议市政府出台了燃煤电厂二氧化硫治理、重污染企业搬迁改造、流域水污染源治理、居民小区中水回用等方面的激励政策。

市政府对3家完成搬迁、治理的企业进行奖励
（田 华 摄）

【水环境综合整治】 年内，协调投资1650万元，对8.5公里的猪龙河张店段进行清淤疏浚，对部分直排猪龙河的污水口进行截污改造。协调投资1490万元，对南郊污水处理厂进行管网配套完善，完成北郊污水处理厂二期工程配套泵站建设，并对北郊污水处理厂的处理设施（6万吨/日）进行全面维修改造。高新区城市生活污水处理厂配套污水管网已建成40.5公里。周村区污水处理厂二期工程、淄川杨寨污水处理厂竣工，桓台城市污水处理厂一期工程（3万吨/日）工程量完成80%。对107家企业实施废水治理再提高工程。新华制药集团投资5000万元新建一座污水处理厂，并对原有污水处理厂进行改造。山东东大化工集团投资4400多万元，完成阴树脂、橡塑项目的整体搬迁及老厂区治污设施改造，投资3000万元的环氧丙烷皂化废水处理工程已投入运行，每年可节约用水140万吨，产生直接经济效益2000余万元。张店东风化工厂完成特戊酸项目搬迁。截至年底，东部化工区累计完成治污投资1.8亿元，实施86项污染治理再提高工程，新扩建污水处理设施5处。加大齐鲁石化公司排海管线综合整治力度，督促临淄区通过限、停、迁等措施对26家向排海管线排污的企业实施初步治理，每年可减少废水排放量3.2万吨。齐鲁石化公司实施的12项水污染治理工程和4项大气治理工程全部完成。

【大气污染防治】 1.重点行业治理。组织全市燃煤电厂二氧化硫污染防治暨治理技术推介会，8家电厂完成脱硫任务。加大东部化工区的污染整治力度，采取现场监管、限期治理、停产、限产等措施，使该区域内"化工异味"明显减小。2.重点路段治理。加大张博路附线、滨博高速路等主要交通干线可视范围内炉窑企业的综合整治力度，共排查企业353家，现场检查治污设施756台（套）处、监测536次，提出整改意见300多条。3.重点企业治理。对66家燃煤炉窑实施清洁燃烧技术或天然气替代改造，拆除或关停落后燃煤炉窑156条，拆除废弃烟囱260多条。加大对淄博三信水泥有限公司的搬迁督导力度，动员未列入搬迁范围的鲁中监狱水泥厂实施搬迁改造。

5月3日，副市长宋锡坤带领环保执法人员夜查某公司污水处理厂排污口水质情况　　（田 华 摄）

【环保执法监管】 1.建设项目环境管理。年内，审批建设项目143个，项目总投资额68.59亿元，环保投资3.4亿元，占总投资的4.96%。拒批化工等重污染项目13个。2.查处违法排污企业保障群众健康环保专项行动。全市共进行现场检查8374次，出动现场执法人员15357人（次），检查企业9073个（次），查处存在环境违法行为的企业1519家。实行局领导成员带队夜查制度，督促重点企业落实厂级领导夜间环保带班制度，实现环保执法良性互动。3.固体废物、医疗废物及放射源监管。全市医疗废物集中处置率在全省处于领先水平。全年编码密封放射源639枚，送贮闲置废弃放射源155枚，与125家涉源单位签订安全责任书，并建立专门的管理数据库。

【环境监测、科研】 全年提报有效监测数据23.9万个，完成生态环境遥感监测野外核查工作。按照国家、省局的要求，派员圆满完成支援松花江污染事故应急监测任务以及全省16个城市饮用水源地有机磷、有机氯的监测分析任务。全年编制环境监测通报12期，编制全市饮用水源地水质月报9期，新开展监测项目53项。投资120万元购置监测设备仪器43台（套）；投资150万元建成猪龙河崔家水质自动在线监测站。市环境监测部门研制的"直磁式电子加速器"获国家专利。

环保执法人员监测放射源　　（田　华　摄）

【环境法制建设】 开展依法行政建设年活动，举办学法用法培训班11期，培训环保执法人员500余人次；开展环保执法自由裁量权试点，调整充实东部化工区的环境监理机构，加大该区域的环境监管力度。全年办理人大建议、政协提案共18件，办复率为100%；受理环境信访1009件；接待来访群众109批、257人次，重复上访率小于5%。

【环保宣传】 4月19日，《人民日报》刊载题为《淄博：从"黑烟盖城"到"水碧天蓝"》的文章，介绍淄博市环保成就。在《中国环境报》办地方专版3期；《淄博晚报·环境周刊》出版52期，新辟《循环经济在淄博》专栏。市环保局与市委宣传部联合下发创建国家环保模范城宣传教育意见。在重要交通干道、城区显著位置设立创建国家环保模范城宣传牌36块。开展绿色社区、绿色学校创建活动，临淄金茵社区被评为全国首批绿色社区。评选表彰全市"十佳绿色家庭"，进一步增强全社会的环保意识。（刘云龙　杜玉玮　崔明华　毛鹏鹏）

本部类编辑：赵建国
副主编：郭能勇
校对：徐　杰
吴建利

·淄博市重点文物保护单位选介·

沂源猿人化石遗址

国家级重点文物保护单位。位于沂源县土门镇九会村东1000米处。1981年9月18日在该处骑子鞍山根发现猿人头骨化石一块，后经发掘，又发现头骨、眉骨、牙齿。经中国科学院古人类研究所及北京大学等单位的有关专家、教授鉴定，系旧石器时代（40～50万年前）的猿人遗骸，且属于两个猿人以上的个体出土的古人类化石数量，仅次于周口店北京猿人化石点。国家有关单位命名为"沂源猿人"。沂源猿人化石的发现，填补了国内猿人地理分布的空白，为研究古地理、古气候及古人类的发展变化、史前文化等领域，提供了可靠的佐证。

千人洞遗址

市级重点文物保护单位。位于沂源县土门镇黄崖村西北。洞高10米，宽10～20米，深90米，属石灰岩洞穴遗址。1965年发掘出打制石器38件及部分动物化石，还有大量烧土及灰烬等。属旧石器时代晚期文化。

（李　胄　供稿）

商品流通

综　　述

【概况】 2005年，全市社会消费品零售总额实现430.94亿元，比2004年增长15.9%。个体私营经济零售额增长最快，同比增长19.08%，高于全市零售总额增幅的3.18个百分点。全市县及县以上城镇实现零售额343.81亿元，增长15.9%；县以下农村实现零售额48.79亿元，增长16%，城乡市场保持同步发展。批零贸易业增速最高，增幅达23.7%。

全市商业、物资、粮食、供销、石油、烟草六大流通系统实现商品销售收入149.5亿元，同比增长18.66%，较2004年提高9.26个百分点；六大流通系统盈亏相抵，实现利润总额27905万元，同比增长16.44%，较2004年提高7.43个百分点。其中，全市商业、物资、粮食、供销四个系统完成商品销售收入112.7亿元，同比增长16.32%；实现利润10768万元，同比增长8.03%。全市10户重点流通企业集团共实现销售收入和利润分别达81.3亿元、8605万元，同比增长21.14%、16.43%。按可比口径计算，分别占全市商业、物资、粮食、供销四个系统销售收入和利润的72.21%、79.91%。

附：

全市10户重点流通企业集团主要指标完成情况表

单位：万元

项　目	商品销售收入			利　税			利　润			资产总额		
	2005年累计	2004年同期	同比±%	2005年累计	2004年同期	同比±%	2005年累计	2004年同期	同比±%	2005年累计	2004年同期	同比±%
合　计	813433	671489	21.14	16273	14164	14.89	8605	7391	16.43	258470	239113	8.10
淄博商厦	322844	248315	30.01	8066	6945	16.14	4646	3801	22.23	111936	104281	7.34
新星集团	230518	200565	14.93	1970	1680	17.26	1208	1091	10.72	37066	32422	14.32
金帝集团	65712	61738	6.44	2359	2303	2.43	1500	1480	1.35	26568	28152	－5.63
奥德隆集团	45760	36947	23.85	1095	1156	－5.28	398	368	8.15	18629	13019	43.09
东泰商厦	78325	60891	28.63	1150	784	46.68	313	198	58.08	14843	14146	4.93
淄博政通超市	17165	14989	14.52	787	579	35.92	421	344	22.38	8920	7718	15.57
淄博特信商城	13988	12772	9.52	495	388	27.58	43	26	65.38	8203	8454	－2.97
东联汽车公司	17458	15431	13.14				19	22	－13.64	9242	7428	24.42
淄博面粉厂	8728	8424	3.61				8	6	33.33	14309	16889	－15.28
桓台百货大楼	12935	11417	13.30	351	329	6.69	49	55	－10.91	8754	6604	32.56

【流通企业改革】 2005年，流通企业改革进一步深化。重点推进企业依法破产和优势企业退出公有资本，对部分产权改革不到位的企业实施“二次改制”。商业、物资企业改革已基本完成。基层供销社改革取得新进展，37个基层社实施破产，22个基层社通过改制重组，新组建中心社15个。积极推进国有粮食企业改革，解决制约粮食企业改革的“三老”（老人、老粮、老账）问题。到年末，全市流通企业改革基本到位，企业活力进一步增强。

【流通重点工程】 2005年，全市在建流通设施项目计划总投资220亿元，已完成投资77亿元。流通重点工程项目67个，计划总投资135亿元，其中合同利用外资91.26亿元。截至年末，已有53个项目开工建设，占总项目的79%，完成投资37.8亿元。有24个项目年内竣工开业或部分开业。

附：

淄博市2005年流通重点工程竣工或部分竣工项目表

单位：万元

序号	所属区县（部门）	项目名称	业态种类	计划总投资			建筑面积（平方米）	完成投资情况		进展情况
				合计	自筹	引资		年度累计完成	累计总投资完成	
	合计	24项		360500	154100	206400	1994222	149261	286256	
	市属	3项		12800	10100	2700	215100	4220	10700	
1		淄博东联汽车城	市场	3600	3600		15000	1600	1600	一期工程6月28日开业
2		鲁中旧机动车交易市场 淄博纪元闲置设备市场	市场	5700	3000	2700	200100	500	4980	一期开业
3		赢环商务大厦	综合	3500	3500			2120	4120	竣工开业
	张店区	7项		198900	64700	134200	857322	98566	175446	
4		美旗置业大厦（二期）	综合	16700	16700		35622	6180	12780	一期工程6月7日开业，二期工程主体基本完工
5		淄博政联装饰材料市场	市场	50000	2000	48000	80000	10000	42000	沿路营业房、配套设施建设中
6		淄博义乌小商品城	市场	96000	19800	76200	600000	32000	46600	公交配套方面进度较大
7		荣宝斋大厦	专卖	10000		10000	18700	13000	21200	9月20日开业
8		淄博新天地广场	商场	12000	12000		53000	13000	21800	开业
9		山东海盛水产品批发中心	市场	10000	10000		40000	21386	27386	10月12日营业
10		淄博义乌小商品城物流配送中心	物流	4200	4200		30000	3000	3680	客运中心5月6日开业
	淄川区	5项		66800	16800	50000	513000	22510	57700	
11		柳泉正承商务广场	综合	20000		20000	100000	14000	18000	主体完工
12		水产批发市场	市场	5100	5100		43000	2800	5100	9月29日蔬菜大棚试营业
13		中国财富陶瓷城	市场	30000		30000	300000	3010	24500	二期物流园于8月21日开业
14		建材城改造工程	市场	6700	6700		40000	2700	6100	二期工程建设中
15		服装城改造工程	市场	5000	5000		30000		4000	竣工开业
	周村区	4项		40000	33500	6500	195000	2665	10910	
16		淄博恒业现代物流园	市场	7000	4000	3000	40000	130	1585	二期营业房投入使用
17		周村沙发家具工业园	市场	7000	3500	3500	80000	415	5205	二期建设中
18		山东恒力国际机床贸易中心	物流	11000	11000		25000	300	1500	9月16日一期工程开业
19		淄博世纪汽车城	市场	15000	15000		50000	1820	2620	长安汽车4S店竣工
	博山区	1项		10000	8000	2000	46000	6500	8300	
20		淄博同心德福门商业广场	商场	10000	8000	2000	46000	6500	8300	二楼新一佳超市11月中旬开业
	临淄区	2项		10000	9000	1000	19000	5800	8000	
21		利群购物中心扩建工程	商场	5000	5000		16000	4800	5000	10月30日投入使用
22		淄博依厂化工物流	物流	5000	4000	1000	3000	1000	3000	工程全部竣工、开业
	桓台县	1项		10000		10000	30000	5000	10000	
23		信誉楼桓台商厦	商场	10000		10000	30000	5000	10000	竣工开业
	沂源县	1项		12000	12000		118800	4000	5200	
24		沂源县建材汽车城	市场	12000	12000		118800	4000	5200	一期10月1日开业，二期筹备中

淄博仲裁委员会

仲裁委办公室党组书记、主任　刘强

仲裁庭认真审理仲裁案件

淄博仲裁委员会是依据《中华人民共和国仲裁法》和国务院、山东省人民政府关于重新组建仲裁机构的有关文件规定，于1995年12月27日成立的淄博市唯一民商事仲裁机构。其职责为受理平等主体的公民、法人和其它组织之间发生的合同纠纷和其它财产权益纠纷。仲裁案件的受理不受地域、级别管辖的限制，实行当事人自愿原则和一裁终局制度。

淄博仲裁委员会设淄博仲裁委员会办公室为常设办事机构。自成立以来，坚持“高起点、高标准、高效率、高信誉”的工作方针和“公正、廉洁、高效、务实”的行为准则，内强素质，外塑形象，以创建国内外享有盛誉的一流仲裁机构为目标，在宣传《仲裁法》、推行仲裁法律制度、受理审理案件、仲裁队伍建设等方面做了大量卓有成效的工作。10年来，受理各类经济纠纷案件1500余件，争议标的额30多亿元，受案数量和争议标的额位居全国仲裁机构前列。通过公正及时地仲裁各类经济纠纷案件，有力地维护了社会主义市场经济秩序和当事人的合法权益，保障和促进了全市经济的持续快速健康发展。

2000年9月，淄博仲裁委员会被山东省政府授予全省先进仲裁委荣誉称号。2005年6月，国务院法制办将淄博仲裁委员会确定为全国仲裁机构规范化建设试点单位之一，并确定为山东、安徽两省试点单位的小组召集人。2006年1月，淄博仲裁委员会被山东省政府授予全省优秀仲裁委员会荣誉称号。

2005年12月27日，淄博仲裁委员会成立十周年之际，工作人员创作表演诗朗诵《仲裁人之歌》

淄博出入境检验检疫局

淄博出入境检验检疫局以法施检、热情服务，积极支持淄博经济发展。2005年依法检验检疫进出口商品27402批次，货值达11.7亿美元，与上年同比分别增长0.8%和9.46%。检出不合格商品96批，货值1343万美元，帮助企业对外索赔534万美元，有效地维护了淄博企业的合法权益。该局通过检验检疫把关、鉴定索赔和对外签发普惠证书，帮助企业享受国外优惠关税，一年来共为全市企业挽回损失和创造直接经济效益1250万美元。该局被评为淄博市机关作风建设先进单位、全市依法行政先进单位、市级青年文明号、全市保密工作先进单位；机关党支部连续13年被市直机关工委评为先进党支部；该局连续2年被省文明委授予省级文明机关。全局先后有20人次分别获得全省检验检疫系统和全市优秀共产党员、先进工作者、优秀党务工作者、省级青年岗位能手、振兴淄博劳动奖章等荣誉称号。

党组书记、局长　郭利军

团结奋进的领导班子

检验检疫人员向市民宣讲食品安全知识

检验检疫人员在现场检验出口机电产品

淄博旅游发展迈出新步伐

原山国家森林公园——齐长城

党组书记、局长　常传喜

沂源溶洞

蒲松龄纪念馆聊斋正房

淄博市旅游局是主管全市旅游业工作的市政府工作部门，主要职责是组织编制和实施全市旅游发展总体规划，指导旅游资源开发和项目建设，研究制定并实施全市旅游市场开发规划，推行旅游服务质量标准，规范旅游市场秩序，维护旅游经营者和旅游者的合法权益。市旅游局设有办公室、规划调研科、教育培训科、质量规范与管理科、市场开发科等5个职能科室；下属淄博市旅游质量监督管理所。

近年来，在市委、市政府高度重视和大力支持下，全市旅游业取得长足发展，2001年跻身“中国优秀旅游城市”行列；旅游总体形象“齐国故都、聊斋故里、足球故乡、陶瓷名城”的宣传促销成效显著，淄博旅游的知名度、吸引力不断提高；全市旅游接待人数、旅游总收入连续6年保持两位数增长，位于山东省前列；旅游产业规模不断壮大，全市旅游社共106家，其中国际社3家；星级旅游饭店33家，其中五星级1家、四星级4家、三星级19家；A级旅游区（点）13个，其中4A级2个、3A级6个、2A级5个；全国农业旅游示范点2个，山东省工业、农业旅游示范点各1个；全市旅游直接、间接从业人员达22.6万人。

在新的形势下，市委、市政府从经济社会发展的战略高度，把旅游业作为第三产业的龙头和调整优化产业结构的切入点，以前所未有的工作力度和政策措施加快旅游业发展。相信淄博市旅游业的明天将更好。

周村古商城街景

管仲纪念馆

淄博市残疾人联合会

淄博市残联四届主席团第三次会议于2005年1月15日在鲁中宾馆召开

2005年，淄博市各级残联认真开展保持共产党员先进性教育活动，努力加强自身建设、基层残疾人组织建设和干部队伍建设，狠抓重点工作和重大活动，残疾人康复、教育、就业、扶贫、维权、文体等工作得到全面发展，残疾人职业培训、危房改造、宣传文体等工作走在了全省前列。市残联被省政府授予振兴山东省残疾人体育突出贡献奖，被市委、市政府授予创建文明城市工作先进单位和尊师重教先进单位等荣誉称号，获得中残联授予的“‘两刊’宣传工作先进单位”等十几项荣誉。

市委副书记、市纪委书记刘池水、副市长刘有先在"助残日"活动期间到市残联检查工作

全体党员在黑铁山纪念馆进行党性教育

全市第五届残疾人文艺汇演：①聋哑人舞蹈《大地飞歌》；②肢残人舞蹈《我要飞翔》；③歌舞表演《爱的奉献》

一园多区

博士创业园　　环保暨光机电一体化孵化区
大学科技园　　生物医药暨新材料孵化区
高层次人才创业园　电子信息暨软件孵化区

一园多器

无机非金属材料／生物医药／电子信息
专　业　技　术　孵　化　平　台
实现由专业孵化区向专业孵化器转变

◆ 高科技创业园是淄博高新区投资建设的主要孵化基地。园区占地5.04公顷，建筑面积8.7万平方米。坐落于高新区黄金地段，毗邻火炬大厦，面向火炬公园。

◆ 园区建有A、B、C、D、E五个楼座（五个功能区），同时配套公共餐厅、多媒体报告厅、会议室、接待室、洽谈室、健身室、地上地下停车场。

◆ 与律师、专利、咨询、策划、风险投资等机构联合设立中介服务体系，为入驻孵化企业提供公共秘书、物业管理、商务信息、中介服务、教育培训、代办企业建立手续，落实优惠政策，申报科技计划、技术成果、高新技术企业以及申请创新基金支持等各种服务。

博学／创新／宽容／奉献
亲情服务　　星级管理

地址：淄博高新区政通路135号　邮编：255086
服务热线：0533-3583053 3583090　传真：0533-3580205
http://www.ziboibi.com　E-mail:zbcyzx@sina.com

蓬勃发展的

主任　刘兆生

“齐鲁风采”电脑福利彩票在淄博发行以来，在各级领导的关心和支持下，在广大彩民的积极参与下，市福彩中心全体员工发扬自强不息和奋力拼搏的精神，诚信经营，创新发展，铸就了“十五”时期的辉煌业绩。

发行工作：截至2006年8月底，已发行各类福利彩票12.97亿元，为国家筹集福彩公益金4.46亿元，其中为淄博市筹集1.57亿元。2005年发行工作创造奇迹，全年福彩销售额达4.03亿元，实现了淄博福彩的飞跃发展。

回报彩民：几年来，淄博福彩共中出一等奖18万多注（含3D单选奖），造就了59位百万富翁，7位500万富翁；全市500多个投注站为近千名下岗、失业人员和残疾人提供了就业机会；福彩中心多次举办彩民外出旅游、观摩现场摇奖、赠送礼品等活动，为彩民提供了更多交流切磋的机会。

公益事业：多年来，淄博福彩中心秉承“扶老 助残 救孤济困”的发行宗旨，致力于淄博市的社会公益事业，现已投放福彩公益金9000万元，资助各类福利项目500余个，为“星光计划”工程投放1096万余元；资助30余万元建成全省首座“福彩希望小学”——淄博市常家福彩希望小学；举办“福彩心连心 助困送温暖”慰问活动22场，发放救助金百万余元，救助孤儿、贫困学生、困难群众等2千余人；另外，福彩中心还适时举办了福彩助劳模、福彩助学、福彩助功臣等各类社会救助活动，使大批弱势群体得到了救助，为建设平安淄博、创建稳定和谐的社会环境做出了贡献。

淄博市市长刘慧晏视察市福彩中心

“六一”儿童节，刘兆生主任向淄博市常家福彩希望小学捐赠物品

淄博福彩

2006 年“福彩心连心 助困送温暖”活动救助现场

2006 年市福利彩票省级优秀投注站表彰大会合影

淄博市中福在线即开型彩票展览馆销售厅开业现场

淄博彩民走进“双色球 · 3D”摇奖现场

“福彩心连心 助困送温暖”慰问演出现场

淄博供电公司

多种产业飞速发展

淄博供电公司是山东电力集团公司所属大型一类供电企业，担负着淄博市五区三县及淄博高新区的电力供应、管理和服务工作。截至2005年底，全公司员工1666人，固定资产38.9亿元；辖有35千伏至220千伏变电站73座，其中，220千伏11座、110千伏43座，35千伏19座，变电总容量634万千伏安；35千伏及以上输电线路1690.94公里；2005年淄博电网最高供电负荷达到242.8万千瓦，全市全社会用电量达214亿千瓦时，公司年售电量151.45亿千瓦小时。

近年来，淄博供电公司紧紧围绕全市中心工作，不断加快“电网坚强、资产优良、服务优质、业绩优秀”的现代供电公司建设步伐，抓发展、抓管理、抓队伍、创一流，各项事业全面发展，取得了丰硕成果。截至2005年底，公司实现连续安全生产2515天，居全国同等规模供电企业第三位。努力加快电网建设，编制完成了《淄博电网“十一五”发展规划》，2005年新增变电容量72万千伏安，送电线路170公里，进一步优化了电网结构，提高了供电能力。面向社会公开了“三个十条”（供电服务十项承诺、服务行为十个不准、“三公”调度十项措施），全面提高“四个服务”水平，在全省率先实现了直供区城乡用电同网同价。主动承担社会责任，广泛开展社会关爱活动，累计向社会捐款40余万元。坚持两手抓、两手硬，大力开展“爱心活动”，实施“平安工程”，深入开展“善小”道德教育活动，企业保持了和谐稳定的发展局面。公司先后荣获了全国文明单位、全国五一劳动奖状、全国一流供电企业、全国思想政治工作优秀企业、全国职业道德建设先进单位、国家电网公司文明单位等荣誉称号。

承担社会责任，开展扶贫济困慰问活动

深入农村开展供电服务明察暗访活动

淄博供电公司职工带电检修保证客户不断电

淄博市劳动教养管理所

党委书记、所长　孙即发

2005年，淄博市劳教所在司法局党委的正确领导下，认真贯彻党的“教育、感化、挽救”的劳教工作方针，以创建“平安淄博”、构建“和谐社会”为契机，以维护场所安全稳定为主线，以深化教育、创办劳动教养特色为载体，以提高教育挽救质量为目的，加强党的建设和警察队伍建设，开展了保持共产党员先进性教育活动和“规范执法行为，促进执法公正”专项整改活动，队伍素质明显提高；场所秩序持续安全稳定，连续7年未发生劳教人员“脱逃”事故；不断创新人性化管理制度，开通了劳教人员心理咨询热线电话——心桥热线，开展了为劳教人员集体过生日活动，实行了劳教人员结婚纪念日允许妻子来所同居并休息一日制度，创新了预约谈话、违纪提醒、书面交流等教育方式，增强了教育的针对性和实效性，提高了挽救质量；大力加强基础设施建设，使场所面貌有了根本改观，全面提升了部级现代化文明劳教所的质量，各项工作都取得了新的进展。2005年度，被省委政法委、省人事厅评为公正执法先进单位；被省司法厅评为全省司法行政系统公正执法先进单位，并荣记集体二等功；被淄博市委、市政府评为全市政法系统公正执法先进单位，被市委评为淄博市先进基层党组织；被淄博市总工会评为全市工会工作先进单位；被省劳教局评为全省劳教工作先进单位；被市人事局、市司法局评为全市司法行政系统先进单位；在2005年度全省劳教系统工作考核中名列第二名；1995至2005年连续11年在年度工作考核中被淄博市委政法委确定为优秀等次。

现代化文明劳教所办公区一角

淄博市建筑管理处

处长　谢绪军

淄博市建筑管理处隶属于市建设委员会，受市建委委托，依法管理全市建筑业和建筑市场，为副县级全额预算事业单位，设有11个科室，有高、中级技术职称的工作人员36名。

主要职能：负责制定全市建筑业发展规划和中长期计划；负责建筑市场的准入和清出，查处违法违规工程和行为；负责全市建设工程的招标投标管理，监督建设施工合同的签订与履行，发布招标信息；负责全市建筑施工、装饰装修企业的资质审查和工程质量管理；负责全市建筑施工安全生产、文明工地、防护用品、施工机械的监督检查和管理；负责全市建筑业企业职工教育培训、职业技能鉴定、项目经理的考核认证；负责全市建筑业企业养老保障金的征收与管理；负责全市清理拖欠工程款与农民工工资工作。

主要荣誉：被建设部授予全国建筑施工安全生产先进集体、精神文明建设先进单位荣誉称号；被中华全国总工会、国家安全生产监督管理局授予全国安康杯竞赛优秀组织奖；被山东省人事厅、建设厅、建管局授予全省建筑工程管理工作先进集体；被山东省建设厅授予依法行政先进单位、建设工程项目执法监察先进单位；被省建设厅、省劳动和社会保障厅、省总工会、共青团山东省委、省建筑工程管理局授予全省建筑行业职业技能大赛团体铜奖和最佳组织奖；被山东省建设厅、建工局授予工程质量管理先进单位、诚信服务示范单位、创建无质量通病住宅工程先进单位、外出施工先进单位。市建设系统党建工作考评先进，行政工作考评优秀，荣获2005年度“振兴淄博劳动奖状”；在全国首创“民工工资保证金”制度，荣获淄博市市直机关2004至2005年度管理创新一等奖；还获得创建文明城市先进单位、创建卫生城市先进单位、全省清理拖欠工程款工作先进集体等荣誉称号。

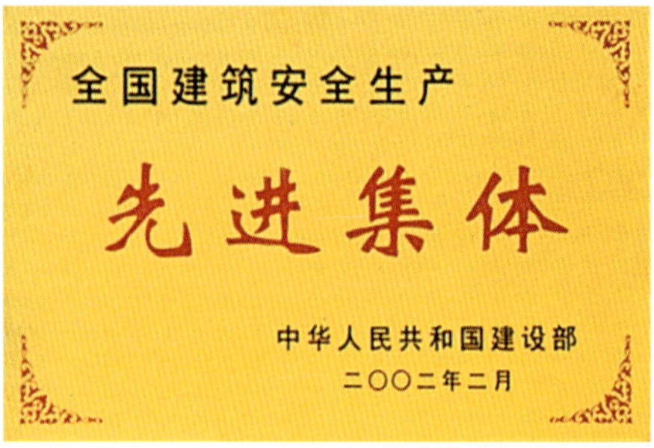

“鲁班奖”工程——
齐鲁石化公司办公楼

淄博市建设工程质量监督站

站长　李云生

质监人员进行现场工程质量咨询

捐资助学现场大会

检测人员进行室内环境检测

淄博市建设工程质量监督站成立于1985年10月，是淄博市建设委员会领导下履行政府建设工程质量监督职能的正科级事业单位。截至2005年底，有职工52人，其中高级工程师17人、工程师18人、会计师1人、政工师1人、助理工程师6人、技术员3人。1998年和1999年，市建委分别把市建设系统贯标办公室和市工程质量投诉中心设在市质监站。

2005年，全市竣工工程质量抽查合格率达到100%。该站被山东省建设厅、山东省人事厅评为2005年度全省资源节约工作先进集体，被团省委评为省级青年文明号，被市直机关工委评为市直机关文明单位。2005年该站监督的淄博市广电大厦工程荣获国家建筑工程最高奖——鲁班奖。

淄川经济

淄博轻型汽车制造基地鸟瞰图

淄川区委常委、开发区党委书记　唐厚勤

开发区党委副书记、管委会主任　张兆兴

淄川经济开发区，是1992年经省政府批准的省级经济开发区。2005年5月调整区划，将商家镇的长远、冯家、东商、东岔、王家5个行政村划归开发区管辖。现辖区面积47平方公里，下辖32个行政村、1个居委会，人口3.6万人。整个园区规划为“三区三园”，即：商务政务区、休闲生活区、文化教育区、新材料工业园、服装工业园、机械工业园。开发区坚持以科学发展观为总揽，以招商引资为重点，以“12620”工程建设为总抓手，加快工业化和城市化进程，区域经济社会发展实现新跨越。2005年，完成固定资产投资16.76亿元，实现工业总产值28.50亿元，利税2.8亿元，招商引资10.47亿元，税收2600余万元，地方财政收入1088万元，同比分别增长446.80%、48.9%、51.18%、323.95%、40.7%、37%。各项重要经济指标创历史最好水平。

强化招商引资。2005年共引进外资项目38个，其中过亿元的9个，过5000万元的4个，过3000万元的7个，3000万元以下的18个，总投资20.90亿元，累计到位区外资金10.47亿元。区内企业200余家，规模以上企业80余家。山大奥太电气、山东新天特种纤维、淄博汽车制造厂、山东水利学院、淄博师专、淄博理工学校以及世界500强企业菲律宾SM集团、韩国SK集团、香港元一置业等项目陆续落户开发区。

加快基础设施建设。2005年，开发区推出以基础设施建设为主的“12620”工程，即：12条道路、6个生活区、10项基础设施、10项重点工业项目建设，共38项重点工程，预计总投资19亿元，全年开工31项，投入资金13.6亿元。其中，进地面积达610公顷，完成拆迁面积达49495平方米；补偿资金4500多万元；搬迁企业10余家；开工道路里程31.08公里，完工道路里程25公里；完成绿化面积110万平方米；胶王路绿化改造双向10公里，总投资2000余万元；太阳城、马莲山、双山等生活小区，共开工建设楼房60余幢，完成建筑面积达18万平方米；完成燃气、通讯、电力、排污、生产生活用水系统、山体绿化、创业服务中心、热力站等9项基础设施建设，投资环境进一步优化。

建设中的淄博师专

开发区

开发区创业服务中心

淄博翠林园休闲健身广场

凤凰山居住区

绿化中的张博路附线

蓬勃发展的周村经济开发区

区长助理、管委会主任　周勇

省委书记张高丽视察山东凤阳集团彩钢板有限公司

山东省周村经济开发区，是1992年经山东省人民政府批准设立的省级经济开发区，位于淄博市周村城区北部。济青高速公路横贯东西（设上下路口），东距滨博高速公路淄博新区上路口10公里，南距309国道、胶济电气化铁路5公里，西距济南国际机场50公里，东距青岛港290公里。开发区拥有日供水10万吨的引黄专线、日供水8万吨的供水专线和配套排水管线，有日处理10万吨的污水处理厂一座，有2万门程控电话容量和宽带数据通讯，有10千伏工业用电专线和双回路供电站2座，拥有年供电5亿度、供汽1600万吉焦的热电厂2座，实现了“七通一平”。目前开发区已形成纺织服装、金属制品、专用机械设备制造、通信设备及电子元气件制造业为主的产业发展格局，日本三菱重工、西铁城集团、香港信辉集团等一批跨国公司和世界知名企业相继入驻，兰雁、凤阳、维尔、宏信、玉兔等一批国内知名企业也先后在开发区安家落户。开发区与清华大学、华中科技大学、山东理工大学等高等院校建立了产学研基地和项目孵化转化基地，科技开发能力和技术改造水平进一步增强。经济快速发展，社会和谐稳定，周村经济开发区真诚欢迎有识之士前来投资创业，共谋发展。

山东维尔纺织集团有限公司

三菱重工恒星（淄博）造纸机械有限公司

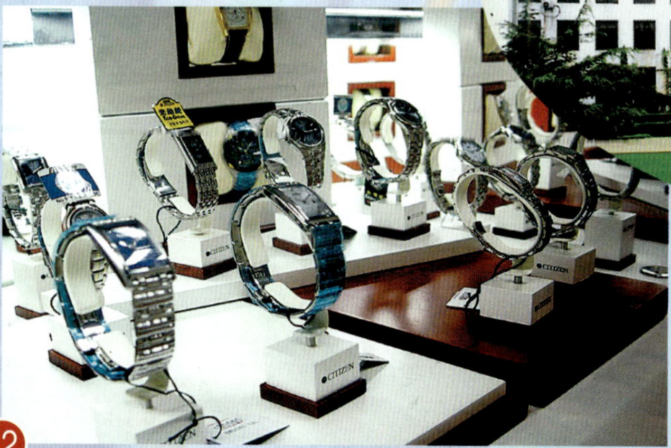

山东东星表业公司系列产品

电话：0533-6536009
传真：0533-6536018
网址：http://kfq.zhoucun.cn

周村古商城

大染坊

周村古商城位于周村区城区中部，为古老的商业中心所在地，总规划面积60.5公顷。古商业街内店铺林立，古迹众多，有建于唐代的明教寺，建于清代的魁星阁，有闻名天下的“八大祥”等商业老字号，有“东方商人”孟雒川的故居等，是阁老刘鸿训、宫保李化熙、武状元王应统等历史名人的故乡，商业文化内涵丰富，人文历史源远流长。

周村古商城是中国古商业文化的代表，被列为市级重点文物保护单位、省级优秀历史建筑、省重点旅游开发项目。街区纵横，街巷幽静朴素，虽历经百年风雨，仍保持着古朴的明清原貌和历史本色。规模宏大，建筑风格独特，建设水平高，为山东独有、江北罕见，至今仍在发挥其商业功能，被中国古建筑保护委员会专家誉为“中国活着的古商业街市博物馆群”，是淄博乃至山东省一笔巨大的精神和物质财富，具有很高的旅游观光价值，同时，也是省内保存较为完整的明清古建筑，将成为全省乃至全国的重要旅游景点。

地址：山东省淄博市周村区
邮编：255300
电话：6433129
传真：6451166

古商城街景

淄博艺术博物馆

三益堂

魁星阁

票号展览馆

淄川区教育体育局

现代化的教学设施

党委书记、局长　赵永

近年来，淄川区大力实施科教兴区战略，坚持教育优先发展，加快教育信息化、现代化建设，努力构建城乡教育一体化发展的新格局，各类教育健康、持续、快速发展。3年累计完成投资3.37亿元、新增教育体育基础设施建筑面积21.7万平方米，办学条件得到全面优化。教育现代化建设步伐加快，全区建成镇域网19个，校园网108个，高标准网络教室163个，实现中小学“校校通”“班班通”；大力实施素质教育，教育教学质量稳步提升，中考、高考位居全市前列，教育教学质量步入良性循环的发展轨道。发挥教体结合优势，先后成功承办省、市20余项大型赛事。其中，2005年承办全省“学校杯”中学生运动会、省少年儿童跳水锦标赛等4项省级赛事，并一举囊括淄博市第十四届运动会团体金牌、总分，青少年组金牌、总分四项第一。区竞技体校输送的运动员黄晓彤在十运会获得200米蝶泳金牌、在东亚运动会上获得200米蝶泳铜牌，实现全区体育的历史性跨越。

2000年以来，先后荣获全国群众体育工作先进单位、省实验教学普及区、省教育工作示范区、省职业教育先进集体、省级文明单位、省全民健身活动先进单位、市首批教育强区、市教育初步现代化区、振兴淄博体育突出贡献单位等荣誉称号。

区领导深入到学校调研

高标准通过省教育示范区复评验收

省『学校杯』中学生运动会在淄川举行，图为排球比赛现场

高标准的网络教室

在市第十四届运动会上荣获团体金牌等4个第一

坚持以人为本，构建和谐教育

——桓台县教育体育局

县委、县政府领导到新建学校工地视察

2005年，桓台县教育体育局认真贯彻落实科学发展观，坚持以人为本，不断深化教育改革，大力推进素质教育，实施分学段管理，按照德育为首、贯穿始终，分类管理、分类施教的要求，积极探索教育管理的科学方法，以全程的精细化管理和分层的人性化管理为主线，创新思路，科学管理，全县各级各类教育和谐发展，教育教学质量稳步提高。2005年高考实现历史突破，全县普通高考本科上线录取1474人，在全市各区县中名列第一；7人考入北大、清华，被北大、清华等名校录取总人数位居全市第一。桓台一中军检线以上534人，在全市同类学校中位居第一，本科上线录取1112人，首次突破千人大关，有6人升入清华大学，1人升入北京大学，创历史之最，多人升入浙江大学、中国人民大学、复旦大学等国内名牌大学，周昊胤同学以699分的优异成绩夺得全市理科状元。对口高职本科上线录取103人，位居全市各区县之首。桓台县职业中专对口高职升学本科上线录取80人，在全省同类学校中名列前茅。从2005年开始桓台县将学生人均公用经费列入县财政预算，总投资1.2亿元的实验学校破土动工，计划2006年暑假建成招生。2005年桓台县被山东省教育厅、山东省监察厅等七部门联合表彰为山东省规范教育收费示范县，顺利通过山东省教育示范县的预查。

新建实验学校鸟瞰图

沂源县国家税务局

党组书记、局长　于亦刚

2005年底，该局在职干部职工139名，负责全县936户企业、2362户个体工商业户和26个集贸市场的税收征管。年税收任务3亿余元，连年超额完成。建立以夯实征管质量为中心的收入考核体系，严格兑现各项税收优惠政策，确保收入规模和收入质量的同步提高。“十五”期间，共计组织税收收入118599万元，税收收入环比增幅达16.68%，比“九五”期间年均增幅高出6.57个百分点。

深化纳税服务，文明创建向纵深拉动。在全市首创“以查促管”工作法，促进了税收征管质量的提高。推行银行代征、电话语音报税和网上认证，建立健全功能齐全的税务网站，在全市国税系统率先利用手机短信，为纳税人提供税前提醒、审核告知、宣传辅导和临时业务公告服务，创建了沂源国税出口退税邮箱，赢得纳税人赞誉。

该局连续18年被评为省级文明单位，先后被授予全国税务系统先进集体，全省税收先进单位、全省税务系统先进集体、全省“二五”普法先进集体、全省普法依法治理先进单位等荣誉称号，连续3年被县政府记集体三等功。

召开会议部署任务，打造税收管理长效机制

开展文体活动，促进文明建设

搞好税收宣传，促进经济发展

沂源县交通局

村村通硬化公路工程

沂源县交通局紧紧围绕县委、县政府提出的“跨越发展、富民兴源”和“三明显”“一跨入”的奋斗目标，解放思想，干事创业，全面推进各项交通事业的快速健康发展。自2003年以来，全县公路建设共投资5.3亿多元，改造农村公路816公里，修建大中桥19座，完成省道仲临路、博沂路北线、薛馆路城区东段3条段44.4公里改建工程，全县通硬化公路的行政村达到96%，通客车的行政村达到98%，基本实现村村通硬化公路、村村通客车目标。为方便群众出行，组织开通4条城区公交线路，结束了县城无公交车的历史。同时，积极做好济青南线高速公路沂源段建设的协调配合和服务保障工作，确保工程建设顺利实施。近年来，该局先后被命名表彰为市级文明单位、省级文明交通行业、全省农村公路改造工作先进单位、全市基层满意的区县涉农部门、全市重点工程建设先进集体、全市农村公路改造工作先进单位、全市村村通客车工程先进单位，并被县委、县政府记集体三等功一次，同时获得县以上授予的其他荣誉30多项。2006年5月，被省人事厅、省交通厅授予全省农村交通建设先进单位称号。

党组书记、局长　朱广认

团结奋进、务实廉明的局领导班子

省交通厅厅长周秋田在县领导陪同下视察公路建设情况

村村通客车工程

热情服务

淄博市

院长　宋晓东

党委书记　李秀花

淄博市第一医院建于1948年秋，现占地面积14.44万平方米，建筑面积10.16万平方米，在职职工1146人，卫生专业技术人员732人，其中高级职称141人，中级职称225人，初级职称366人，有9名全市首批名医和4个全市首批名科。编制床位740张，开放床位800张，39个临床医技科室，20个病区，平均年门诊量39万多人次，年出入住院病人1.9万多人次。医院连续16年被评为淄博市精神文明单位，在建设淄博立志立功活动中荣立集体一等功，先后获得山东省医德医风示范医院、山东省卫生先进集体、全省卫生系统优秀职工之家、山东省职业道德先进集体、山东省文明医院等荣誉称号。

该院是集医疗、教学、科研、预防、康复、保健为一体的三级综合医院，是潍坊医学院附属医院，国家执业医师临床实践技能考试基地。拥有日立公司核磁共振、医用直线加速器、大型高压氧舱、惠普彩超、美国16导心电生理仪、日本血液透析机、日本全自动生化分析仪、全自动血球计数仪、电子胃肠镜系统、1200毫安大型心血管造影机等大型设备。近年来，该院开展的先心病封堵介入治疗填补市内空白，走在全省前列，开展了1例9个月婴儿先心病封堵手术，创全国首例，并在中央电视台新闻节目中报道。脑血管介入治疗协作组开展脑血管瘤介入栓塞治疗、脑梗塞溶栓治疗等新技术、新业务。胸外科成功抢救4名心脏破裂、心包填塞病人，并积极开展胸腔镜手术治疗心肺疾病。骨科开展的微侵袭切口钢板内固定治疗胫内粉碎性骨折等研究均达到国内领先水平和国际先进水平，心内科开展的“冠状动脉支架置入术”和神经外科开展的“颅底、颅内沟通瘤切除及颅底重建术”以及各种心脏直视手术、介入治疗恶性肿瘤、人工关节置换术、断臂再植术、断指（趾）再植术、糖尿病强化治疗、极低体重新生儿监护治疗等新技术、新业务，在全市均处于领先水平，妇产科开展的射频（微创）治疗子宫肌瘤及宫颈糜烂，成功率达100%，很多主要技术指标跻身国内先进行列。

病房楼

第一医院

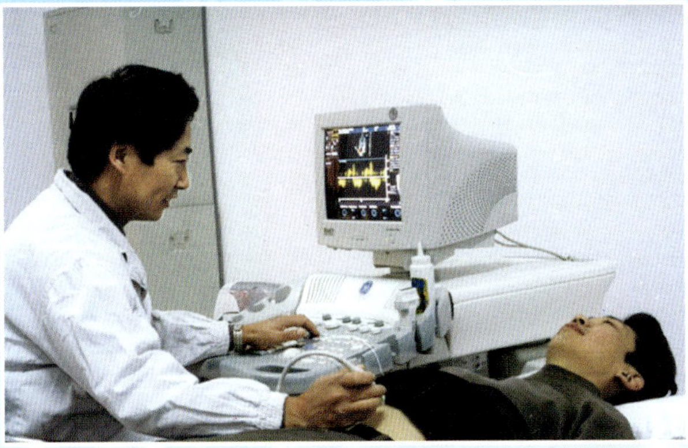

山东省首台 GEvivid3 全数字化彩色多普勒超声诊断显像仪

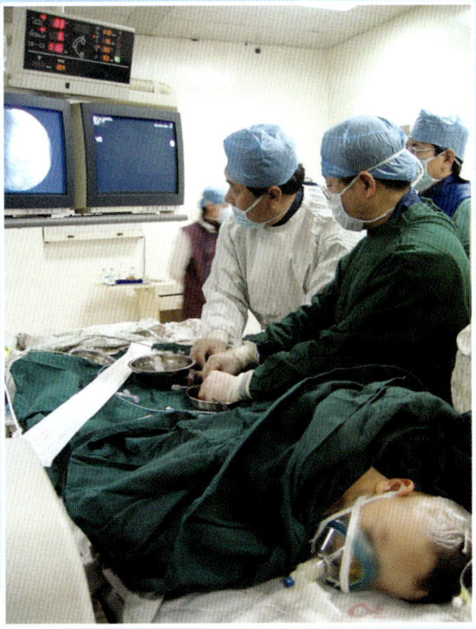

为9个月婴儿进行心脏介入封堵手术创国内领先

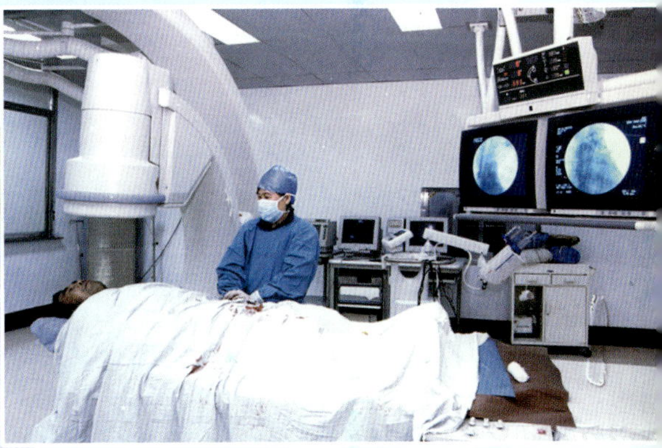

日本东芝产高档大C臂血管成像系统

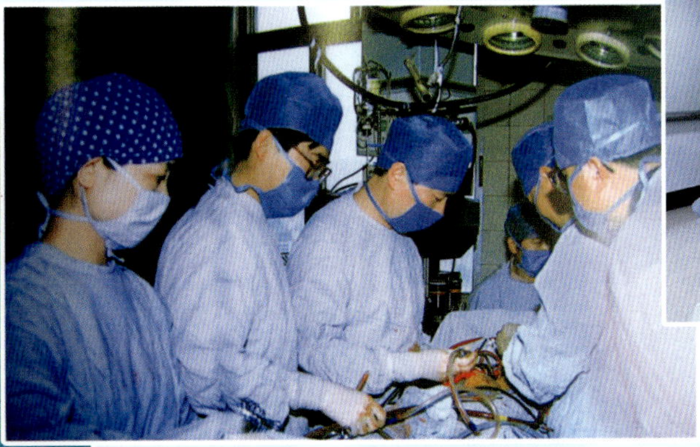

先天性心脏病法乐氏四联症

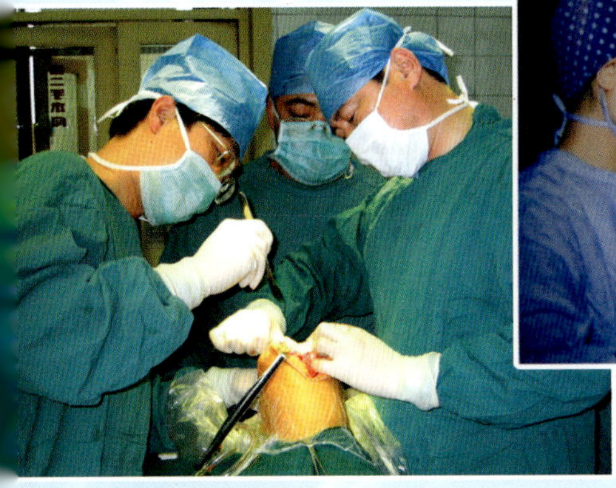

关节置换手术

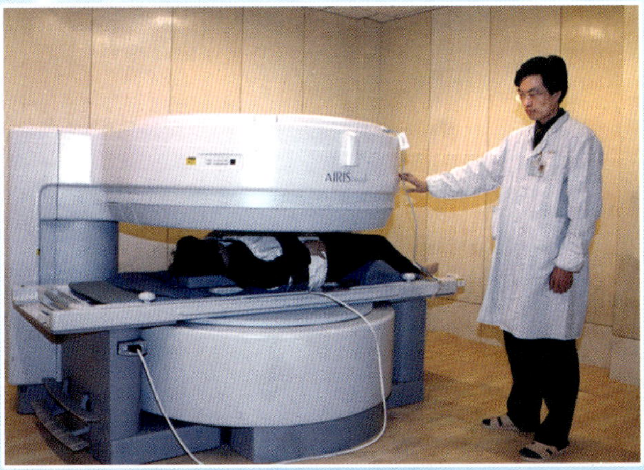

核磁共振

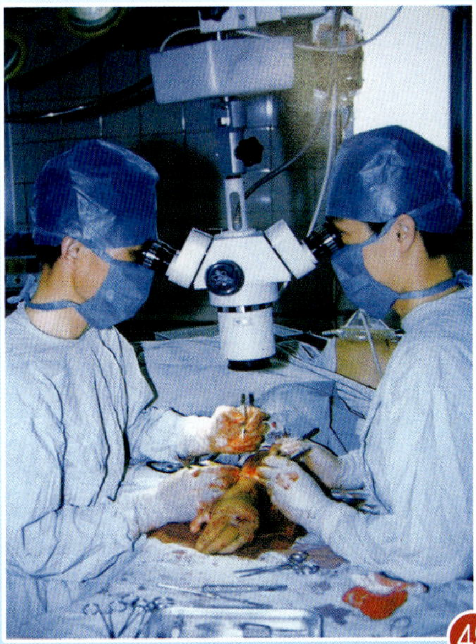

拇指再造术

淄博市第四

2003年5月4日，市委书记、市人大常委会主任张建国，在副市长段立武、市卫生局局长赵亦成陪同下，到该院视察防治非典工作，在院长李道乾的陪同下看望了一线的医务人员

2001年9月26日，市人大常委会主任孙立义、副市长关玛莉在院长李道乾陪同下，参加淄博市第四人民医院成立大会暨揭牌仪式

2004年6月16日，淄博市防治传染病病房大楼奠基

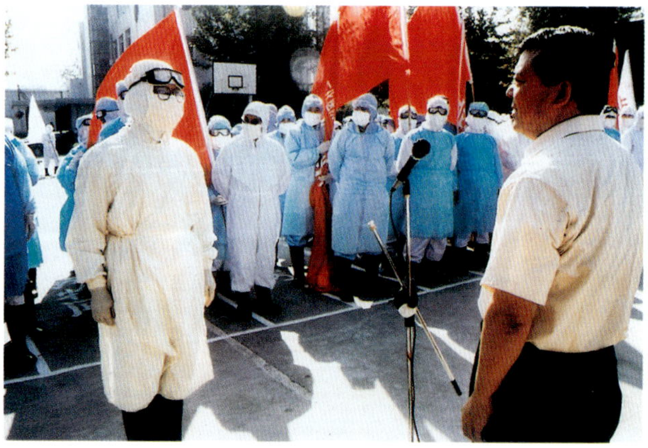

2003年5月1日，该院参加非典防治实战演习

该院始称淄博市疗养院，于1986年9月建立，1988年12月建立淄博市鲁中中医院。1997年2月更名为淄博市肿瘤医院。2001年7月淄博市传染病医院整建制并入淄博市肿瘤医院，组建了淄博市第四人民医院。同时保留淄博市肿瘤医院、淄博市鲁中中医院、淄博市传染病医院三块牌子。主要职能是：面向社会提供以肿瘤、传染病为主的医疗、预防、保健、康复等服务。

医院坐落在张店南郊马庄山北麓，占地面积13.3公顷，建筑面积4.2万平方米，固定资产4600万元，开放床位300张，是一所以治疗肿瘤、传染病为龙头，中医、内、外、妇、儿、五官科综合全面发展的医院。内设肿瘤一、二、三、四科，传染病一、二、三、四科，内科，外科，妇科，急诊科，耳鼻咽喉科，口腔科等临床科室和检验科，CT放射科，放疗中心，介入治疗中心，人工肝血透中心，药剂科，中药科，药品采购供应科，特检科等医技科室。现有职工总人数451人，其中卫生技术人员364人。(高级职称60人，中级职称128人，初级职称176人)，市专业技术拔尖人才3人，市专业学科带头人2人，市级优秀专业技术人员1人，市名中医2人，市专科专病名中医3人。

该院医疗设备齐全，更新和购进美国14兆直线加速器、高科技设备光子刀、大型模拟定位机、美国钴60远距离治疗机、后装治疗机、TPS外照治疗计划系统、美国GE螺旋CT、NSX-6000大型C臂机、德国西门子核磁共振、美国GE400CL多普勒彩色超声诊断仪、日本奥林巴斯电子胃镜、彩色三维脑地形图、三维电脑椎间盘治疗系统、美国24小时动态心电监护仪、德国西门子800毫安大型X光机、美国产血气分析仪、恶性肿瘤早期诊断仪、日本日立7180全自动生化分析仪、血流变综合检测仪、日本K-4500血球计数仪、微循环检测仪、电脑肝病治疗仪、腹水超滤机、多参数心电监护仪、人工肝血液净化系统、氩氦刀等一大批先进医疗设备和高档次手术室两部大型查体车。

医院先后获得市级文明单位、市级花园式单位、市优秀领导班子、市实施形象工程先进集体、市医疗质量管理先进集体、市行业作风先进集体、全市疾病控制工作先进集体、全市急救工作先进单位、全市中医工作先进集体、市医德医风示范医院、市廉洁行医树新风先进单位、市文明示范医院、市综合目标考核先进单位、省市青年文明号等荣誉。

人 民 医 院

2003年7月16日，该院在防治非典工作中，被省委、省政府荣记集体一等功，邱士英、刘旭东荣立个人一等功

众志成城　抗击非典

2003年春，国内部分地区发生传染性非典型肺炎疫情，淄博市委、市政府提出“科学、规范、持久、有效”的工作方针，把四院确定为全市非典防治定点医院。医院从组织、技术、设备等各方面采取一系列应急措施，成立防治非典指挥部，进入一级战备状态。4月8日，受市卫生局指令收治一位疑似非典病人。经过艰苦奋战，病人逐日好转、平稳恢复，实现了零感染、零死亡。按照上级要求，医院以最快的速度建立了标准化发热门诊、隔离病区，治疗、排查发热病人，留观发热疑似病例，多次按照市指挥部的指令派专家会诊，组织专家为全市防治非典培训班讲课。

四院人战胜重重困难，圆满地完成抗击非典的光荣任务，荣立省委、省政府集体一等功，并被授予“先进基层党组织”称号。邱士英、刘旭东荣立个人一等功。市委、市政府表彰李道乾等4人为优秀共产党员，李道乾等4人荣立二等功，何连义等15人荣立三等功。

2005年1月10日，市内137路公交车在该院门前举行开通仪式

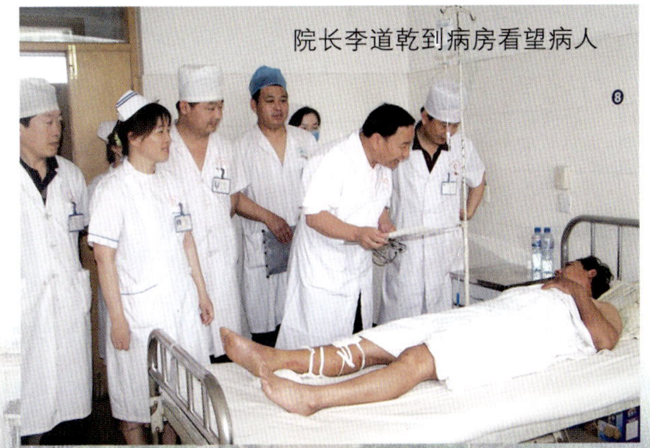

院长李道乾到病房看望病人

院景一角

庆祝淄博市第五人民医院建院40周年

淄博市首批名医、主任医师、院长　路英智

院长路英智参加国际学术会议，与各国专家共同研讨世界精神卫生问题

院长路英智应邀录制"享受高考"电视节目

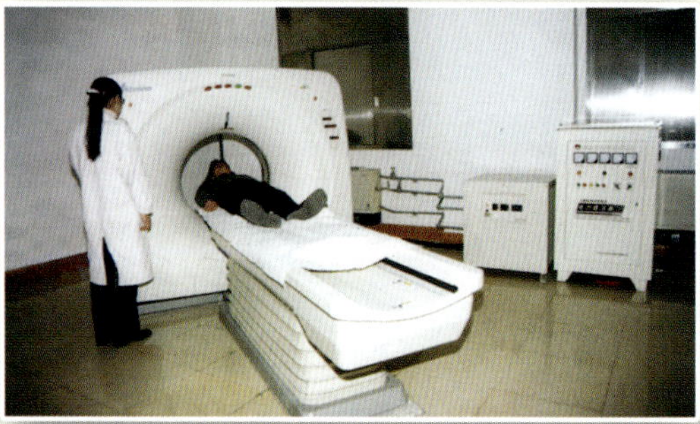

最新型日本东芝全身螺旋CT—Toshibaasteion

淄博市第五人民医院始建于1966年，已有40年的发展历史，是山东省卫生厅批准注册的淄博唯一一所心理卫生机构。位于淄博市淄川区般阳路96号，担负着全市413万人民的精神卫生医疗、预防、康复以及心理咨询等任务。该院建筑面积2.6万平方米，功能布局合理，医疗环境整洁而幽雅，设施设备齐全，拥有全省一流的精尖检查治疗设备40余台套及心理咨询检测系统，其中的全身螺旋CT、心理CT、日本东芝彩超、经颅多普勒、脑电Holter等代表全国及世界先进水平。

该院现有床位370张，另设心理卫生门诊部和淄博市癫痫治疗中心。现有职工376人，其中高级职称34人，心理学博士1名，硕士7名，心理学教授、副教授34名，专业心理咨询师、心理治疗师67名，淄博市名医2名，市名医培养对象3名，淄博市拔尖人才2名，市医疗系统首批学科带头人5名。除传统的优势专业精神病、神经症、癫痫病、心理咨询和心理治疗以外，还根据社会需要和医院特色，设立并发展起森田疗法病区（临床心理科）、中医科、五官科、妇科、心理检测科、心理网站、心理热线、儿童感觉治疗室等特色科室。医院年门诊量达到15000余人次，病床平均日住院患者350余名，业务总收入1500余万元。

该院注重人才培养，与日本九州大学、台湾龙发堂、北大精神卫生研究所、上海精神卫生中心等国内外心理卫生权威、专业机构，在人才培养、业务交流、专家会诊等方面建立了长期的合作关系。心理学博士、院长路英智历时5载、4次赴日本研修引进的国际森田疗法，具有典型东方文化特色、适合东方人心理治疗的理论和方法，在顽固性失眠、焦虑症、恐怖症、强迫症、抑郁症等神经症的治疗方面，摆脱了以往传统的以药物疗法为主的旧思想、旧方法，摆脱了药物依赖和副作用，不仅不会复发，而且对康复后的人生具有极大的调适和指导价值，是一门人生健康向上的学问。

该院职工参加淄博市电视台"齐天乐"节目

山东铝业公司医院

院长 曲 勇

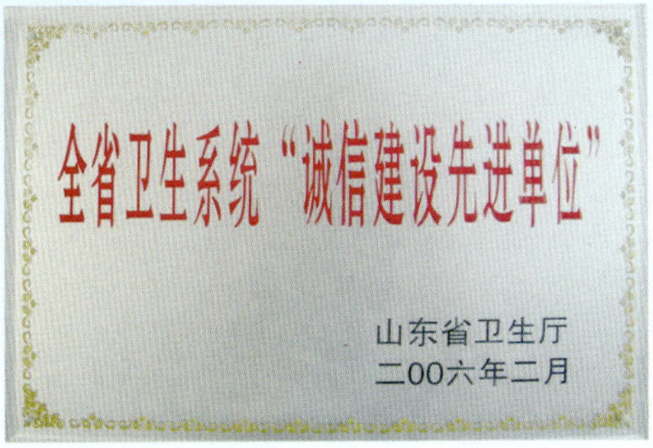

山东铝业公司医院是国家二级甲等医院、国家级爱婴医院，市、区两级基本医疗保险定点医院，市、区两级工伤保险定点医院，市、区两级农村合作医疗定点医院，淄博市保险行业协会商业保险定点医院，张店区个体私营企业协会会员优惠医院。

近年来，医院先后投资3800万元引进先进医疗设备50多台，投资4000万元、建筑面积达14000平方米的病房大楼已经正式启用，病房设施先进，拥有符合国际标准的层流净化手术部，完美的布局以及室内温馨的色彩搭配，使医院实现了宾馆化管理，为医院的全面发展奠定了坚实的基础。

地址：淄博市张店区山铝西山五街2号

电话：2944936

急救电话：120　2944587

团结奋进的医院领导班子

新建成的病房楼外景

淄博市市级机关医院

院长　时立新

名老中医为患者诊疗

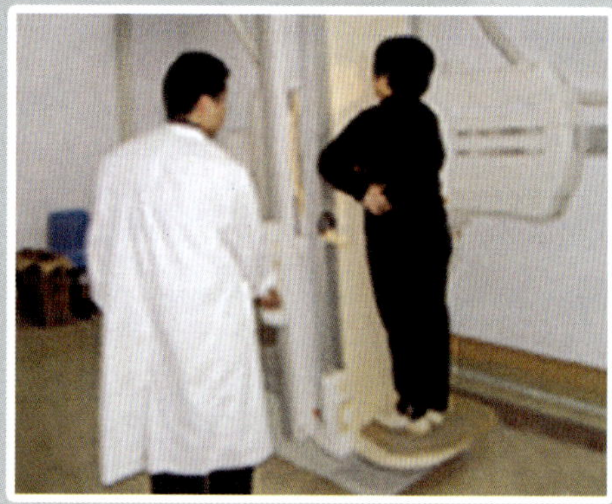

飞利浦DD数字胃肠机

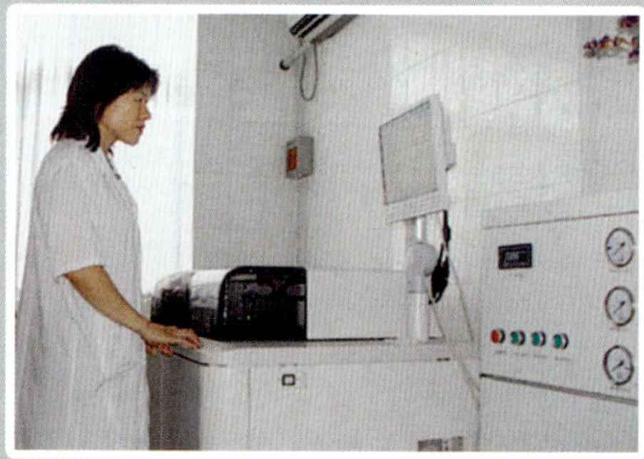

日本东芝全自动生化分析仪

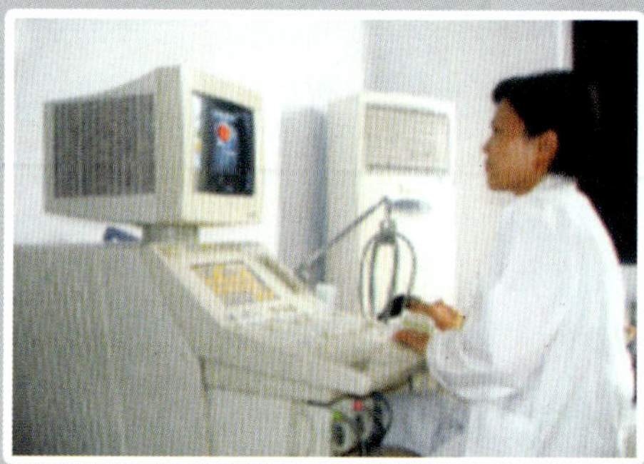

日本东芝彩色多普勒超声诊断仪

淄博市市级机关医院，是在原市委门诊部、市政府门诊部、市干休所门诊部的基础上，于2002年6月正式组建成立。现有职工119人，其中高级卫生技术人员42名，中级卫生技术人员37名。医院下设6个门诊部，院部设在市委院内。原市委门诊部为医院门诊部，占地1040平方米；原市政府门诊部为第一门诊部，占地2900平方米；原市干休所门诊部为第二门诊部，占地650平方米；三宿舍门诊部为第三门诊部，占地280平方米；八大局门诊部为第四门诊部，占地230平方米；科技苑门诊部为第五门诊部，占地100平方米；党校门诊部为第六门诊部，占地180平方米。目前医院各项业务建设已步入正规化、标准化轨道，主要行政科室设有：院办公室、医务科、财务科、药械科。现有病床120余张，承担着市级机关干部、离退休老干部和周边社区居民的医疗、预防、保健工作。主要仪器设备有：西门子全身全数字螺旋CT机1台、东芝彩色多普勒超声诊断仪1台、西门子彩色多普勒诊断仪2台、飞利浦DD数字胃肠机1台、阿洛卡超声波诊断仪3台、心电图机8台、X光机2台、血流变仪3台、尿液分析仪4台、半自动生化仪4台、全自动血球分析仪3台。

医院始终坚持“优质、高效、便捷”的服务理念，为病人办实事、办好事。简化服务流程，凡来就诊者一律不需挂号，随来随诊；对年老体弱者主动送医送药上门；在社区设立家庭病房，定期为病人巡诊。努力降低医药成本，让人民群众看上病、看起病、看好病，真正得到实惠。在保证医疗质量和品牌药品的前提下，该院的医疗收费和药品价格在全市同级医院中最低。

地址：淄博市张店区人民西路24号
电话：0533-3163242
邮编：255001

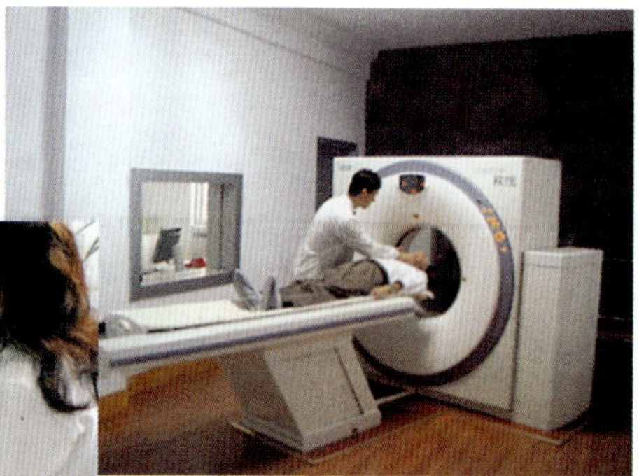

西门子全身螺旋CT机

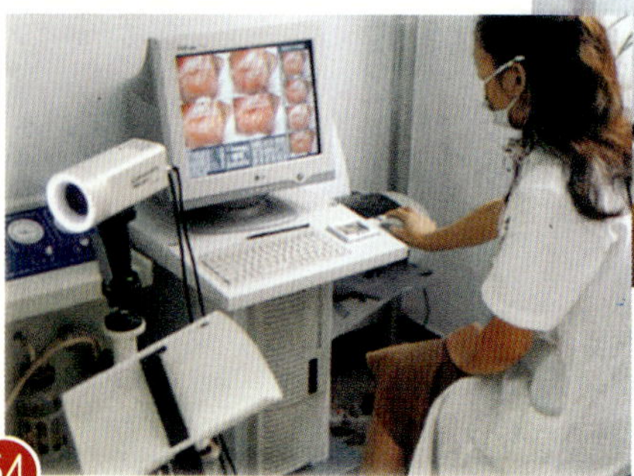

医院引进的先进阴道镜诊断系统

临淄区人民医院

团结务实，开拓创新的医院领导班子

副院长李炳辉接受"三星级综合医院"授牌

温馨舒适的住院环境

2005年，临淄区人民医院紧紧围绕"发展才是硬道理"这条主线，认真落实科学发展观，坚持以人为本，以提高医疗服务质量为重点，认真实践"向服务要质量，向管理要效益"的经营理念。医院共投资2200万元，购置了1.5T磁共振、大型彩超等多件大型设备。其中投资1200万元购置的1.5T磁共振，为淄博市及周边地区最先进的机型，其先进的性能和清晰的成像系统为临床诊断工作发挥了不可替代的作用。

医院坚持把发展作为第一要务，投资8000余万元建设的急救中心综合病房大楼于2005年顺利完工，并投入使用。急救中心病房综合大楼设施完备，布局合理，环境舒适，能够实现高档平价、人性化服务的社会要求。

2005年，该院狠抓医疗质量和服务质量，取得显著成绩。先后荣获山东省卫生系统诚信建设先进单位、山东省卫生行业文明单位、山东省消费者满意单位、淄博市三星级医院、淄博市医德医风示范医院、淄博市卫生系统廉政文明单位、淄博市文明单位等荣誉称号。

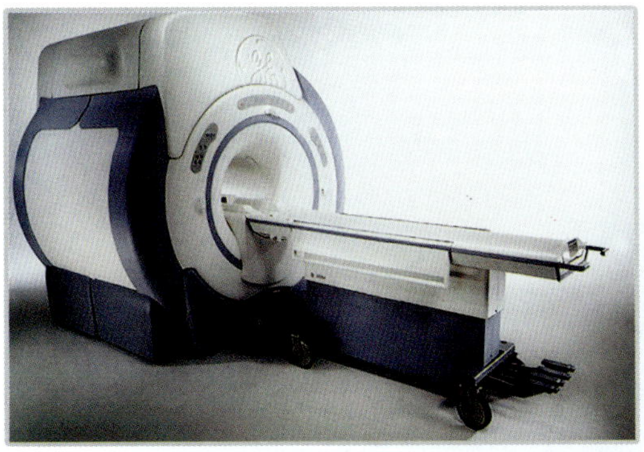

1.5T磁共振是目前国内最先进机型，其特点是无放射性、成像清晰、诊断正确率高

集人性化、智能化为一体的急救中心综合病房大楼

山东省水利技术学院

书记、院长　张忠

山东省水利技术学院创建于1958年，隶属于山东省水利厅，是山东省首批重点建设的7所技术学院和山东省指定的承办全省“技能扶贫”培训项目的院校之一。2004年8月，经山东省教育厅批准，山东省水利职工大学迁址淄博，挂靠学院办学，2005年起开始承担普通高职学历教育。

学院现占地面积6.67公顷，建筑面积5.3万平方米，拥有52个实验室、实习车间和实训专业教室；占地86.67公顷、设计建筑面积25万平方米的新校区正在建设中。

学院批准规模8000人。现有教职工193人，专兼职教师153人，其中副高级以上专业技术人员65人。

学院面向全省开办高、中级职业资格证书教育、高职学历教育、成人大专教育和职业技术培训，现开设各类教育专业46个，其中汽车维修、工程造价与施工管理专业为省级名牌和重点专业。

地址：淄博市张店区新村西路186号
邮编：255033
电话：0533—2865691
传真：0533—2860214
网址：www.sdcw.net
新校区地址：淄川经济开发区

图书信息中心

学院鸟瞰图

中共淄矿集团公司委员会党校

学生宿舍

党委书记、校长　马德会

中共淄博矿业集团公司委员会党校，是一所集党校、干部学校、职工中等专业学校三位一体的综合学校。学校治学严谨，环境优美，连续多年被淄矿集团命名为先进单位和文明单位。

学校的党校教育，有本科、专科两个办学层次，设有企业管理、经济管理、财务管理、法律等4个专业，17个班次，是山东省委党校干部业余教育学院直属学区，连续4年被山东省委党校评为招生工作先进单位，2005年被评为函授教育20周年先进直属学区。学校的干部培训快速发展，被山东省安全生产监督管理局授予山东省特种作业人员培训单位和安全生产培训机构等资质。学校的中专教育有电子信息、计算机应用、数控技术、机电一体化、会计电算化、工业电气自动化、矿山机电、矿山通风、地质与测量、采矿工程等专业，是山东省重点职工中等专业学校，2005年被中国教育联合会评为全国最佳就业率职业学校。党委书记、校长马德会荣获中国职业教育创新奖。

课堂教学

网络教学

学校获得的部分荣誉

校园环境

山东省淄博第一中学

中石题

省政协委员，省优秀教育工作者，市优秀校长：陈贞凯

市委副书记岳长志（左三）、博山区委书记闫西国（左一）视察学校，亲切看望教师

淄博一中创建于1924年，其前身为博山县私立洗凡中学，1955年更名为山东省淄博第一中学，是省重点中学，1992年成为首批山东省规范化学校，2000年被市委、市政府确立为全市首批创建国家级示范性高中重点建设校。学校占地12公顷，有108个教学班，近6000名学生，教职工420人。

学校恪守“博爱、博学”的校训，遵循“为全体学生发展负责、为学生全面发展负责、为学生未来发展负责”的现代化教育理念，着力实施“质量立校、人才强校、科研兴校、文化塑校”战略，弘扬优秀传统与塑造特色优势比肩同进，学校事业稳步快速发展。

自1985年起，先后有8名同学荣膺省、市高考状元；1993年，学生郑晓亮获第25届国际化学奥林匹克竞赛银牌，实现了淄博市国际奥赛“零”的突破；1998年以来，先后在全市率先突破一所中学本科录取200人、500人、700人、1000人大关，保持最高记录；2001～2005年连续5年夺得高考全市“双冠”，累计向高等院校输送本科生3417名，有664名同学考取了81所“211工程”院校，49名同学升入中国大学综合排名前10名院校；现有15名同学正在北京大学、清华大学深造。

学校荣获全国“五讲四美、为人师表”先进集体、全国“活跃的中学生活”先进学校、全国依法治校示范校、省德育工作先进集体、省先进基层党组织等数十项称号，自1986年起连续20年保持省级文明单位称号，是淄博市普通高中样板学校。

市教育局党委书记、局长张洪亮（前右），市教研室主任苏明光（前左）深入淄博一中课堂，进行教学调研和指导

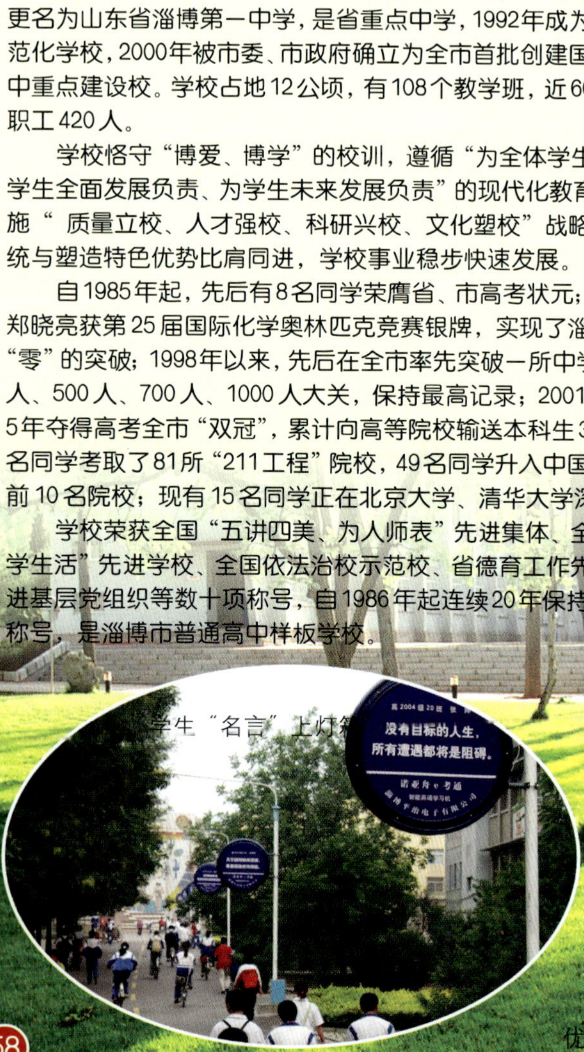

学生“名言”上灯箱

优美的校园环境

“山东省淄博第一中学北大学子恳谈会”在北京大学百周年纪念讲堂举行

山东省淄博第四中学始建于1929年，时名为淄川县立初级中学，至今已有近80年的历史。她镶嵌在淄河孝水滋育的般阳大地上，以深厚的文化积淀铸造了“厚德载物，笃志明理”的四中校魂，以博大的人文精神锻打了“艰苦奋斗，自强不息”的四中精神，薪火相传，历久弥显。今天的淄博四中已成为省级规范化学校、省级文明单位。省级绿色学校，连续多年被市教育局评为教育教学先进单位，为祖国、为民族培养了无数的栋梁之材，为当地经济和社会发展做出了重要贡献，成为鲁中地区颇有名气的重点中学，赢得了广泛的社会赞誉。

校长　刘绍华

图书科技楼

教学楼夜景

静谧的校园

升旗仪式

2004年举行75周年校庆

2006年获山东省诗意校园

地址：淄博市淄川区淄城路26号
电话：0533—5171271
邮编：255100
网址：http://zbsz.net

山东省淄博第六中学

2005年竣工的教学综合楼——日知楼

校长房明在百年庆典上激情演讲

淄博六中始建于1897年，是全市历史最悠久的一所中学。原名光被中学堂，系英国基督教会创办。1952年由人民政府接管，改为公办，定名为山东省立周村中学，1955年改为山东省淄博第六中学，现为正县级事业单位，隶属于淄博市教育局，是山东省重点中学、省级文明单位，山东省先进基层党组织、山东省师德建设先进单位、山东省教书育人先进单位，省体育运动传统项目学校、省艺术教育示范学校、山东省聘请外国文教专家资格认可单位、淄博市首批教育红旗单位，学校分文理部，艺术部和初中部，教职工350人，在校学生5600余人。

学校坚持以教学为中心，发扬“从一做起，叩问一流”的六中精神。以“严谨善教、为人师表”的教风，教育和督促学生形成“苦读、有恒、勤练、专注”的良好学风，形成“勤奋、求实、文明、进取”的校风。学校注重发展学生的个性特长，不少学生在省、市乃至全国的各类学科竞赛中都取得优异成绩。恢复高考以来，已有11人夺得全市状元，近年来，高考录取率每年稳定在85%左右，重点本科人数、本科上线率、总升学率连续8年保持全市第一，高考各项指标连续16年稳步提高。

2005年，学校成功举办建校100周年庆典活动。图为百年庆典盛况

淄博六中在一百年多年的办学历程中，培养了5万多名毕业生。他们在不同的历史时期，不同的工作岗位上为中华民族的伟大复兴贡献了自己的聪明才智，他们中有部长、院士、学者、教授、将军，有革命家、艺术家、外交家、体育明星，有为新中国国防事业做出贡献的“两弹一星”专家和导弹专家，可谓“桃李满天下，学子遍神州”。

山东省淄博第七中学

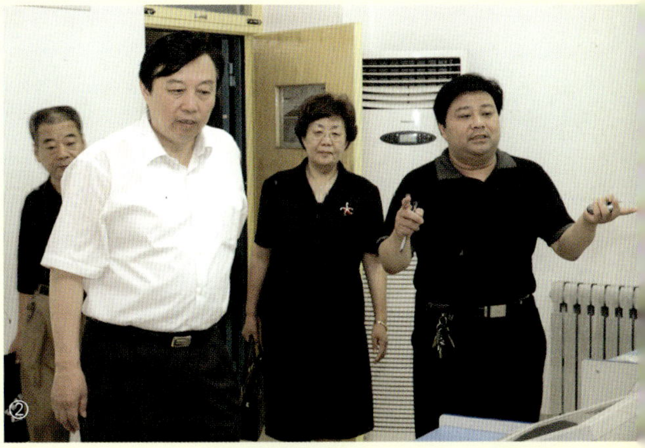

淄博第七中学创建于1952年，是首批省级规范化学校、淄博市高考十强学校。在50多年的办学实践中，淄博七中把传统文化精髓与现代教育理念相结合，形成了“让每一个学生成才发展”的办学理念和“激情燃烧，追求卓越”的学校精神。淄博七中的教师以“特别能吃苦，特别能负责，特别能实干，绝不愧对每一个学生”而著称。淄博七中的硬件设施达到全省一流水平。学校以“质量兴校”为根本，以提高教学质量、提高高考升学率为核心，“强理、强文、强音体美”，实现了三强并举，全面开花。学校连续十几年被评为全市教学工作先进单位，连续10年参加全国综合奥林匹克竞赛的综合成绩列全市第一，连续3次荣获全国奥赛先进单位荣誉称号，先后培养出齐湘东、王振峰、张冠男、李冠升等高考状元，有1000多人考入北大、清华等全国重点名校，考取清华大学和北京大学的人数始终列全市之最。2005年，徐秋波、崔立军考取清华大学，周旭等6人考取中央美院，本科录取708人。年内，全国八省市自治区课改论坛会和淄博市第十二届中学生运动会相继在淄博七中召开。在2006年高考中，李明同学荣获全省理科状元桂冠。

校 址：淄博市临淄城区南二路80号
邮 编：255400
电 话：0533—7110154
网 址：http//www.zbqz.com

①团结有为，执着追求的学校领导班子
②教育部基础教育司处长郑增仪来校视察工作
③出席淄博市第十二届中学生运动会的领导参观校园
④决战高考 七中必胜
⑤激情广场

淄博市淄川第一中学

校长　丁昌国

淄川一中始建于1977年，位于淄川区将军路中段，学校占地20公顷，建筑面积75000平方米，现有110个教学班，在校生5600人，教职工430人。学校坚持“以德为魂，育人为本，从严治校，突出特色，志在一流，全面发展”的办学理念，大力实施“树名师、育名生、创名校”发展战略，360名专任教师中，高、中级教师220人，56人次获得全国及省、市优秀教师、学科带头人、教学能手、骨干教师等称号。自1995年以来，连续11年被评为淄博市高中教学工作先进单位，346人次获全国物理、化学、数学等奥林匹克竞赛及全国英语能力竞赛奖，先后组队代表国家参加在法国和西班牙举行的世界中学生田径运动会、世界中学生越野锦标赛，夺得3金6银3铜，为国家争得了荣誉。

2005来，学校先后承办了山东省“学校杯”中学生运动会田径、足球比赛，山东省二十一届运动会预赛暨青少年田径锦标赛，淄博市十四届运动会摔跤、篮球比赛等多项大型赛事，先后荣获国家级体育传统项目学校、全国语文教学艺术研究试验单位、山东省科研型重点实验学校、淄博市文明单位等多项荣誉称号。

2006年高考，学校重点本科上线比去年翻了一番，本科总上线1312人。胡志宇同学考入清华大学，连续3年实现名牌高校战略突破。

山东省“学校杯”中学生运动会在淄川一中举行

践行『八荣八耻』签名仪式

孙亚菲（淄博市2006年十佳中学生）

2005年考入清华大学的车一卓同学与丁昌国校长合影

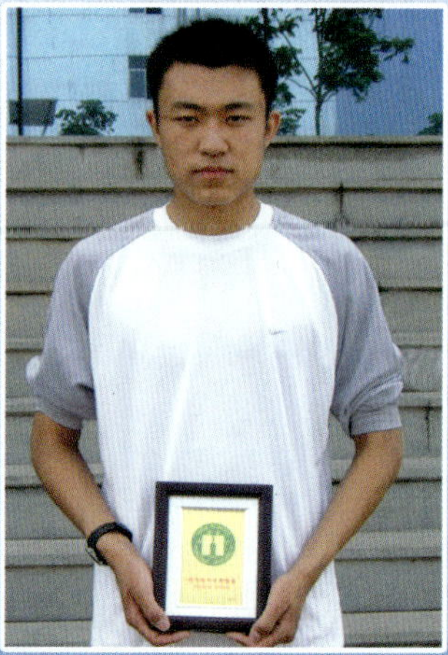

胡志宇(2006年考入清华大学)

博山区实验中学

全国劳动模范、校长　杨玉菊

校长杨玉菊与教育部部长周济合影

学校领导与2006年考入清华大学的学生在一起

地址：博山区白虎山路33号
电话：0533-4121978
网址：http://www.sdbssy.net

博山区实验中学，组建于2001年8月，是副县级全额事业单位、区属高级中学。山东省规范化学校、淄博市文明单位、淄博市花园式单位、淄博市教学优胜奖单位。

学校现有教职工238名，64个教学班，在校生3500余名。学校师资力量雄厚、教学设施先进、校园环境优美。教师中有全国劳动模范、全国优质课一等奖获得者、省市优秀教师、教学能手20余名；学校拥有全国一流的硬件设施和应用水平，能容纳60多个班的新建综合教学大楼，每个班级都配备了电脑、监控、高背投彩电多网合一系统；所有教师人手一台奔腾Ⅳ、液晶显示器电脑；学术报告厅、实验室、电子阅览室、舞蹈室、音乐教室、画室、餐厅、公寓一应俱全。

一年来，学校秉承“一切为了学生发展”的办学宗旨，继续发扬“以百米冲刺，实现万米跨越”的精神，管理讲规范，工作求实效，教育教学质量大幅度提高。在2005年取得辉煌成绩的基础上，2006年高考再次取得突破性战果，在中考进入全市前2500名仅有2人、前5000名仅有15人的不利条件下，高考普文普理一批以上本科上线18人，军检线以上人数达60人，提档线以上210人，对口高职达本科分数线以上60人。高考上线无论是数量还是质量均有大幅度提升，入出口比率居全市前茅。王玉清同学以642分的优异成绩，夺得全区高考文科第一名（淄博市第四名，全省37名），被清华大学录取。在期中、期末统考中高一、高二两个级部A、B、C入出口比率均列全市同类学校首位。

宏伟的教学大楼

临淄二中

学校教学楼

团结务实的领导班子

临淄二中，始建于1956年，1996年迁建临淄城区，是全日制普通高中。学校占地10.7公顷，现有58个教学班，在校生3500余名，教职工279名。近年来，学校始终以“成人成才”为办学指导思想，坚持德育首位和教学中心，规范管理，提高质量，成就师生，创建名校，形成了积极向上的二中文化和丰厚的文化底蕴。

学校认真落实“德育人生课”和“德育千分制”，扎实开展心理健康教育，注重社区家校结合，拓宽教育载体，努力提升育人质量。同时狠抓师德建设，认真实施“名师培养工程”，师资培训工作走在了全市前列，培养了一支师德高尚、业务精湛的名师队伍。学校教育教学及其他各项工作均取得了优异成绩。连续7年稳居全市高考“十强”学校行列，有13人考入清华、北大，被市教育局授予全市唯一的“高考突出贡献奖”。先后荣获全国中小学思想道德建设活动先进单位、省级文明单位、省规范化学校、省级花园式单位、省体育传统项目学校、省安全保卫集体二等功、省档案工作先进单位等荣誉。

2005年临淄区高中学科带头人

2006年高考，临淄二中再次书写辉煌。文化课（军检线以上）和艺体特长本科总上线1017人，列全市第二名，是全市两所突破千人大关的学校之一。其中文化课重点本科上线167人，列临淄区第一名；二批本科上线308人，文化课重点本科、二批本科指标完成率分别为129%、147%，均列全市“十强”学校第一名。截至8月10日，本科上线录取人数达809人（不含高水平运动员、内招生、特招生等），位列临淄区第一，全市前列。

学生拾到10万元巨款归还失主

边文龙同学获全市“十佳中学生”称号

优美的学校环境

三年磨砺，改变的是一生的命运；点圆追求，不变的是永不言败的品质

——临淄三中

校长　相继厚

省教育厅基教处处长孟庆旭到临淄三中视察

临淄三中坐落于齐国故都这片有浓郁文化传统的神奇土地上。始建于1958年，是首批省级规范化学校，占地8.67公顷，总建筑面积55000平方米，设56个教学班，学生3400余名，教职工260多人。

校园环境整洁优美，以齐文化为特色的“鹰扬湖”“九合亭”“一匡山”“知胜桥”“太冲桥”等景区景点，充分体现了学校传承齐文化、发扬稷下学风的办学理念。

学校推行相继厚校长创立的“点圆式工作法”，学生管理规范而有特色。学校师资力量雄厚，高考成绩突出。2004年高考本科提前、一批录取总人数332人，名列淄博市高中学校第一名。2005年高考本科录取达到637人，2006年本科上线857人，应届理科一批上线率居全区第一；应届理科军检上线率居全市第二，全区第一。艺术上线率居全市第三，全区第一。张瑜同学以677分的成绩居全市理科第三名，已被清华大学录取。临淄区理科前十名临淄三中占6人。学校连续多年被淄博市教育局表彰为淄博市普通高中教学先进学校和淄博市高考十强学校，以优异成绩为淄博教育事业做出突出贡献，成为淄博市教育界的一颗明珠，培养创新人才的摇篮。

地址：淄博市临淄区第三中学（齐都）
网址：www.zblzsz.com
电子信箱：szhxjh@China.com

学生在上微机课

坐落在校园中的不锈钢雕塑“翔”

齐文化校园

2004年普通高考

十强学校

淄博市教育局
二00四年九月

临淄区第四中学

务实创新的领导班子

临淄四中建于1958年，地处朱台镇桐林村，是区属定点普通高中、省体育传统项目学校、省级规范化学校，是承担全国教育科学“十五”规划国家重点课题“整体构建学校德育体系的深化研究与推广实验”的实验学校和“中国教育现代化区域发展模式与实验研究”的实验学校。学校占地6.87公顷，建筑面积2.9万平方米。现有26个教学班，110余名教职工，1400余名在校学生。学校僻离闹市、远离网吧，是全区初中学生向往和追求的理想校园，是社会放心满意的育人学校。

近年来，临淄四中在“精神强校、艺体带动、优生优培、从严治校”四大战略引领下，以科学发展观为指导，以“学生成人、成才、成功”为己任，深化学校内部改革，激活内外部活力，使学校的各项工作得到全面发展。有400余篇师生论文在国家省市级报刊上发表或在比赛中获奖，近90名老师受到区委区政府、区教育局的表彰奖励，30余位老师在市区优质课评选中获奖；2005年，有60余学生在国家省市区艺术大赛和文化课比赛、竞赛中获奖。刘帅同学获全国子午门民间武术争霸赛男子刀术组第二名；女足在市十二届中学生运动会上获冠军。高考成绩逐年攀升， 在2005年文化课本科上线127人、实际录取78人、本专科录取率达到90%以上的基础上，2006年又实现新的跨越，艺体专业本科上线和文化课本科上线共计255人。学校先后获得省校园环境第三名、省招飞工作先进单位、市花园式单位、市文明单位、市区教育教学工作先进单位、素质教育先进学校、区高考工作先进单位、振兴临淄体育先进单位等荣誉称号，获得单项表彰100余项。

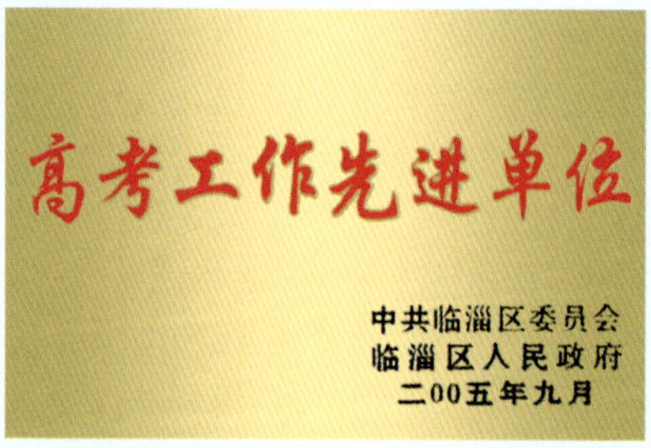

多功能厅

地址：淄博市临淄区朱台镇桐林村
邮编：255432
电话：0533-7780121
网址：http://10.1.171.3

学校餐厅

山东省桓台第二中学

校长　陈志安

山东省桓台第二中学，是桓台县辖区内两所重点中学之一，创建于1958年，2001年被命名为山东省规范化学校。学校占地8公顷，建筑面积3.4万平方米，绿化面积4.3万平方米，绿化率达53.75%。现有48个高中教学班，在校学生3000余人，教职工232人，其中中学高级教师46人，中学一级教师89人，市级以上优秀教师、优秀班主任、教学能手、学科带头人52人，有70名教师是研究生学历。

2006年高考，本科上线734人，其中文化课251人，艺术458人，体育25人，有5人具备填报清华大学志愿资格，本科上线率81.6%，列全市同类学校第一。由于教学成绩优异，学校连续12年被淄博市教育局表彰为市普通高中教学工作先进单位。近年来，学校被授予省级规范化学校、省文学艺术教育先进学校、省体育传统项目学校，淄博市"十五"时期首批文明单位、现代教育技术示范学校、创新教育学校、绿色学校、花园式单位、卫生工作先进单位等称号。

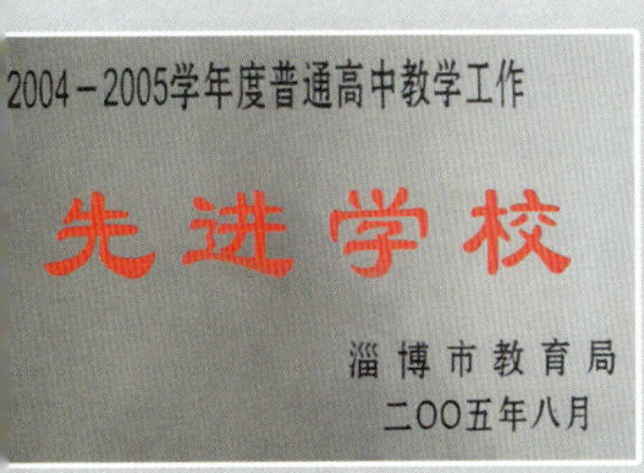

教学楼

淄博矿业集团第二中学

花园式校园

校长、书记　王永正

学校领导班子

学校坐落在淄矿集团总部驻地，环境优美，空气清新，交通便利。是山东省艺术教育示范学校、淄博市文明单位、淄博市教育先进单位、淄博市依法治校示范学校、淄川区高考优胜单位。现有教学班43个，在校学生2100余人。

学校师资力量雄厚，其中，80%具有高中级职称，有全国、省、市优秀教师、劳动模范及学科带头人10余名。教学设施齐全、功能完备。现有5个理化生标准实验室，5个计算机教室，2个多媒体投影报告厅。教室装有卫星接受闭路电视和校园自动广播系统。千兆校园网与国际互联网相接，方便师生获取新知。学生公寓、食堂餐厅等生活配套设施齐全。

学校教学工作扎实，管理严谨，成绩斐然。自1995年以来，高考连年创新高，多次培养出全省煤炭系统和淄川区高考状元。2001年文科考生王潇婧以全市第二名的成绩考入北京大学。2005年文科考生郑宵荣获淄川区文科状元。

学校坚持德育为首、教学为中心，教育教学工作规范、高效。积极推进素质教育和课堂教学改革，教学水平不断提高。在实践中形成了"团结、实干、争先、创新"的校风，"身正、艺精、敬业、爱生"的教风，"尊师、守纪、勤学、多思"的学风。

地址：淄博市淄川区淄矿路133号　网址：http://www.zkez.com
电话：(0533) 5851623　传真：(0533) 5852492　邮编：255120

教职工大合唱

音乐辅导

计算机教学

艺术教学

淄川第二职业中专

学校新校区鸟瞰图

校长李少鹏获中国职业教育首届百名杰出校长称号

淄川第二职业中专是首批国家级重点职业学校。现有7个校区，教职工370余人，在校生6300余人。学校设有大专部、中专部、实训部和培训部，开设了服装、纺织、机电、艺术等28个专业。

2005年，学校继续开拓发展，深化“工学结合”的人才培养模式，探索多渠道、深层次联合办学，在与泗水、沂南联合办学的基础上，又成功地在聊城阳谷设立分校，当年招生400余人。全年学校招生人数达到2100人，创历史新高。学校不断更新教育观念，深化教学改革，教学成绩稳步提高，房丛丛同学以优异成绩荣获山东省服装类高考状元。2005年3月30日中国职教学会会长、原国家教委副主任王明达到该校视察时欣然题词：“校企结合，开创职教新局面”。

2005年，学校被评为山东省职业教育先进单位、山东省教学工作先进单位、淄博市职业教育教学工作先进单位、淄川区高考优胜单位和教学工作先进单位。学校的办学经验在全省推广、全国交流。校长李少鹏被评为中国职业教育首届百名杰出校长。

为进一步扩大办学规模，提高办学层次，学校继续改善办学条件，完善基地建设，构建和谐校园，经过多方论证，决定在淄川经济开发区建立新校，并于2005年12月30日举行了奠基仪式。同时制定了争创省级职教集团，打造鲁中制造业培训基地的战略目标。

原国家教委副主任、国家督学、中国职教学会会长王明达视察该校

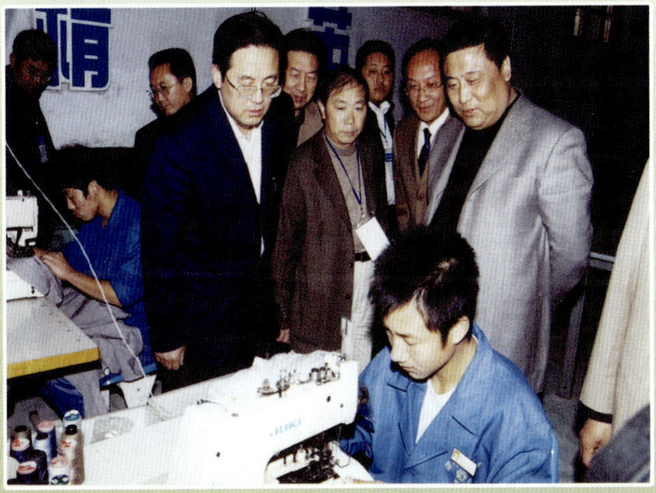

中央教科所副所长余祖光在该校视察

济南铁路局淄博车务段

段长　张荣彪

党委书记　刘明江

济南铁路局淄博车务段是在铁道部实行路局直接管理站段体制改造中，由原淄博车务段、淄博站、东风站合并，组成新的淄博车务段。管辖范围包括淄博站、东风站两个一等站，以及胶济线、淄博线、淄东线、临泰线铁路沿线车站，共计36个车站、1个线路所、2个装卸作业所，承担着淄博、东营、滨州、济南、青州、莱芜6市的客货运输任务。正线营业里程335公里，到发线130条。固定资产原值23413.8万元，净值15596.9万元，共有职工3424人，其中党员1426人。2005年，全段发送货物1464.8万吨，发送旅客302.2万人，运输进款94412.2万元，人均收入22189元，是全局乃至全路较大的车务段之一。淄博站客运站房改扩建工程于2005年1月18日正式启用，总投资8600万元，总建筑面积20742平方米，可容纳2000余人候车。

淄博车务段信息化建设不断加强，原淄博站研制开发的“车站运输信息整合应用系统”在原分局9个站段推广使用，2004年5月获得路局科技进步一等奖。2005年2月研制开发的“货运计划管理辅助决策系统”，提高了计划质量和单车效益，得到铁道部领导肯定并予以推广。先后荣获全国婚育新风进万家活动先进单位、路局文明单位、淄博市巩固发展国家卫生城市成果先进单位、全局五四红旗团委（标杆）等荣誉称号。

团结奋进的领导集体

2005年9月，胶济铁路第六次大提速（图为提速调图仪式）

调度室

淄博站

经济强村（居）——淄博高新区南石社区居委会

党委书记、居委会主任，
山东裕民集团董事长、总经理　王江华

南石社区居委会坐落于高新区裕民路，全居1300余户，人口3500人。2005年营业收入7.8亿元，年人均收入7600元。

近年来，南石居委会紧紧围绕经济建设这个中心，凝神聚力，干事创业，经济社会事业迅猛发展。直属企业山东裕民集团坚持高科技带动、管理现代化、企业文化建设三大战略，现已发展下属企业8家。出口贸易涉及欧美、亚洲等36个国家和地区的高新技术企业，形成以耐火材料行业为龙头，建筑安装、建材、市政工程、房地产开发、生态农业开发、园林绿化等多产业并进的企业格局。2005年，“裕民”商标被评为山东省著名商标，硅线石耐火材料被认定为山东省名牌产品，企业先后获得振兴淄博劳动奖状、山东省高新技术企业、淄博市优秀民营企业等荣誉称号。

南石居委会在大力发展集体企业的基础上，以工业园区建设为载体，加快招商引资和结构调整；以环境建设为突破点，优化经济环境；以精神文明建设为基础，提升人文环境。目前社区内已引入韩资、日资及内地企业36家，逐步形成大投入、大招商、大调整的经济格局。社区党委书记、居委会主任、山东裕民集团董事长兼总经理王江华获得山东省富民兴鲁劳动奖章、振兴淄博劳动奖章、淄博市优秀民营企业家等荣誉称号。

地址：淄博高新区裕民路　电话：0533-3916512
传真：0533-3916512　网址：www.chinayumin.com

董事长、总经理王江华陪同外商在裕民集团参观

农业观光园——菩林园一角

居民小区一角

经济强村（居）——张店区

社区党委书记、居委会主任、潘成集团董事长耿佃成在人民大会堂接受颁奖

市委书记、市人大常委会主任张建国，在区领导陪同下视察潘庄社区

华光路欧式商业街

2005年，潘庄社区居委会实现经济收入23.8亿元，利税1.86亿元。全居集体固定资产总值达18.7亿元，年人均收入11506元，为全市综合经济实力第一居委会。

淄博潘成集团是潘庄社区的经济机构，现拥有41家集体企业，其中大型专业批发市场15个。集团公司先后开发建成了潘成综合市场、五金批发市场、型材市场、装饰材料城、大富豪灯饰批发市场、华光路欧式建筑商业楼、台湾海盛水产批发市场、粮油批发市场、潘成汽车展示中心及5个4S店，给潘庄经济带来蓬勃生机和活

潘庄社区居委会

团结务实的两委领导班子

力。目前，潘成集团经济已跨入持续、快速、健康发展的快车道。

潘庄社区居委会是张店区大型村转居，全居2072户，5900余人。近年来，先后投资5亿元开发建设占地350多亩的84栋居民住宅楼，建筑面积达32万平方米，人均住房56平方米。投资2000多万元，建起高标准幼儿园、学校。幼儿入托、学生上学一律免费。55岁以上老人每月发放养老金380元，居民不论年龄大小一律享受100～300元的合作医疗补贴，对考上大学的学生实行奖学金制，社区免收一切卫生费、物业费，实现了老有所养、少有所管、医有所保、急有所助。投资1000多万元，建起医院、老年活动中心。活动中心面积达2000余平方米，内设图书、阅览、健身、娱乐等设施。社区内文化氛围浓厚，各种健身、休闲、娱乐广场10处。2005年投资500万元建设了1处设有现代化舞台的大型休闲、娱乐广场。社区内治安巡逻人员46名、抢险突击队员50名，投资130余万元，安装了覆盖社区每个角落的电子监控系统、电子巡更仪。小区实行封闭式出入证管理，24小时专人值班。绿化、美化、硬化、亮化均达到市级规范化管理标准，整个社区芳草如茵，四季有花，基本达到现代化文明社区标准。全国文明委、省、市、区各级领导给予高度评价。先后荣获全国文化先进社区，全国、省计划生育协会先进单位，全国家庭示范社区学习型，中国十佳小康村等荣誉称号。

潘庄社区一角（健身广场）

经济强村（居）——周村区胜利社区居委会

环境优美的文体广场

社区党委书记、居委会主任　吴学迅

周村区丝绸路街道胜利社区位于周村城区东南部，辖区面积6.3平方公里，居住人口9800人，其中原胜利村民4725人、区划调整划入居民5075人，2002年6月由胜利村改为胜利社区。

自1998年以来，社区两委一班人把握发展机遇，以市场建设为切入点，大力发展第三产业，逐步形成了以沙发家具批发市场为依托、各业俱兴，集体、私营、个体经济共同发展的格局，先后建成三大专业市场和两处工业园，为社区居民提供了一千多个经营场所和就业岗位，壮大了集体经济，加快了居民的致富步伐，社区集体固定资产总额已达2亿元，上交税金691万元。综合实力位居周村区经济十强村第一名，被命名为淄博市经济强村。

在抓经济建设的同时，社会主义精神文明建设成效显著，社区三次兴建住宅楼，建成三处居民文明小区，总面积218900平方米，安排居民1572户。投资400余万元建设了占地4.3公顷的胜利文体广场，投资100万元建起室内文体馆，投资150万元建起了幼儿园、老年公寓，实现了幼有所教、老有所养。

副省长邵桂芳在市委书记张建国陪同下视察社区文体广场

市委书记、市人大常委会主任张建国在区委书记陈勇陪同下视察家具广场

家具广场外景

经济强村（居）——周村区和平社区居委会

全国劳动模范、社区党委书记、
居委会主任　张敬军

和平社区位于周村城区西部，庆淄路贯穿南北，和平路横跨东西，交通便利，位置优越，环境优美。现有居民2752户，8719人，其中农业人口3011人。居民主要以从事工业生产和发展第三产业为主。至2005年，社区已建成占地44公顷的和平工业园区，有70余家中、小企业入园发展，安置居民就业2400余人。2005年实现工业销售收入4.2亿元，利税2200万元，年人均纯收入7800元。社区的整体环境面貌得到彻底改观，建成占地14.7公顷的和平公园，投资300万元建设了高标准的和平公墓，墓葬管理更加文明统一。在南下河居民生活区、和平花园生活区已建成33栋、15万平方米高标准住宅楼，安排居民1300余户。投资3500万元，建设了占地60000平方米，66个标准班级的现代化、高起点的淄博和平学校，多媒体教学，走在全市学校的前列。社区的各项社会事业蓬勃发展，建有6000平方米的文体广场，每年举办几次文化体育活动，丰富了居民的业余文化生活。计划生育、民事调解、民主管理处处走在全区前列，被市委、市政府和区委、区政府评为市级、区级社会主义新农村示范村。

和平工业园区一角

和平建材市场一角

临淄区辛店街道办事处

党工委书记　朱成贵

主任　田刚昌

临淄区辛店街道办事处位于临淄城区，面积48平方公里，人口5.5万人，辖11个行政村、20个社区居委会。以“建设文明、开放、富裕、发达的省级经济强街道”为目标，以“党建统全局，工业立街道，开发齐文化，建设文明城”为战略，积极打造鲁中经济强街道办事处。2005年完成总产值143亿元，同比增长58.6%；实现利润8.5亿元，同比增长57.5%；完成利税13.8亿元，同比增长57.3%；财政收入实现4718万元，同比增长21.6%；农民年人均纯收入达到6370元。经济综合实力在全区排名第二，全市第三。

通过实施“东居西工”战略，街道办事处东部逐步建设成为适宜居住的生活区。西部逐步形成以齐鲁化工区辛店工业园、南山工业园、辛店有机化工园、曙光工业园四大产业园为载体的工业长廊，集中了街道85%以上的企业。截至年底，有企业479家，其中规模以上工业企业41家。

各项社会事业蓬勃发展。在全区首家成立了齐文化学会，太极拳学会，各村居都建设了集“村居办公室”“文化大院”“党员活动室”“文体活动中心”等于一体的村务中心。在全省率先实行的“教育券”制度，保障了政府对教育的投入。辛店街道办事处在全国、全省教育会议上作了典型发言。《中国教育》等刊物转发了辛店街道办事处的经验做法。在全省率先开发研制的《社区计划生育信息管理系统》软件，已在全市推广。

辛店街道办事处先后被授予全国体育工作先进单位、省信访工作先进单位、全省农村经营管理先进单位、市经济强乡镇、出口创汇强乡镇等荣誉称号。辛店街道党工委被授予全市先进基层党组织称号。

市长刘慧晏在区委书记解维俊、办事处党工委书记朱成贵的陪同下视察辛店鲁恒建材公司

曙光工业园一角

办事处有3处工业园：韩国工业园、
南山工业园、
曙光工业园。

2005年6月23日投入使用的新办公大楼

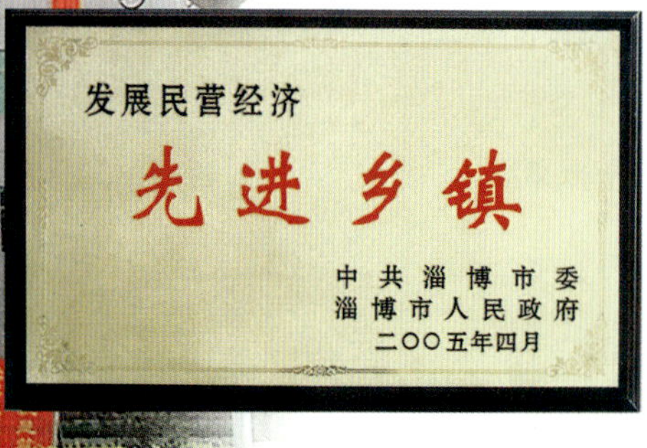
发展民营经济
先进乡镇
中共淄博市委
淄博市人民政府
二〇〇五年四月

【流通现代化建设】 截至年底，全市连锁经营企业已达到43家，连锁门店发展到1100个，连锁经营企业销售收入占全市社会消费品零售总额的比重由2004年末的18%提高到20%；连锁企业建成配送中心15处，山东新星集团、淄博奥德隆经贸有限公司、淄博政通集团等连锁企业的物流配送中心初具规模；新建、改建专业批发市场20余处，全市各类商品交易市场发展到520处，其中成交额过10亿元的11处，过60亿元的4处。淄川服装城、淄川建材城等10余处大型专业批发市场进行经营、配套设施的升级改造和完善。5处市场进入“山东30强市场”行列。

【餐饮业】 2005年，全市餐饮业完成销售收入61.11亿元，同比增长14.7%，市重点调度的8户餐饮企业完成销售收入和利润分别达32499万元、3194万元，同比分别增长35.6%、33.1%。在2005中国餐饮博览会上，淄博市15名选手获得11项金奖、6项银奖和12项铜奖，金奖总数列全省第一。8月，世纪大酒店被国家旅游局评定为五星级饭店，成为淄博市首家五星级旅游饭店。

【生猪定点屠宰管理】 截至年底，全市生猪机械化屠宰线和其他畜禽机械化屠宰线分别达到10条、4条，全市生猪定点屠宰率达95%以上，一类“放心肉店”发展到140处。开展肉类市场集中专项整治，取消22家不合格的手工屠宰场(点)，依法取缔私屠滥宰窝点30处，查处不法业户200余家，处结不法肉品生产经营案件500余起。

【“三绿工程”】 按照市政府实施“三绿工程”(提倡绿色消费、培育绿色市场、开辟绿色通道)的总体部署，对申报建设绿色市场(专柜)的企业进行审核验收，经验收合格的绿色市场(专柜)达17处，占年计划的141.7%。3家进行升级改造的机械化屠宰企业通过星级标准验收，2家企业被确认为百城万店无假货示范店。

【“万村千乡”市场工程】 2005年，根据商务部开展“万村千乡”市场工程试点的要求，淄博市确定3个试点区县、7个试点企业。新建和改造农家(农资)店362个。其中：村级农家(农资)店320个，乡级农家(农资)店42个；新建店287个，改造店75个；直营店244个，加盟店118个。建成配送中心6个，仓储总面积51600平方米，总投资19100万元。

【商业网点建设规划】 2005年，市贸易局会同规划等有关部门及张店区、高新区编制《淄博市中心城区商业网点规划》，报经市政府批准实施。为确保网点规划的顺利实施，制定了《淄博市中心城区商业网点规划实施意见》。周村、淄川、博山区先后展开网点规划编制工作，基本完成草案编制。

（崔　燕）

市属商业

【概况】 是年，市属商业企业实现销售收入9.07亿元，完成年度计划的100.78%，较2004年增长8.62%；实现利润3525万元，完成年度计划的100.71%，较2004年增长8.36%；上缴税金1987万元，完成年度计划的136.10%，较2004年增长50.30%，超额完成与市政府签订的年度目标任务。引导优势骨干企业扩大规模，壮大经济实力，增强发展后劲。推进现代企业制度建设，健全完善法人治理结构，形成“三会一层”(股东大会、董事会、监事会、经理层)协调运转的运行机制。

【帮扶困难职工】 市商业局以市属商业困难职工援助中心为载体和平台，建立两级救助体系。一是实行网络动态管理。为640名困难职工建立全省联网的困难职工档案，办理验审特困证560人次，减免各种费用3.6万元。二是坚持开展“节日送温暖”活动。筹集救济金及物资近13万元，救助困难职工158人。三是做好日常的帮扶救助工作。为16名因大病、突发性原因造成家庭生活困难的职工发放救助金和生活用品。“三八”妇女节之际，为9名困难女职工发放救助金。四是开展帮困助学活动。为11名困难职工子女发放助学金及学习用品8000余元，与6名贫困中小学生结成长期帮扶对子。五是做好下岗失业人员帮扶工作。为百余名下岗职工重新找到工作岗位。

（刘济生）

【山东淄博饭店集团股份有限公司】 2005年，公司实现经营收入10018万元，创利税2383万元。投资800万元对酒店的大堂、客房、娱乐设施及院内绿化、灯光亮化按照五星级的标准进行改造，为争创五星级饭店奠定了基础。注重抓好员工的培训，投资100万元，聘请国际著名的台湾昌轩酒店管理顾问公司对员工进行全方位的培训，使酒店的管理水平和员工的服务技能明显提高。在经营上突出特色，发挥品牌和档次优势，全年共接待各类会议409个，举办婚宴3467桌，受到社会各界的欢迎。四大系列80多个品种的节日食品月饼、汤圆、速冻食品、粽子，行销全省。其中，银膳牌粽子获全国粽子大赛金奖。年内，公司被评为全国商业诚信企业、全省商业百强企业。

（张　源）

【中国石化山东淄博石油分公司】 是年，公司销售成品油57.72万吨，同比增长12%，销售收入26.49亿元，利润5868万元。安全设备管理工作获年度全省第一名。

加强员工业务培训

（中石化淄博石油分公司　供稿）

2005年，成品油资源持续紧张，公司加大资源调运力度，保证市场供应。围绕提高企业核心竞争力，大力实施品牌战略，力创“中国石化山东服务品牌”。以客户为中心，建立客户档案，逐步健全信用管理体系。加强对加油站经理的考核，提高站经理队伍素质。优化汽油销售结构，引导消费者科学用油,全年高标号清洁汽油零售量占汽油零售比重达50.35%。继续做好加油IC卡营销工作,开展"油中感谢"积分增值活动,加油站信息化管理水平逐步提高。全年润滑油销售1.77万吨,再创历史新高。对特许加油站进行清理、整顿,有效维护了中石化的品牌形象。公务用车改革稳步推进;ERP系统顺利上线,企业管理水平得到提高。加大员工培训力度,实现全年安全生产无事故。对各个环节加强监控,数量管理水平居山东石油分公司前列。对每批出库油品都进行认真化验,严格兑现"劣一罚十,少一赔十"的社会承诺。

(肖长武　池　冰)

供销合作商业

【概况】 2005年,全市供销社实现商品总销售额55.2亿元,同比增长9.98%;利税总额达5846万元,同比增长21.8%,其中利润2166万元,各项经济指标均创历史最好水平。发展农村社区综合服务中心6个,经济效益和社会效益明显。日用工业品超市发展到221个,农业生产资料连锁经营网点达1121个,组织发展的农村合作经济组织达153个,农资供应总值4.16亿元,废旧物资回收总值2.07亿元,棉花产品销售收入8.5亿元,社办工业产值10.9亿元。《对我市建设农村社区综合服务中心及供销社改革创新发展的调查》《构筑现代农村流通网络为新农村建设服务》2篇调查报告,分别被市委政研室、市政府研究室印发《决策参考》和《参阅件》。

【农村社区综合服务中心建设】 农村社区综合服务中心是以现代经营方式为基础,由多种经营服务项目组成,为农民提供商品、技术、信息、中介等服务和文体活动条件的农村社区新型经营服务组织。2005年,全市供销社有6个农村社区综合服务中心建成投入使用,7个开工建设。这些中心有日用工业品便民超市、农资超市,健身、娱乐、图书阅览等公益性服务内容以及医疗卫生服务项目,经济效益和社会效益明显。7月,省供销社组织召开全省农村社区综合服务中心建设现场会,参观了桓台县的部分农村社区综合服务中心。12月8日,市委副书记、市长刘慧晏到桓台县部分供销社农村社区综合服务中心调研,要求供销社要做到"四个新":即新的体制、新的营销方式、新的机制和新的富有特色的服务方式。12月30日,市委、市政府在桓台召开全市农村社区综合服务中心建设现场会,与会人员参观了桓台县周家镇荣家村社区综合服务中心和果里镇侯庄村社区综合服务中心。市委副书记魏绍水讲话,对全市农村社区综合服务中心建设作出部署。

【流通网络建设】 2005年,全市供销社开展以"争创二十佳超市、二十佳农村专业合作社和六十佳村级综合服务站"为主要内容的"226示范工程"活动,取得明显成效。共发展日用工业品超市221个,形成山东新星超市、上海联华(桓台欣乐福)超市和淄博东泰超市3个立足当地、辐射周边、初具规模的连锁经营及物流配送网络。全系统农业生产资料连锁经营网点达1121个,形成7个县域农资连锁经营配送网络;全年供应化肥36万标准吨,农药2017吨,农膜2611吨;农资连锁经营业额达2.6亿元,让利农民近100万元。

【农村合作经济组织建设】 2005年,农村合作经济组织稳步发展,为农服务功能进一步增强,供销社县、乡、村三级为农服务网络初步形成。全市供销社组织发展专业合作社、专业协会等各类农村合作经济组织153个,涉及种植、养殖、加工、运销等多个领域,吸收入社社员3.5万户,实现农副产品购销额9.92亿元,助农增收6227万元;发展村级综合服务站1835个,全年实现销售额2.7亿元。

(吴东荣)

粮　食

【概况】 是年,全市粮食系统实现销售收入4036万元,收购粮食72.87万吨,销售粮食49.51万吨。粮食购销基本实现由计划主渠道向市场主渠道的转变。推进粮食行政部门职能转变,建立粮食安全预警机制,推动粮食企业发展产业化经营。市和区县粮食行政管理部门加大对粮食市场的监督检查力度,加强对粮食收购、储存、运输活动的监管及粮食质量、原粮卫生情况的检查。全市粮油市场货源充裕、价格稳定。年底,桓台县粮食局被人事部、国家粮食局评为全国粮食系统先进集体。5月29日,国家粮食局副局长郄建伟到淄博视察,对淄博东郊库铁路专运线罩棚扩建工程进行实地检查验收。

(周玉和　赵　焱)

【地方储备粮管理】 是年,市粮食局落实地方储备粮计划指标,增加储备规模,制定《淄博市地方储备粮管理办法》。加大粮食仓储设施建设力度,推广科学储粮新方法。市及区县各储备库推广机械通风、微机测温、环流熏蒸等科学储粮手段,全面进行微机化管理改造。全市共投资470万元,新建仓库库容17100吨,维修仓库库容12.6万吨。全市承储地方储备粮的19个库点中,达到示范粮库标准的1个,达到先进粮库标准的1个,达到规范化粮库标准的17个。

(周玉和　李祯祥)

【粮食行政执法大检查】 从9月起,市粮食局抽调50多名行政执法人员组成12个检查组、督导组,历时2个月,在全市集中进行粮食行政执法大检查。检查项目包括:粮食收购者是否具备粮食收购资格,是否办理了粮食收购许可证;粮食经营者使用的粮食仓储设施、设备是否符合国家标准,是否执行国家粮食质量标准、卫生标准、粮食仓储规范、粮食运输规范;粮食储存企业是否建立并执行粮食销售出库质量检验制度和国家陈化粮销售处理有关规定;粮食经营者是否建立粮食经营台账,是否执行国家粮食流通统计制度。宣传发动与普法教育相结合,帮助粮食经营主体制订完善各项制度与必要的行政处罚相结合,集中执法活动收到良好成效。对检查出的无证收购、违规收购、损害农民利益等违反粮食流通政策的经营活动,进行了依法集中整治。　(周玉和　高　山)

【依法管粮】 年内,各区县粮食局调整为事业编制,经费纳入当地财政统一预算。各级粮食部门认真贯彻落实《粮食流通管理条例》和《粮食流通监督检查暂行办法》,加大依法管粮力度。截至年底,共对全市120家粮食企业颁发粮食收购许可证。对经营陈化粮企业的资格进行认定,保证粮食市场的有序运行。市及区县粮食部门成立和调整粮食监督、粮油检验、粮食稽察内设机构,按照《粮食流通监督检查暂行办法》,加大对粮食经营者在收购、存储、加工、销售等方面的检查力度。截至年底,全市有重点非国有粮食经营企业177家、重点转化用粮企业43家、连锁超市20家、国有粮食经营企业64家纳入社会粮食统计范围。《淄博市粮食安全应急预案》经市政府常务会研究通过。开展"依法管粮，放心消费"主题宣传周活动，设立宣传点12个，发放宣传材料10000余份。

(周玉和　高　山　王　亮)

【国有粮食购销企业改革】 2005年，按照省、市工作部署，对全市国有粮食购销企业的政策性挂账、改革补贴资金及区县粮食局进入行政序列问题提出具体意见。成立市国有粮食购销企业改革工作领导小组，加强对改革情况的调度。财政部门制定补贴资金的配套意见；审计等部门认定全市新增财务挂账7646万元；粮食部门做好对改革工作领导小组的协调调度和信息反馈。截至年底，共分流职工2215人，剥离划转政策性财务挂账2.77亿元，各区县的职工分流安置工作及政策性粮食财务亏损挂账的剥离工作全部完成。

(周玉和　薛　军)

【军粮供应】 年内，从加强管理和改善服务入手，努力提高军粮供应的服务水平。由过去的站点采购改为市军供中心统一采购，统一配送。出台《军供粮应急预案》，继续坚持24小时值班制度，确保军粮供应做到"两优先、四保证"(新粮优先、好粮优先；质量保证、数量保证、品种保证、供应时间保证)。

(周玉和　田　伟)

【粮食企业产业化经营】 是年，淄博面粉厂、淄博鲁宝面粉有限公司、山东淄博双岐面粉厂、山东梨花面业有限公司、淄博鲁星面粉有限公司、淄博市临淄区双齐面粉厂、沂源县宝丰粮油有限公司、淄博兴华房地产开发有限公司川雪面粉厂8家粮食企业被认定为骨干粮食企业，其中省级骨干粮食企业4家。开展粮食订单经营，促进优质粮食品种的发展，推动粮食的规模化经营和标准化生产。省、市联合建设的粮食物流基地已在淄博新区的物流园区落户，淄博东郊国家粮食储备库的粮食批发市场开始运营。在全市范围内评选出放心粮油品牌10个。

(周玉和　高　山)

【制定《淄博市市级储备粮管理暂行办法》】 《淄博市市级储备粮管理暂行办法》，对承储企业的财务管理提出具体要求：一是粮食收购必须取得合法凭证。二是收购资金确保专款专用，任何单位不准擅自对外搞任何形式的资金拆借、投资和担保；不准私设小金库；不准资金体外循环。三是企业购建固定资产要及时登记造册，定期盘点清查，做到账实相符。固定资产折旧和无形资产的摊销年限，企业按会计制度规定执行。四是流动资产实行定期和不定期盘点，做到账实、账账相符。对出现的盘盈盘亏，按规定的限额和程序逐级报批。

(周玉和　李　健)

物资流通

【概况】 2005年，市属物资系统改制企业深化内部改革，继续稳定健康发展。全年完成销售收入6.9亿元，实现利税1200万元，同比增长10%。其中物资销售收入50596万元，仓储收入505万元，钢模板租赁收入946万元。全年销售钢材12万吨，旧机动车交易10917辆，生产商品混凝土26万立方米。

【企业改制】 2005年，企业改革的重点是协调处理改制遗留问题，引导企业深化内部改革，完善法人治理结构。年内，市物资集团协调淄博物华租赁有限公司与市燃料总公司多年的土地使用权纠纷，使双方达成和解协议。协调市燃料总公司与有关区县政府关于区县燃料公司的产权争议，向市政府提出建设性处理意见。协调原市汽车销售总公司职工安置过程中出现的问题，年底全部兑现职工安置费。至此，物资系统内10户破产企业的职工安置工作全部完成。年内，淄博中盛汽车销售有限公司、淄博民爆器材专卖有限公司、淄博物华租赁有限公司先后召开股东大会，选举产生新一届董事会、监事会，董事会聘任了经理层。

【企业发展】 淄博和济物流有限公司在桓台县果里镇投资7000万元建设钢材物流配送中心，年内完成投资1000万元。开办上海和济钢铁有限公司，与宝山钢铁公司联合开展钢材销售业务。淄博钢联金属材料有限公司投资成立山东隆力源物流有限公司进军物流业。淄博鲁中旧机动车交易中心在旧址开办茶叶市场，于12月开业。淄博物华租赁有限公司投资100万元对周村沙发市场进行扩建，年底竣工。

(赵继儒)

烟草专卖

【概况】 2005年，全市烟草系统共销售卷烟130155箱，同比增长2.59%，卷烟经营实现利润13995万元，实现利税18447万元。收购烟叶308.21万公斤。两烟实现利税17181万元，实现利润11982万元。

【专卖管理】 是年，全市烟草系统开展"端窝点、打大户、破网络"行动，市场占有率和控制力明显提高。全年查处涉烟违法案件5400起，立案466起，其中万元以上大案60起，端窝打点723个，查扣非法卷烟89008条，价值410.91万元，拘留37人，判刑6人。对重点户、重点市场、重点区域进行治理，破除涉烟违法经营网络。《淄博市烟草专卖管理办法》进入立法程序。

【卷烟销售】 年内，按照省烟草专卖局(公司)要求，调整营销管理体制，逐步向专业化分工、规模化经营迈进。客户经理作用得到有效发挥，帮助客户制订销量计划，指导客户经营，进行异常客户分析，强化职能落实。突出品牌整合，降低运行成本，提高毛利水平。积极稳妥地发展加盟店148家，统一了"中国烟草"形象标识。

【烟叶生产】 建立防雹增雨、病虫害综防统治和烟田保险三大体系，提高烟农种植烟草的积极性。注重新技术的引进、创新，在烟草育苗过程中采取全程全棚防虫网覆盖等措施，推广密集烤房建设。针对烟叶收购中出现的问题，公司领导层采取措施，使问题烟叶损失降到最低。

(刘志强)

盐　务

【概况】 2005年，全市盐业经营部门实现主营业务商品销售额8504.22万元;实现利税1272.37万元,同比增长73.14%。查处涉盐违法案件1203起,查没私盐1214吨,罚款73.67万元,端掉制、售假窝点23个,刑拘2人,判刑1人。位于淄博高新区的办公仓储一体化经营设施建设项目,一期工程的3071平方米仓储设施全部完工,二期工程的3405平方米办公楼进入紧张施工阶段。

【盐业供应】 2005年,全市盐业部门统一行动,由超市到门店,由城区到农村,逐步推行纸塑小包装食盐,以高中低三个档次、多个产品系列覆盖食盐市场,确保市场平稳过渡。逐一与零售业户签订购销合同,共计发放零售许可证、便民服务卡11000份,签订购销合同11000份,发放统一制作的食盐销售网络标示牌7000余个。管理和服务并重,监督和协调并行,加强小工业盐的供应。对腌渍用盐和畜牧用盐实行小包装统一销售;对多品种盐实行统一经营管理;两碱用盐运输业务进一步得到强化;增加营养盐和其他多品种盐的品种数量,开拓沐浴、洗涤等特殊用盐的消费市场,全市多品种盐市场销售有较大突破。年内,实现盐产品购进总量39169吨,其中食盐购进26967吨,占年度计划的115.3%;精盐购进20772吨,完成年度计划的110.5%;食盐小包装购进16536吨,占年度计划的101.5%;小工业盐累计购进12202吨,同比增长21%。

【盐政执法】 联合新闻媒体,采取多种形式开展普法宣传,将盐业法规和知识送入到千家万户。针对入境、过境运输私盐的车辆多而盐政队伍上路查缉受限的实际,市盐务局及时协调,11月加入市治理公路三乱办公室,利用交警、交通等部门网点分布广、站点数量多的优势,加大执法力度。与工商、公安、卫生、技术监督等部门配合,联合行动507次,出动7608人次,查处涉盐案件399起,查没私盐313吨;与公安部门联合办案52起,出警122人次,查没私盐330吨。《淄博市盐业管理办法》于6月1日颁布实施,为盐政执法提供了更为直接和更具针对性的法律依据。

【企业改革】 市盐务局通过市盐业公司控股及相关区县公司相互参股形式,逐步对临淄、周村、桓台、沂源、高青等区县公司进行了规范化股权变更,使企业产权明晰化、运营规范化。淄川区、沂源县盐业公司对有关业务开展新一轮的经营承包责任制。临淄区、淄川区盐业公司在定编定岗的基础上,推行竞争上岗,双向选择,增强干部职工的危机意识和竞争意识。高青县盐业公司理顺利益分配体制,并出台职工内退和自谋职业等优惠政策,加快人员分流进程。桓台县、沂源县盐业公司采取开辟新的经济增长点、充实一线岗位等方式,对富余分流人员全部安置到位。

【结构调整】 淄川区盐业公司与浙江余姚相思达酱菜集团等企业签订淄博地区总代理协议。11月,该公司与张店区沣水镇刘家村加油站签订30年承租合同,开始涉足石油经营。沂源盐业公司销售苹果250万公斤,盈利30万元。该公司为盘活低效闲置资产,拟对公司旧址进行综合开发,该项目前期工作开始运作。 (李传明)

本部类编辑:赵建国
副主编:郭能勇
校对:杨建明
纪　瑗
于善同

·淄博市重点文物保护单位选介·

后李遗址

国家级重点文物保护单位。位于临淄区齐陵镇后李官庄村西北约500米的二级台地上,西临淄河,面积约15万平方米。为后里文化的命名地。该遗址的文化堆积厚约2～5米,主要为新石器时代、商周时期遗存。后李遗址是山东地区已知最早的新石器时代遗址(距今约8200～7800年),也是发掘规模最大的古文化遗址之一。

临淄墓群

省级重点文物保护单位。在齐都临淄周围几十里方圆的地面上,分布着150余座古墓,被称为"临淄墓群"。古墓的年代上起春秋战国时期,下迄秦汉。墓主有国君、王侯、贵族、大夫、将军、名士等。墓的形制多为高大的封土墓,状如山丘。其中主要有:位于齐陵镇南部的田齐王陵、位于齐陵镇郑家沟村西南部的二王冢、位于齐故城大城西南部的晏婴冢、位于牛山北麓的管仲墓、位于永流乡张家庄东南的太公衣冠冢、位于永流乡范家村东的孔融墓等。

(李　胄　供稿)

外 经 外 贸

对外贸易

【概况】 2005年，全市完成外贸进出口额313518万美元，同比增长17.7%。其中，出口完成201683万美元，同比增长39%；进口完成111835万美元。新批外商投资企业193家，吸收合同外资106779万美元，同比增长25.6%；实际使用外资41213万美元，同比增长13.9%。其中，外商直接投资(FDI)合同利用外资98724万美元，比上年同期增长22.9%；实际利用外资31879万美元，同比增长3.1%。完成对外工程承包及劳务合作合同额2560万美元，营业额2700万美元。是年，淄博市被山东省政府表彰为全省外经贸工作先进市。

【招商引资】 一、抓好对重点国家和地区的专业招商力度。抓好专业招商的基础工作。根据各行管办编制的重点产业发展规划，进一步调整充实全市招商项目库，增加一批新的合作项目，突出项目库的产业特色。同时，利用陶博会及境外招商说明会等平台，将全市重点发展的产业和项目进行广泛推介。加强对日本、欧美和香港等重点招商地区的渠道建设。与日中经济贸易中心通力合作，实现淄博市与日本关西地区经济界的互访，加强对口交流；与德国巴伐利亚州经济部、汉诺威工商会的合作取得实质性进展，为下一步开展对德招商奠定重要基础；与香港闽籍工商界、驻港中资机构的联系也更加密切，并促成一批合作项目。针对有关行业进行专题招商。先后在重点国家和地区组织化工、建材、汽车零部件、纺织服装等专题招商活动，使专业招商成为对外招商活动的重要内容。

二、充分利用现有资源推进招商引资。结合现有企业改造、产品升级换代招商引资。山玻集团与美国PPG公司、博泵与日本茌原公司、东佳集团与日本石原公司、山东机器厂与美国TRW公司、东岳化工与日本旭硝子化学公司的合作项目进展顺利，有的外方资金已经到位，合作前景良好。结合现有企业产权改制或资产重组，出让产权引资。香港光大国际收购淄博市环保污水处理厂项目取得成功，第一批资金如期到位，对全市进一步开展公用设施、基础设施领域的产权引资起到示范效应。结合现有外资企业增资扩股招商引资。全市全年外商投资企业增资16547万美元，占全市外商直接投资总额的16.8%。积极推动优势企业境外上市。9月，沂源瑞阳制药通过“红筹股”模式在新加坡成功上市，通过资产并购和增发新股，融资额达到2400万美元。

三、建立利用外资推动机制，全力以赴抓外资到位。实行市政府主要领导牵头的联席会议制度，定期研究外资工作，及时解决外资到位中遇到的困难和问题。对1000万美元以上的外资项目实行领导挂包责任制，实现领导精力向外资项目集中，加快项目洽谈、签约和开工的速度。实行严格的调度、督查制度。对重点外资项目实行周调度，不仅调度项目进度，而且调度项目落地过程中存在的问题，对有关问题，由职能部门按照分工，限时办结。

四、加快园区建设，搭建外经贸发展优质平台。指导、督促各重点园区制定产业发展规划，理出重点发展的产业链。以此为基础，先后介绍十几批国外客商到各重点园区考察，积极推动香港闽籍工商界及新加坡、日本、韩国、德国企业到全市重点园区新上项目，加快重点项目向重点园区聚集。

五、继续优化招商环境。优化服务环境，积极做好对外商及外资企业的服务工作。年内，共牵头举办两次外资企业与金融机构合作洽谈会，有效缓解了外资企业融资难的问题。优化政策环境。在土地利用方面，将现有指标向外资项目倾斜，特别对利用外资大项目的用地优先保证；在项目审批方面，协调发改委、工商、环保、规划、城建等部门对报批的外资项目实行限时办结；在收费方面，对外资项目在工商登记、项目立项等方面执行最低收费标准。及时解决合作中的纠纷。树立公正、公平、公开的政府形象，及时调解、解决中外双方在投资、生产过程中出现的问题。2005年，共受理外商投诉案件11起，办结10起，外商满意度进一步提高。

【对外贸易】 一是组织好境外重点市场开拓活动。共组织全市近百家出口企业参加10项境外参展和贸易活动，结识客户6000余人次，直接成交8000万美元。二是抓好加工贸易。对条件成熟的区县下放加工贸易审批权限，已有5个区县实现自行审批；为大企业开展加工贸易提供优质服务，张钢、宏达、兰雁、鲁泰、宝恩制革等企业加工贸易均保持较快增长。三是突出抓好机电、化工、建材、医药等产品的出口。2005年，全市建材产品出口实现翻番，化工、机电产品出口增速达到49%以上。淄博市被商务部认定为全国首批国家级医药出口基地。四是加快培育壮大出口队伍。全市全年有出口实绩的企业达到726家，其中新增出口企业231家，新增出口额16559万美元，占全市增加额的29.2%。全市有45家企业出口过1000万美元，其中有6家企业出口过5000万美元。

【中国(淄博)国际陶瓷博览会对外经贸洽谈会】 9月，中国(淄博)国际陶瓷博览会对外经贸洽谈会在淄博举行。洽谈会期间共接待外商300余人，客商主要来自日本、韩国、美国、法国、加拿大、意大利、德国、中国香港等30多个国家和地区。共签订利用外资项目21个，投资总额12871万美元。

【加快企业“走出去”步伐】 2005年，全市新批境外投资企业9家，比上年增加7家。对西非、中东等重点地区的开拓取得实质性的进展，已有6家企业赴尼日利亚举办合作项目，建立了淄博市企业在非洲的立足点。 （王一平　王艳秋）

海　关

【概况】 2005年，淄博海关共监管进出口货物186万吨，是2004年的20倍，货值6.6亿美元，是2004年的2.5倍；审批加工贸易备案合同1081份，备案值7.83亿美元，同比增长42%；为企业审批减免关税、增值税额3.3亿元，征收关税、增值税3.4亿元，同比增长34%，创历史新高；共稽查企业105家，稽查查获率为58.4%，对5种商品进行了价格稽查，补税291.5万元，实现价格稽查补税零的突破。是年，淄博海关以旧楼置换方式筹建新的业务技术用楼，工程进度已完成70%。

淄博海关关员实施现场查验　　（王业光　摄）

【准军事化队伍建设】 是年，淄博海关牢牢抓住队伍建设这个根基，以开展保持党员先进性教育活动为主要载体，强化正面思想教育，完善制度管理，注重文化熏陶，加强教育培训，扎扎实实提升队伍的准军事化建设水平。一是注重班子领导能力建设。党组成员通过参加党员先进性教育活动，认真开展批评与自我批评，加强自身思想和作风修养，努力提高领导素质和执政能力。二是以先进性教育活动为契机，加强主流文化教育，提高党员的先进性，增强关员对海关事业的荣誉感和使命感。三是改革目标量化管理，开展内务整顿，提高基层建设水平。实施《淄博海关干部岗位职责目标管理考核办法(试行)》，注重考核实绩，强化问责，做到有错必究，究必到人，人必受罚。针对薄弱环节，深入开展为期2周的内务整顿活动，组织内务规范知识考试，评出样板科室，组织观摩学习，促进了内务管理水平的提高。四是强化队伍学习能力建设。建立科室每周学习制度，组织计算机知识、礼仪、信息知识的夜校学习，实行科室轮流主讲和上级培训再培训制度，增强学习的主动性和竞争性，促进了队伍学习习惯的养成和学习能力的提高。五是开展有益的文体活动，营造健康向上的文化氛围。六是抓好廉政建设。通过召开企业座谈会、问卷调查、设立关长投诉信箱等方式，自觉接受各界监督。向有关部门和企业进行2次问卷调查，发放问卷100份，没有发现违法违纪现象。

【"海关业务服务年"活动】 年内，淄博海关认真开展"海关业务服务年"活动，以改革促服务，提升服务水平，受到各界的好评。先后荣获行风建设先进单位、扶持民营经济先进单位等7项市级荣誉称号。一是大力推行"属地报关、口岸验放"等业务改革措施。在对企业培训、试点的基础上，5月份召开无纸通关、网上付税、属地报关"三位一体"的快捷通关模式推介会，并就联网监管、无纸报关等改革举措到各区县骨干企业进行宣传发动。全年与207家企业签订无纸报关协议；有13家企业实现加工贸易联网监管；月均报关单量由过去的200票增至2000票；网上付税额已占税收总额的90%。二是践行服务承诺。在继续落实好"5+2无假日"预约通关制度等服务承诺的同时，建立业务应急处理机制，做到紧急问题紧急处理。年内，节假日加班为企业验放货物20多次，帮助企业联系口岸海关解决属地报关中发生的意外达120多次。三是支持信誉良好的重点企业，体现守法便利原则。海关领导带队先后到兰雁集团等10多家进出口规模较大的企业现场调研，宣讲政策，征求意见，就这些重点企业的联网监管运作、进口大宗货物的查验、减免税进口设备顺利转关等问题进行协调。四是加大海关信息服务力度，延伸服务内涵。除了坚持向地方政府提供海关统计信息外，针对出口纺织品税收变化、东盟自贸区协定、人民币升值等国家政策变化，及时向地方报送适用政策的建议性信息，当好政府的参谋助手。共向地方报送信息40条，受到市领导及地方信息部门的好评。

淄博海关关员进行加工贸易核查　（王业光　摄）

【抓基础促质量工作】 年初，淄博海关狠抓业务基础工作，收到良好效果。一是学习取经，开拓业务视野。先后组织3个学习考察小组，到兄弟海关学习业务建设经验，并召开专题会议就学习情况谈体会、定措施，明确加强业务基础工作的方向。二是加强监控调度，及时整改影响业务质量的薄弱环节。每月定期召开业务形势例会，对上月业务质量运行情况进行分析，查找不足，提出改进措施，研究解决疑难问题，确保业务薄弱环节得到及时整改。三是创新内审机制，着力规范业务基础。改变过去半年或一年内审一次不利于整改的做法，每周抽出半个工作日，对业务单证实行隔月常规审计。共内审业务单证5927份，编制审计底稿138份，纠正326个具体问题，避免50多万元税款流失，移交稽查线索6起，并归纳出50个"业务执法中常见的不规范问题"，提醒业务现场引以为戒。四是海关领导贴进现场，强化业务指挥协调。严格落实处级领导业务现场巡视制度，及时掌握现场业务状况，加强现场指导；强化对业务结合部复杂问题的协调指挥，确保形成监管合力。年终在总关8项业务指标的考核中，淄博海关关税、加工贸易监管和稽查3个单项进入前6名，被青岛海关表彰；综合业务考核列山东关区第七名，进入先进行列。

（王学文）

出入境检验检疫

【概况】 2005年，淄博出入境检验检疫局共检验检疫出入境货物27402批，货值11.7亿美元，同比分别增长0.78%、9.46%。其中，出境货物检验检疫23946批次，货值7.78亿美元，同比批次下降1.55%，货值增长18.44%；入境货物检验检疫3456批，货值3.9亿美元，同比批次增长20.5%，货值减少4.87%。检出不合格商品96批，货值1434万美元。完成动植物检疫1487批次，货值9179万美元，同比分别增长28.5%和22.2%。出入境人员健康查体503人次。完成价值鉴定6批次，价值107万美元。完成出口危险品包装使用鉴定911批次35万件，同比分别增长24.6%和15.2%。完成木质包装处理业务3546批次，共计22.88万件，同比分别增长109%和191%。签发一般原产地证书4731份，货值1.71亿美元，同比分别增长35.6%和47.39%。签发普惠制证书11774份，货值3.24亿美元，同比分别增长8.8%和22.6%。

【进出口商品检验】 是年，共检验出口商品22895批次，货值7.5亿美元，检出不合格商品43批次，货值84万美元。检验进口商品3020批次，货值3.3亿美元，检出不合格商品54批次，货值1350万美元，经对外出具证书索赔534万美元。

【监督管理】 是年，加大对进出口大宗商品和涉及安全卫生，以及环保敏感性商品的检验监管。对出口陶瓷，尤其是对21家输美(国)陶瓷企业的检验加强监管审核工作。山东检验检疫局4月份对全市输美(国)陶瓷企业进行抽查显示，21家输美(国)陶瓷企业质量体系完善，管理到位，产品质量有新的提高。全年共检验出口陶瓷9062批，货值1.22亿美元，同比分别增长15.4%和17.3%。其中，输美(国)陶瓷2229批，货值3512万美元。

做好出口纺织品服装的检验工作。一季度，纺织品配额制度被取消后，全市出口纺织品服装快速增长，特别是出口欧盟、美国的服装，批次、数量、货值分别增长241%、318%和309%。国家质检总局《关于加强出口服装检验监督管理工作的紧急通知》和《关于对部分服装检验监督管理有关工作的通知》下达后，淄博检验检疫局立即关闭出口服装电子审单快速核放系统；对出口欧盟、美国和香港服装实行外观批批检验，把工作重点转移到涉及偶氮染料、阻燃性等安全、卫生项目上来，确保国家质检总局的各项政策要求在全市落到实处。全年共检验出口纺织品12026批，货值4.94亿美元，同比分别增长4.5%和27.3%。出口纺织品总量位列全省第三。

做好金属材料的出口检验把关工作。金属材料是2005年淄博市出口创汇新的增长点。为帮助企业扩大金属材料出口，开拓国际市场，市检验检疫局针对钢坯生产的特点，积极实施新的钢坯生产过程检验方法，高质量、高效率地完成检验工作，使淄博市金属材料的出口呈现良好态势。全年共检验出口金属材料及制品230批，出口创汇1.01亿美元，同比分别增长475%和84%。

加强对进口废纸、旧机电和出口机电的检验工作。全年共检验进口废纸674批，17836万吨，货值3604万美元。进口废纸主要集中在博汇纸业。淄博检验检疫局调整力量，加强监管，严格按照进口废纸的有关检验标准、程序实施检验，没有发生“洋垃圾”问题。同时，加强对进出口旧机电的检验工作，共检验进口旧机电24批，货值990万美元，经检验发现不合格9批，货值187万美元。实施国外装运前预检验2批。对1批韩国存在安全、环保问题的旧机电，严格执法，禁止发运，成为全省系统开展进口旧机电产品装运前预检验以来首例不合格案例。全年检验出口机电产品1443批，货值3988万美元，同比分别增长28.3%和44.1%。

检验人员对出口机电产品进行检验

（淄博出入境检验检疫局　供稿）

加强对输欧盟兔肉的检验检疫工作。淄博检验检疫局把输欧兔肉检疫监管作为“一号工程”，努力在完善“三个体系”建设上下功夫，保持了兔肉出口的良好态势。年初，沂源海达食品公司生产加工的第一批冻兔肉，作为欧盟开关后全国首批输欧兔肉，顺利通过欧盟官方的严格检测，在德国不莱梅港顺利通关。全年共检验检疫沂源海达公司输欧冻兔肉26批，1185吨，货值502万美元，占全国输欧盟兔肉的80%以上，没有发生任何质量问题。

检验人员向市民介绍进出口食品安全常识

（淄博出入境检验检疫局　供稿）

【高致病性禽流感防控】 10月起，淄博检验检疫局认真做好高致病性禽流感防控工作。一是成立防控禽流感领导小组及办公室，一把手亲自抓，分管领导靠上抓，明确责任，突出重点，分工到人。二是对辖区内出口禽类备案养殖场加强管理，实行驻场兽医制度，落实防疫消毒措施。三是严密布控，层层设防，加强检验检疫监管力度。四是加强物资和技术的储备。五是实行24小时值班制度，制定防控禽流感应急方案，做好各项应急准备，确保疫情不传入、传出。全年共检验检疫进出口肉类产品58批次，1780吨，货值573万美元，全市无禽流感疫情发生。

【实验室建设】 是年，先后投资40余万元，加强国家级陶瓷重点实验室的建设。按计划对陶瓷实验室进行搬迁改造，调整实验室用房，购买新的检测设备，完善各项管理制度，加强人员培训。年内，陶瓷实验室顺利通过CNAL认可和计量认证复评审；通过全国能力验证者认可监督审核；开展了新的检测项目；在国内首次开展了陶瓷洗碗机试验。理化和轻纺实验室与20余家企业实验室广泛开展比对实验，对分类管理抽检外出口商品的质量，实施有效监督管理。

【为外经贸企业服务】 是年，淄博检验检疫局实施"直通式"监管模式，进一步提高出口商品的验放通关效率。出口企业的产品经检验检疫合格后，凭淄博检验检疫局签发的通关单直接到口岸放行，不需要再换发口岸检验检疫机构的通关单。同时，继续扩大检验检疫电子审单快速核放的范围，对监管模式转变的出口工业品全部实施检验检疫电子审单快速核放，对抽检批次之外的报检批次直接在检务部门签发通关单，不需转到业务施检部门审核，减少内部环节，大大提高了工作效率。实施"大口岸"制度改革，进一步加快进口货物验放速度。对来自非疫区的、风险低的进口货物，允许企业在驻地淄博检验检疫局报检，不需要到口岸报检，货物到达后施检。对大型企业自用的、高标号进口废纸，在条件具备的情况下，积极请示省局扩大实施"直通式"检验检疫的范围，口岸不实施查检，直接放行到企业专用场库由淄博检验检疫局查验，从而加快货物流转，降低企业成本。

转变检验监管模式，进一步扩大工业产品出口。对出口工业产品全部实施过程检验、型式试验、抽批检验新模式，加强对生产过程的检验和监管，减少对最终产品的抽检比例。

建立政务公开栏，及时公布检验检疫法规政策、内部职能分工、办公程序、收费标准、工作流程时限、举报投诉电话，自觉接受社会、企业监督。全局实行"5＋2"工作模式，执行24小时值班制度，随时接受企业报检，严格按业务流程时限，及时施检出证放行，为企业提供优质服务。 （王金贵）

本部类编辑：孟　明
副主编：安永善
校对：杨建明
纪　瑗
于善同

·淄博市重点文物保护单位选介·

西天寺北魏石佛

国家级重点文物保护单位。位于临淄西关北侧，是北魏时期立体圆雕造像。佛像高5.6米，宽1.8米，厚1米。据《临淄县志》(1920年)载，此佛名"无量寿佛"，原立于后赵石虎所建的兴国寺中。宋初兴国寺更名为广化寺，元至正年间毁，明洪武初重修为西寺，即西天寺。现寺毁佛存。

神　清　宫

市级重点文物保护单位。位于沂源县燕崖乡郑王庄村西，背依青牛山，面临白马河。据考证，神清宫始建于宋，历代重修，规模宏大，形式独特，结构别致。现尚存历代石碑数幢和千年古松一棵。

织　女　洞

市级重点文物保护单位。位于沂源县燕崖乡大贤山东北麓。旧沂水志载："县西北三十里，沂水经其东北崖畔……高峻险绝，莫敢俯瞰，转眺而北一瀑飞来，石若游龙"。该洞高8米，宽7米，深10米，织女塑像端坐洞中。洞壁前有一天窗，与牛郎庙隔河相望。历代文人墨客登临游览，留下不少诗文。山顶有迎仙观。迎仙观始建于唐，抗日战争时期，八路军山东纵队兵工一厂曾设于此。古建筑多已圮废，为山光瑞气与仙洞景色不减。

（李　胄　供稿）

招 商 引 资

【概况】 2005年，全市招商引资工作持续、健康、快速发展。全市共引进各类外来投资项目1091个，引进外来投资157.2亿元(按1美元兑换人民币8.1元折算)，完成招商引资任务的119.1%，比2004年增长19.6%。

【招商特点】 1. 重点地区招商成效明显。是年，市及各区县在巩固港台等重点境外招商地区的基础上，对韩国、日本、德国等招商有新的发展；国内招商继续以浙江、珠江三角洲、长江三角洲为重点。境外招商引资项目中，来自韩国、日本和中国香港、台湾的投资达2.47亿美元，占到境外投资的77.4%；境内投资项目中，来自浙江、北京、上海、广东、福建的投资达40.3亿元，占省外投资的56.3%。2. 招商引资项目的产业结构更趋合理。外来投资500万元以上境内项目和全部境外项目中，制造业投资仍居于主导地位，吸引外来投资90.8亿元，占68.7%；第三产业项目投资份额逐步提高，吸引外来投资34.6亿元，占26.2%，投资比重比上年提高2.9个百分点。3. 招商引资项目的个体投资规模逐年扩大。外来投资5000万元以上的境内项目53个，吸引外来投资63.5亿元，占外来投资500万元以上境内项目的59.7%；外来投资过亿元的项目25个，吸引外来投资42.2亿元，占39.7%。外来投资500万元以上的境内项目平均吸引外来投资3800万元，比上年的3100万元增长22.6%，小规模的投资项目数量明显减少。4. 投资方式趋于多元化。各级各部门创新招商方式，积极探索扩大招商引资的新思路。瑞阳制药通过境外上市融资，加快企业发展；市污水处理厂通过TOT方式引进香港光大集团经营，当年到位外资1198万美元；齐鲁化工区、博山区通过BT方式，由太平洋集团出资进行园区基础设施建设，解决园区建设资金不足的矛盾，增强了园区招商引资的吸引力。

【举办中国(淄博)韩国专业投资贸易洽谈会】 2月24日～3月8日，成功组织中国(淄博)韩国专业投资贸易洽谈会。1. 前期准备工作细致充分。年初，市招商局第三次派队赴韩国组织客商，对接项目，并提前将邀请的客商名单和投资方向印发给各区县。同时对全市的化工医药、纺织服装、机械电子三个行业和重点经济园区进行广泛调研，精心准备各种招商资料。根据准备情况制定详细的活动方案，经市政府批准后，印发各区县，指导各区县工作。2. 领导重视，区县部门配合。市政府分管领导对各项准备工作具体部署调度，市委、市政府主要领导会见外商代表，促进在谈项目。各区县精心准备，制定详细的活动方案，市政府有关部门积极配合，保证了活动圆满成功。3. 活动规模大，客商质量高。此次招商活动是淄博市接待韩国客商最多的一次，三个专业共邀请237名韩国投资者，主要来自韩国首尔、京畿道、大邱、蔚山等地，多数都有明确的投资意向，有的带着具体的投资项目。4. 招商方式进行了创新和探索。改变过去大规模综合性招商的方式，针对全市产业结构特点，选择化工、纺织、机械三个专题，有针对性地邀请客商、参观考察。举办政策咨询会，请有关部门现场解答投资者提问。洽谈会采取"一对一"洽谈方式，效果比较明显。5. 招商效果显著。共签约项目28个，其中投资项目21个，利用外资1.7亿美元；贸易项目7个，贸易额3000万美元。6. 加强项目的跟踪推进工作。针对中国(淄博)韩国投资贸易洽谈会上签约的众多项目，市招商局采取措施，强力推进，对在谈项目情况进行详细的调研和统计，对需重点推进的项目列出单子，实行领导挂包责任制，由市领导挂帅，抓好落实，推进项目进展。

【浙江招商】 在2004年浙江招商基础上，市招商局邀请百名有投资意向的浙江客商到淄博考察，洽谈、推进在谈项目，扩大战果。1. 小规模招商活动频繁。年内，市招商局不限规模、不限时间、不限批次，方式灵活，注重实效，先后邀请和接待浙江客商28批，130多人次，对区县和相关项目进行投资考察。2. 区县在浙江招商活动活跃。市招商局与淄博市特约招商顾问丁洪岭紧密合作，先后协助淄川区、桓台县、高青县在浙江开展招商活动，区县领导带队赴浙江开展招商活动。桓台县赴浙江开展泵阀基地招商活动，组织40余名泵阀行业客商参加推介会，洽谈泵阀项目1个；高青县县长带队赴浙江开展活动，洽谈纺织服装项目3个，投资额1.9亿元。3. 年内，促成浙江客商投资19个加工业、旧城改造和市场建设项目，投资总额达到5.8亿元，其中外来投资总额4.9亿元。在谈投资项目10个，投资额9.2亿元。

【上海招商】 9月，市招商局组织各区县、有关企业赴上海周边地区开展招商活动，开拓长江三角洲地区招商新区域。1. 市招商局两次派人赴上海进行客商邀请和准备工作，并把拟邀请客商名单和关注的投资方向提前印发给区县和有关企业。8个区县的领导、100多名企业和园区负责人参加洽谈会。市招商局专门为洽谈会印制多媒体光盘和40多个招商项目材料。2. 纺织服装和机械制造两个专业投资洽谈会共定向邀请到106家驻上海的企业，其中有4家世界500强企业参加洽谈会。根据双方企业关注的领域和前期项目对接的情况，提前安排好洽谈座次，采用"一对一"的方式进行洽谈。3. 成功宣传淄博市投资环境的诸多优势，达成一批合作项目。活动中洽谈各类项目总计58个，涉及投资总额50.2亿元人民币。其中，外来投资43.5亿元人民币。所谈项目中，境外300万美元以上的项目12个，涉及外来投资1.86亿美元，境内1000万元人民币以上的项目36个，涉及外来投资21.6亿元人民币；与上海市侨商会和上海市政府合作交流办等一批商会和机构建立良好的合作关系，为下一步开展长期合作奠定基础。

【其他招商】 通过专业招商、小分队招商、会展招商等多种形式开展招商工作，均取得较好效果。1.5月底，副市长韩家华带领市招商局及有关区县赴韩国首尔市和大邱市开展经贸洽谈活动。在韩国期间，拜会了韩国五园产业开发株式会社、首尔市广津区商工会、韩中亲善协会、韩国现代汽车总部、三进集团等企业和经济组织，对周村火车站广场改造项目、阿莫泰克公司二期项目、淄川区汽车项目等进行推进。2.5月，参加在济南举办的法国布列塔尼大区经贸合作说明会，双方进行交流，共同探讨未来的合作机会。3. 5月15～20日，由市招商局牵头，周村区、高新区派人组团参加2005年中国沈阳韩国周活动，对在谈项目进行推进。

【闲置资产调研工作】 2～6月，市招商局对全市闲置土地、厂房等招商可利用资源现状进行调研，并积极开展产权招商工作。1. 调研的组织。市招商局制定调研方案，设计了《淄博市闲置资产基本情况调查表》。由各区县招商机构组织被调查对象逐项填写调查表，市招商局汇总整理后对重点项目进行现场考察。通过对调研结果进行汇总整理、分析研究，摸清全市招商可利用闲置资产状况，理清进行产权招商的基本思路，并对招商推进活动进行初步规划，市招商局以报告的形式向市政府作了汇报。2. 闲置资产的基本情况。此次调查，主要面向市属及以下企业闲置一年以上的土地、厂房，以及各区县其他有关的存量建设用地(未涉及各类工业园区中低效率使用的土地、批而未供的土地)等。调查显示，全市招商可利用闲置土地共206宗，870.4公顷，闲置厂房74.8万平方米，其他闲置的建筑物23.3万平方米。闲置资产主要包括关停破产企业闲置的经营场所、乡镇闲置的机关事业单位办公经营场所、企业未启用的土地厂房，以及乡镇其他存量建设用地。其中，占地面积5万平方米以上的有668.7公顷，占76.82%；2万平方米～5万平方米的有99.8公顷，占11.47%；0.6万平方米～2万平方米的有80.4公顷，占9.24%；0.6万平方米以下的有21.5公顷。3. 调研成果的运用。对调查的闲置资产进行分类整理，包装成产权招商项目。一是根据闲置资产的规模、地理位置、产权、配套条件、适合的产业、合作方式等分类，编制全市闲置资产招商目录，"闲置土地、厂房超市"已经通过招商信息网进行发布。二是根据闲置资产的现状、资产所有者的招商意向，整理一批企业整体出售、依托原有企业合资合作和租赁经营项目，供招商活动使用；多渠道进行产权招商项目的宣传、推介。在全市举办的各种市内外招商活动中，把闲置资产的招商作为重点；根据闲置资产适合的招商方向，实行定向招商。结合全市产业优势和闲置资产特点，进行产权专业招商。针对浙江(温州)进行适合第三产业和中小加工项目的闲置资产招商；针对上海、广东进行适合大型工业项目的闲置资产招商；在对韩招商中，配合专业招商进行闲置资产推介。

【招商基础工作】 1. 整理编印系列招商资料。制作《中国淄博》形象宣传片、《投资淄博》多媒体光盘，编印《淄博纺织工业》《淄博机械工业》和韩文版的《淄博工业简介》等招商宣传资料，受到投资客商的好评。2. 充实调整全市招商项目库。重新编印中、韩文版《淄博市重点招商项目》，并及时通过招商活动和互联网对外发布招商。3. 全年共发《招商情况通报》18期，发布信息63条，政府采用信息19条，为领导决策提供依据。

【对外联络工作】 加强外来投资者信息库建设，重点增加一批上海、南京、杭州、宁波、温州等城市的招商联络人的资料，招商网络的覆盖面进一步扩大，重点地区的覆盖密度明显增加。接待浙江温州山东经济促进会考察团，并陪同赴博山区考察破产企业收购事宜。接待马来西亚丽星邮轮公司选址部主任，并陪同在张店区、淄川区考察相关酒店设施。接待美林国际银行投资顾问等新加坡客商，陪同考察全市相关医院及制药企业。接待浙江新港都商务运营有限公司董事长，并陪同赴桓台县考察相关投资项目。接待美国科勒佛山公司总经理，并参观淄川区、高青县有关园区，就高档卫生洁具生产进行考察。接待香港港九塑胶考察团，陪同到有关企业进行考察，并就双方合作事宜进行探讨。此外，还接待美国天合集团、青岛国电蓝德环境工程公司、北京承乾世博科技发展有限公司等外来投资客商，并就有关合作事宜进行洽谈。

【招商引资目标管理工作】 1. 筹备2005年对外开放暨招商引资大会。年初，市招商局起草《关于进一步做好2005年招商引资工作的意见》等文件，对全市2005年招商引资工作进行部署安排，确定2005年全市招商引资任务计划指标为实际到位外来投资132亿元，并将招商引资任务指标分解下达到区县和单位。2. 按月对各区县和部门招商引资情况进行统计，通过《招商情况通报》向领导和有关单位通报。每季度召开区县招商局的调度会议，调度分析招商引资进展情况，研究和部署重大招商活动，及时协调解决招商中存在的问题，及时准确地向市委、市政府通报情况。3. 修订《招商引资考核认定实施细则》，并提前下发各区县和有关单位，保证招商引资考核认定的顺利开展。4. 通过到先进地市学习、市内优惠政策落实情况调研等，初步提出招商引资优惠政策落实意见，进一步完善招商引资考核管理办法。5. 加大为外来投资者服务的工作力度，为8家外来投资企业落实优惠政策，解决许多项目建设过程中遇到的困难和问题。

【区县招商引资任务完成情况表】

区县名称	外来投资500万元以上和全部境外项目				全部项目			
	任务指标(万元)	实际完成情况			任务指标(万元)	实际完成情况		
		项目数(个)	完成数(万元)	完成比例(%)		项目数(个)	完成数(万元)	完成比例(%)
张店区	93000	62	159065	171.0	133000	120	168004	126.3
淄川区	104000	45	138599	133.3	148000	100	152328	102.9
博山区	77000	45	104920	136.3	110000	99	115321	104.8
周村区	82000	48	96330	117.5	118000	149	120313	102.0

续表

区县名称	外来投资500万元以上和全部境外项目				全部项目			
	任务指标（万元）	实际完成情况			任务指标（万元）	实际完成情况		
		项目数（个）	完成数（万元）	完成比例（%）		项目数（个）	完成数（万元）	完成比例（%）
临淄区	107000	47	186586	174.4	153000	127	202704	132.5
桓台县	92000	47	179652	195.3	131000	130	190982	145.8
高青县	38000	22	83330	219.3	54000	47	87638	162.3
沂源县	38000	29	76822	202.2	55000	138	89601	162.9
高新区	83000	111	195668	235.7	118000	136	198519	168.2
合　计	714000	456	1220972	171.0	1020000	1046	1325410	129.9

（李　润　张文胜）

本部类编辑：孟　明
副主编：安永善
校对：王　娟
徐先法

·淄博市重点文物保护单位选介·

四世宫保砖坊

省级重点文物保护单位。坐落在桓台县新城镇南村大街北端，是为祭明王象乾及其父、祖父、曾祖父所立，因他们都官至太子太保、兵部尚书，故名。石匾额“四世宫保”四字传为明书法家董其昌书。此牌坊建于明万历四十七年（1619年），系砖石结构，呈中间高左右底的宫殿式。面阔9.2米，进深3.33米，高15米。整个牌坊是一幢集古代建筑、雕刻、书法艺术于一体的杰作。

文　昌　阁

省级重点文物保护单位。位于高青县青城镇旧城大街中心，又称魁星楼。建于清乾隆元年（1736年），楼基为砖石结构，四面拱圈门，东西、南北两条大街在楼下垂直交叉通过。楼基以下主线为木结构，三重檐塔式，其造型雄伟，工艺精湛，体现了清代早期楼塔建筑的高超技艺。

忠　勤　祠

市级重点文物保护单位。坐落在桓台县新城镇新立村街北，是为祭明代王重光而建，又名王家祠堂。该祠建于明万历十六年（1588年），当时规模宏大，现存面只有原来的三分之一。院内有正堂5楹，中间3间出厦，全为砖木结构。堂内有合抱圆木柱8根，顶部栋梁饰有彩绘，内壁墙上镶嵌有85块石碣，现保存完好，碑文集历代书法名家王羲之、王献之、欧阳洵、柳公权、虞世南等的字刻成，真、草、隶、篆诸体备俱。堂前有双人合抱的古桧两株，左右对称，高约20余米。祠东50米处为原“碑廊院”，现存石碑9幢。

（李　胄　供稿）

经济园区建设

淄博高新技术产业开发区

【概况】 是年，淄博高新技术产业开发区辖2个街道办事处、1个镇，45个行政村、19个居委会。辖区总面积121.13平方公里，人口10.8万人，男女性别比为100：102，人口自然增长率为6.5‰。

实现GDP达148亿元，同比增长34.2%；工业总产值472亿元，同比增长40.2%；营业总收入485亿元，同比增长40%；工业增加值129亿元，同比增长40%；工业利税70亿元，同比增长85%；完成固定资产投资50亿元，同比增长42.8%；地方财政收入5.6亿元，同比增长36%；新注册企业607户，新增注册资本11.7亿元。全面完成了市委、市政府下达的各项目标任务。高新区以占全市2.04%的土地面积，完成了全市10.3%的地区生产总值、8.9%的财政收入、7.3%的出口总额、37%的合同外资、31%的外商直接投资，对全市经济的拉动作用不断增强。

“十五”期间，高新区地区生产总值从36亿元增长到148亿元，营业总收入从103亿元增长到485亿元，工业总产值从98亿元增长到472亿元，工业利税从13.6亿元增长到70亿元，固定资产投资从6.05亿元增长到50亿元，合同外资从1192万美元增长到36200万美元，实际外资从1209万美元增长到8958万美元，地方财政收入从1.16亿元增长到5.6亿元。主要经济指标年均增长40%左右，平均增长4.7倍，成为全市经济增长的重要推动力和高新技术产业的主要聚集区域。在全国53家国家级高新区中位次不断前移，综合排名列第二十位。

（于　娜）

【招商引资】 坚持把招商引资摆在工作的突出位置。在国家实施宏观调控、土地供应紧张、财政金融双紧、限制利用外资领域扩大、实际利用外资口径变窄情况下，提前一个月完成了全年任务。全年引进市外内资26亿元，实现合同外资3.62亿美元，同比增长55.6%；FDI完成8958万美元，同比增长117.8%；全年出口总额6.7亿美元，同比增长40%；完成出口海关数1.39亿美元，同比增长76.6%，达到历史最好水平。

（刘海照）

【科技创新】 一是研发机构发展快。全年新增国家级技术中心和工程技术研究中心2家，省级工程技术研究中心3家，总数分别达到5家和12家，省级以上研究中心拥有量超过全市的三分之一。特别是国家工业陶瓷技术研究中心，是省内第一家工业领域的国家工程技术研究中心。二是高科技创业园二期工程全面竣工。作为新材料论坛及国际科技成果招商洽谈会的主会场正式启用，进一步强化了科技创新的平台。年内，创业中心孵化企业达到162家，其中，高层次人才领办、创办的企业42家，拥有专利技术170余项，年实现营业收入4亿元。三是国家科技部批准在高新区建立国家火炬计划生物医药特色产业基地。山东省中药现代化现场会在高新区召开；山东鼎立中药材科技有限公司成为全国第一家通过“三P”认证的中药企业，创造了新的中药现代化发展模式。四是全年科技计划立项35项。其中，申报国家级火炬计划、重点新产品计划和创新基金共14项，专利申请354件，授权113件。五是科技创新氛围进一步浓厚。召开了全区第一次科技大会和产学研协会第二届年会，积极推进投融资机制建设，区域创新体系更加完善。六是高新技术企业有了新的发展。全年新增高新技术企业14家，总数达到80家，高新技术企业产值占规模以上工业企业产值的比重达80%。 （刘晓农）

【基础设施建设】 在土地、资金供应紧张的情况下，高新区城市建设继续呈现工程大、投入大、影响大的特点。全年共完成基础设施建设、城市绿化和环境改造等建设投资5亿多元，8项续建、8项新建等建设工程进展顺利。柳泉路跨线桥、柳泉路北延、中润大道东延、世纪路北延等工程顺利竣工，拉大了中心城市发展框架。火炬公园建成，青年公园、桥下公园、四宝山生态恢复启动建设。园区配套建设有了大的飞跃和突破。围绕项目进区集中抓了一批园区道路的开工建设；围绕已建成园区上水平，集中建设路灯、绿化等配套工程，赢得了进区企业的好评。ISO 14001环境管理体系认证顺利通过审核，为高新区投资环境又添一张“绿色名片”。此外，柳泉路东侧建筑改造升级工程、城乡环境综合整治、花山生态恢复等工作也都取得新的成效。

【地方经济和社会事业】 一是地方经济发展步伐加快，强村带动战略成效显著，地方经济主要指标增速均在40%以上。二是村级经济有了新的发展，村级工业园发展势头良好。新建标准厂房17.64万平方米，总量突破60万平方米，人均租金收益超过700元。三是和谐社会建设步伐加快。管委会投资3600万元，为辖区群众办17件实事，助学、助老、助残工程进展顺利。四是社会保障体系进一步健全。全年参保人数过万人，征缴社会保险金4787万元，在全市推广了高新区“金保工程”试点经验；深入推进新型农村合作医疗，农村参保率达到100%，农民参保率达到97.8%；开展农村劳动力转移培训阳光工程，培训农民工1000人，农村新增劳动力转移2704人；为1000余名农民工追欠工资230余万元；基本解决了11个村的人畜吃水问题。五是城市化社区服务和管理水平不断提高。新建调整了7个社区居委会，王东村成为全市第一个国家级卫生村。六是矿山关停和生态恢复治理工作全面开展，四宝山地区产业结构调整工作进入实质运作。

（荣　俐）

齐鲁化学工业区

【全面启动基础设施建设】 按照"快筹划、强启动、硬推进"的原则，开工建设了12条园区道路，总长20公里，总投资3.2亿元。在本年度财政资金已经安排完毕的情况下，临淄区委、区政府发动有关区直部门和落地乡镇（街道）自筹资金，无偿建设化工区道路。同时，引进江苏太平洋建设公司，免息垫资承建纬三路，配合齐鲁石化公司共同改造乙烯北路，进一步完善园区路网。全部道路涉及拆迁业户200多家，补偿金额3000多万元，仅用4个月时间就全部完成了建设任务，创造了化工区建区以来的最高效率。在加快推进道路建设的同时，按照"谁投资、谁受益、谁所有"的原则，运用市场化运作模式，吸引社会资金参与公用工程建设。供水方面，优先选择对全区供水工程建设贡献突出的淄博天齐渊供水有限公司，配套建设园区水厂和供水管道。供电方面，动员淄博临淄鲁恒建材集团收购濒临破产的临淄热电厂，并投资7000万元进行扩产改造，建设供电、供汽管网，可以向进区企业提供0.5元/千瓦小时的网下电和15公斤压力的蒸汽；同时，引进电业部门投资3700万元，建设一座11万伏变电站，与临淄热电厂合理竞争，充分保障进区企业用电需求。通讯方面，引进青岛东洲公司投资500万元配套建设弱电管网。另外，还引进淄博诚意燃气公司投资3000万元建设天然气配套工程。精细化工区和出口加工区已初步实现"九通一平"。

【招商引资】 针对化工区处于起步阶段的实际情况，坚持靠项目提形象、靠项目促配套，把招商引资作为加快化工区发展的生命线，在人员、经费、活动组织方面优先保障，取得了显著成效。调整了招商局运行机制，三位副局长分工负责三个分局，承担化工区70%的招商任务。一年中，先后组织开展了青岛、济南、上海、北京、福建、广东、浙江、江苏等大型招商活动。年底，不包括省以上项目，在建项目总数达到49个，总投资45亿元，预计年销售收入106亿元，利税11.7亿元。招商引资工作呈现五个特点：一是科技含量高。工业类项目普遍采用国内乃至国际先进技术，产品层次高，附加值高，大部分项目3年内即可收回投资。北京富凤同晖公司三羟甲基丙烷项目，每吨利润1万元，年均利润近亿元。二是大项目多。投资2亿元以上项目有2个，亿元以上项目3个，5000万元以上项目9个。三是外地项目多。开工项目中，市外项目18个，总投资14.4亿元；省外项目10个，总投资7.95亿元；外资项目4个，总投资6.1亿元。四是软环境竞争力强。总投资4000万美元的英科装饰材料项目，由美国英科国际控股有限公司投资建设，是化工区引进的最大外资项目。省生资公司在前几年合作投资煤造气项目获得成功的基础上，主动与管委会对接，新上有机酸、顺酐两个项目，总投资达到1亿元。富丰叔丁胺项目是与澳大利亚向导公司合资项目，投资考察阶段各地竞争非常激烈，在已经在外地初步选址的情况下主动邀请客商到化工区考察洽谈，实地勘查化工区基础设施，亲身体验化工区服务作风，最终落脚化工区。从3月签约进区到开工建设，用时不到10天。10月底竣工投产，建设周期仅为7个月，实现了当年签约、当年建设、当年投产。下半年，富丰公司又决定追加投资1个亿，建设1万吨/年三羟甲基丙烷项目，年末已完成投资2000万元。五是"退城进区"。临淄区委、区政府专门出台优惠政策，鼓励城区企业"退城进区"，实现了企业、化工区和城市建设的"三赢"。山东齐鲁塑编集团、淄博星团纺织集团、胜利油田浮瑞特热采装备厂、山东中天永磁厂、山东新风股份有限公司等城区企业已决定向园区搬迁，占地面积40公顷。其中，胜利油田浮瑞特热采设备厂总投资3.5亿元，原本注册在东营市，经过积极争取，企业同意整体搬迁到化工区，预计可每年增加销售收入7.2亿元，利税1.4亿元。

【正式启动核心区建设】 在西过境路、经九路、102省道、临淄大道范围内规划化工区核心区，主要由办公区、居住区和商贸区组成。同时，启动总面积67公顷的职工生活小区及农民居住区规划工作，力争尽快把核心区建设成为化工区综合性经济活动中枢，辐射带动整个园区的发展。

【优化园区服务环境】 一是进一步优化项目服务。制定项目挂包制度，明确提出化工区没有领导，只有工作人员和办事员，每一个进区项目都确定一名副县级干部和一名联系人全程包建，为进区企业代办所有行政审批手续，开展全过程一站式服务。成立项目进区小组和项目调度小组，协调解决项目开工和建设过程中存在的困难和问题。化工区项目审批费用全市最低，具备条件的项目2～3天即可开工建设。二是妥善解决农民补偿问题。年初，化工区拖欠农民征地款5000多万元，成为制约园区发展的最大瓶颈。在充分调查研究的基础上，研究制定按银行贷款利率向农民支付利息的征地补偿办法，兼顾了农民、企业和村集体的利益。同时，引导进区企业优先招用失地农民就业，从根本上解决农民长期收入问题。三是加大土地指标争取力度。工作中，一方面严格把握企业准入门槛，精心筛选进区项目，对优质企业优先供地，项目建筑容积率和投资强度普遍提高。另一方面，不断加大工作力度，争取到上级国土主管部门的政策扶持。年内，分三批上报争取工业用地指标170公顷，占全区的60%以上。

（化工区管委会）

其他经济园区

【淄川经济开发区】 淄川经济开发区是经省政府批准的省级经济开发区，控制规划面积47平方公里，人口3.6万，辖33个村居。园区有企业200余家，其中规模以上企业80余家。

是年，全社会完成固定资产投资16.76亿元，工业总产值28.5亿元，利税2.8亿元，招商引资10.47亿元，税收2600余万元，地方财政收入1088万元。

招商引资工作。是年，引进外来投资项目38个，总投资20.9亿元，累计到位区外资金10.47亿元，同比增长323.95%。38个项目全部进区，已建成23个，在建15个。其中，总投资6.6亿元的碳纤维项目，已投资1.57亿元用于基础设施建设和设备购置；总投资5亿元、占地133公顷的淄博师专工程，已投资1.3亿元，15万平方米的主体工程已完工，建起楼房12座；总投资4亿元、占地40公顷的淄博汽车制造厂，已投资1.5亿元，两座主体厂房已完工，完成建筑面积7万平方米；总投资3.08亿元、占地13公顷的山大奥太电器项目已投资9000万元，主体厂房、办公楼、宿舍楼均已完成工程量的50%以上；总投资1亿元、占地67公顷的山东水利学院工程和投资1.5亿元的金润工业园项目已奠基开工。

城市建设情况。全面推出以基础设施建设为主的“12620”工程(12条道路、6个生活区、10项基础设施建设、10项重点工程建设)，拉开了新区建设的框架。该工程共38项，预计总投资19亿元，全年已完成投资13.6亿元。其中，开工道路里程31.08公里，完工道路里程25公里，对胶王路段进行了全面改造、硬化升级；完成绿化面积110万平方米；开工建筑面积57.7万平方米，完工建筑面积46.1万平方米，建起楼房26座；完成天然气、通讯、电力、生活用水、山体绿化、创业服务中心、热力站等9项基础设施建设。发展环境得到全面优化。（淄川区史志办）

【博山经济开发区】 辖社区11个、行政村8个，辖区面积27.66平方公里，人口4.3万人，其中非农业人口2.1万人。人口自然增长率4.6‰。已形成以化纤纺织、机械制造、钛化工、耐火材料、陶瓷、医药等为支柱产业的工业新格局。全年实现固定资产投资24.88亿元，其中工业固定资产投资13.5亿元；工业增加值26.93亿元，工业销售收入16.44亿元，招商引资1.84亿元，出口创汇3216万美元，民营经济销售收入16.5亿元，工业利税8.6亿元，地方财政收入4329.3万元。农民人均收入6128元。

是年，确定建设10个重点工程。其中：纳西姆工业(中国)有限公司增资500万美元的液环泵扩建项目，土建工程已于11月份动工；淄博银龙实业公司投资5156万元的气流纺项目，8月底已实现达产达效；博大结构陶瓷有限公司的蓄热体蓄热室生产线加工项目，厂房改造基本完成；宝丰陶瓷机械有限公司的板式换热器交换机组项目，已完成投资1600万元，年底可实现销售收入500万元；兆丰纺织有限公司的毛毯项目，新建1.7万平方米厂房已经竣工。（焦方刚）

【周村经济开发区】 周村经济开发区是经山东省人民政府批准成立的省级经济开发区。济青高速公路与滨博高速路口在区内形成十字交叉，分别设有上下路口，毗邻309国道和胶济电气化铁路，距济南机场50公里，距青岛港290公里，交通便利。区内规划和建设了五横五纵道路主干道，有10万吨/日工业供水专线和10万吨/日污水处理厂一座，有2万门程控电话容量和宽带网数据通讯，有10千伏工业用电专线和双回路供电站两座，有年供电5亿千瓦小时和年供汽1600万吉焦的热电厂两座，实现了“七通一平”。

是年，区内已建有企业300余家，形成了以纺织服装、金属制品、专用机械设备制造和通信设备及电子元器件制造业为主导的工业经济体系，与日本、韩国、澳大利亚、英国等10多个国家和中国香港、台湾地区建立了良好的合作关系。世界500强企业日本三菱重工、日本西铁城集团以及台湾合彰机械有限公司、香港嘉承纺织有限公司等一批国际跨国公司相继进入。兰雁集团股份有限公司、山东凤阳集团股份有限公司、山东维尔纺织股份有限公司、山东宏信化工股份有限公司、山东福瑞达集团有限公司等一批国内知名企业也先后入区建立专业工业园，寻求更大的发展。

年内，开发区固定资产投资18.81亿元，其中，基础设施投资1.66亿元，过亿元项目6个，过千万元项目26个。全年实现业务总收入62.02亿元，工业产品销售收入57.97亿元，工业增加值17.6亿元，利税5.81亿元，地方财政收入4109万元，合同利用外资额6162万美元，实际利用外资额1548万美元。（王　冲）

【桓台经济开发区】 年内，桓台经济开发区由原县城北端南迁至果里镇。新址位于桓台县东南部，规划面积30平方公里，自西向东有柳泉北路、803省道和淄东铁路纵向穿区而过，南距济青高速公路仅一公里。规划布局为“一心三轴”，即柳泉北路与侯庄路西延交叉处为公共服务中心，柳泉北路为生活轴，涝淄河为绿化轴，中心路(803省道果里段)为产业轴。柳泉北路两侧重点发展物流服务业；柳泉北路西侧生活用地以外至东猪龙河重点发展电子信息、生物工程、新材料、孵化机构等高新技术产业；中心路东侧重点发展汽车配件、石油化工、农药、肥料等传统产业；淄东铁路以东依托现有铁矿资源，发展冶炼、钢铁、机械加工等产业。按规划计划投资3.52亿元建设山东和济物流有限公司、淄博汇丰石油化工有限公司和淄博铁源工贸集团三条铁路专用线，已完成线中勘探和设计，与相关村签订用地协议；柳泉北路以西、淄东铁路以东新修道路13条，总长45公里，已全面开工建设。初步实现开发区路网、管网、水电、暖气和绿化、美化、亮化配套。园区引进县外境内资金4.65亿元，境外资金556万美元，合同利用外资3204.4万美元。新上和在建1000万元以上的工业项目39个，其中在建34个，计划总投资26亿元，已经完成投资16亿元。24个项目建成投产，其中6个项目总投资过亿元。完成工业总产值62亿元，比上年增长130%；规模以上工业企业完成销售收入45.6亿元，比上年增长153%；实现工商税收1.67亿元，比上年增长145.59%。（王松亭）

本部类编辑：徐先法
副主编：安永善
校对：王　娟
徐先法

民 营 经 济

【概况】 2005年，全市民营经济完成增加值1134.62亿元，同比增长55.96%，其中高新区、沂源县、临淄区、张店区、周村区增加值增速高于全市民营经济平均水平；实现营业收入3659.19亿元，同比增长56.91%；完成出口交货值216.93亿元，同比增长70.14%；实现利润总额238.58亿元，同比增长57.60%；上缴税金110.27亿元，同比增长52.44%；完成固定资产投资657.81亿元，同比增长52.87%。年初，市中小企业局等部门赴省内和广东、福建等地进行调研和学习考察，提出加快民营经济发展的建议。5月27日，市委、市政府召开全市民营经济大会，出台《关于进一步加快民营经济发展的意见》《关于开展民营经济"三强"竞赛活动的意见》《加快民营经济服务体系建设的实施意见》等政策性文件，42个部门出台扶持民营经济发展的配套政策。在调查论证的基础上，起草了全市民营经济"十一五"发展规划。

【民营经济服务体系建设】 为贯彻全省民营经济大会精神，8月，市委办公厅、市政府办公厅转发市民营经济工作领导小组《关于加快民营经济服务体系建设的实施意见》，分解落实任务。市财政局与市中小企业局制定担保政策落实意见，市中小企业局与市仲裁委共同制定下发《关于在全市民营企业大力推行仲裁法律制度的意见》。

【民营经济"三强"竞赛】 8月，市委、市政府印发《关于开展民营经济"三强"竞赛活动的意见》；制定《"三强"竞赛活动考核实施细则》。12月，在桓台县召开全市民营经济"三强"(强乡镇、强村、强企业)工作现场会，调度交流"三强"竞赛情况。组织部分"三强"单位负责人赴南方参观考察学习，参加"银河培训工程"培训。是年，占全市乡镇(办事处)总数18.7%的经济强乡镇完成的增加值，占到全市乡镇(办事处)完成总量的49%，营业收入占45%，实缴税金占48%。占全市村(居)总数1.4%的经济强村的营业收入，占到全市民营经济的15%，实缴税金占全市民营经济的19%。占全市民营企业总数0.1%的百强民营企业实现的营业收入，占到全市民营经济的24%，实缴税金占全市民营经济的28%。

【招商引资】 是年，全市民营经济招商引资实际到位资金94.37亿元，占全市的84.48%，签约项目854个，同比增长36.13%。20多家民营企业由市领导带队赴广东、香港招商引资，共签订合同项目11个，总金额6.7亿元；意向项目10个，总金额6.6亿元；达成1个1200万美元的外贸出口合同。邀请驻青岛5家外资银行到淄博市举办外向型民营企业与驻青外资银行推介会。组织推荐67家企业的68个项目参加2005年"陶博会"银企洽谈会，共签订贷款意向89.6亿元，资金意向80亿元。组织4家企业参加由国家五部委在广州举办的第二届中国中小企业博览会。

表彰优秀民营企业 (市中小企业局 供稿)

【项目建设】 年内，全市民营经济开工项目达到1814项，同比增长25.97%，其中过千万元项目687项；累计完成项目投资306.84亿元，同比增长84.22%，其中过千万元项目完成投资254.84亿元；完成固定资产投资460.44亿元，占全市固定资产投资的91.11%，同比增长67.99%。按季度对全市民营经济项目建设情况进行调度通报，对投资过亿元的项目实行市领导挂包制度，帮助企业解决项目建设中的困难和问题。市中小企业局联合中国人民银行淄博市中心支行、市商业银行等单位举办淄博市商业银行支持优秀民营企业授信大会，对112家企业授信45亿元。联合人行市中心支行、高青县政府等单位在高青县举办银企洽谈会，向高青民营企业授信近10亿元。

山东金诚石化集团炼化设备 (市中小企业局 供稿)

【民营经济网改版】 将民营经济网整合改版为民营世界网，增加信息量、提升网站服务功能，构建淄博民营经济网上服务平台。民营世界网已成为全市民营经济的门户网络窗口。

【全市民营经济主要经济指标完成情况表】

单位：万元

项目	总计	同比±%	其中					
			第一产业	同比±%	第二产业	同比±%	第三产业	同比±%
1. 增加值	11346158	55.96	110058	20.60	8433986	52.17	2802114	70.75
2. 营业收入	36591922	56.91	351282	21.80	25610651	51.66	10629989	72.96
3. 出口交货值	2169307	70.14	1120	20.50	2112634	70.09	55553	73.65
4. 利润总额	2385767	57.60	22903	19.50	1885438	56.34	477426	65.40
5. 实缴税金	1102733	52.44	10586	20.30	959715	66.80	132432	—4.89
6. 固定资产投资	6578110	52.87	63150	30.90	5074674	59.63	1440286	33.89

【分区县民营经济主要指标统计表】

单位：万元

项目	增加值			营业收入			出口交货值		
	2005年累计	同比±%	增速排名	2005年累计	同比±%	增速排名	2005年累计	同比±%	增速排名
淄博市	11346158	55.96	—	36591922	56.91	—	2169307	70.14	—
博山区	1479157	53.23	6	4595388	55.90	5	318949	69.01	5
淄川区	1854157	45.93	9	5398663	49.69	8	456753	44.80	9
张店区	1715531	56.70	4	5806631	66.97	3	250365	109.96	3
周村区	1398648	56.30	5	4302218	48.41	9	299552	61.15	7
临淄区	2235887	67.26	3	7457337	71.14	2	332712	146.57	1
桓台县	1675505	50.12	8	5205315	47.26	7	312154	53.89	8
高青县	219479	52.41	7	989996	51.72	6	50549	63.42	6
沂源县	374092	66.68	2	1505714	65.70	4	68310	70.15	4
高新区	393702	72.75	1	1330660	75.93	1	79963	128.33	2

项目	实缴税金			利润总额			固定资产投资		
	2005年累计	同比±%	增速排名	2005年累计	同比±%	增速排名	2005年累计	同比±%	增速排名
淄博市	1102733	52.44	—	2385767	57.60	—	6578110	52.87	—
博山区	159731	56.89	6	245966	55.78	7	996416	69.06	6
淄川区	151233	54.60	8	485296	56.44	6	1081597	45.13	8
张店区	258594	70.79	3	351530	63.71	2	1472427	86.87	3
周村区	87053	56.75	7	244574	61.21	3	707837	41.60	9
临淄区	197402	62.18	4	446520	58.45	5	812159	85.71	4
桓台县	214453	57.29	5	406277	55.37	8	953345	50.81	7
高青县	16030	44.69	9	61729	45.02	9	270700	125.30	1
沂源县	48658	86.43	2	85887	74.20	1	299403	78.90	5
高新区	49579	129.72	1	57988	60.71	4	284226	109.84	2

【经济强乡镇主要指标完成情况表】

单位:万元

乡镇名称	增速排名	增加值			乡镇名称	增速排名	营业收入		
		2005年	2004年	同比增长%			2005年	2004年	同比增长%
凤凰镇	1	421245	234025	80.00	凤凰镇	1	1501242	657487	128.33
索镇镇	2	219000	122744	78.42	杨寨镇	2	898328	475528	88.91
辛店办事处	3	444628	262259	69.54	索镇镇	3	624203	374600	66.63
杨寨镇	4	406729	240484	69.13	南定镇	4	1218000	747239	63.00
王村镇	5	324575	198702	63.35	朱台镇	5	591496	367458	60.97
朱台镇	6	174231	110480	57.70	辛店办事处	6	1421761	890828	59.60
龙泉镇	7	253090	166179	52.30	果里镇	7	727948	457121	59.25
南王镇	8	298000	198166	50.38	唐山镇	8	653945	418785	56.15
果里镇	9	212229	142758	48.66	龙泉镇	9	605820	395315	53.25
湖田镇	10	201786	136436	47.90	罗村镇	10	695927	457880	51.99
罗村镇	11	213092	149016	43.00	王村镇	11	798219	530033	50.60
八陡镇	12	224287	159817	40.34	湖田镇	12	639076	438927	45.60
石桥办事处	13	141907	104000	36.45	南王镇	13	898000	618000	45.31
马桥镇	14	381000	280800	35.68	沣水镇	14	1193886	834764	43.02
白塔镇	15	265153	198017	33.90	八陡镇	15	635895	446587	42.39
南郊镇	16	161441	124873	29.28	石桥办事处	16	460325	326077	41.17
南定镇	17	400830	310880	28.93	马桥镇	17	1145000	842400	35.92
沣水镇	18	424856	339381	25.19	南郊镇	18	516494	381458	35.40
唐山镇	19	194401	174137	11.64	白塔镇	19	652073	495951	31.48
傅家镇	20	141040	129310	9.07	傅家镇	20	470140	361640	30.00
总计	—	5503520	3782464	45.50	**总计**	—	16347778	10518078	55.43

乡镇名称	增速排名	出口交货值			乡镇名称	增速排名	利润总额		
		2005年	2004年	同比增长%			2005年	2004年	同比增长%
果里镇	1	9024	1783	406.11	索镇镇	1	56349	19249	192.74
凤凰镇	2	87412	28124	210.81	果里镇	2	57336	21061	172.24
石桥办事处	3	36600	12436	194.31	白塔镇	3	48877	23916	104.37
索镇镇	4	30946	10980	181.84	朱台镇	4	30293	17120	76.95
王村镇	5	30621	13045	134.73	杨寨镇	5	90572	52020	74.11
南定镇	6	89500	38600	131.87	南王镇	6	50680	31000	63.48
杨寨镇	7	24762	10680	131.85	南定镇	7	93700	58199	61.00
南郊镇	8	54633	29656	84.22	辛店办事处	8	85201	54096	57.50
罗村镇	9	23500	13380	75.64	王村镇	9	70921	45123	57.17
唐山镇	10	85442	49833	71.46	龙泉镇	10	58943	38725	52.21
沣水镇	11	87838	54327	61.68	沣水镇	11	69569	45912	51.53
辛店办事处	12	40786	27035	50.86	罗村镇	12	60110	40339	49.01
南王镇	13	31540	21000	50.19	湖田镇	13	55893	37639	48.50
白塔镇	14	25416	17516	45.10	唐山镇	14	40351	27221	48.23
湖田镇	15	8536	6203	37.61	南郊镇	15	22367	15405	45.19

续表

乡镇名称	增速排名	出口交货值			乡镇名称	增速排名	利润总额		
		本年	同期	同比增长%			本年	同期	同比增长%
朱台镇	16	6655	4897	35.90	八陡镇	16	27096	19944	35.86
马桥镇	17	21000	15500	35.48	石桥办事处	17	23391	18432	26.90
八陡镇	18	70189	53076	32.24	傅家镇	18	24280	19430	24.96
龙泉镇	19	29461	23712	24.25	凤凰镇	19	85125	70483	20.77
傅家镇	20	19200	18900	1.59	马桥镇	20	86800	79000	9.87
总计	—	813061	450683	80.41	**总计**	—	1137854	734314	54.95

（韩玮玮）

本部类编辑：赵建国
副主编：郭能勇
校对：王　娟
徐先法

·淄博市重点文物保护单位选介·

浮山驿遗址

省级重点文物保护单位。位于张店区浮山驿村南孝妇河北岸的台地上。现存面积约5万平方米。文化层一般厚1～1.5米。遗址地面暴露有许多陶片，还收集到部分石器。从遗物特征分析，该遗址的时代属北辛文化和大汶口文化时期，遗址中还有秦汉时期砖瓦之类的遗物，证明该遗址延续时间较长。

史家遗址

市级重点文物保护单位。位于桓台县田庄镇史家村中部和西部，面积10万平方米。出土龙山文化、岳石文化、商及战国、汉代的陶、铜、骨、蚌、石、玉等各类遗物500余件。其中两件刻字甲骨被国内外专家鉴定为我国目前已知最早的甲骨文。根据遗物分析，属龙山文化至汉代时期。史家遗址发掘成果是我国考古史上的一次重大发现，为我国“夏商国断代工程”提供了重要线索。

李寨遗址

市级重点文物保护单位。位于桓台县田庄镇李寨村西，面积近百万平方米，是鲁北地区发现的最早的大汶口文化遗址。在上世纪末进行的发掘中，发掘300余座大汶口时期墓葬、龙山文化陶井、窑址、方剂以及商代窑址等重要文化遗迹，出土大汶口文化的彩陶、龙山文化的蛋壳陶及大批黑陶、灰陶器具上千件。大汶口文化和龙山文化连续不间断发展的实物出土和地层发现，为不同文化时期的断代提供了地层依据。

西周付庄窑址

市级重点文物保护单位。位于齐国故城北2、5公里处。遗址东西长1000米，南北宽约500米。历年多次出土完整陶器，大多数刻有陶文。为战国时期遗存。

（李　胄　供稿）

旅　　游

【**概况**】 2005年，全市旅游行业围绕“发展大旅游、开拓大市场、建设大产业”的工作思路，突出项目建设、形象提升、环境优化等重点，接待国内游客933.08万人次，同比增长20.35%；接待海外游客4.5万人次，同比增长50.33%；旅游创汇982万美元，增长44.84%；实现旅游总收入64.4亿元，同比增长33.94%；接待人数、旅游收入两项指标分别居全省第六位、第八位。旅游总收入占全市GDP的4.85%。

【**旅游项目及配套设施建设**】 年内，市旅游局编制完成《淄博市旅游业发展“十一五”执行规划》，指导有关区县完成区域旅游发展规划和评审调整。组织编印《淄博市旅游购物指南》《淄博市旅游购物“放心店”管理办法》。全年新建、扩建旅游项目67个，完成投资1.05亿元，其中景点35个、配套设施32处。山东鲁信集团投资5亿元对鲁山整体深度开发、香港嘉威集团投资2亿元在张店湖田镇兴建自然谷生态旅游度假区等一批大项目正在规划建设。组织开展全国、全省工农业旅游示范点创建活动，马踏湖景区、玉黛湖生态庄园被评为国家级工农业旅游示范点，梦泉生态景区、沂源杏花村、泰山瓷业有限公司被评为省级工农业旅游示范点。全市重点旅游区(点)景观林地和绿地建设完成投资387.3万元，植树108.6万株，景区生态环境进一步改善。年内，对全市A级旅游区(景点)旅游厕所实行星级评定，评出星级厕所17个，促进了旅游区(景点)整体环境的优化。

管仲纪念馆　　　　(市旅游局 供稿)

【**旅游市场开发**】 1. 旅游线路开发。围绕淄博市优势旅游资源，针对不同消费层和不同目标群体，策划推出一日游、二日游线路，包括经典文化游、山水风情游、地质科普游、红色旅游、淄博精品线路等旅游线路，组织旅行社、景区点通过多种渠道加强宣传推介，促进淄博地接市场的发展。2. 旅游整体形象宣传。5月18～21日，市旅游局组织区县旅游局、主要景区(点)、旅行社组成旅游大蓬车促销团，兵分四路，赴省内16个城市开展系列推介活动，共举办推介会16场，发放各类宣传品5万余份，签订旅游合作协议8000余份。6月23～26日，市旅游局邀请中央电视台等国内40余家重点媒体举办了“齐国故都看旅游”大型采风活动，多视角、多层面对淄博文化旅游进行了深入报道。其他旅游推介活动有：联合青岛、泰安、曲阜旅游管理部门赴韩国开展旅游推介；邀请省内400余家旅行社举办“魅力淄博”踏线考察活动；赴河南郑州等地举办淄博旅游推介会；利用省内百强旅行社大蓬车齐鲁行举办淄博旅游说明会；在北方旅交会上推出以“亲情故乡行”为主题的齐鲁文化之旅促销活动。

【**第四届中国(淄博)国际聊斋文化旅游节**】 5月1～7日，第四届中国(淄博)国际聊斋文化旅游节在淄川聊斋城举行。本届聊斋文化旅游节以“乡俗民风伴古韵、聊斋故事醉游人”为主题，策划推出“大家一起来聊斋城里说聊斋”、明清民俗风情展、聊斋文化庙会、中华民俗小吃美食节、首届“影像聊斋”摄影大赛、首届聊斋动漫大赛等活动，吸引了来自北京、青岛、济南等城市的众多游客。活动期间共接待国内外游客8.3万人，实现旅游收入108万元。

【**第八届国际木火节在淄博举办**】 8月1～14日，由市政府主办，淄川区政府、市旅游局、市外事办公室、山东陶瓷协会承办，李梓源艺术中心、泰山瓷业协办的第八届国际木火节在泰山瓷业、中国陶瓷馆举行。来自韩国、加拿大、美国、法国等12个国家的70余名陶瓷艺术家及200名韩国游客参加活动。木火节主要内容有各国陶艺家陶艺创作比赛、优秀陶艺作品评选、闭幕式暨颁奖仪式等。评委会从各国陶艺家创作的600余件陶艺作品中评选出获奖作品100余件，获奖作品全部赠予中国陶瓷馆收藏。

【**“夜游聊斋”大型特色旅游项目**】 10月1～7日，由北京神州新视点城市经济发展研究院、市旅游局、淄川区政府和淄博聊斋城旅游发展有限公司共同组织策划的“夜游聊斋”大型特色旅游项目在淄川聊斋城隆重推出。该项目围绕“美艳聊斋、快乐剧场”主题，以聊斋文化为依托，策划推出“梦幻聊斋、魅影聊斋、惊艳聊斋、狂欢聊斋、陶艺聊斋、畅饮聊斋”等特色旅游项目，通过环境营造、真人表演，再现了《聊斋志异》中光怪陆离、鬼狐仙妖的神秘场景。该项目填补山东省夜间旅游项目的空白。

【**旅游行业管理**】 2005年，全市新批国内旅行社16家、国际旅行社1家；五星级饭店1家、四星级饭店1家、三星级饭店2家；AAA级旅游区点4个、AA级1个。截至年底，全市有重点旅游区点38处，星级旅游饭店32家，旅行社102家。年

周村古商城　　　　（市旅游局　供稿）

内，淄博市旅游行业协会和淄博市信天游导游管理服务中心成立；组建了淄博市旅游发展顾问团；组织开展淄博首席（优秀）导游员评选，评选出首席导游5人、优秀导游10人。全年共出动执法人员400余人次，检查星级宾馆20余家次、旅行社80余家次、景区（点）20余家次，查处向旅游者提供出境旅游虚假信息案件10起，消除网上虚假信息100余条。10家旅行社荣获山东省诚信旅行社称号。与有关部门联合对旅游景区进行安全等级评估，评出三星级3家、二星级7家、一星级17家。继续开展旅游细微服务年活动，进一步树立了淄博“好客之乡，细微服务”的旅游形象。

【假日旅游】 春节黄金周期间，全市共接待游客40.8万人，同比增长24%；旅游收入1.7亿元，同比增长30%；接待海外游客1596人，同比增长23%。“五一”黄金周期间，全市共接待旅游者105.44万人，实现旅游总收入6.04亿元，同比分别增长14.75%和26.04%，其中境外旅游者2251人次，同比增长50%。全市组织出游团队970个，市内旅行社自组外联团队127个。“十一”黄金周期间，全市共接待旅游者113.65万人，实现旅游总收入7.95亿元，同比分别增长16.2%和29.4%。齐文化旅游、聊斋文化旅游、古商城文化旅游受游客青睐，成为全市旅游的热点。特色旅游活动精彩纷呈，成为假日旅游主打节目。重新修订后的招徕奖励政策，调动了市内旅行社推介旅游线路和招徕游客的积极性，市内各旅行社自组外联团队明显增长。黄金周期间，自驾车旅游成为新时尚，旅游景区点商贸餐饮繁荣兴旺。

马踏湖民俗旅游　　　　（市旅游局　供稿）

【星级涉外宾馆】 8月，世纪大酒店被国家旅游局评定为五星级饭店，成为淄博市首家五星级旅游饭店。截至年底，全市有星级旅游饭店32家，其中五星级1家、四星级4家、三星级19家、二星级8家。年内，各星级宾馆共接待133万人，同比增长23.1%；实现营业收入53755万元，同比增长6.68%。营业收入列前5位的宾馆是：淄博饭店（9167万元）、泰星大酒店（6310万元）、世纪大酒店（5460万元）、周村嘉周宾馆（3001万元）、桓台宾馆（1805.6万元）。接待旅游人数列前5位的宾馆依次是：淄博饭店（12.25万人）、泰星大酒店（8.4万人）、齐都大酒店（5.7万人）、桓台宾馆（5.14万人）、玫瑰大酒店（4.89万人）。床位利用率列前5位的宾馆依次是：蒲泉大酒店（97.8%）、淄博宾馆（94.9%）、泰星大酒店（94.5%）、齐都大酒店（85.3%）、淄博饭店（83.8%）。

【2005年全市旅游活动一览表】

活动名称	时　间	地　点	主要活动内容	接待人数（万人）	旅游收入（万元）
沂源汇泉桃花节	4月20～27日	徐家庄乡汇泉桃花岛	赏花、农业观光、农村劳动体验、摄影写生、招商洽谈、文艺演出、农家乐旅游	6	300
玉黛湖生态庄园桃花节	4月	玉黛湖生态庄园	杂技表演，斗鸡、斗狗、斗羊表演。	1	75
临淄牛山庙会	4月11～13日，10月5～7日	管仲纪念馆	古装演出——桓公拜相、说书、蹴鞠表演、鞋展、民族风情表演、剪纸、年画展、戏迷票友演唱、太极拳、太极剑表演	10	10
第四届中国（淄博）国际聊斋文化旅游节	5月1～7日	聊斋城	“大家一起来聊斋城里说聊斋”、明清民俗风情展、聊斋文化庙会、中华民俗小吃美食节、首届“影像聊斋”摄影大赛、首届聊斋动漫大赛	8.3	108

续表

活动名称	时 间	地 点	主要活动内容	接待人数（万人）	旅游收入（万元）
“五一”黄金周系列活动	5月1～7日	原山国家森林公园	中国歌舞团“走进原山”歌舞演出、缅甸风情歌舞表演、斗鸡斗狗、高空走钢丝杂技表演等	20.6	535
沂源燕崖大樱桃采摘节	5月27日～6月10日	燕崖乡	大樱桃采摘、农业观光、农村劳动体验、农家乐旅游、项目洽谈、民俗文艺演出、近郊休闲旅游等	3.6	280
沂源圣佛山怪石峪休闲乐园开游活动	7月11～30日	圣佛山怪石峪休闲乐园	生态旅游、摄影写生、文艺演出等。	3	220
淄川梦泉第二届采摘节	7月～10月	梦泉生态风景区	以吃农家饭、观农家景、品农家果、享农家乐、住农家屋为主题，游客可在200公顷的采摘区中采摘、品尝，体验劳动的快乐	3	60
玉黛湖生态庄园采摘节	8月	玉黛湖生态庄园	杂技表演、少数民族舞蹈演出、饮啤酒表演等	1	60
第八届国际木火节	8月1～14日	泰山瓷业、中国陶瓷馆	开幕式、各国陶艺家陶艺创作比赛、第八届国际木火节陶艺论坛、优秀陶艺作品评选、旅游观光、闭幕式暨颁奖仪式		
博山民俗文化旅游节暨文姜庙会	8月3～7日	文姜广场、原山文化广场	文姜庙会、锣鼓表演、民间扮玩表演、大型歌舞晚会、文艺演出、旅游活动及民俗展示	10	350
桓台马踏湖民俗风情旅游节	8月13～19日	马踏湖	民俗风情展、水上婚礼、鱼鹰捕鱼表演、放荷灯、戏曲演出等	7.5	930
第二届国际齐文化旅游节	9月12～16日	临淄	开幕式、民间祭姜大典、临淄足球博物馆揭牌、“魅力淄博”国际摄影大赛、第六届齐文化国际学术研讨会、经贸招商洽谈会、一元钱游景点活动、民俗文化展和旅游纪念品大赛、首届中小学生蹴鞠比赛、齐文化形象大使评选及闭幕式文艺演出	33	13700
2005中国博山（原山）美食节	9月29日～10月7日	原山国家森林公园、憩园广场等	中国煤矿歌舞团大型演出、博山美食大赛、地方名小吃展销、餐饮服务技艺大赛、民间厨艺大赛、中国烹饪大师厨艺表演、精美陶琉展销	15	500
“十一”系列游园活动	10月1～7日	原山国家森林公园	原山菊展、缅甸风情歌舞表演、游园及其他娱乐活动	20.3	1168
夜游聊斋项目	10月1～7日	淄川聊斋城	围绕“美艳聊斋、快乐剧场”主题，推出梦幻聊斋、魅影聊斋、惊艳聊斋、狂欢聊斋、陶艺聊斋、畅饮聊斋等特色旅游活动	4	60
第六届原山红叶节	10月下旬	原山国家森林公园	开幕式、赏红叶系列游园活动	5	49

（牟永波）

本部类编辑：赵建国
副主编：郭能勇
校对：郭延志
张爱云

综合管理与监督

发展计划管理

【经济运行监测】 2005年，市发展计划委员会坚持以科学发展观统领经济社会发展的全局，正确把握和分析全市经济发展形势，千方百计化解经济运行中存在的突出矛盾和问题，防止出现大起大落，保证各主要预期目标的顺利完成。年初，及时组织编制下达2005年全市国民经济和社会发展计划及经济工作目标。建立健全定期与不定期相结合的经济运行调度、分析制度。4月初，组织力量深入区县和企业，积极开展调查研究，提出了《关于当前经济形势分析及对策建议》。7月上旬，在全面分析和把握上半年经济运行情况的基础上，及时起草《上半年国民经济和社会发展计划执行情况的报告》，并向市人大常委会作了汇报。8月，组织召开全市计划工作座谈会，研究部署下半年经济工作。从9月开始，围绕分析预测2005年计划完成情况和安排2006年计划，集中开展调查研究，形成《2006年经济工作安排的初步意见》。12月底，组织召开全市发展和改革工作会议，对2006年的经济工作作安排部署。是年，全市经济持续快速健康协调发展，主要经济指标都保持较高的增长速度。

【经济结构调整】 坚持以发展壮大比较优势产业、培育重要增长极、推进产业布局结构调整和集约化发展为重点，加大结构调整力度，带动经济增长方式转变，促进发展模式创新。1.高成长型企业发展。是年，针对大企业、大集团对全市经济的支撑作用，深入驻淄博中央、省属企业和地方骨干企业进行调查研究，提出以高成长型企业发展带动工业总量提升、结构优化和实行领导“挂包”责任制的建议，起草了《关于支持高成长型企业加快发展的意见》印发全市执行。2.重点园区建设。按照国家、省对各类开发区进行设立审核的工作部署，开展全市各类园区的调查摸底、审查审核和上报争取工作。上报的18个经济园区，仅有3个园区被核减下来，是全省核减数最少的城市之一。年底，拟保留的15个园区中已有1个国家级和5个省级经济技术开发区由国家审核公告。3.高技术产业化项目建设。坚持以高技术产业化项目为载体，加大对国家、省的争取力度。年内，争取高技术产业化推进示范项目4个，争取资金6130万元，其中东岳全氟磺酸树脂及膜产业化项目、双凤公司生物酶解法高纯度单核苷酸项目、新华医疗数字化直线加速器和模拟机项目、博航电子水基注凝法氧化铝陶瓷基片项目等，对加快全市高新技术产业化将起到明显的示范带动作用。特别是全力促进东岳全氟磺酸树脂及膜项目的产业化和东岳国际氟硅材料工业园的规划建设，并取得重大进展，省政府专门在东岳集团主持召开现场会议，确定将该项目列为全省高新技术产业发展的“一号工程”，举全省之力支持其产业化。省发改委将全氟磺酸树脂及膜产业化列入省“十一五”规划、省高技术产业“十一五”发展规划和省“十一五”重点项目。4.服务业发展。召开全市服务业工作会议，研究出台《关于进一步加快服务业发展的意见》，进一步明确了全市服务业发展的思路、目标和重点。加大对服务业发展的支持力度，建立政府服务业引导资金，市财力对服务业的引导投入由每年200万元提高到每年500万元。全年共争取和安排服务业补助、引导资金近千万元，支持一批服务业重点项目建设，对全市商贸流通业的升级换代和旅游、社区服务等重点服务业的快速发展起到积极的促进作用。

【投资项目管理】 1.对上争取项目工作。按照国家的投资方向和资金投向，全面开展对上争取工作。年内，共对上争取项目43个，到位资金20480.5万元。其中，高新技术产业化项目6130万元，工业结构调整项目5250万元，农村公路改造项目1037万元，城市基础设施项目4210万元，农林水项目1748.5万元，社会事业及其他项目2105万元。积极为3个区县申请世行贷款3340万美元，为2个区县申请外国政府贷款654万美元。年底，世行贷款项目已完成项目评估、专家组现场考察、项目建议书批复等工作；外国政府贷款项目已被国家发改委列入备选项目。争取农产品进口配额计划指标60380吨、省土地指标662.6公顷。2.固定资产投资。坚持每月对全市总投资1000万元以上的重点项目进行逐月调度检查，全面把握投资运行情况，及时发现和解决投资运行中存在的问题，确保投资平稳较快增长。5月，针对全市固定资产投资出现下滑的情况，组织召开全市投资情况调度会议，及时采取一系列措施，有效地遏制了投资下滑的局面，保持了投资平稳较快增长的势头。全年总投资1000万元以上在建项目1351个，总投资1098.98亿元，年度计划投资633.53亿元，共完成投资492.40亿元，同比增长35.93%。3.政府投资项目管理。为提高政府投资决策的科学性，市发展计划委员会研究起草了《淄博市政府投资管理办法》和《淄博市政府投资管理办法的说明》，对政府投资的使用方向、安排原则、项目审批、计划编制、项目建设以及监督检查等各个环节都作了明确的规定。全年共安排政府投资计划7.74亿元，其中市级财政预算内资金2.74亿元。重点安排社会事业项目6102万元，城市建设项目17998万元，农林水利项目3300万元，新城区建设资金(贷款)5亿元。4.重点项目建设。重点抓了华电淄博高青电厂2×100万千瓦、华能辛店2×30万千瓦及淄博热电2×15万千瓦等3个电厂项目的协调争取工作。年内，华能辛店电厂项目建成投产，淄博热电项目可行性研究报告通过省咨询院组织的专家评审，并上报国家发改委。华电淄博高青电厂项目建议书已呈报国家发改委。

【编制“十一五”规划】 一是加强前期研究。围绕全市经济社会发展的全局性、战略性问题，集中组织开展31个重点课题研究，并委托专业研究机构，对全市七个重点行业进行竞争力研究。重点课题研究成果，为“十一五”规划的编制工作打下良好的基础。二是起草规划纲要。在吸收前期研究课题和各专项规划初步成果的基础上，集中力量研究形成了规划纲要（草案）。三是广泛征求意见。纲要（草案）形成以后，先后征求全市各区县、各部门、各民主党派和部分中科院、工程院院士及专家的意见，并进行修改完善。四是搞好汇报审议。纲要形成以后，先后向市政府常务会议、市人大常委会主任会议、市政协主席会议、市委常委扩大会议进行专题汇报。市委八届十次全委扩大会议进行了讨论审议。纲要（草案）受到领导和社会各界的好评。年底，规划纲要已完成最后的修改，拟提交市十二届人大四次会议审议通过。

【重点行业竞争力研究】 为加快全市产业结构的优化升级，促进全市经济形成新的增长点。从2003年5月开始，委托相关国家级专业规划院（所）对全市化工、纺织、建材、机械、电子、陶瓷、耐火材料等七个行业进行了竞争力研究和重点项目策划工作。经过一年多的调查研究，共策划提出重点项目148个，总投资628.99亿元。年初，组织相关人员对七个行业竞争力研究报告评审论证。5月，七个行业竞争力研究报告全面完成。6月，在《淄博日报》陆续摘要刊登了全市工业七个行业竞争力研究报告的内容，为全市相关企业的发展提供重要参考，方便了企业的决策。

【统筹城乡区域协调发展】 1. 农业和农村基础设施建设。全面加强农业和农村工作，特别是加强对农田水利为重点的农业和农村基础设施建设项目的争取和投入。年内，共争取国家、省对“三农”的投资项目16个，到位资金2213.4万元。其中，中央预算内专项资金1654.4万元，省财政专项资金559万元。全年共安排政府投资3300万元，用于全市重点水库的除险加固和灌区改造以及小流域河道治理。会同有关部门启动实施“农村饮水安全工程”和“村村通油路工程”。全年共完成投资27514万元，解决了71个村、5.3万人的吃水问题。新开工道路590.6公里，改善了农村生产生活条件。2. 中心城区建设。围绕建设区域性、现代化中心城市的目标，研究提出“中心凸显、十字展开、组团发展”的思路，并确定为“十一五”期间全市城市发展的任务目标。会同有关部门加强了新城区重点项目建设。年内，新城区的6条主要道路基本建成，体育中心、会议中心、行政服务中心、图书馆（档案馆）和休闲公园等标志性工程已经具备全面启动的条件。3. 县域经济建设。5月，召开全市金融税务工商系统对口支持沂源乡镇工业发展座谈会，建立了高效工作机制。6月，举办全市金融部门“突破高青2005年银企合作洽谈会”，达成贷款协议和意向89个，签约金额13.14亿元。通过开展“突破高青、支持沂源”工作，促进了高青、沂源2个县跨越式发展。2005年，两县的主要经济指标增幅明显高于全市平均水平。年内，还积极承担了支持菏泽东明县和西藏昂仁县的加快发展工作。首批援建东明县的11个项目已基本得到落实，其中7个项目已经开工建设。及时安排援藏资金，并会同有关部门做好援藏物资的组织筹备工作。

【和谐社会建设】 牵头组织有关部门，在农村劳动力转移、教育卫生、社会保障、农村基础设施、城乡环境整治等方面为群众办好事、实事12件。年底，市政府为群众所办实事全部按计划完成。会同有关部门，积极扩大新型农村合作医疗试点。全年共筹集资金3839万元，受益农民达到134.19万人。筹措资金4231万元，改造中小学危房2.73万平方米。安排资金1670万元，启动卫生疾病预防控制和医疗救治体系建设项目8个、乡镇卫生院“改貌”项目8个、贫困村卫生室改造项目400个和农村药品监管、供应网络建设。更加重视生态环境建设。落实淮河流域重点污染企业治理规划，争取国债投资1000万元，重点支持桓盛纸业、沂源制革、瑞阳制药等企业的污染治理项目建设；完成南水北调污染控制单元项目的上报工作。

（李玉祥）

劳动和社会保障

【概况】 是年，全面完成省下达的40项劳动保障工作年度考核指标，主要指标超额完成计划数。8月，省政府在淄博市召开全省下岗失业人员小额担保贷款工作现场推进会，推广淄博市的经验。省劳动和社会保障厅先后在淄博市召开全省医疗保险目标规范化管理现场会、全省企业退休人员社会化管理服务工作现场会，推广淄博市的经验做法。养老、失业、医疗、工伤、生育五项社会保险实现了“一票征缴”。“金保工程”网上缴费工作被国家劳动和社会保障部确定为全国试点。劳动保障监察专项检查活动受到国家劳动和社会保障部等四部委的联合表彰，农村劳动力转移工作受到省政府表彰。全市劳动保障系统有6个单位分别被国家劳动和社会保障部、省劳动和社会保障厅表彰为全国、全省优质服务窗口。

【就业与再就业】 年内，将新增就业岗位、落实就业政策、强化就业服务、加大资金投入和帮助困难人员再就业的工作目标进行层层分解落实，强化各级各部门的责任。各级加快人力资源市场建设，博山、周村、沂源三个区县新建、扩建的人力资源市场已投入使用。各人力资源市场积极创新就业服务手段，提高服务水平。继续抓好再就业扶持政策的落实，全市新发再就业优惠证1万个，累计发证5.7万个。有6030人凭再就业优惠证从事个体经营，减免税费2189.7万元。认定新办服务型企业（包括商贸型企业）75家，安置下岗失业人员1831人，减免所得税955.8万元；共为下岗失业人员27197人（次）支付各项补贴2105.6万元。进一步完善小额担保贷款发放工作，累计为1024户3350名下岗失业人员发放小额担保贷款2135.5万元，贷款贴息108万元，带动5978名下岗失业人员实现再就业。扎实开展再就业困难人员帮扶工作。相继开展“真情相助”“扬帆行动”“下岗失业人员进民企”和“零就业家庭”援助等活动，为下岗失业人员送信息、送技能、送岗位、送服务。全市共培训下岗失业人员1.3万人，其中创业培训1000人；开发公益性岗位安置下岗失业人员1785人，其中市政府出资购买185个交通协管员岗位，全部用于安置大龄下岗失业人员。开展以完善农民工就业服务为主体的“春风行动”，举办各类农民工专场招聘会13次，组织855家企业参加招聘活动，提供就业岗位5.65万个；在全省首家赴菏泽市东明县开展农村劳动力转移“西输东接”工程，现场达成就业意向的有3320人。是年，全市新增就业再就业11.8万人，其中下岗失业人员再就业6.6万人，“4050”人员再就业0.59万人。新增农村劳动力输出8.05万人。全市城镇登记失业率3.0%。

技能扶贫招生考试　　　　（张　明　摄）

万名企业退休人员大型广场展示活动
（张　明　摄）

【社会养老保险】 是年，以下岗失业人员养老保险关系续接和个体工商户、自由职业者及机关事业单位编外人员参保缴费为重点，继续抓好企业养老保险扩面征缴工作。全市企业养老保险参保总人数达49.1万人，净增3.5万人；实际缴费人员43.2万人，净增3.2万人；净增数分别完成省计划的184.9%和199.7%。共征收保险费13.44亿元，完成省计划的118.5%，其中追缴历年拖欠3039万元。全年为12.2万名企业离退休人员按时足额支付离退休费12.47亿元，社会化发放率继续保持100%，其中为11万名企业退休人员调增补发养老金4834万元。

全市有2300个单位、11.7万名职工参加机关事业养老保险，收缴保险费5.72亿元，为3万名离退休人员支付养老金5.73亿元。农村养老保险累计投保人数达35.6万人，全年收取保费1813.4万元，为21093人发放养老金3350万元。张店区在淄博新区全面启动失地农民基本生活保障制度试点工作。至年底，参加保险的失地农民3万人，收取保费2.5亿元。

【社会化管理服务】 是年，市政府将企业退休人员社会化管理服务工作列入为群众办的12件实事之一，成立了由市委副书记、常务副市长周清利任组长，副市长段立武任副组长，市劳动和社会保障、民政、财政、物价等部门（单位）主要领导为成员的企业退休人员社会管理服务工作领导小组。本着“保障为先、服务为本”的原则，在全省创造性地实施了社会化管理服务工作“星”级示范点创建活动。通过强化基础建设和分级管理，促进了社会化管理服务工作的深入开展。全市107个街道（乡镇）共建立164个社会化管理服务机构，专、兼职工作人员473人；评选出9个AAA级示范点，18个AA级示范点，41个A级示范点。全市共组织多层次、多形式的企业退休人员文体活动450余次，全市性大型文体活动4次，5万多名退休人员积极参与。重阳节期间，全市8个区县同时启动企业退休人员大型广场展示活动，2万多名企业退休人员共同参与。到年底，全市17.6万名企业退休人员实现了社会化管理，社会化管理服务率达到99.1%；社区直接管理人员15万人，社区管理率达到85.4%。

【“金保工程”建设】 淄博市“金保工程”网上缴费试点被国家劳动和社会保障部确定为全国3个试点城市（单位）之一。全市各社会保险经办机构统一安装使用软件，各级劳动力市场统一安装并使用“劳动99”三版软件和社区就业信息平台软件，实现信息软件统一和信息资源共享。完善企业养老和医疗保险电话、短信及网上查询服务，建成全市“12333”劳动保障电话咨询服务中心，开展个人缴费银行代收试点，国家劳动和社会保障部网上申报缴费试点的准备工作就绪。以“金保工程”为依托，全面推行社会保险费“一票征缴”工作。至年底，市直及绝大部分区县的企业“五项”保险、机关事业单位“三项”保险实现“一票征缴”，拉动各项保险参保缴费的整体推进，为用人单位和职工群众提供了便利。各项保险联合开展缴费基数事前稽核工作，共稽核参保企业3078户，职工35万人，缴费基数38亿元；核出瞒报、漏报缴费基数5088万元，未参保人员3226人，增收社会保险费1627.28万元。稽核市直机关事业单位255个，职工1.9万人；查处单位少报、漏报缴费基数11万元，追回冒领养老金1.4万元。

【失业保险】 加大失业保险依法扩面和清欠力度，全市失业保险参保人数41.5万人，征缴失业保险费1.34亿元，完成年度计划的144%。共为5.1万名失业人员发放失业保险金1.03亿元。此外，丧葬抚恤金支出30万元，农民合同制工人生活补助金支出60万元。继续对10户困难企业进行救助，为7052名下岗失业人员发放基本生活保障金1101.1万元。年底，为张店城区2.75万名困难群体发放供暖补贴352万元。全市劳动就业服务企业有新发展，从业人员达2.07万人，完成经营额5.2亿元，实现利润3700万元。

【医疗保险】 市政府办公厅下发《关于建立城镇职工基本医疗保险制度有关问题的补充通知》，对个体劳动者参保政策进行完善。各区县相继出台完善基本医疗保险制度的政策措施，医疗保险参保范围持续扩大。至年底，全市参加基本医疗保险的单位4146家，参保人员65万人，新增参保12.8万人，其中个体劳动者参保2.95万人。严格落实医疗保险“定点医疗机构、定点零售药店”准入退出机制，强化日常监督检查，对47家违规药店进行限期整改。年内，全市“两个定点”单位共468家，其中定点医院173家（市直79家），社区门诊164家（市直91家），定点药店131家（市直109家）。按照慢性病种范围和鉴定标准，对经鉴定后符合慢性病条件的2597人逐一建册归档，实现了网上结算。继续做好市属离休人员医疗保障工作。全市医疗保险目标规范化管理服务工作走在全省前列。是年，全市共征缴医疗保险费6.05亿元，支出3.83亿元。

【工伤、生育保险】 市政府45号令出台《淄博市企业职工生育保险管理办法》，自7月1日起推开生育保险制度改革，“五险”齐全的社会保险体系全面建立。半年时间，参保生育保险的人员32.8万人，征缴保险费1320万元，为1000余人足额支付生育保险待遇586万元。完善工伤医疗服务管理办法，建立工伤职工转外就医专家会诊论证制度，开展异地治疗工伤医疗费用跟踪监控，进行工伤职业病医疗费用直接结算改革试点，保证了工伤职工的合理医疗。到年底，参加工伤保险的人员42.2万人，征缴保险费5163万元，为4300人支付待遇3634万元。

【职业培训】 市委、市政府出台《关于进一步加强高技能人才队伍建设的意见》，从加快高技能人才培养、完善引进流动机制、健全评价体系、优化成长环境、发挥高技能人才的作用等方面提出具体要求。落实“三年三千”新技师培养计划，充分发挥政府投资为主的“金蓝领”培训项目的带动作用，扩大“金蓝领”培训的工种范围和数量，培养年轻技师400人，全年新增技师、高级技师1023人。认真贯彻落实市政府出台的《淄博市首席技师管理办法》，首次选拔表彰30名“淄博市首席技师”，管理期限为4年，每人每月享受500元政府津贴。评选表彰25名“淄博市技术能手”，并给予一次性奖励。开展4次大型技能竞赛活动，一大批优秀技能人才脱颖而出。技工教育保持了供需两旺的良好势头，全市招生7403人，达到历史最好水平，毕业生就业率保持在95%以上。首次实施“技能扶贫计划”，150名贫困家庭子女在3家技工学校就读，由省、市财政和技工学校分别承担相应的费用。各区县相继成立职业技能鉴定机构，鉴定范围不断扩大，全市参加鉴定人数达2.1万人，为鉴定合格的1.8万人颁发职业资格证书。

【淄博铁路运输技工学校移交】 9月1日，淄博铁路运输技工学校移交淄博市人民政府，隶属淄博市劳动和社会保障局。

【劳动工资】 发布2005年度地方企业工资增长的实施意见，确定工资指导线的基准线为在岗职工平均工资的10.5%，上线为16.5%，下线为5.5%。同时，市劳动和社会保障局与市财政、国税、地税等部门联合下发《关于全面落实企业工资指导线制度的通知》，加大落实力度。开展国有企业工资内外收入监督检查工作，全面推行企业工资集体协商制度，对30户市属企业完成了年度工效挂工资清算和方案核定。发布217个职位(工种)工资指导价位，首次增加了各区县职位(工种)工资指导价位。安置复员、退伍军人18115人，军转干部家属35人，随军家属49人，对71名军人家属给予生活困难补助。继续着力解决企业历史拖欠职工工资问题，督促指导企业为9050名职工补发拖欠工资4883万元。

【劳动关系调整】 积极推进劳动保障“一体执法”，扩大年检和主动检查用人单位的数量，会同有关部门开展维护进城务工人员合法权益、禁止使用童工、清理整顿劳动力市场秩序、清理企业拖欠社会保险费、推行职业资格证书等专项检查。是年，劳动保障年检用人单位3683户，涉及劳动者66.3万人，补签劳动合同10.7万份，查处违法单位1844个。主动检查用人单位1676户，涉及劳动者27.4万人，补办招工手续4990人，补缴各类社会保险费2201.5万元。受理举报1716件，立案查处1170件。市、区县全部建立三方协调机制。全市实行劳动合同制度的企业2900户，职工76.3万人；有652户企业签订了集体合同。劳动争议仲裁工作得到加强，全市立案受理劳动争议案件2164件，涉及劳动者5722人，时效内结案率达95%以上；通过依法处理争议案件，为职工追索经济补偿12660万元，为用人单位挽回经济损失660多万元。认真贯彻国务院《信访条例》，完善各项工作制度，超前开展矛盾纠纷排查调处，妥善处理信访案件8833件。受理区县劳动保障行政复议案件29件，依法纠正各类违法和不当行政行为。

(王昊大)

物　　价

【概况】 2005年，市场物价运行平稳，居民消费价格总指数为100.1%，居民消费价格总水平同比上涨0.1%，比2004年同期涨幅回落2.8个百分点，比预期调控目标4%低3.9个百分点，价格调控工作取得显著成效。在构成居民消费价格总指数的八大类商品(服务)中，除食品类、娱乐教育文化用品类及服务类和居住类上涨以外，其他各类价格均呈下降态势。从全年的价格运行走势看，除2月份因春节等节日性因素导致居民消费价格总水平上涨1.2%外，其余月份均保持小幅增长或略有下降态势。

附： **2005年居民消费价格指数表**

(以2004年为100)

类　　别	全年平均	变动幅度
居民消费价格总指数	100.1	0.1%
食品类	103.1	3.1%
烟酒及用品	99.2	−0.8%
衣着类	89.4	−10.6%
家用设备及维修类	99.3	−0.7%
医疗保健和个人用品	98.7	−1.3%
交通和通讯工具类	97.2	−2.8%
娱乐教育文化用品及服务	101.8	1.8%
居住类	103.5	3.5%

2005年居民消费价格指数走势(%)

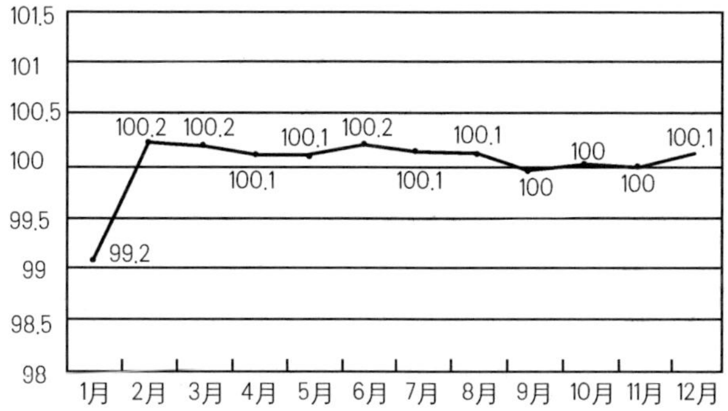

【价格监管】 一是围绕价格调控目标，认真贯彻执行国家“双控线”政策，科学合理安排价格调整项目，积极稳妥地把握出台时机、力度和节奏，缓解价格结构性调整对市场物价上涨的压力，避免集中出台政府提价项目的不良效应。二是认真贯

彻落实《山东省主要商品和服务价格监测报告制度》和《价格异常波动监测预警制度》，健全和完善价格监测网络体系，加强价格监测和价格形势分析预测工作。坚持每月定期对市场价格变动情况进行分析，开展粮食等重要副食品和重要生产资料价格专项监测分析报告工作，全年共发出信息报告220余份，为及时科学地实施价格调控提供了决策依据。三是加强价格宣传和政策公告工作。通过《山东价格政策月刊》和市物价局网页及时宣传物价政策，引导消费者树立正确的消费观念，避免市场物价出现大的波动现象。

【价格改革】 深化电价改革。按照省物价局的统一部署，自5月1日起，对全市各类电价进行调整：居民生活用电每千瓦小时上调0.02元，大工业用电、非工业用电、普通工业用电、非居民照明用电每千瓦小时上调0.0272元；经省政府批准，自9月15日抄见电量起，淄博市直供区居民生活用电以外的其他各类用电，率先在全省实现了城乡用电同网同价。城乡用电同价后，直供区城市其他各类用电每千瓦小时提高0.61分，农村非普工业、非生活照明和农业生产用电平均每千瓦小时降低近0.20元，降低幅度最低在22%以上，一年可减轻农民负担8000万元。

积极推进水价改革。确定自2006年1月1日起在全市实行用水超计划累进加价制度；采取补贴和提价两种方式，理顺引黄工程水价，解决了长期以来引黄供水价格不能到位的老大难问题；调整全市污水处理费的征收标准。五区、开发区和桓台县提高到每立方米1.00元，高青、沂源两县提高到每立方米0.80元。同时，出台鼓励社会力量自建污水处理设施的政策。

对城市基础设施配套费改革进行调研。根据国家、省有关文件精神和要求，提出城市基础设施配套费改革的初步意见。

整顿规范客运票价。针对成品油市场价格上涨过快的情况，对客运出租汽车实行燃油加价政策；适当调整部分线路客运票价。

制定车用天然气临时销售价格。按照天然气与汽油的比价关系，合理确定淄博华油天然气利用公司等单位的车用天然气临时销售价格。

加强药品价格管理。公布2403种中标药品临时零售价格，制定部分医院自制药剂价格。其中，中标药品降价幅度平均在20%以上，减轻了群众看病就医负担。

【清理收费和治理乱收费工作】 1.收费年审工作。全市审验收费单位3898个，审验收费总额71.64亿元。其中，市物价局审验收费单位698个，换发收费许可证720个，审验收费总额55.24亿元。2.规范收费行为。联合市法制办、市财政局对全市涉及行政许可(审批)的收费项目重新进行梳理、审核、汇总，公布取消收费项目57项。3.加强教育收费管理。制定淄博市义务教育阶段学校收费管理办法，加强学校住宿费收费管理；规范民办学校收费管理办法。4.强化社团、培训班收费管理。根据市委、市政府办公厅《关于加强培训班管理的通知》精神，与市纪委、监察局、财政局联合下达《关于治理整顿党政机关及其所属单位乱办班问题的通知》，并对交通、卫生、技术监督等近20家部门单位的培训办班及工商、环保等部门成立的社会团体收费情况进行调查。5.规范物业管理服务收费。制定出台《淄博市物业服务收费管理实施细则》《淄博市普通住宅小区物业管理服务收费等级标准》及淄博市物业管理服务收费各等级的政府指导价格和浮动幅度，规范物业管理服务收费行为。6.规范外国人居留许可证、注册公用设备工程师等资格考试、劳动争议仲裁收费和大学英语四、六级考试收费及居民身份证工本费、计量鉴定、机关事业单位工作人员劳动能力鉴定、执业医师资格考试等收费标准，完善新增医疗服务项目价格管理办法和非营利性医疗机构非普通病房床位价格核定办法。7.加强房地产价格管理。全年审批经济适用住房价格面积达50873平方米；完成土地征用地面附着物补偿标准的初审工作，会同市国土资源局初步确定征地年产值补偿标准，并向市政府作了专题汇报；会同市房管局、市财政局、市民政局等部门下发《关于城镇最低收入家庭廉租住房管理有关问题的通知》，确定实物配租租金标准，明确了廉租住房租金管理权限。

【价格监督检查】 完善基层价格监督网络建设，初步建立起价格收费公示工作的长效机制。至年底，全市各级物价部门共计在全市所有乡镇(办事处)和3095个行政村设立、更换公示牌3722块，发放宣传材料18.6万份。各收费单位的公示率达到99%，其中市属656个应公示单位已全部完成公示工作。组织开展对教育、卫生、交通、电力、工商、石油、技术监督、通讯等系统及涉农价格(收费)和商品房价格公示的监督检查工作。全市共查处价格违法案件436件，实施经济制裁1128.19万元，其中退还用户338.7万元；没收违法所得782.73万元，罚款6.9万元。共受理价格举报515起，立案查处275件，实施经济制裁99.89万元，其中退还用户69万元。群众投诉案件的查结率达到100%，较好地维护了企业和消费者的合法权益。年内，还开展了反价格欺诈宣传月和"价格诚信单位"评选活动。

【价格鉴证工作】 全年完成价格鉴定业务120件，标的额3.4亿元；完成旧机动车交易价格认证16100台次，标的额6亿元；完成车损、路损价格认证6000余件，标的额3100余万元；完成抵押贷款标的物价格认证3994件，标的额6.1亿元；完成资产评估27件，标的额4.1亿元；完成成本预审、认证项目20余个。

【价格听证】 是年，依据《中华人民共和国价格法》，召开2次价格听证会。7月27日，召开物业管理服务收费等级标准听证会，在广泛征求代表意见的基础上制定出台《淄博市物业服务收费管理实施细则》《淄博市普通住宅小区物业管理服务收费等级标准》及淄博市物业管理服务收费各等级的政府指导价格和浮动幅度。10月12日，召开数字有限电视收视维护费收费标准听证会，来自社会各界33名正式代表和15名旁听代表参加了听证会。 (陈　芳　张逢春)

统　　计

【统计服务工作】 1.抓好经济运行动态监测情况通报。做好全市经济运行情况、高新技术产业、百强企业、城乡居民收入、重点乡镇及区县域经济社会发展综合评价监测情况通报工作。2.全力支持并积极参与创建文明城市工作。抽调业务骨干全力参与"创城"工作，圆满完成各项任务。3.搞好"全面建设小康社会"的统计监测研究，对市及区县农村小康进程进行初步测算。4.加强对全国百强城市监测资料的分析研究工作。通过对监测资料的对比分析，提出决策咨询建议。5. 抓好重点课题调研分析，努力提高调研分析水平。对《经济强市、文化大市、绿色城市量化指标研究》《论"十五比"与科学发展观》等十几个重点调研课题实行投标、招标制。6. 开展专项调查。充分发挥3支调查队统计调查的作用，抓重点，抓焦点，开展创建文明城市、企业资金紧缺情况、人才资源情况、黄河滩区经济社会发展情况等20余项专项调查，为党政领导和社会各界提供及时而翔实的资料。7. 为"两会"提供优质服务。在"两会"召开期间，编印图文并茂的统计资料，展示淄博经济改革和发展所取得的巨大成绩，为代表们参政议政提供资料。8. 积极配合有关部门开展工作。配合市目标考核管理办公室进行区县目标考核管理办法修改、数据审核等的研究和编制工作；与市科技局联合对区县进行科技考核；与市建委共同组织开展了城市化监测工作等。9. 创新创优服务方式。为提供更加全面的咨询服务，在建立简明数据库的基础上，积极建立涵盖国家、省、市主要数据资料的宏观数据库。10. 加大新闻宣传力度。与《淄博日报》《淄博晚报》《鲁中晨报》和淄博电视台建立月度主要经济新闻通报制度，为社会各界及时提供权威的统计信息服务。

【统计制度方法改革】 加强和改进地区GDP核算工作。按照国家、省关于加强和改进地区GDP核算工作的文件要求，优化局内科室设置，进一步加强国民经济核算、投资等专业统计工作。改进和完善城乡居民生活水平的统计监测方法。开展抽样调查样本轮换、换户扩点工作，准确及时反映城乡居民生活水平。积极推行联网直报方式。在工业、建筑、贸易、房地产、劳资等专业积极开展联网直报，进一步提高统计数据质量。规范开发园区统计制度。抓好园区统计机构、制度、人员情况的落实，进一步完善和规范园区统计指标体系，力求准确反映全市经济园区发展的实际情况。全面推行乡镇统计机构改革。在张店区、临淄区及高新区实行乡镇统计机构派出制试点，在成功试点的基础上，在全市范围内全面推行乡镇统计机构改革。《人民日报》《中国信息报》等新闻媒体对淄博乡镇统计机构改革工作进行了报道。年内还建立了涉外部门综合统计报表制度。

【统计基层基础建设】 年内，按照《山东省企业统计工作规范化管理办法》和市政府《关于加强和改进统计工作的意见》等文件要求，做好《淄博市统计基层基础工作规范化建设标准》的贯彻落实工作。加强对基层统计人员的管理，建立基层统计人员档案和统计报表登记制度，对中小企业统计工作加大监督检查力度，企业统计工作进一步得到规范和加强。

【重大国情国力调查】 圆满完成第一次全国经济普查工作。市、区两级主要领导高度重视，亲临普查现场视察指导，各级普查机构认真组织抓好普查登记、数据处理上报、质量审核评估等环节，严格执行数据质量控制岗位责任制。同时，对普查数据质量进行执法检查和抽查验收，确保了普查数据质量。

认真搞好1%人口抽样调查，逐步建立完善市、区县劳动力调查制度。按照全省1%人口抽样调查和劳动力调查的总体部署和安排，认真抓好调查指导员和调查员培训、调查登记、复查、质量抽查、数据处理等各个工作环节，确保调查数据质量。遵循"长远规划、分布实施、逐步完善"的原则，逐步建立了市、区县劳动力调查制度。

【统计法制建设】 积极开展形式多样、行之有效的普法宣传活动，把普法宣传融入各项具体统计业务工作中。在第一次全国经济普查和1%人口抽样调查期间，充分发挥新闻媒体优势，广泛宣传统计法律法规，提高全社会的统计法制意识。同时，认真开展系统内法制培训工作。年内，集中对市、区县统计局的相关统计人员和乡镇街道办统计所(站)所长进行统计法制和业务知识培训，提高政府综合统计部门统计人员和乡镇统计负责人的法律意识和业务素质。局领导多次到有关部门授课，宣传统计法律法规和统计工作，市委党校把《中华人民共和国统计法》列入干部培训内容。以统计执法监察处成立为契机，积极推行全员执法，改进执法形式，强化执法效果。重点对全市工业、交通业、建筑房地产业和教育、卫生、银行等行业及36家"强乡镇"进行数据质量检查。严肃查处在普查和调查过程中的各类违法案件，共检查单位508家，发现问题的67家，立案查处51家，处罚51家。

【队伍建设】 一是选派部分人员"走出去"学习。在加强与省统计局、各地市统计局学习交流的基础上，选派6名专业人员赴国家统计局进行为期两个月的学习。二是进一步加强统计文化建设。提出"个人干一流工作、集体创一流业绩、向社会奉献一流服务"的目标，要求每个党员都要达到"政治上有向心力，组织上有凝聚力，纪律上有约束力，服务上有创新力，思想上有压力，工作上有动力，业务上有实力，精神上有活力，行动上有魄力，宣传上有魅力"的要求。三是切实加强机关作风建设和统计职业道德教育。大力开展争创文明机关和文明系统活动，全局上下形成团结、和谐、稳定和风正、气顺、心齐的良好工作氛围。是年，市统计局被市委、市政府命名为市级文明单位、创建文明城市工作先进单位等；连续三年被省统计局考核为先进单位；经济普查工作荣获全国先进集体称号。

（于亦芳）

审　计

【概况】 2005年，共实施审计项目85个，完成审计调查6项。审计查出主要问题金额11.7亿元，应上缴财政金额2.5亿元，已上缴财政金额2.43亿元，向司法机关移送案件1件。市政府批准成立政府投资审计专业局，出台《淄博市政府投资建设项目审计办法》。11月9日，国家审计署审计长李金华到淄博视察工作，对淄博市审计业务工作和队伍建设方面取得的成绩，给予高度评价。

【预算执行审计】 组织对12个部门的39个所属二级单位进行审计。审计中，突出对福彩公益金、部门所办学(协)会、行政事业单位国有资产管理等专项审计，揭示出部门预算编制不规范，行政主管部门"经费下沉"，国有资产管理不规范，学会、协会依托行政职能收费，房地产和建筑安装企业漏欠税金等现象，指出福彩公益金使用分散和挤占、挪用等影响资金效益发挥问题，共查出各类违纪违规金额4.5亿元，增加财政收入1.9亿元。市政府全文转发审计结果报告，并首次在市政府官方网站对22个部门单位和企业的违规问题向社会全面公开。审计工作报告得到市人大常委会的高度评价。市人大常委会主任会议还首次听取审计整改情况报告，认为审计整改力度不断加大，审计威慑力和社会影响进一步扩大，审计查出的问题得到全面整改和落实。

【领导干部经济责任审计】 首次开展并实施了对临淄、桓台两区县区县长的任中审计。先后组织实施了26个市直部门、单位“一把手”的任期经济责任审计工作。共查处各类违纪违规金额3亿元,应上缴财政金额2678万元,已上缴财政2456万元。市委、市政府对经济责任审计工作高度重视。年初,召开全市经济责任审计工作会议,对上年度经济责任审计中发现的问题进行通报。市长刘慧晏、副市长周清利亲自为27名没有按规定参加会议的领导干部进行补课,在社会各界产生强烈的反响,《中国审计报》在一版显著位置对此作了报道。省审计厅《审计情况》连续3期、省经济责任审计联席会议办公室编发专刊,刊发淄博市党政领导重视支持经济责任审计工作的情况。

【省审计厅授权和统一组织的审计项目】 年初,完成对淄矿集团的审计处理工作。6月,组织对省审计厅授权项目山东金岭铁矿的财务收支审计。在省审计厅统一组织的对食品药品监督系统、公路系统等14个审计项目和审计调查、检查项目中,精心组织,严把审计质量关,收到良好效果。共查出违规违纪金额1.16亿元,应上缴财政3044万元,已上缴财政2668万元。公路系统审计中反映的《汽车养路费漏征问题不容忽视》信息,被省政府“每日要情”采用。

【政府交办审计项目】 2005年,根据市政府安排,对蒲松龄纪念馆门票收入、世纪花园建设一期工程、淄博供销技校资产损益、市直机关部门发放奖金补贴、百强优秀企业核实、“三农”资金检查等6个项目进行审计和审计调查。审计过程中,积极发挥参谋助手作用,为宏观决策服务提供“第一手”情况,推动了一些问题的处理和经济决策的执行。

【企业审计】 年内,组织对淄博热电集团公司、山东大成化工集团有限公司、淄博硅苑新材料科技股份有限公司、淄博牵引电机集团股份有限公司及其所属企业等市属重点企业进行财政财务收支和相关经济活动情况的审计。

【确保审计质量】 2005年,继续坚持把审计质量作为审计工作的生命线,审计质量保持了全省领先的地位。全面落实审计署6号令,健全完善审计业务全过程质量控制体系,进一步规范和强化审计业务管理。严格审计程序,审计质量经受住考验。根据审计署和省审计厅的要求,开展以“严谨细致,提高质量”为主题的“管理质量年”活动,收到好的效果。在省审计厅统一组织的审计和审计调查项目中,全市有10个项目被评为优秀。

【队伍建设】 年内,制定加强自身建设的意见,出台包括加强党员队伍建设、审计信息化建设、审计质量控制、审计信息宣传、机关工作人员管理等11个方面的文件。坚持把廉政建设作为队伍建设的“生命线”,做到常抓不懈,抓实抓牢。在重大问题、重要审计项目和关键环节上,从严把关。市局领导率有关科室人员走进淄博市广播电台直播间,现场受理听众提出的问题,自觉接受检查监督,受到社会的好评。年底,市审计局获全国审计机关先进集体荣誉称号。

【内部改革创新】 在干部选拔上,把计算机考试列入干部竞争考试内容,向全省公开招聘人才。在投资局专业人员的招录中,从109名应届毕业生中,层层选拔录用4名本科大学生;利用《大众日报》、政府网站等媒体,在全省范围内公开招收4名工程技术专业人员。在审计信息化建设、干部培训工作上创新。加强审计信息化建设,成立信息中心,投资80余万元购置了电脑和审计软件。开通局域网和淄博审计网站,初步实现网上办公和对一些项目的计算机审计,提高工作效率,扩大审计成果。利用AO系统软件,对淄博市公路系统财务收支审计的应用案例,被推荐入选审计署审计经验专家库,受到国家审计署表彰。

【政府投资审计专业局成立】 12月20日,政府投资审计专业局正式挂牌成立。年内出台《淄博市政府投资建设项目审计办法》,将于2006年1月1日起正式施行。政府投资审计专业局的职责主要是负责政府投资项目的审计监督工作。一是根据审计计划对政府投资项目的开工前、概(预)算执行和竣工决算的审计监督,以及与政府投资项目有关的建设、勘探、设计、施工、监理、采购、供货等单位财务收支的审计监督。二是负责对市政府有关部门及其下属单位财务收支的审计监督,对市属国有企业技术改造项目的财务收支的审计监督。三是负责审计监督政府投资项目工程招标。四是指导区县审计机关的政府投资审计业务。五是组织与政府投资项目有关的专项审计或审计调查,委托审计项目招投标和对委托审计项目的管理。六是承办上级交办的专项审计事项及其他任务。 (吴华龙)

质量技术监督

【质量监督管理】 根据国家质量监督检验检疫总局、省质量技术监督局要求,对辖区内规模以上企业产品质量状况进行调查摸底,全市完成建档企业5200余家。及时将全市产品质量状况通报当地政府,为政府实施“质量兴市”和品牌带动战略提供“第一手”资料。是年,在全市五区三县及高新区开展“质量兴区(县)”活动,把质量工作纳入当地政府的决策目标,定期检查讲评。进一步加强区域监管责任制,集标准、计量、质量、行政执法等“多位一体”的综合监管工作模式得到省质量技术监督局和市领导的好评。

【计量工作】 一是以贯彻实施《山东省计量条例》为突破口,强化计量监督。开展计量器具制售、“民用四表”首检、医用强制检定计量器具和集贸市场计量器具整治等一系列专项执法活动,共查处各类计量违法案件260多起。二是抓好计量器具生产企业管理。按照省质量技术监督局要求,组织对计量器具生产企业的年度监督检查,分别对压力表、互感器、瓦斯报警器、汽车检测设备、微量水分测定仪等行业的60多家企业进行检查,对其中30多家企业下达整改通知书,吊销2家企业的制造计量器具许可证。三是抓好定量包装商品计量监督检验工作。对15家定量包装商品生产不合格企业进行后处理。对38家企业的60个批次的定量包装商品进行监督检验;安排10次流通领域定量包装商品的监督检验,共检验399批次,总体抽样合格率57.6%。为落实省质量技术监督局年度定量包装商品计量保证能力“C”标志工作,重点帮扶得益乳业公司、扳倒井集团、黄河龙集团等8家企业获得“C”标志,获证企业数在全省处于领先位置。四是做好计量标准的管理工作。对79家企业的266项标准进行计量检查,对48家企业的141项标准组织了考核。五是做好计量技术比武工作。在全系统组织砝码、量块、燃油加油机计量检定技术比武活动,聘请省计量院专家担任评委。通过比武,促进了计量技术机构计量专业技术的提高。

【标准化工作】 年内，新增国家级农业标准化示范区 7 个，新增数量居全省第二位。山东得益乳业有限公司“乳制品生产”、沂源县“无公害农产品生产”两个省级农业标准化示范区，临淄“西红柿”、高青“鲜桃”两个国家级农业标准化示范区项目通过验收。全面加强食品企业执行标准的管理。对全市 600 余家食品生产企业执行标准全部进行登记；调整食品标准备案管理权限，完善食品标准备案管理流程；对全市备案的 155 项企业食品标准进行清理。完成制、修订农业地方标准 56 项，全年有 9 个产品获无公害农产品标志。

沂源县质量技术监督局在山东华狮啤酒有限公司生产车间检查标识　　　（市质量技术监督局　供稿）

【名牌争创工作】 为推动名牌战略工作的实施，市政府专门召开全市名牌工作会议，邀请中国名牌战略推进委员会、省质量技术监督局和市政府主要领导出席会议并讲话，以市政府名义下发《淄博市开展质量兴市暨实施名牌战略的意见》《淄博市名牌产品培育计划(2005～2010)》《淄博市名牌产品奖励办法》等文件，全市形成积极争创名牌的良好氛围。

在名牌争创工作中，注重发挥部门职能优势，一方面加强与国家、省名牌战略推进委员会的对接与沟通，千方百计把淄博的优势企业、名优产品推荐上去；一方面充分发挥技术、人才优势，加大帮扶支持力度。齐鲁石化的烧碱、鲁泰纺织的色织布、兰雁集团的牛仔布、凤阳集团的软床垫、山玻集团的平板玻璃、华光集团的日用陶瓷等 9 企业的 9 个产品喜获中国名牌，实现了中国名牌争创工作的重大突破。有 45 家企业的 45 个产品获得山东名牌，新增数量列全省第一。另外，山东铝业公司等 10 家企业产品获国家免检产品称号。

获奖企业领奖　　　（市质量技术监督局　供稿）

【食品质量监管】 一是积极开展食品质量安全月活动。按照省质量技术监督局的统一部署，组织开展以“查节日热销食品、保节日食品安全”为重点的食品质量安全月活动。组织查处无证生产企业 56 家，下达责令停产通知书 37 份，对卫生条件差、不具备生产条件 29 家食品企业提报政府相关部门依法处理。二是严格生产许可证发证审核程序。加强对食品生产许可证评审员学习培训和日常管理，培养、建设一支 30 余人的评审员队伍。全年共派出 65 批次现场审核组对 88 家食品生产企业进行现场审核。同时，组织全系统稽查执法机构开展有关 15 类食品“QS”无证查处工作。三是把食品质量安全市场准入作为一项政府的工作，认真完成市食品安全协调委员会安排的相关工作。向市政府呈报了有关全市液体乳、含乳饮料和饮用水质量安全状况的专题报告。四是大力加强食品实验室建设。全市质监系统投资 500 余万元进一步完善食品实验室建设，按照市场准入实施细则的要求，确定不同种类食品的监督检验项目，严格监督和规范质检报告质量，努力提高定期检查工作的有效性和公正性。还对全市 171 家食品获证企业使用的包装材料和食品添加剂有关企业进行了登记备案。五是开展对含“苏丹红”食品生产企业的专项检查。共检查酱菜及调味品生产企业 52 家，对 5 家辣椒酱生产企业进行监督抽查，共抽取 9 个样品，经送省质量检验院检验均不含“苏丹红”。六是开展乳制品和含乳饮料的专项检查整顿。共检查乳制品和含乳饮料生产企业 54 家，下达责令整改通知书 30 份，依法查处违法生产企业 24 家，端掉含乳饮料违法生产窝点 8 个。全市有 26 家含乳饮料生产企业已经关停。七是组织开展对夏季冷冻饮品和碳酸饮料的专项检查。共检查冷冻饮品生产企业 22 家，立案查处违法案件 8 起，规范了冷冻饮品生产加工企业行为。八是组织开展对禽肉制品和防控禽流感相关产品的质量监督工作，进一步强化对肉制品、消毒液、防护服等产品的监管。

执法检查　　　（市质量技术监督局　供稿）

【建立全市质监系统食品质量安全预警机制和应急预案】 年

内,制定了《关于建立实施食品质量安全风险预警机制的意见》和《重大食品质量安全应急处置预案(草案)》。对食品质量安全实施"红、黄、橙"三级预警机制,做到有效预防,及时控制和消除食品质量安全突发事件的危害。就预防重大食品质量安全事件的组织指挥体系、工作职责和食品安全事件的应急响应、现场处置等事项,该预案作了全面明确,待进一步修订后在全市实施。

【安全监察】 一是规范区域监管工作,提高特种设备监管的有效性。全市已建立区域监管机构63个,配备特种设备监管人员83名,协管人员137名,联络人员838名。为保证特种设备监管工作规范有效,制定《淄博市特种设备安全区域监管工作规则》。二是部署开展特种设备安全监管"百日整治"活动。下发《关于加强特种设备定期检验工作的意见》,成立领导小组,落实责任任制。经过3个多月的"百日整治",共检验设备3987台,设备定检率提高到97%。其中,锅炉定检率为95.23%,压力容器定检率为95.1%,电梯定检率为98.25%,起重机定检率为99%,厂车定检率为98.75%。检验中发现设备隐患16000余条,"判废"设备232台;通过修理,1800余台设备消除隐患。三是发生炉煤气专项整治工作取得成效。会同安监、消防部门完成煤气装置安全评价303家、设备检验327台(套)、消防评价或验收253家。全市安全评价执行率平均为86.25%,设备检验执行率平均为83.87%,消防验收或安全评价执行率平均为86.25%。在整治中通过安全评价、设备检验、消防评价或验收等环节先后发现和消除事故隐患1580条,其中有10家企业的13套发生炉装置中的煤气发生炉被"判废"。煤气隐患整治率达到92.87%,安全管理制度建立比率达到98.37%,岗位安全操作规程建立比率达到98.37%,应急抢险器材配备达到93.75%。四是压力管道注册登记工作取得新突破。加大对新安装压力管道监督检查力度,严把安装单位资质关,无压力管道安装许可证的单位一律不允许从事管道安装。全市已完成监检或检验压力管道900千米,在线检验1000余公里;注册登记2921条、285千米。五是进一步加强危险化学品设备安全监管。制定《淄博市重要危险压力容器安全检查规则》,明确各分(县)局、市锅炉检验所及有关大企业检查责任分工。全年共检查重要危险设备1245台,发现事故隐患214条,整改214条。加强对危险化学品运输罐车的整治。会同安监、公安、交通部门对危险化学品运输企业进行验收检查,共检查运输企业84家,对全部承压罐车进行容积核查,检验承压罐车202台、常压罐车1038台,报废罐车3台,整改罐车26台。年内,全市有危险化学品运输罐车1400余部。开展危险化学品气瓶安全专项检查整治。会同有关部门组成10个检查组,对从事氢气、氧气、液氯、液氨、二氧化硫、硫化氢、溶解乙炔等生产、充装、经营、储存、使用的单位进行拉网式检查。共检查178家企业和10家气瓶检验单位,下达安全监察意见书84份,现场发现问题和隐患107条(整改94条、落实整改计划措施的13条),对3家单位和1家经营业主进行立案查处。六是开展学校特种设备安全大检查。会同市教育局检查学校214所,共检查特种设备179台,发现安全隐患76条,下发特种设备安全监察意见通知书41份。至年底,相关学校对安全隐患全部进行了整改,对违法使用锅炉且多次拒绝安全检查的1所学校进行立案查处。

【实验室建设】 年内,山东省耐火材料检验中心通过省质量技术监督局考核验收,并获准筹建国家级检验中心。进一步完善陶瓷和泵产品两个重点实验室,并上报建立省级重点检验中心。特种设备检验中心项目已由省发改委立项,作为全省质监系统"十一五"期间建设规划的重要项目,列入省级中心建设规划。市锅炉检验所热载体等实验室和槽罐车检验中心建设取得突出成绩,得到省质量技术监督局的充分肯定。市计量、质量检验两所的基础设施改造基本结束。市质量检验所"四个中心"(即食品检测中心、化工轻工检测中心、建材陶瓷检验中心、耐火材料水泥检验中心)检验"龙头"的优势已经凸现。

【服务企业】 制定出台《关于进一步优化经济发展环境的实施意见》和《关于促进民营经济发展的实施意见》。建立服务企业联系点制度,从市局到各分(县)局班子成员都确定企业联系点,定期到企业了解情况,征求意见。制定并实施行政执法回访制度,规定对所有行政相对人要回访50%,对处罚金额5万元以上的企业要全部进行回访。全系统共走访、回访企业1700余家。在行政执法工作中,注意区分涉及人身健康安全的严重质量违法行为与一般质量违法行为、故意违法行为与非故意违法行为、支柱产业与落后淘汰产业的区别。为有效避免重复检查和重复执法,对定期监督检验实施严格的计划管理,在行政执法中严格实行后进入者退出制度。在案件办理前,首先调查了解上(下)级部门是否已经立案,是否同一行为已被实施过处罚,切实做到"一事不二罚"。抓好处罚的事后监管和跟踪服务工作,把处罚与监督整改、处罚与服务紧密结合起来,把帮助企业分析解决问题、促进企业达到国家生产合格产品的条件,作为善后服务的重要内容。市局成立由总工程师牵头的服务企业办公室,建立转办机制,细化跟踪服务措施,形成执法、服务管理新模式,受到企业的欢迎。积极做好扶优扶强工作,郑重承诺名牌工作"零收费"。年内,全市有9个产品荣获中国名牌,45种产品获得山东名牌,质监部门没向企业收一分钱。

【打击制造、出售假冒伪劣产品违法行为】 一是突出整治一批农资、食品及涉及人体健康安全的3C认证产品。共检查农资生产销售单位206家,抽样671批次;检查城乡结合部小食品加工点400余家。全市共立案查办案件1580起。二是组织稽查执法机构开展"训练日"活动,通过落实每周调度一次训练情况、组织外出观摩学习、开展执法应急演练、召开执法工作研讨会和稽查办案调度会等形式,锻炼和提高稽查执法队伍的整体素质。三是认真做好案件审理把关、行政诉讼和行政复议工作。严格执法办案程序,重证据,办铁案,先后下发6个规范行政执法文件,及时纠正执法中的不规范行为,全年没有发生一起行政诉讼和复议案件。

【行政处罚自由裁量权和事权划分试点工作】 为规范行政执法行为,推进依法行政进程,市质量技术监督局作为市政府规范行政执法自由裁量权工作试点单位之一,9月出台《淄博市质量技术监督局行政处罚自由裁量权实施办法(试行)》,对质监法规自由裁量权内容的执法依据进行了梳理和细化。11月印发《淄博市质量技术监督局规范行政执法明确事权划分工作意见的通知》,对在行政检查、行政收费及行政处罚等方面的职权予以明确,要求所属各单位不得违反通知规定乱收费、越权处罚和对同一事项重复进行检查。年内,试点工作稳妥起步。

【投诉举报处理工作】 全年共接听咨询、举报投诉电话

21215个,接通率100%;受理投诉5161起,处结率98%以上;受理批转举报案件1521起,处结率100%。为消费者挽回经济损失1216万元。在全省率先组织开展"汽车召回及'三包'签约"行动,为企业培训"三包"骨干2600余人。

(宋立忠)

工商行政管理

【内资企业登记管理】 年内,全市新登记内资企业491户,累计实有内资企业9181户,注册资本(金)总额35.52亿元。其中,国有企业1654户,集体企业4441户,股份合作制企业544户,有限责任公司2503户。内资企业户数较往年有所下降,但是规模实力不断增强,企业类型结构日趋合理,产业、行业结构继续保持稳定。结合企业年检工作,对内资企业登记前置审批事项等进行严格的核对和"筛查",清理一批"三无""六小"企业和"假集体、假国有"企业以及党政机关办实体等不符合规定的企业,吊销企业营业执照772户。

【外商投资企业登记管理】 是年,全市新登记外商投资企业145户,累计实有外商投资企业698户,投资总额379657万美元,注册资本257336万美元,其中外方认缴出资额154428万美元,占注册资本的60%。698户企业中,有中外合资企业474户,中外合作企业34户,外商独资企业186户,中外股份公司4户,注销1户。全市外商投资企业呈现出"一大三多"的特点:投资规模大,新登记投资总额在1000万美元以上的外商投资企业39户;投资主体分布广,到淄博市投资的涉及亚洲、欧洲、拉丁美洲、北美、大洋洲的22个国家和地区;行业多样化,除传统的制造业外,房地产业、建筑业、居民服务业等行业所占比例明显提高。

【个体私营企业登记管理】 年内,全市新登记个体工商户23341户,同比增长40.3%;全市实有个体工商业户74190户,同比增长13.41%,是近年来增长幅度最大的一年。个体工商户资金总额为16.65亿元,同比增长25.74%,户均资金为2.24万元,同比增加2200元。新登记私营企业4274户,实有私营企业累计21421户,从业人员29.3万人,注册资本(金)290.26亿元。私营企业快速发展,规模不断扩大,企业集团急剧增加。截至年末,全市实有各类法人企业2.67万户,私营、内资和外资三者所占比重分别为80.18%、17.21%和2.61%,私营企业比重上升3.26个百分点,超过内资企业62.97个百分点。

【企业登记制度改革】 在登记程序上,进一步完善企业登记软件,规范登记程序。在登记机制上,确立由受理人员受理、科长审核的"一审一核"工作制度,缩短登记工作办事时限,提高工作效能。建立信函、电报、电传、电子邮件等新的企业登记受理方式。积极开展"经济户口"档案电子化工作。年内,已建立并完善企业和个体工商户电子档案查询系统,为强化监管、向社会提供查询服务开辟了便捷、高效的途径。

【市场监督管理】 推进全市农贸市场升级改造,提升农贸市场档次,加快农贸市场超市化进程。是年,全市各类交易市场达526处,比上年增加7处。其中,增加生产要素市场1处,减少生产资料市场1处。召开全市农产品市场准入工作会议,推行和落实市场准入制度,建立和完善农产品市场抽检机制,在全市初步形成以市场开办单位自检为基础,以工商部门抽检为保障,以社会检测机构复检为补充的三级农产品质量检测体系。全市有21处城区农贸市场实现农产品药物残留自检,占全市城区市场的81%。深入开展"红盾护农"专项行动,举行"淄博市工商2005红盾护农启动仪式",下发紧急通知,制定实施方案,全面推行"两账两票一书一卡一留样"农资经营制度,建立健全农资经营企业监管体系、农资商品监管体系、农民利益保护体系、农资企业自律管理和自我约束机制等,切实维护农资市场经营秩序,保护农民的合法利益。制定市场应急预案,全面做好高致病性禽流感防控工作。加强组织领导,制定10项防控措施,逐级落实防控责任,确保市场安全。

红盾护农活动启动仪式

(市工商行政管理局　供稿)

创建文明市场工作成效明显,深入开展以清理无照经营、打击假冒伪劣、整顿规范市场经济秩序为重点的专项整治行动,从出示营业执照经营、明码标价、商品准入等入手,有效推进全市商品交易市场的文明建设,全市有17处市场被命名为省级规范化文明市场,35处市场被命名为市级规范化文明市场。

【商标管理】 围绕注册商标专用权的确权、用权和维权工作,开展了注册商标专用权保护行动。发挥三级管理体制的作用,建立健全"工商所——分(县)局——市局"的三级商标监管网络,对全市商标违法行为进行严密的日常监管,变被动执法为主动出击,提高了办案效率。全年查处商标违法案件143件。其中,一般违法案件65件,侵权假冒案件78件。帮助、指导企业实施品牌战略,积极开展争创著名、驰名商标工作,取得丰硕成果。"万杰""博山"2件商标以司法认定的形式被确认为中国驰名商标,"鲁阳""清田"2件商标被国家工商总局商标局、商标评审委员会认定为中国驰名商标。"大成""川鹰""海达"等29件商标被认定为山东省著名商标。截至年底,全市著名商标总数131件,居全省第一;中国驰名商标总数9件,居全省第二。

【广告管理】 是年,开展"打虚假、树诚信"广告专项整治行动,以药品、医疗、保健食品、美容服务、化妆品广告为重点,采取强力措施,治理效果显著。查处各类广告违法案件199件,同比增长74.56%。加大对媒体违法广告的执法查处力度，建立完善广告检测中心，对市属及区县新闻媒体广告进行监督检查，查处、规范一批媒体违法广告行为，净化广告市场经营秩序，提高了广告的公信度。积极助推广告业健康发展，全市已登记广告经营单位625户，同比增加3.82%；广告从业人员4337人，同比增加1.1%；广告经营额33133.2万元，同比增长26.67%。

【经济合同管理】 建立企业信用信息服务系统，确立信用管理制度工作试点，组织开展企业信用主题实践活动，结合创建文明城市，开设了企业信用管理网站。深入开展"守合同重信用"企业创建活动，新评定"守合同重信用"企业104家，其中省级41家；"守合同重信用"企业总数达704家，其中国家级14家，省级235家。以打击合同欺诈行为为重点，开展合同专项执法行动。查处合同违法案件217起，涉案金额5113.3万元。规范"订单农业"，促进地方经济发展，确立60家农业产业化龙头企业作为重点帮扶对象。发展"守合同重信用"农户224户。举办涉农合同培训班28期，参训人员3213人次。加强对拍卖活动的监管，建立拍卖企业监管档案，共备案委托合同72份，合同金额8280万元。进一步做好抵押物登记工作，严格抵押物登记工作程序，不断提高登记工作质量。办理抵押物登记49件，担保主债权额270804万元。

【公平交易执法】 紧紧围绕经济发展，按照"执法能力建设年"的总体要求，扎实有效地开展公平交易执法工作。组织实施以成品油抽样检测为重点的流通领域商品质量监管、查处无照经营活动，严厉打击非法传销和变相传销活动，进行医药行业商业贿赂问题的专项整治，开展假冒他人注册商标、知名商品名称和知名企业包装装潢等涉及知识产权方面不正当竞争问题的专项整治，对具有独占地位经营者限制竞争行为以及盐业市场进行专项整治，组织"消费储值"及其他类似非法经营活动等专项整治，对各类经济违法违章行为的打击力度、深度和领域都实现了新突破。按违法类型分类，案件数上升的有：假冒伪劣案件240件，上升79.1%；虚假宣传案件35件，上升34.62%；虚报注册资本、虚假出资及抽逃资金案件17件，上升466.67%。

以规范房地产市场、抑制投机经营为目标，开展房地产市场专项整治行动。严格市场准入，查处违法宣传广告，打击商业欺诈，强化日常监督检查。全市共检查房地产开发企业478家，房地产中介机构166家。立案查处79起违法案件，下达责令改正通知书整改规范的68家，吊销营业执照1家。通过整治，切实维护房地产市场秩序，保护消费者的合法权益，社会效果明显。

【依法行政工作】 是年，在全系统全面推行行政处罚自由裁量工作。制定出台《行政处罚自由裁量权实施办法(试行)》，在法律、法规、规章规定的处罚幅度范围内对注册登记、不正当竞争、消费者权益保护、市场、合同、商标、广告监督管理等7大类，88部法律、法规、规章，共230余项主要违法行为进行归纳分解。结合工作实际，按照同类违法行为的不同违法事实、性质、主观动机、社会危害程度以及后果等因素，逐一细化行政处罚的裁量标准达930余项，保障工商行政管理机关在行政处罚时公平、公正地行使裁量权。全年共查办行政处罚案件16472件，同比减少1860件。其中，一般程序案件14195件，简易程序案件2277件。行政复议案件14件，同比增长180%。行政应诉案件3件，与上年持平。属听证范围案件12784件，比上年减少2112件，同比减少14.18%。全系统没有出现诉讼败诉和复议被撤销的案件，工商行政管理执法水平和执法人员的法律素质稳步提高。

【"12315双进"工程】 在对大中型商业流通企业全面实施商品准入工程的基础上，为延伸"12315"触角，扩大"12315"覆盖范围，实施"12315"进小型固定商业门店和村(居)、社区、学校、旅游景点的"双进"工程，实现全市流通领域商品质量监管职能到位。全市2355个自然村、224个居委会(社区)、262所学校、21个旅游景点、322个重要路段(路口)设置"12315"公益宣传牌，选聘了维权联络员；在全市1.9万个小型流通企业和固定商业门店、3400多个自然村悬挂公益提示牌，形成以商品准入为核心、"12315"覆盖全市、维权组织遍布城乡的立体监管网络，推动流通领域商品质量监管到位。

【保护消费者合法权益】 围绕"健康·维权"主题，市委宣传部、市消协联合举办3·15国际消费者权益日纪念活动。市五大班子领导及工商、质监、卫生、物价、药监等11个部门的有关负责人参加了宣传活动，现场受理消费者的咨询、投诉，淄博电视台、淄博电台进行了现场直播。淄博电视台都市频道，开辟3·15名优企业风采展播，《鲁中晨报》《淄博晚报》分别利用36个和38个版面宣传《中华人民共和国消费者权益保护法》。市消协、工商、质监、卫生、物价、药监局等部门共同授予全市247家企业为淄博市第六届消费者满意单位。认真处理消费者的投诉、申诉，全年共受理消费者投诉7541件，处结率99.67%，为消费者挽回经济损失768.6万元。推进消协基层分会、消费者投诉举报站和"12315"申诉举报联络站建设，在全市各县(区)成立消费者协会，在79个基层工商所建立分会，在全市农村、市场、企业、学校等设立950个消费者投诉举报站和"12315"申诉举报联络站。形成横向到边、纵向到底、遍布城乡、三级联动的保护消费者合法权益组织网络。消费投诉做到"百元小案不出站、千元大案不出会"，及时处结消费纠纷，化解了社会矛盾。

【数字工商建设】 在"经济户口"监管中实行信用、风险度、警示、重点区域"四位一体"的监管体制，实现企业年检工作流程化以及个体工商户"滚动验照与集中验照"的结合。在登记管理系统中增加港澳居民申请个体经营标识和免予登记个体经营者备案等功能。相继完成特种市场等缺位系统的研发工作，建立媒体广告监测系统，实现"数字工商"对所有工商业务的涵盖。不断完善三级工作平台的相关功能，使公文处理、信息管理及考勤管理等更加流畅、便捷。支持实现电子邮件、传真、电报、电传等多种形式的登记申请和年检报送、投诉举报、信息查询等各种业务的受理以及办理结果的反馈。开发"淄博红盾商网"，免费为网员企业(个体业户)发布企业简介、产品简介、供求服务等各类信息。利用工商所在个体工商户设立登记审核中的原始资料，建立个体工商户电子档案，并面向社会开放。

【行风和行政效能建设】 以打造"阳光工商"、创建"信用工商"、拓宽维权领域、"促强扶弱"为目标，积极开展行风和行政效能建设。在所辖10个分(县)局、88个工商所全部设立公示栏和监督台，配备电子大屏幕19个、电子触摸屏32个，将职责范围、办事依据、工作标准、办事程序、办事时限、收费标准和项目、登记条件和程序、年检办照事项、预约登记服务、首问负责服务等内容对外公开，全系统政务公开工作实现了科学化和规范化。在全市2005年度行风和效能监察评议活动中，市工商局的评议成绩名列首位，获得了自2003年以来的“三连冠”。（陈传虎　沈彦华）

食品药品监督管理

【农村药品“两网”建设】 年初，农村药品“两网”建设被列入2005年市政府为人民群众所办12件实事之一，市财政拨付专项资金80万元，区县配套资金300万元。4月，市政府下发《关于做好2005年全市农村食品药品监管网络和药品供应网络建设工作的通知》。监管网络方面：11月17日，市编办下发《关于进一步加强乡镇（街道）食品药品监管工作的意见》，在全市各乡镇和各办事处建立食品药品监管所，配备专职监管助理员，聘请以乡镇、村负责人和人大代表、政协委员、农民群众为代表的信息员1545名。建立起覆盖县、乡、村的以区县食品药品监管部门为主，以乡镇食品药品监管助理员、信息员为辅的农村食品药品质量监管网络，覆盖率100%。供应网络方面：在中、小村设立服务性药品供应点（柜），执行国家已出台的农村非营利性医疗机构供应药品的有关政策，把原来医药合一管理体制下农村非营利性医疗机构供应药品的政策用于药品供应网络的建设。31家药品批发企业负责配送，辐射466家农村药店、1632家服务性药品供应点和289家专柜，覆盖率达到98%以上，占农村用药的65%，药品批发企业同时配送供应农村医疗机构用药，建立“市场主导、政府引导、政策扶持、法律规范、农民得实惠”的药品供应网络。药品供应网络已承担起农村药品的主渠道作用，成为农村新型合作医疗的重要组成部分。从体制上、源头上净化了医药市场，农民群众用上方便、质优、价廉的药品，药品价格下降20%以上。同时，安排农村4000余人就业。在全省新型农村合作医疗试点工作会议上，淄博市介绍了农村药品“两网”建设与新型农村合作医疗有机结合的经验。

【医药市场秩序建设】 开发“涉药单位诚信动态监管”软件，对管理相对人实施分类动态管理，实行稽查岗位责任制。完善全市药品稽查快速联动体系，注重医药市场稽查与技术监督的有机结合，开展以打击制售假劣药品为主要内容的12项专项整治活动，确定8家回收过期失效药品定点单位，从源头上遏止非法收购药品行为。依法查处假冒黄藤素注射液、假冒消渴丸等一批大案要案，并移交司法机关追究涉案人员刑事责任。全市共受理举报投诉560件，出动执法人员9452人次，检查单位5578家，立案300件，涉案货值229.35万元，没收物品标值58.57万元，没收违法所得203.88万元，罚款301.34万元。全年无行政复议和诉讼案件。

【药品技术监督检查】 全年市药检所共完成抽验检品3304批，不合格率12.29%。其中，评价性抽验767批，不合格率3.13%；日常监督抽验2537批，不合格率15.16%。各区县快速鉴别送样2262批，不合格率16.05%。加强科研工作，完成150套共15万支快速鉴别试剂配制生产，供应全省150个基层单位药品快检使用。参加中国药品生物制品检定所喹诺酮类、大环内酯类抗生素快速鉴别授权方法项目并圆满完成任务。市食品药品监管局与市纠风办联合下发《关于加强医疗机构集中招标采购药品质量监督管理的通知》，对招标药品进行监督抽验，保证了招标药品质量。

【食品安全综合监管】 市政府成立由副市长周清利担任主任，副市长刘有先任副主任的食品安全协调委员会，各区县成立了以区（县）长或常务副区（县）长为主任的食品安全（协调）委员会。在乡镇（街道）增加食品药品监管职能，设立食品药品监管所，并根据规模配备1～3名专职食品药品监管助理员。同时，在所有乡镇成立由乡镇长挂帅的食品药品安全领导小组。先后出台一系列制度，为全市食品安全监管提供保障。在全省率先与各区县政府和高新区管委会签订食品安全责任书，实行重大食品安全事故一票否决制度。市食品安全协调委员会2次召开全体会议、4次召开专题会议研究食品安全。市食品药品监管局牵头组织六部门开展全市乳制品市场专项整治活动。全市立案查处食品违法案件1827起，移交司法机关2起。制定并落实“食品安全综合监督检查情况月报制”和节日24小时值班制，认真做好案件督察工作，确保全市无重大食品安全事故的发生。确定在周村、临淄和沂源3个区县开展食品安全信用体系建设试点工作。4月，市政府召开全市食品安全信用体系建设工作会议，为151家试点企业授牌。国家食品药品监督局负责人到淄博市调研，对淄博市的食品安全工作给予充分肯定。

食品安全宣传活动
（市食品药品监督管理局　供稿）

【医药科学管理】 2005年，市药品不良反应监测中心共上报药品不良反应报告3170份，位居全省报告数量首位。成立医疗器械不良事件监测中心。开展医疗器械生产企业质量管理先进单位评比活动。完成药品从业人员健康检查1.33万人，培训3600余人次。有5家药品生产企业的24个剂型（车间）新通过GMP认证，全市通过GMP认证的企业达到21家176个车间，居全省首位。药品批发企业由2004年21家增加到31家，农村药店GSP认证工作全面完成。鼎立公司在沂源县三岔乡建立107公顷的中药材种植农场，该公司被省科技厅确定为山东省中药现代化科技产业示范基地和山东省中药材规范化种植工程技术研究中心。省政府在淄博市召开中药现代化联席会议，副省长王军民出席会议并对淄博市中药现代化工作给予高度评价。瑞阳制药有限公司的32个车间全部通过认证，该公司顺利在新加坡上市。全市上市医药企业达到6家、8支股票。淄博市被商务部评定为全国医药产品出口基地，被科技部认定为国家火炬计划淄博生物医药产业基地。市医药产业协会、医药商会、中药协会、医疗器械协会和药学会发挥桥梁纽带作用，为促进医药经济发展做出了贡献。

【规范化建设】 召开全市食品药品监管系统依法行政工作会议，聘请省法制办领导进行依法行政讲座。对60项工作制度进行修订完善，制定《淄博市食品药品稽查规范化建设标准》，修订《淄博市药品监督稽查工作手册》。市局稽查大队获市文明示范窗口称号。受理行政许可、审核事项2116件，办结率达100%，市政府行政服务中心食品药品监管窗口连续两年被评为年度优秀窗口。《淄博市医疗机构药品管理办法》《淄博市医疗机构医疗器械管理办法》经市政府常务会议通过。研究制订全市食品药品监管“十一五”发展规划，其核心内容已列入全市总体规划之中。规范财务管理，通过省审计厅组织的财务工作审计，市局成为全省系统唯一被省财政厅、省委宣传部、省总工会联合表彰的全省会计管理工作先进集体。规范人事管理，加强干部选拔任用和人才引进工作。鼓励在职人员进行深造。落实省政府有关文件精神，市政府下发《关于解决食品药品监管部门办公场所有关问题的通知》，区县局的办公场所基本得到落实。按照政府支持、市场运作的模式，完成7200平方米的市药品检验中心建设。

【政风行风】 以先进性教育活动为契机，扎实开展系列教育活动，突出加强领导班子和队伍建设。市食品药品监管局与所属9个单位签订党风廉政建设责任书。举办医药发展与监管讲座，聘请中国药科大学和江苏省食品药品监督管理局的专家教授授课，提高依法行政水平。认真贯彻落实省食品药品监督管理局有关会议精神，围绕创新，推动政风行风建设新发展。市食品药品监管局与有关部门组成调研组，对食品医药产业进行深入调研，副市长周清利对《全市食品产业状况调研报告》和《全市医药产业发展情况调研报告》做出批示。市长刘慧晏专门听取了医药产业发展情况的汇报，并专程视察医药企业。组织承办全省食品药品监管系统“新华医疗杯”乒乓球比赛、全系统庆祝建党84周年歌咏比赛和“金洋之夜”迎国庆大型文艺晚会，组织“3·15”集中销毁假劣药品、“树立行业新风、优化发展环境”等系列宣传活动，邀请市人大、市政协等领导视察食品药品监管工作。年内，市食品药品监督管理局荣获省行风先进单位、省级文明单位称号。临淄食品药品监督管理局成为全省系统唯一被授予省级文明机关的县级局，淄川局、博山局、沂源局、市药检所荣获全省食品药品监管系统文明单位。

（张　旗）

食品药品宣传活动走进电台直播间

（市食品药品监督管理局　供稿）

安全生产监督管理

【概况】 2005年，全市安全生产形势保持基本稳定态势。全年共发生各类事故4861起，同比下降7.6%；死亡559人，同比下降6.8%。全市事故起数、死亡人数连续4年下降，连续11年杜绝特大事故。基层和基础建设、中小企业安全监管、安全科技、执法监察队伍建设等项工作都走在全省前列。市安全生产监督管理局获2005年度全省安全生产工作先进单位称号。

市领导检查安全生产

（市安全生产监督管理局　供稿）

【“三个体系”建设】 进一步完善安全生产决策目标、执行责任、考核监督“三个体系”建设。将年度安全生产各项控制指标层层分解量化到各级、各部门、各企业，形成了自上而下、完善的指标控制体系。坚持把落实安全生产责任制作为抓好安全生产工作的主要环节，严格落实“一岗双责”和“谁主管谁负责”。年初，市政府与各区县、市直有关部门及企事业共计95个单位签订安全生产目标责任书，并将责任层层分解到乡镇、村居、社区以及企业的车间、井下、班组和个人，明确各级、各部门安全管理的目标和责任，建立起责任明确、一级抓一级、层层抓落实的执行责任体系。将安全责任目标完成情况纳入年度目标考核，严格落实安全风险抵押奖惩和“一票否决”制度，确保安全目标任务的完成。经年度考核，除3个企业因发生死亡事故被否决外，其他92个单位和地区工作质量考核都在80分以上，其中90分以上的占考核总数的68.4%，比上年提高35个百分点。

【安全生产许可证发放】 按照国家、省统一部署和要求，依据安全生产许可证条例和省制定的实施办法，对矿山、危化品、烟花爆竹等高危行业实行安全生产许可制度。在发证工作过程中严格依法办事，严格审查程序，严格工作纪律，凡达不到规定条件的一律不予审批。对新设立和改建、扩建的高危企业要求必须符合规划布局、产业政策和安全生产条件，并认真执行建设项目“三同时”的规定，不符合条件的一律不予审批。至年底，全市安全生产许可证发放工作基本完成。其中：危化品生产企业发证312家，已转产的22家，关闭45家；非煤矿山共有 337 家(包括尾矿库、外来采掘施工企业)取得安全生产许可证,另有 105 处矿山不符合安全生产条件,交由区县政府予以关闭,不再办理许可证;全市 9 处烟花爆竹批发企业由省安全生产监督管理局发证,市安全生产监督管理局批准发放 66 家烟花爆竹常年销售许可证。许可证的发放,把不符合安全生产条件的企业排除在市场之外,推进了企业安全管理工作的深入开展。

【安全生产执法监察】 在建立市、区县安全生产监察队伍基础上,充分发挥安全生产监察队伍现场安全执法的作用,安全生产执法监察力度空前加大,为稳定全市安全生产形势发挥了重要作用。至年底,市安全生产监察支队共监察生产经营单位 1155 家,复查 502 家,查出各类安全生产违法行为和安全隐患 3184 条,下达隐患整改指令书 536 份。查处举报案件 45 件,媒体曝光案件 4 件,向有关部门移交案件 7 件。按照执法监察程序,下达处罚意见告知书 113 份,下达行政处罚决定书 88 份;行政处罚金额 144.7 万元,收缴行政罚款 75.7 万元。

【非公有制中小企业安全监管试点工作】 是年,非公有制中小企业安全监管试点工作取得明显成效。针对全市非公有制中小企业存在的安全意识淡薄,安全管理不到位,安全隐患多,事故频发等突出问题,按照省安全生产监督管理局的部署,市政府把加强非公有制中小企业的安全监管工作列入工作重点,印发了《关于做好非公有制中小企业安全监管试点工作的实施意见》。全市共确定 22 个试点乡镇,107 家试点企业。市政府成立由分管副市长为组长的试点工作领导小组,并从市属以上大企业抽调 66 名专业安全管理人员进入小组。通过开展"以大带小、固强补弱、对口帮扶"等活动,从乡镇政府安全监管,企业建章立制、操作规程、现场管理、安全检查、隐患整改、宣传教育、安全投入等方面进行规范统一,强化企业内部管理,实现企业"本质安全"。年内,试点企业杜绝了死亡事故发生,安全生产形势稳定好转。10 月 28 日,召开全市非公有制企业安全监管试点现场会,总结交流试点经验,部署试点推广和普及工作。

【安全质量标准化活动】 从 3 月开始,在危险化学品、非煤矿山、工商贸等有关行业部署开展了安全质量标准化活动。每个行业确定 1~2 家试点单位,印发试点实施意见,制定安全质量标准化规范及考核评级标准,各牵头试点单位分别组成专家组加强检查指导,解决存在的突出问题,督促企业安全管理逐步走上制度化、规范化、标准化和科学化轨道。

【安全宣传教育和培训工作】 利用各新闻媒体广泛宣传安全生产法律法规和安全生产知识,认真组织开展"安全生产月"活动,全民的安全法律意识和自我防范能力得到普及和提高。加大对生产经营单位主要负责人、安全管理人员和特种作业人员的培训考核力度,提高安全管理水平和岗位操作技能。全年共培训考核生产经营单位负责人 1135 人,安全管理人员 2003 人,特种作业人员 7386 人。

【安全专项整治和重点治理】 根据淄博市的经济结构特点,市政府列出煤矿、非煤矿山、危险化学品、道路交通、公众聚集场所、民用爆破器材和烟花爆竹、建筑施工、城市燃气、特种设备、煤气发生炉、地下管网等 9 个高危行业为全市安全生产重点专项整治领域。在市政府的统一领导下,分别有 9 个牵头部门具体组织实施。市安全生产监督管理局突出抓好危险化学品、非煤矿山、烟花爆竹专项整治工作。年内,通过加大监督检查力度,狠抓隐患整改,各个领域的安全状况都有明显的改善,重大事故有所减少,杜绝了重特大事故的发生。为督促区县加强对安全生产的组织领导,市政府调整充实 10 个政府督查组,采取包区县的办法,每月督查两次,督促区县政府抓好整改工作。全市形成政府统一领导、部门牵头负责、分级实施监督、企业全面落实的良好格局。在重大节日、易发事故期间,先后组织"两会"(政协会、人代会)、"四节"(五一、十一、元旦、春节)、汛期和冬季安全生产大检查活动,保证了重要时段期间的安全生产。

【安全生产信息平台建设】 安全生产信息平台建设是 2005 年度市政府重点工作之一。加强组织领导,强化调度协调,克服困难,加快工作进度。年内,市、区两级安全生产信息平台已全部投入运行,并初步具备了对重大危险源进行辨识、评价和自动分级,实时监测和事故预警,事故应急救援辅助决策,以及安全生产信息发布等功能。全市 80 余个乡镇,500 余家企业已和市、区(县)监管平台联网,对 50 余家重大危险源(点)实施动态监控,全市基本形成了市、区(县)、乡镇和企业的四级数字化监管网络,安全监管信息化建设工作走在全省、全国的前列。安全生产信息平台建设成为省安全监管信息化样板工程,副省长王仁元到淄博视察时给予充分肯定。

(张广金)

城市管理行政执法

【执法质量年】 确定 2005 年为全系统"执法质量年"。召开全市"执法质量年"流动现场会,强化"严管重罚"。加大对主次干道和居民小区的执法力度。全市 47 条示范道路基本达到整治标准,23 个居民小区得到综合整治。狠抓乱贴乱画、乱搭乱建、乱摆乱放等重点问题,圆满完成城乡环境综合整治的各项任务。全年全市综合整治背街小巷 135 条,清理各类广告牌匾 2.34 万块,取缔露天烧烤摊点 347 个,整治大型广告牌匾 322 块,拆除乱搭乱建 10.6 万平方米,确保了创建文明城市、"陶博会"、创建园林城市等一系列重大活动的顺利进行。提高专业执法水平。市执法局出台违规建设投诉举报奖励制度,建立奖励基金,鼓励市民对违法建设进行举报。与规

执法宣传咨询活动

(市城市管理行政执法局　供稿)

划、监察等部门联合开展规划执法大检查,全年累计普查建筑工程 792 万平方米,查处违规建设 921 起,强制拆除违法建筑 2.8 万平方米。开展噪音扰民、市政管理、园林绿化等专项执法行动。查处油烟污染案件 185 件,噪音扰民案件 632 件,"毁绿"案件 74 件,擅自破路挖沟案件 118 件。

【开展规范化管理活动】 是年,在全系统组织开展规范化管理活动,强化执法人员的行为准则和行为规范,推进执法的规范化、程序化、制度化。坚持教育与处罚相结合、文明执法与严格执法相结合、取缔整顿与引导疏导相结合,实行了"第三次处罚制度"(第一次教育,第二次警告,第三次处罚)"三在先制度"(称呼在先,出示证件在先,告知公务在先)"三公开制度"(依据公开,程序公开,处罚公开)"四不处罚制度"(危害情况不明确不处罚,教育引导不到位不处罚,法律依据不充分不处罚,法律程序不完备不处罚)等一系列人性化执法制度,颁布施行城管执法禁令,开展向全市交警学习活动,塑造城管执法队伍的新形象。全年全市城管执法部门共办理群众投诉 1.88 万件,简易处罚程序案件 4.7 万件,一般处罚程序案件 1472 件,行政处罚总额 724 万元。

【队伍建设】 抓执法队伍建设。开展了"思想、作风、纪律"三项整顿和"进千家门、结万户亲""局长接访日""与业户面对面"等主题实践活动,执法队伍的思想觉悟、工作作风、服务意识都有了明显的提高。加大培训力度。市城市管理行政执法局与山东理工大学联合组建两个培训基地,即淄博市城市管理行政执法干部培训基地和山东理工大学法学院教学科研实践基地。利用不同形式,多角度、全方位地对全市执法人员进行封闭式轮训,鼓励执法人员参加各种学历班次的教育,执法队伍的理论素质和业务能力迈上了新台阶。市局先后获得市创建省级文明城市工作先进单位、创建国家级园林城市工作先进单位等称号。 (刘永辉　苏权一)

全市城管执法队伍会操比赛

(市城市管理行政执法局　供稿)

油区工作

【油田开发建设】 是年,协调中原油田和胜利油田在淄博市新铺设输油、输气管线 8.25 万米,新打油井 49 口,办理临时用地 990 公顷,拨付各类工程补偿资金 628.05 万元。

【油区社会治安综合治理】 成立由市综治办、公安局、油区办、工商局、技术监督局等 12 个部门参加的清理整顿办公室,对全市油区治理工作进行组织管理和指导。结合各区县的油区情况,制定综合治理计划和措施,并对油区综合治理工作进行部署。坚持"打防并举、集中治理、重点打击"的原则,把取缔土炼油,查处私接、乱接油田水、电和天然气,打击哄抢油田物资,破坏国家油气资源及生产设施,清除占压输油气管道的违章建筑,在输油气管道上打孔盗油、盗气等违法活动作为重点工作来抓。始终保持高压态势,发现一处取缔一处,在辖区内进行拉网式检查。全年共出动 3000 多人次,组织夜查 1600 多人次,查处非法土炼油点 90 家,吊出炼油罐 115 个、换热水槽 106 只、储油罐 113 个,取缔 15 家非法"涉油户",土坑填平率达到 100%。

【油区稽查】 加大油区稽查、执法力度。对所有以石油产品为原料的企业和油品经营单位进行全面统计普查,将非法经营项目及"三小一点"(小炼油、小化工、小轧钢和非法原油收购点)都列入清理整顿对象,坚决予以清理取缔;对少数土炼油点多、污染严重的乡镇,下大力气逐镇、逐村、逐户地排查摸底,登记造册,实行监控,定期、不定期地进行抽查。全年共出动稽查车辆 1800 余次,组织夜查 800 余次;查处非法运输原油案件 25 起、非法运输油田器材 3 起;缴获原油 100 余吨,为油田挽回经济损失 80 余万元。

【工农关系协调】 共协调组织省管道公司与博山区和临淄区、金岭铁矿与临淄区和张店区、齐鲁石化公司烯烃厂和鲁华化工厂与临淄区等部门、乡镇召开工作联系会 21 次,开展各种文体活动 16 场(次),营造出"企地一家"、联手共建两个文明的良好氛围。至年底,连续 5 年没有出现市属以上企业集团与地方的重大工农矛盾纠纷,为企地经济发展创造了良好的外部环境。

【石油天然气管道保护】 认真贯彻《石油天然气管道保护条例》,采取有效措施督促有关石化企业上报管道保护基础资料,为做好石油天然气管道的保护工作奠定基础。妥善处理张博路附线建设占压济齐天然气管线和齐鲁化学工业园建设占压济齐天然气管线的问题,就济青线淄博段的保护工作与山东省天然气管道有限责任公司达成初步意向;探索建立石油天然气管道保护长效机制,完成了《淄博市石油天然气管道设施保护监督管理办法》草案的起草工作。

全力以赴支持重点工程建设。国家级重点工程——鲁皖成品油管道工程建设是国务院、国家发改委、中石化确立的。淄莱天然气管道工程建设是省政府、中石化和省发改委确立的重点工程,是省政府实施的"气贯齐鲁"重大举措的重要组成部分。开展协调工作,妥善处理拆迁、清苗、占地等各种矛盾,监督各有关区县及时足额转付各类补偿款,简化程序,提高效率,保证工程的按期开工和顺利完成。

【宣传与培训】 充分利用各种宣传媒介,广泛宣传《石油天然气管道保护条例》和《淄博市油区管理若干规定》,教育油区广大群众遵纪守法,增强管道保护意识。组织油区执法人员,学习《中华人民共和国行政处罚法》《中华人民共和国行政诉讼法》《中华人民共和国国家赔偿法》等有关的法律法规。执法过程中,做到严格依法办事,秉公执法,文明执法,严格执法程序,严格收费标准,油区执法工作做到文明、公平、公正,实现了规范化、制度化和法制化,赢得了油区企业和执法对象的好

评。（王新胜）

无线电管理

【概况】 2005年，全市无线电管理工作围绕“管理频率资源、维护电波秩序”两项中心任务，坚持科学管理，严格规范执法，大力开展无线电管理优质服务活动，保证了全市无线电业务健康有序发展。

截至年底，全市拥有各类无线电台（站）9808个（座），其中广播电视台（站）包括差转台43座，高频固定陆地台1个，甚高频、特高频固定陆地台151个，移动台1666个，集群移动通信系统基站1座，蜂窝公众移动通信系统GSM基站789座，CDMA基站359座，PHS无线市话系统基站6294个，固定无线电接入系统中心站25个、终端站62个，无线数据电台151个，卫星地球站15个，微波接力站36个，雷达站2座，业余电台213个。全市移动电话手机用户167万个，小灵通用户20.5万个。

【频率台站管理】 按照科学、规范、高效的要求，市无线电管理处精心组织，严格程序，规范运作，讲求效率，全面地完成设台审批、电台年检、频率费收缴、专项治理整顿、台站资料管理、频率协调等工作任务。一是完成各频段频率占用情况的调查、统计及各公众移动通信运营商在用频率使用情况调查工作。二是审批新增150MHz、400MHz无线电话机网5个，5.8G微波台站2个，公众移动通信网基站64座，业余电台65个，新指配频率8个，核发电台执照135张，换发电台执照463张。收回超短波双工频率10组，单工频率13个，微波频率4组，为25个单位办理无线电台站停用或者撤销手续，停用各类无线电发射设备255部。完成无线电台站数据库更新、台站数据统计报表工作。三是完成无线电台站年度检验工作。对42个重点单位的无线电台站使用情况进行现场检查，审验电台执照，核查使用频率，检测检验设备发射指标。四是完成无线电频率占用费收缴任务。全年全市设台用户缴费率达到100%。所收频率资源占用费按规定全额上缴市财政。五是对全市PHS无线市话系统基站进行详查。采用有效的技术手段，精确地核实全市PHS无线市话系统基站的数量和站址分布情况，健全了PHS基站资料数据档案。

【无线电监测】 全年查处重大无线电干扰案件15起，保证了全市无线电通信秩序。坚持监测值班制度，加强无线电信号监测。全年完成监测工作日278天，监听频率145个，其中监测违法占用频率35个。组织公众移动通信网使用频率占用度的测量，适时完成测量统计任务。严格按规定对无线电发射设备实施检测。检测淄博移动公司GSM网基站145座；检测淄博联通公司GSM网基站102座，CDMA网基站120座。在其他业务新建台站审批过程中，检测若干批中继台、车载台、对讲机等。

【依法行政工作】 完成行政许可事项的清理工作。重新依法核定行政审批事项和非行政审批事项、上报转办事项。明确行政审批事项5项；核定非行政许可审批事项1项；核定上报转办事项1项。开展规范行政处罚自由裁量权工作。对无线电管理行政执法依据文件进行认真的梳理，制定行政处罚自由裁量权参照执行标准，修订完善了实施行政处罚规程等执法制度，为推行行政执法责任制，建立权责明确、行为规范、监督有效、保障有力的行政执法机制奠定了基础。发挥行政服务中心窗口作用，实现行政审批工作的透明化、程序化并重新修订了窗口审批服务指南。全年行政服务中心窗口共受理审批81件，全部在规定时限内办结。对各类违规无线电案件，均按照行政执法程序依法处置。在2005年度全国无线电管理优秀行政执法案例评比中，市无线电管理处呈报的“查处擅自使用手机干扰器影响公众移动通信案例”获得优秀奖。此奖是全省无线电管理系统2005年度获得的唯一全国奖项。

【优质服务活动】 年内，面向无线电用户开展“三个优质服务”活动。一是开展“设台审批优质服务”活动。从更新管理技术人员的工作理念入手，树立管理就是服务的思想，同时建立起设台审批优质服务工作机制，实行审批程序公开，限时办结、承诺服务、首问责任、责任追究等多项制度。办理设台审批事项时做到受理热情、手续简化、按时高效、方便用户。二是开展“干扰投诉受理及查处违规案件优质服务”活动。管理技术人员以热情的态度对待用户投诉，以高效的工作查处各类无线电违规案件，保持了全市良好的无线电业务发展秩序，受到各大运营商及广大设台用户的充分肯定。全年办理投诉、查处违规、频率协调等数十起，做到登记快、立案快、查处快、反馈结果快。三是开展“为用户提供优质技术服务”活动。年内共为设台用户提供设备检测服务300多台次，技术咨询服务100多人次，设备维修服务20多台次。（荣　杰）

本部类编辑：王　娟
副主编：徐　杰
校对：杨建明
纪　瑗
于善同

财政　税务

财　政

【主要指标完成情况】 全市境内财政总收入实现 160.59 亿元,同比增长 24.35%。地方财政收入完成 64.13 亿元,完成预算的 111.43%,同比增长 28.16%。财政支出完成 73.30 亿元,完成预算的 111.67%,同比增长 26.19%。全市财政总支出(含专款支出)80.57 亿元,同比增长 28.80%。连续第二十一年实现了全市财政收支平衡,连续第十年实现了区县财政收支平衡。其中,市级财政收入完成 16.31 亿元,完成预算的 104.24%,同比增长 19.95%;财政支出完成 18.73 亿元,完成预算的 116.34%,同比增长 31.46%。市级总支出 20.59 亿元,同比增长 30.85%。

2005 年是实施"十五"计划的最后一年,全市财政经济发展取得丰硕成果,预算执行主要呈现以下几个特点:一是收支总量跨上新台阶。全市境内财政总收入突破 160 亿元,占地区生产总值的比重达到 11.22%,比 2004 年提高 0.73 个百分点。地方财政收入和财政总支出分别突破 64 亿元和 80 亿元,分别是 2000 年的 2.5 倍和 2.8 倍,年均分别递增 20.1% 和 22.8%。"十五"期间,全市地方财政收入从 2001 年突破 30 亿元到 2005 年突破 60 亿元,先后迈上四个大台阶,累计实现 219 亿元,是"九五"期间的 2.2 倍。二是收支结构进一步优化。收入方面:地方财政收入占 GDP、税收占地方财政收入的"两个比重"分别达到 4.48% 和 75.93%,分别比 2004 年提高 0.42 和 1.84 个百分点。增值税、营业税、企业所得税和城建税、契税成为全市五大主体税种,合计实现收入 38.71 亿元,比 2004 年增长 38.50%,比 2000 年增长 1.5 倍,占地方财政收入的比重达到 60%,为财政持续健康增收提供了重要支撑。支出方面:在切实保障工资发放和增资政策落实、保障政权运转的同时,加大对"三农"、教育、科技、社会保障和就业再就业的倾斜力度,支出资金达到 33.82 亿元,占到财政总支出的 42%,比 2004 年增长 37.49%,高于财政总支出增幅 8.69 个百分点。三是区县域财政实力不断增强。区县级财政收支分别完成 47.81 亿元、59.98 亿元,增幅分别为 31.23%、28.11%,占全市的比重分别达到 74.6%、74.4%,比 2000 年分别提高 17.9、9.4 个百分点。财政收入最高的区县达到 9.3 亿元,是 2000 年的 3.7 倍。财政收入过 1000 万元的乡镇达到 52 个,比 2000 年增加 37 个,占全市乡镇总数的比重达到 48%。有 2 个乡镇突破 1 亿元,最高的达到 1.42 亿元,居全省前列。

【财源建设】 以推进经济结构调整和增长方式转变为核心,综合运用财税政策和资金杠杆,财源建设取得显著成效。全市各级财政投入企业挖潜改造、科技创新和技术研发资金 5.37 亿元,比 2004 年增长 53%,促进了传统产业升级改造和高新技术产业发展。落实出口免抵退税政策 11.98 亿元,兑现出口贴息、招商引资及外经外贸奖励资金 1723 万元,促进了外贸出口增长和招商引资工作开展。围绕建立充实民营经济发展专项资金、鼓励区县做大做强民营企业、建立民营经济融资担保资助奖励制度、支持民营经济服务体系建设、优化民营经济发展环境等,制定实施一系列财政扶持政策,促进了民营经济和现代服务业加快发展。兑现品牌战略奖励资金和财源建设奖励贴息政策,以政府采购招标方式确定全年重点支农项目和企业财源建设贴息项目,市级奖励和贴息总额 8215 万元。扎实做好市属重点企业改革改制和破产关闭企业职工安置、上市公司股权分置改革、中央省属企业分离办社会职能等项工作,优化资产资源配置,增强企业发展活力,为企业加快发展创造良好的机制和政策环境。"十五"期间,全市相继实施了两轮财源建设规划,累计完成预算内生产建设性支出 61.65 亿元,是"九五"时期的 1.8 倍,全市仅专项用于财源建设的贴息奖励资金即达 5.6 亿元。同时,争取国债资金 2.77 亿元,利用国际金融组织和外国政府贷款 3.77 亿元,支持了一大批重点项目建设。

【收入监管工作】 是年,切实加强对税收收入、非税收入和国有资产运营收入的监管,努力提高收入总量、收入质量和政府可用财力。

加强税源动态监控和税收征管。继续深入开展预算收入征管质量检查,逐月对全市 600 户重点纳税企业进行快报统计和分析,与全省情况及各级次间进行比较,并实行境内上缴地方税收前 200 户企业季报分析制度,为强化税收监管、实现财政增收奠定了坚实基础。加大税收征管和收入组织力度,努力做到依法治税、依率计征、及时入库,保证税收收入的较快增长。全年地方税收收入增长 31.35%,高于财政收入增幅 3.19 个百分点。

加强非税收入征管和监缴。市级在原预算外资金管理机构的基础上更名组建了非税收入管理局,按照统一归口管理和"一金一策"的原则,制定出台一系列管理制度和办法,突出加大对政府性基金和专项资金的管理,严格规范收入计划确定、减免审批、征缴入库等工作程序,强化非税收入征收的计划性、减免的规范性和使用的专项性,促进了非税收入依法、完整、及时征缴。市级当年征缴政府基金等非税性收入 14.16 亿元,增长 37%。

加强国有资产运营收益收缴和监管。按照市委、市政府出台的《关于进一步加强国有资产监管和运营的意见》,针对非经营性、经营性和资源性三大类国有资产,分门别类制定加强监管、搞好运营的政策措施和征缴计划,有重点、有步骤地开展资产运营和收益收缴工作,实现了收益收缴总量、垄断性经营收入收缴、公用事业特许权运营和行政事业房产运营的四个突破。市级共实现国有股权收益9266万元，政府资源运营收益4638万元，分别比2004年增长1.4倍和3.4倍。

【增强保障能力】 增强统筹保障能力，坚持"三保两促一倾斜"（即保工资发放、保政权运转、保社会稳定，促发展、促改革，向经济社会发展的薄弱环节和重点领域倾斜），全力推进社会主义和谐社会建设。

做好"三农"工作。全市用于"三农"的财政性资金投入达到14.99亿元，比2004年增长22.49%，其中预算内支农总支出46167万元，农村义务教育、医疗卫生等重点社会事业支出77463万元。全面落实"三补两减免"等支农惠农政策，全市免征农业税和农业特产税，对种粮农民、良种、农机具购置进行补贴，为农民直接减负增收1.13亿元。以奖励、资助、贴息等方式，扶持农业产业化龙头企业、专业合作经济组织发展和农业基础设施建设，支持农民小额担保贷款和转移就业培训，鼓励农产品品牌认证，实施"村村通自来水"工程等，财政直接投入9568万元。各级新增教育、科技、文化、卫生等公共事业支出主要用于农村。切实加大农村义务教育投入，支持建立农村最低生活保障、新型农村合作医疗、失地农民生活保障和农村计划生育家庭奖励扶助制度，促进了城乡统筹协调发展。

突出解决基层财政困难问题。出台实施《关于加强县乡财政建设的意见》及相关配套文件，切实加大对县乡财政的综合扶持力度，市对下专款补助和转移支付资金总额达到5.95亿元，逐步建立与县、乡政府履行职责相适应的财力保障机制。调整完善财政体制，将部分市级收入下放区县，调减上解区县的上解递增比例，扩大市与区县收入共享范围，壮大区县收入规模和可用财力。建立帮扶和激励并重的转移支付制度，进一步加大市对下转移支付力度，对困难区县和30个困难乡镇实行奖、补等一系列办法措施，提高基层公共服务保障水平，调动了各级加快发展、努力增收的积极性。创新完善监管机制，积极推行"乡财乡用县管"和"村财村用乡管"试点，理顺区县对乡镇财政体制，努力减人、消债、减支，营造有利于缓解县乡财政困难的良好环境。

全面做好事关人民群众生产生活的各项支出保障工作。出台和落实机关事业人员增资政策，加大各项重点事业投入，促进全市经济社会全面、协调、可持续发展。全市教育总支出176548万元，增长38.10%，农村中小学布局调整、学校危房改造、学校债务等问题逐步解决；科技总支出17817万元，增长24.70%，一系列重要的科技成果招商活动及科技创新与推广项目等得到较好保障；社会保障总支出87335万元，增长48.63%，就业再就业政策落实、城乡居民最低生活保障、社会弱势群体救助等工作的力度持续加大；文体卫生总支出57699万元，增长26.96%，文化大市建设和城乡卫生"两个体系"建设等加快推进；公检法司总支出50598万元，增长38.60%，"平安淄博"建设深入实施；城市维护和环保总支出76580万元，增长20.60%，绿色城市建设和生态环境治理取得明显成效；加大资金筹措和落实力度，新城区建设步伐进一步加快。从2005年起连续三年，市级每年从正常安排增长的办公经费中节省1000万元，建立政府助学资金，重点用于对义务教育阶段家庭经济困难学生的"两免一补"，确保全市每一名适龄少年儿童都能上得起学，此项工作成为淄博市保持共产党员先进性教育活动的一项突出成果。

【财政改革】 重点抓好国库集中支付改革。市直预算单位全面实行了国库集中支付，即资金全部通过国库单一账户体系和银行网络系统，直接支付给商品、服务的供应商或最终用款单位，财政资金的运行效率和使用效益显著提高。该项工作在全省获得"三个第一"并被大力推广，即第一个在市直预算单位全面推行、第一个实现全过程网上操作、第一个规范启动区县改革试点。进一步完善部门预算制度和"收支两条线"管理，实现了财政资金内外结合化、财政收支封闭到位化、公共支出政府采购化、资金分配市场运作化、资金使用奖补引导化、工作成果绩效评价化、理财目标大众实惠化的管理。着力加强对非税收入的集中统一管理和预算内外资金统筹，把原游离于政府监管和支出安排之外的有关专项资金、行政事业性收费和政府性基金，全部纳入政府投资和部门预算管理，2005年市级统筹安排资金达到3.3亿元，增强了政府调控能力。坚持早编、细编预算，及早部署开展2006年度部门预算编制工作，并实行事前评审的办法，保证项目预算的科学合理。以公开招标方式确定政府采购招标代理机构，实现了监督管理与采购执行环节的分离。全市政府采购额首次突破10亿元，达到10.16亿元，比2004年增加4.71亿元，增长86.31%，节约资金1.58亿元，节支率13.49%，其中工程类、服务类采购额占到总采购额的81%，以政府非税收入安排的预算外和单位自筹资金采购额占到64%。在财政支农、重点事业、城市建设、财源建设贴息等领域，以公开招标方式，借助专家评审和市场竞争机制，选择扶持项目、确定资金投向、吸附社会资金等，增强财政工作的透明度，放大了财政支持经济社会发展的政策效应。

【财政监督】 认真贯彻实施《财政违法行为处罚处分条例》，增强财政监督工作的针对性和实效性，提高依法行政、科学理财水平，保证和促进财政经济健康运行。加强对涉及群众切身利益、社会关注的重点资金的监管。开展排污费、地方电力附加费等6项收费，基金和罚没收入等非税收入，救灾救济、就业再就业等专项资金的监督检查，规范非税收入征管秩序，提高资金使用的规范性、安全性、有效性。加强政府债务和地方金融监管，切实做好新城区建设融资及资金使用管理工作。对地方商业银行实行固定资产、在建工程购建计划管理和费用总额、比例计划控制，严格控制费用支出，提高信贷资产质量和盈利水平，有效地防范了地方金融和财政风险。加强住房资金安全运营监管，全市当年归集住房公积金3.7亿元，同比增长19.36%，累计归集额达到23.1亿元。进一步完善住房公积金贷款体系，当年发放个人购房贷款2.58亿元、3780户，累计发放10.85亿元、2.2万户，贷款种类、户数和比例在全省保持领先位置，贷款到期回收率始终保持在99%以上。市级当年办理住房公积金支取5200户、2700万元，职工满意率保持100%。加快公房出售清算进度，加强公用部位维修基金管理，市直96%以上的单位职工办理了全产权证。做好一次性住房资金补偿兑付工作，足额为173个单位的6658户职工核拨一次性住房资金补偿1852万元。加强财政周转金清理回收和债权保全，市级当年回收600万元，保全资金债权1.62亿元，最大限度地保证财政资金安全。加强财政投资评审，市级完成工程预结算审查值2.82亿元，审减资金5075万元，审减率18%，提高财政投资效益。强化财经纪律，重新修订编印收费、基金项目手册并向社会公示和免费发放。加大源头治理力度，认真做好清理纠正虚报冒领工资和规范津贴补贴、规范账户管理和推行"阳光福利"工作。建立实行公车处置拍卖制度，继续搞好财会信用等级考评工作等，促进财经秩序和经济发展环境的优化。

【党风行风建设】 围绕建立党的先进性建设长效机制、加快财政改革与发展、强化理财为民理念、加强干部人事管理、加强机关管理、搞好调研工作等,制定出台一系列意见规定,巩固和深化保持共产党员先进性教育活动成果。抓好党风廉政建设和反腐败工作。建立健全教育、制度、监督并重的惩治和预防腐败体系。结合财政部门工作特点,引导和带动全体干部职工树立正确的群众观、权力观、利益观,为人民群众用好权、管好钱。制定出台《2005年全市财政系统党风廉政建设和反腐败工作实施意见》《进一步深化政务公开的意见》,完善和落实各项财政管理制度、资金审批制度、内部审计制度以及政务公开、服务承诺制度等。不断完善监督制约机制,加强党内监督、群众监督和社会监督,完善廉政谈话、离任审计、廉政档案和监督员等项制度。严格执行党风廉政建设责任制,层层签订党风廉政建设责任书。深入贯彻落实《淄博市财政系统行风和机关效能建设实施意见》,广泛开展行风建设先进单位、示范窗口、优质服务标兵、十佳廉洁勤政好管家评比以及党风、政风、行风知识竞赛等活动,进一步扩大和细化政务公开、服务承诺的范围和内容,简化办事程序,提高工作效率和服务质量。市财政局连续3年获得全省政风行风建设先进单位称号。继续深入开展文明创建活动。以提高干部队伍整体素质,促进财政工作再上台阶为总体目标和要求,坚持不懈地抓好文明创建工作,加强干部教育培训,广泛开展争创学习型、干事型、服务型、创新型、廉洁型等创建活动,全市财政系统文明创建工作取得丰硕成果。市财政局被中央文明委命名为首批全国文明单位,全系统建成省级文明单位、文明机关9个,市级文明单位32个,区县级文明单位65个。区县财政局省级文明单位建成面达到100%,全系统区县级以上文明单位建成面达到90.7%。不断加强机关内部管理,保护好、调动好、发挥好干部职工的工作热情,增强集体凝聚力、向心力和战斗力。建立健全决策目标、执行责任、考核监督三个体系,强化内部管理,狠抓督查落实。加快"金财工程"建设,促进各项工作的开展。年初确定的176项量化工作指标全部完成或超额完成。大力倡导工作创新,全年共有40余项工作获得部、省、厅和市委、市政府表彰奖励,60多人次获得上级表彰。

(刘晓村 付春华)

国家税务

【国税收入突破百亿元】 2005年,全市国税收入累计完成1003557万元,同比增长26.67%,增收211317万元,收入规模、增收额均创历史新高。扣除海关代征后,国内税收收入完成975154万元,同比增长26.19%,增收202413万元。其中,计划口径直接收入完成889794万元,同比增长25.33%,增收179858万元。全口径市、区级收入完成166013万元,同比增长34.77%,增收42828万元。"十五"期间,全市国税系统共组织收入331.46亿元,比"九五"时期增收148.74亿元,增长81.40%,年均增长21.67%,年均增幅比"九五"期间平均高16.84个百分点。2005年国税收入规模比2001年多54.57亿元,增长119.17%,仅用4年时间,国税收入实现了翻番。国内税收收入与经济的弹性系数为1.27,国税收入占GDP比重达到6.92%,同比提高0.69个百分点,收入质量进一步提高,经济税收实现良性循环。

【依法治税】 制定《关于加强增值税有关审批项目管理的意见》《企业所得税减税、免税及税前扣除项目管理规程》等15项政策执行制度,明确税收执法各环节的权限、程序、标准、考核办法及工作责任。积极开展废旧物资回收经营、循环经济等调研工作,研究制定《废旧物资经营企业税收管理办法》等制度,规范了管理。制定《关于进一步加强防范和打击出口骗税工作的意见》,深化三级审核制度,建立"静态审核"与"动态监控"相结合的防骗新模式。制定实施《关于进一步加快退税工作的意见》《免抵退税单证回收管理办法》,加快出口退税进度。年内,全市1165户出口企业实现免抵退税128102万元。其中,免抵80725万元,退税47377万元。共办理调库59200万元,办理退税62670万元。加强税务稽查,共检查纳税人1657户,查补收入13656万元,同比增长13.5%。积极开展税收宣传活动,表彰378户纳税信用A级企业,促进了纳税信用体系建设。

【税收管理】 落实《淄博市国税局税源监控工作管理办法》,对纳税人分类实施精细化管理。对大型企业,突出12类26个指标的监控分析,重点监控资金流、物流、关联交易三个环节;对中小企业,根据行业的生产经营特点和规律,确定重点控制项目和控制指标,建立行业评析模板,对税负率、销售额变动率等数据进行评析,利用中小企业监控指标或模型开展纳税评估;对双定业户和集贸市场,积极推行"一机多户"普通发票控管系统,动态采集业户信息,及时进行定额调整,并结合增值税起征点调整,将临界起征点的业户作为重点监控对象,制定《不足增值税起征点个体工商业户监控管理办法》,定期组织巡查、协查,有效堵塞个体征管的漏洞。全市登记率达到99.97%,申报率96.96%,入库率99.39%,滞纳金加收率100%,按户次处罚率100%、按金额处罚率58.87%,欠税增减率-4.79%,征管质量进一步提高。

【信息化建设】 加大对金税工程运行质量的考核力度,全市专用发票存根联采集率一直在全省名列前茅,并取得较好的稽核比对结果。对认证服务系统和划款服务系统进行5次升级,提高电子申报成功率。全市一般纳税人申报成功率达到99.45%,电话申报成功率达到100%。抓好应用系统整合工作,顺利实现增值税专用发票发售"一卡通"。增值税专用发票网上认证系统推行范围不断扩大,全市有7334户一般纳税人通过网上认证系统认证,占认证总户数的54%,同比提高20.72%。对"12366"发票查验系统进行升级,完善了其功能。

【加大服务经济力度】 制定下发《办税服务厅管理办法及工作规范》,组织开展争创"最佳办税服务厅"和"服务标兵"活动。开辟下岗再就业税收"绿色通道",积极落实"政务八公开""首问责任制""限时工作制""一窗式"服务等行之有效的服务方式。创新推行全程服务,针对不同层次的纳税人开展预约服务、提醒服务、弹性服务、贴近式服务等特色服务,并将综合征管软件中的主管税务机关统一到区县局,实现涉税业务"同城通办",方便了纳税人。不断加大兑现税收优惠政策力度,全年累计兑现各类税收优惠政策34.84亿元,同比增加8.14亿元。"十五"期间,全市国税部门累计兑现税收优惠105.24亿元,比"九五"期间增长426%。制定《关于进一步支持民营经济发展的意见》,简化办税程序,下放审批权限,减少审批环节,提高工作效率。取消代开增值税专用发票审批,取消饲料生产企业免征增值税审批,做好商贸企业增值税一般纳税人认定工作,全面落实好有关的税收优惠政策,积极支持民营经济发展。

市国税局开展税收宣传活动　　（张海恒　摄）

【管理创新】　一是企业所得税管理实现新突破。开发《新办企业所得税管理信息系统》，棉高企业所得税精细化管理水平。年内，全市共入库企业所得税 155043 万元，同比增长 171.75%，增收 97989 万元，其中新办企业所得税入库 20793 万元，在连续两年实现翻番的基础上，同比又增长 48.62%，增收 6802 万元。二是增值税“一机多票”开票方式试点成功。全市 2044 户一般纳税人纳入“一机多票”开票系统范围，并实现了通过电子申报软件对纳税人开具的增值税普通发票信息与申报表中的相关内容进行自动比对的功能。三是成功应用重点税源网上直报系统。应用网上直报系统采集重点税源数据，实现对企业数据的自动分析，对省局《大企业税源管理办法》确定的所有精细化管理指标进行自动计算和分析，对超出正常范围的进行预警提示。全市年实现“两税”50 万元以上的 860 户企业，被纳入网上直报系统进行监控，监控企业国内“两税”入库税收占全市“两税”直接收入的 84.79%。四是运行国际税收“一体化”管理模式见成效。优化整合岗位职能，合理配置人力资源，实行企业涉税信息的集中共享和增值应用，使审核评税、涉外税务审计和反避税工作成为一个相互衔接、相互推动、相互监督的有机整体，有效地增强了监控能力。全年累计完成涉外企业所得税 15889 万元，同比增长 15.67%，增收 2152 万元。五是创新出口货物监管模式。制定《淄博市国税局出口货物流程监控办法》，对特殊方式及有异常情况的出口货物，要求企业对其货物各流转环节的资料、凭证、手续实行备案登记，并在申报退税时进行举证；对申报举证发现疑点的，根据货物出口流程进行实地调查，籍以证实货物出口的真实性。全市共对 1000 余笔“疑点出口货物”实施监控，涉及企业 80 余户，对其中 8 户暂停办理出口退（免）税，共涉及退税款 800 余万元，保证出口业务真实性，促进企业规范出口业务。六是全面落实税收管理员制度。制定《税收管理员工作规范》，按照“分户到人、职责明晰、流程控制、绩效考核”思路，将户管责任落实到税收管理员，并制定《淄博市国税系统征收管理人才库管理办法》。开展《税收管理员预警管理系统》的开发工作。该系统由预警监控、查询统计和考核评价三部分组成，从户籍管理、发票管理、税源监控、纳税评估等方面对税收管理员的工作进行预警、监控和考核评价。七是深入推进电子政务管理。完成淄博市国税系统电子政务系统的研发工作。系统包括内外两个网站和一个工作平台，将日常办公业务纳入网上运行。

【文明创建】　2005 年，全市国税系统精神文明建设硕果累累。市局被山东省委授予全省党员教育工作先进单位，被省总工会、省委宣传部、省文明办、省经贸委联合授予山东省职工职业道德建设十佳单位，被省总工会授予山东省富民兴鲁劳动奖状，被国家人事部和国家税务总局联合授予全国税务系统先进集体，被国家文明委授予全国精神文明建设工作先进单位荣誉称号。全市国税系统有 1 个单位获全国“巾帼文明岗”，2 个单位被省妇联表彰为先进单位，2 个基层分局被评选为省级“青年文明号”，5 个基层分局（科室）被评选为市级“青年文明号”，2 个基层分局被表彰为市级“巾帼文明岗”；30 多人被市级以上部门表彰为先进个人。

“国税行风建设”走进电台直播间（张海恒　摄）

【全市国税纳税百强企业】

单位：万元

序号	企　业　名　称	缴税金额
1	中国石化齐鲁股份有限公司	153288
2	中国石油化工股份有限公司齐鲁分公司	130618

续表

序号	企　业　名　称	缴税金额
3	山东铝业股份有限公司	84702
4	淄博供电公司	25219
5	中国石化集团齐鲁石油化工公司	12625
6	胜利油田高青石油开发有限责任公司	11569
7	华电淄博热电有限公司	9002
8	山东博汇纸业股份有限公司	8431
9	山东淄博烟草有限公司	7479
10	淄博宏达钢铁有限公司	7255
11	山东金岭铁矿	7244
12	华能国际电力股份有限公司辛店电厂	6723
13	山东东岳化工股份有限公司	5948
14	淄博宏达焦化有限公司	5327
15	鲁泰纺织股份有限公司	5217
16	淄博市华联矿业有限责任公司	5217
17	山东隆盛钢铁有限公司	4490
18	中国石油化工股份有限公司催化剂齐鲁分公司	4452
19	中国华能集团公司白杨河电厂	4400
20	山东金诚石化集团有限公司	4181
21	中国铝业股份有限公司山东分公司	4026
22	淄博铁鹰钢铁有限公司	3917
23	山东海力化工有限公司	3406
24	淄博市傅山焦化有限责任公司	3361
25	淄博张钢制铁铸管有限公司	3135
26	山东省药用玻璃股份有限公司	3134
27	淄博矿业集团有限责任公司	3020
28	淄博汇丰石油化工有限公司	2979
29	纳西姆工业(中国)有限公司	2959
30	山东博汇集团有限公司	2835
31	山东铝业公司	2640
32	中国石油化工股份有限公司山东淄博石油分公司	2618
33	山东东岳氟硅材料有限公司	2607
34	山东中轩股份有限公司	2605
35	山东鲁阳股份有限公司	2576
36	山东瑞阳制药有限公司	2457
37	山东金诚重油化工有限公司	2312
38	山东东大化学工业有限公司	2252
39	山东联合化工有限公司	2229
40	淄博齐翔腾达化工有限公司	2185
41	淄博市商业银行	2177

续表

序号	企　业　名　称	缴税金额
42	淄博柴油机厂	2147
43	山东中齐耐火材料有限公司淄博分公司	2142
44	淄博山水水泥有限公司	2119
45	淄博宏达热电有限公司	2118
46	淄博欧格登博汇热电有限公司	2059
47	胜利钢管有限公司	2013
48	淄博顺泰冶金有限公司	1807
49	山东金虹钛白化工有限公司	1799
50	山东万杰高科技股份有限公司博山热电厂	1767
51	中国石油化工股份有限公司齐鲁分公司腈纶厂	1672
52	桓台县供电公司	1557
53	淄博大华纸业有限公司	1545
54	山东宏信化工股份有限公司	1543
55	山东黄河龙集团有限公司	1499
56	淄博银龙钢铁有限公司	1497
57	山东天源热电有限公司	1463
58	山东新华医疗器械股份有限公司	1386
59	齐鲁石油化工公司催化剂厂	1371
60	淄博力久实业有限公司	1365
61	淄博热电股份有限公司	1358
62	山东齐鲁增塑剂股份有限公司	1358
63	淄博亚洲啤酒有限公司	1354
64	淄博中轩酒业有限公司	1351
65	兰雁集团股份有限公司	1340
66	淄博新冶实业有限公司	1335
67	山东华瑞道路材料技术有限公司	1311
68	淄博汽车制造厂	1303
69	高青县油区工作管理委员会	1295
70	山东新华制药股份有限公司	1267
71	淄博鲁群纺织有限公司	1227
72	山东开泰实业有限公司	1183
73	山东东岳高分子材料有限公司	1174
74	沂源县供电公司	1127
75	山东贵和昱星纸业股份有限公司	1118
76	山东博山大桥实业总公司耐火材料厂	1116
77	淄博市临淄顺达铁矿	1107
78	淄博欧木特种纸业有限公司	1089
79	淄博银龙实业有限公司	1087
80	山东八三炭素厂	1082

续表

序号	企　业　名　称	缴税金额
81	淄博市王庄煤矿	1079
82	淄博旭日新材料有限公司	1078
83	淄博傅山矿业有限公司	1078
84	淄博中轩热电有限公司	1066
85	淄博绿博燃气有限公司	1050
86	淄博市焦化煤气公司	1049
87	淄博钢铁股份有限公司	1045
88	山东淄博新达制药有限公司	1032
89	淄博鑫能热电有限公司	986
90	山东华元钢铁有限公司	982
91	山东益母妇女用品有限公司	967
92	山东齐都药业有限公司	952
93	淄博金家能源资产管理有限公司	947
94	山东扳倒井股份有限公司	944
95	山东省淄博蠕墨铸铁股份有限公司	929
96	淄博福禄新型材料有限责任公司	927
97	淄博市临淄金召铁矿	925
98	高青县供电公司	918
99	山东众和热电有限公司	905
100	沂源县源能热电有限公司	905

【国有、集体和股份有限公司纳税前30名】

单位：万元

序号	纳税人名称	缴税金额
1	中国石化齐鲁股份有限公司	153288
2	中国石油化工股份有限公司齐鲁分公司	130618
3	山东铝业股份有限公司	84702
4	淄博供电公司	23470
5	中国石化集团齐鲁石油化工公司	12625
6	胜利油田高青石油开发有限责任公司	11569
7	华电淄博热电有限公司	9002
8	山东博汇纸业股份有限公司	8431
9	山东淄博烟草有限公司	7479
10	山东金岭铁矿	7244
11	淄博市华联矿业有限责任公司	5217
12	中国石油化工股份有限公司催化剂齐鲁分公司	4452
13	中国华能集团公司白杨河电厂	4400
14	山东金诚石化集团有限公司	4181
15	中国铝业股份有限公司山东分公司	4026
16	山东海力化工有限公司	3406

续表

序号	纳税人名称	缴税金额
17	淄博市傅山焦化有限责任公司	3361
18	淄博张钢制铁铸管有限公司	3135
19	山东省药用玻璃股份有限公司	3134
20	淄博矿业集团有限责任公司	3020
21	山东博汇集团有限公司	2835
22	山东铝业公司	2640
23	中国石油化工股份有限公司山东淄博石油分公司	2618
24	山东鲁阳股份有限公司	2576
25	山东金诚重油化工有限公司	2312
26	山东东大化学工业有限公司	2252
27	淄博齐翔腾达化工有限公司	2185
28	淄博市商业银行	2177
29	淄博柴油机厂	2147
30	山东中齐耐火材料有限公司淄博分公司	2142

【全市涉外企业纳税前30名】

单位：万元

序号	纳税人名称	缴税金额
1	淄博宏达钢铁有限公司	7255
2	华能国际电力股份有限公司辛店电厂	6723
3	山东东岳化工股份有限公司	5948
4	淄博宏达焦化有限公司	5327
5	海关代征(一)	4795
6	鲁泰纺织股份有限公司(一)	3823
7	纳西姆工业(中国)有限公司	2959
8	山东东岳氟硅材料有限公司	2607
9	山东中轩股份有限公司	2605
10	山东瑞阳制药有限公司	2457
11	淄博宏达热电有限公司	2118
12	淄博欧格登博汇热电有限公司	2059
13	淄博顺泰冶金有限公司	1807
14	山东宏信化工股份有限公司	1543
15	淄博亚洲啤酒有限公司	1354
16	山东华瑞道路材料技术有限公司	1311
17	山东新华制药股份有限公司	1267
18	山东东岳高分子材料有限公司	1174
19	淄博绿博燃气有限公司	1050
20	山东淄博新达制药有限公司	1032
21	山东华元钢铁有限公司	982
22	山东益母妇女用品有限公司	967

续表

序号	纳税人名称	缴税金额
23	淄博福禄新型材料有限责任公司	927
24	淄博旭硝子刚玉材料有限公司	847
25	山东华狮啤酒有限公司	772
26	淄博银仕来纺织有限公司	707
27	淄博建龙化工有限公司	706
28	鲁泰纺织股份有限公司(二)	697
29	淄博华港热电有限公司	695
30	淄博鲁昊化工有限公司	680

【全市私营企业纳税前30名】

单位:万元

序号	纳税人名称	缴税金额
1	山东隆盛钢铁有限公司	4490
2	淄博铁鹰钢铁有限公司	3917
3	淄博汇丰石油化工有限公司	2979
4	山东联合化工有限公司	2229
5	胜利钢管有限公司	2013
6	山东黄河龙集团有限公司	1499
7	淄博银龙钢铁有限公司	1497
8	淄博力久实业有限公司	1365
9	淄博新冶实业有限公司	1335
10	淄博欧木特种纸业有限公司	1089
11	淄博科丰化工有限公司	883
12	沂源联合化肥有限公司	861
13	淄博齐林电气物流有限公司	860
14	山东辰龙纸业股份有限公司	792
15	山东滨岭矿业有限公司	735
16	山东珑山实业有限公司	628
17	淄博黑山玻璃有限公司	598
18	山东齐鲁科力化工研究院有限公司	537
19	淄博时代铸造有限公司	490
20	淄博万昌化工设备有限公司	472
21	山东齐旺达集团海仲石油化工有限公司	445
22	淄博龙泰冶炼有限公司	419
23	淄博金恒物资有限责任公司	376
24	淄博太极工业搪瓷有限公司	371
25	淄博宝塔焦化有限公司	359
26	淄博市博山长城机械有限公司	347
27	淄博正晋特钢有限公司	340
28	淄博特信百货商城有限公司	337
29	山东东鹏陶瓷有限公司	333
30	山东凯日化工股份有限公司	332

【全市个体企业纳税前30名】

单位：万元

序号	纳税人名称	缴税金额
1	淄川区岭子长运石料加工厂	50
2	淄川区岭子镇宏运石料加工厂	37
3	淄川区杨寨鑫成建材厂	35
4	淄川区岭子明溪石料加工厂	29
5	淄川区杨寨旭美陶瓷厂	15
6	淄川区岭子庆海石料加工厂	15
7	淄博张店郭辛昌晟瓦厂	12
8	吕志军	12
9	臧素杰	11
10	张店恒亚建材厂	11
11	张店宸泰建材厂	11
12	淄川区双沟镇双杨砖瓦厂	11
13	张店南定德顺建材厂	10
14	张店永岗建材厂	10
15	张店南定千祥缸瓦厂	10
16	张店南定小旦四瓦厂	10
17	张店齐协缸瓦厂	10
18	张店宏泰建材加工厂	10
19	利民瓦厂	10
20	淄博宝鑫经贸有限公司	9
21	淄博隆顺建材有限公司	9
22	淄博张店云元缸瓦厂	9
23	淄博耀鲁工贸有限公司	9
24	淄川区双沟镇鲁冠瓦厂	9
25	淄博市周村振兴建材厂	9
26	高胜芳	8
27	周村长宏耐火材料厂	8
28	张店金伯利钻石店	8
29	周村区王村镇辛劳耐火材料厂	8
30	淄博市周村区环宇耐火材料厂	8

（张海恒）

地方税务

【概况】 2005年，全市地税系统共组织各项收入40.52亿元，首次突破40亿元大关，居全省第六位，比2004年增长28.33%，增收8.94亿元。收入增幅高出全省平均增幅1.64个百分点，与2005年度全市预计GDP增幅相比高出11.33个百分点。其中，中央级收入完成7.44亿元，比2004年增长37.68%，增收2.04亿元；省级收入完成3.93亿元，比2004年增长25.61%，增收8009万元；市级收入完成7.92亿元，比2004年增长23.48%，增收1.51亿元（剔除地方教育费附加后完成7.71亿元，比2004年增长20.2%，增收1.30亿元）；区县级收入完成21.23亿元，比2004年增长27.67%，增收4.60亿元。市县级收入累计完成29亿元，占地方财政收入和预计GDP总量的45.84%和2.7%,分别比2004年高出0.13和0.14个百分点。主体税种拉动作用明显。营业税、企业所得税、个人所得税、城市维护建设税和教育费附加共计完成33.26亿元,占全年组织收入总量的82.12%。5个税费分别增长19.44%、34.57%、42.56%、24.54%和27.71%,合计拉动税收增长22.57个百分点,几个主体税种的良好运行确保了总收入的稳定增长。

【税源管理】 加强重点税源监控。在全面应用省地税局重点税源监控软件基础上,针对全市税源管理工作的实际需要,进一步扩大税源监控范围,按照基层征收分局应纳税额80%的标准,逐级排出监控名单,并制定下发《重点税源监控管理办法实施细则》,对重点税源的监控方式及考核等作了进一步明确,税源监控的质量和水平不断提高。

大力推进社会综合治税。年初,市政府市长办公会专门听取市地税局的工作情况汇报,并召开全市社会综合治税工作会议,以市政府文件下发《关于进一步深化社会综合治税加强税收征管 增加财政收入的意见》,将社会综合治税工作纳入政府对各部门的目标管理考核。2005年,全市共采集有效涉税信息14万余条,新增税款5500万元;委托代征税款4.65亿元。淄博市社会综合治税工作走在全省地税系统前列。

积极开展纳税评估。进一步调整充实纳税评估办公室的力量,全市成立17个纳税评估办公室,配备纳税评估人员37名。同时,将重点税源企业作为纳税评估的重点,在建筑业、租赁业、房地产、客货运输、新兴服务业等行业积极开展评估。年内,共对1216户重点企业进行了评估,评估入库税款2647万元,较好地发挥了以评促管、以评促收的作用。

强化以票控税。成立"12366"地税发票特查队,开通"12366"全天候发票举报热线,及时受理和查处发票违法行为。同时,联合国税、公安等部门开展货物运输业发票专项检查,有力地震慑发票违法行为,规范发票管理秩序,堵塞税收漏洞。

落实征管责任制。制定《税收管理员工作规范》和《税收管理员考核管理暂行办法》,开发运行"税收管理员监控考核管理信息系统",开展优秀税收管理员评选活动,进一步增强税收管理员的工作责任心,促进了征管责任区管理质量的提高。

【征收管理】 一是完成"一户式"电子档案有关数据资料的收集、录入工作。根据省地税局的统一部署和要求,从7月开始,集中时间、精力狠抓征管资料和征管数据的收集、录入工作,层层落实任务,明确工作责任,严格审核把关。年内,全市共录入2003年以来企业各类财务报表140万余份,为下一步建立"一户式"电子档案奠定基础。二是加强纳税申报管理。重点加大对零申报和异常申报业户的分析、监控力度,把纳税申报管理与征管质量考核和对税管员的考核紧密结合起来,强化税收管理员的责任意识。同时,大力推行"双委托"报税,实现了与农信社的联网,偏远地区纳税人申报纳税难的问题得到有效解决。三是加强对重点行业、重点税种的征管。重点加大对房地产、货物运输、餐饮业等行业的税收征管,特别在加强货物运输业税收管理方面,通过完善开票系统功能、开展专项检查等,有效地堵塞管理漏洞,促进货运业税收的大幅增长。2005年,全市货运业税收实现1.4亿元,比上年增收1300余万元。同时,强化对房产税、城镇土地使用税的动态监控。加大企业所得税核定征收力度,年内全市实行核定征收的户数达到2900余户,核定征收面达到33.25%。11月,省地税局在淄博市召开全省地税系统所得税管理工作会议,市地税局作了汇报演示。四是充分发挥稽查的职能作用。从4月开始,根据省地税局的统一部署和要求,在全市范围内对高收入行业、高收入群体进行税收专项检查,检查出有问题的913户,查补入库税款7155万元。

【税收执法责任制】 是年,通过扩大执法考核范围、明确事权划分、严格落实责任追究等措施,进一步深化、完善执法责任制,此项工作得到国家税务总局、省地税局的充分肯定。6月,淄博市地税局在国家税务总局召开的全国税务系统深入推行税收执法责任制工作会议上作汇报演示。8月,在国务院召开的部门推行行政执法责任制现场会上,市地税局作了演示交流。国家税务总局的领导专程到淄博市进行调研,对市地税局税收执法责任制工作给予很高的评价。年内,广东省地税局等10多家兄弟城市单位先后到市地税局考察学习。研制开发运行"税务行政审批网络管理系统",实现税务行政审批的网上运行,市地税局被市政府表彰为行政审批改革先进单位。

国家税务总局、省地税局领导到淄博市地税局进行税收执法责任制调研 (于 浩 摄)

【信息化建设】 按照建设"数字化地税"的目标,相继研发运行"税务行政审批网络管理系统""税务监察监控管理信息系统""税务行政办公效能自动监督考核系统"和"所得税后续管理信息系统"等软件。其中,"所得税后续管理信息系统"得到省地税局的高度评价,并在全省地税系统推广。对原有的征管主体软件进行整合升级,征管系统的技术水平得到提高。网站管理也日趋规范,栏目内容定期更新,网站的实用性不断增强。市地税局被省地税局表彰为2005年度信息化工作先进单位。

【纳税服务】 一是整合服务窗口,规范服务行为。对基层办税服务中心的服务区域及功能重新进行规划设置,使之布局更加科学合理,功能更加齐全。进一步规范和明确办税服务的内容、程序及标准,并对办税服务厅人员进行培训。二是搭建起多功能的纳税服务平台。坚持"为经济建设服务、为社会发展服务、为纳税人服务"的理念,搭建起以淄博网上地税局、"12366"纳税服务热线和办税服务厅为载体的三个服务平台,为纳税人提供更加方便、快捷的办税服务,进一步优化纳税服务环境。三是认真开展"纳税服务年"活动。通过开展"我为纳税人献一策”“我为纳税人做一事”活动和建立纳税服务联系点、实行纳税后回访、开展全程提醒与辅导、向纳税人免费赠送纳税服务大礼包等方式，进一步优化和改善征纳关系，增强纳税服务的针对性和实效性。

市地税局现代化办税服务厅　　　（于　浩　摄）

【队伍建设】 1. 建立干部使用激励机制。在全市地税系统推行领导干部职务聘任制和税官能级制。全市地税系统除处级领导职务、区县局局长外，科级行政领导职务人员全部实行聘任制，完成税官能级管理工作，人事制度改革取得突破性进展。2. 建立学习激励机制。举办3期骨干业务培训班，聘请有关专家、教授进行授课，培训干部职工310人。积极开展“学习型机关”建设和争当“学习标兵”活动。在省地税局组织的骨干人才选拔考试中，全市地税系统有56人进入省级人才库，并建立起市级骨干人才库。3. 建立创新激励机制。制定《淄博市地方税务局对贡献突出单位和人员的奖励办法》，明确奖励的项目对象、程序和标准，鼓励干部真抓实干、勇于创新。对工作有创新、有成果的单位和业务比武取得优异成绩及入选省、市级人才库的人员进行了表彰奖励。

是年，市地税局直属征收分局、高新区分局、齐鲁石化分局和博山分局顺利通过省地税局“六好基层单位”的考核验收。市地税局及所有区县局顺利通过省级文明单位的复查验收。市地税局被市委、市政府授予全市创建文明城市工作先进单位称号。

【党风廉政建设】 结合开展保持共产党员先进性教育活动，通过收看廉政警示片、听取预防职务犯罪报告、建立廉政教育网站等形式，教育和引导干部正确看待手中的权力，自觉依法行政。制定《淄博市地方税务系统税务监察实施办法》，进一步完善税务监察工作制度，规范监察工作程序。此项办法被省地税局在全省地税系统推广。研制开发税务监察监控管理信息系统，实现监督关口的前移，得到省地税局、国家税务总局领导的充分肯定。在全系统深入开展行风自查活动，通过查征管、查执法、查服务、查效率，及时发现和解决行风建设中的问题，促进行业作风的好转。市地税局被市委、市政府表彰为行风和机关效能建设先进单位、机关作风建设年活动先进单位。

【全市地方税收纳税前50名企业】

单位：万元

序号	纳税人名称	入库税款
1	淄博矿业集团有限责任公司	18078
2	中国石化齐鲁股份有限公司	13980
3	中国石油化工股份有限公司齐鲁分公司	12522
4	中国石化集团齐鲁石油化工公司	10140
5	淄博市华联矿业有限责任公司	7022
6	山东金诚石化集团有限公司	7008
7	山东铝业股份有限公司	6951
8	山东省药用玻璃股份有限公司	4357
9	山东博汇纸业股份有限公司	3246
10	山东中轩股份有限公司	3224
11	山东金诚重油化工有限公司	3121
12	淄博供电公司	2961
13	山东铝业公司	2820
14	山东金岭铁矿	2645
15	山东新华制药股份有限公司	2558
16	山东中润集团淄博置业有限公司	2359
17	桓台县供电公司	2255
18	南金兆集团有限公司	2080
19	山东联合化工有限公司	2067

续表

序号	纳税人名称	入库税款
20	淄博鲁中房地产开发股份有限公司	2001
21	山东鲁阳股份有限公司	1771
22	华电淄博热电有限公司	1730
23	山东创业房地产开发有限公司	1686
24	鲁泰纺织股份有限公司	1610
25	山东齐鲁石化工程有限公司	1587
26	淄博汇丰石油化工有限公司	1469
27	中国铝业股份有限公司山东分公司	1439
28	淄博矿业集团康业投资有限公司	1409
29	中国银行股份有限公司淄博分行	1408
30	淄博春申房地产开发有限公司	1308
31	高青县油区工作管理委员会	1236
32	中国联通有限公司淄博分公司	1211
33	中国农业银行淄博市分行	1191
34	山东齐鲁增塑剂股份有限公司	1166
35	中国网通(集团)有限公司淄博市分公司	1165
36	淄博市商业银行股份有限公司	1162
37	山东移动通信有限责任公司淄博分公司	1136
38	山东智利达化工股份有限公司	1135
39	山东大德华瑞置业有限公司	1115
40	中国华能集团公司白杨河电厂	1048
41	淄博市临淄金召铁矿	1030
42	淄博交通运输有限公司	1012
43	山东省沂源县鲁村煤矿有限公司	1006
44	淄博市王庄煤矿	963
45	中房集团淄博市城市建设综合开发公司	954
46	淄博华川置业有限公司	939
47	中国农业银行淄博市临淄区支行	906
48	淄博众信置业有限公司	873
49	山东省淄博蠕墨铸铁股份有限公司	843
50	中国农业银行桓台县支行	842

（谭守华　陆　素）

本部类编辑：王　娟
副主编：徐　杰
校对：郭延志
张爱云

银行　保险　证券

银　行

【概况】 2005年,中国人民银行淄博市中心支行着力夯实各项基础性工作,在贯彻货币政策、维护金融稳定、提供金融服务等方面积极改革创新,切实提高履行央行职责的能力和水平,促进地方经济、金融的良性互动和协调发展。3月,全市各项存款突破1000亿元,成为全省第五个存款过千亿元的城市。截至年末,全市金融机构本外币各项存款余额1120.01亿元,比年初增加145.13亿元,同比多增20.21亿元,年增幅为14.89%。本外币贷款余额为764.22亿元,增长12.04%,比年初增加82.13亿元,同比多增14.33亿元。在直接贷款的同时,全市金融机构通过银行承兑汇票、信用证、保理、保函等方式,为企业提供多元化的融资支持。至年末,全市银行业签发银行承兑汇票余额179.4亿元,比年初增加16.17亿元;信用证余额3.28亿美元,比年初增加2.63亿美元,折合人民币分别为26.46亿元和21.22亿元。随着淄博市金融生态环境的进一步优化,异地金融机构对淄博经济的信贷投入逐年扩大,年末异地金融机构对淄博市贷款余额达到140.89亿元,比年初增加35.74亿元,增长33.99%。综合市内外银行业贷款及其他各种信用方式,2005年银行业对全市经济提供的融资总量达到167亿元,同比多增33亿元。银行资产质量提高,年末全市贷款不良率为10.01%,同比下降3.86个百分点。银行业效益进一步改善,全年结益同比增长24.39%。

【货币政策调研工作】 是年,加强调查研究,搭建货币政策宣传调研平台。加强监测分析引导,提高对经济金融运行趋势判断的前瞻性。把监测、分析和引导作为货币信贷管理工作的着力点,进一步完善利率监测体系,按季对辖区银行机构贷款利率分种类、期限等进行监测,按月对辖区商业票据的签发、贴现、转贴现和保证金等情况进行量化监测。选取样本企业对汇率改革影响进行监测分析。针对信贷结构、贷款集中、异地资金流动、中小企业融资、民间借贷、房地产投资等热点问题,作了较为深入的分析与研究。对全市百强企业和重点项目进行持续性的监测分析。强化季度分析例会制度,整合财政税收、外经外贸、货币信贷运行、结算工具运用、银行资金流量状况等各类信息资源,密切各职能部门的沟通和协调,提高了监测分析的广度和深度。

【货币信贷管理】 一是改进引导的方式方法,不断提高窗口指导工作效率和水平。制定印发《关于进一步做好2005年货币信贷工作、促进地方经济健康发展的指导意见》《淄博市货币政策评价体系》《淄博市银行业业绩考核管理办法》,并通过召开金融分析会、银企座谈会、金融联席会等方式,及时向金融机构传递宏观调控意图,引导金融机构优化信贷资源配置,促进经济、金融良性互动。二是坚持"内引外联"的工作思路,进一步完善项目推介制度,促进建设项目与信贷资金的有效对接。联合有关部门组织全市百强外经贸企业银企洽谈会、驻青外资银行到淄博推介金融业务等多项活动,增进社会公众对金融及金融产品的了解。10月14日,分行和淄博市政府联合举办2005淄博银企洽谈会,签约资金总金额285亿元。三是加大对优势行业和企业的资金投入,支持其加快发展。与有关部门密切协作,深入企业了解情况,建立"双百工程"信贷资金营运档案和月度统计分析制度,进行单独调度和协调。四是加大对县域经济及弱势行业的信贷投入,促进城乡经济协调发展。把增加县域信贷投入作为重点,在有关县域举办银企洽谈会,签约资金52亿元。利用支农再贷款工具引导农信社增加对"三农"的信贷投入。至年末,农业贷款余额达到137.39亿元,较年初增加20.27亿元,增长17%,高出各项贷款增幅4个百分点。

【金融服务】 一是开发银行本票业务系统,攻克本票不能"见票即付"这一难关。6月6日,《淄博市银行本票业务系统》上线运行,真正实现银行本票的"见票即付",实现签发、解付和资金清算的全自动化处理,资金的入账时间也由原来的2～3天缩短为几分钟,减少了资金的在途时间。二是加强支付体系建设,加快资金周转。年内,《中央银行会计集中核算系统》换版升级,大额支付系统上线运行,人民币银行账户管理系统在全市成功运行,给各银行和广大企事业单位以及金融市场提供了快速、高效、安全、可靠的支付清算服务。大额支付系统运行实现了跨行资金清算的"零在途",减少了储户和企业的时间成本与交易成本。开发实效性强、安全性高、经济适用的"淄博市大同城票据清算计算机网络处理系统",形成覆盖全市的票据交换信息网络,票据交换由一天一场增加到一天两场,日清算资金近8亿元。三是推动国库集中支付改革,优化税库银联网。以国库内部往来系统、大额支付系统、同城票据交换系统为平台,优化工作步骤,采取序时、滚动的国库资金汇划报解方式,使各级预算收入当天直达最终收款国库,实现税款入库"零在途"。8月,取消国税税票纸质凭证,正式实现国税税款入库无纸化,实现了50年来税款入库方式的重大变革。9月,作为全省第一家区级财政国库集中支付改革试点的周村区完成系统上线,在全省各市中实现了启动时间第一、覆盖预算单位的范围第一、区级试点改革启动第一。

【外汇管理】 年初,制定印发《关于支持全市外向型经济发展的意见》。完善出口核报系统管理功能,对出口单位实行分类管理,在全市全面推行网上核销管理方式,对400余家出口企业进行网上核销培训,进一步简化贸易进口付汇及核销手续

银企洽谈会现场（人行淄博市中心支行 供稿）

等，促进全市外向型经济健康发展。至年末，全市银行累计结汇 16.74 亿美元，同比增长 44.28%；累计售汇 8.6 亿美元，与上年基本持平。结售汇顺差达 8.14 亿美元，是 2004 年的 2.6 倍。

【人民币管理和现金供应】 积极开展金融机构现金收付文明示范活动。在全市范围内推广实施《淄博市银行业金融机构人民币现金收付业务管理办法》和《淄博市银行业金融机构残损人民币兑换“首问负责制”实施办法》。认真做好人民币反假工作。建立反假货币人员上岗考试和持证上岗规范操作机制，组织举办 10 余期人民币反假知识培训班，统一颁发资格证书。全年共发现并收缴各类假币 4700 张，金额 33 万余元，协助公安机关及金融机构破获或堵截假币案件 90 余起。积极做好反洗钱工作，打击经济犯罪。与淄博市公安局、淄博银监局等 4 部门联合制定《关于在维护金融安全查处金融违法犯罪案件中加强协作配合的工作意见》《淄博市公安局、国家外汇管理局淄博市中心支局外汇领域反洗钱工作意见》，建立和规范金融违法犯罪案件线索的移送、查处制度，以及涉嫌洗钱犯罪案件(线索)的移送制度，明确各部门的职责和分工，完善了工作配合协调机制。

【优化金融环境】 一是营造关注金融生态环境的氛围。研究制定一系列宣传、汇报方案，加强与政府和部门的沟通。市委、市政府主要领导多次听取人民银行的专题汇报，制定《关于加强金融生态环境建设，促进全市经济金融健康协调发展的意见》，市委、市政府以淄发〔2005〕26 号下发全市执行。10 月，举办优化金融生态论坛，邀请政府领导、总行专家、商业银行及企业代表发表演讲。二是推动政府发挥主导作用，部门联动，形成优化金融生态环境的强大合力。市政府制定《做大做强金融业的意见》《淄博市金融生态环境建设评价考核管理办法》《淄博市银行业业绩考核办法》，为金融发展创造宽松、和谐、融洽的良好环境。三是以区县为单位，以信用建设为突破口，建立良好的信用环境。上半年，全市五区三县都先后出台优化金融生态环境的意见。组织区县之间的工作经验交流，相互学习，取长补短。把省级贫困县沂源县作为典型进行重点推动、督导，建立考核评价体系，创建金融生态环境模范县，为全市开展工作积累经验，《金融时报》介绍了沂源县的做法。依托信贷登记咨询系统，加强社会信用体系建设。年内，信贷登记咨询系统信息入库率达到 99 %，平均日查询 1200 次，成为各金融机构开展业务的重要依据。联合市经贸委、市中小企业局下发《关于组织开展资信评级工作的通知》，完成对 148 家企业的资信评级工作。四是推动开展信用社区创建活动。与市劳动和社会保障局、市总工会共同组织，在全省第一家印发《淄博市信用社区创建工作实施意见》。全市共评出“文明信用村”308 个、“文明信用企业”803 个、“文明信用户”12.7 万户，全市建立试点社区 21 个。把下岗失业人员小额担保贷款作为信用社区创建工作的主要内容来抓，协调政府部门、商业银行，建立劳动、财政、人民银行三方联席会议制度，市政府拨出 1000 万元专款，设立下岗失业人员再就业贷款担保基金。年内，累计发放下岗失业人员小额担保贷款 881 万元，贷款总额列全省第一位。8 月，省政府在淄博召开小额担保贷款推介现场会，对淄博市小额担保贷款工作给予充分肯定。五是积极支持金融机构改革，维护金融稳定。制定《淄博市银行、证券、保险业工作联席会议制度》，建立银、证、保联席会议制度。加强对高风险金融机构的动态监测和预警，密切监测交叉性金融工具及跨市场、跨行业金融风险。高度关注辖内中行、建行、交行等银行机构的改革进程，全程参与对工商银行可疑类贷款的尽职调查，协助农村信用社进一步完善法人治理结构，辖内张店区在全省第一批成立农村合作银行，沂源、周村等 8 家农信联社全部完成一级法人改造，为专项票据兑付创造了有利条件。

（胡振兵 冯 波）

2005 淄博市优化金融生态环境论坛

（人行淄博市中心支行 供稿）

【金融监督管理】 中国银行业监督管理委员会淄博监管分局(简称淄博银监分局)是中国银行业监督管理委员会在淄博的派出机构，成立于 2003 年 12 月 19 日。淄博银监分局根据山东银监局的授权，统一监督管理淄博市内银行、农村信用社，邮政储蓄机构及其他存款类金融机构，维护辖区银行业合法、稳健运行。

2005 年，淄博银监分局以推进监管尽职和增强监管能力为中心，以监管专业化建设为主线，完善监管体系，创新监管方法，改进监管服务，强化监管保障，辖区经济金融协调健康持续发展。截至年末，全市共有银行业金融机构(含营业网点)1048 家，正式职工 9934 人。其中，政策性银行分支机构 9 家，职工 190 人；主要商业银行(包括辖内国有商业银行和股份制商业银行)分支机构 401 家，职工 4740 人；城市商业银行分支机构 70 家，职工 1441 人；农村信用社(含合作银行)分支

淄博银监分局2005年工作会议
（淄博银监分局　供稿）

机构443家，职工3208人；邮政储蓄机构125家，职工355人。全市银行业金融机构本外币资产总额1257.07亿元，比2004年增长8.62%；本外币负债总额1224.58亿元，比2004年增长8.2%。

一、全面积极准确地贯彻宏观调控政策，促进经济金融协调发展。淄博银监分局准确把握政策，以宏观调控为契机，建立风险管理长效机制，增强可持续发展能力。支持地方银行在确保支付的情况下适度增加贷款投放，缓解企业资金紧张的状况。指导银行业重点加大对全市重点企业、重点项目的倾斜支持。按照中央关于支持“三农”和银监会有关要求，督促商业银行特别是农村信用社明确市场定位，进一步加大对“三农”的支持力度。召开小企业贷款推进工作会议，出台《淄博市小企业贷款实施意见》。有的银行还成立专门的小企业信贷管理部门，对小企业贷款实行专门管理，小企业融资环境进一步改善。加强对宏观调控中经济、金融运行的监测、分析，对可能影响金融运行的风险苗头和倾向性问题，及时进行风险提示和指导，有效地避免了风险隐患，促进了经济、金融协调发展。

二、坚持审慎监管，提高银行业风险管理能力和水平。按照“提高贷款分类准确性－提足拨备－做实利润－资本充足率达标”的持续监管要求，地方法人机构资本的自我补充与约束能力增强，资本审慎监管成效进一步显现。着力提高对主要风险的管控能力。在信用风险方面，建立更为详细的不良贷款监测台账，运用科学监管手段，重点加强对不良贷款真实性及形态变动的监测考核；指导商业银行真实反应不良资产形态，重点加大对大企业、集团客户、关联企业等贷款的风险防范；对个别风险企业，采取联动机制，有序、有效地控制了风险的蔓延。截至年底，全市主要商业银行不良贷款余额49.8亿元，比年初减少15.25亿元；不良贷款率10.5%，比年初下降3.93个百分点。在操作风险方面，部署开展银行业案件专项治理活动，建立案件专项治理工作月度报送制度，督促银行业认真落实银监会防范操作风险的措施，全市银行业实现了低风险运行。在市场风险方面，针对银行流动性过剩的情况，及时开展风险提示，指导地方中、小金融机构密切关注市场风险，商业银行市场风险管理意识和能力逐步增强。

三、深化银行业改革，为银行业发展注入新的活力。全面推进辖区银行业各项改革。督促工行、中行、建行、交行淄博辖内分支机构认真做好股改后的管理工作；督促农行进一步转换经营机制，增强可持续发展能力，为下一步综合改革打好基础。地方中、小金融机构改革取得明显成效。辖内农村信用社全部完成了组织形式改革，7家联社组建成为县一级法人，张店农村合作银行实行机构“扁平化”管理，淄博市商业银行进一步调整充实董事会、监事会、经营管理人员结构，法人治理结构建设取得明显成效。截至年末，全市地方中、小金融机构存款余额353亿元，较年初增加58.8亿元，增长20%；贷款余额272.3亿元，较年初增加30.3亿元，增长12.5%；存贷款分别占辖内市场份额的31.9%和35.6%。

四、注重监管能力建设，增强监管工作针对性和有效性。认真抓好监管能力建设，在分局内部探索实施监管流程再造工作，不断提高监管队伍的整体行政执法水平。一是增强非现场监管能力作用。逐级签订监管责任书，尝试推行监管“扁平化”管理，全面增强非现场监管效能。二是加大现场检查力度。重点开展贷款偏离度检查、土地和固定资产项目贷款检查、案件专项治理检查、个贷业务专项检查等十几个现场检查项目。累计集中调配全系统检查人员148人次，投入工作日2298个。针对检查所发现的问题，及时提出监管措施和整改要求，加大了对责任人的处罚力度。三是提高市场准入质量。结合银行业改革，着眼于改善组织体系，提高金融服务水平。全年共批准机构迁址39家，撤并机构147家，核准236名高管人员任职资格。四是加大行政执法力度。全年共责令辖内银行业金融机构对55名责任人给予纪律处分，促进了监管法规的落实，推进金融机构审慎经营和加强风险管理。

五、围绕监管中心任务，全面加强自身建设。建立健全各级党组织，成立机关党总支和基层党支部，在现场检查组中开创性地设立临时党支部，实现了党建促监管的目的。认真落实党风廉政建设责任制，在各银行业金融机构聘请16名廉政监督员，广泛征求对银监分局各项工作意见。在民主评议行风活动中，整体综合满意率达到99%。淄博银监分局被授予全国银监系统首批文明单位。　（马建军　李思宝）

【中国农业发展银行淄博市分行】　2005年，淄博市农发行认真贯彻落实中央一号文件精神，不断拓展业务空间，加强筹资力度，防范化解风险，粮棉购销储备信贷业务大幅度增加，经济效益实现历史性跨越，一举扭亏为盈。年末，各项贷款余额17.7亿元，比年初增加2.7亿元；各项存款余额1.4亿元，较年初增加3057万元。不良贷款占比较年初下降2.62个百分点。综合收息率达到101%。实现超额利润898万元，较上年增效1000多万元。

积极支持“三农”，实现业务有效发展。2005年是市农发行建行以来贷款投放最多的一年。全年累计发放各类贷款8.8亿元，比2004年增加3.4亿元。支持企业收购粮食1.4亿公斤，收购棉花5050万公斤、棉籽14850万公斤。一是坚持政策，确保粮棉收购资金供应。全年投放夏、秋粮食收购资金3201万元，支持收购小麦2万吨。发放各类储备贷款1.5亿元，增加储备粮6719万公斤。投放棉花贷款7.2亿元，有棉花贷款业务的支行由上年的4家扩展到5家。二是新业务拓展取得较大进展。全年共考察产业化龙头企业、加工企业12家，上报省行9家，金额达2.3亿元。三是严格防控风险，不断加大清收力度，加强对不良贷款的监测。全年不良贷款余额下降1970万元，其中现金清收303万元。

强化成本观念，积极拓展中间业务。加强存款组织工作，筹资成本明显下降。年末，各项存款余额达到1.36亿元，较年初增加3057万元。保险代理业务全面推进，中间业务收入明显增加。分别与人保财险等5家公司签订代理合作协议，全行累计手续费收入20万元，完成省行下达任务的249%。全市有6个支行手续费收入过万元，其中高青县支行超过10

万元。中间业务收入实现37万元。

精神文明建设。市行党校被省委宣传部命名为山东省示范基层党校，是全省金融系统唯一获此荣誉的示范党校。继续开展以创建文明单位、“青年文明号”、女职工“双文明示范岗”为主要内容的创建活动。市行连续3年保持省级文明单位荣誉称号，周村区、桓台县支行获省级文明建设先进单位。先后开展为农发行“希望小学”“大地之爱·母亲水窖”工程和“淄博市见义勇为基金”捐款活动。进一步落实党风廉政建设责任制，有效杜绝到开户企业“吃、拿、卡、要、报、借”现象的发生。全年向开户企业发放征求意见函和调查问卷24份，收到意见和建议9条。 （刘 平 郑毅民）

【中国工商银行股份有限公司淄博分行】 2005年，中国工商银行股份有限公司（以下简称中国工商银行）淄博分行按照“以经济效益为中心，以增加存款和清收处置不良资产为重点，以发展小企业贷款、新兴业务和提升网点综合经营功能为突破”的总体思路，优化经营结构，提高经营效率，推进经营转型，防范金融风险，实现全行资产质量、创利能力、经营效益的显著提高。年末，全行人民币各项存款余额183.94亿元，较年初增加6.12亿元；人民币各项贷款余额128.33亿元，较年初增加15.19亿元（剔出剥离核销因素）；不良贷款余额、占比分别较年初下降17.57亿元和11.7个百分点；中间业务收入占营业净收入的比重达到16.33%，较年初提高4.31个百分点；实现经营利润3.51亿元，成本收入比达到31.16%。年内，全行精神文明建设取得新成效，有1家支行被授予总行级文明建设先进单位，2家网点被授予省行级文明建设先进单位。2家支行分别保持了国家级和总行级“青年文明号”称号。

12月22日，中国工商银行行长杨凯生（左五）视察淄博分行 （工行淄博分行 供稿）

推进股份制改革。按照国务院批准的改革方案和上级行部署，加快推进股份制改革步伐。坚持不良贷款精细化管理与清收处置并重，成立联合工作组，落实挂牌清收制度，综合运用多种方式，扩大清收处置效果。锁定风险贷款目标客户，千方百计压降潜在风险贷款。集中开展不良贷款剥离核销和财务重组工作，成立不良资产处置领导小组，开展对剥离项目的尽职调查和档案组卷，通过了上级行组织的专项审计。完成固定资产清查及产权完善工作，对非信贷风险资产进行分类统计和剥离移交，为全行财务重组和完善公司治理奠定基础。

拓展信贷市场。成立内设机构和特色支行，实施分类管理、开辟“绿色通道”、拓宽抵押担保范围等措施，实现小企业信贷业务的跨越式发展。年末，小企业贷款余额较年初增加5亿元。坚持住房开发贷款与个人住房贷款衔接运作，住房金融业务持续快速增长，住房贷款余额较年初增加8.95亿元，其中个人住房贷款增加6.76亿元，住房开发贷款增加2.19亿元。通过开拓贴现、转贴现两个市场和开办商业承兑汇票贴现业务，全年累计办理票据贴现88亿元，实现净收益3789万元，票据融资业务连续3年居全省工行系统首位。积极开拓重点行业和优质项目信贷市场。先后对市公路局“张店、博山城区间快速通道”、重胶沥青等项目发放贷款4.25亿元，对东岳集团、鲁阳股份、中材金晶等企业的新建项目进行重点扶持。在全省率先开办国际贸易融资“福费廷”业务，首家代理地方金融机构进口信用证业务，100%保证金或存单质押承兑汇票业务较上年增加2.2亿元，满足了企业流动资金需求。

实施服务创新。进一步完善以个人理财业务为核心的产品体系，构建集资产、负债、中间业务为一体的个人客户服务平台。加快网点改造升级步伐，合理设置功能分区，进一步提高营业网点综合营销服务能力。全行理财中心新增存款2.14亿元，占新增存款总数的30%。依托网上银行、电话银行和银行卡等多种渠道整合柜面资源，为客户量身定做组合式营销和增值型服务方案。对重点单位客户实施分层次营销战略，形成纵向贯通、横向交叉的立体营销服务体系。积极发展财务顾问、信息咨询、非融资类人民币保函、委托贷款、保理等新业务，先后与18家企业签订常年财务顾问协议，为两家企业开办融资顾问和资金信托业务。银行卡、电子银行、国际业务等呈现同步发展势头。年内，实现国际业务结算量7.9亿美元，结售汇业务量3.5亿美元，银行卡有效发卡量较年初增加6081张，网上银行交易额1455亿元，电话银行交易额达到88亿元，均创历史最好水平。

加强风险防范。开展理想信念、警示教育、法律法规等一系列教育活动，员工的责任意识、制度意识和自我保护意识明显增强。推行总会计和营业经理委派制，构建由市分行内控管理委员会、会计结算部、监督中心与支行总会计、检查员和网点营业经理组成的立体式内控管理体系。从严加强授信管理，根据客户特点设计组合授信方案，提高授信业务风险管理水平。健全审批约束机制，推行“主审查人”制度，实现“贷审会议”制度日常化，保证新增贷款质量。以档案验收为核心构筑贷后风险管理防线，强化对贷款操作流程、调查环节、发放手续、贷款用途等方面的监督检查，落实风险责任追究制度和季度分析评价制度，完善贷后监督检查信息共享机制，构建覆盖贷前、贷中、贷后的全过程信贷风险防范机制。

（韩吉峰）

【中国农业银行淄博市分行】 2005年，中国农业银行淄博市分行加速推进业务创新，狠抓市场营销、清收盘活、风险控制，全行经营实现历史性突破。年末，各项存款余额达1726993万元，较年初增加269310万元，同比多增29939万元，增量创历史最高水平。各项贷款余额1313468万元，较年初增加230154万元，同比多增75611万元。退出低效客户贷款10045万元，年末五级分类不良贷款占比较年初下降4.04个百分点，信贷结构进一步优化。实现经营考核利润33677万元，同比增盈8939万元，盈利能力显著增强。全年业务经营实现跨越式发展，全行综合考评列全省系统第三名，经营利润、存款增量、中间业务收入均进入全国农行系统50强，排名均较上年提升2个位次。

增强资金实力，提升发展质量。加快客户结构调整，把客户结构调整作为各项工作的基础和重点。对客户市场进行全面普查，确定营销重点和退出对象，加大对重点客户综合包装、联动营销的组织力度。2005年末，优质个人客户存款较年初增加7.55亿元，占全行储蓄存款增量的49.3%。重点法人客户存款较年初增加8.14亿元，占全行对公存款增量的70%。全行企事业单位存款达到64.9亿元，较年初增加11.6亿元，增幅达22%。突出营业网点主阵地作用，加快个人业务发展。年初，对全行网点负责人进行任职资格公开竞聘、竞标活动，调动了营业网点和网点员工干事创业的积极性。在各网点实行大堂引导式服务，加强对客户业务及产品使用用的引导，提高服务营销的效率和效果。年末，全行储蓄存款余额1077846万元，较年初增加153014万元，同比多增47839万元。积极开展与其他商业银行、其他金融机构的合作。年末，全行同业存款余额34455万元，较年初增加10272万元。

优化信贷投放，调整信贷结构。明确信贷投放重点，做到组织架构、信贷资金配置到位，狠抓低效客户退出，金融服务能力明显提高。全年累计信贷投放356亿元，同比增加182亿元；各项贷款增加23亿元，同比增加8亿元。对重点企业采取分层次支持战略，实行项目库管理，并通过评级授信、客户理财和产品组合等措施，提供个性化金融服务。全年对重点客户授信总额156亿元，同比增加31亿元。累计投放贷款76亿元、签发银行承兑汇票28亿元。支持外向型企业的发展。先后为全市32家进出口企业办理国际结售汇7.05亿美元，累计签发信用证2亿美元，办理信用证打包贷款5亿元。在支持经济发展的同时，积极调整信贷结构。加快发展重点类贷款和低风险信贷业务。年末，经济资本系数占用较低的贴现、引导类和打包贷款余额占贷款余额的30.51%，较年初增加160445万元，增量占比达69.71%；投放冶金、化工、房地产、医疗、电力等优势行业贷款150164万元，占比65.25%。在确保新增贷款投放质量不断提高的同时，加大对潜在风险客户的退出力度。全年退出潜在风险贷款10045万元。加大不良贷款清收力度，做到清收人员、任务、时间、措施、考核"五落实"。年末，全行不良贷款占比较年初下降4.04个百分点。当年累计对AA级以上优良客户新增贷款318609万元，占全行新增贷款的93.91%。年末，优良客户贷款余额511705万元，较年初增加36642万元。

业务创新。建立立体化的营销体系，狠抓重点产品、中间业务的拓展，推动业务增长方式的转变。提升国际业务发展速度。年末，全行完成国际结算70543万美元，同比增长32724万美元；结售汇业务量达到44599万美元，同比增加22878万美元。银行卡业务发展质量进一步提高。年末，全行发卡量比年初增加25.1万张，卡存款较年初增加22669万元，卡消费达到74.9亿元，网上银行交易额达456亿元。保险代理业务有较大突破，先后推出"红利发"两全分红型产品、"稳赢一生"万能型分红产品等。全年实现代理保险手续费收入900万元，同比增长260万元。加快科技、产品、服务创新，积极推广车险银保通、代收养路费系统、现金管理系统等新产品，开办转账电话、金穗贷记卡、代理福彩资金归集等业务。

深化内部改革，完善内控机制。调整网点布局，提升营业机构的服务功能、单产水平和点均效益。实行市行直销客户经理、支行中层和全市所有营业机构主任、九级主管三个层面的竞聘、竞标上岗工作，对一般员工进行优化组合、岗位轮换，为业务经营增添活力。开展内部综合治理活动，对现行的部分管理制度进行修订、完善，对部分业务流程进行优化、再造，出台26个管理办法，突出对风险点的控制。全面落实部门自律监管职责，加大内控管理力度。制定《淄博市分行穿透式管理检查考核办法》，强化各级管理人员的管理责任，提高全行的整体执行力。

精神文明建设。全面加强学习型队伍的培育，先后举办16期集中培训班和27期专题培训班。开展"创先争优"和共产党员示范岗活动，进一步加强党建工作。召开首届职工代表大会，组织职代会星级创建、"农业银行发展战略研究"征文等活动，提高民主管理水平。开展创建"青年文明号"、争当"青年岗位能手"活动，加大督查力度，提高综合服务水平，树立良好形象。年末，全行获得总行级"青年文明号"2个、省行级"青年文明号"8个。（李　娟）

【中国建设银行股份有限公司淄博分行】 截至年底，建行淄博市分行实现账面利润27186万元，经营绩效10153万元。全口径存款1416779万元，较年初增长149663万元；各项贷款948781万元，较年初增长73683万元。中间业务收入4305万元，较上年增加355万元。不良贷款21901.76万元，不良率2.31%，分别较年初下降347万元、0.23个百分点。资产利润率2.26%，利息回收率99%，成本收入比31%，五级分类不良率2.31%，非信贷资产损失率0.34%，备付金比率2.69%。

建行淄博分行新办公楼（建行淄博分行　供稿）

公司业务稳步发展。实施公司业务前台业务指引制，将重要客户营销平台上移到市行。积极为客户提供结算、理财等一揽子配套服务。抓住民营经济增长点，与民营企业建立稳固的合作关系，大力支持民营经济的发展。制定出台客户经理制，建立客户经理"收入能增能减、级别能上能下、岗位能进能出"的机制。

个人银行业务。完善个人银行业务组织架构，建立高端客户服务中心，进一步实施网点负责人红、黄牌末位淘汰制和等级行制度。积极提供综合消费贷款、汽车贷款、店面房抵押贷款等个人消费贷款业务。进一步建立健全营销体系，在辖属支行成立个贷中心，集产品研发、市场营销、个贷审批、个贷管理等职能于一体，为客户提供方便快捷的服务。扩大服务范围，延伸服务内涵，建立个人业务高端客户经理队伍，为客户提供一揽子理财服务。

中间业务。国际业务方面，加大市场营销力度，实施本外币联动，促使许多重点客户将进出口业务转入建行。积极为中小企业客户提供贸易融资服务，尽量简化审批手续。代理业务方面，积极拓展代理保险业务，进一步巩固与太保寿险、人保寿险、平安寿险公司的合作关系，并通过网点代销保险产品。

房地产金融业务。加大自营性个人住房贷款投放力度，努力打造"乐得家"个贷品牌。认真做好公积金归集工作，积极协助各级住房资金管理中心做好公积金个人住房贷款的发放，继续巩固和扩大委托性住房金融业务。对全市房地产市场及房地产业的金融需求进行全面的调查研究，及时掌握全市房地产动态，并在此基础上建立"房地产项目库"，精选优质项目进行支持。

基础管理。稳妥推进机构资源整合，加快构建集约化、"扁平化"的机构布局。上半年，在张店城区推行机构"扁平化"改革，将张店地区14个分理处划归市分行直管；下半年，在临淄地区实施机构资源"扁平化"整合，撤并1个综合性支行——临淄支行，保留、升格7个单点支行，初步解决了临淄地区长期存在一地两行带来的人力资源浪费、风险倍加、运营成本较大等问题。同时，调整市分行职能部门格局，增设3个经理级部门和2个副经理理级部门。探索实施管理机制整合，加快构建"以客户为中心"和"前台为客户服务、中后台为前台服务"的内部管理机制。积极推进信贷文化整合，加快构建服务与控制统一、收益与风险匹配的信贷文化。对企业客户定期编制、提供金融服务报告，加强与企业客户沟通，增强对企业一揽子的金融服务能力和风险防控能力。实施DCC系统上线，积极推进柜面流程整合，加快构建服务高效、科技先进、风险可控的柜面服务平台。结合DCC上线工作，积极推进柜面资源整合，围绕提高柜面服务效率、强化柜面销售功能，开发应用DCC辅助系统，实施流程再造，推进票据集中交换，优化人岗匹配，加强非现场监管，初步形成一套集风险防范、结算服务、综合营销为一体的柜面流程体系。加强安全保卫工作，投入物力和财力，对全行70多个营业网点集中监控，有效防范了各类安全隐患。 （冯衍明）

【中国银行淄博分行】 2005年，中国银行淄博分行各项业务持续稳定健康快速发展，经营业绩良好。实现拨备前利润2.4亿元，在山东省中行系统二级分行中排名第三。

负债业务发展较快。截至年末，本外币(折人民币)各项存款余额93.18亿元，较年初增加14.61亿元。其中，人民币一般存款余额86.73亿元，较年初增加14.07亿元，市场份额较年初上升0.24个百分点；外汇一般存款余额10124万美元，较年初增加1218万美元，市场份额较年初上升12.85个百分点；本外币金融机构存款余额14698万元，较年初增加5348万元。

信贷投放保持增长。截至年末，该行资产总量达到100.09亿元，较年初增加16.52亿元，增长19.77%。其中，人民币各项贷款余额50.78亿元，较年初增加3.14亿元。对重点企业和重点项目优先提供信贷资金支持，大力推广商业承兑汇票贴现、国内信用证等授信品种，加大住房消费信贷等零售贷款的投放力度。

特色金融服务蓬勃开展。继续打造"中银理财"服务品牌，为中、高端客户提供一站式和个性化服务。中银理财中心不断丰富产品种类，陆续推出"汇聚宝""纸黄金""期权宝"理财产品、95566电话银行和个人网上银行业务以及"卓隽卡""中行——淄博利群联名卡""中银奥运VISA信用卡""北京奥运金"等产品，深受广大客户的欢迎。同时，主打"汇划即时通""报关即时通""银企直通"和"集团理财"等对公网上银行业务品牌，为客户提供现代化金融服务，降低客户成本，满足客户需求。发挥优势，为客户提供国际结算业务套餐。在国际双保理业务和进口付汇产品组合业务上，实现零的突破。国内信用证、人民币保函、国内商业发票贴现、出口商业发票贴现、代客外汇买卖等业务也得到全面发展，受到企业好评，实现银企双赢。全年实现国际结算量12.79亿美元，同比增长28.78%。结算业务量增长率超过当地贸易量增长率11.09个百分点。本外币中间业务收入增幅达24.41%，中间业务净收入同比增长21.90%。

新理念、新机制初步确立。全行上下树立"按需设岗、以岗定薪、业绩取酬"理念，完成了人力资源改革任务。积极推进流程整合，搭建起前、中、后台的基本架构，初步实现"经营集约化、管理扁平化、处理集中化和业务一体化"的目标。改造网点，全力推进电子银行建设，加快服务渠道转型步伐。改进与完善考核体系和激励约束机制，增加员工收入，调动了全行员工的积极性。

加强内控建设。对授信业务各风险环节实行事中控制，关口前移，加强对资产质量的监控。制定《各项业务标准化风险监控手册》和《风险业务纵向监控实施细则》，做到检查有依据，处罚有标准。实施节假日风险监控人制度、网点代职人制度和银企对账制度，注重结算账户管理和柜员管理，加强对业务风险环节的监控。认真做好案件专项治理和防范操作风险专项治理工作，开展业务自查、检查活动，推行整改落实模式，保证整改效果。坚持从严治行，落实"问责制"，严肃处理违规、违纪责任人。 （高翔　肖群）

【交通银行淄博分行】 2005年，交行成为境内首家国际公众持股银行。淄博分行借此有利时机，把上规模、保质量、扩充实力作为事业发展的基础，做大做强主体业务，优化资产负债业务及客户结构，各项业务发展速度创历史最高水平。截至年末，淄博分行存款达到55亿元，贷款37亿元，不良资产占比为2.58%，实现拨备后利润6454万元。

强化精细管理，不断提高内部管理水平、管理效率和管理能力。一是员工培训更加精细化。通过健全制度，明确责任，规范程序，建立员工学习档案、考核档案，在绩效收入分配中增加业务量考核和理论技能考核，加大分层次培训。二是目标考核更加精细化。强化弱项指标的发展，解决发展指标不平衡问题。对经营者目标考核体系进行调整完善，增强支行经营者的责任意识和风险防范意识。三是授信管理更加精细化。完成放款中心独立运行，实行授信项目预审管理办法，对不符合行业投向及授信管理要求的项目可以通过提前否决，节约调查成本，提高授信项目的审查审批效率和效能。四是效能管理更加精细化。制定"首问责任制"，并将执行情况纳入规范化管理考核，从制度上保证工作作风的转变。同时在营业单位全面推行工作日志制度，对加强内控管理和提升执行力起到促进作用，也为各类监督检查准备了重要翔实的基础资料。五是风险监控更加精细化。建立业务质量监督考核制度，通过事后监督、电子档案监控、业务录像检查等手段，对前台所有业务处理和核算事项的操作质量实施监督通报制度。制定实施《关于对单位领导人实行问责制的规定》，在干部管理权限内，明确了单位负责人有失职行为的将承担相应的"问责追究"。

防范化解风险，提高内控能力。在全行开展"拉网式"的内控风险排查工作，从市场风险、操作风险和人员道德风险等入手，突出对授信业务、会计业务和基层营业机构等重点部位及大额对公存款、大额贷款、结算账户管理、查库查账、银企对账、电脑操作、机构负责人交流轮岗等重点环节进行全面的深度排查。对所有营业网点的对公、对私会计核算事项和柜台业务等各个业务层面以及主要风险环节进行全面的现场审计检查,并对其内部控制状况进行评价,有效地防范内部操作风险和违规经营行为的发生。内控建设收到良好效果,周村支行成功堵截一起350万元的银行承兑汇票诈骗案。重点加强基层网点的内控建设,规范业务操作流程,严格抓好网点负责人和重要岗位人员的管理,坚持轮岗制度、干部交流制度和强制休假制度。加强对重要岗位人员思想和行为情况的监督,全面掌握和了解干部员工在思想、工作、生活、社交等活动中的情况,发现问题及时处理,进一步增强管理监控的有效性。

努力创建和谐内部环境。以开展保持共产党员先进性教育活动为契机,进一步提高团队的向心力。在基层营业网点设立"共产党员示范岗",以优质服务赢得客户好评。积极抓"良好银行"的创建工作。组织技术比赛、知识比赛、篮球比赛、文艺会演等,充实和丰富员工的业余文化生活。为职工进行健康查体,把温暖送到每一个职工心里。 (于晓宁)

【淄博市商业银行】 2005年,淄博市商业银行全面完成各项任务目标。存贷款业务规模快速增长,经营效益再创新高。截至年末,全行本外币存款余额143.3亿元,较年初增加31.09亿元,增幅27.71%。其中,储蓄存款34.88亿元,较年初增加7.5亿元,增幅27.39%。各项贷款余额117.1亿元,较年初增加27.5亿元,增幅为30.69%。存贷款市场占有份额稳中有升,分别占全市存贷款总量的12.35%和14.90%,存贷比例为64.82%。实现经营利润4.64亿元,全年累计上缴各项税金10094万元,增幅38.27%。

推进法人治理结构建设。严格按照《股份制商业银行公司治理指引》《股份制商业银行董事会尽职指引》等监管法规的要求,进一步加强和完善法人治理结构,为全行健康发展提供科学决策和有力监督。董事会、监事会成功换届,健全完善董事会、监事会下设各专门委员会及其相关议事规则,聘任独立董事、外部监事,建立健全资本金适时补充机制,完善信息披露机制,及时对资产置换、增资扩股、提高资本充足率等重大问题做出科学决策,创造性地组织开展对经营班子和机关人员的履职考核,及时对经营班子的经营管理行为进行有效监督,形成股东大会、董事会、监事会、经营班子等机构独立运作、高效决策、分工合作、相互制衡的协作约束机制,法人治理结构更加完善。

优化资产结构。重点实施好信贷结构调整战略,严格控制竞争力弱、偿贷能力低、信用记录差、行业风险大的企业;重点支持风险低、收益高的企业和行业,信贷投向结构进一步优化。以资本约束风险资产,将有限的资金向风险权重低的打包贷款、票据贴现业务和债券业务倾斜,资产结构不断改善。在加强资本管理、优化资产结构的基础上,分两次增发2.89亿元的资本金,总股本达到8.39亿元人民币,资本充足率提高到9.02%。

亮点业务优势明显。货币市场业务优势进一步巩固。全年累计票据业务量192亿元,累计债券交易量5422亿元,列全部成员第二十位、城市商业银行第六位,居全省首位。国际业务实现健康、快速发展。客户数量已发展到350家,境外代理行增加到252家。外汇存款余额1207万美元,办理外汇业务结算量5.23亿美元,各项外汇融资余额2375万美元,累计发放融资款10097万美元,办理打包贷款29172万元,实现综合收益3700余万元。银行卡业务继续保持快速增长。截至年末,金达卡发卡量达37万张,较年初增加9万张,金达卡余额超过10亿元,较年初增加3.2亿元。发行了淄博市商业银行第一张生肖卡。代理业务市场占比进一步扩大,手续费收入明显提高,中间业务的快速发展已成为全行重要的利润增长点。

加强风险防范机制建设。积极推进信贷管理体制改革,完善以审贷分离为基础的信贷审批制度,有效防范信贷风险。重新修改完善授权授信管理办法等制度,进一步明确各部门的职责和权限。统一实施贷款五级分类制度,落实信贷风险责任追究制度,信贷风险控制与管理能力得到进一步增强。加强离任离岗稽核、权限内信贷业务风险稽核、内控制度测评等工作。按照银监会的部署,集中力量在全行开展防范操作风险专项检查。加大不良资产处置力度,在各方面的共同努力下,淄博市商业银行成功完成5.4亿元不良资产的剥离置换工作。利用各方面政策,核销不良贷款35883万元。截至年末,按五级分类口径,全行不良贷款余额为20770万元,占比为2.19%,比年初下降3.84个百分点,资产质量获得根本性改善。

企业文化建设。完善培训机制,分层次、抓重点,加大对业务骨干及岗位能手的培训,共办班20余期,培训人员2000余人次。同时采取输出培训等形式,选派15名支行负责人和业务骨干,参加淄博市第二批企事业单位高级管理人员培训班。制定《淄博市商业银行薪酬管理办法(试行)》,新的薪酬制度实施后,在职员工的总体收入较上年提高13.3个百分点。积极开展丰富多彩的文化娱乐活动。举办"青春飞扬、情暖商行"相声小品大赛、全行第七届业务技术比赛等。年内,市商业银行总部和博山支行同时被评为省级文明单位;在全市开展的建设"文明淄博"、创建文明城市工作中,淄博市商业银行被市委、市政府授予"创建文明城市工作"先进单位;作为省内唯一一家金融机构,首次入选"全国服务业500强",并被山东省银监局授予首批"良好银行"荣誉称号。(张学民)

【中信实业银行淄博支行】 2005年,确立"以人为本、规范有序、效率优先、整合有效、质量是纲、资本充足、健康向上、文化发展"的经营工作方针,业务规模稳步增长。截至年底,全行各项存款余额折计人民币27.22亿元,各项贷款余额折计人民币15.39亿元。全行共实现进出口收付汇量23656万美元,实现税前利润7608万元,建行9年来累计实现利润总额2.64亿元。

支持地方经济。在资产管理方面,确立"严格贷款发放,优化贷款增量,努力盘活存量"的工作思路,严格贷款审批手续,促进各项贷款业务稳步发展。在贷款投向上,始终坚持重点向双优、双主方向倾斜,大力发展包括票据业务在内的低风险业务,充分研究国家有关产业政策,研究地方工业企业特点,以有利于存款、有利于效益为前提,加大对优质客户的开发和投放力度。逐步调整信贷资产结构,对原有老客户逐步纳入授信流程,对市场萎缩、没有行业优势的部分贷款,采取维持、压缩、退出政策,集中资金满足基本客户和黄金客户。截至年底,全行各项贷款余额折计人民币15.39亿元,累计签发承兑汇票236018万元,新增优质客户18户,新增敞口授信1.55亿元。在客户结构得到进一步优化的同时,该行积极拓展低风险业务,信贷产品结构呈现多元化发展。截至年末,贴现余额1821万元,年内累计办理直贴2.5亿元、办理转贴2.1亿元;汽车金融业务授信余额9180万元,较年初增加5200万元;仓单质押授信余额8200万元,较年初增加5300万元,无一出现风险。

大力发展零售业务。积极考察市场、拓展业务,在新产品开拓和服务创新方面均有所突破。大力发展风险较低、收益稳定的消费信贷。以住房按揭、汽车消费贷款为重点，逐步扩大零售信贷占比。优化资产结构，不断推出各种理财产品。年内已推出人民币理财6期，人民币结构性存款1期，外汇理财12期，人民币理财产品交易量共计3650.8万元，外汇理财产品交易量折美元69.7万美元。

加强内部管理。把建规范、立制度作为提高员工素质的主攻点，先后发动员工参与修改制定一系列规章制度，做到"处处有规范，事事有章法"，并制定相应的奖惩措施。与各部门签订安全责任书，全年共组织安全检查10次，有效防范和控制了各种不安全因素。12月29日，市行升格为分行，淄博支行6家分理处也顺利升格为支行。 （邱 楠）

保 险

【概况】 业务持续健康发展。全年累计实现保费收入23.86亿元，较2004年增加2.4亿元，同比增长11.21%。全年支付保险金（赔款）7.25亿元，较2004年增加1.34亿元，增幅22.71%。从保费收入结构上看，产险增长较快。财产险实现保费收入72940万元，占保费总收入的30.5%，较2004年增加11243万元，同比增长18.22%；支付赔款45201万元，比2004年增加10910万元，同比增长31.82%，综合赔付率61.97%，较2004年上升6.39个百分点。人寿险保费收入165604万元、占保费总收入的69.5%，较2004年增加12807万元，同比增长8.38%；支付赔款及给付保险金27296万元，较2004年增长10.11%。

2005年，淄博市保险深度为1.67%；保险密度为575元（按淄博市地区生产总值1430亿元，415万人口计算）。淄博市保费增长速度低于全省平均水平和同期全市GDP的增长速度。保险深度较低，一直在2003年的2%以下。保险密度较上年增加60元。

市场体系初步形成。2005年，中华联合财产保险、安邦财产保险两家保险公司，淄博天祥、淄博中旗、淄博嘉成、淄博圣亚、淄博齐鲁安邦、淄博远方6家代理公司进入淄博市场。"依法经营、多家竞争、共同发展"的格局初步形成。年内，在淄博的保险经营主体已达25家，其中6家寿险公司、9家产险公司、9家代理公司、1家公估公司。

突显服务竞争特色。随着市场主体增多，市场结构完善，淄博保险市场由价格竞争逐步转向更高层次的管理水平、人才战略、服务手段等领域的竞争。加强服务成为各公司的年度工作重点。

险种创新。寿险市场方面：保险经营理念发生变化，经营行为趋向长期化，经营重心开始向改善产品结构转变，积极推广理财类险种。除去传统险外，分红保险、投资连接保险和万能保险持续在淄博市场热销。产险市场方面：除去机动车辆险外，责任保险有一定发展，短期意外险已显示出巨大优势，农业险也有所涉及。

2005年，淄博保险市场一大特色是专业中介公司相继成立。年内，淄博保险业12名业务骨干被淄博仲裁委聘任为仲裁员。9月16日，淄博市保险行业协会第三次会员大会召开，选举产生第三届理事会。

【淄博市保险业医疗定点医院制度正式实施】 1月1日，《淄博市商业保险公司医疗合作合同（正本）》正式实施。保险医疗定点医院是医院与保险公司共同服务于社会的一个长期合作项目。通过医保合作，达到医院、保险公司双赢，使客户获得良好的医疗、保险服务。8月15～16日，中国保险行业协会、省行业协会一行5人到淄博考察了解保险定点医院的运作情况。

【保监会主席吴定富视察淄博】 11月16日，中国保险监督管理委员会主席吴定富在省保监局有关领导陪同下到淄博市视察，对淄博市在优化环境、促进保险行业规范发展方面的做法给予高度评价。

【组织募捐活动】 为倡导见义勇为，弘扬社会正气，12月8日，协会组织淄博保险业踊跃捐款，共捐款47878.5元，为建设平安淄博，构建社会主义和谐社会做出贡献。

（索利芹）

【中国人民财产保险股份有限公司淄博市分公司】 2005年，人保财险淄博市分公司（以下简称淄博公司）面对市场主体增加、市场竞争激烈、车险异地业务停办、上年政策调整和历史遗留问题显现等综合因素的影响，奋力开拓，取得较好的经营业绩。全年共实现保费收入36406万元，同比增长4.73%。其中，非车险业务持续较快增长，企财险、货运险和人身意外险保费收入同比分别增长31.69%、7.8%和13%。累计处理各类赔案34191件，支付赔款26277.9万元，较2004年增加3503.4万元，同比增长15.38%；简单赔付率为72.18%，同比上升6.66个百分点。实现表结利润1719万元。全公司先后有8个单位、14名个人被上级表彰为先进单位和优秀员工，其中市分公司和张店、周村、桓台支公司被授予省级文明单位称号。

人保财险公司总裁王毅到淄博进行调研

（人保财险淄博市分公司 供稿）

全力推进业务发展。淄博公司出台一系列有利于加快业务发展的政策措施，制定较为科学合理且操作性较强的考核办法。实施积极稳妥的"走出去"战略，突出对大型企业尤其是统括保单和异地项目的公关展业。加强营销渠道建设，出台个人代理营销人员养老金管理办法和职级评定制度，稳定代理营销队伍，助推营销代理业务健康发展。年内还先后推出家用燃气用户意外伤害保险、紧急救援意外伤害保险等几十个新险种。

夯实管理基础。建立考核体系，强化人员培训。制定《数据资源质量考核办法》《数据资源管理暂行办法》《数据资源管理实施细则》等，实施数据质量检查和责任追究制，确保数据信息的规范、完整、准确、及时。加强承保风险管控，严格转授权经营，限定承保条件，有效利用费率手段降低经营风险。修订《营业费用预算管理办法》《理赔查勘费管理办法》，规范费用审批流程，提高费用开支透明度。强化检查监督，开展财会、车险整顿和规范保险市场秩序以及数据质量专项检查等活动，取得明显效果。

开展理赔质量年活动。全面启动以提高理赔质量、加快理赔速度为目标的金牌服务工程，深入开展理赔无忧系列活动。推行车险理赔集中拆检定损、拆检定损联络员和查勘定损分离制度，提高车险赢利能力。推进车险小额赔案快速处理办法，完善小额赔案立等可取理赔程序，实行一次性定损赔偿协议书。改进赔案审核方法，缩短赔案审核的流转环节，合理配置人力、物力资源，提高理赔中心的运行效率和处理能力。开展规范服务和“双承诺”服务活动，将结案率纳入指令性指标考核，按月考核基层公司、机关有关部门和从业人员。

实施车险集中拆检定损。4月1日，淄博公司车险理赔集中拆检定损点正式运行，标志着公司车险赔案全面实施查勘定损分离和集中核损，工作效率提高，也方便了保户。

深化内部改革。出台《2005年度基层公司班子成员业绩指标监督考核办法》和《2005年度机关工作目标考核实施办法》，对领导机关和基层公司班子成员的业绩指标实行量化考核。调整基层公司内部机构和机关部门职责，重新界定职能范围。加大业务管理部门的考核力度，将业务指标、结案率、承保质量、数据质量等列入年度考核指标，取得很好效果。

（李启新　高　倩）

【中国人寿保险股份有限公司淄博分公司】 2005年，集团公司、股份公司全部业务收入7.05亿元，同比增长4.94%。股份公司实现保费收入5.98亿元，同比增长7.23%。其中，普通寿险1.8亿元，分红及补充养老险3.67亿元，万能险2055万元，短期险（不含补充医疗险）3070万元。集团公司业务收入1.07亿元，同比减少6.26%。全年市场份额为42.56%，比2004年减少1.4个百分点。至8月23日，全市团体寿险（七险种）新单保费达到7159万元，同比增长93%，提前130天超额完成7110万元的全年市场目标。

全市农村营销服务部建设现场会

（人寿淄博分公司　供稿）

加强管理，提高服务质量。邀请客户代表、保险监督员、新闻媒体代表，召开规范经营、诚信服务座谈会，聘请10名客户代表、代理人代表为公司服务质量监督员。参加全市国际消费者权益日纪念活动，为广大市民提供保险咨询服务。提高员工竞争意识，举行2005年个险销售精英峰会暨表彰庆功大会。至年底，公司连续三届被命名为市级文明单位，并作为唯一一家保险企业，被评为淄博市服务行业先进单位。

人寿淄博分公司开展保险咨询服务活动

（人寿淄博分公司　供稿）

重大理赔案件。1月13日，中国人寿高青县支公司支付自成立以来金额最大一起理赔案件。被保险人王某分别于1997年11月投保中国人寿99鸿福终身保险1份，保额10000元；1999年7月投保中国人寿康宁终身保险1份，保额10000元；2004年3月投保中国人寿团体人身保险（即贷款人人身保险，高青县农业银行代理业务）1份，保额100000元，交保费600元，保期1年；2004年5月投保中国人寿人身意外伤害保险1份，保额2600元，交保费50元，保期1年。2004年9月14日，王某发生车祸身亡。高青公司接到报案后，迅速调查了解事故真相，积极整理理赔资料，累计给付王某家人保险金145600元。（崔　华）

【中国太平洋财产保险股份有限公司淄博中心支公司】 2005年，太保产险淄博中心支公司调整经营策略，全年实现保费收入14856万元，同比增长459万元；赔款支出9498万元。

进一步规范财务管理。11月，公司使用总公司在全国推行的预算管理模块，所有费用报销都通过网上报销进行，为财务费用预算管理提供了方便。开展理赔提速工程。公司以“365天营业，24小时理赔”“无微不至”为服务宗旨，全面为客户提供优质服务。在理赔材料齐全的情况下，实现市区2000元以下赔案即时赔付，区县小额赔案当日赔付。

（刘　慧）

【中国太平洋人寿保险股份有限公司淄博中心支公司】 2005年，太保寿险淄博中心支公司各项业务协调发展，实现保费收入4.1亿元，同比增长21.73%，占淄博保险市场份额为24%。

把“稳定与发展”作为工作主线，全面实施业务结构调整。在业务发展过程中，注重强化效益观念，尊重寿险发展规律，统筹运作营销、直销、代理三大主渠道业务。发展个险期缴和短期意外险等效益好的业务，兼顾规模的稳健提升，确保业务的发展与互补，较好地实现了业务发展规模、质量、速度和效益的同步推进。

加强基础管理，依法合规经营。倡导树立大管理和集中管理的观念，使全员在具体工作中做到立足大局，协调统一，步调一致。进一步建立健全预算管理、行政管理、稽核管理等各项规章制度。在做好对支公司管理的同时，重点加强对农村营销服务部的管理，逐步搭建起专业化的管理组织架构，推动各项业务的专业化发展。规范业务，杜绝各类经营风险。坚决执行山东保监局和淄博市保险行业协会出台的一系列制度，深入实施行业自律，加快诚信建设，规范经营行为，切实维护良好的市场秩序，推进公司的依法合规经营。不断加强法制理论学习和教育，进一步强化全员的法制观念。建立健全公司的管理规章制度，用制度推动业务规范发展。深化核保核赔集中管理，提高核保核赔工作质量。建立健全监督机制，营造出自我约束、自我监督和相互监督的氛围。

（翟　刚）

【中国平安财产保险股份有限公司淄博中心支公司】 2005年，平安产险淄博中心支公司各项保险业务收入5590.98万元，支付赔款4151.71万元。8月，被山东省工商行政管理局评为省级守合同重信用企业。

平安财险淄博中心支公司的巾帼文明岗
（平安财险淄博中心支公司　供稿）

根据青岛分公司要求，制定《机构市区销售架构调整及费用、薪酬、考核方案》，搭建好支持发展的平台。年内，主要组织架构框架全部搭建完毕，各分部工作正常运转，为打造专业化队伍，实施专业化经营奠定了良好的基础。

按照分公司队伍平台建设的统一部署，淄博中心支公司把有效增员和完善销售队伍工作作定为工作的重点。做好培训工作，组织市区业务本部人员参加分公司的销售培训，确保新人提升技能、快速成熟，老业务员增加理论指导、丰富销售知识。

坚持以顾客为中心，提供优质的产品和服务。在诚信自律的基础上自觉维护客户利益及社会利益，巩固发展客户群。在运用好各种资源的前提下，做好内部机构的协调及功能定位，制订完善岗位责任制及服务承诺。明确用工及分配制度，形成“全员营销，人人参与”的氛围。制定人事用工、营销管理办法及业务环节、财务环节管理制度，防范和化解经营风险。定期进行平安礼仪及服务标准培训，在全公司范围内组织“每月服务明星”评选活动，通过评选明星的形式，客户服务更加规范。

强化服务品牌。从理赔部门着手，加强理赔服务岗位人员的管理教育与培训，提高专业队伍的主动服务意识和服务技能，推行专业化、规范化服务。严格落实集中报案、限时到达出险地点、限时结案、小额赔款预付及首问责任制等措施，

平安财险咨询活动
（平安财险淄博中心支公司　供稿）

对大案实行招标、报价制度，压缩理赔水分。做好续保工作，细分、细化客户分类，建立客户档案制度，以服务创品牌。

（张宜华）

【中国平安人寿保险股份有限公司淄博中心支公司】 全年实现保费收入3.6亿元，同比增长15.6%。全年共赔付1300余万元，10日结案率达96%以上，理赔时效不断提高。创新发展客户服务方式。加强VIP客户服务，把客户分为金卡、银卡客户，建立高端客户档案，并提供住院客户探视、免费体检、生日问候等服务，定期举办高端客户联谊活动，提升客户满意度。完全实现100%的首期转账，通过公司与银行的协调沟通，采用转账方式领取生存金，减少客户携带大额现金的风险。建立业务精英值班制，有效降低退保率，避免客户因退保造成的损失。为客户提供温馨体检、免费早餐，每周派专人到各区巡回体检。是年，中国平安市值突破千亿元。

（田　蕾）

【泰康人寿保险股份有限公司淄博中心支公司】 2005年，泰康人寿淄博中心支公司全年实现规模保费7055万元。个险、团险、银行保险业务各有发展，市场份额提升。全年共处理各类案件1345件，赔付金额193万元。创新服务理念，更新服务举措。针对客户关心的理赔速度问题，公司理赔中心相继推出理赔关爱卡、理赔完毕及时电话通报制度等一系列措施，在客户中产生积极的影响，提升了公司的品牌知名度。强化员工综合技能和素质。通过封闭式培训和优化、调整部分岗位方式，提升员工的业务技能和服务意识。明确职责、理顺流程，激发员工的工作热情和服务意识。加强管理，防范和控制经营风险。针对经营中存在的风险点，公司在自查的基础上，配合上级监管部门的检查。从改革流程入手，加强对风险点的识别和防范，强化工作流程规范化、专业化，提高了公司的抗风险能力。

（杨小刚）

【天安保险股份有限公司淄博中心支公司】 2005年，天安保险淄博中心支公司实现保费收入6586.55万元，理赔给付3740万元。严格落实基层机构标准化建设要求，开展优等达标活动，机构优势得以显现，客户服务网络进一步健全，覆盖全市的机构网络为公司发展提供了坚实的基础。以标准化管理为抓手，强化行政人事、计财、业管、客服建设，加强预警指标考核，建立内控预警机制，全方位提升管控能力，做到合规经营，健康发展。以“市场为导向，以客户为中心”，不断创新

保险服务。深入开展理赔再造工程、标准化建设和百日竞赛活动，充分发挥全省客户服务热线 5090000 作用，提供 24 小时全天候服务。继续落实首问负责制、一站式服务、限时服务，完善 VIP 客户服务系统。定期开展客户回访、满意度调查等活动，客服工作再上新台阶。加强企业文化宣传，注重员工与公司的共同发展，先后开展"2005 年我和我的团队怎么办?""激发士气、提升业绩""从我做起，树窗口形象""我的天安路"等多项主题活动，丰富了天安文化内涵。

（王　成　栾庆远）

【新华人寿保险股份有限公司淄博中心支公司】 公司遵循"立信于心、尽责至善"的经营理念，实行全方位业务品质管理。推出一站式客户服务模式和 100%电话回访制度，在业界和广大客户中树立了专业化寿险公司新形象。是年，实现了作业网络拓展、服务范围覆盖全市目标。截至年底，淄博中心支公司实现保费收入 2 亿元，市场份额增至淄博寿险市场第四位。年内，有管理人员 40 人，销售人员 1500 人，从业人员 8000 人。缴纳地方税收 280 万元。客户 10.3 万人，为其承担的风险责任金额高达 32.94 亿元。累计赔付客户 666 人，金额 138 万元。

（冯治国）

证　券

【概况】 2005 年，驻淄博 6 家证券营业部共有在册员工 219 人，95%以上的人员取得证券从业资格。在国内证券市场走势相对低迷的情况下，各证券营业部分别依托其总公司资金、信息、服务及业务优势，根据中国证券市场的变化，加强内部经营管理，积极拓展业务，转变服务理念，以科学、安全、快捷的交易手段，灵活的资金流转方式，为淄博投资者提供优质的服务，共实现股票基金交易额 200.82 亿元，客户总数达到 30 万户。

（孙　毅）

【海通证券淄博通济街营业部】 拓展业务范围，推出创新产品——"海通稳健增值型集合资产管理计划"。增加投入，改进交易设施。沪、深交易采用双向卫星，跑道快捷、畅通，电话委托增加至 32 条中继线，与市建行、农行、交行、工行开通了银证转账的资金存取业务。是年，营业部沪深交易量达到 26.6 亿元，其中权证交易 2.87 亿元，实现利润 210 万元，在公司 90 多家营业部及全省几十家券商中继续保持较好的经营业绩。

（王晓红）

【中信万通证券淄博美食街营业部】 淄博美食街营业部主要经营范围有：证券的代理买卖，还本付息、分红派息，代理登记开户，证券投资咨询。2005 年，淄博美食街营业部积极转变观念，进行内部整改，努力开拓业务，在规范经营的基础上大力开发客户，节俭各项费用支出，顺利完成客户经理的转型，取得较为可观的经营业绩。截至年底，A 股和基金交易额达到 20.57 亿元，交易额占沪深比例为 0.31‰，实现营业收入 657.76 万元。

（马　军）

【天同证券淄博中心营业部】 是年，天同证券淄博中心营业部辖淄博地区 4 家营业部和 2 家服务部。营业部秉承"诚实可信、优质高效"的宗旨，稳健经营，开拓创新，各项证券业务取得良好的成绩。开通与淄博市各家商业银行的银证转账业务，与多家银行共同开展银证通业务，使客户资金存取更加方便快捷，场外交易比例迅速提升。业务种类有代理开户和代理股票、基金、债券、权证等交易，为客户提供方便快捷的交易通道。进一步拓展业务范围，开展企业财务顾问、企业改制咨询、供销开放式基金、代办股份转让等业务，方便投资者多元化投资。建立完善的信息咨询体系，将公开信息、产权资讯、市场评述和热点透析等及时提供给投资者。为客户提供个性理财服务，及时解决客户投资中出现的问题。（陈　鹏）

【中信建投证券淄博中心路营业部】 中信建投证券有限公司是由中信证券与建银投资共同出资，对华夏证券进行重组后，新成立的全国性证券公司。12 月，新的中信建投淄博营业部挂牌营业，并承接华夏证券淄博营业部的客户与资产。是年，淄博营业部加大市场营销力度，加强服务，依靠先进的网络优势，提高场外交易所占比例。至年末，已开通网上交易客户 9400 户，网上交易数占 48%。同时加强同业合作，在省证券业协会牵头下，加入证券经营机构佣金标准自律公约。全年实现交易总量 47.04 亿元，市场占比 0.37‰，其中股票基金成交 25.38 亿元。全年实现利润 181.17 万元，创造了淄博营业部自 1997 年建立以来连年实现盈利的佳绩。

（郭忠和）

【中信万通证券淄博共青团西路营业部】 2005 年，按照上级部署，中信万通证券有限责任公司淄博共青团西路营业部进行全员经纪业务转型工作，实现数据集中统一化管理。对经纪业务资源进行合理整合和优化配置后，提高了运行效率，降低了管理和运营成本。同时，系统的稳定性、安全性增强，风险的可测、可控能力提高。全公司实现了各网点之间股票的通买通卖和资金的通存通兑。淄博营业部全年实现 A 股成交额 18.2 亿元，实现利润 110.87 万元，开户总数达到 10013 户。

（许培明）

【齐鲁证券淄博中心营业部】 2005 年，齐鲁证券淄博中心营业部继续深化内部机制改革，大力发展市场营销，积极开拓客户。全年实现股票和基金交易 15.46 亿元，其中网上交易 8.05 亿元，占总交易额的 52%。实现佣金收入 359.51 万元。适应证券市场的不断发展创新，全面提高员工的整体素质，做到业务学习制度化、经常化。组织权证基础知识考试和学习新的《中华人民共和国公司法》《中华人民共和国证券法》演讲比赛。加强对投资者的教育，与公司研发中心合作举办多场投资报告会，给客户的投资提供了有益的帮助。

（荆小宁）

本部类编辑：王　娟
副主编：徐　杰
校对：王　峰
孟　明

科　　学

科　技

【概况】 2005年，淄博市连续第五次荣膺全国科技进步先进城市称号，临淄区、桓台县、张店区获全国科技进步先进城区称号。国家生物医药产业基地、国家工业陶瓷工程技术研究中心、国家知识产权试点城市相继落户淄博。自主创新能力显著增强，新增省级工程技术研究中心18家。高新技术产业蓬勃发展，全年完成高新技术产业产值756.55亿元，占全市规模以上工业企业总产值的比重达到27.05%，比2004年增长2.08个百分点。新材料技术论坛系列活动取得巨大成功。淄博新材料成果转化及产业化基地在全国43家基地运行绩效考评中排名第六位，在18个综合性基地中名列第三位。年内，市科技局荣获山东省科技系统先进集体等荣誉称号。

【高新技术产业】 年内，全市共完成高新技术产业产值756.55亿元，同比增长51.04%，占全市规模以上工业企业总产值的比重达到27.05%，比上年增长2.08个百分点，总量居全省第三位。一是高新技术企业规模和实力进一步增强。通过多渠道地培育全市现有企业发展成为高新技术企业，全年新增高新技术企业48家，总数已突破300家，其中国家重点高新技术企业26家；全年新批火炬计划25项，其中国家级13项，省级12项。二是传统产业改造成效显著。利用高新技术和适用技术改造传统产业，促进传统产业的高新化，特别是下大气力抓利用信息技术改造传统产业，使东岳、新华医疗、博泵、瑞阳、中轩等一大批企业的管理水平和核心竞争力有了显著提高。三是重点园区建设取得突飞猛进的发展。高新区营业总收入、工业总产值、地方财政收入、固定资产投资等主要指标较2004年增长均在40%以上，实现历史性跨越。齐鲁化工区坚持外向型、高起点、高技术、高效益，引进先进技术，大力发展高附加值产品，实现石油化工、氯碱化工、煤化工的“三化”有机结合，形成以石油化工为主导，精细化工和深加工产品协调发展的石化产业基地。齐城农业科技示范园区按照“政府引导、企业运作、示范带动、农民致富”的建园目标，积极开展园区科技创新、招商引资、招商引智等工作。进园区企业43家，累计投资19.8亿元，其中投资过亿元的项目4个，投资1000万元以上的项目22个。园区已成为当地新型农业科技的辐射源。四是新材料产业特色进一步凸现。围绕国家新材料成果转化及产业化基地建设，重点培育20家基地骨干企业和6家技术支撑单位，全市新材料类高新技术企业达到147家，新材料产业产值占高新技术产业产值的比重达到70%以上，成为全市的重要工业支柱。淄博新材料成果转化及产业化基地在全国43家基地运行绩效考评中排名第六位，在18个综合性基地中名列第三位。

【科技创新】 年内，突出抓好科技创新体系的建设，提高自主创新能力，建立以高等院校和重点科研机构为主体的知识创新体系，以企业为主体的技术创新体系，以技术市场、生产力促进中心为主体的科技中介推广体系。全市限额以上工业企业80%以上都建立了技术研发机构，累计建立省级以上工程技术（研究）中心58家，其中国家级5家。一是抓载体，探索以企业为主体的自主创新的新路子。利用新材料论坛这个载体，有力地促进国内外科技成果在淄博市的转化，使全市在原始创新、集成创新和引进消化吸收再创新上迈出坚实的步伐。二是抓基地，把基地建设作为科技创新的突破口。在抓好国家新材料基地的基础上，2005年科技部又批准淄博市为国家级生物医药产业基地，对加速全市生物医药产业发展和促进全市经济结构调整具有重要作用。三是抓重大科技项目，为全市自主创新提供坚实的基础。全年共有80多个项目被列入国家攻关计划和省重大科技专项及中小企业创业基金扶持项目，争取无偿资金2000多万元。淄博中保康医疗器具有限公司承担的“年产200万套病毒灭活输血滤器及灭活设备开发”获得2005年度国家“863”计划引导项目课题立项。四是抓企业创新平台建设，不断增强企业的核心竞争力。年内，淄博市被国家科技部批准组建国家工业陶瓷材料工程技术研究中心，填补了山东省工业领域国家级工程技术研究中心的空白。在2005年省科技厅批准的38家省级工程技术研究中心中淄博市占了18家，占全省总数的47%，名列全省17个市之首。同时，还积极倡导有条件的企业组建技术研发中心，以增强企业自主创新能力，促进企业对外合作与交流，搭建培养和造就高层次科技人才的基地。

【2005新材料技术论坛系列活动】 坚持亮点更多、规模更大、层次更高、更富实效的原则，9月6～10日，成功举办第四届中国（淄博）新材料技术论坛暨国际科技成果招商洽谈会。系列活动主要包括新材料技术论坛、国际科技成果招商洽谈会、院士专家淄博科技行等8项重要活动。系列活动共邀请到中国工程院、中国科学院24位院士，73名专家参加院士专家淄博科技行活动；国内101所高等院校、科研院所的304位专家、教授、研发人员和16个国家和地区的49位国外专家以及来自全市的2000多家企业、7000多名企业界人士参加国际科技成果招商洽谈会。共签订技术合作项目476项，可拉动投资达63.77亿元。签约项目数量、项目质量以及拉动投资，均比前三届有很大突破。系列活动已成为淄博市搭建科技发展和招商引智的高层次平台，成为淄博吸引国内外科研专家进行科研成果转化和外商投资的重要桥梁。

【知识产权保护】 一是专利申请量继续保持良好的发展势

头。全年申请国内专利1865件，同比增长52.37%，累计专利申请总量达到11310件，授权总量6480件，在全省名列前茅。二是专利执法力度进一步加大。成立保护知识产权工作领导小组，对区县贯彻落实保护知识产权专项行动实施方案情况进行督查；为加强知识产权保护信息联络，鼓励科技创新，建立保护知识产权信息联络机制；《淄博市专利管理条例》已通过市人大常委会第一次审议。三是宣传力度进一步加大。组织"4·26"世界知识产权日纪念活动，召开全市保护知识产权宣传周新闻发布会，发布《2004年淄博市知识产权保护状况白皮书》；通过国家知识产权局对全市知识产权管理工作状况的调研，淄博市被列为国家知识产权试点城市。

【科技成果】 年内，全市共完成科技成果136项，其中达到国际先进或领先水平的26项；填补国内空白、达到国内先进或领先水平的108项。山东美陵化工设备有限公司研制的螺旋波纹管换热器、淄博恒利有限公司研制的HD系列合成导热油制备工艺、山东硅苑新材料科技股份有限公司研制的低温烧结复相耐磨陶瓷等5个项目被省科技厅列入2005年度山东省科技成果推广计划。

附： 2005年市科学技术进步奖获奖项目一等奖名单

1. 项目名称：SL－IE型数字化放射治疗模拟机
   完成单位：山东新华医疗器械股份有限公司
   完成人员：李志勇　刘春明　韩仰学　闫治芳　武长生
2. 项目名称：全棉液氨＋潮交联＋NANO三防整理产品
   完成单位：鲁泰纺织股份有限公司
   完成人员：王方水　吕文泉　梁政佰　邢成利　于滨
3. 项目名称：驼峰空压机自动化控制系统
   完成单位：山东理工大学
   完成人员：魏修亭　马明建　王洪泉　郭健翔　盛效成
4. 项目名称：低温烧结复相耐磨陶瓷的研究
   完成单位：山东硅苑新材料科技股份有限公司
   完成人员：任允鹏　王　磊　李　洁　刘凯民　石汝军
5. 项目名称：聚氯乙烯用丙烯酸酯类（ACR）加工助剂工业试验
   完成单位：中国石油化工股份有限公司齐鲁分公司
   完成人员：张效全　卢　晓　魏文杰　周淑平　于元章
6. 项目名称：PZK－1000配电自动化控制器
   完成单位：淄博科汇电气有限公司
   完成人员：王俊江　徐丙垠　孙瑞正　贾明娜　吕光林
7. 项目名称：DAS420－155型双壳体多级中开泵
   完成单位：山东博泵科技股份有限公司
   完成人员：翟鲁涛　李震昙　韩锋杰　邵文晋　张永刚
8. 项目名称：煤系共伴生矿耐火粘土开发及综合利用技术研究
   完成单位：淄博光正实业有限责任公司
   完成人员：张友明　房志俊　丁　波　徐增照　马长友
9. 项目名称：可溶（硅酸盐）纤维
   完成单位：山东鲁阳股份有限公司
   完成人员：鹿成洪　马中军　鹿成会　鹿俊华　杜春刚
10. 项目名称：淄博市15万亩无公害蔬菜标准化技术研究与推广
    完成单位：淄博市蔬菜办公室
    完成人员：王玉江　翟乃军　王素香　董永刚　王少山

【服务"三农"】 大力推广农业良种和名、特、稀、优农业新品种，农业良种产业化水平进一步提高。通过实施良种带动、良种产业化和农业标准化，促进农业增长方式由粗放型向集约型转变，全市农业、蔬菜、林果等优良品种的普及率达98%以上。农业产业化经营组织达1300余家，全市年销售收入过亿元的龙头组织达46家。创新农业科技服务体系建设取得重大进展。组织实施以科技人员直接到户、良种良法直接到田、技术要领直接到人为主要内容，以最大限度发挥科技对农业生产支撑作用为主要特点的"科技入户示范工程"；依托省星火办启动"农业科技服务110"工程，为"三农"工作提供快捷、灵便、有效、及时的科技服务。通过实施项目带动科技下乡，促进全市农业技术创新和技术成果的转化。对调整农业产业结构、引进推广农作物和林果新品种、改造嫁接传统农业技术、增加农民收入起到积极的推动作用。在2005年度科技活动周中，以"科技以人为本，全面建设小康"为主题，把为"三农"服务作为活动的重中之重，精心组织科技下乡、科技大篷车等活动，充分利用电影、录像、电视、网络等媒体手段，广泛宣传农业科学和技术，在农村掀起科技致富高潮。

（陈思海）

科　协

【科普工作】 2005年，全市科协系统不断改进工作作风，强化发展能力，结合实际加强科普示范基地建设，大力实施"农村科技带头人培带工程"。全市共创建各类示范基地94处，举办农、林、果、菜等各类培训778期，累计培训30余万人次。周村区继临淄区之后被评为全国科普示范区县。以"围绕科学发展观，共建和谐社会"为主题，全市8个区县科协，80多个乡镇科协，124处中小学校，27家学会、协会等同步开展"5·15"全国科普日活动，组织各类宣传点285处，参观人数突破50万人次。通过科普展览和科技、文化、卫生"三下乡"、创建科普车间、校园科技、科普影视放映等多种形式组织完成科技周工作，先后组织专家教授实地培训授课64场，科技人员下乡服务2400余人次，发放科技宣传资料80余万份。以"上下一条线、左右连成片、培训有人听、推广有人干"为目标，全市各区县乡镇全部配齐科普工作人员，宣传科普法，制定科普工作人员手册，强化科普网络建设。开展第四批"淄博市农村科技能手"评选活动。开通"科普园地"网页，添补网络宣传空白。设立科普志愿者队伍，组织公益科普活动14次，大型科普展览5次，参加人数达6万余人。实施"科普村村通"工程，运用市场模式运作，宣传各类科技知识、生活常识，提高广大群众的科学素质。全市已有451个自然村建立"村村通"科普宣传栏，取得良好效果。

【青少年科普】 年内，组织全市青少年科技创新大赛，获省级一等奖6项，二等奖16项，三等奖29项。组织全国青少年信息学奥林匹克竞赛。高青县田镇一中和张店区南定中学被评为省级地震科普示范学校。组织全市中小学"七巧板"科普系列活动。开展"大手拉小手"活动，邀请中科院专家教授作专场科普报告10余场，有近6万名师生受到科普教育。举办全国青少年科技创新大赛获奖作品和全国科技创新科普摄影作品巡回展等大型展览5次，有近10万名青少年参加。

【企业科协工作】 年内，组织各企业科协从本单位生产实际出发，紧紧围绕企业的技术改造、产品开发、节能降耗等开展一系列技术攻关活动。共完成市级以上技术革新攻关项目113项，其中一等奖32项、二等奖42项、三等奖39项，解决技术难题1300余个，提合理化建议14400余条，创经济效益1.3亿元，65%以上项目在同行业中达到国内领先水平。继续深入开展科普车间创建活动。年内，山东铝业股份有限公司6个车间被命名为山东省科普车间，32个车间被评为淄博市第二批科普车间。

【学会改革】 年内，成立市电子商务协会、营养协会，完成中国微生物学会永久性会员发展工作，强化学会组织建设。制定《关于推进市级学会改革工作实施要点》，提出"创办经济实体，增强学会经营能力，建立现代科技团体"的发展思路。年内，市电机工程学会与山东铝业公司电解铝厂共同开发研究"电网直流直联叠加供电技术研究与应用"技改项目，直接为山东铝业公司节约资金5800万元。市土木建筑学会出版学术刊物7200余册，发展新型墙材与建筑产品，加快淄博建筑节能发展，年收入500多万元。通过调研、鉴定、评审，厂会协作有4个项目获得省重点学术活动资助资金44万元，7个信息技术推广应用项目列入省计划。其中食用菌协会为淄博七河绿色食品有限公司开拓市场，在韩国注册成立独资姬菇生产企业，年实现纯收入300多万元。全年共举办学术交流、研讨会200多场次，交流论文5000余篇，举办各类报告会、培训班160场次，发行刊物1000余册，参加人员6万余人。

【反邪教工作】 年内，创建反邪教科普社区97个，山东铝业公司社区入选第一批全省"崇尚科学、反对邪教示范社区"。开展各种形式反邪教宣传活动，组织参加全市第三届"崇尚科学，反对邪教"知识竞赛活动和第二届反邪教警示教育电视公开赛活动。举办全市"揭批'法轮功'百诗百画"大型展览巡回展，参观人数达10万余人。重点抓好4种("易筋经""五禽戏""六字诀""八段锦")健身气功的普及，全市建立基层活动站100余个，层层培训骨干，净化社会信仰理念。

6月6日，淄川区反邪教协会成立。至此，全市五区三县和大型企业率先在全省全部成立反邪教协会，反邪教组织网络基本形成。

【市第十届自然科学优秀学术成果奖评选】 9月，市第十届自然科学优秀学术成果奖评选活动结束，191项成果获奖，共评出一等奖21个、二等奖48个、三等奖122个。

附：

获市第十届自然科学优秀学术成果一等奖名单

序　号	成　果　题　目	作　　者
1	传染性法氏囊病病毒抗原表位分析—单克隆抗体的制备与鉴定	王　军　李　银　范红洁
2	近两年来淄博市主要流行的猪病及其防治	徐秀荣　王　军　王　岳
3	孝妇河流域淄川区段地下水污染与质量评价	黄长军
4	A—B工艺处理以高浓度有机废水为主的城市污水	牛克胜　魏　伟　蒋延梅
5	桓台县农业灌溉水资源优化分配研究	王立平　郑国栋　王　辉
6	提高奶牛养殖效益的方法及效果	于文江　张吉禄　王　岳
7	新矿集团办公楼加层改造设计	石昌伶　宋世军　刘春霞
8	变电站供电负荷与变压器的容量选择	咸曰常
9	可视化空间分析在水体下采煤中的应用	刘增平
10	巷道掘进安全支护自动化技术研究	孙希奎
11	井筒地面预注浆与冻结造孔完全平行作业的探索	杨云祥　郭承敏　杜庆军
12	金岭矿区成矿规律探讨	马江全　徐西雷
13	《康复护理学》	李忠泰　苏英珍
14	数字化彩超对缺血性脑血管病的量化研究	段明福
15	T淋巴细胞核仁组成区嗜银蛋白测定对判断肿瘤细胞分化程度的意义	丁乃晴　谭　萍
16	低分子量透明质酸的制备及其促血管生成活性的研究	王彦厚
17	葛根素注射液与6种药物配伍的稳定性	刘　杰　陈作忠　赵东坤
18	《神经体征诊断图解》	田明博
19	突发性聋伴高脂血症患者降脂干预的临床研究	王卫国　许　荣　陆荣忠
20	促红细胞生成素治疗20例肿瘤合并贫血患者的体会	张春荣
21	关于镜下股骨双隧道重建后交叉韧带方法及疗效分析	徐　义　李　程　张　立

（王　鹏）

社会科学

【理论研讨活动】 一是组织所属学会开展"调研攻关、破解难题、服务中心"活动。年初,市社科联作出部署,要求全市各社科学会紧紧围绕市委、市政府的工作重点,围绕各挂靠单位和主体业务,围绕各级领导和群众关注的热点、难点问题,积极开展调研活动。11月,市社科联召开推广市财政学会工作经验现场会,总结推广市财政学会等8个学会搞好调研攻关、服务领导决策的经验。二是协调和组织全市党政宣传、党政调研、党校、高校、社科联等系统深入开展"树立和落实科学发展观,构建和谐社会理论与实践研讨活动"。3～7月,组织全市28个单位的230多名社科工作者参加这次调研活动,共推出116项调研成果,其中17项是市委部署的重大调研课题。经专家评审,评出一等奖36项、二等奖67项、三等奖13项。调研活动结束后,市社科联编辑出版《和谐淄博建设研究》一书。全书60余万字,编录61项优秀调研成果,成为全市构建和谐社会的重要参考依据。三是承办第六届齐文化国际学术研讨会。四是组织举办2005年度全市社会科学课题研究成果展示活动,共展示全市重点社科课题69项。五是与有关部门共同举办全市纪念抗日战争胜利60周年理论研讨活动,8月中旬召开了理论研讨会。六是与市委宣传部等4个单位组织召开全市学习宣传贯彻党的十六届五中全会精神座谈会,组织40余名有关单位的领导和专家学者进行座谈。七是组织全市社科工作者参加省社科联组织的"和谐社会与文明山东""科学发展与生态山东""先进文化与人的发展""亮点战略与经济强省"等4次学术年会,并于6月份协助省社科联举办全省科学发展与生态山东研讨会。

【市第十八次社会科学优秀成果奖评选】 3月,市社科联对淄博市第十八次社会科学优秀成果评选工作进行部署。8月,评奖委员会组织专家组进行评选,共评出获奖成果111项。其中,市决策咨询优秀成果奖3项,一等奖13项、二等奖31项、三等奖64项。5月,与山东理工大学共同承办山东省第十九次社会科学优秀成果奖评选工作,全市共有13项成果获奖,其中一等奖1项,二等奖3项,三等奖9项,获奖项目数量创1986年开展社科评奖工作以来的历史新高。

附:

市决策咨询优秀成果奖和一等奖名单

奖项	成果名称	作者
市决策咨询优秀成果奖	政协淄博市委关于民主评议全市民营经济发展环境情况报告	政协淄博市委课题组
	理顺体制加快崛起——关于建立淄博轻型载货汽车生产基地的调查与建议	张玉武 白元廷 邢涛
	关于开展"三强"竞赛活动的建议	张承友 刘昌法 袁鹏
一等奖	山东省淄博地区中小学生心理健康调查及对策研究报告	张子礼 张朝 于宗富
	淄博市民营企业人才队伍建设研究	岳顺之
	《社会哲学新论》	张洪兴
	农业投入品补贴政策的理论分析	高峰 王学真
	G—3汇率波动对发展中国家和地区的货币稳定的影响	李平 范跃进
	创建企业特色文化 开辟汽车销售服务新路	王亮方
	《雏凤清声——中学生研究性学习成果选》(高中卷)	苏明光
	改革地理课堂教学,培养学生提出问题的能力	秦克铸
	生态文化热点问题探讨	陈红兵
	中西音乐交融的硕果——从青主的《大江东去》看艺术歌曲在中国的开端	毕海燕
	《齐文化的考古发现与研究》	张光明
	《齐国人物志》	战化军 姜颖
	《社会发展精神特性论》	栾贻信 袁俊平

附:

山东省第十九次社科优秀成果奖淄博市获奖名单

奖项	作者	成果名称
一等奖	尹玉吉	关于学术期刊"困境与出路"讨论的反思
二等奖	侯书和	邓小平社会主义政治文明建设思想体系
	范跃进等	关于中国社会科学的几个重大问题
	李平 范跃进	东道国的贸易自由化对国际直接投资流入的影响

续表

奖　项	作　者	成　果　名　称
三等奖	郑　峰	淄博名人、名景、名物
	于庆臣	科教兴市——淄博的探索
	李　斌	关于发展城市社会科学事业的思考
	王彦勇	经济全球化与中国特色社会主义
	刘国华等	山东省民营经济发展环境及策略研究(研究报告)
	曹俊杰	开放条件下区域农业结构调整与可持续发展
	王　环	关于农业现代化问题的全方位考察
	宫源海	用“三个代表”重要思想指导世界观改造
	邱文山	齐文化与先秦地域文化

【第六届齐文化国际学术研讨会】　根据市委、市政府确定的三年一届例会和《淄博市文化建设纲要》的要求,经中宣部批准,淄博市于9月12～14日举办第六届齐文化国际学术研讨会。这次研讨会由淄博市人民政府、中国孔子基金会、山东省社科联、山东理工大学、山东师范大学齐鲁文化研究中心主办,由市社科联和临淄区人民政府具体承办。研讨会共有106名国内外专家学者报名,其中日韩和港台地区专家学者28名,内地专家学者78名,遍及全国16个省市的大专院校和科研院所。中国著名历史学家李学勤发来贺辞,中国社会科学院研究员孙开泰应邀出席会议,日本东京大学、香港孔教学院、中国社会科学院等66家国内外大学及科研院所发来贺电、贺信,省政协副主席王志民,市领导及主办单位的主要领导出席会议。这次国际学术研讨会的主题是“齐文化中的民本思想”。与会专家学者围绕会议主题,共撰写94篇论文。《光明日报》《大众日报》、台湾《孔孟月刊》等报刊对这次会议进行了宣传报道。

第六届齐文化国际学术研讨会

（市社科联　供稿）

【社会科学普及周活动】　5月21～27日,市社科联与市委宣传部等9个单位联合举办2005年淄博市社会科学普及周活动。整个活动呈现出各级领导重视、社会各界参与积极、活动内容紧扣主题、舆论宣传广泛的特点。年内,市委宣传部和市社科联被中共山东省委宣传部和省社科联表彰为2005年山东省社会科学普及周活动先进集体。

社科普及周开幕式　　　　（市社科联　供稿）

【学会工作】　4月,市社科联召开四届二次全委扩大会议,表彰奖励2004年度社科工作先进单位、先进个人和优秀社科成果,部署2005年学会工作任务。11～12月在所属学会开展2005年度先进学会、优秀学会工作者、先进学会挂靠单位评选活动,对21个先进学会、17个先进挂靠单位、24名优秀学会工作者进行了表彰。研究制定《市社科联关于所属社科学会改选换届的规定》,指导部分学会按期进行换届。经市社团登记管理机关批准,新成立淄博市大家文化传播中心和淄博蒲松龄文化艺术研究院。

【首届淄博市十佳社科理论专家评选】　3～6月,市社科联和市委宣传部组织开展第一届淄博市十佳社科理论专家评选活动,共评出10名优秀社科理论工作者。分别是:于桂红、尹玉吉、王金铃、张光明、张秀清、张洪兴、李钟琴、明子夫、宣兆琦、宫元海。

【《淄博社会科学文库》理论丛书出版】　年内,市社科联全部完成第一套、共17个分册、700余万字的《淄博社会科学文库》理论丛书的编辑出版工作,并于下半年启动了第二套、共15个分册、600余万字的《文库》编辑出版的组织工作。《淄博社会科学文库》是近年来全市首套反映哲学社会科学领域工作成果的社科理论丛书。

【《淄博社会科学》理论期刊】　《淄博社会科学》是全市社科界唯一一本理论学术期刊,年内共编辑出版6期约80万字。通过开办“保持共产党员先进性教育”“落实科学发展观，构建和谐社会”“稷下论坛”“教育园地”“文史哲”“社科工作”等栏目，宣传社科理论，交流研究成果，推介先进典型，传递工作信息，指导各项工作。

【淄博市外语大赛】 为推动学习型城市和“文明淄博”建设，市社科联与市教育局等6个单位联合举办淄博市外语大赛。年内，初步组织完成高等职业教育专场赛事活动。

（李 斌）

地震监测

【全市防震减灾工作会议召开】 4月7日，全市防震减灾工作会议在鲁中宾馆召开，传达贯彻全省防震减灾工作会议精神，部署全市当前和“十一五”期间的防震减灾工作任务。省地震局局长晁洪太、副市长饶明忠出席会议并讲话。会议期间，市委书记张建国、市长刘慧晏就防震减灾工作与省地震局局长晁洪太进行座谈。

【淄博市地震活断层探测与地震危险性评价完成野外探测】 3月，省地震局和市政府在淄博联合召开淄博市活断层探测与地震危险性评价项目实施方案论证会。中国地震局、省地震局以及省市有关部门的领导、专家和项目领导小组成员参加会议。专家组就实施方案确定的工作目标、技术思路、探测方法等进行认真讨论。按照要求，将张店老城区活断层探测与地震危险性评价项目面积由原来60平方公里扩大到近140平方公里。2005年底野外探测工作结束。

（张义堂 张志毅）

【数字化前兆点建成投入观测】 8月，全市建成首个数字化前兆点，位于张店区南定镇，原为南定煤矿观测井，采用中科光大公司数字化水位、水温观测设备。观测点的建成，改变传统的人工观测和模拟观测方式，提高了观测精度和数据传输速度。

【高青3.0级地震】 10月31日11时24分，高青县唐坊发生ML3.0级地震，值班人员立即将震情信息上报市委、市政府，通报高青县政府。11月1日上午，市地震局和高青县科技局组织进行宏观考察。据考察，宏观地震烈度为Ⅲ度。根据该区地质构造和历史地震活动情况，与省地震局初步会商后提出了震后趋势意见。

（罗玉芹）

【全市首次地震应急工作检查】 年内，根据市政府部署，由市地震局、发改委、民政局和安监局组成检查组，对各区县、高新区及部分大企业进行地震应急工作检查。内容涉及组织领导、预案编制、应急机构与队伍建设、物资储备、重点目标应急保护措施、应急避难场所规划建设等。标志着全市地震应急检查工作开始步入制度化。

（何 斌）

【全市防震减灾科普教育基地建成】 年内，在张店区中小学生素质教育实践基地基础上，建成全市第一个防震减灾科普教育基地。共陈列各种地震观测设备10台（套）。9月28日，淄博市防震减灾科普教育基地举行揭牌仪式，省地震局局长晁洪太、淄博市政府副秘书长张玉武等参加揭牌活动。首批400多名中学生参观了地震观测仪器展览和防震减灾科普展板。

（杨玉孝）

淄博市防震减灾科普教育基地举行揭牌仪式

（市地震局 供稿）

【2005年淄博及邻区地震目录】

序号	时间					地点			震级	备注
	月	日	时	分	秒	北纬	东经	位置	ML	
1	06	13	05	17	08	36°42′	118°12′	临淄	2.4	
2	10	08	13	38	54	36°13′	118°20′	沂源	2.1	
3	10	11	06	36	41	36°55′	118°20′	临淄	2.1	
4	10	31	23	24	43	37°09′	117°59′	高青	3.0	有感

（王洪水 史清明）

气 象

【气候特点】 2005年，淄博市总的气候特征是：气温略偏高，降水偏多，日照偏少。部分时段和地区气温、降水、日照等要素出现历史极值。四季的主要气候特征：冬季（2004年12月～2005年2月）气温偏低，寒冷持续时间长，雨雪偏多，光照偏少；春季气温偏高，初春回暖偏晚，雨水偏少，光照充足，出现春旱；夏季气温适宜，降水充足，光照偏少；秋季气温偏高，前期降水明显偏多，后期偏少，日照偏少。年内，部分地区出现大风、暴雨、冰雹、大雾等灾害，损失较重。全年大部分时段，光、温、水匹配合理，能够满足农作物生长的需求，对农业而言属较好年景。

气温：全市年平均气温13.6℃，较2004年偏低0.5℃，较常年偏高0.5℃。全市年平均气温在12.4℃～14.7℃之间，张店年平均气温全市最高，沂源最低，与常年相比各区县均偏高0.1℃～1.2℃，2005年的气候仍然维持着偏暖的趋势。年极端最高气温41.8℃（出现在周村、高青，6月23日），较2004年极端最高值偏高4.4℃；极端最低气温-13.3℃（出现在沂源，1月20日），较2004年偏高0.8℃。全年日最低气温≤-10℃的日数全市平均9天，高青最多，张店、周村最少。日最高气温≥35℃的日数全市平均17天，较2004年多12天。2月平均气温较常年偏低1.7℃～2.8℃；11月平均气温较常年偏高2.2℃～4.0℃。阶段性低温以2月中旬最为突出，淄川旬平均气温刷新1980年以来的同期最低记录。夏季酷热时间长，程度高。气温偏高最明显的时段主要在6月中下旬和11月上旬。6月22～24日，张店日最高气温连续三天在40℃以上，23日高达41.6℃，仅次于1955年（7月24日，42.1℃）。11月上旬，全市平均气温部分区县再创历史同期最高记录。

降水：全市年平均降水量823.8毫米，较2004年偏少66.0毫米，较常年偏多198.0毫米。沂源、淄川、博山年降水量在834.1毫米～1147.2毫米之间，博山最多，突破历史最高记录，比1990年（1095.7毫米，博山）多51.5毫米，是最少年份的2.6倍。临淄年降水量最少为714.0毫米，其他地区在741.3毫米～782.8毫米之间。从时间分布来看，1月、3月、10～12月降水偏少，其他月份降水偏多。全年日降水量≥0.1毫米的日数全市平均70天，较2004年少17天。沂源最多76天，高青最少60天。8月上旬降水日数最多，全市平均8天。全年8个测站累计出现暴雨（日降水量≥50毫米）28站次，比2004年多2站次。其中博山出现7次，沂源、淄川各出现5次，张店、周村各3次，临淄、桓台各2次，高青出现1次。日最大降水量141.1毫米（博山，8月6日）。1～6月较常年偏多37.6毫米，7～12月偏多199.8毫米，7～9月降水量占全年的68%。

日照：全市平均年日照时数2316小时，较2004年偏多54小时，较常年偏少184小时。桓台年日照时数最多为2600小时，博山最少为1986小时，其他区县在2192小时～2486小时之间。1月、3～5月份较常年略偏多，其他各月均偏少。

湿度：张店年平均相对湿度为55%，终霜日为3月8日，初霜日为11月15日，全年无霜期252天。

风向风速：张店年最多风向为西南风，极大风速20.7米/秒。

【气象灾害】 2005年，影响全市的气象灾害主要有干旱、雷雨大风、冰雹、台风天气等。

干旱：4月下旬降水偏少，气温偏高，土壤墒情下降较快。从4月底到5月初开始，全市先后出现旱情，至6月下旬结束。至6月下旬前期，全市农作物受旱面积26667公顷，其中夏播作物因旱未播面积7013公顷。干旱持续时间较长，这期间多次出现降水，与往年相比，旱情相对较轻。

雷雨大风和冰雹：6月14日14时，淄川区张庄、太河、东坪、峨庄、淄河等乡镇出现冰雹。持续时间15分钟左右，冰雹最大直径3厘米。黄烟受灾面积500公顷，小麦受灾233公顷，玉米受灾80公顷，中草药受灾100公顷，果树等经济林受灾840公顷，蔬菜受灾40公顷，累计经济损失230万元。

6月14日14时30分～18时，博山区出现中到大雨，伴有冰雹。平均降雨量30毫米以上，最大降雨量78毫米，冰雹持续时间5分钟～10分钟，最大直径4厘米。此次灾害涉及10个乡镇100多个村庄。果树受灾面积2587公顷，蔬菜受灾面积713公顷，黄烟受灾面积347公顷，农作物受灾面积1180公顷，经济损失1838万元。

6月21日22时30分至6月22日0时30分左右，全市自北向南先后出现雷阵雨天气，并伴有强风和雷电。张店降雨量最大，为13.1毫米；高青风速最大，极大风速27.5米/秒。此次风灾，风力较大，分布范围较广。全市损坏大型立柱式广告250多块；楼顶和墙体大型广告1200余块；建筑工地围挡广告200多块。北部地区受大风影响不大，南部林果损失较重，未造成人员伤亡。其中，高青县测站极大风速27.5米/秒，十分钟平均极大风速11.5米/秒。全县9个乡镇受灾，主要是养殖大棚及树木损坏。全县大约140个养殖大棚被掀，8000多株树木被刮倒。博山区测站极大风速18.5米/秒，十分钟平均极大风速10.6米/秒。全区农作物受灾面积213公顷，蔬菜受灾面积507公顷，林果受灾面积135公顷，经济损失460万元。沂源县测站极大风速23.5米/秒，十分钟平均极大风速12.0米/秒，雨量1.5毫米。苹果受灾1722公顷，桃受灾567公顷，李子受灾73公顷，经济损失1890万元。淄川区测站极大风速20.8米/秒，十分钟平均极大风速10.6米/秒。东部山区有6个乡镇出现风灾，其中春玉米受灾373公顷，黄烟倒伏173公顷，林果损失780万元，累计经济损失891万元。

7月12日14时37分至53分，沂源县普遍出现雷雨大风灾害，其中鲁村、南麻同时伴有冰雹灾害。沂源测站大风持续16分钟，十分钟平均极大风速16.8米/秒，极大风速29.2米/秒。冰雹最大直径13毫米，持续时间10分钟，测站降水量28.8毫米，全县平均雨量23毫米。全县13个乡镇受灾，其中南麻、鲁村、悦庄、土门4个乡镇受灾严重。全县受灾村庄373个，农作物受灾面积12953公顷，绝产5880公顷，受灾作物主要为苹果、葡萄、桃等经济树木和粮食作物。因风倒塌居民住房224间，损坏房屋6328间。大风损坏各类畜禽养殖大棚230间，树木倒折10.8万株。大风损坏电力、通讯、广播线杆282根，损坏路灯、园林灯150余盏，广告牌380余块，致使部分供电线路受损或中断，造成大面积停电20分钟，部分企业因灾和停电造成经济损失。全县因灾受伤35人。此次灾害全县经济损失2.55亿元。

7月12日，博山区南博山镇出现冰雹灾害。冰雹最大直径10毫米，持续时间10分钟。33公顷黄烟受灾，经济损失50万元。

8月2日0时左右，沂源县出现大风天气，极大风速26.0米/秒，十分钟平均极大风速13.7米/秒。鲁村、南麻、中庄、三岔等乡镇受灾，全县受灾人口12600人。农作物受灾面积947公顷，主要为苹果、桃、黄烟等经济作物和玉米等粮食作物，大风损害民房24间，经济损失968万元。

台风：8月7日下午至9日清晨，2005年第9号台风"麦莎"带来的大风大雨天气使全市不同程度受灾。全市普遍出现7到8级大风，桓台县风力最大，测站极大风速达21.6米/秒。由于前期降水偏多，土壤湿度较大，全市出现玉米等农作物倒伏、树木倒折、房屋倒塌、道路桥梁损坏等灾情，其中淄川、高青、桓台灾情较重，全市经济损失19157万元。

淄川区过程降水量100.5毫米，极大风速19.8米/秒。17个乡镇受灾，农作物受灾面积9867公顷，倒塌房屋972间，损坏房屋1484间，经济损失5924.99万元。

周村区过程降水量55.0毫米，极大风速21.0米/秒。全区玉米倒伏2800公顷，树木折断770株，蔬菜受灾167公顷，直接经济损失854.8万元。

高青县过程降水量45.8毫米，极大风速18.4米/秒。全县有9个乡镇受灾，农作物受灾面积16667公顷，造成经济损失8500万元。

张店区过程降水量79.5毫米，极大风速17.1米/秒。全区7个乡镇受灾，玉米倒伏1333公顷，房屋倒塌30间，经济损失250万元。

博山区过程降水量58.6毫米，极大风速15.6米/秒。全区有5个镇不同程度受灾，农作物受灾1780公顷，房屋倒塌33间。池上镇板山村一株500年以上的槐树被大风刮倒。全区经济损失730万元。

桓台县过程降水量80.8毫米，极大风速达21.6米/秒。全县玉米倒伏、内涝8000公顷，经济损失2880万元。

临淄区过程降水量86.3毫米，极大风速14.0米/秒。全区倒伏玉米67公顷，经济损失17万元。

【气象服务】 常规服务：冬春季加强雨雪、寒潮、大雾、大风等天气的预报预测服务工作。发布春节、“五一”“十一”节日天气公报，为各行各业、重大社会活动及群众节日出行及节后生产提供可靠的气象保障。“三夏”期间，准确预报6月2日的干热风和7日、12日降水天气，保障麦收工作的顺利进行。

气象灾害预警：根据中国气象局《突发气象灾害预警信号发布试行办法》，从6月开始，通过报纸、电台、“12121”气象信息电话、手机短信等方式向社会发布灾害天气预警信号。6～12月共发布高温、暴雨、台风、雷雨大风、大雾、道路结冰等各类预警信号25次，发布重要天气公报71期、气象信息83期，召开新闻发布会4次。6月中、下旬，全市连续出现高温天气，大部分区县突破历史同期最高记录。23日，周村、高青最高气温达41.8℃，张店最高气温达到41.6℃。市气象台连续发布高温橙色预警信号5次、高温红色预警信号2次。6月22日，市政府办公厅根据高温警报下发紧急通知，要求切实做好高温气候条件下的安全生产工作。6月26日，全市出现第一场大范围的暴雨，全市有5个区县降水量超过50毫米，市气象台首次发布第一个暴雨黄色预警信号，暴雨没有造成灾情。

台风预报服务：受“麦莎”台风影响，8月7日夜间至9日清晨，全市普降暴雨，平均降雨67毫米，普遍出现7级到8级大风，局部阵风九级。全市气象部门从8月5日开始，进入紧急状态。5～6日，市政府召开抗台防汛会议，紧急部署迎战台风的各项工作。全市未因台风出现人员伤亡事故，未出现大的险情。

陶博会气象保障服务：市气象局专门成立气象服务保障小组，制定服务方案，从9月6日开始每天向“两会”组委会报送未来三天的天气信息。准确预测13日有阵性降水过程，确保大会开幕式顺利举行。

【气象工作】 是年，市气象局用发展战略引领全市气象事业发展，建立决策目标执行责任考核监督三个体系，进一步激活运行机制。开展作风建设月活动，干部职工服务意识得到增强，办事效率明显提高。

队伍建设和人才培养工作。调整加强临淄、沂源、高青3个区县局，在全市气象系统公开选拔高青局副局长。通过公开竞岗调整市局中层领导班子。通过双向选择，优化人员配置，进一步整合气象人力资源。加强人才培养和技术培训，全年举办各类培训班10次，培训人员267人次。

科技周市民关注气象科普　　（董庆岳　摄）

按照《中华人民共和国气象法》《山东省气象灾害防御条例》和《淄博市雷电灾害防御管理办法》等气象法律法规要求，进一步加强依法行政和执法力度。认真开展雷电灾害防御管理工作，加强对新建建筑物防雷工程的图纸审核、分段检测工作，保证新建建筑防雷工程的质量。组织人员重点加强对全市易燃易爆及公共场所的防雷设施检查、检测工作，确保防雷安全。市气象局与市安监局联合在淄川、博山、周村、桓台开展防雷安全专项检查，查处违法单位30多家，涉及建筑面积90万平方米。加强对升空气球的管理，与公安、安监等部门联合组织开展执法检查，认真排查安全隐患。4月22日，与市公安局联合成立市气象安全防范联合办公室，共同查处违反气象法规的行为。同时成立的市气象执法机动大队在全市范围内开展气象执法活动。全年气象行政执法近70起，暂扣、没收违法气球120多个。加强气象行政审批服务工作，进一步规范气象行政服务窗口。

气象“十一五”规划取得阶段性成果，科研工作取得新进展。圆满完成全市气象“十一五”规划的编制工作，市气象局业务系统搬迁、加密自动站建设、人工影响天气指挥中心技术改造和作业网络建设以及气象灾害预警业务系统升级改造等，列入全市“十一五”规划重点工程项目库。2005年争取省局重点课题1项，市科技局课题1项，市气象局自立课题5项。有1项省立一般课题和1项市局自立课题通过验收。《淄博市南部山区局地性暴雨的分析与预报》获山东省2005年科学研究与技术开发三等奖；在《气象》杂志发表论文2篇，在《山东气象》等刊物发表论文8篇。成立淄博市气象局学术委员会，制定淄博市气象局论文奖励办法，调动了全体人员的科研积极性。

气象现代化和台站建设水平进一步提高。完成市县可视会商系统，实现市县局天气会商、人影指挥、电视教学、视频会议等多种视频功能。周村、临淄局建成自动气象站，至此7个区县局全部完成自动气象站安装任务。

全市气象业务质量较上年明显提高。经山东省气象局考核，列全省第二名。在全省业务技术竞赛中，沂源局的张桂琴获得农气专业第一名，博山局的王卫东获得测报专业第二名。

【人工影响天气】 2005年，全市人工影响天气作业网络不断健全，防灾减灾取得显著经济效益。全市拥有高炮51门、火箭发射车8部，设51个炮点，20多个火箭点，形成200多人的技术队伍。4月4～6日和5月17～18日，分别在高青、博山举办全市新炮手和新火箭手培训班，对96名炮手和38名火箭手进行培训。3月8日，市气象局与市烟草公司、淄川区政府、博山区政府、沂源县政府和财保高新区支公司签订协议，共同组建全市烟草产区防雹增雨体系。建成由10门高炮、3部火箭发射车组成的烟叶主产区防雹增雨网。

6月9日，组织淄川太河、张庄、黑旺、博山李家和沂源三岔5个乡镇开展高炮、火箭人工增雨作业。作业影响区域达300多平方公里，淄川黑旺降雨14毫米、沂源三岔降雨12毫米，形成明显的降雨中心，较非影响区增雨4毫米～6毫米，农田墒情得到改善。

举办人工影响天气炮手培训　　（董庆岳　摄）

6月，全市频现冰雹天气形势，尤其是在6月13日夜间到14日夜间，全市出现大范围的冰雹天气。高青、桓台、周村、临淄、淄川、博山、沂源7个区县开展人工防雹作业35次，发射炮弹1277发、火箭弹38发。2005年全市共进行防雹作业114次，累计有效防护面积8626平方公里，减少损失1.69亿元。进行增雨作业4次，累计影响面积1100平方公里，增加降水3400万立方米。

【全市各区县主要气象要素】

测站	气温(℃)			年降水总量(毫米)	年降水总日数(天)	年日照总时数(小时)
	年平均	极端最高	极端最低			
张店	14.7	41.6	−10.3	782.8	73	2358
淄川	13.8	41.0	−12.2	841.7	67	2192
博山	13.5	38.4	−12.1	1147.2	74	1986
周村	14.2	41.8	−10.3	781.6	70	2401
临淄	13.3	41.0	−12.5	714.0	67	2486
桓台	13.5	41.5	−12.6	747.3	70	2600
高青	13.0	41.8	−11.9	741.3	60	2253
沂源	12.4	38.1	−13.3	834.1	76	2252

（董庆岳）

本部类编辑：孟　明
副主编：徐　杰
校对：赵建国
唐乃兴

教　　育

综　述

【概况】 2005 年，全市共有各级各类学校(含幼儿园)1756 所，在校学生 781756 人，教职工 61000 人。学校占地总面积 2678.71 万平方米，校舍建筑总面积 815.21 万平方米。

全市幼儿园 902 所，在园幼儿 105096 人。小学 526 所，在校生 258704 人，全市小学学龄儿童入学率为 99.96%，女学龄儿童入学率为 99.96%；小学在校生辍学率为 0.40%，比 2004 年上升 0.31 个百分点。初中学校 179 所，在校生 182212 人，在校生辍学率为 1.61%，比上学年上升 0.05 个百分点。全市高中阶段在校学生共有 163042 人(含技工学校)。普通高中、中等职业学校和技工学校占高中阶段在校学生总数的比例分别为 55.99%、33.23%和 10.78%。全市有普通高校 9 所，在校本、专科生 59563 人。

全市普通高考及对口高职招生报名人数为 35875 人。其中，对口高职 6279 人。全市升入大学本科人数达 10788 人，增幅为 54.1%；文理本科录取人数 5804 人；文理本科一批上线人数 2409 人，增幅为 101.1%；全市本科军检上线人数达 4417 人；录取艺体本科生 3983 人；对口高职升学本科录取共 321 人。全市成人高考报名人数 11850 人，共录取 7386 人，录取率为 62.3%。全市共有 5586 人报考硕士研究生。全市共组织 8 次学历考试，总计 23444 人次、44303 科次。

市长刘慧晏、副市长段立武到市教育局调研
(任昌乾　摄)

【2005～2006 学年度全市各级各类学校基本情况表】

学校类别	学校处数(所)	班数(个)	毕业生数(人)	招生数(人)	在校学生数(人)	毕业班学生数(人)	教职工总人数(人)		专任教师师生比	专任教师学历合格率(%)	学校占地面积(平方米)	校舍建筑面积(平方米)
							合　计	其中：专任教师				
总　　计	1756	—	167975	216490	781756	166644	61000	48422	—	—	26787088	8152147
一　普通高校	9	—	12326	21984	59563	14670	5689	3476	1∶17	—	6027242	2214742
山东理工大学	1	—	8657	7871	29095	7139	2603	1608	1∶18	—	2400000	940371
淄博师范高等专科学校	1	—	—	1249	1828	—	370	232	1∶08	—	278388	78290
山东万杰医学高等专科学校	1	—	961	2276	5779	1653	426	315	1∶18	—	482241	483721
淄博职业学院	1	—	1056	4044	7575	1851	864	533	1∶14	—	1290810	222415
山东工业职业学院	1	—	526	2533	5720	1283	375	232	1∶25	—	330000	134517
山东化工职业学院	1	—	—	742	2131	757	307	159	1∶13	—	306667	67978
淄博科技职业学院	1	—	275	1099	3255	1081	461	229	1∶14	—	557136	143002
山东铝业职业学院	1	—	459	1899	2674	314	283	168	1∶16	—	382000	144448
山东省水利职工大学	—	—	—	271	271	—	—	—	—	—	—	—
山东丝绸纺织职业学院(筹)	1	—	—	—	—	—	—	—	—	—	—	—

续表

学校类别	学校处数（所）	班数（个）	毕业生数（人）	招生数（人）	在校学生数	毕业班学生数（人）	教职工总人数(人)		专任教师师生比	专任教师学历合格率（%）	学校占地面积（平方米）	校舍建筑面积（平方米）
							合计	其中：专任教师				
山东理工大学外事学院	—	—	392	—	1235	592	—	—	—	—	—	—
二 成人高校	1	—	4930	6079	11902	380	194	153	—	—	80667	53000
山东省水利职工大学	1	—	—	—	—	—	194	153	—	—	80667	53000
山东理工大学	—	—	4625	5753	11275	317	—	—	—	—	—	—
山东万杰医学高等专科学校	—	—	265	—	195	52	—	—	—	—	—	—
淄博职业学院	—	—	—	260	311	—	—	—	—	—	—	—
淄博科技职业学院	—	—	—	53	53	—	—	—	—	—	—	—
山东铝业职业学院	—	—	40	13	68	11	—	—	—	—	—	—
三 中等职业学校	44	—	19435	18433	54177	18779	3544	2540	1∶21	—	1665552	613420
普通中专	6	—	9636	9180	29732	10327	985	640	1∶46	80.78	385513	181149
职业高中	20	—	6684	7139	18934	6175	1746	1316	1∶14	66.64	1116901	308419
成人中专	18	—	3115	2114	5511	2277	676	496	1∶11	—	144538	96502
其他机构	—	—	—	—	—	—	137	88	—	—	18600	27350
四 技工学校	34	—	5805	7403	17580	—	1728	1086	—	—	1227995	375547
五 普通中学	230	5326	82818	73391	273497	81813	24679	20014	1∶14	—	9282900	2838009
高中	51	1634	28381	30017	91285	31298	—	5630	1∶16	91.31	3588255	1408795
初中	179	3692	54437	43374	182212	50515	—	14384	1∶13	96.26	5694645	1429214
六 小学	526	6420	42561	48048	258704	51002	17375	15955	1∶16	99.47	6186697	1291045
七 幼儿园	902	3772	—	41026	105096	—	7412	4913	1∶21	97.15	2204102	737552
八 特殊教育学校	10	104	100	126	1237	—	379	285	1∶04	—	111933	28832

【教师队伍】 全市共有专任教师48422人。其中，普通高校3476人，成人高校153人，中等职业学校2540人，技工学校1086人，普通中学20014人（高中5630人，初中14384人），小学15955人，幼儿园4913人，特殊教育学校285人。幼儿园、小学、初中、高中专任教师学历合格率分别达到97.15%、99.47%、96.26%和91.31%。小学教师中具有专科以上学历的11216人，达标率为70.30%，比2004年提高6.21个百分点。初中教师中具有本科以上学历的7349人，达标率为51.09%，比2004年提高11.24个百分点。

【首次评选表彰20名市特级教师】 9月8日，市政府首次表彰20名市特级教师。他们是：陈明（高中体育）、王方刚（高中历史）、邵淑红（高中英语）、耿玉强（高中政治）、聂廷生（高中语文）、袁兆桐（高中历史）、张宏伟（中学语文）、苏同安（高中数学）、王会芳（初中政治）、杜本玉（初中政治）、张利平（初中化学）、高大权（初中化学）、张学文（初中英语）、李效宏（小学数学）、闫桂华（小学语文）、丁玉（小学体育）、焦明（小学语文）、刘延云（小学语文）、李同升（小学数学）、巩贤花（学前教育）。

【市教育图书资料管理中心成立】 10月20日，淄博市编办批复同意建立淄博市教育图书资料管理中心。该中心为市教育局领导的科级经费自理事业单位，主要职责是：具体负责教材、教学辅助资料、图书进校的审查与管理工作。

【市教育人才服务中心增挂淄博市教育人才外事服务中心牌子】 8月12日，淄博市编办批复同意市教育人才服务中心增挂淄博市教育人才外事服务中心牌子。主要职责是：负责发挥国内外两个市场作用，开展教育人才外事服务；落实有关合作意向；开展教师对外交流，开展留学服务等。

【党建工作】 2005年，党建工作成效显著。印发市教育局党委年度党建工作意见和《党员发展意见》等文件。指导组织5个局属单位党组织的换届选举，4个局属单位党总支改建为基层党委。召开局属单位党建工作研讨会。加强民办教育机构党组织有关工作的指导。全年共发展党员55名（其中学生党员26名），是历年来最多的一年。配合市委组织部成功组织教学副校长面向全市公开招考工作。分二批组织完成局属部分单位领导班子和领导干部的调整工作。积极参与校长职级制可行性调研，下放局属学校中层干部管理权限。下发《关于2005年度教育系统高层次人才工作的意见》，召开教育系统高层次人才工作会议，落实领导干部与教育系统高层次人才联系等制度。编制“十一五”期间人才流动需求预测统计表。3月，在市委组织部指导下，积极做好“干部人事档案一级管理目标达标单位”申报工作。

附：

中小学杂费标准表

单位：元/年·生

年　　级	城　　市	农　　村
小学一至二年级	200	160
小学三至六年级	260	210
初　　中	370	300

中小学课本费标准表

单位：元/年·生

年　级	六三学制			五四学制		
	课程改革年级	非课程改革年级		课程改革年级	非课程改单年级	
		彩版	黑白(混合)版		彩版	黑白(混合)版
小学一年级	65	60	50	65	60	50
小学二年级	65	60	50	65	65	65
小学三年级	95	75	70	95	90	90
小学四年级	110	100	90	110	100	90
小学五年级		100	95		95	90
小学六年级		80	75			
初中 年级	205	175	170		155	150
初中二年级	180	160	155	205	165	160
初中三年级	135	115	115	180	135	135
初中四年级				135	100	100

2005年普通高中、职业学校收费项目、标准

收费项目		计费单位	收费标准(元)		备　　注
			城市	农村	
学杂费	省重点高中	学期	850		含省级规范化高中
	其他高中	学期	550	350	含市级规范化高中
	职业高中	学期	550		
	职业中专	学期	850		
择校学费	部分省级规范化高中	三年	15000		学校名单见“注”
	城市市级以上规范化高中	三年	12000		
	其他城市高中和农村高中	三年	9000		
住宿费	公寓化宿舍	学期	200		带卫生间
	其他宿舍	学期	70	50	
代收代管费项目					
课本费			按定价收费		多退少补
作业本费			按成本		多退少补
煤炉供暖取暖费		学年	15		不供暖的学校不得收费
暖气取暖费	走读生	学年	60		
	住校生	学年	120		
自行车看管费		学期	10		
电教教材代收费	高中	学期	16		非电化教育示范学校不得收费
普通高中学生学业水平考试报名费		生、科	5		
普通高中学生水平考试考籍管理、水平考试合格审定费		生、三年	10		

注：部分省级规范化高中包括：淄博一中、淄博四中、淄博实验中学、淄博五中、淄博六中、淄博七中、淄博十一中、淄博十七中、桓台一中、高青一中、沂源一中。

【民办教育】 2005年,全市各类民办教育机构共有280余所。其中,高校6所,高等职业技术学院1所,高中段学校23所,初中、小学30所,幼儿园66所,其他培训类教育机构160余所。在校生7万余人,教职工4000余人,占地面积320多万平方米,建筑面积近100万平方米,开设专业近百个。年内,按照国家教育部和省教育厅的统一部署,完成对全市民办教育机构的评估换证工作。11月,举办了全市首届民办学校校长及各级民办教育管理人员培训班。 (周东海)

基础教育

【概况】 2005年,继续加强课程改革的组织与管理工作。切实加强中小学德育工作,继续强化心理健康教育和家庭教育工作。至年底,全市有7个区县建立学生社会实践基地,向山东省财政厅和教育厅争取专项资金累计达780万元。全市所有区县实现普及学前三年教育的目标,普及率达95.41%。全市适龄儿童入学率达99.96%,小学毕业生升初中率达100%。全市高中段教育的普及率达89%。5处学校通过省级规范化学校验收。全市已建成省级规范化学校133处,占全市中小学校的17.4%,列全省第二位。

【学前教育】 截至年底,全市共有幼儿园902处。其中,省级十佳幼儿园2处,省级实验、示范幼儿园62处,市级城乡十佳幼儿园40处,市级示范幼儿园194处,105个乡镇(办事处)全部建起中心幼儿园。在园幼儿10.51万人。全市3～6岁学前教育普及率达95.4%,0～3岁学前教育普及率达13.7%,学前一年普及率达99.8%。在全国幼教事业发展高层论坛暨苏州市农村幼教工作现场会上,淄博市临淄区代表山东省作了《实行幼儿教育券制度,保障每个幼儿享有平等的受教育权利》的发言;在全省学前教育行政管理干部高级论坛暨现场会上,淄博市《强化政府行为,促进全市学前教育健康快速发展》的经验被交流、推广。

【成立全市学前教育讲师团】 3月底,市教育局成立市学前教育讲师团。年内,讲师团先后到各区县举办9场报告会,8000余名学前教育工作者听取讲师团的报告。

【九年义务教育】 年内,全市义务教育把工作重心进一步落实到办好每一所学校和关注每一个学生健康成长上来,积极改善农村学校和城镇薄弱学校的办学条件,解决城市低收入群众子女的就学问题,逐步实现义务教育的均衡发展。下发《关于进一步规范全市中小学办学行为的通知》,转发省教育厅关于减轻学生负担的紧急通知,开展"无作业周"等活动。组织制止学生辍学专项督查,进一步完善全市学生电子信息管理系统。召开全市推行教育券、教科书循环使用工作会议。组织完成全市实施素质教育情况调研和初中学校教育教学情况调研。

【普通高中教育】 年内,全市普通高中基本达到省级规范化学校和市级初步现代化学校的标准。普通高中课程改革继续深入实施,高中一、二年级进入课程改革实验。召开高中课改调度会和高中课改工作会,下发《关于进一步加强高中课改实验工作的指导意见》《高中通用技术课程实施指导意见》《淄博市新课程背景下学校制度建设指导意见》等文件和学分认定工作意见,组织进行学分认定工作专项督查,课程改革实验进展顺利。

【特殊教育】 结合淄博实际建立特殊教育年度报告制度和结对扶残助学制度,积极推进特殊教育信息化建设和课程改革。残疾儿童入学率逐年提高,盲、聋、弱智儿童入学率分别达到90.58%、92.07%和93.3%,初步建立起以盲、聋、弱智三类两级学校为骨干,以特教班、随班就读为主体的特教新格局和集学前教育、义务教育、中等职业教育、成人教育于一体的特教新体系。

【全市残疾儿童少年专项普查】 4月,对全市残疾儿童少年进行普查,基本摸清全市残疾儿童少年的残疾类别分布、残疾程度分布、地区分布、年龄分布、教育安置方式分布及区县特教学校现状。为确定全市特殊教育规划布局调整的方向、规模,制定和完善特殊教育发展政策,提供了科学决策依据。

高等教育

【概况】 至年底,全市有高等院校12所,在职教职工7505人,在校生9.28万人。高等职业院校11所,其中地方属院校6所,中央、省属、行业、企业办院校5所。校区总占地面积458.61万平方米,校舍总占地面积161万平方米,所设专业216个,其中重点专业90余个,在校学生62498人,毕业生12042人,在职教职工4293人。

【创建精品学科和专业】 各高校根据淄博市构建淄博工业主框架和建设胶东半岛制造业基地的需要,启动高校学科和专业建设工程,创建省级重点、名牌专业。年内,全市高职院校设置专业216个,其中21个专业被评为省级重点或名牌专业,90余个专业已形成明显优势。

【市委高校工委成立】 11月24日,市委批准设立中共淄博市委高等院校工作委员会(简称市委高校工委),是市委负责高校党的工作的派出机构。市委高校工委与市高等教育工作办公室合署办公。

【实训基地建设】 各高校结合自己的特色优势专业,建设实验、实训基地。淄博职业学院数控技术专业被确定为全国职业教育实训基地,实现全市职业学院国家级高端项目零的突破;淄博技术学院、山东化工职业学院各投资几百万元购置新设备,加强实训基地建设;山东工业职业学院、山东省水利技术学院实验大楼建设资金已到位,并完成规划设计。

【合作办学】 淄博师专与中央美术学院合作办学,首批录取本科学员30余名。山东工业职业学院与澳大利亚爱恩国际教育集团及省内各大钢厂合作,组建职业教育集团,吸引外资2亿元。淄博职业学院与法国、加拿大、韩国、俄罗斯等国家的9所学校合作交流,与德国青年社会及教育工作国际联盟曼海姆教育中心合作办学,签订了在数控技术和电器自动化技术专业方面的合作协议。山东省水利技术学院与山东理工大学合作,成立山东水利工程学院,已签订协议。

【办学层次和水平提高】 山东万杰医学高等专科学校顺利通

过省专家组升本合格评估，已经省政府同意上报教育部待批；山东省丝绸纺织学院（筹）顺利通过省专家组成立高职学院的合格评估，已经省政府批准；淄博市技术学院已经省劳动厅同意创建淄博市技师学院。（周东海）

【山东理工大学】 2005年，山东理工大学有学院24个，直属教学部2个。专任教师1608人，在校学生30690人。年内招生11107人，毕业生9120人。设本科专业60个，专科专业52个。有硕士学位授权点43个，省级重点学科4个，文化艺术科学省级重点学科3个。

山东理工大学校区扩建三期工程开工奠基仪式
（山东理工大学　供稿）

教育教学工作。年内，进一步完善按文、理大类招生模式，录取新生11107人，其中普通本、专科新生8250人，专升本学生2857人。深化学分制改革，进一步完善学分制改革的各项制度。承办全省学分制改革研讨会。启动全新教学管理系统，促进教学工作管理的规范化和网络化。积极推进教学内容、教学方法、教学手段改革。强化教学研究，加强专业和课程建设。承办全国教材研讨会。共有27部教材申报“十一五”国家级规划教材，3门课程入选省级精品课程。被确定为全国大学外语教学改革试点单位。初步搭建起教学质量工程体系和运作机制，建立学生信息员制度，形成完整的上通下达的教学质量监控网络。全面启动迎接教育部本科教学水平评估准备工作。加强各项教学建设，人才培养质量稳步提高。本科毕业生一次就业率达88.7%。有1名学生作品获第九届“挑战杯”全国大学生课外学术科技作品一等奖；获山东省第五届创业计划大赛特等奖1项、一等奖1项、三等奖4项；在全国大学生数学建模竞赛活动中，1个队获国家一等奖，3个队获省一等奖，2个队获省二等奖；在全国大学生电子设计竞赛活动中，3个参赛队获省一等奖，2个队获省二等奖；在全国大学生广告艺术大赛活动中，有1个参赛队获省二等奖，1个队获省三等奖；在全省大学生机电产品创新设计大赛中，3个队获一等奖，5个队获二等奖。

学科建设。新增省级重点学科2个、省级重点实验室1个、文化艺术科学省级重点学科2个。在全国第十次学位点申报工作中，新增3个硕士学位授权一级学科硕士点、23个二级学科硕士点，硕士学位授权点达43个。新增工程硕士、农业推广硕士等专业学位授权资格，同等学历在职申请硕士学位、中职教师在职攻读硕士学位、工程硕士和农业推广硕士等学位点开始招生。学校首次作为报考点圆满完成报考研究生招生考试的组织工作。

科研工作。年内，学校与工陶院、硅研院联合成功申报建立国家工业陶瓷材料工程技术研究中心，实现了学校国家级科研机构零的突破，该机构也是山东省历史上首个获得批准的工业类国家级工程技术研究中心。获省部级以上科研立项55项，科研经费1900余万元。获科研奖励成果88项，其中省部级奖励23项，厅局级奖励65项。发表论文1393篇，其中核心期刊702篇。出版著作61部，申请专利53项。20项科技成果通过省科技厅和教育厅鉴定，多项科技成果达到国际领先水平和先进水平。2位科技人员获中国专利山东优秀发明家提名奖。坚持产、学、研相结合，加强与企事业单位的联合与合作，共签订横向课题113项，合同经费额达1277.8万元。在时风集团建立第一个科研根据地，与企业联合建立5个科研机构。广泛开展学术交流与合作，学校110位科技人员在全校范围内作学术报告。邀请国内外专家学者24人作学术报告29场。承办中国太阳能学会生物质能源专业委员会学术研讨会、中国生物质能技术开发中心理事会等学术活动。

师资队伍建设。年内，引进博士25人、硕士109人。在校教师考取博士研究生14人、硕士研究生6人，在职取得博士学位27人、硕士学位16人。200多名教职工攻读高校教师在职攻读硕士学位，师资队伍学历结构明显改善。2人获“享受国务院特殊津贴的专家”称号，1人获“山东省有突出贡献的中青年专家”称号，5人获“淄博市有突出贡献的中青年专家”称号。51人入选学校第二批“136人才工程”。新聘教授20人，副教授45人，教师外副高职务21人。

学生教育管理。组织开展“五心”（忠心献给祖国、爱心献给社会、孝心献给父母、关心献给他人、信心留给自己）教育活动、青年志愿者活动等系列主题活动，强化学生党员教育。积极探索学分制条件下学生管理、服务的新模式，与全体在校生签订教育管理与学生自律协议书，学生管理逐步走上法治化、规范化轨道。着力构建功能完备、运转高效的学生服务体系，设立大学生事务中心，为学生提供心理咨询、帮困助学、就业指导等项目的一站式服务。全年组织学生参加各类心理健康教育达3万人次。“奖、贷、助、免、补”资助经济困难学生政策体系更加完善，年内2100多名学生申请到国家助学贷款1000多万元，共组织各类就业招聘会100余场，提供就业岗位26000多个。

山东理工大学大学生事务中心揭牌
（山东理工大学　供稿）

基本办学条件。加大校园绿化美化力度，被评为山东省绿化先进单位。图书馆、住宅区二期扩建工程、研究生公寓等35万平方米工程开工，土地征用手续全部完成。软件建设、网络管理和网络资源建设不断加强，网络应用水平日益提高，数字化校园基本形成。

大学文化建设。制定学校“十一五”期间文化建设规划。大力加强制度文化建设，推行精益化管理。研究确立校标，提出了教师的三大价值追求。组织开展第二届“我爱我师”评选活动。“文化名人报告”逐渐成为校园文化活动的品牌。社团活动卓有成效，成为校园文化建设的生力军。以全国、全省首届大学生艺术展演活动为契机，进一步提升大学生文化活动品位。在山东省大学生校园歌手大赛暨全国校园歌手大赛山东赛区选拔赛中，1名学生获非专业组一等奖，并在全国第三届校园歌手总决赛中获铜奖，学校获全国校级优秀组织奖；在山东省第九届大学生文化艺术节活动中，获一等奖2项、二等奖6项、三等奖14项，并获多项优秀组织奖；在全省高校第二届宿舍文化节活动中，获集体项目一等奖2项，单项项目一等奖1项、二等奖6项、三等奖2项，并获优秀组织奖，获奖数量列全省第一。（郭万保）

附：

山东理工大学基本状况一览表

<table>
<tr><td rowspan="8">概　况</td><td colspan="2">学校占地面积</td><td>240公顷</td></tr>
<tr><td colspan="2">校舍建筑面积</td><td>94.03万平方米</td></tr>
<tr><td colspan="2">学　院</td><td>24个</td></tr>
<tr><td colspan="2">直属教学部</td><td>2个</td></tr>
<tr><td colspan="2">图书馆藏书</td><td>202万册</td></tr>
<tr><td colspan="2">中外文报刊</td><td>3100余种</td></tr>
<tr><td colspan="2">中外文文献资源数据库</td><td>121个</td></tr>
<tr><td colspan="2">教学科研仪器设备资产值</td><td>2.1亿元</td></tr>
<tr><td rowspan="5">专任教师</td><td colspan="2">专任教师总数</td><td>1608人</td></tr>
<tr><td rowspan="2">职称</td><td>正高级</td><td>204人</td></tr>
<tr><td>副高级</td><td>499人</td></tr>
<tr><td rowspan="2">学历</td><td>博　士</td><td>144人</td></tr>
<tr><td>硕　士</td><td>626人</td></tr>
<tr><td rowspan="3">全日制学生</td><td>在校学生数</td><td colspan="2">30690人</td></tr>
<tr><td>当年招生数</td><td colspan="2">11107人</td></tr>
<tr><td>当年毕业生数</td><td colspan="2">9120人</td></tr>
<tr><td rowspan="5">学科专业</td><td>本科专业</td><td colspan="2">60个</td></tr>
<tr><td>专科专业</td><td colspan="2">52个</td></tr>
<tr><td>硕士学位授权点</td><td colspan="2">43个</td></tr>
<tr><td>省级重点学科</td><td colspan="2">4个</td></tr>
<tr><td>文化艺术科学省级重点学科</td><td colspan="2">3个</td></tr>
<tr><td rowspan="10">科　研</td><td rowspan="5">科研机构</td><td>国家级研究中心</td><td>1个</td></tr>
<tr><td>省级研究院(中心、基地)</td><td>9个</td></tr>
<tr><td>省级重点实验室</td><td>2个</td></tr>
<tr><td>校级重点研究机构</td><td>12个</td></tr>
<tr><td>校级一般研究机构</td><td>15个</td></tr>
<tr><td rowspan="3">课题立项</td><td>国家级科研项目</td><td>9项</td></tr>
<tr><td>省部级科研项目</td><td>46项</td></tr>
<tr><td>横向课题项目</td><td>113项</td></tr>
<tr><td rowspan="2">成果奖励</td><td>省部级</td><td>23项</td></tr>
<tr><td>厅局级</td><td>65项</td></tr>
</table>

【淄博职业学院】 2005年，学院共招生5570人，在校生达15000余人，毕业学生2305人，就业率达95%以上。淄博职业学院总占地120余万平方米，其中老校分4个校区，占地333500平方米，建筑面积22万平方米，固定资产3.1亿元，教学实验实习设备价值4963万元，图书60万册。新校区规划占地面积183.43万平方米。学院有教职工877人，其中专

任教师533人，教授、正高职称19人，副教授、副高级专业技术职务192人，在读和具有硕士学位250余人。学院聘请中国工程院院士高从堦任名誉院长，聘有25名博士、专家为客座教授。现有12个系，334个班级，39个大专专业。数控技术、计算机两个专业被列为省级示范专业，其中数控技术专业被列为国家级职业教育实训基地；计算机文化基础、会计学、微生物学3门课程被列为省级精品课程。

副省长王军民到淄博职业学院视察

（任昌乾　摄）

加强专业建设。计算机控制技术、汽车电子技术、动漫设计与制作、建筑工程技术、物业管理、工程监理、音乐表演等7个专业通过省教育厅评审，学院大专专业达到39个。3个专业被省教育厅推荐到教育部参加全国实训基地和精品课程评选，其中数控技术专业被教育部批准为全国职业教育实训基地，实现了学院在国家级项目零的突破。计算机、生物技术两个专业被省教育厅推荐到教育部参评精品课程，数控技术专业和计算机专业被评为省级示范专业，计算机文化基础、会计学和生物学3门课程被评为省级精品课程。

坚持走国际化办学之路，在教师互访、学生培养、学术科研等方面开展全方位的交流与合作。先后与法国、英国、美国、俄罗斯、韩国等15个国家的大学进行友好往来，并与法国雷恩高等商务管理学院及昂热高等专科学校、加拿大福雷明大学、俄罗斯伏尔加格勒国立师范大学及圣彼得堡波罗的海旅游学院等多个国家的大学签订合作办学协议，已培养两批赴法留学生，与俄罗斯圣彼得堡波罗的海旅游学院达成互派留学生协议。年内，学院有27个省市级教科研项目获得立项，《高职高专电气自动化技术专业课程和教学内容体系改革与实践》被山东省教育厅批准为全省30个重点资助项目之一，多项科研成果通过省级鉴定，师生多次在省级以上大赛中获奖，学院先后获得省级文明单位、省级职业教育先进单位等近20项荣誉称号，新华社、中央人民广播电台等20余家新闻媒体对学院进行了报道。

开展学术研究。制定《淄博职业学院教学研究课题立项评审办法》，组织进行首届课题立项评审。组织各类项目申报工作，邀请有关专家进行指导，对申报材料提出具体咨询建议，反复论证项目和修改可行性研究报告，提高项目的获批率。《高职高专电气自动化技术专业课程和教学内容体系改革与实践》《生物技术及应用专业产学研一体化教学体系的研究与实践》被列为山东省高等学校教学改革立项，前者被确定为重点资助项目。有13项科研课题、12项实验技术项目获省立项，5项课题通过省级鉴定。《科教兴市——淄博的探索》获得省第十九次社会科学优秀成果三等奖，《整合教育资源、提高教育水平、实现跨越式发展》获省教学成果三等奖，13项成果获淄博市第十八次社会科学优秀成果奖。全年教师发表论文519篇，编写各类教材65本。11月3日，学院在济南召开新闻发布会，院长鹿林发布学院齐文化研究所关于淄博是中国职业教育的发源地，管子是中国职业教育奠基人的最新研究成果。新华社等近40家新闻媒体参加发布会。

【淄博科技职业学院】 淄博科技职业学院现有张店校区、博山校区、北校区三个教学区。占地55.67万平方米，建筑面积18万平方米。在职教职工461人，本科及以上学历的专任教师229人，其中高级职称103人。全日制在校生8000余人，其中高职生3255人。藏书23万册。有50余个实验室，设有微机室、多媒体教室、语音室、演播室、电子阅览室、闭路电视系统等，先进教学设备价值1500万元。全国各地教学实习基地100余处。

学院实施院系两级管理，设有基础部、护理系、药学系、医学技术系、经济管理系及成人大专教育。开设大专、中专两个层次，10余个专业。普通专科开设护理、药学、药品营销、助产、口腔医学技术、公共卫生管理、康复治疗技术、会计、卫生信息管理、市场营销、电子商务等专业；学院面向全国14个省市、自治区招生，全省有济南卫校、青岛卫校等4所卫生学校挂靠学院举办大专学历教育。

学院以专业建设为龙头，积极建立技术教育体系。加大投资，强化实验室建设。省教育厅专家组对学院护理、药学、口腔治疗技术等多个专业的建设和专业水平，均给予较高评价。成人高等教育有业余、脱产两种形式。药学专业顺利通过市卫生局组织的重点学科复评。根据ISO 9000标准要求，制定《质量手册》、程序文件，补充完善各科室以学生为中心的有关教育教学服务职责要求和管理规定。与山东大学、青岛大学、潍坊医学院、滨州医学院、山东中医药大学等高校联合办学，专业设置涵盖医疗卫生及相关领域。联合办学由专科发展到本科，在校生逐年增加，教育教学水平不断提高。学院聘请英国皇家整形外科学会主席伯德，英国皇家整形外科学院院士、英国BRISTOL大学博士生导师朱宁文为名誉院长、客座教授。加强与澳大利亚有关教育集团、医疗教育机构的联系与往来，引进先进的管理理念、教育技术。学院与宁夏回族自治区平罗县姚伏中学、内蒙古自治区科左后旗职业技术学校结成帮扶对子，签订帮扶协议。12月，内蒙古自治区科左后旗职业技术学校到学院进行了首次教育教学交流活动。

【山东万杰医学高等专科学校】 学校占地48.2万平方米，建筑总面积46.2万平方米。学校固定资产11.2亿元，教学仪器设备总值5280万元。建有解剖、微免、生物、化学等67个实验室。学校建有2.8万平方米的19层图书信息楼，馆藏图书51.2万册，并有中宣部赠建的“百家期刊阅览室”，装有清华同方CNKI系列数据库，基本实现了图书信息资料网络化、信息化。学校教职工417人，其中专任教师315人，具有副高级以上职称的教师138人，具有博士、硕士学位的教师108人；另有兼职教师102人，在职攻读硕士学位的教师44人。

万杰集团公司共投资兴建淄博万杰医院、北京万杰医院、青岛万杰医院3所医院以及1个制药厂，作为学校的内部临床实习基地。年内，将张店区人民医院设为学校非直属附属医院，淄川区人民医院和博山区人民医院设为学校临床教学医院。在山东省内另有59所市、县级实习医院承担学生的后期临床实习任务。至年底，学校共设置临床医学、医学影像、高等护理等14个专业。护理、医学影像专业被确定为省级示范性专业。万杰医专连续六年新生报到率在95%以上，就业安置率在80%以上。9月5～7日，被授予"中国民办教育创新与发展贡献奖"。9月23～24日，顺利通过山东省高校设置委员会专家组对万杰医专改建为山东万杰医学院进行的现场考察评估。11月，通过山东省普通高等学校校园文明建设检查评估。

【淄博市技术学院】 淄博市技术学院为国家级重点学校、国家教育部重点课题"职业指导和创业教育的研究与实践"实验学校、山东省技师培训基地，是淄博市唯一一所具有省级职业资格鉴定职能的职业技术学校。学院现有博山校区（博山区颜北路257号）、张店校区（张店区太平路）、北校区（高新区鲁泰大道）、西校区（市科技工业园一帆路）4个校区。位于高新区中润大道东首的新校区正在建设中。年均新生入学人数保持在1600人左右，全日制在校学生达5800人。学校实验、实训、实习条件完善，拥有加工中心、数控车床、铣床、钻床、数控仿真模拟加工编程室和电火花线切割等先进精密实习、实训设备。建有浙大淄博数控技术培训基地、未就业大学生培训基地、残疾人技能培训基地和园林园艺种植培训基地。

开展业务和技师技能培训，48名教师取得技师职业资格，65%的教师能够承担"一体化"教学任务。加强学科建设，深化课题式模块化教学改革，形成学分制阶梯型培养方式，使系统的理论指导与技能传授紧密结合，按照课题逐级推进教学，促进了学生操作技能与知识技能的同步提高。实行院系两级管理体制，开设金属切削、机械装修、机电工程等32个高、中级专业。其中，金属切削、机械装修两个专业被命名为山东省重点专业，金属切削被命名为山东省名牌专业。参加全省技工学校、技术学院技能大赛，取得团体总分第二名和个人成绩第一名，一批参赛的在校学生和教师被表彰为山东省技术能手，学院青年教师被选拔代表山东参加全国工具钳工技能大赛，获第七名，并获"园丁奖"。

建立新型校企联合关系，在联合办学、技术合作、推荐就业等领域全面合作，积极拓宽省外和国外就业渠道，使学院毕业生实现高质量就业，重点、名牌专业供求比例达到1∶8。加强与浙江大学、柏林国际经济学院等国内外院校合作办学的力度，加快资金、技术和先进办学理念的引进，不断推进教育创新。年内，学院被表彰为山东省职业教育先进单位。

（张庆波）

【淄博师范高等专科学校】 淄博师范高等专科学校系专科层次的全日制普通高校，实行省与市双重领导、以市为主的管理体制。学校占地27.88万平方米，建筑面积7.8万平方米。6月18日，学校在淄川经济开发区举行揭牌及新校区奠基仪式，新校区建设工程全面展开。至年底，一期工程大部分已经封顶。在职教职工410人，在校专科生4007人、中专生586人。年内，经市委常委会研究、市机构编制委员会批复，同意学校设置17个正县级管理和教学机构、6个副县级科研及教辅机构。纪检、工会、团委机构按有关规定设置。核定学校财政拨款事业编制总计921人（淄编〔2005〕2号）。学校实行全员聘任制。学校以师范类教育为主，有小学教育和学前教育2个专科专业，其中小学教育专业下设中文与社会、数学与科学、计算机与信息技术、英语、音乐、体育、美术7个专业方向。非师范类教育有对口高职学前教育、文秘与办公自动化2个专业。另有新申报的语文教育、数学教育、英语教育、现代教育技术、音乐教育、美术教育、体育教育、物理教育、地理教育、电脑艺术设计、应用韩语、网络系统管理、软件技术等13个专业于12月获得省教育厅批准。学校建有附幼、附小、附中，有校外教育实践基地30余处。学校有省级科研课题6项、教学改革项目1项，校级科研课题12项、教学改革项目6项获得立项。学校制定的《淄博师范高等专科学校发展"十一五"规划》《淄博师范高等专科学校专业建设"十一五"规划》和《淄博师范高等专科学校校园建设发展"十一五"规划》通过专家论证。年内，学校先后获全国精神文明建设工作先进单位、山东省档案管理特级单位等荣誉称号。

（张　群）

成人 职业教育

【概况】 是年，市委、市政府出台《关于进一步加强职业教育工作的意见》，制定贯彻全国、全省及全市三级职教工作会议精神实施方案。强化对职业教育的统筹管理。推进公办职业学校运行机制创新，积极鼓励国有民办、民办公助、股份制等多种职业教育办学形式。继续推广淄川第二职业中专"订单式"培养模式，积极倡导校企联合办学。认真组织实施全市职业教育实训基地发展规划。继续做好以数控技术应用、计算机应用及软件技术等5个专业领域为重点的国家级职业教育实训基地的创建工作。进一步加强职教师资队伍建设。高度重视中职招生工作，积极实施东西部联合办学。对口高职升学再创历史新高，本科录取人数列全省各市第一名。规范学籍管理，建立电子学籍管理档案。

【成人教育】 年内，继续加强对县、乡、村三级成人教育办学网络的基地建设。组织实施"阳光工程"，在全市各类农村成人教育培训机构中确定"阳光工程"培训点17个，结合专业特点，广泛开展农村实用技术培训和农村劳动力转移培训，全年各类农民培训达30万人次。大力开展社区教育，总结推广张店区开展社区教育的经验和做法，积极开展创建学习型社会、学习型社区、学习型街道和学习型家庭活动，推动社区建设和社区两个文明建设。

【教师教育】 2005年，全市教师教育工作认真贯彻落实山东省教育厅《关于新一轮中小学教师全员培训的实施意见》，以新理念、新课程、新技术培训、师德教育为重点，创新培训模式，培训质量不断提高。寒假组织小学1～3年级7个学科、初中1～2年级10个学科的新课程教师全员培训。暑假完成小学1～4年级7个学科、初中1～3年级10个学科的新课程教师全员培训，组织了高一教师新教材全员培训。组织到市直教育系统就业的大学毕业生进行岗前培训。启动名师建设工程，公布43名淄博市中小学名师建设工程人选。组织首批校本培训示范学校评选活动，全市有9所中小学被评为山东省首批校本培训示范学校，16所中小学被评为淄博市首批校本培训示范学校。组织中小学校长、教务主任参加岗位培训、提高培训、高级研修班。积极申报教育部师范司的重点课题"农村中小学教师队伍建设对策研究"。评选认定251名教师为淄博市首批中小学骨干教师。启动班主任培训工作，组织初中班主任培训班2期、高中班主任培训班1期，启动开展了县级教师学习与资源中心建设。年内，张店区教师进修学校被国家教育部、省教育厅认定为国家级、省级示范性教师培训机构。组织召开全市教师教育工作会议。全面完成教师信息技术中级培训任务，继续开展教师信息技术高级培训。开通淄博教师教育网。开展全省年度教育创新人物评选推荐工作,临淄实验学校校长孙正军被评为山东省年度教育创新人物,张店公园小学校长周玉珍获得提名奖。考察、聘任208人为淄博市教师教育师资库兼职教师,实现培训资源共享。

【建立职业教育联席会议制度】 4月,市政府建立淄博市职业教育工作联席会议制度。联席会议由市政府分管副市长召集,市发展和改革委员会、市经贸委员会、市教育局、市财政局、市人事局、市劳动和社会保障局、市农业局等7部门为成员单位。各成员单位有关负责人为联席会议成员。联席会议在市教育局设立办公室,负责日常工作。

【张店第一职业高中等学校更名】 年内,部分中等职业学校根据其办学特色进行更名。张店第一职业高中更名为淄博商贸学校,淄川第一职业中专更名为淄博机电工程学校,淄川第二职业中专更名为淄博理工学校,桓台职业中专更名为淄博建筑工程学校。

【职工教育】 年内,对全市进网作业电工进行培训和年审考试,共计完成近600人次。继续与青岛理工大学、市人事局、市建委联合举办建筑行业管理干部及工程技术人员专、本科学历班,年内招生240余人。根据市场情况,与有关单位开办部分专业的职业资格认证工作。进一步加强职业教育教研工作,强化对口高职升学指导工作,促进了全市对口高职升学率的提高。

(周东海)

本部类编辑:孟 明
副主编:徐 杰
校对:王 娟
徐先法

·淄博市重点文物保护单位选介·

小庞遗址

省级重点文物保护单位。位于桓台县田庄镇小庞村东北。遗址现存面积3万平方米,文化层厚2～4米。遗址分为居住区、制陶区、和墓葬区,出土器物十分丰富,主要文化堆积属龙山文化遗存,并延续到元代。

董褚遗址

省级重点文物保护单位。位于临淄区辛店西4公里,乌河北岸的董储村西南,地势为黄黑土梯形固堆,东西长600米,南北宽200米。该遗址文化层较厚,一般为2.5米左右,有很多灰坑,还有类似窑址和房子迹象。出土文物有鼎足、石斧等,系龙山文化和西周时期至东周汉代时期的遗址。

大蓬科遗址

省级重点文物保护单位。位于临淄区齐故城东10公里皇城镇大蓬科村东北。东西长600百米,南北宽300米,有一条古道通过遗址中部。试掘发现文化层较厚,横竖粗绳文,系山东龙山文化遗址。

前埠遗址

省级重点文物保护单位。位于桓台县果里乡前埠村东,遗址北部有一古河道,东靠涝淄河。面积约15万平方米。出土有石器、陶器、青铜器、古钱币等,尤以出土的陶器最为精彩。从遗物特征看,该遗址属龙山文化类型,并延续到元代。

(李 胄 供稿)

文　　化

综　述

2005年，全市文化设施建设取得历史性突破。淄博影城建成并投入运营，这是山东省第一家按五星级标准设计建造的大型影城。图书馆新馆建设取得重要进展，编制完成《淄博市图书馆新馆建设可行性论证报告》。沂源县、桓台县、张店区投资兴建文化中心，淄博荣宝斋大厦、淄博开元文化市场等一批文化设施建成或正在建设。

出色完成一系列重要文化活动的组织工作。创作演出纪念建市50周年大型文艺演出、新材料技术论坛大型文艺晚会和山东省民兵预备役工作会议大型文艺晚会；圆满完成新材料技术论坛开幕式文化活动的组织工作；积极配合有关区县成功举办聊斋文化旅游节、齐文化艺术节、旱码头文化旅游节。

艺术创作和生产保持良好势头。《草原之子》的创作和演出受到普遍好评；新编京剧《颜文姜》成功公演；组织中青年京剧演员参加山东省京剧演员比赛取得优异成绩；艺术科研成果显著，4件作品获省文化艺术科研成果奖，获重点科研立项1项；与市纪委联合举办反腐倡廉歌曲创作及大型演出活动。

群众文化工作取得新进展。6个乡镇获山东省首批社会文化先进乡镇称号；组织开展民间剧团展演、文化进社区、广场优秀文艺节目展演评选、保护农民工文化权益、警地文化共建等一系列文化活动；成功举办“纪念蒲松龄诞辰365周年全国中国画提名展”及各类书画作品交流展；扎实有效地开展“送文化下乡”活动；非物质文化遗产保护工作全面展开，五音戏等4个项目被列为第一批国家级非物质文化遗产代表作。

文化市场繁荣有序。网吧监控管理工作成效显著，未成年人进入网吧数量明显减少；开通“12318”全国文化市场投诉热线；加强行政审批窗口建设，依法行政工作进一步加强。

文博工作迈上新台阶。文物保护工作、文物市场管理日趋规范；对一批文物保护单位进行维修保护，齐国故城遗址被正式列入国家“十一五”期间文物保护规划项目；考古发掘工作取得新成果，共出土文物、标本260余件；文物科研工作不断加强。

电影发行放映取得好成绩。组建成立淄博全球通电影城有限责任公司，大片运作取得较好成绩，全年实现票房收入380万元。

文化产业工作稳步发展。淄博市第二届公益文化项目推介会顺利举办，落实合作项目61个，合作金额超过1.68亿元；市直文化单位全年完成文化产业收入1576万元，同比增长24%。

（宋洪金）

专业文化

【创作排演现代剧《草原之子》】 年内，市文化局组织市歌剧舞剧院、市艺术研究所根据牛玉儒先进事迹创作排练大型现代剧《草原之子》。3月18日起，该剧在全市各区县巡回演出27场，观众达3万多人次。中国文化报、大众日报、山东电视台等多家媒体相继报道。

【庆祝建市50周年大型文艺演出】 由中共淄博市委、市政府主办，市委宣传部等6部门承办的“2005继往开来”——淄博市庆祝建市50周年文艺晚会，于9月28日晚在淄博广电大剧院举行。市五大班子领导、劳模代表及社会各界人士观看演出，全市文艺工作者300余人参加演出。

“2005继往开来”——淄博市庆祝建市50周年文艺晚会　（市文化局　供稿）

【市五音戏剧院赴上海演出】 11月20日，淄博市五音戏剧院在上海美琪大剧院与上海越剧院联袂演出。市五音戏剧院演出经典传统剧目《王小赶脚》《亲家婆顶嘴》《拐磨子》。演出期间，市五音戏剧院还组织举办座谈会等艺术交流活动。这是继“鲜樱桃”先生1935年在上海百代公司灌制唱片70年后，五音戏重返上海演出。

【市京剧演员获山东省京剧演员比赛多项奖励】 12月31日，在山东省京剧中青年演员比赛中，淄博市有8人参加决赛并获奖。其中，2人获一等奖，5人获二等奖，1人获三等奖，获奖人数居全省各地市之首。

【五音现代戏《红色罚款单》参加全省小戏调演并获奖】 7月，由市五音戏剧院创作排演的五音戏《红色罚款单》，参加山东省地方戏小型戏曲新创作剧目汇演，分别获得剧本创作、导演、表演奖。

【五音戏歌《清莲(廉)颂》参加省"齐鲁正气歌"大型文艺演出】 由市五音戏剧院创作演出的五音戏歌《清莲颂》，在8月份举行的淄博市"火炬杯"反腐倡廉歌曲汇演中获得特别奖。12月27日，该节目代表淄博市参加了山东省纪委等6部门主办的"齐鲁正气歌"——山东省新创作廉政歌曲文艺晚会的演出。（王　鹏）

社会文化

【《淄博文化志》出版】 由市文化局局长刘心德主编，市委副书记岳长志作序，《淄博文化志》编纂委员会编纂的《淄博文化志》12月由中华书局正式出版。这是淄博市有史以来第一部全面真实地记录和反映文化建设的专业志书。该书上限为1949年10月，下限为2002年12月。全书分文学、艺术、社会文化、文博事业、文化市场管理、文化交流、文化产业、文化事业管理、人物、区县文化概况等十篇。下设48章197节，138万字，80个彩页，收录图片712张，为大度16开精装本。该书内容丰富，资料充实，图文并茂。突出淄博地域文化特色，把淄博地区的齐文化、聊斋文化、陶瓷文化、民间民俗传统文化等资料最大限度地收录志书之中，融科学性、资料性、真实性于一体，有较高的资料价值和收藏价值。（夏振源）

【淄博书画院建院20周年庆典】 1月11日，举行了由市委宣传部、市文化局、市文联主办，淄博书画院等承办的淄博书画院建院20周年庆典活动。活动包括淄博书画院作品展、全国名家书画作品邀请展和近现代名家书画作品展，《淄博书画院作品集》首发式同时举行，《淄博书画》刊物创刊。中国书法家协会副主席、四川省书法家协会主席何应辉，中国书法家协会副主席、山东省书法家协会主席张业法和省、市有关领导出席庆典。

【保障农民工文化权益系列文化活动】 7～12月，市文化局与市建委等5部门联合起草《关于开展保障农民工文化权益系列文化活动的请示》，市政府办公厅转发此文。其间，共举办了启动仪式、邀请农民工两进淄博剧院观看演出、"百场电影进工地、进社区"等9项系列文化活动。市各新闻媒体报道后，在社会上引起强烈反响。

【非物质文化遗产保护工作】 年内，筹备并成立淄博市民族民间文化保护工程工作领导小组，印发《淄博市民族民间文化保护工程实施方案》；筹备成立淄博市非物质文化遗产保护中心。认真组织国家级非物质文化遗产代表作名录的申报工作，推荐五音戏、聊斋俚曲、蹴鞠、孟姜女传说等4个项目申报首批国家级非物质文化遗产代表作名录。

【首届文化广场优秀文艺节目展演】 7月，全市8个区县组织8台广场文艺节目，集中展示近年来全市广场文化活动的整体水平，演出节目200多个，参与演出的广场文艺爱好者3000多名。

淄博市"筑泰置业杯"保障农民工文化权益系列文化活动启动仪式　　（市文化局　供稿）

【潘庄社区被评为全国先进文化社区】 年内，张店区科苑办事处潘庄社区被文化部授予全国先进文化社区称号，并出席10月29日山东省文化厅在青岛举办的省"四进社区"广场文艺展演活动。同时，张店区马尚镇凯瑞园社区、淄川区松龄街道办事处泉龙社区、博山区夏家庄镇安上社区、沂源县南麻镇城中社区、临淄区闻韶街道办事处辛东社区5个社区被评为省先进文化社区。吕其顺荣获全国优秀社区文化辅导员称号，杨道坤、刘莲静、邵家朋荣获省优秀社区文化辅导员称号。舞蹈《天地喜洋洋》获省第二届"四进社区"优秀文艺展演一等奖，并被省文化厅推荐参加全国"四进社区"优秀文艺节目评选。

【4项文化活动获省社会文化活动知名品牌】 年内，淄川区聊斋文化旅游节、博山民俗文化旅游节、临淄之夏广场文化活动、张店区元宵灯会等4项文化活动获山东省社会文化活动知名品牌荣誉称号。

【6乡镇获省首批社会文化先进乡镇称号】 是年，张店区沣水镇、淄川区龙泉镇、博山区夏家庄镇、临淄区朱台镇、周村区青年路街道办事处、沂源县南麻镇等6处镇(街道办事处)被山东省文化厅命名为山东省首批社会文化先进乡镇。

【市十佳文化社区】 年内，全市各级文化部门积极开展文化进社区活动。张店区杏园街道办事处良乡社区、淄川区般阳路街道办事处般龙社区、淄川区商城路街道办事处公义社区、博山区白塔镇白塔社区、周村区大街街道办事处和平社区、临淄区稷下街道办事处金茵社区、桓台县城区街道办事处西苑社区、高青县芦湖小区社区、沂源县南麻镇城区工作处历山社区、淄博高新区石桥街道办事处王东社区等10个社区获淄博市十佳文化社区称号。

【市十佳文化广场】 年内，张店区马尚镇九级金塔文化娱乐健身广场、张店区崔军村文化广场、淄川区鲁泰体育广场、博山区淄博原山文化广场、周村区李家村文化广场、临淄区辛店街道王朱村文化广场、桓台县喜乐佳超市快乐广场、高青县老干部活动中心广场、沂源县胜利山文化广场、淄博高新区四宝山街道办事处尚庄村世纪广场10个文化广场被评为淄博市十佳文化广场。

【博山、淄川图书馆被命名为国家一级图书馆】 上半年，国家文化部对全国的公共图书馆进行评估定级，博山区图书馆和淄川区图书馆获国家一级图书馆资质。

【基层文化干部管理培训】 12月上旬，全市举办第一期基层文化干部管理培训班，全市45名文化馆、站业务人员参加培训。培训期间，集中学习中央、省、市有关文化工作文件精神和文化政策法律法规，省文化主管部门领导出席并作专题讲座。

【民间剧团展演】 是年，开展全市民间剧团展演活动，共有60个民间剧团参加展演，演出各类文艺节目100多个。张店区张辛业余吕剧团、淄川泉龙聊斋俚曲戏剧团、博山业余京剧团、周村区和平业余五音剧团、周村区新民村业余戏剧团、桓台县锦凤吕剧团、沂源县东安文艺演出队等7个民间剧团荣获山东省首批优秀民间文艺团队荣誉称号。

【市文化局获省"三下乡"活动先进集体称号】 12月，市文化局荣获山东省1996年～2005年"三下乡"活动先进集体荣誉称号。10年中，市文化局牵头组织开展有影响的大型社会文化下乡活动100余次；组织书画下乡20次以上；三个专业文化艺术团体下乡演出6000多场次；每年组织电影小分队在1200多个农村放映点、社区放电影3000余场；市艺术馆和区县文化馆常年坚持到基层开展文化辅导活动；市图书馆每年开展送图书下乡活动。

【第二届公益文化项目推介会】 4月28日上午，淄博市第二届公益文化项目推介会在市博物馆广场举办。各区县文化局、市直文化单位共推出200多个文化项目，40多个企事业单位和全市文化单位进行现场集中签约61项，累计合作金额1.5亿元。

【绵阳·淄博书画院书画作品联展】 10～11月，由淄博书画院牵头，分别在绵阳书画院和淄博书画院举办四川绵阳·淄博书画院书画作品联展活动，共展出两地书画艺术作品100幅。其间，举办艺术研讨和笔会等活动，对促进两地文化艺术交流起到积极的推动作用。

【淄博市2005年10件文化大事】 市委宣传部、市文化局、市广播电视总台(局)等联合举办了淄博市2005年10件文化大事评选活动，入选的10件文化大事分别是：淄博书画院新院落成，大型话剧《草原之子》在全市巡回演出，举办淄博市首届大学生"青春之歌"演唱会，五音戏等四个项目被列入第一批国家非物质文化遗产名录推荐项目，淄博市保障农民工文化权益系列文化活动，淄博市首届邻居节社区文化活动，庆祝淄博市建市50周年系列文化活动，淄博荣宝斋大厦落成，淄川区聊斋国际文化旅游节等4个社会文化活动项目被评为山东省首届社会文化活动知名品牌，淄博全球通影城竣工开业。

（丁德翠）

文化市场

【全市违法音像制品统一销毁活动】 1月12日，按照文化部、省文化厅的统一部署，在市博物馆广场举办全市违法音像制品统一销毁活动，销毁30万盘(盒)违法音像制品。

【音像市场法制宣传周】 4月20～26日，全市开展音像市场法制宣传周活动。全市共出动宣传人员300余人次，设立乡镇宣传点10处，制作宣传牌37块，悬挂横幅85条，分发宣传材料18000余份，现场解答群众咨询200余人次，举办讲座、培训班5次。鲁中晨报、淄博晚报以及各区县的新闻媒体同步进行了及时的宣传报道。

【互联网上网服务营业场所夏季专项整治】 针对暑假期间网络文化市场中违规接纳未成年人上网行为的问题，市文化市场管理处及各区县文化市场管理办公室、稽查队联合工商、公安等部门开展夏季网吧专项整治集中行动，强化暑假期间对文化市场的管理。其间，全市共出动文化市场稽查人员2300余人次，出动车辆260余台次，检查文化市场经营场所560余家，依法处罚违规网吧30余家，确保了全市暑假期间文化市场繁荣有序。

（马吉忠）

文博

【沂源发现新石器时代早期人类居住遗址】 5月，中国社会科学院古脊椎动物和古人类研究所、山东省文物考古研究所对沂源张家坡镇北桃花坪村扁扁洞穴中发现的一处出土人类和动物化石的遗址进行考古调查和发掘，出土方形石磨盘、石磨棒、骨镞、蚌器、动物角锥形器和夹沙红褐陶陶片等文化遗物。经鉴定该遗址的文化年代距今已达8500～10000年。该遗址为山东省发现的最早的新石器时代早期遗址，将淄博市陶瓷生产的历史追溯到10000年左右。

【沂源西鱼台遗址出土西周时期大型青铜器】 7月，山东省文物考古研究所、市文物局和沂源县文物管理所联合对西鱼台遗址发现的一座西周时期的墓葬进行清理发掘，获重大发现。出土陶器和青铜器23件，其中青铜器7件，有鼎2件、罍3件、舟1件、匜1件，特别是3件鼎和2件罍，器形硕大，纹饰清晰，均皆完好，属大型青铜礼器，在以往发掘的同类墓葬中较为罕见，为沂源青铜文化的研究提供了重要资料。

【"临淄齐故城出土汉代镜范的考古学研究"参研人员赴日本考察】 7月14～21日，中日合作项目"临淄齐故城出土汉代镜范的考古学研究"课题组成员中国社会科学院考古研究所副所长白云翔、山东省考古研究所副所长郑桐修等应邀赴日本进行为期8天的业务考察和学术交流活动。考察期间，市文物局副局长张光明作题为《汉代临淄青铜冶铸术与铜镜铸造的考古学研究》的报告。

【迎国庆全市民间收藏大型展览】 10月2日，市文物局、市收藏家协会和张店潘成集团在市博物馆联合举办迎国庆全市民间收藏大型展览活动。首次集中专题展出古代铜镜 300 余面，古代灯具 500 余件。

【桓台建成全市首家民营博物馆】 11 月，全市首家民营博物馆——万狮博物馆在桓台建成并对游客开放。该馆以桓台渔洋宾馆巩曰会多年来收集的历代古狮形器为基础，陈列面积近 2000 平方米，系列展示了石、木、瓷、陶、竹等不同质地的古狮 3000 余件，时代上迄汉代，下至民国，属地方专题性博物馆。

【《锡光藏灯》出版】 9 月，由市文物局张光明总策划，张锡光和耿佃成编著的全国首部古代灯具大型工具书《锡光藏灯》由齐鲁书社出版发行。该书是目前国内唯一的一部系统介绍历代灯具的专业图书，也是迄今全市民间收藏界出版的第一部文物精品图书。 （张光明）

文艺创作

【概况】 2005 年，全市文艺事业蓬勃发展，文学创作成果斐然。全年共出版长短篇小说、诗歌、散文、报告文学等 180 多部，1700 多万字。其中，王金铃所著《为中国而战》被中宣部、国家新闻出版总署等部门选为百部重点抗战题材图书之一。由王金铃著、郭能勇、邓德乐、于孔宝析注的《齐赋》一书，是一部集中、简明、深刻介绍齐文化的经典著作，得到社会的高度评价。郑峰反映抗日战争历史的长篇小说《蓼花河》被改编成电影《空山》。张安杰所著工业题材的长篇小说《大铁像》在著名文学杂志《十月》刊载。

大型音乐话剧《草原之子》剧照 （孙伟庆 摄）

各项展演活动异彩纷呈。由市戏剧家协会巩武威、于波、尹露编剧，市歌剧舞剧院排演的音乐话剧《草原之子》，把时代楷模牛玉儒的先进事迹形象地展现在人们面前。市舞蹈家协会成功承办山东省第七届“小飞天”少儿舞蹈大赛。市文联与市委老干部局联合主办全市纪念抗日战争胜利 60 周年书法、美术、刻瓷作品展览，共展出作品 170 余件，并汇编出版《纪念抗日战争胜利 60 周年暨淄博文学艺术奖作品书画集》。市文联各协会、各区县全年共举办文艺展演、研讨等活动 140 多次。

文艺交流形式多样。5 月，邀请北京丘挺等 4 位著名画家到淄博举办书画展览。6 月，邀请《散文月刊》常务副总编、著名散文作家、评论家王聚敏到淄博举办散文创作理论研讨与文学讲座。7 月，邀请乌克兰女钢琴家奥列西娅到淄博举办“浪漫之旅”钢琴独奏音乐会。6 月 21 日，邀请著名鉴赏家单国强到淄博举办书画鉴定会。还先后 10 多次邀请北京、西安、绵阳等国内书画家到淄博市举办展览及文化交流活动。在请进来的同时，淄博市的文艺名家也有 50 余人次到外省市或出国举办展演与交流活动。

【淄博市在“全国少儿歌曲创作演唱”活动中取得可喜成果】 年内，在共青团中央、中国音协、全国少工委等共同举办的“全国少儿歌曲创作演唱和小公民道德建设歌曲征集活动”中，市音协组织全市音乐家精心创作出 42 首新歌。其中，《足球的源头》《牧童上学》等十几首被推荐到国家级媒体播出或刊载。

【省第七届“小飞天”少儿舞蹈大赛在淄博举行】 6 月 10～11 日，由山东省舞蹈家协会主办，淄博市舞蹈家协会承办的山东省第七届“小飞天”少儿舞蹈在淄博剧院隆重举行。本次大赛参赛选手 1000 余人，参赛作品 250 个。淄博市参赛选手、获奖数量均居全省前列。

【“绿染淄博”摄影大赛】 9 月 30 日，市摄影家协会与淄博人民公园在人民公园东门举办“绿染淄博”摄影大赛作品展。共展出作品 224 幅，展示全市“绿色城市”建设的丰硕成果，展出规模大、奖金高、制作精良，为淄博市历年展览之最。

“绿染淄博”摄影大赛作品展 （孙伟庆 摄）

【举办中国·淄博赏石展销会暨中国·淄博赏石论坛】 9 月 30 日至 10 月 7 日，市赏石盆景花卉艺术家协会在市工展馆举办中国·淄博赏石展销会暨中国·淄博赏石论坛。来自全国各地的赏石收藏家及石商参加展销会。各地赏石理论家、鉴赏家在论坛上介绍各自的研究成果。同时，还推出淄博赏石家藏石精品展，展出 200 多方奇石。

【淄博市民间文艺家协会成立】 10 月 21 日，淄博市民间文艺家协会成立大会在张店召开。大会讨论通过协会章程，选举产生第一届协会主席团。 （王桂华）

【秦玉书画作品展在山东省美术馆展出】 由山东省书法家协会、淄博市书法家协会主办的“秦玉书画作品展”于 9 月 13 日在山东省美术馆隆重开展。山东省书法家协会名誉主席、将军书画院院长刘国福，山东省文联副主席、山东省书法家协会主席张业法等书法界及社会各界人士近二百人参加了开幕式。这是山东省书法家协会首次为一位书法家举办的作品展，也是全省首位妇女书画家的作品在省城最高文化艺术殿

秦玉书画作品展开幕

（华　言　供稿）

堂的展出。

秦玉作品连续多次入选国家重点展示活动，屡次获奖，并应邀参加中国书法家协会妇女书法家访问团到日本、新加坡、澳大利亚等国进行书画艺术交流。这次展出的一百多件书法、篆刻、绘画作品，充分展示了她的艺术才华，受到业内的充分肯定和观众的赞誉。（华　言）

本部类编辑：孟　明
副主编：徐　杰
校对：赵建国
唐乃兴

·淄博市重点文物保护单位选介·

三　教　堂

市级重点文物保护单位。位于淄川区峨庄乡石村西北约300米的三佛山南麓，为淄川东部山区最大的一处庙宇建筑群，集佛、道、儒三教为一体，故名三教堂。始建于唐代，至宋代重修时改名为三教堂。寺院中现存有明万历三十三年（1605年）、清乾隆十七年（1752年）、清光绪二十四年（1898年）的各次重修碑记。“文化大革命”中，庙宇群中大多建筑被毁，现尚存山下、半崖、山上三组建筑。山下建筑自西向东由纯阳殿、玉京金阙殿、临仙府等连成一体，以道教为主；半崖组在山下组东北坡的一长20米、宽5米的院落中，依山而建藏菩萨殿等，砖木结构，均为独间。山上组称玉皇顶，是一20米见方的院落，山门东向，前院西侧为灵宫殿，后院正殿为玉皇殿，无梁，院东西各有侧殿，砖木结构。

魁星阁古建筑群

市级重点文物保护单位。位于周村区大街古商城南首，始建于清咸丰二年（1852年），由碧霞元君殿、魁星阁、观音点三座不同宗教文化的庙宇组成，道、儒、佛三教共处一处。整个建筑坐南朝北，分前后两进院。魁星阁系2层高阁，飞檐斗拱，巍峨壮观，其檐下砖雕被有关专家审定为省内最佳砖雕工艺品。

武亚元庄园（李家疃古建筑群）

市级重点文物保护单位。位于周村区王村镇李家疃村，是明清时王村王氏家族的住宅和花园遗址。李家疃王氏在明清之际是官宦之家，受周村商业发展的影响，从事商业贸易，成为清代周村的商业大户。王氏家族建筑从明代开始兴建，到民国时期基本完成，原有建筑面积约1平方公里左右。现存有古住宅、花园、书房、闺房、门房、厅堂等。“怀隐堂”、“青阳门”等木、石匾三局各处。这些建筑大部分保持原来的样式，从建筑风格到建筑设计，在中国北方的传统基础上，又吸收了江南建筑的某些优点，使每个院落都有自己的特点，代表了中国封建官僚家庭和民族工商业者家庭宅院的建筑特点，是山东古代具有官商家族特点的代表性古建筑群落之一。

（李　胄　供稿）

新闻出版 广播电视

综 述

【新闻宣传】 2005年，新闻宣传工作牢牢把握正确的舆论导向，坚持团结、稳定、鼓劲和正面宣传为主的方针，紧密配合全市工作大局和市委、市政府中心工作，成功组织了树立和落实科学发展观，构建和谐社会，建设节约型社会，保持共产党员先进性教育活动，建设"文明淄博"、创建文明城市，和谐社会、魅力城市，齐国故都看旅游，纪念抗战胜利60周年等事关全局、意义重大的主题宣传报道。圆满完成了全市科学发展情况现场交流会，全市公益文化项目推介会，鲁台(淄博)经贸洽谈会，华侨、华人高新技术合作项目推介会，建设节约型社会工作会议，国际新材料技术论坛，齐文化旅游艺术节，"陶博会"及世界瓷砖大会，中共十六届五中全会，神州六号载人航天飞船发射等一系列重要会议、活动的新闻宣传任务。通过规范、完善对上重点发稿通报办法，制定对上发稿、发片考核记分办法和奖励规定，促进了对外宣传供片供稿再上新台阶，大报大台发大稿、发重稿有新的增长。全年在上级主流媒体发稿10000余篇(条)。在新华社《国内动态清样》发表两篇关于工业改革发展的稿件。广播电视对上发稿继续保持全省先进水平，报纸发稿实现数量和质量的新突破，淄博电视台新闻发稿数量名列全国城市台第三名，受到中央电视台表彰。加强新闻舆论的宏观管理，坚持每周召开一次新闻例会、新闻通气会；每季度制定一次宣传报道意见；每项重大活动、重要会议都下发专题宣传方案，及时准确传达上级有关部门关于新闻宣传工作的指示要求，准确调控和把握宣传基调，始终保持新闻舆论的健康。全年共召开各类新闻例会、通气会、协调会等41次，制定下发宣传报道意见、计划、方案等38个，办理领导批办件23件，转发、转达关于新闻宣传工作的通知、传真、密码电报、电话通知等70余个，审批召开各类新闻发布会24个，妥善处置所谓中国啤酒甲醛超标、涉日问题、安全生产、民族宗教等一系列有影响的重大突发事件和热点敏感问题的宣传工作，保持了整体舆论态势的健康平稳有序。

【记协工作】 2005年，市新闻工作者协会充分发挥自身职能和作用，继续在全市新闻战线深入开展"三项学习教育活动"，积极开展各类新闻竞赛和丰富多彩的文体活动，大力推动全市新闻队伍建设。组织参加全省"三项学习教育活动"学习培训，贯彻落实中宣部、国家广电总局、新闻出版总署《关于新闻采编人员从业管理的规定(试行)》。评选表彰2004年度淄博新闻奖，新增广告类作品奖。牵头组织完成人大好新闻奖、宣传人民政协好新闻奖、五一新闻奖、教育好新闻奖、计生好新闻奖、质监好新闻奖和宣传残疾人好新闻奖的评选。第六个中国记者节庆祝活动丰富多彩。组织"走进日喀则，走进昂仁"赴西藏集中采访活动，历时18天，行程6000多公里，深入海拔5000多米的乡村、农牧区，辗转于昂仁、日喀则和拉萨三地采访，用文字、镜头和话筒记录了昂仁县在淄博市10年对口支援下发生的翻天覆地变化，采写新闻作品200多篇，拍摄图片万余幅。淄博日报社组织庆祝记者节文体活动，并召开新老新闻工作者座谈会；淄博日报社党委成员组成8个小组，走访党报村和订报大户。市广播电视总台(局)邀请中国广播电视协会评奖办有关人员举办讲座，淄博人民广播电台在记者节当天组织了精彩的文艺汇演。淄博晚报社精心策划"晚报邀你当记者"活动，特邀市民深入采访一线，体验记者生活，感受民生现状，反映大众呼声，在社会上引起很大反响

(何意光)

报 刊

【全市保持共产党员先进性教育活动新闻宣传】 2005年，淄博日报社紧紧围绕保持共产党员先进性教育活动的主题，按照市委先进性教育活动领导小组办公室的要求，发挥党报宣传舆论主阵地的优势，结合各批先进性教育活动的特点，专门制定宣传报道方案，不断创新报道形式，努力提高报道质量。先后开辟《实践"三个代表"重要思想，保持共产党员先进性》《保持共产党员先进性·动态消息》《优秀共产党员风采录》《保持共产党员先进性征文》《先锋赞》等一批影响大、效果好的栏目。充分发挥党报言论宣传的优势，在教育活动的每个阶段都配合刊出评论员文章和言论稿件。同时，先后推出孙建博、李振华、鹿奉俊等典型报道。在省先进性教育办公室对全省各地市党报有关先进性教育宣传的《跟读通报》中，淄博日报的发稿量和报道质量名列前茅。

【把握正确舆论导向】 是年，淄博日报社以邓小平理论和"三个代表"重要思想为指导，坚持贴近实际、贴近生活、贴近群众，先后开辟"站在新起点、实现新发展""建设节约型社会、促进可持续发展""构建和谐社会系列报道"等重点专栏，形成舆论强势。

把宣传好中共十六届五中全会精神和市九届十次全委会议精神作为新闻宣传的重中之重，从平面媒体的实际和优势出发，开辟《认真贯彻十六届五中全会精神，站在新的起点，又快又好发展》专栏，突出典型宣传和言论宣传。对区县社会经济发展中有特点、有特色、能代表改革发展方向的亮点进行重点报道；对代表企业发展方向、走精彩独特发展之路的优秀企业进行侧重报道；对参与制定《淄博市国民经济和社会发展第十一个五年规划纲要(草案)》的市直有关部门进行专访，向全

市人民介绍“十一五”规划的编制过程以及其与人民群众的关系。

充分发挥主流媒体的权威性，通过开辟栏目，先后对全国省市“两会”、全市民营经济会议、鲁台经贸洽谈会等重要会议和纪念抗日战争胜利60周年、建市50周年、新材料技术论坛、“陶博会”、世界瓷砖大会、创建国家级园林城市、创建文明城市、防治高致病性禽流感等重大活动进行了及时、全面、深入的宣传报道。年内，淄博日报社、淄博晚报社被评为创建文明城市工作先进单位，受到市委、市政府的通报表彰。

【对上发稿】 年内，淄博日报社共在省级以上媒体发稿335篇。其中，在《人民日报》发稿56篇，在《大众日报》发稿71篇。淄博新闻网在人民网、新华网、新浪网等国家重点网络媒体上发稿2365篇。淄博日报社、淄博晚报社、淄博新闻网被市委、市政府评为宣传报道先进单位、对外宣传工作先进单位。

【社长特别奖评选】 社长特别奖的评选工作日臻完善，精品力作不断涌现。年内，48件优秀作品荣获社长特别奖季度奖，12件精品获年度奖。全社有24人获中国地市报好新闻奖，35人获山东省好新闻奖。

【提升“三报一网”影响力】 年内，《淄博日报》策划了“走出淄博看发展”“建市50周年”“纪念抗日战争胜利60周年——前事不忘后事之师”“精彩之笔”“亮点展示”“2005年淄博十大新闻人物评选”等大型活动。《淄博晚报》组织了《邻居节》《晚报邀您当记者》《点击3·15健康维权》等一大批质量高、影响大、可读性强的精品佳作奉献给读者。中央电视台在《第一时间》用较长时段对《晚报邀您当记者》进行了报道。《音体美报》组织了“‘半边天’为何少了一大片”“榜样是这样被发现的”“网络成瘾离你有多远”“温馨母爱牵挂一生”“农民工为何露宿公园”“禽流感搅动淄博禽制品市场”等一批新闻策划活动。淄博新闻网策划了关注弱势群体等一系列特别报道，特别是“关注王宁”专题报道，由淄博新闻网与《淄博晚报》联动，引发本地所有新闻媒体的跟进，产生广泛的社会影响。年内，三报发行量再创新高。《淄博日报》《淄博晚报》发行量同比分别增长3%、10%，《音体美报》在本市发行量同比增长58%，大中小学覆盖率高达90%以上，创历史最高水平。

【努力提高“三个质量”】 淄博日报社确定2005年为“质量、管理、效益年”。年内，以提高新闻采编、报纸印刷、发行服务“三个质量”为突破口，全面提升报社新闻宣传和经营管理的水平。广泛开展读者调查，制定、完善规章制度，严格差错处理办法，注重搞好新闻策划，努力提高新闻宣传的针对性和新闻作品的可读性。加强舆论监督，创办《内部参考》和《民生民意》专版，关注社会，关注民生。加大对编辑记者的培训力度，使编辑记者的业务水平不断提高。在印刷人员中开展岗位大练兵和技术比武活动，强化技术培训，在全省印刷质量评比中获报纸印刷质量优质奖。提高发行服务质量，严格兑现向社会公开承诺的报纸投递时间，建立健全发行质量监督、投诉、处理体系，采取各种方法加强对发行投递人员的管理、教育和培训，报纸发行投递准确率显著提高。

【《淄博晚报》异地采访受关注】 年内，《淄博晚报》组织的系列报道《十大将与他们的子女们》受到社会广泛关注。晚报独家报道的《寻找第三国际特工》历时1个月，记者足迹遍及大江南北，连续发稿20余篇，在武汉、深圳、北京及本地引起较大反响，《深圳特区报》等国内知名媒体对《淄博晚报》记者采写的稿件全文进行了转载。

【《音体美报》新举措】 年内，《音体美报》社调整办报方向，不断调整版面结构，新增《职教之窗》《教育视点》等版面。《家庭周刊》经过两次改版，定位更清晰，成为链接学校、家庭、社会的纽带。是年，《音体美报》组织了全国师生书画摄影大赛，有23个省、自治区和直辖市近2000名师生、教育工作者参加。举办“周村古商城杯”全国漫画大赛和“百粮春杯”“精彩人生”征文大赛，共收到全国各地参赛作品1000余件。

年内，音体美报社在全市各区县设立小记者站6个，招聘小记者200多名。成立小记者艺术团，组织专人对小记者进行培训，相继组织小记者走进沂蒙夏令营、小记者走进军营采访、小记者走进社区演出等活动。

【淄博新闻网建设】 年内，淄博新闻网在专题制作上充分发挥网络优势，利用弹出窗口、动态消息、专栏、图片、公益广告等形式，扩大新闻专题的影响。在“2005感动淄博十大人物评选”“淄博市十大新闻人物评选”“淄博日报社网上评传媒”等活动中，淄博新闻网建立网上投票平台，得到广大评者的积极响应。借助传统媒体雄厚的新闻资源，进行新闻信息的再加工和二次传播，每天向网站投送传统媒体稿件100余条，全年发布4万篇(幅)。对淄博的特色新闻，网站通过策划设立专题，形成特色办出水平，对市内外的访问者产生较大影响。淄博新闻网首发原创独家新闻《一个让“土屋”变“别墅”的人——记第九届“中国青年五四奖章”获得者、张店区城东村党支部书记孙守年》后，新华网、新浪网、大众网、山东新闻网、tom新闻、齐鲁晚报等多家媒体转载。成功进行了网站改版，进一步完善了《图文报道》《特别推荐》《淄博时评》《专题新闻》《新闻业务》等精品内容，新增《服务信息》等栏目。

【内部管理】 是年，淄博日报社制订出台行政、干部人事、财务、网络、广告、车辆、物业、物资等8个方面管理意见，并严格组织实施。行政管理方面，按照党委领导、社长负总责、党委成员分工负责的岗位责任制，建立健全督察机制，进一步规范工作程序、工作纪律、办文办会程序等内容；干部人事管理方面，针对不同岗位、不同身份的人员情况，规范工作人员的聘用、使用、管理及考核、辞退等内容；财务管理方面，进一步严格财经制度，严格财务报销审核规定，加强对财务工作的审计和监督，规范发票、财务收支、固定资产、内部财务审计监督、生产经营部门的目标化管理等；网络管理方面，主要规范网络设备、网络信息、网络安全等；广告管理方面，重点建立健全广告管理责任制，规范广告价格、发版程序、差错处理、欠款清理、广告监理等；车辆管理方面，规范车辆安全、车辆日常管理等；物业管理方面，规范消防、地产、卫生、安全保卫、供电、成本控制等内容；物资管理方面，主要规范计划审批、采购程序、记账、保管等内容。年内，淄博日报社采取相应措施，压缩各种非生产性开支，开展为建设节约型报社献计献策活动，制定实施《关于建设节约型报社的实施意见》，节支效果明显，同比节约办公经费76万元。

【新型报业产业链初步形成】 年内，《淄博日报》广告经营继续保持稳定，广告收入在全省地市党报中名列前茅；《淄博晚报》广告经营收入稳中有升；报达印务公司努力开拓对外印刷业务，承印外报收入增幅达10%；发行部发行费率控制在规定范围;报达印务公司、博闻汽车服务公司、淄博新闻旅行社成为报社新的经济增长点。一条由广告、印务、发行以及多个服务性经营公司构成的新型报业产业链基本形成。

（徐文武　王　莉）

【打造主流强势媒体品牌】　2005年,鲁中传媒公司(大众日报淄博分社)坚持“发展、稳定、创新、增效”的工作方针,在办好主业的同时,坚持“一业为主,多元发展”,依靠品牌优势,整合价值链,保证了报纸编采、发行、广告、印务等核心产业及延伸产业的良性运作。1.以“尽心、尽责、尽善”为行为准则,鲁中主流媒体领跑者的优势继续巩固和加强。年内,《鲁中晨报》在报纸编采、管理、考评等各个环节整合、协调、优化,精选题材,重拳出击,以服务百姓、方便读者为中心,全方位树立自身的区域核心竞争优势,晨报质量、品牌价值大幅提升。2.品牌特点和总体风格进一步凸现。对版式进行全新变革,形成简洁、大气、冲击力强的版面语言风格,对版面的字体、字号的大小进行调整,把头版彻底封面化,加大头版的信息含量。3.“为群众解难、为政府分忧”,充分展现晨报良好形象。坚持“真知传递价值”理念,贴近实际、贴近生活、贴近群众,切实加强新闻宣传工作,力求社会效益最大化,坚持原创第一、独家第一的理念,摒弃新闻题材的琐碎化倾向,加大创意策划力度,深挖新闻资源,形成差异化竞争的优势,扩大社会影响。“长三角财富之旅”“晨报市民大学”“第二届读者节”“医疗纠纷幕后黑手大调查”“梦回无锡,千里寻亲”等系列新闻报道和策划活动,充分体现了晨报“读者是金”的服务理念,展现了主流报纸的风采。4.经营管理的抗击风险能力得到增强,盈利模式实现新突破,经营水平再上新台阶。年内,晨报大厦和两座晨报公寓楼落成投入使用,成为大众报业集团和鲁中传媒在淄博的标志性工程;广告运作全面推行有限行业代理,坚持公平竞争、良性运作,完善以授权代理为核心的广告运营新模式;晨报广告公司进军楼宇电视市场,鲁中晨报社和淄博移动公司联合创办了鲁中手机报,作为两种全新的运作媒体,楼宇电视与手机报成为鲁中传媒多元化产业经营的新亮点。

鲁中晨报创刊6周年之际,晨报大厦落成启用

（鲁中传媒公司　供稿）

【“长三角财富之旅”大型新闻活动】　4月,《鲁中晨报》组织“长三角财富之旅”大型采访活动,淄博市委书记张建国专门就采访活动做出批示。此次采访涉及长江三角洲的10个城市,历时26天,行程8000里,发回报道5万余字。

市领导和大众报业集团领导参观晨报大厦

（鲁中传媒公司　供稿）

【医疗纠纷幕后黑手调查】　年内,《鲁中晨报》针对恶性医疗纠纷幕后黑手操控现象,派出记者进行为期两个月的卧底调查,摸清了操纵医患纠纷背后的“黑手”。11月21～25日,《鲁中晨报》连续刊发《医疗纠纷幕后黑手大调查》,引发众多医疗机构的讨论和反思。淄博市27家医院联合发出倡议:全心全意为患者服务,杜绝行业不正之风,抵制“黑手”,苦练内功,努力创建和谐的就医环境。新华网、新浪网、凤凰网、搜狐网、中新网、大洋网等数十家知名网站纷纷转发晨报的报道,提升了《鲁中晨报》在全国的知名度和影响力。

【“梦回无锡,千里寻亲”活动】　年内,《鲁中晨报》与江苏无锡市媒体联动,策划组织“梦回无锡,千里寻亲”大型报道,派出记者进行调查采访,为20世纪50年代末60年代初因洪涝灾害从无锡来到淄博的弃婴寻找亲人。该活动吸引了《南方周末》等其他众多媒体的关注。新华社就此事刊发4幅照片和相关文字,新华网、新浪网等知名网站对寻亲见面会进行了报道。

（新　波　李晓东）

出版发行

【编辑出版工作】　2005年,市新闻出版局突出“扫黄打非”和“管理发展年”两个重点,加强新闻出版业的监管,服务文明城市、文化大市建设。认真做好出版物审读工作。全年共审查准印内部资料图书30余种、700万字,纠正较大问题3个,保证了内部资料性刊物的正确导向。年内,完成《淄博新闻出版业概览》出版工作。

【巩固报刊治理成果】　年内,积极组织查处全市非法报刊出版。对市中心城区、车站、大型购物商场进行全面排查,共出动400多人次,查缴非法报刊1000多份,非法出版物25000余册。对市内6报11刊进行报刊年度检验,为市内8家内部资料性出版物换发准印证。依法取缔了假冒卫生部《中国卫生》和共青团中央《中华儿女》的两家记者站。

【“扫黄打非”专项治理】　年内,制定《淄博市“扫黄打非”目标量化考核办法》《淄博市“扫黄打非”信息沟通和情况报告制度》等文件,协调各职能部门集中行动,全面封堵和查缴政治性非法出版物,打击盗版软件和非法出版等活动。一是开展严厉打击政治性非法出版物、"法轮功"邪教组织出版物的专项治理,对淫秽出版物、非法报刊、盗版出版物、封建迷信书籍进行全面清理。二是开展严厉打击非法批销窝点和游商专项治理。采取集中检查、明察暗访等执法手段,瞄准目标,端掉储存、交易窝点。集中取缔城区流动的无证无照出版物摊点。实行全面进店经营。三是开展清理学校周边出版物经营单位和打击盗版教材教辅专项治理,进一步整顿和规范出版物发行市场秩序。组织协调有关部门对全市出版物发行单位进行审核登记,集中清理学校周边出版物经营单位,对出版物发行单位的法人代表进行法规培训,对不符合资质条件的单位下发整改通知书。四是开展严厉打击盗版光盘和利用境外刊号进行非法出版的活动。

全年共组织"扫黄打非"集中行动9次,出动检查人员920人次,出动车辆260台次,检查印刷企业600余家、图书报刊经营业户400余家、电子出版物经营业户40余家,查缴非法出版物314630余册(盘)。其中,政治性非法出版物10册,淫秽色情出版物1000余册,凶杀暴力、封建迷信和伪科学类出版物1420余册(盘),盗版教材教辅21余万册,盗版软件700余盘。取缔、关闭印刷企业12家,取缔、关闭书店摊点121家;对15家非法经营业户进行依法处理,净化了出版物市场。

【版权保护】 年内,组织开展打击销售盗版软件专项治理。对销售软件业户进行全面检查,严厉打击违法经营活动。8月,在集中行动中一次收缴盗版游戏软件1万余盘。加强网站管理,对市内网站进行抽查,会同市知识产权局、工商局对全市知识产权所涉及的版权商标专利进行市场检查,对存在问题单位下发整改通知书。抓好政府软件正版化工作。对全市政府部门使用正版软件情况进行调查摸底,组织召开了通用软件正版化工作会议。

【强化管理工作】 年内,对100余名印刷企业和书刊发行业户的法定代表人进行形势政策法规教育培训,解决管理发展中的倾向性问题60多个。加大对印刷企业和出版物市场日常监管的力度。组织编印《业主经营须知》,对经营登记、备案、销毁等程序进行明确的规范,并印发统一表格。督促印刷企业建立健全《承印验证制度》《承印登记制度》《印刷品保管制度》《印刷品交付制度》《印刷活动残次品销毁制度》。对印刷企业重点查处超范围印刷经营行为。在出版物市场管理方面,重点抓较大规模的书刊经营单位,对进货环节严格控制,大宗出版物进货的单位必须出具有关手续。开展评选"管理发展年"先进单位和全市印刷发行"双十佳企业"活动,对全市新闻出版业的固定资产、产值、盈利情况和从业人员的数量、劳动报酬情况进行全面统计。全市印刷业的产值近20亿元,过亿元的2家,5000万元以上的10家。全市书业发行业年销售码洋近20亿元,过亿元的有3家。初步形成了发行业带动印刷业,印刷业支撑发行业的良好局面。 (王 启)

【图书发行】 2005年,淄博市新华书店较好地完成各项任务指标,全市主业销售首次突破2亿元,实现图书销售2.05亿元,利税1204.5万元,分别比上年增长23.7%、26.7%;人均劳效45.6万元,比上年增长10.1万元,其中市店实现销售额7493.4万元,利税241.1万元,分别比上年增长50.47%、12.4%。

在教材教辅发行中,继续坚持以服务求支持,采取征订、发行、结算一条龙分片包干责任制,主动出击市场,建立各级各类学校信息资料库,努力提高工作质量,加强教材发行物力、人力投入,坚持课本当天到货,当天分发送书到校。

在一般书和电子音像读物发行中创新营销方式,以中心书城为销售龙头,逐步推行联销计酬,激励员工积极开拓市场,加大图书宣传力度,在市场竞争更为激烈,销售任务更加艰巨的情况下,全市一般书销售额比上年增加1200万元。

坚持科学、规范、可行、有效的原则,不断提升企业管理水平。以管理促效益、以管理促发展,出台深化改革的方案,对管理部门实行岗位责任制考核,对销售部门实行联销计酬,科学设置部门机构,加强资源整合。

抓基础建设,强调以人为本,力争企业发展有坚强的物质基础、有力的人才支持和良好的环境支持。一是继续加强网点建设,沂源县店、博山区店、高青县店新网点改建扩建工程相继竣工开业;二是各店以星级营业员评定和先进性教育为契机,加强队伍建设、党组织建设和制度建设。三是继续推行民主竞聘、业绩考核等制度,加强中心书城的业务职责和人员力量;将临淄区店与齐鲁石化书店合并,成立了新的临淄区店。

附:

2005年淄博市新华书店畅销图书一览表

类　别	书　名	版　别	作　者	定价(元)
文艺类	藏獒	人民文学出版社	杨志军	25.00
	亮剑	解放军文艺出版社	都　梁	28.00
社科类	细节决定成败	新华出版社	汪中求	24.80
	学哲学 用哲学	中国人民大学出版社	李瑞环	69.00
科技类	机械工人切削手册	机械工业出版社	本社编	23.80
	美丽家居系列装饰丛书	黑龙江科技出版社		23.00
艺术类	素描入门	金盾出版社	刘金成	5.50
	怎样识简谱	湖南文艺出版社	杜　光	7.20
少儿类	瞧,这群俏丫头	明天出版社	杨红缨	20.00

续表

类　别	书　名	版　别	作　者	定价(元)
	超级版冒险小虎队	浙江少儿出版社	托马斯·布热齐纳	12.00
文教类	现代汉语词典(第五版)	商务印书馆	中国社会科学院语言研究所	68.00
	初中新教材全解	中国海洋大学出版社	张文龙	13.80
生活类	家常菜谱1000问	青岛出版社	王作生	25.00
	怀孕必读	中国妇女出版社	陈　静	19.80

2005年淄博市新华书店畅销电子音像制品一览表

类　别	名　称	版　别	定　价(元)
专　辑	林俊杰　89757	中国康艺有限公司	13.00
	潘玮柏　高　手	珠影白天鹅音像出版社	13.00
	周杰伦　十一月的萧邦	上海新索音乐有限公司	20.00
	花儿乐队　花季王朝	上海步升音乐文化传播公司	13.00
电　影	无　极	广东中凯文化发展有限公司	15.00
	神　话	广东音像出版社	16.00
	头文字D	广东中影音像出版社	15.00
连续剧	亮剑DVD	广东中凯文化发展有限公司	135.00
	大长今DVD	广东中凯文化发展有限公司	120.00
软　件	魔兽争霸	北京正普科技发展有限公司	38.00
	仙剑奇侠传	北京正普科技发展有限公司	69.00

（张玲玲）

广播电视

【新闻宣传】 2005年，淄博市广播电视总台(局)牢牢把握正确的舆论导向，突出宣传落实科学发展观、保持共产党员先进性教育、创建文明城市、建市50周年、纪念抗日战争暨世界反法西斯战争胜利60周年、建设“平安淄博”等重大活动。淄博人民广播电台、淄博电视台、淄博声屏报社先后开设《保持共产党员先进性教育活动》《纪念抗日战争胜利60周年》《淄博辉煌50年》《站在新起点，实现新跨越》等专栏，及时、准确地把市委、市政府的决策精神传送到千家万户，充分发挥了主流媒体的宣传作用。

【打造名牌节(栏)目】 是年，淄博人民广播电台、淄博电视台对所属频道、频率进行重新定位，确立频道发展主题，对节目、栏目重新进行包装、改版。立足自身优势，打造频道品牌，逐渐形成《市民声音》《经广早班车》《现在直播》《新视窗》《市民周刊》等一大批有影响力的栏目、节目。淄博声屏报社立足广播电视精做版面，可读性增强。经过近一年运行，电视频道逐步走向专业化，收视率大幅上升。据央视索福瑞媒介调查公司12月份数据显示，电视五个频道晚间黄金时间所有电视节目市场份额达19.06%，比2004年上升56%。全年共有22件作品获山东新闻奖，99件作品获省广播电视奖。《淄博声屏报》获山东省报纸印刷质量优质奖。

【对上对外宣传工作】 年内，扎实做好对上对外宣传工作，在中央和省级媒体上发表一批层次高、质量好、影响大的作品。淄博人民广播电台在省台发稿2864篇(条)，其中《文明山东——专访淄博市委书记张建国》等9篇稿件在省台头条播发，总发稿件数列全省第三，连续六年获得省台集体记者一等奖。由中央人民广播电台“中国之声”与淄博人民广播电台联合推出的大型直播节目《直播中国——走进淄博》取得圆满成功，中央人民广播电台利用80分钟的大时段对淄博进行了全面报道。淄博电视台在中央电视台发稿174条，其中在《新闻联播》播出37条；在山东卫视发片1040条，其中在山东电视台《新闻联播》播出332条；在齐鲁台发片2058条。电视台新闻对上发片继续保持全省市地台在中央台、省台发片“双第一”。其中，对中央台发新闻片名列全国城市台第三名，创历年来最好成绩。年内，被评为2005年全国城市台对中央台新闻发片先进单位，并成为中央电视台新闻协作单位。重点报道成为对上发片的亮点，反映淄博工业经济发展的《高新材料点亮淄博百年工业浴火重生》在山东电视台《新闻联播》节目中头条播出，《淄博做好夏粮收购准备工作》等在中央电视台《新闻联播》头条播出。20分钟的专题汇报片《建设文明淄博，创建文明城市》，为淄博市创建文明城市工作做出了贡献；与山东电视台联合拍摄的电视宣传片《魅力淄博》，在山东电视台、中央电视台、凤凰卫视播出，全方位、多角度地展示了淄博的城市魅力。

【大型社会活动】 年内，淄博人民广播电台与市纪委联合开办《政风行风热线》，策划举办了《人生路上》周年特别节目、《相约明天》及走进西部系列采风、五星红旗我为你骄傲等社会公益活动。淄博电视台为纪念抗战胜利60周年和中国人民解放军授衔50周年，历时6个月精心策划、实施了共和国十大将军采访活动，开国内媒体以电视片形式集中报道十位开国大将的先河。成功报道十运会盛况；举办由19家城市电视台参加的中国文化名城2006年《春约梨园，相聚淄博》戏曲春节晚会；举办庆祝广电大厦荣获"鲁班"奖暨广电总台成立"鲁班之夜"文艺晚会、纪念中国电影百年文艺晚会等活动。承办"建市50周年""新材料技术论坛""慈心一日捐"等大型文艺晚会。12月26日，邀请德国柏林交响乐团举行淄博市2006年新年音乐会，展示了总台(局)的综合实力。

【体制改革】 1月，按照市政府《关于淄博市广播电视局机构调整的批复》的要求，完成广播电视体制改革。市广播电视局退出政府序列，组建淄博市广播电视总台(局)，为市政府直属正县级自收自支事业单位，实行一级法人、二级管理，实行工效挂钩的分配机制。淄博电视台、淄博电视台二台、淄博教育电视台三台合并，组建淄博电视台。将电台、电视台的录制、播出、发射及广电大剧院等部门的技术职能和人员分离出来，组建淄博市广播电视技术中心。

总台(局)内部进行大幅度改革。一是实行频道负责制，电视台设置新闻综合、影视、生活、都市、科教5个频道，电台设置新闻、经济、交通文艺、都市之声4个频道，频道实行总监负责制，节目、栏目实行制片人制，并对频道和栏目进行重新定位，实现频道专业化、对象化。二是加强成本核算和收支管理，对所属事业单位的财务和广告实行统一管理，成立审计、稽核、预算等科室；广告实行统一串审片、统一收费。三是全面推行聘用制度，全局中层以下干部职工全部实行竞争上岗、双向选择，实现人才资源的合理配置。

【技术保障】 广播电视技术中心成立后，整合技术设备，完善规章制度，对设备进行检修、维护，制定设备使用、管理制度，为节目正常录制、制播、发射、传输提供可靠保障机制。在技术上逐步实行成本核算，逐步实现技术设备的更新换代计划。加大对广播电视设备的投入，全年设备投资达837万元，节目制作和播出水平显著提高。

【社会管理工作】 加大社会管理执法力度。成立专项治理领导小组，将整治卫星电视接收设施工作纳入综合治理范围。严厉打击非法生产、销售、安装和使用卫星电视设施的行为。全年共查处销售网点53处，依法查扣卫星电视天线658个，依法拆除天线1216个、接收机368台、高频头783个，群众自行拆除368套。加强宾馆、饭店接收境外卫星电视节目的管理，统一购置指定的卫星电视解码器。较好地防范了非法信号的传输，维护了正常信号传播秩序。

完成安全播出任务。为防止"法轮功"等邪教组织对卫星电视信号的攻击，网络中心投资200余万元，在全省率先购置黑屏报警装置，加大对信号源的监听监视，建立预警系统，尤其在重大节日和"两会"期间，完善紧急播出预案，加强值班、检查、巡逻、监督，采取制定责任制等措施进行有效防范。电视发射5个频道实现安全播出24883小时，广播中波和调频发射分别实现安全播出27983小时和22922小时。

【加快数字电视发展步伐】 确定2005年为全市数字电视发展年，出台了《"新视源"互动电视整体推广方案》《有线数字电视整体转换操作办法》。投资3000多万元搭建数字电视平台，在市网开通中数传媒15套、上海文广12套，向全市用户传送模拟电视节目37套、数字电视节目119套、数字广播节目45套、数字信息广播10套。开设"阳光政务""走进淄博""信息驿站""生活咨询""休闲部落"5个信息频道，使信息电视功能进一步完善。截至年底，全市数字电视用户达到5.5万余户，付费电视用户达到800多户。

【成功转让宽带网股权】 2月，根据国家产业政策调整的有关规定，将中华宽带网股权整体转让给淄博通信公司，成功完成企业资产并购。中华宽带网的建设与发展，使全市广大群众更多地享受到信息化带来的实惠。

【"村村通广播电视"工程】 年内，淄博市在全省率先实现50户以上自然村"村村通广播电视"。共架设光缆340公里，投资534万元，完成161个自然村的光缆架设和安装工作。

(刘　刚)

本部类编辑：孟　明
副主编：郭能勇
校对：王　娟
徐先法

·淄博市重点文物保护单位选介·

颜文姜祠

国家级重点文物保护单位。位于博山区山头镇西神头村，是一组拥有前后二进四个院落、殿房70间、占地3660平方米的古建筑群，又名"灵泉庙"、"顺德夫人祠"。《齐乘》记载："齐有孝妇颜文姜，事姑孝养……"颜文姜被百姓奉为神明，并为之立庙建祠。《博山县志》(清乾隆)载，颜文姜祠"后周时建，唐天宝年间重建"(后周似北周之误)，宋元时初具规模，以后历代都有重修。全祠南北长64米，东西宽61米，主要建有山门、香亭、正殿、东西两庑、寝殿等计73间，建筑面积1324平方米。前院中央有一泉曰灵泉，为孝妇河主要源头。院内有宋以来历代碑碣石刻79块。

(李　胄　供稿)

卫生　体育

卫　生

【概况】　2005 年，全市共有卫生医疗机构 1046 处；病床 14973 张，千人占有 3.5 张；卫生技术人员 19987 人，千人占有 4.8 人。传染病得到有效控制，无重大疫病的传播、流行和突发公共卫生事件的发生。截至年底，全市报告传染病 19 种、10503 例，发病率为 242.98/10 万。

疾病预防控制和传染病救治“两个体系”基本健全。全市“两个体系”的 12 个建设项目全部完成。基本建设项目（包括市中心医院门诊大楼）总建筑面积 5.02 万平方米，投资总额达 1.278 亿元，工程按时竣工率达 100%。年内，淄博科技职业学院、市职业病防治院迁建工程先后开工建设。完成单纯仪器设备购置项目 7 个、68 台件，投资总额 800 万元，全部达到国家基本装备标准。市紧急救援中心、市卫生信息中心成立，市“120”与“122”建立起联动工作机制。

新型农村合作医疗试点工作进一步推进。试点扩大到 4 区 1 县 13 个镇，覆盖农民 152 万人，参加新型合作医疗人口达到 134.19 万人，参合率达到 88.33%。累计筹集资金 6256.74 万元，共为参合农民报销医药费 3212.28 万元。其中，报销门诊费用 1561.65 万元，报销住院费用 1650.63 万元，2476 人获得 5000 元以上的报销补偿。大病医疗救助制度的建立，使试点区县的贫困人口参合率达 85%以上。

开展基层卫生机构建设和卫生支农工作。市政府将构建农民健康保障体系纳入政府为民办的实事，投资 2434 万元，如期完成 400 处村卫生室改造建设任务。投资 810 万元，新建改造 9 处乡镇卫生院。组织 36 处区县以上医院重点帮扶 50 家乡镇卫生院，共落实帮扶资金 15.3 万元，援赠医疗设备 50 台件，价值 125.2 万元。组织巡回义诊 31 次，免费接受乡镇卫生院进修学习人员 130 人。

深化城市医疗卫生体制改革。全市共建立城市社区卫生服务中心（站）82 个，服务城市居民近 80 万人，张店区被评为省级社区服务示范区。全市综合医院平均住院日缩短为 9.95 天。全市区县以上 50 家医疗机构的医疗废弃物实现集中无害化处置。全市区县以上医院共对 3000 多种药品实行集中招标采购，采购额达 4.59 亿元，占医疗机构药品采购总金额的 83.31%，药价平均降幅为 25%，让利患者 3094 万元。

继续实施“三名（名医、名科、名院）战略”。年内，对全市 1.6 万名卫生技术人员进行继续医学教育，对 100 名名医培养对象进行重点培养，对首批 58 个名科进行阶段性评审。心内、普外、耳鼻喉、劳动卫生、精神卫生、中医等重点学科建设形成优势。年内，全国第一台“质子治疗系统”在淄博投入使用；首例肝脏移植手术获得成功。体外循环下心内直视手术、

农村卫生室改造现场办公　　　　（李卫克　摄）

珈玛刀非手术治疗颅内肿瘤、肾移植、心脏封堵、冠状动脉搭桥、全髋与双膝关节置换、大面积烧伤处理、断指（趾）再植、试管婴儿等高难度诊疗技术得以巩固和发展。

疾病预防控制工作成效显著。认真贯彻落实《中华人民共和国传染病防治法》，狠抓艾滋病防治工作，对全市 1461 名农村外来高危妇女和 8344 名羁押收教人员进行艾滋病筛查。卫生系统全力投入人禽流感防治工作，取得阶段性胜利。继续抓好结核病、霍乱、肝炎、流行性出血热等重点传染病预防控制以及地方病、寄生虫病、慢性非传染性疾病防治工作，全市连续 10 年未发生重点传染病暴发流行。全市基础免疫“五苗”接种率达到 97.9%，连续 14 年未发生脊髓灰质炎病例，连续 31 年无白喉病例发生。

加大卫生监督力度，提高依法行政水平。淄博市卫生局卫生监督所和淄博市疾病预防控制中心成立，标志着淄博市卫生监督与卫生监测彻底分离。年内，全市有 30 家饮食单位通过省 A 级单位认定。同时，进一步加大饮食服务市场、公共场所、化妆品、生活饮用水等监督管理工作力度和开展职业病危害专项整治工作。全年取缔无证业户 1327 户，罚款 10 万余元，销毁不合格食品 11 吨，吊销卫生许可证 20 家。依法整顿医疗市场秩序，取缔非法行医 242 家，没收违法所得 22 万元，罚款 21 万余元。

中医药事业持续发展。进一步加快中医药队伍建设，全市推荐 13 名优秀中医临床人员参加山东省高层次优秀中医临床人才培养。各区县卫生部门充分发挥中医药在新型农村合作医疗中的特色优势，大力推广中医适宜技术。会同有关部门认真做好院内中药制剂使用、研发和中医科研临床用药管理工作。全国农村中医示范先进区临淄区、全省农村中医示范先进区张店区的经验得以巩固和推广。各单位充分发挥

中医药优势，积极推进中医药进社区。

巩固国家卫生城市、国家无偿献血先进城市、国家爱婴市成果。按照全市创建文明城市工作的部署要求，制定全市卫生系统创城工作实施方案，在全市范围内开展拉网式督导检查，发现问题及时下达限期整改意见书，圆满完成创城工作任务。年内，市垃圾利用热电工程完成投资2310万元，沂源县投入200万元建设的生活垃圾无害化处理厂一期工程完工。新建改造免费公厕66座，全市建成乡镇封闭式垃圾中转站12座、压缩式垃圾中转站10座，农村建设垃圾池4300多个、垃圾存放填埋点200多个。各乡镇均成立了环卫机构，农村保洁人员达5400余人。除害防病、健康教育、改水改厕项目扎实开展。加强无偿献血管理工作，加快无偿献血向农村延伸步伐，全市临床用血全部来自街头无偿献血，全国无偿献血先进城市创建成果得以巩固和发展。继续巩固发展国家爱婴市创建成果，孕产妇和婴幼儿死亡率分别降至9.91/10万和4.31‰。

加强卫生行业作风建设。针对群众“看病难、看病贵”问题，制定出台提高医疗质量、降低医药费用、加强行业自律措施，遏制滥检查、开大方、乱收费等违规行为。医药费用过快增长势头得到较好控制，市属综合医院门诊及住院患者人均医疗费用增长率实现稳中有降，分别为7.95%和15.9%。在全市卫生系统深入开展“医德医风示范医院”“诚信单位”“平安医院”创建活动，全面实施行风建设工程，大力推行政务、院务公开制度，认真贯彻执行《关于治理纠正医药购销和医疗服务中收受“红包”、回扣、开单提成等不正之风的规定》，建立起“一岗双责”制度，逐级落实党风廉政建设和纠风工作责任制。深入开展“弘扬卫生行业新风尚”大型广场展示活动。年内，市卫生局在全市民主评议行风工作中列全市公共服务部门第五位。

附：

2005年淄博市卫生事业基本情况一览表

项　目	机构(个)	床位(张)	人　员(人)	
			合　计	其中:卫生技术人员
综合医院	43	8399	10428	8671
中医医院	9	1476	1879	1631
综合门诊部	2	22	25	21
专科医院	10	1025	1103	873
妇幼保健院(所、站)	9	927	1452	1151
疾病控制与卫生监督机构(中心、所)	15	133	1169	946
采、供血机构	1		109	63
急救中心(站)	1		32	20
其他卫生事业机构	3		489	62
乡镇卫生院	94	2991	4188	3762
社区卫服中心(站)	33		189	189
诊所、卫生所、门诊部、医务室	826		2598	2598
合　计	1046	14973	23661	19987

注：1. 床位数指编制床位数。2. 疾病控制与卫生监督机构包括结核病防治所。3. 急救中心(站)和社区卫生服务中心(站)不包括医疗卫生单位派出机构。4. 表中数字不包括乡村2565个村卫生室、5112名乡村医生(含取得执业医师证的703名、乡村医生4409名)和59名村卫生员。

【爱国卫生工作】 2005年，全市爱国卫生工作按照突出重点、突破难点、巩固亮点、治理丑点、城乡联动、长效推动“四点两动”的工作思路，努力营造社会“大卫生”的氛围。年初，市委、市政府召开全市第十七个爱卫月活动动员会，重点突出城乡垃圾和白色污染整治。市爱卫办联合市直15个部门共同发出“拒绝白色污染，共建美好家园”的倡议。针对旅游景区环境卫生脏、乱、差的现象，市爱卫会对各区县政府下达整改通知书，组织开展旅游景区周边及道路沿线环境卫生专项整治活动，督促解决旅游景区周边及沿线两侧垃圾、白色污染和乱停乱放、乱设摊点等问题，并将旅游景区纳入全市爱国卫生督察内容。

春季爱国卫生专项整治活动取得实效。4月22日，市政府下发《关于在全市开展春季爱国卫生专项整治活动的紧急通知》，在全市开展以环境整治和春季传染病预防为重点的春季爱国卫生运动。“五一”前后开展3次集中行动，清理卫生死角，改善环境卫生，宣传防病知识，全市城乡卫生面貌发生明显改观。在全省爱国卫生专项整治活动检查中，淄博市以全省第三名的成绩受到通报表扬。

年内，市委、市政府把文明城市创建活动作为整个爱国卫生工作的重中之重，按要求组成环境卫生督察组，深入各区县现场督促整改，共提出整改意见和建议128条。全市城区主干道全部实现机扫。城市绿化覆盖率达到38.7%，人均公共绿地面积达到10.3平方米。积极实施城市“光明工程”，全部改造城区主要的景观道路。全面启动碧水蓝天行动计划。高新区王东村申报为全国卫生村，张店区科苑街道办事处等18个单位申报为省级卫生先进单位，张店区城东村等13个村申报为省级卫生村，孙洪斌等25户申报为省级卫生户。

【农村卫生建设】 是年，新型农村合作医疗扩大试点工作稳步推进。共筹集资金4107.7万元，其中省财政补助资金203.2万元，市、区县、乡镇财政2100.71万元，农民个人交纳1534.85万元，其他渠道268.94万元。年内，投资810万元和2434万元分别新建、改造9处乡镇卫生院和400处村卫生室。主要做法：一是推行新型农村合作医疗联系会议制度，将新型农村合作医疗工作纳入年度发展计划、财政预算，市政府与区县政府签订的目标责任书，每月一调度，实行一票否决。二是加强基金监管，落实财政专户管理、封闭运行的各项措施。三是督导各区县、乡镇成立专门的办事机构，落实办公经费。四是建立社会监督、审计监督、舆论监督等多管齐下的监督机制。先后3次组织对试点单位进行督导检查。五是按计划每月组织各区县卫生局长对改造建设的卫生室进行统一验收，及时下发检查验收通报。六是逐步理顺乡镇卫生院管理体制，巩固发展乡村卫生组织一体化管理成果，开展农村社区卫生服务试点，实现农村卫生人才、设备、技术共享。

【卫生监督监测】 年内，认真贯彻《中华人民共和国食品卫生法》《中华人民共和国职业病防治法》，开展整顿、规范市场经济秩序和食品打假活动。制定《淄博市卫生系统2005年食品专项整治工作实施方案》，在全市范围内组织开展以卫生许可、职业卫生、餐饮业和学校、建筑工地食堂专项整治为重点的"卫生监督执法1号、2号、3号行动"。全市食品卫生监督量化分级管理工作全面展开，30家食品生产经营企业被评为省食品卫生A级单位，120家企业被评为省食品卫生B级单位。完成国家级和省级职业卫生示范企业的初审和推荐工作，指导山东鲁泰纺织有限公司接受国家职业卫生示范企业评审组的现场考核。年内，完成工矿企业建设项目预评价和控制效果评价、预评价项目18项。全年共受理各类卫生许可证1117个；对11247名食品从业人员、6082名公共场所从业人员和43320名在校学生进行健康检查；组织对9万余名接触有害因素的职工进行职业性健康检查，建立完善职业健康档案；加强生活饮用水卫生监督管理，对全市集中式供水、二次供水及桶装饮用水进行抽检，样品合格率分别为93.4%、93.9%和75%。全年共取缔食品卫生无证经营业户1327家，吊销食品卫生许可证20家，罚款43家，案值10.5万元。对13家违反《中华人民共和国职业病防治法》的企业进行警告处罚，对11家拒不整改的企业申请立案查处，共处罚金89万元。

【淄博市首例肝脏移植手术成功】 9月，淄博市首例肝脏移植手术在市中心医院成功完成。此次手术在上海长征医院肝移植中心主任傅志仁指导下进行。患者术后恢复良好。

【创建"星级医院"活动】 年内，全市47处区县以上医疗机构积极开展"星级医院"创建活动。依据《淄博市"星级医院"评审办法》和《淄博市"星级医院"考核实施细则》，组织全市专家分行政管理组、医疗组、科教组、护理组、环境组、医技组、行风组等7个专业组，采取看录像、发放调查表、现场查看、查阅有关资料及证件等形式，对全市36处申报"星级医院"的医疗机构进行评审。经专家组评审，市中心医院等27家医院分别达到三星级综合医院、三星级专科医院、二星级综合医院、二星级专科医院和一星级医院的标准。

【打击非法行医】 年初，市卫生局确定加强医疗市场监管，规范、净化医疗市场为全市卫生工作重点之一。4月，召开全市打击非法行医专项行动动员部署暨非法采供血专项整治工作总结电视电话会议、开展"以病人为中心、以提高医疗服务质量为主题"的医院管理年活动电视电话会议和市卫生局局长办公会四次会议，重点部署医疗市场整顿工作。同时，迅速组建医疗市场执法队伍和成立医疗市场整顿办公室并积极开展各项工作。6月，市打击非法行医整顿医疗市场秩序专项活动领导小组召开第一次成员会议。同时，市政府办公厅转发市卫生局等8部门《关于在全市开展打击非法行医整顿医疗市场秩序专项活动的实施意见》。坚持"从严、从重、从快"的原则，从取缔"院中院""科中科"及虚假医疗广告入手，严厉打

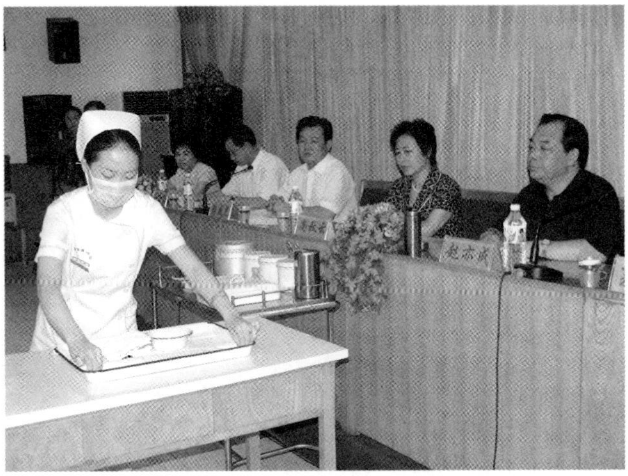

护理技术比武　　　　　　（李卫克　摄）

击非法行医等扰乱医疗市场秩序的不法行为。8月，市卫生局在全市启动"卫生监督执法4号行动"，市、区县卫生行政部门及卫生监督人员采取统一行动，集中对辖区内各类医疗保健机构及疾病预防控制机构开展专项监督执法活动。11月，召开全市打击非法行医、整顿医疗市场秩序专项活动督察情况通报会议。全市全年共监督检查医疗机构1350户次，下达监督文书644份，行政立案278起，取缔非法行医242家，取缔非法义诊62户次，取缔院中院12家，罚款21.1万元，没收药品、器械价值22万元；监测医疗广告265条次，对发布违法广告的36家医疗机构予以查处曝光。

【集中招标采购药品】 12月28日，淄博市医疗机构药品联合集中招标采购开标大会召开。全市33家二级以上医院及81家药品生产经营企业参加招投标。招标实行网上招标、投标及评标。采购药品涉及呼吸系统、循环系统、泌尿系统、营养与维生素等4大类237个规格品种。来自省内外的76家药品生产经营单位参加投标。市纪委、市纠风办对开标、评标过程进行全程监督，市公证机关对开标过程及结果进行现场公证。

【中医药事业】 2005年，充分发挥县级中医院的龙头带动作用，在加强县级中医院自身建设、发挥中医药优势、提高科学管理水平的同时，积极开展与乡镇卫生院的中医药业务技术合作和技术指导，重点整体提高农村中医药水平。临淄区、张店区分别被国家、省中医药管理局命名为全国、全省农村中医工作先进区后，充分发挥中医药在农村服务中的优势，大力实施农村中医药人才培养工程，加快农村中医药人才培养和适宜技术推广。9月，国家中医药局派出督查组，对临淄区农村卫生初级保健和新型农村合作医疗试点中发挥中医药作用，充分保持和发挥中医药的特色优势，推进中医药事业全面发展进行了专项督查。经过中医适宜技术的推广，30%的乡村医生能熟练应用中西医两法开展医疗预防保健服务，发挥中医药"简、便、验、廉"的特色和优势，积极参与新一轮农村初级卫生保健。年内，全市有8人被评为全国、全省农村基层优秀中医。

深入开展"以病人为中心，以提高医疗服务质量为主题"的医疗质量管理效率年活动，规范医疗行为，改善服务态度，推动中医医院"星级医院"的创建。6月28日～7月7日，组织专家对全市14家区县级以上中医院和民营中医院依法执

业及贯彻执行医疗卫生法律法规情况、医疗质量、改进服务流程和就诊环境、提供便民服务情况进行督导检查。组织了2005年度中医药机构专业技术人员继续教育任期考核工作，市中医院被省中医局确定为首批承担中医执业医师年度考核工作的中医医疗机构。

狠抓中医重点专科（专病）建设，把中医重点专科（专病）建设作为促进中医药事业发展的突破口，巩固和发展全市重点中医专科建设成果，努力打造全市中医名牌。对全市确定的10个中医名科进行届中考核，均达到良好以上标准。

加大人才培养力度，增强中医事业发展动力储备。全市全年共有3人被确定为山东省高层次优秀中医临床人才，全市高层次优秀中医临床人才增至7名；参加全国优秀中医临床人才研修项目培训班2期；从乡镇卫生院选拔9人参加全省乡镇卫生院临床技术骨干培训班；市及区县中医院推荐8人参加山东省中医药应对突发公共卫生事件能力建设人员培训班；对全市6名全国中医师承人员和1名山东省继承人进行经验继承工作调查和回顾性总结；协助省中医药管理局组织高等教育中医专业最后一年的自学考试，全市共有300余人通过自学考试；组织59名乡村医生参加了全省乡村医生中医专业中专学历教育考试，48名乡村医生被录取。

年内，积极参与组织开展依法治医、整顿医疗市场秩序活动。严格卫生人员、中医医疗技术等服务要素的准入，组织对全市参加2005年度国家医师资格考试的359名中医类医师进行资格审查、报名、微机录入及考试考核工作。加强了对中医医疗新技术、新项目等服务要素的准入和管理。

【继续医学教育工作通过省级评估】 年内，共举办市级继续医学教育项目17个，参加培训人员3000多人；组织以传染病防治为主要内容的全省继续医学教育项目学习，参加人数15441人；组织开展住院医师培训，有80人参加了2005年度全省住院医师规范化培训考试；组织继续医学教育刊授10000余人。同时，为各区县及70余个单位配备安装系统继续医学教育软件，使全市继续医学教育实现了微机化管理。9月，省继续医学教育专家评估组一行5人到淄博对卫生系统继续医学教育工作进行全面评估。通过检查、评核，专家组对淄博市的继续医学教育工作给与充分肯定。

【红十字会工作】 年内，淄博市红十字会在传播人道主义、组织赈灾救灾，开展无偿献血宣传以及促进红十字青少年健康成长等方面做出积极努力。1月，为印度洋地震海啸灾区募捐190余万元。向夏季连续遭受较大的风雹灾情及台风“麦莎”袭击后的淄川、博山和沂源三区县，送去21吨面粉及其他的生活救灾物资，共计29万余元。积极向省红十字会争取20余万元的救助物资发放灾区。继续在全市范围内开展“博爱在淄博，温暖送百家”活动，共走访慰问困难户225家，发放慰问金4.5万元。“5·8”世界红十字日期间，组织红十字医院走进贫困山区，为当地居民免费送医送药，当日共计发放8000余元药品。“六一”期间，对淄博十七中10名贫困家庭的学生进行资助。年内，为特困农民参加新型农村合作医疗募捐7万元；红十字青少年参与社会服务15500人次，受益者达870余人次。全年接受骨髓捐献登记1556人次，遗体捐献登记35人。5月，实现了淄博市历史上第一例无偿遗体捐献。

【无偿献血工作】 6月14日，世界献血日期间全市开展了以为献血者查体为主的一系列庆祝活动。11月，组织全市无偿献血达8000毫升以上的献血者赴厦门等地参观学习。为确保临床医疗用血，建立以医务人员、大学生为主的流动血库队伍4532人；组建364人的Rh(－)稀有血型无偿献血队伍，保障全市临床需要，并多次支援北京等省市。全年累计无偿献血查体28881人次，采供血总量1412万毫升。全市临床用血100％来自公民街头自愿献血；机采成分血100％来自无偿捐献；成分输血率达96％；一次献血量400毫升率达99％以上。供血及时、安全、有效，储血设备完善，保证了全市各级各类医疗机构的临床救治用血。积极开展输血新技术，为临床提供更加安全可靠的血液制品，杜绝经血传播疾病和输血不良反应的发生。

【艾滋病防治】 12月1日，市政府防治艾滋病工作委员会召开成员会议，部署艾滋病防治工作任务，并在全市启动农民工预防艾滋病宣传教育工程。全市30余个部门、单位参加广场宣传教育活动，共发放艾滋病防治宣传教育材料6万余份。年内，对全市7所监狱、劳教所的8344名羁押收教人员，全市公安部门所属8处监管场所的1863名被监管人员以及1990～1998年间参与有偿供血(浆)的383人进行了艾滋病病毒抗体检测。完成其他高危人群艾滋病抗体筛查3214人次，接受社会自愿咨询检测326人次。以上艾滋病病毒抗体检测结果全部为阴性。同时，在全市疾病预防控制机构和有关医疗机构建立艾滋病筛查实验室23处。截至年底，全市累计报告艾滋病感染者27例(其中外籍24例，本籍3例)。

市领导到艾滋病防治宣传现场视察

（李卫克　摄）

【防控人禽流感】 11月8日，市卫生局召开全市人禽流感防治工作会议，要求全市各级医疗卫生机构认真贯彻执行《淄博市卫生系统突发人禽流感疫情应急预案》，积极做好各项防治工作。加强对流感疫情的监测，加强与畜牧部门的协调，密切跟踪和及时掌握疫情动态，严格执行国家规定的疫情报告和疫情诊断程序，赢得处置疫情的主动。完善人感染禽流感疫情应急预案和应急机制，做好医疗卫生机构突发公共卫生事件应急机动队疫情值班工作。广泛开展禽流感防治知识宣传教育活动，增强群众的自我防疫意识和保护能力。选派专家参加全市防治禽流感应急演练，在全市疾病预防控制机构和人禽流感定点收治医院设立咨询投诉电话，落实24小时值班制度。省级临淄齐陵动物检疫站与市畜牧部门联合开展检测流调工作，并实行零报告制度，严防外地疫情传入。针对国内发现人感染高致病性禽流感病例，制定印发了《淄博市应对流感大流行准备计划与应急预案(试行)》。

【《淄博市病毒性肝炎收治管理办法》发布】 10月20日，市人民政府第52号市长令发布《淄博市病毒性肝炎收治管理办法》，自2005年12月1日起施行。该《办法》根据《中华人民共和国传染病防治法》等有关法律法规结合本市实际制定。《办法》要求，市、区县卫生行政部门负责本行政区域内病毒性肝炎收治的监督管理工作。市、区县疾病预防控制机构承担责任范围内病毒性肝炎的预防、控制工作，负责辖区内医疗机构的病毒性肝炎疫情登记报告和管理，并定期进行核实、检查、指导。传染病医院是病毒性肝炎收治专科医疗机构；二级以上综合医院感染性疾病科可以设置病毒性肝炎门诊。病毒性肝炎收治医疗机构，其诊治科室不得租赁、承包。

【整顿面粉市场】 年内，淄博市卫生监督部门对全市面粉市场进行了抽样检查。检查发现，市场上销售的19种面粉添加剂过氧化苯甲酰严重超标，长期食用会对人的心脏等器官产生不良影响。不合格面粉的生产厂家，邹平县10家、高青县4家、滨州市3家、泰安市1家、博兴县1家。9月28日，市卫生监督部门下达责任整改书，并公布了监督投诉电话，以便群众监督。

【全国尘肺病诊断医师资格培训班在淄博举办】 12月6～12日，由中国疾病预防控制中心(CDC)主办、淄博市职业病防治院协办的全国尘肺病诊断医师资格培训班在张店举行。李德鸿、邹昌淇等全国职业病防治专家授课，来自全国13个省市的121名职业病防治人员参加了培训班学习。

【山东侨联医院实施爱心工程】 年内，山东侨联医院选派10余名医护专家组成义诊队伍，到沂源县石桥乡，为该乡10名贫困学生送去过冬的新棉衣、学习用品和近千元药品，并签订助学协议，资助10名贫困学生完成9年制义务教育。该院专门设立"助学基金"账户，通过医院定期投入资金和职工个人自愿捐助相结合的方式募集资金，实行专款专用。山东侨联医院是全市唯一一家市级优抚医院，每年为全市优抚对象、特困企业职工、农村贫困农民及老年人等社会群体减免医药费用20余万元。　（张学成　刘景福　赵佳芝　张　磊）

体　育

【竞技体育】 2005年，市体育局以备战21届省运会为中心，狠抓工作落实，抓好组队、参赛、资审，利用各种机会锻炼队伍，取得明显成效。全年有929人参加了34个项目的比赛，共夺得金牌133.5枚，银牌87枚，铜牌101枚。

【第十四届市运会】 5月12日，淄博市第十四届运动会开幕，历时5个半月，圆满完成各项竞赛任务，于9月29日在市体育馆胜利闭幕。运动会期间，共进行篮球、排球、游泳、射击等18个大项731个小项的比赛，来自五区三县、高新区、山东铝业公司的近6000名运动员、教练员、裁判员参加比赛。群体项目首次列入市运会正式比赛，《中国体育报》在头版头条以《淄博市运会为群体项目戴金》为题进行报道，并配发题为《为"欢乐运动会"喝彩》的评论。

淄博市第十四届运动会开幕式　（王雪蛮　摄）

【在第十届全国运动会上取得优异成绩】 第十届全运会上，淄博籍运动员取得4金、4银、4铜的优异成绩。分别是：杜丽2枚金牌(奥运加牌)，黄晓彤夺得女子200米蝶泳金牌，窦兆波获得田径男子1500米金牌；张鑫夺得女子200米、400米混合泳两块银牌，刘赛获得乒乓球女团银牌，张晓媛获得田径4×400米接力银牌；王静琳、李霞、郑丽丽、张晓媛分别在射击、女子举重、游泳、田径项目上各夺一枚铜牌。省委、省政府授予淄博"振兴山东体育突出贡献奖"。

【群众体育】 年内，淄博有10个单位获得全国群众体育先进集体荣誉称号；有2处活动站点获全国优秀群众体育健身活动站点称号；一个家庭被评为全国全民健身好家庭；有7人获得全国群众体育先进个人称号。市体育局局长王敦浦被国家人事部和体育总局联合表彰为全国体育工作先进工作者，受到中共中央总书记胡锦涛等党和国家领导人的亲切接见，是全省17城市体育局中唯一获此殊荣的个人。

【《淄博市全民健身条例》颁布实施】 3月1日，《淄博市全民健身条例》正式颁布实施，这是国内除特区、省会城市、计划单列市之外，第二个省辖市颁布的《全民健身条例》。为加大《条例》宣传力度，将宣传工作与市第五届全民健身节、张店区第一届全民健身节有机地融合在一起，并同步进行一系列大型活动，增强了宣传工作效果。

全民健身活动　（王雪蛮　摄）

【国民体质监测】 2005年是国家规定的国民体制监测年，按照上级体育部门的统一部署，成立国民体质监测工作领导小组和监测队。历时60天，先后完成3800余人的监测工作，取得有效数据60800个。由于动作快、标准高、取得数据准确，全市监测工作得到省体育局的肯定。

【健身气功推广】 年内，根据国家体育总局和省体育局的统一部署，结合全市实际，与市委宣传部等部门密切配合，健身气功推广工作进展顺利。市领导高度重视，专门成立由市分管书记任组长，分管市长任副组长，市直17个部门负责人任成员的淄博市健身气功活动领导小组，印发《关于做好四种健身气功推广工作的实施意见》，对全市做出具体部署。为进一步规范管理，在借鉴外地成功经验的基础上进一步制定和完善《淄博市健身气功活动站点管理办法》《淄博市健身气功活动站点申报程序》和《健身气功展示活动组织评判办法与标准》等一系列规章制度。从抓好骨干培训入手，在选拔站点负责人上严格把关，充分发挥展示表演的拉动作用。利用媒体的传播作用，与电视台科教频道联合推出了四种气功（“易筋经”“五禽龙”“六字诀”“八段锦”）的电视教学片，使百姓学、练气功更为直观。9月15日，全国四种健身气功展示活动山东省大会暨全省健身气功经验交流会在淄博召开，国家体育总局健身气功管理中心主任王国琪对活动进行给予高度评价。

【农村体育“五个一工程”和全民健身工程】 是年，市政府将农村体育“五个一工程”（建立一个网络组织，建设一块活动场地，推广一个健身项目，配备一批健身器材，培养一批体育骨干）列入为民办的实事之一。资金上优先保障，政策上予以倾斜，确保工程的顺利进行。第九批全民健身工程通过严格的筛选和定点后，进展顺利。

【体育中心筹建工作进展顺利】 淄博市体育中心建设项目，经市委、市政府批准，列入市重点工程和市政府2005年投资计划。11月18～19日，由国内知名专家、哈工大教授梅季魁任主委的评审委员会对备选设计成果进行评审，初步确定了设计方案。

【电脑体育彩票】 2005年，市体彩中心体育彩票发行工作取得历史性突破。全年彩票销售超过1.5亿元，是2004年销售额的4.27倍，创体彩发行历史新高。（李　森　王　伟）

本部类编辑：孟　明
副主编：徐　杰
校对：赵建国
唐乃兴

·淄博市重点文物保护单位选介·

蒲松龄故宅

国家级重点文物保护单位。位于淄川区洪山镇蒲家庄。原为一处普通农家庭院，1938年遭日军焚毁，1954年人民政府修复，此后多次修葺扩建，现已成为一处颇具规模的蒲学研究阵地和驰名中外的旅游景点。今日故居是一座恬静的院落。郭沫若题写的“蒲松龄故居”的金字门匾，高悬于故居大门。故居正房为砖石、土坯结构的普通民房，木棂门窗，房内陆大荒手书的“聊斋”匾额盈门高悬，匾下悬挂着蒲松龄74岁时江南著名画家朱湘鳞为其画的肖像，两旁是郭沫若手书的楹联。房内还陈列着他生前用过的各种物品。故居中收藏有当代名人题咏蒲松龄及其故居的墨宝，共计600余件。

玉　皇　宫

市级重点文物保护单位。位于博山区原山森林公园小顶山，建于宋代，占地面积2000余平方米。主殿为玉皇殿。宫内宋太祖、宋太宗、宋仁宗、宋真宗四帝御押尚存，唯年代久远，石崩字洼，可认文仅数十字。另有道士咒水符石刻，为正书阴文碑刻。

周村古商业街

市级重点文物保护单位。坐落于周村区城区西部，为古老的商业中心所在地，总面积20.93公顷，有大街、丝市街、银子市街、绸市街、芙蓉街等古街区组成。街区内店铺林立，古迹众多，商业文化内涵丰富，人文历史源远流长，被称为“中国活着的古商业街市博物馆”。

（李　胄　供稿）

社　　会

人口和计划生育

【概况】 至年底，全市总人口4167696人。出生人口38494人，人口出生率为9.3‰，同比下降1.3个千分点，人口自然增长率为3.3‰。合法生育率99.1%，同比下降0.4个百分点。女性初婚23730人，同比减少1937人；女性初婚晚婚率88.5%，同比上升3.3个百分点。节育手术总数为54992例，同比增加5249例。长效避孕措施比重占85.1%，同比下降1.3个百分点。全市已婚育龄妇女893760人，综合节育率为89.5%，计划生育统计合格率在95%以上。

农村部分计划生育家庭奖励扶助金首发仪式
（李　刚　摄）

年初，市长刘慧晏与各区县、高新区以及42个市直部门签订年度人口与计划生育目标管理责任书。12月，在省党政线、基层线考核中，淄博市均取得全省第一名。沂源县名列全省43个县（市、区）第一，周村区的“十告知”经验获省创新二等奖。年内，市人口计生委被评为全省部门和行业作风建设先进单位。市委、市政府印发《关于认真落实科学发展观，进一步加强新时期人口和计划生育工作的决定》，市委办公厅、市政府办公厅印发了《淄博市加快建立和完善人口和计划生育工作新机制建设的实施意见》。各级党委、政府始终坚持“一把手负总责”“一票否决”和“目标责任考核、离职审计、追踪奖惩”不动摇，综合治理的合力进一步加强。积极平抑第四次人口出生高峰。全市共动员5000多对未达晚婚年龄准备登记结婚的青年推迟办理结婚登记手续；3000多对未达晚婚年龄已登记结婚的夫妇推迟生育；600多对符合晚育条件的夫妇推迟生育。在市党员干部现代远程教育中心开辟“现代远程教育人口计生工作站”，将信号直接传输到各行政村的人口学校。加强社区计生工作规范化管理。总结推广沂源县实行“楼长负责制”的经验。设立“流动人口服务中心”，实行“一站式”服务试点。加强村级计生干部队伍建设。全面推行“聘任制、目标责任制、考核奖惩制、淘汰制”四位一体的规范化管理新机制。继续实施后进转化攻坚计划。全市215个薄弱村有185个转化为合格村，占总数的86%。协会建设得到加强。各区县全部做到机构、编制、人员、经费“四落实”，村级建会率100%，企业、市场流动人口建会率72%，会员人数达408454人。2005年，全市出生婴儿性别比稳定在106.7以内，统计信息合格率一直保持在95%以上。实施了育龄妇女生殖健康工程。在市财政投入60万元专项资金的基础上，区县自筹资金350多万元，为乡镇服务站配备便携式B超18台，为区县服务站配备彩超2台。全市共有省优质服务先进区县6个、市优质服务先进乡镇91个、计划生育模范村1973个。组织实施“关爱妇女健康”活动，共为92.4万名育龄妇女实行健康查体，查体率达99.5%。实施出生缺陷干预工程。全市优生检测率达98%以上，微量元素添加率达95%以上，出生缺陷发生率降到5‰以下。健全完善计划生育利益导向机制。落实16项奖励、优先、优惠、扶持、救助、保障政策规定，初步形成了规范化、制度化的长效保障机制。在淄川区、高青县、临淄区、周村区、高新区全部实施农村部分计划生育家庭奖励扶助制度，其他区县也分别开展了自费试点。共有1121对自愿退出二胎生育指标的夫妇领到奖励，316户计划生育特困家庭得到公益金救助，2551人领取奖励扶助金。加大依法行政力度。对社会抚养费申请强制执行94起，征收到位率达80.2%。在全市建立行风建设、政务公开示范点，3345个行政村设置了计划生育公开栏，市区县共聘请社会监督员443名。　（王新峰）

【城市及流动人口计划生育】 年初，各区县对城区所有楼房住户、出租房、经营房、用工单位的招聘人员进行摸底调查。为加强对社区居委会计生工作职责、管理服务对象、移交关系办理等的规范化管理，市人口计生委下发《淄博市社区计划生育工作规范》。针对各区县流动人口育龄妇女管理现状，下发《关于加强流动人口计划生育信息管理工作的通知》，各区县重新进行录入。7月，在临淄区召开全市城市人口和计划生育社区微机化管理现场会，并对全市社区微机操作人员进行《社区计划生育信息管理系统》软件使用培训，全市有130个社区应用该软件。在全市推广张店区流动人口计划生育管理服务和沂源县“楼长负责制”的工作经验。与市劳动和社会保障局联合下发《关于做好人口和计划生育信息通报的通知》，对社区居委会查验失业人员的移交证明信，劳动部门在研究解决劳动就业、职业培训、劳动报酬、社会保障、下岗失业职工安置和女职工特殊保护等方面提出明确要求。9月，由张店区承担的《建立流动人口“一盘棋”管理机制项目》试点工作顺利通过省人口计生委的终期评估。 (刘兴锋)

【计划生育协会建设】 是年，深入开展“协会组织建设年”活动。全市共有各级协会4348个，会员人数达439693人，全市3498个村(居)全部建立政务公开栏，2022个村达到村民自治模范村标准。按照“属地管理、单位负责、居民自治、社区服务”的要求，认真抓好企业和流动人口协会的建设。全市有100人以上的厂矿企事业单位788个，已建协会765个，会员人数达到41559人。流动人口协会26个，会员人数达到4254人。认真抓好先进典型的培养，加大后进村的转化。全市各级共培养先进典型372个，其中村级351个。以“关爱生命、关爱健康、关爱他人”为主题，先后4次举办以宣传计划生育为主要内容的大型宣传、咨询活动。进一步培养和扩大“三结合”帮扶项目。全市“三结合”项目达到3163个，扶贫户数达到57518个，投资达到3500万元。积极探索新形势下计划生育保险工作，全年投保人数达到21662人，投保金额达到132.8万元，共赔付金额36.5万余元。年内，市计划生育协会荣获中国计生协全国普及预防艾滋病知识竞赛组织奖和全国学习《人生》杂志活动二等奖。 (李世湘 李 艳)

【科技工作】 是年，根据新修订的国务院《计划生育技术服务管理条例》，对全市8个区县、92个乡镇(办)计划生育技术服务机构开展的服务项目进行审查和执业校验。组织进行2005年度技术服务人员的资格考试工作，有57人取得“计划生育技术服务人员合格证”。组织进行乡镇优秀服务站验收考核工作，有15个乡镇(办)服务站被授予“计划生育优秀服务站”称号，全市乡镇计划生育优质服务站达到83个。继续开展计划生育技术服务人员继续教育工作。先后举办“服务站长法律法规”“合理用药”“护理”“优生咨询”和网上“生殖健康”培训班，培训人员441人次。开展打击非法行医的工作，对计划生育技术服务机构出租、承包科室，聘用非技术人员从事技术服务等情况进行清理。全市病残儿医学鉴定工作于7月11～15日进行。各区县上报参加病残儿鉴定人数为220人，实际参加鉴定人数为215人。通过鉴定，符合标准人数为188人(其中非遗传性疾病154人，遗传性疾病34人)，其中准生育111人，准孕监测70人，不准生6人，准抱养1人。全市鉴定符合率为87.44%，同比增加3.73个百分点。

(王林香)

【利益导向机制和社会保障机制建设】 年内，落实16项覆盖育龄人群、农村独女家庭、计划生育特困家庭、实行计划生育的农村老年夫妇四大群体的奖励、优先、优惠、扶持、救助、保障政策。全市2100多万元的农村独生子女父母奖励费由区县发放为主的体制初步形成，高青县、沂源县全部由财政统筹，以“直通车”的方式发放到奖励对象手中。每年700多万元的农村和流动人口育龄妇女基本项目的技术服务费，全部由财政负担。建立企业职工生育保险制度，对实行晚婚晚育的企业职工给予休假、生育津贴、报销生育费等方面的奖励优惠。297名农村独女享受到在本市内升高中、中专(含职业中专、技工学校)加10分录取的待遇。789户农村独女家庭享受到高出当地最低生活标准20%的低保。2011户独女户夫妻享受高出当地20%的“合作医疗”“大病统筹”医药费报销优惠。免费为6083名退出二孩生育指标的妇女进行健康查体，并给予当年退出二孩生育指标的夫妇不低于1000元的奖励。各涉农部门与计划生育协会积极开展计划生育“三结合”活动，优先为计划生育家庭提供致富信息500多条、安排帮扶资金1100多万元、落实致富项目800多个。316户计划生育特困家庭得到公益金救助，领取救助金31.6万元。在淄川区、高青县、临淄区、周村区、高新区全面开展对农村部分计划生育家庭奖励扶助，其他区县分别开展自费试点，全市有2551人领取到奖励扶助金。全年共有1121对夫妇自愿退出了二胎生育指标。 (王新峰)

【平抑人口出生高峰】 2005年是全市第四次人口出生高峰的第一个峰值年。通过采取晚婚晚育宣传，奖励优惠政策引导，层层分解落实人口计划，女性初婚、怀孕、生育预警月报等一系列政策措施，全市人口出生率为9.3‰，比省计划低2.2个千分点，圆满完成省下达的人口计划。 (杨维宪)

【信访工作】 认真贯彻落实新《信访条例》《中华人民共和国行政许可法》和信访目标管理责任制，建立完善“维护利益、落实政策、协调变通、妥善处置”的长效机制，继续开通公开电话、实行有奖举报和领导下访制度，严格接访办信程序。对全市信访举报情况进行调研，查处计划生育信访案件17起。针对早期办理的《独生子女父母光荣证》丢失现象，出台《补办“独生子女父母光荣证”的办法》。制定《计划生育行政执法规范》，督促区县计生局制定《计划生育社会抚养费征收程序》《计划生育行政处罚程序》。在全市人口计生系统大力推广计划生育“上门告知”制度。召开全市依法行政暨社会抚养费征收工作会。全市全年应征收社会抚养费1000.6万元，已征收到位764.5万元，征收到位率为82.3%。年内，受理人民来信、来访和电话举报共计255件次，立案信访量为132件次，按期结案129起，结案率达98%。全年无集体进京、到省上访事件发生。 (周 霞)

【宣传教育】 年初，与市委宣传部等13个部门联合，认真开展冬春季计划生育宣传服务活动。在集中宣传服务活动中，共为群众进行健康查体、提供咨询服务70余万人次，帮扶计划生育困难户4100余户，赠送药品、现金、衣物、食品等达40余万元，发放各类计划生育宣传品22余万份。组织成立“婚育新风”演出队88支，组织群众自编自演以计划生育为题材、反映时代风貌的节目近300个，下乡进村演出480场次，11余万名群众受到教育。做好宣传报道工作。与市委宣传部、市财政局联合召开对农村部分计划生育家庭实行奖励扶助制度宣传活动新闻发布会。印发《淄博人口》奖励扶助制度专刊100万份。在《幸福家园》网站设立奖励扶助制度专栏，开通计划生育网络投诉中心。为积极平抑第四次人口出生高峰，市电台新闻频道进行热线直播，市人口计生委负责人现场回答了听众提出的计划生育政策法规等方面的问题。与市远程教育中心联合印发《关于充分运用农村党员干部现代远程教育终端接收站点开展人口和计划生育知识宣传教育的意见》，在全省开创整合社会资源，开展人口和计划生育宣传教育的先例。组织全市开展“5·29”“7·11”“9·25”“10·28”等计划生育重大纪念日的宣传纪念活动。与市委组织部联合，在省人口学校举办全市乡镇(办事处)人口和计划生育工作党政分管领导培训班，邀请省人口计生委领导和省著名人口专家为学员授课。邀请省“三优”教育培训中心教授徐明在早期潜能开发基地免费为100名婴幼儿做智能测试。邀请国家青少年基金会教育专家郭建国为广大计生干部、婴幼儿家长、幼儿园教师做早期潜能开发报告。利用多种形式，对全市70万育龄妇女进行培训，将制作的20000套VCD光盘、近30000套婚育新风知识袋发放到育龄妇女手中。年内，在市级以上新闻媒体发稿共计1372件，其中重点稿件30余件，创历年最好水平。市人口计生委副主任范玉美及市人口计生委宣教科等8单位、5人荣获全国婚育新风进万家暨“双进，双建”活动先进集体和先进个人称号。 （徐 磊）

民 政

【城乡社会救助】 2005年，围绕解决城乡困难群众的生活问题，进一步加快社会救助体系建设步伐。12月，出台《关于建立完善城乡社会救助体系的意见》，在全市初步确立以十大救助制度为主要内容的城乡一体的社会救助体系，救助水平不断提高。城市低保规范运行，实现动态管理下的“应保尽保”。年内，全市共保障城市低保对象17174户、36979人，累计发放保障金4834.77万元，人均月补差109元。继续做好对城市低保对象实施供暖补贴工作，全市各级共对2887户低保对象发放供暖补贴76.12万元。农村低保制度全面建立。全市享受农村低保人数达2.8万人，全年累计发放保障金815.16万元。组织五保供养工作调研和普查，初步确定省、市、县、乡四级财政联保的农村五保供养长效机制。加快敬老院改造步伐。年内，全市乡镇敬老院改造和“夕阳扶老”项目被市政府列入为群众所办12件实事之一。5～12月，50处敬老院新建、改造任务全部完成，其中新建4处，改扩建46处。各级投入建设资金2637.43万元。共新建房屋487间，改扩建房屋1043间，新增床位1018个，新增入院人数226人。投入“夕阳扶老”项目款60万元，按全年每人300元标准，资助70岁以上分散供养的五保老人2000名。组织开展走访慰问活动。年初，在全市范围内组织开展春节走访慰问贫困户、五保户和优抚对象活动，走访慰问农村困难群众1.39万户、4.48万人，发放慰问金和慰问品折款227.54万元。12月，市委、市政府领导开展“下基层、送温暖、解难题、抓落实”活动，走访贫困户27户，发放慰问金1.62万元。组织实施城乡医疗救助工作。按省政府部署，在周村区、桓台县开展城市医疗救助试点工作，争取省拨城市医疗专项救助资金125万元，确保试点工作顺利进行。联合市卫生局、市财政局下发《关于全面建立农村医疗救助制度的通知》，对农村医疗救助建制工作进行部署。截至年底，全市有6个区县建立并实施城乡医疗救助制度，大病救助限额一般在4000～6000元/年，已实施救助人数达13313人，其中资助参加合作医疗保险12662人，大病救助651人，共支出救助金140.12万元。积极协调做好其他专项救助的实施工作。全年救助流浪乞讨人员1272人次。

【救灾救济】 是年，受风雹、洪涝等自然灾害和“麦莎”台风侵袭，全市共造成直接经济损失5.12亿元。各级民政部门积极开展救灾工作，共筹集拨发救灾救济资金602万元，救济灾民、贫困户2.53万户、6.57万人，重建和恢复灾民住房7930间，确保了灾区灾民生活和社会稳定。继续举行全市“慈心一日捐”活动。全市共接收捐款2266.79万元，其中市慈善总会接收市直单位捐款549.15万元，区县接收1717.64万元，捐款数额比上年增加700多万元。利用募集的善款组织实施“朝阳助学”“夕阳扶老”“爱心复明”等15项救助活动，受助群众7万余人。组织开展“扶贫济困送温暖”慈善捐助物品活动，共收到捐款53.44万元、捐物46000余件，约2.9万人参加捐赠。经过各级积极努力，慈善事业投入扶持力度进一步加大，有6个区县成立慈善总会。投入资金106.4万元，全市共建起慈善（低保）超市6处，救助人数2673人，全市慈善事业向经常化、社会化、规范化发展。

【基层民主政治建设】 年内，成功组织第八届村委会换届选举工作。全市3136个村委会中，已有3134个完成换届选举，占应换届村的99.94%，高于省定98%的换届指标。村“两委”成员交叉任职比例达到88.6%，其中村书记、主任“一人兼”比例达到93.4%，分别比上届提高51.8个百分点和63.6个百分点，比全省平均水平高出13.8个百分点和4.8个百分点。原376个社区居委会均完成换届选举。举办新当选的村书记、主任培训班。出台《关于进一步加强村级工作规范化建设的意见》，组织村务公开民主管理情况专项检查。结合贯彻全省村务公开民主管理工作经验交流会精神，市委、市政府在临淄区组织召开全市村务公开民主管理现场经验交流会议，总结新经验，推出新典型，确定新的发展方向和工作目标，推动村务公开民主管理工作的深入开展。

【城市社区建设】 年内，投资295万元实施第二期社区办公用房和服务用房建设，全市已建成并投入使用的社区办公用房和服务用房83处，在建的23处，筹建中的22处。投资33万元，组织开展第二期、第三期社区图书室援建工作，全市原376个社区均拥有一处图书室，张店区民政局等4个单位和个人受到中央文明办、民政部、新闻出版总署、国家广电总局的表彰。组织开展科技、文化、体育、医疗、养老助残和家政服务“六进社区”活动，进一步夯实“和谐社区”建设基础。年内，全市实现社区就业再就业3528人，其中下岗失业人员2325人、“4050”人员（即女40周岁以上，男50周岁以上）1152人，新增就业再就业岗位291个。

【双拥和优抚安置】 制定下发《2005年全市双拥工作意见》。围绕支持部队搞好军事训练和正规化建设，继续扎实开展“十进军营拥军”“千家企业拥军行动”等系列活动，部署开展“援建军营图书室，共建学习型军营”系列活动。组织新年春节、“八一”期间的拥军优属活动，有2名优抚对象分别获全省第三届“十佳兵妈妈”称号和“省三八红旗手”称号。《我市实现创建全国双拥模范城“五连冠”》成果，被市委、市政府授予2005年度优秀工作成果一等奖。认真贯彻新《军人抚恤优待条例》，提高优抚对象抚恤补助标准。有4个区县将城镇义务兵家属优待金列入县级财政预算，实现优抚对象优待金的财政保障，5个区县根据上年度人均收入提高优待金标准，保障优待金的足额兑现，全市全年共发放优待金2219万元。在落实重点优抚对象医疗保障机制、医疗补助费用及时足额报销的基础上，进一步扩大重点优抚对象参加农村新型合作医疗保障的范围。全年共为8650名优抚对象报销医药费192万元，发放大病救助金68万元，各级优抚医院为优抚对象减免医疗费近60万元。组织参加中央和省庆祝中国人民抗日战争暨世界反法西斯战争胜利60周年纪念活动，为1353名抗战回乡老战士发放纪念章，修订编印了《淄博市烈士英名录》。全面完成残疾军人的残疾等级套改。安置城镇退役士兵1039人，其中转业士官169名，扶持234人实现自谋职业。完成69名军休干部和4名伤残志愿兵的接收安置工作。认真落实军休干部两项待遇，有4处军休所完成旧房改造任务。圆满完成军供保障任务，市民政局被济南军区、省民政厅表彰为全省军供工作正规化建设先进单位。

【福利彩票发行】 年内，全市共销售福利彩票4.03亿余元，发行额居全省第五位，较2004年同期增长120%。其中，电脑福利彩票增长152%，增幅居全省第四位，人均购彩额居全省第三位，为国家募集福彩公益金1.4亿元，其中为淄博市募集福彩公益金近4800万元，2人分别被省民政厅、人事厅荣记个人二等功、三等功。加大福彩公益金对社会福利设施资助力度，投入公益金1886万元(含省拨205万元)，资助实施乡镇敬老院改建和"夕阳扶老"项目、社区办公用房和服务用房建设、慈善救助活动和慈善超市建设等。

【社会行政事务管理】 继续加大农村经济协会的培育发展力度，重点抓好临淄、沂源农村经济协会试点工作。督促区县制定有关培育发展农村经济协会的相关优惠政策，引导协会强化服务，扩大规模，增强发展活力。临淄区皇城镇南卧石村西红柿协会被评为省十佳农村经济协会，沂源县东里镇果品产销协会等6家协会被评为省百强农村经济协会。狠抓民间组织规范化建设，与市文明办联合开展"诚信民办非企业单位"评选活动，组织非营利组织会计制度培训和市管民间组织党建情况统计调查，对6家民办非企业单位实施编制化管理，98家民间组织参加了全省民间组织上网工程。与有关职能部门协作联手，加强对民间组织的监督管理，查处非法违法活动7起。全市共有社会团体1226家，民办非企业单位近3200家，有85%的社会团体初步达到规范化建设标准。市民政局被评为全省民间组织管理工作先进单位、全省民间组织信息宣传先进单位。狠抓婚姻登记工作规范化建设，婚姻登记合格率100%，全市晚婚率达到89%。协同计生、卫生等部门在5个区县推行免费婚检，进一步照顾婚姻当事人的服务需求。强化殡葬管理，积极协调卫生、公安部门联合开展取消医院太平间试点工作，在张店、周村两区开展试点，采取措施逐步在全市取消医院太平间，并对非法运尸车辆进行治理整顿。进一步加强公墓管理，会同公安、土管等部门对全市13家非法公墓进行严肃查处。全市投资近200万元，完成城区道路设标任务，镇、村设标工作相继展开。顺利完成边界线联检任务。开展城市地名规划工作。地名公共服务体系框架初步构成，市及各区县设立地名查询热线电话，正式开通市、区县"淄博地名网"，市及3个区县安装调试5台地名信息触摸屏，为社会、公民提供方便，市民政局被表彰为全省地名工作先进单位。组织开展养老服务社会化示范活动，确定省级养老服务社会化试点单位。积极鼓励社会力量兴建老年福利机构，全市老年福利机构的规模、档次和床位数都有较大幅度提高。积极督促区县落实县级老年福利服务中心建设项目，高青、张店、周村和临淄已经建成并投入运行。组织实施孤残儿童手术康复"明天计划"，先后为市社会福利院的9名孤残儿童进行手术治疗。加强收养登记管理，会同市计生委、市公安局起草提报《淄博市弃婴弃儿收养管理暂行办法》。

【社会福利企业生产】 年内，会同税务部门组织社会福利企业年检，全市222家福利企业共安置残疾职工8000多名，实现年销售收入38.6亿元，实现利税4.5亿元，与上年相比有较大幅度增长。 (市民政局)

【淄博市慈善总会】 淄博市慈善总会成立于1997年12月26日。始终坚持"慈心为人、善举济世"的工作宗旨，通过募集善款，组织扶贫济困、安老助孤、帮残助医、支教助学等慈善活动。2004～2005年，共筹集善款925.6万元，发放善款615.33万元。先后筹划实施"明天计划""微笑列车"等一系列救助项目。2005年，市慈善总会全年对外发放善款救助金505.07万元。

市委书记张建国视察市慈善超市 (刘乙惠 摄)

12月，成立淄博市慈善捐助物资接收管理中心，挖掘利用社会剩余闲置物品，进一步拓宽救助渠道，扩大救助范围；同时建立慈善超市，对享受城市和农村最低生活保障的人员、外地进城务工的困难人员凭慈善救助证免费进行救助。截至年底，资助协调全市6个区县成立慈善总会和慈善超市，进一步健全了市区两级慈善救助网络。 (刘 良)

侨 务

【概况】 年内，积极开展新华侨华人普查摸底和侨资企业调查工作，完善新华侨华人信息数据库，掌握了173家侨资企业的基本情况。年初，结合调研招商项目，深入区县和企业，对侨资侨属企业进行专题调研。5月，召开全市侨务工作会议，出台市委、市政府《关于加强新形势下侨务工作的意见》。6月，陪同市政协领导对部分侨资企业进行视察。制定《2005～2007年海外人才为淄服务实施意见》，进一步明确了招才引智工作的目标任务。不断拓展对外联络，扩大对外交流。8月，市侨办主任王先义随山东省侨务访问团出访欧洲，拜会19个华侨华人社团，推介全市重点招商项目20多个。积极寻求与沿海侨乡联谊合作，分别于1月和6月，与海南省琼海市侨办和广东省汕头、潮州市侨办、侨联结为友好单位。组织有关区县和企业赴北京、昆明、郑州参加国务院侨办举办的涉侨经贸活动，宣传淄博发展环境，推介重点招商项目。接待加拿大BC省山东同乡会、法国山东同乡会和川渝同乡会到淄博参观考察。是年，全市侨务部门新结识海外社团26个，接待海外华侨华人500余人次。

开展对外宣传工作。加强与各级侨务外宣媒体的协作，借助华声龙脉网、中国新闻社、《山东侨报》《齐鲁乡情》《山东侨务》等外宣平台，大力宣传淄博的人文地理、风土人情、投资环境、投资项目、侨界精英、优势企业。在《齐鲁乡情》刊登介绍首届淄博海外华侨华人专业人士高新技术合作项目推介会的专题报道《齐风韶韵、有风来仪》，在海外产生较大反响。先后3次利用上级侨务专网对外推介招商项目60多个，向省侨办、省侨联报送信息50多条，编发淄博侨务简报20期。年内，全市侨务部门共在各级各类新闻媒体发稿110多篇(幅)。策划实施“海外华侨华人和留学生为促进淄博发展献计献策”活动，编印《致海外华侨华人和留学生的一封信》和《锦囊妙计征集表》，向海外寄发200多封。年内，市侨办被评为全市招商引资先进单位，市侨联被省侨联评为全省权益保障先进单位。

市委书记张建国、市长刘慧晏会见参加全市侨务工作会议的海外侨胞代表　　（方树帅　摄）

【涉侨经贸活动】　6月17～19日，与市有关部门共同举办首届淄博海外华侨华人专业人士高新技术合作项目推介会。来自美国、加拿大、德国、法国、荷兰、澳大利亚等国家，获得硕士以上学位、有回国创业意愿、携带200多项拥有自主知识产权的40余名华侨华人专业人士，到淄博参加项目洽谈和考察活动。期间，推介对外合作项目86个，50家企业与海外华侨华人专业人士签订合作协议和意向54个，涉及60个高新技术项目。10月19～20日，举办2005淄博海外华商、博士创业与投资项目推介洽谈会。来自美国、加拿大、德国、法国、荷兰、澳大利亚、日本、韩国等国近50位华商、博士，与全市200多家企业进行项目洽谈对接，共签订合资合作协议53个，涉及104个项目。年内，全面完成市委、市政府下达的2000万元人民币的年度招商任务。全市侨务部门共促签协议利用外资项目213个，协议利用外资9875万美元；合同利用外资项目146个，合同利用外资7233万美元。

首届海外华侨华人专业人士高新技术合作项目推介会开幕式　　（方树帅　摄）

【侨政工作】　年内，组织开展以“走侨户、访侨情、维侨益、聚侨力、促发展”为主题的“依法维护侨益年”活动，帮助归侨侨眷解决就业、住房、子女上学、退休养老金落实等现实问题16件。11月，会同市司法局、市依法治市工作领导小组联合下发文件，部署进一步加强学习宣传和贯彻实施《中华人民共和国归侨侨眷权益保护法》及其实施办法。坚持开展“访侨户、送温暖”活动，走访归侨侨眷130多户，发放慰问品和救济金3万多元。制定完善侨务信访制度，通过新闻媒体公开侨办负责人公开接访日，对重要信访，侨办侨联主要负责人亲自接待，积极帮助协调解决。全年共接待归侨侨眷和海外侨胞来信来访21起(其中海外信访2件次)，依法处结20起，处结率达96%；依法为28名归侨侨眷办理身份证，为5名“三侨考生”(指考生为归侨青年、归侨子女或华侨在国内的子女)办理高考、中考照顾手续。　　（王小波）

民族　宗教

【民族工作】　加大帮扶力度，推进民族经济社会发展。年内，为民族村镇筹集项目帮扶资金400余万元。成功召开市民族事务协调委员会第三次会议，制定第三个帮扶计划，落实了以水、电、路等基础设施建设为主的17个帮扶项目。积极争取香港慈辉佛教基金会的扶贫资金，帮助解决刘营蒙古族村的饮水，大刘庄回族村的林果灌溉、机井配套，柳枝峪回族村、辛庄回族村的进山林果运输道路问题。争取省、市教育扶持资金到位75万元，区、县配套资金50万元，改善民族学校办学条件。协调市卫生部门投入资金30万元，为金岭回族镇医院设立回民病房。

实现民族团结进步新突破。10月份，开展民族团结进步宣传月活动，组织科技文化卫生“三下乡”，为少数民族群众解决蔬菜种植、林果管理、牲畜养殖等难题。依据《山东省民族工作条例》，对24名符合更改为少数民族成分的公民办理民族成份确认证明。按照省招生委、省民委有关规定，为41名参加中、高考的少数民族学生办理有关手续，使他们享受到录取加分的优惠政策。年内，全市有1人被评为全国民族团结进步先进个人；有3个集体和5人被评为全省民族团结进步先进集体和先进个人。

建立民族工作长效机制。根据省委、省政府两办《关于建立长效机制加强民族团结维护社会稳定的意见》的要求，对建立民族工作“八大长效机制”(组织协调、教育宣传、信息预警、应急处置、区域协作、法制保障、帮扶、责任追究)的建设作出部署，列出专题，督察落实。

加强理论探讨和工作创新。组织全市民族宗教系统干部，以“做好民族宗教工作，积极构建和谐淄博”为专题进行研讨，共有41篇文章进行交流，并选出5篇文章参加了省民委、省宗教局组织的征文比赛。

【宗教工作】　淄博市有天主教、基督教、伊斯兰教、佛教、道教5种宗教。信教群众86085人，信教人数占全市总人口的1.8%。其中，天主教信徒7457人，基督教信徒39686人，佛教信众13845人，道教信众6774人，穆斯林18623人。全市有经民政部门登记的社会宗教团体27个，其中市级宗教团体

4个,区县宗教团体23个。已批准登记的宗教活动场所206处,其中天主教34处,基督教143处,清真寺9处,佛教8处,道教9处。有宗教教职人员183人,其中天主教主教1人、神甫7人,基督教牧师11人、传道员84人,伊斯兰教阿訇25人,佛教比丘25人、比丘尼7人,道教道士7人。

宗教团体规范化管理。建立宗教团体领导班子及成员考核评议机制。上半年对3个全市性宗教团体进行届中评议,通过听取工作汇报,召开信教群众座谈会,征求各区县民族宗教部门意见和建议,分别对各宗教团体班子及成员换届以来的工作情况做出客观公正的评价,并提出指导性意见,督促各宗教团体进行整改。坚持宗教团体季度联席会议制度。定期听取各宗教团体负责人的意见和建议,充分发挥其桥梁纽带作用。组织全市宗教团体负责人、宗教教职人员开展"弘扬宗教积极因素,为构建和谐社会做贡献"的理论研讨。组织引导宗教界大力开展慈善捐助活动。年初,印度洋发生海啸,全市宗教界人士通过市、区红十字会向灾民捐款达13余万元,其中佛教信众捐款近10万元。中央民族大学回族学生文超患白血病后,全市宗教界再次伸出援助之手,捐款救助。各宗教团体在市内也广泛开展扶贫助学帮困的慈善活动。

依法管理民族宗教事务工作。根据国务院《全面推进依法行政实施纲要》的部署,市民族宗教事务局把推进依法行政工作列入重要议事日程。成立推进依法行政工作领导小组,制定《关于贯彻落实国务院〈全面推进依法行政实施纲要〉的具体工作方案》。加强制度建设,制定《淄博市民族宗教事务局行政许可实施办法(试行)》《淄博市民族宗教事务局行政处罚程序(试行)》《淄博市民族宗教事务局行政执法过错责任追究制度(试行)》《淄博市民族宗教行政案件办理程序的规定》《民族宗教行政案件听证工作规则》等配套制度。根据市政府办公厅下发的《淄博市规范行政处罚自由裁量权工作实施方案》的具体要求,制定《淄博市民族宗教事务局行政处罚自由裁量权实施办法(试行)》,把法规中7个带有处罚幅度的条款,细化成三十一条具体的处罚参照标准。制定《淄博市民族宗教行政执法程序图》。加强执法队伍建设,全市建立健全了县、乡、村三级工作网络三级责任制。制定下发《淄博市宗教工作目标考核细则》,采取逐项量化计分的办法,对各区县进行半年和年终考核,强化区县的责任意识,有力地推动了宗教工作的深入开展。

落实宗教房地产政策。多年来未解决的淄川区政府占用天主教在淄川城区的房产、周村区医院占用天主教的房产问题,均得到彻底解决。（李　平）

残　联

【残疾人康复工作】 是年,实施"助听、助视、助行"工程,投入资金80余万元,超额完成各项康复任务。全年完成白内障复明手术3000余例,其中免费为550名贫困白内障患者实施复明手术;为55名低视力患者配戴助视器;对70名聋儿进行听力语言训练;训练肢体残疾人144名、智残儿童104名;免费为111名下肢残疾人装配假肢;为残疾人提供用品用具2000余件。

【残疾人教育就业扶贫工作】 年内,注入资金15余万元,扶持300余名贫困残疾学生接受义务教育,资助21名贫困残疾学生考入大中专院校学习,市残联被市政府表彰为尊师重教先进单位。全年征收残疾人就业保障金1600万元,超额完成年度工作任务。在淄博技术学院建立残疾人高级技能培训基地,先后举办17期残疾人职业技能培训班,培训残疾人1400余人次,其中有400多名残疾人被有关单位录用。举办大型招聘会12次,为300多名残疾人解决就业问题。注入资金10余万元,扶持50多名残疾人从事个体事业。争取扶贫资金300多万元,实施农村残疾人危房改造工程,为202户贫困残疾人危房户建起新房。

省残联领导在淄博技术学院残疾人职业培训基地检查指导工作　（郝长平　摄）

【残疾人维权】 在全省率先开通残疾人"法律维权直通车",和市司法局联合命名31个维权示范岗,进一步简化法律援助审批手续,提高法律援助效率;帮助残疾人法律诉讼14起,维护了残疾人的合法权益。全年接待残疾人来访267人次,来信168件,处结率达98%以上,杜绝了越级上访和集体上访。

【残疾人文体活动】 举办全市第五届残疾人文艺汇演,并组团参加全省残疾人文艺汇演,获优秀组织奖。举办全市残疾人游泳选拔赛和聋人羽毛球赛,举行特奥项目启动仪式。对残奥会有功人员进行表彰奖励,市残联获"振兴淄博劳动奖状"。（郝长平）

老 龄 工 作

【概况】 2005年,全市老年人口57万,占全市总人口的13.8%。加大老龄宣传工作力度,组织拍摄了反映全市老龄工作风貌的电视专题片《使命》。继续联合新闻媒体办好"夕阳红""老年园地""多彩夕阳"等专栏、专版,使其成为宣传老龄工作、展现老年人风采的窗口。针对老年人关心的热点、焦点问题,开展以老龄化形势、社会化养老、解决空巢老人生活等为主题的宣传,与《鲁中晨报》策划了12期系列报道《有一天我也会老》和百岁寿星专栏报道,与淄博电视台筹划直播了以老年人优待政策为内容的《关爱老人》节目。

加大老年人合法权益维护力度。全面落实《老年法》《山东省老年人权益保障条例》和省、市老年人优待规定,协调督促区县结合各自实际,不断调整充实优待老年人政策,在乘车、就医等方面进一步扩大优待内容,提高优待标准。开展老年人优待规定落实情况抽查工作,对查出的问题,及时制定整改措施，加大协调解决力度，促进各项优待政策的贯彻落实。不断加大老年法规政策执法和法律援助工作力度，继续在全市开展法律为老年人献爱心活动，积极接待老年人来信来访，及时为老年人提供法律援助和司法救助，全年受理老年人来信来电 1000 多人次。

引导老龄事业发展，确保“老有所养”。年内，根据省统一部署，老龄工作部门把签订农村家庭赡养协议书列为工作重点，制定下发《关于进一步做好农村家庭赡养协议书签订工作的实施意见》，在高青县召开签订农村家庭赡养协议书工作现场会，各区县、乡镇成立工作领导小组，制定科学的赡养标准，强化监督落实措施，全市签订率达到 85%，使农村家庭养老工作走上制度化、法制化轨道。开展全市农村老年活动设施、闲置校舍和闲置房屋调查摸底工作，对利用闲置校舍改建农村老年人活动场所做动员部署，为搞好农村老年人文体活动基地建设奠定基础。

开展适合老年人特点的文体活动。年内，组织开展全市老年人才艺大赛、敬老爱老助老孝心工程、纪念抗日战争胜利 60 周年文艺会演、老年棋牌赛等活动，指导和协调老年人文化体育团体开展庆祝新中国成立 56 周年歌咏大会、老年健身舞操比赛等健康有益的老年人文体活动，丰富老年人的精神生活。10 月 9 日，在淄博广电大剧院举办庆祝淄博市第十九个老年人节文艺晚会，市有关领导及 800 余名老年人观看演出。

加强基层老龄工作建设。根据全国老龄工作先进区县创建标准，制定推行老龄工作主要目标和考核标准，狠抓基层老龄工作建设。组织参加全省老龄工作先进村居、全省百岁寿星评选活动，周村区丝绸路街道办事处胜利社区等 4 个村居被评为山东省老龄工作先进村居，5 名百岁以上老年人获山东省百岁寿星称号。

【市老年人才艺大赛】 由市老龄办和淄博人民广播电台联合主办的市老年人才艺大赛于 9 月初开始，10 月 9 日结束。全市共有 189 名老年人报名参赛，年龄最大的 84 岁。大赛分预赛和决赛两个阶段，展示内容包括书法、绘画、舞蹈、戏曲、小品、口技、魔术、唱歌、乐器演奏等 10 余类。经过专家评审，杜金陵等 10 位老年人获最佳才艺奖，刘明泉等 13 位老人获优秀才艺奖，高英台等 15 位老年人获才艺奖。

【敬老月活动】 9 月 15 日～10 月 15 日，全市深入开展敬老月活动。活动以开展敬老宣传教育、助老服务、庆祝老人节、走访慰问老年人为重点，各级老龄组织采取措施，注意引导社会资源参与敬老活动，并有针对性地加强对基层活动的指导、协调和督促。活动期间，全市各级党政领导走访慰问老年公寓、敬老院 138 个，召开座谈会、联欢会、庆祝会 1339 个，举办文体活动 495 次，为 3.7 万余名老人免费查体，为老年人发放慰问金 780 余万元。

【敬老爱老助老孝心工程活动】 由市老龄办和市老年体协联合举办的敬老爱老助老孝心工程活动，5 月启动，12 月底结束。活动内容主要包括：以敬老宣传进社区、孝亲敬老楷模报告会、普及科学健康知识为重点的主题宣传活动，以推广健身保健舞操为内容的健身运动进社区活动，以老年艺术团巡回公益演出为内容的老年文化进社区活动。活动期间，共开展社区老年健康知识讲座 120 余场，赠送健康知识图书 2000 余册，开设健身舞操培训班 151 次，文艺演出 36 场。

【老龄问题调研】 年内，主要开展了 4 项调研活动。一是开展农村新中国成立前老党员、农村老干部、女支前模范调查统计工作。对其分布、生活和经济状况进行全面调查、登记、汇总，并建立基础档案。二是开展“银龄行动”老年知识分子调查工作，摸清了全市 60～70 岁副高以上职称知识分子的基本情况。三是对全市“十五”期间老龄事业发展情况进行调研，重点对老年事业投入、老年设施建设和老年人医疗、救助等制度的建立、老年维权等方面进行全面评估。四是基层老龄工作情况调研。利用两个月的时间，对全市农村养老工作开展、老年法规政策落实、老年人生活状况、老年产业发展现状、老年人精神生活等方面进行调查研究，进一步掌握全市老龄工作发展基本情况及存在的问题，撰写调研报告，为市政府决策老龄工作提供了可靠依据。

【市老年学学会成立】 10 月，淄博市老年学学会成立。该学会有会员 60 余人。其宗旨是团结全市有关专家、学者和老龄工作者，开展老龄问题战略研究和政策研究，推进老龄事业与全面建设小康社会协调发展。主要任务是：制定、实施老年学术研究规划，开展老龄问题及老年学宣传活动，组织社会调查和老年学学术研究、交流，搜集国内外有关老年学信息资料，向上级及时提供老龄问题有关研究成果。

【助老服务】 是年，市老龄事业服务中心完善配送队伍，扩大配送服务内容。以低于同类商品市场价的价格，开展米、面、油、水等商品的配送工作，全年配送物资 2000 余次，满足了网员的日常生活需要。开展查体服务。市老龄事业服务中心将每周一、三、五定为网员的查体服务日，面向网员开展常规查体服务，全年为 1500 余名老年人免费查体，同时，联系张店区医院为 130 余名网员进行全面查体。组织老年交友联谊会，开展婚介服务，积极为单身老人牵线搭桥，年内，有 6 对老人喜结良缘。

（张毅玮）

本部类编辑：孟 明
副主编：徐 杰
校对：赵建国
唐乃兴

人　　　物

淄博市人大常委会副主任

郭仁友　汉族，山东省龙口市人，1945年3月出生，中专学历，1972年1月加入中国共产党，1964年8月参加工作。1961年8月至1964年8月山东省蓬莱师范学校学生；1964年8月至1965年3月黄县商业局职工；1965年3月至1978年11月黄县公安局民警、治安股副股长、股长；1978年11月至1984年4月黄县公安局副局长、教导员；1984年4月至1989年5月烟台市公安局副局长、党组成员；1989年5月至1994年9月烟台市公安局党委副书记、副局长(其间：1988年9月至1989年7月山东省公安专科学校学员)；1994年9月至1998年2月烟台市公安局党委副书记、副局长兼烟台公安干部中等专业学校党委书记；1998年2月至2002年1月淄博市公安局局长、党委书记；2002年1月至2004年2月淄博市公安局局长、党委书记(副市级待遇)；2004年2月至2006年2月淄博市人大常委会副主任、党组成员；八届市委委员；省第八次党代会代表，省十届人大代表，市第九次党代会代表，市十二届人大代表。

薛安胜　汉族，山东省淄博市桓台县人，1950年10月出生，大专学历，1972年6月加入中国共产党，1976年5月参加工作。1976年5月至1983年4月桓台县周家公社党委副书记；1983年4月至1985年7月桓台县陈庄公社党委书记；1985年7月至1987年7月省广播电视大学党政管理干部基础专修科学员；1987年7月至1989年4月桓台县侯庄乡党委书记；1989年4月至1990年3月桓台县纪委副书记；1990年3月至1990年5月桓台县纪委书记；1990年5月至1993年1月桓台县委常委、县纪委书记；1993年1月至1995年2月桓台县委副书记；1995年2月至1997年12月桓台县委副书记、县长；1997年12月至2001年3月桓台县委书记兼县委党校校长(其间：1996年4月至1998年4月中国社会科学院研究生院经济法专业在职学习)；2001年3月至2002年12月桓台县委书记兼县人大常委会主任、县委党校校长；2002年12月至2004年7月淄博市市长助理、市政府党组成员；2004年7月至2005年1月淄博市市长助理，市总工会主席、党组书记。2005年1月市人大常委会副主任、市总工会主席、党组书记。2005年2月市人大常委会副主任、党组成员，市总工会主席、党组书记。九届市委委员；省第八次党代会代表，市第九次党代会代表，市十二届人大代表。

曹在堂　汉族，山东省淄博市淄川区人，1952年4月出生，市委党校大专学历，1975年11月加入中国共产党，1969年7月参加工作。1969年7月至1976年4月淄博瓷厂五车间工人、统计员；1976年4月至1976年12月淄博瓷厂五车间党支部副书记；1976年12月至1981年3月淄博瓷厂党委常委、团委书记；1981年3月至1984年3月淄博瓷厂党委常委、新车间党支部书记兼车间主任；1984年3月至1984年9月淄博瓷厂党委副书记；1984年9月至1986年7月淄博市委党校干部培训班学员；1986年7月至1987年6月山东省陶瓷公司帮助工作；1987年6月至1994年12月山东张店陶瓷厂厂长、党委副书记；1994年12月至1995年3月山东张店陶瓷厂(华光陶瓷集团)党委书记、厂长；1995年3月至1995年4月淄博市经委党组副书记，山东张店陶瓷厂党委书记、厂长；1995年4月至1996年8月淄博市经委主任、党组副书记(其间：1993年9月至1996年6月南开大学政治经济学研究生班在职学习，获经济学硕士学位)；1996年8月至2001年5月淄博市委工业工委书记、市经委主任、市经贸委主任；2001年5月至2001年6月淄博市市长助理、市政府党组成员，市委工业工委书记、市经贸委主任；2001年6月至2006年1月淄博市市长助理、市政府党组成员，市经贸工委书记、市经贸委主任，2006年1月淄博市人大常委会党组成员，市经贸工委书记；2006年2月淄博市人大常委会副主任、党组成员，市经贸工委书记；九届市委委员、省九届政协委员；市第九次党代会代表，市十二届人大代表。

常大鹏　汉族，山东省荣成市人，1949年1月出生，省委党校大学学历，1971年5月加入中国共产党，1970年2月参加工作。1968年4月至1970年2月烟台商校会统专业学生；1970年2月至1976年2月淄博市张店区第三百货商店营业员、党支部委员、团支部书记；1976年2月至1978年2月淄博市张店区财贸办公室办事员；1978年2月至1984年5月淄博市

张店区委组织部干事、组织科科长(其间:1982年3月至1983年2月淄博市委党校青年干部培训班学员);1984年5月至1984年9月淄博市张店区供销社党组书记、主任;1984年9月至1986年9月山东电大党政干部基础专修科学习;1986年9月至1987年5月淄博市张店区房产管理局党总支书记、局长兼区城市建设综合开发公司经理;1987年5月至1987年9月淄博市张店区城乡建委党委副书记、副主任兼区城市建设综合开发公司党支部书记、经理;1987年9月至1990年2月淄博市张店区城乡建委党委书记、主任;1990年2月至1992年3月淄博市张店区副区长;1992年3月至1993年1月淄博市张店区区委常委、副区长;1993年1月至1993年4月淄博市张店区委副书记;1993年4月至1995年3月淄博高新区管委会副主任(正局级)、党委委员,经济发展总公司副总经理兼规划建设土地局局长;1995年3月至1996年10月淄博市建委党委书记、副主任;1996年10月至2002年12月淄博市建委党委书记、主任(其间:1995年9月至1997年12月省委党校建设经济管理专业在职学习,1996年4月至1998年4月中科院经济法专业研究生班学员);2002年12月至2003年4月淄博市建委主任、市规划局党组书记、局长;2003年4月至2003年8月淄博市市长助理,市规划局党组书记、局长;2003年8月至2003年10月淄博市市长助理,市规划局党委书记、局长;2003年10月至2006年1月淄博市市长助理,市规划局党委书记、局长,淄博新城区开发建设指挥部常务副指挥兼综合办公室主任;2006年1月淄博市人大常委会党组成员,市规划局党委书记,淄博新城区开发建设指挥部常务副指挥兼综合办公室主任;2006年2月市人大常委会副主任、党组成员,市规划局党委书记,淄博新城区开发建设指挥部常务副指挥兼综合办公室主任。市第九次党代会代表,市十二届人大代表。　（市人大）

淄博市政协副主席

高峰岭　汉族,1952年4月出生,山东省淄博市临淄区人,省委党校研究生,1972年5月参加工作,1972年1月加入中国共产党。1972年5月后历任临淄区敬仲公社工作队队员,临淄区齐陵公社团委干事、团委书记、党委常委、党委副书记;1980年12月至1982年9月在山东农业机械化学院干部专修科学习农业机械化管理专业;1982年9月任临淄区边河公社党委副书记、管委会副主任;1984年3月后历任临淄区副区长,淄博市农委副主任、党组副书记,淄博市水利局党委书记、局长,淄博市水利局党委书记、局长兼市引黄指挥部副指挥;1996年10月后历任博山区委书记,淄博市市长助理、市农委主任、市委农工委书记;2000年12月后历任泰安市法院党组书记,泰安市法院代院长、党组书记,泰安市法院院长、党组书记;2006年2月后任淄博市政协副主席。

张建祥　汉族,1952年3月出生,山东省淄博市临淄区人,省业余大学学历,1970年5月参加工作,1976年1月加入中国共产党。1969年8月后历任临淄区水利局机井队钻工、队长,1980年7月任临淄区辛店公社党委委员、党委副书记;1984年8月至1986年7月在山东农业大学干部专修科学习农学专业;1986年7月后历任临淄区辛店镇党委副书记、党委书记,临淄区委常委、辛店镇党委书记,临淄区委常委、区经委党委书记,临淄区委常委、副区长,临淄区委副书记、副区长;1996年10月任淄博市引黄供水工程指挥部指挥、党组书记;1997年12月后历任高青县委副书记、代县长,高青县委副书记、县长,高青县委书记,高青县委书记、县人大常委会主任、党组书记兼县委党校校长;2006年2月后任市政协副主席。　（市政协）

全国劳动模范　全国先进工作者

陈　虎　男,1974年出生,汉族,大专文化,中共党员,淄博市焦化煤气公司工人。陈虎是一名维修工,十几年如一日立足岗位,奉献用户,服务用户6万余家,登门5500多次,义务出勤700多天,行程5万多公里。无论盛夏酷暑,还是天寒地冻,饥一顿,饱一顿,随叫随到,风雨无阻。他掌握一套过硬的维修技术,有人高薪聘他结伙单干,被他婉言谢绝,依然无怨无悔地工作在自己的岗位上,以他的名字命名的“陈虎维修热线”已经成为全市服务行业的一面旗帜。他用自己的行动,把维修班成员个个带成了“陈虎式”的工人。他先后获得市“十大杰出青年”、市劳动模范、省十佳职业道德标兵、全国建设系统劳动模范等称号。2005年被评为全国劳动模范。

苏加刚　男,1963年出生,汉族,高中文化,中共党员,淄矿集团公司岭子煤矿综掘队队长。自参加工作以来,严以律己,始终拼搏在煤炭生产第一线,工作不计时间,不计报酬,勤勤恳恳,任劳任怨,一心扑在工作上。严格按照规程措施施工,实现了自主保安和相互保安,在职工群众中享有较高的威信。1988年获淄博矿务局劳动模范、山东煤炭工业劳动模范称号;1989年获淄博市劳动模范、全国煤炭工业劳动模范称号。2005年被评为全国劳动模范。

王正滨　男,1953年出生,汉族,大专文化,中共党员,淄博市张店区和平街道办事处太平社区居委会党支部书记、主任。工作认真扎实,勤奋敬业,无私奉献,积极引导企业开展制度创新、产品创新和科技创新,提高企业竞争力,应用先进技术改造企业,提高效益水平,成功走出了一条“城内改造与城外办厂联动发展”之路,使太平社区居委会发生了巨大的变化。先后被评为市“三个代表”重要思想学习教育先进个人、市劳动模范、省劳动模范、全国优秀企业家,曾获省富民兴鲁劳动奖章及全国“五一”劳动奖章。2005年被评为全国劳动模范。

杨玉菊 女，1957年出生，汉族，大学文化，中共党员，博山区实验中学校长。从1977年开始，把近30年美好人生献给了祖国的教育事业，献给了博山区人民群众的孩子。她在平凡的岗位上，用高尚的人格、卓越的成绩，实践着自己"清清白白做官，扎扎实实工作，实实在在做人"的人生准则，用忘我的工作、辛勤的汗水奏响了一曲无私奉献的共产党员之歌。2001年8月后，用短短几年的时间，就把一所校舍残破、设施奇缺、资金匮乏、人心涣散的学校，建设成了教学管理高层次，校园文化高品位，师生素养高提升，教学质量大提高的名校、强校。她先后荣获市"三八"红旗手、市"巾帼十佳"、省优秀教师、省劳动模范等荣誉称号。2005年被评为全国先进工作者。

杨延良 男，1948年出生，汉族，大专文化，中共党员，山东博汇纸业股份有限公司董事长。他坚持"发展就是硬道理"的战略方针，坚持在发展中解决技术、资金、人才等问题，坚持抓住机遇，低风险迅速扩张及走持续发展的道路，由小变大，由弱到强，使企业实现了快速、跨越式发展，成功跨入国家特大型企业集团行列，成为全国造纸行业的骨干企业。企业先后被评为"全国高新技术企业""AAA级信用企业""省级守合同重信用企业""山东省百强民营企业"和"首届中国优秀民营企业"等。他是市十二届人大代表、省十届人大代表，先后荣获振兴淄博劳动奖章、富民兴鲁劳动奖章，被授予山东省优秀企业家、山东省优秀共产党员、山东省劳动模范等荣誉称号。2005年被评为全国劳动模范。

张士玉 男，1958年出生，汉族，大学文化。中共党员。山东三玉集团党委书记、董事长，王东社区居民委员会主任。他一直把发展经济作为第一要务，坚持改革创新，在对现有企业大刀阔斧整顿强化管理的同时，强抓机遇新上了一大批项目，并对企业进行了规范的体制改革，经济效益年年递增，连续四年被淄博高新区考核为经济强村(居)。他大力实施城市化进程，实施了旧村改造，全心全意为居民办实事办好事，成绩显著，事迹突出。先后获得市劳动模范、省劳动模范等荣誉称号。2005年被评为全国劳动模范。

张敬军 男，1959年出生，汉族，研究生学历，中共党员，周村区大街街道办事处和平社区居委会主任、党委书记。他担任和平村党委书记以来，克服重重困难，筹措资金，很快解决了困扰村民多年的吃水难、用电难、行路难、孩子上学难的焦点问题，并逐步把全村的工作重点引向经济发展的轨道上来，得到了村民一致拥护。几年来，和平村为60岁以上老人加入了养老保险，全村实现道路硬化，新建了8000平方米的文体活动中心，建设了9万平方米的和平花园生活区，开通了至城区的和平路，对社区内原和平村农民实行口粮补助。2005年全村实现社会总产值7亿多元，利税4000余万元，人均收入6800元，一跃成为淄博市经济强村。他先后被评为周村区优秀共产党员、"富民示范"先进党员，市优秀厂长(经理)，省劳动模范；荣获振兴淄博劳动奖章。2005年被评为全国劳动模范。

富民兴鲁劳动奖章获得者

(2005年)

姓名	性别	出生年份	民族	文化程度	政治面貌	工作单位	职务	职称
杨 冰	男	1967	汉	大专	中共党员	淄博东星表业有限公司	班长	
张 敏	男	1960	汉	中专	中共党员	山东新星购销总部	业务主办	
燕树林	男	1961	汉	高中	中共党员	淄博齐鲁乙烯化工有限公司	水电班长	
高洪岗	男	1956	汉	中专	中共党员	淄博宝鑫总公司	工人	
李海贵	男	1965	汉	高中		山东铝业股份有限公司电解铝厂	大组长	
李志刚	男	1963	汉	高中	中共党员	淄博供电公司修验场	工人	
韩其元	男	1944	汉	大专	中共党员	张店东方城市房地产开发有限公司	班长	
潘 华	男	1959	汉	高中	中共党员	山东贵和纸业集团有限公司	蒸煮班长	
崔广平	男	1967	汉	大学	中共党员	沂源县地税局直属一分局	局长	税务师
戴立军	男	1971	汉	高中	中共党员	山东青苑纸业有限责任公司	工人	
孙家坤	女	1951	汉	初中	中共党员	兰雁集团股份有限公司织布一分厂	操作辅导员	
许 俊	男	1964	汉	大学	中共党员	博山区地税局	税管员	税务师
王维芬	女	1957	汉	大专	中共党员	山东移动通信有限责任公司淄博分公司网络部	工程主管	工程师
高庆昌	男	1943	汉	大专	中共党员	淄博万昌集团有限公司	董事长	
冯天甲	男	1953	汉	大学	中共党员	淄博市焦化煤气公司	工段长	技师
曹永华	男	1956	汉	大学	中共党员	淄川区地税局	局长	税务师

续表

姓名	性别	出生年份	民族	文化程度	政治面貌	工作单位	职务	职称
沈允山	男	1957	汉	大专	中共党员	中国农业银行高青县支行	党委书记 行长	经济师
张　光	男	1965	汉	大学	中共党员	淄博市公安局行动技术支队	副支队长	工程师
刘　峰	男	1951	汉	大专	中共党员	中共淄博市委市直机关工委	市委副秘书长 工委书记	
张洪亮	男	1955	汉	研究生	中共党员	淄博市教育局	局长 党委书记	
刘乐泉	男	1956	汉	大学	中共党员	淄博市技术学院	院长	
纪德礼	男	1965	汉	研究生	中共党员	淄博第七中学	校长	中教高级
鹿　林	男	1961	汉	大学	中共党员	淄博职业学院	院长	教授
于永平	男	1965	汉	大学	中共党员	淄博鲁中宾馆	总经理	
耿佃成	男	1953	汉	研究生	中共党员	张店区科苑街道办事处潘庄社区居委会	党委书记 主任	经济师 工程师
王立国	男	1954	汉	研究生	中共党员	山东同济万鑫集团有限公司	董事长	高级工程师
沈希华	男	1964	汉	大专	中共党员	淄博高新技术产业开发区华南实业总公司	总经理	工程师
马厚亮	男	1957	汉	大学	中共党员	淄博矿业集团有限责任公司	董事长	高级经济师
孙建鲁	男	1955	汉	大学	中共党员	淄博市自来水公司	经理	经济师
许　伟	男	1957	汉	大学	中共党员	山东大成农药股份有限公司	总经理	高级工程师

振兴淄博劳动奖章获得者

（2005 年）

姓名	性别	出生年月	民族	文化程度	政治面貌	工作单位	职务	职称
胡安岫	男	1953.12	汉	大专	中共党员	山东通力五金机电有限公司	业务员	
耿庆利	男	1947.2	汉	中专	中共党员	淄博兴华房地产开发有限公司	施工员	工程师
孙　涛	男	1969.3	汉	高中		淄博益泰电瓷有限公司	班长	
孙　伟	女	1964.5	汉	初中		山东博泵科技股份有限公司	班长	
蒋衍伟	男	1963.12	汉	大专	中共党员	山东东佳集团有限公司	副总经理	助理经济师
尚克俭	男	1966.7	汉	初中		淄博鲁王建工有限责任公司	班长	助理工程师
王爱华	女	1949.4	汉	高中	中共党员	周村区元宝湾社区星光老年之家	管理员	
王允山	男	1968.6	汉	中专	中共党员	淄博多星电器总厂	班长	
张立云	女	1958.7	汉	高中		淄博市临淄区农村信用联社营业部	营业员	会计师
陈万辉	男	1968.1	汉	中专		山东齐都药业有限公司	技术员	助理工程师
任超远	男	1970.7	汉	大专	中共党员	山东黄河龙集团有限公司	营销员	
荆德盟	男	1957.9	汉	初中	中共党员	山东晨钟机械股份有限公司	保管员	技术员
鹿成洪	男	1964.1	汉	大专	中共党员	山东鲁阳股份有限公司	工人	工程师
陈　刚	男	1977.5	汉	大专	中共党员	山东省药用玻璃股份有限公司	工人	
刘艳霞	女	1969.11	汉	初中	共青团员	高青流云纺织有限责任公司	值车工	技师
王仕文	男	1962.8	汉	高中	中共党员	淄博华益混凝土有限公司	技术员	
刘建国	男	1971.12	汉	中专	中共党员	淄博鲁中建材水泥厂有限公司	工人	

续表

姓名	性别	出生年月	民族	文化程度	政治面貌	工作单位	职务	职称
王国峰	男	1970.11	汉	中专	民建会员	淄博三泵科森仪器有限公司	工人	技师
郭丽萍	女	1962.1	汉	大专		淄博市财政局	工人	高级技工
张学波	男	1963.12	汉	大学	中共党员	中共淄博市委市直机关工委	工人	高级技工
崔东波	男	1973.12	汉	大专	中共党员	淄博绿能燃气工程有限公司	施工员	助理工程师
徐秀荣	女	1968.11	汉	大学	中共党员	淄博市畜牧兽医工作站	化验员	
赵　俭	女	1966.7	汉	中专		淄博市公路管理局高青分局公路站	站长	
马　伟	男	1958.3	汉	中专	中共党员	淄博面粉厂	班长	助理经济师
司瑞芹	女	1970.8	汉	大专	中共党员	张店区交警大队山泉中队	副中队长	
赵光利	男	1962.6	汉	中专	中共党员	华电淄博热电有限公司	班长	
王令祥	男	1953.7	汉	初中	中共党员	山东三金玻璃机械有限公司	班长	
刘　波	男	1968.7	汉	中专	中共党员	山东环中医药集团有限责任公司	办事员	药师
荆明杰	男	1964.11	汉	大专	中共党员	山东新华医疗器械集团	办事处主任	工程师
李洪利	男	1948.9	汉	中专	中共党员	张店钢铁总厂	工人	高级技师
刘洪禄	男	1965.5	汉	初中	中共党员	山东铝业股份有限公司	班长	技师
袁彬友	男	1964.5	汉	高中	中共党员	中国铝业山东分公司	班长	
宋贻江	男	1965.5	汉	高中	中共党员	淄博东联汽车有限公司	售后服务员	助理工程师
王富贵	男	1953.2	汉	高中	中共党员	山东金岭铁矿	工段长	技师
宋丰年	男	1971.12	汉	中专		上海大众汽车淄博销售服务有限公司	服务部副经理	
周邦光	男	1965.9	汉	初中	中共党员	淄博柴油机厂	工人	
张　虹	女	1972.1	汉	初中		兰雁集团股份有限公司	挡车工	
杨小勇	男	1975.4	汉	中专	中共党员	淄博矿业集团有限责任公司	班长	技术员
李传忠	男	1974.8	汉	中专		淄博矿业集团有限责任公司	班长	技师
刘　伟	男	1963.3	汉	大专	中共党员	山东东大化学工业有限公司	工段长	工程师
何萌萌	女	1981.1	汉	中专		山东淄博饭店集团股份有限公司	销售员	
郭传杰	男	1956.1	汉	高中	中共党员	山东大成农药股份有限公司	工段长	技师
王献国	男	1966.5	汉	高中	中共党员	淄博热电股份有限公司	班长	技师
贾文淑	女	1980.4	汉	中专	共青团员	淄博百盛公司世纪大酒店	服务员	
王　平	男	1978.9	汉	高中	中共党员	山东红卫电机股份有限公司	副班长	
穆　波	男	1977.4	汉	大专	共青团员	山东汽车弹簧厂	工段长	助理工程师
李昌海	男	1964.4	汉	大学	中共党员	淄博市网通公司淄川分公司网络中心	主任	工程师
光　浩	男	1968.7	汉	大学	中共党员	中国联通有限公司淄博分公司	营销员	讲师
杨广福	男	1955.1	汉	高中		华辰集团建设锦宏水泥有限公司	工人	
桑成民	男	1974.1	汉	大专	共青团员	华辰集团淄博崇正水泥有限责任公司	班长	助理工程师
孙彦彦	女	1968.8	汉	初中		山东飞天丝绸有限公司	工人	
万庆连	男	1973.6	汉	初中		山东华光印务有限公司	班长	
吕永福	男	1964.11	汉	高中		山东王村铝土矿	班长	
朱　明	男	1968.1	汉	大学	中共党员	淄建集团工业设备安装分公司	工人	技工
倪殿义	男	1951.8	汉	初中	中共党员	淄博蓄电池厂	班长	
吴华亭	男	1972.1	汉	中专	共青团员	山东玻璃集团	工段长	助理工程师

续表

朱恒之	男	1960.4	汉	大专	中共党员	华能辛店电厂	专业组长	技工
李田军	男	1962.1	汉	高中	中共党员	山东第二耐火材料厂	班长	
沈　岩	男	1971	汉	大学		华能白杨河电厂	班长	助理工程师
范　伟	男	1968.2	汉	中专		华能白杨河电厂	班长	
范立民	男	1964.10	汉	高中	中共党员	山东新华制药股份有限公司	工段长	
尹汝慧	男	1973.1	汉	大学	中共党员	山东移动通信有限责任公司淄博分公司	营销策划	助理经济师
常卫国	男	1962.4	汉	大学	中共党员	桓台县邮政局	高级营销员	
李凤艳	女	1954.4	汉	大学	中共党员	淄博医药采购供应站	营销员	药师
蒋衍山	男	1954.6	汉	大学		山东省轻工美术学校	教师	高级讲师
冯艳霖	男	1978.6	汉	大专	中共党员	中国银行淄博分行临淄桓公路分理处	营业部主任	
郑巍立	男	1971.12	汉	大学		中国建设银行股份有限公司淄博分行	维护员	工程师
沈云祥	男	1962.9	汉	大专	中共党员	中国农业银行淄博市分行	主管会计	经济师
高昌安	男	1964.2	汉	大专		中国工商银行淄博市博山区支行	储蓄所主任	助理会计师
刘向东	男	1971.2	汉	大学	中共党员	淄博市商业银行	业务员	经济师
杨林虎	男	1964.6	汉	大学	中共党员	中国农业发展银行淄博市分行	科员	经济师
王友亮	男	1967.1	汉	初中		淄博烟草金建工贸有限公司	班长	
周　玮	女	1964.11	汉	大专	中共党员	中国太平洋财产保险股份有限公司淄博中心支公司	业务员	会计师
索立芳	女	1962.5	汉	中专		中国太平洋人寿保险股份有限公司淄博中心支公司	业务员	
周　涛	男	1967.7	汉	高中	中共党员	淄博工陶耐火材料有限公司	班长	
宋昭平	男	1957.3	汉	大学	中共党员	张店区园林局	局长	政工师
耿　群	男	1958.8	汉	大学	中共党员	淄博市张店宾馆工程部	经理	
邢召华	男	1956.6	汉	大专	中共党员	张店区和平办事处柳泉社区居委会	主任	经济师
倪　强	男	1956.1	汉	大学	中共党员	淄博市公安局淄川分局	局长	
翟慎泗	男	1957.1	汉	大学	中共党员	山东淄川经济开发区中心学校	校长	
汪小舟	男	1957.2	汉	大专	中共党员	博山土普陶瓷装备有限公司		高级工程师
原金亭	男	1958.3	汉	大学	中共党员	淄博市工商行政管理局淄川分局	局长	
成志军	男	1964.2	汉	研究生	中共党员	山东电泵股份有限公司	董事长	高级工程师
张建国	男	1963.11	汉	大学	中共党员	博山区第七中学	校长	高级教师
蒋玉敏	女	1955.1	汉	中专	中共党员	博山区人民医院检验科	主任	副主任检验师
孟长春	男	1957.2	汉	大学	中共党员	周村区人民医院	医生	副主任医师
李　洁	男	1964.3	汉	大学	中共党员	淄博市公安局周村分局经侦大队	副大队长	
于衍斌	男	1968.1	汉	研究生	中共党员	淄博市周村自来水有限公司	董事长 总经理	工程师
李福良	男	1969.12	汉	大学	中共党员	山东新风股份有限公司	副总经理	高级工程师
司玉忠	男	1968.12	汉	大学	中共党员	临淄区广播电视局新闻部	主任	高级记者
袁晓鹏	男	1956.1	汉	大学	中共党员	临淄区市政工程公司路灯站	站长	工程师
张文英	女	1966.11	汉	大学	中共党员	桓台县实验中学	教师	
张宏斌	男	1963.10	汉	大专	中共党员	桓台县人民医院心内科	主任	副主任医师
陈同旺	男	1964.11	汉	大学	中共党员	桓台县公安局田庄派出所	所长	

续表

焦继华	男	1953.1	汉	大专	中共党员	高青县发展计划局	局长	
李安君	男	1951.11	汉	大专	中共党员	高青县交通局	局长	
王拥民	男	1964.3	汉	大学	中共党员	高青县总工会	党组书记	
王化利	男	1963.1	汉	高中	中共党员	沂源县人民医院	后勤主任	高级工程师
崔　军	女	1960.4	汉	大学		沂源县第一中学	教研组长	中教高级
陈爱华	男	1967.6	汉	博士	中共党员	淄博华创精细陶瓷有限公司	副总工	副教授
张方贵	男	1946.5	汉	高中	中共党员	淄博高新技术产业开发区四宝山办事处曹二村	支部书记	
张成军	男	1964.12	汉	大专	中共党员	淄博高新技术产业开发区石桥办事处北社区	副主任	
张秋波	男	1963.8	汉	研究生	中共党员	淄博市国家税务局	科长	会计师
孙　勇	男	1957.4	汉	大专	中共党员	淄博市房产管理局	办公室主任	工程师
陈贞凯	男	1955.9	汉	大学	中共党员	淄博第一中学	校长	中教高级
庞　城	男	1964.5	汉	大学	中共党员	淄博市建筑管理处建筑施工安全监督站	站长	工程师
白全永	男	1962.1	汉	大学	中共党员	淄博市社会福利院	院长	助理经济师
沈琦祥	男	1969.1	汉	大学	中共党员	淄博市公安局刑侦支队	副大队长	高级工程师
荆延东	男	1966.9	汉	硕士	中共党员	淄博市农业科学研究所	副所长	研究员
杨秀稳	女	1963.9	汉	大学		山东省丝绸工业学校	教师	高级讲师
马金钢	男	1959.7	汉	大专	中共党员	淄博市邮政局	办公室主任	助理经济师
董武德	男	1963.10	汉	大学	中共党员	淄博市体育馆	副馆长	高级讲师
郭洪起	男	1955.12	汉	大学	中共党员	淄博市劳动和社会保障局	科长	
邴贻增	男	1960.2	汉	大学	中共党员	淄博市规划局二处	处长	工程师
陈　琳	男	1963.8	汉	大学	中共党员	淄博市房屋置业服务中心	主任	
王丕杰	男	1963.1	汉	大学		淄博市农业机械研究所	主任	高级工程师
高玉红	女	1969.6	汉	大专	中共党员	淄博市原山林场	副场长	高级工程师
倪仲相	男	1959.8	汉	大学	中共党员	淄博市环境保护局	副主任科员	
刘明远	男	1962.10	汉	大学	中共党员	淄博市引黄供水有限公司净水厂	厂长	高级工程师
宋继水	男	1962.12	汉	大专	中共党员	中国人民银行淄博市中心支行	科长	经济师
卢家喜	男	1963.4	汉	大学	中共党员	山东铝业公司		高级工程师
曹　忠	男	1964.1	汉	大专	预备党员	淄博矿业集团有限责任公司	技术部长	工程师
尹经梅	男	1963.9	汉	大专	中共党员	淄博矿业集团有限责任公司	副总工	高级工程师
曹玉霞	女	1966.2	汉	大专	中共党员	淄博烟草有限公司	科长	农艺师
宋　鹏	男	1967.11	汉	大学		山东大成化工集团绵纶分公司	经理	工程师
赵孝保	男	1963.3	汉	大学	中共党员	山东硅苑新材料科技股份有限公司技术陶瓷分公司	经理	高级工程师
郑兆鑫	男	1955.11	汉	大专	中共党员	山东省医药学校	基建办副主任	经济师
刘明江	男	1963.11	汉	大学	中共党员	济南铁路局淄博站	站长	工程师
秦志昌	男	1956.9	汉	大学	中共党员	淄博职业学院	副院长	研究员
张兆贵	男	1956.10	汉	大专	中共党员	淄博市劳教所	科员	
杜森堂	男	1947.10	汉	大学		山东新华制药股份有限公司		高级工程师
张　宁	男	1964.8	汉	大学	中共党员	山东淄博华光陶瓷股份有限公司	技术部长	高级工程师

续表

王善平	男	1961.11	汉	大专	中共党员	山东金岭铁矿	副矿长	高级工程师
刘　卫	男	1967.11	汉	大学	中共党员	山东理工大学	教师	副教授
赵吉辉	男	1965.6	汉	大学	中共党员	淄博市机械研究所	副所长	高级工程师
李　伟	男	1969.2	汉	大专	中共党员	兰雁集团股份有限公司	设备管理员	技术员
梅立壮	男	1965.9	汉	大学	中共党员	淄博市丝绸公司实体公司	经理	高级政工师
曲泽善	男	1947.2	汉	大学	中共党员	张店钢铁总厂		高级工程师
邵承伟	男	1963.1	汉	大学	中共党员	中国人民银行淄博市淄川区支行	行长	会计师
于加宁	男	1956.10	汉	研究生	中共党员	淄博市淄川区财政局	局长	会计师
孙树亭	男	1950.1	汉	大学	中共党员	淄博实验中学	党委书记	中教高级
杨宪忠	男	1957.9	汉	大学	中共党员	淄博第五中学	校长	中教高级
司衍成	男	1954.11	汉	大学	中共党员	淄博市第七人民医院	院长	副主任医师
刘世新	男	1955.4	汉	大学	中共党员	淄博市国土资源执法监察队	队长	农艺师
邵　峰	男	1963.7	汉	大学	中共党员	淄博市技术学院	党委副书记	高级讲师
李有政	男	1954.1	汉	大专	中共党员	山东工业职业学院	党委副书记	高级讲师
张永政	男	1955.9	汉	大学	中共党员	淄博市博物馆	馆长	副研究馆员
葛维珍	男	1953.8	汉	大学	中共党员	淄博市中医院	党委书记	高级讲师
时立新	女	1953.2	汉	大学	中共党员	淄博市市级机关医院	院长	副主任药师
谢汝新	男	1955.1	汉	大学	中共党员	淄博市招生办公室	主任	中教高级
吴笑春	女	1964.3	汉	大学	中共党员	淄博第四中学	教师	中教高级
崔乾章	男	1955.6	汉	中专	中共党员	淄博市周村华泰烧饼有限公司	工会副主席	助理经济师
王圣友	男	1956.7	汉	大学	中共党员	沂源县中医院	医生	副主任医师
顾荣华	男	1955.10	汉	大学	中共党员	高青县地方税务局	局长	注册会计师
王永民	男	1956.7	汉	研究生	中共党员	高青县油区工作管理委员会	主任	高级讲师
朱立博	男	1967.1	汉	大专		山东天乐园企业集团有限公司	董事长	
刘子斌	男	1965.7	汉	大专	中共党员	鲁泰纺织股份有限公司	副总经理	
刘长杰	男	1959.3	汉	大学	中共党员	淄博龙泉管道工程有限公司	党委书记	经济师
朱可成	男	1944.3	汉	初中	中共党员	淄博市兴鲁化工有限公司	董事长	
黄树智	男	1955	汉	大专	中共党员	山东辰龙集团公司	董事长	高级工程师
葛新国	男	1988.9	汉	大专	中共党员	沂源县供电公司	党委书记	工程师
宋宜华	男	1955.4	汉	初中	中共党员	淄博高新技术产业开发区宝鑫矿业公司	经理	经济师
李治家	男	1957.2	汉	高中	中共党员	淄博颜山宾馆	经理	高级技师
宋鲁迅	男	1963.9	汉	大学	中共党员	淄博热电集团公司	副董事长	高级经济师
闫长军	男	1958.11	汉	硕士	中共党员	中国网通(集团)有限公司淄博市分公司	副总经理	高级工程师
贾立兴	男	1954.2	汉	大学	中共党员	山东金岭铁矿	党委书记	高级工程师
王福群	男	1960.3	汉	大学	中共党员	淄博港华燃气有限公司	总经理	高级工程师
翟所国	男	1957.4	汉	大专	中共党员	淄博矿业集团亭南煤业公司	总经理	工程师
郭　琴	女	1958.9	汉	大学	中共党员	山东新华制药股份有限公司	总经理	高级工程师
张建国	男	1955.3	汉	大学	中共党员	中国人民财产保险股份有限公司淄博市分公司	副总经理	政工师
刘广平	男	1954.2	汉	大专	中共党员	淄博广电青鸟信息网络有限公司	总经理	高级工程师
周　伟	女	1973.2	汉	大学	预备党员	淄博宾馆	副总经理	

续表

刘　鹏	男	1965.12	汉	大学	中共党员	山东移动通信有限责任公司淄博分公司	副总经理	会计师
李　政	男	1966.10	汉	大学	中共党员	山东齐林集团	总经理	政工师
王嗣忠	男	1956.5	汉	大学	中共党员	淄博市商业集团总公司	党委书记	经济师
刘秋兰	女	1961.9	汉	大学	中共党员	纳西姆工业(中国)有限公司	总经理	高级工程师
卢德国	男	1967.8	汉	大学	中共党员	淄博泰山瓷业有限公司	董事长	
高夙绨	男	1958.1	汉	大专	中共党员	淄博市周村奥星建筑安装有限公司	董事长	工程师
王宜明	男	1957.3	汉	大专	中共党员	山东联合化工有限公司	总经理	工程师
陈曙红	女	1956.7	汉	大专	中共党员	淄博唯达汽车服务有限公司	董事长	政工师
田家亮	男	1962.1	汉	大学	中共党员	山东天齐置业集团股份有限公司	董事长	高级政工师
田承海	男	1963.5	汉	大专	中共党员	山东齐泰建工实业股份有限公司	董事长	高级工程师
于广金	男	1951.2	汉	大学	中共党员	淄博市张店区国家税务局	局长	

（王树成）

逝世人物

王桂欣　1925.12.18～2003.6.27，男，原中共淄博市纪委书记。山东省烟台市人。1942年3月参加革命工作，1943年1月加入中国共产党。历任福山县各界抗日救国会记账员；胶东建国学校民运队学员；福山县税务局税收员、工商局干事、旺远检查站站长；烟台市税务局股长、市政府仓库主任；潍坊市粮库主任、工商局科长；昌潍地区财委办公室主任、专署统计科长、地委财贸部办公室主任、副部长；中共临淄县委副书记、益都县委副书记；临淄县革委会副主任、党的核心小组副组长；临淄区革委会副主任、党的核心小组副组长；临淄区委副书记、区革委会副主任；临淄区委书记、区革委会主任；张店区委书记、区革委会主任；淄博市革委会副主任、人民政府副市长；中共淄博市委常委、市纪委书记(市委副书记级)。1985年5月22日离休。2003年6月27日23时16分因病逝世。

张继庆　1921.12～2005.6.26，男，原中共淄博市纪委副书记。山东省沂水县黄山乡崮安村人。1939年11月参加革命工作，1939年9月加入中国共产党。历任山东省沂水县二区柴山乡党支部组织委员、区组织干事，沂水县委组织部组织干事，沂水县高桥区、长安区区委书记，沂水县委组织部副部长；益临昌工委委员、组织部部长，益都县委委员、组织部副部长；鲁中南区党委组织部组织干事，鲁中南行政公署干部科科长；沂水县委书记；淄博特区化学工业党委会书记；淄博特委工业部特委委员、副部长；一机部第一重型机器厂设计处处长、厂长助理、副厂长、党委委员、常委、副书记；淄博市委组织部负责人，淄博市工办核心小组副组长、组长、副主任、主任；中共淄博市委纪委筹备小组组长、市纪委副书记(主持工作)。1983年9月离职休养。2005年6月26日上午11时50分因病逝世。

王吉人　1922.7～2005.11.13，男，原淄博市政协副主席。浙江省宁波镇海县人。1949年9月参加工作。历任山东省建筑工程公司技术员、工程师，淄博市建筑工程公司总工程师、副经理。1987年4月当选民盟淄博市委第一届主委，1992年4月被推举为民盟淄博市委名誉主委。系市二、三届人大代表，市四届人大常委会委员，四、五、六届市政协副主席，五、六届省政协常委。1993年12月离休。2005年11月13日零时43分因病逝世。

唐玉存　1930.8.3～2005.11.18，男，原淄博市政协副主席。山东省莱芜市苗山镇高上坡村人。1944年5月在鲁中沂南参加革命；1947年9月19日在鲁中军工局加入中国共产党。1944年5月至1945年10月鲁中四团沂南子弟兵团战士、通讯员；1945年11月至1949年11月鲁中军工局手榴弹厂工人、职工科干事；1949年12月至1952年6月任鲁中瓷窑厂党支部副书记，团总支书记；1952年7月至1953年1月任淄博化工团委专职委员；1953年7月至1959年11月任501厂团委书记；1959年12月至1967年1月任共青团淄博市委副书记、书记；1967年2月至1969年12月在104干校劳动；1969年12月至1971年1月任淄博市卫生局负责人；1971年2月至1974年2月任市革委政治部、宣传部副组长、组长；1974年3月至1981年3月任市委宣传部负责人、核心小组副组长、副部长；1981年3月至1983年3月任市委宣传部部长；1983年3月至1986年7月任市政协副主席、党组成员，市委统战部部长；1986年7月至1990年11月任市政协副主席、党组成员；1990年12月任市政协副主席、党组副书记；1993年12月离职休养。2005年11月18日凌晨1时30分因病逝世。

（市委老干局）

本部类编辑：徐先法
副主编：徐　杰
校对：赵建国
唐乃兴

区县概况

张店区

【概况】 区名由来　张店古称黄桑店。因地处交通要冲，过往商旅多在此栖身。宋代，黄桑店中有一张氏店户门庭大，客房多，生意兴隆，遐迩闻名。后来黄桑店之名渐被张家店取代。至元代，称之为张店。

政区　人口　全区总面积244.2平方公里。辖7个镇、6个街道办事处，114个行政村、72个社区居委会。年底全区总人口60.77万人，其中非农业人口47.14万人。男女性别比106∶100。人口出生率8.78‰，人口自然增长率4.88‰。

经济概况　实现地区生产总值315.65亿元(含淄博高新技术产业开发区)。按可比价格计算，比2004年增长21.9%。其中：第一产业2.0亿元，同比降低15.7%；第二产业186.75亿元，增长19.1%；第三产业126.9亿元，增长21.8%。三次产业比重为0.6∶59.2∶40.2。全社会完成固定资产投资101.98亿元，比2004年增长47.3%。实现地方财政收入8.01亿元，按可比口径增长32.29%。年末金融机构各项存款余额399.93亿元，比2004年增长19.02%。其中居民储蓄存款余额182.46亿元，同比增长19.36%。年末金融机构各项贷款余额312.19亿元，比2004年增长6.06%。

农业　农业实现总产值3.46亿元(含淄博高新技术产业开发区)，农业增加值2亿元，比2004年增长-15%。粮食总产6.08万吨，比2004年增长12.7%；油料总产0.04万吨，增长-50%；水果总产0.19万吨，增长-59.1%；蔬菜总产2.20万吨，增长-39.1%。肉类总产0.51万吨，禽蛋总产0.26万吨，奶类总产0.62万吨。全年造林306.67公顷，林木覆盖率达到27.1%。全区农机总动力15.88万千瓦。

工业　有规模以上工业企业245家，全年工业总产值283.31亿元(含淄博高新技术产业开发区；不变价，以下同)，工业增加值完成196.75亿元。产品销售率达98.7%。规模以上工业实现产品销售收入279.5亿元，增长35.53%；实现利润18.01亿元，增长40.21%；实现利税33.13亿元，增长41.33%。工业经济效益综合指数214.78，比2004年提高29.2个百分点。

建设　环保　建筑业施工产值12亿元，房屋建筑竣工面积91.72万平方米。有资质等级的建筑施工单位72家。完成环境污染治理投资额7.3亿元。

交通　邮电　公路旅客运输量和周转量454万人次、49569万人公里。公路货物运输量588万吨、周转量45064万吨公里。完成邮电业务总量5.31亿元，其中电信业务总量4.7亿元、邮政业务总量0.61亿元。年末固定电话(含小灵通)用户达到39万户，移动电话普及率达到142部/百人，互联网用户5.5万户。

贸易　旅游　全年共实现社会消费品零售总额115.13亿元，城乡商品交易市场67处，成交额71.09亿元。实现进出口总额21030万美元，其中出口16941万美元，增长26.6%。新签利用外资项目18项，实际利用外资8107万美元，其中利用外商直接投资2713万美元。主要旅游景点有：中国陶瓷馆、淄博玉黛湖生态乡村庄园、天乐园等。

教科文卫　有普通中学35所，在校生35786人；小学42所，在校生37822人。拥有各类科技人员2万余人。共取得市(地)级以上各类重要科技成果3项。专利申请量738件。公共图书馆1个，文化馆1个，档案馆1个，体育馆1座。医院、卫生院47所，卫生防疫防治机构1所，妇幼保健机构1所。各类卫生机构拥有床位2769张，卫生技术人员3590人。

社会生活　城镇居民人均可支配收入13239元，按可比口径计算，比2004年增长23.5%；人均消费性支出为8536元，比2004年增长17.95%；人均居住面积29平方米。在岗职工年平均工资11210元，比2004年增长12.98%。农民人均纯收入6194元，比2004年增长14.9%，人均居住面积37平方米。全区最低生活保障救助人数为5684人，其中城镇4426人、农村1258人。社会福利性收养单位(含敬老院)17个，床位700张，收养487人。社会福利企业22家，安置残疾人员792人。　　　　(区档案局)

【招商引资】 是年，全区实际到位外来资金61.45亿元，实际利用外资8107万美元，实际外商直接投资2713万美元。沃尔玛、易初莲花等世界500强企业落户区内。成功承办了2005"陶博会"暨第十三届世界瓷砖大会等大型招商引资活动，建立了与美国桑贝尔特产权交易公司、浙商招商引资工作室等国内外专业招商机构的合作关系。重点经济园区集聚承载功能明显增强，淄博科技工业园入园企业达到40家。

【项目建设】 是年，全区项目建设保持强劲态势，建设投资500万元以上的生产经营性项目281个，191个项目已建成投产，完成投资69.86亿元。荣宝斋、新天地购物广场、银座家居、海盛农水产品批发市场等现代化大型商贸设施投入运营，微型电机水泵、激光表面材料改性等一批高科技项目开工建设。淄博泰光电力器材有限公司生产的百万伏复合绝缘子、山东科汇电气股份有限公司生产的开关磁阻电动机调速系统等高新技术产品填补了国际、国内空白。实施了黑铁山环景点、孝妇河河滩和木荆山环景点等绿化工程，完成了农业综合开发六期和孝妇河综合治理二期工程。淄博华元汽体有限公司的华元炼钢、淄博铁鹰钢铁有限公司的铁鹰二期、淄博齐鲁乙烯鲁华化工有限公司的鲁华同方C_5裂解、淄柴配件有限公司的淄柴配件等一批企地合作项目已竣工。

【经济结构优化】 服务业呈现领先增长态势。淄博商厦、淄博天乐园集团等龙头企业规模、效益不断扩大，一批国际国内知名零售企业入驻区内，中国陶瓷科技城一期、淄博义乌小商品城等大型商贸设施建成，现代物流、房地产、旅游、社区服务、休闲娱乐等现代服务业加速推进。工业经济竞争力进一步增强。全区规模以上工业企业达到245家，比“十五”初期增加106家。高新技术产业产值占工业总产值的比重由“十五”初的12%上升到20%。区属企业改制基本完成，发展活力进一步增强。着眼中心城区的长远发展，大力拓展工业经济发展空间，高标准规划建设了淄博科技工业园、张店经济开发区、淄博建材工业区等重点工业园区，产业集聚化、企业集群化的工业发展格局正在形成。农村经济结构发生显著变化，农业生态功能不断增强，农村从事二、三产业人数比重达到77%，农村与城市实现协调发展。

【安全生产】 年内，全区杜绝了重特大生产安全事故，其他事故也呈现下降趋势。全年累计发生各类事故793起，死亡80人，伤515人，经济损失507.2万元，与上年相比，事故起数、死亡人数、受伤人数分别下降了11.5%、5%、7.7%，经济损失上升了29.9%。在全市安全生产工作目标管理考核中赢得了各区县第一的好成绩，被市政府表彰为全市2005年度安全生产先进单位。

【全国社会治安综合治理先进集体】 是年，张店区获全国社会治安综合治理先进集体称号，受到中央社会治安综合治理委员会、中央组织部、人事部的表彰。

【省级文明城区】 7月，张店区被省委、省政府表彰命名为市内唯一的首批省级文明城区。

【新区失地农民基本养老有保障】 由于淄博新区的建设和开发，马尚、房镇、傅家三镇有2867公顷土地被统一预征，涉及农民40357人。为从根本上保障失地农民的基本生活，制定了《淄博新区建立失地农民基本生活保障制度工作方案》，在省内首家启动失地农民基本养老保障制度。年内，以上三镇有32个村参保，参保人数达3万余人，收缴保费2.4亿元，发放养老金80余万元，人均发放210元。

【全国婚育新风进万家活动先进区】 是年，张店区获全国婚育新风进万家活动先进区称号，受到中央宣传部、国家计生委等国家十部委表彰。年内，筹资130万元，扩建了区计划生育生殖健康服务中心；成立婴幼儿早期潜能开发研究中心，该项目已申办示范国家项目；开展了青少年青春期性教育及男性健康教育。

【309国道张店立交桥建设工程】 年内，市一号重点公路工程——309国道张店立交桥建设工程，需拆迁10大专业市场、149户商住房、57户民房、区属以上10家企事业单位，共计17.8万平方米，拆迁体量之大、难度之大均创区内历史之最。自9月开始拆迁以来，从宣传动员、确定拆迁范围、评估丈量、签订补偿协议、兑付补偿资金到基本完成拆迁任务，仅用一个多月的时间。事后没有一家企业上访，无一户强制拆迁，无任何遗留问题。

【孝妇河治理二期工程竣工】 此工程自孝妇河傅家大桥上游200米处至309国道孝妇河大桥，全长3.445公里。在施工过程中，增加沿河人工湖2处，景观小岛2个，将河道宽度增加至60米～100米，防洪标准由原来的20年一遇提高到50年一遇。沿河两岸设雨水管道35处，铺设雨水管道600米，建设扬水站2处。整个工程开挖土方116.65万立方米，填筑大堤26万立方米，浆砌石3292立方米，各类护土砖5.81万立方米，人行道渗水砖2万余平方米。工程预算总投资3123.4万元。

【农村财务“双代管”】 农村财务“双代管”工作，就是在农村集体资金所有权、审批权、民主监督权不变的原则和前提下，将村级集体资金和账务委托镇农村集体财务管理中心统一管理。自2月全区此项工作开展以来，各镇都成立了农村集体财务管理中心，制定各项规章制度，理顺农村各类承包合同管理机制，定期进行财务公开。至年底已有112个村办理了移交手续，代管资金超过1亿元。

【投资项目库】 由区发展计划局牵头负责，各镇、街道办事处、经济部门、相关企业配合，对区内可用于招商引资的资源、信息进行挖掘、整理，建成198个项目量的投资项目库，包括服务业、建材冶金、电子电力、机械、轻工、化工和土地产权招商7大类投资项目，基本涵盖了区内的所有产业。

（区政府办）

淄 川 区

【概况】 区名由来　因淄河流经境内而得名，1956年始称淄川区。

政区　人口　全区总面积1000.61平方公里。辖15镇、3乡、3街道办事处、1个开发区，435个行政村、47个社区居委会。年底全区总人口67.35万人。男女性别比100.3∶100。人口出生率9.65‰。人口自然增长率3.07‰。

经济概况　完成地区生产总值193.95亿元，比上年增长18.1%。一、二、三产业比重2∶65∶33。完成全社会固定资产投资总额93.88亿元。实现社会消费品零售总额68.5亿元。地方财政收入5.8亿元。年末全社会金融机构各项存款余额152.21亿元，其中居民储蓄存款余额92.85亿元。贷款余额70.79亿元。

农业　总产值7.5亿元，比2004年增长3.8%。年末实有耕地面积1.68万公顷，农作物播种面积3.08万公顷，其中粮食作物播种面积2.66万公顷、经济作物播种面积0.42万公顷。粮食总产9.39万吨，平均亩产235公斤。粮经产值比94∶100。肉猪、牛、羊年出栏14.07万头(只)。肉、蛋、奶产量2.77万吨。水产品总产量0.09万吨。

工业　全年实现工业总产值391.1亿元，规模以上工业企业405家，销售收入310.8亿元，增加值85.2亿元，实现利税42.6亿元，利润27.2亿元。

建设　环保　基本建设投资70.11亿元。完成更新改造投资17.67亿元。建筑业总产值16.5亿元。房屋建筑竣工面积107.7万平方米。全年污染防治总投资4.16亿元，比2004年增长1亿元。

交通　邮电　邮电业务总收入1亿元。电话总户数41.84万户(含移动、小灵通)。公路通车里程980公里，年货运量1911万吨，客运量1231万人次。

贸易　旅游　城乡集贸市场65个。出口总值56663万美元。合同利用外资 4006.75 万美元,实际利用外资 1775.5 万美元,新批准外商投资企业 16 家。主要旅游景点:蒲松龄故居、聊斋园、淄川游乐园、奎盛园、梓橦山、马鞍山、文峰山、黉山、留仙湖、峨庄瀑布群风景区、鲁中驾考中心、青云寺、孟子山、三台山、梦泉生态旅游区。旅游业年内接待国内外客人 161 万人次,实现旅游总收入 6.87 亿元。

教科文卫　各级各类学校 265 所,在校生 11.46 万人,其中义务教育学段在校生 8.5 万人;教职工 6667 人,其中专任教师 6336 人。科研机构 40 余家,区域内获省级科技进步奖 4 项、市级科技进步奖 18 项。文化体育场所 1 处。卫生机构 32 处,床位 1381 张,卫生技术人员 1909 人。

社会生活　全年支出救济金 302 万元。农村参加社会养老保险 58 人,农民人均纯收入 5332 元,人均居住面积 29.4 平方米。城镇居民人均可支配收入 10528 元,人均居住面积 35.3 平方米。

【工业快速增长】　高新技术产业产值完成 71.7 亿元,占全区规模以上工业总产值的比重达到 22.58%。投资 1000 万元以上工业建设项目 161 项,完成投资 57 亿元。16 项工业重点工程完成投资 16 亿元。鲁泰纺织股份有限公司投资 4.5 亿元的色织布及高档衬衣项目、淄博汽车制造厂投资 4 亿元的年产 10 万辆轻卡汽车项目等进展顺利。26 家骨干重点企业,完成销售收入 97 亿元,利税 12 亿元,利润 9 亿元,分别占全区规模以上工业企业比重的 31.3%、30%、36%。工业产业结构不断优化升级,陶瓷、机械、医药化工、纺织服装四大支柱产业地位更加突出,占全区经济总量的比重达到 80%。

【农村经济稳步发展】　继续落实粮食直补政策,为种粮农民发放补贴 280.8 万元,取消了除黄烟以外的所有农业税。区财政用于扶持农业发展资金 760 万元,比 2004 年增长 20%。山区经济林种植 1 万公顷,中药材种植 2000 公顷,食用菌栽培面积 130 万平方米;建设各类畜牧园 30 处,存养畜禽近 100 万头(只),规模养殖数量占养殖总量的 80%;新增各类农业机械 336 台(套)。全区具有一定规模的农业龙头企业及合作组织 24 家,市级以上农业龙头企业 6 家。农业综合开发、太河库区扶贫开发、青阳河流域综合治理等 9 项农业重点工程进展顺利,累计完成投资 3706 万元。一职专、二职专、三职专及农广校等培训基地培训农村劳动力 3380 人次。

【城市建设】　17 项城建重点工程累计完成投资 14.56 亿元。完成淄矿路、将军路、解放路、吉祥路、城里大街、通济街等城区道路配套设施改造升级;实现胶王路、鲁泰文化路及其城区主次干道的全面亮化;新增城市绿地面积 286 万平方米,人均公共绿地面积达到 11.5 平方米,城区绿化覆盖率 39.5%;城区弱电线路下移综合管网铺装 11 公里;新建公厕 3 座,改建公厕 7 座;在办公区、商业区、生活区范围内规划配套建设生活垃圾地下中转站 48 座,撤除主次道路两侧垃圾桶 72 个、垃圾池 15 个、收集房 2 个,市容市貌显著改观。

【招商引资】　全年共引进外来投资项目 329 个,实际到位外来资金 59 亿元,增长 30.8%。引进菲律宾 SM 集团大型购物中心项目,实现了与世界 500 强企业合作零的突破。全区拥有自营进出口权企业达到 115 家,比 2004 年增加 21 家。出口创汇 32034 万美元,增长 38.9%。

【创建绿色生态淄川】　一是胶王路冲山段绿化工程。该工程涉及商家、岭子两镇,一期工程顺利完成,累计投资 500 万元,完成造林 230 公顷,4.8 公里的造林地段连为一体,形成明显的景观效果,被列为省级荒山造林的样板工程。二是市、区两级部门、单位包荒山绿化工程。市直部门、单位累计投资 64.4 万元,完成合格造林面积 200 公顷;区直部门、单位累计投资 146.77 万元,完成合格造林面积 400 公顷。三是乡镇自行绿化。各乡镇以荒山绿化为突破口,以增加农民收入、建设生态环境为目标,积极抓好各自区域内的林业生产工作。完成荒山绿化 580 公顷,经济林建设 400 公顷。四是林木管护工作。建成一支 20 人组成的季节性森林防火专业队,同时利用省级生态公益林补偿资金,招聘 390 名专职护林员,对全区的生态林进行管护。

【行政服务延伸到乡镇】　区委、区政府延伸服务触角,参照区行政服务中心运行模式,在 18 个乡镇建成便民服务中心。

【全省教育工作示范区】　近 3 年共投资 3.37 亿元,完成教育重点基建工程 30 余项,建筑面积达 21.7 万平方米,办学条件和育人环境得到明显改善。建起乡镇城域网 19 个,校园网 108 个,高标准网络教室 163 个,教育教学手段实现了根本性变革。是年在全省庆祝教师节暨捐资助学表彰大会上,淄川区被命名为省教育工作示范区。

【竞技体育实现跨越】　在淄博市第十四届运动会上,淄川区派出运动员、教练员 1516 名,参加了全部 19 个大项的比赛。以综合金牌 366.439 枚、总分 4729.355 分,青少年组金牌 333 枚、总分 4379.5 分的出色成绩包揽四项第一,有 12 人打破 11 项市最高记录,高居全市金牌榜和总分榜首位,并荣获体育道德风尚奖和优秀赛区称号,取得了运动成绩和精神文明双丰收。

【黄晓彤获十运会女子 200 米蝶泳冠军】　是年 10 月,由淄川区竞技体校输送的 13 岁运动员黄晓彤,在第十届全国运动会女子 200 米蝶泳比赛中,以 2 分 09 秒 25 的成绩获得冠军,为淄博市夺取本届全运会首金,同时创造了历届全运会游泳项目金牌获得者年龄最小记录,被省政府荣记一等功。该运动员还在东亚运动会上获得 200 米蝶泳铜牌,实现了淄川区体育的历史性突破。

【公路建设】　投资 2.055 亿元,修建道路 170 余公里,其中省道 43 公里、县道 70 余公里、乡村道路 60 余公里。张博路复线、胶王路东段拓宽改造、洪峨路等 11 条公路升级改造基本完成,是近十年来淄川公路建设史上筑路里程最多的一年。

【杨寨人民法庭获全国优秀人民法庭称号】　杨寨人民法庭的案件调解率多年以来保持在 75%以上,是年全年结案 1394 件,调解率为 88%,案件服判、息诉率保持在 98%以上,连续多年没有出现错案和涉及上访、缠诉现象,实现了办案的法律效果和政治、经济、社会效果的有机统一。4 月,被最高人民法院授予全国优秀人民法庭荣誉称号,是淄博市历史上唯一一处获此殊荣的基层法庭。

【淄川柳泉・正承广场建成】　淄川柳泉・正承广场于 1 月 13 日奠基,年底建成,为集商业、购物、休闲、娱乐、居住于一体的大型综合性建筑。总投资 2 亿元,占地面积 6 公顷,建筑面积9万余平方米。位于张博路与松龄西路交汇处，东起张博路，西至孝妇河，南起香港路，北至松龄路。广场上层为6万平方米大型景观绿化休闲广场，有历史文化长廊、中央水景下沉式广场、互动休闲区及亲水平台；广场地下一层是占地约3万平方米的购物商场，与中央水景下沉式广场相连。广场西侧是沿孝妇河的商业步行街、品牌街。广场北端建有3栋高层公寓。（淄川区史志办）

博 山 区

【概况】 区名由来　其一，博山全境皆山，几无平坦之地，博山之名，具有多山之意。其二，因境东南有“博山”，故以山名为区名。

政区　人口　全区总面积682平方公里，辖1个开发区，11个镇，2个街道办事处，209个行政村，107个社区居委会。年底全区总人口46.63万人，其中非农业人口23.34万人。男女性别比100∶100.78。人口自然出生率8.34‰，人口自然增长率0.55‰，少数民族人口807人。

经济概况　地区生产总值147.79亿元，比2004年增长18.1%，其中一、二、三产业分别完成4.33亿元、97.93亿元、45.53亿元，分别增长8.7%、19.1%、17%。完成全社会固定资产投资总额84.69亿元，增长34.45%。地方财政收入4.2亿元，增长27.3%。年末金融机构各项存款余额92.35亿元，其中居民储蓄余额62.1亿元。贷款余额70.91亿元。

农业　总产值8.37亿元，增长16%。年末实有耕地面积0.77万公顷，农作物播种面积1.43万公顷。粮食总产量3.4万吨，平均亩产241公斤。粮经产值比例为4∶6。肉猪、牛、羊出栏14.29万头(只)，肉、蛋、奶产量3.22万吨。

工业　全年实现工业总产值293.6亿元，增加值87.06亿元，规模以上工业企业完成销售收入212.25亿元，增加值66.5亿元。实现利税23.85亿元，利润14.38亿元。企业总个数4206个。规模以上企业职工7.82万人。

建设　环保　基本建设投资15.33亿元。建筑业总产值9.7亿元。房地产开发总面积81.4万平方米。全年污染治理总投资4.32亿元。

交通　邮电　邮政业务总量3260.3万元。电话装机总容量18.6万部，实际装机13.11万部。公路通车里程394.5公里。年货运量793万吨，年客运量2652万人次。

贸易　旅游　城乡市场47个。出口创汇2.26亿美元，合同利用外资5406万美元，实际使用外资2373万美元。批准外商投资企业10家。主要旅游景区：原山国家森林公园、樵岭前、源泉、鲁山、五阳山、白石洞、石门、金牛山八大景区，200处旅游景点。年内接待游客305万人次。实现旅游综合收入3.01亿元。

科教文卫　各级各类学校87所，在校生5.5万人，其中义务教育学段在校生4.4万人；教职工4805人，其中专任教师4081人。科研机构63个，专职科研人员2358人。6项科研成果获市级以上奖励。文化体育场所150处。医院34处，床位2434张，卫生技术人员3131人。

社会生活　全年支出救济金970.3万元，农村参加社会养老保险10.03万人。农民人均纯收入5086元，人均居住面积30.5平方米。城镇居民人均可支配收入10980元，人均居住面积24.83平方米。

【农业农村工作】 完成种植业结构调整366.6公顷，其中新增中药材面积200公顷。完成退耕还林1000公顷，荒山造林866.6公顷，封山育林6666.6公顷。通过市级无公害蔬菜生产基地认证1333.6公顷，池上桔梗获得国家A级绿色食品证书，7个农产品获得无公害标志使用权。完成劳动力转移“阳光工程”培训1500人，实现农村劳动力转移8000人。

【工业经济增长】 30家重点企业实现销售收入124亿元、利税12亿元、利润7亿元，30个经济强村实现营业收入165亿元、入库税金2.2亿元，分别增长42%和36.7%。获中国泵业名城称号。争创中国驰名商标2个，中国名牌2个，山东省著名商标6个，山东名牌8个。25项工业重点工程完成投资17.2亿元，13项竣工投产。

【第三产业】 全区重点景区功能进一步完善。全年接待游客305万人次，综合收入3.01亿元，分别增长21%和30.5%。大型流通基础设施和现代化专业市场建设加快，白虎山商业街、艺缘阁、福门购物中心等项目相继竣工，陶琉城、财富大厦、天隆广场等重点工程进展顺利。淄博商厦、新一佳、银座的分店落户博山。区属流通系统完成经营额9.5亿元，增长10.5%；实现利润251万元，增长28.6%。

【社会事业】 实施工业产品创新计划30项，申报市级以上科技计划22项，申请专利170项，新增高新技术企业6家，培育省级研发中心8处。全区高新技术产业产值占规模以上工业企业产值的比重达到12.8%，比上年提高4个百分点。开工建设了开发区、白塔、山头、南博山等4处教育园区。新建改建农村学校9处。5个镇新型农村医疗试点参加人数75734人，参合率95%。29处村级卫生室通过了全市村级卫生组织规范化达标验收。颜文姜祠和“孟姜女哭长城”传说分别通过了全国重点文物保护单位和全国首批非物质文化遗产代表作初审。对颜文姜祠和赵执信纪念馆进行了改扩建。

【陶瓷园竣工】 博山陶瓷园坐落于山头陶瓷琉璃大观园，年内建成。占地面积1.2万平方米，总投资780万元，由天津园林规划设计院规划设计，建有“陶魂”“展望未来”“辉煌历程”等反映陶瓷发展历程的浮雕1000余平方米。园内陶瓷艺术博物馆珍藏获国际奖章作品6件，国家级奖章作品126件，省级奖章作品253件。

【救助贫困学生】 年内，救助1000名义务教育段贫困学生，作为区政府为民办实事之一，共资助贫困生1251人，资助金额80万元。在市教育局大力支持帮助下，筹集资金10万元，按每人补助2000元的标准，救助了50名大学生，使他们顺利进入大学，保证了正常学习。

【农村教育建设年活动】 博山区确定2004年至2006年开展农村教育建设年活动。两年来，农村教育基础设施建设成效显著。开发区凤凰教育园区、山头镇教育园区一期工程已经投入使用，白塔镇教育园区开始内部装修，南博山镇金晶教育园区工程主体已完成。八陡镇教育园区组织了规划论证，中小学社会实践园区开始扩建，源泉镇教育园区教育资源得以有效整合。农村小学合班并校工作进展顺利，到年底，全区撤并初中5处，小学40处，新成立九年制学校4处。农村学校由96处减为55处，优化了教育资源，减少了薄弱学校。开展农村教育建设年活动以来，全区共计投入3000多万元，完成建筑面积3.2万平方米。

【高考取得新突破】 是年，全区高考重点本科上线人数由上年的175人上升到358人，本科录取1238人，比上年增加400人。

【京剧《颜文姜》成功上演】 为弘扬孝文化，博山区人民政府组织有关单位将广泛流传于博山民间孝妇颜文姜的故事，编排为京剧《颜文姜》，在博山及张店进行展演，受到欢迎和好评。

【三项目列入2005国家火炬计划】 年内，淄博水环真空泵有限公司的"2BEC系列新型水环真空泵"项目被列入国家重点火炬计划项目，山东电泵股份有限公司的"YSKQ矿用抢险排水设备"项目，淄博华成泵业有限公司的"大型轴向吸入单级离心泵ESI000—32"项目被列入2005国家火炬计划项目。

【CO_2气保焊丝产量跃居全省第一】 山东珑山实业有限公司（原夏庄煤矿）大力发展非煤产业，先后开发生产了CO_2气体保护药芯焊丝等系列产品，在同行业中率先通过ISO 9000质量体系认证，并取得美国、德国等7个国家船级社认证。年产量达到7500吨，列全省第一，全国前三位，国际市场占有率达到15%。

【科技成果】 是年，淄博博航电子陶瓷有限公司开发的氧化铝陶瓷基层水基注凝法低成本制备技术，万杰高科技有限公司生产的卷毛绒高档面料系列用涤纶纤维丝、环保型阻燃涤纶FDY丝、喷水织机废水处理循环利用系统，淄博真空设备厂有限公司生产的SKA型水环式真空泵/压缩机、LY型氯气压缩机、JSKA(JDL)型闭式循环真空机组等7个项目，填补了国内空白，达到了国内领先水平和国际同类产品先进水平。

【南博山镇四大特色基地建设】 南博山镇调整农业产业结构，建立韭菜保护地栽培基地，种植面积67公顷，建韭菜棚2360个，被市政府列入"放心工程"；建立中药材示范基地，种植面积160公顷；建立黄烟生产基地，种植面积130公顷；建立新品种引进示范园基地，从山东农业大学等大专院校和科研单位引进优质苹果、桃等30个新品种，种植面积已发展到570公顷。

【池上镇用旅游带动三产】 全镇集中400万元重点建设丽水嘉园等5处旅游度假村，投资300万元规范建成三小峰休闲旅游10里长廊、三郝峪特色餐饮10里长廊、七峪花林10里水面旅游长廊。同时加大志公坪、拦住湾、花林等景区开发建设力度。年内接待游客达3万人次，带动了第三产业的发展。

【再就业工作】 全年完成再就业职业培训2955人，培训合格率为98%，再就业率达92%，办理求职登记4618人，职业介绍成功2367人，办理再就业优惠证1077人，全年实现再就业14800人。其中下岗再就业4962人，带动再就业899人。城镇登记失业率控制在3.5%以内。 （焦方刚）

临 淄 区

【概况】 区名由来 原名营丘，因东临淄河，被齐献公更名为临淄。1970年改称临淄区。

政区 人口 全区总面积668平方公里。辖14个乡（镇、街道办事处），468个行政村（居委会）。年底全区总人口59.68万人，其中非农业人口31.05万人。人口出生率9.8‰，死亡率5.8‰，自然增长率4.00‰。

经济概况 完成地区生产总值350.72亿元，按可比价格计算，比2004年增长23.7%。第一产业实现增加值14.74亿元，增长8.89%；第二产业实现增加值269.07亿元，增长27%；第三产业实现增加值66.90亿元，增长17.2%。三次产业比重为5.14∶72.39∶22.47。全社会完成固定资产投资104.12亿元，比2004年增长45.4%。实现地方财政收入9.30亿元，按可比口径增长28.8%。年末金融机构各项存款余额207.78亿元。其中居民储蓄存款余额133.47亿元。年末金融机构各项贷款余额93.21亿元。

农业 全年农林牧渔业实现总产值27.72亿元，比2004年增长8.9%。粮食总产31.30万吨，比2004年增长5.8%，瓜菜总产182.00万吨，比2004年增长10.0%，果品总产5355吨，比2004年增长32.22%，肉类总产32360吨，禽蛋总产37777吨，奶类总产15168吨。水产品总产1000吨。全年造林140公顷，林木覆盖率达18.6%。全区农机总动力72.11万千瓦，增长2.7%。

工业 全区规模以上企业实现工业增加值84.66亿元、产品销售收入312.55亿元、利润21.45亿元、利税32.30亿元。

建设 环保 建成区面积36平方公里，城市道路84.5公里，园林绿地面积1401公顷，公共绿地面积423公顷。有污水处理厂3座，全年处理污水2748万吨，污水再生利用量27803吨，工业废水排放达标率达100%，工业固体废物综合利用率达85.52%。

交通 邮电 公路旅客运输量和周转量分别为603万人、3.13亿人公里，分别比2004年下降6.4%和16.6%；公路货物运输量718万吨、周转量5.47亿吨公里，分别增长6.2%和4.4%。全年完成邮电业务量4.00亿元，增长14.2%。年末全区程控市农交换机总容量20.73万门，固定电话用户15.34万户，移动电话用户25.49万户，互联网用户24901户。

贸易 旅游 全年共实现消费品零售总额62.00亿元，比2004年增长15.7%。实现进出口总额51923万美元，比2004年增长94.5%，其中出口32852万美元。合同利用外资额12600万美元，实际利用外资3094万美元。主要旅游景点有临淄中国古车博物馆、齐景公殉马坑、田齐王陵、姜太公祠、天齐渊、马莲台风景区、管仲纪念馆等。全年接待国内外游客200万人次，比2004年增长18.5%；实现旅游总收入6.23亿元，增长24.5%。

教科文卫 全区共有各类学校102所。其中小学61所，普通中学36所，中等职业学校4所，特殊教育学校1所。小学在校生37561人，初中在校生27964人，高中在校生14917人。有各种艺术表演场所3处、公共图书馆1个、档案馆1个。有卫生机构16所。其中医院、卫生院13所，卫生防疫防治机构1所，妇幼保健机构1所。各类卫生机构拥有床位

1070张，卫生技术人员1236人，其中执业医师534人。

社会生活　城镇居民人均可支配收入达12899元，按可比口径计算，比2004年增长15.4%；人均消费性支出为8647元，增长16.8%；人均住房使用面积31.86平方米。在岗职工年平均工资17973元，比2004年增长25.4%。农民人均纯收入达5715元，增长12.8%；生活消费性支出3358元，增长10.1%；人均居住面积37.21平方米。

【农业综合开发】　临淄区2004年度国家农业综合开发中低产田改造项目2万亩，计划投资761万元，由朱台镇和凤凰镇两镇各承建1万亩，2005年5月建成，实际完成投资1570万元，共建成农田道路(矿碴硬化)74公里，林网植树7万株，新打并配套深井16眼，配套旧井179眼，建成了蓄水工程和饮水工程各一处，配套铺设了一、二、三级输水管网106公里，购置化验设备16台(套)，建立小麦高产示范田400公顷。凤凰项目区，由镇增加投资800万元，建成58万立方米的蓄水池和日供饮水2万立方米的乌河饮水工程各一处，增设了供水管网，满足了6个村300公顷土地的农灌用水，解决了困扰农民多年的浇地难题。通过开发治理，2万亩项目区实现了田成方、林成网、路相通、沟相连，旱能浇、涝能排的目标。

临淄区蓄水池一角　　　(临淄区史志办　供稿)

【农业产业化经营】　是年，引进中韩蔬菜深加工项目、中韩合资桓公台绿色生态园项目、蔬菜保鲜配送等项目。新报批省级农业产业化龙头企业2家、市级2家。市级以上农业龙头企业发展到9家，其中，省级6家，占全市的四分之一。目前，全区各种涉农协会、合作社、联合体等中介组织已达55家，带动近50%的基地和两万农户走上了产业化经营之路，使农民户均增收1500元。

【组织实施国家和省、市支农项目】　依托国家优质专用小麦良种推广补贴项目和绿色基地项目，年内引进实验、示范、推广名优粮菜新品种32个，做到了引进一代、实验一代、推广一代、贮备一代。同时依托农业部立项的"新世纪青年农民培训"和省立项的"新型农业科技培训"项目，深入实施"绿色证书""农业科技入户""实用技术培训""巾帼科技培训"工程。培养本科、大中专生728人，举办种养实用术讲座154场次，培训实用技术人员3.2万人次。还依托农业部和省财政支持项目，推广了秸秆生物反应堆、蔬菜水肥一体化、病虫害综合防治、节本增效栽培、熊峰授粉等新技术、新成果20多项。

【高新技术产业】　年内，制定《关于加强全区高新技术产业管理工作的实施意见》，加强对全区高新技术产业的监管和服务，推动高新技术企业做大做强。新审批国家火炬计划重点高新技术企业2家，省认定高新技术企业10家。全区经认定的高新技术企业达59家，其中国家火炬计划重点高新技术企业9家。全区高新技术企业和重点骨干企业都建立了科研机构，已开发高新技术产品130余种。全区完成高新技术产业产值108.28亿元，同比增长56.48%，占全区工业总产值的36.07%。

【选聘科技特派员下乡】　年内，选聘农业领域的技术专家21名，组建临淄区首批科技特派员下乡行动服务队，实施项目带动科技下乡。设立科技示范基地10处，农业生产基地26个，推广农业新技术(成果)37项，推广优良品种38个，完成科研成果14项，引进绿色蔬菜基地建设项目2个。

【科技强警】　是年，临淄公安分局集中对110、119、122系统资源进行整合，建立了"三台合一"接警、350兆无线指挥、情报信息研判、GPS移动目标跟踪监控、集中报警服务、电视监控等多功能为一体的接警平台，形成了以110为依托，以预警指挥、预案处置、保障体系为基本构架的应急反应机制。在全区形成了城区统联网、乡镇以辖区为单位组网、单位内部自主控制三种模式的科技防控系统。年内，通过科技应用获取破案线索780条，破获刑事案件354起，查获违法犯罪人员271人；预防刑事案件114起，抓获违法犯罪人员146人。9月17日，省公安厅在临淄区召开全省技防监控报警系统建设现场会。12月，临淄公安分局被公安部、科学技术部评选为科技强警示范城市建设先进集体。

【民营经济】　年内，全区民营经济实现总产值753亿元、营业收入746亿元、利润45亿元、完成增加值224亿元、上缴税金20亿元，同比增长分别达到68.23%、71.14%、58.45%、61.17%、66.95%。其中，规模以上工业企业实现总产值313亿元、营业收入310亿元、利润21亿元、上缴税金10亿元、增加值94亿元，同比增长分别达到127.96%、139.06%、77.61%、89.48%、113.72%。

【"万村千乡"市场工程试点工作】　是年，在国家商务部实施的"万村千乡"市场工程中，临淄区被确定为试点区，山东奥德隆经贸有限公司、淄博东泰集团有限公司、山东淄博众得利农资连锁有限公司三家企业被确定为试点企业。在工程实施中，严格执行"统一采购、统一配送、统一标准、统一服务、统一价格、统一经营"的六统一方针。经过近一年时间的试点，新建和改造标准化"农家店"178家，其中日用品"农家店"51家，农资"农家店"127家，遍布14个乡镇(街道办事处)、150多个行政村，完成总投资近500万元，全区城乡一体化的现代流通网络已初具雏形。

【区财政收入规模连续六年居全市首位】　是年，区财政收入规模连续六年稳居全市首位。全区境内财政收入实现48.5亿元，增长32.5%，比2000年增长2.2倍；境内财政收入占GDP的比重达13.85%，增长0.3个百分点；地方财政收入完成9.3亿元，平均递增29.7%；地方财政支出完成11.4亿元，增长34.7%，比2000年分别增长2.67倍和3.2倍。

【社会救助工作】 是年，全区及时足额发放城市低保金300多万元和农村低保金100万元，发放救灾救济款43万元。为240人发放大病医疗救助和临时社会救济金60余万元。投资30万元的“复明工程”，使300多位贫困白内障患者重见光明。为32名特困大中专学生提供救助金6万元，对872名特困中小学生实行“两免一补”。投资20万元资助区特殊教育中心学校设立技能教室。完成6处敬老院的改扩建任务，投资25万元为全区敬老院配置健身器材。

【金岭回族镇获省民族团结进步先进集体称号】 临淄区金岭回族镇是市内唯一的少数民族镇。该镇强化措施，将搞好民族团结、维护社会稳定条款列入职工手册、学生守则、村规民约中，及时发现并妥善处理不利于民族团结、易于引发不安定因素的苗头和问题。同时实施民心系列工程，逐步完善镇回民中小学、镇卫生院设施配套建设，实现了民族团结、和谐发展。是年，金岭回族镇获山东省民族团结进步先进集体荣誉称号。

【第二届国际齐文化旅游节】 9月12～16日，第二届国际齐文化旅游节在临淄举行。旅游节期间举行了民俗文化展、临淄足球博物馆揭牌暨“魅力临淄”国际摄影大赛、第六届齐文化国际学术研讨会、经贸洽谈会暨签约仪式等活动。期间，各旅游景点共接待游客33万人次，总收入1.37亿元。经贸招商活动吸引了来自韩国、美国、英国和中国香港、台湾等10多个国家和地区，以及国内10多个省市的客商代表200余人。共达成签约项目60个，总投资50.6亿元；签订合同项目33个，总投资31亿元。

【足球起源地代表团出席国际足联百年庆典闭幕式】 5月21日，应国际足联主席布拉特邀请，淄博临淄足球起源地代表团赴瑞士的苏黎士参加了国际足联百年庆典闭幕式。闭幕式上，代表团团长、中共淄博市委副书记岳长志发表致词，并向会议报告了市、区两级政府建设足球起源地的计划和方案；布拉特主席向淄博临淄颁发了足球起源地认定证书，赠送了百年庆典纪念牌匾。

【新型农村合作医疗试点工作】 年内，扎实推进新型农村合作医疗试点工作，全区参合率提高到85%。筹资标准为农民每人每年10元，乡镇政府补助10元，市、区各补助5元，省政府补助3元。至年底，全区共筹集合作医疗资金2071.01万元。其中，省、市、区共投入881.27万元，乡镇(街道办事处)、村居集体补助562.4万元，农民个人缴纳627.34万元。全区共有59.01万人次得到补偿，补偿金额1589.67万元，其中小额补偿858.49万元、大病补偿731.18万元。农民生病就医的经济压力得到有效缓解。 (临淄区史志办)

周村区

【概况】 政区 人口 全区总面积263平方公里。辖4个镇、5个街道办事处，200个村民委员会、30个居民委员会。年末，全区总人口31.6万人，其中非农业人口19.4万人。男女性别比98.38∶100。人口出生率8.853‰，死亡率5.285‰，自然增长率3.568‰。有少数民族23个，1694人。

经济概况 完成地区生产总值126.7亿元，按可比价格计算，比上年增长18.5%。其中，第一产业实现增加值4.6亿元，第二产业实现增加值70.4亿元，第三产业实现增加值51.7亿元。三次产业比重为3.6∶55.6∶40.8。全社会完成固定资产投资81.5亿元。地方财政收入3.8亿元。年末，金融机构各项存款余额88.07亿元，其中城乡储蓄存款余额56.9亿元。各项贷款余额60.7亿元。

农业 全年农林牧渔实现总产值8.66亿元，比2004年增长7.4%。农业增加值4.55亿元，增长6.3%。粮食总产6.79万吨，棉花总产0.02万吨，油料总产0.06万吨，水果总产1.35万吨，肉类总产0.99万吨，禽蛋总产2.01万吨，奶类总产0.45万吨。全年造林267公顷，林木覆盖率达到19.4%。全区农机总动力17.48万千瓦。

工业 全年实现工业增加值64.7亿元。完成出口交货值20.07亿元。产品销售率达97.13%。地方规模以上工业企业313家，实现增加值49.02亿元，产品销售收入182.7亿元，利税15.56亿元，利润9.88亿元。规模以上非公有制工业实现增加值42.6亿元，占全部工业的65.9%。

建设 环保 完成基本建设投资32.77亿元，更新改造投资42.30亿元，房地产开发投资1.50亿元。资质三级以上建筑企业32家，完成建筑业总产值9.84亿元，实现利税0.69亿元。完成环境污染治理项目13个，完成投资额1633.3万元。

交通 邮电 境内公路通车里程849.4公里，公路旅客运输量和周转量431.9万人、22939万人公里。公路货物运输量294.6万吨、周转量4919万吨公里。各类汽车拥有量79186辆。完成邮电业务收入20318.95万元，邮政业务总量2390.16万元。年末固定电话用户达到12.4万户，移动电话用户16.1万户，电话普及率达到38.7部/百人，互联网用户11230户。

贸易 旅游 全年共实现社会消费品零售总额41.17亿元，比上年增长15.9%。城乡商品交易市场48处。新签利用外资项目24个，实际利用外资项目28个；合同利用外资额13817万美元，实际利用外资2979万美元。主要旅游景点有周村古商城、蒲松龄书馆、萌山湖、大染坊、千佛寺、淄博艺术博物馆、大清邮局等，全年接待国内外游客15万人次，实现旅游总收入4900万元，其中外汇收入6.1万美元。

教科文卫 普通高中4所，在校生7536人。普通初中12所，在校生12659人。小学38所，在校生19538人。共取得市(地)级以上各类重要科技成果12项。专利申请192件，授权专利135件。有业余艺术表演团体150个，公共图书馆1个，文化馆1个，档案馆1个，档案室535个。区属卫生机构11所。其中，医院、卫生院9所，卫生防疫防治机构1所，妇幼保健机构1所。各类卫生机构拥有床位750张，卫生技术人员818人，其中执业助理医师398人、注册护士240人。有体育馆1座，全年参加市级以上体育比赛共获金牌105枚。

社会生活 城镇居民人均可支配收入10512元，增长17.2%，人均住房使用面积33.92平方米。农民人均纯收入达5663元，增长15.4%，人均居住面积35.14平方米。全区企业养老保险参保人数35000人，征缴企业基本养老保险费7789万元，为8231名离退休人员发放养老金8332万元，发放率100%。农村养老保险参保人数15390人，征缴养老保险费125万元，发放养老金55万元。城镇职工基本医疗保险参保人数22000人，收缴基金2950万元，支出基金1850万元。征缴失业保险费748万元，发放失业救济金1291万元。城镇实现就业再就业8534人，其中，下岗失业人员再就业6298人。年末，城镇在岗职工人数6万人，在岗职工年平均工资12794元。最低生活保障救助13435人。其中，城镇10737人，农村2698人。

【工业经济】 新增规模以上工业企业55家。新增山东名牌、著名商标10个，兰雁集团股份有限公司生产的“兰雁”牌牛仔布、山东凤阳集团股份有限公司生产的“凤阳”牌床垫荣获“中国名牌”，淄博华周制药设备有限公司生产的设备、山东恒利石油化工有限公司生产的导热油被评为国家重点新产品。淄博第二毛巾厂、淄博第三毛巾厂等企业破产终结，盘活存量资产4.2亿元。山东光明钨钼股份有限公司与陕西金堆城集团，淄博嘉周集团与雄鹰巾被集团、淄博鸿泰纺织有限公司实现战略重组。至年底，开工工业项目456个，其中投资1000万元以上的132个，5000万元以上的28个，过亿元的9个，累计完成投资59.1亿元，比2004年增长49.6%。27个工业重点项目全部开工建设，年产10吨彩涂板、高档变形纱牛仔布等21个项目竣工投产或部分投产。

（韩其永　韩克勇）

【外经外贸】 是年，新批外商投资企业24家，按行业分类：纺织服装行业7家，机械行业3家，轻工行业4家，房地产4家，电子、化工、建材、医药、农业、基础设施各1家；其中总投资在1000万美元以上的项目5家。先后组织参加经贸洽谈会活动20余次，签约29个项目，贸易合同金额900万美元。外贸出口发展势头迅猛，10月即全面完成了指标任务。出口100万美元以上的企业达到39家，同比增加13家，出口15881万美元，增长83.7%，其中500万美元以上的企业10家，同比增加6家，出口9278万美元，增长72.8%。

（朱文成　韩克勇）

【教学效益年活动】 是年，周村区深入开展教学效益年活动，抓教育科研，推进课题改革，率先在全市推行了高中教学一体化管理模式。新建学校6所，改建学校17所，撤并中小学校23所，区内中小学由69所调整为50所，达到了全区教育城乡结构的科学化、均衡化和合理化。全区学校共装配计算机4800台，40所学校建成了高标准的校园网，顺利通过市教育初步现代化区县验收。各项措施的实施，使全区中小学教育教学质量显著提高。高考一、二批文理本科上线人数为262人和533人，万人比和升学率均列全市第一；艺体本科录取466人，录取率列全市第一；在全市文理科前20名中，周村区就占8名，其中淄博第六中学曹姗同学夺得全市高考理科第一名。5人获全国初中数学竞赛一等奖；6人获全国初中化学竞赛一等奖；中考各项评估指标均列全市前茅。周村区被评为全市普通高中教学先进区县。 （马　锋　甘爱华）

【实行计划生育依法管理“上门告知”制度】 年内，继续深化人口与计划生育依法管理“上门告知”制度。“上门告知”制度的实行，使计划生育工作由以管理为主转变为管理和服务相结合，由事后制裁为主转变为以预防为主。调动了群众支持、理解、参与、监督计划生育工作的积极性。6月30日，全市依法行政部门信息通报制度现场会在周村区召开，周村区作了实行计划生育依法管理“上门告知”制度的经验介绍，此做法获得2005年度全省人口和计划生育工作创新二等奖。

（赵玉波　甘爱华）

【市场建设】 年内，全区市场建设总投资2.95亿元，总面积10万平方米。年初确定的9个重点项目已完成投资2亿元，建设面积7万平方米。国际家居文化广场项目，由淄博工商局周村分局承建，计划总投资4000万元，年内完成投资3500万元，主体工程已经完工。世纪车行汽车广场项目，由淄博世纪车行有限公司承建，计划总投资12000万元，年内完成投资3100万元。恒力机床加工营销中心项目，由淄博恒力机床有限公司承建，计划总投资11000万元，年内完成投资3800万元，一期工程已于9月16日开业。淄博金周钢材市场项目，由周村金周物资有限公司承建，计划总投资4000万元，年内完成投资1670万元。淄博恒业物流园项目，由淄博恒业运输有限责任公司承建，计划总投资7000万元，年内完成投资1630万元，1500平方米零担专线配载营业房已投入使用。山东世纪德润机械设备市场项目，由山东世纪德润置业服务有限公司承建，计划总投资11000万元，年内完成投资1100万元。淄博天河不锈钢市场项目，由浙江丰业不锈钢公司与淄博长城电缆制造有限公司合资兴建，计划总投资11000万元，年内完成投资1100万元。鲁中金属材料城项目，由江苏恒基锦业集团投资有限公司与周村丝绸路办事处立家村共同投资建设，计划总投资18000万元，年内完成投资2000万元。淄博博美汽车销售市场项目，由淄博博美汽车销售服务有限公司承建，计划总投资13000万元，年内完成投资2100万元。

（周　刚　陈　会）

【完善城乡社会救助体系】 年内新增城市低保1000户，3149人；调整283户，674人；注销552户，1462人；年底共有城市低保户4820户，10737人，共发放城市低保金1318.93万元，农村低保金36.44万元，五保供养金25.67万元。开展了“每周救助一户特困家庭”行动，全年救助40户，救助金额3.85万元。在“福彩心连心，助困送温暖”活动中，为特困户、重点优抚对象发放救助金5万元。对汛期危房户发放救济款13.5万元，对北崖村麦田火灾户，杏园村、丝绸路街道塌房户，西塘村、仙鹤村火灾户发放救灾款和救济金2.75万元。出资20万元对960名特困学生实行了“两免一补”。投入2万余元，扩充爱心超市生活物品；开展爱心超市下乡活动，发放救助物品计2.5万元。新建1所老年公寓，对2所镇敬老院进行扩建。为25户因病致贫、50名特困大学生、10名特困教师发放救助金总计10万元。为萌山库区1000名特困群众解决农村新型合作医疗个人交纳部分资金。

（尚坤宗　周　刚）

【基础设施建设】 对309国道周村段、北外环路、姜萌路等一批城市主干道进行建设改造；正阳和萌水两个110千伏变电站、引黄供水工程、天燃气引入工程、污水处理厂等投入运行。机场路、东门路、米河路、北门街、火车站广场改造升级工程相继完成。完成12条小街巷改造。按照“绿随路建、有路皆绿、绿美结合”的原则，对309国道周村至王村段、胶王路两侧进行绿化；完成了张周路、新建东路、政务中心广场、人民广场、天香公园、正阳路、丝绸路、机场路等城市绿地改造。新建绿地137万平方米，改造绿地111.9万平方米，绿化覆盖率达38.7%，绿地率达34.3%，人均占有绿地面积15.2平方米。

（韩其永）

【第二届中国(周村)旱码头文化旅游节】 在第二届中国(周村)旱码头文化旅游节期间：一是举办了春节元宵节文化活动、第四届中国(周村)“嘉周杯”全国象棋特级大师冠军赛、“旱码头”杯全国生活类报纸采风活动、周村古商城旅游推介会暨收藏品鉴定交流会。二是筹备组织了开幕式文艺演出暨电视连续剧《旱码头》拍摄启动仪式。开展了为期一周的广场文化活动，"百年光被、百年六中"校庆活动和博士、专家恳谈会，经贸洽谈会，投资与发展论坛，天下第一村国画馆开馆仪式，周村旅游规划评审论证会等系列活动。充分展示了"旱码头""金周村"的历史底蕴和现代风姿，成功打造了周村文化品牌。（王振刚　柳桂云）

【《周村区志（1986～2002）》出版】　《周村区志（1986～2002）》编纂工作始于2001年9月，历时4年，于2005年12月由中华书局出版发行。此部志书是对《周村区志》的续修，由前志简介、概述、大事记、专志各编及附录组成，设27篇、145章、518节，共138万字，照片582幅。（韩克勇）

桓台县

【概况】　县名由来　因境内齐桓公戏马台而得名。

政区　人口　全县总面积498.25平方公里，辖11镇、1个开发区、1个街道办事处，8个居民委员会，335个行政村。年底全县总人口49.25万人，其中非农业人口8.99万人。男女性别比100.3∶100。人口出生率9.2‰，死亡率6.9‰，自然增长率2.3‰。有少数民族人口500余人。

经济概况　全年实现地区生产总值150.05亿元，按可比价格计算，比2004年增长20.5%。其中，第一产业增加值9.7亿元，增长6%；第二产业增加值103.25亿元，增长24.6%；第三产业增加值37.1亿元，增长15.4%。三次产业比重为6.5∶68.8∶24.7。规模以上工业企业固定资产投资80.07亿元，增长34.7%。实现地方财政收入5.44亿元，增长35.3%。年末金融机构各项存款余额89.83亿元，其中居民储蓄存款余额54.85亿元。年末金融机构各项贷款余额87.46亿元。

农业　全年农林牧渔业实现总产值18.05亿元，比2004年增长7%。农业增加值9.7亿元，增长6%。粮食总产37.14万吨，增长16%；棉花总产0.17万吨，下降33%；油料总产502吨，增长65.68%；水果总产0.61万吨，下降77%；蔬菜总产33.14万吨，下降26.2%。肉类总产2.05万吨，禽蛋总产2.57万吨，奶类总产0.81万吨。水产品总产0.32万吨，略高于上年。全年造林400公顷，林木覆盖率达到19.7%。全县农机总动力56万千瓦，增长3.7%。

工业　有规模以上工业企业202家，增64家，工业性固定资产投资61亿元，增长27.1%；完成工业总产值291.25亿元，增长51.6%，其中高新技术产业产值94.39亿元；实现产品销售收入279.69亿元，增长53.3%；实现利税30.49亿元，增长40.3%；实现利润19.31亿元，增长36.6%。

建设　环保　高起点完成了新一轮县城总体规划修编和县城中心区控制性详细规划、城市绿地系统规划的编制。建筑面积9万平方米，总投资近3亿元的县文化中心、县体育中心；建筑面积9万平方米，总投资2亿元的县医院新院；建筑面积7万平方米，总投资1.3亿元的县实验学校等重点工程进展顺利。房地产开发投资4.96亿元，增长1.12倍。资质三级及以上建筑企业79家，完成建安产值70.6亿元，增长22.1%。完成环境污染治理项目34个，完成投资额1.56亿元，增长21.88%。

交通　邮电　公路通车里程1112公里，公路旅客运输量和周转量378万人、17010万人公里，公路货物运输量和周转量358万吨、36398万吨公里。全县拥有汽车1.97万辆，比上年增长27.1%。完成邮政业务总量2742万元，增长2.8%。年末有固定电话用户13.7万户（其中小灵通1.6万户），移动电话用户16.1万户，电话普及率上升到60.51部/百人。互联网用户0.85万户。

贸易　旅游　全年共实现社会消费品零售总额43.75亿元，增长15.89%。城乡消费品市场67处。实现进出口总额41226万美元，增长14.6%，其中出口22775万美元，增长39%。新签利用外资项目35项；合同外资额14592万美元，增长42%；实际利用外资23.8亿美元，增长17%。主要旅游景点有马踏湖旅游风景区、王渔洋纪念馆、桓台博物馆等。全年接待国内外游客69万人次，增长15%；实现旅游总收入1.2亿元，增长16.7%。

教科文卫　有中等专业学校1所，在校生2838人。普通高中3所，在校生10426人。普通初中20所，在校生20480人。小学64所，在校生30564人。有各类科技人员51464人，共取得市级以上各类重要科技成果5项，专利申请量225件，授权专利39件。有公共图书馆1个、文化馆1个、档案馆1个。有医院、卫生院24所，卫生防疫防治机构3处，妇幼保健机构1处。各类卫生机构共有床位1647张，卫生技术人员2190人，其中执业医师1660人、注册护士530人。有体育训练馆4处，在全省中小学生体育运动会上获金牌3枚。

社会生活　城镇居民人均可支配收入12019元，按可比口径计算，比2004年增长17.4%；人均生活消费性支出7978元，增长7.8%；人均住房使用面积23.27平方米。农民人均纯收入5540元，增长14.9%；生活消费支出3225元，增长11.8%；人均居住面积29.16平方米。全县企业养老保险参保人数30525人，比2004年增2975人；征缴企业基本养老保险费8100万元。农村养老保险参保人数累计达到112917人，比上年增329人，当年收缴保险金130.2万元。城镇职工基本医疗保险参保人数30859人，参加失业保险人数22835人，享受失业保险待遇1800人。城镇实现就业再就业8106人，其中，下岗失业人员再就业500人。年末城镇在岗职工人数4.2万人，增长11.7%；在岗职工年平均工资14136元，增长12.53%。

【工业强县建设】　年内，全县新上一次性投资1000万元以上的工业项目99个，完成工业生产性固定资产投资61亿元，同比增长27.1%。唐山镇完成工业投入10.42亿元，成为县内工业固定资产投入第一镇。山东博汇集团完成工业投入7.93亿元，成为县内工业固定资产投入第一企业。在销售收入过亿元企业提升工程和骨干企业膨胀计划实施过程中，全县骨干企业群体进一步壮大，销售收入过亿元企业新增9家，达到40家，其中山东博汇集团、山东金诚石化集团、山东东岳化工有限公司、淄博汇丰石油化工有限公司分别实现销售收入55亿元、37亿元、25亿元、18亿元，分别增长42.5%、175%、70%和144%。山东博汇集团入选"中国轻工业500强"，列第七十二位。纳税超千万元的企业达到12家，其中超亿元3家，博汇集团纳税2.53亿元，继续为全县纳税第一企业；金诚石化集团、东岳集团分别达到1.66亿元和1.11亿元，继续保持强劲发展的良好势头。

【农业全面增长】　全县2.37万公顷优质专用小麦，在克服大面积冻害的基础上，平均亩产506公斤，实现小麦标准化生产县建设预期目标；2.31万公顷夏玉米在雨水较多、光照不足、连续遭受两次暴风袭击、部分地块出现点片倒伏的特殊气候条件下,平均亩产达到610公斤。在稳定粮食生产的基础上,大力发展高效经济作物。改造藕池近66.67公顷,发展旱藕基地266.67公顷,四色韭黄、细毛山药等无公害高效农产品的种植面积有所扩大,有8个品牌获绿色食品无公害农产品认证。建立并完善无公害蔬菜标准化生产基地2467公顷。畜牧业在大农业中的比重进一步提高。全县畜牧业规模养殖场达到1250余家、养殖小区达到140个,养殖大户2700个。春季成片造林160公顷,新建农田林网1330公顷,补植完善农田林网3000公顷,新建绿色通道27公里,林业育苗300公顷,村镇植树30万株。

【建筑业规模经营多元发展】 年内,建筑业全面实施规模经营、多元发展,新市场、特色市场和大市场渗透到国内11个省。二级以上总承包建筑企业均取得增项资质,尤其是6家一级总承包企业,均具备有地基基础、设备安装、装饰装修、大型吊装、水利及路桥施工、机械化施工、园林绿化、钢结构制作安装、消防设备施工等专业化施工能力。全年施工企业累计承接工程量1150万平方米,承接单位工程面积1万平方米以上或12层以上或单跨24米以上工程项目110项。完成建安产值70.6亿元,其中省外市场完成9.8亿元。山东同济万鑫集团承建的滨州市政大厦工程荣获全国建筑工程最高质量奖“鲁班奖”。工业、房地产等多元化经营,实现产值15.5亿元,增长18.8%。有10家三级资质企业晋升为二级,25家建筑企业综合产值过亿元。其中,万鑫过15亿元,山东天齐置业有限公司、山东起凤建工有限公司、山东齐泰建工实业有限公司、山东新城建工股份有限公司分别过8亿元,整体竞争力显著增强。

【拓宽招商渠道】 在上年设立7个专业招商局、各镇成立招商办的基础上,新设县政府驻温州招商联络处。以“走出去、请进来”为主线,先后组织各种类型的境内外招商推介会、投资说明会、洽谈会等招商活动10余次。不断加强与境内外中介机构和经济组织的合作,与韩国、香港、台湾、温州、深圳、石狮、佛山的商会、行业会或中介机构建立了长期合作关系,并组织了一系列的招商活动。招商方式采取专业招商、产业链招商、网络招商、小分队招商等,进一步拓宽招商渠道。招商引资在谈在建项目达到148个,实际利用县外资金23.8亿元,其中境外资金4413万美元。各镇、街道办、开发区及74个县直部门单位完成或超额完成了招商引资任务。

【扶持民营经济发展】 从2003年开始,县财政每年拿出专款,建立信用担保基金,用于争取银行信贷规模,并为中小企业流动资金贷款提供担保。同时,成立了私营企业信用担保商会,协调金融部门贷款,加强了会员企业间的沟通和信用担保。为38家会员企业办理42笔担保贷款,获得贷款3040万元,承兑汇票1200万元。组织召开各种形式的银企洽谈会、项目投资洽谈会,实现银企对接。县内外金融机构为全县民营企业新增授信额度70亿元,新增银行贷款50亿元。年底,全县个体工商户发展到8375户,户均资金1.88万元;私营企业1353户,注册资本(金)10.34亿元。

【山东博汇纸业股份有限公司成为全市第一家股权分置改革上市公司】 10月21日,在山东博汇纸业股份有限公司召开的股权分置改革相关股东会议上,以现场投票、网络投票、征集投票的表决方式,审议通过《山东博汇纸业股份有限公司股权分置改革方案》。山东博汇纸业股份有限公司成为山东省第二家、淄博市第一家实行股权分置改革的上市公司。

【高考成绩实现历史性突破】 全县普通高考本科上线录取1474人,增幅120%。对口高职升学全县本科上线103人,全部被本科院校录取,列全市第一。在全市文科前50名、理科前100名中,占28人。桓台一中军检线以上534人,在全市同类学校中位居第一;本科上线录取1112人,首次突破千人大关,录取人数在全市同类学校中位居第一。县职业中专有80人被高职本科院校录取,在全市职业学校中位居第一。

【落实就业再就业扶持政策】 年内,全面落实就业再就业政策,先后为下岗失业人员办理小额贷款近40万元,帮助126名下岗失业人员实现再就业。为320名下岗失业人员发放再就业优惠证,帮助减免各类税金130万元。免费培训下岗失业人员500人。全年新增就业岗位8106个,有3000余名下岗失业人员实现再就业,城镇登记失业率控制在3.5%以内。

【马桥镇再创全市第一经济强镇】 是年,马桥镇完成工业生产性固定资产投入21.6亿元,实现地区生产总值35亿元,上缴税金4.3亿元,实现地方财政收入1.4亿元,同比分别增长62%、37%、65%、66.7%,再创全市第一经济强镇。被中央文明委表彰为全国文明村镇,被国家统计局表彰为全国高水平综合发展镇,位居全国1000家经济强乡镇的第528名。

【出口创汇工作】 是年,全县自营进出口企业新增15家,达到52家,出口创汇22775万美元,同比增长36.3%,居全市各区县前列。唐山镇完成8454万美元,出口创汇居全县镇级第一。东岳集团完成7552万美元,成为全县出口创汇第一企业。

【桓台县连续5年进入中国最发达100县】 据国家统计局公布的2005年全国县域社会经济综合发展指数前100位测评结果,桓台县连续5年再入中国最发达100县行列,居第七十一位,比上年前移20位。

【马踏湖被评为全国农业旅游示范点】 年内,桓台县马踏湖风景区通过国家旅游局全国农业旅游示范点检查验收,被评为全国农业旅游示范点。

【获全国科技进步先进县称号】 是年,桓台县继2003年之后,再次被评为全国科技进步先进县。 (王松亭)

高青县

【概况】 *县名由来* 1948年由高苑县和青城县合并,取两县首字而得名。

政区 人口 全县总面积831.3平方公里,辖田镇镇、青城镇、高城镇、黑里寨镇、唐坊镇、常家镇、花沟镇、木李镇、赵店镇9个镇,1个城区办事处,767个行政村。年底总人口36.2万人,其中非农业人口55334人。男女性别比101∶100。人口出生率10.34‰,人口自然增长率3.8‰。

经济概况 全县实现地区生产总值46.9亿元,增长21.7%。一、二、三产业增加值分别达到10.1亿元、23.25亿元和13.55亿元,分别增长5.7%、31.5%和20.4%,三次产

业比例达到 21.5：49.6：28.9。完成地方全社会固定资产投资 30 亿元，增长 53.4%。地方财政收入完成 2.3 亿元，增长 27.6%。年末全县金融机构各项存款余额 31.3 亿元，各项贷款余额 27.8 亿元。

农业　完成农业总产值 17.97 亿元，比 2004 年增长 5.7%。年末实有耕地面积 4.22 万公顷，农作物播种面积 106.3 万亩，增长 4.5%。粮食总产 28.91 万吨，增长 31.8%，平均亩产 445 公斤。棉花总产 1.68 万吨，油料总产 0.19 万吨，蔬菜总产 38.75 万吨。全年造林面积 246 公顷，新建农田林网 1600 公顷，"四旁"植树 100 万株；大牲畜存栏量 13.41 万头；肉类总产 2.85 万吨，增长 12.3%；禽蛋产量 1.85 万吨，增长 2.6%；牛奶总产 5.06 万吨，增长 7.4%；水产养殖面积 3200 公顷，增长 2.1%，水产品总量 1.64 万吨。

工业　全县工业增加值实现 19.47 亿元，增长 32.6%。93 家规模以上工业企业完成产值 60.27 亿元，比 2004 年增长 50.8%；规模以上工业企业实现产品销售收入 59.25 亿元，同比增长 50.0%；实现利税 36445 万元，同比增长 50.6%；实现利润 14280 万元，同比增长 83.3%。销售收入过亿元的企业达 18 家，销售收入达 41.26 亿元；利税过千万的企业 9 家，利税达 2.73 亿元。

贸易　旅游　全县社会消费品零售总额实现 11 亿元，增长 16%。其中，批发零售贸易完成 88093 万元，同比增长 15.9%；住宿餐饮业完成 19290 万元，同比增长 16%。县以上零售额 57138 万元，同比增长 15.3%；县以下零售额 53327 万元，同比增长 16.5%。全年完成出口商品总值 8200 万美元，增长 20.6%，其中直接出口 4600 万美元，增长 58.6%。实际利用外资 2656 万美元。批准外商投资项目 5 个，获得自营进出口权的企业发展到 31 家。主要旅游景点：大芦湖风景区、黄河沿岸风景风情区、天鹅湖、文昌阁、扳倒井、衮龙桥、卫灵公墓、大王墓群等。

建设　环保　全年完成固定资产投资 30 亿元。四级以上资质等级的建筑施工单位 19 家，实现产值 9.5 亿元。建筑业年末实有从业人员 10271 人。住房条件不断改善，城镇居民人均居住面积 22 平方米，农民人均住房面积达到 30 平方米。全年污染防治总投资 1.06 亿元，比上年增长 4.5%。

交通　邮电　邮政业务总量 1176 万元。电信业发展迅速，网通、电信宽带上网用户 5997 户，移动、联通手机用户达 9.2 万户，增长 91.3%；年末固定电话用户 89138 户，其中市话 28547 户、农话 60591 户。年末公路通车里程 1460.5 公里；年货运量 172 万吨，货运周转量 11599 万吨公里；客运量 201 万人次，客运周转量 5182 万人公里。

科教文卫　年末全县有各级各类学校 60 所。有普通中学 13 所，在校生 22595 人，其中初中 15583 人、高中 7012 人；职业中学 2 所，在校生 2191 人；技工学校 1 所，在校生 509 人；小学 44 所，在校生 21835 人。幼儿园 73 所，在园幼儿 9213 人。1 项科研成果获市级以上奖励，全年专利申请量 38 件。全县共有各类文化机构 6 处，馆藏图书 8 万册，文物藏品 110 件。竞技体育与群众体育共同发展。获全运会男子 1500 米金牌 1 枚，投资 300 万元建成一批群众健身娱乐设施，被命名为山东门球之乡。有各类医疗机构 18 处，其中医院 3 处、卫生院 8 处，病床 569 张，卫生技术人员 682 人。

社会生活　全年发放各类救济救灾款 83 万元。全县在岗职工人数 19188 人，在岗职工工资总额 22969 万元，在岗职工年平均工资 11743 元，增长 6.7%。实现就业再就业 7464 人，城镇登记失业率保持在 3.5%以内。农民人均纯收入 3843 元，增长 12.8%。城镇居民人均可支配收入 8019 元，增长 16.1%。

【纺织、服装业跨越式发展】　近年来，高青县充分发挥当地棉花与劳动力资源优势，发展纺织、服装业，在做大、做强原有企业的同时，加大招商引资力度，先后有鸿丰纺织有限公司、淄博曼顿纺织股份有限公司、淄博联昱纺织有限公司、淄博宏叶服装有限公司等落户高青，为高青县的纺织、服装业注入了新的活力。8 月，高青流云纺织股份有限公司、淄博曼顿纺织股份有限公司等 5 家企业被评为全市纺织行业龙头企业。

【"一招三重"工作】　是年，县委、县政府把"一招三重"（招商引资、重点项目、重点园区、重点企业）工作作为全县的中心工作来抓，取得了显著成效。全县招商引资共引进投产、在建、签约项目 173 个，合同利用县外资金 44.8 亿元，其中境外资金 1.3 亿美元，实际利用县外资金完成 18 亿元。新引进投资过亿元的项目 7 个。年初确定的 12 项重点工程顺利推进，完成投资 9.2 亿元。特别是高青宏远沥青有限公司扩产等项目投产运营，加快了全县骨干企业的发展步伐。惠青黄河公路大桥建设进展顺利，完成工程总量的 75%以上。成功组织召开突破高青 2005 年银企合作洽谈会，达成协议、意向 89 个，签约金额 13 亿元，年底到位 8 亿元，为企业发展提供了有力的资金支持。

【农业和农村经济】　1. 各项指标全面增长。全县植棉 1.6 万公顷，平均亩产籽棉 200 公斤，亩产皮棉 71 公斤，总产 1.68 万吨。全年瓜菜播种总面积 1.4 万公顷，总产 58.35 万吨，产值 6.3 亿元，分别较上年增长 2.5 %、4.6%、14.5%。新建无公害蔬菜基地 420 公顷。全县农业总产值达到 17.97 亿元，农业增加值 10 亿元，农民人均纯收入 3843 元，比上年增长 12.8%。2. 产业化经营成效显著。高青县被省政府表彰为全省农业产业化工作先进县。全县规模以上农业产业化龙头企业已发展到 18 家，淄博龙大畜禽有限公司由市级农业龙头企业升级为省级龙头企业；高青县诚信菌业科技有限公司、高青县第三油棉厂等 5 家企业升级为市级农业龙头企业；淄博大地肉牛集团、高青县锦源木材有限公司、高青博泰牧业科技有限公司、淄博通宇环保科技有限公司等一批新建龙头企业相继投产达效。3. 涉农项目争取工作取得较大突破。先后争取到了"优质高档肉牛繁育基地""高青县 20 万亩优质棉基地""高青县蔬菜协会建设项目""黄河滩区扶贫开发""秸秆综合利用"项目。合资企业——山东高端奶畜产业有限公司建设已进入实施阶段，该项目计划投资 1 亿元。4. 农业生产条件进一步改善。完成在高城镇实施的 1.4 万亩农业综合开发项目，并顺利通过市级验收，被评为优秀等次。推广小麦机械化免耕播种面积 400 公顷，组织 3600 台次大型农机参加麦秋跨区作业。

【工业运行质量不断提高】　1. 重点工业发展迅速。年销售收入过亿元，利税过千万元的企业分别达到 18 家和 9 家。2. 工业出口快速增长。山东侨牌集团有限公司生产的避光式输液器、输注泵，淄博兰骏纺织有限公司生产的新型牛仔布等产品迅速打开国际市场。获自营进出口权的企业发展到 31 家，直接出口 4600 万美元，增长 58.6%。3. 企业自主研发能力不断增强。山东扳倒井集团与吉林大学联合建设的高新技术工业性实验基地，已完成两个新产品的中试；兰骏公司新产品研发中心被确定为市级技术开发中心。扳倒井集团研发了全国首创的二次窖泥工艺。兰骏公司研发的棉涤弹力牛仔布、竹节弹力牛仔布，侨牌集团开发的精密过滤输液器等新产品深受客户欢迎。

【教育事业全面发展】 1. 高考成绩创历史新高。全县高考本科上线首次突破千人大关，比上年增加485人，增幅为83.6%。对口高职在全省招生计划比去年减少41%的情况下本科录取21人，增幅为38%。艺术、体育特长生本科上线251人，增幅148.5%。2. 对全县农村中小学布局调整完成投资767.7万元，撤并农村中小学36处。对高中阶段学校进行调整，高青二中由青城全部迁至县城校区，职业中专由高城镇迁至原高青二中校区，利用原职业中专校区建成县中小学生综合社会实践学校。3. 投资200万元完善教育信息中心建设，实现了县教育网与各镇校站点的对接。新增校园网2个，80%的专任教师实现了人手一机。4. 小学适龄儿童入学率达100%，高中阶段教育普及率达到85.4%，普通高中普及率达到42.1%。拓宽办学渠道，新增联合办学单位5处。加强对县、乡、村三级成人教育办学网络的基地建设，开展农村实用技术培训和农村劳动力转移培训，全年共培训3万人次，促进了县域经济的发展。

【《高青县志(1978～2004)》出版】 由高青县史志办编纂的《高青县志(1978～2004)》于2005年12月由中华书局正式出版。该书设22编及概述、大事记、人物、附录等，511幅照片，图表183张。该书全面记述了高青县从1978年到2004年27年间改革开放的历史。为突出时代特点和地方特色，专设了"开放开发编""油区编"等。

【黄河泥沙制砖研制成功】 5月，利用黄河泥沙烧制多孔模数砖项目顺利通过省级专家鉴定，该技术变废为宝，为淄博市首创，填补了国内空白。

【抗日英雄李振恒】 李振恒，高青县花沟镇胡李村人，男，汉族，1929年出生，一等伤残军人。抗日战争期间，只身歼灭20名日军，曾被华东野战军授予"二级战斗英雄"称号。8月28日，中央电视台《新闻联播》播出了李振恒的专题节目；9月，李振恒应邀参加纪念中国人民抗日战争暨反法西斯战争胜利60周年系列活动，中共中央总书记、国家主席、中央军委主席胡锦涛向李振恒等10名老战士代表颁发了中国人民抗日战争胜利60周年纪念章，表彰他们为中国人民抗日战争胜利建立的卓越功绩。

【县行政服务中心投入运营】 10月27日，高青县行政服务中心举行揭牌仪式，正式投入运营。该中心是全县集中办理行政审批和服务事项的专门机构，办公面积1200平方米，首批入驻26个行政部门，集中行政审批事项207项。

【芦湖公园开工奠基】 11月18日，高青芦湖公园开工奠基仪式隆重举行。该公园位于县城东部、黄河路南侧，总占地面积13公顷，计划总投资2000万元，由天津园林规划设计院规划设计，天津市绿化工程公司中标建设。公园功能定位为开放性生态文化休憩公园。设中央水面、露天广场、儿童乐园、生态岛等景观工程及文化展示中心。计划2006年9月底竣工。

（孟繁国　王秀领）

沂　源　县

【概况】 县名由来　因沂河发源地而得名。

政区　人口　全县总面积1636平方公里。辖13个乡(镇、办事处)，633个行政村(居委会)。年底全县总人口55.66万人，其中非农业人口11.97万人。人口出生率9.69‰。

经济概况　全县实现地区生产总值77.89亿元，按可比价格计算，比2004年增长25.1%。第一产业实现增加值9.8亿元，增长11.1%；第二产业实现增加值41.97亿元，增长28.4%；第三产业实现增加值26.11亿元，增长26.1%。三次产业比重为12.6∶53.9∶33.5。全社会完成固定资产投资33.74亿元，比2004年增长58.76%。实现财政总收入7.07亿元，按可比口径增长34.86%。年末金融机构各项存款余额46.2亿元，年末金融机构各项贷款余额30.64亿元。

工业　全县规模以上工业企业完成总产值82.85亿元，比2004年增长42.71%。实现产品销售收入77.13亿元，完成工业增加值24.6亿元，完成利税12.10亿元，实现利润7.52亿元。截至年底，全县规模以上工业企业80家，亏损企业亏损额0.30亿元，全员劳动生产率达6.02万元/人。

农业　全县农业完成总产值18.3亿元，比2004年增长17.1%；完成农业增加值9.81亿元。年末实有耕地面积2.23万公顷，农作物播种面积2.1万公顷，其中粮食作物播种面积1.08万公顷、经济作物播种面积1.02万公顷。粮食总产4.64万吨，平均亩产286公斤。夏粮播种面积0.29万公顷，总产1.10万吨；秋粮播种面积0.72万公顷，总产3.40万吨。全年棉花总产0.02万吨，油料总产0.88万吨，蔬菜总产27.62万吨。

建设　环保　完成基本建设投资7.18亿元，房地产开发投资1.94亿元。资质五级及以上建筑企业31家，实现增加值1.85亿元。完成环境污染治理项目21个，完成投资额3747万元。

交通　邮电　公路通车里程681.7公里，公路旅客运输量和周转量287万人、6528万人公里。公路货物运输量502万吨、周转量25276万吨公里。完成邮电业务总量13299万元，比上年增长14.23%。年末固定电话用户达到13万户，移动电话用户8.89万户，互联网用户0.77万户。

贸易　旅游　全年共实现社会消费品零售总额32.33亿元。实现进出口总额9534万美元，其中出口6192万美元。合同利用外资额4381万美元，增长73.5%；实际利用外资2430万美元，增长21%。主要旅游景点有以九天洞和千人洞为代表的鲁山溶洞群、沂源猿人遗址、鲁山省级森林公园、织女洞、神清宫、荆山公园、历山公园、圣佛山、石佛院、凤凰山风景区、唐山自然风景区、田庄水库和沂河源水景公园。

教科文卫　有普通中学27所，在校生8.68万人，其中义务教育学段在校生6.94万人；小学128所，在校生3.78万人。有各类科技人员20024人。共取得市级以上重要科技成果19项。专利申请量79件。有各类艺术表演团体9个，艺术表演场所8个，公共图书馆1个，文化馆1个，档案馆1个。有卫生机构18所。其中，医院、卫生院15所，卫生防疫防治机构1所，妇幼保健机构1所。各类卫生机构拥有床位831张，卫生技术人员1503人。全年参加省级以上体育比赛共获奖牌10枚，其中金牌3枚。

社会生活　城镇居民人均可支配收入达8909元，人均消费性支出为5484元，人均住房使用面积27.6平方米。在岗职工年平均工资12238元，增长13%。农民人均纯收入达3887元，人均生活消费支出2430元，增长10.98%，人均居住面积26平方米。全县城镇最低生活保障救助人数为6597人，比2004年增长-11.58 %；农村定期定量救助1499人，增长2.74%。社会福利性收养单位(含敬老院)14个，床位282张，收养144人。社会福利性企业25个，安置残疾人员332人。

【建设工业重点项目】　是年，全县共确定44个投资过千万元的工业重点项目，计划总投资15.16亿元，其中年度投资11.54亿元，至年底，有24个项目竣工投产或基本完成，有20个项目需跨年度建设。

附：

2005年沂源县已完成工业重点项目表

项目名称	承办单位	总投资(亿元)	本年投资(亿元)	新增生产能力	年增销售收入(千万元)	年增利税(万元)
2×3万千瓦发电机组改造	沂源县能源热电有限公司	1.7	1.2	4亿千瓦小时	13	2000
一、二选厂提高回收率技术改造	淄博市华联矿业有限责任公司	0.67		铁精粉5万吨	5	3100
可溶纤维	山东鲁阳股份有限公司	0.5		1200吨	10	1500
头孢粉针制剂	山东瑞阳制药有限公司	0.365	0.3	头孢噻圬4亿只	20	3400
玻璃纤维及制品	淄博思创玻璃纤维有限公司	3.6	0.55	玻纤制品1.5万吨、玻纤布2000万米	41	15000
高温针刺毡过滤材料	淄博新力塑编有限公司	0.18	0.18	针刺毡100万平方米	10	1000
仿毛生产线染整改造	淄博沃源纺织有限公司	0.1	0.1	仿毛料、棉布1100万米	1.5	560
卫生用品扩产	山东益母妇女用品有限公司	0.1	0.1	卫生巾4亿片、护垫8亿片	10	900
合成氨和有机胺扩产	山东联合化工股份有限公司	0.55	0.3	3万吨	13	3000
年产5000吨三聚氰胺	山东联合化肥股份有限公司	0.16	0.16	5000吨	5.532	646
1880纸机技改	山东恒盛纸业有限公司	0.2	0.2	文化用纸1万吨	5.1	460
MBS扩产	山东瑞丰化工有限公司	0.1	0.1	2000吨	5	500
肉鸭加工	沂源县天力源绿色果业有限公司	0.105	0.105	白条鸭及副产品4000吨	2.3	150
桔梗粉加工	淄博华盛食品有限公司	0.105	0.105	桔梗粉等4000吨	4	700
中成药加工一期工程	北京圣事秋明商贸有限公司	0.1	0.1	中成药加工300吨	3	760
玻璃纤维制品	淄博金鼎纤维材料有限公司	0.3	0.3	玻纤纱制品5000吨	6	500
玻璃纤维	淄博易高玻纤有限公司	0.15	0.15	玻纤纱制品1000吨	2.5	500
不锈钢铸造	淄博金东机械制造有限公司	0.1	0.1	统用不锈钢产品1200吨	2	500
精密铸造	淄博博泵铸造有限公司	0.3	0.3	树脂砂铸件3吨	15	2200
机制焦	淄博国泰焦化有限公司	0.45	0.45	焦炭30万吨	2	180
页岩砖加工	沂源县弘祥矿业有限公司	0.1	0.1	页岩砖1亿块	10	400
瓶装奶生产线	山东淄博汇源食品饮料有限公司	0.1	0.1	瓶装奶6000吨	3.36	1300
果品深加工	淄博山川果蔬有限公司	0.26	0.2	果脯系列6000吨	3.5	300
化工原料	淄博和美华化工有限公司	0.1	0.1	二硫化二苯并噻唑1000吨	2.8	250

【培植企业集团】 是年，县委、县政府把培植和发展企业集团作为推进“工业立县”的重要举措，科学定位，因企制宜，引导优势企业通过资本运作和产权联合等形式，组建了药玻、瑞阳、鲁阳、华联、联合、沂源鲁矿、电业、绿兰莎、沃源、海达、汇源、新力等12家企业集团。其中，有6家实现利税过5000万元，有4家实现利税过2亿元。各企业集团的整体实力和核心竞争力明显提高和增强。

【发展生态农业】 全县以发展绿色生态农业为方向，不断调整优化农业和农村经济结构，努力提高农业发展的整体素质和产出效益。

深化农业结构调整：果业经济。继续深化果业结构“二次调整”，新发展红将军苹果、大樱桃、板栗等名优特和适宜加工果品1300公顷，完成巨峰葡萄、桃等老果园改接换优2000公顷。全县果品面积达到4.2万公顷，总产量达到5.85亿公斤。畜业经济。依托山东淄博汇源食品饮料有限公司、山东海达食品有限公司等加工龙头企业，加快奶牛、肉鸭鸡兔、奶山羊和波尔山羊规模化养殖，建成“五养”（奶牛、肉鸭、肉鸡、肉兔、羊）示范基地23个，奶牛养殖小区30处，新发展奶牛3000头，新建肉鸭鸡兔、奶山羊及波尔山羊等标准化规模养殖场（棚）1125个，畜牧业在农业总产值中的比重达到40%。劳务经济。全年积极引导农民向二、三产业转移2.5万人，常年外出务工人员达5.9万人，劳务经济已成为农民收入的重要来源。生态经济。实施生态家园富民计划，建设及发展沼气池和生态示范户各2000个，开发生态旅游线路2条，建设了燕崖杏花村等10个生态民俗旅游村。

产业化经营：全县新发展农产品加工龙头企业8家，销售收入500万元以上农产品加工、营销龙头企业达到36家，大华贸易有限公司和山东乐利事食品有限公司被认定为市级农业产业化重点龙头企业，全县省市级龙头企业达到4家。全县组建县级农业协会6个，基层农业专业协会129个，吸纳会员32547人，全县20%的农户入会，通过协会销售的果品和畜产品分别占全县总销量的40%和70%。以“沂蒙山”品牌被认定为省著名商标为契机，不断加大品牌宣传与推介力度，“沂蒙山”商标使用量占全县果品总量的60%、蔬菜总量的30%。

标准化生产：规划建设标准化生产基地100余处，使标准化生产面积达到3万公顷，2300公顷无公害蔬菜基地通过市级认定，全县绿色无公害、有机食品认证产品达到14个，全县农业标准化生产继续走在全省前列。

农田水利和生态环境建设：年内完成造林补植5000公顷，荒山绿化3300公顷，封山育林1300公顷，全县林木覆盖率提高到46%。投资9300多万元，建设水利设施260余处，完成22座小型水库除险加固工程，解决20个村、1.5万人季节性缺水困难。全县实现96%的行政村通硬化路，99%的行政村通客车。维修改造进山、进园路180多公里。年内，全县共争取市级以上农业投资项目63个，争取上级资金4278万元，进一步改善农业生产条件和发展环境。

通过大力发展生态农业，全县农业增加值达到9.82亿元，增长11.1%，农民人均纯收入达到3887元，增长16.55%，是10年来增幅最高的一年。

【服务业】 年内，全县加快发展服务业，促进服务业总量扩张和效益提升。一、把大力发展旅游业作为拉动服务业发展的重要突破口。已完成8个生态旅游项目的规划。重点规划了沂源猿人溶洞群、鲁山森林公园、唐山佛雕文化园等六大生态旅游精品园。与山东鲁信集团达成3亿元合作协议，力争将鲁山风景区建成省内一流的旅游度假区，年内该景区已被评为国家AAA级旅游区。累计投资3200万元，实施了唐山寺、神清宫、荆山寺、圣佛山、凤凰山古建筑修复和开发工程。建设了杏花村等10个生态民俗旅游村和“农家乐”项目，举办燕崖大樱桃采摘节暨沂源生态旅游年开游仪式、沂源金秋采摘游暨中庄万亩示范园苹果采摘游等活动。

二、加快商贸流通设施建设及改造，提升承载能力。针对流通企业经营规模小、设施老化、业态陈旧问题，积极吸引外资。对沂源大酒店、迎宾馆、五金大楼、富华公司营业楼等进行扩建改造。万盛隆河西分店、东方家具城、骏马度假村、蒲公英大酒店等一批商贸服务企业亦相继开业。

三、推进流通体制改革，激活企业发展活力。通过加强组织领导、政策扶持、灵活选择改制形式等措施，使全县30家县属流通企业通过“二次改制”，共甩掉不良债务2.9亿元，盘活资产9000万元。县粮食企业改制经验在全省粮食系统推广。全县12家基层供销社全部完成资产评估，正按改制程序推进。

四、培育发展新型服务业。年内，新增家政、喜庆、保洁等各类社区服务机构16家，咨询、法律、审计、科技、劳务等各类中介服务机构也有较大发展。

是年，全县服务业增加值实现26.1亿元，同比增长26.1%，税收8170万元，增长28%。社会消费品零售总额达到17.75亿元，增长17.3%。

【招商引资】 重点围绕“六大基地”（医药及包装材料、节能材料、高分子材料、食品加工、玻璃纤维、精密制造）建设、农业产业化经营、生态旅游开发等产业优势，集中抓好产业链招商。年内，投资3000万元的淄博易高玻璃纤维有限公司和淄博巨鑫玻璃纤维有限公司、投资5000万元的博泵铸造有限公司等一大批大项目相继开工建设。总投资1亿元的思创玻璃纤维有限公司项目一期投产实际利用外资5000万元。总投资3亿元的鲁山景区开发项目已与山东鲁信投资集团签订协议。招商中，注重强化企业的主体地位，特别是注重与大企业的联合合作。鲁阳股份有限公司和山东药用玻璃股份有限公司分别与世界500强的英国摩根公司和芬兰ABB公司签订了资本运营、长期技术合作和加工出口合同。

招商措施：一是抓重点专业招商，先后组织参加了中国（淄博）·韩国专业投资贸易洽谈会、上海（淄博）专业招商会等12次大型招商活动，共达成项目协议70多个，协议投资额近17亿元。精心组织开展“招商引资月”活动，共洽谈各类合作项目120多个，其中500万元以上的项目59个，协议投资额7.5亿元。二是强化管理考核，狠抓招商引资目标责任制落实。年初，县委、县政府层层分解招商任务，对完不成任务的单位继续实行“一票否决”，实行县级领导和县直部门（乡镇）挂包企业招商引资责任制。实行招商引资情况月报制度，严格奖惩兑现。三是打造山水生态、园区平台、人文诚信“三大环境”，营造安商扶商的良好氛围。设立“百万元专项奖励基金”，重新修定完善全县招商引资优惠政策和奖励办法，完善城乡基础设施功能，成立沂源经济开发区，建立了联席会议、集中审批、代办服务和运行监督等四项机制，进一步优化了投资环境。

是年，全县共引进外来资金19亿元，同比增长123.5%。引进500万元以上的项目67个，是2004年的2.3倍，其中千万元以上的项目32个。实现合同利用外资4415万美元，实际利用外资2430万美元，分别增长75%和50.9%。

【公路建设】 实现"村村通"。是年投资1639.8万元，完成73条93.5公里乡村道路硬化，其中村道70条83.1公里。至此，道路硬化的行政村已达608个，占行政村总数的96%，在全省山区县中率先实现村村通硬化公路目标。

博沂路北线二期改建工程竣工通车。在上年完成一期工程基础上，是年又投资5500万元，完成二期改建工程。博沂路北线的竣工通车，结束了博沂路松仙岭段雪天难以通行的历史，从根本上解决了沂源通往张店的交通不畅问题。

泰薛路城区东段改线工程。工程总长4.6公里，计划投资2270万元，年内投资2000万元。路面工程已完成基层铺筑和路面下面层施工，路面上面层计划到2006年6月完成。

济青南线高速公路沂源段建设。仅用一个月时间基本完成地面附属物清理。1.04亿元地面附属物补偿资金全部拨付到位，1.1亿元征地补偿资金大部分拨付到位，协助完成455公顷征地工作。是年，工程累计投资6.9亿元，完成年度投资计划的105%。 （尹雪原　袁艳玲　尹洪强）

本部类编辑：徐先法
副主编：安永善
校对：郭延志
张爱云

·淄博市重点文物保护单位选介·

北沈遗址

市级重点文物保护单位。位于淄川区寨里镇北沈村西，面积28万平方米，为新石器时期古文化遗址。2001年进行抢救性发掘，发掘面积1000多平方米，出土文物有陶器、石器、青铜器等；发掘商周房址5处，西周窑址2处，清点商周、战国墓葬23处。

商家遗址

市级重点文物保护单位。位于周村区贾黄乡商家村东的范阳河二级台地上。面积2.8万平方米，文化层厚约1.8～2米，内存大量的红烧土、陶片、花纹砖、骨骼等。从遗址特征看，属商周至汉代的遗存。

石佛遗址

市级重点文物保护单位。位于周村南郊镇石佛村南，遗址东西长90米，南北宽80米。属龙山文化遗址。

唐山遗址

市级重点文物保护单位。位于桓台唐山镇唐一村西南，面积15万多平方米。出土有龙山文化、岳石文化及商代的陶、铜、骨、蚌、石器等遗物；发现岳石文化、西周时期城墙及战国与唐代墓葬，发掘出西周青铜鼎、唐三彩炉等重要文物。

西固庄遗址

市级重点文物保护单位。位于沂源县大张乡西固村东南250米处。1984年发现，面积10000平方米。出土有保存较完好的陶鼎、陶罐、陶盆等器具等及蛋壳陶残片。从遗物特征分析，该遗址属大汶口文化、龙山文化时期。

（李　胄　供稿）

业 绩 采 风

【淄博市劳动和社会保障局】 “十五”时期，淄博市劳动保障事业取得显著成绩，为促进全市经济发展、维护社会稳定、保障劳动者合法权益做出了重要贡献。

就业总量有较大增长，就业局势保持稳定。大力发展劳动力市场，推进劳动者市场化就业。市、区县劳动力市场功能普遍得到提升，各街道(乡镇)全面建立基层劳动保障组织，市场就业服务功能明显增强，用人单位和劳动者的市场就业意识显著提高，80%以上劳动者通过劳动力市场实现就业。加大对弱势群体的再就业帮扶，鼓励扶持引导他们实现再就业。建立就业再就业工作领导责任、政策法规和管理服务三个体系，狠抓再就业扶持政策的落实，大力开发公益性岗位安置再就业困难人员，特别是开展的小额担保贷款工作，帮助和带动了大量下岗失业人员再就业，成为全省先进典型。积极推进城乡一体化就业，开展“阳光工程”“春风行动”“西输东接”工程等，农村劳动力转移就业的步伐加快。“十五”期间，全市新增城镇就业再就业39.8万人，城镇登记失业率控制在4%以内。2004、2005两年新增农村劳动力转移就业14.3万人。

社会保障体系建设取得重大进展，保障能力显著增强。2000年10月建立工伤保险制度，2001年开始建立新型基本医疗保险制度，2005年7月1日起全面实施生育保险制度，全市以养老、失业、医疗、工伤和生育保险为主要内容的社会保险体系初步建立。各项保险覆盖范围不断扩大，企业养老保险5年新增参保职工15.2万人，基本医疗保险新增64.3万人，工伤、生育保险从无到有，参保职工分别达42.3万人和32.8万人。失业保险、机关事业单位养老保险参保职工做到稳中有升。农村养老保险参保人员33.5万人。全面实施社会保险费“一票征缴”，城镇五项保险5年累计征缴保险费88.99亿元，累计足额支付社会保险金83.91亿元。企业退休人员基本实现社会化管理服务，并在全省首创社区管理“星”级服务示范点制度。截至2005年底，全市17.8万企业退休人员实现了社会化管理服务，社会化管理服务率达到99.1%，纳入社区管理人员15.2万人，社区管理率达85.5%。

高技能人才队伍建设有所突破，职工技能水平明显提高。5年间，全市技工学校累计招生30260人，其中高级班招生达7612人；技工学校共向社会输送合格毕业生23364人，就业率一直稳定在95%以上。在职教育总量稳定，5年开展各种类型的职工培训35万人次，其中有69987万余人参加了职业技能鉴定；开展下岗失业人员再就业培训5.3万人，培训后再就业保持在60%以上。制定实施“三年三千”新技师培养计划，先后组织6批以政府投资为主的“金蓝领”培训工程，培养年轻技师600人。制定技能人才岗位补贴标准，建立技能人才评选表彰制度，评选出“淄博市有突出贡献的技师”29名，享受每月100～200元的政府津贴；评选出“技术能手”180名，给予一次性奖励。2004、2005两年间，全市新增技师1800余人。

劳动关系协调机制不断完善，维权功能进一步得到发挥。劳动合同得到全面推行，“十五”时期末，全市有2827户企业、75.2万名职工实行劳动合同制度，有652户企业与职工签订了集体合同，涉及职工31.2万人。解决企业拖欠职工工资工作成效明显，5年累计补发企业拖欠职工工资8823万元，基本解决了历史拖欠问题。企业工资正常增长机制初步形成，2005年全市企业职工年平均工资1.5万元，比2001年增长6228元。劳动保障监察执法力度加大。市、区县相继组建专职劳动保障监察队伍，5年累计受理举报投诉案件5495件，时效内结案率保持在95%以上。扩大主动检查的范围和数量，较好地纠正了劳动力市场秩序混乱、严重侵害童工利益、拖欠工资及社会保险费等违法现象。依法及时处理各类劳动争议案件，5年受理劳动争议案件6784件，涉及劳动者20484人，通过处理劳动争议案件，为劳动者挽回经济损失19525万元，为用人单位挽回经济损失2147万元。妥善处理大量信访案件，规范行政复议和应诉工作程序。5年累计处理各类来信来访案件22428件；处理劳动保障行政复议应诉案件285件，依法纠正各类违法和不当行政行为，维护了劳动者和用人单位合法权益，促进了和谐淄博建设。

【淄博市物价局】 “十五”时期，淄博市物价局以科学发展观统领全局，贯彻落实一系列宏观调控政策、措施，为全市国民经济实现“高增长、低通胀”的良好健康运行格局做出重要贡献。据统计，2005年全市国内生产总值达1430.95亿元，比2000年增长122.8%，年均递增15.04%；城市居民人均可支配收入和农民人均纯收入分别达到12032元和5107元，分别比2000年增加了5189元和1860元，分别增长了75.8%和57.3%，年均分别递增12%和9.5%；居民消费价格总指数(CPI)以2000年为基期5年累计上涨2.4%，年均上涨0.5%。

“十五”期间，价格调控工作在确保价格总水平基本稳定的前提下，清费治乱减负，深化价格改革，引导投资消费，促进加快发展。着重抓了三个方面的工作：

1、加强市场价格监管，确保了市场物价基本稳定。一是实行“双控”线政策，在价格总水平上涨较快时，暂停出台政府提价项目，科学把握价格结构性调整的出台时机、力度，缓解了价格结构性调整对市场物价上涨的压力。二是加强市场价格监测，完善市场价格监测预警体系，制定应对异常价格波动的工作预案，对“非典”、禽流感期间的部分商品价格波动及时依法采取价格干预措施，及时稳定了市场物价。三是及时进行价格政策和重大调价措施出台的宣传工作，积极引导消费，防止追涨抢购现象的发生。四是积极规范市场价格行为，维护正常的市场价格秩序。这些措施的实施，使全市物价在宏观经济形势复杂、全省价格总水平变化较大的情况下，始终保持了相对平稳的运行态势。据统计，2001～2005年全市居民消费价格总指数分别为100.4％、98.9％、100.1％、102.9％和100.1％。

2、狠抓清费治乱减负，优化经济发展环境。一是先后开展涉企、涉农、涉房、涉电等专项收费清理整顿工作，涉及淄博市的收费项目，国家、省、市政府及各级物价、财政部门先后下文取消991项收费，年可减轻企业和农民负担2亿多元。二是全面推行价格和收费公示制度，到2005年底，在全市107个乡镇、3509个行政村设立公示牌4904块，发放宣传册、宣传材料10万余份，部门及相关收费单位的公示率亦达到99％以上，其中市属656个应公示单位已全部完成公示工作，增强了收费政策的透明度，促进了阳光行政和公民自我价格维权意识的提高。三是全面清理现行收费政策，废止收费文件196件，并从2003年开始，每年对现行行政事业性收费项目进行全面清理汇总，编制印发《淄博市行政事业性收费、政府性基金项目及标准手册》，优化经济发展环境。四是加强价格法制建设。2001年11月，市政府以23号令颁布《淄博市服务价格管理办法》，规范了服务价格的管理；完善价格决策制度，严把收费审定关，对重要公用事业价格和收费标准的制定都实行成本监审、专家论证、集体审核、公开听证、价格公示制度，以价格决策的民主化、公开化促进价格决策的科学化。五是围绕清费、治乱、减负和制止价格欺诈、价格垄断、低价倾销等不正当价格行为加大了价格监督检查力度，通过采取完善基层监督检查网络、建立12358投诉举报网络、下查一级、联合检查、交叉检查等方式，相继开展了对关系人民生活密切的重要商品、服务价格和行政事业性收费、市场价格行为的监督检查，坚决打击各种乱涨价乱收费行为，为经济发展保驾护航。5年来，全市共查处价格违法案件2686起，实施经济制裁总额达5275万元；受理群众价格投诉举报2869起，立案查处1550起，实施经济制裁532万元，其中退还消费者312万元。

3、全面推进价格改革，促进经济健康发展。一是进行了以促进生产和消费为目的的电价制度改革：积极推行峰谷分时电价政策；取消附加在电价上的各种集资、附加、保证金和乱收费项目；取消了高耗能企业的电价优惠政策；在实行居民生活用电同网同价政策的基础上，2005年全市直供电区实现城乡同网同价，年可减轻农民负担8000万元，促进了电力资源的有效利用、产业结构的优化调整和城乡经济的协调发展。二是推进以节水为核心的水价制度改革：实行枯水期加价政策和超量累进加价制度；将引黄供水价格纳入综合供水价格体系，促进客水资源的利用；提高水资源费和污水处理费征收标准；适时适度调整农业供水价格，并把农村社会化供水价格纳入政府定价管理轨道，促进了水资源的节约利用和经济可持续发展。全市2004年国内生产总值实现1230亿元，比2000年增长91.6％，而生产经营用水为16195立方米，仅比2000年增加4.5％。三是加快公用公益事业价格改革步伐：出台垃圾处理、污水处理收费新政策，推进了垃圾处理、污水处理产业化进程；在召开价格听证会、充分考虑照顾城市困难群体利益的基础上，稳步推进供暖、供气、有线电视收视费等价格改革，利用价格杠杆促进基础设施投资（如污水处理）的多元化、市场化；在整顿规范医疗收费的基础上，加强自制药剂和招标药品的价格管理，使招标药品价格平均下降20％，5年累计向患者让利3000多万元；加强对中小学义务教育阶段特色学校、特色班收费的管理，适当放宽民办教育收费管理，规范中小学代收费、住宿费、借读费、择校费等教育收费行为，对高中教育收费实行"三限"政策，对义务教育实行"一费制"收费新政策，全面提高了城市功能，促进了群众"看不起病、上不起学"等热点问题的解决。四是加强房地产价格管理：相继制定出台《关于加快经济适用住房建设的意见》《淄博市物业服务收费管理实施细则》和《淄博市普通住宅小区物业管理服务收费等级标准》等一系列政策措施，制定并向社会公布《淄博市暂行基准地价》，会同建设部门制定房屋综合开发费标准和小城镇基础设施配套费标准，促进房地产业快速健康发展，形成新的经济增长点。五是进一步完善价格形成机制。为鼓励消费、拉动内需，对过去限制消费的价格政策进行全面清理，相继放开旅馆、餐饮、照相、普通商品住宅、盈利性医疗服务等行业的价格管理；进一步压缩行政事业费总量，充分运用价格政策引导社会事务管理转向中介服务，促进服务业的健康发展；制定《关于运用价格杠杆促进民营经济发展的意见》，落实各项促进民营经济发展的各项优惠价格政策，积极引导民间资本向基础设施等瓶颈产业投资，促进民营经济的快速发展；授予淄博高新区和齐鲁化工区市级价格管理权限，向高青、沂源下放部分价格管理权限，对部分景点门票价格下放区县管理，促进了高新技术产业和县域经济的加快发展；改革粮食价格管理体制，积极配合粮食流通体制改革，对种粮农民实行直接进行财政补贴的价格政策，确保了粮食生产和供应的稳定。进一步放开放宽价格管理，使市场配置资源的积极作用得以充分发挥。据统计，2004年末，在全市社会消费品零售总额中，市场调节价的比重已占到95.3％.

【蒲松龄纪念馆】 该馆是为纪念世界短篇小说之王——蒲松龄而建立的文化名人纪念馆。每年接待中外游客10余万人次。并接待过万里、乔石、田纪云、李长春等一批党和国家领导人。该馆先后获得省级爱国主义教育基地、市级文明单位、花园式单位、青年文明示范岗、淄博市服务业先进单位等荣誉称号。

2005年，蒲松龄纪念馆重点抓好三方面工作。一是对内抓管理、强化职工素质，对外抓协调、优化外部环境，从而提高了工作效率，提升了单位信誉、队伍素质和管理水平。进一步

蒲松龄纪念馆馆长王幼学、书记王聿亮在文化推介活动中与协约方签约

建立健全奖励机制，调动工作人员积极性。协调好周边环境，实现优势互补，共同发展。二是抓活动，突亮点，工作上水平，事业上台阶。首先，利用公益文化项目推介活动，出版发行了《聊斋志异》传世收藏本。这一活动不仅宣传扩大了纪念馆的影响，同时也充实了馆藏；其次，利用江苏省高邮市第三届高邮文化节，与高邮市文化局合作举办第三次全国聊斋学术讨

论会，在搭建聊斋学学术交流平台的同时，进一步扩大了聊斋学研究的影响；三是认真搞好纪念蒲松龄诞辰 365 周年暨 2005 年全国中国画提名展活动。这项活动规模大、规格高、投资大、收获多。由中国美协提名，全国 101 位中国画坛很有影响的画家参展，是淄博市政府与中国美协合办的第一次全国性画展。这次画展，不仅充实了馆藏，而且在全国范围内扩大了纪念馆的影响。

省、市领导和聊斋学专家参加《聊斋志异》传世收藏版发行式

【淄博市疾病预防控制中心】 2005 年 12 月 31 日，根据卫生部《关于卫生监督体制改革的意见》和市机构编制委员会《关于市级卫生监督和疾病预防控制体制改革有关问题的通知》精神，在原淄博市卫生防疫站的基础上组建。市卫生防疫站始建于 1953 年，为正县级全额卫生事业单位，是全市疾病控制、卫生监督、健康教育和科研培训中心，是山东大学公共卫生学院和济宁医学院教学基地。截至 2005 年底，全站在岗职工 270 人，其中卫生专业技术人员 209 人，正高级职称 3 人，副高级职称 106 人，中级职称 65 人；拥有工作用房 10630 平方米和原子吸收、气相色谱、液相色谱、基因扩增仪、高速离心机、离子色谱、微波消解仪、原子荧光分光光度计及 α、β 测量系统等大型检验仪器设备。其主要职责是：完成国家、省下达的重大疾病预防控制的指令性任务，实施疾病预防控制规划、方案，组织开展全市疾病爆发调查处理和报告；负责全市预防性生物制品管理，组织、实施预防接种工作；调查突发公共卫生事件的危险因素，实施控制措施；开展常见病原微生物检验检测和常见毒物、污染物的检验鉴定；开展疾病监测以及食品卫生、职业卫生、放射卫生和环境卫生等领域健康危害因素监测，管理全市疫情及相关公共卫生信息；承担市卫生局委托的与卫生监督执法相关的检验检测任务；组织开展健康教育与健康促进；负责对下级疾病预防控制机构的业务指导、人员培训和业务考核；指导全市医疗卫生机构传染病防治工作。

主任　胡林

党委书记　栾兆恺

在"预防为主"的卫生工作方针指引下，该站始终坚持正确的办站方向，特别是近年来，紧紧围绕卫生改革与发展的中心任务，解放思想，务实创新，卫生防疫各项工作都有了长足发展，先后获得全国环境卫生工作先进单位、全国放射卫生工作先进单位、全国卫生防疫防治工作先进集体、全国医学科普工作先进集体、全国疫情管理先进集体 、"全省卫生系统先进集体 和省、市级文明单位等荣誉称号。1995 年在全省卫生防疫系统率先通过省级计量认证，1996 年被卫生部命名为全国首批"地市级一等卫生防疫站"，从而跻身于全国卫生防疫工作先进行列。

认真贯彻落实《中华人民共和国传染病防治法》，以艾滋病、结核病、霍乱、病毒性肝炎和流行性出血热防治工作为重点，继续做好传染性非典型肺炎和禽流感的监测报告工作，积极采取综合防治措施，严格疫情管理，狠抓规范化预防接种门诊的建设和管理，五苗接种率和儿童免疫保偿率均保持在较高水平，使相关传染病得到了有效控制，有效地防止了重点疫病的传播和流行。全市已连续 31 年无白喉、14 年无脊灰病例发生。

认真贯彻落实《中华人民共和国食品卫生法》、《中华人民共和国职业病防治法》等卫生法律法规，加大卫生监督监测工作力度，全面推行食品卫生监督量化分级管理制度，狠抓行业卫生监督管理，有效地防止了集体食物中毒等突发公共卫生事件的发生，使全市公共卫生整体水平有了明显提高。在文明城市创建工作中，进一步加大卫生监督工作力度，对食品、经营性公共场所和保健食品等重点单位进行督查，确保经营单位证照齐全，从业人员持证上岗，为淄博市创建省级文明城市做出了应有的贡献。

《淄博市生活饮用水卫生监督管理办法》于 2005 年 1 月 1 日起正式实施，这是目前全国地级市唯一一部饮用水卫生管理地方法规，也是全省首部饮用水卫生监督地方性法规。

【淄博市卫生局卫生监督所】 2005 年 12 月 31 日挂牌成立，为正县级全额事业单位，编制 70 人，设置科室 15 个，其中职能科室 6 个，业务科室 9 个。市卫生局卫生监督所的正式成立，对于保障全市公共卫生安全、医疗安全和人民群众健康具有重大意义。

市卫生局卫生监督所肩负着执行国家卫生法律法规、维护人民健康权益和促进经济发展的使命。在机构职能上，主要承担辖区内公共卫生、健康相关产品、医疗机构、预防保健机构、采供血机构和卫生专业技术人员的监督执法工作，依法打击各种违法违规行为；负责卫生许可及执业许可的申请受理、初审上报及批准后的证件发放工作；负责对社会卫生相关违法现象投诉、举报的受理和查处等工作。在短时间内，该所高起点、高标准地完成组建任务，承担起市政府和市卫生行政部门赋予的职责，取得显著成绩。组建期间，做到工作不断、力度不减，确保卫生监督执法工作在体制转轨时期的有机衔接和平稳过渡。成立之后，高度重视队伍建设，制定颁发并严格执行《禁酒令》，大力开展全员卫生法律知识和执法办案技能培训。组织全所职工集中军训，实行半军事化管理，努力建设一支政治坚定、纪律严明、作风优良、业务过硬的高素质卫生监督执法队伍。积极推行卫生监督执法责任制、执法过错责任追究制和服务承诺制。建立 24 小时监督热线和投诉意见箱。成立专职机构，具体负责卫生监督执法稽查工作，以规范执法行为。省卫生厅、市委、市人大、市政府的领导同志对市卫生局卫生监督所成立以来取得的成绩和全所干部职工的精神风貌给予高度评价和充分肯定。

市卫生局卫生监督所创造性地处理好“三个关系”。一是正确处理卫生监督执法与经济建设的关系。既不能以经济建设为由而不作为，对损害群众健康权益的行为不予制止，也不能以维护群众健康权益为由而乱作为，损害被监督对象的合法权益。二是正确处理卫生监督执法与政治安定和社会稳定的关系。通过扎实有效的工作，保障人民群众的公共卫生安全和医疗卫生安全，为政治安定和社会稳定的大局服务。服从稳定大局，创新执法理念，改进执法方式，不扰民、不添乱，以实际行动维护党和政府形象。三是正确处理监督与服务的关系。把服务融入执法监督过程中，重在体现服务，树立公正、规范、高效、文明执法的社会形象。

所长　王大伟

争创全国同级卫生监督机构的一流水平，打造与淄博城市水平相适应的卫生监督执法工作品牌，是市卫生局卫生监督所追求的奋斗目标。其工作宗旨是“忠实捍卫法律尊严、维护人民健康权益、服务经济发展大局”；工作方针是“专项整治、上下联动、部门协作、社会监督”；服务品牌是“做人民健康的忠诚卫士”。站在新的历史起点上，市卫生局卫生监督所将认真履行卫生法律法规赋予的神圣职责，在全面建设小康社会、构建和谐社会和建设平安淄博的伟大事业中作出自己应有的贡献。

投诉举报电话：(0533)3150926 3150927
传真：0533－3182505
地址：张店区人民西路16号
邮编：255031

【淄博市中心医院】 始建于1950年，是淄博市首家三级甲等综合医院，是全市的医疗、教学、科研和预防保健中心。医院占地面积85899平方米，建筑面积77415平方米，医疗用房55500平方米，编制床位660张，开放床位700张，年门诊量50余万人次，年住院病人28000余人次。

医院现有临床科室26个，医技科室19个，在职职工1069人，其中专业技术人员992人，高级职称280人，中级职称463人，市级以上学科带头人30人，市级拔尖人才11人，博士生2人、硕士研究生50人，12人被评为淄博市首批名医，45人分别担任市级以上各专业委员会的主任委员或副主任委员。

2005年9月投入运行的3万平方米门诊楼，改善了患者的就医环境

重点学科建设成效显著，专业技术水平不断提高。形成了以普外科、心内科、神经内科、眼科、骨科为重点学科，心胸外科、颅脑外科、泌尿中心、血液内科、ICU、急症科为特色专科的地区规模优势和综合技术优势，实现了学科专业技术精尖化。能常规开展体外循环下心内直视手术、肾移植术、全髋关节置换术、射频消融术、角膜移植术、腹腔镜手术、自体异体外周血干细胞移植术、介入治疗等具有先进水平的复杂手术。先后成功开展了淄博市首例冠状动脉搭桥术、肝脏移植手术。近三年来，有28项科研项目成果通过专家鉴定，其中22项达到国内领先水平，6项达到国内先进水平，21项获省、市科技进步奖，在省级以上刊物发表学术论文500多篇。

基础设施逐步完善，综合实力不断增强。为彻底改善病人的就医环境，在市委、市政府的支持帮助下，医院先后斥巨资建设了2.5万平方米的病房大楼和3万平方米门诊楼，基本满足了患者就医需求和临床工作需要。先后投资引进螺旋CT、核磁共振、直线加速器、ECT、准分子激光治疗仪、全自动生化分析仪、多功能数字胃肠机、彩超等大型医疗设备，设备总值1亿余元。固定资产总值3亿余元。

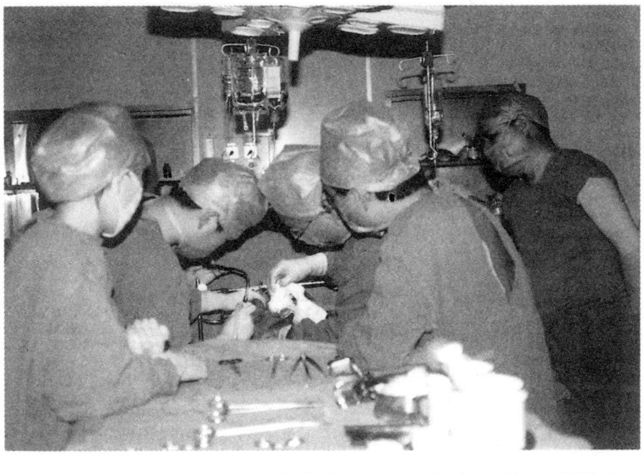

2005年9月9日淄博市中心医院成功开展了淄博市首例肝脏移植手术

改革积极探索稳步推进，管理强化重点科学规范。积极推行岗位综合目标责任制，实行干部和技术人员竞争上岗，岗位全员合同制和聘任制，医院内部管理的信息化水平不断提

高，由过去的收费微机化，走向了临床工作信息化。开展成本核算、量本利分析，实现保洁、洗涤工作社会化；定期举办质量安全培训，强化三级质量管理组织，保证医疗工作安全进行。

更新观念彰显人性化，优质服务打造星级品牌。为满足患者的就医需求，医院加强在岗人员的岗位培训，定期举办各种专业技术讲座和服务技巧培训，开展系统化整体医疗和系统化整体护理，建立护理模式病房，示范病房、开展“星级护士”评选，为方便患者就医，增设楼层挂号收费、取药窗口，合并中西药房，建立集挂号、收费、取药、检验、B超为一体的急救诊疗小区。2005年完成门诊诊疗人次449279人，与2004年同比增长8.51%，住院病人20155人次，同比增长9.2%，床位使用率105.83%，同比增长10.41%，床位周转次数31.45次，同比增长2.38次。

扶贫济困弘扬传统美德，纠防并举狠刹行业歪风。定期走访敬老院看望老革命，开展卫生支农“三下乡”活动，查体义诊、捐款送药，结对帮扶乡镇医院5处累计捐赠设备、物资折合人民币60余万元。为特困职工、优抚对象减免费用100余万元。设立社区医疗服务点四个，开展惠民医疗，建立惠民病床，在全市率先实现住院费用“一日清”制度，实行药品招标采购，开展专项治理商业贿赂，推行药品用量动态监测、超常预警通报和医生不当处方点评通报。推行反商业贿赂承诺制，在药品、设备、物资采购岗位和人员中签订购销双方自律协议书，整顿内部经济秩序，定期举办健康向上的文体活动，不断改善、提高职工的居住条件和生活水平，增强了职工的凝聚力和向心力。医院先后荣获山东省文明示范医院、山东省百佳医院、山东省职业道德建设先进集体、山东省文明单位、全国卫生系统先进集体、全国首批百姓放心示范医院。

【淄博市第一医院】 始建于1948年秋，现占地面积14.44万平方米，建筑面积10.16万平方米，在职职工1146人，卫生专业技术人员732人，其中高级职称141人，中级职称225人，初级职称366人。编制床位740张，开放床位800张，39个临床医技科室，20个病区，平均年门诊量39万多人次，年出入住院病人1.9万多人次。

该院基础设施完善、仪器设备精良、技术力量雄厚、专科门类齐全、管理水平较高，是集医疗、教学、科研、预防、康复、保健为一体的三级综合医院，是潍坊医学院附属医院，国家执业医师临床实践技能考试基地。设有淄博市骨科研究所、淄博市糖尿病强化治疗中心、淄博市新生儿重症监护中心、淄博市肝病治疗中心、淄博市呼吸睡眠监测中心、淄博市康复医学中心、健康查体中心、医疗美容中心、先心病介入治疗协作小组、脑血管病介入治疗小组等。拥有日立公司核磁共振、医用直线加速器、大型高压氧舱、惠普彩超、美国16导心电生理仪、日本血液透析机、日本全自动生化分析仪、全自动血球计数仪、电子胃肠镜系统、1200毫安大型心血管造影机等大型设备。

近年来，淄博市第一医院通过实施形象、质量、优质服务等八大工程，进一步完善人事制度、经济管理体制改革，围绕中心工作，坚持以人为本，转变服务模式，提升服务理念，做到院有重点、科有特色、人有专长，在全市首次名医名科评定工作中，该院有4个科室被评为淄博市首批名科，9名医疗专业人员被评为全市首批名医。先心病介入治疗协作组开展的先心病封堵介入治疗填补市内空白，走在全省前列。其中成功实施1例9个月婴儿先心病封堵手术，创全国首例，被中央电视台新闻节目报道。脑血管介入治疗协作组开展脑血管瘤介入栓塞治疗、脑梗塞溶栓治疗等新技术、新业务。胸外科成功抢救4名心脏破裂、心包填塞病人，并积极开展胸腔镜手术治疗心肺疾病。骨科开展的微侵袭切口钢板内固定治疗胫内粉碎性骨折等研究均达到国内领先水平和国内先进水平，心内科开展的“冠状动脉支架置入术”和神经外科开展的“颅底、颅内沟通瘤切除及颅底重建术”以及各种心脏直视手术、介入治疗恶性肿瘤、人工关节置换术、断臂再植术、断指(趾)再植术、糖尿病强化治疗、极低体重新生儿监护治疗等新技术、新业务，在全市均处于领先水平，妇产科开展的射频(微创)治疗子宫肌瘤及宫颈糜烂，成功率达100%，许多主要技术指标跻身国内先进行列。全年共开展新技术、新业务55项，发表省级以上学术论文180余篇。与美国、日本、俄罗斯、新加坡、香港等国家和地区进行学术交流活动，并达成部分合作关系。

医院经过一系列改革措施，综合技术水平、服务质量明显提高，门诊诊疗人次、出入院人数、病床使用率、固定资产等各项技术指标均有较大幅度增长，受到社会各界人士的好评，医院连续16年被评为淄博市精神文明单位，在建设淄博立志立功活动中荣立集体一等功，先后被评为山东省医德医风示范医院，山东省卫生先进集体，全省卫生系统优秀职工之家，山东省职业道德先进集体，山东省文明医院。

【张店区卫生局】 是全区卫生工作的行政主管部门，接受市卫生局的业务指导，负责贯彻党和政府的卫生工作方针、政策和法规，制定和实施全区卫生事业的发展规划和计划，管理协调所属卫生单位和社会各部门乃至全社会开展防病治病工作，进行卫生监督执法，组织卫生单位最大限度的开发和利用卫生资源，为全区人民提供医疗卫生保健服务，保护全区人民身体健康，提高全区人民身体素质，促进全区两个文明建设快速发展。

张店区卫生局党委书记、局长　陈庆博

近年来，在张店区委、区政府的领导和上级业务部门的指导下，以农村卫生工作为重点，以发展为基调，以改革为动力，以提高全区人民的健康水平为目标，抢抓机遇，深化改革，完善服务，张店区的卫生事业有了较快的发展。在全市率先开展新型农村合作医疗试点工作，成为省级农村合作医疗试点区，截至2006年6月，全区已报销金额732.55万元，受益人口230414人；村级卫生组织规范化建设成效显著，新建规范化村卫生室14处并通过市级考核验收，农民就医条件得到改善；以创建全省农村中医工作先进区为契机，中医整体水平得到全面提升，总投资1200余万元的中医健康保健中心和建筑面积6000平方米的中医院病房楼已投入使用；“两个体系”建设初见成效，实行了农村防保体制改革，成立镇防保站，建立

市长刘慧晏视察社区卫生工作

起区、镇、村三级预防保健网络；在各街道办事处成立卫生服务监督管理科，增强办事处的卫生管理职能；加大医疗市场监督管理和整顿力度，近年来，共查处各类投诉案件463户次，实施监督检查3380余户次，查处违法违规医疗机构198余户次，取缔无证诊所119户次，查控药品、保健品207余箱，电动流产吸引器等医疗器械86台(件)，广告牌、匾58块，查处违法案件总涉案值达270余万元，实施行政处罚130户次，罚没款近44.5万元；深入开展了医疗质量管理效益年活动和“星级医院”创建活动；“平安系统”建设卓有成效，确保了医患人员的生命财产安全；深入开展了“廉洁行医树新风”、“为民、务实、清廉”教育活动，行业作风建设进一步加强。大力开展群众性的爱国卫生运动，爱国卫生工作逐步实现了长效化管理。

【张店区人民医院】 是一所现代化的综合性医院，现有职工351人，业务用房面积1.9万平方米，开放床位230张，设有内、外、妇、儿、眼、急诊、中医、美容整形、影像中心等20多个临床医技科室。该院立足治疗常见病、多发病，坚持“综合医院大专科”的发展思路，大力发展特色专科，血栓、美容整形被评为全市首批名科。依托张店区医院成立的淄博康明眼科医院、淄博脑科医院、张店区健康体检中心，引进现代化的管理方式，具备了一定规模优势及社会影响。

张店区人民医院院长　李少敏

近几年，张店区人民医院认真实施“三名”战略，加快人才培养，先后送出9名医务人员到北京、济南大医院进修学习，引进专家5名，研究生1名。目前，该院在职研究生8名，市级首批名医1人，名医培养对象5人，主任医师8人，举办了市级继续教育项目6个。加大科技投入，投资2000余万元购置日立核磁共振、美国德普化学发光仪、德国鹰式准分子激光治疗仪、日立全自动生化分析仪、8500全身彩超、美国PB7200呼吸机、颅脑显微镜等先进仪器设备，积极开展新技术、新项目，大大增强了医院的综合竞争实力，年业务收入4000余万元，固定资产4433万元，平均床位使用率达75%。

张店区人民医院门诊大楼外景

张店区人民医院先后被评为市级消费者满意单位，市级文明单位，院务公开、民主管理先进单位，全市医德医风示范医院，淄博市星级医院，省医保定点规范化管理先进单位，全省廉洁行医树新风活动先进单位等荣誉称号。

联系电话：院办 2284310 2680300

急诊室 2183704 2680325

淄博康明眼科医院　依托张店区人民医院成立的淄博康明眼科医院，是淄博乃至鲁中地区规模较大的专业眼科医院。该院坚持高标准、高起点的发展战屡，紧紧瞄准世界水平的一流设备，投资近千万元，购置了准分子激光治疗近视设备、超声乳化仪、眼前节二合一激光、眼底激光、眼底荧光造影、角膜内皮细胞计、全自动视野计、手术显微镜等一系列的世界顶尖设备。汇集国内多名眼科专家，成功开展了准分子激光治疗近视、远视和散光、超声乳化治疗白内障、眼底病、青光眼、斜视、弱视的诊断和治疗，同时进行验光配镜专业．该院的规模、技术实力和服务水平在淄博首屈一指，整洁的就医环境，以人为本的服务理念及护理特色、全程陪同、无缝隙服务会让患者得到尊贵的感觉。发展中的康明眼科医院以其设备先进、技术过硬、服务一流、诚信爱人的康明风格不断深入到每一位来院就诊的患者之中。

联系电话：门诊 2680561 2168866 病房：2680205

淄博脑科医院　淄博脑科医院是淄博市唯一一家集神经内科、神经外科、康复科于一体的专业化医院，形成诊断、治疗、康复、预防有机结合的新式医疗模式，聘请省级医院专家常年坐诊、手术，形成了良好的人才梯队。及时对急、危、重症病人进行诊断治疗，尤其对脑出血、急性脑梗塞、急性下肢静脉血栓、短暂性脑缺血等实施急救绿色通道，最大限度地为抢救病人赢得了时机．并有效进行无创伤性动脉硬化检测，及时发现危险因素，实施有效治疗。技术力量、服务特色、医疗水平均达到省级水平。

联系电话：门诊 2680316 病房：2680359 2680231

【高青县卫生局】 近年来,县卫生局坚持以邓小平理论和"三个代表"重要思想为指导,牢固树立和落实科学发展观,以保障广大人民群众身心健康为已任,深化改革,务实创新,扎实有效地开展工作,促进了全县卫生事业的快速健康发展。

高青县疾病预防控制中心大楼

疾病预防控制和医疗救治体系不断完善。为切实加强疾病预防控制体系建设,不断提高应对突发公共卫生事件的快速反应和处置能力,2005年,该局把预算投资900万元、建筑面积6200平方米的县疾病预防控制中心建设作为一项重点工作来抓,克服资金紧张等困难,加大工作措施,确保了工程质量和进度,该项目已在2005年底前竣工启用。同时,加强艾滋病、结核病、高致病性禽流感、非典等重点传染病的防控,健全了以县、镇、村三级卫生综合监测点为主体的疫情报告网络,确保高青县连续多年无重大传染病疫情暴发流行。在医疗救治体系建设方面,一是重点加强全县"120"急救站基础设施和医疗救治队伍建设,整体业务素质和应急能力得到全面提高。二是积极组织开展"星级医院"创建活动,县级医疗单位分别被命名为全市"二星级综合医院"和"一星级专科医院",医疗质量和服务水平得到显著提高。三是加大资金投入,强化硬件建设。近3年来,先后筹集资金3000余万元用于基础设施建设和医疗设备购置,医疗救治条件得到明显改善。

镇卫生院改貌和村卫生室改造建设进展顺利。为逐步改变镇卫生院和村卫生室设备老化、设施落后的现状,该局计划利用3～5年的时间,对全县8处镇卫生院和500余处村卫生室实施改造建设。自2004年以来,已先后完成唐坊、木李、黑里寨3处卫生院和全县151处村卫生室的改造建设建设任务,2006年又对高城、花沟、赵店3处卫生院和101处村卫生室实施改造建设。改貌后的卫生院都建起了1000平方米以上的门诊综合楼,医疗设备配置齐全;改建后的村卫生室建筑面积在80平方米以上,并达到四室(诊断室、治疗室、观察室、药房)独立,广大群众的就医条件得到进一步改善。

新型农村合作医疗试点工作扎实推进。为切实解决农民群众因病致贫、因病返贫问题,高青县自2004年起积极开展了新型农村合作医疗试点工作。县卫生局作为主管部门,将其作为一项"民心工程"、"德政工程"来抓,加强组织领导,健全规章制度,广泛宣传发动,积极筹集资金,落实补助政策,完善管理措施,规范试点运作,确保了该项制度的顺利实施。目前,全县9个镇已有5个镇136620人参加了新型农村合作医疗,占5个试点镇农业人口的85%以上。合作医疗制度的推

高青县卫生局党委一班人

行,使广大农民真正得到了实惠,受到群众普遍欢迎。2007年新型农村合作医疗制度将覆盖全县。

行风建设工作成效明显。卫生行风一直是倍受社会关注的热点和焦点问题。为切实加强卫生行业行风建设,该县卫生局在全系统内组织开展了"廉洁行医树新风活动"、"诚信单位创建活动"等,认真落实"患者评医护、医护评后勤、职工评班子"的"三评制度",严格执行工作日"戒酒令"。按照"一满意、四规范"(满意在卫生,规范检查、规范用药、规范收费、规范行为)的要求,集中开展纠正医药购销和医疗服务中收受"红包"、回扣、开单提成等不正之风的专项治理工作,真正解决了一些群众感到不方便、不放心、不满意以及关心的热点、难点问题。同时,相继制定和完善了200余条管理制度,开展了30多项便民、利民服务项目,社会满意度达到98%。在纪委组织的评议活动中成绩名列前茅,在县人大组织的政府部门工作评议中,县卫生局名列第一。

【淄川区广播电视局】 位于鲁泰文化路13号,下设淄川电视台、淄川人民广播电台,属局台合一体制,内设办公室、财务科、技术部、电视台新闻部、社教部、总编办、广告部、电台新闻部、节目统筹部等9个科室,现有干部职工101人,其中高级职称11人,中级职称31人。

2005年,淄川区广播电视局在淄川区委、区政府的正确领导下,以十六届四中、五中全会精神为指针,深化改革,不断进行体制创新,在新闻宣传、事业建设、行业作风、内部管理和队伍建设等方面均取得可喜成绩:电视台获全市新闻上送特等奖第一名;电台获省电台集体记者一等奖、市电台新闻上送第一名;获全省安全优质播出先进单位;超额完成区下达的招商引资任务指标;在全区强村、强企业的评议中,名列第14位。

纵观2005年的工作,可以概括为"坚持五抓并举,取得五个突破"。

抓宣传,在舆论引导水平上取得新突破。全局干部职工以"新闻立台、专题丰台、广告壮台"为指导思想,以"外宣争名次,内宣上台阶"为目标,坚持团结稳定鼓劲和正面宣传为主的方针,强化新闻宣传,以栏目带节目,抓内宣促外宣,抓创优促精品,使广播电视整体宣传质量得到明显提高。宣传重点突出。充分发挥广播电视舆论宣传主阵地作用,紧紧围绕全区工作中心和改革、发展、稳定的大局搞好宣传报道。年内,电视台、电台开设《贯彻全委会精神》《文明新风伴我行》《建设

新农村,永葆先进性》等栏目16个。自办节目质量不断提高。通过邀请市电视台资深记者举办业务讲座、栏目点评、进行自办节目评比、编发工作简报等形式,查找自身存在问题,明确努力方向。同时,不断对栏目进行改版、包装,丰富栏目内容,满足广大观众各个层面的文化需求。新闻上送实现新突破。截至12月底,在中央台发新闻16条,在省卫视台发新闻170条、专题两个,在齐鲁台发片1030条,淄博台发片累计1300分,折合得分7400多分,比上年提高3倍以上,位居全市区县台首位。

朝气蓬勃的干部职工队伍

抓事业,在基础设施建设上取得新突破,基础设施建设进一步加强。一是投资对电视台原非线性编辑系统进行升级改造,购置相关专业设备,实现了新闻、娱乐、影视三套节目的硬盘播出,新闻频道进入机顶盒,加快了广播电视数字化进程。二是投资购置电台导播器、采访机,新上音频工作站,新安装有线声柱60只,扩大有线声柱覆盖面,提高节目收听率。三是投资新上车载广播电台系统,对重大活动进行现场报道。四是加大设备维护力度,投资粉刷杜坡山电视发射塔。五是针对夏季雷雨多的实际,投资对机房安装避雷设施,进一步消除事故隐患,确保广播电视节目的安全优质播出。

团结务实的领导班子

抓创收,在自我发展能力上取得新突破,经济创收增长幅度较大。年内,与有关科室签订经济目标责任书,将目标责任与科室及个人的利益挂钩,充分挖掘内部潜力,增加经济收入。各有关部室积极发挥各自优势,调动一切积极因素,强化措施搞创收。厉行节约,实行减人增效。同时,实行开源与节流并举,提倡艰苦奋斗精神,最大限度地节约开支,保证把有限的资金用在事业建设上。

抓队伍,在综合素质提高上取得新突破。加强领导班子建设,认真贯彻执行民主集中制原则,坚持集体领导和分工负责相结合,做到大事商量,民主决策,分工合作,干事创业。夯实基础,全面提高队伍素质。教育职工树立正确的世界观、人生观、价值观和马克思主义新闻观,积极转变工作作风,提高服务水平和服务质量。同时,采取"走出去,请进来"的办法,不断加强干部职工的业务技术培训,鼓励职工学习新知识、新技术,全局干部职工的整体素质得到了明显提高。开展丰富多采的文体活动,增强凝聚力和向心力。面向社会公开招聘、录用两名节目主持人,主持人队伍进一步壮大。

抓落实,招商引资实现新突破。区广播电视局调动一切积极因素,充分发挥与外界联系广、打交道多的自身优势,确保招商引资任务的完成。经过全局人员的共同努力,共完成招商引资205万元,超额完成了区下达的120万元的招商引资任务。

【临淄区人民法院】 "十五"期间,临淄区人民法院坚持司法为民宗旨,积极创建"学习型、服务型、现代型"法院,被省文明委命名为"省级文明机关",被省高院记集体一等功、授予"全省优秀法院"等称号。

临淄区人民法院党组书记、院长　马学炬

审判和执行工作呈现良好的发展态势。坚持"严打"方针,严厉打击刑事犯罪,全力维护社会稳定;依法调节民事、经济关系,妥善处理民事纠纷,积极支持经济建设;依法保护公民、法人和其他组织的合法权益,监督和支持行政机关依法行政;不断加大执行工作力度,力克案件"执行难",审判和执行工作呈现"三高一低"态势,即案件数量、审(执)结率和调解率逐年上升,发改率逐年降低。审(执)结案件32500件,结案标的额17.8亿元。

队伍建设迈出新步伐。积极开展创建"学习型"法院、"保持共产党员先进性教育"、"规范司法行为、促进司法公正"专项整改等活动,队伍的整体素质和司法能力明显提高。现有干警148人,其中本科以上学历122人,所占比例由2000年的63%提高到82%;共有28人次受到省级以上表彰,84人次受到市级表彰。2005年,实现连续11年队伍无违法违纪现象发生。

法院改革取得新突破。紧紧围绕"公正与效率",先后进行审判方式、审判管理、审判组织和人事机构等项改革,在落实公开审判制度、改革庭审方式、完善"三个分立"制度、实行审判长选任制、审判流程管理等方面进行尝试。大力实施审判"提速工程",在实施统一、规范立案的基础上,积极探索并实施网上远程立案、巡回立案、预约立案等多种立案方式;建立多元化诉讼调解机制,推行案件"繁简分流",推广普通程序案件简化审、简易程序案件即收即审即结等快捷诉讼方式,实现了"繁出精品,简出效率"的目标。积极构建便民诉讼网络,

临淄区人民法院获"全省优秀法院"称号

在偏远乡镇设立两处巡回法庭，方便了群众诉讼。

信息化建设取得显著成效。先后投资300多万元，更新自动化办公设备，完成局域网的建设，加入中国法院网，开通互联网站，建立综合信息管理、数字监控、电子档案评查等系统，实现了审判管理网络化、行政管理智能化、人事管理数字化，信息化建设走在全省基层法院前列。2005年3月，全省法院信息化工作现场交流会在临淄召开，向全省推广临淄法院的信息化建设经验。

法庭建设跨上新台阶。对法庭进行撤并，使法庭设置实现规模化，并对现有3处法庭进行改扩建。3处法庭建筑面积均达到1500平方米，实现内部功能完备和办公、审判、生活区分离，并增设远程立案、裁判文书电子签章、庭审记录同步可视等系统，提高了法庭审判工作的质量和效率。3处法庭均被省高院首批命名为"五化法庭"，其中辛店法庭被省高院表彰为"争创'五化'法庭先进集体"。

【淄博科技职业学院】 淄博科技职业学院是在淄博卫校的基础上，经山东省人民政府批准建立、教育部备案的一所全日制普通高校，先后被评为全省卫生系统先进单位、省级文明单位。

学院现有张店校区、博山校区、北校区三个教学区。

在职教职工461人，本科及以上学历的专任教师229人，其中高级职称103人、中级职称76人。全日制在校生8000余人。藏书23万册。有50余个实验室，设有微机室、多媒体教室、语音室、演播室、电子阅览室、闭路电视系统等，先进教学设备价值1500万元。全国各地教学实习基地100余处。近三年，学院在省级以上各类学术刊物上发表论文200余篇，主编参编教材、著作20余部。完成科研课题10余项。学院教师中，获得国家级表彰1人，市级专业技术拔尖人才1人，市级学科带头人6人。近两年，从全国各地聘请一批专家型、双师型的优秀教师，提升了学院教师队伍的整体素质。

为提高学院核心竞争力，提高学院的管理水平，学院进一步落实"以学生为中心，以就业为导向，以质量为立校之本"的办学理念，坚持科学发展观，深化内部改革，全面落实ISO9000质量管理体系，强化对教育教学服务工作的全程管理和持续改进，使学校的工作提升到一个新的水平。

学院实施院系两级管理，设有基础部、护理系、药学系、医学技术系、经济管理系及成人大专教育。开设大专、中专两个层次，10余个专业。普通专科开设临床医学、护理、助产、药学、药品营销、口腔医学技术、公共卫生管理、康复治疗技术、会计、卫生信息管理、市场营销、电子商务等专业。学校管理水平的提升，办学质量的提高，促进了招生工作。2005年，学校普通专科第一志愿投档率达到89.3%，比上年提高17个百分点，特别是文科投档线比全省最低控制线高出57分。学院面向全国14个省、市、自治区招生，全省有济南卫校、青岛卫校等卫生学校挂靠该学院举办大专学历教育，招生办学呈现良好发展势头。

【山东丝绸纺织职业学院】 位于淄博市周村区米山路30号。2006年3月2日，经山东省人民政府批准，在原山东省丝绸工业学校的基础上正式建立，2006年6月4日，国务院教育部正式备案。系专科层次的全日制普通高校，实行省教育厅和淄博市共管的管理体制。学院实行院、系两级管理，面向全省17市以及河南、陕西等地招收高职学生。该院的建立，填补了全国丝绸行业无高等专科学校的空白。

院长　孙志斌

火爆的2005届毕业生供需见面会

学院占地33.5万平方米、建筑面积为12万平米，绿树成荫、花香四溢、环境优雅。现有教学楼2座、办公楼1座、实验楼1座、环艺楼1座、图书馆1座、文体馆1座、学生餐厅2个、学生公寓6座；建有高标准多媒体教室6个、微机室6个、语音室2个，目前全省同类学校中规模最大、设施最先进、功

学院服装专业学生服装设计大赛暨供需见面会展示赛在学院表演大厅举行

能最全的服装表演大厅1个；图书馆藏书16.4万册，配有先进的电子图书借阅系统和电子阅览室；有金工实习工厂、丝织实习工厂、染整实习工厂、服装公司各1个、校外实习基地25处。各类实验室设备齐全，实习基地设备总值1474万元，建有千兆校园网，配套仪器设备总值570余万元，为学生全面成长创造了良好条件。

学院现有专职教师207人，其中教授8人，副教授12人，高级讲师65人，高级工程师12人，副高以上职称占52.3%，本科以上学历占95%，研究生和在读研究生80余人，占教师队伍的30%，绝大多数专业教师拥有专业技能证书，受聘为劳动局的考评员，成为“双师型”人才。近年来，学院有60余人被评为省市级优秀教师、教学能手、学科带头人和先进教育工作者；32人在校外各类学术团体任职；格鲁吉亚功勋艺术家基维教授、清华大学孙建军教授、苏州大学李栋高教授、著名摄影艺术家黎北北教授等国内外知名专家被聘为客座教授，学院拥有了一支国际化、大师级的力量雄厚的师资队伍。

学院高度重视教学科研工作，视教育教学质量为学院发展的生命线，不断加强教育教学改革，加大教学设施投入。近10年中，教师出版论著及主编、参编各类教材100余种，在省级以上报刊杂志发表论文作品1200多篇。学院承担并完成3个国家级科研项目、4个省级科研课题的研究，其中有两个课题获国家级一等奖；承担教育科学“十五”规划教研课题3个，其中省级科研项目1个，市级科研项目2个。

学院始终坚持以市场为导向，坚持“有所为，有所不为，强化重点，突出特色”的专业建设方针，不断优化专业结构，逐步形成了“立足丝绸、面向纺织，立足山东、面向全国”的以丝绸纺织为中心的多专业发展的专业体系，设有染化工程、机电工程、丝绸工程、信息技术、服装工程、艺术设计、工商管理7个系；机电设备维修与管理、计算机应用技术、物流管理、染整技术、艺术设计等13个高职专业。

学院把为学生找好出路当作“生命工程”来抓，建立健全了毕业生就业网络，更新观念，拓宽毕业生新渠道，进一步深化与社会声誉高、市场形象、经济效益好的大型企业的合作关系，与其签定毕业生定向培养合同，并严格规范就业手续，稳定毕业生思想，组织召开毕业生供需见面会，全方位开展毕业生就业工作。这些企业中既有省内企业，也有广州、深圳、浙江等经济发达地区企业；既有山东省丝绸进出口公司这样的外贸企业，也有鲁泰纺织股份有限公司、万杰集团这样的上市公司，还有青岛松下电子有限责任公司这样的外商独资企业，学院毕业生一次性就业率高达100%，毕业生理论基础扎实，动手实践能力强，深受用人单位欢迎。

学院先后获得省级文明单位、省级花园式单位、山东省职业教育先进单位、全国纺织系统德育教育工作先进单位等众多荣誉称号，连续数年在全省艺术类招生中吸引考生最多，艺术类和普通类新生录取数和报考率名列全省同类学校前茅，是一所办学理念、教学设施先进，管理制度完备，办学特色突出，多专业、多层次、多种办学模式的具有强劲竞争力和巨大发展潜力的国家级高等职业学院。

【山东省淄博第十八中学】 始建于1982年，学校占地5.87万平方米，总建筑面积3.6万平方米，是一所年轻、规范、特色鲜明的市属初中学校，是山东省规范化学校、山东省初中教学先进单位、山东省艺术教育示范学校、淄博市初中教学先进单位、淄博市体育传统项目学校，是国家外专局批准的全市第一家聘请外国文教专家资格单位。2005年，学校招收初一新生14个班，现有教职工294名，分校本部和新元两个校区，教学班56个，在校生2509人。

团结务实的学校领导班子

副市长段立武（左一）到学校指导工作

建校以来，学校牢固树立“质量立校、科研兴校、全面育人、特色鲜明”的办学指导思想，紧紧围绕培养优秀学生、创办精品学校，注重发展学生个性潜能，培养学生创新能力。创办的全市第一家国有民办学校——淄博新元学校，外语特色突出、人文功底扎实、理科见长、现代化教学设施、小班化教学已成为学校的亮点。创办的中澳英语学校，先后已有3批学生赴澳大利亚深造，2002级的牛笛等同学顺利考入澳洲悉尼大学、新南威尔士大学、悉尼科技大学等澳洲名牌大学。学校聘请的外籍教师每年都在5人以上，外教的引入大大开阔了学生的视野。学校注意加强师资队伍建设，努力打造一支思想过硬、知识渊博、品德高尚、业务精良、团结合作的高素质教师队伍，全校教师以“爱学生就是爱自己、爱学生就是爱事业”的主人翁意识，努力做好本职工作。学校现有中学高级教师95名，中学一级教师82名，全国优秀教师2名，省特级教师2名，省优秀教师2名，省教学能手1名，淄博市学科带头人5名，市教学能手9名。在省级以上教学优质课评比中，有3名教师获得一、二等奖。

学校借鉴ISO9000国际质量管理体系，推行以“目标引导、机制激励、过程控制、制度规范”为主要内容的精细化管理模式，构建具有自身特色的目标管理体系。针对学校实际，对学校各部门、各岗位分别制定每天、每周、每月、每学期的工作任务，进一步落实校级领导和教学部主任包级管理制度，优化教学过程，优化学生学习过程，强化集体备课，构建高效课堂教学模式。2005年的中考取得新突破，董晓斐同学以657分进入全市前十名，新元学校中考成绩总平均分537.01分，比第二名学校高31分，高分率达54.8%，高出第二名学校20个百分点，连续两年实现全市中考双第一。有72%的学生达到本市省重点中学录取线。王铮、刘斐等100余人考入上海、天津等重点学校。

学校注重学生的个性特长培养。近两年来，在全国英语、物理、化学、数学、生物竞赛中，共有30人获全国一等奖，160余人获二、三等奖。白子元、董晓斐同学分别获得全国物理、生物竞赛山东省第一名，学校在数学、英语、物理、生物竞赛中均获得“全国竞赛山东赛区优胜学校”称号。

校长：刘德玉

书记：毕延林

电话：0533—3158186

校长　王义海

党总支书记　谷万刚

【淄博市淄川实验中学】　是一所区属初级中学，始建于1994年，原名为淄川区般阳中学，位于城区南部将军路北。1996年暑假，经淄川区委、区政府批准与淄川一中对换校址并更名为淄川实验中学，地址在松龄路。2001年创建为山东省规范化学校、山东省现代化教育师范学校。学校占地面积5万平方米，建筑面积1.5万平方米。现有62个教学班，3400余名学生，242名教职工，其中中学高级教师52人，中级教师110人，学历全部达标。

学校办公楼、教学楼、图书实验楼、电化教室、音乐教室等建筑错落有致，布局合理。图书室、微机室、多媒体电教室、课件制作室、理化生实验室、科技制作室及音乐、美术、舞蹈、体育、劳技等各类功能教室设施齐全，各类教学器材配备均达到国家一类标准。

学校秉承“为学生的终身发展着想，为民族的前途命运负责”的教育宗旨，全面推进素质教育。立足每个学生的可持续发展，扎实落实级部主任责任制为重点的管理体制和落实学生主体地位、培养学生自治学习能力为重点的课堂教学改革，积极实施“以德立校、依法治校、科研兴校、特色名校”的发展战略，发扬“团结、勤奋、求实、创新”的校风，遵循“千教万教教人求真，千学万学学做真人”的校训。以“启明星”艺术节和体育节为主构建的艺体教育特色，以校园网和多媒体为主构建的信息化教学特色，以课题研究为主构建的教育科研特色，以学生格言、书画作品为主构建的校园文化特色建设逐步形成并不断完善。学校在校园多媒体网络建设上不断加大投资力度，形成了较大规模的信息技术教育系统，使计算机辅助教学的应用手段走在全区前列。

学校树立“科研强师，科研兴校”的思想，充分发挥教育科研的先导作用，完善教科研网络。1998年至2006年，先后承担14个国家级、省级实验课题的研究与实验任务，教育科研硕果累累，652篇教师论文在国家、省、市级刊物发表或论文评选获奖，30多人执教国家、省、市级优质课、示范课并获奖，有11人被评为市区学科带头人、教学能手、骨干教师。学校编辑的《教育科研论文集》已出版三期，《影视文化课教案》《语文教学大阅读指导》《中学生学习心里导航》等校本课程应用到日常教学中。

艺体教育成绩显著。近年来，学校在各类比赛和中考中均取得优异成绩。学生艺体类比赛，国际性获奖4人次，国家级、省级、市级获奖527人次。自1994年建校至2006年，9名同学获全区中考状元，其中1人获2002年全市中考状元。近几年，每级都有300多名学生考入省、市、区重点中学。学生文化科比赛国家级、省级、市级获奖1162人次。

主要荣誉：全国艺术教育工作十佳单位、全国作文教学先进单位、全国和谐教学实验先进单位、马承英语教学法教育科研成果全国一等奖、全国应用物理知识竞赛优秀学校、省规范化学校、省电化教育示范学校、省科技工作先进单位、省优秀交通安全示范学校、省绿色学校、省生物奥赛优胜学校、省教育电视台青少年才艺展示基地、淄博市教育示范学校、市中小学影视文化先进实验学校、市绿色学校、市英特尔未来教育培训工作先进单位、市学校民主管理先进单位、市共青团工作先进单位。学校连续7年被评为区教育教学先进单位。

【跨越发展的高青一中】 高青一中创建于1951年,其前身为山东省省立高青中学,是周边几个区县的知名高中。后不断壮大,几经易名,1980年定名为高青一中,1990年被列入淄博市八所重点高中之一。现为省级规范化学校,市高中教学优胜单位、市高考十强学校。

省委书记、省人大常委会主任张高丽到学校视察

高青一中,校园总面积占地20.07万平方米,校舍建筑面积(不含教职工宿舍)5.12万平方米,设60个教学班,可容纳3600余名学生就读。学校环境优美,设施齐全。办公楼、教学楼、实验楼、图书楼、艺体楼、公寓楼等楼宇,气势恢宏;400米全塑胶运动场,高档气派;物理、化学、生物实验室、微机房等设备先进,全市领先;建有千兆校园网,间间教室都装配多媒体,可随时调用网上的资源,教师人手一台微机,达到了教育初步现代化标准,实现了教学手段现代化;学生餐厅设施先进,服务一流,可供3500名学生同时就餐。

团结务实的领导班子

学校现有276名教职工,专任教师208人,其中特级教师1人,高级教师57名,一级教师65名,市级以上优秀教师、骨干教师38人,仅2005年有39人获市县学科带头人、优秀教师、班主任等称号。教师中本科学历占91%,研究生5人。

学校坚持全面贯彻党的教育方针,以培养学生的全面素质和努力提高教育教学质量为目标,以改善办学条件为依托,全校上下励精图治、团结协作、奋发向上、争先创优,形成了“敬业、爱生、严谨、博学”的优良教风和“勤奋、多思、尊师、守纪”的良好学风。学校不断强化师德教育,加强教师队伍建设,积极开展“星级教师”、教学新秀的评选、新课改培训、“青蓝工程”结对子等活动,广泛开展听评课、示范课活动,促进了教师素质的大幅度提高,2005年有2人在市优质课中获一等奖,教师在省市级以上报刊杂志发表论文131篇。

近几年来,高青一中面对生源基数小等不利条件,顽强拼搏,奋发进取,教育教学质量逐年提高,继2004年在缺少三个乡镇的生源,本科实际录取351人后,2005年,学校高考成绩实现历史性突破,本科上线比上年增加299人,增幅85%;特长生连续两年翻番,录取120人,增幅159%;尖子生数量多,增幅达76%;名牌学校录取学生多,殷鸿儒等多名同学被北京大学等名校录取。在2005年全国奥林匹克竞赛中,有29人获全国、省表彰。自2000年以来,有120多人次被评为省、市级三好学生、优秀班干部。陈丽萍、刘新刚等先后获淄博市文理科状元,考入北大、清华学生9人。

学校先后被评为省教育工作先进集体、省体育传统项目学校、省五四红旗团委、市普通高中教学工作先进单位、市高考十强学校、市学校思想政治工作先进单位、市心理健康教育试验学校、市交通安全示范学校、县教学质量先进单位等荣誉称号,连续19年保持了省“精神文明单位”称号。

校址:高青县城黄河路7号

邮编:256300

电话:(0533)6952100

【淄川区寨里镇】 地处淄川城区东郊,面积46.1平方公里,辖22个行政村,总人口3.3万。鲁中历史文化名山——“黉山”坐落于镇域中部。该镇西临滨博高速公路,一级公路——胶王公路横穿全镇东西,省道湖南公路纵贯南北,交通十分便捷;北距淄博中心城区20公里,区位优势明显。2005年,全镇到位招商引资额1.63亿元,全社会固定资产投入3.08亿元,取得历史性突破,镇党委、政府被区委、区政府表彰为2005年度先进集体。2006年,该镇努力改善发展环境,积极建设工业加工区,大力招商引资,加大投入,实现了新的发展,1～6月份全镇完成社会固定资产投入1.9亿元,招商引资1.1亿元。

寨里镇围绕大力招商引资、调整产业结构,加大固定资产投入,全面扶持发展精细化工、纸制品、新材料等产业,改造提升建陶、水泥、铸造等产业,加大资金投入,工业结构调整实现了新的突破,目前以上主导产业在经济总量中的比重占到了90%以上。2005年以来,区级重点工程——杨天高科公司与清华大学化工研究院合资5000万元建设的氧化锌项目、圣泉纸业公司引资2000万元建设的工业用纸项目、杨天公司引资2000万元建设的抛光砖生产线工程、欧嘉陶瓷投资2000万元建设的抛光砖生产线等工业项目全面竣工投产。华德、华帝、杨天、欧嘉、昊益等骨干建陶企业不断发展壮大,金坤化工、黉阳水泥、蓝天鹿制衣等公司效益不断提高,圣泉纸业、华意气体、奥烽磨具等企业技术创新步伐加快,目前全镇规模以上企业达到 20 家。

镇党委书记　李宁

积极打造经济发展新的平台。2005 年末，贯穿该镇东西 13.6 公里的胶王路改造工程全面竣工通车后，该镇的招商发展环境提升到一个新的水平。自 2006 年开始，举全镇之力抓好寨里工业新区的建设，该区一期工程占地面积 3 平方公里，工业新区的路、电、水、气等基础设施建设正陆续开展。项目引进将坚持高起点、高标准，按照特色化、专业化的原则，确立精细化工、机械、新材料等产业区，严格企业准入原则；超出国家规定标准的污染企业不准进入；无科技含量、附加值低的项目不准进入。对于符合要求、各方面条件优越的项目将积极引进入驻。

镇党委副书记、镇长　王世增

近年来，按照贯彻落实树立科学发展观、建设和谐社会的要求，镇党政领导层审时度势，开展了一场治理小煤窑、小炼铁、小石灰窑等土小企业的攻坚战，逐步关停取缔了这些产业，得到了省、市各级部门的一致好评。自 2005 年开始，全镇深入实施"城建树镇"战略目标，加快城镇建设步伐，抓好城镇建设总体规划，北靠黉山，南至聊斋风景区，形成全镇建设新的基本框架。全面开工建设寨里华意西区、山头颐和花苑、西周杨天家园、南沈圣水泉等生活区，总建筑面积 5 万余平方米。对胶王路新线两侧 50 米宽预留空地，投资 300 余万元，高标准地开展了绿色通道建设，初步形成了进出淄川东大门的绿色走廊。

全镇平安建设工作扎实有效。该镇坚持把各种信访隐患化解在萌芽之中，强化调解工作发挥"第一道防线"作用，创建了全省首家乡镇困难职工帮扶站和基层集群式职代会制度，在全省首创的"农民工工资自报公议"制度在省内引起强烈反响，"平安寨里"建设活动效果明显，为全镇经济发展起到了保驾护航的作用。

【临淄区敬仲镇】　位于临淄区北部，距临淄城区 15 公里。因历史名人高傒(号白兔，谥号敬仲)墓葬于此而得名。全镇总面积 59.92 平方公里，耕地 3745.70 公顷，辖 36 个自然村，设 50 个村民委员会，有 9261 户、3.4 万人。2005 年国民生产总值 65671 亿元，其中一、二、三产业增加值分别为 13344 万元、40000 万元和 12327 万元，实现财政收入 612 万元。农村经济总收入 206522.55 万元，农民人均纯收入达到 5610 元。

镇党委书记　王义朴

该镇牢固树立工业强镇的指导思想，工业经济运行质量显著提高。项目建设取得新突破，新上项目 16 个，规模以上项目 5 个，总投资 1.8 亿元，投资过千万的项目有 5 个，投资超过 500 万元的 6 个；招商引资工作全面推进，引进招商项目 6 个，外来资金 5660 万元；狠抓外经外贸，促进企业出口创汇，实现出口创汇 3312 万元；优化发展环境，为企业发展搭建平台，投资 180 万元硬化工业区道路、整修排水管线，启动工业区绿化、美化工程；转变经济增长方式，鼓励企业自主创新，引进淄博金鞠双金属制品有限公司和临淄文昌石化有限公司，可实现产值 8000 万元，利税 1350 万元。2005 年，敬仲镇形成了四大行业体系：一是以晶瑞包装为龙头的包装制品行业；二是以洪安、博丰为依托的大规模医药、农药化工中间体生产行业；三是以文昌、迅达、鲁裕为主体的精细化工行业；四是以金鞠双金属、润驰管件、顺意电器为代表的新兴的金属制品加工行业。

农业生产有了长足进步，农业基础地位进一步巩固。对种粮农民实行直接补贴 704530 元，良种补贴面积达 3.2 万亩；整修道路 50 公里，新打、维修机井 84 眼，新建防渗渠 5000 米；农业结构进一步优化。建成区级畜牧养殖小区 5 个、镇级畜牧养殖小区 13 处，全镇鸡存栏 37 万只、鸭存栏 22 万只、猪存栏 15000 余头，奶牛存栏 380 余头，肉蛋奶总产量可达 64000 吨，被评为"全区畜牧工作先进单位"；农业龙头企业不断发展壮大。安渤牧业有限公司代养奶牛 325 头，年获纯利 160 万元；高傒种鸭繁育基地年孵化鸭苗达 300 万只；临淄万事达面粉厂日产面粉 80 吨、面条 10 吨，年实现产值

镇长　杨晓军

镇党委书记、人大主席　张荣武

5100余万元。安渤牧业、高溪种鸭被确定为全区规范畜牧小区。

各项社会事业全面发展。该镇筹资700余万元，高标准硬化乡村道路15公里，2005年被市政府评为“全市村镇建设先进单位”；实施“精细化管理”，教育质量不断提高。升入重点高中的非缴费生186人，总录取人数达到300人，获全区教学质量奖和“尊师重教先进单位”，2所中学被评为省级规范化学校，全镇6所小学中，5所被评为市级规范化学校，1所被评为区级规范化学校；农村合作医疗覆盖面不断扩大，群众“就医难”问题得到缓解。参加合作医疗人数达25601人，自2004年6月后共计报销医药费109万元；社会救助制度日臻完善，全年共为205户困难户发放救济款物达9.3万元，为150名特困学生发放助学资金2万元；镇敬老院实施“精细化”管理，管理水平和服务质量不断提高，拨付镇敬老院集中供养经费25万元，较好地保障了五保老人的生活。

维护社会稳定，为建设和谐社会奠定良好治安环境。完善治安防范体系，以镇派出所治安防范为龙头，成立义务巡逻队60余个，加强对棚区、电力设施等重点部位的治安巡逻，有效预防被盗等治安案件的发案率。充分发挥镇、片、村三级综合治理服务网络的作用，坚持周排查、月调度、季考评制度，做到了重心下移、责任下移、矛盾下移，对排查出来的不稳定因素及时靠上做工作化解。全年未发生一起到区级以上集体越级上访案件，保证了全镇的稳定与和谐，连续3年被评为全区信访工作“红旗单位”，被市委、市政府命名为“全市信访工作‘三无’乡镇”。处理和防范邪教工作深入扎实，被市委、市政府评为“全市反邪教工作‘四无’乡镇”。

【博山区石马镇】 位于博山南部山区，地处淄河上游，辖10个行政村，总面积44.67平方公里，人口2.5万。

2005年，在区委、区政府的正确领导下，紧紧围绕建设“工业强镇、商贸重镇、旅游名镇”的总体目标，开拓创新、扎实工作，全镇经济和各项社会事业得到快速、健康、全面发展。在全区2005年度工作考核中位居第四。

一、经济建设快速发展，超额完成年度各项经济目标。2005年，全镇生产总值完成25689万元，同比增长36.7%；固定资产投资14200万元，同比增长41.3%；工业固定资产投资9750万元，同比增长38.3%；招商引资完成2369万元，同比增长31%；出口创汇完成86万美元，同比增长22.8%；实际利用外资25万美元，居全区第一。民营经济销售收入76000万元，同比增长30.5%；国税完成1282万元，同比增长33.3%；地税完成108.6万元，同比增长29.2%。财政收入完成428.6万元，同比增长27.9%。农民人均纯收入达到4317元，同比增长8%。

镇党委副书记、镇长　房杰

1. 大力开展招商引资，抓好重点项目建设，加快科技创新。把招商引资作为全镇工作的重中之重，不断拓宽渠道、优化引资方式，完成招商引资2369万元，为年计划的122.7%。三福化工开发有限公司与济南化工研究院联营产品出口项目，总投资815万元新上生产线1条，其中济南化工研究院投资696万元，达产达效后可实现销售收入1600万元，利税160万元；青岛客户独资成立的淄博宏特金属制品有限公司计划总投资1200万元，2005年已投入534万元；华翔耐火材料有限公司总投资800万元，实现年增产值2400万元，利税180万元；博山晟泰玻璃制品有限公司投资700万元，新建窑炉1座，达产后新增产值1500万元，利税150万元；博泰集团总投资600万元，建设现代化缫丝生产线1条，新增产值1000万元，利税120万元。在抓好重点项目建设的同时，各企业积极实施产品升级和技术改造，不断提高市场竞争力，增强企业发展后劲。全镇各企业认真落实安全生产目标责任制，加大安全生产管理，取得良好成绩。药材、蔬菜、绿化林木等特色种植，加强苗圃建设，特色种植达70.35公顷；新上肉牛养殖场1处，养猪场5处，全镇生猪存栏达3700头，牛76

头,羊1554只,鸡鸭鹅18.5万只;加强了高致病性禽流感免疫防治工作。加强农田水利基本建设,投资30万元建设管灌工程一处,铺设管道6000多米,灌溉面积100公顷,新修配套道路800米。加强荒山绿化和管护工作,在明德山和塔山造林73.3公顷,成立护林专业队。

3.加快第三产业开发,努力形成大商贸、大旅游格局。加快石和路两侧和蛟龙商业隆起带建设。配合镇汲水泉大街改造工程,建设商业用房20余套,商业店铺达200余家。为加大旅游开发力度,重点抓"三山一水一泉一洞"的整体规划,着力抓好塔山生态风景区建设,并对黄红峪、白马洞、响泉洞、上焦山寨等旅游资源进行初步调查,举办了第七届石马桃花节,接待游客近10万人次。

二、加强城镇规划建设,提升城镇整体形象。投资500余万元,于5月份完成五凤山至石马水库3公里的汲水泉大街和防汛路路面整修硬化。在汲水泉大街两侧铺设彩色水泥砖5000平方米,安装高档路灯58盏、广告灯箱54盏,并在大街两侧栽植绿化苗木1000株,绿化带达到3000平方米。投资50万元,购进环卫叉车1辆、垃圾运输车5辆,安放垃圾箱10个,达到了垃圾箱式存放和机械清运。实现了打造博山南部山区第一街的预期目标。

在完成汲水泉大街道路硬化后,又投资300多万元相继完成桥东村至淄井村、中石村至石淄路等村级道路硬化,继续优化了全镇交通条件。在桥东村新建住宅楼2幢,住房80套,配套硬化路面1公里,镇政府驻地逐步形成"一街两区"的城镇格局。

三、落实科学发展观,统筹各项事业发展。不断深化"平安石马"创建活动,认真落实《信访条例》,实行主要领导每周一次接访制度,积极开展矛盾纠纷排查,做好社会养老保险和老年人工作,投资78万元建成镇中心敬老院一期工程。积极落实学校布局调整,加强学校信息化建设和教育督导,教育教学质量显著提高。强化医疗保健一体化管理,进一步提高群众医疗保健水平。突出抓好计划生育宣传教育、保健服务和流动人口管理。投资10万元建成计划生育综合服务大厅,实现一条龙服务,积极开展育龄妇女健康查体和独生子女父母奖励费发放工作。

四、政府自身建设进一步加强。坚持班子抓团结,工作抓落实,狠抓了政府班子的自身建设。建立健全各项规章制度,明确分工,落实责任,使机关工作更加规范化、制度化,不断改进工作作风,干群关系进一步密切。

【沂源县东里镇】 "十五"期间,镇党委、政府以建设工业强镇、商贸重镇、旅游名镇和农业产业化大镇为目标,解放思想、加快发展,2005年全镇生产总值达到11.9亿元,是"十五"初期的2.9倍,年均增长32%;全社会固定资产投资完成6.1亿元,是"十五"初期的8.5倍,年均增长53%;境内财政总收入1.3亿元,是"十五"初期的14.3倍,年均增长71%,其中地方财政总收入4684万元,是"十五"初期的8.32倍,年均增长52%,进入全市十强乡镇;农民人均纯收入达到4017元,比"十五"初期净增1697元,年均增加340元。

工业经济。"十五"期间,着力实施"工业立镇"战略,立足资源优势和产业优势,积极构建工业发展框架,建立了华联工业小区、汇源绿色园区和民营经济小区三个特色鲜明的工业板块,培育了华联矿业公司、汇源食品饮料公司、汇宝颗粒饲料、和美华化工等一批规模企业。2005年,全镇实现工业产值、销售收入、利税和利润分别为17.5亿元、17.4亿元、3.6亿元和2.8亿元,各项指标均达到历史最高水平。

书记　周国桥　　　　镇长　董洋

农业产业化。以做大做强林果产业为目标,狠抓农业内部结构调整。"十五"期间全镇林果总面积达到3015公顷,粮经比例达到1:9。建立红富士苹果等6大绿色果品生产基地,果品标准化生产面积和优质高档果率达到80%;以汇源优质奶牛繁育中心为龙头,建成4个现代化奶牛养殖场,奶牛存栏量达3000头。着力实施市场带动战略,筹资5000万元建成无公害农产品专业批发市场,建成气调、贮存等各类果品保鲜库500多座,年贮存能力达到12万吨,形成"产、供、销、储、运"一体化的农业产业链。

农村城镇化。"十五"期间编制完成镇驻地和30个村庄测绘和建设规划,构建了以沂河为中心的"两山、三水、四带"城镇发展框架,建成区面积达到4.8平方公里,常住人口达到1.2万人。加快农村基础设施建设,5年来投资4600万元,新修进村路、连村路175公里,全面实现了硬化道路"村村通"。电、邮、客车、电话、有线电视和调频广播"村村通"达到100%。

现代服务业。放宽发展政策,建立了个体民营经济园区,制定实施了税收减免政策、纳税人奖励办法,5年发展民营经济1000余户。加快旅游业发展,筹资5000万元铺开唐山佛雕文化园建设,旅游业初步显示了良好的经济效益和社会效益。打造商贸流通平台,筹资360万元建成占地4万平方米、建筑面积2.5万平方米的小商品批发城,吸引3000名农民转移到三产服务中来,年交易额达到6000万元,推动了农村经济快速发展。

【淄博市华联矿业有限责任公司】 始建于1987年,1998年改制为有限责任公司,现拥有华联金属、华联果业、华联石英、华银工贸4个控股公司,下设采矿、选矿、机修、铸造等8个分厂,总资产4.7亿元,员工1380人。是山东省第三大铁精粉供应商,是莱钢、济钢长期战略合作伙伴。2005年,生产铁精粉53万吨,实现销售收入4.4亿元,利税3.1亿元,上缴税金1.5亿元。全市百强企业综合排名第15位。

一、强化内部管理,降低生产成本

2005年,公司继续把以制度化、规范化建设为主的企业内部管理不断推向深入。生产单位实行费用包干、质量奖惩、回收率奖惩,分设成本奖、长库奖、安全奖等激励考核办法;后勤各科室根据各部门工作职责,分别划细制定考核标准,实行千分制分项积分考核。对全体员工每月一次进行"表现不佳员工"测评,实行末尾淘汰轮流培训制度。各项生产、经营、管理指标,层层分解到责任单位,各级管理人员和员工的年终业绩奖金均与此挂钩。此外,发动全体职工对制度提出补充、修改意见和合理化建议220余条,中层干部每周例会必须提出一条以上意见或建议,提高了全体干部职工参与企业管理的积极性。2005年,电费、水费以及废品回收利用等方面节约费用1100万元。

二、强化绩效考核，提高工作效率

（1）员工考核中贯彻以下原则：一是岗位职责明确化、公开化原则。明晰考核目标和标准，沟通工作重点，将考核情况公之于众，接受部门员工的监督和检查。二是客观全面考评原则。公开、公平对待每一名员工，客观看待每一件事，切实做到“对事不对人”，减轻员工的心理负担，使员工正确对待考评。

环境优美的办公区

（2）强化员工学历和技能培训，出台学习对口专业报销全部学费、非对口专业报销学费50%的激励政策。通过选送员工赴大专院校学习深造和聘请大专院校教授来公司授课培训等方式，培养员工个人和企业共同发展的自信心，树立企业发展长远目标，为集团公司将来由矿业经营多方位跨行业发展，建设百年企业，奠定了良好的文化和人才基础。

（3）实行领导班子成员事务处理沟通会签制度和部门之间工作催办通知制度。工作安排公开透明，便于工作过程的监督和评价。为避免因某一环节的阻碍，延误工作进度，防止推诿扯皮现象，部门接到需其他部门或人员协助的工作任务，向其发出催办通知书，限定完成的时间与质量，完成情况向发出部门以及上级主管反馈信息，同时得到相关部门和主管的评价监督。

（4）实行专业技术人员行政待遇对应制度。对具有一定专业技术技能，能提出工作改进建议方案且落实有效的员工，经绩效评价考核，聘任专业技术职务，实行动态行政待遇挂钩制度，激励员工自我发展的主动性和上进心。

通过实行结果与过程相结合的绩效评估，使员工和管理人员由原来局部目标被动控制，上升到现在的主动创新开展工作，体现了自身价值和才能，满足员工社会需要、尊重需要、自我实现需要，使员工渴求进步意识明显增强，管理人员工作效率显著提高。

三、抓住机遇，开发新项目，扩大生产

2005年初，公司董事会通过广泛、深入的市场调研和可行性分析论证，提出“围绕矿业主体，集聚规模效应，打造大型高效矿山”的战略目标，确立了至2008年使铁精粉产能达到100万吨/年的宏伟计划。三复选整体扩产改造项目由马鞍山矿山研究院负责设计，2005年8月开工建设，已完成设备选型、采购合同签订，主厂房建设工作，计划于2006年8月投产，使铁精粉产能再增加20万吨/年。投资3亿元建设地下开采及明光山采区开采工程，使公司原矿生产能力达到300万吨/年，原矿达产后，再建设一条年产20万吨的选矿生产线，实现铁精粉产能100万吨/年的目标。

四、大力发展循环经济，建设节约型企业

为保证资源型企业长期、稳定、可持续发展，树立资源不可再生的危机感和建设绿色环保企业的责任感，早在2000年公司就提出“采选平衡、限产增效、技术创新、挖潜降耗”的十六字发展方针。先后投资3300万元建设6个铁矿复选项目，引进鞍钢、本钢生产的先进设备，每年可从尾矿中回收精矿69000吨。通过新型磁选机回收入磨磁选，复选精矿品位达到61.5%，尾矿品位由23－25%降至15－17%，选矿回收率提高近10%，磨矿细度提高到－200目90%以上，使精矿品位由63%提高到66%。为彻底解决资源循环利用和尾矿排放问题，投资1800万元建设利用尾矿（粉）回收铁精矿（粉）反浮选资源综合利用项目，每年消化处理尾矿25万吨，新增67%品位铁精粉8.56万吨。

【山东三金玻璃机械有限公司】 该公司是中国轻工业联合会重点骨干企业、山东省高新技术企业、中国日用玻璃协会和中国轻工机械协会的副理事长单位、中国日用玻璃机械专业委员会主任单位。企业历史近50年，以生产制造成套玻璃瓶罐机械设备而蜚声中外，中国第一台行列式制瓶机就诞生在这里。公司内设有省级技术中心和山东省玻璃机械工程技术研究中心。

三金公司厂貌

公司现有员工1132人，总资产2亿元，其中固定资产近1亿元。作为中国最大的玻璃瓶罐机械制造企业，产品从煤气发生炉、单、双滴料制瓶机，到各类供料道、供料机、输瓶机、推瓶机，从各种燃烧方式、各种规格的网带退火炉、烤花炉，到冷端喷涂机、热端蒸涂机、检验机、码垛机、包装机等，品种规格齐全，系列配套成龙，另外还生产制造新型建材设备、平板玻璃机械设备等。其中，主导产品国际市场占有率高达80%以上，整机和零部件出口亚洲、欧洲、非洲等国家和地区，是国内乃至亚洲最大的玻璃瓶罐机械研发、生产企业。各类行列式制瓶机不仅代表着国内同行业的最高水平，而且已经接近国际同类产品的先进水平。在电子定时、电子拨瓶、电子伺服翻转、电子伺服分料、电子伺服钳瓶等自动化电气控制等方面，已经达到国外同行业水平。开发研制的产品中，获国家专利12项，其中2项为发明专利；有100多项次的产品获得“国家级新产品”、国家、省、部级科学技术进步奖等荣誉称号，公司已获得ISO9001—2000版国际质量体系认证。

高新技术产品10组行列式制瓶机

李道乾　淄博市第四人民医院院长、书记、主任医师。生于1955年8月，淄博高新区四宝山街道办事处曹一村人。1971年加入中国共产主义青年团，1975年8月加入中国共产党，1975年8月到青岛医学院学习，1978年毕业分配到市第二医院(现中心医院)工作。1984年7月任淄博第二卫校党总支委员、副校长、工会主席。1987年10月任淄博市疗养院党总支委员、副院长，1994年4月27日主持医院全面工作，5月27日任院长，兼任党总支书记(1997年2月淄博市疗养院更名为淄博市肿瘤医院)。2001年8月淄博市传染病医院整建制并入淄博市肿瘤医院，成立淄博市第四人民医院，任院长、书记。

1994年4月，李道乾主持医院全面工作时，接手了一个乱摊子，又在2001年8月接手了效益滑波、每况愈下的淄博市传染病医院，他用自己的人格、智慧和能力，把全院干部职工紧紧的凝聚在了一起，带领大家深化改革，与时俱进，团结协作，勇于创新。

他主持确定了“坚持以诊疗肿瘤、传染病为龙头，综合全面发展”的办院方向。“医院上规模，医疗上水平，工作争上游，院风正、院容美、实现省级文明单位，跨入同类医院的先进行列，把我院建设成现代化的、独具特色的、花园式的名牌医院”的奋斗目标。

坚持走从严治院和以德治院相结合、改革富院和技术立院相结合的路子，运用科学务实，人性化的管理方法，使医院的社会效益、经济效益、技术效益不断提高，实现了一次又一次的飞跃。在医院管理中，他以身示范，规范管理，科学管理，紧紧抓住人才、设备、管理三大关键，以病人为中心，以质量为核心，严格落实医院规章制度和工作人员职责，实行重激励、硬约束、严管理、勤督导的管理模式，逐步形成了“全院一个家，全院一盘棋，全院一条心，干群同呼吸、共命运，心连心”的良好院风。牢记:“以社会效益为最高准则，病人第一，信益第一，全心全意为病人服务”。使全院干部职工心往一处想，劲往一处使，话往一处说，创造了医院快速发展的良好环境。医院业务收入由1994年的147万元，增加到2005年的4639万元，固定资产由1994年的511万元，增加到2005年的4600万元。

医院在超常规、跨越式、高质量、高速度的发展中，取得了市级文明单位，市级花园式单位，市级文明示范医院，市级优秀领导班子，市级实施形象工程先进集体，市级医德医风先进单位，市级医疗质量管理先进集体，市级行业作风建设先进集体，市级廉洁行医树新风先进单位，市级综合目标考核先进单位，省市两级青年文明号。在抗击非典的战斗中荣立省委、省政府集体一等功和先进基层党组织等一大批荣誉称号。

李道乾先后被命名为市专业技术拔尖人才，市专业学科带头人，淄博市十佳市民，淄博市优秀技术人员等光荣称号，被评为市优秀党务工作者，市优秀管理干部，市级先进工作者，省职业道德教育先进工作者，荣获省卫生厅二等功。在抗击非典的战斗中事迹突出，被市委市政府授予优秀共产学员并荣立二等功。

路英智　1957年4月生于临淄。留学于日本九州大学，现为主任医师、心理学博士，淄博市第五医院院长，世界教科文卫组织专家组成员，全国十大杰出跨世纪人才，淄博市首批名医，淄博市人大代表，淄博市专业技术拔尖人才并兼滨州医学院、华北煤炭医学院教授。山东省作协会员。

从事心理咨询及治疗近30年，主要从事临床精神医学及国际森田疗法的研究和推广，创建了国内最大的国际森田疗法的临床、科研和教学基地，主持领导了专业心理网站“中国心理卫生网”，业余坚持到全市大中学校、武警、机关等单位宣讲精神卫生知识，为推进精神卫生事业的发展做出了积极的贡献。

近几年，路英智在国家级杂志发表论文30余篇，著有《心理处方》《心理咨询室的故事》《你我他的心理世界》《精神疾病防治手册》《睡眠与健康》《头痛学》等专业著作10余部以及诗集《精神家园》、心理小说《我的恋人》《恶灵》《森田疗法入门》等文学作品百万余字。

本部类编辑：王世伟
副主编：郭能勇
校对：王世伟
孟　明

附　　录

文件选目

【中国共产党淄博市委员会】

淄发〔2005〕1 号

中共淄博市委关于认真组织开展以实践“三个代表”重要思想为主要内容的保持共产党员先进性教育活动的实施意见

淄发〔2005〕2 号

中共淄博市委关于第一批次部门和单位认真组织开展以实践“三个代表”重要思想为主要内容的保持共产党员先进性教育活动的实施方案

淄发〔2005〕3 号

中共淄博市委　淄博市人民政府关于做好突破高青工作的意见

淄发〔2005〕4 号

关于在市级领导班子和党员领导干部中开展保持共产党员先进性教育活动的实施方案

淄发〔2005〕6 号

中共淄博市委　淄博市人民政府关于进一步做好支持沂源发展工作的意见

淄发〔2005〕7 号

中共淄博市委　淄博市人民政府关于进一步做好 2005 年招商引资工作的意见

淄发〔2005〕9 号

中共淄博市委　淄博市人民政府关于建设“文明淄博”、创建文明城市工作的实施意见

淄发〔2005〕10 号

中共淄博市委　淄博市人民政府关于 2005 年全市党风廉政建设和反腐败工作的实施意见

淄发〔2005〕11 号

中共淄博市委　淄博市人民政府关于进一步加强农村工作提高农业综合生产能力的决定

淄发〔2005〕14 号

中共淄博市委　淄博市人民政府关于进一步加强和改进妇女儿童工作的意见

淄发〔2005〕15 号

中共淄博市委关于进一步加强自身建设切实改进工作的意见

淄发〔2005〕16 号

中共淄博市委　淄博市人民政府关于加强科学民主决策的意见

淄发〔2005〕17 号

中共淄博市委　淄博市人民政府关于加快和谐淄博建设的意见

淄发〔2005〕18 号

中共淄博市委　淄博市人民政府关于进一步加快民营经济发展的意见

淄发〔2005〕19 号

中共淄博市委关于贯彻落实《纲要》深化强基工程全面加强党的基层组织建设的实施意见

淄发〔2005〕20 号

中共淄博市委关于开展向李振华、鹿奉俊、孙建博同志学习活动的决定

淄发〔2005〕21 号

中共淄博市委　淄博市人民政府关于支持高成长型企业加快发展的意见

淄发〔2005〕22 号

中共淄博市委关于认真组织开展第二批先进性教育活动的实施意见

淄发〔2005〕23 号

中共淄博市委　淄博市人民政府关于进一步加强职业教育工作的意见

淄发〔2005〕24 号

中共淄博市委　淄博市人民政府　淄博军分区关于军地共建平安淄博构建和谐社会的意见

淄发〔2005〕25 号

中共淄博市委　淄博市人民政府关于进一步加强高技能人才队伍建设的意见

淄发〔2005〕26 号

中共淄博市委　淄博市人民政府关于加强金融生态环境建设促进全市经济金融健康协调发展的意见

淄发〔2005〕27 号

中共淄博市委　淄博市人民政府关于进一步加强国有资产监管和运营的意见

淄发〔2005〕28 号

中共淄博市委关于贯彻落实《中共山东省委印发〈关于在全省党政机关建立和完善决策目标体系的意见〉、〈关于在全省党政机关建立和完善执行责任体系的意见〉的通知》进一步加强“三个体系”建设的意见

淄发〔2005〕30 号

中共淄博市委　淄博市人民政府关于认真落实科学发展观进一步加强新时期人口和计划生育工作的决定

淄发〔2005〕31 号

中共淄博市委　淄博市人民政府关于进一步加强和改进大学生思想政治教育的实施意见

淄发〔2005〕32 号

中共淄博市委关于加强高等院校党建工作的意见

淄发〔2005〕33 号

中共淄博市委印发《关于干部工作的十项要求》的通知

淄发〔2005〕34号

中共淄博市委 淄博市人民政府关于进一步加快服务业发展的意见

淄发〔2005〕35号

中共淄博市委关于第三批保持共产党员先进性教育活动的实施意见

淄发〔2005〕36号

中共淄博市委关于开展“九个一”活动促进机关党员自觉保持先进性的实施意见

淄发〔2005〕37号

中共淄博市委关于落实《建立健全教育、制度、监督并重的惩治和预防腐败体系实施纲要》的实施意见

（刘 艳）

【淄博市人民代表大会常务委员会】

淄人发〔2005〕1号

关于淄博市第十二届人大三次会议列席人员范围的决定

淄人发〔2005〕5号

关于批准《淄博生态市建设规划》的决定

淄人发〔2005〕6号

关于在全市实施碧水蓝天行动计划的决议

淄人发〔2005〕8号

关于报请批准《淄博市城市绿化条例》的报告

淄人发〔2005〕9号

关于批准2004年市级财政决算的决议

淄人发〔2005〕14号

关于批准市政府“张店至博山城区间快速通道”工程项目贷款的决定

淄人发〔2005〕18号

关于召开淄博市第十二届人民代表大会第四次会议的决定

淄人发〔2005〕19号

关于报请批准《淄博市农业综合开发项目管护办法》的报告

淄人发〔2005〕20号

关于报请批准《淄博市烟草专卖管理办法》的报告

淄人发〔2005〕21号

关于补选刘忠泉为山东省十届人大代表的报告

（傅 樱）

【淄博市人民政府】

淄政发〔2005〕1号

关于印发《淄博市2005年度安全生产工作要点》的通知

淄政发〔2005〕2号

关于表彰全市就业再就业工作先进集体和先进个人的通知

淄政发〔2005〕3号

关于表彰全市2004年度安全生产先进单位和先进个人的通报

淄政发〔2005〕4号

关于2004年度淄博市科学技术奖励的通报

淄政发〔2005〕5号

关于贯彻落实《山东省森林防火管理规定》的实施意见的通知

淄政发〔2005〕8号

关于印发《淄博市2005年鼓励外经贸发展的有关政策》的通知

淄政发〔2005〕9号

关于印发《淄博市2005年国民经济和社会发展计划》的通知

淄政发〔2005〕10号

关于印发《2005年重点工作安排》的通知

淄政发〔2005〕15号

关于进一步深化社会综合治税工作加强税收征管增加财政收入的意见

淄政发〔2005〕16号

关于公布市级以上重点文物保护单位保护范围的通知

淄政发〔2005〕18号

关于印发《淄博市碧水蓝天行动计划》的通知

淄政发〔2005〕20号

关于开展质量兴市暨实施名牌战略活动的意见

淄政发〔2005〕22号

关于印发《淄博市科技强警示范城市建设实施方案》的通知

淄政发〔2005〕25号

关于贯彻鲁政发〔2004〕117号文件进一步加强食品安全工作的意见

淄政发〔2005〕30号

关于印发《继续深入开展城乡环境综合整治活动实施方案》的通知

淄政发〔2005〕36号

关于印发《2005年淄博市黄河防汛预案》的通知

淄政发〔2005〕37号

关于进一步加强支援菏泽市东明县加快发展工作的意见

淄政发〔2005〕40号

关于贯彻国务院全面推进依法行政实施纲要的意见

淄政发〔2005〕43号

关于贯彻鲁政发〔2004〕95号文件进一步加强防震减灾工作的通知

淄政发〔2005〕46号

废止《关于加快中心城区高层建筑群和华光路建设的通知（淄政发〔2000〕64号）》的通知

淄政发〔2005〕49号

关于实行超计划用水累进加价的通知

淄政发〔2005〕51号

关于加强县乡财政建设的意见

淄政发〔2005〕53号

关于地方企业2005年度工资增长的实施意见

淄政发〔2005〕68号

关于大力发展循环经济建设节约型社会的意见

淄政发〔2005〕108号

关于实施全市农村村村通自来水工程的意见

淄政发〔2005〕109号

关于搞好今冬明春农田水利基本建设的通知

淄政发〔2005〕110号

关于建立完善城乡社会救助体系的意见

（李同凤）

【中国人民政治协商会议淄博市委员会】

淄政协字〔2005〕1号

政协淄博市委员会关于表彰优秀提案的决定

淄政协字〔2005〕2 号

关于贯彻中发〔1995〕13 号、鲁发〔1994〕11 号和鲁政发〔1996〕124 号文件情况的自查报告

淄政协字〔2005〕3 号

淄博市政协关于评选表彰优秀政协委员的意见

淄政协字〔2005〕4 号

关于对我市创建国家园林城市视察情况的报告

淄政协字〔2005〕5 号

关于住淄博省政协委员视察济宁历史文化遗产保护与开发的情况报告

淄政协字〔2005〕6 号

关于加快淄博旅游产业发展的建议案

（赵秀秀）

【中共淄博市纪律检查委员会】

淄纪〔2005〕1 号

关于印发《刘池水同志在全市反腐倡廉工作暨市纪委第六次全体会议上的工作报告》的通知

淄纪〔2005〕4 号

市纪委常委会 2005 年工作要点

淄纪〔2005〕9 号

关于建立和完善决策目标执行责任考核监督体系的意见

淄纪〔2005〕10 号

关于印发《关于清理党政机关事业单位干部职工虚报冒领工资补贴问题的实施意见》的通知

淄纪〔2005〕11 号

关于治理整顿党政机关及其所属单位乱办班问题的通知

淄纪〔2005〕17 号

关于在全市党员领导干部中开展“廉洁奉公执政为民”教育的意见

淄纪〔2005〕21 号

中共淄博市纪律检查委员会常委会关于进一步加强自身建设切实改进工作的意见

淄纪〔2005〕26 号

关于印发《刘池水同志在全市纪检监察工作会议上的讲话》的通知

淄纪〔2005〕33 号

关于严禁国家机关工作人员和国有企业负责人投资入股参股煤矿生产经营活动的通知

淄纪〔2005〕44 号

2005 年全市纪检监察工作总结和 2006 年工作要点

淄纪办〔2005〕9 号

关于进一步做好全市纪检监察干部教育培训工作的意见

（白念博）

著名商标

中国驰名商标（2005 年）

单　位	认定商品（服务）	商　标
山东博泵科技股份有限公司	水泵、油泵	博山及图
万杰集团有限责任公司	医疗	万杰及图
山东鲁阳股份有限公司	硅酸铝耐火纤维	鲁阳
山东清源集团有限公司	农用地膜	清田 qingtian 及图

山东省著名商标（2005 年）

单　位	认定商品（服务）	商　标
山东新风股份有限公司	空调风机	图形
淄博欧木特种纸业有限公司	水浆纸、木纹纸	图形
淄博龙都陶瓷有限公司	浴室装置	图形
山东顺风电源有限公司	电池	赛奥
淄博柯伊诺陶瓷有限公司	瓷砖	图形
淄博泰山瓷业有限公司	日用陶瓷	图形
淄博金城实业股份有限公司	建筑、室内装饰装修	图形
淄博川鹰酿造有限公司	醋、酱油、酱	川鹰及图形
山东淄博博丰复合肥有限公司	肥料、混合肥料	鲁桓
淄博斯丹克陶瓷有限公司	瓷砖	图形
山东省沂源制革总厂	（动物）皮	图形
淄博永华滤清器制造有限公司	过滤器	永华及图形
山东瑞阳制药有限公司	医药制剂、人用药	图形

续表

单　位	认定商品(服务)	商　标
山东海达食品有限公司	牛肉干、牛肉松	海达及图形
山东祥和集团股份有限公司	健美器	汇祥及图形
山东博山减速机厂	减速机	柳杭及图形
淄博泰宝防伪技术产品有限公司	全息图	泰宝及图形
淄博云涛纺织品有限公司	毛巾被、浴巾、枕巾	图形
山东大成化工集团有限公司	杀虫剂、除草剂	大成及图形
淄博商厦股份有限公司	广告、商业调查、推销(替他人)	远方及图形
淄博宝风食品有限公司	酱油、醋、酱	宝凤及图形
山东省淄博双歧面粉厂	面粉、挂面	双歧
淄博市周村蓝天沙发厂	家具、办公家具	蓝天
淄博风机厂有限公司	鼓风机	云笑及图形
淄博周村巨仁食品厂	加工过的瓜子、松子、开心果	巨仁及图形
山东欣特瑞塑胶有限公司	日用、工业用塑料制品	鲁星及图形
淄博裕民耐火材料有限公司	耐火材料	裕民
山东电泵股份有限公司	电泵	颜山及图形
山东珑山实业有限公司	金属焊条、金焊料	图形

(陈传虎　沈彦华)

名牌产品

中国名牌(2005年)

产品名称	生产企业
齐鲁牌烧碱	中国石化齐鲁股份有限公司
鲁泰格蕾芬牌色织布	鲁泰纺织股份有限公司
金晶牌浮法玻璃	山东玻璃集团
兰雁牌牛仔布	兰雁集团股份有限公司
凤阳牌弹簧软床垫	山东凤阳集团
硅苑牌日用陶瓷	山东硅苑新材料科技股份有限公司
汇祥牌电动跑步机	山东祥和集团股份有限公司
得益牌液体奶	山东得益乳业有限公司
华光牌日用陶瓷	华光陶瓷集团有限公司

山东名牌(2005年)

产品名称	企业名称
万杰牌涤纶短纤维、布	万杰集团有限责任公司
华成牌水环式真空泵	淄博水环真空泵厂有限公司
力世牌高强度螺栓	淄博强大集团有限公司
珑山飞乐牌 CO2 气保焊丝	山东珑山实业有限公司
益达牌圆柱齿轮减速器	淄博博山益杰机械有限公司

续表

产品名称	企业名称
五龙牌破碎机	淄博大通矿山机械制造有限公司
禹王牌硬齿面圆柱齿轮减速器	山东淄博电动滚筒厂有限公司
兰骏牌牛仔布	山东兰骏集团有限公司
青苑牌胶版印刷纸	山东青苑纸业有限责任公司
云涛牌巾被	淄博云涛纺织品有限公司
博汇牌烧碱	山东博汇集团有限公司
东岳联邦牌制冷剂	山东东岳化工股份有限公司
鲁桓牌复混(复合)肥料	山东淄博博丰复合肥有限公司
国源牌电力电缆	山东国源电缆电器有限公司
中保康牌一次性使用血浆单采离心分离器	淄博中保康医疗器具有限公司
安琪尔牌电动自行车	淄博安琪尔电动车厂有限公司
百粮牌百粮春酒	山东天下第一店酒厂
裕民牌合成硅线石耐火制品	淄博裕民耐火材料有限公司
兴齐牌石油化工流程泵	山东长志泵业有限公司
美陵牌管壳式换热器	山东美陵化工设备股份有限公司
万昌牌碳钢渗铝换热器	淄博万昌集团有限公司
清源牌 10#、特号建筑防水沥青	山东清源集团有限公司
双峰牌高档装饰原纸	山东齐峰化轻集团有限公司
天鹤牌聚乙烯工业工程用膜	淄博天鹤塑胶有限公司
巧媳妇牌食醋	山东淄博巧媳妇食品有限公司
鲁阳牌陶瓷纤维板	山东鲁阳股份有限公司
力扬牌注射用美洛西林钠	山东瑞阳制药有限公司
沂蒙牌钠钙玻璃药瓶	山东药用玻璃股份有限公司
华字牌搪玻璃开式搅拌器	淄博工业搪瓷厂
淄柴牌柴油机	淄博柴油机厂
宝山牌 P. O32. 5R、P. O42. 5 普通硅酸盐水泥	山东宝山生态建材有限公司
斯格米牌干压瓷质砖	淄博东岳实业总公司建材厂
海天牌色织牛仔布	山东淄博海天轻纺股份有限公司
赫达牌纤维素醚	山东赫达股份有限公司
恒导牌导热油	山东恒利石油化工有限公司
慧伟牌电力电缆	淄博长城电缆制造有限公司
多星牌电水壶	淄博多星电器集团有限责任公司
宝艺牌童装	淄博宝艺服装有限责任公司
金卡牌干压陶瓷砖	淄博金卡有限公司
柯伊诺牌干压瓷质砖	淄博柯伊诺陶瓷有限公司
耿瓷牌瓷质砖	山东耿瓷陶瓷有限公司
博艺牌干压瓷质砖	淄博新博有限公司
狮王牌干压陶瓷砖	淄博强赛特陶瓷有限公司
山川牌一次性使用无菌注射器	山东淄博山川医用器材有限公司
HAOLIER 牌陶瓷卫生洁具	淄博龙都陶瓷有限公司

(宋立忠)

免检产品

获国家免检产品称号名单(2005年)

产品名称	品 牌	企业名称
服装	幸运风	淄博幸运风体育用品有限公司
服装	兰雁	兰雁集团股份有限公司
卫生巾	益母	山东益母妇女用品有限公司
人造板	鲁森	山东森美人造板有限公司
有色金属及稀土产品	山铝	山东铝业股份有限公司
电线电缆	国源	山东国源电缆电器有限公司
汽车零配件	山川	山东汽车弹簧厂
水泥	山铝	山东铝业公司
水泥	宝山	山东宝山生态建材有限公司
化肥	鲁桓	山东淄博博丰复合肥有限公司
饮料	得益	山东得益乳业有限公司
酱油	玉兔	山东玉兔食品有限责任公司
酱油	巧媳妇	山东淄博巧媳妇食品有限公司
食醋	玉兔	山东玉兔食品有限责任公司
食醋	巧媳妇	山东淄博巧媳妇食品有限公司

(宋立忠)

国内媒体对淄博的报道(选登)

【崇"文"增"绿"宜人居(2005年2月28日《人民日报》)**】**

●去年淄博商品房平均售价为每平方米1691元,比上年上升12.6%

●房价上涨既因为居民收入增加,又源于投资和居住环境不断改善

走进山东淄博市,第一感觉是"绿"。单说位于市中心的350亩人民公园,有逾万株乔木、3.7万平方米水面、22.7万平方米绿地,被市民誉为"天然氧吧";围绕城区还有100公里的绿色通道。第二感觉是"文",这里是齐文化的发源地,它与以孔孟学说为核心的鲁文化共同构成了齐鲁文化。

大概认为自己的优势得天独厚,所以,淄博人提出,要打造鲁中人居第一城。近几年,淄博房地产业的确得到较大发展,人气渐旺,全市房地产价格从2002年上涨3.5%发展到去年上涨12.5%,中心城区张店的房价每平方米高出全市平均价格259元。

"去青岛居住,在淄博创业"的观念被抛弃

作为老工业城市的淄博,绿色曾是人们的奢望。直到上世纪90年代,由于工业布局不合理、生产工艺落后,以陶瓷水泥产业及煤矿为主的城市结构性污染仍十分严重。淄博,仍是"大烟囱,冒黑烟,混混沌沌少晴天,一年吸块半头砖"的城市。当时,淄博的经济实力虽居山东省前列,但房地产市场处于萎缩状态。"去青岛居住,在淄博创业",一时成为不少人的选择。

"经济要发展,但不能以牺牲环境为代价。只有树立科学发展观,让经济与环境同唱一首歌,在实现淄博在鲁中地区率先崛起目标的同时,把淄博建设成鲁中人居第一城,才能人气旺、经济兴、实力强。"淄博市委书记张建国说。

为创造一个良好的人居环境,淄博在确立"经济强市"战略的同时,确立了"环境立市"战略。

大气和水污染是一直困扰淄博环境的一个"结"。为解开这个"结",淄博发起大规模烟尘环境治理行动。淄博城区的空气质量连续两年良好天气超过300天。

先"洗脸",再"上妆",而绿色则是一个城市最具吸引力的妆颜。为了上好"妆",淄博以规划见绿、拆墙透绿、破硬造绿等方式,相继建成市中心广场、张店莲池公园、张店植物园等十几个大型公共绿地。2003年,又投资3000万余元对淄博人民公园进行升级改造。改造后的人民公园焕然一新,被建设部评为"中国人居环境范例奖"。目前,全市绿化覆盖率达38.5%,绿地率达32.4%,人均公共绿地达10.8平方米。

2004年淄博琴岛建设有限公司进入淄博开发房地产,可以说是一个再明显不过的信号。这是一家来自青岛的房地产公司,副总经理宗可玥认为,淄博大企业多,单位和居民的购买力较强,近几年人居环境又变好了,不仅淄博人愿在当地居住,外地人也很喜欢这座城市。所以,这家青岛的房产公司决

定到淄博来开辟新天地了。

1999年到淄博经商的浙江商人于庆，已经在淄博购买了两套住房。他说："淄博的天越来越蓝，水越来越清，地越来越绿，人文气息非常浓厚。在这里居住和生活，很舒心。"他还计划把远在老家的父母都接来居住。

"东商西居"，创业居住两相宜局面正在形成

2003年，淄博GDP首次突破1000亿元，2004年达1200亿元。良好的经济发展势头和宜居环境，活跃了淄博的房地产市场，也使淄博的楼市出现了新的变化。

去年，淄博商品房销售平均单价为每平方米1691元，同比上升12.6%。在商品房销售中，住宅类价格上升12.8%，非住宅类中的商业用房上升11.6%。"在经济持续增长的情况下，淄博房价水涨船高是一个必然的趋势。"淄博市房管局有关负责人认为，淄博房价上涨的原因一方面是居民收入增加，另一方面与其良好的投资和居住环境密不可分。

旺盛的市场需求，吸引了北京荣宝斋、上海春申、温州时代等国内知名的房地产开发企业入驻淄博。2004年，淄博新批房地产开发资质企业数量59家，增长33.5%。

近年来，淄博市房地产开发市场逐步向规范的方向发展，在合理调控开发规模的前提下，保障一定的住宅供给量，房地产开发市场供需基本保持平衡，商品房空置率逐年下降(见表)。钻石商务大厦、国贸大厦等一批环境好、配套齐全的商住用房，主导了淄博房地产市场。而正在建设中的中润华侨城、义乌小商品城等，也吸引着购房者纷至沓来。

淄博市2000～2004年商品房空置指标对比情况表

指标	单位	2000年	2001年	2002年	2003年	2004年
竣工房屋面积	万平方米	53.67	107.74	172.13	212.83	236.29
销售房屋面积	万平方米	49.38	99.10	133.31	174.30	211.25
商品房空置面积	万平方米	16.52	27.48	35.01	40.56	21.12
商品房空置率	%	30.78	25.51	20.34	19.06	8.94

一位业内人士评价说：淄博的房地产市场，将逐步形成"东商西居、创业居住两相宜"的发展局面。

（仝志强　郝际钰）

【翅愈振　身愈轻(2005年3月21日《人民日报》)**】**

——淄博市以发展破就业难题

●编者按：温家宝总理在政府工作报告中指出，千方百计增加就业是政府的重要职责。要继续实施积极的就业政策，要拓展就业渠道，要健全再就业援助制度。在华东各地，已有不少经过艰辛探索获得的成功经验，山东淄博市即其中之一。淄博是一个老工业城市，工业改造改革的任务繁重，同时又拥有大量农村富余劳动力。在城乡双重的就业压力之下，该市在"千方百计"上下工夫，日积月累，终有所成。本版将来自淄博的报道作为专栏的开篇，并欢迎各地来稿。

"请问你有什么特长？"

"我会焊接，想应聘电气焊工岗位。"

"你对待遇有什么要求？"

"每个月七八百元吧，需要提供食宿"……

3月18日上午，在山东淄博市职业介绍中心，来自沂源县的李兆义与济南一家机械公司签了约。

翻开淄博市劳动和社会保障局2004年的档案，可以看到一组令人振奋的数字：全年实现新增就业再就业12.8万人。其中，下岗失业人员再就业8.9万人，"4050"人员等困难群体再就业3917人；新增农村劳动力输出7.3万人；全市城镇登记失业率为3.4%，低于山东省0.6个百分点……这张成绩单的背后，折射出淄博市在发展中求解就业难题的"曲线"。

结构调整　不忘百姓就业

淄博是一个老工业城市，上世纪90年代中后期，全市近半数企业处于停产半停产状态，城镇登记失业率超过20%，10多万下岗职工等待就业。

经济结构必须调整，就业问题也必须解决。淄博市的决策者在科学分析严峻的就业形势后认定一点：要想方设法保证增长与就业的"双赢"。

确定思路后，淄博市把打破条条管理，实行"板块经济"作为调整经济结构的"第一役"。市属73家企业下放区县管理，重新组建32家市级重点企业集团。在重组过程中，淄博市要求企业先制订职工分流安置方案，让大多数下岗职工实现再就业。齐鲁石化公司在兼并淄博化纤总厂和淄博石油化工厂过程中，盘活存量资产近20亿元，同时安置下岗职工5000多人。几年来，淄博市破产企业80%的失业职工和8000多名下岗职工实现了再就业。

淄博市有400多万人口，劳动力资源丰富。能否使劳动力充分就业，成为淄博市决策者确定建设项目时考虑的重要因素。在积极抓好"三〇工程"、重点企业集团、重点经济园区和经济强乡镇等工作中，该市积极落实发展高新技术产业与发展劳动密集型产业相结合、招商引资与扩大就业相结合，扶持发展就业型、资源综合利用型及社区服务型中小企业，逐步形成以安置就业为主的中小企业群。同时，鼓励发展劳动就业服务企业，更多地吸纳下岗失业人员。

多措并举，淄博市的就业结构调整取得了新的进展，实现了经济与就业的双赢。2004年，淄博GDP超过1200亿元，与此同时，从2001年开始的4年间，累计实现就业30余万人。

培训＋网络　"善事"先"利器"

古语说，"授之以鱼，不如授之以渔"，"临渊羡鱼，不如退而结网"。淄博市一方面大力加强就业与再就业的培训，另一方面扎扎实实编织了一张张市场就业之网。

"以前我们下岗职工找工作特别难，现在经过培训有了一技之长，找工作比以前容易多了。"李兆义兴奋地说。

李兆义是淄博市实施"先培训后就业、先培训后上岗"工程的诸多受益者之一。近年来，为使劳动者在新的岗位有能干活的"金刚钻"，淄博市开展了专业技能培训和创业培训，以技校、就业训练中心为主，以培养多技能、复合型人才为目标。淄博市劳动就业办公室综合科科长杨健说，仅2004年，该市就培训下岗失业人员1.1万余人。

淄博农民占全市总人口近2/3，为让农村富余劳动力尽快转移，淄博市实施了针对农民工培训的"阳光工程"，提高农民的素质和劳动技能。为让有技术的就业者找到合适的就业岗位，淄博市积极完善就业服务网络，直接为就业者提供职业介绍、就业指导、培训申请、求职登记等"一站式"服务，加快就业信息的网络建设，实现全市劳动力市场信息联网，建立专门的劳动力市场信息库，使用人单位和求职者能快捷查询所需信息。

去年，淄博市职业介绍中心共举办劳动力市场92次，意

向成交13.4万人次。一个全方位、多层次、多方面提高劳动者技能的培训和就业格局,已在淄博初步形成。

小额担保贷款　雪中送炭暖人心

有决心、有方法,还得有资金启动。

近年来,淄博市将小额担保贷款与创业培训紧密结合,为就业者开辟"绿色通道"。

谭启飞夫妇2002年4月双双从淄博服装研究所下岗。在劳动部门的帮助下,他们参加了市里组织的"企业管理"创业培训班。一年后,两人创立淄博张店中心路佳尔美服饰部,并申请到3万元小额贷款。经过两年发展,如今已拥有固定资产近10万元,并安置下岗失业人员22名。

据淄博市劳动和社会保障局副局长韩发磊介绍,发放小额担保贷款与创业培训紧密结合,大大提高了培训后的创业成功率。

淄博市在开展创业培训过程中,按照"培训、引导、扶持"的原则,注重建立创业培训、专家咨询、后续服务等一体化服务机制,把政策扶持作为重点项目,聘请小额担保贷款中心负责人参与教学,讲解小额担保贷款政策、程序、贷款手续等。同时,将诚信教育作为创业培训的重点部分,帮助学员树立个人信用意识,坚持诚信经营,增强还款意识。此外,开展有针对性的创业指导,根据学员不同的创业能力和经营项目,帮助分析项目的可行性、资金使用的合理性,提高贷款项目的可行性和贷款资金的使用效率。

目前,淄博市已累计为1283名下岗失业人员发放小额贷款1224万元,发生贷款贴息60.5万元,带动2000余名下岗失业人员实现了再就业。　（仝志强　庄新军　郝际钰）

【淄博:从"黑烟盖城"到水碧天蓝(2005年4月19日《人民日报》)**】**

●开栏的话:树立和落实科学发展观,必须追求经济与环境协调发展,也就是"双赢"。近年来全国涌现出许多实现双赢的先进典型。它们的实践充分说明:只要处理得当、治理得法,环保不仅不会扯经济的后退,而且还会与之良性互动、比翼齐飞。

老工业区如何有效地治理污染,实现经济与环境协调发展、人与自然和谐相处,在构建和谐社会的今天,显得格外迫切。

淄博,山东省曾经污染最严重的老工业城市,从过去的"黑烟盖城"到今天的"碧水蓝天",在全国树起老工业区环境污染治理的一面旗帜。

曾经:黑烟盖城,晚上星星看不见

中国老工业区是东北,山东老工业区在淄博。新中国成立以来,随着齐鲁石化、山东铝厂、新华制药等一大批骨干企业的建设,到上世纪80年代,淄博基本形成以重工业为主体,以石化、医药、陶瓷、建材、冶金工业为支柱的工业体系。这曾给淄博人带来骄傲:工业的固定资产拥有量占山东省的1/4,工业产出总量长期占山东第二位。

但是,这样的工业体系能耗高、污染大,加上当初规划布局的不合理,工业越发展,污染越严重。2001年前,淄博市空气质量二级以上天数不足100天,二氧化硫、烟尘、化工工艺废气年排放量均居山东全省之首,曾被列为全国十大污染城市之一。

"大烟囱,冒黑烟,晚上星星看不见,一年吸掉半块砖","走路眯着眼,吃饭捂着碗,推磨打着伞"……人民群众的生活和健康受到极大影响,患鼻炎、咽炎等呼吸道疾病在居民中司空见惯,有关环境污染的群众投诉每年居高不下。

更严峻的是,由于生活环境恶劣,人才开始大量外流,招商引资困难重重,经济的可持续发展面临挑战。生存与环境、环境与发展的断裂使矛盾前所未有地突出起来。

协调:调、迁、治、升求双赢

2002年起,醒悟后的淄博人举起"环境立市,环保先行"的大旗。"环境包括硬环境和软环境,环境保护是基础。"淄博市委书记张建国说,"环境也是生产力,环境优,则人民安居,经济兴旺,社会和谐。"

在淄博,根据污染呈现的特点,治理环境一要直接治理污染源,二要重新调整工业布局,几乎涉及所有的工业企业。经过深入调查分析,淄博找到了经济增长和环境治理的结合点:通过全面的经济结构调整和经济增长方式转变,实现两者的双赢。"一方面污染严重,群众意见很大,另一方面可持续发展要求产业升级、结构调整,再加上长期积累起的经济实力作后盾,这是一个千载难逢的机遇。"淄博市长刘慧晏这样分析。

打响的第一个战役是整体搬迁该市四宝山水泥产业区。淄博是山东第一水泥大市,每年产值85亿元。这些企业主要集中在四宝山地区,15家42条生产线,离市区仅一路之隔,排气污染直接影响市区空气质量。彻底搬离城区是解决污染的根本办法,而搬迁意味着巨大的代价和风险。为使水泥行业一次实现由传统立窑生产线,向成本更低、污染更轻、效率更高、质量更优的新型干法回转窑升级改造,市里建立了企业搬迁基金,实施政策引导:搬迁一条生产线政府贷款贴息100万元,如果提前搬迁再奖励100万元,原址土地仍归其所有还享受招商引资等优惠政策。

搬迁工作2002年底开始,2004年6月就全部完成,比原计划提前了3年半。同时,在新工业区完成了新型生产线的建设,不仅每年减少粉尘排放量4000吨,而且水泥年产量比以前提高了一倍,新型干法回转窑水泥一下子跃居全省第一。企业、政府、群众皆大欢喜。

与此同时,淄博市又打响了治理化工区污染的第二个战役:治理化工区污染。化工区位于市区,污染物排放点30余处,治理难度更大。经论证,市里决定对化工区不能根除的污染项目实施搬迁,对能治理的实施专项整治,污染严重的实施限产、停产。"治污风暴"刮过之后,"苦臭""鱼腥"等怪味明显减轻,多年来首次出现单月群众零投诉。

人与自然和谐不是梦

淄博市的水污染治理同样让百姓叫好。流经淄博四区一县、被当地人称为"母亲河"的孝妇河,以前因工业污水直排早已魅力尽失,如今碧水绿草、水鸟嬉戏的情景又开始重现。

污染治理了,生态环境建设开始有了质的飞跃,"黑"和"灰"少了,"绿"和"清"多了。位于市中心占地350亩的人民公园,改造后乔木万株、水面近4万平方米,被评为"中国人居环境范例奖"。目前,全市绿化覆盖率达38.5%,人均公共绿地10.8平方米。

还天以蓝,还地以绿,还水以清,以老工业区重工业污染闻名的淄博市,开辟出环境治理的历史性新局面:至今连续两年,在全市GDP超过千亿元的情况下,空气环境质量由2000年的三级标准提高到国家二级标准,好于二级的天数超过300天,无论经济还是环境均实现近10年最优。在最近的山东省17个地市排名中，淄博市城市环境质量由原来的倒数第三位，跃居第六位。居民曹耀光特意给市长助理兼环保局局长邹光平寄来感谢信："谢谢党和政府，让我们结束了成年累月灰头灰脸的日子。"

临别淄博，邹光平告诉记者，淄博市委、市政府又一环境治理的大手笔"淄博市碧水蓝天行动计划"已经出台，计划用3年时间使该市环境质量有大的改善，力争5年内创建国家环保模范城，为实现人与自然和谐创造良好条件。

那将是一个天蓝、地绿、水清、气爽，人与自然和谐相生的新淄博。（王淑军　仝志强）

【淄博"突围"（2005年5月4日《经济日报》）**】**

——一个老工业基地是怎样变成新材料基地的

近来，一些世界顶尖企业的高层人物，接连来到东岳集团洽谈合作。为什么他们会"屈尊"拜会？东岳集团老总说："我们有多项拥有自主知识产权的世界前沿技术。"

这么有底气的企业，记者在山东省淄博市还采访了几家。新华医疗集团的消毒灭菌设备，世界一流；兴亚新材料公司的氧化锌纳米材料生产规模，国内最大。一家世界500强企业，还与淄博工陶集团合资建立了全球性研发中心，这是世界500强在山东设立的第一个研发中心。

淄博市近年来的发展，让人不得不刮目相看：这个百年老工业基地，目前是我国惟一的综合性新材料成果转化及产业化基地。在有机高分子材料领域，是国内最大的增塑剂生产基地，年产量占国内总量的1/3；在金属新材料方面，年处理氯化稀土材料12万吨，居全国首位；同时还是全国规模最大的陶瓷纤维及制品生产基地和国内重要的玻璃窑用耐火材料生产基地、亚洲最大的氟硅化工基地、国内最大的氧化锌纳米材料生产基地。目前全市261家高新技术企业中，涉及新材料的就有140家。去年全市新材料骨干企业共实现工业总产值320亿元，利税55亿元。新材料产业在高新技术产业产值中的比重达到70%。更为可喜的是，在新材料产业中，具有自主知识产权的高新技术产品所占比重达到42%。有一些成果，走在了世界新材料行业的前沿。

一个问号浮现在记者心中：地处鲁中内陆的淄博，靠什么在短短几年间实现了由一个老工业基地到新材料基地的巨大跨越？

当年的淄博，煤炭、水泥、陶瓷等传统产业当家。上世纪末期，淄博传统工业相继陷入困境，全市下岗职工近10万人。作为我国五大瓷都之一，淄博当年有13家风光一时的陶瓷骨干企业，号称"十三罗汉"。可是到2000年，活下来的只剩3家。

淄博市委书记张建国认为，改造老工业基地，必须靠科技，靠自主创新。要凝聚内力，引进外力，全面整合科技资源，依靠科技创新走出一条生路。

淄博开始整体"突围"。

淄博市伏下身子，整合当地科技资源，组建了山东工程技术研究院和山东陶瓷工程技术研究中心，组织隶属于不同部门的"一校五院"联合成立了山东工程技术研究院，高校与企业、科研院所联起手来，可共用的科研仪器设备迅速达到4.3亿元。目前，工程技术研究院已申报两项国家"863"课题和三项国家自然科学基金。创建了以新材料为主要服务领域的淄博市生产力促进中心和齐鲁石化生产力促进中心。同时，全市超过80%的限额以上工业企业建立了技术研发中心，大中型企业和重点企业建立科技开发机构201个，为大规模的技术创新和技术引进奠定了基础。

内部科技资源活起来，与外部科技资源的对接便水到渠成。近年来，淄博市与中国工程院不断深化合作，市里聘请了17名院士作为科技顾问，连续举办了三届新材料技术论坛暨国际科技成果招商洽谈会。去年的国际新材料技术论坛，23名院士带着技术和项目前来淄博，与国内外大批专家、学者和企业家一起相互交流。中国工程院还专门设立了淄博市成果转化促进中心，近年来有19个院士项目在淄博落地。中国工程院副院长邬贺铨来淄博进行技术指导时曾明确表示，中国工程院要把淄博作为新产品试验、示范基地和高新技术成果转化基地，让淄博真正成为名副其实的中国新材料产业发展的龙头。

整合内外科技资源，相互促进，共同发展，极大地提高了淄博工业自主创新的能力。目前，淄博市围绕全市主导产业、优势行业和关键项目，形成了科技创新的三个体系：以重点科研机构和高等院校为主体的知识创新体系，作为源头创新网络；以企业为主体的技术创新体系，强化对科技资源的整合，共享和开发应用；以技术市场、生产力促进中心为主体的科技中介推广体系，以市场化手段促进科技成果加快转化。去年，全市共取得科技成果136项，其中达到国际领先或国际先进水平的19项，填补国内空白，达到国内领先或国内先进水平的111项；全市投资过千万元的高新技术项目达到115项，其中投资过亿元的项目有24个。全市近几年先后承担国家"863"计划和国家攻关计划共10项。

很多人羡慕淄博的好项目，但好项目不是从天上掉下来的，它是企业机制、创新环境等诸多因素的综合反映。1998年，在经济形势最困难的时刻，淄博市在全省率先撤销了市属的13个工业主管局，重新组建了6个行业管理办公室，剥离了其行政管理职能，改为指导服务，大大优化了发展环境。与此同时，市里集中抓好22户重点企业集团，其余97户市属企业全部下放到区县管理。全市企业改制面达到98.5%。这一系列配套改革措施，从外部环境和企业机制上为科技创新注入了强大动力。

经过艰难的调整，淄博市工业结构发生了根本的变化，资源型工业比重逐年降低到目前的5.88%，高新技术产业产值占规模以上工业总产值比重达到24.97%。其中地方工业企业高新技术产业产值在规模以上工业中的比重近四年连续提高了8个多百分点。2004年，全市规模以上企业销售收入1884.07亿元、利税197.97亿元、利润103,07亿元，分别增长34.85%、44.52%、55.43%。与1998年相比，分别增长274.92%、290.32%、482.51%。靠自主创新，淄博工业打了一个漂亮的翻身仗。

（单保江）

（何意光　整理）

本部类编辑：王　娟

副主编：徐　杰

校对：赵建国

唐乃兴

索　引

说　明

1、本索引采用主题分析索引方法，按标引词第一字的汉语拼音字母顺序排列（阿拉伯数字在汉语拼音字母前）。同音字按声调，首字相同者按第二音序排列，依次类推。

2、标引词后的阿拉伯数字表示内容所在页码，数字后的拉丁字母 a、b、c 分别表示该页自左向右的版面区域。

3、部类、分目用黑体字标明。“附见”缩后两格放在相关分目或条目的标引词下面。

4、特载、保持共产党员先进性教育活动、学习贯彻《山东省地方史志工作条例》、市情调研、要论、大事记、人物、业绩采风等部类不作索引。

C

D

E

F

G

H

J

M

N

S

T

本部类制作：王 娟
赵建国
副主编：徐 杰
校对：赵建国
孟 明

图书在版编目(CIP)数据

淄博年鉴.2006/淄博市地方史志办公室编.—北京：方志出版社，2006.8
ISBN 7-80192-838-5

Ⅰ.淄… Ⅱ.淄… Ⅲ.淄博市—2006—年鉴
Ⅳ.Z525.23

中国版本图书馆CIP数据核字(2006)第101980号

淄博年鉴（2006）

编　　者：淄博市地方史志办公室
责任编辑：何明忠
出 版 者：方志出版社
（北京市建国门内大街5号中国社会科学院科研大楼12层）
邮编　100732
网址　http://www.fzph.org
发　　行：方志出版社出版发行部
(010)85195814　85196281
经　　销：新华书店总店北京发行所
法律顾问：北京市京诚律师事务所
印　　刷：山东新华印刷厂德州厂
开　　本：889×1194　1/16
印　　张：19.125
字　　数：925千
版　　次：2006年8月第1版　2006年8月第1次印刷
印　　数：0001—5000册

ISBN 7-80192-838-5/K·625　　定价：120.00元

江北建陶第一镇——淄川区杨寨镇

杨寨陶瓷广场雕塑

党委书记　宗学兆

镇长　谭延明

杨寨镇位于淄川、张店、周村三区交界处，总面积32平方公里，常住人口3.9万人，流动人口2万人，辖20个行政村、1个居委会。近年来，先后获得全国亿万农民健身活动先进乡镇、山东省思想政治工作先进单位、山东省环境优美乡镇、淄博市中心镇、淄博市产业镇等20多个市级以上荣誉，2002年11月被国务院体改办确定为国家级小城镇综合改革试点镇。

杨寨镇镇域经济特色鲜明，被誉为“江北建陶第一镇”。建陶业经过20多年发展，已成为全镇支柱产业。现有建陶企业126家，大型建陶生产线220余条，年产各类建陶产品4亿平方米，拥有1个中国驰名商标，7个山东名牌，6个山东省著名商标，是江北建陶品牌最多的镇。

杨寨镇市场资源优势巨大。镇内拥有淄川建材城和中国财富陶瓷城两大建陶市场。淄川建材城占地240公顷，经过三期开发已完成投资6.5亿元，建成经营面积33万平方米，经营业户2700余户，从业人员2万余人，经营产品涉及30多个系列、3000多个品种，辐射20多个省市的大型市场，年市场交易额达85亿元，是中国北方最大的建材专业市场。以“揽天下陶瓷，纳四海财富”为目标的中国财富陶瓷城，总投资额为5亿元，拥有陶瓷产品博览等7个中心功能区。现已有TOTO、鹰牌等400余家中外商家入驻。

杨寨镇城镇建设日新月异，先后开发建设宝塔、月庄、阳光、阳明园4个居民小区，共开发住宅楼82栋，总建筑面积24.6万平方米，安排住户2300户。投资1000余万元，建设占地面积达10万平方米的11个村级花园和健身活动场所，为群众提供了休闲娱乐的活动场所。

面向未来，杨寨镇坚持以科学发展观为指导，立足建陶产业优势，不断优化产业结构，大力发展精细化工、机械电子等新型产业，加快发展各项社会事业，努力把全镇建设成为“生产发展、生活宽裕、乡风文明、村容整洁、管理民主”的社会主义新型城镇。

杨寨古塔

经济强镇——淄川区罗村镇

党委书记　王永亮

镇长　李开华

市委书记张建国视察罗村新区

罗村镇地处淄川区东北部，面积70平方公里，下辖32个行政村，人口7万人。2005年，全镇上缴税金5580万元，同比增长38.3%；地方财政收入2219万元，同比增长36.47%。先后被区委表彰为“五个好”乡镇党委、先进单位；被市委、市政府表彰为经济强乡镇、文明镇、平安建设先进乡镇、出口创汇先进乡镇、发展民营经济先进乡镇、城镇建设十强镇、村两委换届选举先进单位、粮食生产先进乡镇。连续4年在全区政绩考核中位列第二。

2005年4月，该镇投资3000万元，修建了长7公里的新区中心路。经过一年的努力，罗村新区、南韩工业园完善了新区配套基础设施，初步形成了以连接湖南路、罗千路、新区中心路、南韩大道、大王路的两个环形经济圈。截至2006年6月，已有重山实业无水氟化盐、中旭瓷业超微粉抛光砖及陶瓷机械等7个项目入驻新区。

联系电话：0533－5686001　0533－5686142

网址：www.luocun.gov.cn

蓬勃发展的罗村新区南韩工业园

南韩化工公司投资1.5亿元在罗村新区新上的氢氧化铝新厂外景

座落于新区的重山实业热电厂

全市花园式单位、年产100万吨、产品为全省免检产品的重山事业水泥有限公司

省级中心城镇——淄川区昆仑镇

昆仑镇位于淄川区南部，总面积32平方公里，人口5.38万人，是市级经济强镇、文明镇、省级中心镇和全国重点镇。

昆仑镇是淄博市的老工业基地，拥有各类工业企业近300家，主要行业有日用陶瓷、机械制造、建材、煤炭、化工、纺织、印刷包装等。镇内交通便利，张博铁路、张博公路、张博路附线穿镇而过，省道泉王路纵贯东西，发展经济的条件得天独厚。近年来，全镇上下坚持“环境立镇、工业强镇”的发展思路，强力推进工业化、城市化两大进程，镇域经济和各项社会事业实现了持续健康快速发展。2005年，全镇完成工业总产值24.64亿元，地方财政收入1813万元，农民人均年纯收入达到6898元。

地址：淄博市淄川区昆仑镇
电话：0533—5781207
传真：0533—5781606
邮编：255129

市委副书记、纪委书记刘池水到昆仑镇奎三村检查、指导保持共产党员先进性教育活动

区、镇领导在山东天晟煤矿装备有限公司，与企业共谋发展

坐落于昆仑工业园的淄博泰山瓷业有限公司，是目前中国最具代表性的宾馆酒店用瓷生产企业之一，图为泰山瓷业瓷器展厅一角

昆仑镇广场

昆仑镇政务中心

工业强镇 旅游兴镇 环境立镇
——和谐发展的淄川区洪山镇

党委书记　孙月东

镇长　吴祥启

洪山镇是世界短篇小说之王蒲松龄先生的故乡。全镇面积32平方公里，辖24个村（居），总人口4.6万人。全国4A级旅游名胜风景区聊斋城坐落于镇内。

2005年，洪山镇党委、政府以科学发展观统领全局，以“工业强镇、旅游兴镇、环境立镇”为发展战略，突出工业、城建、旅游三大重点，全面实施工业“34889”和城建“1246”重点工程。2005年全镇上缴税金2961万元，实现地方财政收入1375万元，同比分别增长18.1%、34.4%，全社会固定资产投资达到5.28亿元。镇党委被市委表彰为淄博市先进基层党组织。

工业经济快速发展。突出抓好10个投资千万元以上的工业重点项目，在工业、城建、三产等领域实现招商引资2亿元，利用外资10万英镑。环境形象明显改观。投资260万元建设了聊斋路绿色通道，投资730万元完成了洪峨路洪山段、淄矿北路等主干道路的改造升级，投资1.08亿元用于房产开发，开工建筑面积10.4万平方米，完成面积5万平方米。成功举办第四届中国（淄博）国际聊斋文化艺术节。社会事业全面发展。投资1000万元新建洪山中心小学，与供热公司、淄矿坤升电厂合作，投资1200万元在全镇铺设蒸汽管网3300米，提高了城镇的整体功能。

全镇重点招商引资项目——淄博先河机电有限公司投资5000万元新建生产线落户洪山松龄工业园

洪山镇小城镇建设日新月异

全镇社会主义新农村建设欣欣向荣

经济强镇——博山区白塔镇

白塔中心广场

党委书记　李同军

镇长　杨玉峰

白塔镇地处博山区北郊，辖19个行政村（社区），总面积38.9平方公里，总人口4.2万人。全镇以工业为主，各业协调发展，一、二、三产业比为7：64：29。全镇现有法人单位949家，个体工商户2500户，机械制造、精细化工、矿产、原辅材料构成全镇工业的主体结构，拥有水泵、板簧、压力机械、陶瓷色釉料等一大批传统产品和高纯电子级碳酸钡、碳酸锶、硫酸铝、白碳黑、毒死蜱原药、三氯蔗糖甜味剂等一批高新技术产品，泵都商贸广场、钢材与建材交易市场、二手车交易市场、小商品市场等一批专业市场构成白塔镇的商贸流通主体结构。

2005年，全镇完成国内生产总值26.5亿元，其中工业增加值22.2亿元，完成工业总产值65.6亿元，实现利税总额7.3亿元，入库税金8500万元，财政收入2700万元，有10个村（社区）跨入全区经济30强村行列，有5个村跨入全市50强村之列，连续3年列全市经济强镇前8位。先后获得市级经济强镇、市级小康示范镇、齐鲁乡镇之星、市级发展民营经济先进乡镇、省级民营经济示范区、省级文明单位等荣誉称号。

白塔社区一角

白塔镇政府门景

工业重镇 经济强镇 新型城镇
——和谐发展的博山区八陡镇

党委书记李森、镇长徐继明在研究工作

八陡镇位于淄博市博山城区东南15公里处，是博山区近郊工业重镇和重要交通枢纽，山东省百强乡镇之一，2005年综合经济实力列全市第十六位。全镇辖17个行政村，22个居委会，面积36.94平方公里，人口4.1万。先后荣获国家级出口基地镇，省级文明镇、省级创安工作先进镇、市级经济强镇、市级发展乡镇企业明星镇和市级“五好”乡镇党委等荣誉称号。近年来，八陡镇坚持科学发展观，提出建设“工业重镇、经济强镇、新型城镇”的远景规划，全镇经济及各项社会事业步入快速健康发展的轨道。

2005年，该镇确定了60项重点工程，其中投资过千万元的项目达10个，完成投资4.5亿元，新增产值8.85亿元，利税1.48亿元，实现出口创汇2650万美元。引进外来投资项目5个，引进外资10299万元。全年实现工业产值585400万元，工业利润实现22755万元，工业增加值实现188353万元。顺利完成“奋战三年，实现翻番，再造一个新八陡”的阶段性目标。

八陡镇党政领导在研究工作

新建文姜路二期工程一角

淄博贝尼托金属制品有限公司门景

省级文明镇——博山区山头镇

党委书记　孙永军

镇长　李安兴

市、区领导视察教育园

山头镇位于博山区城郊，是著名的陶瓷琉璃之乡、中国孝文化发祥地。该镇总面积53平方公里，辖32个社区居委会、8个行政村，常住人口5.4万人。全国最大的陶瓷琉璃批发市场——博山陶瓷琉璃大观园、淄博陶瓷琉璃工业园、国家重点风景名胜区——樵岭前风景区坐落该镇，拥有齐长城、颜文姜祠和赵执信墓等名胜古迹。山头镇现为淄博市经济强乡镇30强，连续15年保持省级文明镇荣誉称号。

近年来，山头镇党委、政府坚持建设“经济强镇、陶琉名镇、旅游重镇”的发展战略，以科学发展观统揽全局，集中精力抓发展，全镇经济综合实力进一步增强。2005年，全镇工业总产值完成30亿元，社会固定资产投资完成64824万元，出口商品供货值完成64392万元，第三产业营业额实现7亿元，财政收入实现1500万元，农民年人均收入达到6134元。

教育园外景

沂源县南麻镇

投资2700万元，建设的沂河源水景公园"人与历史"南麻段一瞥

沂源县少数民族经济开发区党委书记、南麻镇党委书记郭宝庆（左），镇党委副书记、镇长刘维刚（右）

南麻镇系沂源县县城驻地镇，现辖76个村（居），13.1万人，总面积152.5平方公里。2005年，全镇实现地方生产总值16.8亿元，境内财政总收入达到8112万元，实现5年翻3番。地方财政收入达到3270万元，政府可用财力达到5247万元，农民年人均纯收入达到4255元，综合经济实力跨入淄博市乡镇前30强。

近年来，该镇充分发挥县城驻地镇的优势，走出了一条"工业立镇、农业稳镇、民营活镇、服务兴镇、依城建镇"的发展之路，全镇经济和社会各项事业有了长足发展。在工商企业发展上，坚持借取地利以地生财，围城围厂服务转移劳力，建设园区搭建平台招商引资，培植骨干企业联动发展，建设了城中居家城、大观园、县经济开发区南麻园、建筑装饰材料和机动车市场、沂蒙山果菜批发市场等民营经济发展平台，形成了节能材料、金属加工材料、高分子材料、玻璃纤维、包装材料、纺织服装、商贸流通等七个特色板块经济，培植了一批利税大户和骨干企业，民营企业和个体工商业户达到7680家，其中工业企业568家，规模企业达到53家。在农业发展上，围绕"户均一片丰产园，一处小水利设施，一个技术明白人，一条销售路子"的"四个一"富民工程，扎实开展"万吨水泥送农户""万名技术明白人培训"的"双万"活动，规划建设了9个区域7类林果示范基地，标准化示范园面积达4.5万亩，沙沟流域3000亩乌克兰大樱桃获国家级有机食品认证。全镇实现户均一处小水利、道路硬化村村通，50%以上的村完成"户户通"道路硬化。建立完善了农村灾民、特困户、"五保"老人、失学儿童、农民大病救助、优抚对象医疗等"六大救助体系"，各项社会事业协调推进，精神文明创建活动深入人心。先后获得山东省社会治安综合治理模范镇、省级社会文化先进乡镇，淄博市乡镇之星、教育强乡镇、蔬菜产业化明星乡镇、市级文明单位、"五个好"乡镇党委、出口创汇强乡镇等荣誉称号。

开展"万吨水泥送农户"活动，兴建蓄水池

乌克兰大樱桃 国家级有机食品

投资1.1亿元，实施旧城改造建设的集居住、购物、休闲、娱乐于一体的商贸中心城中居家城

亚洲最大的陶瓷纤维制造企业鲁阳公司

桓台县邢家镇

邢家镇位于桓台县北部，辖18个行政村，总人口2.1万人。总面积29.2平方公里，可利用土地2000公顷。2005年全镇实现工农业总产值243633万元，税收达到3520万元，农民人均纯收入达5204元。

坚持工业立镇，实施大企业拉动战略。大力发展民营经济，以最优惠的政策开展招商引资活动。全镇以造纸、热电、污水处理、电缆、电子电器、建筑安装等为支柱产业，以显星纸业、齐林热电、国源电缆、锦华电力、齐泰建工为主的5大亿元企业和昌顺化工、瑞泰塑胶、金胜达精密轴承、天虹家具等12家规模以上企业，成为拉动全镇经济腾飞的龙头企业。

坚持农业固镇，加强农业的基础地位，大力推进农业结构调整，建成100亩无公害黄瓜生产基地、5000亩的优质棉花种植基地、10000亩的小麦标准化生产示范基地。实施万亩农业综合开发工程，提高了农业综合生产能力。畜牧养殖业向规模化发展，建成专业奶牛养殖区、综合养殖小区，全镇养殖专业户达100余户。

坚持环境兴镇，大力加强基础设施建设。近年来，邢家镇坚持科学规划、合理布局、设施先行的原则，通过构建镇村道路网络、完善电、气、水、污水处理等园区配套设施，优化投资硬环境，改善投资软环境，逐步构建起“中部行政教育区，东部工业园区、北部生态农业区、西部民营工业区”的城镇建设新格局，促进了经济的发展。

该镇以建设党政领导班子、机关干部、农村干部3支队伍为重点，重管理，强监督，严考核。加强村级财务管理，严格执行“村级财务双代管”制度，推进村级管理民主化、制度化。坚持科教兴镇，逐步加大对教育事业的投入，镇中心中学、实验小学、中心小学全部荣获省级规范化学校称号。卫生、计划生育、广播电视、环保等工作不断取得新成绩。在农村广泛开展文明村、十星级文明家庭、文明一条街，“科普知识进村”活动，扎实推进了社会主义新农村建设。

邢家镇干部群众解放思想，抢抓机遇，经济迅猛发展，城镇面貌日新月异，农民收入稳步提高，社会各项事业得到全面发展，获得山东省模范自治乡镇、淄博市五好乡镇党委等荣誉称号。

山东国源电缆有限公司是省电力系统生产电线电缆的定点企业，新上的电缆生产线设备先进，质量可靠，自动化程序高，产品质优价廉，销往全国各地

齐泰建工采用ISO9002质量体系运营管理，拥有全国施工总承包一级资质，连续7年获淄博建工系统十强企业，工程质量获国家最高荣誉“鲁班奖”和省工程质量“泰山杯”奖

山东贵和显星纸业股份公司年机制纸生产能力20万吨、纸制品150万平方米。产品畅销国内20多个省市，并远销东南亚、中东等多个国家和地区。“贵和”牌高强瓦楞原纸被评为山东名牌，国家免检产品，是省政府认定的高新技术企业

经济强村——淄川区南韩村

村委办公楼

鲁中水泥有限公司

热电厂

南韩村地处淄川、张店、临淄三区交界处。村党委下设5个党支部，党员82名。全村现有人口2300人，土地80公顷。2005年，全村固定资产达到6亿元，实现销售收入4.8亿元，上缴国家税金1300万元，人均纯收入7000元。南韩村连续5年被评为市级经济强村，先后被市、区授予文明单位、发展民营经济先进村、先进基层党组织、"五个好"村党组织等荣誉称号。2006年5月，获得省级文明村荣誉称号。

南韩村坚持强村富民，积极探索加快发展的新路子，扎实推进社会主义新农村建设。水泥、化工已发展成为村经济两大支柱产业，鲁中水泥有限公司跨入全省水泥行业50强，生产的"重山"牌水泥为省免检产品和省名牌产品。投资1.9亿元新上的热电厂项目于2005年10月投产。南韩化工有限公司年产氟化盐系列产品2万吨，填补省内空白；2005年投资6000万元新上3万吨氢氧化铝项目，于当年10月投产达标。南韩村投资1500万元，建设了3.5公里的南韩大道，南韩工业区入区企业达到6家，固定资产投资达到5亿元。南韩村集体经济的快速发展，推动了村民居住环境的改善和生活水平的提高。先后投资3000多万元建成四层居民楼40幢，二层居民楼80幢，90%的村民住进水、电、暖统一供配的新楼房。2004年以来投资600余万元，建成占地6600平方米的村中心公园——怡心园、综合农贸市场、文化活动中心、卫生医疗中心、超市、村委办公楼等配套设施，极大地提高了村民的生活水平。

中心公园——怡心园

经济强村——淄川区罗村村

罗村村地处淄川区东北边缘，全村1678户、4657人，耕地102公顷，拥有纺织、化纤、建材、化工、包装、机械、食品、商贸等民营企业10家，职工3860人。

淄博锦汇纺织有限公司始建于1987年，拥有国内最先进的FB504细纱机，日本MURATEC公司全自动络筒机，德国SAURER公司倍捻机，德国SEYDEL公司丝束拉断机等世界先进的毛纺设备，年产各类纱线9000吨，发展成为江北较大的毛纺企业，是淄博市第一个出口创汇超千万美元的外向型乡镇企业，公司先后获得市级出口创汇先进企业、外向型经济先进企业等荣誉称号。

淄博锦川建筑陶瓷有限公司是淄博市首批合资企业之一，公司主要生产瓷制印花砖、渗花砖、内墙砖、抛光砖等系列产品，其中“锦川牌”和“三鑫牌”产品多次荣获省优、部优称号，是淄博建材行业首家获得双证的企业。

村党委注重对农业的投入，加强农业的基础地位。近年来投资300多万元，新打机井5眼，购置农业机械50多台套，基本实现了机械化、农田水利化，粮食生产旱涝保收、稳产高产，广大村民从繁重的农业劳动中解脱出来，投入到经济建设中。积极发展第三产业，投资修建罗村商贸市场、罗村广场，强化第三产业设施建设，既繁荣了罗村商业经济，又获得较好的收益。大力发展民营企业，不断上新创新，扩大企业规模，加强企业技术改造和结构调整，使所属企业持续、稳定、健康发展。

淄博锦川建筑陶瓷有限公司产品展厅

淄博锦汇纺织有限公司合资车间

淄博锦汇纺织有限公司

新建的罗村商贸市场

罗村广场一角

经济强村——周村区李家村

李家村位于张店、淄川、周村三区交界处。全村现有360户，1280人，耕地66.7公顷，林果23.3公顷。全村固定资产2.5亿元，总资产4亿元，出口创汇400万美元。2005年，实现总产值6亿余元，利税1500万元，人均纯收入6219元，已初步形成了一个工业基础雄厚、村民生活富裕、生活环境优美、乡风现代文明、村务管理民主的社会主义新农村。该村作为淄博市的经济强村，小康示范村，2005年10月被中央文明委表彰为全国创建文明村镇工作先进村。

近年来，该村先后投资建设了淄博华隆化纤有限公司、淄博华鑫印染有限公司等18家企业，规划了占地总面积200公顷的李家村工业园，重点发展以纺织、化工、建材为主的优势产业，现入园企业已达60家，园区聚集效应不断增强。

该村投资1000万元于1995年全面完成了旧村改造，村民人均住宅面积达50平方米；投资400万元，完成了3万平方米的道路硬化工程，村内绿化率达到40%；投资300万元安装了路灯及其他配套设施，并在全省农村中率先实现了有线电视数字化。投资1000余万元建起了高标准的学校、幼儿园、占地3万平方米的大型文化体育广场及休闲公园，丰富了群众的业余文化生活。投资600余万元，建起了1000多平方米的老年公寓，为老人建起了一个温馨的家，并为全体村民办理了养老保险。

党委书记张作祥被评为全国农业战线劳动模范，当选为省第七、八、九届人大代表。

党委书记　张作祥

李家村工业园办公楼

淄博华隆化纤有限公司生产车间

文体广场休闲公园长寿桥

环境优美的居民楼

周村区西马村

居民区中心广场

村支部书记、主任　李祥

西马村地处淄博市周村经济开发区南临，北靠恒星路，东依正阳路，西临丝绸路，电厂路横贯村东西。1999年规划为城区，人口1460人，其中党员40人，人均收入6000元，集体经济总资产1500万元。

该村工业主要以纺织为主。现有毛巾厂7家，产品畅销国内外，2005年销售收入8000余万元，利税680万元，利润240万元，均比2004年有较大增长，实现出口创汇额400万美元。城镇建设飞速发展，村庄面貌日新月异。新增绿地3000平方米，已建成水电暖齐全的村民住宅楼19幢，面积10万平方米，2006年计划再建居民楼13幢，建筑面积6万平方米，进一步改善村民居住环境，提高村民的生活质量。自1999年以来，西马村先后荣获基层先进党支部、五好党支部、淄博市建设先进单位、市综合治理第一名、山东省科普先进村、周村区明星村等荣誉称号。

居民区一角

西马村

万杰集团

万杰集团董事局主席、总裁　孙启玉

喷水织机车间

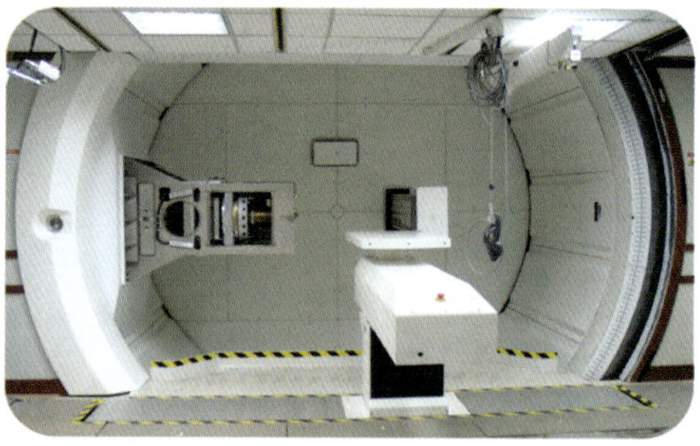
质子治疗系统

万杰集团位于淄博市博山经济开发区中心地段，是一个以化纤、纺织、医疗、教育为主导产业、科学发展的现代企业集团，现有山东万杰高科技股份有限公司、淄博万杰医院、万杰制药等70多个子公司、分公司，总资产132亿元，员工10000多人，是全国500强企业、全国120家试点企业集团之一。公司化纤产业拥有意大利、德国、瑞士进口先进设备，年产聚酯切片23万吨、短纤维15万吨、涤纶长丝10万吨。公司织造产业拥有日本进口喷水织机4000台，年产布料6亿米。淄博万杰医院拥有世界上最先进的伽玛刀、高智能伽玛刀、X刀、光子刀、诺利刀、派特、MM50、心脏激光治疗机，以及全球华人世界第一台质子治疗系统等一大批高科技诊断治疗设备，填补11项国内空白，是全球最大的立体放射治疗中心之一。万杰制约拥有英国先进设备，生产20多个西药品种，是山东省首批通过国际GMP标准质量认证的前10位高科技制药企业。主要企业均已通过ISO 9001：2000国际质量体系认证。拥有万杰医学高等专科学校、万杰朝阳学校、万杰科技学院、万杰职业中专4所院校，现有在校生9000多人。集团基础服务设施配套完善，各项事业取得科学协调发展。公司董事长、总裁孙启玉被评为全国劳动模范，全国优秀创业企业家，第八、九、十届全国人大代表。

万杰集团全景

万杰医学院

万杰朝阳学校

万杰医院

山东大成化工集团

董事长　耿佃杰

山东大成化工集团组建于1998年，现有总资产23亿元，职工7000余人，年实现销售收入13亿元，主营化学农药、化工产品、合成纤维、热力、电力等，经营范围涉及农药、化工、热电、纺织、餐饮、印刷、包装材料等多种行业，是520户国家重点企业、山东省重点企业集团之一。集团现有成员企业10个，其子公司山东大成农药股份有限公司是由国有大型企业转制的股份制企业，始建于1949年，1995年“大成股份”股票在上海证券交易所挂牌上市，是国家农药重点骨干企业、山东省农药生产的龙头企业。集团于2000年通过ISO 9002质量体系认证，2001年通过ISO 10012计量检测体系认证，“植保”“大成”商标被认定为山东省著名商标，并荣获“全国农民喜爱的农资品牌”称号。

大成热电厂

华电淄博热电有限公司

职工生活区

总经理　王江

2005年，华电淄博热电有限公司坚持以“三个原则”指导工作，内抓管理增效益，外抓机遇求发展，较好地完成了各项工作任务。进行了5台次热电机组的检修和DCS控制等三项重点技术改造，对设备进行全面的系统治理和优化完善，安全管理水平明显提高，年内实现安全生产三个一百天，连续安全生产纪录超过2700天，创历史最好水平。在市政府年终安全目标考评中名列榜首，被评为淄博市安全生产管理先进单位。

机组集控室

发电机组

高青2×1000兆瓦扩建项目前期工作取得长足进展。公司继续保持省级文明单位、全省思想政治工作优秀企业荣誉称号；超前准备，精心组织，保持共产党员先进性教育活动全面启动并顺利推进，在三个阶段的验收中，获得两个99分、一个99.5分，被评为淄博市十佳优秀政工企业、华电集团优秀发电企业；在全国循环流化床机组竞赛中，分获一等奖和三等奖。

华电淄博公司465吨循环流化床锅炉

淄博柴油机厂

省委副书记、青岛市委书记杜世成接见党委书记、厂长　邓德乐

船用柴油机

发电机组

淄博柴油机厂是大功率中低速柴油机专业化制造企业，下设淄博制造基地、南通淄柴船舶机械公司和青岛淄柴博洋柴油机股份有限公司。

淄博柴油机厂具备年产柴油机350万千瓦的生产能力，主导产品为Z6150、Z170、210、L250、300、N330系列150千瓦、310千瓦船用柴油机，和以此为原动力机的柴油、重油、燃气、生物质气体机和自动化发电机组。"淄柴"牌柴油机先后被评为国家级新产品、中国渔船渔机行业名牌产品、山东省名牌产品，获国家科技进步奖。产品广泛用于渔轮、客货轮交通运输、内河航运、港口拖轮、工程船舶、执法船、军船、船用发电机组、陆用发电机组、各类电站及泵站机组等。企业先后获得中央企业先进集体、全国质量效益型先进企业、全国设备管理优秀单位、山东省机械工业百强企业、淄博市优秀工业企业等荣誉称号，并获山东省富民兴鲁劳动奖状。

"十五"期间主要生产经营指标超过前30年总和，生产经营规模迅速扩大，生产能力大幅度提高，产品研发形成明显优势，产品市场不断扩展，企业经济效益连年翻番。

地址：山东省淄博市张店区
邮编：255077
电话：0533—2063362
传真：0533—2068064
网址：www.zichai.com
信箱：zichai@zichai.com

青岛淄柴博洋柴油机股份有限公司举行N330柴油机动车投产仪式

山　东　东

董事长、总经理　孙家财

市委书记张建国到集团指导工作

日本石原产业株式会社社长田村藤夫到集团参观并洽谈投资合作

董事长孙家财访问澳大利亚合作伙伴洽谈氯化法钛白粉项目

佳 集 团

山东东佳集团始建于1956年。现资产总值已达到12亿元，占地面积40万平方米；员工1600多人，其中专业技术人员420多人；下设山东东佳集团有限公司、山东金虹钛白化工有限公司、中日合资山东三盛钛工业有限公司、山东东嘉商贸有限公司、淄博钴业股份有限公司等八个分公司。集团先后通过了ISO9001质量管理体系认证、ISO14001环境管理体系认证及OHSAS18001职业健康管理体系认证，成为国内钛白行业首家“三证”齐全的生产企业。集团被评为全国化工环境保护先进单位、淄博市资源节约先进单位、淄博市循环经济先进集体、连续两年评为淄博市明星企业。

2005年，集团完成工业总产值6.68亿元，实现销售收入6.1亿元，实现利税1.38亿元，利润8339万元，完成出口交货值2692万美元，主营产品钛白粉产能居全国第一、亚洲第二，占世界总产能的2%。2006年上半年，集团完成工业总产值6.52亿元，同比提高118%；实现销售收入5.35亿元，同比提高98.1%；出口创汇1895万美元，同比提高50%；利税总额1.36亿元，同比提高104%；实际上缴税金2437万元，同比提高93.1%；继续保持良好的发展势头。

公司积极引进国内外先进的技术和生产设备，生产4大系列20种产品。其中金红石型钛白粉8万吨，锐钛型钛白粉2.5万吨；化纤专用钛白粉年产1.2万吨，是全国最大的钛白粉生产基地。钴盐类产品通过合资合作年生产加工能力将达到1000吨金属量，是全国主要钴冶炼企业之一；可生产硫化钴、氧化钴、硫酸钴、碳酸钴、橡胶钴等产品。硫酸年产50万吨，是山东省最大的商品硫酸生产企业。同时不断延伸产业链生产亚硫酸铵、硫酸氢铵、硫酸铵等产品，实现循环经济

中日合资山东三盛钛工业有限公司

淄博齐翔石油化

董事长、总经理、党委书记　车成聚

市委书记张建国在齐翔公司视察工作

丰富多彩的文体活动

淄博齐翔石油化工集团有限公司前身为直属齐鲁石化公司的集体企业，2004年7月2日，改制成为具有独立法人资格的，自主经营、自负盈亏的民营企业。公司拥有总资产5.1亿元，年销售收入7.1亿元。

公司的主导产品有甲乙酮、MIBE、异丁烯、叔丁醇、羧基丁苯胶乳、各种化工助剂等共20余种，产品总量超过15万吨，其中3万吨/年甲乙酮项目荣获中石化集团公司科技进步一等奖，产品质量达到国际先进水平，远销美国、加拿大、韩国、沙特、印尼等国家，2万吨/年异丁烯、2万吨/年MTBE、8000吨/年叔丁醇装置技术先进，产品质量达到国内先进水平。公司先后通过了ISO 9001质量体系认证和HSE体系认证，先后荣获山东省高新技术企业、山东省设备管理先进单位、山东省重合同守信用企业、“AAA”级信用企业、山东省明星劳服企业、中国石化集团改制分流先进单位、淄博市“百强”企业等荣誉称号。

甲乙酮装置夜景

工集团有限公司

原料分离装置

原中石化总经理李毅中在齐翔公司视察工作

装置建设现场

市、区和齐鲁石化领导为改制后的新齐翔公司揭牌

中 DEOSEN 轩

山东中轩股份有限公司

SHANDONG DEOSEN CORPORATION LTD

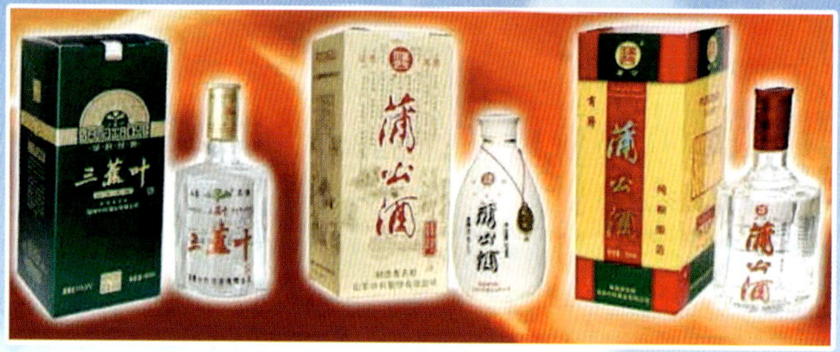

山东中轩股份有限公司是集科、工、贸为一体的综合性集团化企业，公司经营范围涉及生化、热电、酒类等领域，占地面积20公顷，现有员工1000人，其中教授4人，博士3人，工程技术人员占员工总数的80%以上，并配备有国内技术力量最雄厚、设备最先进的生物胶体研究中心。主要产品为生物制品黄原胶和白酒。黄原胶年产量位居世界第一位。产品的70%出口销往国际市场，国际市场占有率达到25%左右；产品总量的30%在国内市场销售，国内市场占有率达到70%左右。2005年完成销售收入9亿元，实现利税 4.6亿元，利润3.5亿元。山东中轩股份有限公司已成为国内规模最大的生物园区和高科技产品基地。

山东中轩股份有限公司现已成为全球最具竞争力的微生物胶体制造企业。公司的中长期目标仍然是以生物工程为发展重点，积极开展扩产技术改造，致力于建设全球规模最大、质量最好、品种最全、服务最优的微生物胶体生产基地。同时拓展公司发展空间，引进技术，新产品将成为中轩公司新的经济增长点。

地址：临淄永流西路33#
电话：0533—7211374　7220834
淄博中轩热电有限公司：0533-7211881
淄博中轩生化有限公司：0533-721368S
淄博中轩酒业有限公司：0533-7226082

BOSHAN® 博山牌 ——中国驰名商标

山东博泵科技股份有限公司

董事长　孙龙平

地址：山东省淄博市博山区柳杭路27号
电话：（0533）4180208　4183532
传真：（0533）4182018
邮编：255200
E-mail:office@boshanpump.com.cn
http://www.boshanpump.com.cn

山东博泵科技股份有限公司是国家重点高新技术企业、国家泵行业重点骨干企业、全国守合同重信用企业、全国机械行业文明单位、2005年度泵行业用户满意十佳企业。公司始建于1929年，具有50多年专业生产水泵的历史，1997年通过ISO9001质量体系认证，产品注册商标"博山牌"为中国驰名商标。2003年荣获国家质量监督检验总局颁发的"产品质量免检"证书，经济效益综合指数自九八年以来连续七年列全国泵行业前列。

公司产品素以工艺精湛、性能稳定可靠、质量优良享誉国内外市场。现拥有离心清水泵、屏蔽泵、耐腐蚀泵、石油化工流程泵、杂质泵、混流泵、真空泵、煤水泵、空调泵、管道泵、双壳体高速高压泵、大型管线输油泵、自动给水成套设备等51个系列460个品种3200余种规格的泵类产品。曾先后60多次荣获国家级、省部级科技成果奖、技术进步奖、优质产品奖和国家专利，其中IS型单级离心泵在泵行业荣获国家质量金奖，主导产品获全国水泵行业采标国家级新产品。由于产品技术含量高、节能、节资等社会效益显著，被国家科委等部门评为首选产品，畅销全国30个省、市、自治区，中南海、国务院、人民大会堂、天安门、北京西客站、中央电视台、青藏铁路等许多知名工程相继选用了"博山牌"水泵。企业有专业进出口公司，产品出口亚洲、大洋洲、非洲、欧美等60多个国家和地区。

2005年与世界上最大的泵类产品制造商之一日本荏原制作所合资成立了荏原博泵泵业有限公司，将为中国水电、核电60万千瓦以上超临界、超超临界火电项目、南水北调等工程提供高质量、高技术含量的一流泵产品。

山东省省长韩寓群到公司检查指导工作

董事长孙龙平与淄博市委书记张建国（右二）、博山区委书记闫西国（右四）在日本荏原公司考察

DDZ矿用泵

SH大型中开泵

DAS高速高压除鳞泵

大型高效管线输油泵

山东淄博傅山企业集团公司

环境优美的生活区一角

全国劳动模范、党委书记、董事长、总经理　彭荣均

山东淄博傅山企业集团公司位于淄博高新区东北部，占地面积488公顷，职工1万余人，所属企业48家，合资企业6家，外来独资企业5家，已初步形成具有独特互补优势的五大经济板块：一是以热力发电、炼焦、精洗煤为龙头的能源板块；二是以铁路货运为龙头的物流板块；三是以采矿、选矿、炼铁、炼钢、轧钢、钢管、热镀锌为龙头的钢铁板块；四是以涤纶长丝、中空纤维、短纤为龙头的化纤板块；五是以食品、服装等为龙头的加工出口贸易板块。经营性固定资产达到30多亿元，年销售收入50亿元，纳税1.3亿元。

傅山集团公司已进入全省大型企业集团、全国制造企业500强行列，连续多年保持山东省先进基层党组织、文明单位等称号，2006年集团公司党委被授予全国先进基层党组织荣誉称号。

董事长、总经理彭荣均被评为山东省优秀共产党员、劳动模范、优秀农民企业家，2000年荣获全国劳动模范、全国优秀企业经理称号。

淄矿集团与傅山集团年产200万吨水泥粉磨项目签字仪式

发展中的傅山热电厂

新上轧钢项目车间一角

山东清源集团有限公司

董事长　马之清

山东清源集团有限公司坐落于中国历史文化名城——临淄，是一家集塑料薄膜加工与开发、化工、运输为一体的综合性企业集团，现为中国塑料加工工业协会副理事长单位，中国农用塑料应用技术协会、中国技术市场协会、中国塑料包装协会、中国投资协会农业和农村投资专业委员会理事单位，中国建筑防水材料工业协会、中国质量检验协会会员单位。

公司的主导产品为聚乙烯农用塑料薄膜和各种牌号沥青产品。其中，“清田”牌农用塑料薄膜产品被农业部农业技术推广服务中心连续5年列为重点推广产品，2002年被评定为山东省著名商标，2003年被评定为国家免检产品，2004年被评为山东名牌产品，2004年9月跨入中国名牌行列。2005年，沥青产品被评为山东名牌产品，2005年12月，“清田 qingtian 及图”又被认定为中国驰名商标。

公司注重科研开发，成立了山东省同行业唯一的省级工程技术研究中心——山东省功能性塑料薄膜工程技术研究中心。2003年4月，该公司承担的牧草青贮缠绕膜产品开发项目被列为“国家级星火计划项目”。2004年，“内涂覆型农用聚烯烃复合消雾膜”等3个新产品新技术专利顺利省级技术项目鉴定，“清田”牌内涂覆型农用聚烯烃复合消雾膜项目被科技部列为国家级重点新产品计划项目，“煤焦化副产品、废胶粉改质石油沥青”项目被列为国家火炬计划项目。截至2006年6月，公司已经获得国家发明、实用新型和外观设计专利26项，为参与塑膜市场上的技术竞争奠定了坚实的基础。公司先后被评为中国专利淄博明星企业和山东省高新技术企业。2006年，公司被国家科技部认定为国家火炬计划重点高新技术企业。

山东创业房地产开发有限公司

董事长、总经理　刘炳俊

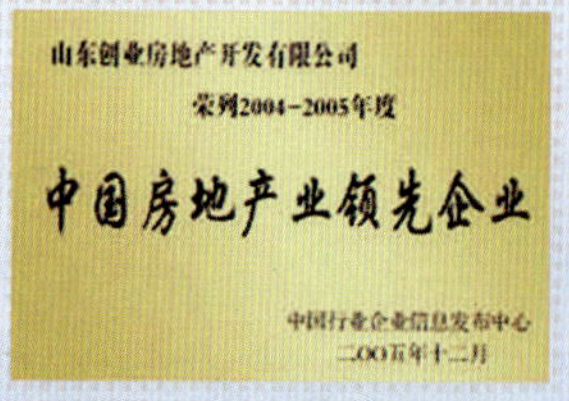

山东创业房地产开发有限公司成立于1992年，是由淄博宏信资产经营集团有限公司控股、内部职工出资参股设立的有限责任公司。公司始终秉持“质量为本、客户至上”的核心理念，按照“以市场为导向、以效益为中心、以营销为重点、以质量为保障”的总体工作思路，扎扎实实开展工作，先后开发建设了丽景苑、瑞景苑、丽景翠苑、瑞丰苑、广厦、鑫源、世纪花园、齐鲁证券大厦、淄博建行营业楼、学府花园等项目。由于公司在开发建设经营活动中坚持“诚实守信”的市场行为准则，所开发建设的项目具有设计合理、质量优良、配套完善、价位适中、物业管理到位等优势，深受消费者欢迎，从而在社会上逐步树立起“诚信、稳建”的公司形象。公司继2001年被国家建设部授予销售放心房履行承诺企业称号之后，又先后获得淄博市首届诚信示范单位、山东省消费者满意单位、山东省服务业先进单位、淄博市服务业先进单位、淄博市房地产综合开发先进企业等荣誉。

公司现具备年开发建设30万平方米的能力，工程合格率100%，优良率达到86%。“让政府放心、让用户满意”是公司追求的工作目标。

世纪花园帝景苑沿街透视图

山东同济万鑫集团有限公司
山东万鑫建设有限公司

TONGJIWANXIN

董事长　王立国

山东同济万鑫集团有限公司是集建筑、工业、房地产开发于一体的综合性企业，是淄博市建筑业的龙头企业。

建筑业：是淄博市仅有的拥有两个总承包一级资质的企业，拥有土建和基础、装饰、安装、路桥等专业化公司15个。近3年来，企业创出鲁班奖、泰山杯、装饰泰山杯、市政金杯示范工程等16项。研制组装的XYRl8型多功能旋挖钻机通过了部级鉴定。综合实力连续6年居淄博市建筑业第一。

工业：拥有炭素、轻钢、热电、压力容器制作等4个工业企业，拥有山东东岳化工、思达电气、北斗星纺织、鲁中晨报大厦、莱芜开源建筑等5家参股企业。炭素、轻钢、热电列入全县亿元企业。炭素产品出口伊朗、俄罗斯、乌克兰、英国等国；2005年与卢森堡富盟公司共同组建了山东前昊炭素有限公司。

房地产：二级开发资质，具备房产设计、施工、监理、销售、物业管理等综合经营能力，先后在青岛、淄博、滨州、威海等地开发了“天惠苑”“聚隆小区”“新城广场花园小区”乳山银滩“万鑫·阳光巴厘”小区。

企业荣誉：全国先进施工企业、国家全面质量管理金屋奖、国家科技进步三等奖、省级先进企业、省外出施工先进单位、省级文明单位、“AAA”特级信用企业、省级“重合同、守信用”企业。

董事长王立国：淄博市人大代表、全国优秀施工企业家、全国乡镇企业家、省“富民兴鲁”劳动奖章获得者。

地址：山东·淄博·桓台
电话：0533—8510887
传真：0533—8516266
邮编：256401
http：／／www.tjwx.cn
E—mail:tjwx@tjwx.cn

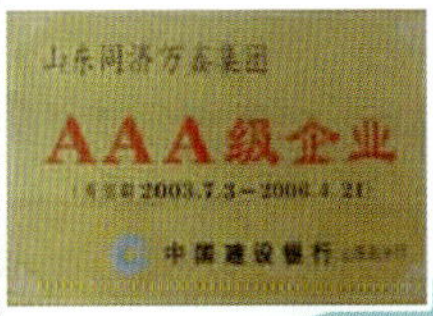

▲滨州市市政办公大楼工程荣获[鲁班奖]殊荣　（公建工程）

①

②

③

④

①柳泉路北延工程获省“市政工程”金杯奖

②开发的滨州“新城广场花园”小区

③与卢森堡富盟公司合资的预焙阳极生产车间一角

④鑫国公司自行研制生产的XYR18型全液压旋挖钻机

山东高阳建设公司

董事长　常白玉

山东高阳建设公司成立于1971年。1995年，经建设部批准晋升为房屋建筑工程施工总承包壹级资质，具备承接各类型工业与民用建筑工程及设备安装工程的能力，是集建筑施工、房地产开发、钢结构制作安装、装饰装修、设备安装、化学清洗、矿业开采、医疗器械制造、新材料研发制造为一体的综合性公司。

经过十几年的发展，公司综合实力得到全面提高，被中国施工企业管理协会评为全国用户满意施工企业、全国质量效益型先进施工企业，被中国建筑装饰业协会授予全国建筑工程装饰奖；被山东省人民政府授予山东省工程质量奖；施工工程多次荣获山东省“泰山杯”奖；企业连年被评为山东省建筑施工综合实力五十强企业、省综合实力百强企业、省先进施工企业、省精神文明单位、省级“重合同、守信用”企业、“AAA”级资信企业；连续十几年被淄博市人民政府授予淄博市建工系统综合实力十强企业。

为进一步规范公司的管理工作，2002年公司通过了ISO 9001质量管理体系、ISO 14001环境管理体系、GB/T 28001职业/安全健康管理体系的认证，并建立健全了全面、完善的内部管理制度，为公司的全面管理和质量控制提供了有力保证。

奖状

山东高阳建设公司：

荣获全国质量效益型先进施工企业

中国施工企业管理协会

二〇〇二年一月

公司承建的临淄行政办公中心荣获省科技示范工程、省工程质量“泰山杯”奖

山东省工程质量奖

工程名称：齐鲁石化闻韶1#高层住宅楼

承建单位：山东高阳建设公司

山东省人民政府

二〇〇二年

淄博世纪花园社区服务中心荣获国家优质工程银质奖

山东星辰供水公司

党委书记、总经理　王玲

全国"模范职工之家"授牌仪式，公司党委书记、总经理王玲致辞

山东星辰供水公司（原淄博市淄川区自来水公司）始建于1972年，现有职工350名，下设9个部室、12个自来水厂（站）、12个三产企业，主要承担淄川城区以及部分乡镇40万人口的生产生活供水和燃气供应。公司始终围绕"抓管理、上水平、降消耗、增效益、保供水"这个中心，发扬"团结奋进、务实创新、勇挑重担、敢于争先"的企业精神，内强素质，外树形象，开拓创新，努力拼搏，走出一条"以水为主、多种经营、综合发展"的新路子。经过30多年的发展，公司已成为以供水为中心，集燃气供应、建筑安装、管业生产、水表制造于一体的国家中型㈠企业集团，日供水能力14万立方米，固定资产1.5亿元，先后被授予全省水利优秀企业、全省优秀县镇供水企业、全省文明诚信百佳企业、省级消费者满意单位、省级文明单位、全国守合同重信用企业、全国模范职工之家、全国军民共建社会主义精神文明先进单位、全国创建文明行业工作先进单位等称号。

2005年10月1日，由星辰燃气公司承建的淄川城区居民天然气工程开通剪彩

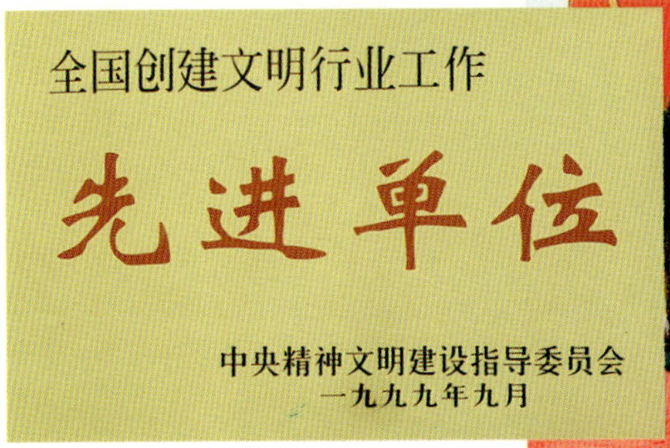

二〇〇五年七月二十四日，由公司承建的萌山水库引水工程举行开工仪式

淄博汽车制造厂有限公司

董事长、总经理　薛兴振

淄博汽车制造厂有限公司(原淄博汽车制造厂)，始建于1956年，2005年完成企业改制，职工控股90%。公司坐落在世界短片小说之王蒲松龄的故乡——淄博市淄川区，现有职工1500人，技术人员300人。厂区占地面积48万平方米，建筑面积近20万平方米。

自1969年正式从事轻型汽车的设计与制造，到目前为止已形成8大系列100多个品种的产品规模。公司已具备了年产10万辆各类轻型汽车的生产能力，并形成了集轻型汽车、农用车、重型改装汽车等较为完善的产品结构体系。

为加快企业发展步伐，建立起年产10万辆轻卡、皮卡和SUV生产线。车身冲压、焊装、阴极电泳涂装线，车架冲压线，总装线及整车检测线的设计、工艺装备居国内领先水平。公司推行精益化生产方式，贯彻“零缺陷”管理理念，在全国各地区及世界多个国家已构建起完善的营销服务网络。

2001年公司通过ISO 9001：2000国际版、国际质量体系认证，2003年公司首批申报的38个单元近200个车型的汽车产品获得中国质量认证中心颁发的《3C认证证书》，为公司进一步开拓国际市场提供了有力的保证。

“十一五”期间，山东省政府已将公司列为山东省八大汽车整车生产基地之一，计划“十一五”期末将达到年产30万辆的生产能力。

总装车间

新厂区涂装线

新厂区鸟瞰图

山东省淄博生建机械厂

山东省优秀企业家、厂长　张中新

DTZ—1800型带式输送机

100/20吨双主梁门式起重机

山东省淄博生建机械厂，始建于1951年，是国家定点生产起重运输机械和矿山机械的重点企业。自1997年以来，该厂坚持科学发展观，解放思想、自我加压、抢抓机遇、锐意改革，使企业在短短的几年内发生了巨大变化，2000年以来，企业每年都按照既定的目标以平均20%以上的速度快速增长，经济效益和运行质量不断提高，主要经济指标跃居全省同行业先进水平，2005年实现销售收入2.04亿元，利润2141万元，利税3207万元，成功走出了一条依靠内涵滚动式发展的道路。企业先后被授予省级先进企业、省直文明单位荣誉称号，连续3年被山东省命名为安全生产先进单位；被淄博市委、市政府荣记集体二等功一次，授予市级文明单位、党员教育先进单位、花园式单位、党风廉政建设优秀集体；被淄博市经贸委授予企业免检单位和淄博诚信企业等荣誉称号。厂长张中新被授予山东省优秀企业家荣誉称号。

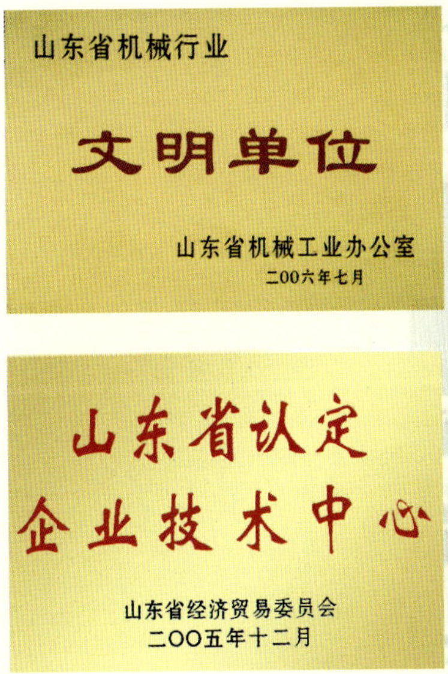

现代化的办公大楼

山东天晟煤矿装备有限公司

山东省煤炭管理局局长王宝山在集团公司董事长马厚亮、总经理张寿利和天晟公司董事长、党委书记牛敬业的陪同下到公司视察

山东天晟煤矿装备有限公司是专业从事煤矿装备研发、制造、销售、技术、服务为一体的现代化企业，山东省整体制造各种类型综采液压支架和各种单体液压支柱的龙头企业，全国煤炭工业综采液压支架和煤炭支护产品定点生产企业。

公司坐落于世界短篇小说之王蒲松龄故里——淄博市淄川区，始建于1964年，总占地面积32万平方米。能够生产制造2000～35000KN各类放顶煤液压支架，掩护式液压支架、支撑掩护式放顶煤液压支架、过渡支架、端头及超前支护架组、巷道掘进支护支架等多种型号和系列的综采支架产品。年经营规模超过5亿元。企业通过了ISO 9001质量体系认证，产品均取得了全国工业产品生产许可证和煤炭工业安全标志准用证。

公司拥有一整套较为先进的生产制造煤矿支护装备，具有完善的监测手段和测试设备，实现了对整套支架产品各种零部件的全面系统监测，采用了先进清洁高效电阻加热炉处理工艺，支架零部件表面采用抛丸处理工艺，产品各项技术指标达到国内领先水平。所生产制造的综采支架均一次性通过了国家检测中心的型式试验。

高精密数控车床

山东天晟煤矿装备有限公司将着力打造“企业讲诚信、产品创一流、员工提素质”三大品牌，努力以科学的管理理念，创新的企业精神、雄厚的科研力量、精良的生产装备、完备的监测手段、可靠的质量保障、良好的企业信誉、优质的售后服务为广大客户提供一流的产品。

为客户生产的综采支架

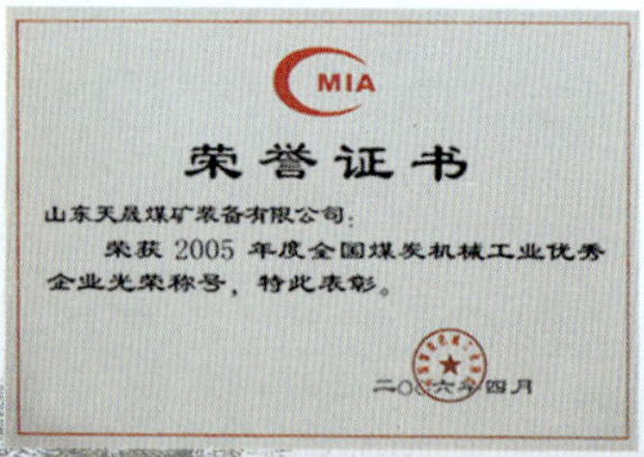

CMIA

荣誉证书

山东天晟煤矿装备有限公司：

荣获2005年度全国煤炭机械工业优秀企业光荣称号，特此表彰。

二〇〇六年四月

2003-2005年度

山东省煤炭工业

先进单位

山东省煤炭工业局

二〇〇五年四月

办公大楼

山东方大工程有限责任公司

团结务实、开拓创新的领导班子

山东方大工程有限责任公司是淄博矿业集团的下属子公司，是由原淄博矿务局工程公司改制而成的多元持股的有限责任公司。公司坐落在山东省淄博市淄川区，是一个集矿建、土建、安装、房地产开发、新型建材于一体的综合性企业，具有矿山工程施工总承包二级资质、房屋建筑工程施工总承包二级资质、安装工程专业承包三级资质、钢结构工程专业承包二级资质。主要承担各类矿井和地面工业、民用工程建设、机电设备安装、铁路专用线等专业化施工。

多年来，公司大力实施“矿、土、安为主，房产、建材为辅，多元化投资为补充”的发展战略，实现了持续、健康、快速发展。所施工的工程合格率达到100%，优良品率达到88%以上，近5年创出全优工程90多项，其中省部级优秀工程30多项，“泰山杯”工程一项，连续十年保持部级文明施工先进企业称号，并跻身国务院发展研究中心及建设部评选的全国500家最大建筑施工企业行列，在行业100家最大经营规模企业中列第十三位，多次被评为全国煤矿先进施工企业、全国煤炭基建施工现场管理先进企业和全国煤炭行业先进企业，淄博市建筑业经济十强。工程(产品)通过ISO 9001质量体系认证。

公司董事长、党委书记张继海，总经理周庆国携全体员工，欢迎大家前来洽谈合作，共谋发展。

公司承建的淄矿集团中心医院外科病房大楼荣获『泰山杯』奖

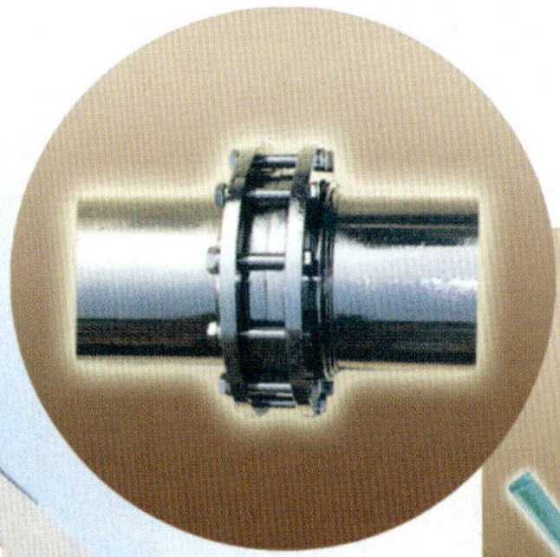

“鲁方”牌型材、管材

公司承建的井下大巷

山东东华水泥有限公司

党委书记、总经理　韩曙光

办公区

山东东华水泥有限公司隶属淄博矿业集团有限责任公司。成立于2004年8月，注册资金1.2亿元。公司主要生产经营“万华”牌水泥熟料及P·042.5R、P·042.5、P·032.5R、P·032.5、P·c032.5R、P·c032.5系列硅酸盐水泥。2005年12月该公司被认定为山东省综合利用企业。

东华水泥公司现有日产5000吨水泥熟料生产线一条，50万吨水泥粉磨站一座，100万吨水泥粉磨站两座，可年产水泥熟料155万吨，水泥250万吨。第二条水泥熟料生产线共用设施在一期工程建设时已经建成，现即将动工，2007年年底建成投产。同时，正在建设的6MW纯低温余热电站，将于2006年11月底并网发电。届时，将构建起以煤炭为依托，以建材、电力为主业的产业框架。

窑尾及生料库

公司全景

回转窑

淄博市电信公司

总经理 张幼林

作为全球最大固定电话、数据通信运营商——中国电信集团公司的地市级分公司，淄博市电信公司享有“中国电信”的服务品牌和商誉，主要经营国内、国际各类电信网络与设施（含本地无线环路）以及基于电信网络的语音、数据、图像、互联网等电信基础业务及增值业务。

淄博市电信公司以全面创新为动力，依托中国电信在国内、国际运营业中的独有优势，充分发挥后发优势，构建具有市场竞争力的管理体制、运营机制和市场拓展模式，在发展中创新，在创新中发展，以创新赢得企业的核心竞争力；采用当今世界最先进的电信技术和解决方案，高起点高标准地构建下一代信息通信网络；以合作求发展，坚持走战略合作道路，加强与电信产业链上下游企业以及社会各界的纵深合作，打造产业价值链，构筑利益共同体，实现优势互补、资源共享和共赢发展的目标；与各电信运营商以“竞合”模式共同繁荣淄博市电信公司市场，为客户提供更加优质多样的电信业务；坚持“用户至上，用心服务”的理念，实施面向客户群的差异化服务，强化业务创新，努力创造服务先机，实现企业品牌领先和业务领先。

淄博市电信公司以现代综合信息服务提供商的战略定位，积极参与淄博本地的信息化建设，全力服务于淄博经济和文化事业的发展。

淄博电信领导班子

山东电信总经理汤淇在淄博调研

淄博电信与社会各界开展广泛合作

得益®

中国名牌

企业简介

山东得益乳业有限公司是一家有着四十多年专业乳品加工历史，集奶牛饲养及技术研究，牧草种植，乳品研发、生产加工、销售为一体的现代化民营乳品企业，是山东省乳品行业首家“农业产业化国家重点龙头企业”。几年来，公司坚持走农业产业化道路，围绕乳业链条，抢抓机遇，加快发展，连续多年高速增长，在淄博及周边地市建立起“公司＋牧场”模式的合作社牧场及奶站144个，带动10000户农民养殖奶牛近3．5万头。在山东设立牛奶配送站、投递站400多个，配有102辆产品冷藏配送车，400多个冷藏库，为奶点配备了12000多台恒温冰柜，建立起遍布山东省各地牢固的营销及服务网络。拥有山东最大的巴氏奶生产基地——淄博高新区得益工业园，引进美国、法国、荷兰等国际一流的液态奶生产线30余条。公司常年与意大利维罗纳大学、上海大学生物科学院、国家乳品检测研究中心等十二所国内外著名大专院校的科研机构合作，聘请国内外十多名乳品专家学者为公司顾问，重点进行前瞻性产品的基础性和应用性开发，使得益在生产工艺、设备、质量检测、新产品研发等方面的实力跻身国内乳业企业前十强，并达到国际同行业先进水平。企业于2002年荣获“山东省农业产业化经营先进龙头企业”称号，“得益”品牌荣获“山东省著名商标”称号，2005年，得益乳制品被评为“中国名牌”。

发展是唯一不变的真理，是振兴乳业的基石。得益乳业充分利用自身的品牌和技术优势，坚持走农业产业化发展的道路，不断提升龙头企业的规模实力和技术水平，实现“进入中国乳业前十强”的奋斗目标，以诚信和创新树“百年得益”，为山东省农业产业化的发展和“三农”问题的解决发挥强有力推动作用。

山东得益乳业有限公司
地址：山东省淄博高新技术开发区得益乳品工业园
电话：400-618-8888
Http://www.deyi.com.cn

中国名牌

产品质量国家免检证书

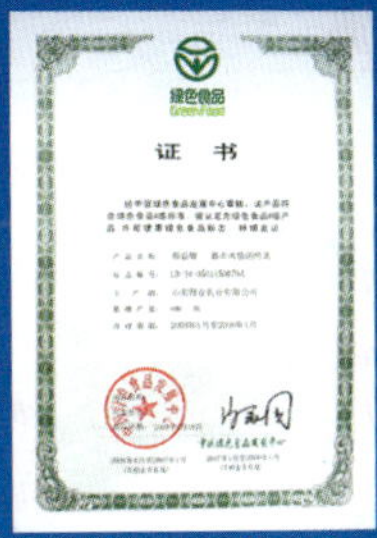

绿色食品证书

中国乳制品工业协会优秀企业

农业产业化国家重点龙头企业

质量管理体系认证证书

HAccP体系认证证书

职业健康安全体系认证证书

环境管理体系认证证书

1

2

3

4

5

1、得益现代化的生产车间

2、得益恒温冷藏配送车队

3、得益绿色 AA 示范牧场

4、得益 GMP 无菌实验室

5、得益高产奶牛饲喂园

山东知味斋

总经理　杨军

杨军与淄博市饭店烹饪协会会长陈家恕、上海市饭店烹饪协会会长何义钊在一起交谈

山东知味斋餐饮有限公司创立于 1987 年，坐落于中国鲁菜发祥地——山东省淄博市。公司现有酒楼两处，总营业面积 6000 平方米，拥有员工 200 多人。

知味斋系中国饭店协会理事单位，2006年4月被全国酒家酒店等级评定委员会评定为国家特级酒家。

知味斋曾多次荣获山东省消费者满意单位、食品卫生 A 级单位、食品安全诚信单位等殊荣，多项菜品被评为中国名菜、名点和山东省名小吃。

知味斋以经营鲁菜为主导菜系，也以鲁韵海味、风味十足而闻名。知味斋以弘扬鲁菜文化为己任，继承和发展传统烹调技艺精华，成为新派美食推动者和健康餐饮文化倡导者。知味斋以诚信为本、顾客至上为经营宗旨，视出品质量为生命，以顾客满意为根本，凭借细致考究的出品、一流的服务和独特的经营风格在强手如林的齐鲁餐饮业中独树一帜。

知味斋拥有“中华名厨”等业内顶尖高手，以正宗鲁菜为主打，承袭千年鲁菜精髓，荟萃九州美食韵味，博采众长，自成一体，既保留了原有齐国鲁菜咸、鲜特色，又倡导环保、健康理念，注重营养，利用当代的烹调技法，采用新式调料，精心烹饪，全力为顾客打造一流美食。

知味斋坚持走绿色、健康经营之路，奉行品质、服务高于一切，崇尚健康消费时尚和健康生活理念，适合消费潮流。公司配有大型无公害蔬菜基地，全面推行无公害蔬菜，同时建立了羊肉、禽蛋和海产品原料基地，从根本上保证出品质量。制作方面坚持“名师出名品”的宗旨，出品强调“清淡平和、味型丰富、本味突出、含蓄回味”的知味风格，除以鲍翅燕和海参为代表的系列精品特色菜之外，不断开发出丰富多样、口味营养俱佳的新款菜肴。

知味斋以“大众化、人性化、规模化”作为发展的定位，坚持人本管理，创新发展，文化治店，创造了一年一个样、19 年长盛不衰的餐饮奇观。

百尺竿头，更进一步。永不满足的知味斋人将顺应时代潮流，与时俱进，不断发展，与所有有志于餐饮事业发展的四海朋友携手同心，用实际行动去攀登餐饮市场的高峰。

餐饮有限公司

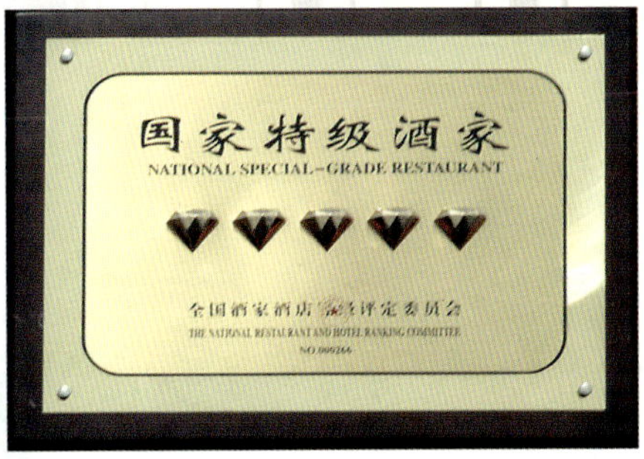

中国名火锅
——知味火锅

知味斋富丽堂皇的房间

地址：山东省淄博市张周村496号
邮编：255300
电话：6581026
传真：6581027
网址：www.zhiweizhai.com
信箱：zhiweizhai@zhiweizhai.com

淄博全球通电影城

数字厅

休闲、卖品区

淄博全球通电影城是淄博市电影公司投资2000余万元兴建的大型影城，位于张店区柳泉路45号（银座商城对面）。电影城主楼占地面积1272平方米，建筑面积7100平方米，地上六层、地下一层。

淄博市电影公司自2004年2月15日开工建设淄博全球通电影城，经多方筹集资金，攻坚破难，于2005年11月底竣工，12月15日投入运营。电影城是集电影放映、会议、娱乐为一体的综合性文化活动场所，是山东省第一家以五星级标准建造的电影城，从硬件水平以及人员配置上都已经达到了国际先进水平。

电影城内拥有不同设计风格的电影厅，有数字电影厅、情侣电影厅、贵宾电影厅、标准数码立体声电影厅等大小7个电影厅，所有放映厅的音响均采用国际新一代的CP650数码还音设备，总座席594个，其设施、设备、声光质量达到“全国一流，省内领先”，每个厅都有各自独特的特色，可以为社会各界不同的电影观众提供舒适的服务。成为全市第一家规模较大的电影文化娱乐消费中心。电影城每年票房收入可达到500万元左右，成为淄博市实施建设“文化大市”战略的一个新的亮点，为全市电影事业发展奠定坚实的基础。

情侣厅

淄博全球
通电影城外景

贵宾厅

山东德州新华印务有限责任公司

山东德州新华印务有限责任公司（山东新华印刷厂德州厂）系隶属于山东出版集团，集制版、印刷、装订和包装为一体的国有独资有限责任公司。企业技术力量雄厚，目前已形成“印前数字网络化，印刷多色高效化，印后多样自动化”的现代化生产格局，并连续三年荣获国家新闻出版总署颁发的“全国书刊印刷优秀质量企业金奖”，2005年被全国印刷行业诚信建设组委会授予“全国首批诚信印刷企业”荣誉称号。

凭借独特的品牌优势和良好的社会信誉，企业在激烈的市场竞争中脱颖而出，市场范围不断扩大，同各种年鉴出版社和史志类出版社的合作也日益广泛、密切。近年来先后同中央文献出版社、中国党史出版社、人民教育出版社、中国经济出版社、中华书局等多家出版社和山东省地方史志办公室、淄博市地方史志办公室及其他城市史志办公室合作，先后印制了《中国教育年鉴》《中国音乐年鉴》《山东年鉴》《淄博年鉴》等各种年鉴、市志、县志等出版物200余种，并以热情周到的服务和优质的产品质量赢得了越来越多客户的信赖。

沧海横流，方显英雄本色；商机无限，尽展企业雄风。山东德州新华印务有限责任公司党委书记、董事长邵振友，党委副书记、副董事长、总经理李新玉携全体员工向各界朋友致意，并时刻期待着与您携手并进，互利共赢，共铸印刷事业新的辉煌。

地址：德州市新华路155号

电话：0534-2671208　　0534-2671230

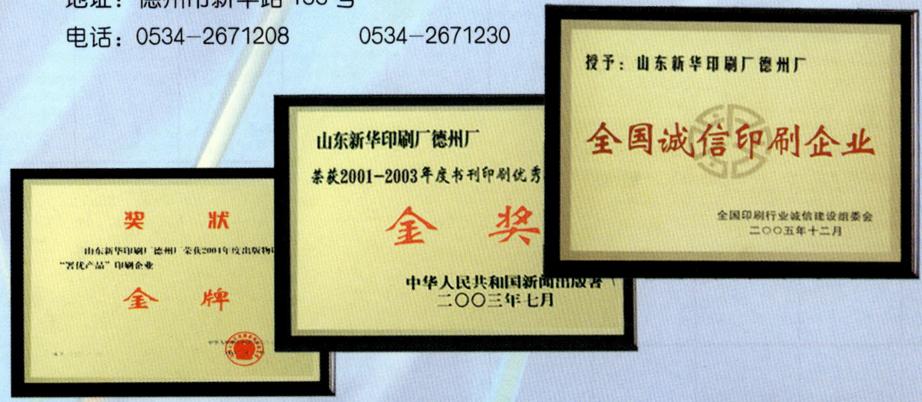

淄博市红

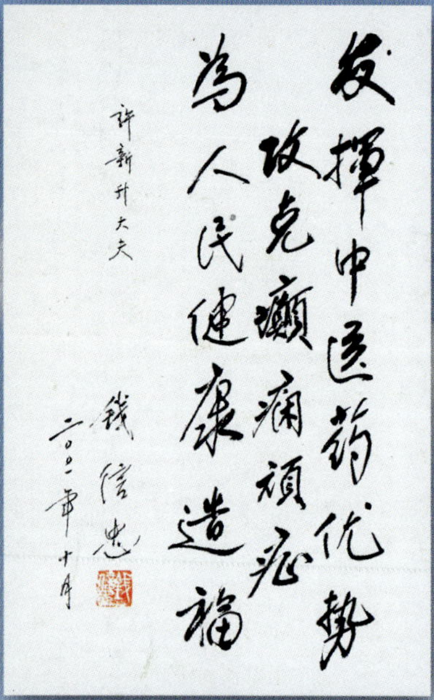

原卫生部部长钱信忠为许新升题词

淄博市红十字会昌国医院前身是淄博市红十字会癫痫病医院，始建于1986年。现已发展为医疗、科研、制剂、康复、教学为一体的非营利性大专科小综合的医疗机构。建筑面积1万多平方米，病床200张，设有层流净化手术室、标准化制剂室、中心供氧、吸引、呼叫、空调等现代装备。病房温馨舒适，配有移动升降床、厨房、卫生间、24小时全天热浴等生活设施。

医院由全国著名癫痫病专家许新升创办。癫痫病专科是龙头科室，具有20多年的诊治经验，独创了“穴位割治术”，研制发明了治疗癫痫病系列药物并获国家发明专利、军队科技进步奖、中华医药发展贡献奖等诸多科研荣誉。迄今已为20多万患者解除了病痛，被国内外医学界誉为“创造癫痫病治疗领域的奇迹”，《人民日报》《解放军报》《健康报》及中央电视台等各大新闻媒体先后进行相关报道。医院被评为全国消费信得过医院和全国十佳诚信医院。由于治疗癫痫病方法独特、疗效显著，慕名就医者来自全国各地及韩国、新加坡等国家和港、澳、台地区。

医院设备先进齐全，拥有德国螺旋CT、500mA遥控X光机、彩色B超、日本脑电监护仪、全自动生化分析仪、血药浓度分析仪等大型医疗设备。除癫痫病、脑病特色专科外，另设康复训练中心，内、外、妇、儿、中医科，疼痛科等18个临床科室。并有来自全国各地，具有丰富临床经验的医学专家坐诊。同时与北京、天津、济南等医学高等院校和科研机构长期保持技术合作。

目前医院已具有一支科研力量雄厚，人才梯队合理的专业技术队伍。在许新升院长带领下，以“兴医为民、信誉第一”为办院宗旨，热诚为国内外广大患者提供理想的医疗服务！

地址：淄博市张店区昌国西路38号

乘车：淄博火车站或长途汽车站乘45路昌国医院下车

电话：0533—2710005　　2710299

网址：www.zbdxbyy.com

医院外景